作者简介

周小普,中国人民大学新闻学院教授、博士生导师。1986年在中国人民大学获法学硕士学位;同年留校,任教于该校新闻系广播电视专业。1998年9月赴法国巴黎第二大学新闻学院(IFP)访问学习。2005年获得文学博士学位。

研究领域包括广播电视新闻、新闻史、媒体运营等。已出版《广播新闻与音响报道》《广播电视概论》《广电传统的缔造者——CBS解读》《公共广播服务的神话——BBC解读》等多部教材及专著,发表论文70余篇。

中國電視新聞史

HISTORY OF CHINESE TELEVISION NEWS

周小普 著

上册

中国传媒大学 出版社
·北京·

前　言

中国电视事业发轫于20世纪50年代末期，在新中国成立后不到10年的1958年。中国电视一诞生就有了新闻节目。

中国电视至今已有了60多年的历史。其间经历了相对平稳的发展阶段与几次巨大变革，特别是"文革"时期的相对停滞和改革开放后的快速发展都是世界上独有的历史现象。中国电视事业一直随着国家的政治变动、经济兴衰而起伏；近40多年的国家繁荣、国民富裕使它走入大发展时代。

改革开放以后，我国拥有电视的人口快速增长，电视的影响日益深广，节目类别丰富多样，内容涉及人们生活的方方面面，成为民众不可或缺的信息来源、娱乐工具。在众多大众传播媒体中，电视的接触率多年间持续保持在最高位，因此曾被称为是第一媒体，它的舆论作用、社会影响无人可以忽视。

在60多年的发展过程中，中国成百上千电视台的新闻节目交织，丰富和繁荣了中国新闻园地。中国电视新闻的业界实践活跃、多样，节目不断翻新，不仅播出时间增多、形式多样，表达方式也日臻完善，为社会提供了越来越多的信息、文化服务，为理论界提供了大量的研究素材。

与此同时，又囿于各种原因，节目竞争往往并不充分、发展多有掣肘，对节目的不满不仅存在于业界、理论界，也大量存在于受众之中。这也表现为对实践的概括、总结、思考相对滞后，不够深入、全面，这对事业发展带来了不利影响，使电视人难以把握和认识其中的问题，使节目缺少发展的自觉和方向。

从业界来看，电视台本身就是历史的创造者，有着丰富的实践经验，但也由于其工作忙于日常播出，较难有时间和精力展开充分的理论探讨、系统梳理。虽然有人做了此类工作，也做得很好，但其反思大多围绕一个电视台或个人经历展开，在全局性上有一定的缺欠。

中国电视创建时非常匆忙，运作中也因人手局促而缺乏系统的研究、记录。对于中国电视史的研究始于20世纪80年代中叶，其间出版了壮春雨编著的《中国电视概述》，90年代初出版了郭镇之的《中国电视史》。之后，陆续有了多本电视史方面的著作面市，著者中有历任广电总局领导、有专业研究者；中央电视台、上海电视台及一些地方台也出版了有关该台历史的专著。近年又出现了一些研究的后起之秀。这些书籍对中国电视几十年的历史分头做了回顾，体例基本相同，都涉及新闻、娱乐、服务、教育等各类节目和电视台的组织机构、技术发展等各个方面。但也正由于这些著作的体例与结构,又限于篇幅,电视新闻只是其中的一个部分,虽然在对其回顾中,提供了相当的史料与见解,但显得比较宏观、概括,不能系统深入讨论。到目前为止还没有一本专门研究中国电视新闻历史的著作。本书是在前人研究基础上的专业研究,是对于电视领域中的一大节目类别——电视新闻做的历史专题探讨,是对电视媒介新闻史方面的开掘。

随着中国与世界的交往越来越多,在21世纪的媒体发展中,观众需求、市场竞争、以及国外媒体和新媒体争夺观众的压力都成倍增长。中国电视面对着众多的挑战,要求我们能清醒地认识过去、了解昨天,以便更好地预见明天。帮助业界对以往的工作进一步思考,从已有的经验、教训中得到应有的启示也是理论界的职责。这也是此书写作的初衷。

一、电视新闻概念界定

在纷繁的节目中,研究视野接触到的第一个问题就是节目类别的界定,即什么是电视新闻。这是本书首先应该确定的概念,关系到本书的研究范围。一般概念中,那些被称为"新闻"的当然就是新闻节目,但那些没如此命名的也不一定就不是此类。

(一) 电视新闻节目类别

电视新闻节目可以分为如下类别:

1. 综合新闻节目

其特征是有多条不同内容的报道在同一栏目中播出,它们之间除了都是新近发生、有新闻价值外,不必有其他共同性。通常其栏目名称中有"新闻"字样,如《新闻联播》《新闻30'》《新闻社区》等。当然,有些也不一定有这一标志性字眼,如《时事直通车》《特别关注》《看东方》等,但其性质仍是此类。

2. 专题新闻节目

一次播出一两个专门题材、主题的电视新闻片,这些题材、主题并不限于某一类事物,选择制作它们的唯一标准仍是新闻价值。专题有利于对新闻事实进行比消息更为详尽、深入的叙述挖掘。如《新闻调查》《焦点访谈》《今日话题》等栏目内容很多属于此类。此外,还有一些其他节目可归入此类,如节日、纪念日、专门组织的特别节目等。[①]

3. 专栏新闻节目

对一特定领域最新消息的集合,与报纸的专版很接近。它除了有新闻价值的基本特征外,还有内容类别的限制;它们往往以大家较为关注的类别设项,也有以地域来区分的。通常有《体育新闻》《经济新闻》《文化新闻》,还有《国际新闻》《亚洲新闻》等。

4. 杂志新闻节目

顾名思义,此类节目应是像新闻杂志一样编排,内有多项内容、多种形式,它们之

---

① 中国电视专题节目界定[J].电视研究,1994(9).

间除了新闻性外没有任何关联。但正是这种不同,使它们共处一个栏目之中时,互相依存、互相协调、互相补充、相得益彰。例如有《新闻透视》《东方时空》《今日世界》《北京您早》《60分钟》等。杂志节目还可有新闻之外的内容,如服务类、纪录类甚至艺术类等。

这四类属于基本的新闻节目。从更宽泛的视角来看,只要是纯纪实、非虚构内容的就都属于广义的新闻,因此纪录节目、纪实性节目也都应列入。当然它们应该是第二位的新闻,因为从时间新鲜这一角度来看,它们往往可能并不突出。

(二)体裁、内容界定

从体裁形式上,一般来说,上述栏目中所使用的大多数体裁都是电视新闻,具体包括消息、专题、评论、访问谈话、现场报道等。

从内容看,体育、经济、时政、社会等各类都以新闻价值衡量,没有什么不被包括在内。当然体育、文艺新闻可能有较多的娱乐因素,但也并不因此就被排除在外,但是文艺、体育类中一些纯娱乐、缺乏动态性的,就不应归入新闻类;单纯服务、教育类的内容也都不是新闻。

另外,由于香港、澳门、台湾的电视新闻业是在不同环境下发展的,与中国内地(大陆)有完全不同的组织方法,中国内地(大陆)的电视新闻发展与这些地区没有相同的背景与历程,且除近些年外,长期缺乏互动、沟通,加之已有其他研究者对港澳台的电视业做了专门研究,因此,虽同属中国,本书内容却并不涉及这三地区的电视新闻业。

由此,我们将研究对象的范围做了一个基本的框定。

二、各章分期说明

从各章的安排来看,基本是5年左右的内容为一章,只有"文革"是10年内容一章,其他没有过于明显的长度差异。以下是对各章分期的说明。

第一章是对我国从出现"电视"概念到着手创办新闻栏目及播出新闻节目的梳理。1958年是试播和开始正式播出的第一年,1959年仍是初创时期。从这一章中能看清楚我们出发、起步时的状况。

第二章是从1960年到1966年"文革"前,是电视新闻开始步入正轨、正常发展的6年。这几年的特点是各电视台物资极度匮乏,但人的干劲很大、创造性很强,在非常艰苦的环境下,一直在开拓电视新闻的局面。

第三章是从1966年"文革"开始到1976年"文革"结束,这一章跨度最大,有整整10年时间。因为"文革"期间虽然有很多的动荡,中间还经历过停播,但新闻节目的同质性很强,整体上都属于一个特殊时期。

第四章是从1976年底到1983年,这一阶段是中国从结束"文革"逐步走向全面调整和为国家树立新的发展目标的阶段,也是电视新闻重新探索出发的时期。大家致力于增加节目、提高时效等对于基本专业水准的追求,批评报道、大型系列纪录片也开始出现。

第五章从1984年到1987年,这是从第11次广播电视工作会议之后,四级办台开始,电视建设进入了一个新的全面发展高潮期。电视新闻向更高的专业水准迈进,创办经济新闻、开掘深度报道,成为官民对话的重要桥梁。

第六章是从1988—1992年,这是一段动荡和蹉跎的岁月,在改革开放高歌猛进之时,电视台建设、地方台上星如火如荼,顺利推进。但此时国家遇到了挫折。随着小平南方谈话、十四大召开,国家的改革与电视新闻的改革进入了新的阶段,大型纪录片成为观看热点,北京亚运会报道开拓出电视新闻在大型国际赛事中的新业绩。

第七章是从1993年到1997年,这一段时间不长,但却是中国电视新闻发展的高潮期。随着《东方时空》的创办,电视新闻人走入高光时刻。随后一系列倾倒国人的新闻类节目陆续开办,个个获得众人追捧、万千宠爱。技术进步带来的大型直播报道,丰富了观众的即时体验。新闻改革开始进入初步成功的兴旺期。

第八章从1998—2002年,这也是一个转折期。电视开始从模拟技术向数字技术过渡,频道专业化进入日程,还经历了集团化的大规模组织变动。电视新闻在前期成果的基础上开始了新的对突发事件的直播介入,民生新闻也在这一时期崛起,开始了另一次对于内容和形式全方位改革的尝试,并给电视带来了又一次收视高潮。

第九章是从2003年到2008年,这一时期数字技术突飞猛进,中央电视台有了新闻频道。这几年大事频发:美伊战争、"非典"突袭、冰冻灾害、汶川地震,再加北京奥运,在政府信息走向公开中,电视新闻大显身手。

第十章是从2009年到2012年,在多年倡导之后,媒介融合实质推进。虽然平台不同,中央电视台还是迎来了源自新华社的同级对手。三贴近报道中,记者走了出去。动车事故等突发事件彰显了新媒体的优势,将电视媒介如何应对舆论浪潮的问题摆在电视人面前。

第十一章是从2013—2018年,至此中国电视创办已满60年。十八大以后,新一届领导班子开启了中国改革发展的新时代。电视新闻报道有了较大改观,对外宣传更是强势出击。加之新媒体技术突飞猛进式发展,大大改变了电视新闻的面貌。

站在60年发展的端点上,怎么延续电视新闻的辉煌,是电视人需要思考的问题。

三、研究、写作方法

在本书的写作中大概使用到了以下几种方法。

(一)文献分析法

本书主要通过查阅大量相关已有成果、资料,包括电视史书籍、相关回忆录、教材、电视新闻理论书籍、各类纪念文集,其他的新闻史、中国现代史、中共党史著作,专业刊物、年鉴等,从中找到研究资料和评价依据,在收集和整理资料的基础上进行写作。

(二)个案研究法

对中国电视新闻史上有影响、有特点的事件、节目进行个案研究。包括:节目制作、播出过程,技术使用特点,其成功和缺陷以及原因,相关体制机制影响,中国电视新闻业发展的实绩。

在电视新闻业的百花园里,不乏导向正确、内容丰富、收视者众、经济效益好的佼佼者;它们是电视人心血凝结所在,是电视人的宝贵实践。这些节目的发展历程生动地反映出了中国电视新闻业发展的路径,其中的经验教训也指引着中国电视新闻业发展的方向,所以书中对这类节目、事件进行了有选择的剖析。

(三)新闻学和传播学的理论方法

用新闻学和传播学的理论方法,对电视新闻的历史进行审视、分析。

新闻学和传播学是社会科学,不可能像自然科学那样有明确的因果关系、单一的结果。新闻事业很难有一个准确界定、衡量、判断的标尺,而且社会现象十分复杂,在不同的社会环境下,新闻媒体的发展空间和实际表现有不同的形态。但是人类社会的发展并非没有规律可循,一定历史条件下的新闻业态仍然有一个是否恰当地反映民意、社会信息沟通的程度、效能高下的判断问题。这需要根据新闻学、传播学理论对具体史实进行历史的评判。

(四)社会学、统计学的研究方法

一是直接运用此类方法对电视媒体新闻节目背景变化的原因进行追根究底,二是适当运用定性分析与定量分析相结合的方法。定性分析,是通过逻辑分析的方法进行归类、推理,得出科学合理的结论;定量分析,是通过相关记录材料进行统计、点算,适当量化,做出正确的判断。定性与定量相结合使研究既有理性色彩,又有客观依据。

(五)比较方法

适当采用国际视角,与国外发达国家的电视新闻同期发展轨迹进行比照,对比当时电视新闻发展水平下我国的状况,从中寻找差异及其原因。

(六)史实内容选择标准

本书从全国电视台的新闻节目中选择具有典型意义、代表性的作品进行研究,勾画出中国电视新闻发展的图景,使大家能在一定程度上理清其脉络。

判定电视新闻史上重大事件有两个标准:一是电视对现实生活中的重大事件的记录情况,如在关系国家命运、前途的重要历史时刻,电视新闻的反应。二是电视新闻发展中出现的新体裁、新形式以及突出的、具有重大社会影响的报道作品。其他节目一般只会简单涉及,只有当它们对新闻节目的内容、形态产生较大影响时才会提及。本书从这两个方面来选择史实进行研究,从而形成电视新闻发展较为清晰的历史线索。

(七)资料处理上的"打碎重组"

在写作中没有整段使用任何来源的资料,而是将出自各个书刊上的材料先按年份分开,按日期排列,然后再组合。虽然工作烦琐,增加了很多整理、分类的工作,但好处是可以从材料重组中重新认识史实,便于通过组合过程找出思考点,从中看到还没看清的脉络。

自己一直在用的写作方法就像是"织席子",即把散落在各处的各年、各台、各个节目的资料收集过来,再分门别类摆放,将它们放到适当的类别和年代中,从零碎的资料中逐渐得到对那个时期比较完整的印象,最终看清楚一个事件、一个台、一个时期、一个时代的全貌。这是一个繁杂的工作,大量的精力用在了查找资料和对它们的处理上。

四、有关史上"第一"

中国电视史确实有异于世界其他国家,中国电视一开始就被赋予了新闻传媒的属性。在电视台创办的最初一两年间,电视节目中便迅速播出了目前几乎所有主要类别、样式的新闻节目。

近年来,大家常常误以为中国电视新闻是从 1993 年开始的,最多是从 1976(78)年开始,但实际上在这之前已经有了很多的实践、探索和努力。在整理资料中,笔者惊奇地发现,以前我们以为是在改革开放新时期创造的电视新闻体裁,其发明权却早已被我们的前辈拿走了,后来已经没有多少可以称为"第一"的发明了。

如大家原以为出现在 1994 年的电视评论——《焦点访谈》,后追溯到 1980 年的《观察与思考》,但实际早在 1959 年 6 月 18 日就出现了,而且恰恰就是有画面、有电视特色、评论色彩也较浓厚的述评《谈西柏林近况》。更进一步,在 1962 年 4 月 4 日就创办了专门的评述性栏目《国际知识》。虽然上述评论节目及栏目都是有关国际话题的,但其形式却正是电视评论无疑。

还有在后来大行其道的谈话节目,早在电视开播当天便有了,且随后就创办了固定的谈话栏目《电视台的客人》。现场直播也早在电视创办的第二个月就出现了,最早是体育竞赛的直播,随后很快又出现了剧院演出直播、大型集会庆典直播、重要会议直播和体育综合赛事直播。这也就是说,除了突发事件直播外,各类直播也都在开播一年左右的早期就已经存在了。

甚至普遍以为将"杂志"二字写上电视节目的应该归功于 1993 年创办的《东方时空》,后又追溯到 1987 年上海电视台的《新闻透视》,但实际早在 1959 年就由中央新闻电影制片厂率先创办了杂志节目《人民中国》,中央电视台也于 1980 年 4 月创办了杂志节目《今日世界》。

关于影视合并的问题,在 1994 年完成的新影厂与中央电视台的合并,实际早在

20世纪60年代初就由周恩来总理提出来了,但由于一些不可知的原因一直没能实现。最后在20世纪70年代早期将两家的高层时政新闻部分率先合并而有限实现。

字幕新闻,曾有后人认为是"随着电视技术条件的改善而出现的一种新的电视新闻手段";实际上早在我国电视一开办就已使用,只是现在的使用方法——"滚动"与当时的使用形式不同而已。

再有如驻外记者站。1965年3月,北京电视台派出了第一个驻外记者——驻越南北方记者朱景和。他于当年3月8日到达河内,建立了第一个驻外电视记者站。而不应是1980年12月国家三台(国际广播电台、中央人民广播电台、中央电视台)联合建立的驻贝尔格莱德、东京两个记者站。

有关这些结论的资料虽然早已问世,但却因没有集中整理而没能受到应有的重视,也就没能在有关电视新闻史的文献中给出正确的回答。所以这应该是本书的贡献。

现在电视台与其他媒体一样,青年多、新人多,对历史不太了解,对早期工作存在误解,认为没有什么值得一提,把一些不是"第一"的轻易称作"第一"……其实,电视媒介的从业者在历史上各个时期都做了很多的创新。回顾的目的,既是要反思、要重新认识,也是要继承、发扬优秀的传统,并避免重蹈覆辙。

作 者

2021年8月于京西星苑居

目 录（上）

第一章 草创电视事业 初探新闻样式（—1958年） / 1

第一节 创办自己的电视 / 1

第二节 初创时期新闻节目统计及分析 / 9

第三节 办台初期的人员机构、技术设备 / 25

第二章 形成事业团队 打造新闻精神（1960—1966年） / 36

第一节 电视事业的发展与挫折 / 37

第二节 国际新闻与对外交流 / 47

第三节 新闻的推进和发展 / 69

第四节 战斗的集体 / 83

第五节 早期新闻节目评价 / 95

第三章 事业发展受阻 前行脚步未停（1966—1976年） / 109

第一节 动乱时期 / 109

第二节 常规性报道 / 120

第三节 国际交流、合作 / 128

第四节 重大变化 / 139

第五节 "文革"期间的电视事业 / 152

第四章　重拾新闻精神　事业回归正途（1976—1983年）／ 162

第一节　事业发展与技术进步　／ 163

第二节　新闻改革　／ 180

第三节　新闻节目　／ 192

第四节　专题、评论　／ 214

第五章　奋发改革精神　探索电视规律（1984—1988年）／ 222

第一节　事业发展与技术进步　／ 223

第二节　新闻改革　／ 251

第三节　不同题材的报道　／ 267

第四节　各类体裁的报道　／ 289

第五节　热播、交流节目　／ 307

第六章　闯关动荡改革　新型格局初定（1988—1992年）／ 316

第一节　电视新闻事业发展与技术进步　／ 316

第二节　新闻改革　／ 335

第三节　不同题材的报道　／ 346

第四节　纪录片　／ 362

第一章 草创电视事业 初探新闻样式
（—1958年）

电视的诞生是在中国电视出现的30多年以前。中国电视及电视新闻的出现是在世界电视发展的第二个阶段。

1925年，英国"电视之父"约翰·贝尔德(John Logie Baird,1888—1946)在自己的实验室里成功地实现了画面的第一次传送。1926年，他在伦敦进行了公开演示，宣告了电视的诞生。1929年，世界上只有少数几个国家能够试验播出电视节目，其中包括美国、加拿大等。但是直到1936年，才由英国广播公司(British Broadcasting Corporation,BBC)第一次播出了正式的电视节目，宣告了电视台的诞生。此后几年里，一些欧美国家，如美国、法国、德国、苏联等也纷纷筹建了自己的电视台。但是，电视事业刚刚兴起就遭遇了第二次世界大战，因此，它的发展受到了阻碍。

战后电视事业迅猛发展，有更多的国家建立了电视台。从1945年到1958年的十几年时间里，世界上有60多个国家建立了自己的电视台。1953年，远离战争的美国经过十几年的研究，率先试验成功彩色电视播出系统，并于1954年在美国正式投入使用。

第一节 创办自己的电视

在中国，最早关注电视的是学术界。最先提到电视的是1915年创办于上海的《科学》杂志，它在1927年6月出版的第6期上刊登了《电视之进步》一文，介绍了电视的基本原理。[1] 1930年春，南京金陵大学理学院的杨简初教授讲授了物理学的新发展——television(电视)。1934年，杨简初教授成功研制了机械电视的原理样机，这台样机"能够完成摄取、传输、接受、还原图像"[2]。同年，《科学》杂志第2期到第5期连载了叶鹿祥的《电视学浅说》一文，详细介绍了电视技术原理。1938年，重庆金陵大学理学院开始招收"电影与播音专修科"学生，该科"电影工程"专业的19门课程中就有"电视"课程。

由于我国连年内战及抗日战争的影响，各种日常研究、建设都难以展开。伴随着

---

[1] 谢鼎新.早期电视研究史料的价值分析——与孙建三商榷[J].中国广播电视学刊,2005(2).
[2] 孙建三.在中国 Television 为什么叫"电视"[J].中国广播电视学刊,2004(3).

战争风雨的洗礼,中国早期的电视推介、研制在艰难地向前推进。在战后发展的大潮中,当时的国民政府曾在1948年企图在南京建立自己的电视台。他们从美国购买了电视设备,进行了调试,但是没有成功,最终放弃了这一努力。[①] 这些都是中国电视史的前期。中国真正的电视历史是从中华人民共和国成立以后开始的。

一、启动

1949年,在中国共产党的领导下,中华人民共和国成立。中华人民共和国在成立之初,国家建设和经济发展遇到了重重困难。为了保卫国家、援助朝鲜人民,1950年10月19日到1953年7月27日中国人民志愿军赴朝投入抗美援朝战争。即使在这样严峻的形势下,年轻的中华人民共和国的决策者也关注到这个世界上最新的媒体——电视的崛起。在战事结束、完成国民经济恢复任务、国内建设走上正轨后不久,1954年,在国务院文教办公室的一次会议上,当时的文教办公室副主任钱俊瑞传达了毛泽东主席关于中国要办电视的指示——最初的动议来自中国的最高领导。[②]

1955年2月5日,中央广播事业局向国务院提出将于1957年在北京建立一座中等规模电视台的计划,周恩来总理于2月12日批示:"将此事一并列入文教五年计划讨论。"从此,中国电视事业进入了孕育期。

1956年5月28日,时任中共中央副主席的刘少奇同志听取了中央广播事业局对开办电视广播问题的汇报,他当时就指出:先搞黑白电视,但重点应该是搞彩色的。因为它比黑白的更接近自然,更接近生活。为促进电视事业的进一步发展,他还主张:"电视发射机和接收机最好是自己生产的。"现在看来,这些富有远见卓识的主张确实是很超前的。

1956年,为制衡美苏两国的太空竞赛,我国也积极发展卫星科技项目,在新制定的十二年科学发展规划中,此项目也列入其中。当时我国发展卫星科技的主要作用是用于科学及军事。[③] 这一规划极富远见和挑战性。

二、多方准备,初创事业

我国积极制定实施十二年科学发展规划,而"对手"带来的压力与刺激也成了推动这一规划尽快实施的重要动因。

1957年下半年,当得知中国台湾地区将在美国无线电公司(Radio Corporation of America,RCA)的帮助下建立电视台并定在1958年"双十节"开播的消息,"我们坐不住了,下决心要争这口气,一定要走在他们前头"[④]。

冷战时期,社会主义与资本主义"两大阵营"之间,基于各自实力、影响力的持续

---

① 张庆,胡星亮.中国电视史[M].北京:中央广播电视大学出版社,1996:40.
② 杨伟光.中央电视台发展史[M].北京:北京出版社,1998:3.
③ 资料来源:刘幼俐,林美惠《台湾民众收看大陆卫星电视节目行为之研究》。
④ 梅益.自力更生创建中国第一座电视台[J].电视研究,1993(台庆专刊).

的技术竞赛、宣传竞赛,对中国创办电视事业带来了深刻影响。中国台湾地区基于美国扶持的发展计划刺激了我们,在此情况下,我们也在寻求苏东社会主义集团的支持,以求抢占先机,夺得这一轮竞赛的胜利。中华人民共和国成立之初,在制定的对外贸易政策中,决定以对苏联贸易为主,"但同时要准备和波捷德英日美等国做生意"。

1950年10月,中国人民志愿军赴朝作战,拉开了抗美援朝战争的序幕。美国政府悍然宣布管制中国在美国的全部公私财产,不仅禁止一切美国货物、船只进入中国,还操纵巴黎统筹委员会对中国实行国际性的全面封锁和禁运。① 这使得我国在之后的国际合作中遇到了很大困难。

中央广播事业局的同志就开办电视台的想法征求了当时在任的苏联专家组组长契柯年柯的意见。契柯年柯认为,当时我国还缺少发展电视事业的条件,不适宜马上开办电视台。这无疑是给我国创办电视事业泼了一盆冷水。"可是我们不信邪,经过反复研究,我们认为虽有风险但还是应当上。"②

中国电视事业起步的1958年,正值我国特殊的历史时期,"大跃进"和"三年困难时期"致使国家财政遭受很大损失,"大跃进"打乱了国民经济秩序,浪费了大量的人力物力,造成了国民经济比例严重失调,使社会主义建设事业遭受重大损失。

在当时艰苦的条件下,中国电视人认为:"客观条件是有限的,主要得靠人的主观能动性去克服困难,去闯,去创造。"③有了必胜的追求,也就有了果断的行动。

(一)技术突破

电视事业的发展建立在高科技基础之上,它是涉及众多学科的综合性事业。它的建立要以科技和硬件基础为支撑,而科技的基础是人才。

人才准备。早在1953年,在筹划建立电视台之前,中央广播事业局就派出了10名技术人员赴捷克斯洛伐克民主共和国学习有关电视的技术。1956年5月,学成回国。其中专攻电视技术的章之俭等人与清华大学无线电系合作,共同进行黑白电视设备的设计研制。北京广播器材厂参与了试制电视发射和播送系统设备的工作。1956年冬天,国内一些高等院校也开始开设电视专业技术课程,为发展电视事业培养人才。

引进、仿造设备。1956年10月6日至12月26日,日本商品展览会在北京、上海先后举行。北京的展会是在北京展览馆举行的,展会上展品丰富,观者如潮。在展会中有一套50瓦的电视发射、放映设备,人们用它在劳动人民文化宫、北京市少年宫等地轮流放映电视节目,引起了观众的热烈反响。很多人远道而来,出于好奇,争先恐后地观看小电影。④ 展会结束后,中央广播事业局买下了这套设备作为样机,由刚从国

---

① 胡绳.中国共产党的七十年[M].北京:中共党史出版社,1991:290.
② 梅益.自力更生创建中国第一座电视台[J].电视研究,1993(台庆专刊).
③ 杨伟光.往事如歌:老电视新闻工作者的足迹[M].北京:人民出版社,1997:20.
④ 俞绍堃.48年前的日本商品展览会[N].北京晚报,2004-09-08(42).

外进修回来的工程师、中央广播事业局的技术干部、清华大学的教授、北京广播器材厂的领导和工人组成攻关小组,开始了研究、设计和试制电视发射、放映设备的工作。①

研发人员于1957年8月,设计、研制出了中国最早的电视发射核心设备试验机,这非常鼓舞人心。于是,中央广播事业局决定,除个别不能自行生产的必要器材,如摄像管等仍需进口外,电视台所需的其他设备,包括中心设备和发射设备,均采用国产元器件,由我们自己设计制造。同时,北京广播器材厂受命开始试制电视发射机和播送系统设备。

1957年10月,文英光等第一批调入人员从中国人民解放军八一电影制片厂(以下简称"八一厂")到北京电视台报到。当时,北京电视台的播出设备还在北京广播器材厂紧张地进行制造和调试,从苏联进口的几十台黑白电视机也正在北京电视台的灰楼五层由王府井广播服务部的几位技术人员进行线路的调整。②

1958年3月12日,北京广播器材厂(一说是广播局技术处,即广播科学研究所前身)试制出了第一批黑白电视播控设备,全套设备包括1,000瓦黑白图像发射机、500瓦伴音发射机、播送室低周控制设备、摄像机等,并完成了调试工作。与此同时,又从国外进口了一部分器材,为在我国建立电视台做好了必要的技术、设备准备。③ 这套技术设备是由广播局技术处的同志们进行安装调试的,而值机人员则是由广播电台的中控室代为管理。

图1-1 国产"北京"牌黑白电视机

在接收机的置备上,我们采用两种方式进行。1958年1月,国营天津无线电厂装配厂仿照苏联"旗帜"牌电视机,试制成功了"北京"牌黑白电视机(见图1-1)。3月17日,这台电视机从天津运抵北京,与北京广播器材厂研制的黑白电视发射机配合试播,经过精心调试,电视图像清晰、伴音良好。同年,我国还从苏联进口了一批"红宝石"牌和"记录"牌电视机,以分期付款的方式投放到市场。④

台址建设。1958年3月,当时坐落在北京复兴门桥头的广播大厦,建筑主体结构已经竣工,而楼内的装修安装工程还在夜以继日地紧张施工中。大楼在设计时,没有考虑到电视播出的需要,因此没有设计演播室、中心机房和发射机房。后来临时将大厦西南侧四楼拐角处的一个会议室(一说是排练厅)和部分办公室改建成演播室和中心机房,计划在5月1日开机试播。⑤ 演播室大约有60平方米,其中一个角落用三合板和玻璃隔出一间约9平方米的视频、音频导演控制室,还有一个20多平方米的电影

---

① 梅益.自力更生创建中国第一座电视台[J].电视研究,1993(台庆专刊).
② 杨伟光.往事如歌:老电视新闻工作者的足迹[M].北京:人民出版社,1997:138.
③ 中华人民共和国史广播电视编辑部.当代中国广播电视回忆录:第一集[M].北京:中国广播电视出版社,1995:15.
④ 郭镇之.中国电视史[M].北京:中国人民大学出版社,1991:8.
⑤ 杨伟光.中央电视台发展史[M].北京:中国广播电视出版社,2010:65-66.

放映、摄像室,以及由3间办公室改造成的中心机房,加起来共有七八间办公室。发射机房在大厦的10层,由两个大会议室改建而成,装有一部电视发射机。天线为大厦顶端的两层蝙蝠翼式,高度为80米,有效覆盖半径为25公里范围的北京市区。[①]

1958年3月18日,新华社一条"我国制成电视发射机"的消息刊登在《人民日报》上。消息称:"北京广播器材厂的职工还正在安装一辆流动电视车,准备今后把球场上的球赛和舞台上的戏剧演出的实况,传送到电视台后再转播出去。"这是电视台即将开播的第一个消息。[②]

(二)组织准备

在技术、硬件准备的同时,组织准备工作也开始了。为了赶在台湾之前实现电视节目的播出,各项准备工作也加快了速度。

1957年8月16日,中央广播事业局党组根据周恩来总理的批示,通过了《关于设立电视试验台筹备机构的决定》,决定成立北京电视试验台筹备处。[③] 中央广播事业局任命罗东为北京电视试验台筹备处主任,孟启予、胡旭为副主任(罗东、孟启予后来分别担任了北京电视台正、副台长),并提出要于1958年5月1日开始试验播出,筹建电视台的活动就此紧锣密鼓地开始了。[④]

罗东后来回忆说:"我过去长期从事报纸和广播工作,没有想到让我和孟启予、胡旭同志负责筹建新中国第一座电视台。我当时既高兴又紧张。高兴的是电视是一种新兴的传播事业,有着广阔的发展前途,而且这种开创的事业会给人带来无限的战斗乐趣。我这个人就是喜欢那种'打天下'的工作,这种爱好也许是从过去战争环境中带来的吧。紧张的是电视究竟是什么样子,我并没有见过,当然也就更谈不上'胸有成竹'了。"[⑤]

除了技术人员外,业务操作人员的队伍建设也很重要。北京电视试验台筹备处班子成员到处招兵买马、寻求援助。先是从中央人民广播电台播音组和广播文工团暂借来了播音员[⑥]及其他工作人员。又在文化部电影局的大力支持下,从八一厂、中央新闻纪录电影制片厂(以下简称"新影厂")调来了编导、摄影、剪辑、灯光、照明、洗印、配音和放映等电视播出所需的全套技术人员。[⑦]

在技术准备、人员准备紧锣密鼓地进行的同时,对于将要播出的节目,也开始了思

---

① 杨伟光.往事如歌:老电视新闻工作者的足迹[M].北京:人民出版社,1997:188.
② 王希建.岁月拾贝[M].北京:中国广播电视出版社,2002:135.
③ 张庆,胡星亮.中国电视史[M].北京:中央广播电视大学出版社,1996:41.
④ 徐光春.中华人民共和国广播电视简史[M].北京:中国广播电视出版社,2003:102.
⑤ 罗东.难忘的试播期[J].电视研究,1998(5).
⑥ 杨伟光.往事如歌:老电视新闻工作者的足迹[M].北京:人民出版社,1997:188;郭镇之.中国电视史[M].北京:中国人民大学出版社,1991:8.
⑦ 杨伟光.中央电视台发展史[M].北京:中国广播电视出版社,2010:5,74;于广华.中央电视台简史[M].北京:人民出版社,1993:3.

考和策划。中央广播事业局于1957年12月至1958年3月派出以罗东、孟启予等人组成的电视工作者代表团前往苏联和德意志民主共和国(以下简称"民主德国")学习考察,主要考察两国电视节目的设置和组织的经验。

在各方面条件基本就绪后,北京电视台于1958年3月开始试运行,对自行设计、制造的电视发射播出设备进行了约一个月的运转实验。实验证明这些设备已基本达到国际上电视播出的水平。

就此,中央广播事业局党组于1958年4月29日向中共中央宣传部、国务院(并转党中央)提交报告:在北京建立的电视试验台拟于1958年5月1日开始实验性播出。报告指出:"电视台应该根据自己的工作特点,担负起宣传政治、传播知识和充实群众文化生活的任务。在实验期间,电视广播很难担负起党的各项宣传任务,但在定期的播出节目中,必须根据党的方针政策,尽可能地反映当前国家和人民政治生活中的重大事件,报道社会主义建设的成就,宣传科学技术知识以及介绍各种优秀剧目和艺术影片,并为少年儿童观众准备一定数量的节目。"①这段话的核心内容后来被总结为北京电视台的"三大任务"。这反映出当时广播电视管理者对于电视事业的性质、任务和功能的认识,也成为电视事业初创时期的政策方针。

三、试办节目

(一)第一次播出

1958年5月1日,新华社发出电讯,宣布:"中华人民共和国第一座电视台——北京电视台已在5月1日,开始试验广播。"1958年5月1日是星期四,晚上19点,北京电视台开始播出电视节目(当时播出的是黑白画面)。在北京的电视荧屏上映出了以北京广播大厦为背景、在扩散的电波图形上写有"北京电视台"5个大字的电视画面。当晚的节目是这样安排的:

1.19:05 庆祝"五一"座谈会;

2.19:15 新闻纪录影片;

3.19:25 诗朗诵;

4.19:30 舞蹈;

5.19:50 科学教育影片。

播出的第一个节目是《庆祝"五一"座谈会》,与会者是来自北京通用机械厂的八级钳工佟春荣、北京市劳动模范石景山钢铁厂炼钢部二高炉的炉长刘万元、北京西郊四季青农业生产合作社主任郝德才,他们或是工业战线的先进工作者,或是农业战线的标兵。节目由中央人民广播电台的女记者李宜主持。在座谈会上,与会嘉宾介绍了各自的生产

---

① 壮春雨.中国电视概述[M].北京:中国广播电视出版社,1985:28;于广华.中央电视台简史[M].北京:人民出版社,1993:4.

情况并提出跃进计划,节目中还穿插播出了一些生产图表和农村社员劳动的照片。由于节目在前一天经过排练,所以可以在预定的 10 分钟时间里较顺利地完成。①

第二个节目是新闻纪录片《到农村去》,该片由新影厂摄制,主题是干部下放。1957 年年初,国家将上百万干部下放至农村、工厂参加体力劳动。1958 年 2 月 28 日,中共中央发出了《关于下放干部进行劳动锻炼的指示》,文件指出,为了建立一支有阶级觉悟和业务才能、经得起风险和密切联系群众的为共产主义奋斗的工人阶级知识分子队伍,应该有计划地组织动员大批知识分子干部到工厂、农村去参加体力劳动,到基层主要是到农村参加劳动。该片对这个运动进行了宣传。

第三个节目是诗朗诵,有两个作品:《工厂里来的三个姑娘》和《大跃进的号角》。它们的作者是陶冰、大行,朗诵者是中央广播剧团的李燕、王显等。

第四个节目是三个舞蹈作品:《四小天鹅舞》《牧童与村姑》《春江花月夜》,由北京舞蹈学校的师生表演。第一个舞蹈由该校欧洲舞剧科四年级学生沈清燕、吴振善、郑一林、钟润良表演,第二个舞蹈由该校民族舞蹈科五年级学生邓傅正、朱清渊表演,第三个舞蹈由该校民族舞蹈科教员周广慧表演。

最后一个节目是科学教育影片《电视》,由苏联莫斯科科学普及电影制片厂摄制。

当晚节目的导演是王化南。

由于没有录像设备,播出的五个节目,除了两个纪录影片是用胶片预先摄制好的,其他节目都是用摄像机进行的直播。在直播过程中,由于设备条件简陋、人员操作技术生疏,节目内容虽然简单,但小小的简易演播室里仍显得异常紧张、忙乱。在节目进行中,一架摄像机还出了故障,导演采取应急措施,改变了原来的分镜头计划,才使播出继续进行下去(如图 1-2)。

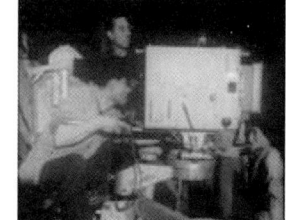

图 1-2　第一次电视节目播出演播室现场

(二)对第一次节目的分析

从内容上来看,中国第一次播出的电视节目可以说是新闻节目与娱乐节目的拼盘。从各个节目的时长也可看出这一点:座谈 10 分钟,纪录片 10 分钟,朗诵 5 分钟,舞蹈 20 分钟,最后一个科教片时长不详。在整个节目播出的过程中,新闻类节目的时长超过了娱乐节目。

第一个电视节目是演播室谈话。谈话题目出于当天是"五一国际劳动节";谈话内容具有很强的时效性和适宜性,属于新闻节目。因此,可以说我国的电视新闻始于谈话节目。

因为偶然的原因,谈话节目成为中国播出的第一个电视节目。巧的是,其"组织者"(主持人)也是后来历经多年、千呼万唤始出来的出镜记者(中央人民广播电台的女

---

① 郭镇之.中国电视史[M].北京:中国人民大学出版社,1991:3.

记者李宜)。可能有人会认为这是一种巧合,但这种现象的出现有其必然性。早期由于技术条件的限制,所有的电视节目都是在镜头前直接播出的,因此,记者做主持人有其必要性。作为节目的采访制作者,记者最了解其内容,在节目中,他们是主观能动的制作者,是真正能对节目内容实施有效掌控的人,因为他们知道对内容把握的分寸和播出操作的程序。在播出中国电视节目的开山之作时,各类人才都极其缺乏,无暇顾及铺张排场及其他外在因素,从而产生了这种直接、朴素、本质、准确的、基于第一反应的操作模式。据这个节目"组织者"(主持人)李宜后来回忆,电视台要求当天第一个节目必须是政治性的(节目表计划也是如此),因为电视台没有合适的人员,就委托中央人民广播电台来帮助完成这个任务。当时在中央人民广播电台工作的女记者李宜接受了这个任务,她不仅采访写作了稿件,而且还撰写了分镜头脚本。①

纪录片。第一天播出的两个纪录片在广义上也算是新闻节目。其中一个是我国自制的新闻纪录片,这个片子具有较强的现实性、新闻性,类似专题新闻报道。另一个则是外国的科学教育影片,它讲解的内容是电视原理,具有很强的针对性,也是第一次收看节目的观众希望了解的知识。将外国科学教育影片放在最后也暗合了民族文化优先的现代传播理念。新闻纪录片(或专题)和科学教育影片被放在第一次节目中播出,也有其必然性。后来的电视实践证明,这两类节目都是电视节目的骨干内容。

文艺节目。这类节目对于电视播出而言较为简单。

从第一次播出的节目安排上可以看出,从性质上来说,它们完全符合电视的"三大任务"——宣传、知识和娱乐。从内容和形态上来看,新闻节目与娱乐节目都是电视的"原生"节目,即它们有为人们所需要的内容和自己独特的表现形式。虽然后来这两类节目在形式上多有互相借鉴,但比较而言,这两类节目的内容是电视节目的基本类别、骨干节目。

北京电视台第一次播出的节目基本都是由外部人士组织的。纪录片不用说了,是"制成品",仅需转换即可放映;舞蹈、朗诵等节目也都是早已有之的文艺形式,区别只是在舞台上表演还是在电视荧屏上展示。就连当天唯一的演播室谈话节目也可以看作是广播节目的电视版。所以从以上这些特点可以看出,电视是在其他相关媒介的基础上成长起来的,它不仅借鉴其他媒介的相关做法,而且很多节目从形式到内容都是直接"拿来主义"的产物。在初创时期,电视台很多时候只是一个播出单位而不是制作单位,所播出的节目缺乏原创性。

无论如何,北京电视台的第一次播出,标志着电视事业在中国的起步,掀开了中国媒介历史新的一页。

中国电视开播距1954年毛泽东主席最初动议创立电视事业仅4年,距1955年周恩来总理批准建台立项仅3年,距1956年5月开始技术攻关仅两年,距1957年8月成立北京电视试验台筹备处仅8个月,距1957年10月第一批业务人员调入仅半年,距1958年

---

① 赵水福.世纪心语:中国老广播电视工作者感悟录[M].北京:中国国际广播出版社,2003:251.

3月广播大楼——台址土建完工仅两个月,距有关人员到苏联、东欧学习节目设置归国仅两个月,距1958年4月29日广播局向国务院报告试验播出日期仅两天。

这一系列数字告诉我们的是当年工作的高速度与高效率,到处都昂扬着一股蓬勃的朝气和奋发创造的活力,中国的电视事业就是在这样的时代创建的。

第二节 初创时期新闻节目统计及分析

一、初创时期新闻节目统计

(一)试验播出阶段的节目

在试验播出阶段(1958年5月1日到9月2日),北京电视台确定了自己在这一阶段的任务:试办各种形式的节目,取得办节目的经验。通过试验播出继续培训业务人员和工程技术人员,继续调整和改进电视设备的性能。做好正式播出前的各项准备工作,包括技术、设备、人才、节目组织能力等。通过试验播出训练干部、积累经验、打好基础,为以后的正式播出做好准备。

北京电视台在试验播出期间,每周播出两次节目,逢星期四、星期日播出,每次时长3小时左右,节目安排不完全固定。从北京电视台试验播出节目时间表上也可以看出这一特点。

1.节目时间表(试行)

1958年5月1日—6月30日,每周播出两次节目,逢星期四、星期日播出(见表1-1、表1-2)①。

表1-1 北京电视台试验播出阶段星期四节目时间表

	时间	播出	内 容
1	19:00		开始标志和开始曲,本日节目预告
2	19:05	第一周	文艺节目(小型歌舞短片和猜谜娱乐节目)
		第二周	儿童广播节目(木偶戏、动画片)
3	19:35	第一周	科技卫生和实用知识节目(科学教育影片)
		第二周	政治节目(自制新闻类综合报道影片)
4	20:00		故事片
5	22:00左右		3日气象预报,节目预告,结束

---

① 郭镇之.中国电视史[M].北京:中国人民大学出版社,1991:28.

表 1-2　北京电视台试验播出阶段星期日节目时间表

	时间	播出内容
1	18:45	开始标志和开始曲,本日节目预告
2	18:50	《新闻周报》影片
3	19:00	实况转播剧场演出、运动场赛事或播送故事影片
4	22:00 左右	3 日气象预报,节目预告,结束

从节目表来看,每次播出时长为 3 小时左右,其中主要时段周四(20—22 时)两小时、周日(19—22 时)3 小时的整段时间都是播出电影、剧场演出或运动场比赛实况。其他时间,播出的是文化娱乐及知识性节目,以及儿童节目——这是电视台最早的对象性节目。而新闻节目只在隔周周四有一档 25 分钟的自办节目(政治节目),另外一个新闻节目是每周日的 10 分钟的《新闻周报》(由新影厂制作,后改为《新闻简报》)[①]。自办的新闻节目不是每次节目中都有,而且在总时长中所占比例很小。自办的新闻节目与《新闻周报》两个节目相加,新闻类节目也只占节目总时长的 5% 左右。随着电视新闻事业的不断发展,以后的新闻类节目实际播出量大大超过了计划的数量。

2.试验播出阶段新闻节目统计

(1)电视新闻片统计

根据广播电影电视部档案室的播出节目单[②]记载,在 1958 年 5—8 月这 4 个月的试验阶段里,每周播出两次节目,每月各有 9 天计划播出时间,由于这家档案室保存的北京电视台 1958 年 5 月的节目单全部遗失,所以只有 6 月以后的节目记录。6—8 月这 3 个月计划有 27 天播出。"七一""八一"两天增加特别节目播出,实际播出 29 天,其中 1 天没有保存节目单,有记录的实为 28 天。

数量总计。自制新闻播出 18 天共 23 条,《新闻简报》播出 13 天共 14 集,3 场转播,7 部纪录片,两个特别节目(见表 1-3)。

计划播出日中 10 天没有自制新闻,这 10 天中 4 天为周日,6 天为周四。其中 4 天既没有自制新闻也没有纪录片,占 14.3%,另外 85.7% 的播出日都至少有一档新闻节目,也就是说平均每五六次播出中只有一次没有新闻节目。

自制新闻占播出天数的 64.3%,即接近三分之二的播出日有自制新闻;虽然在节目计划表中应是在双周周四播出,但实际上从上述记录来看,并不那么死板,周日播出新闻的次数也并不少见。从这个数字上来看,实际播出新闻的次数比计划多。总的来说,在试验播出阶段,新闻的播出量还是很有限的(具体播出情况见附录1)。

---

① 资料来源:《我与〈新闻简报〉》,中央新闻纪录电影制片厂网站 www.cndfilm.com。
② 杨伟光.往事如歌:老电视新闻工作者的足迹[M].北京:人民出版社,1997:50.

表1-3　1958年6—8月北京电视台新闻节目播出数量统计表

节目名称	自制新闻	新闻简报	转播	纪录片	特别节目	总计
播出天数	18天	13天	3场	7部	2次	28天
播出数量	17条	14集				

内容统计。根据广播电影电视部档案室保存的节目单,对其中6—8月自拍新闻片有名称记录的做内容统计(见表1-4,具体篇目见附录2)。

表1-4　1958年6—8月北京电视台新闻节目内容分类统计表

分类	经济建设	农业	会议	时政	文教	体育	科技	外事	英模	合计
条数	4	3	1	1	3	2	1	1	1	17
占比(%)	23.5	17.6	5.9	5.9	17.6	11.8	5.9	5.9	5.9	100

(注:有两条新闻系重播,其中一条材料里有标注,另一条可能是上个月内容的重播,故计算进来,合计为17条。)

(2)纪录片统计

该节目串联单上记录的纪录片首播的为5部,[①]1部重播。从题目推测内容大概如下(见表1-5)。

表1-5　1958年6—8月北京电视台纪录片内容统计表

分类	经济建设	体育	外事	英模	合计
部数	2	1	1	1	5
占比(%)	40	20	20	20	100

综合以上两类内容统计可见,在最初的电视新闻性节目中,经济建设内容的数量比例最高,农业、文教、外事、英模也占一定份额;但整体数量太少,显示出试验播出阶段的特性。

(二)正式播出后的新闻节目

经过三个月的试验播出后,1958年7月31日,北京电视试验台筹备处向中央广播事业局党组发出报告,请求于1958年9月2日正式播出并建立正式机构。1958年8月25日,中共中央宣传部批复同意了中央广播事业局党组的报告。

1958年9月1日,《北京晚报》报道:"我国第一座电视台——北京电视台经过4个月试验播出以后,将从9月2日起开始正式播出。该台正式播出以后,每周节目增

[①] 杨伟光.往事如歌:老电视新闻工作者的足迹[M].北京:人民出版社,1997:50.[五部纪录片目如下:6月15日新影厂纪录片《锻炼》;6月29日新影厂纪录片《英雄赞》;7月17日政治节目《全民抓钢》;8月3日《新闻简报》《毛泽东与赫鲁晓夫会谈公报》;8月28日纪录片《厂穷志不穷》;8月31日新影厂纪录片《锻炼》(重播)]。

至 4 次（二、四、六、日）。"正式播出后，北京电视台每周 4 次的节目每次时长为 2 至 3 小时，与试验期持平。①

9 月 2 日晚 19 时 30 分开始正式播出时，播音员的开播语是："各位观众！晚上好！北京电视台经过 4 个月的试验播出以后，从今天起开始正式播出了，这是全民大跃进中结下的果实。北京电视台在今后将按照自己工作的特点，把宣传政治、传播知识和充实群众文化生活作为自己的任务。根据党的社会主义建设总路线的精神，宣传全国和北京地区工农业生产大跃进及'文化革命'的成就，做好时事、政治、军事方面的宣传，加强社会主义和国际主义的宣传，广泛传播科学技术知识，大力推荐优秀文艺创作，以及做好对少年儿童的共产主义教育。北京电视台的全体工作人员在党的领导下，一定要鼓足干劲，力争上游，办好首都电视广播，不断提高电视节目的质量和技术水平，充分发挥这个工具的作用。我们衷心希望各位观众今后经常给我们督促和帮助。"②

1.新闻节目播出数量统计

正式播出后，北京电视台开始创办了口播新闻栏目——《简明新闻》。

播出天数统计。在 1958 年的 9 月、10 月、12 月这 3 个月每月都各有 17 天，11 月为 18 天计划播出日，合计 69 天，这期间仅有 8 天没有新闻节目播出（包括自制新闻、新闻简报、新闻纪录片），它们是 9 月的两个星期日、10 月的 3 个星期日以及 10 月的 3 个工作日。③ 在计划之外，另有 9 天是在非播出日增加的播出，其中 6 天在星期三、1 天在星期一、两天在星期五；增播中有 8 次内容是转播大会或演出，1 次是年终节目；其中年终节目是新闻综述和纪录片，另有两天播出了简明新闻，其余 6 天没有播出新闻。

在试验播出阶段，计划播出与增播相加，4 个月总共有 78 天播出，其中共有 14 天的节目单中没有播出新闻节目的记录，占 17.9%，其余 64 天的节目中有新闻节目的播出，占 82.1%，也就是平均 5 天中有 1 天没有新闻节目。在增加了节目播出次数后，新闻节目的播出在数量上也与试验阶段的比例基本持平，这说明数量增加了。而当时现场转播的内容多为当日召开的大会或时政性文艺活动（详细内容见附录 3），也多属新闻性质，这样算起来新闻节目播出的比例更大，仅有 6 天没有新闻节目、转播的播出记录，加上转播中有一次是文艺节目，即共有 7 天没有新闻类节目，占总播出天数的 9%。

具体数量统计。正式播出后，由于每周播出次数的增加，新闻播出的次数也增多了，并增加了《简明新闻》栏目，新闻条数大幅度增加。在 64 天的新闻节目中，有自制新闻的达 51 天，共计新闻 414 条（其中 52 条为自制新闻片，360 条为简讯，两条苏联新闻）；新闻简报 16 集，纪录片 34 部，综述（专题）片两部，转播 15 场，另有两天的自制

---

① 于广华.中央电视台简史[M].北京：人民出版社，1993：5.
② 杨伟光.往事如歌：老电视新闻工作者的足迹[M].北京：人民出版社，1997：50.
③ 也可能当天有节目但没有记录。从核对的资料来看，当时的记录很零乱，不是很清晰。

新闻为重播。其中增播 9 次应该看作是特别节目(见表 1-6)。

表 1-6　1958 年 9—12 月北京电视台新闻节目播出数量统计表

1958 年	计划与增播天数	自制新闻	国际	简明	新闻简报	新闻纪录片	现场转播	重播新闻
9月	17	10天23条	—	0	5天	3天4部	—	1条
10月	17+3增播	3天4条	—	0	4天	8天12部	6天7次	—
11月	18+4增播	7天8条	—	20天181条	4天	6天7部	6次	1条
12月	17+2增播	11天17条	2条	17天179条	3天	8天13部	2次	—
合计	69+9=78天	31天52条	2条	37天360条	16集(天)	25天36+2部①	15次	2天

以上统计可见自制电视新闻节目每次平均播出约 2—3 条,实际为 1—4 条;每条新闻有长有短,短的为 2 分钟,大多在 4 分钟左右。简明新闻,在 5 分钟的节目时间中平均一次播出 10 条,实际为 6—13 条,每条长度在半分钟左右。每次新闻节目总长度约为十多分钟。②

2.新闻节目内容统计

(1)新闻节目

上述自制新闻有题目记载的共 42 条(详见附录 4),根据题目推测其内容,分布状况如下(见表 1-7)。

表 1-7　1958 年 9—12 月北京电视台电视新闻片内容分类统计表③

分类	经济建设	农业	会议④	会接见	文教	科技	体育	外事	国际	合计
条数	17	1	6	1	4	1	1	7	4	42
占比(%)	40.4	2.4	14.3	2.4	9.5	2.4	2.4	16.7	9.5	100

(2)纪录片

根据石凤山同志查阅的节目单,其中 9—12 月份播出的纪录片有名称记录的(详见附录 5)共 26 部,根据题目推测内容,以此做分类统计(表 1-8)。

---

① "+2"是指 12 月 31 日有两部新闻回顾的新闻电影剪辑算在这个纪录片类别里了。新闻纪录片中有自制的和电影厂制作的两种。节目不同类别有同一天播出的,所以总数超过播出天数。
② 杨伟光.往事如歌:老电视新闻工作者的足迹[M].北京:人民出版社,1997:50,147.
③ 杨伟光.往事如歌:老电视新闻工作者的足迹[M].北京:人民出版社,1997:50.
④ 除全国会议外还有两次宴会(酒会)。

表 1-8　1958 年 9—12 月北京电视台纪录片内容分类统计表

分类	经济建设	农业	军事	文教	科技	人物	事件	风貌	国外	合计
集数	9	3	1	1	2	4	1	4	1	26
占比(%)	34.6	11.5	3.8	3.8	7.7	15.4	3.8	15.4	3.8	100

综合以上两个类别的内容统计可见,电视新闻类节目中经济建设类题材的数量最多,其次是会议、外事、人物、文教类题材,也达到一定比例。新闻片以经济与时政为主,纪录片中经济类最多,此外如人物、风貌等题材的比例也不低。

(3)实况转播

根据石凤山的节目单及其他人的相关记载,将其中 6—12 月份实况转播目录(详见附录 6)做内容统计(见表 1-9)。

表 1-9　1958 年 6—12 月北京电视台实况转播内容分类统计表①

分类	会议	体育比赛	文艺演出	合计
次数	8	3	8	19
占比(%)	42.1	15.8	42.1	100

10 月底,为了欢迎志愿军凯旋,接连几天都有相关内容的各类转播。从内容统计来看,实况转播会议数量略低于文体娱乐活动。

早期的节目记录比较粗略,几种记录也存在一些不一致的地方。上述统计只是基于这些资料,从中还是可以看到当年的概貌。

从第一年的播出数量上来看,无论是试验期还是正式播出时,播出天数都超过了计划。在 5—8 月 4 个月的试播期中,85.7%的播出日均有一档新闻节目;正式播出后,计划播出日数量翻了一番,新闻节目和时政类转播的天数所占的比例也有所提高,达到 91%。《简明新闻》栏目的增加,使每天的新闻条数从之前的 1—2 条,大幅上升至 10 多条。在新闻题材上,无论试验期还是正式播出时,都是以经济新闻数量最多,其次是时政类。

二、初期新闻节目样式

这里的初期是指 1958 年到 1959 年上半年。以下将根据节目出现的顺序对各类别节目进行叙述。

---

① 注:将十一晚会放到了文艺演出一栏中,似乎不太合适,但没有另外设类。据戴五生的日记,石凤山记录的一次转播没有成功,因此没有计算在内。石凤山与戴五生记载的怀仁堂人大常委会和政协扩大联席会转播日期不同,最后以戴五生的日记为准。

(一)新闻节目的不同样式出现

1. 谈话节目

试播第一天的第一个节目——《庆祝"五一"座谈会》,即谈话节目,前面已有分析,不再赘述。

1958年6月8日,北京电视台播出了一个电视讲话,由河南省封丘县应举农业生产合作社主任崔希贤主讲,是为了配合毛泽东在6月1日出版的《红旗》杂志创刊号上发表的文章《介绍一个合作社》而制作的。当年3月20日,中共河南省封丘县委给毛泽东提交了一份报告,介绍该县应举农业社依靠集体力量,战胜自然灾害、改变落后面貌的事迹。4月15日,毛泽东在广东写了一篇题为《介绍一个合作社》的文章,提出了著名的"穷则思变,要干,要革命。一张白纸,没有负担,好写最新最美的文字,好画最新最美的画图"的论断。这次节目是响应毛泽东"这篇文章值得一读"、向全国"推荐一个合作社"的号召。电视讲话虽是一个人的谈话,但也在谈话节目范围内。

2. 纪录片

从试播开始,便一直有新闻纪录片播出。如试播第一天的第二个节目,就是由新影厂摄制的新闻纪录片《到农村去》。5月4日播出了"五一国际劳动节"天安门广场游行的纪录片。这是在事后第三天播出的纪录片,还是相当快的。①

1958年7月,北京电视台播出了由本台记者孔令铎、庞一农摄制的新闻纪录片——《英雄的信阳人民》,其内容反映了河南信阳人民抗旱夺丰收的业绩。这是第一部由北京电视台自制的电视新闻纪录片。1958年10月1日当天又摄制、播出了《中华人民共和国建国九周年庆典纪实》,这部长达20分钟的新闻纪录片的播出,使观众及时看到当天的庆典盛况,显示出电视在时效上的优势。②

3. 国际新闻片

在中国电视中首先亮相的国际新闻片是由外国制作的。1958年5月8日,北京电视台开播一周后,首次播出了社会主义国家集团之一——民主德国为庆祝"五一国际劳动节"和北京电视台试播而发来的祝词和电视新闻片。随后苏东各国陆续提供了很多新闻片,成为北京电视台最方便播出的新闻节目。

4. 图片新闻

开播半个月,5月15日星期四,北京电视台在节目中播出了第一个图片新闻——"'东风牌'小轿车",这也是北京电视台第一次自办新闻节目。节目报道的是三天前即5月12日,第一辆国产"东风牌"小轿车CA71在第一汽车制造厂试制成功,向正在北京召开的中共八届二次会议献礼。片子约长4分钟,介绍了"东风牌"小轿车的情况,

---

① 杨伟光.往事如歌:老电视新闻工作者的足迹[M].北京:人民出版社,1997:50.
② 杨伟光.中央电视台发展史[M].北京:中国广播电视出版社,2010:13,37.

报道所用的图片、文稿均来自新华社(如图1-3)。①

5. 自制新闻片

关于"北京电视台最早的电视新闻"这个问题有不同的说法。有人认为6月1日播出的由本台记者孔令铎、李华拍摄的《中共中央机关刊物〈红旗〉杂志创刊》(节目长约3分钟,用16毫米反转胶片拍摄、制作),是"北京电视台的屏幕上最早出现的电视新闻片"②。而据夏之平同志回忆,在时任中央广播事业局副局长周新武同志当年的记事本中有这样的文字记载:"5月29日播出了自己拍摄的电视

图1-3 北京电视台第一个图片新闻"'东风牌'小轿车"

新闻:朱副主席到石景山钢铁厂为扩建工程剪彩。"③这是目前已知最早的、有文字记载的一条自制新闻。因为广播电视总局保存的电视节目播出单中缺少了1958年5月的内容,因此,这一时期的电视新闻播出情况也就无法从档案中找到依据。目前也尚未找到其他证据来证明这就是北京电视台自制的第一条电视新闻,但它确实早于6月1日播出的新闻片,且是目前可查证的第一条自制新闻。

另据参加创业的新闻部同志们回忆:在试播初期,确实没有电视新闻。原因是在刚开始试播的半个多月内,新闻摄影和演播室内的摄像工作是由同一拨人员承担的,"电视台领导决定把仅有的人力首先用在播出第一线。从八一厂、新影厂调来的编辑,从事电视节目播出值班导演工作,搞摄影的同志从事电视节目摄像值班……"④当时的摄影人员全部都在演播室里操作。所以,"在试播的前半个月没有电视新闻是可能的"。电视试播半个月后,初步具备了电视新闻的拍摄、洗印、制作条件和经验,"朱德副主席剪彩"的新闻也就有了自制播出的可能。

6. 现场转播

6月19日星期四,北京电视台首次组织了体育赛事的实况转播,播出的是八一男女篮球队同北京男女篮球队的表演赛,解说利用中央人民广播电台的实况转播声道。当时电视台处在创建初期,没有专门报道体育赛事的机构,体育新闻、体育专题和实况转播均由文教组的记者、编导承担,⑤所用设备是1956年日本商品展览会在北京举办后留下的2讯道转播车。周恩来总理当晚观看了这次现场直播,并在6月23日赴十三陵水库工地劳动时,向当时几位在场的中央广播事业局领导谈了他的观后感。总理说:"八一女子篮球队和北京女子篮球队的比赛中,解说员对北京队介绍得多,对八一队介绍得少,电视观众可能觉得不太公平。"⑥

---

① 莆鹏.中国电视大事记[N].文汇报,2000-12-31.
② 郭镇之.中国电视史[M].北京:中国人民大学出版社,1991:12.
③ 夏之平.建台第一年的电视新闻[J].电视研究,1998(7).
④ 杨伟光.往事如歌:老电视新闻工作者的足迹[M].北京:人民出版社,1997:139.
⑤ 任江舟.漫谈中央电视台体育新闻[J].电视研究,1989(4).
⑥ 夏之平.建台第一年的电视新闻[J].电视研究,1998(7).

由此看出,中国电视的实况转播始于体育赛事。

7.新闻影片

新影厂的《新闻简报》《世界见闻》《解放军简报》《体育简报》《科学珍闻》等各类新闻集锦影片,类似于后来的综合新闻节目,每期节目有 10 条左右的新闻。从前面试播期间的节目表中可见,星期日在播放开始曲和本日节目预告后,18:50 安排播出的就是《新闻周报》影片。但由于没有五月的节目串联单,所以不知具体开播时间。

8.口播新闻

1958 年 11 月 2 日,口播新闻出现在一个 5 分钟的新闻栏目《简明新闻》中。当天是由沈力播报,这一天是她第一次在屏幕上播报新闻,也由此成为我国第一位电视播音员。①

9.专题片

1958 年 12 月 31 日晚上,北京电视台播出了《胜利的 1958 年》,这是一部对当年的重要新闻事件总结回顾的片子,是一个新闻综述节目。"影片的素材可能来自电视新闻,也可能包括新影拍摄的新闻。"②这个节目的出现,说明在电视创办的第一年就已经开始运用影片素材编制新闻专题,只是在当年尚未使用这一名词。

10.电视评论

1959 年 6 月 18 日,北京电视台播出了电视评论《谈西柏林近况》。全部影片材料及部分录音资料由民主德国电视台提供,片子还附带了评论稿件。③

上述 10 项中的前 7 项都是电视台在试验播出阶段出现的节目样式,第 8、9、10 项是正式播出之后出现的节目样式。

从电视新闻方面看,基本实现了电视台开办前的计划,对各类节目都做了试验,并都成功播出。可以说试验阶段取得了很大成绩。电视新闻的优越性——时效性与形象性也已初步显示。

(二)开办初期的新闻类别

将以上节目归类,根据其所属类别进行分析。

1.纪录片

纪录片是早期新闻节目的一个主要类别。

建台初期电视纪录片与电视新闻片没有严格的界线,有长达几分钟的新闻片,也有不足 10 分钟的纪录片。创作方法和风格样式主要沿袭了国内电影纪录片的模式,两种片子的创作程序、制作方式以至使用的材料、设备也与电影厂的新闻简报和纪录片没有什么两样,电视特点并不明显。仅有的差别就是电影使用的是 35 毫米胶片,电

---

① 姚建红.中国新闻史事溯源[M].北京:中国新闻出版社,1989:132.
② 夏之平.建台第一年的电视新闻[J].电视研究,1998(7).
③ 于广华.中央电视台大事记[M].北京:北京广播学院出版社,1987:6;《当代中国的广播电视》编辑部.中国广播电视大事记[M].北京:北京广播学院出版社,1987:121.

视使用的是 16 毫米胶片；另外电视制作快、报道及时、篇幅长度相对自由。所以说新闻纪录电影就是早期我国电视荧屏上的新闻片。

从前面的内容统计中也可以看到，这些新闻纪录片主要是围绕党的中心工作和政策方针进行的宣传报道，内容大多是反映工农业生产建设成就、介绍先进典型、报道领导人活动、反映重大节日等。其手法主要是叙述、报道，选题内容和风格形式都比较单一。虽被称为新闻纪录片，但它们的选题和做法有不少类似于后来的专题片，是早期电视新闻节目的主要形式之一。

在电视诞生早期相当一段时间内，电视台播出的新闻纪录片主要有两个来源，一是新影厂、北京科学教育电影制片厂（以下简称"科影厂"），甚至八一厂、北京电影制片厂等电影厂，它们摄制的消息类和专题类长短纪录片，包括《新闻简报》，都是北京电视台新闻节目的主要来源；二是北京电视台记者自制的一部分新闻纪录片。如北京电视台 1958 年 10 月 1 日播出的《中华人民共和国建国九周年庆典纪实》，这部长达 20 多分钟的纪录片，是在庆典当天拍摄的，经手工冲洗、晾干，再逐段剪辑、审查。它实际上是一部未经配音和拷贝的编成样片，是黑白、无声的半成品胶片，不是电影片那种将画面与音乐、音响效果合成在一起的成品。这是因为当时北京电视台还不能制作有声拷贝影片，但电视片也因此而具有生产周期短、时效性更强的特点。①

2. 新闻片

（1）国际新闻

这是北京电视台最早播出的电视新闻，是当时的国际大背景造成的特殊现象。社会主义阵营的国家不仅支持我国建台，而且在建成电视台后，最先从节目上予以支助。苏联、罗马尼亚、民主德国、捷克斯洛伐克、波兰、匈牙利、保加利亚 7 国电视台按照与中国的双边合作协定，通过航空邮寄，不定期地把他们的电视新闻片及少量专题报道和歌舞片寄送给北京电视台。为此，北京电视台建立了不定期的国际新闻栏目。②

这些电视新闻和专题片都是 16 毫米胶片的黑白无声片，附有俄文、英文或其他外文的解说。这些片子的内容多是反映提供国国内工农业生产建设成就和人民生活的，形式多为新闻纪录片。

国际新闻在当时由北京电视台政治组的几名翻译人员负责编译。在北京电视台创建的早期，这些国家的新闻片在用于节目播出的同时也提供了制作的样板，为中国电视新闻带来了深刻、长远的影响。

（2）自制新闻片

北京电视台在刚试播的 1958 年 5 月底即播出了第一条自制新闻片。6 月以后，电视新闻逐渐多了起来，但还没有形成栏目，也没有固定的播出时间。不定期播出的电视新闻栏目类似于新影厂的《新闻简报》，但初期每次节目条数很少，常常仅有一

---

① 杨伟光.中央电视台发展史[M].北京：中国广播电视出版社，2010：37.
② 夏之平.建台第一年的电视新闻[J].电视研究，1998(7)；杨伟光.中央电视台发展史[M].北京：中国广播电视出版社，2010：19.

两条。

由于受到"大跃进"浮夸风的影响,电视新闻中也曾宣传了不少浮夸、虚假的内容,如报道"放卫星""亩产万斤"等。

除了自制的新闻,北京电视台还播出了由地方台摄制的电视新闻。1958年,上海和哈尔滨也建立了电视台,它们都曾把自己拍摄的新闻片提供给北京电视台。如1958年11月20日,北京电视台播出了上海第二次青年社会主义建设积极分子大会的电视新闻,以及12月18日的电视新闻中有一条"上海市第一届农民运动会"的报道。①

"中央电视台(当时为北京电视台)和地方台从一开始就建立了互相支援的密切关系。中央台向地方台提供重要的全国性新闻,并成为地方台培养记者、编辑的基地;地方台则把本地重要、新鲜的信息源源不断地向中央台寄送。"②

(3)图片新闻

图片新闻是中国电视新闻的最初形态之一,它是一种特殊的图像报道——静态图像——照片报道,是一种将新闻图片画面进行分切组合拍摄再加上解说的新闻报道形式。5月15日,北京电视台第一次在节目中播出了图片新闻"'东风牌'小轿车",当年9月2日,北京电视台正式开播后开辟了《图片报道》栏目。③早期的资料图片多来自新华社。

图片新闻的播出方式是在演播室中将新闻照片置于两台摄像机前,两台摄像机按照预先设计的方案,轮换拍摄照片的不同部位,形成画面镜头,在导播台上切换播出;另外由播音员同步播读编辑撰写的解说稿,达到声画同一的效果。因此,它实际上是由静态图像构成的新闻片,所以被俗称为"拉洋片"。"这样一个形式简单的节目,却曾起到了充实屏幕的作用。……尽管是'死'的照片,但它却是具体的、形象的,再配上音乐和解说,这样就既不同于报纸,又不同于广播,开始有了自身的特点。"④

这种形式的出现是由于当时设备、人才、财力等多方面资源短缺,电视台很少能拍到新闻图像,为了电视画面的要求不得已采取的权宜之计。这在当时可以说是一种能够很好地利用已有手段且易于操作,也能让观众接受的形式,也暗合了电视媒体"汇天下精华"的思想。直到20世纪70年代,很多地方电视台仍以图片新闻作为自制电视新闻的主要形式,后期的电视新闻节目(如2002年的《东方时空》)中也时有使用。

(4)新闻简报

《新闻简报》是由新影厂制作的新闻电影片,原名《新闻周报》,其内容体裁类似于消息。它每一号(期)的长度仅有10分钟,内容涉及重大的时政新闻以及经济、文化、军事、社会动态,各条战线上的先进人物等。每号有5个左右的小主题,其中有2—3

---

① 夏之平.建台第一年的电视新闻[J].电视研究,1998(7).
② 杨伟光.往事如歌:老电视新闻工作者的足迹[M].北京:人民出版社,1997:43.
③ 于广华.中央电视台大事记[M].北京:人民出版社,1993:25.
④ 杨伟光.往事如歌:老电视新闻工作者的足迹[M].北京:人民出版社,1997:478.

个国内重大新闻,放在开头处。"它短小精悍、迅速及时地通过荧幕形象报道祖国各个方面最新的消息(相对而言),在那时的历史条件下,成为广大观众文化生活中不可缺少的一个片种。"这档节目片创办于 1949 年,每星期一号。"在 1955 年,新影厂确定其以短片为主的制片方针,把杂志片列为制片的首要任务,把《新闻周报》又改为《新闻简报》,每五天出一号,增加了产量。过了几年,又将'简报'的出片时间改为每周一号,样式上基本没变。"①

3. 口播新闻

在一般人的想象中,电视新闻一定是从口播新闻开始的,因为它最具便捷性,形式最简单、最好实现,并且能够大大提高新闻报道的时效性与信息量。但中国电视新闻体裁形式出现的顺序却正相反,复杂的形式——甚至直播节目都先行诞生了,而简单的形式后来才出现。

口播新闻在一个 5 分钟的栏目《简明新闻》中播出,它由播音员出图像播报。使用这一形式把发生在国内外、电视台自己未能拍到、来自中央人民广播电台的新闻稿件播送出去。这种方式增加了电视新闻的信息量,②实际上是广播新闻的电视版。这是因为北京电视台当时隶属于中央人民广播电台。

从北京电视台当时的记录来看,口播新闻一出现就基本上每天播出,这是"由于节目稿源由中央人民广播电台和新华社提供,有保障,直播口语形式制作播出操作程序简单,所以基本上能做到每天都播出"③。如 1958 年的 11—12 月,只有这年的最后一天因播出新闻综述而没有播《简明新闻》。

4. 现场转播

这里所说的现场转播即现在所说的现场直播,是将转播车开到现场,是在事件发生的同时对外播出的形式。现场转播由体育比赛开始(6 月 19 日),随后是在剧场转播文艺演出(6 月 26 日),接着就是在更大空间、时间段的直播——广场集会。

1958 年的 10 月 1 日国庆节,北京电视台首次以"首都人民举行盛大阅兵游行"为题,在天安门广场对"十一"阅兵式和群众游行进行了现场实况转播,晚上又继续转播了广场焰火晚会的实况。这是北京电视台第一次对重大节庆典礼活动的大型转播。这比此前几次的体育比赛、剧场演出转播要复杂得多。当时全台上下都投入"十一"转播的工作中,准备工作早在一个月前就开始了。9 月 2 日北京电视台正式播出,当天电视台主管技术的周纯荣就带领队伍,将转播车开到天安门城楼下,开始准备国庆节游行的转播。在转播前的 10 天还多次试机。④

国庆节转播时,3 部摄像机分别架在金水桥前和东西华表附近,摄像机电缆被挂到了金水桥的汉白玉栏杆上、桥洞下,接好机头和电视车后插座,微波架到中山公园西

---

① 资料来源:《我与〈新闻简报〉》,中央新闻纪录电影制片厂网站 www.cndfilm.com。
② 姚建红.中国新闻史事溯源[M].北京:中国新闻出版社,1989:13.
③ 夏之平.建台第一年的电视新闻[J].电视研究,1998(7).
④ 王晞建.岁月拾贝[M].北京:中国广播电视出版社,2002:129,132,136,139.

南角厕所的房顶上。当天的转播相当成功,北京观众在电视机前看到了毛主席和其他党和国家领导人,看到了群众游行的场面。

"十一"转播使用的不是此前体育比赛直播用的日本2讯道转播车,而是我国自己研制生产的第一辆电视转播车。它是当年7月由广播科学研究所与北京广播器材厂、北京电视台技术人员共同合作研制生产的。它装有3个摄像机讯道,车上还有一套微波发送、接收设备。此后,日本留下的转播车成为国产车的补充、备份设备。①

1959年4月18日,北京电视台直播了周恩来总理在第二届全国人民代表大会第一次会议上作政府工作报告的实况,这是北京电视台首次转播重大政治会议。1959年9月13—28日,北京电视台又第一次转播了第一届全运会的综合赛事。

实况转播是广播电视特有的报道形式,它能使听众观众在事件发生的同时听到、看到现场发生的情况,如身临其境一般。虽然这在当时对于电视来说是新的形式,但对于广播来说却并非如此。从1949年的开国大典起,中央人民广播电台每逢"五一""十一"都对首都的盛大节庆活动进行现场直播报道,一些外地广播电台甚至早在开国大典之前已对实况转播有了多种尝试与实践。这为同属一个系统、同在一个院内,又拥有不少有广播工作经验人员的电视台现场转播提供了很多有利条件,也可以看出电视早期对广播已有的成果、经验的主动借鉴与继承。在广播的帮助下,电视不仅有了部分现成的操作形式、方法,而且还得到广播已有人才的帮助。在那个年代,人们以互相帮助、共同进步、无私援助为荣,所以经验共享为电视台节目的操作带来很大的便利。

从体育比赛、剧场演出到"十一"游行阅兵式与晚会,这是北京电视台在不到三个半月的时间里依次实现的直播内容,可见其发展的迅速。这3类直播成为我国现场直播节目的开山之作,对后来的直播节目有深远的影响。

5.电视谈话、访问

这是用人物谈话这种纯语言表达形式做的节目。谈话节目是电视节目中最易操作、最易实现的形式。没有什么形式比一人或多人就某个话题展开讨论更方便易得了,它的制作成本也很低,话题可以无所不谈,时间上能灵活掌握,谈话可长可短,内容、长度都很易于掌控。

在试播首日节目中就成功播出了一次电视座谈节目。在当年6月8日河南应举农业社主任崔希贤的电视谈话后,北京电视台还组织、播出了多次电视谈话和人物事迹报告。这也是为了配合当时的英雄模范宣传任务,其形式有:转播报告会实况,这些报告会有的是电视台组织的,有的是社会机构如共青团、工会等组织的;还有电视台专门制作的人物讲话、访谈、座谈。后来播出过的访问、讲话人物中比较著名的有:李顺达、申纪兰、王崇伦、张百发、李瑞环、倪志福、时传祥、麦贤得、吕玉兰、侯隽、邢燕子等。

---

① 杨伟光.中央电视台发展史[M].北京:中国广播电视出版社,2010:67.

如1959年9月,北京电视台播出的节目《访人大代表、全国劳动模范张百发》[1]就是典型的访谈节目。当时的访问者与开播第一天的座谈节目一样是节目的组织者而不是播音员。看来早期的操作更质朴、更接近事物的实质层面。

6.电视评论

1959年6月18日,北京电视台播出了电视评论《谈西柏林近况》。[2] 这种在很长时间内都被认为在1980年前没有出现过的节目类型,实际上在电视开播的初期就有了,而且是最地道的电视评论:有画面、有音响。当然这个评论本身带有很强的叙事性,属于述评,是比较容易使用画面说话的题材。但遗憾的是我国最早的电视评论与新闻片一样也是来自外国。

从以上分析来看,在6大类9小类节目中,较难加工制作的是自制纪录片、新闻片和现场转播,国际新闻、访问谈话、电视评论难度适中,特别是后者数量很少;图片报道、口播新闻较容易操作,新闻简报、电视纪录片没有自制成分,最易播出。从类别来看,新闻形式较为齐全了,它们共同完成了电视初创期的报道任务。

(三)初期新闻节目与栏目

前面是从不同角度探讨初创时期新闻的体裁与形式,这部分讨论的是新闻节目与栏目。

1.体育节目

在1958年刚刚开播时,北京电视台就有不定期的体育报道。开播当年,就开办了《体育爱好者》专栏,向观众介绍各种体育比赛和群众性体育活动,著名运动员、教练员的训练生活以及体育知识等。体育节目成为我国电视新闻中第一个针对需求、比较注重时效的专门栏目。

由于体育报道的特殊性,它成为我国电视新闻节目发展的开路先锋,很多形式、做法、手段,都是由体育节目先做改革、尝试,其他新闻节目再吸收经验,逐步推广。如开播一个半月就尝试了体育比赛直播。1959年9月13—28日第一届全国运动会在北京举行,北京电视台进行了第一次综合赛事直播报道,直播了开幕式和足球、篮球、排球等重要比赛的实况,并在新闻节目中报道比赛的消息,在全运会结束后播放了电视纪录片。由于当时电视机太少,体育报道未能形成观看热潮,但体育节目对电视新闻报道的巨大影响,已经初露端倪。[3]

2.新闻栏目

以往人们认为北京电视台在1960年才创办了固定的新闻栏目,但实际上据当时北京电视台老员工的回忆,从创办的第一年就有了固定的新闻栏目。

---

[1] 姚建红.中国新闻史事溯源[M].北京:中国新闻出版社,1989:84.
[2] 于广华.中央电视台大事记[M].北京:人民出版社,1993:6;《当代中国的广播电视》编辑部.中国广播电视大事记[M].北京:北京广播学院出版社,1987:121.
[3] 杨伟光.中央电视台发展史[M].北京:中国广播电视出版社,2010:21.

(1)《电视新闻》

《电视新闻》栏目中播出的是由本台记者拍摄的电视新闻片。它在开播之初是不固定的,在前面的叙述中也有过涉及——定在双周周四播出的新闻节目实际上也常常在周日播出。试验阶段6月1日—8月31日两个月中,计划播出日为23天,其中10天为周日、13天为周四;按计划播出7次即可,实际共播出了13次,其中周日播出6次,周四播出7次。可见作为栏目当时并不是那么固定,但这种变动不是减少播出而是超过计划的增播。

9月2日正式播出后,"本台摄影记者的报道统一规范为《电视新闻》栏目,虽不是每次都播,但栏目基本固定"①。它"在每天节目开始时播出,说明栏目正式建立"②。但是1958年不是每天都有电视节目播出,也不是每次播出都有新闻,因此,《电视新闻》栏目也不是每天都有,但作为栏目它已经存在,成为今天《新闻联播》节目的前身。

(2)《简明新闻》

《简明新闻》是中国电视第一个明确、固定的新闻栏目——虽然它诞生在《电视新闻》之后、在正式开播的当天。这个栏目在每晚节目的最后播出,每次约5分钟,报道的是那些发生在国内外、本台记者未拍到的新闻。③ 新闻稿件来自中央人民广播电台,播出方式是由播音员出图像播报。④ 有了这档新闻节目后,电视新闻的信息量大大增加,报道的范围也扩大了,为电视最终成为新闻媒体做了准备。这也是我国最早的晚间新闻。

(3)《图片报道》

9月2日节目正式开播后,北京电视台便开辟了《图片报道》栏目,利用新华社编发的国内外新闻照片,配上解说进行报道。使用这种形式的目的在于扩大电视图像报道的范围,争取新闻时效,这反映了电视台对提高电视新闻数量和质量所做的努力。之后,《图片报道》由于新闻时效性不够强,加上需要依赖其他新闻单位提供照片,所以没能定期播出。⑤

(4)《国际新闻》

受当时国际形势的局限,在北京电视台建台初期播出的国际新闻内容仅限于苏联、东欧、朝鲜民主主义人民共和国(以下简称"朝鲜")等国,节目是由所报道国的电视机构提供。由于片源有保障,1958年下半年,北京电视台开办了不定期的《国际新闻》栏目,为这些不断收到的新闻片提供专门的播出单元。《国际新闻》栏目每次时长10至20分钟,起初每周播出一集。

刚开始栏目每期播出数国新闻,后来将新闻片编成一国专辑播出,曾播出过《苏联

---

① 杨伟光.往事如歌:老电视新闻工作者的足迹[M].北京:人民出版社,1997:50,60.
② 夏之平.建台第一年的电视新闻[J].电视研究,1998(7).
③ 杨伟光.中央电视台发展史[M].北京:中国广播电视出版社,2010:12.
④ 姚建红.中国新闻史事溯源[M].北京:中国新闻出版社,1989:132.
⑤ 于广华.中央电视台简史[M].北京:人民出版社,1993:25.

新闻》《罗马尼亚新闻》《民主德国新闻》《捷克斯洛伐克新闻》《波兰新闻》《匈牙利新闻》《保加利亚新闻》等。朝鲜也向北京电视台提供过新闻片。[①] 北京电视台通常要在事发一周以后才能收到片子,加上翻译制作的时间,其时效性较差。

1959年,同苏东七国电视台的节目交换关系得到进一步发展。从当年下半年起,新闻来源显著增多,《国际新闻》栏目便取消了单一国新闻专辑的编辑方法,综合选编各国新闻,节目按内容性质编排次序。《国际新闻》由开始每周播出1—2次增加到每周4—6次,每次10—20分钟。这一年,上述各国寄给我国的电视片数量最多的是匈牙利,有459部,苏联也有349部。[②]

此外还有每周固定播出的新影厂制作的《新闻简报》。

从早期每天仅有两三个小时的播出量来看,已有5档相对固定的新闻节目,类型丰富,有一定层次感。

北京电视台创办初期的新闻节目数量,在试播期就有4类新闻节目:自制新闻片、现场转播、新闻简报、纪录电影;有两档固定栏目:政治节目和新闻简报,前者为自办;且85%以上的播出日有一档新闻节目。正式播出后,每周播出次数增加一倍,新闻节目播出占到总播出日的91%;固定自办新闻栏目由1个增至4个:《电视新闻》《简明新闻》《图片报道》《国际新闻》;新闻体裁形式也从试播期的4种(纪录片、新闻片、谈话、转播)增加到6种(增加了口播、评论)。从播出数量和表现形式上都上了一个台阶。

北京电视台开播初期的新闻节目大概有这么几种组织方法:一是节目由其他单位制作,电视台只负责播出,如新影厂的《新闻简报》、纪录电影等;二是由外单位提供稿源,自己加工成电视形式播出,如《图片报道》《简明新闻》;三是模仿兄弟媒体已有形式自制的节目,如:学习广播的谈话节目、现场转播节目、学习新闻纪录电影的新闻片和新闻纪录片。这是起步阶段必要的学习,说明兄弟媒体成熟的经验孕育了电视新闻,为仓促上马的电视新闻提供了模本、规范,也可以证明电视新闻是各种新闻媒体报道形式的延续、发展这一事实。

从上述统计也可以看出,北京电视台开播之初,新闻性节目曾一定程度上使用了新影厂、八一厂、科影厂及其他电影厂的作品,以及其他新闻单位的信息来源,正如当时的新闻部主任夏之平所说:由于人力与设备都严重不足,"运用外力来支撑节目的播出,不仅是不可避免的,也是唯一的办法"。[③]

1958年12月25日、27日、28日3天,北京电视台在节目中预告:从12月30日开始,本台除星期一以外,每天晚上都播出节目。播出时间从19点开始。星期天从18点半开始。12月30日以后北京电视台节目播出改为每周播出6次,且遇大事还要增加节目。[④]

---

① 夏之平.建台第一年的电视新闻[J].电视研究,1998(7).
② 杨伟光.中央电视台发展史[M].北京:中国广播电视出版社,2010:19.
③ 杨伟光.往事如歌:老电视新闻工作者的足迹[M].北京:人民出版社,1997:22.
④ 杨伟光.往事如歌:老电视新闻工作者的足迹[M].北京:人民出版社,1997:50,60;于广华.中央电视台大事记[M].北京:人民出版社,1993:6.

第三节　办台初期的人员机构、技术设备

在北京电视台开办初期，各方面条件都十分困难，是真正的艰苦创业。"人员很少，设备奇缺"①，是对当时情况的恰当形容。

一、人员机构

(一)机构设置

从机构上看，1957 年 8 月 16 日，以罗东、孟启予、胡旭为首的北京电视试验台筹备处成立。1958 年 5 月 1 日开始，经过 3 个月的试验播出后，1958 年 7 月 31 日，北京电视试验台筹备处向广播事业局党组报告，请求于当年 9 月 2 日正式播出并建立正式机构，8 月 25 日中宣部批复同意了中央广播事业局党组的报告。

创办初期，北京电视台是隶属于中央人民广播电台的一个处级单位，内部称为电视编辑部。设主任一人(罗东)，副主任二人(孟启予、胡旭)。下设政治组(包括编辑、摄影、播音、剪辑)、文艺组、文教组、播出组、秘书组、办公室(负责节目调度和管理)等部门。② 人员队伍由筹备初期的 9 人增加到 30 多人。③

1958 年建台后，根据形势发展，北京电视台成立了新闻组，第一任组长为陈振翟，其成员包括叶惠、李华、孔令铎、刘贵林、侯刚、冀峰、化民、文英光、李玉英、秦芝莲、朱宏等人。④

(二)人员构成

1.人员来源

构成最初北京电视台班底的人员主要来自两个行业。

(1)电影界

1957 年 10 月，原在八一厂从事新闻纪录片编导工作的王化南、于晓光，从事新闻纪录片摄影工作的冀峰、化民和文英光，从部队转业来到北京电视台。他们报到后，"北京电视试验台筹备处也仅有十几个人"，是最早的创业人员。

1958 年年初，广播事业局又从新影片厂调来了多名多年从事各相关岗位操作经

---

① 章壮沂.电视新闻的改革与发展[J].电视研究,1993(台庆专刊).
② 张庆,胡星亮.中国电视史[M].北京:中央广播电视大学出版社,1996:41;郭镇之.中国电视史[M].北京:中国人民大学出版社,1991:8.
③ 杨伟光.中央电视台发展史[M].北京:中国广播电视出版社,2010:5,74;于广华.中央电视台简史[M].北京:人民出版社,1993:3.
④ 杨伟光.往事如歌:老电视新闻工作者的足迹[M].北京:人民出版社,1997:138,141-142.

验的人员,他们是编辑陈振翟,新闻纪录电影摄影叶惠、李华、孔令铎、刘贵林、侯刚,影片剪辑李玉英、秦芝莲等。1958年下半年,又从新影厂调来了有丰富胶片洗印工作经验的佟庆德和吴玉珍。

来自八一厂和新影厂的人员成为最初的电视编导、摄影记者、剪辑师、洗印师。

之后又有很多电视台的业务骨干受过电影专业的教育。如1959年8月3日,我国第一批电视摄影干部70多人,经过在北京电影学院一年的学习,正式结业。他们是由全国20多个省市广播电台或电影厂选送的。后来,电视台送业务骨干到北京电影学院进修摄影、导演专业,同时也接纳电影学院的本科毕业生。[1] 随着这些人员的直接介入,电影的手法和观念给电视带来了深入的影响。

(2)广播界

建台初期,电视主要的宣传和技术业务骨干大多从广播系统调来。[2] 北京电视试验台筹备处班子罗东、孟启予、胡旭都是在广播战线上工作多年的老同志。罗东是1937年参加革命的延安干部,战争年代他在《冀晋日报》《鄂豫报》等报纸工作过。1949年至1954年曾任中南、武汉、湖北人民广播电台台长,大力推行听众办台,积累了丰富的广播工作经验。[3]

孟启予的广播工作资格更老。她1938年加入中国共产党。1945年10月,开始从事新闻广播工作,任延安新华广播电台播音员、播音科长。1951年,筹建中央人民广播电台少年儿童部,任部主任。1956年,在苏联担任莫斯科广播电台华语广播部编辑,1957年回国。当年8月到北京电视试验台筹备处,任副主任。[4]

胡旭在台内负责文艺宣传,他是第一部电视剧《一口菜饼子》的导演。[5]

由于以前我国没有电视事业,所以从全国范围来说,掌握电视技术的人也寥寥无几,早期参加电视台工作的技术人员差不多都是从中央广播事业局各岗位抽调来的,大多受过专业培训。如徐增祁于1958年3月得到通知,从中央人民广播电台中控室调往北京电视试验台筹备处工作。[6]

1958年5月,沈力刚到中央人民广播电台播音组,正向齐越学习播音。后得到领导通知,到电视台演播室进行了几次试播。大约在两个月以后,她参加了第一次正式播出,成为我国第一位电视播音员。[7] 在做播音员之前,沈力于1949年报名参军,当

---

[1] 于广华.中央电视台大事记[M].北京:人民出版社,1993:7;郭镇之.中国电视史[M].北京:中国人民大学出版社,1991:13.
[2] 壮春雨.中国电视概述[M].北京:中国广播电视出版社,1985:233.
[3] 王晞建.岁月拾贝[M].北京:中国广播电视出版社,2002:114;赵水福.世纪心语:中国老广播电视工作者感悟录[M].北京:中国国际广播出版社,2003:67.
[4] 资料来源:福建省情资料库,http://www.fjsq.gov.cn/ShowText_nomain.asp?ToBook=4010&index=192&.
[5] 文英光.《一口菜饼子》诞生记[J].电视研究,1997(5).
[6] 王晞建.岁月拾贝[M].北京:中国广播电视出版社,2002,137;杨伟光.往事如歌:老电视新闻工作者的足迹[M].北京:人民出版社,1997:188.
[7] 沈力.幸运的第一个[J].电视研究,1993(台庆专刊).

时她只有 16 岁;之后,她随大军南下,1952 年调至总政文工团,1957 年考入中央人民广播电台任播音员。①

因为当时电视台归属中央广播事业局和中央人民广播电台管辖,也有工作技术、工作性质接近之便,所以这批人员与广播业界从一开始就有较多的关联。

(3)来自其他单位

还有一部分人员是来自文艺团体、高等院校毕业生或其他部门。

1958 年秋天,一批刚从高校毕业的大学生,被分配到刚试播不久的北京电视台。之前,他们对电视都知之甚少。来台不久,他们就被送到电影学院学习摄影技术,学习近一年后回到电视台,拿着 16 毫米摄影机干了起来。

如 1958 年,徐家察大学毕业分配到电视台,台长罗东说:"就干少儿节目吧!"一锤定音。②朱宏是 1958 年 9 月从海军转业,来到电视台做了一名电视记者。据他回忆,他到台时全台仅有 27 人。③邓在军 1959 年 7 月随爱人调动,从军队文工团转业到北京电视台。④

2.人员状况

北京电视台正式播出时共有工作人员 34 人:罗东、孟启予、胡旭、王化南、李华、孔令铎、裴玉章、沈力环(沈力)等,其中新闻工作者 12 人,技术人员只有 13 人,当时归中央人民广播电台中控室建制,由黄云同志负责。⑤ 到了当年年底,新增加了庞一农、庞啸、张家成、徐加察等 29 人,其中新闻专业的 13 人,总共达到 63 人。另外还有不到 20 个地方台来实习的人员,也都参加了日常的工作。⑥

北京电视台 1958 年 9 月 2 日 19:30 正式开始播出,参加播出的工作人员名单(不包括播出技术值班人员)如下⑦(见表 1-10)。

表 1-10 北京电视台正式播出第一天工作人员名单

	岗位	名单	岗位	名单
1	值班导演	郝立刚	音响导演	曾文济
2	导演助手	王化南、曹淑贤	摄影师	李华、侯刚、叶惠
3	放映员	徐增祁、王萍、赵琳	灯光	范茂棋
4	字幕	周尚英	招待催场	曾心影
5	话筒	宋珑	监看	杨洁
6	场务	张双巨	播音员	沈力环(后改名沈力)

---

① 姚建红.中国新闻史事溯源[M].北京:中国新闻出版社,1989:132.
② 王晞建.岁月拾贝[M].北京:中国广播电视出版社,2002:114.
③ 孟启予.三十年前的老电视工作者挥毫抒怀[J].电视研究,1988(5).
④ 王晞建.岁月拾贝[M].北京:中国广播电视出版社,2002:10.
⑤ 杨伟光.往事如歌:老电视新闻工作者的足迹[M].北京:人民出版社,1997:138.
⑥ 杨伟光.往事如歌:老电视新闻工作者的足迹[M].北京:人民出版社,1997:27.
⑦ 杨伟光.往事如歌:老电视新闻工作者的足迹[M].北京:人民出版社,1997:50.

当时就是以这样精干的人员队伍开始了中国电视事业。

在电视台正式开播的当天上午，中央广播事业局梅益局长对电视台全体人员讲话时曾谈到当时播出规模与北京电视台接近的外国电视台的人员数量，他说：柏林电视台有1,000人，布拉格电视台有500人，莫斯科电视台有450人，而我们的北京电视台总共才有30人。但是，我们经过试验阶段，就要正式广播了。中国台湾地区的电视台在美国人的帮助下，准备在今年10月10日播送，而我们早已超过了他们。①

虽然当时各级领导都表示要支持电视台的建设发展，但那毕竟需要时日。初期由于人手少，组织上提倡做多面手、一专多能，大家都是一身兼几职。如记者，白天要出去采访拍片、组织节目、安排播出计划，晚上回来还要洗片、剪接、写稿，一直到播出。

二、电视设备、技术

建台时，国家经济正处于十分困难的时期，财政实力极其有限，黑白电视上马时使用的设备，几乎全部都是"技术人员穷干、苦干"自己设计制造的。"电视的第一代技术人员真是功不可没。"②在前面叙述过设备制造的简要过程，这里将当时的设备状况简单介绍一下，可以从另一个侧面看到当时电视新闻的操作状态。

（一）摄制设备

1. 转播车

1956年，日本在北京举办设备展览会后，留下了一辆有两个摄像机讯道的转播车。1958年7月，在电视台试验播出不久后，广播科学研究所与北京广播器材厂、北京电视台技术人员合作，研制生产出第一辆3讯道黑白电视转播车并立即投入使用。车是由解放牌汽车底盘改装的，重约十吨，内有摄像机讯道、同步立柜、导演台、调音台等，还有一套微波发送、接收设备。③ 这套电视中心设备全是电子管的，是我国的第一代产品，质量差、性能极不稳定；车上设备体积大、发热多，车内散热条件又不好，夏天工作时像蒸笼一样。当时因为没有录像手段，所转播节目都是从现场进行实况转播，这就要求技术人员保证设备的正常运转。

当时有转播任务时，除了一辆满载的转播车外，还要加开一辆大卡车，装运两套微波设备和若干黑白监视器、示波器、电缆、绳子之类。这些设备每次都要从广播大厦西翼四楼的电视中心台一件件搬下来，抬到卡车上，到现场再一台台装好；转播完后，再一件件收起，装车，运回电视台。台里的大部分人都得跟车去，非常辛苦。设备故障造成了多次停播事故，如一次在青艺剧场转播时，由于没把缠在电力电缆盘上剩余的电

---

① 王晞建.岁月拾贝[M].北京：中国广播电视出版社，2002：130.
② 杨伟光.往事如歌：老电视新闻工作者的足迹[M].北京：人民出版社，1997：3，8.
③ 杨伟光.中央电视台发展史[M].北京：中国广播电视出版社，2010：67.

源线倒下来,结果电线发热使缆线胶皮冒烟,只得停播十几分钟,晾凉了再播。①

2.新闻拍摄技术

北京电视台于1958年5月1日试播后,才开始筹划解决新闻节目拍摄的技术问题,当时除了十几位从事新闻摄影、编辑、剪辑的人员外,没有任何拍摄新闻影片所需的器材。大家认真研究讨论后认为,拍摄电视新闻,只能走16毫米影片的路,不能搞35毫米的影片。

大家了解到,北京只有八一厂在1952年建厂初期曾使用过16毫米影片制作系统。北京电视台决定委托来自八一厂的新闻摄影师文英光向该厂求援。通过多次走访、协商,八一厂厂长陈播同意向北京电视台调拨六台16毫米摄影机,其中四台是20世纪50年代初瑞士生产的鲍莱克斯摄影机,是从该厂淘汰的一批机器中挑选出来的,比较破旧,但经过整修还可以使用。② 其余两台是20世纪30年代美国生产的菲尔姆16毫米摄影机,还是解放军在战争中缴获的战利品。这些摄影机都是发条式的,拍摄前需要先上发条。

朱羽君曾详细描写过她20世纪60年代初来台使用的设备:这是一台16毫米胶片的埃姆机器,机器是椭圆形的,手摇发条驱动,一把发条只有20秒;前面有一个转盘,上面有三个镜头:广角、标准、长焦,倍数很小,旁侧取景,与镜头不连动,没有曝光表,全靠估计曝光。③

八一厂还向电视台调拨了部分老式灯光器材、16毫米台式接片机和少量黑白反转胶片。这就是建台初期电视新闻拍摄的器材基础。④

由于没有解决拍摄技术与设备,所以开播后一段时间没有新闻播出是情有可原的。这再一次印证了电视上马的仓促与局促。

3.胶片

为了争取新闻时效,当时北京电视台经过认真研究,决定采用黑白反转片而非平常使用的负片拍摄新闻。因为只有反转片才可以在最短的时间内,如30分钟就洗出正片,然后加以编辑、配音,供播出使用,省去了印制的工序。虽然洗片工序比较复杂,但可以逐渐熟悉掌握。摄影机有了,但还缺胶片,经过多方奔走,终于了解到中国电影器材公司有一部分民主德国阿克发胶片厂生产的16毫米黑白电影反转片。⑤

这样,在试播半个月后,电视台具备了电视新闻的拍摄、洗印、制作条件,而且在新闻事件发生的当天便播出电视图像报道也是可以做到的。朱德副主席剪彩的新闻就是例证。⑥

---

① 王晞建.岁月拾贝[M].北京:中国广播电视出版社,2002:137.
② 孟启予.三十年前的老电视工作者挥毫抒怀[J].电视研究,1988(5).
③ 杨伟光.往事如歌:老电视新闻工作者的足迹[M].北京:人民出版社,1997:305.
④ 杨伟光.往事如歌:老电视新闻工作者的足迹[M].北京:人民出版社,1997:140.
⑤ 杨伟光.往事如歌:老电视新闻工作者的足迹[M].北京:人民出版社,1997:140.
⑥ 杨伟光.往事如歌:老电视新闻工作者的足迹[M].北京:人民出版社,1997:23.

(二)演播技术设备

1.解决播放技术

1958年3月,离5月1日试验播出只有一个多月的时间,大家才得知,在试制的电视设备中,没有播放电影胶片的专用设备,更不用说将35毫米故事片与16毫米的反转新闻片及片头幻灯片进行光学切换了。这是个重大问题。当时北京电视试验台筹备处领导给从中央人民广播电台中控室调来的徐增祁的任务就是解决播放问题。

当时仅有一套电视摄像机供电影胶片播出使用,由广播科研所的钟培根负责的视频技术项目就是要用摄像机的镜头做电影画面向视频影像的转换放映(24格转25帧/秒)。但是此法试验了一个多月也未能使抖动的电影画面稳定下来,而且根本无法解决多台放映机之间影像切换衔接的难题。直到距离5月1日电视设备全通路播出试验只剩3天时间时,徐增祁忽然想到,坐在电影院里看的电影也是两台放映机外加一个幻灯机的多台切换影像。于是他试着摆了一个以电视摄像机作看电影的观众,而使多台放映机集中向一个壁挂式小银幕放映的阵式。开机一试验,一直困扰大家的难题——画面抖动和多机切换问题都基本解决了。当时这种看起来"土得掉渣"的影片播出方式解决了电视的节目源问题。

但是这种播出方式也因过于简陋而妨碍了荧屏画面的质量,使本来清晰度就很低的荧屏画面更加模糊了。由于这套土法影片播送设备是由徐增祁设想出来的,所以影片的播放值班任务就责无旁贷地落在他的身上,他同时还兼摄影器材的维修任务。由于财力、物力限制,这种方法沿用了较长时间,直到1963年前后,采用了广播科学研究所研制出电视电影播出设备,后来又引进了飞点扫描设备,画面质量才得到明显改善。[①]

马上要播出了还没有解决播放问题,由此印证了当时电视上马的仓促和勉强,也可以看到当时人们敢想敢干、不畏艰难的精神风貌。

2.播出方式

当时胶片拍摄的电视新闻在播出时,需要播音员、放像员、音响师三人配合操作才能实现。一要播放图像:在机房墙上挂一张白纸,作为小型银幕;技术人员用电影放映机播放拍好的电影胶片,图像映在银幕上的同时用一台摄像机对着银幕上的图像将其转成电视信号播出。二要播放字幕:每两条新闻胶片之间要接上约3秒(3英尺[②])的空白胶片,放映时打出新闻标题的字幕,由第二台摄像机在这个空当当场拍摄事先写好的字幕,由导演在导播台上看到每条新闻结尾画面的记号后,马上切到字幕讯道,完后再切回到电影讯道。这样观众在屏幕上看到的就是字幕后出影片新闻的连贯画面。三要播放声音:播音员在放新闻片的同时直接播读记者写好的稿件作为解说;此时,录

[①] 杨伟光.往事如歌:老电视新闻工作者的足迹[M].北京:人民出版社,1997:189-190;赵水福.世纪心语:中国老广播电视工作者感悟录[M].北京:中国国际广播出版社,2003:311.

[②] 1米=3.28084英尺。以下此单位换算过程不一一赘述。

音员也同步播放事先找好或录制的音乐或效果。如此这般,影片、字幕、解说、音乐密切配合,形成统一的报道,观众看起来就像是电影片一样有影有声的完整播放。这一过程简单说就是"黑白无声片+字幕+音乐磁带"三者的当场播放+当场解说=图像报道。当时现场摄像的操作环节很多,很是复杂。

具体的播出方式是:每天播出新闻时,先由播出导演切出栏目的片头"电视新闻"四个大字,音响导演配上栏目固定音乐,然后转入第一条新闻字幕,再切换到电影讯道,由放映员将16毫米影片放映到小银幕上,旁边的摄像机将影像拍下来通过电缆传送到导演室内的监视器上。音响导演随着影片画面的变化播放录好的音乐、效果混合胶带,同时播音员直播新闻解说。全部声音系统由音响导演控制掌握。播出结束,电视新闻还是一条无声、无字幕的16毫米的影片,只有观众能在电视机前看到既有声音、又有图像的完整的新闻报道。① 当时所有的新闻片——包括国内国外、图片图像——都是这样操作的,相比较而言,放纪录片的胶片和口播新闻是简单一些的操作,播出比较轻松。

由于操作复杂,播出时大家都非常紧张与担心。这种紧张与担心还表现在美工的字幕上。由于字幕装在铁框框里,采用半手工机器操作,一旦卡住铁板,字幕就不能按时落下来,新闻节目也就不能圆满地完成播出。这种播出形式一直延续使用到1965年。②

3.演播室

1953年,中央广播事业局把建设广播大楼列入第一个五年计划,当时国家计委因中央规定不建"楼堂馆所",便把这个项目砍掉了。梅益局长向总理汇报,周恩来总理在审阅大楼设计后同意列入国家建设计划,但提出要尽量减少非技术性建筑的面积。他还提出亲自审查大楼的设计模型。③

1955年12月,大楼破土动工。全部工程于1958年年底竣工。广播大楼的建筑面积为68,562平方米。中央部分11层,大楼由东翼技术区、西翼办公区和中央区的音乐厅几部分组成。大楼内,除电视设备外,全套技术设备都是苏联提供的。

北京电视台在建台时没有专门的土建工程。电视台最初就安置在刚刚竣工的广播大楼西南侧的四楼拐角处。由会议室和部分办公室改建成的电视中心机房和演播室,在外人眼中很不像样:"一间60平方米大的、空空荡荡的房间,除了两个用木板做的放字幕用的架子之外,真可谓'一贫如洗'!房间的顶端吊着些灯具。另一侧被隔了细细的一长条,里面是只能容纳3人的所谓导演间的音响控制室。这,就是中国第一座电视台的演播室。它简陋得不能再简陋了……"④场地本来就不大,加上没有录像

---

① 杨伟光.往事如歌:老电视新闻工作者的足迹[M].北京:人民出版社,1997:147.
② 张庆,胡星亮.中国电视史[M].北京:中央广播电视大学出版社,1996:68.
③ 中华人民共和国史广播电视编辑部.当代中国广播电视回忆录:第三集[M].北京:中国广播电视出版社,1994:6.
④ 沈力.幸运的第一个[J].电视研究,1993(台庆专刊).

设备,所有的节目都是现场直播,演播室里川流不息,上一个节目未完,下一个节目的演员就被带进来等待。另外,电视台还有电影放映室、摄像室、中心机房及几间办公室。

4.演播室设备

试验播出时,演播室有两台黑白电视摄像机,电影放映室有一台黑白摄像机。那时的摄像设备不像现在都是自动变焦的,只有四个固定镜头,只能选好了机位,保证最佳播出效果。演播室内视频设备有一个 6 路视频切换控制台、八个黑白监视器。当时,照明技术十分落后,没有任何专用照明器材。仅有三个灯光工人拿着普通白炽灯在新闻采访时用。[①]

发射机房在大楼十层,由两个大会议室改建而成,装有一部 1 千瓦的电视发射机。天线为大楼顶端的两层蝙蝠翼式,高度为 80 米,能有效覆盖北京市区。

5.声音技术

演播室的调音台是北京广播器材厂生产的有 16 路输入及双伴音系统、可容两套节目同时制作加工并附录放一体的调音台。另外,还有五六只国产动圈话筒,用灯光架子改装成的两个话筒支架、三台苏式的从中央人民广播电台淘汰的 ME28 型录音机、一台记者外出采录用的国产小背包录音机,以及转播车上的轻便式小型调音台。以上设备加在一起,就是北京电视台初期阶段音频设备的全部家当。

建台初期的音频工作,包括新闻节目配乐、演播室录音、外出随记者采录及实况转播等几个部分。给新闻配乐是从新影厂学来的,即不论什么内容的新闻节目,一律按《新闻简报》惯例配以背景音乐,并在一段时期内因袭了这种做法。新闻节目播出时,配乐工作人员根据画面内容把事先准备好的一大摞音乐磁带(每次约 20 盘左右)按序播放。运动着的画面稍纵即逝,音乐编辑要精力集中,反应敏捷,熟练而准确地操作设备,与音响人员默契配合。这种做法对音乐的需求量非常大。为了搜集音乐资料,他们跑遍了各电台、电影制片厂,复制整理了大量资料。

当时从事电视声音工作的人员少,工作量大,任务紧。白天要派人随记者外出拍片采录声音素材;留在台里的人整理音乐资料,进行播出前准备。演播室里唯一的一套供播出使用的声音设备,白天还要用来做声音加工。[②]

6.设备故障

我国第一套黑白电视技术设备都是自制的。"应该说还没有完全过关,不时出现故障,不是这台摄像机出现杂波,就是那台设备没有了图像。"能够安全播出全靠大家

---

① 杨伟光.往事如歌:老电视新闻工作者的足迹[M].北京:人民出版社,1997:130;林景云.电视史话对我台技术工作的若干回顾[J].电视研究,1985(3);张敏.电视照明技术的回顾与展望[J].电视研究,1989(3);王晞建.岁月拾贝[M].北京:中国广播电视出版社,2002:10.
② 曾文济.我国电视音响起步的轨迹[J].电视研究,1998(9);杨伟光.往事如歌:老电视新闻工作者的足迹[M].北京:人民出版社,1997:170.

齐心协力、共同战斗。① 但偶尔还是会出现一些各种各样的播出事故。

如当时在播放台标之前,先得出一分钟时钟,这是由摄像师对好钟面直播的。那只被拍摄的时钟是美术师自己用亚麻布面和表针制作、安装的。有一次在播出中,秒针转了不到一圈就掉了,有人立即上前捡起秒针装上钟面,钟照走不误。而画面上则是全程直播,观众看到了手装表针的全过程。②

1958年8月14日晚上播出时,不知是电源干扰还是摄像机、中间放大器出了问题,致使"一个讯道的图像总有两道黑箍,还拉了几次白毛,致使《寂静的山林》没有演完"就中止了播出。

1958年8月31日,预定在解放军总后勤部礼堂转播中央实验歌剧院演出的《赤叶河》。上午8点转播车就出发了,下午6点左右发射台收不到视频信号,而转播车上的微波发射正常。最后被迫改成放映纪录片和故事片《保尔·柯察金》。这在当时也是"一件严重的事故",这是试验期间的第二次转播不成功,也是最后一天试验播出发生的事故。当年11月1日在北京体育馆的国际无线电快速收发报友谊赛开幕式也因为发射台微波中继接收机的两个电阻烧了没能及时查出,空播达半小时,而最终没有转播成功,后换播了其他节目。

9月2日正式播出当天,设备没有发生故障,"图像和声音比试验阶段有好转,但两个节目衔接的时间空播多,报幕员错播了四五个地方"。"这是从未发生过的,也许是太紧张的缘故。"③

在建台初期,所有节目均用直播方式播出,技术设备质量不高,播出不稳定,又是手工调节,每次播出都是一次紧张的劳动。虽有少数事故,但在长期的锻炼中,绝大多数技术人员都养成了对工作高度负责、一丝不苟、精益求精的良好作风,因此,设备虽然简陋,但一般播出的图像和声音都能达到一定的质量。④

(三)后期制作

1.洗印

北京电视台开播时,广播大楼尚未全部交付使用,已有的电视台办公用房没有条件改建暗房。经过查找,发现大楼边的粉楼(后广电部医务所)一楼的洗脸间较符合暗房要求,最终选择即着手改建。开播初期并没有调入洗印专业人员,便决定暂让从八一厂和新影厂调来的摄影师文英光、叶惠开创洗印条件。他们都只做过照片冲洗,从来没洗过电影胶片,更没有洗过反转片。一切要从头学起。他们向电影厂有关同志求教,参照电影厂冲洗方式,设计了手工冲洗16毫米反转片的程序方案。两人自己购置

---

① 罗东.难忘的试播期[J].电视研究,1998(5);杨伟光.往事如歌:老电视新闻工作者的足迹[M].北京:人民出版社,1997:139;杨伟光.中央电视台发展史[M].北京:中国广播电视出版社,2010:65.
② 王晞建.岁月拾贝[M].北京:中国广播电视出版社,2002:164.
③ 王晞建.岁月拾贝[M].北京:中国广播电视出版社,2002:130.
④ 林景云.电视史话对我台技术工作的若干回顾[J].电视研究,1985(3).

化学药品及洗片盒,购买了部分胶片,进行了小规模试验。经过多次反复试验,终于取得了较理想的效果。①

当时洗印胶片既没有印片机,更没有洗片机,完全手工操作。他们自己设计并请木工师傅帮助做绕片木架。购买了冲洗 X 光片的长方形立式搪瓷桶,每个桶内可以放 6 个木架,每个木架可绕 50 英尺,6 排可冲洗 300 英尺胶片。洗印时,在暗室内把黑白反转胶片缠绕到架子上,拿到缸里人工摇动。冲洗后挂在用几根木条自制的木架子上晾干。"洗印作坊"(孟启予语)草创出来。中国第一条用胶片拍摄的电视新闻就在这种最简陋的条件下诞生了。② 这以后,电视新闻拍摄逐渐增加,影片冲洗量也逐步增大,大家又努力建设了冲洗暗房,基本满足了建台初期洗印电视新闻反转片的需求。

1958 年 5 月初,从新影厂调来的佟庆德,第二天就到粉楼看暗室设备。他看到:"暗室里全部设备只有 8 个长方形搪瓷桶、1 台平光灯、1 个药品柜、10 多个冲洗胶片用的缠片木架。"使用的是非常简单的工艺设备。3 个月后,佟庆德将搪瓷桶换成白瓷电镀槽,缠片改成 100 英尺木架,可同时冲洗 200 英尺胶片,提高一倍,为当年国庆节新闻纪录片及时播出发挥了很好的作用。1959 年年初,他又从八一厂和卫生部电教所调拨来洗片机和印片机各一台,安装在灰楼(原广播学院)一楼东南侧约 100 平方米的 3 个房间内,建立起 16 毫米胶片洗印生产线。③

2.剪接

每天摄影记者上午外出拍摄新闻素材,下午送片回台,洗印科的同志便争分夺秒洗印加工,把尚有余温的一卷卷胶片送进剪辑间。于是,画面剪辑师就要和记者一起看这些影片素材,在此基础上把分散的素材片段,以最快的速度组合成完整的节目,其层次要分明、主题要突出,并能很好地运用电视表现形式,使其内容易于观众理解和接受。

当时的剪辑设备只有手摇看画机(编辑机)、一块放大镜、一张剪接桌,要靠桌子上的一块一英尺长的玻璃来透视画面的内容、选择镜头、确定影片的剪接点。16 毫米影片的画幅很小,要准确看清每个画面内容和人的细微动作,很费眼力。④

穿着白大褂、戴着白手套的剪辑人员按编辑要求,麻利地扯断片子,然后在接片机上,用刀片刮去药膜,抹上胶水,咔嗒一声,用剪接机把胶片接上。"要知道世纪的风云、石破天惊的信息,都储存在她们手中那窄窄的胶片中。"⑤

30 多个主要来自电影厂和广播电台的人员,支撑起了国外需要几百上千人操作

---

① 杨伟光.往事如歌:老电视新闻工作者的足迹[M].北京:人民出版社,1997:140.
② 孟启予.三十年前的老电视工作者挥毫抒怀[J].电视研究,1988(5);罗东.难忘的试播期[J].电视研究,1998(5).
③ 杨伟光.往事如歌:老电视新闻工作者的足迹[M].北京:人民出版社,1997:177.
④ 杨伟光.往事如歌:老电视新闻工作者的足迹[M].北京:人民出版社,1997:145.
⑤ 杨伟光.往事如歌:老电视新闻工作者的足迹[M].北京:人民出版社,1997:158.

的国家级电视台,而且是在设备如此简陋,技术如此不成熟,工作难度、工作量都无端大幅增多的条件下。发射和转播设备是仓促仿照自制的,摄影机是电影厂淘汰的,演播室是临时改建的,播出技术是土法上马的,洗印、剪接完全是人工操作的,在这样的技术和设备条件下,一切操作都变得非常复杂、耗费人力。这就是现实中北京电视台早期播出时的状态,前述多样的新闻形式和大量的节目就是在这样的物质条件下创造出来的,确实令人叹为观止。

小结

中国电视的创建,与很多国家地区一样,是在第二次世界大战后电视的第二次大发展期间实现的。有些人认为中国当时创办电视是"盲动"、是超前消费、头脑发热,没有从实际出发。但是反过来看,当时又有多少开始启动的事业是已经具备条件、是正常状态下的国家能够按部就班去做的?一百多年积贫积弱的历史,留给中国的是一穷二白,是百废待兴。由于基础太差、底子太薄,中国人实际上没有条件等待,特别是面对当时的国际形势,只能迎头赶上,才能尽快在世界上找到自己的位置,否则还会重蹈覆辙。另外,电视台和形成受众规模本身容易让人联想到"鸡和蛋"的关系,实际上要先有了电视台,才能推动电视机的购买和销售,并慢慢培养起受众群体,因此,等待条件成熟,一是没那么现实,二是状态未免消极。

虽然创建过程像是临时动议,在没有很好准备时便仓促上马,一副"革命人"敢想敢干的劲头,但也有一股破釜沉舟、立誓成功的气势。创业者们面对从来没有搞过的事业,却还是按部就班、分头推进,思路清晰、有条不紊,满腔热情、刻苦努力,有背景支持、有竞争对手、有明确的目标和事业追求。在创业中,他们留给自己的是艰苦奋斗,是历练、磨难,创造、拼搏才是年轻共和国青年的做事风格。而最终给国家带来了事业的成功、进步与发展。

作为中华人民共和国的缔造者和建设者,当时确实都不缺乏浪漫的情怀、创造的冲动,但这背后是中国人压抑了百多年的自尊、自信和自立的追求。对世界主要国家都已经具备的先进技术的追赶,是一种"人所固有的我无不具有"的独立国格、民族自尊的宣示。作为国人,笔者能够深刻理解这里面的种种想法,对此表示深深的敬意。

早期的工作打下了中国电视的基础。新兴的电视事业在借鉴已有的媒体后快速成长。第一批人员来自电影、新闻、广播行业,给电视事业打下了相应的烙印。从仿造设备、模仿节目设置,到提供播出节目、提供制作的样板,中国电视受到苏联、东欧的电视体制、节目模式的深刻影响。在初期的节目中,新闻节目占较大的份额,有了较快的发展,迈出了坚实的步伐。

第二章　形成事业团队　打造新闻精神
（1960—1966 年）

20世纪50年代，在多变、动荡的国际局势中，一方面有1954年7月日内瓦会议实现印度支那停战带来的国际缓和；另一方面是1956年2月苏共二十大全面否定斯大林，和当年6月的波兰事件、10月的匈牙利事件带来了社会主义阵营内新的意识形态的矛盾冲突，后者为浸染在美苏冷战中的国际局势添加了复杂内容。

国内方面，1956年，我国基本完成了对农业、手工业和资本主义工商业的社会主义改造。到1957年年底，"第一个五年计划"的各项指标都大幅超额完成。

1956年，在周恩来总理主持下，国家计委编制《关于发展国民经济的第二个五年计划的建议》（以下简称《建议》），并在当年9月在北京举行的中国共产党第八次全国代表大会中讨论通过。《建议》提出"二五"的基本建设任务：继续进行以重工业为中心的工业建设，推进国民经济的技术改造，建立我国社会主义工业化的巩固基础。五年内的主要指标是1962年工业总产值比1957年增长1倍左右，农业总产值增长35%左右，钢产量达到1,050—1,200万吨，粮食达到5,000亿斤左右，国民收入增加50%……①

1957年9月召开的八届三中全会，除讨论整风反右运动外，农村工作也是一个议题。会上提出要推进农业的高速发展。当年11月13日的《人民日报》社论批评了经济工作中的"右倾保守"现象，提出"在农业合作化以后，我们就有条件也有必要在生产战线上来一个大的跃进"，发出了"大跃进"的先声。

1958年2月3日，《人民日报》发表《鼓足干劲，力争上游》的社论，提出"苦战三年，基本改变面貌"的口号，从此掀起了"大跃进"的热潮。

1958年5月，八大二次会议通过了"鼓足干劲、力争上游、多快好省地建设社会主义"的总路线。会后，"大跃进"运动在全国范围内从各方面开展起来。"农业方面提出'以粮为纲'口号"，要求一两年达到规定的产量，"引发严重的浮夸风"。这种脱离实际的高速度追求造成了1958年夏收期间各地的虚报高产、竞放"卫星"的浪潮。同时，工业方面的"以钢为纲"口号，要求几年内提前实现钢产量超越英国的目标，掀起大炼钢铁的群众运动。②

---

① 资料来源：历次"五年计划"介绍，http://www.china.com.cn/ch-15/plan3.htm。
② 本书编写组.中国共产党简史[M].北京：人民出版社，中共党史出版社，2021：193.

第一节 电视事业的发展与挫折

全国的"大跃进"形势给电视发展加了温。1958年4月7—18日在北京召开的第五次全国广播工作会议提出了"广播工作大跃进"的口号,并指出了"广播大跃进"的方针"多、快、好、省地办节目、办事业……"①。在这样的氛围中,不到一个月,电视就开播了。

1958年12月15—20日,中央广播事业局在北京召开了全国电视台基建工作座谈会。这是我国电视系统的第一次全国性会议。会上研究了电视事业的发展方针、规划、技术方案,以及电视台基本建设中的关键问题。决定从点到面,在全国各地建立电视台,吹响了"电视大跃进"的号角。时任中央广播事业局局长梅益提出了电视事业的发展方针:在规模上,由小到大,技术上由低到高,发展上由点到面;在规划上,从1958年到1960年,上海、天津、黑龙江、吉林、广东、陕西、辽宁、山西、江苏、安徽、山东、湖北、四川、云南等地先后建立起电视台或电视试验台。②

1959年2月23日—3月3日的第六次广播工作会议,虽然对1958年的浮夸宣传做了一些检讨,并一定程度上在1959年的报道中注意避免片面性,但在认识上还没有达到应有的深度。随着全国在当年庐山会议后展开的"反右倾"运动,"中断了纠'左'的进程"。③ 1960年3月1—15日,第七次全国广播工作会议在北京举行。会议确定的广播事业三年规划中,提出要力争高速度;规定1960年到1962年三年内,电视台由9个发展到50个左右,即所有省、自治区都建立电视台或试验台、转播台。④

1960年5月27日—6月1日,中央广播事业局在哈尔滨召开了全国电视工作经验交流会,25个省、自治区、直辖市的近150名代表参会。会议主要是贯彻第七次广播工作会议关于发展电视广播的方针,总结交流哈尔滨电视台和东北地区以及华东等地区建设电视台的经验,推广哈尔滨电视台土法上马的经验。这时,党和人民已经"面临新中国成立以来前所未有的严重经济困难"⑤,但会议仍要求各地为之后五年大力发展电视广播积极做好准备工作。⑥

当时也有比较务实的意见。1958年,罗东在一篇《关于发展电视广播事业的建议》的文章中写道:"在第二个五年计划期间,在全国范围内发展电视广播事业的建设方针可定为:一、以北京为电视广播技术基地。设备从无到有,因陋就简,保证工作和

---

① 赵玉明.中国广播电视通史[M].北京:北京广播学院出版社,2004:246,264.
② 方汉奇.中国新闻事业通史:第三卷[M].北京:中国人民大学出版社,1999:240.
③ 本书编写组.中国共产党简史[M].北京:人民出版社,中共党史出版社,2021:194.
④ 郭镇之.中国电视史[M].北京:中国人民大学出版社,1991:6,37.
⑤ 本书编写组.中国共产党简史[M].北京:人民出版社,中共党史出版社,2021:194.
⑥ 《当代中国的广播电视》编辑部.中国广播电视大事记[M].北京:北京广播学院出版社,1987:137;徐光春.中华人民共和国广播电视简史[M].北京:中国广播电视出版社,2003:104.

实验的最低需要;然后从小到大,从黑白到彩色,逐步求得改善和发展。二、以若干大城市为主,逐步建立小型电视中心。三、在保证最低限度发射设备后,迅速发展电视接收网。"[1]这一想法比较切合实际,操作成本也较低,且会有较高的社会效益,但并不合时宜。

一、中国电视事业发展第一波——各地办台

(一)创办上海电视台

上海在中国,特别是在建设事业上往往是独占鳌头。1956年,上海人民广播电台(以下简称"上海电台")副台长陈浩天和一些工程技术干部,了解到国外电视发展的信息,酝酿在上海创建电视台。同年8月2日,他与上海电台台长苗力沉联名向中共上海市委报告,申请筹建上海电视台;10月11日,编制出《一九五七年上海电视台设计任务书》草案;10月22日致函中央广播事业局,申报电视频率,并提出自己动手设计制造电视发射设备。这比北京电视台1957年8月成立北京电视试验台筹备处,启动得还早。

1957年年初,上海电视广播技术研究组在工程师何允、何正声的带领下,开始设计制造电视发射机及天线馈线设备。当年7月26日,苗力沉、陈浩天向中共上海市委、市委宣传部正式提出建台方案,并将中央广播事业局决定在北京建造小型电视台的信息一并转告,据此建议在上海建造类似的小型电视台,这一建议得到上海市副市长曹荻秋的支持,纳入市政建设规划。

1958年3月,中共上海市委正式批准创建上海电视台。同年4月,上海电视台筹建组成立,由赵庆辉任负责人,同时从上海电台技术部、服务部抽调了技术骨干9人,前往北京清华大学、北京广播器材厂、北京电视台学习有关电视技术方面的知识。同年8月,上海电视台又从上海电影系统调来了周峰等8位编播人员,又从上海电台文艺部抽调了毕业于上海戏剧学院的6位青年,先后派去北京电视台实习,为上海电视台开播做准备,同时,从上海电台其他部门又选调了音响、灯光、技术人员及总务、保卫、行政人员等9人。这批筹建组成员,成为上海电视台开播的基本队伍。

上海电视台建台初期,隶属于上海电台,编制30人,开播时实际工作人员为34人。电视台副主任赵庆辉、周峰,下设3个组:编播组15人,技术组12人,行政组5人。上海电视台与北京电视台组建初期的人员来源一样,主要来自广播和电影界,前者主要是技术人员,后者主要是记者、编导。与北京相同的是上海也有著名的电影厂及广播电台,提供了相同的人才结构。

电视台选定市中心南京东路新永安大楼为台址,改建了电视演播室、导演室、音响控制室、中心机房、电视放映室、发射机房,并在楼顶安装了电视发射天线。在北京电

---

[1] 王晞建.岁月拾贝[M].北京:中国广播电视出版社,2002:116.

视台开播5个月后,1958年10月1日,上海电视台开始试验播出,图像发射功率为500瓦,伴音发射功率为250瓦。这是我国的第二座电视台,也是最早建立的地方电视台。

上海电视台的整套设备都是我国自行设计和研制的。建台初期只有3台国产黑白固定焦距摄像机,不久又在北京广播器材厂、上海客车修配厂等单位通力合作下改装成功一部转播车,车上装有播音室,图像、音频控制台和技术、配电系统及两套移动式微波设备,可以外出转播文艺、体育节目,转播节目约占全部播出节目的三分之一。

开播初期,拍电视新闻用的是一台从寄售商店花800元买来的老式16毫米鲍莱克斯摄影机,后来又从八一厂借来了一台同牌号旧机器。次年初,又从旧货店买来人送雅号"独眼龙"的更老式的美国菲尔姆16毫米摄影机。

上海电视台开播初期,第5频道播出一套黑白电视节目,每周三、周六晚播出,每次2—3小时。每次电视台先播新闻,一般安排是周三晚播出上海科学教育电影制片厂、新影厂及北京电视台提供的《新闻简报》《祖国新貌》《体育简报》《国际新闻》等;周六晚播出本台记者采拍的电视新闻,通常由3—6条新闻片组成,长度约10分钟。试播时,全市只有苏联制造的"记录"牌黑白电视机(14寸)100台,绝大多数分布在机关、企事业单位,只有极少数安装在社会知名人士家中。[①]

(二)其他地方办台

哈尔滨电视台以"土法上马"著称。该台用于电视广播的设备,均是由本台到北京接受过培训和实习的技术人员自己动手试制安装的。用于电视播出的摄像机是由苏联造的旧式摄像管拼凑制成,这个管子还是黑龙江人民广播电台的工作人员从哈尔滨军事工程学院想办法"弄"来的。他们用于电视广播的设备,都是这样由本台技术人员自己想办法,动手试制安装的。试验过程中他们遇到无数困难,经历了千辛万苦,最后通过群策群力,终于排除障碍,试验成功。哈尔滨电视台于1958年12月20日开始试验播出,成为中国电视第一年中的第三个也是最后一个播出台。哈尔滨电视台台长由当时黑龙江人民广播电台台长林青兼任。[②]

天津电视台于1959年7月1日开始试播,1960年3月20日正式播出。建台时期仅有40多位工作人员。接着沈阳电视台于1959年9月27日开始试播,1960年4月23日正式播出。[③]

长春原定在第三个五年计划(1966—1970年)内建立电视台,但长春人想办法"土法上马",只花了19万元,在5个月内建起了电视台,于1959年10月1日开始试播。当时长春电视试验台所有的播音、图片、字幕、影片、文艺演出,都是在一个约150平方米的演播室里完成的。该台还在有关单位的协作下,自己制成了装有变焦镜头的摄像

---

① 赵凯.上海广播电视志[M].上海:上海社会科学出版社 1999:375,378,379,393,474,485,575.
② 赵水福.世纪心语:中国老广播电视工作者感悟录[M].北京:中国国际广播出版社,2003:138.
③ 《当代中国的广播电视》编辑部.中国广播电视大事记[M].北京:北京广播学院出版社,1987:124.

机。经过半年多的试播,1960年5月1日长春电视台正式播出。①

广东得到了其他地方都不曾有的"待遇",用另一种顺利的方式建立了电视台。1958年,广东广播电台在流花湖畔修建了播音馆,并在其中建设了电视中心。在时任中南局第一书记陶铸的坚持下,广东拨款数十万元,将位于越秀山北麓、停建一年之久的国内第一座自立式电视塔建设完成。中央广播事业局支援了发射机、转播车、电视中心设备,帮助其培养了技术及业务干部。广东电视台于1959年9月30日开始试播,同年10月1日用转播车直播了广州市的建国十周年庆典活动。② 1960年7月1日正式播出。

1959—1960年上半年,抚顺、鞍山等地也陆续开办了电视试验台。还有一些地方暂时没有能力建电视台,先建立起电视转播台。如1959年11月,浙江广播电台成立了电视组,试验收转上海电视台的节目。

1960年是第一次办台高峰年,有多达11家电视台开始试播节目。当年5月1日这一天,成都电视台试验播出,南京电视台正式播出,无锡电视台开始收转上海电视台节目。1960年5月25日,太原电视试验台开始试播;同年7月1日号西安电视试验台开始试验播出;7月16日,福建福州电视台自行组装的试验台开始播出;9月30日合肥电视台开播;10月1日,济南电视试验台、浙江电视台也开始试播自办节目。在这个月里,边远的新疆电视台也开始试播,新疆早在20世纪50年代后期就派人到北京学习,为建立电视台准备业务和技术干部。1960年11月7日,武汉电视台开始试播节目。

到了1960年年底,中国的电视台达到了18家。全国所有电视台、试验台、转播台加起来总共29座。各电视台开播时,当地接收机多则几十上百架,少则数架而已。各地方电视台在播出的初期,设备简陋,人员甚少,条件很差,大多数地方台都是本着"自力更生""土法上马"的精神创办的。各台演播室的面积普遍很小。这些电视台使用的设备几乎是因陋就简的代用品或改装件,而且还经常缺这少那。到1962年年底全国省级台达到23家,各类台共达36座。③

二、改进设备,完善技术

电视是一种重装备的媒体,它的运行常态就是所用技术不停地升级换代。但是,电视发展早年,我国经济极度困窘,加之各台都是勉强、仓促上马,技术、设备缺口过大,需要后续补上早该拥有的设备、设施,因此需求和供给严重不对等。对于当时的电视来说,"发展是硬道理",发展才能生存,不发展就是死亡。在极度困难的条件下,大家都在咬紧牙关拼命奋斗。

在这期间,国家对电视的设备配置和技术改进投入的经费大多集中用在了北京电视台。所以,北京电视台在很长时期内、一定程度上担负起了全国电视节目制作的任

---

① 徐光春.中华人民共和国广播电视简史[M].北京:中国广播电视出版社,2003:104.
② 赵水福.世纪心语:中国老广播电视工作者感悟录[M].北京:中国国际广播出版社,2003:100.
③ 郭镇之.中国电视史[M].北京:中国人民大学出版社,1991:6,37,38.

务。从中我们也可以看到当时国家一再为电视投资、建设的难能可贵，显示出对电视的重视程度。

(一)北京电视台技术改善

新闻时效性对电视台的采访、加工、制作、播出所涉及的方方面面都提出了很高的要求，为此要有完善的拍摄、洗印、制作设备，还要有方便快捷的传送、播出手段。因此北京电视台建台以后，就开始不断对电视技术设备进行完善。

1.建新楼

1960年3月，在北京复兴门广播大厦院内，我国自行设计建设的北京电视台新楼落成。这是在广播大楼后面新建的一座二层楼建筑。设备基本安装调试完毕后即投入试运行，5月1日正式启用。1961年，北京电视台从广播大楼西翼搬入。新楼拥有一大两小三个演播室(600平方米、150平方米和40平方米)，黑白、彩色各一个电视中心机房，另外还有电影机房、导演控制室以及其他多个配套房间。新楼地下室建有一个大约60平方米的洗印车间。这标志着北京电视台从操作、设备上开始步入正轨。[①]北京电视台在那里播出了近30年。

2.装备演播室

由于我国照明器材与光源的落后，仅在新演播室中装配了一些零星的普通灯具，如家用日光灯、白炽灯。后来，随着我国电光源技术的发展，北京电视台借鉴电影照明技术，于一两年后在大演播室安装了18套各长5米的木制灯吊杆和大容量、大体积的电影聚光灯、回光灯等，还安装了一套60路的钢丝变压调光设备。这已是较大的进步了。但这些设备又存在笨重、占地面积大、操作费力，光效低且无法实现多场亮度预选等重大缺陷。当年就是在这样的照明条件下，北京电视台维持着演播室的播出。[②]

音频设备也有了初步改善。演播室选用上海唱片厂生产的16路输入的调音台，还有几只德国进口的U87电容话筒以及一批635型国产录音机。音乐资料库及选乐工作间建起来了，配备了专用录音设备，补充了负责声音工作的人员，正式成立了音乐音响组。该组除了完成新闻节目的声音采录及大量的配乐工作外，还担负演播室和转播车等各类节目的声音录制任务。[③]

3.建洗印车间

新电视台建起来后，洗印组搬进了位于新楼地下室的洗印车间，还组建了自己的洗印队伍。此后，电视记者拍摄的新闻画面按照电影胶片的工艺流程制作，开始交由洗印车间制作，分工开始出现，工作有了正常秩序。

搬家没有多久，全国建起了20多座省级电视台，北京台洗印车间又担负起地方台

---

① 杨伟光.中央电视台发展史[M].北京:中国广播电视出版社,2010:8,16,67,69.
② 张敏.电视照明技术的回顾与展望[J].电视研究,1989(3).
③ 杨伟光.往事如歌:老电视新闻工作者的足迹[M].北京:人民出版社,1997:173;曾文济.我国电视音响起步的轨迹[J].电视研究,1998(9).

影片的洗印任务。洗印科工作量逐渐加大,洗印设备明显不足,且较落后。由于车间设在地下室,狭小、潮湿,工作环境很差。这时周恩来总理来到洗印车间,了解了情况,他当即决定增建制片楼。9,800平方米的电影胶片制作楼于1963年落成,还增添了大批新的机器设备,并建有空调机房。洗印科于1965年5月搬进新楼。此后,许多重大的新闻片、专题片都是在这里制作出来的。①

4.解决同期声录音

北京电视台建台初期,周恩来总理在一次审看电视片时提出:"能不能让人们在电视片上听到老百姓自己说话的声音呢?"②这成为电视人当时努力争取实现的目标。

当时新闻片的声音要在图像完成后,用录音机对照图像内容对声音进行编制,制作不容易,要花费很长时间。由于图像、声音用不同设备播出,胶片和录音带的速度常常不一致,容易出现声画不同步、口型对不上的问题。为此,为新闻节目配乐就成了弥补的办法。配上乐后,可以避免同期声对不上口型的问题。

要解决声音问题,使用画面同时录音的技术是根本途径。1960年,北京电视台洗印制作了第一个光学有声拷贝,即6月5日,"周总理接见英国记者费利克斯·格林"的电视谈话,于11月4日正式播出。对于这个同期录音的节目,技术人员洗印制作了声画合成的拷贝。由于电视台没有此类设备,只能偶尔为之。

20世纪60年代初期,当听说天津电影制片厂将要下马,北京电视台就给周总理打报告要求把该厂电视能用的设备调拨过来,获得同意。北京电视台接收了该厂一套英国GBK16毫米光学录音设备,并立即组织安装调试。台里组织了光学录音攻关班子。大家边翻阅资料边研究,攻克了无数技术难关,获得成功。加上原有机器,一套完整的16毫米有声影片制作设备就组成了。当时为了保证时效,新闻片还主要采用原先直接配音的方式。这套设备当时主要用于纪录片制作。

北京电视台拍摄的第一部光学有声片是《为钢而战》。1963年年底制成一部长达85分钟的有声大型纪录片《新兴力量运动会》,在电视中播出。随后北京电视台制作生产了一批有声片,如《芦笛岩》《美丽侗乡》《阿哥追》等。有声片的后期是在农业电影制片厂完成的。

此后,北京电视台对声音的使用更为重视。台里开始组织部分作曲家为电视片创作音乐,使电视纪录片配乐达到一个新水平。录音人员为了制作纪录片,常常随记者到第一线采录音响。

但当时大部分电视片使用的音乐,还是从资料中查找、选配的。如电视片《收租院》的音乐是从故事片《苦菜花》、纪录片《百万农奴站起来》、大型音乐舞蹈史诗《东方

---

① 杨伟光.往事如歌:老电视新闻工作者的足迹[M].北京:人民出版社,1997:180;韩志恩.从黑白片到彩色片[J].电视研究,1989(11).
② 杨伟光.往事如歌:老电视新闻工作者的足迹[M].北京:人民出版社,1997:17,18.

红》等十几部影片的音乐中精选出来的。①

在领导的支持下,北京电视台的技术条件逐步改善,订购了反转片,还买了几台新的原产自德国的 AK-16 手提摄影机。但拿到北京电视台后才发现,这种机器十分笨重,常出故障,到关键时刻常"卡壳"。

5. 开通远程微波线路

除了电视台内设备的增加、完善外,电视节目的远程传送是更加重要的问题。这一阻碍电视发展的瓶颈在 1964 年有了突破。邮电部设计院从 1958 年起,投入 60 路微波工程勘察设计工作。1959 年专门成立了"201"(60 路微波)工程指挥部。经过 4 年奋战,北京到天津 60 路微波实验电路于 1964 年 10 月正式开通使用,可同时传送 60 路电话和 1 路黑白电视;电路质量稳定,技术指标全部达到要求。② 天津成为第一个收看北京电视台节目的地区,北京电视台也不定期转播天津电视台的节目。

1965 年 2 月 10 日上午,北京电视台转播了天安门广场 70 万人"反对美帝挑衅、支持越南人民斗争大会"的实况,晚上播出了有关越南问题的新闻报道、时事解说及文艺节目。这些节目都通过微波线路向天津电视台同时转播。③

6. 获得录像设备

录像技术最初发源于美国。1956 年 4 月,美国安培公司制造出录像机,开始在电视行业使用。录像播映有很多优点:录后可以剪辑,有利于提高节目质量;相对胶片,没有了洗印过程,制作周期缩短,时效提高;录像可同时采录声音,创作中的特技潜力大;对播出来讲,录像节目可以避免现场节目可能的差错,效果相对可靠,还便于串联和掌握时间;录像播出操作简单,很少人就可完成;节目易于保留,既便于重播,又可以在电视台之间交换;演播人员还可以看到自己的播出状态,以利改进。所以,录像机很快就在各国电视台推广;到 20 世纪 60 年代,许多国家已经在使用录像技术。

1965 年,日本电波新闻社为北京电视台弄来了一台 2 英寸黑白磁带录像机,并介绍日本东芝电气工程公司副总工程师水野俊之来华安装示范。这台机器只有录放功能,不能制作节目,只用于特殊的有保留价值节目的录像,平时很少使用。1966 年新年,北京电视台首次试用黑白磁带录像机。用于播出的第一个录像节目是相声《女队长》。

但与摄影机比较,当时的录像设备相对笨重;镜头焦点短,微小景物拍摄受限制;某些后期编辑、修改余地缩小。而胶片摄影相对比较方便,后期编辑加工再创作余地大。而且胶片材质比录像带稳定,较易保存。因此,在影视界,胶片摄影若干年内没有

---

① 杨伟光.往事如歌:老电视新闻工作者的足迹[M].北京:人民出版社,1997:17,18,41,173,180;曾文济.我国电视音响起步的轨迹[J].电视研究,1998(9);杨伟光.中央电视台发展史[M].北京:中国广播电视出版社,2010:16,69.
② 踏遍青山人未老:中讯院近七十年历程回眸[N].人民邮电报,2019-09-10.
③ 郭镇之.中国电视史[M].北京:中国人民大学出版社,1991:54.

完全被取代。①

(二)上海电视台改善设施

建台之后,上海电视台也一边播出一边改造设施。1959年,该台将新永安大楼5层的小剧场改建成了一个180平方米和一个60平方米的演播厅,还有导演控制室和音响控制室各1个。将其6层改建成电视中心机房和电影机房。电视节目制作和演播条件初步改善。

上海电视台为了扩大电视发射功率,从1960年9月中旬开始,自行设计并制造了7.5千瓦黑白电视发射机,最大输出功率可达9.8千瓦,于1961年夏天调试完成。该机是当时国内第一台功率较大的电视发射机,通过试验播出和半功率播出后,于1966年开始全功率播出,代替了开播时使用的500瓦发射机,扩大了电视覆盖范围,提高了收视质量。②

(三)开发彩电技术

在北京电视台开办前,刘少奇同志就主张应重点搞彩色电视。1959年10月19日,刘少奇到中央广播事业局视察工作时再次指出下一步应该搞彩色电视,他还强调了广电事业人才培养的问题。③

在1955年国家派出的留苏研究生中,许中明被领导指定学习制造彩色电视。虽然那时我国连黑白电视都还没有。许中明考试成绩全优,但他一心为创建我国的彩色电视事业做贡献,主动放弃写论文拿学位,转而前往苏联当时研制彩色电视设备的研究所和工厂去实习,并于1958年年底提前回国。

中央广播事业局从1959年就组织广播科学研究所、北京广播器材厂,并和有关大专院校合作,开始了彩色电视的研制。北京电视台与一些地方广播事业局也派出工程技术人员参与了研制工作。1960年5月1日,北京电视台对研制出的一套国产彩色电视设备进行了试验播出,获得成功,这是一台单一讯道的电子管设备,采用的是美国的NTSC制式,元器件都是国产的。

我国彩色电视研究工作从开始到试播,一共用了一年零四个月的时间。当时除美国已正式播出彩色电视外,英国、法国、德国、苏联等国也都处于研发阶段。北京电视台播出彩色电视使我国成为世界上第6个开始彩色电视试播的国家。

1961年5月9日,周恩来总理和邓颖超同志到北京电视台演播室观看河北梆子

---

① 朱景和.电视片纵横观(续)[J].电视研究,1990(6);杨伟光.中央电视台发展史[M].北京:中国广播电视出版社,2010:10,69.
② 赵凯.上海广播电视志[M].上海:上海社会科学出版社,1999:376.
③ 郭镇之.中国电视史[M].北京:中国人民大学出版社,1991:11,52,82;于广华.中央电视台大事记[M].北京:人民出版社,1993:8,13;《当代中国的广播电视》编辑部.中国广播电视大事记[M].北京:北京广播学院出版社,1987:148.

《杜十娘》,当晚还观看了北京电视台正在试验的彩色电视片。他看到的是彩色动画片《草原英雄小姐妹》。当时研究者最担心的是彩色电视机太复杂、太贵,样机有一人高,一百多个旋钮,老百姓买不起也用不了,怎么普及?可是周总理没谈这个,他和在场的每个人握了手,问了名字、年龄,在哪里学的,还关心他们天天看着电视屏幕,伤不伤眼睛。周总理的真挚关怀感动了在场的每个人。后来聂荣臻元帅等领导人也来看过,给了研究者很大的鼓舞。①

1960年年初,上海电视台也开始进行彩色电视试验。上海电视台确定由何允负责,抽调了一部分技术人员去北京学习,并带回全套图纸。在闵行召开的一次市科技会议上成立了市301(彩色电视)工程组。市工业部门组织有关工厂企业,根据从北京带回的图纸进行配套试制。到1961年,部分彩色电视中心设备已试制出来,安装在新永安大楼上海电视台10楼。②

1962年,由于国家经济困难,国民经济计划实行调整,北京、上海的彩电试验都被迫下马。直到1970年,创办彩色电视才再次提上议事日程。

三、进入调整期

电视事业的发展始终与国家的国民经济和社会发展状况紧密相关。正当电视界还在"大干快上"地"跃进"时,1959—1961年,我国国民经济发生了严重的困难。1961年1月,党的八届九中全会提出了"调整、巩固、充实、提高"的八字方针。全国广播事业迅速贯彻执行这一方针。1962年5月,中央广播事业局召开部分地方台台长座谈会,讨论广播系统贯彻"八字"方针的调整意见,广播系统提出的调整方针是"紧缩规模、合理布局、精简人员、提高质量"。同年7月27日,国务院批准了中央广播事业局关于全国广播事业调整方针和精简工作的报告。

根据这一方针,广播电台大规模合并、停办,数量由135座减为81座,减少了近一半。全国电视台和电视试验台除保留北京、天津、上海、广州、沈阳5座以外,其余一律停办。停办的有:齐齐哈尔、鞍山、抚顺、吉林、南京、浙江、济南、长沙、武汉、佳木斯、重庆、昆明电视试验台和苏州电视转播台等。其中武汉电视台和南京电视台为保护设备,每周放一次电影。③

1963年2月19日,国务院文教办公室批复中央广播事业局关于电视台调整问题的请示,同意把哈尔滨电视台、长春电视台和西安电视试验台作为试验台保留下来,加上上一年确定的5座,共有8座幸存下来。另外,太原、南京、武汉、合肥电视试验台撤销以后,可以保留少数技术人员,协同有关部门举办电视教学,不作为正式电视台。

---

① 赵水福.世纪心语:中国老广播电视工作者感悟录[M].北京:中国国际广播出版社,2003:312.
② 赵凯.上海广播电视志[M].上海:上海社会科学出版社1999:376.
③ 徐光春.中华人民共和国广播电视简史[M].北京:中国广播电视出版社,2003:107-109;赵玉明.中国广播电视通史[M].北京:北京广播学院出版社,2004:266;方汉奇.中国新闻事业通史:第三卷[M].北京:中国人民大学出版社,1999:240.

教育电视台的出现帮一些地方电视台渡过了难关。1960年3月8日,北京市教育局和北京电视台共同举办的北京电视大学开学。这是我国电视教育事业的开始。几乎同时,上海电视台与华东师范大学联合,于1960年4月6日开办了上海电视大学。一批被撤销的地方电视台也借新出现的电视教育维持了下来。如1963年10月,已下马的合肥电视台开办了安徽电视学校大专班。1964年10月,原来的太原电视台与太原市教育局联合开办了太原电视工读学校。南京、武汉的试验台撤销后,其机器设备、技术人员也都改做了电视教学。

直到1965年经济形势好转后,电视台才渐次恢复。1965年6月5日,国务院文教办公室同意将哈尔滨电视台、长春电视台、西安电视试验台和太原电视教育台转为正式电视台。①

除此之外,还有一些地方电视台由于设备简陋和人员缺乏,开播不久就难以为继,又陆续停播。如福建电视台在创办一年之后,于1961年下马停办,直到1970才恢复播出。

除压缩电视台数量外,保留下来的电视台内部也开始着手压缩调整。1960年10月,北京电视台开始精简机构,裁减人员数量占全台总人数的五分之一。从这年的12月26日起,北京电视台调整节目时间,每晚播出时间仅为2—2.5小时,比过去减少约1小时。星期一只放映一部电影,全台集中精力办好周六和周日的节目。

与此同时,国家停止了进口电视机,国产电视机也被列入高级消费品,限制社会集团购买。电视机市场也开始大幅萎缩。

在"大跃进"高潮中创办事业的电视人,以"一天等于二十年"的创造热情,呕心沥血的苦干,在两三年的时间里开办了几十家地方台,基本上遍布了东部、中部省份及少数西部地区。

电视事业与其他媒体比较,其技术含量和发展的投入都要高很多,成功办台只是事业建设的开始。最早开播的北京电视台和上海电视台都在建成后马上投入了第二轮建设,新台址的建设和设备更新甚至要更多的投入。而新的远距离传输——微波,和电视的升级换代——彩电,这些当时的高新技术也都为电视发展提出了新的科技课题。

在国家政策因应经济困难的调整中,开办的战线压缩了。在激情澎湃的年代里,人们初步见识了电视这种重装备、高科技事业的挑战与压力,这在某种程度上也可以说是收获。

---

① 郭镇之.中国电视史[M].北京:中国人民大学出版社,1991:38,57-58;赵凯.上海广播电视志[M].上海:上海社会科学出版社,1999:378.

第二节　国际新闻与对外交流

对外交流对中国电视早期的发展有着举足轻重的作用,它使中国电视迅速通过模仿、学习,逐渐接近世界水平。加之中国当时电视普及率极低,而国外很多较发达国家的电视普及率高,我们可以通过电视建立与世界人民的交流。另外,中华人民共和国经过十多年的建设,也需要与世界有更密切的联系,因此,对外交流成为中国电视当时的一项重要任务,且成为中国电视发展的特殊阶段的特殊任务。

一、与苏联及东欧国家的交流

如前所述,在建立北京电视台的过程中,我国从派出技术人员学习电视技术、仿照式样设计制造中国最早的电视核心设备、组织电视工作者到访学习电视节目经验,到进口一批批电视接收机等方方面面,展开与苏东各国的交流,这都大大降低了我国电视初创时期工作的难度,为建立自己的电视广播起到了助推作用。

北京电视台开始播出以后,电视交流进入以节目交换为主的阶段。电视台开播初期我国即与苏联及东欧六国签订了广播电视合作协定,同这些国家的电视台建立了节目交换关系。这些国家不定期地通过航空邮寄电视新闻片及少量的专题片和歌舞片。苏东国家的新闻片构成国际新闻的主要内容,其间,也有一些反映日本工人罢工、游行和第三世界国家的新闻影片。

1961年,北京电视台又与阿拉伯联合共和国(简称"阿联",现埃及)电视台、古巴革命电视台交换节目。1962年1月27日,中国与古巴签订广播电视合作协议。1961年,各国寄来的电视片总共达到1,565条。1964年,中国开始与朝鲜中央电视台交换节目。①

北京电视台的国际新闻除口播外,主要稿源都是与国外电视机构交换、互购而来的,经挑选、编译和配音后播出,只有少量新闻是派记者去国外拍摄的,这种情况一直延续到1962年。②

从1958年的共同舰队事件,到1959年双方在北京的争吵,再到1960年苏联撕毁合同、撤退专家、停止援助,中苏关系走向了破裂。

1961年10月17日,苏共召开二十二大,再度把矛头指向斯大林,并决定把斯大林遗体迁出列宁墓,同时开除了莫洛托夫等人的党籍。赫鲁晓夫还率领到会的数十个国家共产党领导人,激烈地攻击阿尔巴尼亚。我国派周恩来和彭真代表中国共产党出席了这次大会,周恩来在19日的大会致辞中明确表示反对在兄弟党的代表大会上攻

---

① 杨伟光.往事如歌:老电视新闻工作者的足迹[M].北京:人民出版社,1997:160.
② 杨伟光.中央电视台发展史[M].北京:中国广播电视出版社,2010:18-19.

击另一个兄弟党,更在21日亲率代表团向斯大林墓敬献花圈,并于两天后即23日晚提前离会,启程回国,以示不满。毛泽东亲率刘少奇、朱德、邓小平等到北京机场迎接,对周恩来的行动表示了充分的肯定。[①] 1961年10月28日,也就是在周恩来19日讲话后的第9天,北京电视台《国际新闻》在头条播出了周恩来总理讲话的新闻片,全长1分50秒。影片中"周恩来拧紧两道浓眉,气宇轩昂地走上讲台,代表中国共产党中央委员会与当时的赫鲁晓夫进行针锋相对的发言时,那不怒自威的声势,极具震撼人心的磅礴正气"[②]。

1962年10月20日,在中印两国围绕有争议地区持续发生严重武装冲突之后,东西欧几个国家的兄弟党却在自己的党代会上影射甚至直接批评中国。1963年9月6日起,《人民日报》和《红旗》杂志以编辑部的名义,陆续发表了针对苏共中央的系列论战文章,所谓"九评"。中苏论战爆发。随后,我国停止了与苏东各国的新年电视互赠祝贺娱乐节目及其他节目交换。[③]

二、扩充国际新闻

(一)扩大节目来源

1960年以后,北京电视台与国外建立了一些新的节目交换关系。

1960年7月17日,北京电视台同日本共产党主办的日本电波新闻社签订了交换电视新闻影片的合同。合同规定:"双方互相交换的电视影片,应以最迅速和准确的输送方式供给对方。"[④]从这一天至当年8月31日,一个多月的时间里,我方寄给日方新闻片48条,共计288个影片拷贝,内容包括时政新闻、生产建设、文化教育、少儿生活等,日方共寄送我方新闻片16条。在之后6年多的时间里,中方收到日方新闻片六七百条,播用约三分之二,有关日本的新闻报道在电视中明显增多。中方向日方提供了大量中国新闻片。这家通讯社成为当时中国电视新闻片通向世界的主要门户。

1960年,北京电视台还与英联邦国际新闻影片有限公司接触,选购它的少量影片,建立互购电视新闻片的关系。当时,北京电视台急需带有图像的国际新闻,而这家新闻社是当时国际上唯一的电视新闻社,他们对我国的电视新闻也同样感兴趣,双方各有需要,于是有了一年多的交往之后,1963年1月7日,北京电视台与英联邦国际新闻影片有限公司签订协议,试行双方交换电视片合同,为期半年。签约当天北京电视台为其提供了锡兰总理访问我国的电视片。这个片子还分送到古巴、日本、阿尔及利亚等14国。1963年10月11日,双方又在北京正式签订了交换和购买电视片协议

[①] 资料来源:毛泽东下令"九评"赫鲁晓夫的来龙去脉,http://zhangjiao.yeah.net。
[②] 赵忠祥.岁月随想[M].上海:上海人民出版社,1995:99.
[③] 郭镇之.中国电视史[M].北京:中国人民大学出版社,1991:49,51;杨伟光.中央电视台发展史[M].北京:中国广播电视出版社,2010:61-62.
[④] 杨伟光.往事如歌:老电视新闻工作者的足迹[M].北京:人民出版社,1997:464.

书,孟启予代表电视台签字。①

英联邦国际新闻影片有限公司成立于 1957 年,它是由英国广播公司、路透社、澳大利亚广播公司、新西兰广播公司和加拿大广播公司合股创办的电视新闻社。20 世纪 60 年代已有 50 多家遍布全球的订户。1964 年,该社改称维斯新闻社(Visnews),1992 年被路透社购买,更名为路透社电视新闻社(Reuters TV)。

与该公司签署的协议规定:"维斯新闻有限公司向北京电视台寄送其全套的世界新闻影片和新闻背景影片,共计每周约 4,250 尺的 16 毫米影片,供北京电视台在中华人民共和国内使用。"这也是当时北京电视台国际新闻片的主要来源。按照每条新闻片平均放映 2 分钟(每分钟放映 36 尺胶片)计算,这个数量的胶片约合 60 条新闻。而北京电视台则按规定"每月平均挑选 15 条时事影片,寄给维斯新闻有限公司,供维斯新闻影片使用。每年寄送的时事影片的总数大致不少于 180 条"。该协议还规定:"北京电视台将通过新闻影片制成后的第一班班机,将挑选的影片从北京运往伦敦。"②

与英国公司签订节目交换合同,给北京电视台的《国际新闻》增加了节目内容来源,使其报道面加宽、时效性也增强了。从此,发生在世界各地的新闻能够比较及时地在我国屏幕上出现。《国际新闻》从开始的每周两期增加到四期、六期。虽然北京电视台对其提供的新闻片严格挑选,采用率并不是很高,但观众通过这个窗口,还是可以大致了解世界动态。中国的电视新闻也得以通过这个国际性电视新闻社走向几十个国家。③

1966 年 2 月 14 日,北京电视台同英国维斯新闻有限公司续签了相互供应电视新闻片的合同。按照合同,维斯新闻有限公司每月依然购买北京电视台约 15 条电视片。

1966 年 6 月 4 日,我国又和伊拉克签订了广播电视合作议定书。④

(二)《国际新闻》

从 1960 年的节目表上看,《国际新闻》已经是每周三期。但是在经济困难时期,节目被压缩。电视事业经过三年困难时期的调整以后,有了较快发展,《国际新闻》节目的内容也在不断丰富。当时,新闻部国际组的编辑马超曾记录了几期《国际新闻》节目,⑤将其来源国做了归纳(见表 2-1)。

---

① 壮春雨.中国电视概述[M].北京:中国广播电视出版社,1985:216-221;中华人民共和国史广播电视编辑部.当代中国广播电视回忆录:第三集[M].北京:中国广播电视出版社,1994:69.
② 杨伟光.往事如歌:老电视新闻工作者的足迹[M].北京:人民出版社,1997:464.
③ 郭镇之.中国电视史[M].北京:中国人民大学出版社,1991:52;方汉奇.中国新闻事业通史:第三卷[M].北京:中国人民大学出版社,1999:572.
④ 《当代中国的广播电视》编辑部.中国广播电视大事记[M].北京:北京广播学院出版社,1987:195,201.
⑤ 王睎建.岁月拾贝[M].北京:中国广播电视出版社,2002:59.

表 2-1　1963 年四期《国际新闻》来源国统计表

1963 年的《国际新闻》	苏联	匈牙利	罗马尼亚	波兰	阿尔巴尼亚	越南	朝鲜	古巴	英国	日本	美国	法国	德国	小计
第 18 期		1	1				1		1	2				6
第 20 期		1		1		1		1	1					5
第 23 期		1						1	1	1		1	1	7
第 33 期	1		1		1			1		1	1			6
总计	1	3	2	1	1	1	1	3	3	5	1	1	1	24
	13 条,占 54.2%							11 条,占 45.8%						

从这仅有的记录里只能稍稍看出一些当时的情况：来自日本、英国、匈牙利、古巴等国的新闻较多；因为 1963 年爆发了中苏论战，苏联新闻变少了，但整体上多数新闻还是来自苏东地区各国。这时在宣传上，对选用苏联、东欧国家的新闻控制很严，但仍保持一定的数量。当时有一种提法，叫作"只见树木，不见森林"。编辑部在选片和编排节目时，严格遵照这一原则。

1963 年七八月间，美国黑人的斗争风起云涌，波及全国。为了支持美国黑人的斗争，北京电视台编辑了纪录片《美国黑人在觉醒》，播出后，受到好评。同年，国际组还编了一些国际新闻专辑，如：《朝鲜新闻专辑》《阿尔及利亚新闻专辑》《古巴新闻专辑》等。[①]

1964 年后，《国际新闻》播出时间又相对固定为每周播出三次。

(三) 国际新闻的加工

北京电视台对于外国电视台提供的节目，采取了一种很谨慎、严肃的态度。局、台领导对国际新闻节目都十分重视。

国际新闻要经过挑选、编译和配音后播出。对于国外来稿，在对内容的选择上有以下内容之一的即可选用：一是重大时事新闻，二是反映各国人民对中国的友好感情，三是报道供稿国科技成果、建设成就和人民生活，以及其民族文化、风景名胜的。三类题材中，台里对第一类强调时效，要抢时间播出；第二类一般情况下都会选用；第三类要择优选用。[②]

起初，台领导和翻译、编辑一起审看原片，确定主题，再对影片重新剪辑制作，后来片子数量增多，才改由新闻部国际组集体选定主题，送台领导审批。具体程序是：电视台收到节目以后，由编辑、翻译把单条的片子接在一起，国际组全组同志按规定的时间集体看片，选出可以播出的节目，送台领导审批。

[①] 杨伟光.往事如歌：老电视新闻工作者的足迹[M].北京：人民出版社,1997:469-470.
[②] 杨伟光.中央电视台发展史[M].北京：中国广播电视出版社,2010:19-20.

在片子选定后,为了使因航空邮递已经耽搁的新闻片能尽快播出,制作就要争分夺秒。翻译往往要连夜编译解说,剪辑人员开始编辑画面。翻译、编辑翻好编好后的片子,首先由组长黄一中审看,然后由新闻部主任夏之平审定,有时也由台领导审定,梅益局长也曾审看过节目。审看完,他们在稿签上签字后才能送去录音。

《国际新闻》经审定后,还要进行一系列播出准备工作。当时国际新闻按内容性质编排次序,播出片形式与国内新闻一样。一般在下午4时,由播音员沈力、赵忠祥看节目,对解说词;音乐编辑也要一起看节目。录音时,录音员要将选配的音乐同播音员一起对着画面把解说和音乐混录在录音磁带上。同时,编辑把节目的字幕通知单送到美术组,去加工字幕。播出时,国际组的同志轮流在导演台值班。[①]

在大家的共同努力下,一些重大新闻,如苏联十月革命节红场阅兵式可以在收到片子后的第二天同观众见面。

三、确定"立足北京面向世界"的方针

从1962年开始,电视工作方针发生了变化。当时的中央广播事业局领导给电视台确定了办台方针,那就是"立足北京,面向世界",它被写进了1962年广播电视工作业务整改方案,并随即启动。[②]

提出这一方针的目的"就是要通过电视新闻片突破资本主义国家新闻媒介对我国的新闻封锁,反击他们对我国的诬蔑和诽谤",同时也是因为中国外交在世界舞台上逐步成功。此外,考虑到国内接收机不多,电视影响有限,国外情况不同,有广阔天地,所以我国将加强对外宣传作为首要任务。通过送出电视节目,有关"我国政治事件、建设成就和人民生活的新闻终于在资本主义国家的电视台播出"了。

"立足北京"也是因为当时困难大、设备差、经费少、覆盖小,只能如此。在执行时,北京电视台和全国各地方电视台拍摄的片子主要通过北京电视台送出。

1964年4月3—21日,第八次全国广播工作会议在北京举行,主要讨论了中央广播事业局提出的《宣传业务整改草案(提纲)》(以下简称《草案》),题目是《为进一步提高广播、电视宣传的质量而奋斗》。《草案》阐述了电视的方针、任务,指出:北京电视台既对国内又对国外宣传,要立足北京,对内面向全国,对外面向世界,并且对如何改进电视的新闻性、知识性和文艺性节目提出了一系列具体要求。会议正式提出了"立足北京,面向世界"的方针。[③]

(一)送节目去外国播出

除了翻译国外送来的电视片在本台播出外,北京电视台也将部分自己制作的节目

---

① 杨伟光.往事如歌:老电视新闻工作者的足迹[M].北京:人民出版社,1997:470.
② 杨伟光.往事如歌:老电视新闻工作者的足迹[M].北京:人民出版社,1997:42.
③ 郭镇之.中国电视史[M].北京:中国人民大学出版社,1991:50-51;方汉奇.中国新闻事业通史:第三卷[M].北京:中国人民大学出版社,1999:243;徐光春.中华人民共和国广播电视简史[M].北京:中国广播电视出版社,2003:118.

交换给外国电视台,送出去供它们在本国播出。这是根据中央广播事业局和外国广播电视机构签订的双边合作协定,同签约国建立互换节目关系,开展对外电视节目交换的工作。开始时主要由北京电视台承担。

这一工作开始于北京电视台开播后不到一年,从1959年开始对外寄送节目。当年4月21日,北京电视台首次向苏联、波兰、捷克斯洛伐克、民主德国、罗马尼亚、匈牙利六国寄送了第二届全国人大第一次会议的电视新闻影片。同年5月6日,又向这六国航寄了北京庆祝"五一国际劳动节"游行的纪录片。同年6月下旬,拍摄了第一批反映我国人民劳动和生活的出国片,7月开始向苏东社会主义国家电视台寄送。这一年,我国分寄上述各国的电视片共达61条。

北京电视台这些自制的电视片都是有关国内时事政治活动、国内工农业生产成就、文化建设、民族风情和人民生活的内容。电视片为黑白无声16毫米胶片,配以中文、俄文或英文解说词,后来根据输出国家的情况,提供的外文稿增加了法、日、印地等语种,有时还有西班牙语和乌尔都语等。北京电视台将这些胶片航寄国外电视机构,片子统称为"出国片"。这种交换是无偿的,节目制作费和航寄费均由寄出方承担,由国外电视机构自由选择使用。①

除自制外,北京电视台还主动争取加盟其他影视制作单位,国内的电影制片厂对当时北京电视台的对外宣传工作给予了大力支持。1959年,北京电视台曾订购新影厂的《今日中国》杂志片,寄送给苏东社会主义国家。该片广泛报道了我国社会主义建设的成就和丰富多彩的城乡生活。当年11月30日,接近年底,新影厂还专门替北京电视台拍摄制作了祝贺新年的电视片,北京电视台第一次将此类片子寄赠苏东、古巴各国电视台。

1961年3月27日,文化部和对外文化联络委员会应北京电视台的要求,开会研究如何支援北京电视台做好出国片的工作。文化部副部长夏衍、电影局副局长司徒慧敏等出席。会议提出,出国片花色品种要多,不但要有新闻片,还要有纪录片、风光片和短故事片,要扩大取材范围,片子质量要好。

1963年4月5—12日,北京电视台主持在广州召开了北京、上海、广州、天津、沈阳、哈尔滨、长春、西安八台负责人或电视新闻主管参加的第一次对外报道座谈会,讨论通力合作,扩大出国片数量、提高外宣质量问题。会上,上海电视台受到表扬,广州电视台有了压力。两年多以后,1965年8月2—9日,北京电视台在京再次主持全国电视台第二次对外报道座谈会,与会者除原八台外增加了太原、武汉两家。会议着重讨论了进一步开展对外电视宣传工作,提高出国电视新闻片质量的问题。1964年,广州电视台的出国片首屈一指,达到49条。②

这些出国片中绝大多数为新闻片,另外还有一些报道生产成就、文化体育、人民生

---

① 杨伟光.往事如歌:老电视新闻工作者的足迹[M].北京:人民出版社,1997:466.
② 杨伟光.中央电视台发展史[M].北京:中国广播电视出版社,2010:58-59.

活、风景名胜等内容的电视专题短片,如《钢铁巧"裁缝"》《温室蔬菜增产》《北京鸭》《杂技之乡》《中国画家陈半丁》等。北京电视台还和一些地方电视台合作,拍摄了一些新闻片和纪录片,送给外国电视台播放。

体育赛事也极大地推动了这一工作。1961年4月4—15日,第26届世界乒乓球锦标赛在北京举办期间,我国向欧亚拉美等十多国电视台寄去有关电视片87条,共41个主题。① 这一年,我国为各国寄送电视片共达1,167条。

由于北京电视台同日本电波新闻社于1960年7月17日签订了交换电视新闻影片的合同,这家新闻社也成为中国电视片通向世界的主要门户。从7月17日—8月31日,不到一个半月的时间里,我方就寄给日方48条新闻影片,共288个拷贝,内容包括时政新闻、生产建设、文化教育、少儿生活等。在之后的6年多时间里,中国向日方提供了1,000多条新闻片,大大超过日方向我国提供的数量。1966年1月,北京电视台开始向日本广播协会、日本东京广播、日本富士电视台、日本电视广播网、日本教育电视五家电视台供片。②

除了交换节目外,我国电视机构还尽量满足国外人士的其他要求。如1965年4月,接受朝鲜的要求,在北京电视台对其人员进行电视技术培训。我国还应加纳电视台副台长的要求,于1965年7月13日向该台赠寄了一批电视片,内容包括《龙化石》《农奴女儿进学校》《北方小麦丰收》等。

应当说,在短短的几年中,电视外宣的进步很大,北京和各地电视台都把提高质量摆在第一位,创办了一批有特色的新闻性、知识性、文艺性节目,节目的思想性、艺术性都有所提高。但是靠输出新闻影片这种方法进行电视对外宣传,也有着较大局限性。因为电视播出权掌握在各国电视台手里,虽然发出了片子,但是否播出要人家决定,因而并不掌握报道的主动权。

在寄送节目初期,北京电视台并没有专门的节目机构,所有节目都是由电视台政治组拍摄和选片,由3名翻译人员负责翻译、寄送工作。直到1963年,新闻部正式设立了国际组,才有专人负责出国片的翻译。当时北京电视台的外文翻译人员不多,只有英语、俄语和法语的翻译力量,许多语种不得不请国际电台的同志协助翻译。

在当时的技术条件下,一条时事新闻片从拍摄、洗印、编辑、制作拷贝、翻译文稿到航运出国要耗费许多时间。每逢有重要时事新闻,就要全台上下通力合作,争取将当天的新闻在第二天一早赶送机场出国。以国庆节庆祝活动的报道为例,当新闻在晚上7点《电视新闻》节目播出后,编辑人员立即从播出线上取回片子,按照对外宣传的需要重新编辑加工,同时写出对外报道的解说词,并立即请来领导审查。新闻部主任夏之平、副台长孟启予等都是随请随到,有时还要请广播局局长梅益同志审片。他们"现场办公",效率极高,同时审定片子和解说文稿,这些一结束,马上就要进行紧张的后期

---

① 壮春雨.中国电视概述[M].北京:中国广播电视出版社,1985:216-221.
② 《当代中国的广播电视》编辑部.中国广播电视大事记[M].北京:北京广播学院出版社,1987:194.

制作。洗印科的同志根据已审定的工作样片剪接底片,并印制新的样片,在和编辑一起看过样片、调整好镜头的光号后,根据需要印制出一定数量的拷贝片。同时,编辑还要将解说文稿复写若干份,分送各语言组做外文翻译。只有等到片子、稿子全部出齐,工作人员才能按照不同国家、不同文稿,分别包装,送到首都机场。所有这些工作必须在一个夜晚全部完成。为了赶航班,工作人员有时不得不在去机场的汽车里边走边包装。

有些重大新闻报道由于各种因素影响,虽然时效相当差了,但由于是独家新闻,各国的采用率仍然很高。例如,1964年10月16日下午3点,我国成功爆炸了第一颗原子弹,当天晚上10点,中央人民广播电台即向全国和全世界广播了这条重要消息。但出于保密,北京电视台没有派记者去现场拍摄。直到次年2月11日,经请示外交部同意,北京电视台才得以从国防科委借得此片,委托八一厂将"蘑菇云"一段缩印成16毫米影片寄往日本电波新闻社和英国维斯新闻有限公司。尽管从事件发生到看到此片已经过了4个月,但英国维斯新闻社还是在接到此片后,立即向全世界电视机构提供了这条只有一个"蘑菇云"镜头的新闻片。①

到1966年,建台近8年来,北京电视台先后同36个国家的电视机构建立了交换或互购电视节目的关系,并向他们寄送了我国的电视片。与我国有正式交换或互购关系的国家有17个,分别是英国、日本、印度尼西亚(以下简称"印尼")、伊拉克、叙利亚、阿联、阿尔及利亚、朝鲜、古巴、苏联、波兰、民主德国、匈牙利、罗马尼亚、捷克斯洛伐克、保加利亚、阿尔巴尼亚;与我国有非正式交换或互购关系的国家有11个,分别是柬埔寨、巴基斯坦、摩洛哥、肯尼亚、苏丹、刚果(布)、加纳、乌干达、荷兰、瑞典、法国;通过我国驻外使馆不定期转送或曾购买过电视片的国家有8个,分别是澳大利亚、加拿大、巴西、智利、芬兰、联邦德国、意大利、比利时。②

据从1963年8月开始便在北京电视台从事对外报道工作的张昭华回忆,从当时我国的国际关系需要和对外政策出发,北京电视台向欧、亚、非近30个国家的电视机构输送新闻影片,而北京电视台同这些国家之间,绝大多数都没有直接交换影片的具体协议,一般只是在两国的文化协定中提到相互交换电视片,但基本上都是有去无回,只有同英国维斯新闻有限公司和日本电波新闻社签署了正式协议,③且有回送的新闻。

到"十年动乱"前,据不完全统计,1959年,北京电视台只向7个苏东国家寄送了61条电视片;1962年,达到17国240条;1964年,达到33国476条;1965年,达到36国473条(见表2-2)。④

---

① 杨伟光.往事如歌:老电视新闻工作者的足迹[M].北京:人民出版社,1997:465.
② 杨伟光.中央电视台发展史[M].北京:中国广播电视出版社,2010:16,62.
③ 杨伟光.往事如歌:老电视新闻工作者的足迹[M].北京:人民出版社,1997:464.
④ 郭镇之.中国电视史[M].北京:中国人民大学出版社,1991:50;杨伟光.中央电视台发展史[M].北京:中国广播电视出版社,2010:59;徐光春.中华人民共和国广播电视简史[M].北京:中国广播电视出版社,2003:127.

表2-2 北京电视台早期出国片数量统计表

年份	国家数量	新闻条数
1959	7	61
1961	13	1,167
1962	17	240
1964	33	476
1965	36	473

无论怎样,上述情况表明,对外电视交流对我国电视新闻发展有着较大推动作用。

(二)参加世界性电视交流

在20世纪60年代前期,北京电视台为了向世界介绍我国电视发展的情况,参加了一些国际性的电视交流活动。1963年,北京电视台参加了第二届阿联国际电视节,其间,对北京电视台做了如下介绍,反映出当时电视台的一些情况:

> 北京TV是中华人民共和国首都的一个主要的文化活动中心,也是一座大学。
> ……它用一个频道向观众播送各种节目,用另一个频道讲授电视大学课程。有三个用本国生产的设备装备起来的播送室和一个供电视转播用的剧场。
> ……那个六百平方米的播送室是忙碌的。
> ……在定期播出的社教节目中,经常约请专家分别向成年观众和少年儿童讲解有关科学技术、医药卫生、体育等方面的知识。
> ……邀请著名工农业劳模、学者、作家、演员、运动员同观众见面。
> ……最受欢迎的节目之一是《电视新闻》。
> ……北京TV的国际联系体系也在不断扩大,五年来,同二十三个国家的电视台或电视机构交换了电视片。
> ……五年来,继北京之后,在上海、广州、天津、沈阳四大城市先后设立了电视台。在长春、哈尔滨、西安和其他城市设立了实验性电视台、教育电视台和电视转播台。[①]

在1963年第二届、1964年第三届和1965年第四届阿联国际电视节上,我国送展的影片有科教片《金小蜂与红铃虫》《对虾》《水地棉花蹲苗》,纪录片《登上希夏帮马峰》,专题片《熊猫》,木偶片《掌中戏》和美术片《小林日记》7部。其中《水地棉花蹲苗》

---

① 壮春雨.中国电视概述[M].北京:中国广播电视出版社,1985:221.

获教育片一等奖,《金小蜂与红铃虫》和《对虾》获科教片二等奖。①

四、走出国门做报道

20世纪60年代初,我国第二个五年计划到第三个五年计划之间,国民经济得到了恢复和发展。物价稳定、市场初步丰盈,人民生活改善。这个时期,电视事业也有了一定的发展。随着我国国际地位的提高,对外交往逐渐增多。为了捕捉新闻、丰富报道,北京电视台也开始派记者走出国门,或是随党和国家领导人出访,或是跟文艺、体育团体出国演出、比赛,或是前去追踪重大国际新闻。如报道扩大的日内瓦会议、随周总理出访14国、赴越南—老挝—柬埔寨战地采访等。这些报道不仅充实了国内荧屏国际新闻的内容,"其中的战地新闻还作为独家新闻向国外的电视机构、外国电视台输送"②,使当时我国人民直观了解世界的唯一窗口《国际新闻》的片源有所增加。③

(一)随领导人出访

对领导人出访期间的活动进行报道,这种现在常见的新闻最早出现于1961年年初,是早期记者出国报道的主要任务之一。这种报道既让国内观众看到国家领导人的风采,同时又在一定程度上让观众了解被访国的风土人情、政治经济情况,这在当年受到观众广泛、热烈欢迎。在20世纪60年代,随领导人出访报道有以下这些。

1961年1月2—14日,周恩来总理率领中国政府友好代表团访问缅甸,北京电视台记者孔令铎、庞啸随同采访。这是北京电视台第一次派记者报道国家领导人的出访活动。出访期间,记者把拍好的电视片交由外交部信使直接带回北京。北京电视台收到后立即洗印、编辑,第一条新闻在1961年1月5日周总理到达仰光3天后播出。此次出访,孔令铎共拍摄了约5,000英尺胶片,约等于两个多小时的素材。④

1961年5月,北京电视台记者孔令铎和化民随同以陈毅副总理兼外长为团长的中国政府代表团赴日内瓦,报道有关老挝问题的扩大的日内瓦会议。

1963年4月,刘少奇主席、陈毅外交部部长访问缅甸、印尼、越南、柬埔寨4国,北京电视台记者李华、化民随行采访拍摄电视新闻片。

1963年9月15日,刘少奇主席去朝鲜访问,北京电视台派出记者叶惠、李华随行采访。

1963年12月至1964年3月,周恩来总理和陈毅副总理访问亚非14国,北京电

---

① 郭镇之.中国电视史[M].北京:中国人民大学出版社,1991:50.
② 夏之平.建台第一年的电视新闻[J].电视研究,1998(7);郭镇之.中国电视史[M].北京:中国人民大学出版社,1991:53.
③ 杨伟光.往事如歌:老电视新闻工作者的足迹[M].北京:人民出版社,1997:468.
④ 于广华.中央电视台大事记[M].北京:人民出版社,1993:11;杨伟光.往事如歌:老电视新闻工作者的足迹[M].北京:人民出版社,1997:180.

视台记者李华随行。

1965年5月,周恩来总理、陈毅外交部部长参加印尼亚非会议十周年活动,同年5月8日,北京电视台播出周总理、陈外长出席这次活动的新闻报道专辑。同年,周恩来总理访问坦桑尼亚、阿联,记者随行报道。①

仅从其中两例就可以看到当时记者的工作。

1961年5月4日上午,孔令铎和化民随同以陈毅外长为团长的中国政府代表团乘坐图-104飞机前往日内瓦。同机前往的还有陈毅夫人张茜、外交部副部长章汉夫和夫人龚普生、部长助理乔冠华和夫人龚澎、新华社社长吴冷西、顾问曾涛等。随行记者有中央人民广播电台的杨兆麟,新影厂的苏河清和庄唯,新华社的高集、高梁、彭迪、刘庆瑞等。

代表团于当日下午4点到达莫斯科。苏联外长葛罗米柯到机场迎接,苏联部长会议第一副主席柯西金设宴招待。近一周后,5月11日上午,代表团离开莫斯科,到达瑞士的日内瓦。由于美国的阻挠,会议在预定日期的4天后才召开。陈毅外长在会上提出了和平解决老挝问题的五项原则,并在会议期间接受了加拿大记者的访问。在这期间,孔令铎和化民"各挡一面",每天从早到晚穿梭在国联大厦、新闻中心和各国代表团驻地之间,忙于采访。每天晚上,不管多么劳累,他们都将拍完的胶片整理好,写出文字材料以便"按照分秒必争的要求"及时送给外交部的信使由他们传递回国,尽快播出。同时他们对于自己携带的16毫米摄影机没有配备同期录音装置,无法录到新闻的同期声"而站在旁边干着急",并感叹"我们的国家还很贫穷,还很落后"。但他们也有"满足的地方:那就是我国的电视创建还不满三周岁,就享受到了同新影老大哥同等派出记者的规格待遇(各出两人),这也说明了中央领导对电视事业的重视"②。

1963年12月14日到1964年2月24日的72天时间里,周恩来总理在陈毅副总理的陪同下,访问了埃及、阿尔及利亚、索马里等非洲10国,缅甸等亚洲3国和欧洲的阿尔巴尼亚,这被人们称为"14国之行"③。北京电视台记者李华随行。当时李华正在缅甸拍摄以楚图南为团长的沈阳杂技团的访问演出,突然接到经我驻缅使馆转来的电报,要他立刻取道巴基斯坦到开罗等候周总理。于是他第二天就赶到巴基斯坦的卡拉奇,当天夜里12点乘坐一架英国班机直飞开罗。到达后才知道总理要访问多国且只有他一个电视记者,他当时感到压力很大,但还是做了尽可能周密的准备。

李华在开罗迎来了总理。在周总理到达埃及的这天,他早早来到机场,先"是以百米冲刺的速度"在欢迎仪式前抢拍了机场的欢迎群众队伍,到楼上从各个角度拍了巨幅标语,具有民族特色的埃及三军仪仗队、乐队。随后,总理的专机安全降落,并滑行到停机坪上,这时他又"以百米速度跑到飞机旁",凭着与随行人员的熟悉,占到一个有利角度——既能拍到总理走下飞机,又能拍到总理与埃及政府高官握手拥抱。他不仅

---

① 杨伟光.中央电视台发展史[M].北京:中国广播电视出版社,2010:14,16.
② 杨伟光.往事如歌:老电视新闻工作者的足迹[M].北京:人民出版社,1997:116-122.
③ 外交部政策研究司.中国外交史上的今天[M].北京:世界知识出版社,2004.

是孤身一人,而且用的是上发条、只能装100英尺胶片的摄影机,身上还背着胶片包,不时还要找空隙的地方换胶片;装上胶片后,他还要重新挤进去拍摄总理的镜头。他开始并没有注意到有多少记者,只是"觉得特别拥挤,拼抢得厉害"。后来,他才意识到在场的记者很多。有的西方记者为了抢镜头,因人多拥挤、无法架摄影梯而骑到雇用的当地人的脖子上,从高处拍摄。而他则"只能背着沉重的胶片包挤来挤去,还绝不能漏拍关键镜头,一心要拍得完整。因此,每拍摄一个活动都累得够呛"。当地的气温高达40多摄氏度,衣服都湿透了。后来他从各方面了解到,各国舆论都极为重视中国总理这次访问,参与报道的有100多名记者,他们包租了两架飞机,跟随代表团采访。

李华在拍完了周总理的日程活动后,"为了向国内观众介绍访问国的风土人情、名胜古迹等",他利用吃午饭的时间去拍摄当地的景点、风光、人群、市场等。在紧张繁忙的一天后,晚上他还要拍宴会、文艺晚会。由于当时的摄影机非常简单,没有自带的灯光、测光等功能,他一人在拍摄中无法兼顾照明,在周总理一行14国的访问中都只能"借光"拍摄,即在拍摄时"看到哪里亮灯就到哪里拍"。而且他也不能放下摄影机,用测光表测量亮度,只能根据经验确定光圈,他"通过取景窗细心观察灯光的亮度,确定光圈"。采拍完晚上的活动之后,他就要赶快整理胶片,写好镜头表、重要人物特征等说明材料,然后还要找人把拍完的胶片带回国内,"争取尽快播出"。因为当时我国与这些国家没有通航,不能航寄,只能请人带回国内,而找到要回国的人又谈何容易。当找到人、把胶片送出后,往往天已经亮了,新的一天又开始了。有时晚上有一点空闲时间,他还要自己冲洗一段片头,检查一下摄影机是否正常,或检查一下自己的摄影技术是否存在问题,工作的艰苦可见一斑。虽然很劳累,但只要得知北京已看到了他拍的总理访问的电视片,李华的心情就"别提有多么激动,多么愉快了"①。

李华在这次"14国之行"跟随采访中,共拍摄了2.4万多英尺的素材片(约7,315米,合4.7小时长度)②,编成了每条10—20分钟的《电视通讯》20条,如其中访问阿尔巴尼亚的编成了3条《电视通讯》,每条15分钟左右。片子在北京电视台连续播出。随后片子还被汇编成《周总理非洲之行》上下集。

李华是最早从新影厂调到电视台的人员之一。调来之前,他已有多年从事新闻纪录电影摄影的经历。他曾参加过《民主东北》《抗美援朝》等重要纪录电影的拍摄。他参加摄制的中苏合拍大型彩色纪录片《中国人民的胜利》曾获得斯大林奖金一等奖。他与孔令铎于1958年6月1日合作拍摄了最初的新闻片《中共中央机关刊物〈红旗〉杂志创刊》。③

---

① 杨伟光.往事如歌:老电视新闻工作者的足迹[M].北京:人民出版社,1997:95-98.
② 计算过程:1米=3.28084英尺。2.4万英尺/3.28084=7,315,000毫米/18毫米=406,400格/24=16,933秒=282分钟=4.7小时。
③ 郭镇之.中国电视史[M].北京:中国人民大学出版社,1991:49.

(二)记者出国采访

记者的出国采访行动不同于被动地随领导人出国访问,它更接近真正的新闻活动。当时记者出国采访的机会还很少,一方面是由于当时与中国建交的国家比较少,也由于中国的国力还很有限;另一方面,当时的世界并不像现在有着如此之高的国际化程度。当时,电视记者的出国采访有对重要事件的报道,如从国外接回遇难的华侨,还有一些随各类代表团的出访,以及对一些当时正在进行抵抗侵略战争国家的采访。这后一种报道一方面宣传了正在斗争中的国家、人民的追求,公开了他们的主张,让更多的人了解他们;另一方面也表明了中国的立场,成为我国外交斗争的重要组成部分。

1960年2月,北京电视台派记者冀峰、孔令铎随接侨轮船去印尼,拍摄了我国政府接回受迫害侨胞的电视片。同时,北京电视台派记者到广州拍摄安置归侨的新闻。当年3月3日北京电视台播出了《祖国派船接亲人》的新闻片,并于3月5日重播。

1961年10月,北京电视台派记者庞啸到阿尔巴尼亚报道了中国青年代表团参加阿尔巴尼亚共青团代表大会的情况和阿尔巴尼亚的建设成就。所拍新闻除播出外,还被中国记者协会选去放映,招待各国驻华新闻官员和记者。

1963年5月15日,我国光华轮启航前往印度接回受迫害的华侨,同年5月28日回国,北京电视台派出记者冀峰、宋朝彦随船进行采访报道。[1]

1964年5月,以梅益局长为团长,夏之平等同志为团员的中国广播代表团访问了朝鲜,随团记者叶惠、宋朝彦拍摄了万余尺反映朝鲜人民生产建设和当地风光的电视片。这些片子由马超增编辑,写解说。单条新闻编入《国际新闻》,其内容主要有《"二八"维尼纶厂》《金刚山》《今日板门店》《金日成首相的故乡万景台》等。这些片子还被编辑成专辑片《跨上千里马的朝鲜人民》。[2]

(三)战地采访

早在20世纪60年代初,成立不久的北京电视台就派出电视记者到当时激烈交战的地区进行采访。在战争中,电视记者成为真正的战地记者,在危险和艰苦中获得了第一手事实,替这些国家的人民向世界发出了他们的声音,发出了中国的观察和判断。

1.奔赴老挝

1961年4月23日起,北京电视台派记者李华赴老挝解放区采拍反映老挝民族解放战争的电视片,这是我国第一次向国外派出战地采访的电视记者。当时我国正处在严重的经济困难时期,李华的小孩还不到一岁,他的爱人舒世俊作为新影厂的时政记者也要常常出差,家庭困难很大,但他还是义无反顾地接受了任务。

当时,老挝爱国战线领导的反美爱国斗争已经进入了第五个年头,取得了胜利,交

---

[1] 杨伟光.中央电视台发展史[M].北京:中国广播电视出版社,2010:14-16.
[2] 杨伟光.往事如歌:老电视新闻工作者的足迹[M].北京:人民出版社,1997:471.

战双方同意和平谈判,国际上也在讨论召开有关老挝问题的国际会议(会议于当年的5月15日召开)。但是为了获得有利的谈判地位,双方的战斗依然非常激烈。

记者们先乘火车抵达越南首都河内,我国驻越大使在情况介绍会上,一再强调:"拍战争片就要到前线,到离敌人最近的地方,不然什么也不会拍到。"因此,记者们既要勇敢,也要保护自己。"最最重要的是不能被敌人俘虏,以免在国际社会造成中国派部队参加了老挝战争的舆论。"并让他们一个月回来休整几天,以利再战。

同时,在老挝采访的还有苏联、东欧、越南的六七个记者以及我国国际广播电台的记者马庆雄。由于当地气候炎热、昼夜温差大,加上吃的是糯米团加生菜,住的是战壕,马庆雄很快病倒住院,李华一个人背上摄影机和胶片,冒着烽火深入老挝腹地的"查尔平原"、万象等地采访。

他曾在行军途中遭遇匪徒袭击,同行的一位老挝战士被击中受伤。他也曾在小村镇遇到敌人的炮弹轰炸,在炮火纷飞中他拍摄到当地群众把自己仅有的生活用品慰问部队、老大娘流着泪送子参军的动人场面。他还拍到在临时搭建的、用一块白布围起来的帐篷医院的"手术间"里,在没有麻药的情况下,医生给一位受伤的战士取出嵌入腿部的子弹头。他"透过摄影机的取景窗看到血从年轻战士身上慢慢地流着,虽然疼得他满头大汗,脸色煞白,但没有哼叫一声"。

在老挝战地采访中,李华遇到的最大问题是单独一人、语言不通、交通不便,因此采访显得非常紧张。在这样的环境中,他工作了3个多月,"由于得到各方面的帮助,工作还是很顺利"。他一共拍摄了1万英尺胶片(约3,048米,合2小时长度)①。

国内各级领导对李华所拍的影片都非常重视。当时的中央广播事业局局长梅益、北京电视台副台长孟启予都经常坐镇剪接台,亲自指导编片。胶片被编成多集专题片《战斗中的老挝》在北京电视台连续播出,这是当时世界上对老挝问题所做的第一次电视报道。播出后,北京电视台又选出11个主题进行精编,分成上下两集,定名为《老挝在前进》,解说词由梅益局长亲自修改审定。片子在国内播出,同时分送给参加日内瓦14国会议的代表及越南代表团、老挝的富马亲王和苏发努冯亲王,并寄送世界各国电视台播出,声援了老挝人民的爱国主义正义战争。②

1965年元月,叶惠、于广华又在越南北方采访拍摄4个多月后来到老挝,拍摄了反映老挝军民战斗的电视片。③

2.越南战争

1961年5月,为防止吴庭艳政权垮台,美国派遣100名代号为"绿色贝雷帽"的

---

① 计算过程:1米=3.28084英尺。1万英尺/3.28084=3,048,000毫米/18毫米=169,333格/24=7,056秒=118分钟=约2小时。
② 郭镇之.中国电视史[M].北京:中国人民大学出版社,1991:49;杨伟光.中央电视台发展史[M].北京:中国广播电视出版社,2010:14,20;杨伟光.往事如歌:老电视新闻工作者的足迹[M].北京:人民出版社,1997:91-94;李华.采访战乱中的老挝[J].电视研究,1993(台庆专刊).
③ 杨伟光.往事如歌:老电视新闻工作者的足迹[M].北京:人民出版社,1997:472.

"特种部队"进入南越。1962年2月8日,美国在西贡设立了由保罗·哈金斯将军指挥的军事司令部,标志着美国开始直接介入越南战争。而越南南方游击队则进行了反"战略村"、反扫荡的战斗。据统计,从1962—1964年,越南南方游击队的反扫荡斗争进行了40余次,美军伤亡达2,000余人。到1964年,越南南方游击队解放了南方2/3以上的土地和700万人口,美国军事介入严重受挫。

1963年11月1日,美国在南越策动军事政变,杀了吴庭艳,换上新的傀儡杨文明,并积极寻找扩大战争的借口。1964年8月4日,美国政府宣称,美国驱逐舰"马多克斯"号和"滕纳·乔埃"号在东京湾(即北部湾)离最近的陆地大约65海里处的公海上进行巡逻时,遭到数目不定的北越鱼雷艇的袭击,史称"北部湾事件"。事后证明,这是五角大楼为扩大对越战争而蓄意制造的借口。美国政府趁机出台了"逐步升级战略",即所谓"有限度地扩大战争"。接着,美军开始推行"饱和轰炸"和"焦土政策",大规模轰炸越南北方。[1]

1964年8月,美军轰炸越南北方鸿基煤矿,挑起战争。为了支持越南人民的斗争,北京电视台派出叶惠和于广华两名战地记者赴越南北方,拍摄揭露美帝侵越罪行、反映越南人民抗击侵略者的电视片。他们有时需要冒着生命危险在战地拍片,并把所拍片子及时送到我国驻越使馆,由使馆负责把片子寄回北京。片子很多,其中有《鸿基煤矿》《秋收》《海军战士保卫海疆》,以及11月在河内召开的一个控诉美帝侵越罪行的国际会议。在台内,马超增负责编辑这些来自越南的节目。她说,两位记者的场记写得非常清楚,对人物的特征都有详细的说明,这给编辑工作带来很多方便。但其中有不少人物的镜头仍然很难辨认。[2]

在美军大肆轰炸、增兵的同时,从1964—1965年,越南南方民族解放军和游击队机动作战,进行了一系列奇袭战、伏击战、攻坚战、围点打援和反扫荡战。据统计,这一阶段南方军民共歼灭美军近6,000人,超过1961年到1964年12月底所歼灭美军总数的一倍。[3]

1964年10月,中国应越南邀请,派出了一个10人代表团,它由4家新闻单位:新华社、人民日报、八一厂和北京电视台联合组成。代表团中北京电视台记者叶惠当年8月曾到越南进行过战地采访,接着又去老挝采访报道。正在老挝时,中国驻河内使馆电召叶惠立即回河内,电视台派他参加新闻代表团去越南南方。因此,他于当年11月在河内参加了该团活动,开始做赴越南南方采访的准备工作。这支特别队伍不仅有10名中国人,还有陪同的越南同志、帮助运送胶片的人员,另外还有一个排的武装护送队伍。

中国新闻代表团1965年1月从河内出发,沿着越老边界长山山脉中的"胡志明小道"向南方前进。越过17度线进入越南南方后,便弃车步行。进入南方不久,团长王

---

[1] 越南战争 美国人的噩梦[N].环球时报,2004-04-19(11).
[2] 杨伟光.往事如歌:老电视新闻工作者的足迹[M].北京:人民出版社,1997:471-472.
[3] 越南战争 美国人的噩梦[N].环球时报,2004-04-19(11).

杰患疟疾回到北方。其余 9 人经过一年的采访,行程万里,冒着危险,拍摄了越南南方人民的战斗生活,最后从越南西宁省进入柬埔寨,完成采访任务。叶惠拍摄的素材被编成 5 集新闻专辑《英雄的越南人民》,每集 10—20 分钟,在电视台播出。该节目引起强烈的社会反响,还在国外电视台播出了。①

3. 驻外记者

在我国援越抗美斗争中,为增加在广播电视新闻中有关越南抗美救国斗争的消息,中央广播事业局请示国务院,拟向越南选派常驻的广播电视记者。这个报告也是周总理亲自批示同意的。这是我国广播电台和电视台首次向国外选派常驻记者。②

北京电视台派出了第一个驻外记者——驻越南北方记者朱景和。他于 1965 年 3 月 8 日到达河内,建立了第一个驻外电视记者站。和他一同前去的还有新影厂的一名记者和日本电波新闻社的两名记者。他们和越南同行密切协作,不分彼此。朱景和在越南工作时间达 2 年 4 个月,之后接替他的是周居方和韩金度。这个河内记者站前后存在了 9 年。几位记者不畏艰苦,冒着生命危险在前线和后方拍摄了数百条新闻。

朱景和从越南寄回的片子主要有:《越南妇女发起抗美救国三承担活动》(到达当天拍摄)、《永灵军民抗击美国侵略者》、《父子随时准备参军》等。叶惠、于广华、朱景和三位记者拍摄的越南电视片,除单条编入《国际新闻》外,还编辑成《战争中的越南》《英雄的越南南方人民》《越南青年突击队》《保卫北方》等新闻专辑或纪录片播出。如在 1965 年"五一国际劳动节"前,国际组编了一批纪录片,作为节日期间播放的重点节目。这些节目除中文版外,还制作了越语版,寄往国外。③

1965 年 6 月 12 日,朱景和采访越南总理范文同,这是中国电视记者第一次采访外国政府首脑。采访前由中方提出问题,越方全部接受,并建议增加了"中越战斗友谊"的内容。采访在越南主席府大厅进行。在这次采访中,越南政府向世界表明了抗美斗争的坚决态度。由于同去的新影厂摄影记者程志明生病,越南新影厂提供了 35 毫米胶片设备和拍摄人员。采访当天,新华社和越通社分别发了消息。影片后期加工制作由新影厂协助完成。当时的北京电视台副台长孟启予亲自到制作间与编辑一起加班赶制。6 月 19 日,北京电视台播出了越南民主共和国总理范文同发表的电视谈话。第二天,在《人民日报》和越南《人民报》上同时刊登了讲话全文。随后,北京电视台将影片译成多种语言的有声拷贝,发往海外 21 国电视机构。④

---

① 杨伟光.往事如歌:老电视新闻工作者的足迹[M].北京:人民出版社,1997:359,361;郭镇之.中国电视史[M].北京:中国人民大学出版社,1991:55;杨伟光.中央电视台发展史[M].北京:中国广播出版社,2010:17;于广华.中央电视台大事记[M].北京:人民出版社,1993:20.
② 中华人民共和国史广播电视编辑部.当代中国广播电视回忆录:第三集[M].北京:中国广播出版社,1994:74.
③ 杨伟光.往事如歌:老电视新闻工作者的足迹[M].北京:人民出版社,1997:472;朱景和.我当电视记者 30 年[M].北京:大众文艺出版社,1997:43.
④ 郭镇之.中国电视史[M].北京:中国人民大学出版社,1991:53;于广华.中央电视台大事记[M].北京:人民出版社,1993:22.

1965年10月,朱景和从越南寄回越方拍摄的《美国空军轰炸越南麻风病医院》的电视片,画面上的麻风病人本已是肢体不全,又遭美军的狂轰滥炸,其情景十分悲惨。这个节目除在本台播出外,还寄往国外。寄到日本后,美国驻日大使赖肖尔立即发表声明,为美军罪行辩护。当时越南总理范文同得知这个消息后,请人转告中日记者:"一条重要电视片对敌人的打击,比消灭它一个师还痛!"另据当时我国驻阿联使馆反映,阿联电视台秘书长收到我国电视台寄去的新闻片《战斗中的越南》后说,阿联电视台过去经常播用美国在越南拍的电视片,现在有了来自中国的报道内容,感到十分高兴。①

我国记者拍摄的片子,除提供给中国和其他国家放映外,还应越方要求编成专辑,每辑向他们提供几十个拷贝,供其在北方和南方解放区放映。记者在采访之余,还为中越并肩战斗中的一些新闻宣传合作、对越人员培训做过联络和协调工作。②

上述几位电视记者:李华、朱景和、叶惠在老挝和越南的战争环境里冒着生命危险,拍回来成批的战地报道,都是当时北京电视台的"独家新闻"。这些新闻在北京、全国各地和外国的电视台播出,使得诞生不久的北京电视台在中国和世界的传播舞台上一展风采、令人瞩目。时任中央广播事业局局长的梅益曾多次自豪地说:"这是全世界唯有我国才能拍到的第一手材料。"③

当年北京电视台的记者继承了战争年代中国影视新闻工作者的优良传统,这种传统在今天仍应发扬光大。而后来在世界热点地区的战地报道中,曾多年没有中国电视记者的身影,这肯定不是我们的前辈想要看到的情景。密切追踪世界最新动态,其直接的后果正如当年阿联电视台秘书长希望的那样:会带来不同于其他国家的中国视角,能代表中国人民发出与他国不同的声音。而如果将国人对事件的了解寄托于他人的观察结果,这不仅是泱泱大国的耻辱,而且还不利于从我国的原则、利益出发进行独立思考、独立判断。从后一点来看,这应该算是记者的失职,长此以往还会使国民失去很多了解世界大势的机会,带来更多长久的负面影响,甚至影响国民素质的提升,这是有责任感的中国新闻人不愿意看到的。我们以自己队伍中曾经有过这些战地记者为荣。我们应该像他们那样时刻不忘记者的职责,永远对得起自己的受众、对得起历史。

战地记者曾经是多国广播电视史上成为名记者的途径,如美国哥伦比亚广播公司(CBS)的爱德华·默罗、威廉·夏勒等,他们都有着"二战"时国外战地采访的光辉业绩。国际社会每年都会公布牺牲在战地的各国记者名单。不同的是,我们的战地记者没有得到像美国及很多国家同行一样的荣誉和知名度。他们应该得到更多的荣誉和奖励,以示范后人。

---

① 杨伟光.往事如歌:老电视新闻工作者的足迹[M].北京:人民出版社,1997:473.
② 朱景和.我当电视记者30年[M].北京:大众文艺出版社,1997:47.
③ 杨伟光.往事如歌:老电视新闻工作者的足迹[M].北京:人民出版社,1997:37,319.

(四)抗美援越宣传

1965年年初,在美国扩大对越南的侵略战争后,党中央发出发扬爱国主义和国际主义精神,尽一切可能支援越南人民的抗美救国斗争的号召。这一年,北京电视台掀起了抗美援越宣传的高潮。

先是在当年2月的9—11日三天,北京电视台策划了"反对美帝挑衅、支持越南人民斗争"的特别节目。2月9日,报道了首都人民8—9日两天示威游行的情况,10日上午,转播了天安门广场70万人大会的实况,晚上播出了有关越南问题的新闻报道和时事解说及文艺节目。10日的两次节目通过微波线路传往天津电视台,该台也同时转播。11日晚,播出了反映北京、上海、天津、广州等地人民声援活动的电视片和相关文艺节目。随后的5月1日,北京电视台播出了由记者叶惠、于广华、朱景和在越南拍摄的反映越南人民抗击美国侵略者的电视片《保卫北方》。

在这之后的几个月里,有关越南的片子在《国际新闻》中占据了主要篇幅。北京电视台做过统计:从2月8日到5月中旬的100天中,共播出有关越南的新闻、评论、讲话多达60次;其中中国人民支援越南人民的新闻片17次,世界人民支援越南人民的新闻片14次,驻越记者拍摄的《战争中的越南》新闻专辑10次,邀请越南友人做电视讲话和阐述支持越南的国际评论19次,还播出了4部纪录片;向18个国家的电视机构寄送了有关越南的新闻片23条,印制拷贝37,862英尺(约合7.5小时)。

为了赶编这些片子,保证及时播出,北京电视台编辑部几乎天天加班,大家常常是乘末班公交车回家。即使在体力快要支持不住的情况下,工作人员还是咬牙坚持,也顾不上照顾孩子和家庭。[①]

五、国际述评

在建台最初的几年里,应付日常播出的同时,北京电视台上上下下并没有忽视电视新闻评论节目的建设。作为当时电视台一把手的罗东直接领导开办了《电视新闻》栏目,且为了尝试电视评论节目形式,他曾两次亲自出图像播出评论。[②] 这说明当时的电视新闻工作者对评论的重视和对媒介责任的把握。

从现有资料来看,当年的评论较多集中在国际新闻领域内。前面提到过,在创办的初期就有了电视述评。第一次是北京电视台于1959年6月18日播出的《谈西柏林近况》,该评论的全部影片材料、部分录音资料及附带的评论稿件都是由民主德国电视台提供的。[③] 这是最早的中国电视新闻评论。

---

① 王晞建.岁月拾贝[M].北京:中国广播电视出版社,2002:59;郭镇之.中国电视史[M].北京:中国人民大学出版社,1991:54.
② 杨伟光.往事如歌:老电视新闻工作者的足迹[M].北京:人民出版社,1997:34.
③ 于广华.中央电视台大事记[M].北京:人民出版社,1993:6;中国广播电视大事记[M].北京:北京广播学院出版社,1987:121.

(一)《国际知识》报道内容

北京电视台从1962年4月4日开始,创办了述评性常规栏目《国际知识》。开办该栏目有几个缘由:当时虽然已经是倾全台力量在办新闻节目,但台领导提出要"把扩大题材范围,增加花色品种,提高节目质量作为全台的中心任务"。全台因此纷纷行动,这成了开办栏目的台内动因。另外,当时世界上民族解放运动风起云涌,一个个亚非国家获得独立,并与中国建交。这些国家多是小国、穷国,大家对它们没有了解,需要向观众介绍这些国家,综述国际时事,普及国际知识,这是外在形势的动因,也是开办节目的宗旨。在形式考虑上,北京电视台借鉴早期的"图片报道",利用新华社多年积累的大量图片资料,介绍世界各国的地理、历史、政经、文化,再配上音乐和解说;当没有照片等资料时,则由播音员出图像播讲。节目开始主要是由张复华一人编辑。[①]

《国际知识》的报道内容既有当时最新独立国家和国际背景的介绍,又有国际时事和国际问题的述评。从形式上来说,它主要是由播音员串联,由文字、图片、影片资料构成,有时还有专家讲话,又有访问和座谈,整个节目"很像新闻评论"[②]。它自开办以后,不断拓宽题材范围,改进表现形式。在大量的节目中,较有影响的如下。

1. 栏目"头一炮"

当时,阿尔及利亚民族解放阵线领导本国人民经过8年浴血奋战,打败了法国殖民军,使对方不得不走向谈判桌。1962年3月18日,两国签订协议,法国宣布承认阿尔及利亚的主权。阿尔及利亚民族斗争的胜利对于非洲乃至全世界都产生了很大影响,编辑张复华等决定抓住这个主题开办第一期节目。于是,他们跑新影厂、跑新华社摄影部,搜集影片、图片资料,又参考《人民日报》等编写台本。经过10来天的准备,栏目组于当年4月4日星期三播出了第一期节目《英雄的阿尔及利亚》。

2. 《中印边境冲突真相》

1961年,印度军队在中印边境不断挑起事端;1962年春夏之交,边境局势骤然紧张起来。为了让观众了解边境冲突的真相,节目组特地邀请外交部新闻司和第一亚洲司的同志撰稿,驳斥当时印度政府的谎言,阐明我国的立场和态度。考虑到节目的分量,台领导孟启予请示梅益局长,由著名播音员齐越以本台评论员身份出镜,为了显示节目的准确性和严谨性,外交部第一亚洲司还派出工作人员担任现场指导。那时,北京普通家庭拥有电视机的不多,但外国使领馆中电视机数量不少,这个节目在中外观众中产生了较大的影响。

3. 配合领导出访

(1)刘少奇主席出访

1963年4—5月,刘少奇主席访问了亚洲的缅甸、印尼、柬埔寨、越南4国,这是睦

---

① 杨伟光.往事如歌:老电视新闻工作者的足迹[M].北京:人民出版社,1997:477;走自己的路——赵忠祥答本刊记者问(上)[J].电视研究,1995(7).

② 杨伟光.往事如歌:老电视新闻工作者的足迹[M].北京:人民出版社,1997:160.

邻友好的一次重要国事活动。北京电视台得知这一计划后,及早准备,到新影厂、新华社、中国科学院地理研究所借阅美国和日本出版的地理杂志,搜集照片资料,以介绍4国的情况。有关4国的节目尽量安排在刘少奇一行抵达目的地的第二天播出,使观众对被访问的4国有比较及时、形象的了解。

(2)周恩来总理、陈毅副总理出访

1963年12月至1964年2月,周恩来总理、陈毅副总理先后到缅甸、阿尔及利亚等亚非14国进行国事访问。由于出访国家多、在每一国停留的时间短,要逐个介绍这14国,时间非常紧张,加之非洲一些国家的资料缺乏,介绍难度就更大。当时,新闻部主任陈振翟和组长郭里宁亲自负责,还临时抽调组内其他人员参与节目制作。大家在通力合作下,圆满完成了任务。

4.综述越南人民抗美斗争的系列节目

1965年,《国际知识》栏目办起了综述越南和老挝人民抗美斗争形势的系列节目,一般情况下每月播出一次,有时半个月一次。节目运用北京电视台驻越南记者拍摄的第一手资料,穿插地图、图表报道了越南和老挝人民的抗美斗争。这些节目播出后,当时的越南驻华大使和越南南方常驻代表团团长曾两次来到中央广播事业局座谈,表示衷心的感谢。①

(二)《国际知识》播出操作

《国际知识》的播出与绝大多数节目一样,都是直播。加之它的时间性要求高,每次播出都是急茬儿。一期节目,在领导审定台本稿件后,时间来得及就交中央广播事业局文印科刻印;来不及就由编辑用复写纸复写数份,一份交播音员,一份交音乐编辑,最后一份留作导播台上调机用。台本交到播音员手中往往是播出前一两天,他们晚上值班结束回到家中,就要开夜车备稿。一份二三千字的稿子要全都背诵下来,且要滚瓜烂熟,才不至于在直播时打磕巴。节目播了一段时间以后,他们又对自己提出新的要求:尽管是背诵,还要尽量将稿件口语化、减少背书痕迹;同时,熟悉每段影片、每幅照片,以便衔接紧凑、浑然一体。为了做到此,沈力在自己的台本上一一做出标记,甚至把图片画面的主体特征画下来,凡看过她画得密密麻麻的台本,都不由得对她的工作精神表示钦佩。②

播出的当天就更忙了。上午编辑张复华要到美工科检查地图、图表的制作;然后到音乐编辑处审听所配音乐,记住每段的长度和起止乐句,以便于解说、图片切换与音乐的相互配合;还要到电影播出机房,详细交代节目中穿插影片资料的前后顺序。回到办公室,他要把地图和照片编号、分组,分别贴到一块块五合板上,以便于播出时翻板、换板。稍有不慎,编错了号,或为翻图片预留的时间太短,到排练和播出时将手忙

---

① 杨伟光.往事如歌:老电视新闻工作者的足迹[M].北京:人民出版社,1997:478-480.
② 杨伟光.往事如歌:老电视新闻工作者的足迹[M].北京:人民出版社,1997:160.

脚乱、漏洞百出。

播出当晚前的下午还有一次总预演排练。照明员及早打开灯，摄像师在小小的6英寸照片上练起推拉摇移的功夫，美工师一遍又一遍地试着"土动画"地图和图表，播音员则巩固已背熟的台本……为了排练，社教组几乎全体出动，导播台上一个人负责调机，一个人管切像，播送室内安排两个人翻图片。有时人手不够，组长郭里宁、部主任陈振翟就亲自上台调机和切像。"排练对于直播来说，意义非同一般。各工种通过排练熟悉节目，协调相互间的配合；编辑则通过排练，检查各个环节有无漏洞，进而把握节目的节奏和韵律。"①

尽管有了下午的排练，晚上的直播依然紧张。特别是《国际知识》办了几期后，引起梅益局长的重视，一些重要台本，经台长孟启予和部主任夏之平阅后还要请他审定。梅益审稿很细致，一些有关宣传我国外交政策和分析国际形势的关键段落，总要反复斟酌、亲自修改。但台本经审定后，有时已经临近播出，这时，编辑要赶紧通知播音员修改台本，有时涉及次序的改动，还要逐一通知各个工种。

播出对于大家来说，犹如无声的命令。各个工种及早赶到演播室，一丝不苟地认真准备。《国际知识》的播出一般安排在《电视新闻》之后，这时，参加排练的原班人马各就各位，值班导演走上导播台。当演播室的绿灯熄灭，红灯亮起时，节目开始有条不紊地播出。由于有排练，播出一般都比较顺利。

当时，《国际知识》不定期播出，一般情况下每两周播出一次，每次15分钟。由于它时效性强，还有较多临时增加的节目，每年播出大约有30—40期。北京电视台在1963年正式设立了社教节目部，《国际知识》栏目改归社教节目部负责。②

(三) 多样化的电视评论

除《国际知识》外，1963年起，北京电视台国际组又利用新闻资料片汇编成述评重大国际事件的专题节目，如《美国黑人在觉醒》《世界反美浪潮日益高涨》《战斗中的多米尼加》等，配合当时的国际形势播出。

北京电视台还邀请在我国访问的外国知名人士和驻华使节来台发表电视讲话。1963年10月3日，美国黑人领袖罗伯特·威廉就应邀向首都观众做了电视讲话。③这些节目成为既能传递信息又能提供意见的早期国际新闻评论节目。

1964年3月，中央广播事业局局长梅益在《宣传业务整改提纲》中强调："中央人民广播电台和北京电视台要加强国际形势的述评。我国人民对国际形势的发展从来没有像现在这样关心，这是我国国际地位和人民政治觉悟提高的自然趋势。"

正当社教节目部准备进一步办好《国际知识》时，"十年动乱"的风暴席卷全国，电视一度停播，《国际知识》也停办了。直到1971年，《国际知识》才开始恢复，由黄望南、

---

① 杨伟光.往事如歌：老电视新闻工作者的足迹[M].北京：人民出版社，1997：482.
② 段忠应.从社教部的几次易名谈专题节目的界定[J].电视研究，1994(10).
③ 杨伟光.中央电视台发展史[M].北京：中国广播电视出版社，2010：20.

段忠应接手编辑。"十年动乱"结束以后,北京电视台的机构进行调整,《国际知识》从社教节目部分离出去,划归国际部,1977年《世界各地》开办,《国际知识》圆满地画上句号。①

六、国际新闻报道队伍

1960年,北京电视台和日本电波社签订协议,1962年,又与英国维斯新闻社签订互相购片合同,履行合同都需要加工"出国片"。我驻外使领馆也需要我们的各类电视片。刚建台不久、尚处在童年期的电视台,要承担起"面向世界"的任务,应该说并不够成熟。而要实现这个方针,新闻部又不得不首当其冲,于是,制作优秀的新闻和专题片、纪录片输送国外,成了新闻部各组的共同目标。

开始,对内的国际新闻节目是由北京电视台政治组的几名翻译人员负责编译。后来,在1963年新闻部设立了国际组,负责《国际新闻》的编制播出和出国电视片的译制这两项任务。他们有时还需编译文艺节目。1964年以后,他们还承担起编辑出国记者拍摄的电视片的任务。②

国际组当时共有俄、英、法、德、日5种外语和中文工作人员12人,翻译人员中英语2人,俄语3人,法语2人,日语1人,德语1人,另有2名中文干部。他们人数不多,且在本职工作外还要兼做其他工作。黄一中、许致荣都是带头苦干的老翻译、老编辑,2人都曾担任过组长;陈维熙曾在加拿大留学4年,是英语骨干,他还在对外译制片中负责播音。德语翻译华菁兼做英语翻译和编辑,并办起对外的杂志节目《人民中国》。张丹曾是唯一的法语翻译,后来又来了刘方,她们不仅精通自己的本专业,还都能熟练地运用英语。③

初期,国际组的主要任务是俄译中、中译俄,将来自苏联及东欧国家的电视新闻片译成中文播出,将本台制作的新闻片译成俄语送往上述国家。进入20世纪60年代中期后,随着国际风云的急剧变化,外语翻译开始转向以英语、法语为主。英语翻译的3人中,陈维熙的主要任务是出国片的中译英,而许致荣的中文好,所以他除行使代理组长职务外,更多从事《国际新闻》英译中及画面编辑工作。④

为了实现"面向世界"的方针,国际组增加了大量组织、编辑和译制工作。为了使我国的电视新闻能较早在国外播出,他们不仅晚上加班,连后半夜也得随叫随到。常常在早上5点钟,天还没亮就要奔往机场,赶航班送节目。⑤

由于经济困难导致的事业压缩,北京电视台将电视新闻报道的方针调整到"立足北京,面向世界",而所面对的世界却在这时发生了地震海啸般的巨变:昔日的盟友反

---

① 杨伟光.往事如歌:老电视新闻工作者的足迹[M].北京:人民出版社,1997:479-483.
② 杨伟光.中央电视台发展史[M].北京:中国广播电视出版社,2010:18.
③ 杨伟光.往事如歌:老电视新闻工作者的足迹[M].北京:人民出版社,1997:471.
④ 杨伟光.往事如歌:老电视新闻工作者的足迹[M].北京:人民出版社,1997:485-486.
⑤ 杨伟光.往事如歌:老电视新闻工作者的足迹[M].北京:人民出版社,1997:42.

目成仇,这反而将中国电视节目推向更广大的国际空间,与昔日对手的联系渐渐建立起来。从坚持独立自主到真正独立面对世界,中国电视与国家一道经受了这一轮考验。

这一发展方针正当中国与第三世界国家的外交活动屡获成功之时,北京电视台记者通过随访报道了这些外交成果和异域风情。这给在艰难困苦中喘息的国民增加了一些成就感与新奇感,这些报道都是记者们长时间努力工作取得的成果。在这期间,一些近邻国家反侵略战争的战火也考验了年轻的中国电视记者。他们勇敢地面对残酷的战争,圆满完成任务,向世界发出了中国人的声音。

面对国际形势的风云变幻,中国电视台开始尝试做起电视述评。这些述评的内容是国际性的,是对当时国际上风起云涌的民族独立、人民解放运动的及时反映和热情欢呼。在这个阶段,新影厂和北京电视台都出现了对外的杂志节目,前者为《今日中国》,后者为《人民中国》。这些对外的国际报道是在非常有限的人力基础上开办的,是属于那个时代的神话。

第三节 新闻的推进和发展

一、体育助威,大打翻身仗

体育节目对电视新闻报道影响巨大,带来很多革命性的变革。

1959年9月13—28日,第一届全国运动会召开,北京电视台在新闻节目中报道了比赛的消息,直播了开幕式和足球、篮球、排球等重要比赛,这是北京电视台第一次转播综合赛事;全运会结束后还播放了电视纪录片。但由于当时电视机的拥有量太小,这些报道在受众中并没有什么影响。[①]

随后,20世纪60年代前期几次重大体育赛事,为电视新闻报道开辟出一片新天地。

(一)第26届世界乒乓球锦标赛

1961年4月4—14日,第26届世界乒乓球锦标赛(以下简称"26届世乒赛")在北京举行。有23个国家和地区的数百名运动员参加了这个盛会。在这10天中,中央人民广播电台、北京电视台在北京转播、报道了这个有史以来第一次由我国举办的重大国际体育赛事。在这次报道中,电视坐了第一把交椅,在北京掀起了第一次电视体育热。

---

① 郭镇之.中国电视史[M].北京:中国人民大学出版社,1991:41;于广华.中央电视台大事记[M].北京:人民出版社,1993:7;杨伟光.中央电视台发展史[M].北京:中国广播电视出版社,2010:21.

为了这次大赛,北京电视台从1960年年底就开始了报道的准备。大赛之前,台领导在全台做了工作动员;刚成立不久的新闻部组织了强有力的工作班子,由夏之平主任任组长负责筹备26届世乒赛的报道,调集全台多名编辑和技术骨干参加,进行了规模空前的报道。①

在报道中,北京电视台开辟了两条战线:一条是现场转播,由文教组组长王化南担任转播指挥。北京电视台先后转播了开幕式、闭幕式和几乎所有重要场次共14场的比赛,转播时间约35小时,相当于平常一个季度的工作量。

在转播中,北京电视台与中央人民广播电台联合行动,导播是电视台的编辑张家成,体育评论员则全部来自中央人民广播电台,这种情况一直延续到1984年。这次是由张之任主说,由于另一位评论员黄继辰在大赛开始后不久就失声,临时决定由年轻的宋世雄担任解说。转播完整展现了中国选手经过顽强拼搏勇夺男子团体、男女单打三项冠军和女子团体、男子单打、混合双打等四项亚军的经过。②

当时还是北京电视台开办初期,经验不足、设备简陋,加上张家成也刚刚分管体育现场直播工作,一时还找不到有关现场直播的现成经验记载。为了顺利直播,张家成做了大量、充分的准备工作:同26届世乒赛筹委会联系,弄清竞赛规则、日期、地点、比赛时间、场地、设备等重要信息;了解各队情况,拟定宣传报道计划,确定转播比赛的场次;按照领导确定的编导队伍,做出明确具体的分工,把任务落实到每个人,使参加现场直播工作的所有人员,都有明确的任务,做到胸中有数。

在现场直播前,张家成抓住来访队练球的有利时机,组织和带领有关人员到现场观看,熟悉比赛场地的布置和各比赛队的实力、特点,研究确定转播重点、画面安排,以及直播比赛时电视转播车的停靠地点、微波架设的方位,摄像机设置的高度、角度,解说员和现场话筒设置的位置等。

每次直播时,张家成至少提前一个小时到达现场,做最后的准备。他要同临场的技术人员联系,对技术设备等进行检查;由技术部门检查线路和调试质量,同中心台联系,了解情况是否正常;和摄像师一起试镜头,试验联系信号,核对比赛程序是否有改变;了解双方运动员出场名单和比赛程序;了解党和国家领导人以及外宾出席名单和他们的座位排列;检查摄像机、录音话筒的位置和控制情况;了解播音员解说稿的最后审定和修改情况等。转播前半小时,做好一切准备工作,现场值班的各工种工作人员各就各位。以后,这成了张家成转播所有比赛沿用的工作程序,从不松懈。

他在事后总结说:"和转播其他球类的比赛一样,转播工作根本没有'排练'时间,也不方便事先做出详细的分镜头,对切换画面没有一成不变的规则,而是依靠导演对临场变化的判断,机动灵活地处理。作为转播乒乓球比赛的编导,需要熟悉、了解乒乓球这个项目的比赛规则和特点,而且要精通技术和战术。导演在转播时,如果一眼就

---

① 杨伟光.往事如歌:老电视新闻工作者的足迹[M].北京:人民出版社,1997:144.
② 郭镇之.中国电视史[M].北京:中国人民大学出版社,1991:41-44;宋世雄.宋世雄自述[M].北京:作家出版社,1997:99;于广华.中央电视台大事记[M].北京:人民出版社,1993:58.

能看出某一队员运用的是什么战术,他就可以预测比赛的进展,估计将要发生的情况,随时处在主动的地位。因此,对于一个体育节目导演来说,应当善于掌握和运用比赛规律,洞察场上比赛情况的变化。只有这样,才能做出正确的判断,进行正确的指挥。"同时他还检讨说:对这次转播"从更高的要求出发,摄像机和角度还显少了一些,对运动员的好思想、好作风、好精神表现得还不够充分,对运动员英勇顽强的战斗风格、激烈争夺的场面以及高超的球艺,表现得还不够细致,特别是还不能充分地反映出比赛场内的团结、友好、热烈的场面"①。

另一条战线是用胶片拍摄新闻片在新闻节目中播出并及时向各地电视台、国外电视台发送。新闻部是这条战线的主力部队。新闻部全体工作人员夜以继日地赶拍、赶编、赶制;派出了十几名记者,在赛场上共抢拍回62,542米(约205,190英尺,合40小时长度)②16毫米影片素材。

当时拍摄使用的设备给记录事实形成了障碍。如在拍摄中日对局徐寅生和星野之战时,随着场上的激战,孔令铎的摄影机也开始转动起来。可是上满一把发条,只能拍有限的长度——100英尺,12大板只拍了9板,摄影机就停止转动了。等他再上好发条,却已时过境迁,一切已经结束——运动员不可能等你上完发条再打。这在保存下来的影片中留下了不可弥补的缺憾。③

拍好的片子都迅速派人送回洗印组冲洗底片,洗印组同志在紧急关头连续三天两夜没有休息,赶印国内外需要的大量拷贝。印出样片再送到剪接室,每天晚上,新闻部剪接室都是人来人往、灯光彻夜不熄。夏之平主任和大家一起剪接片子,随编随审,发现问题及时解决。经过编辑、剪接、审看、修改,再把完成的样片送回洗印组套底、配光、印刷拷贝,这是北京电视台第一次印制16毫米拷贝片。④

这种以最快速度赶制的新闻片,共编辑制作了71条新闻、46个专题短片。制作完成后,北京电视台以最快的速度向上海、天津、广州、沈阳等电视台寄送。在制作中,翻译同时把解说词译成外文。拷贝出来时已经是凌晨三四点钟,接着是包装、送机场,赶当天头班飞机送往国外。这些报道赛事的新闻片航寄给英国、联邦德国、巴西、古巴、澳大利亚、日本、苏联、捷克斯洛伐克、民主德国、保加利亚、匈牙利、波兰、罗马尼亚等13个有交换关系的国家电视台,共寄出相关电视片87条、41个主题。其中,北京电视台首次向联邦德国、巴西、澳大利亚等国出售新闻片拷贝。这是我国第一次向国外出售自己拍摄的体育新闻片。⑤

北京电视台还举办了4次有关乒乓球的专题节目,并安排庄则栋、李富荣等优秀

---

① 杨伟光.往事如歌:老电视新闻工作者的足迹[M].北京:人民出版社,1997:200-207.
② 计算过程:1米=3.28084英尺。62,542米等于205,190英尺,62,542,000毫米除18毫米(16+2尺孔距离,一格)约等于3,474,556格画面,除以24格等于144,773秒,合2,413分钟,约40小时。
③ 杨伟光.往事如歌:老电视新闻工作者的足迹[M].北京:人民出版社,1997:134.
④ 杨伟光.往事如歌:老电视新闻工作者的足迹[M].北京:人民出版社,1997:145.
⑤ 壮春雨.中国电视概述[M].北京:中国广播电视出版社,1985:216-221;杨伟光.往事如歌:老电视新闻工作者的足迹[M].北京:人民出版社,1997:319.

运动员与观众见面。① 这次报道任务是对建台不久的北京电视台的一次真正的新闻挑战,很好地锻炼了队伍,强化了新闻观念,也使新闻操作更加熟练、规范。

在26届世乒赛期间,电视新闻中每天都有比赛的消息,由于新闻报道的及时、迅速和充分,在北京市民中产生了极其强烈的反响,受到观众的热烈欢迎,一时轰动了北京。"徐寅生12大板扣杀星野"一时成为佳话,这要归功于电视台的直播。

1961年,北京有电视机大约一万台左右,但利用率却达到了空前的程度。观众当时大多是在单位集体收看。在工厂、机关、学校等集体收看场所,一台电视机前往往有几十、上百人同时观看,小小银球连接着千千万万颗心。观众在观看中如临现场,随着银球上下翻飞而惋惜、欢腾。当中国乒乓健儿取得胜利的时刻,电视机前的观众扔起帽子,流着激动的眼泪,相互握手祝贺。在短短10天的比赛过程中,电视台就收到3,000多封观众的电报、信件和几千个电话。初次显示出电视联系群众的强大威力,②使北京第一次掀起了电视体育热。

随后,中国大地掀起了群众性的"乒乓球热"。同时,比赛的胜利鼓舞全国人民发愤图强、团结进取。

(二)新兴力量运动会

每次报道大赛都是北京电视台新闻工作者们一次艰苦的大会战。

1963年11月10—20日,中央人民广播电台、北京电视台派出报道组采访了在印尼首都雅加达举行的第一届新兴力量运动会。这个运动会有来自亚非拉欧四大洲48个国家和地区的2,040名运动员参加。它是突破国际各体育协会禁令的比赛,是中国体育运动的一次巨大成功。这是北京电视台第一次派记者到国外报道体育赛事。

记者在现场拍摄了大约7,000多英尺(约合1.5小时)的胶片空运回国,由电视台洗印科负责制作。洗印科的同志日夜等候从印尼发回的底片,一拿到便马上连夜冲洗,样片洗出后已经天亮。这时大家还不能休息,还要做配光——用眼睛把一个个镜头标上不同的号码,表示不同的光亮度,以便洗印时矫正曝光。第二天上午10点,国家体委主任荣高棠带领体育界的同志来审看片子。他们会提出意见,如运动员的脸看不见、太暗……在做第一校正拷贝片时,对曝光不足的镜头,已用到最小光号——最大限度予以矫正了,但影片中的景物和人物的面部还是不能再现。为了让观众早日看到运动会的盛况,韩志恩通过减少印片机曝光量的办法,使曝光不足的部分景物和人物再现出来,达到满意效果。接着又投产印大量拷贝,就这样又一个24小时过去了……最终,片子以《新运会简报》的形式在国内播出,向观众连续报道了比赛情况。1963年

---

① 杨伟光.中央电视台发展史[M].北京:中国广播电视出版社,2010:9,22,58.
② 任江舟.漫谈中央电视台体育新闻[J].电视研究,1998(4);郭镇之.中国电视史[M].北京:中国人民大学出版社,1991:41,43-44.

年底,再精制成一部长达85分钟的有声大型纪录片《新兴力量运动会》。①

二、新闻报道

(一)新闻节目

1960年元旦,北京电视台固定了《电视新闻》栏目,每周播出3次,每次10分钟,播出4—5条新闻,这是北京电视台第一个完全自办的固定新闻栏目。该栏目只播出新闻片和纪录片,没有口播新闻和图片新闻,这两种形式在另外的栏目播出。这短短的10分钟,却要投入新闻部几乎全部的人马。

《电视新闻》中的题材几乎都是国内新闻,主要有几类内容:重大时事政治新闻是每期的头条;其次是工农业生产第一线反映建设成就的片子,表现出群众的智慧和创造精神;"文教、部队"新闻反映学校内外和部队的生活、好人好事;最后部分常是体育新闻,介绍一些体育比赛,反映群众体育运动情况。10分钟的时间内可以看到祖国各地、各方面的新人新事。重要的国际新闻要靠新华社稿做口播。②

20世纪60年代初,"三年困难时期"的宣传主要强调提高节目质量、扩大题材范围。北京电视台1960年9—11月派记者到西藏拍摄了钢铁厂高炉出铁、翻身农奴庆丰收、西藏人民欢度国庆节等新闻主题片。1960年11月初至12月中,为了加强对钢铁、煤炭运输的报道,北京电视台的5名记者到鞍山、抚顺等地采访拍摄,共摄制了12条新闻片播出。

20世纪50年代末、60年代前期,根据当时的实际情况,新闻中还报道了一些比较轻松和具有知识性、趣味性的新闻,如山水风光、工艺美术、文物古迹等。③ 这一类题材的纪录片有《为首都历史博物馆工作的画家们》(1959年)、《当人们熟睡的时候》(1961年),以及孟启予、戴临风两位副台长亲自率领北京电视台摄制组到外地拍摄的《长江行》和《珠江三角洲》两部电视纪录片(1963年),全面反映"调整、巩固、充实、提高"八字方针实行后的新形势。此后还有风光片《芦笛岩》《美丽的橄榄坝》《春到侗乡》《厦门风光》《苏州园林》《快乐的新疆》等。④

1962年,台湾当局叫嚣反攻大陆,并经常派遣武装人员骚扰东南沿海地区人民的正常生产和生活。北京电视台及时派出记者到福建前线采访。1964年,开办了《解放军生活》栏目,不定期播出,内容主要是北京电视台采拍的新闻和电影厂拍的新闻纪录片。

另外对20世纪60年代前期国内发生的重大事件,如1964年10月16日第一颗

---

① 韩志恩.从黑白片到彩色片[J].电视研究,1998(11);任江舟.漫谈中央电视台体育新闻[J].电视研究,1998(4).
② 杨伟.往事如歌:老电视新闻工作者的足迹[M].北京:人民出版社,1997:146,477.
③ 杨伟光.中央电视台发展史[M].北京:中国广播电视出版社,2010:10,13-16,23,39,69.
④ 郭镇之.中国电视史[M].北京:中国人民大学出版社,1991:12,65.

原子弹爆炸成功、1965年5月第二颗原子弹爆炸以及1965年7月李宗仁从海外归来等,北京电视台也都做了及时的报道。

从20世纪60年代前期开始,与全国新闻媒介同步,电视台对当时全面宣传的先进集体和先进个人也给予了充分的报道,如雷锋、王杰、欧阳海、王进喜、焦裕禄的事迹,大庆、大寨的经验等。1966年2月11日到3月中旬,北京电视台派了两名记者去河南兰考县拍摄介绍焦裕禄事迹的电视片,共拍了12个主题,有《河南人民争学焦裕禄》《忆焦裕禄、学焦裕禄》《焦守凤的电视讲话》《实现焦裕禄的思想,建设新兰考》等。这些电视片从2月16日起在电视新闻节目中陆续播出。①

(二)节庆直播报道

人民大会堂是北京当年的十大建筑之一。它在10个月内建设完成,是为新中国成立10周年献的厚礼。1959年9月底,为了准备对中华人民共和国成立10周年大庆典礼的报道,在新建的人民大会堂地下安装了一套10讯道电视转播中心设备,专门用于天安门广场的大型庆祝盛典和大会堂内的各种集会,此后不用转播车也能在大会堂同步播出这里的各种重要活动。这个工程包括地下的电视机房、导演室、检修间、电力室、4个电缆转接室及可以出播音员图像的插播室等。②

在人民大会堂建设的初期,在周恩来总理的关心下,第一次对影视设备的使用进行了专门的设计、布置。周总理在1958年冬视察大会堂工程时,和工程师们谈完万人大会堂的顶棚设计后,对设计人员提出了有关电影、电视拍摄使用的几十万度灯光和上百台照明灯具的安装问题。他要求设计人员,把拍新闻用灯的位置和整体建设通盘考虑,不要把照明灯具露在外面破坏会场美观,最后还嘱咐"要注意安全",不要让灯泡爆炸伤人。因此,后来在每个照明灯上都加了一层铁纱罩,即使灯泡爆炸了也不会伤人。他还要求设计人员考虑照明、录音人员的操作室,让他们有个好的工作条件,也同时解决场内工作人员过多的问题。因此,大礼堂的三楼设计成了影视照明操作室,一直沿用至今。

大会堂建成后,周恩来总理和一些专家验收时,把影视记者和灯光师也叫去。他在看了万人大会堂的其他设施后,接着检查摄影机器的架设位置和照明灯的照射方向及亮度。在得知不能减低亮度时,嘱咐记者要缩短开灯时间,以保护领导人的眼睛。他还检查了摄影机和录音话筒的位置是否挡住台下群众观看主席台。总理最后决定,各单位只准许一至两名摄影记者在主席台前拍照,且要拍完马上离开,不能像一面墙似的挡住观众的视线。这一切体现出周总理一贯细致、周到、实际的作风。③

---

① 徐光春.中华人民共和国广播电视简史[M].北京:中国广播电视出版社,2003:127;《当代中国的广播电视》编辑部.中国广播电视大事记[M].北京:北京广播学院出版社,1987:125,195.
② 杨伟光.中央电视台发展史[M].北京:中国广播电视出版社,2010:7,67;王晞建.岁月拾贝[M].北京:中国广播电视出版社,2002:139.
③ 杨伟光.往事如歌:老电视新闻工作者的足迹[M].北京:人民出版社,1997:71-73.

1959年国庆10周年的电视转播首次启用了大会堂工程。北京电视台提前一个月就开始准备工作。由何大中挂帅,孙同耕、周纯荣等十几位工作人员日夜奋战在大会堂机房内外,为转播试机调音,他们检测每一条电缆,逐个解决问题,以达到全部可用的程度。

转播摄像机位设置在天安门城楼前廊2个点位、金水桥东西2个点位,还有东西华表、中山公园及大会堂楼顶东北角等七八个点位,比上一年国庆转播的3个机位多了不少。电视台的1号电视车,停在天安门城楼脚下,做"热备份"。由于条件改善、准备充分,这次的10周年转播十分成功。①

1960年国庆实况转播的现场解说员除沈力外增加了赵忠祥。当时赵忠祥正式工作才半年。他们在现场转播中,播出了一万多字,之后又为当晚的专题片配了解说。②

20世纪60年代,凡遇国庆、"五一"都是白天组织盛大游行,晚上举行焰火晚会。对每年的这两大节庆活动,电视台不仅当天实况转播,同时还要拍摄新闻片和纪录片。这两节庆祝活动的片子都是北京电视台每年报道的大战役。当时北京电视台建台不久,全台不到100人,第一线的编辑、记者也不多。面对这样重大的政治任务,尽管技术设备、摄影器材相当落后,大家还是决定白天欢庆游行的胶片一定要在晚上放焰火的时候播出,也就是晚上7点。庆祝游行上午10点开始,要保证准时播出相当紧张。为此电视台要做非常周密、详尽的计划。每个工种、每个人的工作安排,都是以分秒为单位进行统筹的。

先要成立摄制组,投入大量人员和设备,大兵团协同作战。每当这一天,新闻部各工种全体出动。家离台较远的记者、编辑们天色蒙蒙亮就要起身赶公交车,到台里后,拿起摄影机就奔赴天安门广场的各个指定地点,投入紧张的拍摄中。

拍摄完后,最费时的是胶片洗印。如果拍摄的所有胶片一块送来洗印,由于量太大,花的时间就要很长,再做编辑等一系列后期加工,无法保证按时播出。为了节省时间,他们经研究决定分多次送洗胶片。定好时间、地点,由专人收集已拍胶片,派专车走近路,以最快速度送到台里进行后期加工。

片子取回后,要经过冲洗、调光、印样片才能看效果。副台长孟启予、部主任夏之平、记者和后期相关人员一起在放映间看素材影片,反复推敲,共同策划影片结构。接着就是剪辑和编辑的任务了。后期编辑工作如同打仗。画面编辑们都练就了快速处理镜头的本领,文字编辑也要在极短的时间里拿出纪录片的文字稿。全片经过剪接、录音、解说等复杂的工序之后最终完成。

由于通力协作,全台上下配合十分默契。虽然时间很紧张,但大家忙而不乱,工作井井有条。所以电视台每年都能保证当晚7点整,随着第一次燃放焰火准时播出电视片。虽然时间短,显得有些粗糙,图像质量也比较差,但是能在这么短的时间内播出是

---

① 王晞建.岁月拾贝[M].北京:中国广播电视出版社,2002:140.
② 赵忠祥.岁月随想[M].上海:上海人民出版社,1995:24.

相当不容易的。电视台安装在天安门城楼上的接收机,在播出游行新闻时很多人都围过来观看,他们无不称赞电视的速度真快。①

这一类节目的制作播出,表现出当时中国电视人的工作热情和不辞劳苦的奋斗精神,以及团结协作、精细有效的安排和系统操作方法。但可惜的是题材与表现手法上的"年年月月花相似",不能在历史上留下太多的印记。这让人在感慨他们的努力之余,也惋惜此类内容重复的浪费。如果这些艰苦奋斗能投入在那些真正有价值的新闻上会取得多么大的历史价值和社会效益!

(三)灾难新闻——邢台地震

1966年3月19日下午4点左右,北京震感强烈,不仅是楼上的人,连地面上的人都有感觉。大约到晚上8点左右,北京电视台得到确切消息——地震发生在河北省南部的邢台地区,震级约为里氏6.5级左右,造成了较为严重的破坏。台领导经研究决定,马上派报道组去地震灾区采访,同时拍摄地震灾害的内部文献资料片,提供给党中央和有关部门。报道组成员确定为高长龄和朱宏等人。接受任务后,他们马上连夜开始紧张的准备工作:检查、擦拭摄影机,带足胶片、充电机、电瓶及必要的灯光设备。第二天早上5点30分,天上还是满天星斗的时候,在早春三月的袭人寒气中,一辆苏制嘎斯69吉普车离开了电视台,向邢台地震灾区飞驰而去。

经过5个多小时的颠簸,他们于20日中午到达邢台地区的宁晋县城。这里是地震的重灾区,当时已夷为一片废墟。从各地抽调的解放军部队及救援人员已陆续赶到。在这里,余震仍连续不断。3月23日下午,又发生了一次强烈的余震,震级达到里氏5级左右,这使得残存的建筑相继倒塌,给救灾工作增加了难度,对记者们的采访拍摄也造成了更多困难。②

北京电视台的3名记者在地震灾区拍摄了很多素材。随后,在节目中两次播出电视报道《支援地震灾区人民重建家园》。播出前请曾山同志审过片子。③ 这是中国电视史中最早的灾难新闻,沿袭了当时媒体不过多报道灾难本身,而以救灾为主题切入的手法,即负面新闻正面报道。

(四)新闻编辑操作

那时电视台的新闻部办公室里,每天晚上都灯火通明,夏之平主任看稿子、批文件、开会谈话,直到深夜。几个剪接间更是忙碌,总是挤满了外出归来的记者,急于把拍摄的素材编辑成片。编片要将几百英尺的片子按镜头一个个撕开,根据不同内容、景别放在一个个用木架支起的布袋里,再按顺序用曲别针别好,用一个很小的接片器,先将胶片一端的药膜割掉,涂上药水,用力按一会儿,就接上了。那时一条新闻顶多

---

① 杨伟光.往事如歌:老电视新闻工作者的足迹[M].北京:人民出版社,1997:90.
② 杨伟光.往事如歌:老电视新闻工作者的足迹[M].北京:人民出版社,1997:230-232.
③ 《当代中国的广播电视》编辑部.中国广播电视大事记[M].北京:北京广播学院出版社,1987:195.

一二十个镜头,不算费事。①

每天下午 4 点至 5 点,是当天新闻的审发时间,台领导孟启予几乎每天必到新闻部。与她同时赶到的是播音员和音乐编辑。音乐编辑宋珑和曾文济带着计时表,和编辑们同时看样片,了解新闻内容。在当天下午审定新闻片后,配乐人员用秒表掐准每条新闻的时长,回去准备配乐资料。节目总长度约半小时,配乐必须在两小时内完成选材和制作。选配的音乐要在风格、样式、节奏等方面与画面内容保持一致,有助于烘托、揭示、深化新闻主题。在晚上直播时,音乐编辑坐在控制台上,对准画面,把事先准备好的音乐、效果与新闻同时播放出去。

负责编辑、剪辑的李玉英、秦芝莲、于碧云等要按照领导审片中的要求把片子改了又改;她们还要把胶片接头检查了再检查,唯恐接得不牢固,到播出时出现断片事故。有时,她们还与放映员一起"手忙脚乱地跪在地上用手拽片子"。遇到紧急新闻,她们得跑步送进播送室,有时离开播可能只剩几分钟。编辑们还要兼做导播,直到新闻安全播出后,才能放心回家吃晚饭。整个下午她们都一直处在紧张的气氛之中。②

初创期的播音员只有沈力一人。1960 年以后来了两个年轻人——赵忠祥和吕大渝,20 世纪 70 年代又调来了刘佳和邢质斌。播音员轮流值班,和编辑一起看编成的样片,在改得乱七八糟的稿件上,画上自己才看得懂的记号。一般只能看一遍,便回去备稿。备稿是播音员拿着编好的影片和解说稿件,"钻到"一个小放映间里,一边放影片,一边根据画面内容把解说词一段段地对上镜头。"开始时一条两分钟的片子,对上五六遍还找不到解说点,念稿子时顾不上镜头,看镜头又顾不上念稿子。"这是因为早期北京电视台的新闻片,是以镜头为主,"每组镜头都非常充分",每段解说之间有空余时间,且长短没有规律,每条都有不同的节奏,解说的空隙部分要由音乐来填充,所以需要事先熟悉其特有节奏。播音员备好稿后,晚上 7 点准时对着画面直播。平日,播音员都必须自己事先把片子放一遍,记好哪段画面配哪段解说,如果解说词长了,就请编辑删一点。不像现在的电视新闻多以解说为基础制作,其间内容十分紧凑,几乎没有空白,不用刻意停顿与画面配合。

最后,往往是播出已迫在眉睫,片子才接好,稿子也才改完。放映员抄起胶片盘,撒腿就跑,跑回机房挂上胶片;当班播音员拉着编辑往楼下跑,跑回岗位,气喘吁吁地进播音间,刚展开稿件,屏幕上的画面就出来了。情况紧急时,播音员就无法完整备稿。编辑部每天都非常忙乱,但播出却井井有条。新影厂的人看到电视台的新闻加工方法,感觉像是"游击队",而他们是正规军。"但是游击队能打胜仗",当时的新闻都是这么播出来的。③

---

① 王晞建.岁月拾贝[M].北京:中国广播电视出版社,2002:254;杨伟光.往事如歌:老电视新闻工作者的足迹[M].北京:人民出版社,1997:305.
② 杨伟光.往事如歌:老电视新闻工作者的足迹[M].北京:人民出版社,1997:34;赵忠祥.岁月随想[M].上海:上海人民出版社,1995:15.
③ 杨伟光.往事如歌:老电视新闻工作者的足迹[M].北京:人民出版社,1997:163.

三、其他节目

(一) 纪录片

许多人把电视新闻的早期阶段称作"新闻纪录片时代"。20 世纪 60 年代,"电视新闻"指的就是电视新闻纪录影片,再依其时间长短和时效高低分为新闻片和纪录片两种。大多数新闻片与纪录片实际上只有长短之分,很少有实质的区别,往往统称电视片。它们在样式和风格上,基本承袭了新闻纪录片的模式,电视特点并不明显。也可以说,配合宣传及时迅速、规格不拘、篇幅自由是初期电视片的主要特点。记者每人每月"两长八短"任务中的"两长",即为纪录片或电视纪录片,也有不少人把它称为电视通讯。它的内容取材于现实生活,富有鲜明的时代气息。它比新闻片更完整、系统,内容更深入、细致。这期间的电视片创作是在物质条件极端困难的情况下进行的。摄影、录音和洗印设备都极端缺乏,人力少、经验不足。多数选题只能制成无声拷贝,配音播出。①

北京电视台曾播出过一系列电视纪录片。如《为首都历史博物馆工作的画家们》(1959 年)、《长江行》(1963 年),风光片《芦笛岩》(1964 年)等;以及先进人物宣传片《大庆铁人》《党的好干部焦裕禄》,战地报道《英雄的越南南方人民》《保卫越南北方》;还有专门为国际交换而每年制作一次的《贺年片》,都是当时的代表作。②

1965 年制作、长达 30 分钟的 16 毫米黑白片《收租院》,生动地再现了四川省大邑县地主庄园陈列馆内的同名泥塑群像作品。它是一部摄影、解说和音乐创作俱佳,思想性、艺术性都很高的作品,是初期电视纪录片中的佼佼者。经文化部审查后,北京电视台将其扩制成 35 毫米影片,向全国发行,解说词被选进当时的中学语文教材。发现这一题材的是负责报道美术界活动的摄影记者王元洪,1959 年他曾拍摄过一部颇受好评的纪录片《为首都历史博物馆工作的画家们》,解说词作者是 1961 年毕业于华东师范大学的编辑陈汉元。③

长期的实践和积累以及对事业的热衷追求,使得北京电视台的队伍中涌现出一批拍摄纪录片的主力人员,如孔令铎、童国平、戴维宇、屠国壁、冀峰、化民、李绍武、吕逢欣、朱景和、周居方、林钰、刘申、庞一农、马靖华、高长龄、田亨九、王元洪、朱宏、左耀东、魏中涛等。同时,也锤炼出像陈汉元、王娴、臧树清、刘效礼、陈安、贾志杰、刘天湘、杜长彬等编辑能手。④

---

① 朱景和.电视片纵横观[J].电视研究,1990(4).
② 杨伟光.中央电视台发展史[M].北京:中国广播电视出版社,2010:37,39.
③ 《当代中国的广播电视》编辑部.中国广播电视大事记[M].北京:北京广播学院出版社,1987:198.
④ 杨伟光.往事如歌:老电视新闻工作者的足迹[M].北京:人民出版社,1997:41.

(二)谈话节目

建台初期,北京电视台播出了不少谈话节目,如第一次节目中的《庆祝"五一"座谈会》。这些节目有的有专门栏目,有的则分散在不同的节目中。其形式也有区别:有一人说话、两人对谈,甚至多人座谈式,但没有现在常见的包含现场观众的当众谈话形式。

1960年11月4日,北京电视台播出了周恩来总理当年6月5日同英国记者格林的电视谈话。中央人民广播电台同日也播送了这个谈话的录音。英国广播公司则在前一天11月3日播出了这部电视片。西方四大通讯社都转发了周总理的谈话。①

20世纪60年代初,北京电视台新闻部社教组创办了一个栏目《电视台的客人》,曾邀请各界名人到演播室讲话、对谈。据赵忠祥回忆,1961年他曾在这个节目中采访过一些名人,如华罗庚。当时节目都是直播,所以他的工作状态是趁"采访对象讲话时,反复背诵"编辑写好的下一个采访问题,"因为那时要求播音员准确无误地照着写好的问题发问"。抬头时"装成听人家讲话的样子,其实心里还在默念着台词,同时也随时提心吊胆地怕人家已经讲完了这段话,我还没来得及准备提问,出现冷场"。这样"紧张"地直播节目的结果,是在整个采访过程中,赵忠祥对对方谈了什么"几乎都没有听见",且"一个字也没记住"。② 这种对发问流利的追求和努力无可厚非,但其中也暴露出由播音员出面访问的弊端:他不能根据对方的思维和语流调整谈话内容,从而不能与对方形成真正的交流,甚至会给对方谈话造成干扰,而使节目的生动性、流畅性以至于深刻性都受到影响。

除此之外,北京电视台在1961年创办的栏目《文化生活》中也时有谈话形式,其中有些题材具有新闻性。如"小萝卜头"姐姐、宋绮云烈士女儿宋振苏的《读〈红岩〉忆亲人》《张瑞芳谈"李双双"》等。宋振苏的谈话节目受到广大观众热烈欢迎,他们纷纷来信要求重播,由于当时没有录像设备,电视台只得把宋振苏请来再在演播室重讲一遍。③

1966年2月16日,"铁人"王进喜在全国工业交通工作会议和工业交通政治工作会议扩大会议上做了题为《读毛主席的书,听毛主席的话,为无产阶级革命事业奋斗一辈子》的长篇报告,受到热烈欢迎。第二天,北京电视台邀请他到台里做电视讲话直播。"铁人"没有讲稿,报告历时80分钟,非常成功。4月1日他又到长春电视台做了报告,同样在当地引起轰动。④

无独有偶,上海电视台在1961年1月19日也开办了一个名为《电视台客人》的固定栏目。这是上海电视台的"第一个思想教育性节目"。这个节目主要通过邀请各条战线上的先进模范人物谈话,来配合宣传政府的中心工作。节目长度约30分钟。节

---

① 郭镇之.中国电视史[M].北京:中国人民大学出版社,1991:33,65.
② 赵忠祥.岁月随想[M].上海:上海人民出版社,1995:163.
③ 杨伟光.中央电视台发展史[M].北京:中国广播电视出版社,2010:24,25.
④ 郭镇之.中国电视史[M].北京:中国人民大学出版社,1991:60.

目第一次请来的客人是菜场营业员林玉英,她讲的题目是《全心全意为人民服务》。播出她的谈话后,上海电视台还播放了事先拍摄的反映林玉英工作情景的电视片。①

1965年,上海开展支援边疆建设的运动,《电视台客人》栏目邀请早期赴边疆的应奋和孙桂珍分别做了"在塔里木劳动锻炼一年"和"做祖国第一代新农民"的演讲。因为支援边疆建设是当时全社会关注的话题,所以这两个演讲,在社会上引起了强烈反响。为了进行革命传统教育,《电视台客人》还邀请李白烈士的家属裘慧英介绍烈士的一生,在讲话中还展示了有关照片和实物;讲话结束后,放映了以李白烈士为原型拍摄的影片《永不消逝的电波》。

上海电视台的《电视台客人》栏目一直办到1965年4月22日。在4年多的时间里,被邀请的客人有社会知名人士、艺术家、作家、大学教授、营业员、工人、农民、支援边疆建设的青年等40多人,受到观众们的欢迎。

谈话节目是最容易操作的电视节目,成本低、容易形成很高的关注度,所以开办它是顺理成章的事。这在世界各国的电台、电视台都是一开始就有的节目,在中国也不例外。只是当时中国的这一节目形式强调更多的是其宣传、教育功能,成为英雄模范、领导指示的报告会。由于过分强调宣传功能,谈话节目在很长时间里脱离了生活、脱离了群众,衍生出一种八股式的、枯燥的"电视语言"。这种语言虽然看起来严谨,但不生活、没个性,接收和接受都不那么顺畅,甚至达到对谈话人及谈话内容也要进行"规范"的地步,传播效果并不理想。

四、地方台及其合作

(一)各有千秋的地方台

1.哈尔滨电视台

20世纪60年代初,大多数地方台没有自制的新闻影片,只有电视版的广播新闻——口播新闻和用照相机拍摄新闻照片做成的"图片报道"。

如当时的哈尔滨电视台,是在广播的基础上办电视。一方面从广播电台抽调人员,组建了电视台的编辑部和技术部;另一方面,由于电视设备十分简陋,实验播出的电视节目实际是将广播节目搬过来。新闻是广播电台提供的口播新闻,后来有了图片报道;天气预报也是由广播提供信息,由美工每天画一张气象示意图配合播报;文艺节目也都是"只加了一些声配像,电视实际就是广播的延伸"。

1959年,新中国成立10周年大庆,诞生不到一年的哈尔滨电视台给自己提出一个新任务:要让观众在电视里看到哈尔滨庆祝国庆10周年大会和游行的实况。在没有电视转播车和其他转播设备的情况下,他们在转播现场建了一个临时电视台,将台里能搬的设备搬到现场,搬不了的就重新组装一套。在主席台后边的市政府大楼里安

---

① 赵凯.上海广播电视志[M].上海:上海社会科学出版社1999:405-406.

装了一部小功率发射机,自制了一些必要设备,在大楼顶层架起发射天线,将原来的发射台改为转播台。大会播音员既代表广播又代表电视,广播、电视同步转播,同时呼出"各位听众,各位观众"。哈尔滨的观众首次在电视上看到了国庆大会和游行实况,在没有拍过一条活动图像新闻片的前提下,先实现了现场直播报道。

哈尔滨电视台的记者也不甘心老搞"不会动的图像"(图片报道),决心要让新闻图像动起来。他们决定采用16毫米黑白胶片拍摄新闻片,从县里借来一台16毫米摄影机,从电影制片厂借来胶片,又自制土设备冲洗胶片。在电视台成立一周年的时候,他们播出了自己拍摄的第一部电视新闻纪录片《哈尔滨的冬天》。

之后,哈尔滨电视台提出新闻片题材要广泛、手法要新颖的口号,开始尝试改变电视新闻的面貌,播出并向北京电视台提供了大量有黑龙江特色的电视新闻片,如:《哈尔滨的冬天》《绿色草原牧场》《连环湖的风光》《边境地区的建设》《少数民族的新面貌》《冰下捕鱼》《冰雪运动》《送公粮》《伊春林区》《松江渔歌》《北大荒的变化》等。其中许多新闻片还被选送给国外的电视机构。有了自拍的新闻和纪录片,每天的新闻节目就显得丰富多了,受到观众的欢迎。[①]

2.上海电视台

地方台中,上海台的节目发展最快。从1960年至1966年,上海台的电视节目规模逐步扩展,自办节目显著增加,分别于1960年9月和1962年开办了《图片报道》和《谈时事》等新闻性节目。

上海电视台在创办初期,其新闻中播出的题材多是像《跃进誓师大会》《一把菜刀闹革命》《五天实现机械化》《七天革个命》《泥土喂猪》《养猪大跃进》等,看标题就充满激进浮夸的内容。1961年伊始,电视新闻有了一些变化,出现了《社员休假日》《红色资本家刘靖基》《三包落实多劳多得》等较平实的题材,还播出了一批《麒派艺术上银幕》《四季花卉一时开》《金鱼珍品》《昙花一现》《镇江古迹》等较为软性、具有知识性的新闻片。

1963年以后,电视新闻变化加大,新闻内容主要分为三类:一类是正面报道,主要反映国家的重大成就,像《断手再植》《人工合成胰岛素》《人工心脏瓣膜手术成功》《双水内冷发电机制成》《万吨水压机诞生》等;另一类是《南京路上好八连》《彭加木》《郭兴福》等先进人物、优秀集体的模范事迹报道;还有一类充满阶级斗争口号,形式主义泛滥,不注意新闻传播规律。

1962年,上海电视台组织了一台宣传科学工作者彭加木的晚会。记者摄制了一部关于彭的纪录片,又邀请彭做了电视讲话,编辑周济撰写了一篇《闪光的彭加木精神》的短评,这是上海电视台的第一则新闻评论,之后评论这种体裁很长时间无人尝试。[②]

---

① 赵水福.世纪心语:中国老广播电视工作者感悟录[M].北京:中国国际广播出版社,2003:138-139;郭镇之.中国电视史[M].北京:中国人民大学出版社,1991:14.
② 赵凯.上海广播电视志[M].上海:上海社会科学出版社,1999:398.

此外,上海电视台陆续开办了《电视台客人》《科技知识》《古诗欣赏》《少儿节目》等社教类栏目;服务类栏目则增设了上海地区当天和第二天的天气预报等。每星期自办节目的平均播出量也在增加:1958年试播时为2小时40分,1959年正式开播时为5小时22分,1966年增加到26小时38分。①

3.其他地方台

浙江电视台名义上是1960年建台的,但在很长一段时间里,它只是浙江省电台的一个小部门。人员少、房子狭窄、设备简陋,每周只能自办两次几分钟的地方新闻、转播几次舞台演出。多数时间只是转播北京、上海台的节目。当时的浙江台排在全国省级电视台的倒数位置。②

(二)台际交流合作

有的地方电视台能拍少量新闻片,拍好的胶片大多还要送到北京洗印,只有少数台能就地冲洗。在北京冲洗后,他们将片子复印二条:一条带回,一条供北京电视台播出。上海、广州、天津、沈阳等"老台"则是将自拍的部分新闻片航寄北京电视台播出。有的经过挑选还寄送国外电视机构。③ 北京电视台也把本台播出的重要电视新闻片印制拷贝分送各省、市台播出。

地方台和北京台之间一开始就有节目交换,之后逐步形成互相补充、相互支援、共同协作的传统④。由于当时没有全国电视网,这一交换对丰富各自节目都非常有益,并以此建立起最初的全国电视新闻传播网。

与此同时,北京台还先后在沈阳、哈尔滨、杭州、南宁、太原等地建立了记者站,为扩大地方新闻报道创造了条件。1962年,北京台播出电视新闻片共计854条,其中自拍596条,地方台提供244条,占28.6%。⑤

当时新闻播出的情况是:北京电视台一周播出4—6次,每次四五条新闻,时间15分钟左右,大部分是时效性不强的工农业新闻。省、市台一周播出新闻2—3次,这种情况一直延续到1966年。⑥

第26届世界乒乓球锦标赛在中国电视台的初创期为电视做了最好的宣传,使中国观众认识了这个最方便、最及时的"小电影"。这场赛事也给电视新闻报道注入新的活力,同时还打开了中国电视新闻走向世界的大门。

此外,节庆活动也对电视的发展有着与体育赛事异曲同工的作用。电视台在没有外在压力的情况下,自我加压,白天的庆典要在晚上就播出专题。这一看上去不可能

---

① 周济,林罗华文.辉煌与奋进:新闻卷(上)[M].上海:上海人民出版社,199:244;赵凯.上海广播电视志[M].上海:上海社会科学出版社,1999:378.
② 赵水福.世纪心语:中国老广播电视工作者感悟录[M].北京:中国国际广播出版社,2003:198.
③ 杨伟光.中央电视台发展史[M].北京:中国广播电视出版社,2010:15.
④ 夏之平.建台第一年的电视新闻[J].电视研究,1998(7).
⑤ 郭镇之.中国电视史[M].北京:中国人民大学出版社,1991:14.
⑥ 洪民生.发展中的中国电视新闻事业[J].电视研究,1985(3).

的任务协调了队伍、密切了组织,在异常困难和简陋的条件中,电视新闻的拼搏和合作使年年、节节都能达成目标。

电视新闻在那些年里,传递了建设成就、时政大事、祖国风光,也报道了邢台地震,这是中国电视史上报道的最早的灾难。

这个时期的电视纪录片创造了最初的辉煌,以至于《收租院》要扩印成 35 毫米的电影拷贝向全国院线发行;它第一次在影视领域拔得了艺术成就的"头筹"。而在电视台成立初期就有的谈话节目更是扩大了阵地,并开办起专门的栏目。地方台也奋起直追,逐渐办起了各类节目。

这些早期的新闻节目锻炼了团队,打造了电视新闻传统:为了及时报道大力拼搏,为了成功全力合作;同时也摸索出操作规律,形成电视新闻人行为的规范,也强化了电视人对新闻事业的追求。

第四节 战斗的集体

前一章已提到北京电视台的人员数量大大低于同时期的外国电视台,仅为其几十分之一甚至上百分之一。而从节目看,在很短的时间里,北京电视台对各种体裁、形式的节目基本都有了尝试,且很快达到较大的播出量。除少量形式和体裁外,后来的实践几乎很难再称"第一"。这样快的进步和发展靠的是什么?是人的追求、精神,是团结奋斗的集体。

一、人员机构

(一)机构

1960 年,由于"反右倾运动"的影响,台长罗东被错误地撤销职务,下放河北农村劳动,回来后到国际广播电台工作。其后,副台长胡旭也被调离,后来去了陕西电视台。1963 年 9 月 15 日,戴临风被任命为副台长兼新闻部主任。当年 12 月 3 日任命孟启予为北京电视台代理台长,重点抓宣传业务。

1960 年 5 月 13 日,经中央广播事业局党组编委会决定,北京电视台成立新闻部、文艺部。同时还决定北京台文艺组与广播电视剧团合并,保留剧团的名称,剧团的一些编导、表演、美工、灯光人员转入电视台。9 月 15 日,局党组决定,技术系统从局无线处中央控制室划出一部分归电视台,抽调部分技术干部,成立电视台技术部,下设技术科和制作维修科。[①]

---

① 杨伟光.中央电视台发展史[M].北京:中国广播电视出版社,2010:10,15,24,16,75.

新闻部成立之初,夏之平任部主任,①他加强了对电视新闻工作的领导,对队伍的思想和业务建设有积极意义。新闻部下设政治组、文教组。机构的一元化为新闻播出提供了方便,因为新闻当时是主要甚至唯一的自制节目。据此看来,当时机构的调整是符合新闻规律的。

1962 年,新闻部改为按行业分工,增设了经济组、政文组、编辑组。这一年,电视台确定专门人员负责体育节目。1963 年又增设国际组、出国片组。新闻部文教组负责谈话(室内讲话)节目的制作,同时负责政治性活动的实况转播和体育实况转播。之后不久又成立了社教组。1963 年 8 月,社教组改为社会教育部,下设社教组和少儿组。1964 年开办《解放军生活》栏目后,1965 年,北京电视台经中央军委批准,成立了专门报道部队生活的军事组。② 1961 年北京电视台搬入新楼后,补充了声音设备,也补充了声音制作人员,正式成立了音乐音响组,归文艺播出部领导。③

1966 年,北京电视台逐步形成了新闻部、社会教育部、文艺播出部、技术部及节目组、台办公室、行政办公室的基本构架。当时,北京电视台除了技术制作和行政部门,只有新闻部、文艺播出部和社教部这三个编辑部门。那时,除电影由总编室节目组统一安排外,全台所有节目均由这三个部门制作提供。新闻部的任务是拍摄和制作新闻片、纪录片。社教部下设社教和少儿两个组,主要负责时政转播、体育转播,组织以讲话和访谈为主要形式的政治教育节目,以及编排文化、科学、卫生和国际知识、少儿等栏目。文艺播出部设戏剧组和歌舞曲艺组,主要负责转播戏剧、曲艺和歌舞节目。④

那时还没有小型电子采访设备,新闻部记者采制节目主要靠摄影机;文艺部主要靠转播车;社教部除时政转播和体育转播外,多数节目都是在室内完成(且以直播为主)。这样就给了人们一种错觉,似乎新闻部就是拿机器拍片,文艺部是剧场转播,社教部就是做演播室节目,好像这些部门的任务是按照节目制作方式的不同来划分的。

几年实践后,新闻部逐渐发展成全面的制作部门。新闻部下设有北京组、地方组、编辑组、国际组、出国片组、军事组、照明组、录音组、洗印组、整备组(维修与美工)共 10 个组。人员已发展到 100 多人。除记者、编辑、剪辑外,还有灯光、录音、洗印、美工、整备(摄影机维修)等多个工种。新闻部的主要任务是拍摄并制作新闻片、纪录片、出国片,办有《电视新闻》《国际新闻》两个栏目,还制作一部分电视纪录片。

在上海,随着电视制作和播出时间的增加,上海电视台工作人员也逐步增加,1966 年,全台人员增加到 108 人。还充实了领导班子,电视台主任宋丹,副主任周峰、奚里德。下设 5 个组:新闻组、节目组、演播组、技术组和行政组。⑤

---

① 杨伟光.往事如歌:老电视新闻工作者的足迹[M].北京:人民出版社,1997:144.
② 任江舟.漫谈中央电视台体育新闻[J].电视研究,1989(4).
③ 杨伟光.往事如歌:老电视新闻工作者的足迹[M].北京:人民出版社,1997:173.
④ 段忠应.从社教部的几次易名谈专题节目的界定[J].电视研究,1994(10).
⑤ 赵凯.上海广播电视志[M].上海:上海社会科学出版社,1999:379.

(二)人员

1962年10月13日,丁莱夫任中央广播事业局党组书记,梅益任副书记、广播事业局局长。

北京电视台在1958年9月初正式播出时,全台总共才有30人。1960年以后,从中国人民大学、北京广播学院等院校调进了一批毕业生和干部,队伍扩大,已有记者20多人。

戴维宇1954年从北京电影学院毕业,进入上海电影制片厂工作。他先后在张骏祥、沈浮、孙瑜、石挥等著名导演的摄制组做过学徒;20世纪60年代初,被调到北京电视台。1963年,马超曾从北京电影学院分配到北京电视台,在新闻部国际组编辑《国际新闻》栏目。同一年,张朋石从北京广播学院新闻系电视专业毕业,分配到电视台当了一名编辑。①

1960年,从部队来了十几位转业军人,分别补充到灯光、播出、管理等工作岗位。1965年,北京电视台成立军事组,设专职军事记者。为此,抽调了3名骨干到军事组,并和解放军总政治部协商,从部队选调一些青年军官担任军事记者。1966年4月,几位青年军官转业成为电视台军事记者,台领导为这些军官开办了专门的培训班。

北京电视台想要培养一批少数民族电视记者,便于1965年7月到中央民族学院选调学员。被选中的7人,来自5个少数民族:傣族的贾廷安,彝族的王光龙,哈萨克族的再努拉、萨林别克,维吾尔族的阿不都拉·热合曼,藏族的明玛才仁、强巴达娃。②

到1965年,北京电视台已有300多人。③

(三)播音员

建台后,周总理在视察北京电视台时曾关心地询问有什么需要解决的困难。"在一系列的汇报中,谈到了电视台需要各方面的人才",其中就有——需要电视播音员。周总理指示说,你们可以到北京所有的中学里去挑选。于是一份关于在北京市1960年应届高中毕业生中选拔电视播音员的报告呈送上去,周总理在文件上亲笔批示"同意"。在历时半年的挑选中,赵忠祥成为唯一的人选。赵忠祥于1960年2月来北京电视台报到,随即被安排到中央人民广播电台播音组实习,是电视台的第78位工作人员。④

当时正在北京女十二中上高三的吕大渝,也经过完全不知情的"面试",被通知要

---

① 王晞建.岁月拾贝[M].北京:中国广播电视出版社,2002:254,261;杨伟光.往事如歌:老电视新闻工作者的足迹[M].北京:人民出版社,1997:57.
② 杨伟光.往事如歌:老电视新闻工作者的足迹[M].北京:人民出版社,1997:443.
③ 杨伟光.中央电视台发展史[M].北京:中国广播电视出版社,2010:10,15,24,75-76.
④ 赵忠祥.岁月随想[M].上海:上海人民出版社,1995:7,13,97;杨伟光.往事如歌:老电视新闻工作者的足迹[M].北京:人民出版社,1997:153,159.

求"服从祖国需要",进入电视台担任播音员。吕大渝当年16岁,报到那天是1960年6月20日。进入电视台不久,她也被送到中央人民广播电台播音部向启蒙老师林如学习。①

北京电视台只有这3名播音员,定员定编,什么都得干。虽说那会儿每天只有一套节目,每次节目只有两三个小时,但播音员要出图像串场、播画外音,又全是直播,一个人顶着,"那可就得咬咬牙了"。当时电视台的播音间有两间,一间是直播图像,一间是画外音配音间。值班播出时,播音员先在直播图像屋里,面带笑容地为观众预告当晚节目,摄像机红灯一灭,抓起一叠稿子就往对面配音间跑,刚坐下,字幕就完了,画面一出,开闸就念;念完一组国内新闻,还有一组国际新闻。等到最后一个字念完,片子画面还没放完,就又要跑到对面直播间;刚坐下,摄像机红灯就又亮了,又要冲着摄像机出图像播报。

这两部分工作不能在一个房间内完成,是因为出图像的直播间,还要出字幕,还有许多别的工种的人,要调灯光、对镜头,要用耳机、话筒与导播台沟通,所以播音员必须要到另一间屋子播画外音。

播音工作任务繁重,压力很大,当时的技术又落后,没有"提词器",播音员每天都要背诵大量稿件。几位播音员一直以高标准要求自己,如《国际知识》节目播出了一段时间后,他们要求自己:在背诵中,尽量使语言口语化、减少背书痕迹。为了与影片衔接紧凑、浑然一体,还要对所配影片、照片尽可能熟悉,沈力便在自己的台本上把画面的主体特征一一画了下来。② 虽然日复一日地播出,但由于无法录下所播节目,播音员根本无法了解自己的播音效果,只能一直凭感觉摸索。

(四)记者站

20世纪60年代中期,广播事业局决定在各省建立电视记者站。新影厂派驻外地的摄影人员李锡明、童国平、刘申、林钰陆续调为电视台驻浙江、黑龙江、山西、广西记者。他们不仅负责当地的新闻报道,必要时还得服从统一调配,参加全国性的重要采访活动。记者站为扩大地方新闻的报道创造了条件。

1965年2月11日,中共中央宣传部转发中央广播事业局党委《关于建立地方广播记者站和电视记者站的请示报告》。这一年,北京电视台采取选调摄影记者、培养少数民族干部等方式,筹建驻各省记者站,以加强对各个地方、少数民族地区的报道。③

二、艰苦奋斗

除业务、事业这些有形的资产外,早期电视人的工作精神、态度和方法也留给后人很多无形的资产,也应该为后人了解、学习。

---

① 资料来源:走进往事,http://www.booksir.com/books2003/cnread1/jswx/y/yudayu/zjws/020.htm。
② 杨伟光.往事如歌:老电视新闻工作者的足迹[M].北京:人民出版社,1997:160,163.
③ 杨伟光.中央电视台发展史[M].北京:中国广播电视出版社,2010:10,15,37.

（一）任务繁重

电视台创办的头几年，正是国家经济困难时期，当时台里由于人员少、任务重，再加上设备条件、经济条件差，到处都是困难。最早到台里工作的同志"大多经过革命战争的锻炼"，完全依靠艰苦奋斗，创造条件，才开创了电视事业。"他们如同维护着一个未足月就出生的婴儿，超负荷地开始起步"。一旦上了马，他们就力争早日摆脱对外的依赖，努力创造属于自己并超越他人的电视报道。

虽然每天只有 20 分钟的新闻节目，但台里仅有几十个人，所有节目又都要直播，"工作量之大、播出难度之大，可以毫不夸张地说，在中国那叫'前无古人，后无来者'"①。新闻节目的正常播出都是在电视人极其艰苦的奋斗中维持的。

为了完成新闻报道任务，领导给记者规定了工作定额：每人每月要完成"两长八短"10 个片子，其中两条为 10 分钟以上的长片，另 8 条是 5 分钟上下的短片。其中"两长"也称作电视通讯、电视专题，它们一般要单独多次播出。"八短"则在新闻时段播出。两者除长短有区别外，并没有严格的界限，统称电视片。完成这一任务并不容易。那时，工作、生活条件虽然艰苦，但是只要领导下达了任务，大家都不讲条件地努力完成。记者们要加班加点工作，白天黑夜地奔跑，节假日也没有什么休息。在大家的艰苦努力下，基本上都能完成规定的数量。②

大家为了新闻纪录片的"时效""及时"，经常要连续工作十几个小时，才能加工成片。常常是早已睁不开眼睛，还得坚持看样片。编辑时，画面对了又对，稿子改了又改，熬了一夜又一夜。为了制作播出片，他们都是不分昼夜竭力苦干，往往是 24 小时、48 小时地"连轴转"，困得不行就伏在桌子上睡一会儿。那个时候，24 小时加班，什么待遇也没有，只有两毛五的夜餐费，只够吃一碗面条。③

当时负责农村报道的只有 3 个人，为保证每天新闻播出的需要，得开足马力连轴转。拍完一条新闻，马上回来送洗、编辑。处理完了，又得马上下去采访拍摄。没有周末、没有节假日。很多人为了工作，经常不回家，住在集体宿舍里。即使周末在家里也常常得抄稿子，自己忙不过来，还动员家人帮助抄写。④

记者们要身兼数职：白天外出采访、拍摄新闻片，肩扛笨重的摄影机，身背电瓶，衣服常被电瓶漏出的硫酸烧破；晚上回来还要洗片、剪接、写稿，一直到播出。播出时，还要在演播室兼任摄像师、导演，负责直播新闻、播出电视剧。有时还要转播体育比赛、文艺演出的实况。在外出拍摄室内新闻时，还要装上一卡车笨重的灯光设备。台里也没有专职的照明人员，只有一位老电工兼做照明工作，记者们还要帮助扛灯、拉线，因此，拍摄一条新闻，记者要付出很多的劳动。记者们完成了本职工作，还要到电影院租

---

① 杨伟光.往事如歌：老电视新闻工作者的足迹[M].北京：人民出版社,1997:157.
② 杨伟光.往事如歌：老电视新闻工作者的足迹[M].北京：人民出版社,1997:220.
③ 韩志恩.从黑白片到彩色片[J].电视研究,1998(11).
④ 杨伟光.往事如歌：老电视新闻工作者的足迹[M].北京：人民出版社,1997:35,220.

借电影片。

洗印只有三四个人,也要身兼数职:除洗印工作外,还要自购化学药品、胶片、洗印设备,并负责安装调试,以求迅速投产为编播服务。

在最困难的时期,他们不仅是"苦其心志、劳其筋骨"地奋斗,甚至还有"空乏其身"的考验。1961年4月,我国第一次举办世界性体育比赛——第26届世界乒乓球锦标赛,当时张家成担任导演,在狭小的转播车里,他和其他电视工作者一起饿着肚子,10天转播了14场近40个小时的比赛,圆满实现了中国电视大型国际体育比赛直播史上零的突破。[1]

几位当时新闻部的工作人员在回忆中都提道:"那时新闻部办公室里,每天晚上都灯火通明。"夏之平主任以台为家,看稿子、批文件、开会谈话,直到深夜,办公室那盏灯夜夜长明。

几个剪接间更为忙碌,总是挤满了外出归来的记者,急于把拍摄的素材编辑成片。"尽管这些片子最终不会有多少人看到,可他们还是那么卖力,那么执着。"[2]"这样紧张的工作,当然又苦又累,每天下来都是头昏眼花,筋疲力尽。"[3]"身体虽然很疲倦,但精神极为喜悦。因为作为电视台的一员,有一种强烈的责任感,再苦再累也是心甘情愿的。"[4]

(二)采访困难

电视新闻记者承担大量的采访任务。

1.采访艰苦

当时的新闻采访、拍摄也遇到很多"物质困难"。记者白天出去采访、拍片,不论多远,大部分时间要乘公共汽车。等来了车,往往因器材、行李多挤不上去,只好再等下一辆,有时需要连等几辆车。在一些没有公交车的地方就得靠两条腿步行。特别是下乡采访,记者、照明员要自己背十几斤、二十几斤重的摄影机、照明设备和胶卷。

到外地采访,由于照明员少,记者常常不得不一人下乡。他们凭着一副肩膀、两条腿,挤公交车、赶火车,甚至长途跋涉。到地方,找不到招待所,就住澡堂子。到农村,与老乡挤在一个炕头上,或者就在大队部办公桌上睡几宿。为了拍到一个好镜头,他们要翻越几个山头去寻找角度。病倒了,不能影响已经安排好的日程,打针吃药,还要坚持工作。

孔令铎和王连生到贵州拍《战乌江》,朱景和到福建拍《金溪女将》时,都曾在奔腾的大江里拍摄驾驭木排的船工与汹涌而来的波涛冒死奋战的场面,同时他们也把自己

---

[1] 正一.平凡与辉煌:张家成的足迹[J].电视研究,1994(3).
[2] 王晞建.岁月拾贝[M].北京:中国广播电视出版社,2002:254;杨伟光.往事如歌:老电视新闻工作者的足迹[M].北京:人民出版社,1997:90.
[3] 罗东.难忘的试播期[J].电视研究,1998(5).
[4] 孟启予.三十年前的老电视工作者挥毫抒怀[J].电视研究,1988(5).

的生死置之度外。① 为了拍好一个纪录片,为了拍到一个需要的镜头,他们可以在冰天雪地的环境中等上多日,翻过一个又一个山头去寻找理想的角度,可以冒着生命危险去抢拍一个个震撼的画面。战地采访更是时时面临生命威胁。

很多人积劳成疾,带病坚持工作。孔令铎来自新影,20世纪50年代曾被评为全国青年社会主义建设积极分子。解放西藏时他随部队入藏,作为新影记者驻藏长达三年。他工作起来不顾身体,加上生活不规律,胃病越来越重,多次带着一身病出差,一回到北京就要到医务室打点滴。洗印组骨干张星云身体瘦弱,因连续加班,导致蛛网膜下腔出血,晕倒在岗位上,险些危及生命。

消耗了身体,还要付出额外的经济支出。在外地生活,开支难免比在家里大,而按国家标准给的补贴又很少,他们不得不掏出自己微薄的工资来支撑工作。

2.遭到冷遇

物质条件已经如此艰难,但还存在一些现在看来不可思议的难处。

由于当时知道电视的人很少,大多数人对它都非常陌生。电视记者到采访现场,遇到的常常是这样一些质问:"你们是来干什么的?""电视新闻是什么玩意儿?"因为不知道电视记者是干什么的,曾有记者拿着电视台的介绍信到一个研究所去采访,这个单位的负责人分不清电视台和电讯局、电力局是什么关系。记者采访时,首先得向对方费力地解释一番:电视是什么,电视台是个什么单位。② 随后,不管对方是否能够明白,都要硬着头皮采访。有的记者已经干了好几年电视,亲友们见到他还要问到底在干什么。

当时由于电视没有影响力,也得不到大家的了解和支持,所以电视台记者外出到基层采访,常遭冷遇。到县里采访,"找县委领导,不见。找公社书记,没空。请人陪同,没有。"记者只能靠自己:自己闯、自己摸、自己找。③

1960年秋末冬初,赵忠祥到四季青公社想要采访全国劳动模范李墨林,可人家不让见,说:"人民日报、新华社都采访过了,你们还来干什么?再者说北京电视台是干什么的? 如果北京电视台来人也要见上一面,聊上半天,那还忙得过来吗?"

大家常常一肚子委屈地回来,第二天还得"忍辱负重"地继续经历几乎同样的境遇。即使在同行新闻记者队伍里,对突然出现的这个"异类",人们也难以掩饰地"另眼相看"。电视记者勉强挤进了采访队伍,得到的反应常常是:"你们又来了!"那时,电视记者首先就要有不怕冷眼和困难的韧性。"电视这个'小兄弟'要在新闻界争得一席之地,并不容易啊!"④

---

① 杨伟光.往事如歌:老电视新闻工作者的足迹[M].北京:人民出版社,1997:35-36.
② 王晞建.岁月拾贝[M].北京:中国广播电视出版社,2002:254;洪民生.中央电视台三十年)[J].电视研究,1988(2);杨伟光.往事如歌:老电视新闻工作者的足迹[M].北京:人民出版社,1997:134.
③ 杨伟光.往事如歌:老电视新闻工作者的足迹[M].北京:人民出版社,1997:218;赵忠祥.岁月随想[M].上海:上海人民出版社,1995:19.
④ 杨伟光.往事如歌:老电视新闻工作者的足迹[M].北京:人民出版社,1997:21.

下基层,要跋山涉水,靠两条腿走千村、串万户,还要和工人、农民同吃同住同劳动;到农村、工矿,要深入田间地头、车间矿井,和工人、农民一样,一身汗水、满手污泥;到部队,要与战士一起摸爬滚打。

老一代的电视新闻工作者,就是凭着深入实际(而不是蜻蜓点水)、艰苦奋斗(而不是畏苦怕难)的工作作风,赢得了人民群众的信任和支持,才拍到了那些堪称精品的专题片和纪录片。①

尽管当时的设备简陋,工作条件艰苦,可大家那种顽强拼搏的劲头非常感人。为了我国新生的电视事业,大家没有怨言。这种自力更生、艰苦创业的精神,是我国电视人的宝贵精神财富。

(三)服从分配

记者们开始也都不知道什么是电视,也谈不上自愿来干这一行。他们"都是服从组织安排,放弃已经熟悉与爱好的工作,带着一些忐忑不安,跨进电视台这座大门的"②。

老记者孔令铎说:"1958年,我从新影厂调到新建的电视台。从此,我放下了35毫米的电影摄影机,拿起16毫米摄影机拍电视节目。我当时想法比较简单,就是热爱拍新闻和纪录片这两项工作。只要从事这两项工作,而且能多做些工作,无论在哪个单位都可以,尽管电视台的工作环境差一些,也没有什么关系。"与新办的电视台比起来,新影当时的条件好得多,有经验丰富的导演、有千锤百炼的摄影师。而且那时新影在社会上有很高的知名度,"人人见、人人爱,一提起在新影工作真叫人羡慕"。③

还有一些人到台后分配工作与所学专业并不对口,但也兢兢业业干了一生。如1963年从北京广播学院新闻摄影专业毕业的楚华分配到电视台工作,正赶上天津制片厂的设备到台,其中有一批音频设备,老台长戴临风就让他去学录音,他服从组织决定,转向了音频工作。④

干一行、爱一行、专一行,并争取创造佳绩,这是那个时代几乎每个人的追求。他们都身体力行、埋头苦干,自愿成为电视新闻这架机器上一颗"永不生锈的螺丝钉"。

三、团队合作

(一)团结拼搏

在建台最初的几年里,为了保证安全播出,每个人都以主人翁的姿态主动承担责任,不分什么主任和普通员工,也不分什么工种。当时设备都是自己制造,时不时出现

---

① 周金华.散落在电视新闻长河中的明珠:写在《往事如歌》一书之后[J].电视研究,1999(8).
② 杨伟光.往事如歌:老电视新闻工作者的足迹[M].北京:人民出版社,1997:21.
③ 杨伟光.往事如歌:老电视新闻工作者的足迹[M].北京:人民出版社,1997:134.
④ 王晞建.岁月拾贝[M].北京:中国广播电视出版社,2002:292.

故障,不是这台摄像机出现杂波,就是那台设备没有了图像。每次节目播出都是一场"危机四伏"的战斗,能够安全播出全靠大家齐心协力。

有一次,演播室的二号机坏了,赶紧拉过另一边的一号机顶上。地上到处是电缆。演播室里不少同志一声不响地跑过来帮着拉电缆,使一号机及时到位。这个节目尚未播完,下一个节目的演员已经陆续进入演播室,可是此时在墙边有一台摄像机正在出字幕,演员走过就会进入图像。罗东在导演室无论怎样打手势,他们也看不见。这时,场内其他同志发现了情况,立即把演员拉住,带他们绕过摄像机,避免了一次事故。①

播出对于大家来说,如同无声的命令。各有关工种都会尽早赶到演播室,一丝不苟地认真准备。如《国际知识》的播出由于有排练,一般都较顺利。但因该节目穿插的影片和图片资料多、环节复杂、节奏快,难免会出纰漏。难能可贵的是,各工种都能主动补台。编导切错了画面,摄像师随即把该出的照片再次提供出来,播音员机智地补上一句解说;有时,播音员忘了词,编导马上切出下一幅照片,这时,播音员定定神,趁机看一眼台本,补上漏掉的词,播出又照常进行下去。一处处失误就这样得以弥补,各工种在不断磨合中达到了默契。不讲名利、不讲价钱、不讲分内分外,讲的是团结协作、全局观念,讲的是办好节目、丰富屏幕。②

每逢"五一""十一"等重大节日,对新闻部的人来说,既是欢庆的日子,也是辛苦的时候。重大节日能顺利完成任务,靠的就是全体成员同心协力。

在创作中,也需要这种团队精神。拍纪录片不仅需要责任感、苦干精神、艺术素养,而且必须善于与人合作,充分发挥摄制组中每个成员的智慧和积极性。记者们常常几个人关在屋子里反复看片、共同琢磨,挖空心思想点子,把纪录片的结构改了又改,镜头的组接方法变了又变,解说词修了又修,才能形成最终的作品。"用殚精竭虑、呕心沥血来形容他们的敬业精神,也并不为过。"③

在异常艰苦的条件下,为了一个目标,大家团结奋战,再大的困难也压不倒这样的集体。"那种经过拼争赢得胜利的喜悦,同志之间那种精诚团结、相互支持的革命友谊,却是一种无可比拟的精神报偿。"④艰苦和团结奋战使生活别有情趣。

(二)好的制度

电视节目是一个集体项目,所以协调、配合、合作非常重要。在电视台早期的工作中,为了提高播出质量,减少差错,一直实行着一个很好的制度:每次参加播出的人员都要参加播前会、播后会,无论什么节目都要搞,节目结束后常常要开会到深夜。即使工作紧张、筋疲力尽的情况下也没有放弃。

如15分钟的《国际知识》节目之后,便要召开当天全部节目的播后会。会议一般

---

① 杨伟光.往事如歌:老电视新闻工作者的足迹[M].北京:人民出版社,1997:139.
② 杨伟光.往事如歌:老电视新闻工作者的足迹[M].北京:人民出版社,1997:482,483.
③ 杨伟光.往事如歌:老电视新闻工作者的足迹[M].北京:人民出版社,1997:35,41,44.
④ 罗东.难忘的试播期[J].电视研究,1998(5).

由播出监督苏实讲评播出情况、各工种的工作质量和相互配合情况,提出改进建议,经各工种负责人和节目编导讨论后付诸实施。这个会天天不断、年年不断,对于初创时期电视队伍优良作风的培养起到了积极作用。

重大转播任务,也都坚持播前会和播后会的制度。其做法是:每次出发前,由领班说明本次转播的任务、分工、所需物品及注意事项,大家分头准备;转播回来要开播后会,小结本次播出,及时总结经验,发扬优点,克服缺点。播前会、播后会形成了优良的传统。① 这种做法,不仅沟通了思想,融洽了感情,强化了合作,还铸造出一支团结协作、特别能战斗、敢打会赢的优秀团队。

20世纪60年代,北京电视台新闻部还有一年一度的业务总结。这在后来的一些单位中,不过是"等因奉此"的例行公事;可在这里,却是真正的业务大检阅,大家都很重视。实际操作很简单:每人选出一两条自认为本年度比较好的片子,集中放映,共同观看。把几十位记者、编辑的上百条片子,集中起来,看上几天,优劣中差就比较出来了。虽然不评等级,也没有"及第"、没有"落第","可每人心中都清楚,自己今年干得怎样。无论干得好,还是稍差一些,都不会甘于现状,都暗下决心,来年定要百尺竿头,更进一步。这种总结,不请专家、不设评委、不搞形式、不讲排场,却蕴藏着一股无形的动力,催促着每一个人不敢懈怠"②。

大家在这种总结中找到差距,有了赶超的目标。后来制作《周总理的办公室》《话说运河》的戴维宇谈道:在一年年的总结上,不断观摩童国平的影片,反复琢磨研究——童国平有这样的本事,能把《红旗》杂志的论文,演绎为形象化的纪录片,他的作品很有思想深度。戴维宇认为自己缺的正是这个,他着重学习这种在主题上深挖内容的功夫。在学习思考中,戴维宇"多少开了点窍,有些长进"。逐渐,他的作品"在总结会上,也能被大家认可,获得了那无形的鼓励。一分耕耘,一分收获……内心感到莫大的欣慰"③。

从这些管理方法中,可以看到当年北京电视台新闻部充盈着一股清新、上进的风气,虽然没有优胜劣汰、收入差距等外在压力,但大家都在为一个共同的目标努力奋斗。这种好的风气也得到了适当的制度保障,使这种上进心被不断强化。

(三)领导扶持

电视台建立以后,中央高层领导人表现出极大的关心。在北京的党和国家的高级干部,包括中央领导人是中国电视最早的固定观众。据说毛泽东每天看电视。有时他错过了电视新闻节目,有关方面会通知电视台再播放一遍。其他领导人也有点播节目

---

① 王晞建.岁月拾贝[M].北京:中国广播电视出版社,2002:141.
② 王晞建.岁月拾贝[M].北京:中国广播电视出版社,2002:255.
③ 王晞建.岁月拾贝[M].北京:中国广播电视出版社,2002:256.

的情况。① 有多位领导来台视察过。如1959年2月19日,周恩来、陈毅、薄一波、习仲勋等视察广播大楼,并听取了广播电视工作情况汇报。

毛泽东还应邀为电视台题词。1964年秋天,当时的北京电视台负责人孟启予托人转送给毛主席一封信,请主席为北京电视台题写台名。她在信中述说了题字的意义和同志们恳切的心愿。两个月后,在岁末的一个星期天,正在台里忙于当天播出事宜的孟启予,接到广播事业局办公室的电话,让她为一封从中南海送来的信件签字。她飞跑过去,看到"一个用红漆封好的牛皮纸大信封",小心翼翼地启开,白宣纸上,毛主席亲笔写的"北京电视台"5个字映入眼帘。回台后,她便让美工播出组的负责人苏实赶紧复制下来准备元旦上屏幕。毛主席的亲笔题字随后成为台标,一直用到1978年北京电视台改称中央电视台为止。②

1966年3月20日—4月9日,第九次全国广播工作会议在北京举行。会议指出,广播工作的中心任务是"面向农村,面向世界"。面向农村,是全国各个战线的战略任务,广播工作要积极采取措施深入农村,为农民服务。会议期间,周恩来总理到会讲话,强调广播宣传要面向农村,为6亿农民服务;要将有线和无线相结合,有步骤地把全国的广播网建设起来。

3月27日、28日,4月12日,周恩来总理三次到广播局和所属发射台视察工作。3月27日,他视察了广播大楼中央控制室、电视发射技术区,并了解大楼周围的警卫情况。3月28日、4月12日,他视察了491台、573台等发射台,对广播电视工作做了重要指示,并审查了发射台警卫方案。③

(四) 领导作风

当时北京电视台的良好风气与在任领导作风直接相关。他们都是一些实干家,是理想的直接实践者。

广播事业局局长梅益十分关心电视事业的建立与发展,在许多重要环节上都是亲自出马。如:让刚入职的记者到他的办公室里一起研究电视新闻的起步问题;为了配合日内瓦会议,向全世界报道老挝、越南的抗美救国战争,他亲自部署,派记者去老挝、越南拍片,寄回来的片子编好后,画面和解说都经他审发;为了开辟电视新闻的内外交流,使中国的电视新闻走向世界,并丰富国际新闻内容,他亲自到英国参与第一次购买电视片的谈判;第26届世乒赛时,他与大家一起加班到深夜,审定对内对外的新闻片,他还亲自坐上剪辑台确定镜头的取舍。④

---

① 郭镇之.中国电视史[M].北京:中国人民大学出版社,1991:10;于广华.中央电视台大事记[M].北京:人民出版社,1993:6.
② 孟启予.毛主席为北京电视台题字[J].电视研究,1993.
③ 《当代中国的广播电视》编辑部.中国广播电视大事记[M].北京:北京广播学院出版社,1987:196-198;徐光春.中华人民共和国广播电视简史[M].北京:中国广播电视出版社,2003:130.
④ 杨伟光.往事如歌:老电视新闻工作者的足迹[M].北京:人民出版社,1997:33-34.

罗东是 1937 年参加革命的延安干部,电视台的首任台长。他是一个一工作就兴奋的人,每天半夜大家结束工作时,他的办公室都还亮着灯。在他身上"闪耀着理想主义的光芒,高擎起一面无私奉献的精神大旗"。他的工作热情和干劲深深感染和带动了大家,全台形成了非常浓厚的工作氛围。①

电视新闻节目是在罗东的领导下创办起来的。他多次随记者到一线采访,并叮嘱记者,不要只注意拍摄画面而忽略深入采访内容。电视台的许多规章制度都是在他的领导下,甚至是由他亲自动手制定出来的。为了尝试电视评论节目形式,他曾两次亲自出镜。为了制作元旦贺岁片,他亲临一线,指挥摄制组成员,借广播大楼六层阅览室,请来文艺界的著名演员和留学生联欢,制作综艺式的贺年节目。

王元洪等充满青春活力的大学生初到电视台时,看到的是身穿一件格子西服、打着领带、戴着金丝眼镜、脸上露出高兴神情的罗东台长。他说话带有江南口音,和蔼可亲,言谈举止间透出学者风范,丝毫没有领导的架子,让人很难想象他是抗战时期参加革命的老干部。

据当时承担洗印工作的佟庆德、吴玉珍回忆,建台初期,领导作风朴实,上下级关系亲密。台长罗东、孟启予都曾多次叩开洗印暗室的门,了解电视片制作的情况,对工作人员嘘寒问暖。周总理视察电视台时也亲自过问洗印工作的困难,关心环境保护等问题,并拨专款为电视台建造制片楼。②

邓在军 1959 年来台后,胡旭副台长是她的启蒙老师,教她调机、切换,给了她很多实际帮助。③

20 世纪 60 年代初,电视台成立了新闻部,夏之平任部门主任。每天晚上,新闻部里人来人往,夏之平主任也和大家一起剪接片子,随编随审,发现问题及时解决。④

当时电视台的领导,有事和群众商量,有问题帮助大家解决,没有架子,平易近人。他们对记者严格要求、纪律严明。年初年终,每次下乡前,都三令五申:"不准吃请,不准搞特殊化……"记者也处处自律,从不越雷池一步,自觉、模范地遵守纪律。从上到下形成了良好的集体氛围。⑤

(五)重视记者培训

电视技术含量高,对大家来说是一个全新领域。当时的台领导以身作则,带头学习。为了阅读技术资料,台长罗东来台后开始学习英语,还靠自学拿下了西班牙语。

罗东还非常重视干部培养。早在筹办北京电视台之初,他就认为,事业发展应同干部力量的成长相适应,培养和补充技术和编导的力量是当务之急。他提出要在一段

---

① 王晞建.岁月拾贝[M].北京:中国广播电视出版社,2002:114.
② 孟启予.三十年前的老电视工作者挥毫抒怀[J].电视研究,1988(5).
③ 王晞建.岁月拾贝[M].北京:中国广播电视出版社,2002:10.
④ 杨伟光.往事如歌:老电视新闻工作者的足迹[M].北京:人民出版社,1997:144.
⑤ 杨伟光.往事如歌:老电视新闻工作者的足迹[M].北京:人民出版社,1997:220.

时间做好干部和设备的储备,这是为了有准备地在十年内(1957—1967年)达到电视技术的世界水平。他要求调入电视台的所有干部都要接受业务学习半年至十个月,训练课程为摄影技术和美术常识(50%)、编导常识(20%)、新闻广播常识(20%)、电视原理(10%)。①

通过一段时间的播出,台领导深感业务干部队伍的重要性。因此,不管工作多忙、多紧张,台里还是决心把没有经过正规培训的摄制人员都送到北京电影学院电视摄影短训班学习。在1961年春天,北京电视台针对从各个院校分配来的30多名学生,第一次开设了短训班,通过半年的学习,培养电视摄影记者,这个班的授课者是台里的老记者和北京电影学院的教师。后来,电视台还选送业务骨干到北京电影学院进修摄影、导演专业,这些同志后来大多成了电视台的业务骨干,为电视事业发展储备了人才。②

建台以后,北京电视台的人员不断增加,而组织机构也根据节目的发展和方针的调整不断进行适应性变革。分工越来越专业,机构越来越完备。

在那个年代,干电视新闻就意味着要吃苦耐劳、要艰苦奋斗。所有电视新闻人都要身兼数职。繁重的任务加上艰苦的条件,加重了他们生活和工作的负担,使他们劳累;但他们并没有因此困顿,反而更加积极,自觉承担起一切责任与义务,团结一致,勇敢拼搏,锻造出最好的团队。这个团队的领导人首先是最好的新闻人,是最负责的电视人,他们富有远见,建立了最早的规则,率先垂范,树立起职业的典范。

第五节 早期新闻节目评价

一、新闻节目比例

北京电视台经过一年多的实践,电视节目逐步趋向稳定。

1960年1月1日,北京电视台的播出时间从以前的每周6次增加到每周8次,除每天都有节目外,星期日早上增加一次播出。而且从这一天开始,北京电视台试行固定节目表,设置了少年儿童、体育爱好者、电视新闻、祖国各地、故事影片等10多个节目。③ 下面是1960年1月1日开始实行的节目时间表(见表2-3)。

---

① 王睎建.岁月拾贝[M].北京:中国广播电视出版社,2002:114-115.
② 罗东.难忘的试播期[J].电视研究,1998(5);杨伟光.往事如歌:老电视新闻工作者的足迹[M].北京:人民出版社,1997:304.
③ 郭镇之.中国电视史[M].北京:中国人民大学出版社,1991:28;杨伟光.中央电视台发展史[M].北京:中国广播电视出版社,2010:8.

表 2-3　1960 年北京电视台节目时间表

	时间	星期	内容(栏目)	时长
1	18:00		测示图	25′
2	18:25		时钟	5′
3	18:30		标志 节目预告	3′
4	18:33	一、四	文教节目、学校生活、新书介绍、卫生节目	22′
		二、五	科技节目、体育爱好者、集邮爱好者、摄影爱好者	
		三、六	儿童节目	
5	18:55		图片报道	5′
6	19:00	一、三、五	小型文艺节目	30′
		二	美术节目或外国歌舞	
		四	影剧评介、音乐舞蹈讲座	
		六	电视剧或小型文艺节目	
7	19:30	二、四、六	电视新闻	10′
		一、三、五	国际新闻	
8	19:40	一	商业节目	20′
		二	工业节目	
		三	首都建设、祖国各地	
		四	新人新事新气象	
		五	农业节目	
		六	一周工农业节目综合报道	
9	20:00	一、三、六	故事影片	100′
		四	大型纪录片	
		二、五	戏曲晚会或球赛	
10	21:40		简明新闻	5′
			(星期日为两次播出,节目表另排)	

从这张表可见,当时北京电视台的节目从下午六点半开播。前 22 分钟播出的是科教文卫类的节目,多为知识性、对象性内容,随后是一档 5 分钟口播配图片的新闻节目。之后是半小时的小型文艺节目,然后是 10 分钟的主要新闻节目——共有两个栏目,隔日轮流播出。紧接着是 20 分钟的时事专题节目,主要以生产建设为主,表现出当时国家对经济建设的高度关注。之后,是一个半小时左右(节目表上为 100 分钟)的娱乐节目,这应该是当天的核心内容。最后是一档口播新闻。

节目表中新闻节目有三档、四个节目。它们分别是 18:55 的 5 分钟《图片报道》、

19:30 的 10 分钟《电视新闻》《国际新闻》,还有节目结束前、安排在当日最后的 5 分钟《简明新闻》。算起来,在每天短短 3 个多小时的播出中,三档新闻节目每天播出的时间总计达到 20 分钟,占到 10%。[1]

除去这几档"纯新闻"节目外,19:40 到 20:00 是 20 分钟的专题节目,它的内容主要是工农商业生产,还有一些各地风貌和人物等较软性题材。加上这个时段,每天的新闻播出量就达到了 40 分钟,占到每天总时长的 20%。

另外,在 18:33 播出的文教类栏目中的《体育爱好者》,和每周一次的大型纪录片也都可以算是广义的新闻节目,平均到每天大约也有近 20 分钟,在总时长中就接近 30%。这说明在当时的电视台工作指导思想中,新闻占有重要的地位。

其余两个较大的时间段,一个是 19:00 到 19:30 半小时的音乐舞蹈等展示其他门类文艺形式的娱乐节目,包括少量小型电视剧。从 20:00 到 21:40 的大段时间里是故事片和剧场演出、体育比赛等主打的娱乐节目。减去纪录片时间,娱乐节目每天总共占 1 小时 53 分钟(113′),占总时长(200′)的 56%。从每天占到约两个小时的比例来看,当时的电视节目还是以娱乐为主。

剩余时间就是"新书介绍、卫生节目、集邮爱好者、摄影爱好者","儿童节目、文教节目、学校生活、科技节目"等知识性、对象性的社教节目,它们约占总时长的 11%。新闻教育这类严肃性节目占到总时长的 40%,这在当时综合台的节目比例中很高了,因为新闻教育节目在美国商业电视台综合频道中长期占不到 10%,我国的这个比例更接近 BBC、NHK 等公共媒体。

用这张节目时间表与 1958 年 6 月 1 日第一次实验广播的节目表对比,可以看出,节目格局完全一样。这是因为在这么短的时间内,电视台加工制作的力量、组织没有太大变化,分工也没有变化;变化较大的是将社教、新闻、专题节目单独出来、固定下来了。

从这张节目表上还可以看出来当时新闻节目组织的不纯熟、概念模糊。这从新闻节目的栏目设立上可以看得出来。如《图片报道》是照片+解说的形式,《电视新闻》是自制国内新闻片,《国际新闻》是国外提供的新闻片,《简明新闻》为口播形式。这种划分是以节目形式或来源为标准的,是从制作、加工角度出发分类的结果。

但比较来看,我国的电视节目经过一年多的实践,已经初步丰富起来,有了多种固定类型节目,且对各种内容、形式有了较全面的照顾,逐步走向正轨。而且也大致形成了后来节目的各个类型,以后多年没有太多的改变。

据北京电视台统计,开办初期,电影占播出时间的 75%,转播剧院演出占 15%,自办节目仅占 10%。到 1959 年年底,统计结果表明,故事影片占时 50%,剧院转播占时 30%,剩下的 20%,一部分是纪录影片和新闻简报,以及一部分科学教育影片;另一小

---

[1] 注:每日播出从 18:30 到 21:50,约 3 小时 20 分钟,即 200 分钟。

部分是现代题材的小型文艺节目。① 其实从上面对节目表的分析中已经看到,新闻教育节目的比例不止于此。当然,当年的节目表因为操作中的各种意外、变动,有一些计划最终还是没有实现的,但新闻教育节目的比例起码在20世纪60年代后要更高一些。

从当年的新闻播出统计来看,也可知播出量不算太小。1962年,洗印车间全年洗印各种胶片约100万英尺。全台当年播出电视新闻片854条,平均每一天达到2.33条;从节目表来看,一周三期新闻节目的话,每次为5.45条,当时应该不是一个很低的数字。② 后来数年里,基本保持上述水平,没有太大变化。③ 这一年的854条电视新闻片中,本台自拍为596条,每次3.81条,占69.8%;地方台提供244条,每次1.55条④,占28.6%(见表2-4)。

表2-4 1962年北京电视台播出新闻来源统计表

	数量/条	平均每次播出/条	比例/%
本台拍摄	596	3.81	69.8
地方台提供	244	1.55	28.6
其他来源	14	0.09	1.6
总共	854	5.45	100

二、对新闻的认识

在创办电视台的第一年就有4个新闻节目,说明早期电视人对新闻的重视,实际工作都是在思想认识的基础上形成的。从当年人们的只言片语中也能看到,在相当程度上说明了这种认识。

1958年12月,时任北京电视台台长罗东在一份报告中指出,电视台和广播电台一样是党的宣传机关和新闻机关。过去有人认为电视台只不过播送电影、戏剧等文艺节目,这种看法是错误的。他经常跟大家说:"电视……要用形象完成报纸的任务。要图文并茂,又要时效迅速,报道面广,要成为全国最有影响的新闻舆论中心之一。使广大观众坐在家里就能看到各地新闻,及时了解国家大事。"⑤这些见解很有远见卓识。作为电视台第一负责人,他经常强调新闻在电视中的重要性,他在日常工作中亲自主抓新闻节目,亲自看稿、改稿、签发稿件。

罗东后来回忆说:"当时人们对电视有各种说法,什么电视是个'大剧场''大影

---

① 郭镇之.中国电视史[M].北京:中国人民大学出版社,1991:14,16.
② 计算方法:365/7天=52.14周×3次=156.42次(新闻播出);854条/156.42次≈5.45条/次。
③ 杨伟光.往事如歌:老电视新闻工作者的足迹[M].北京:人民出版社,1997:180.
④ 计算方法:596条/156.42次≈3.81条/次,244条/156.42次≈1.55条/次。
⑤ 杨伟光.往事如歌:老电视新闻工作者的足迹[M].北京:人民出版社,1997:144.

院'，等等。这些说法都有一定道理。剧场、影院的作用电视当然能够发挥，娱乐性的节目在电视台的节目中应该占据一定的比例，甚至是相当大的比例，可电视台终究是党的新闻事业的组成部分，宣传党的方针政策、发布新闻应是它的天职。再说，电视是广播的延伸和发展，它有广播所不具备的优越性，既然广播新闻可以成为人们获取信息的重要渠道，那么电视新闻更应该受到观众的欢迎。"①

当时的中央广播事业局局长梅益后来也回忆说："在建台以后，新闻节目确实占有重要的地位。为办好《电视新闻》这个节目，我们花费的力气最多。"关于开办《电视新闻》的指导思想，他说："这在创办前夕给国务院的报告中就已有了明确的规定，新闻节目要'尽可能反映当前国家和人民政治生活中的重要事件，报道社会主义建设的成就'。"②

老新闻部主任夏之平说："电视台终究是隶属于广播事业局这个新闻机关的传播媒体，电视台的领导和编播部门的骨干几乎全部是新闻工作出身，尤其是直接掌管电视的当时广播事业局局长梅益和电视台的第一把手罗东同志，对新闻在电视中的重要性都有明确的认识，对建立电视自己的新闻节目都有极其迫切的愿望。因此，即使当时人力物力有限，但在电视发展日程中，建立自己的新闻节目一直被放在优先的位置上。"③

当时的中央广播事业局局长梅益有长期的新闻工作实践经验。抗日战争时期，他创办《每日译报》，并主编《华美周刊》《求知文丛》和《上海一日》等报刊。抗战胜利后，他担任南京中共代表团发言人、新华社南京分社社长。1947年2月，他随中共代表团撤回延安，任新华社总社编委、副总编辑，并分管语言广播工作，曾任广播管理部副部长。1949年春天，担任北平新华广播电台（今中央人民广播电台）编辑部第一部长兼北平人民广播电台管理委员会委员。④ 从他的经历上来看，他首先是一个新闻人，其次是资格很深的广播人。

台长罗东经历也与梅益有相似之处，他也是新闻方面的行家里手。早在1945年8月就到晋察冀边区机关报工作，后于1949年4月起任武汉、湖北人民广播电台台长，其后又担任《南方日报》副总编。曾撰写过四五十篇社论，反响良好。他既有新闻工作经验，又有广播工作经验。担任电视台领导工作后，罗东言简意赅地把北京电视台的工作定位在根据电视工作特点，担负起宣传政治、传播知识和丰富群众文化生活的功能上。他强调时事新闻在电视中的重要性。他懂业务，爱干部。工作上，他亲自看稿、改稿、签发稿件。⑤ 作为当时电视台的第一把手，他为了尝试电视评论节目形式，甚至两次亲自出图像播出评论。

---

① 罗东.难忘的试播期[J].电视研究,1998(5).
② 杨伟光.往事如歌:老电视新闻工作者的足迹[M].北京:人民出版社,1997:1.
③ 杨伟光.往事如歌:老电视新闻工作者的足迹[M].北京:人民出版社,1997:22.
④ 赵水福.世纪心语:中国老广播电视工作者感悟录[M].北京:中国国际广播出版社,2003:9.
⑤ 王晞建.岁月拾贝[M].北京:中国广播电视出版社,2002:114,116.

三、新闻的题材、形式

从1958年到1966年,北京电视台的新闻形式逐渐齐全。各种体裁形式,如消息、专题、评论、谈话等都有,它们共同完成了电视初创期的报道任务。

(一)内容形式单一

当时电视新闻报道传播的阻碍并不是节目的多寡、成熟与否,而是和当时国内的其他新闻媒体一样,只讲单一的宣传、"灌输",不讲信息、服务功能;电视新闻报道与其他媒体一样,题材相当狭窄。

从前面的统计可以看到,电视新闻的视点主要放在国家建设成就和英雄模范事迹两大类上,几乎都是宣传教育性题材。突发性新闻、负面报道几乎不存在,像邢台地震这样的灾害新闻不仅数量极少,并且都要做成"抢险救灾"式宣传报道。对于这一点,北京电视台曾做过检讨,指出:电视新闻片使人感觉枯燥,千篇一律,八股化。……由于狭隘的宣传思想和内容的束缚,电视新闻从整体上缺乏生气和活力,充斥太多高亢空洞的口号和大同小异的画面,给人留下呆板、单调的印象。[①]

这个时期的新闻片,在样式和风格上,基本承袭了纪录片的模式,电视特点并不明显。它们是配合宣传及时迅速、规格不拘、篇幅自由,但新闻内容大多缺乏生活气息。统一的宣传计划,造成各媒体、不同台的新闻面貌雷同、选材狭窄、形式单一。这从根本上拉开了观众与新闻的距离,这应该是新闻报道很难形成收视热点的重要原因。

当时周恩来总理一再强调广播电视宣传要"实事求是"(他在审批开办普什图语广播时,特别写进这一点),要真实自然。1958年,周恩来在审查纪录片《祖国颂》时说道:"纪录片要真实反映客观历史现实情况,才能对人民起宣传教育作用。……纪录片要真实地反映历史时代的历史特点,不能离开历史,弄虚作假,欺骗群众。"周恩来还强调"要注意效果"。1946年,他提出广播宣传要生动具体。1948年11月,他在关于对国民党军广播的报告批语上说:"广播要解说得出,听得进,要有煽动性。"1969年,他在审阅中共九大的电视片时说,"要提高质量,要严肃,要活泼,要扎实,反对粗制滥造"。[②] 这些对新闻的指示都是正确的,但在当时无法实现。

(二)技术设备限制

在电视新闻质量、数量不足的情况下,还存在设备、人才、财力等物质条件的限制。据1960年从中国人民大学新闻系毕业进入中央广播事业局、现任中国传媒大学教授的朱羽君回忆说:"那时的技术条件很难做到有声音,除非中央领导人的活动或极重大的题材,才有条件提供录音设备,而一般情况只有手摇的发条机器,片比很小,……抓、

---

① 郭镇之.中国电视史[M].北京:中国人民大学出版社,1991:15.
② 中华人民共和国史广播电视编辑部.当代中国广播电视回忆录:第三集[M].北京:中国广播电视出版社,1994:3.

抢、偷拍等方式,长镜头、同期声等,在这种技术条件下不可能提到日程上来。"① 所以当时很多内容、形式上的问题,是出于技术、设备、财力条件有限等现实原因。而且由于技术本身发展水平的限制,电视还并不具备一个真正新闻媒体的条件。它大多时候只是电影的新播放方式,自己独特的新闻采编技术还没有发挥出来。

形式呆板、篇幅长,本身有题材的限制、影响,也有因操作者对电视新闻规律尚不熟悉这一发展中的原因。还有一个原因是人员少,"繁重的工作任务,严重超过常人可以的负荷",每人都超负荷工作,记者们没有工夫去分清电视新闻记者与摄影记者的区别、新闻工作与一般宣传工作的区别。② 没有时间思考、反思、研究、认识,长期如此也会影响效率,特别是传播效益,会形成同一水平循环。人们应该有休息的时间,有思考的时间,有调整、提高的时间。

(三)接收覆盖率低

电视在社会上影响小,除了有内容、形式的问题外,本身覆盖率低、电视机普及率低、接收不到等问题,也是造成观众没有收视条件和收视习惯的重要原因,因此节目没有市场、没有需求,也没有多少影响。在电视开播的最初一两年,北京仅有数百台苏联红宝石牌电视机供机关、医院、学校等部门集体使用。③ 1960年,全国仅有电视机12,000台,主要分布在几个大城市。1961年,据估计,北京电视机的社会拥有量达到一万台左右,其中很多是机关、企业、学校等机构所有,并在这些单位的公共场所放映,观众主要是集体收看。④

从以下例子也能看出当时电视机可怜的普及率。1959年7月,从部队文工团转业来到电视台工作的邓在军,因看不到自己制作的节目的电视播出效果,便到其爱人工作单位的首长——总后勤部饶正锡副部长家里去看他家那台从苏联带回、全总后唯一的一台电视机。

1993年9月,赵忠祥随主持人代表团访问美国,在CBS与丹·拉瑟座谈时说到其早年的"冷遇":"我18岁(1960年)参加电视播音工作,工作三年之后,走在大街上,希望有人能认识我,或向我打个招呼,但遗憾的是,并没有。""我的外祖母,从小把我带大,但直到她去世,我都很难向她讲清她的孙子是在做什么样的工作,因为那时候电视机很难进入平民百姓家中。"⑤

设备状况限制了电视的媒体作用,普及程度影响其作用发挥范围。少数的观众也还没有养成把电视作为新闻媒体的习惯,电视新闻不是观众看电视的主要目的,在他

---

① 杨伟光.往事如歌:老电视新闻工作者的足迹[M].北京:人民出版社,1997:310.
② 罗东.难忘的试播期[J].电视研究,1998(5).
③ 王晞建.岁月拾贝[M].北京:中国广播电视出版社,2002:114.
④ 郭镇之.中国电视史[M].北京:中国人民大学出版社,1991:43.
⑤ 王晞建.岁月拾贝[M].北京:中国广播电视出版社,2002:10;赵忠祥.岁月随想[M].上海:上海人民出版社,1995:13,102.

们心中电视只是"小电影"。

总体来看,这个阶段的电视新闻数量少、篇幅长,在社会上影响不大。但当时北京台的新闻节目确实都是倾全台力量,而且台领导提出要"把扩大题材范围,增加花色品种,提高节目质量作为全台的中心任务"。从而对各种形式都有尝试。① 这不仅培养锻炼了一批优秀的电视新闻工作者,而且还获得了最初的实践经验,为以后的发展奠定了基础。

四、新闻的采制方式

(一)倡导真实自然

周恩来总理曾言传身教,引导记者实现他所倡导的"真实、自然"的报道风格。他亲自指导过记者抓拍重要时刻。

1959年的国庆节,天安门城楼上观礼的外宾很多,社会主义国家的领导人和重要的友好国家元首及政府首脑都来参加国庆典礼。新影记者舒世俊抢拍了毛主席、朱总司令、周总理等国家领导人检阅、招手和外宾谈话等镜头;她尤其对胡志明、金日成和毛主席在一起谈笑风生的镜头感到非常满意。当坦克和飞机经过天安门时,突然总理叫她去拍毛主席同赫鲁晓夫谈话的镜头,她想已经拍过他们在一起谈笑的镜头了,但这次抢拍的却是他们严肃地谈话。毛主席边说边做手势,赫鲁晓夫听着,她断断续续地听到毛主席讲:"……我们不需要指挥棒,不需要教师爷,……"

当时赫鲁晓夫从美国戴维营访问后直飞北京来参加我国国庆,在当晚的国宴上大骂中国是"好斗的公鸡",趾高气扬地要求在大连建苏联军事基地,受到毛主席、周总理的坚决反对。从此,中苏关系彻底破裂。总理是在当时的政治气候下让她拍摄这组镜头的。总理后来对她说:"抢镜头不能一味强调气氛好,情绪的好坏要根据政治内容来取舍,你拍的毛主席同赫鲁晓夫严肃的谈话场面,就是真实地表达了中国人民的严正立场。"这组镜头已成为历史见证,是在周恩来提示下拍摄的。②

1963年,周总理再次接见英国记者格林,对拍摄记者讲:格林是英国著名记者,很有头脑,不但能自己采访,也能写、能编、会拍照。他语重心长地说:"社会主义公有制的大锅饭好吃,不费劲,没有失业的紧迫感害了你们,另外分工太细也束缚了你们的手脚。我们记者习惯于人家摆好再拍,稍有变动就慌了手脚。"③总理在这里讲的就是新闻界当时非常通行的做法——摆拍。

关于这一点,1964年北京台新闻部组织编辑记者展开关于新闻真实性的学习、讨论中也做过检讨。这次学习总结了电视新闻开办以来所出现的虚假报道,以及有损新闻真实性的拍摄方法等教训。讨论涉及新闻图片摄影、纪实影视以及纪实文学的真实

---

① 杨伟光.往事如歌:老电视新闻工作者的足迹[M].北京:人民出版社,1997:477.
② 杨伟光.往事如歌:老电视新闻工作者的足迹[M].北京:人民出版社,1997:83.
③ 杨伟光.往事如歌:老电视新闻工作者的足迹[M].北京:人民出版社,1997:66.

性问题。对于"大跃进"运动中浮夸风造成的虚假报道给国家信誉和实际工作造成的损失,有了较深刻的认识,并做出明确规定:严禁扮演、摆拍,避免补拍、重演,减少组织加工拍摄,提倡"挑、等、抢"的拍摄方法。① 年轻的电视新闻工作者积极参与讨论,其作用在以后的大批作品中显现出来。

从实例中可以看到,当时电视台对摆拍的限制还是很严格的。1961年,刚到电视台工作的朱羽君一次去采访颐和园后湖钓鱼活动。她待了大半天,拍了一些画面,了解了相关情况,最后想拍一组鱼儿上钩、钓者高兴的镜头,但是等了好久都没有结果。于是她就找到一位老同志,要求他用已钓上来的鱼做一遍这组动作,老同志马上答应了。拍了两次,朱羽君很满意。谁知编出来后,时任文教组组长的王化南在审片时一眼看出来钓鱼的"装模作样",便质问她"搞什么名堂"。朱羽君后来又去补拍了一次。她说:"这一教训我记忆很深,不能偷懒,不能脱离现实场景弄虚作假。"②

(二)不得已的摆拍

而朱羽君的另一次经历更是说明了摆拍并不像很多人想象中的仅仅是思想观念问题那么简单。1961年春天,朱羽君拍摄她的第一条电视新闻片,选定的题目是《农业哨兵——平谷县气象站》,地点在离平谷县城不远的地方。当时给她的胶片仅有200英尺、总长6分钟,要拍出2—3分钟的新闻。她按新闻操作程序,先采访、写稿,再观察环境,然后写了拍摄提纲和详细的分镜头脚本。由于片比太小(2∶1),所以她每拍一个镜头都要对方演习一下,生怕出错。被采访者也十分乐意配合,尽力满足所有要求。他们关心的是能否看到,因为当时整个平谷县还没有一台电视机。在物质条件如此有限的情况下,"只能用摆拍或事先提示安排,才能完成拍摄任务"。这也是不得已的选择。但这次摆拍却很顺利地通过了审片播出,说明它还是一种普遍采用的工作方法。

"抓取"的美要有财力、物力的实力支撑,而在没有实力时,往往会采取不那么实在的方法去实现。

(三)重视画面倾向

其实,摆拍"也与那时对电视新闻的模糊观念有关"。"对电影中唯美的倾向和蒙太奇技巧的讲究、解说词的华丽,是当时盛行的评价标准,所以大家的智慧也朝这一方向使劲。"③当大家都沉浸在唯美画面的氛围中时,摆拍成为必然选择。因为现实中的画面总没有人为布置的场景那样"完美"。

画面美的另一种追求来自戴维宇在实践中遵循的一套理念。戴维宇在电影厂工作8年后调到电视台(1962年),被安排拍摄一个介绍模范教师的片子。拍完后影调

---

① 杨伟光.中央电视台发展史[M].北京:中国广播电视出版社,2010:18.
② 杨伟光.往事如歌:老电视新闻工作者的足迹[M].北京:人民出版社,1997:306.
③ 杨伟光.往事如歌:老电视新闻工作者的足迹[M].北京:人民出版社,1997:305,310.

灰白,若以电影厂的标准报废无疑,可电视台并不在意。因播出技术差,灰白一些反倒清楚;加上那时因没有设备,电视连最简单的技巧也做不了,全靠"硬接"。如此一来,镜头组接就成了感官上最主要因素。这条片子给了他启示,"在新的环境下应把功夫下在蒙太奇语言上","只能从画面和镜头组接上磨炼技巧"。于是他所拍的片子都尽力做到清晰、简洁、流畅,讲究画面语言,并逐渐积累心得。戴维宇的努力与世界电影的发展"殊途同归","几年以后国际电影界出现了无技巧剪接的理论,正和我的探索不谋而合,他们是为了标新,我是迫于条件"①。

这种过分重视画面的倾向从这一个阶段的编辑、记者人数比例上,也能反映出来。北京电视台的主要新闻工作者都来自电影厂,"在这些人的观念中往往更侧重电影,更重视艺术表现,而新闻素质则相对欠缺。导致电视新闻很长时间与纪录影片没有什么差别"②。

上海电视台建台初期情况也是如此,记者中多数来自电影厂。上海台当时在人员配备上,新闻组只有编辑 1 人,摄影记者 4 人(其中 3 人原是电影厂的摄影师);1966年前后,编辑增加为 2 人,而摄影记者也增加为 8 人,比例没变。在摄影记者中,大部分只擅长摄影,不善于新闻报道。"这种文字和摄影力量的比例失调,造成长期以来新闻组的人员构成不合理和新闻素质较差,更加错误的是当时在业务思想上,重摄影轻采编,重画面轻文字占了主导地位。"因过分讲究画面构图,现场摆拍大行其道。"有的人甚至认为新闻摄影离开了组织拍摄便寸步难行,助长了弄虚作假的风气,严重影响了新闻的真实性。"③表现在新闻选题上,不正确地处理新闻价值和画面形象的关系,甚至会托词某条新闻没有画面而不去报道。

在摄影人员占多数的集体中,当然容易形成画面至上的氛围。这也与指导思想不明确有着密切的关系。这是执着画面,或者说是"玩形式"误区的源头,是对新媒体的功能尚不了解,也是对身处发展变化中的人们容易出现的经验主义的偏差。

电视早期偏重形象误区的另一表现是对口播新闻的相对排斥,为此口播新闻节目不仅断断续续播出,还在 20 世纪 60 年代一度停播。从此可见,早期电视人头脑中,对电视作为新闻媒体的理解还不是很透彻,对它如何行使职能还不是很清楚;而且在那个年代,对于什么是新闻在很多人头脑中也还没有十分明确的概念。虽然他们曾经在初期抱怨过人们不把电视当成新闻媒体。

五、新闻的时效

从现有的各种材料上都反映出来,早期的电视新闻人对新闻时效非常重视。时任广播事业局和电视台的领导对电视新闻的时效有较高的要求。这从当时一些报道和当事人的回忆中可以看出。

---

① 杨伟光.往事如歌:老电视新闻工作者的足迹[M].北京:人民出版社,1997:246.
② 罗东.难忘的试播期[J].电视研究,1998(5).
③ 周济,林罗华.辉煌与奋进:新闻卷 上[M].上海:上海人民出版社,1998:244.

初期在对摄影胶片的选择上就是"为了争取新闻时效"而决定采用黑白反转片。因为"反转片可以在30分钟内就洗出正片,加以编辑、配音后很快即可供播出使用"。可以保证"在新闻事件发生的当天便播出当天新闻"。① 所以,在面临缺乏人才、反转片稀少且更为昂贵、洗印工艺更加复杂等众多难题下,还是确定了"新闻时效性"这一选择。

在新闻播出的初期,就出现了一些在当时条件下时效性较强的报道。如在试播期间,1958年7月1日16:00举行十三陵水库落成典礼。北京电视台记者从十三陵拍完典礼仪式后,赶回台里洗印制作,于当天晚上22:00播出。又如1958年11月11日,广播员在《简明新闻》播送之前说:"各位观众,本台刚才收到莫斯科电视台寄给我们的今年十月革命节在莫斯科红场举行的阅兵式和游行的电视新闻片。这部片子将在《简明新闻》之后播送。"这成为我国电视新闻中第一篇"刚刚收到的新闻"。时间算起来是十月革命节(7日)后的第四天,当时算是很快的了。②

1961年,电视节目压缩,每周二、四、六播出电视新闻,一、三、五播出国际新闻。但北京电视台新闻部领导始终要求编辑、记者尽可能地及时报道,特别是一些时政新闻,拍摄、剪辑都有专人分工负责,力求迅速、及时、准确。这种做法后来形成了传统。③

对一些重大政治任务或操作方便的题材突出时效要求,就更不在话下了。像众所周知的第一条图片新闻"东风小汽车"、早期的图像新闻"《红旗》杂志创刊"也都是当日新闻。1958年国庆节的纪录片,1959年劳动节、国庆节的电视纪录片,用底片、正片洗印工艺制作,仍然做到当天摄制、当晚播出。同时,第二天早晨印制出拷贝,向苏联和东欧各国寄送。电影界的人们对这样的时效表示赞赏。④

当然,中国电视初创时期,大量新闻时效差,也是不争的事实。主要这有几方面的原因。

1.使用胶片拍摄,后期制作要经过洗底片、配光、剪辑、印片、做拷贝等多道工序,又都是手工操作,周期长,这是技术条件的限制。这种制作方法当时是世界性问题,是技术发展水平的限制,又加上中国底子薄、设备差等因素。因此,当时电视新闻不是每条都能保证高时效。

2.当时我国与外国、国内各地没有别的节目传输方式,电视台之间靠邮寄交换节目。地方台有的还要将底片寄到北京洗印、制作拷贝后再发回去,早已成了旧闻。因此,在电视中出现夏天播出穿棉袄的新闻镜头。⑤ 这是由于地理阻隔、路上耽搁影响的时效。这种操作程序也会在一定程度上影响制作者的观念。

3.表现在新闻的编排播出安排上。由于新闻往往按照《新闻简报》的模式,讲究配

---

① 杨伟光.往事如歌:老电视新闻工作者的足迹[M].北京:人民出版社,1997:23.
② 夏之平.建台第一年的电视新闻[J].电视研究,1998(7).
③ 杨伟光.往事如歌:老电视新闻工作者的足迹[M].北京:人民出版社,1997:318.
④ 杨伟光.往事如歌:老电视新闻工作者的足迹[M].北京:人民出版社,1997:178.
⑤ 洪民生.信息文化·审美:努力提高电视节目的品位[J].电视研究,1989(1).

成同主题的拼盘,如前面是工农业生产,后面是文教体育,四五条新闻凑成10分钟左右的一集,这种形式上的追求使人们不怎么考虑时效的要求。① 这又是早期形式大于内容的认识误区的一种表现。

4.和当时其他媒体一样,不注重信息沟通功能,只重视宣传功能。因此对很多内容根据宣传的需要进行发布。有宣传需要的新闻可以做得很快,而反之时效就差,有的干脆谈不上时效。如很多典型报道好像没有时效要求,记者受这种指导思想的影响也就缺乏时效观念了。

5.电视主要被受众看作娱乐媒介,不被看作新闻媒介。如当时电视台临时变动电影或戏剧的内容,观众往往意见很大。而新闻节目的改动则没有什么反响。

六、电影的影响

首先,当时电视与电影的创作手法基本相同。电视片当时用的是16毫米的胶片,虽与35毫米的电影片不同,但没有根本的区别。不论是新闻节目、专题纪录片还是部分需要保留的文艺节目,都要拍摄胶片。节目制作都是走电影制作的工艺路线,即先完成影片的拍摄、冲印、剪辑等前期工作,再进行后期配音和效果处理。可以说完全依赖于电影的技术手段。如果需要有现场声音,只能使用高档的同步录音机录音,后期制作时再进行合成。由于工艺复杂,制作周期长,只能很少应用同期声。虽然后来电视台也购置了一批声画同步的摄影机,但始终未能脱离电影制作的工艺。② 相同的加工制作过程必然会受到电影的影响。

其次,我国的第一批电视新闻一线从业人员大都来自电影行业,他们将电影经验带入新的媒体,造成简单的媒体形式搬家——电视片在业务上继承电影片的做法。"中国的电视新闻片继承了电影端庄、严谨、规范、干净的优点,也传染上了纪录影片面面俱到、千篇一律的公式化弊病"③,继承了电影的唯美影像追求,甚至为了"艺术效果",不惜使用补拍、摆拍,甚至是导演的手法。

回顾中国电视新闻的发展史可以知道,从它诞生之日起,电视新闻就打上了"新闻电影"的印记,承袭了电影的全部"基因"。几十年来,电视新闻在艰苦的探索中虽然逐渐具有个性与特色,但受电影的诸多影响,仍然一代传一代地在电视新闻中隐约可见。④

有人曾经深刻地反思过那些年电视新闻走过的弯路。在1957年以后,政治气候的变化,导致摄制观念发生蜕变,有些从战争中走来的人"失去了忠实记录、再现战场硝烟的那种气魄",开始采用摆拍、导演、补拍等手法制作新闻电影,而且常用不衰。"生活进程、人物活动、运动状态全在摄制者的主观意图和摄影机角度的调遣下有'秩序'地发生、发展着。"他们认为这样做"省时省力成功率高"。诸如"大跃进"的各类"卫

---

① 周济,林罗华.辉煌与奋进:新闻卷(上)[M].上海:上海人民出版社,1998:244.
② 王枫.充分发挥电视的特长把更多的好节目奉献给观众[J].电视研究,1986(3).
③ 郭镇之.中国电视史[M].北京:中国人民大学出版社,1991:13.
④ 黄匡宇.电视新闻失实的误区探源[J].电视研究,1989(3).

星"、农田水利建设的千军万马、麻袋填满糠草喜送丰收粮的船队、可看不卖的琳琅满目的货物、以貌取人而张冠李戴的真事假人、突击布置的劳模家庭、将案犯押回作案现场进行又一次"当场抓获"等司空见惯的镜头。因为这类新闻事件的细节失真,即使那些原本实实在在的真人真事,也变成了疑窦丛生的"故事",使当时的很多"新闻片"完全丧失了其基本功能——记录真实生活;且会贻害无穷——不仅带来投机取巧的采制风气而且让后世子孙误以为那就是当时的真相。倒行逆施的结果是,"新闻电影终于像那个喊'狼来了'的孩子被人们冷落了"①。

客观上来说,电影早于电视诞生几十年,在影像传播领域多有开创、建树,其经验本来应该学习。电视也是影像媒体,在发展初期还没有认清自己的特点时,先将相近媒体的经验直接搬运过来,本来也是无可厚非的。但在有了一定的实践积累后,应该对自己的特点有所认识,像胡乔木同志在 20 世纪 50 年代要求的那样:走出自己的路来。而正是在这一点上,我国电视很长时间没有得到应有的健康、自然的发展,一直生活在别人的"阴影"下,难以自立。

小结

在这个时期的节目中,新闻在播出节目的比例中占到近 30%,加上社会教育性节目占比达到 40%,这对于当时的综合频道来说,在世界范围内都是比较高的比例,甚至高于北京电视台自己的估计。

从当时电视人的追求来看,那些出身新闻业的领导人都将形象的新闻媒体作为自己的电视理想,他们在不断完善并实现这一理想。

虽然形式、栏目较多样,但是当时的电视新闻题材、风格还是较为狭窄与单一,这除了大家的观念问题及媒介功能定义狭隘,经验的缺乏以及财力、物力的限制,甚至过于繁重的任务压力都是影响因素。此外,接收数量少,影响范围小,缺乏与社会的了解与互动也是原因之一。

大家都说摆拍是电影带给电视新闻的顽疾,而不知道此时物质条件的限制也是促成问题的内因。而且在电视新闻操作中也曾有过针对这一问题的斗争。在经验不足的电视中,电影团队对画面追求的趣味、风气迅速占据了大家的视野,左右了电视制作理念,形成了一些与新闻理念相悖的诉求。

为人们所一直诟病的早期电视新闻时效,也是由于当时技术和物质条件的多重牵制,再加上观念的落后,这些众多因素共同构成当时的现实,要还原当时的条件看这个问题。即使是在这一切的基础之上,早期新闻也力所能及地创造了一系列的辉煌业绩,这不应该被忽视。

当时电影片拍摄的方法确实有缺乏同期声、制作烦琐等先天的局限,还有习惯摆拍的不良传统。电视学习电影是必然的选择,因为幼年的电视还没有成熟到能走出自

---

① 黄匡宇.电视新闻失实的误区探源[J].电视研究,1989(3).

己道路的地步。

1958—1966年间,电视在那些比较发达的国家中已经逐渐成熟、壮大,成为主流媒体。中国电视也通过艰苦创业,从无到有建立起来,并形成一定的规模。国外媒体在硬件设施上逐渐完善,机构逐步健全,人员得到充实,经费有所增加。但我国的总体条件还比较简陋,每天也只有晚上两三个小时的播出时间,且全是最初步的直播方式。电视的覆盖范围仍旧很小,仅限于大城市的中心区,大部分国民不能收看电视节目。同时,节目内容、形态都不够丰富。

但不管怎么样,在困难、艰苦的条件下,我国已经开始了创业,已经有了相当的尝试、积累。而且我国电视早期与世界各国发展同期比较,对新闻节目更为重视,更加强调电视媒介作为传播工具的地位,利用一切形式进行舆论宣传、引导,包括娱乐功能。这为后来的发展打下了基础,培养了人才。

第三章　事业发展受阻　前行脚步未停
（1966—1976 年）

国民经济刚刚走出"三年困难"的沉重阴影，1962 年康生就开始发难，称小说《刘志丹》是"大毒草"；1963 年江青组织了对昆曲《李慧娘》的批判，到 1965 年底又展开了对《海瑞罢官》的批判。文化领域的斗争接连不断，阶级斗争、政治斗争的弦越绷越紧。

1966 年 5 月 4—26 日召开的中共中央政治局扩大会议，通过了由毛泽东主持制定的"集中代表'左倾'方针"的《中国共产党中央委员会通知》（《五·一六通知》），这标志着"文化大革命"的开始。① 这是 1957 年以后"'左'的错误在理论和实践上的累积发展"，又被林彪、江青等野心家利用了的结果。"它是一场由领导者错误发动，被反革命集团利用，给党、国家和各族人民带来严重灾难的内乱"②。

这场在中国大地上发生的"文化大革命"的特大混乱，给国家发展带来了巨大的挫折和损失。处于文化、媒体等政治敏感地带的新闻事业在《五·一六通知》中被明确划定为批判和夺权的对象，因此新闻界受到了严重的冲击，电视事业也在劫难逃。"文革"前电视的发展生意盎然、红红火火，而"文革"使形势急转直下。

第一节　动乱时期

中央政治局扩大会议后，《人民日报》发表了《横扫一切牛鬼蛇神》的社论和北大聂元梓等人的大字报。1966 年 8 月初党的八届十一中全会期间，发表了毛泽东的《炮打司令部——我的一张大字报》。会上制定了"十六条"，规定"文革"目的是"整党内那些走资本主义道路的当权派"，并肯定青少年的"革命大方向"始终正确，鼓动他们充分运用"四大"方式展开运动。

为了表示对青年学生"造反精神"的热烈支持，毛泽东从 8 月 18 日到 11 月 26 日在北京先后八次接见红卫兵。在这期间青年学生展开了对"封资修毒草"和"黑帮"分子"打砸抢抄抓"的群众运动。并逐渐演化成为"踢开党委闹革命"，致使各级党委、行政组织瘫痪，群众组织之间"派仗"越演越烈的混乱局面。

在这样的背景下，电视台内部也不能避免地发生了动乱，节目受到了严重冲击。

---
① 中共中央党校党史教研室资料组.中国共产党历次重要会议集·下[M].上海：上海人民出版社,1983:206.
② 中国共产党简史[M].北京：中共党史出版社,人民出版社,2021:206.

一、"文革"初期

(一)"文革"初期节目

电视节目真正的变化,是从《五·一六通知》以后逐步开始的。1966年5月中旬,北京电视台做出了"关于宣传社会主义文化大革命"的一些安排:一、在《简明新闻》里,口播有关"文化大革命"的消息和重要文章摘要;二、在社教节目里举办"文革"专题栏目;三、拍摄有关"文化大革命"的电视新闻;四、少儿节目将适当组织少年学生批判邓拓、吴晗等人的"反党反社会主义言行";五、文艺节目主要从正面树立典型,宣传高举毛泽东思想红旗的好节目。

"文革"初期,1966年5月14—26日,北京电视台陆续播出了批判"三家村""反党反社会主义"言论的新闻片。其中有天津、广州、长春、上海、武汉、太原、西安、哈尔滨等各地电视台提供的内容。[①]

1966年5月15日,北京电视台按照"文革安排",开辟了政治讲话栏目:《高举毛泽东思想伟大红旗,搞掉反党反社会主义黑线》。其名称源自1966年2月林彪、江青共同炮制的《部队文艺工作座谈会纪要》,这是其中对文艺界中华人民共和国成立以来工作的诬蔑。栏目的第一个节目根据"中央文革小组"的部署安排,内容为"彻底摧毁'三家村'黑店""把牛鬼蛇神暴露在光天化日之下"的声讨会。两天后,5月17日播出了"向《前线》杂志、《北京日报》开火"的讲话,矛头针对的是中共北京市委。这是"大批判"内容的讲话。在这之前,3月8日,北京电视台就开办了《活学活用毛主席著作,促进思想革命化》专栏,为后来的"讲用"节目开了先河。[②]

"文革"开始后,社教节目中断了《科学知识》《文化生活》等正常栏目,开辟了"另类"讲话节目。1966年8月25日,北京电视台播出了《首都工农兵坚决支持红卫兵造反》的讲话。8月31日,清华附中红卫兵做了《敢于造反,善于造反》的电视讲话,介绍他们的造反经验。9月6日,北京电视台设立了《红卫兵专题节目》,给红卫兵"造反、破四旧、大串联、横扫一切"的"革命行动"提供讲坛。[③]

除了以上节目变动,5月下旬,北京电视台提出在"文革"中关于文艺节目的几项措施。要求编审人员加强阶级斗争观念,"不播毒草",对"文革"前制作的大量节目"一律不播"。[④] 6月以后又开辟了《每周一首革命歌曲》《工农兵业余文艺》专栏和《高举毛泽东思想的伟大红旗,把无产阶级文化大革命进行到底》新闻专辑等一批有着强烈"文革"色彩的节目。

---

① 《当代中国的广播电视》编辑部.中国广播电视大事记[M].北京:北京广播学院出版社,1987:200.
② 郭镇之.中国电视史[M].北京:中国人民大学出版社,1991:63,68-69.
③ 杨伟光.中央电视台发展史[M].北京:中国广播电视出版社,2010:106-107,123.
④ 《当代中国的广播电视》编辑部.中国广播电视大事记[M].北京:北京广播学院出版社,1987:200-201,204,208-209,212.

1966年7月6日,新闻部给台领导写报告,建议"取消电视台新闻片上记者名字",22日,中央广播事业局党委决定批准建议。8月1日,中央广播事业局取消了节目中的播音员报名和新闻记者署名的制度,并同时在广播文工团制作的文艺节目中也不再显示导演、演员、指挥名字。

为了"突出政治",1966年8月1日中央人民广播电台率先在《各地人民广播电台联播节目》开始时播送毛主席语录。从1966年12月开始,北京电视台也于每次播出前,都要先播送一两条毛主席语录。每条新闻片之前必须先有学习毛主席语录、开展大批判的两组镜头,然后才能表现生产活动等内容。形成一个当时被称为"老三段"的模式:学习——批判——生产。电视新闻解说词也充满了空话、套话、大话。同当时的报纸、广播以至各种群众集会一样,成了一种固定的程式。此后,又增加了《红卫兵专题节目》以及《为毛主席语录谱写的歌曲》节目等。

(二)停播节目

1966年5月24日,中央广播事业局召开全局职工大会做关于开展"文革"的动员。5月27日,贴出了全局第一张大字报。"文革"运动逐渐展开。

两天后,29日,周恩来总理到中央广播事业局对广播工作做了指示:广播电台首先集中力量搞好广播。广播一分一秒都不能停,不能因"文化大革命"运动影响广播。但是电视的播出后来还是停止了。

此时,"四人帮"直接插手中央广播事业局的运动。1966年6月9日,陈伯达派人到广播事业局,声称广播局存在反党、反社会主义、反毛泽东思想的黑线,存在资产阶级保皇派,引起全局混乱。12月10日、18日,陈伯达、江青、张春桥、姚文元等人分别接见中央广播事业局和北京广播学院群众组织代表,鼓动他们夺广播事业局和地方广播电台的权。

1966年12月31日,中央广播事业局向中宣部递交了"关于停止电视播出的请示报告"。停播理由有三:电视观众绝大部分投入"文革",能看的人很少;专业文艺团体早已停止演出,八届十一中全会(1966年8月1日)以前的影片又一律停止发行,缺乏节目来源;北京电视台群众要求集中精力搞"文革"。

1967年1月2日,北京电视台播出通知:"为响应毛主席……的伟大号召,本台广大职工将在1967年集中力量向党内一小撮走资本主义道路当权派开展总攻击,从1967年1月3日起除重大政治事件和重要节目仍将转播外,在一个时期内,暂时停止一般电视播出。"此通知于1月5日重播一次。当日,1967年1月5日"中央文革小组"批准北京电视台暂停播出。1月6日正式停播。"文革"小组办公室转达的意见是:1.同意停播,但不是全停,不是永远停;2.在停播期间遇有重大政治任务还是要播出。

1967年1月3日,北京电视台一派群众组织夺权,各级党的机构陷于瘫痪。夺权后成立了联络组,通过局联络组和中央"文革"小组保持联系。联络组下设业务组和行政组,分别主管宣传业务和行政后勤工作。1月17日,陈伯达、江青、王力、关锋、戚本禹等人来到广播事业局。江青在群众大会上讲话,诬陷丁莱夫(时任广播事业局党组书记)是"敌人",并挑动派性斗争。

在当时一段时间内,各地电视台形成了一股停播——夺权——军管的风潮。1967年1月1日,成都电视台率先停播。北京电视台停播,更引起各地仿效。1月5日西安电视台停止自办节目,1月12日电视台被造反派夺权。1月13日,辽宁广播局被"夺权",查封了电视台,停止自办节目。1月17日,沈阳电视台停播,直到8月才恢复播出。1月15日,长春电视台停播。当月,武汉电视台停播。当年8月,哈尔滨电视台停播。全国一度只有上海和山西(一说是广州)两家电视台坚持播出。①

在"文革"造反、夺权风潮后,干部队伍被打乱,原有的组织机构处于瘫痪状态。对此,1967年1月11日,中共中央发出《关于广播电台问题的通知》。地方广播电台实行军事管制,只转播中央人民广播电台的节目。1月23日,中共中央发出《关于广播电台问题的补充指示》,指出,在实行军事管制时期,地方电台可以自编一部分节目。辽宁广播局在1月14日实行军管;3月9日,西安电视台和当地电台一起被军管。与此同时,原来保留下来的少数几个省台也经历了造反派"夺权"、军管之后先后停播。

夺权和军管带来了一系列的组织机构动荡。1967年12月12日,中央广播事业局实行军管。由军代表(毛德厚)主持电视台的工作。1968年12月26日,解放军毛泽东思想宣传队135人、北京工人宣传队200人进驻广播事业局。1969年11月,中央广播事业局军管小组长批准电视台成立三结合临时领导小组。1970年1月,任继胜等4名军代表被派到电视台组成台军管组。工宣队于1971年6月12日全部撤离,军宣队于1971年12月7日全都返回原部队。1972年10月,北京电视台成立了由军代表、老干部和群众党员代表组成的党的核心小组,任继胜任组长。1973年1月,结束了在广播事业局持续实行五年多的军管,建立党的核心小组。1月3日,刘建功任中央广播事业局局长,任继胜为北京电视台台长,徐国盛、戴临风、王枫、孟启予任副台长,直到1976年。②

1967年1月18日起,上海电视台实行军管。1968年4月,电视台建立了"革命委员会"。1968年9月,上海工人毛泽东思想宣传队进驻上海电视台。接着,电视台的全体工作人员被分为大、小两个班子,"大班子"集中搞"斗批改",后来借"四个面向"的名义将一批技术、业务骨干排挤出电视台;"小班子"留在台内工作,一共38人,分属政治新闻、技术、行政3个组。③

---

① 赵玉明.中国广播电视通史[M].北京:北京广播学院出版社,2004:290;壮春雨.中国电视概述[M].北京:中国广播电视出版社,1985:2-9;张骏德.当代广播电视新闻学[M].上海:复旦大学出版社,200:46;郭镇之.中国电视史[M].北京:中国人民大学出版社,1991:72,78.
② 杨伟光.中央电视台发展史[M].北京:中国广播电视出版社,2010:137-139;《当代中国的广播电视》编辑部.中国广播电视大事记[M].北京:北京广播学院出版社,1987:210-212,218,249.
③ 赵凯.上海广播电视志[M].上海:上海社会科学出版社,1999:379,672.

(三)恢复播出

1967年2月4日,北京电视台在停播一个月后恢复播出。从这一天开始,电视节目开始除毛主席语录和头像外又出现了祝词和标语:"让我们敬祝我们心中最红最红的红太阳、我们最敬爱的伟大领袖毛主席万寿无疆!"先是每周仅在周六播出一次,遇有重大政治活动临时增加。

此时的电视台已是造反派掌权。恢复播出的电视节目也已面目全非。"文化大革命"前所制定的"宣传政治、传播知识、文化生活"的电视节目方针被斥责为"修正主义"。欣赏性、知识性、娱乐性节目一概被认为是"封、资、修毒草"而受批判、被撤销。"文革"前办的经济、文化、知识节目被否定和取消。《国际新闻》《故事影片》《体育转播》甚至《少儿节目》都被压缩到最低限度。文艺节目只播《东方红》《大海航行靠舵手》等几首歌曲、八个"样板戏"以及一些工农兵业余"毛泽东思宣传队"的演出,电影则是"三战"(南征北战、地雷战、地道战)。① 所有电视节目的内容和表现形式越来越趋向概念化、口号化。

北京电视台的播出从这一年的7月16日起增至每周两次(周三和周六)。恢复播出近一年后,1968年1月23日,北京电视台播出通知:"从本周起,电视节目固定每周播出三次,时间为二、四、六。每次播出从19点开始。"1970年10月4日,增为每周六次,除周日外每天都有节目。1971年10月4日,在历时四年半多之后,才恢复到每周七天都有电视广播。北京电视台早在1959年元旦起,播出就为每周六次(周一休息),1960年1月1日其播出时间增加到了八次,除每天都有节目外,星期天早上还增加一次播出。② "文革"期间,节目在这近四年中一直处于不正常状态。

北京台之后,各地电视台也陆续恢复播出,并逐渐趋于正常。1967年初是北京电视台自试播以来的第一次停播,而大多数地方台则是继上次因经济困难停播后的第二次停播与复播了。1968年1月,天津电视台恢复自办节目,每周播出两次。当年4月,哈尔滨电视台恢复播出,播出时间不固定。8月1日,西安电视台恢复播出。10月1日,南京电视台恢复播出,每周播出一次节目。1969年1月,沈阳电视台停播两年后恢复播出。这一年3月,安徽电视台恢复播出,9月30日第一次转播了经武汉、黄山传送的北京电视台节目。③

---

① 方汉奇.中国新闻事业通史:第三卷[M].北京:中国人民大学出版社,1999:393;洪民生.中央电视台三十年[J].电视研究,1988(2).
② 张庆,胡星亮.中国电视史[M].北京:中央广播电视大学出版社,1996:46.
③ 《当代中国的广播电视》编辑部.中国广播电视大事记[M].北京:北京广播学院出版社,1987:220,222-224,228.

二、"文革"报道

(一)"文革"新闻

恢复播出后,"文革"初期"创造"的新闻样式逐渐被"固化"下来。从中央到地方,如上海、天津、四川、江苏、辽宁、黑龙江等省级电视台,当时的政治节目主要是"电视新闻""电视讲话",其内容多为学习毛主席著作的体会,抓"活思想"、"破私立公"、"灵魂深处爆发革命"、批判修正主义等。观众把那时的电视新闻概括为"大批判、学习班;抓革命,促生产;工厂机器转,田间麦浪翻"。① 新闻节目变成单调枯燥的画面配以假话、大话、空话、套话解说的僵化模式。

1967年1月12日,西安电视台被造反派夺权之后办起了每天20分钟的"造反新闻",鼓吹"革命的打砸抢好得很""反右倾"等。至3月9日,西安电视台被军管,"造反新闻"方才停播。②

北京电视台恢复后首次播出的新闻是"上海'革命造反战士'欢庆中央贺电"。这一中央贺电是对1月9日上海"革命造反派"联合发出"反对经济主义"的《紧急通告》及其"造反"行动的赞扬。新闻后,播音员号召"无产阶级造反派联合起来,把一切大权从走资本主义道路当权派手里夺过来,一切权力归无产阶级革命派!"③

1967年4月20日,北京电视台转播了"北京市革命委员会"成立和庆祝大会实况。1968年7月23日,北京电视台播出电视新闻:"最热烈欢呼伟大领袖毛主席关于教育革命的最新指示"。当年9月7日,北京电视台播放了《人民日报》《解放军报》社论:"无产阶级文化大革命全面胜利万岁——热烈欢呼全国除台湾省外各省市自治区革命委员会全部成立"。当晚还播放了"工农兵文艺节目——热烈欢呼全国山河一片红"。"文革"进入了"斗批改"阶段。④

上海电视台虽没有停止播出,但在那一段时间,却基本停止了自办节目,只有电视新闻仍保持拍摄播出,和北京电视台的相互交流也未中断。新闻除"活学活用毛主席著作"、少量的外国元首来访及"抓革命促生产"等方面的内容外,充斥着"大批判"的宣传。当时,上海电视台还拍摄了一些宣扬"造反"的纪录片,如:《横扫一切牛鬼蛇神》(内容主要是红卫兵抄家)、《一月风暴》(记述"造反"活动,以天马电影厂造反派为主拍摄)、《砸烂联司》(联司:上海柴油机厂工人造反派联合司令部简称),以及《扎根边疆闹革命》等反映知识青年上山下乡等题材的片子。其他节目全面萎缩,自制节目大幅下

---

① 方汉奇.中国新闻事业通史:第三卷[M].北京:中国人民大学出版社,1999:393.
② 赵玉明.中国广播电视通史[M].北京:北京广播学院出版社,2004:290.
③ 壮春雨.中国电视概述[M].北京:中国广播电视出版社,1985:2-9;郭镇之.中国电视史[M].北京:中国人民大学出版社,1991:72,76,79.
④ 《当代中国的广播电视》编辑部.中国广播电视大事记[M].北京:北京广播学院出版社,1987:215,223.

降;1966年自制为26小时38分,1970年降到了8小时59分。①

电视新闻还成了"四人帮"政治阴谋的有力武器。他们直接指使、插手节目制作。20世纪70年代上半叶,在他们的控制下,上海台所拍新闻的20%都有突出"四人帮"及其亲信的内容。如1971年,叶剑英陪同外宾到上海,电视记者拍了叶帅很多镜头,"四人帮"代理人十分恼火,以"不要喧宾夺主"为由,示意电视台把叶帅的一些镜头改换为突出张春桥的近百个镜头。1975年,王洪文回上海"避风头",参加了国庆游园会,上海台奉命专门为王一人拍了一条新闻。而且一反常规,当天洗印、编出,当天发送北京。如此急急忙忙,是要赶在邓小平和其他老一辈领导人参加北京游园会的新闻之前抢先播出。②

"文革"后期,"四人帮"在上海的代理人徐景贤指令上海电视台要拍一条复旦大学"教学改革"的纪录片。当时复旦是徐景贤蹲点培养的所谓"批邓"的典型。纪录片摄制完成后,徐来审看时亲自为片子定名为《复旦在批邓斗争中前进》。③

对他们帮派之外的人,则极力降低规格,甚至无视。1973年上海电视台拍了十多条有关"十大"的电视新闻、1975年该台所拍有关四届人大的新闻片,两大会议报道中没有一条提到周恩来的名字和他所做的报告,只字不提四个现代化的目标。1974年9月30日,周恩来总理抱病主持国庆25周年招待会,并发表重要讲话,姚文元却借口只是"简短祝酒",不准中央电台播出讲话录音,电视新闻片也不准用讲话全文。在画面处理上也是不同待遇,对他们不喜欢的人物,只给"小全""画外音";而对"自己人"则一律用近景和特写。④

随着"文革"发展,"四人帮"对新闻的控制也逐步加强。1969年1月19日"中央文化革命小组"发出《关于地方电台应严格掌握宣传内容的通知》,其中规定:凡与中央口径不一致的、凡中央报刊不发表的,电台一律不得广播。电视台也遵守同样的纪律。电视节目没有了自己的特点,电视台没有了自主选题、独立采制和发布消息的权利。人们在电视中看到的形形色色的"典型"、报道都是转自中央的"两报一刊"。

1969年的一天,陈伯达来到广播局,他指示:决不许播音中错一个字。加之当时极"左"思潮泛滥,动不动就无限上纲,人们也不愿冒因播错一句话就被打成"反革命",直播只好停止。为了确保安全播出,电视新闻的解说词都事先录在录音磁带上,播出时,影片和录音带同时播放。后来新闻片又改用配制好解说词和音乐音响效果的合成片。慢慢大家习惯了稳稳当当的录播,不愿也不敢因抢时效而冒风险直播。"文革"期间新闻节目的播出,每条新闻间的衔接均是由美工写的字幕来串联,甚至重大的新闻

---

① 赵凯.上海广播电视志[M].上海:上海社会科学出版社,1999:378,395,403.
② 郭镇之.中国电视史[M].北京:中国人民大学出版社,1991:98-99.
③ 赵凯.上海广播电视志[M].上海:上海社会科学出版社,1999:403.
④ 赵玉明.中国广播电视通史[M].北京:北京广播学院出版社,2004:296,304,315.

公报的播出也不用播音员出图像播音。不仅形式单一,美工的工作量也因此大大增加。①

"四人帮"的这些倒行逆施在电视新闻历史的早期严重破坏了其"新闻传统"。将电视画面、声音等特定表达形式畸形"政治化",导致各种异常的"理解"。如把镜头的大小、多少,时效的快慢等因素都搞成隐晦的政治表态、褒贬和斗争的手段。他们还在没有正常程序的前提下随意剥夺媒体的报道权,并鼓励了媒体的"下限"操作:只要不出错,无论新闻。这些做法,毒化了电视新闻的空气,且"遗毒"深远。

(二)对领袖活动的报道

当年,对毛泽东的一切活动都采用最高规格报道,用词、镜头、长度无所不用其极,而且每条的重播率也都高达几十次。

每当节日,毛主席等中央领导同志便在天安门城楼上检阅群众。这便是电视台的头等大事。整个活动的中心是毛主席,因此如何拍好毛主席形象是全台上下极为关注的课题。这光荣的任务本应由李华等北京电视台专业时政摄影师随身拍摄完成,但天安门城楼上领袖前面空间有限,无法正拍,只能侧摄。于是就有人动脑筋,从国外进口了长焦距、超长焦距的望远镜头,其长度可以拍半个太阳的特写。在天安门城楼下、金水桥边,架起无数"大炮"似的长焦距镜头来摄取毛主席的近焦特写,其场面可谓壮观。北京电视台记者戴维宇有幸被选定远距离操纵"大炮"。每次庆典,从开始到结束,他都要一刻不离地把镜头对准天安门城楼,摄取毛主席的一切情绪瞬间。透过长焦镜头,他清楚地看到"神采奕奕的毛主席脸上瞬息神态,谁也不可能像'大炮'那样贴近领袖,去观察他的放大了的细微神情,我真可谓得天独厚"。②

1966年7月,毛主席畅游长江,被新闻界当作"特大喜讯"。8月13日,由武汉电视台拍摄的《毛泽东主席畅游长江》的电视片由北京电视台复制完成,并开始在节目中反复播放。还制成拷贝寄送全国各地方电视台和外国电视机构。

1966年8月10日,毛泽东会见了欢呼和祝贺正在召开的八届十一中全会两天前通过《中国共产党中央委员会关于无产阶级文化大革命决定》("十六条")的"首都革命群众"。中央电台和北京电视台都没有记者在场,故未能采访。11日凌晨两点,中央办公厅一局给广播事业局送来批评大字报。广播局立即派出广播和电视记者到中央接待站日夜驻守。8月11日上午10:25,中央电台在10点收到定稿后,连续播出两遍"毛主席会见欢庆'十六条'发布的首都革命群众"的消息。北京电视台也于当日上午

---

① 方汉奇.中国新闻事业通史:第三卷[M].北京:中国人民大学出版社,1999:570;李海明.谈谈新闻直播[J].电视研究,1998,(6);张德生.电视初创时期的新闻字幕及美术设计[J].电视研究,1998,(5);杨伟光.往事如歌:老电视新闻工作者的足迹[M].北京:人民出版社,1997:193.
② 戴维宇.陈年的断想[J].电视研究,1997(2).

的暑期少儿节目里全文播出。①

1966年8月18日,毛泽东身穿军装、臂带红卫兵袖章,首次在天安门广场接见、检阅首都和来自全国各地的100多万"红卫兵"和群众。林彪在会上讲话,鼓动"造反",号召"打倒一切牛鬼蛇神"。天安门广场上红旗如海、手臂如林,红卫兵小将热泪横流、欢呼雀跃。北京电视台转播了这次"首都和全国各地百万革命群众庆祝文化大革命大会"的实况。但在转播之后没有播放新闻纪录片,致使抗议、质询接踵而至。一中学红卫兵甚至发来"最后通牒"。

此后,9月1日、9月15日、10月1日、10月18日、11月3日、11月10日直到11月25日,几乎是半月一次,毛主席先后八次接见红卫兵,共接见了1,300多万人。对这8次接见,北京电视台都做了重点报道,其中,五次转播了实况,其余三次拍摄了电视新闻或电视片,反复播映。②

"文革"期间,在摄影记者队伍中形成一种风气:毛主席出现时,镜头拍得越多越好。有人甚至把拍摄数量作为衡量记者对毛主席感情的尺子,于是就不惜血本、不计代价地借"机"表现。很多摄影记者便不停地转动手中的摄影机,昂贵的进口胶卷像流水一样被用掉。因此,凡是毛主席参加的活动,都会出现记者"混战"的局面;对此,毛主席多次表示不满,周总理也非常担忧。

1967年夏天,毛主席会见巴基斯坦一个军事代表团时,摄影记者虽然不多,但拍摄时间过长。摄影机的噪音、灯光的照射,再加上记者之间的拼抢,严重影响了宾主的正常活动。毛主席发了火,把所有记者从接见大厅轰了出去。事后,周总理召集记者们开会,他非常严肃地批评说,这是"老子天下第一",好记者不能"量中求质",而要"少而精才算过得硬,"③但在那时的空气下,谁能"少而精"? 只问动机不问效果的形式主义、表面化也成为记者行动的"准则"。

(三)实况转播

"文革"中例行的五一、十一庆祝游行都依然直播——这是当时极少数不变的内容。只是1971年林彪事件后将庆祝形式改为游园。如1972年10月1日,北京电视台上午转播的是首都人民庆祝中华人民共和国成立二十三周年的游园联欢实况,转播地点为中山公园和颐和园。此外,"文革"期间特大型集会、活动增加,此类的电视大型实况转播也随之增加了。用此方法,把当时"重大活动"的影响面扩大,形成全国效应,是一种宣传手段。当然"文革"以前经常直播的各类剧场演出及体育比赛都取消或大

---

① 《当代中国的广播电视》编辑部.中国广播电视大事记[M].北京:北京广播学院出版社,1987:205-208;杨伟光.中央电视台发展史[M].北京:中国广播电视出版社,2010:92.
② 徐光春主编.中华人民共和国广播电视简史[M].北京:中国广播电视出版社,2003:146;郭镇之.中国电视史[M].北京:中国人民大学出版社,1991:69,70.
③ 中华人民共和国史广播电视编辑部.当代中国广播电视回忆录:第三集[M].北京:中国广播电视出版社,1994:180.

幅减少了,总的直播量少多了。

大型直播中首先是对毛泽东活动的反映,如上述对红卫兵的接见;还有一些其他活动的直播。1967年4月20日,北京电视台转播了"北京市革命委员会"成立和庆祝大会实况。5月23日,转播了首都纪念毛主席《在延安文艺座谈会上的讲话》发表25周年大会的实况。10月1日,北京电视台转播了首都50万群众庆祝中华人民共和国成立18周年大会和游行的实况。①

还有一些抗议示威集会的直播。1969年3月5日,北京电视台播出首都百万军民声讨苏联侵犯我国领土和武装挑衅的声势浩大的示威游行实况;以后几天又播放了全国各大城市群众游行示威的新闻纪录片。还一连五天播出了各界人士的抗议讲话。1970年5月21日,北京电视台转播了天安门前举行的"首都人民支持世界人民反对美帝斗争大会"实况,全国十家电视台同时转播。②

"文革"中,北京电视台还创造了"讲用"转播节目。他们克服"派性干扰",到工厂、农村、部队转播工农兵"学哲学用哲学"、谈学习毛泽东思想心得体会等活动。在此期间,电视车曾到过长辛店二七机车车辆厂、北京维尼纶厂、第一机床厂、国棉纺织厂、红星人民公社场院、东高地部队营地进行转播。还曾到天津海河边,将摄像机架到军舰的甲板上,转播海军战士的讲用会。每次转播,都要安装微波天线,例如到国棉二厂转播时,天线要架设到30米高的大烟囱上,要靠人攀梯爬上去,将大三脚架、直径1.2米的抛物面天线和机头吊上去、固定好,还要顶风试机对好方向。在这种时候,负责微波传输的同志做出了艰苦的努力,使这些转播得以实现。此外,电视台转播还得到邮电部和北京市电话局的大力支持,他们提供了通讯和电视伴音传输保障。③ 这也是"文革"电视一景。

直播批斗大会。在各地电视台纷纷停播之际,上海电视台发明了直播"电视批斗大会",它开始于造反夺权的高潮期。1967年1月6日,上海电视台秉承张春桥、姚文元当天关于"电视宣传可以宽于报纸,大于广播"的指令,第一次电视直播了"造反派"组织的"高举毛泽东思想伟大红旗,打倒以陈丕显、曹荻秋为首的上海市委大会"。从此,张春桥一伙夺了上海电视台的权,宣布上海电视台得到了"新生"。"电视批斗大会"一发不可收拾,一共开了100多次,当年就召开了51次,平均一周一场。④

一大批党政领导干部如陈丕显、曹荻秋等华东局和上海市的领导和文化艺术名人,在"电视批斗大会"上"示众",被揪头发、挂牌子、搞"喷气式",乃至罚跪后再"踏上一只脚"。电视台在"四人帮"的直接操纵下,变成了名副其实的镇压人民群众的"全面

---

① 《当代中国的广播电视》编辑部.中国广播电视大事记[M].北京:北京广播学院出版社,1987:215,218,247,228,234.
② 杨伟光.中央电视台发展史[M].北京:中国广播电视出版社,2010:108.
③ 王晞建.岁月拾贝[M].北京:中国广播电视出版社,2002:140.
④ 郭镇之.中国电视史[M].北京:中国人民大学出版社,1991:72-74;赵玉明.中国广播电视通史[M].北京:北京广播学院出版社,2004:309.

专政的工具"。上海音乐学院院长贺绿汀在1966年3月、4月被接连两次开了"打贺电视大会"。贺在直播"批斗"中敢于坚持讲真话、不对无端的迫害低头,致使"批判"无法进行下去,反而使他在这种特殊的条件下得到了与社会沟通、与流行唱反调的机会。这是"四人帮"及其爪牙事先没有想到的,使他们尝到了直播中不可控因素的厉害。事后,直播成了一根异常敏感的神经,广播局做出了"不许直播"的规定。

(四) 会议报道

会议新闻报道也是报道的重中之重。

1966年8月1日到12日下午,中国共产党历史上的一次重要会议、全面发动"文化大革命"的中共八届十一中全会召开。12日上午,北京电视台通知记者宋朝彦和李华采访拍摄下午大会闭幕的重大新闻。这是电视台记者第一次采访党代表大会之外的中央会议。他们到达现场,感受到肃穆和紧张的气氛。参加会议的中央委员、候补中委114人以及列席的各省市自治区党委和中央有关部门的负责同志、中央"文革"和军委"文革"小组全体成员、首都高校的师生代表(聂元梓等)47人陆续到场。主席台上有刘少奇、朱德、邓小平等,但他们见面都不说话、也没打招呼。约20分钟后,毛泽东和林彪、康生等人到。林彪主持会议,康生宣读全会决议:政治局常委由7人增至11人,刘少奇由其中的第二位排到了第八位。宋朝彦不停顿地拍摄下了会议进程。而"刘少奇同志那种吞云吐雾的大口抽烟和旁若无物的神情"使他终生难忘。①

1969年4月1—24日,中共第九次全国代表大会在秘密的状态下召开。这次大会的任务是在"无产阶级文化大革命"已取得决定性胜利后,巩固已有成果。之后整整一个月,北京电视台投入"九大"宣传。开幕式的电视片长达17分钟,在电视中一再播出,每天晚上都播出3次以上,10天时间共播放了38次。片子还分寄日本、阿尔巴尼亚等14国,并赶制了160个拷贝,寄全国播放。6月下旬,北京台将大会开幕式、4.14全体会议和闭幕式三部电视片,加上庆祝五一的电视片共204个拷贝分送51个我驻外使馆和代办处。②

在"九大"报道中,还有一个小插曲。北京电视台在会议期间送审4月14日大会发言新闻片时,周恩来、陈伯达、康生等都没提意见,只有江青冷不丁儿地问了一句:"编导到现场了吗?"编导刘效礼回答:"没有。"江青又问:"你为什么不到现场呢,你应该到现场去指挥!"当时,只有时政组的资深摄影记者能到现场,而刘效礼到台才两年多,他作为"学生怎么能指挥老师呢!"但正因为江青这句话,他便在24日闭幕式时坐在了现场最后一排的座位上。③ 江青这里提出的编导要到现场、指挥摄影记者这个意

---

① 杨伟光.往事如歌:老电视新闻工作者的足迹[M].北京:人民出版社,1997:326;中共中央党校党史教研室资料组.中国共产党历次重要会议集·下[M].上海:上海人民出版社,1983:217.
② 郭镇之.中国电视史[M].北京:中国人民大学出版社,1991:79;《当代中国的广播电视》编辑部.中国广播电视大事记[M].北京:北京广播学院出版社,1987:228.
③ 杨伟光.往事如歌:老电视新闻工作者的足迹[M].北京:人民出版社,1997:263.

见在报道组织中是正确的,这也说明当时的一些工作程序、机制不太符合新闻规律,编、拍倒置,摄影第一。

　　1973年8月到9月,党的"十大"召开。这期间,北京台共拍摄彩色新闻片约35分钟。《十大新闻公报》播出4遍,《十届一中全会公报》播出6遍。①

　　1966年,"文化大革命"引发了中华大地的极度混乱。媒体因都属于文化事业而首当其冲。大批判首先在媒体上展开,电视中正常的节目秩序被完全打乱。已有形式被完全否定,其结果竟导致了停止播出。恢复后的节目不但没有什么新的气象,反而是形式更为单一、内容更为狭窄,甚至完全变成了一种迷信和批判的程式和模式。组织机构上实行了长达5年多的军事管制。到军管结束前后,节目量才仅仅恢复到接近"文革"爆发前的水平。由此可见,"文革"对电视事业来说是实际的倒退。

　　"文革"创造的形式:造反新闻、转播讲用、批斗直播都最终成为这段荒唐历史的记录。而直播效果的难控,使它此后在很长时间中成了"烫手的山芋",变成了"禁区"。"文革"中,"四人帮"政治化、符号化了一切形式,将电视镜头的大小、时间的长短、画面的多少都作为其隐晦的表达手段,扼杀了其中的文化精髓,遗毒深远。

　　在政治阴谋登峰造极的同时是对领袖无以复加的个人崇拜。被盲目崇拜冲昏头脑的记者们无所不用其极、不计工本地突出、表现偶像。"文革"是群众的运动,大型群众集会的增加使得电视大型转播也相应增多。记者们在"文革"中见证了很多历史关头,如八届十一中全会的斗争。

　　江青在九大报道中提出报道要以编导为主的意见和陈伯达当年提出的"不准播错一字"的指令也都歪打正着地为电视操作带来了一些变化。

第二节　常规性报道

　　"文革"中的"常规性报道"是个相对概念。首先它不是时间概念,即有一些新闻是无论什么时间都要报的,即使是"文革";其次它又有一定的时间概念,即它多出现在"文革"大动乱阶段之后。

　　当然"文革"中总的氛围、指导思想都存在极"左"的错误倾向,但人民的活动、记者的工作以及世界的发展都还保持着自身一定的规律,有些内容并不以人的主观意志为转移,因此也就存在着这样一类新闻。当然其中的"节目退温"一段属于节目回归正常,而战争和边境冲突虽然是非正常状态,但比起人为的动乱来,反而成了正常的新闻了,这是比较而言的。

---

① 张庆,胡星亮.中国电视史[M].北京:中央广播电视大学出版社,1996:47;《当代中国的广播电视》编辑部.中国广播电视大事记[M].北京:北京广播学院出版社,1987:254.

一、正面报道

成就报道是"文革"中不变的主题。虽然处在动乱之中,我国在高科技领域依然取得了很多有影响的成就。电视新闻宣传、报道了这些重大建设成就,记录了这些事件。

1966年10月27日,北京电视台报道了我国导弹核武器试验成功的新闻。1967年6月19日电视播出了热烈欢呼我国第一颗氢弹于17日爆炸成功的新闻。1970年4月25日,北京电视台播出我国成功发射第一颗人造地球卫星的消息和卫星发回的《东方红》乐曲。另外还报道了如南京长江大桥建成通车、第一台万吨水压机制成、自力更生建成12.5万千瓦双水内冷气轮发电机等成就。节目中还请来参与试验、制造并取得成就的代表人物做电视讲话,并组织工农兵群众代表到电视台座谈。① 成就报道可以说是将"文章做足"了。

但是这些成就报道往往并非常规的图像报道。如1970年4月24日下午3点,当时的北京电视台文艺播出部领导让美工张德生去地下室美工组的一个储藏室,台宣传办负责人给了他一份印有"绝密"字样的新闻稿:《我国发射第一颗人造地球卫星新闻公报》,定于第二天(25日)播出字幕新闻。当时没有电脑字幕设备,只能靠人一笔一笔地手写出来。这篇长达两三千字的新闻公报,张德生从下午3点多一直写到次日清晨,用了十五六个小时才告完成。长时间劳作、精神高度集中,待他坚持写完最后一个字时,已筋疲力尽。回到家后,大病一场。② 如此操作新闻,确实是新闻的悲哀。

1972年起,上海石油化工总厂在金山海滨兴建,从围海造地开始,上海电视台派出记者对工程进展及时做了连续报道。这是"文化大革命"期间唯一的一次对生产建设所做的连续报道。③

"文革"期间,除了成就与大会,电视还播出了一大批宣传英雄模范典型的新闻。1966年4月起,刘效礼等几位青年军官转业成为北京电视台军事记者。"文革"期间,他们采拍了一大批有关部队的新闻片和纪录片。代表作有:英雄铁道兵、海空雄鹰团、崇武海战大捷、海上猛虎艇、大凉山上南泥湾、战斗英雄麦贤得、毛主席的好战士王杰、刘英俊勇拦惊马、蔡永祥、沙漠医疗队、航空兵霹雳中队……各电视台也都报道了刘英俊、麦贤得、门合等众多英雄模范人物。

此外,电视新闻中还介绍了一大批劳动模范和英雄亲属。如全国农业劳动模范申纪兰植树造林、好医生李月华为人民服务,大庆石油"铁人"王进喜及1202、1205、3211钻井队的事迹等。电视台邀请了张思德母亲刘光友、罗盛教父亲罗迭开、欧阳海父亲欧阳文恒、王杰父亲王儒堂、刘胡兰妹妹刘芳兰、刘英俊母亲朱秀兰和电视观众见面。

---

① 杨伟光.中央电视台发展史[M].北京:中国广播电视出版社,2010:91,92,108;郭镇之.中国电视史[M].北京:中国人民大学出版社,1991:78.
② 张德生.电视初创时期的新闻字幕及美术设计[J].电视研究,1998(6);杨伟光.往事如歌:老电视新闻工作者的足迹[M].北京:人民出版社,1997:193.
③ 赵凯.上海广播电视志[M].上海:上海社会科学出版社,1999:395.

转播了欢迎中国登山队攀登珠穆朗玛峰胜利归来的大会。这些人物报道中有很多采用的是谈话形式。①

生活化选题。在正面报道中也有一些作品比较生活化,是以人民群众为主角的题材。如《千万个铁人在成长》《太行山下新愚公》《战乌江》《深山养路工》《放鹿》《三口大锅闹革命》《泰山压顶不弯腰》《种花生的哲学》《壮志压倒万重山》《下课以后》《向青石山要水》,以及《越南人民决战决胜》等。"这批作品尽管或多或少地存在着那个历史时代所特有的某些不足和毛病,但是,它们的基本思想内容、创作倾向都是经得起推敲的。"它们的共同特点是,满腔热情地讴歌民众热爱祖国、热爱社会主义,自力更生、艰苦奋斗,向大自然、各种困难做斗争的奋斗精神。总体而言,这批电视片与初期的同类作品相比,有了明显的提高。选题有鲜明的典型性,其中不少题材,都是电视记者深入采访、从生活中发现的。也正因为此,它们并非简单图解政治、人云亦云的产物,所以,"它们根基深厚,生命力是强的"。②

此外,这些片子注意了对典型情节(细节)的描写,"这批电视片在探索电视特点方面,也有所前进"。这批片子从内容到形式,真实自然、质朴无华,受到观众的喜爱。我国驻法国使馆曾来信说:"《下课以后》等影片已经放映烂了,希望再寄一个拷贝。因为这些片子最受欢迎。"我国驻日使馆来信说:"《下课以后》在教育国际会议上放映以后,各国代表反映都比较好,美国和欧洲一些国家曾向日本广播协会(Nippon Housou Kyoukai,NHK)索取该片的拷贝,日本广播协会准备在《世界儿童》节目时间播放该片。"③

上海电视台除了前述的"文革"片外,在"文革"中期也拍摄了几部反映日常生产与生活的纪录片。如:1973年,摄影新手吴国泰先后十余次到崇明,经一年时间拍回《围垦崇明老鼠沙》,记录了当年开垦、投产的建设全过程。摄影记者祁鸣拍了一部《零担班车》,讲述了上海汽车运输公司开设一项沿途招手即停、便利农民上下货物的班车。1974年,拍摄了第一部彩色纪录片《轻工业园地百花盛开》,出发点也仅在于画面色彩比较鲜艳。④

长期以来,我国新闻事业承担着"使党的纲领路线、方针政策、工作任务和工作方法,最迅速、最广泛地同群众见面"的任务。⑤ 它的主要功能是"集体的宣传者、鼓动者、组织者"。所以除了直接宣讲党的方针外,对这些方针的执行及其中的模范典型都成了媒体不遗余力宣传推广的内容,以期得到社会的认同和模仿,推进事业的进展。特别是在"文革"这样的特殊时期,正面报道是最保险、最安全的。当然,对于这一概念的明确提出和定义是在1989年,但这一思想却始终在指导着媒体的操作。

---

① 杨伟光.中央电视台发展史[M].北京:中国广播电视出版社,2010:108.
② 朱景和.电视片纵横观[J].电视研究,1990(4).
③ 朱景和.电视片纵横观[J].电视研究,1990(4).
④ 赵凯.上海广播电视志[M].上海:上海社会科学出版社,1999:403.
⑤ 毛泽东.毛泽东选集第四卷[M].北京:人民出版社,1991:1318.

二、节目退温 趋向正常

恢复正常首先是形式上的。1970年9月1日,在毛泽东对个人崇拜"讨嫌"的指示精神下,北京电视台根据周恩来的意见,一般不再播放光芒四射的毛泽东头像。这一精神由北京台转告给地方台。12月26日,毛泽东生日当天,各种节目一律不再使用对毛的祝福语。

到1971年9月13日林彪事件发生后,媒介宣传中的个人崇拜进一步降温。11月22日起,北京电视台连每天节目开始前播放的毛主席语录也取消了。地方电视台也效仿北京台做了调整。① 1972年1月13日,中央广播事业局、新华社、人民日报三单位联合向中央送上《关于宣传报道中废止不利于党、不利于人民的提法的初步意见》。要点是:林彪、陈伯达炮制的不正确提法必须废止,如:"四个伟大、毛主席亲自缔造、林彪亲自指挥……三忠于、四无限、马列主义顶峰、一句顶一万句、有了政权就有了一切"等。从此,这些话就很少听到了。②

一批栏目也开始恢复播出。它们主要是那些有比较迫切实用价值、题材较软、不易触碰政治敏感的节目,且大多因袭当时的风格,办得不苟言笑、颇为严肃。1970年7月30日,《体育爱好者》栏目率先恢复,这是"文革"以来播出的第一次体育节目。1971年8月21日,北京电视台恢复播出北京地区天气预报。1972年4月1日,北京电视台恢复播出被"文革"中断了的《卫生常识》节目。7月25日,改名为《红小兵节目》的少年儿童节目和由《科学常识》改名而来的《科学知识》节目也与观众见面。

1975年7月1日,上海电视台经过试办两期"回沪探亲知青电视教育讲座"之后,正式开办设有政治理论、工业知识、农业知识、农村机电、医疗卫生和数学等课程的电视教育讲座。全国的广播电视也都经历了这种调整与转变。③

节目恢复的另一个明显标志是国际新闻的增加,这部分将在下一节讨论。

林彪事件后,1972年1月19日,中央广播事业局军管小组向中央送上《关于改进中央电台新闻广播的请示报告》,其中关于编辑原则第十一条规定:"执行中央宣传机关统一领导、分工合作的原则,反对资产阶级新闻观点。新闻广播主要采用新华社和《人民日报》的稿件、《红旗》杂志的文章,新闻节目除选播《人民日报》转载的外,只广播经过中央领导同志批准广播的。其他报刊的文章,除新华社、《人民日报》转发者外,一般不广播。"④这是再次重申集中统一的严格舆论管理。这一规定实际是重提1969年1月19日"中央文化革命小组"发出的《关于地方电台应严格掌握宣传内容的通知》规定,再次认定,广播电视实际上取消了自己的报道权,完全成了"两报一刊"的传声筒。

---

① 《当代中国的广播电视》编辑部.中国广播电视大事记[M].北京:北京广播学院出版社,1987:235,243.
② 徐光春.中华人民共和国广播电视简史[M].北京:中国广播电视出版社,2003:147.
③ 郭镇之.中国电视史[M].北京:中国人民大学出版社,1991:85,112,113,150.
④ 赵玉明.中国广播电视通史[M].北京:北京广播学院出版社,2004:300,301,303,315.

三、战争报道

(一)报道战争

在经历了20世纪60年代援越抗美的急风暴雨以后,"文革"中我国电视记者继续着对越南人民反抗侵略战争的宣传。1966年10月,美国对越南北方的战争升级,轰炸河内已经两个多月,造成的破坏越来越大,河内市民大批疏散下乡,空气十分紧张。这时北京电视台长驻越南记者朱景和提出希望拍摄胡主席活动的要求得到批准。他和新影厂的卢长利10月1日凌晨四点半便向河内市郊的一个高射炮阵地出发,去采访胡志明主席视察防空部队。这是一次特别的拍摄,获准采访的另外只有越通社的两位记者。他们拍到了胡志明听取汇报、观看演习、与战士们交谈、视察伙房等情节。虽然越南当时并没有电视,但中国的电视新闻却发往世界20多个电视机构,是越南最好的对外宣传渠道。

1967年春节期间,美军宣布"节日停止轰炸"连接北方与南方之间的主要运输通道"胡志明小道"。朱景和作为第一个获准到这条传奇道路上摄影采访的外国记者,往返一天,拍摄了越战中最为触目惊心的惨烈景象。他拍到:在这条"小道"的沙土面山间公路旁,原有的茂密原始森林被美国空军炸光了,路边的山头被炸低了;山坡上有许多被炸成麻花的卡车,几十米高的悬崖上卡挂着巨大的野战炮。他获知,数以千计的护路"青年突击队"员、司机、军人在这里献出了生命……当时,他在越南获得了最好的采访拍摄条件,有较多的机会采访胡志明及越南军民的斗争活动。他拍摄的内容并不是每次都能播出,但他制作的节目都照例提供给越方。①

在朱景和之后,1972年5月17日,北京电视台记者韩金度和翻译江欧利也曾长驻越南,任期一年。1973年2月中旬至3月底,北京电视台的记者随同采访拍摄了西哈努克亲王和夫人莫尼克公主取道河内、顺胡志明小道回到柬埔寨,视察解放区的行程,为期约一个半月。结束这次意义重大的解放之行,返回北京后,对影视艺术颇有兴趣,也很有造诣的西哈努克亲王连续几个晚上到电视台一楼一间不大的放映间协助编辑一起看样片,选画面,进行剪辑,并且亲自用法文撰写稿子,还配录了解说。亲自参与编辑了纪录片《历史性的解放区之行》。纪录片播出之后,当时在国内外都引起了强烈的反响。②

(二)战地报道

1969这一年里,在我国北部、西部、南部发生了几起战事,北京电视台的记者都及时奔赴前线,拍摄边防战士守卫祖国领土的斗争。其中,杨宪文、马靖华、穆中里、韩金

---

① 王晞建.岁月拾贝[M].北京:中国广播电视出版社,2002:214,215,222.
② 《当代中国的广播电视》编辑部.中国广播电视大事记[M].北京:北京广播学院出版社,1987:245;杨伟光.往事如歌:老电视新闻工作者的足迹[M].北京:人民出版社,1997:489.

度到了珍宝岛前线,于学臣、再努拉到了新疆边界。他们与前线指战员一起,在写下了遗书、到烈士墓前宣誓以后,冒着生命危险,走上一线战场,采访拍摄战斗、守卫在祖国边防线上的军人们。当形势十分紧张时,面对冲过来的坦克,记者一手拿着摄影机,一手举起了冲锋枪。"保卫神圣的祖国领土、忠实于自己的新闻职业。"①

1.珍宝岛

1969年3月初—6月,苏联边防部队多次侵入位于中苏边境的我国领土珍宝岛。1969年3月2日,我军的珍宝岛自卫反击战初战告捷,随后又爆发了"3·15""3·17"等几场战斗。3月20日,北京电视台领导决定报道战斗始末。北京电视台新闻部军事组记者杨宪文和马靖华接受了这个任务。他们当晚就乘车北上,第三天到达佳木斯。没有等车,他们自己找来一辆吉普车,连夜去了珍宝岛前线。他们在当时气温零下30多度的最前线采访战士,亲身参加争夺苏军坦克的战斗和前线潜伏行动,经受了炮火的洗礼。5月,他们又参与了乌苏里江上解冻开河的首航行动,冒着生命危险,在与苏军面对面对峙时仍坚持拍摄,采拍到很多难得的资料、素材。他们是真正的战地记者,很好地完成了任务,于5月下旬返回。②

6月上旬,韩金度和穆中里接替杨、马二人来到珍宝岛。他们在一线,和部队保持一致行动。他们工作就在战区,大部分时间处在敌人炮火的有效射程内,时时能感到死亡的威胁。他们主动深入前线,挖掩体、工事,轮流值班,随时准备抓取冲突的镜头。经他们一再请求,前线指挥部首长终于同意他们上珍宝岛采访。他们上岛进入掩体,看望战士,拍摄阵地。战士们对他们的到来都感到很惊奇。从珍宝岛下来后,他们又采访了守卫珍宝岛下游七里沁岛的官兵,这里当时是中苏争端的另一焦点。他们还参加了有更大风险的乌苏里江上的武装巡逻,在出发之前,他们都宣了誓,写好了遗书。他们非常积极主动地记录战争,认真尽职地履行职责,不惜付出生命的代价。韩金度说:"一个记者,特别是生活在相对和平时代的记者,若能碰上几次战地采访,应该说是非常难得的。战地采访带有很大的风险性……因此,这种采访是最难忘,也是最感自豪的。"③

2.新疆塔城

1969年5月,中苏边境新疆伊犁、塔城冲突不断。6月上旬,与珍宝岛第二批采访同时,北京电视台派出两名记者赴新疆前线。记者再努拉·夏克尔拜(哈萨克族)回到他的家乡塔城采访。8月12日,他们与多家新闻媒体的记者一起参与了当地铁列克提边防站的巡逻任务,在这过程中遭遇了武装冲突,战斗中,记者全部参加战斗,用简单的武器迎击苏军先进、重型的装备,在枪林弹雨中冲锋陷阵。再努拉边战斗边"冒着敌人的炮火""眼含热泪拍下眼前惨烈的战斗场面"。在这次战斗中,有三位分别来自

---

① 杨伟光.往事如歌:老电视新闻工作者的足迹[M].北京:人民出版社,1997:37.
② 杨伟光.往事如歌:老电视新闻工作者的足迹[M].北京:人民出版社,1997:374.
③ 杨伟光.往事如歌:老电视新闻工作者的足迹[M].北京:人民出版社,1997:385,390.

八一厂、新影厂、新华社的记者光荣牺牲。① 几位记者发回了一批新闻片,后汇编成纪录片《千里边防筑长城》。②

这是真正的战争,记者是名副其实的战地记者。他们与战斗没有任何距离,全都身在其中,以战士的身份参战,且肩负采访拍摄的重任。他们不以自己是记者而要求特别照顾,抱定不辱使命、视死如归的决心,表现出中国记者高尚的专业追求与职业素养。而且影视媒体记者的采访拍摄要求比文字记者更高,更要亲临最前线。当然记者应该有效地保护自己,避免不必要的牺牲,最终完成采访任务;但是这种不怕牺牲、誓死完成使命的精神与采访到一线真相的责任感却是身为记者的最高境界。没有这种追求,就不能在艰险的事件中尽一切可能——甚至冒着牺牲的危险去获取对事实的认识、记录事实,也不能成为真正的记者。这些先辈们的优良传统是新一代记者应该好好学习的。

3. 唐山地震

这里虽不是战地,但灾难的突然与损失的严重都超过了战争。

1976年7月28日凌晨,唐山发生了强烈地震,并严重波及北京。当天下午,北京台派军事组记者刘效礼奔赴灾区,正在旁边的许佑宁也主动要求一起去。翌日上午,他们开车直奔唐山。下午4点到达,唐山灾害的严重程度震惊了他们。北京电视台是第一家到达灾区的新闻单位。他们没有犹豫,一入城区就开始拍摄,在汽车上拍摄了大量的移动镜头。为了突出重点,他们集中拍摄了唐山车站、新华街、瓷厂等市内主要设施的灾情。第二天上午重点拍摄了救灾场面。由于没有录音设备,所以以摄影为主。此外,就是把耳闻目睹的情况写成解说。这次突击采访拍摄,从29日下午进入唐山,到第二天下午边拍边往城外撤退,前后不到一个工作日。时间虽短,但非常艰苦。一共拍摄了7,000多尺胶片(近2个小时)。

他们晚上11点多回到北京,连夜在广播大楼的地下室里通宵赶印、赶编,制出拷贝,为党中央和国务院了解震后唐山情况提供了直观资料。之后高长龄、庞啸又赶往唐山,他们也拍了大量素材,但其中只有很少部分允许播出。8月,台里又派记者随中央慰问团分三路到唐山、天津、北京采访,编成军民团结抗震救灾的电视纪录片。③

这是继1966年3月19日河北邢台地震后的第二次灾难报道,也是第二次地震报道。

---

① 杨伟光.往事如歌:老电视新闻工作者的足迹[M].北京:人民出版社,1997:439.

② 杨伟光.中央电视台发展史[M].北京:中国广播电视出版社,2010:99;张庆,胡星亮.中国电视史[M].北京:中央广播电视大学出版社,1996:47;《当代中国的广播电视》编辑部.中国广播电视大事记[M].北京:北京广播学院出版社,1987:228,274.

③ 杨伟光.往事如歌:老电视新闻工作者的足迹[M].北京:人民出版社,1997:267;赵水福.世纪心语:中国老广播电视工作者感悟录[M].北京:中国国际广播出版社,2003:579;杨伟光.往事如歌:老电视新闻工作者的足迹[M].北京:人民出版社,1997:40.

四、体育节目

在这十年里,体育节目从业务、技术上讲都没有太大的进步。由于"文革"的影响,竞赛停止,节目也除个别外一度停播。恢复播出后,电视体育节目还是以传统的现场转播为主,且数量较大,还有个别栏目。

这期间最大的主题是"乒乓外交"。几年里,在北京组织了多次国际性的乒乓球比赛,最多时一连几年,年年都有。此外,"文革"后期,随着我国在联合国地位的恢复,出国参加国际赛事多了起来,还有一些大型国内赛事。最大的进步是实现了跨区域的实况转播。

1966年11月23日到12月7日,在柬埔寨首都金边举行了第一届亚洲新兴力量运动会。中央电台、北京电台和北京电视台共同组成九人报道组,赴金边采访。从23日起,每晚北京时间20点前后,由报道组借用柬埔寨电台短波频率向北京传送30分钟当天的比赛和活动报道,在北京收录、编辑后,基本在当天向国内外播出。这是当时能够采用的最快的报道方法,有一定的创造性。

1970年7月30日,《体育爱好者》栏目恢复。这天的节目里,北京电视台转播了首都体育馆的花样滑冰表演实况。当时体育比赛转播不敢报比分和胜负,认为报了会"助长锦标主义"。[①]

1971年4月13日,北京台转播了美国乒乓球队来中国访问比赛的实况——这就是著名的"乒乓"外交。电视界以这种方式参与了这一著名事件。同一时期,电视中还报道了加拿大、哥伦比亚、尼日利亚、英国、澳大利亚等国乒乓球队的来访。1972年五六月间,中国乒乓球代表团访问了美国、加拿大、墨西哥和秘鲁四国。北京电视台记者马靖华、于学臣随团报道。像以往出国拍片的记者一样,他们充分利用这一机会,除采访、表现友好比赛,拍回大量片子外,还在业余时间拍摄了一些异国风光。[②]

1971年11月1—14日,亚非乒乓球邀请赛在北京举行;1972年6月10日,第一届亚洲乒乓球锦标赛在北京开幕;1973年8月25日,亚非拉乒乓球邀请赛在北京举行。连续三年,我国举办了三次乒乓球国际比赛。这些赛事当时都打破了将中国隔离在国际社会之外的"封锁"。北京电视台对这些比赛都进行了全面报道。一般是对开幕式、闭幕式及部分团体、单项比赛做实况转播,并拍摄、播出有关比赛的新闻和专题,进行连续报道。还向国外寄送节目拷贝,宣传赛事。[③]

1974年9月1—16日,第七届亚洲运动会在伊朗举行,中央广播事业局派出20

---

① 《当代中国的广播电视》编辑部.中国广播电视大事记[M].北京:北京广播学院出版社,1987:208;杨伟光.中央电视台发展史[M].北京:中国广播电视出版社,2010:95,96,97,131.
② 郭镇之.中国电视史[M].北京:中国人民大学出版社,1991:86,112;杨伟光.往事如歌:老电视新闻工作者的足迹[M].北京:人民出版社,1997:475.
③ 《当代中国的广播电视》编辑部.中国广播电视大事记[M].北京:北京广播学院出版社,1987:241-254,259,272.

人组成的广播电视记者组,其中有北京电视台的一个随团摄制组,前往德黑兰采访。随后在新闻节目中报道了比赛的消息,没有搞实况转播。1976年4月17日,北京电视台派出2名记者赴朝鲜采访,报道在平壤举行的第三届亚洲乒乓球锦标赛。

1973年10月21日和27日,北京电视台和武汉电视台合作,将在武汉举行的全国乒乓球锦标赛——当时我国规模最大的全国性比赛实况用微波干线传到北京。转播的图像清晰、效果良好。这是我国第一次进行远距离的现场实况转播。北京电视台第一次转播本市以外的实况,又是体育打的先锋。

1975年9月12日,第三届全国运动会在北京举行。朱德、邓小平出席开幕式。北京电视台转播了开幕式及足球、篮球、排球、乒乓球、羽毛球、手球及体操、艺术体操等九场比赛的实况。对这段时间先后举行的多项赛事,电视台还每天播出消息,报道新闻,并有选择地进行了实况转播。

1971—1978年,北京电视台实况转播体育比赛达300多场,首播的体育节目占全台首播节目总量的11.1%。

上海电视台1973—1977年五年间,平均每年转播体育比赛32场次。总数达到160多场,平均不到两周就有一场转播。其中有缅甸网球羽毛球队、朝鲜排球队、几内亚男女篮球队、阿尔巴尼亚青年排球队、墨西哥业余青年足球队、越南乒乓球代表队等同上海队的比赛。① 由此可见实况转播在当年体育报道中的重要位置。

"文革"中常规播出的是正面成就与英模人物报道。20世纪70年代开始,"文革"痕迹开始一点点褪去,林彪事件后,这一速度更是大大加快。"文革"前的节目也渐渐恢复。

"文革"中对东南亚国家抵抗侵略的战争,和对中苏西、北边境冲突的战地报道,电视记者都不辱使命,尽显了英雄本色。唐山地震是北京台的第二次地震采访,但对社会的报道却少之又少。

"乒乓外交"是中国人的创造,在对乒乓球国内比赛的报道中,电视实现了远距离实况转播。

在上述内容中,真正常规的内容只有正面报道和体育报道,战地报道本来是非常规的,但在"文革"动乱中,它们因是真正的新闻反而变得正常了。

第三节　国际交流、合作

对外宣传和报道世界是电视媒体的重要任务和内容。在媒体的国际交流、合作上,电视的要求更多、更密切,超过其他媒体。这在一定程度上反映了国家的经济实力与政治实力。从中也与世界水平有比较,有对国内格局、模式的突破,给了国人另类的

---

① 赵凯.上海广播电视志[M].上海:上海社会科学出版社,1999:438.

视角。这也带动了电视其他报道领域的发展,起到了示范作用。这一点在"文革"时期更为突出,它也成为那个特殊时期电视新闻趋向正常的一个重要因素。

一、外国元首访华 促发电视转机

"文革"十年中,中国的发展受到全面干扰,但新中国的国际地位却逐渐受到世界各国的认可。我国在外交领域取得了一系列重大胜利。1971年10月25日,第26届联大以压倒多数通过第2758号决议,承认中华人民共和国的代表资格,恢复了我国在联大的合法权利。[1] 此外,中美建交也是重大的进展。而在这之前的美国总统访华则震动了世界。美国总统访华的电视转播为全世界瞩目,也实实在在地震动了中国电视界。

1971年7月,美国国家安全事务特别助理基辛格秘密访问中国,为美国总统尼克松访华打前站。据美国人介绍,对于总统出访这类重大事件,按照惯例,美国三大广播公司要共同租用一架装有全套广播电视设备的波音747飞机,作为"联合制作和播送中心"进行广播电视转播。对此,亲自主持尼克松来访工作的周总理明确指示:不能允许按他们的惯例行事,这项工作要体现国家主权。解决方案是:由我国广播电视部门租用美国飞机上的全套设备,在首都机场西南侧突击兴建一个临时的"联合制作和播送中心",然后美方的三大广播公司再向我国租用这个中心及设备。根据总理这一指示,自1972年1月4日至2月12日我方与美方进行了10次会谈,终于按这个意见达成了协议,双方签订了两份租用合同。这样,避免了在我国国土上建一座——即便是临时的——供外国人使用的广播电视台的事实,确保了国家主权。[2]

其中还有一些插曲。当美方与我签订使用我方从他们手里租来的设备合同时,我方坚持主要操作人员都由我方派出,虽然美方对此多次发难,在我方坚持下,最终还是采纳了这个方案。但对于我们的工程技术人员来说,不少设备都是首次接触。为了保证播出质量,我方人员日夜加班加点,尽快熟悉和掌握了设备的操作技巧。参与这项工作的我方广播电视工作者都增长了见识与才干。同时,北京市有关单位及我国广播电视部门同心协力,日夜奋战,在极短的时间内高质量地建成了临时的"联合制作和播送中心"机房及有关设施,为顺利转播提供了保证。1月3日到3月3日的两个月时间里,中央广播事业局组成70多人的接待组,参加接待尼克松访华电视转播的美方人员,并协助报道活动。

1972年2月21日上午11点30分,美国总统尼克松到达北京首都机场。一下飞机尼克松就主动伸出手来,与周恩来实现了"历史性的握手"。当天下午,尼克松在周恩来的陪同下,来到中南海会见毛主席。据在场的记者回忆,毛主席当天的情绪特别好,手势也多,脸上表情很丰富,有时笑得特别亲切。在场的人无不被他充满诙谐的言

---

[1] 外交部政策研究司.中国外交史上的今天[M].北京:世界知识出版社,2004:
[2] 赵凯.上海广播电视志[M].上海:上海社会科学出版社,1999:395;中华人民共和国史广播电视编辑部.当代中国广播电视回忆录:第三集[M].北京:中国广播电视出版社,1994:67.

词、欢快的情绪所感染。①

在21—28日之间，美国三大广播公司组成的近百人新闻报道队伍，其中包括记者、编导、工程技术人员，携带了全套彩色电视摄录和转播设备、彩色胶片洗印机、卫星转发设备，对尼克松访华进行电视转播报道。当时，位于首都机场和民族文化宫的两处新闻中心，据统计，在8天时间里，美国三大公司共转发了30个主题、52小时的新闻报道，其中进行了9次卫星实况直播，图像清晰、质量良好。②

同时，北京电视台、上海电视台也派出强大的技术队伍参与报道，协助美国三大广播公司记者和技术人员通过卫星向国外传送了电视新闻节目，学习、了解了很多有关彩电、转播以及卫星传送的先进技术。虽然我国在一年半多以前已经成功发射了自己的卫星，但这回是首次从我国通过国际卫星向世界发送广播电视报道。

北京电视台也于尼克松抵京之后的22日开始，报道了周总理到机场迎接，毛主席会见，周总理设宴欢迎，美国总统和夫人参观故宫、长城，到上海与杭州访问，中美双方联合发表《上海公报》等一系列活动，直至2月29日尼克松离开上海回国。一个月之前，1月21日，中央广播事业局、新华社、人民日报和中央新闻纪录电影制片厂联合向中央和周总理写了关于尼克松访华的宣传报道的请示报告。其中提出，由新华社统一发消息、照片。广播、电视不转播实况，不做录音报道，但稿件应争取提高时效。中央电台对台湾广播播出次数拟略多一些。

1972年2月27—29日，尼克松一行在周恩来陪同下从北京来到上海。上海电台、电视台为此派出业务、技术人员二十多人，协助美国三家广播公司的26名随团广播电视记者，进行电视实况转播或实况录像。这期间，上海电视台也第一次通过国际通信卫星将尼克松总统到达虹桥机场、在上海展览馆举行欢迎宴会、中美谈判成功、发表《上海公报》和离开上海的实况转播到美国及世界各地。转播时，由美方电视转播车上的微波设备将节目传送到虹桥机场的卫星发送地球站。同时上海电视台派记者也对这一历史性事件做了及时的报道。③

据报道，这次广播电视转播规模空前。路透社认为："这是比上一次美国人登月以来的任何事件都广泛的新闻报道。"据估计，观看尼克松访华电视转播的美国观众约有6,000万到1亿，全世界的观众达几亿乃至10亿之多。④

尼克松访华之后，当年10月日本首相田中角荣访华，再次上演了"租借和使用合同"的做法。从8月23日到10月10日，中央广播事业局抽调74人接待随田中角荣访华的广播电视技术团队的85人，并在9月25—30日协助日方人员播送田中访华电

---

① 杨伟光.往事如歌：老电视新闻工作者的足迹[M].北京：人民出版社，1997：103.
② 《当代中国的广播电视》编辑部.中国广播电视大事记[M].北京：北京广播学院出版社，1987：243，244；杨伟光.中央电视台发展史[M].北京：中国广播电视出版社，2010：93，135，136.
③ 陈乾年.跋涉与求索：陈乾年广播电视论文集[M].上海：上海社会科学院出版社，2002：244，246.
④ 中华人民共和国史广播电视编辑部.当代中国广播电视回忆录：第三集[M].北京：中国广播电视出版社，1994：67，68；郭镇之.中国电视史[M].北京：中国人民大学出版社，1991：85，88.

视节目 31 小时 59 分,电视实况转播 9 次。播出了 20 多个主题,播出效果良好。上海电视台也拍摄报道了日本首相田中角荣访沪的重大新闻。①

随后于 1973 年 8 月 14 日到 9 月 22 日,法国总统蓬皮杜访华期间,蓬皮杜抵达北京机场以及周总理设宴欢迎的新闻由北京电视台负责黑白电视实况转播两小时 45 分钟,其他活动报道由法方拍摄成 2 小时影片,从北京向法国传送。

此后,扎伊尔总统蒙博托、墨西哥总统埃切维里亚、加蓬总统邦戈、菲律宾总统马科斯、美国总统福特、巴基斯坦总统布托等先后访华,北京电视台都及时做了报道,并协助对方通过卫星传送实况或电视新闻片。②

二、对外报道

"文革"前,北京电视台和一些地方电视台合作,拍摄了一些新闻片和纪录片,送给外国电视台播放。"文革"开始后,北京电视台撤销了新闻部的出国片组,与国际组合并,使出国片的工作大大削弱,数量急剧下降。北京电视台同国外电视机构的电视新闻交换与互购经历了停止、恢复到发展的曲折历程。③

"文化大革命"期间,大部分出国片内外不分,在内容上带有强烈的极左色彩,出现了很多标语口号式的报道。在翻译过程中,编辑有时有意回避这些词句,但又怕被扣上不革命的帽子,只能违心地机械直译。因此,北京台对国外包括许多亚、非、拉国家寄送的宣传性电视片,根本不受外国电视机构欢迎,有的电视片在海关、机场仓库里长期无人认领,有的国家甚至还提出过抗议。④

1969 年北京电视台只向 16 个国家,总共寄送了 86 条新闻片和纪录片。使用我电视片较多的有阿尔巴尼亚、罗马尼亚、柬埔寨、巴基斯坦、刚果(布)、伊拉克、日本七国。与此比较,1966 年北京台向 36 个国家送出了节目。

毛泽东 1966 年同美国记者斯诺谈话时,承认中国确有个人崇拜,并认为当时需要更多的个人崇拜。不过,毛对某些过火的提法也不同意。1967 年、1968 年间,毛泽东对国外宣传工作有过多次指示、批示。1970 年,毛主席先后 10 次对涉外工作批示,他指出,"国家不同,做法也不能一样","不能强加于人","不要自吹自擂"。⑤

1970 年 12 月 23 日,北京台检查了出国片工作中存在的四点问题,重新制定了出国片的方针,加强出国片的针对性,客观、真实地介绍新中国的形象。林彪事件后,周总理经常过问北京台的外宣工作,有时还亲自审查一些节目。

---

① 赵凯.上海广播电视志[M].上海:上海社会科学出版社,1999:395,580.
② 《当代中国的广播电视》编辑部.中国广播电视大事记[M].北京:北京广播学院出版社,1987:247,253,264,266,272.
③ 杨伟光.中央电视台发展史[M].北京:中国广播电视出版社,2010:91,94,100-104;《当代中国的广播电视》编辑部.中国广播电视大事记[M].北京:北京广播学院出版社,1987:232.
④ 杨伟光.往事如歌:老电视新闻工作者的足迹[M].北京:人民出版社,1997:487;赵玉明.中国广播电视通史[M].北京:北京广播学院出版社,2004:314.
⑤ 徐光春.中华人民共和国广播电视简史[M].北京:中国广播电视出版社,2003:147.

为了掌握主动、扩大效果，北京电视台主动改变做法。从 1968 年开始，在向各国电视机构寄片的同时，又与我国驻外使馆取得联系，不定期地向他们提供新闻片，请他们利用招待会放映或向社会上友好人士提供。同年 5 月，北京台试向驻外使馆寄送了《庆祝"五一"国际劳动节》和《毛主席接见六军区革命战士》两片，陆续收到使馆反应。其中，大多数使馆表示欢迎。据我驻伊拉克使馆来信反映，他们向法塔赫放映此两片后，"反应很热烈"。许多使领馆的同志希望将这些新闻片制作成有外文解说的有声片，更便于放映。北京台根据他们的要求，在 1968 年 8 月，制作了英语、法语和阿拉伯语版三种有声新闻片，分别寄给了驻英国、瑞士、瑞典等 11 个讲英语国家的使馆，驻法国、柬埔寨等 16 个讲法语国家的使馆，驻伊拉克、摩洛哥、阿尔及利亚等讲阿拉伯语国家的使馆。从此以后，对少数重点报道，都是制作成有声外语拷贝向国外输出，进一步提高了宣传效果。如 1968 年 6 月 15 日，法国电视台播出了北京电视台寄去的"首都五十万革命群众游行示威，支持法国工人、学生斗争"的电视片。这是自 1967 年中法两国签订文化协定以来法方首次播用我国节目。①

北京台开始注意"内外有别"，努力改进对外宣传。到 1971 年年底，北京电视台寄送出国新闻片的对象国增加到了 22 个。寄送电视片达到 313 条，3,136 个拷贝。到 1975 年年底，北京台共向海外 83 个国家和地区的 102 个单位（包括我驻外使馆）寄出 227 个主题的电视新闻片和纪录片。节目在外国的使用率也有所上升。据统计，伊拉克 5 个月内播出北京台提供的节目 19 个，民主也门电视台的采用率为 1/3。1974 年，北京台向英国维斯新闻社提供电视新闻片 116 条，该社采用并向世界各国订户发行了 54 条，采用率达到 46% 以上。②

1976 年，我国大事迭出，在周恩来总理、朱德委员长、毛泽东主席逝世，及粉碎"四人帮"时，我国都使用在北京的地面站通过太平洋、印度洋上空的卫星，对世界各国电视机构传送相关的电视片，向国外播放了新闻。卫星播出成为我国电视新闻出国的全新途径。③

三、国际新闻片源

"文革"初时，《国际新闻》的来源越来越少，苏联、东欧和古巴等国家寄来的片子都停止使用了，巴基斯坦、阿联（埃及）、伊拉克等国寄的片子本来不多，维斯新闻社提供的也很少可用。到后来给北京台寄送节目的只剩罗马尼亚、越南、日本三国。《国际新闻》的播出次数只得由原来的每周 4—6 次降到 3 次。④

"文革"前，在北京电视台与英国维斯新闻社互供电视片合同的执行期间，发现该

---

① 杨伟光.往事如歌：老电视新闻工作者的足迹[M].北京：人民出版社，1997：466；《当代中国的广播电视》编辑部.中国广播电视大事记[M].北京：北京广播学院出版社，1987：223.
② 杨伟光.中央电视台发展史[M].北京：中国广播电视出版社，2010：94，101.
③ 姚建红.中国新闻史事溯源[M].北京：中国新闻出版社，1989：87.
④ 杨伟光.中央电视台发展史[M].北京：中国广播电视出版社，2010：94.

新闻社也发行台湾影片,经抗议,该社将文字说明中的"国家"一栏改为"国家与地区"。后来又几次出现有关"两个中国"问题。在续签合同的来往中,英国人拒绝停用台湾影片,终致关系破裂。1967 年 1 月 14 日北京台去函声明合同期满不再续签。当年 2 月 14 日,合同期满,交换终止。2 月 23 日维斯总经理沃尔德曼来函表示遗憾。[1]

1967 年 3 月 21 日,北京电视台宣布自 7 月 14 日合同期满后终止与日本"电波新闻社"签订的互换电视影片协定。并于 7 月中断与其来往。在这之前,3 月 1 日,北京电视台向由旅日华侨在东京新创办的日本"中国通讯社"发出贺信,提议建立业务联系,由其代销中国电视片,并将中国电视片向日本各电视台的发行权授予该社。

这之后,北京电视台的国际节目只有其常驻越南记者拍摄的片子和日本"中国通讯社"寄来的片子两个来源,以及极少的来自阿尔巴尼亚的译制片,如《霍查视察北方》等。没有其他国际信息和知识性节目来源。至此,《国际新闻》栏目因片源不足陷入停播状况,且一停多年。[2]

"文革"后期,中国电视台与国外电视机构的联系日渐增多。1971 年 6 月 28 日,在中断关系四年以后,北京电视台和英国"维斯新闻有限公司"在伦敦又正式签订了互购电视新闻片的协议。1970 年经周总理批准同该公司恢复关系,在起草合同文本时,除对等原则外,重要的问题是强调对方不得使用我方提供的电视新闻进行"一中一台"或"两个中国"的错误宣传,这一点写入协议第三条规定。此后在历次续签合同时都坚持保留这一涉及主权的条款。协议于 7 月 1 日起生效,为期一年。根据协议,北京电视台每年向英方寄 100 条新闻片,英方每周向我寄送约 4,000 英尺(约一个多小时)的电视片。这是"文革"以来同外国电视机构签订的第一个协议。此后,有了稳定的片源,8 月 8 日开始不定期播出《国际新闻》节目。第二年又续签了协议,北京台的《国际新闻》也增加到每周 2—3 次。[3]

1971 年,我国和朝鲜、南斯拉夫,1972 年同罗马尼亚签订了新的广播电视协定。这几国及越南、阿尔巴尼亚等国常常为我国提供节目;还有日本的"中国通讯社"、巴基斯坦、加拿大、澳大利亚等国电视机构提供的电视片。这个时期,我国与法国电视台也就交换电视片问题进行了接触。后来,《国际新闻》栏目恢复到每周播出 3 次,每次 10 分钟,一直持续到 1979 年。[4]

另外,20 世纪 70 年代初,我国广播电视界在中断五六年未派人出国访问之后,出访也开始恢复,因此有了电视台自己出国拍摄的片子。1971 年五六月间,中国军事友

---

[1] 杨伟光.中央电视台发展史[M].北京:中国广播电视出版社,2010:103;郭镇之.中国电视史[M].北京:中国人民大学出版社,1991:52,77,102.
[2] 赵玉明.中国广播电视通史[M].北京:北京广播学院出版社,2004:314;杨伟光.往事如歌:老电视新闻工作者的足迹[M].北京:人民出版社,1997:475.
[3] 郭镇之.中国电视史[M].北京:中国人民大学出版社,1991:86;《当代中国的广播电视》编辑部.中国广播电视大事记[M].北京:北京广播学院出版社,1987:241.
[4] 杨伟光.中央电视台发展史[M].北京:中国广播电视出版社,2010:93-94,104;张庆,胡星亮.中国电视史[M].北京:中央广播电视大学出版社,1996:46.

好代表团访问罗马尼亚。北京台派出记者吕逢欣随团拍摄电视片。采访拍摄的十几条新闻编入刚刚恢复的《国际新闻》栏目播出；此外还编辑了两部纪录片：《中国军事友好代表团访问罗马尼亚》和《罗马尼亚人民在前进》。1972年，阿尔巴尼亚邀请我国派记者组赴阿采访。中央广播事业局请示周总理，他决定选派专业干部而不是军管小组负责人出访。①

1972年年初，以广播事业局局长邓岗为团长的中国新闻代表团访问北欧四国（瑞典、挪威、冰岛和芬兰）和中欧两国（瑞士和丹麦）。北京台记者韩金度随团访问并拍电视片。拍摄的内容主要是国家首脑接见代表团、国外人民的生活、地理风光以及代表团的活动等。这些内容在"文革"期间萧条的屏幕上大放异彩，深受观众欢迎。

1972年4月，上海电视台派出记者随上海芭蕾舞团访问朝鲜，参加金日成主席60诞辰祝寿活动，活动被摄制成一部长30分钟的纪录片《中国上海芭蕾舞蹈团访问朝鲜》。这是上海电视台第一次派记者出国拍摄新闻纪录片。②

1974年4月6日，国务院副总理邓小平率领中国代表团出席联合国第六届特别会议。连同随行的4名记者在内，代表团一行13人。这是邓小平经历"文革"劫难后再次复出主持中国政府日常工作。副团长一是外交部副部长乔冠华，一是中国常驻联合国代表黄华（当时他已在纽约）。临行前，周总理抱病前往机场送行。从北京出发的12人乘坐专机抵达巴黎，而后换乘法航飞机直飞纽约。邓小平这次率团出席联合国特别会议，是中国政府恢复在联合国的合法席位后，第一次派出副总理级政府官员出席，中外都十分关注。舆论形容："联合国大会的会议厅里，中国代表团团长们遭到了照相机的围攻，他们的座位周围人山人海"；"整个资源问题大会上，中国席门庭若市"；"9日开幕的联合国资源问题特别大会的'台风眼'是中国代表团的动态"……北京电视台新闻部随行记者拍摄了邓小平在会上全面阐述"三个世界"理论的发言。4月24日在电视中播出了发言摘要和电视片。③

应对外交活动增多的需要，1973年，北京电视台新闻部国际组从台内其他部门抽调记者编辑及应届大学生，加强出国片的制作力量。到1976年国际组已有记者、编辑、翻译（包括英、法、德、日、西班牙和阿拉伯语）37人。他们担负出国片的选材、拍摄、编辑、译制、交换及处理外国电视台寄送电视片和《国际新闻》的编译、播出业务。

四、重新融入国际社会

1971年10月，我国恢复了在联合国大会的合法席位后，我国的国际地位发生了

---

① 中华人民共和国史广播电视编辑部.当代中国广播电视回忆录：第三集[M].北京：中国广播电视出版社，1994：69，73.
② 赵凯.上海广播电视志[M].上海：上海社会科学出版社，1999：395；杨伟光.中央电视台发展史[M].北京：中国广播电视出版社，2010：95，101.
③ 杨伟光.往事如歌：老电视新闻工作者的足迹[M].北京：人民出版社，1997：127-129；王晞建.岁月拾贝[M].北京：中国广播电视出版社，2002：142；《当代中国的广播电视》编辑部.中国广播电视大事记[M].北京：北京广播学院出版社，1987：258.

极大的变化。

1972年5月,我国在国际电信联盟的合法席位也得到恢复。当年10月14日在伊朗德黑兰召开的"亚洲—太平洋广播联盟"(简称"亚广联")第9次全会通过决议:中华人民共和国国家广播组织应享有亚广联正式成员的资格。东道主伊朗拒绝给台湾代表颁发与会入境签证。1973年,中央广播事业局经外交部会签向国务院请示,决定接受亚广联的决议,行使在这一国际组织中的权利。但考虑到这是一个民间性的专业国际组织,使用政府机构的名义参加似有不妥,当时亚广联章程又规定一个独立国家只能有一个正式会员,于是在给国务院的请示中建议使用"中华人民共和国广播电台和电视台"的名义(英文缩写为RTPRC)参加亚广联。这种务实的建议得到了周总理批示同意。从此,我国广播电视机构就以这个名称参加亚广联的一切活动。

1973年12月3日,中央广播事业局以中华人民共和国广播电台和电视台名义致电亚广联第十届全会和亚广联主席:我国决定行使亚广联正式会员的权利。1974年9月29日—10月12日,我国派出以李哲夫副局长为团长的11人代表团,首次参加亚广联十一次全会及有关会议。1975年11月7—23日,在澳大利亚召开的亚广联第十二次全会上,我国首次当选为亚广联理事。[①] 中国电视与世界电视界的交往逐渐恢复。

在与我国大面积恢复外交关系后,一些国外媒体与个人开始试图向世人反映中国的真实面貌。1972年4月10日到5月14日,日本教育电视台朝日制作公司电视小组来我国采访,他们所拍的片子编成题为《文化革命的中国》专辑。

1972年5月13日—6月16日,意大利电视台摄影队以科隆博为领队、米开朗基罗·安东尼奥尼(Michelangelo Antonioni,1912—2007)为导演,来我国进行了一个多月的采访拍片。回国后制作了题为《中国》的影片,1973年问世。1974年1月31日开始,我国对此片大肆兴师问罪,以《人民日报》为首的媒体展开了严厉批判。江青称其为"间谍加汉奸",把片子作为政治棍子,打击周恩来总理,为实现其政治野心创造条件。[②] 其借用的理论就是"工具论",抹杀了纪录片的自身功能;并采用法西斯式的宣传手法,"一手遮天"、操纵舆论,服务于其政治目的。这一做法在社会上引起了很大的负面影响,使简单化的媒体行为评价风行一时,对纪录片作用的判断也受到了扭曲。

1972年,在美国总统尼克松访华之后,美国掀起了一股"中国热"。当年秋天,美国全国广播公司(National Broadcasting Company,NBC)在加拿大友好人士朗宁的女儿托平夫人的协助下,申请来华拍摄电视专题片《故宫》。他们不但要拍摄故宫的外景及部分内景,还要以此为背景反映中国几十年的变化。周总理对此做了非常具体的批示。8月18日,由露西·贾维斯夫人率领的8人摄影队来到我国。这是新中国成立以来接待的第一个美国大型电视摄影队。他们拍了北京第二机床厂工人刘宝礼一家

---

① 张庆,胡星亮.中国电视史[M].北京:中央广播电视大学出版社,1996:51;方汉奇.中国新闻事业通史:第三卷[M].北京:中国人民大学出版社,1999:1044.
② 郭镇之.中国电视史[M].北京:中国人民大学出版社,1991:91,94.

及故宫等名胜,该摄制组还得到特许登上天安门城楼拍摄。以文物局局长王冶秋为首的专家们还会见了节目制作人露西·贾维斯和导演汤姆·普里斯特利等。9月13日,周总理也会见了该摄影队,并接受了简短的电视采访。这部电视片拍得很精美,获得了广泛的好评。《紫禁城》(故宫)成为贾维斯夫人系列代表作"三宫"(其他为卢浮宫、克里姆林宫)之一。①

1973年3月7日到5月3日,BBC电视摄影队一行七人来我国采访文化古迹,配合我国出土文物在英国展览。由外交部、文物局、中央广播事业局联合接待。回国后编成电视片《中国的珍宝》播出。这是英国BBC首次派大型报道队来华拍片。②

据统计,中央广播事业局仅1972年就接待了来自7个国家的9个电视摄影队。这个数字相当于前22年接待外国摄影队数量的总和。1973年又接待了10个国家的15个电视摄影队。他们摄制的电视片绝大多数都比较客观地介绍了我国的情况,有助于外国观众了解中国,其中美国全国广播公司摄制的《故宫》最有代表性。③

1973年4月24日到5月17日,美国哥伦比亚广播公司(CBS)的创始人、董事长威廉·佩利应中央广播事业局邀请来我国访问。5月1日,周总理、叶剑英在中山公园兰花房会见了他,并进行了友好的谈话。7月21日到8月9日,美国广播公司ABC的董事长里昂纳德·戈尔登逊来我国访问,同中央广播事业局进行了业务会谈。④

1974年2月2日到3月22日,中央广播事业局何大中、许中明作为我国电信代表团成员,赴日内瓦参加国际无线电咨询委员会各研究组会议。这是国际电信联盟恢复我国合法席位后,我国第一次派出代表团。1975年5月20—29日,以北京台副总工程师许中明为团长的中国电子学会小组赴瑞士蒙特勒出席第九届国际电视讨论会。⑤

20世纪70年代上半期,北京台本着争取国际和平和同各国人民友好交往的原则,真诚地同一切友好国家的电视台恢复或建立交换节目和其他方面的合作关系,取得了初步成果。

五、外事报道带动影视合并

周恩来总理无论在国务活动还是外事活动中都经常与记者打交道,他关心记者,也关注记者的采访拍摄工作。他曾提醒记者在采访中准确把握外交原则。一次周总

---

① 中华人民共和国史广播电视编辑部.当代中国广播电视回忆录:第三集[M].北京:中国广播电视出版社,1994:73-75.
② 《当代中国的广播电视》编辑部.中国广播电视大事记[M].北京:北京广播学院出版社,1987:245,247,250,257,259,266.
③ 赵玉明.中国广播电视通史[M].北京:北京广播学院出版社,2004:302.
④ 《当代中国的广播电视》编辑部.中国广播电视大事记[M].北京:北京广播学院出版社,1987:251,253;中华人民共和国史广播电视编辑部.当代中国广播电视回忆录:第三集[M].北京:中国广播电视出版社,1994:74;杨伟光.中央电视台发展史[M].北京:中国广播电视出版社,2010:104.
⑤ 《当代中国的广播电视》编辑部.中国广播电视大事记[M].北京:北京广播学院出版社,1987:257,263.

理会见马耳他总理明托夫前,提醒新影记者舒世俊说:"小舒,你们拍镜头也要注意礼貌,要尊重我们请来的客人,镜头不要总对着我们的领导人。客人坐下后,要先拍客人,后拍主人,镜头的大小远近要一样。在你们的新闻简报里,解说词明明说的是宾主进行了友好的谈话,为什么画面是先用主人镜头?应该先出客人,后出主人镜头嘛!"他提醒说;"这是礼貌,在你们拍的镜头里不要有大国沙文主义,镜头里要体现我们党的一贯政策,大国小国都一样,一律平等。"①

在外事报道方面,1972年7月14日,新华社、电视台和新影厂三个单位成立了"中央外事摄影协作小组",将影、视、照片三家统一起来,专门负责拍摄领导人及其重大外事活动。这一机构揭开了影视合并的序幕。它是在周总理的督促下组成的。

20世纪60年代初,周总理就提出希望中央新闻纪录电影制片厂与电视台合并起来拍摄新闻。当时他是从几个方面考虑,首先是他看到新影厂的时政女记者舒世俊拿着笨重的35毫米摄影机、背着电瓶,很辛苦,便多次谈道:"新影厂应尽快换成电视记者用的小型摄影机。"以去除记者过重的负担。其次是他看到新影厂与电视台拍摄的新闻内容大致相同,而新影厂拍摄的《新闻简报》每周只出一期、每期只有10分钟,内容有限,时效又慢,要在电视播出很久以后才能在电影院看到。再次是电视台刚刚建立不久,设备、人力、物力都缺,而新影是老厂,创作人员、技术人才充足。还有当时国家财政比较困难,新影厂、电视台同拍一条新闻浪费胶片、浪费人力。最后,国家大事活动的现场记者太多,记者拥挤、长时间摄影灯闪光,影响活动正常进行,并影响领导健康。②从长远看,影视新闻合并,可以节约人力、财力、物力,采访、拍摄效果也会更好。

周总理在很多场合只要看到新影厂和电视台的记者,就谈合并问题。1964年2月,周恩来总理访问亚非14国,最后一站是斯里兰卡。当总理的专机刚刚起飞不久,总理就找随行采访的新影厂的庄唯和舒世俊、电视台的李华谈"电影、电视合并问题"。他说:"出来工作人员有限,新影出来两个人,电视台只李华一个人,你们拍的内容一样,由于人力少,都拍得很不完全。如果新影厂换上小机器和电视台的合起来,拍的材料统一使用,这样便能充分发挥宣传作用。电视播出后,电影再出纪录片也可以嘛。"总理还说,回国后一定让国务院办公室召集有关领导开会研究合并问题。

为了支持电影、电视合并,在当时我国经济相当困难的时候,对新影厂提出的设备要求,周总理很快特批了20多万美金,为新影厂到国外购置了16毫米摄影机、放映机、剪接机等很多设备。

那次回国后,总理办公室主任到新影厂召集文化部领导、广播局梅益、新影厂钱筱章、电视台孟启予等同志多次开会,研究讨论两个单位的新闻拍摄合并问题。当时两个单位的群众听说合并都非常高兴。但新影厂领导认为不合适,技术上一些问题不好

---

① 杨伟光.往事如歌:老电视新闻工作者的足迹[M].北京:人民出版社,1997:64.
② 舒世俊.影视新闻合一家[J].电视研究,1998(8);杨伟光.往事如歌:老电视新闻工作者的足迹[M].北京:人民出版社,1997:76-77.

解决,特别是把 16 毫米胶片放大成 35 毫米电影片后质量没有把握,不愿合并。一直没能决定。总理的意见就这样被拖了下来。

1967 年夏天,毛主席会见巴基斯坦一个军事代表团时,摄影记者并不多,但拍摄时间过长。摄影机的噪音、灯光的照射,再加上记者横冲直撞的拼抢,严重影响了宾主的正常活动。毛主席发了火,把所有记者从接见大厅轰了出去。

事后,周总理召集记者们开会,非常严肃地批评了争抢的做法。当他得知《人民日报》记者吕相友照了"整好一个卷"时,说:距离那么近,次数那么多的闪光,再加上电影电视灯光的照射,主席能承受得了吗? 你们可以把闪光灯对准自己试一试。①

看到大家都很内疚,总理建议"各新闻单位组织起来,统一领导"。但总理的指示迟迟没有得到落实。直到 5 年以后的 1972 年 7 月 14 日,由新华社、电视台和新影厂三个单位参加的"中央外事摄影协作小组"才在总理的督促下正式成立,将影、视、照片三家统一起来,纠正了各自为政的混乱局面。从此,新影厂、电视台的时政记者、编辑、照明联合办公,并将位于虎坊桥的国务院原宗教局办公楼做办公室,同时成立了北京电视台时政部。从此,党中央、国务院的重大政治活动统一由北京电视台时政部负责拍摄,新影厂将电视台拍的 16 毫米胶片放大成 35 毫米,再在电影院放映。由于电视事业发展很快,中央最后决定新影厂不再担负放大任务。从此,新影厂时政组的几个同志正式调入北京电视台。②

1969 年 4 月,中国共产党第九次全国代表大会召开期间,北京电视台于广华因赶制大会新闻而错过了开饭时间,住地服务员为他单独开饭。这时,周总理带着他的警卫员来了,他让服务员又拿了两套餐具,和于广华边吃边围绕电视事业聊起来,谈了一个半小时。临别时,周总理说:"电视事业大有可为,目前在我国虽然还处于落后状态,但不久将会成为影响很大而且是很重要的宣传工具。"这是周总理对电视事业的预见,后来证明它是非常正确的。③ 这可能也是他力主影视合并的一个原因。

对外报道经历了一段与国内报道一样的倒退过程。外国人不买"文革"的账,北京台便又开辟了驻外使领馆的播放途径。直到 1970 年,中国在联合国的席位恢复,对外关系逐渐正常起来,与外国电视机构也重新联系、往来。外交领域接连的成功扩大了国际交往。对外交流中又突显了中国经济、技术的落后。在这个过程中,中国电视界了解了世界的发展,看到了技术的进步,也获悉了先进的理念,中国人于是有了在技术、业务领域奋起直追的冲动。

让人费解的是,利国利民的影视合并建议,在周总理十多年的提倡中竟然不能实现,满足了要求、购置了设备,依然难以迈出实质性的一步。

---

① 中华人民共和国史广播电视编辑部.当代中国广播电视回忆录:第三集[M].北京:中国广播电视出版社,1994:180.
② 舒世俊.影视新闻合一家[J].电视研究,1998(8);杨伟光.往事如歌:老电视新闻工作者的足迹[M].北京:人民出版社,1997:78.
③ 于广华.与周总理同桌就餐[J].电视研究,1993(台庆专刊).

第四节 重大变化

这一节涉及的四个话题:开播彩电、创办《新闻联播》、与"四人帮"斗争、粉碎"四人帮",都是"文革"后期电视发展或是影响电视新闻发展的重大事件。当然,从技术发展来讲,卫星电视也是巨大的技术发展,但它始于此时期、完善于20世纪90年代,在这个阶段对国内的节目还没有太多实质性的影响。而彩电则既开始又完成于这一时期,因而选入。创办《新闻联播》无疑具有特别重要的意义,而微波线路建设则是其基础,故放入这个部分。与"四人帮"的斗争虽然涉及全国各行各业,但与电视新闻界有着特殊的关系。

一、开播彩电

彩色电视诞生于二战后的美国。1950年3月29日,美国的NBC试验成功世界上第一个三色合成彩色电视显像管[①],这家电视机构于1954年率先开始了彩色电视广播。

1968年11月,中央广播事业局提出了一个发展全国电视广播的设想,根据毛主席"外国有的我们应该有,外国没有的我们也应该有"的指示,邀请国家科委、国防科委和四机部协同广播局试制磁带录像机、研究彩色电视制式。把发展电视技术当成政治任务。

1969年4月15日,江青在审查节目时说:你们电视落后,已老掉了牙齿,人家都在搞彩色电视了,你们还是黑白电视。4月18日、7月23日、7月24日主持宣传工作的姚文元也三次指示让电视找差距,提出发展方向,搞具体规划。[②]

1970年1月16日—2月1日,全国电视专业会议在北京举行。这次会议是由中央广播事业局会同工业电信部门、四机部、中国人民解放军通讯兵部、国家邮电部电信总局联合发起召开的。会议的主要议题是:在适当发展黑白电视的同时,集中主要技术力量去研发彩色电视。会上确定:在北京、天津、上海、四川等电视发展较先进的地区建立彩色电视制式"攻关会战"点。这时将创办彩色电视再次提上日程,20世纪60年代初研制的彩电设备因长期搁置都已经报废了。

不同于1959年时的仿制,这次搞的"彩色电视会战",是要靠群众运动来"研究"新制式,不使用世界上已有的三种制式(NTSC、PAL、SECAM),一定要创造"自己的"制式——哪怕差一点儿。攻关首先对三种已有彩电制式及其设备、器材进行研究和比较。试制中,为了不"崇洋、爬行",又不去查文献,闭目塞听,结果试验了40多种制式,

---

① 消息来源:凤凰卫视2005年3月29日《地球这一刻》栏目。
② 郭镇之.中国电视史[M].北京:中国人民大学出版社,1991:79,80,81;赵凯.上海广播电视志[M].上海:上海社会科学出版社,1999:376,566.

都是人家试过并否定了的。会战进行了近一年,各会战点采用国产元器件制造出了各有特点的彩电设备。1971年8月,各会战单位把各自研制出来的彩电设备都运到北京广播学院,在那里进行了试播展览和彩电研制经验交流会。然而,未能收到预期效果。①

在研制中,1971年,研究人员曾提出一种压扩时轴的分量传输时间分割制(简称斗链制),并用模拟的办法验证了原理,它类似于国外后来的MAC制,是比较先进的制式,但当时由于国内没有"斗链"器件,无法实现。想要发明自己理想的制式需要长时间的认真研究,不是这样盲目地闭门造车能成功的。当然,这次"会战"也在全国起到了技术练兵的作用。②

1970年年底,中央广播事业局在北京召开了彩色电视攻关经验交流会。会后,国务院批准筹建北京、上海、天津、四川四个彩色电视试播台。按此精神,上海市委批准建造上海彩电中心。征用南京西路651号、原上海市体委的篮球场、排球房等,并委托同济大学和上海市民用设计院设计演播大楼和电视铁塔。在建造彩电中心的同时,积极筹备制造和引进彩电的配套设备。1972年2月,上海试制的彩色电视试验台中心设备运至北京电视台并安装完毕。③

1971年12月31日,中央广播事业局负责人在向姚文元汇报彩色电视情况时显然流露出畏难情绪。姚说,彩电一定要搞,设备问题有困难可向国务院汇报……应该向主席汇报。广播局负责人说,主席很忙,……这一点小问题不好惊动主席。姚说,这事也不小,应该向主席汇报,主席很关心。

1972年年初,美国记者携带卫星地面站、彩电转播车、彩色胶片洗印机等大批设备先期来华,为其总统访华报道做准备。尼克松的到来,特别是跟随他的美国三大广播公司的庞大采访队伍及其设备的到来,使中国电视工作者痛切地感到了自己与美国同行技术上的差距。④

1972年4月20日,中央广播事业局军管小组向国务院业务组提交了"关于进口部分彩色电视设备的请示报告"。报告说:当前彩色电视设备正处于研制阶段,有些主要设备和关键器件近期内难以达到广播使用水平。为此,拟进口部分彩色录像设备、电视转播车(包括全套彩色电视转播设备)、彩色洗片设备及附属设备、备件等,以应急需。所需投资建议列入国家计划。这些设备约需外汇170万美元;加上国内配套设备,共计人民币1,220万元。

1972年9月,中央对发展彩色电视提出了明确要求。此后,国家计委安排了北

---

① 方汉奇.中国新闻事业通史:第三卷[M].北京:中国人民大学出版社,1999:392;杨伟光.中央电视台发展史[M].北京:中国广播电视出版社,2010:92,133.
② 赵水福.世纪心语:中国老广播电视工作者感悟录[M].北京:中国国际广播出版社,2003:312-314.
③ 赵凯.上海广播电视志[M].上海:上海社会科学出版社,1999:376;张庆,胡星亮.中国电视史[M].北京:中央广播电视大学出版社,1996:49.
④ 郭镇之.中国电视史[M].北京:中国人民大学出版社,1991:83-84,88;《当代中国的广播电视》编辑部.中国广播电视大事记[M].北京:北京广播学院出版社,1987:243.

京、上海、天津以及河北、广东等省和直辖市试制首都彩色电视试播设备的任务。并于10月14日派出以王枫为组长的电视技术考察组,到西欧五国(法、荷、英、联邦德国、瑞士)考察。根据考察结果结合中国当时黑白电视状况,多方权衡,决定暂用与黑白兼容的PAL/D制式(1982年正式确定为中国彩电制式)。据考察组成员、早年在苏联学习彩电技术的许中明回忆,他在考察后撰写的制式比较报告中解释称:当时我国的微波电路质量较差,传不了美国的NTSC制彩色电视(1959年我国试制时使用的制式)信号,而PAL制在技术上较优,适合于我国多山的条件,采用的国家也较多,因此确定选用。随后决定在北京电视设备厂和上海广播器材厂对PAL制彩电设备分别进行试制。为此,中央批准拨给相当数量的外汇款,供选购和研制设备。①

当年,北京电视台首次从联邦德国引进了2英寸带4磁头的录像机和彩电中心设备,又从美国引进了10套录像设备。随后,进口了日本产彩色影片洗印机和高温快速彩色反转片洗印设备。1973年,北京电视台第一次从日本东芝公司引进了两辆三讯道彩电转播车。中心设备使用的全部是半导体器件,且可以做一些较复杂的特技操作。电视台派出技术队伍赴日本学习培训。1974年北京台又从英国引进了一辆四讯道彩电转播车。

经过半年多的奋战,1972年年底到1973年年初,北京电视设备厂、上海广播器材厂等单位的工程技术人员克服种种困难,研制出一辆三讯道的转播车。于是,北京电视台采用国产彩电设备建立了一座彩电试播台。至此,北京电视台共有四辆彩色电视转播车,其中国产、英国产各一辆,日本产两辆。②

中央、国家高层领导对彩电建设都非常重视。1973年2月23日,毛泽东亲自审阅了中央广播事业局关于彩色电视试播筹备工作的简报,周恩来等中央领导也都有指示。2月18日,主管宣传的姚文元在看《毛主席会见基辛格》一片时也催问:彩色电视节目五一能不能播出?③

1973年3月30日下午,北京电视台对上海试制的中心立柜、导演控制台、两部35毫米电视电影机、一部幻灯机、一部摄像机和北京试制的一千瓦彩色发射机,以及从电视台到发射台的传输电缆和改装的进口彩色接收机进行了第一次开路连通调试,彩色电视试播的各项准备工作进展顺利。

1973年4月14日起,北京电视台第一次连续开机试验播出彩色电视,从19:30到20:30,播出了纪录片和芭蕾舞剧《红色娘子军》选场。此后,每周二、六晚上19:30试播少量彩色节目。与此同时,北京电视台开始利用彩色录像设备录制节目,积极为

---

① 壮春雨.中国电视概述[M].北京:中国广播电视出版社,1985:216-221;赵水福.世纪心语:中国老广播电视工作者感悟录[M].北京:中国国际广播出版社,2003:313-320;杨伟光.中央电视台发展史[M].北京:中国广播电视出版社,2010:134;方汉奇.中国新闻事业通史:第三卷[M].北京:中国人民大学出版社,1999:393;张庆,胡星亮.中国电视史[M].北京:中央广播电视大学出版社,1996:49.
② 徐光春.中华人民共和国广播电视简史[M].北京:中国广播电视出版社,2003:171.
③ 郭镇之.中国电视史[M].北京:中国人民大学出版社,1991:89.

彩色播出做准备。

1973年4月15日，周恩来总理在看彩色电视试播节目时，看到图像中间有一块黑斑，让秘书询问电视台得知是电视摄影机用的飞点扫描管有一块荧光粉烧坏了，因管子不多，试播时没有换新的，总理听后说：新的不多可以买，试播也应该认真搞好。李先念看了彩色电视试播后，打电话给国家计委和四机部负责人，让他们主动与北京电视台联系，帮助解决困难。①

前后经过两年多时间的努力，1973年5月1日，我国彩色电视开始试验广播。北京电视台用8频道面对首都观众试播。当天从19:30到21:00结束。播出安排在每周二、四、六、日的晚上，遇节假日白天增加播出。当时北京可供使用的彩色电视机共有100多部，同时，天津无线电厂研制出我国第一批彩色电视机。②

电视科技不断进步，转入彩色时代。1972年初，尼克松访问中国时，北京电视台试拍了彩色电视片。随后，新闻片等各种播出片，都改用彩色反转胶片和反转复制胶片。③

彩色电视试播一周后，1973年5月8日北京台播放了彩色纪录片《欢庆五一》，片长35分钟，这是我国第一部彩色电视纪录片。以后毛主席会见外宾也多用彩色胶片拍摄。这标志着电视新闻从黑白到彩色的过渡。1973年以后，彩色胶片逐渐取代了黑白胶片。用彩色电影胶片制作电视节目的方法一直沿用到1980年。④

1973年8月1日，上海电视台开始试播彩色电视，每周播出两次（周三、六），成为第一个播出彩色节目的地方台。从8月7日起，北京电视台每周二在京沪微波干线上传送彩色电视节目。上海电视台则用8频道不定期试转北京彩色节目。当时上海仅有69台彩色电视机。金星金笔厂（上海电视一厂前身）放置的3台彩色电视机前，观众达千人以上。中华造船厂职工食堂的一台彩色电视机前，有观众700余人。观众第一次看到绚丽多彩的电视屏幕，欢欣鼓舞、反响热烈。⑤

当年10月1日上午8:00，天津电视台彩色电视也开始试播，并试转了北京电视台彩电节目。成都电视台也于年前开始了彩色电视试播。至此，我国彩色电视广播开始形成规模。⑥

1973年10月1日，北京电视台彩色电视节目转播了首都人民庆祝中华人民共和国成立24周年游园活动的实况。这天，北京电视台通过微波向上海、天津、南京、武

---

① 《当代中国的广播电视》编辑部.中国广播电视大事记[M].北京：北京广播学院出版社，1987：247，251.
② 姚建红.中国新闻史事溯源[M].北京：中国新闻出版社，1989：79，87.
③ 韩志恩.从黑白片到彩色片[J].电视研究，1998(11)；杨伟光.中央电视台发展史[M].北京：中国广播电视出版社，2010：16，69.
④ 洪民生.发展中的中国电视新闻事业[J].电视研究，1985(3)；杨伟光.中央电视台发展史[M].北京：中国广播电视出版社，2010：93，131.
⑤ 方汉奇.中国新闻事业通史：第三卷[M].北京：中国人民大学出版社，1999：1043；徐光春.中华人民共和国广播电视简史[M].北京：中国广播电视出版社，2003：171.
⑥ 壮春雨.中国电视概述[M].北京：中国广播电视出版社，1985：10-12.

汉、杭州等地试转了彩色电视节目。至此,我国初步形成彩电广播规模。这一天转播使用的是国产彩电转播车和录像机。同时,中国电视工业系统从元件、器件到整机,从发射设备、中心设备到电视接收机等,其研制和生产都已开始。①

1974年2月,经过近3年时间建设,上海电视台彩电中心建成。它包括演播楼、发射机房、微波机房和电视发射塔。演播楼内有600平方米、300平方米演播厅各一个。演播厅内主要设备有上海广播器材厂生产的彩色电视摄像机、上海淮海无线电厂生产的中心立柜,演播室内的半自动化照明设备保证色温在3,200K左右,可以满足彩色的准确表现。发射机房装有两台上海无线电三厂生产的10千瓦彩色电视发射机。微波机房有上海医疗器械厂生产的微波机。电视发射塔高210米,是当时上海最高的建筑物。塔上装有上海市广播事业局设计制造的6层蝙蝠翼5频道发射天线和8频道双环天线。②

1974年下半年,上海电视台从新永安大楼迁到南京西路651号彩电中心新址。同年12月26日,其启用新彩电中心。8频道除每周播出3次自办节目外,还转播北京电视台彩电节目。1975年9月,安装了第二套彩电中心设备,专门供5频道自办彩电节目使用,从而使上海台成为全国省市级电视台中,第一家全部频道配备彩色电视设备的电视台。

上海电视台最初用彩色胶片是在1974年。摄影记者用美国柯达负片拍了一部纪录片,洗印人员和上海几家大照相馆技师合作,作为一项攻关项目,第一次试验洗印彩色片成功。1975年下半年,购进由上海电影机械制造厂试制的洗印机,实现了机械操作。这一年起,上海电视新闻开始采用国产彩色片,到1978年结束了黑白新闻片历史。

1974年5月8日,北京电视台彩色节目由每周4次改为每晚播出。10月1日,北京电视台彩色电视节目转入正式播出。上午对全国转播了首都人民庆祝中华人民共和国成立25周年部分游园活动的实况,晚上播放了焰火晚会实况。当晚还播放了9月30日周总理举行盛大国庆招待会的电视新闻片。这是周总理主持的最后一次国庆招待会。③

1975年1月,北京电视台将通过微波用黑白、彩色信号交替向全国各地传送节目改为全部传送彩色节目。1977年7月,北京电视台两个频道播出的节目全部实现了彩色化。

1975年5月,上海广播器材厂将上一年开始研制的彩色电视转播车交付上海电视台使用(编为1号车)。车上配有三个讯道,除一些关键器件进口外,其他都用国产元器件。这是中国第一辆国产彩色电视转播车,一直用到1985年。1975年,上海淮

---

① 郭镇之.中国电视史[M].北京:中国人民大学出版社,1991:90,122.
② 赵凯.上海广播电视志[M].上海:上海社会科学出版社,1999:488,376,377,475,395,575,672.
③ 张庆,胡星亮.中国电视史[M].北京:中央广播电视大学出版社,1996:49,50;《当代中国的广播电视》编辑部.中国广播电视大事记[M].北京:北京广播学院出版社,1987:253,259.

海无线电厂又研制出一套彩电中心系统设备,供北京电视台使用。

当时除北京电视台和上海、天津、广东等少数几个台外,多数地方台的主要节目仍是黑白片制作的。这是由于彩色胶片供应不足和缺乏彩色洗印力量造成的。后来,地方台节目过渡到彩色,主要是用彩色录像实现的。①

从国外引进彩电生产线还有一次特殊的曲折经历。1973年12月,为引进美国的彩色电视生产线,四机部派出赴美国考察小组,在接触中接受了美国康宁公司赠送的礼物——玻璃蜗牛。江青知道后,跑到四机部,无中生有地说:"这是美帝国主义的挑衅!他们是在侮辱我们是'爬行主义'!"她让把蜗牛退回去,坚决回击"美帝国主义的挑衅";还让外交部向美国驻华联络处发照会、提抗议。为此事,四机部领导被迫检讨。周总理专门召集有关部门开会,责成外交部了解美国送蜗牛的用意。经多方了解,原来美国人赞许蜗牛的毅力和耐力,认为它是顽强与力量的象征;而这个玻璃蜗牛确系康宁公司的圣诞礼品。至此,江青制造的一场轩然大波终于平静下来,这就是所谓的"蜗牛事件"。但是经考察认定适合的彩电生产线引进一事却因江青的干扰而搁置,中国的彩电工业生产为此推迟了几年,付出了更昂贵的代价。②

经历了几番曲折,中国终于实现了彩电播出。但是正如中央电视台原副总工程师许中明后来所说:彩色电视发展以来,摄、录、编、播的主要设备几乎全部进口,久之视为当然。在我国电视后来的大发展中,进口设备不可胜数。确实是将"巨大市场拱手让人",并同时失去了这个电子技术创新、开发的主要阵地。③

刘少奇同志早在1956年5月28日听取中央广播事业局对开办电视广播问题的汇报时就说过:"电视发射机和接收机最好自己生产。"可见少奇同志的主张确实非常正确。占世界人口比例五分之一的中国应该能自己生产制造摄、录、编、播设备,这将是我国广播电视事业扎实发展的物质基础。另外电视相关技术是电子技术开发的一块前沿阵地,掌握它能使我国在这个领域掌握主动。最实际的是这一产业会为我国带来众多的就业,而且会为电视业和国民带来更多的实惠。

二、创办新闻联播

(一)微波建设

技术进步为电视新闻发展创造了条件。微波技术是第一种使电视节目走出狭小地域,走向广阔空间的覆盖方法。

1964年5月,北京——天津的60路微波试验系统建成。北京、天津两家电视台传送黑白电视节目试验成功,这是我国第一条用自己研制的设备建成的微波接力线

---

① 壮春雨.中国电视概述[M].北京:中国广播电视出版社,1985:16-17.
② 赵玉明.中国广播电视通史[M].北京:北京广播学院出版社,2004:305.
③ 赵水福.世纪心语:中国老广播电视工作者感悟录[M].北京:中国国际广播出版社,2003:319.

路。这是一种后来被称为"小通路"的微波线路。①

1969年,可以通过微波收转北京电视节目的又有了河北、山西、陕西等省市。此后邮电部加速了微波干线建设。1970年9月15日,北京到西南地区的600路微波干线成功开通,重庆到成都的60路微波线路也同时开通。当月底,又建成北京至广州的微波干线。东北三省联合建设的微波线路也开通了。浙江、安徽、江苏、山东、江西、四川、广东、湖北、河南、湖南、辽宁等15个省市、自治区可以收看到当天的北京电视台节目。②

从1971年起,中央广播事业局电视系统正式向邮电部租用国家微波干线,向全国14个省会、自治区首府和直辖市传送北京电视台的节目。1974年,我国通过大通路微波干线正式向全国传送PAL/D彩电电视节目。当年11月,京沪杭、京广、京成渝三条微波干线正式投入使用,沿线更多的地方台开始接收北京电视台黑白与彩色交替的电视信号。③

1975年1月,节目传送全部改为彩色信号。当年5月,北京电视台通过微波线路向全国20个省、自治区首府和直辖市传送天安门广场"五一焰火晚会"实况。同时,北京电视台也开始转播部分省、市、自治区电视台的节目。在邮电部的协助下,一个以北京为中心、联结各主要城市的电视播出网已初具规模。

如上海电视台1974年开始试验转播北京电视节目,先使用小微波,后从上海电视台到电信部门泰兴大楼上海微波站之间敷设了同轴电缆,1976年9月1日起正式使用该电缆,为上海与北京两地直接传送电视节目。1976年9月在上海举行全国乒乓球邀请赛,上海电视台首次将彩色实况信号,通过该电缆送往微波站,将电视信号送到北京转发到全国24个省、自治区、直辖市。④

1976年底,通过微波线路、转播台和差转台,电视覆盖面已达全国人口的36%,理论上将近3亿人可以收看到电视。⑤

(二) 创办《新闻联播》

微波传送范围的逐步扩大,微波网络的形成,为电视新闻实现联播提供了技术手段和传播条件,使得开办全国电视新闻联播节目有了可能。由此可见,技术进步对电视节目发展有着决定性作用。⑥

---

① 中国信息年鉴编辑部.中国信息年鉴[M].北京:中国信息年鉴期刊社,2001.
② 郭镇之.中国电视史[M].北京:中国人民大学出版社,1991:81,123;杨伟光.中央电视台发展史[M].北京:中国广播电视出版社,2010:131,134;《当代中国的广播电视》编辑部.中国广播电视大事记[M].北京:北京广播学院出版社,1987:234,235.
③ 资料来源:广播电视节目传送业务,tm-www.hb.cninfo.net.
④ 赵凯.上海广播电视志[M].上海:上海社会科学出版社,1999:578.
⑤ 徐光春.中华人民共和国广播电视简史[M].北京:中国广播电视出版社,2003:172.
⑥ 张庆,胡星亮.中国电视史[M].北京:中央广播电视大学出版社,1996:48;方汉奇.中国新闻事业通史:第三卷[M].北京:中国人民大学出版社,1999:580.

1976年3月29日,中央广播事业局在北京召开全国电视工作会议。这次会议的主要议题是创办全国电视新闻联播节目。会议提出,为了丰富节目内容,提高节目质量,更好地发挥宣传作用,应集中全国电视台的力量,开办全国电视新闻联播节目。姚文元在会议筹备期间打来电话,要求会议"联系电视战线实际批邓,集中一段时间批判右倾翻案风"。在他的授意下,会议后期转移到上海,主题也改为"反击右倾翻案风"。会后,北京电视台成立了由台宣传组和新闻部部分同志参加的筹备小组,着手筹办面向全国的电视新闻联播节目。①

经过一段时间的筹备,1976年7月1日,北京电视台在各地协作下开始试播《全国电视台新闻节目联播》。第一期节目的串联单是这样的(如表3-1):

表3-1 北京电视台《全国电视台新闻节目联播》第一期串联单

	标题	时长	来源
1	战斗在车间的党支部	5分	上海电视台
2	小靳庄在战斗中前进	5分	天津电视台
3	敢斗修正主义的先锋战士	4分30秒	武汉电视台
4	朝气蓬勃的党支部	5分10秒	北京电视台
5	陈锡联副总理会见尼日利亚青年代表团	1分40秒	北京电视台
6	谷牧副总理会见埃塞俄比亚政府贸易代表团	1分5秒	北京电视台
7	朝鲜人民军协奏团访问红星中朝友好公社	8分15秒	北京电视台
	总共	30分40秒	

节目总时长为30分40秒。从这个节目单可以看到,前三条是由地方台提供,后四条是北京台自己采制。除了两条外事新闻较短外,其他新闻的篇幅都很长,一般在5分钟上下,仅7条新闻的节目就长达30多分钟。

这个节目当时播出时仍沿用《电视新闻》名称,一般播出10—15分钟,每次不超过10条新闻,每条长度在4—5分钟。报道范围只限国内,没有国际和口播新闻。新闻内容仍以政治宣传为主,带有明显的"文革"色彩;报道选题局限、狭窄,内容节奏缓慢、冗长、拖沓。在新的使命下,还没有题材、形式上的探索开拓,因袭了太多程式化、教条化的框框,与以前相比无显著变化。应该说它提供的不是一个理想的起点,但却是当时电视新闻产品的真实状态。它毕竟开了一个头。这就是后来《新闻联播》节目的雏形。

首先,形成这一不理想状况的背后,是整个国家不正常的政治生活;其次,技术仍

---

① 郭镇之.中国电视史[M].北京:中国人民大学出版社,1991:122,123;杨伟光.中央电视台发展史[M].北京:中国广播电视出版社,2010:131,154;《当代中国的广播电视》编辑部.中国广播电视大事记[M].北京:北京广播学院出版社,1987:270.

是一个掣肘因素。虽然此时北京台的彩色信号已传至全国 26 个省、自治区首府和直辖市,而且早在 1965 年便已通过微波与天津台互传新闻。但在 1976 年,我国新闻的专用微波传送渠道尚未开辟,新闻传送大多还需要通过影片邮寄,其时效仍然很差;转播节目线路也不畅通,各地收转新闻联播的工作还很不正规。①

在新闻来源上,北京电视台和地方台从建台开初就建立起了互相支援的密切关系。北京台向地方台提供重要的全国性新闻,并成为地方台培养记者、编辑的基地。地方台则把本地重要、新鲜的信息源源不断地向北京台寄送。"文革"中,军代表曾经提出,给新闻部 50 个名额,在各省建立记者站,被新闻部谢绝了。新闻部认为:多少名额都不如与地方台合作的力量强。后来,为在《新闻联播》和《祖国各地》这两个栏目中发挥地方台的作用,新闻部多次与地方台开会研究栏目的改进和创办方案。这两个节目既是历史发展的必然,也是与各地台长期合作的结果。无论是在制订计划、重要新闻和大型纪录片的编辑制作上,还是到地方上采访,他们互相支持与合作,成为联系密切的整体。②

三、人民的悼念 与"四人帮"的斗争

周恩来总理的逝世激化了人民与"四人帮"的矛盾,引发了与他们短兵相接的斗争。电视记者亲身参与、见证了事件。

在总理去世时,电视台的记者们看到了更多的东西。总理最后一次接见外宾是在去世前几个月的 1975 年 9 月 7 日,他在 305 医院会见了罗马尼亚党政代表团团长维尔德茨。照例有电视台记者采访拍摄。周总理的身体已经很虚弱了。记者们看到,心里都非常难受,他们流着泪拍完会见。之后,全体工作人员同周总理合影留念。拍完后,周总理以平静的口吻说:"这是我最后一次同你们合影,希望你们以后不要往我脸上打'×'!"这句话让大家很震惊。③

1976 年 1 月 8 日上午 10 点,正在大会堂拍摄李先念同志会见外宾新闻的记者,最先得知周总理逝世的消息。噩耗传来,大家都异常悲痛,同时积极做好播出前的准备工作。1 月 9 日,中央人民广播电台提前开机,于凌晨 4 点 12 分广播了周总理逝世的消息及《中国共产党中央委员会、中华人民共和国全国人民代表大会常务委员会、国务院讣告》和《周恩来同志治丧委员会名单》,并放哀乐。北京电台(国际台)也用多种语言从 5 点起播出讣告,并放哀乐。北京电视台黑白、彩色两套节目在预告节目后,播出讣告、治丧委员会名单、哀乐及周总理遗像;并与另两家中央级台同样撤销了全部文

---

① 方汉奇.中国新闻事业通史:第三卷[M].北京:中国人民大学出版社,1999:573;杨伟光,李东生.《新闻联播》20 年[M].上海:上海三联书店,1999:270.
② 杨伟光.往事如歌:老电视新闻工作者的足迹[M].北京:人民出版社,1997:43.
③ 杨伟光.往事如歌:老电视新闻工作者的足迹[M].北京:人民出版社,1997:109;外交部政策研究司.中国外交史上的今天[M].北京:世界知识出版社,2004;《当代中国的广播电视》编辑部.中国广播电视大事记[M].北京:北京广播学院出版社,1987:267.

艺节目。①

而"四人帮"对媒体关于周总理治丧活动的报道从内容到播出次数上都加以限制。9—18日,姚文元连续多次指示中央广播事业局:对周总理报道的规格只能略高于康生,讣告"比康生、董老逝世时多播一些",文艺节目不停播,只是少一些,只在追悼会当天停止文艺节目;另外,不采访、不组织、不播出群众性悼念活动和文章。姚还不准北京电视台播放治丧委员会名单,不准播放较长时间的哀乐,不准播放群众哀悼周总理的悲痛镜头,不准播放关于周总理的资料片。对电视台播出配有哀乐的周总理遗像,姚文元十分恼火。外国电视机构送来各国人士到中国驻外使馆吊唁的新闻片,北京电视台原打算在《国际新闻》中播出,姚文元批示:"不播。"他说:"超过中央规定的活动不再安排。"②

在这种情况下,电台要求停播文艺节目、派记者采访都被姚否定了,北京电视台要求通过卫星转播悼念活动也未获批准。10日、11日两天,除摘发外国领导人的唁电外,没有其他治丧消息。在讣告播出后的几天里,对群众自发的悼念活动、对人民的感情和愿望,中央电台、北京电视台也都没有反映;在节目中也没有播出有关悼念活动的报道。因此激起群众的极大愤慨和不满。广大群众气愤地给电台、电视台写信,要求报道大家的悼念活动。

1月10日、11日,各界群众向周总理遗体告别。人们在严寒的冬季,在冰天雪地中排着长队。当看到安睡在鲜花松柏中的周总理时,人人泣不成声。记者们抓取着感人肺腑的镜头。③ 而没被拍下来的是那几天在天安门广场长时间默默肃立、痛哭失声的成千上万自发赶来悼念、又无法进入现场瞻仰周总理遗容的人们。

记者们不顾在第一线日夜拍摄的劳累,胶片送去洗印之后,谁也不肯回家休息,都等着看样片、帮后期制作的同志找镜头、编片子。大家夜以继日地工作,把编好片子作为对总理最诚心的悼念。《向总理遗体告别》的电视片完成了,片子把群众对总理怀念的感人情思充分表现出来,情真意切、扣人心弦。

从片中可以看到,张春桥和姚文元虚伪地表演、突出自己。姚文元还逼着电视片加上他和邓颖超握手的镜头。审片时,"四人帮"百般刁难。姚文元下令对片子大删大改,以"化悲痛为力量"为借口,命令哭泣的镜头不能用、流泪的镜头不能用、动作大的镜头不能用。特别是郭兰英和郑凤荣,在极度悲痛中晕倒在灵堂前,更要剪掉。把一部感人肺腑的电视片砍杀得平平淡淡。1月12日19点,北京电视台第一次播出《向周总理遗体告别》的新闻片,共15分钟,播出3次。播出时,片子面目全非。许多感人

---

① 中华人民共和国史广播电视编辑部.当代中国广播电视回忆录:第三集[M].北京:中国广播电视出版社,1994:154;郭镇之.中国电视史[M].北京:中国人民大学出版社,1991:100.
② 徐光春.中华人民共和国广播电视简史[M].北京:中国广播电视出版社,2003:158-159;赵玉明.中国广播电视通史[M].北京:北京广播学院出版社,2004:325.
③ 郭镇之.中国电视史[M].北京:中国人民大学出版社,1991:100-101;杨伟光.往事如歌:老电视新闻工作者的足迹[M].北京:人民出版社,1997:110;中华人民共和国史广播电视编辑部.当代中国广播电视回忆录:第三集[M].北京:中国广播电视出版社,1994:154.

至深的场面被剪掉,大量激动人心的近景、特写不见了,记者们被激怒,大家决定顶着压力继续拍摄,一个细节不落地记录下全部悼念活动和感人肺腑的情景。①

第二天,"四人帮"下达指令:"昨天播出的新闻和专题中哭的镜头太多。要化悲痛为力量嘛,不要老是哭哭啼啼。"编审人员在制作第二辑专题新闻片时,不得不删除几个哭泣的镜头。第二辑播出后,姚文元打电话命令停播。但由于北京电视台已经在《北京日报》刊登了播出预告,他得知后,大发雷霆,斥责广播局"干扰了中央的部署"。后勉强同意再播一天。

悼念的人们还是冒着严寒,自发地来到天安门广场,静静地守候在长安街两侧痛哭。1月11日,周总理遗体送往八宝山火化。虽然是傍晚时分,又正值严冬时节,寒风凛冽,但是首都数十万人怀着悲痛的心情,站在十里长街两旁向总理遗体告别。自发组成的送葬长队,在寒风里蜿蜒数十里,夜幕里,他们目送系着黑纱的灵车驶往八宝山火葬场。这形成了十里长街送总理的史无前例的群众性悼念场景。记者们用摄影机拍下了这痛别总理、感天动地的一幕。②

北京电视台记者用对总理的深厚感情拍摄了无数激动人心的场面。但是人民的情感、群众的意愿,"四人帮"却完全无视。他们要求片中哭的镜头不要、外地悼念活动的镜头不要,甚至灵车通过天安门的镜头也不要,最后干脆下令不准播出,并要封存全部胶片。后来电视台经当时广播局代局长邓岗同意③,多次在台内大放映间播放此片,请外来同志观看,并将其妥善保存。

1月12日,上海电视台记者多人不顾江青反革命集团的禁令,分七路深入上海市军民自发悼念周恩来逝世的集会现场,拍摄制作了一部长18分钟的纪录片。送审过程中,江青反革命集团在上海的党羽以"不准出现灵堂""不准出现群众痛哭的场面"等规定,强行将该片剪辑得只剩6分钟,并下令只许播出一次,不准重播。④

1月16日晚,北京台播出了《首都人民吊唁周恩来总理》的电视新闻片(22分钟),播出3遍,并通过卫星向国外传送。就在送总理之时,中央电台在"四人帮"的授意下照旧在播放音乐和"样板戏",激起听众的极大愤慨,群众打电话表示抗议。在这个月里,包括电视台的新闻媒体都收到很多群众来信,强烈要求转播追悼会实况,指责电视台对周总理的悼念没有充分报道。⑤

同时,由于周总理是世界著名的政治家,他的去世也带动了电视走向世界的步伐。周总理逝世当天,外交部、邮电部和中央广播事业局分别收到美国NBC香港分公司、日本电视网、NHK和东京放送(Tokyo Broadcasting System, Inc, TBS)等机构的电

---

① 赵玉明.中国广播电视通史[M].北京:北京广播学院出版社,2004:325.
② 方汉奇.中国新闻事业通史:第三卷[M].北京:中国人民大学出版社,1999:1046;《当代中国的广播电视》编辑部.中国广播电视大事记[M].北京:北京广播学院出版社,1987:267,268.
③ 原局长刘建功于1973年7月离职,邓岗于1974年调任代局长,1976年2月18日被任命为局长。
④ 赵凯.上海广播电视志[M].上海:上海社会科学出版社,1999:395.
⑤ 徐光春.中华人民共和国广播电视简史[M].北京:中国广播电视出版社,2003:160;赵玉明.中国广播电视通史[M].北京:北京广播学院出版社,2004:324-325.

话、电报,要求通过国际通信卫星转播周恩来总理治丧活动的电视片。中央广播事业局于当日向国务院紧急请示,建议通过卫星向世界转发有关的电视报道。对这一请示姚文元执意不批,但第二天获当时主持国务院工作的邓小平副总理的批准。于是电视台的同志日夜奋战。北京电视台1月12日、15日当晚和16日夜间,通过印度洋、太平洋、大西洋上空的通信卫星,向全世界播发了周恩来丧事活动的3条彩色电视纪录片(向遗体告别、吊唁、追悼会)。接收这些新闻的有日本、巴基斯坦、伊朗、菲律宾、埃及、苏丹、英国、美国、意大利、加拿大、墨西哥、委内瑞拉、巴西和香港等14个国家和地区。欧广联和维斯新闻社收录并转发了报道。这是我国电视台首次通过卫星发送新闻片。①

这一年还有几位高层领导人去世。1976年7月6日,朱德委员长逝世。7月7日,继中央人民广播电台、北京电台后,北京电视台广播了中共中央、人大常委会、国务院关于朱德委员长逝世的讣告、治丧委员会名单和公告,并播放了哀乐。7月12日北京电视台播出了《沉痛哀悼朱德同志逝世》的电视片。第二天重播,每晚两次。片子通过微波线路被传送到23个地方电视台,北京电视台还向5个不能直接转播北京台节目的地方台寄送了片子,还将片子寄送到阿尔巴尼亚、朝鲜、罗马尼亚、南斯拉夫、巴基斯坦、日本、英国等8个国家。②

1976年9月9日,毛泽东主席逝世。中央人民广播电台、北京电台、北京电视台当天连续广播中共中央、人大常委会、国务院、中央军委发布的《告全党全军全国各族人民书》,治丧委员会名单及公告,并放哀乐。9日到22日治丧期间,北京电视台集中报道了治丧活动,文艺节目一律停播。12日到20日,北京电视台通过卫星向国外播送关于悼念毛泽东主席的电视报道。接收的国家和地区有26个。维斯新闻社向137个订户转发了内容。北京电视台还向一些国家寄送了电视片。

这一次也碰到了"四人帮"的干扰。在哀悼的日子里,电视工作者为了尽快编辑一部系统、深入的大型纪录片及时在全国放映,想尽办法,集中人力物力,把仅有的一间放映室临时改做编辑室,使编辑、放映集中,以便节省时间。但影片却迟迟不能通过审查,"四人帮"常常别有用心地挑剔。审片时,有关人头的大小成了大问题,不是"这个拍大了",就是"那个人为什么那么小",甚至说记者拍的"王洪文情绪不好""江青镜头要大些"……弄得大家焦头烂额。记者、编辑们在放映间干了7天7夜,饿了啃口馒头,困了靠在椅子上打个盹儿。由于紧张、劳累、长时间得不到休息,大家都熬瘦了,有的人还累病了。局长邓岗也睡在办公室,跟大家一样不能回家。"四人帮"逼着记者把大量录像重看一遍,从中寻找他们需要的镜头,找到以后,经几个昼夜的试验,在解

---

① 中华人民共和国史广播电视编辑部.当代中国广播电视回忆录:第三集[M].北京:中国广播电视出版社,1994:76;姚建红.中国新闻史事溯源[M].北京:中国新闻出版社,1989:87;《当代中国的广播电视》编辑部.中国广播电视大事记[M].北京:北京广播学院出版社,1987:268-269.
② 郭镇之.中国电视史[M].北京:中国人民大学出版社,1991:102;杨伟光.中央电视台发展史[M].北京:中国广播电视出版社,2010:102.

决了技术难题后,将录像画面转到胶片上,复制出几个质量极差的镜头,但总算通过了审查。①

四、粉碎"四人帮"

毛主席逝世以后,1976年9月16日,"两报一刊"发表社论《毛主席永远活在我们心中》,抛出了"四人帮"伪造的"按既定方针办"的毛主席临终遗嘱。从9月16日到30日,姚文元三次要求广播事业局将"按既定方针办"的宣传贯穿到各类节目中去。②

1976年10月6日晚8时,中共中央第一副主席、主持中央日常工作的华国锋打电话将对外联络部部长耿飚叫到怀仁堂。耿飚被告知当晚王洪文、张春桥、江青、姚文元"四人帮"已被一举粉碎。华国锋和叶剑英向耿飚交代任务,要他和北京卫戍区副司令员邱巍高到广播电台去,"要迅速控制住广播电台和电视台,不能出任何差错,否则后果不堪设想"。华国锋当即写了一纸手令给耿飚,让当时的广播事业局局长邓岗等接受他俩的领导。③

近22时,耿飚、邱巍高等来到广播大楼,中央广播事业局局长邓岗还在办公室,耿飚请他通知广播局领导班子到局长办公室,说有事要商量。同时,邱巍高等已在电台直播室、机房和制高点加强了岗哨,控制了要害部位,并且向驻广播局的部队做了动员。在中央广播事业局党的核心小组成员会议上,耿飚宣布了华国锋的手令,要求在广播电视宣传上,不再宣传"按既定方针办"。23时40分,邓岗通知各部门领导召开紧急会议,传达中央的指示。对内对外广播的各编辑部连夜检查节目。

1976年10月14日,中共中央公布了粉碎"四人帮"的消息,举国欢腾。10月18日,中央通知有关"四人帮"的照片、画册一律不得展出,有他们形象的影片不得放映。④

1976年10月21日起,三大台相继播出了首都和全国军民庆祝粉碎"四人帮"重大胜利的消息。1976年10月22到23日,首都150万军民在天安门广场举行庆祝粉碎"四人帮"伟大胜利的盛大集会、游行。23日和26日,北京电视台通过三大洋上空的国际通信卫星,向国外播放了记录这一盛况的电视节目(15分钟和20分钟长,配英语解说)。有多国收录。⑤

"四人帮"反革命集团被粉碎,全国人民欢欣鼓舞,电视新闻节目中报道了上海人民欢庆粉碎"四人帮"的游行集会活动。由于当时"以阶级斗争为纲"的左倾路线尚未得到纠正,新闻报道的总体面貌还没有多大变化。⑥

---

① 杨伟光.往事如歌:老电视新闻工作者的足迹[M].北京:人民出版社,1997:112.
② 《当代中国的广播电视》编辑部.中国广播电视大事记[M].北京:北京广播学院出版社,1987:275-276.
③ 赵玉明.中国广播电视通史[M].北京:北京广播学院出版社,2004:332.
④ 赵玉明.中国广播电视通史[M].北京:北京广播学院出版社,2004:330,334.
⑤ 郭镇之.中国电视史[M].北京:中国人民大学出版社,1991:103;杨伟光.中央电视台发展史[M].北京:中国广播电视出版社,2010:103.
⑥ 赵凯.上海广播电视志[M].上海:上海社会科学出版社,1999:395.

在拘捕"四人帮"这天受中央委派到广播局加强领导的耿飚在10天后离开,到中央宣传口统一负责宣传舆论阵地管理,中央广播事业局的工作交由张香山负责。1977年2月11日,张香山被任命为中央广播事业局局长,后又兼重建的中宣部副部长。

开播彩电,在中国走了两次弯路。一是20世纪60年代初因经济困难而下马,这一过程被推迟了10年;二是在1969年,如果一开始就像1972年年底那样先调查已有制式的优劣,再像1959年那样选择仿制道路,中国人自己的彩电要早几年问世。而自创制式则被实践证明是费力不讨好。"文革"中盛行的盲目自大害了电视事业,推迟了彩电的播出,也使得"英雄气短";它还导致了后来直到今天的中国电视对外国设备的依赖,国人为此不知付出了多少不应有的制约与负担,以及自尊。

微波线路的建设使得远程转播电视节目成为可能。这个时候,电视才走出了地方媒介的一隅,走向了原本广阔的国土。在这个基础上,联播才有了可能。原来"联播"这两个字后面包含着如此丰富的技术与物力内容。电视本身就是技术、装备的堆积,而传输又是另一个相关领域的技术、装备。电视的发展,每一步都与国家的财力、技术能力、物力紧密相关,没有国家经济、技术的大背景,就没有电视及其很不起眼的发展。当然,在这个背景下刚刚创办的《新闻联播》栏目还仅是个雏形。

周总理的逝世唤醒了人们多年被压抑与扭曲了的常识与良知,他们看到了压抑的反常,这就自下而上地公开化了与"四人帮"统治的矛盾。在经历了半年多的思考与酝酿之后,这个矛盾终于在毛泽东去世后爆发成一场巨大的变革,最终推翻了"四人帮",迎来了新的发展可能。电视人见证了这些变化,并与亿万人民一起投入了思考与斗争中。

第五节 "文革"期间的电视事业

1963年以后国民经济逐步好转,电视台建设也逐渐恢复,迎来了中国电视发展的第二个高潮期。这个阶段电视发展的标志性事件有三个:一是各省、自治区、直辖市(除西藏、北京市外)普遍恢复、重建或建立电视台并正式开播;二是主要借助微波线路,在全国初步形成了电视网;三是彩色电视开播。

虽然十年动乱给中国的发展带来了巨大负面影响,各项事业都不能正常进行,但电视技术却在已有基础上大大进步了。这很大程度上是重回国际社会与世界各国交往增加的结果,其中也包括了中国人不甘落后、艰苦努力的成果。虽然这时在技术领域,我国只是在外国后面远远跟随。

一、复台建台

1960年第一次办台高峰时,中国的电视台达到了18家。随后由于国民经济遭受严重挫折,当时匆匆建立的地方台于1962下半年大部分下马停办,仅保留了北京、天津、上海、广州、沈阳5家台。1963年,国务院批复同意另外保留哈尔滨、长春两家电视台和西安一家试验台,共3家。另外,太原、南京、武汉、合肥四家试验台举办电视教学,以保留人员和设备。直到1965年以后,随着国民经济逐步好转,情况才有所改变,如山西台于1965年7月,湖北台于1965年9月恢复正式播出。据统计,到1966年年底,全国电视台恢复到了12家。1969年3月,安徽电视台恢复播出,9月30日第一次转播了经武汉、黄山传送的北京电视台节目。①

从1965年到1971年,包括保留下来的、停办以后恢复的以及新建的这三部分,全国共有32家电视台。其中中央台1家,地方台31家;地方台中,省级台27家、省辖市级台4家。除西藏自治区和北京市外,全国各省、自治区和直辖市(不包括台湾地区)都有了电视台。

这个时期创办的电视台没有了第一波发展中的急切与冲动,采用的大多是国产正规电视广播设备,人员也有所充实,因而有了比较稳固的基础。说明创办电视的条件到这时才真正成熟。它们形成了我国电视网的主干队伍。

很多台开播时最先自办、播出的是新闻节目。如1970年5月1日,内蒙古自治区电视组以"呼和浩特电视台"做台标正式播出。播出的第一个新闻性节目是《内蒙古新闻》,以后陆续开办了《内蒙古各地》《电视评论》《一周要闻》《盟市报纸一周》等8个新闻性专栏。②

1973年12月,广播事业局在其制订的《全国电视发展四五规划(草案)——1974至1975年》中提道:当时全国已有28个省自治区直辖市建起了36家黑白电视台和99个电视转播台;北京、上海、天津、成都的彩色电视台已先后开始试播;14个省市自治区已建有微波干线;电视工业系统从元件、器件到整机,从发射设备、中心设备到电视接收机,已初步建立了一些厂点。

到1976年年底,全国共有电视台39家,其中省市电视台36家;一千瓦以上的电视转播台144座,各地还建了很多小功率的电视差转站。通过微波线路、转播台和差转台,全国电视覆盖率达到36%,将近3亿人可以看到电视;其中,在北京、上海、天津、辽宁、湖北等地的电视覆盖率已超过50%。当年上半年统计,我国电视机的社会拥有量达到60多万台,其中近70%在城市,其中有不到2%的彩色电视机(约7,000台)。电视观众已增至数百万人。③

---

① 《当代中国的广播电视》编辑部.中国广播电视大事记[M].北京:北京广播学院出版社,1987:220,222-224,228,234.
② 《当代中国的广播电视》编辑部.中国广播电视在改革中前进[M].北京:北京广播学院出版社,1991:347.
③ 《当代中国的广播电视》编辑部.中国广播电视大事记[M].北京:北京广播学院出版社,1987:256,278;徐光春.中华人民共和国广播电视简史[M].北京:中国广播电视出版社,2003:172.

二、覆盖技术

(一)卫星电视

我国自行设计、制造的中国第一颗人造地球卫星"东方红1号"于1970年4月24日在酒泉卫星发射场由"长征一号"运载火箭发射成功。这颗卫星重183公斤,运行周期为114分钟,并以20.009兆赫频率发射《东方红》乐曲。这使我国成为继苏联、美国、法国、日本之后世界上第5个能独立发射人造卫星的国家。电视及时向世界展示了我国这一重大科技成果。①

1969年,我国试制成功第一套通信卫星地面接收站用来接收美国"阿波罗11"飞船首次登月的卫星实况转播,抛物面天线的直径有14米。试制项目被称为"814工程"。当时由于"禁运",我国没有录像机,广播局赶着试制了屏幕摄影设备把收到的电视图像从屏幕上用16毫米影片拍摄下来。②

1972年2月21日,美国总统尼克松访华。美国电视摄影队带来了全套新式彩电转播和卫星转发设备。北京电视台、上海电视台派出技术队伍协助美国电视技术人员通过卫星传送节目,同时学习、了解有关彩电转播和卫星传送的技术。这是通过卫星进行现场报道的方式首次应用于中国。此后,多国元首访华期间,北京电视台技术人员都协助对方通过卫星传送实况或电视新闻片。③

北京从1972年开始建设卫星地球一号站,1973年建成投产。1974年,北京卫星地球站二号站建成投产,通信容量为132条话路和一路双向彩电,通过印度洋上空的国际通信卫星与亚非各国和地区开通直达线路。

1973年1月10—15日,北京电视台协助扎伊尔电视台通过卫星转播蒙博托总统访华的实况。这是我国首次使用自己的卫星地面站和电视设备、由自己的技术人员通过卫星向国外传送电视节目。1974年10月4日,加蓬总统邦戈访华,北京电视台用上海制造的彩色电视车进行了电视卫星实况转播。邓小平到机场迎接,在电视摄像机镜头前微笑着招手致意。当晚,在人民大会堂北京电视台用日本东芝2号车转播了在宴会厅举行的欢迎邦戈总统访华的宴会。转播组一天成功完成了两项重大转播任务。④

1973年4月,墨西哥总统埃切维利亚访华来沪,上海台通过卫星向世界进行了实况转播。从1972年起步到1983年,上海电视台卫星实况传送都是与国外的电视机构

---

① 张庆,胡星亮.中国电视史[M].北京:中央广播电视大学出版社,1996:47,50.
② 赵水福.世纪心语:中国老广播电视工作者感悟录[M].北京:中国国际广播出版社,2003:314.
③ 郭镇之.中国电视史[M].北京:中国人民大学出版社,1991:88,102;杨伟光.中央电视台发展史[M].北京:中国广播电视出版社,2010:135.
④ 王晞建.岁月拾贝[M].北京:中国广播电视出版社,2002:141;赵凯.上海广播电视志[M].上海:上海社会科学出版社,1999:580.

合作进行的,技术设备和主要技术人员都是对方的,中方处于协助地位,后来设备逐步齐全,才陆续变为以中方技术人员为主进行卫星直播。

周恩来总理于 1976 年 1 月 8 日逝世后,应国外电视机构要求,北京电视台通过印度洋、太平洋、大西洋上空的通信卫星,向世界播发了丧事活动的彩色电视片。这是我国电视台首次通过卫星发送新闻片[①]。1976 年 9 月 9 日,毛泽东主席逝世。当月 12 日到 20 日,北京电视台通过卫星向国外连续播送关于悼念毛泽东主席的电视报道。

1974 年 2 月,北京电视台副总工程师许中明作为我国电信代表团成员,赴日内瓦参加了国际无线电咨询委员会会议。他在会上了解到国外卫星广播的发展情况,回来后撰写了专题报告,提议采用广播卫星技术传送广播电视节目以实现全国覆盖。他们组建了专题研究组,完全采用国产材料和器件,只用 6,000 元,试制成功我国第一台广播卫星接收机,抛物面天线直径 3 米,用它收看了第一代的美、苏、日广播卫星节目,效果很好。这也是他设想的"利用别人的广播卫星来做我们的实验",因为当时我国还没有广播卫星。1976 年 4 月到 8 月,中央广播事业局广播科学研究所首次研制成功广播电视卫星直接接收设备,并在昆明接收美国"应用技术卫星六号"的节目,接收图像清晰稳定、层次分明,音质良好。[②]

1976 年 10 月 7—13 日,中央广播事业局在南京召开卫星广播规划座谈会。会上讨论研究了中国卫星广播规划,提出我国广播电视应采用卫星覆盖的建议,并确定广播卫星使用十二吉赫频段。

(二)有线电视

1964 年,为召开国际性会议,中央广播事业局电视部在北京饭店安装了第一套共同天线电视实验系统,从此开始了有线电视的发展。

1972 年北京民族饭店和天安门城楼先后安装了可连接十几台电视机的小型共同天线电视系统。1973 年,电视电声研究所和武汉市无线电天线厂在北京饭店建立了我国第一个共用天线电视系统。经过 10 年的实验,1974 年,北京饭店开始正式启用可接收两个频道、连接 140 台彩色电视机的共用天线系统,至 1976 年发展成能接收 12 个频道、连接 650 台彩色电视机的系统。不过,当时因为接收器材价格昂贵,并不普及,只有少数宾馆、饭店安装。[③]

进入 20 世纪 70 年代,我国各大中城市高层建筑大批涌现,又兴建了大型油罐,还有高压输电线路、铁塔和大型起重设备等,这些对电视画面调幅波产生屏蔽或反射,城市中形成了大片电波阴影区和较强干扰区,电视机屏幕上常常出现重影和杂波,电视

[①] 姚建红.中国新闻史事溯源[M].北京:中国新闻出版社,1989:87;杨伟光.中央电视台发展史[M].北京:中国广播电视出版社,2010:102,154.
[②] 《当代中国的广播电视》编辑部.中国广播电视大事记[M].北京:北京广播学院出版社,1987:272,257,263.
[③] 方汉奇.中国新闻事业通史:第三卷[M].北京:中国人民大学出版社,1999:1044.

图像质量下降。① 因此,有线电视的实用价值凸显出来。

1976年4月,北京东方红炼油厂建立了我国第一个大型企业有线电视中心,可以同时转播北京电视台的两套节目和自办的两套节目。

三、播出技术

(一)录像机

录像技术也是在这个时期在我国投入使用,逐渐普及。它走过了引进—自制—引进的曲折,最终还是以引进为主结局。

1965年6月,日本电波新闻社为北京电视台弄来了第一台黑白录像机。它成了"台宝",平时舍不得用,1966年新年,才首次试用。

1968年11月,中央广播事业局提出了一个发展全国电视广播的设想意见,邀请国家科委、国防科委和四机部协同广播事业局试制磁带录像机。1969年年初,北京广播科研所、上海电视台、北京电视台、上海录音器材厂等单位共同协作研制国产2英寸4磁头横向扫描黑白录像机,1970年年初生产出样机,并在上海814卫星地面站试用。1973年国庆节,我国又研制成功自己的彩色磁带录像机,并投入生产、使用。

但国产录像机在使用中因技术、质量问题,不能达到满意效果。如1975年,广播电视教育办公室向上海录音器材厂购得LX-3型2英寸黑白录像机2台,因质量问题,无法正式投入使用。

当时并非只有国产录像机不过关,一些花高价买来的外国产品也不能正常工作。如1973年3月4日,上海电视台进口了两台美国安培(AMPEX)公司生产的1英寸带VPR-7953型彩色录像机。1975年上海台还专门为它们修建了"稳压、恒温、恒湿、净化"的高标准录像机房。但两台录像机质量依然不稳定,无法制作和播放,只能试验性使用。②

从1972年起的两三年时间里,北京电视台从美、日、英、德等国进口了不少彩电设备,其中有一批彩色录像机。1973年彩色电视开播后,一些节目开始录像播出。从1974年起,北京电视台用新引进的录像机录制了部分京剧、曲艺等优秀传统节目。③

北京电视台导演莫宣在1975年年初接受了中央办公厅交办的紧急任务——立即录制李和曾主演的《斩黄袍》等四出折子戏。当时只准演样板戏,剧团只能秘密安排,临时把李和曾从"五七"干校调回北京。李和曾在秋收时摔伤了腿,还拄着拐杖,他已有10年不吊嗓子了。那时电视台刚进口彩色录像机,技术员对其性能还不熟悉,不会

---

① 张庆,胡星亮.中国电视史[M].北京:中央广播电视大学出版社,1996:50.
② 赵凯.上海广播电视志[M].上海:上海社会科学出版社,1999:573;《当代中国的广播电视》编辑部.中国广播电视大事记[M].北京:北京广播学院出版社,1987:272.
③ 杨伟光.中央电视台发展史[M].北京:中国广播电视出版社,2010:333;壮春雨.中国电视概述[M].北京:中国广播电视出版社,1985:16,216.

剪接,每个节目都要一气呵成,不然就得从头再来。于是莫宣就先请中央人民广播电台先录演唱,然后再集中录像,第一次创造了先期录音方法。戏一录完,中央办公厅马上派人把录像带拿走,用飞机送到湖南给毛主席看。后来,他们又给毛主席录制了一批传统节目。这批节目录制的艺术质量和技术质量都比较高,留下了一批宝贵资料。①

1975年,随着录像设备的增多,录像机的使用范围越来越广泛,电视节目逐渐由直播改为录播。到20世纪70年代后期,我国基本上实现了节目制作和播出的录像化,减少了播出事故,提高了播出质量,减轻了节目直接播出时繁重的摄像工作任务。②

(二)录音播出

在"文革"中,录像机有了新功能。1966年,赵忠祥用录像机录播了《十六条》。当时,"文革"刚开始,大家怕在播出中万一出纰漏担责任,又因为这类内容当时播出次数多达几十次,所以动用了录像机。③

1969年的一天,陈伯达来到广播局,他指示:决不许播音中播错一个字。中央人民广播电台很快实现了录音播出。电视台技术部门想出办法:一边放映16毫米胶片,一边用录音机播声音磁带。由于没有同步设备,电源又不稳定,录音时对得很准,播放时又不同步,每条片子都会出现几秒甚至10来秒的误差。放映机不能调整,只能靠负责音响的同志在录音机上做文章,有时快转一点儿,有时停一下机,操作时必须利用调音台总控瞬间关闭,避免杂音播出。录播"解放"了播音员,忙坏了技术员。后来技术部门把一种关键设备——双片同步器装到播出线上,使每天晚上的双片播出实现了同步。

从1969年下半年起,中央人民广播电台终于告别了新闻影片的直播。"四人帮"的干涉引起了播出技术的改变,这也是一种"坏事变好事"吧。直到这时,在直播了近10年之后,赵忠祥才能够看到自己播出的效果。④

1973年后中央人民广播电台改用胶片涂磁、双片道以及同步录音还音等方式,并更换了进口同步放映机,解决了声画同步问题,影片的声音质量有了较大改进。这时,在声音形式上,也一改新闻配乐的做法,代之真实的现场音响同期声,让观众能形声一体地感受新闻现场发生的真实景象。⑤ 而彻底解决声画同步问题是在摄录一体机(ENG)出现以后。

---

① 王晞建.岁月拾贝[M].北京:中国广播电视出版社,2002:106.
② 杨伟光.中央电视台发展史[M].北京:中国广播电视出版社,2010:135;壮春雨.中国电视概述[M].北京:中国广播电视出版社,1985:16;赵凯.上海广播电视志[M].上海:上海社会科学出版社,1999:485.
③ 赵忠祥.岁月随想[M].上海:上海人民出版社,1995:15.
④ 杨伟光.往事如歌:老电视新闻工作者的足迹[M].北京:人民出版社,1997:164,166.
⑤ 曾文济.我国电视音响起步的轨迹[J].电视研究,1998(9);杨伟光.往事如歌:老电视新闻工作者的足迹[M].北京:人民出版社,1997:174.

(三)字幕生产进步

字幕制作不仅涉及技术,也直接关系到报道的内容与形式。

"文革"期间对于字幕制作,北京电视台自己发明了设备,又进口了机器,丰富了字幕形式,也实现了自动化,并且成立了专门的机构。这一发展兼有技术发展与组织建设双重意义。

建台初期,新闻字幕由美工人员手工书写,播出时再与影像胶片用两台摄像机分头拍摄,"合成"后播出。当时北京电视台和外国交换电视片,还有一些送往地方电视台;但这些片子洗印制作后并没有字幕,不能形成完整的节目。1968年,北京电视台建立了字幕车间。身为摄影记者的朱宏边工作边筹备,因陋就简,用一台摄影机改装成拍字幕的专用工具,从而使一部部纪录片和专题片有了片头和片尾,使影片形成完整的状态,使加工进程逐步走向完善,并且很好地应对了交换节目不断增加使新闻字幕加工工作量不断加大的压力。

"文革"期间,节目中有很多毛主席语录,有时还有些较长的内容提要和解说,这都需要拍到胶片上,如果用翻拍机一块块出,显得很单调,缺乏艺术性。当时朱宏和谭爱民在郭玺和徐增祁的帮助下,土法上马,用自来水管、马达和长条玻璃自行研制成使长条字幕逐渐向上移动的设备,做到了起步稳,落幅准,为拍摄字幕又增添了一种新设备和新工艺。①

1969年,北京电视台从瑞士进口了一台小型字幕翻拍机。这台机器小巧灵活,能拍简单的动画和许多种字幕技巧,如"划""转""飞"等,使字幕形式多样起来。

1972年,北京电视台新闻部新设立了"字幕动画组",负责字幕书写、美术创作及动画拍摄。当时电视新闻节目中的专题报道、纪录片等都要设计片头字幕,绘制片中的彩图和示意性动画等。如大型彩色电视纪录片《斯诺在中国》,其中斯诺在中国的行程路线图就是采用动画的形式绘制再用胶片拍摄而成的。这些生动形象的动画和插图,加强了电视片的感染力,提升了片子的艺术效果。②

1972年年底,北京电视台用4万多美元从日本进口了一台当时最先进的动画摄影机,及一台能做投影合成的放映机,并在1975年以后,又陆续调来三名美工和一名摄制人员,加强了字幕、动画队伍的力量。他们为各栏目和许多纪录片设计片头,书写字幕,拍摄动画,为了使电视新闻节目的画面更加活泼、更富艺术性、更具说服力,他们耐心地一幅幅设计、一格格拍摄。各类节目也更多地使用了动画,丰富了电视新闻的屏幕表现力。

(四)其他技术发展

这一段时间,电视台中也有一些不那么重大但也相当关键的技术进步。

---

① 杨伟光.往事如歌:老电视新闻工作者的足迹[M].北京:人民出版社,1997:493,494.
② 杨伟光.往事如歌:老电视新闻工作者的足迹[M].北京:人民出版社,1997:196.

摄影照明灯具的改革。先是小型化,再是去掉电线,终于在"文革"时生产出国产电瓶灯。这都是周总理出国访问看到国外的先进灯具,派人买回来我国自己仿造的。1972年尼克松访华时,美国记者看到我国影视记者使用的电瓶灯体积小、亮度大,深感惊讶与赞赏。之后我国又对灯具做了除去红外线和紫外线的改造,以利于被拍者的健康。①

1968年1月,经过工作人员3年(1965年冬动工)的艰苦奋战,北京电视台月坛发射台终于建成。新的发射塔高185米,装设了6层蝙蝠翼发射天线,电视发射机功率由原来的5千瓦增加到10千瓦,有效发射半径达到60—80公里,提高了节目播出质量,扩大了节目覆盖范围。1974年12月26日,上海电视台正式启用当时国内最高(210米)的新建电视发射铁塔。②

四、编辑部

20世纪70年代,北京电视台调来刘佳和邢质斌做播音工作。"文革"后期还从各外语院校调来一批毕业生:盛亦来、陆金龙等在国际组,陆伟昌、刘正铸、周建国、马赤后、董石才、汪保国等放到各组作为懂外语的记者培养。1976年,北京电视台的工作人员已由"文革"前的200多人发展到了600多人。③

1973年6月13日,上海市广播事业局成立,上海电视台成为与上海电台并列的局属单位。由于筹建彩电中心需要,上海电视台调回一批技术和业务骨干,工作人员补充到176人,设置了政治新闻组、演播组、技术组、管理组以及一个参加彩电会战的工作班子。同年,由于电视播出次数增加和彩色电视试播,播音员增至3人。播音员和音乐编辑、录音员共同组成音响组,直接由台办公室统一调度。20世纪70年代后期,播音员又增至6人。这些播音员分别来自剧团、电台、市郊农场广播站,电视台曾为他们开办专业培训班,以便使他们更好地适应新的岗位。④

小结

1965年到1971年,除北京市和西藏自治区外,各个省区市都建立或恢复了自己的电视台,再次形成了全国性的规模。

我国在1970年发射了自己的卫星,1972年建成了第一座接收国际通信卫星信号的地面站,从1976年年初周总理逝世后才使用卫星向外发送新闻。直到1976年才研制出直接接收卫星节目的天线、设备,并在这一年确定了使用卫星覆盖全国的正确

---

① 杨伟光.往事如歌:老电视新闻工作者的足迹[M].北京:人民出版社,1997:494,75,79;徐光春.中华人民共和国广播电视简史[M].北京:中国广播电视出版社,2003:172.
② 杨伟光.中央电视台发展史[M].北京:中国广播电视出版社,2010:130;《当代中国的广播电视》编辑部.中国广播电视大事记[M].北京:北京广播学院出版社,1987:220,260.
③ 杨伟光.往事如歌:老电视新闻工作者的足迹[M].北京:人民出版社,1997:34,43.
④ 赵凯.上海广播电视志[M].上海:上海社会科学出版社,1999:379,481.

决策。

为了解决局部覆盖,提高收视质量,有线电视网络在这时也起步建设。它首先出现在大饭店和大企业中。

录像机的发明不仅方便了播出,而且使电视终于摆脱了电影制作方式,有了完全属于自己的制作方法。在这之前,除了演播室直播或外出实况转播是声像同步之外,录制节目要完全依赖电影技术。录像机使电视节目摆脱了电影制作工艺的局限,使电视媒体最终完善了自身功能。录像是电视发挥自身特性的关键技术。录像节目制作的高时效性——录完马上可以播放、不需要洗印过程,也使电视成为真正合格的新闻媒体。

当中央提出明确要求以后,多地群起攻关试制,但是自创制式并未成功。我国选择了适于我国多山条件、技术上较优的 PAL 制作为彩电制式。这样坚持客观科学论证的态度在当时是非常难得的。但是后来大规模进口设备,确是将"巨大市场拱手让人"之举。

"文化大革命"的十年,电视在技术上有了较大改善,从彩色胶片、微波、卫星传送到彩电一一实现,而节目则一改之前快速发展的势头,谈不上什么进步。

在"四人帮"控制下,电视新闻中充斥着假话、大话、空话,新闻题材都很局限;表现手法更加单一,电视新闻形成一种"三段"模式:学语录、大批判、机器转。电视新闻偏离事实和观众需要。

中央人民广播电台 1972 年 10 月收到一封从上海发出、署名"工农兵"的信,信中说:"作为你们——中央人民广播电台,是中华人民共和国的喉舌,无产阶级掌握政权的重要工具,但是你们却没有完全尽到自己的责任,……有好多地方是吃了败仗的。""例如,从 1966 年到现在,七八年的时间,打开收音机就是那么几篇干巴巴的文章和那么几段听惯了的京戏,试问……怎么能占领无产阶级宣传阵地呢?只有傻瓜才会那样认为,否则就是资产阶级妄图推翻无产阶级的极其阴险毒辣的手段!!!""你们这样以正确的面目,从'左'的方面出发,从'右'的方面夺取政权,其下场只有像林彪一样自取灭亡。"这封信虽然带有"文革"语言痕迹,但它对当时广播电视宣传的批评却是一针见血,反映了当时广大群众对广播及媒体的态度。①

周恩来总理也曾严厉批评过"文革"中的新闻节目。在党的九大召开当天,在审看开幕式的电视新闻时,周总理对片子质量提出了批评,他说:"你们的电视节目粗糙,要严肃,要活泼,要扎实。""编辑要动脑筋编好,质量要高一点。"周恩来同志平时审阅文件、报告和广播稿都非常认真,不仅把政治关,还改正错别字,甚至连标点符号也不放过。1971 年 4 月 13 日凌晨,周总理审阅完中央台一次体育实况转播的稿件后,写了这样一个批示:"解说词太长了,我已经都给你们改了,不要那么多形容词。"从这个批

---

① 赵玉明.中国广播电视通史[M].北京:北京广播学院出版社,2004:324.

示中可以看出,周总理为了修改这篇稿件,花费了多少心血!① 这些问题在以后的新闻中仍能看得到踪迹,说明在极"左"路线的影响下,人们对电视新闻规律的认识不但没有更清晰,反而愈加模糊了。

---

① 《当代中国的广播电视》编辑部.中国广播电视大事记[M].北京:北京广播学院出版社,1987:229;中华人民共和国史广播电视编辑部.当代中国广播电视回忆录:第三集[M].北京:中国广播电视出版社,1994:39.

第四章　重拾新闻精神　事业回归正途
（1976—1983 年）

1976 年年底到 1983 年，是中国从无序状态逐步走向全面调整和为国家发展树立新的建设目标的时期。

1976 年 10 月一举粉碎"四人帮"后，全国普遍开展了对其帮派体系的清查，到 1978 年基本完成。1977 年上半年，少数地区的派别武斗和动乱基本被制止。当年 7 月 16 日召开的党的十届三中全会上，邓小平的职务被恢复，分管科教领域。1978 年 3 月，全国科学大会召开，会上提出了"科学技术是生产力""知识分子是劳动者"的观点，使知识分子得到了应有的对待，大批文学艺术作品也得以解放。1977 年 8 月 12 日，党的十一大召开，会上重提建设现代化强国的任务。

1978 年 12 月举行的十一届三中全会，更是明确将全党全国工作的重点转移到现代化建设上来，在全国树立起改革开放的旗帜。会上通过了加快农业发展的决定，提出了建立联产承包的农业生产责任制。邓小平在会上提出了让"一部分人先富起来"的主张。全会确立了邓小平同志的领导地位。从 1978 年到 1982 年，党和政府有步骤地解决了很多历史遗留问题。到 1983 年，全国实行联产承包责任制的生产队达到 93%，农民的生产积极性被极大地调动起来。

1979 年 7 月 15 日，中共中央、国务院批转广东、福建省委的报告（即当年中央 50 号文件），决定在深圳、珠海开始试办"出口特区"。1980 年 8 月，全国人大批准了《广东省经济特区条例》，特区开始兴建。1982 年 9 月 1 日，中共十二大召开，会上提出了到 20 世纪末工农业总产值翻两番的经济建设目标，并将民主建设作为保障。会上选举胡耀邦为党的总书记。

在这一系列国家方针政策的大调整中，新闻界发出了有力声音。同时，电视媒体也在寻找发展方向、积聚诉求，终于在第十一次广播电视工作会议上大发展的愿望变成了上下一致的共识，这为行业的发展打开了最大可能空间。很多压抑已久的新闻理想得以声张，并从此媒体新闻开始了漫长、持续的对新闻规律的重新认识的历程。

第一节　事业发展与技术进步

一、确定电视发展大计

这个时期电视工作的核心话题是新闻改革,"走自己的路",提升广播电视、特别是电视的社会影响,办好《新闻联播》,新闻节目要增加数量,提高质量。

1976年11月,在合肥召开了电视新闻会议,总结了此前电视办新闻的经验教训,重点批判了"假慢长空"的新闻文风,明确提出要解决这一问题。①

在确立了改革开放国家大计之后,我国新闻界于1979年明确提出了新闻改革的诉求。② 这一追求逐渐突出,目标也日益明确。在召开的一系列专业会议上新闻界提供了改革初期工作的基本思路,并得到了中央的认可。

在启动改革的头几年里,电视新闻界关心的主要议题是重提"扬独家之优势,汇天下之精华",坚持"走自己的路"方针。1979年8月18—27日,全国电视节目会议在北京召开。这在我国电视史上是第一次。来自29个省、自治区、直辖市的电视工作代表参会。会议讨论了丰富和改进电视节目内容,努力搞好自办节目,加强全国各电视台之间的协作、交流和节目交换,举行全国电视节目大联播等议题。26日,时任中宣部部长胡耀邦到会讲话。这是电视走向独立自主办节目的开端,且会上第一次明确提出了针对节目内容的要求。

从1979年起,为解决节目播出问题,各电视台开始大量制作电视剧。中央广播事业局局长张香山不以为然,他以"时任"为笔名,在《电视周报》上连续发表十篇文章,强调电视台是新闻宣传机关,不是"缩型影剧院",提倡新闻、教育、文艺节目均衡发展和节目构成的适当比例。③

1980年6月16—22日,在北京举行了第二次全国电视节目会议。会上讨论了节目交换、联播和评奖问题。广播事业局局长张香山要求大家牢固树立电视是舆论工具,是新闻机构的观念,把新闻办成电视节目中极其重要的节目。④ 这再次证实了相关领导十分重视新闻节目,关注舆论工具掌握在谁手中的问题。

1980年10月7—18日,第十次全国广播工作会议在北京举行,这距1966年3月召开的第九次会议已有15年了。会议重新提出发挥广播电视的长处,要"扬独家之优

---

① 郭镇之.中国电视史[M].北京:中国人民大学出版社,1991:163;《当代中国的广播电视》编辑部.中国广播电视大事记[M].北京:北京广播学院出版社,1987:277.
② 杨伟光.关键在于选准突破口[J].中国广播电视学刊,1988(2).
③ 郭镇之.中国电视史[M].北京:中国人民大学出版社,1991:136,168;《当代中国的广播电视》编辑部.中国广播电视大事记[M].北京:北京广播学院出版社,1987:306.
④ 《当代中国的广播电视》编辑部.中国广播电视大事记[M].北京:北京广播学院出版社,1987:316.

势,汇天下之精华",坚持"走自己的路"方针。会议确定的奋斗目标是到 20 世纪末建成完整、自成体系的广播和电视宣传网,各台成为全国、本地的新闻舆论中心。① 这一目标无疑在十来年之后就提前达成了。

1981 年 4 月 13—21 日,中央广播事业局在青岛召开了全国电视新闻工作座谈会。中央广播事业局局长张香山主持会议,各省区市广播局、电视台代表 80 多人参加会议。会议总结了电视台办新闻的经验,强调必须把电视新闻放在重要位置,提出了奋斗目标,"在'走自己的路'方针指引下,力争在一个不太长的时间内(比如两三年内),把《新闻联播》节目办成一个比较完整、比较系统地对国内、国际的重要事件及时进行形象化报道的节目,使它成为电视观众获得新闻的重要途径之一,并受到他们的欢迎和支持"。

会议还做出了两项规定:一、各省级电视台都是中央电视台的集体记者;二、各地电视台,都必须转播《新闻联播》节目。后一项成为一项制度被确定下来,延续至今。② 集体记者的提法是 1964 年首先在确定中央人民广播电台与地方台的关系时被提出来,这次是同样做法在电视新闻上的延伸。③ 会后,《新闻联播》中的地方新闻大幅度增加,并逐步引人注目,成为新闻改革的排头兵。

1982 年 11 月 5—11 日,广播电视部在北京召开第一次全国电视台台长会议。会议着重讨论了电视新闻改革问题,要求在两三年内把《新闻联播》办成一个自成体系、比较完整、能够准确及时地对国内外重要事件进行形象化报道的节目;通过办好《新闻联播》,使中央电视台成为全国新闻舆论中心之一;各省、自治区、直辖市电视台的新闻节目也要成为当地群众获得新闻的重要来源。会议再一次强调,电视台是新闻宣传机关,应当把办好新闻性节目作为电视台的首要任务。④

(一) 电视体制确定

1982 年 5 月 4 日,第五届人大常委会第二十三次会议宣布成立广播电视部,撤销中央广播事业局,任命吴冷西为广播电视部部长。

关于各台的权属关系,在 1980 年 5 月 4 日国务院批转中央广播事业局《关于加强地方广播事业管理工作的请示报告》中,明确规定了中央到地方各级广播电视机构的权属关系:省级广播事业局受该省政府和中央广播事业局双重领导,以同级政府领导为主;地市州盟县旗广播事业局受该级政府和上一级广播事业局双重领导,也以同级政府领导为主。

---

① 张骏德.当代广播电视新闻学[M].上海:复旦大学出版社,2001:46;徐光春.中华人民共和国广播电视简史[M].北京:中国广播电视出版社,2003:189,192.
② 杨伟光.中央电视台发展史[M].北京:中国广播电视出版社,2010:157;洪民生.发展中的中国电视新闻事业[J].电视研究,1995(3).
③ 参考中央人民广播电台 1964 年出版的《广播业务》(内部刊物)。
④ 杨伟光,李东生.《新闻联播》20 年[M].上海:上海三联书店,1999:45.

(二)确定改革方向

1981年11月16日,中共中央召开了书记处会议,会上讨论了广播电视工作,为广播电视工作规定了根本性质和任务:"广播电视是教育、鼓舞全党、全军和全国各族人民建设社会主义物质文明、精神文明的最强大的现代化工具。"为了完成这个任务,要提高服务质量、完善服务手段。①

1983年3月31日—4月10日,第十一次全国广播电视工作会议在北京举行,与上次会议相隔近两年半。会议是为落实十二大精神而召开的,②也是广播电视部成立以后召开的第一次大型重要会议,也是行业最高层级会议名称中第一次含有"电视"字样的会议。

会议着重讨论、制定了改革广播电视工作和发展广播电视事业的一系列方针政策以及到2000年的奋斗目标。会议对事业发展方针和技术政策进行了较大调整,其最大的突破是确定实行中央、省、地区、县"四级办广播,四级办电视,四级混合覆盖"的方针,适当加快广播电视事业建设的步伐;在技术上采用包括以广播卫星覆盖全国的方针等。会议还提出要从改革宣传入手,"以新闻改革为突破口",来带动和促进整个广播电视事业的改革;提出了建立新闻中心、培养全能记者等一系列计划。③ 这次会议在中国电视事业发展史上有着重要意义。

会后,广播电视部党组向中央提交了《关于广播电视工作的汇报提纲》。中央于同年10月26日批转,并以中共中央第37号文件的形式发出通知。通知重申了1981年11月16日中央书记处会议关于广播电视工作根本性质和任务的指示;要求广播电视事业要有大的发展,质量要有大的提高;要改进各类节目的内容,增加节目的数量;采用先进技术,加速全国覆盖,使我国的广播电视事业在20世纪末进入世界先进行列。

1983年9月8—12日,由中国社会科学院新闻研究所、中央电视台、江西省广播电视厅、上海广播局联合召开的电视新闻讨论会在庐山举行,到会的31家电视台和新闻研究单位的代表,联系实际情况对经济新闻、社会新闻、口播新闻的改革进行了讨论。④

二、事业建设

1978年,全国有35家电视台,电视机的普及率为千分之三,电视观众不足8,000万。1979年年底,电视台增至38家,全国电视机的社会拥有量485万台。1980年年

---

① 《当代中国的广播电视》编辑部.中国广播电视大事记[M].北京:北京广播学院出版社,1987:315,343.
② 徐光春.中华人民共和国广播电视简史[M].北京:中国广播电视出版社,2003:213,221.
③ 壮春雨.中国电视概述[M].北京:中国广播电视出版社,1985:194;方汉奇.中国新闻事业通史:第三卷[M].北京:中国人民大学出版社,1999:575.
④ 《当代中国的广播电视》编辑部.中国广播电视在改革中前进[M].北京:北京广播学院出版社,1991:229;《当代中国的广播电视》编辑部.中国广播电视大事记[M].北京:北京广播学院出版社,1987:379.

底,全国电视台仍为 38 家,电视机的社会拥有量为 902 万台,电视人口覆盖率为 45%。比较而言,当年全国广播电台有 106 家,广播人口覆盖率为 53%。1982 年年底,全国电视台增至 47 家,电视机的社会拥有量迅速增长为 2,761 万台,全国 57.3% 的人口能看到一套电视节目,广播电视的人口覆盖率有了较大幅度提高。到 1983 年年底,全国从中央到地方(不包括台湾地区)已建立起 52 家电视台,共办有 60 套电视节目,全国人口覆盖率已接近 60%。全国电视机的社会拥有量已达 3,600 万台(见表 4-1)。①

表 4-1 电视统计数字

年份	电视台(家)	电视机(万台)	人口覆盖率(%)
1978	35	150	
1979	38	485	
1980	38	902	45
1982	47	2,761	57.3
1983	52	3,600	60

电视机的社会拥有量迅速增加,进入了城乡居民家庭;看电视逐渐成为人们业余生活的主要内容。据有关部门 1983 上半年在京津沪三大城市的抽样调查,每百户家庭拥有电视机的数量是:北京黑白电视机为 85 台,彩色电视机为 1.7 台;天津黑白电视机为 77 台,彩色电视机为 3.1 台;上海黑白电视机为 84 台,彩色电视机为 1.2 台。②1982 年 2 月,北京新闻学会在北京地区对 2,430 人进行调查,"经常看电视"的占到 92.3%。③

(一)新开播台

1978 年 5 月 1 日,经党中央批准,北京电视台正式改名为中央电视台,对外称中华人民共和国中央电视台,英文缩写为 CCTV,确立了国家电视台的重要地位。时任国家主席华国锋题写了台名。④

随后,各省级电视台也在 1978—1980 年间仿效中央台从以省会命名改为以省(区市)名命名;省会台则改称市台,以省会名命名。如 1978 年 7 月 1 日,哈尔滨电视台改

---

① 赵玉明.中国广播电视通史[M].北京:北京广播学院出版社,2004:344,346;郭镇之.中国电视史[M].北京:中国人民大学出版社,1991:135;徐光春.中华人民共和国广播电视简史[M].北京:中国广播电视出版社,2003:191;杨伟光,李东生.《新闻联播》20 年[M].上海:上海三联书店,1999:45.
② 壮春雨.中国电视概述[M].北京:中国广播电视出版社,1985:23.
③ 赵凯.上海广播电视志[M].上海:上海社会科学出版社,1999:378;《当代中国的广播电视》编辑部.中国广播电视大事记[M].北京:北京广播学院出版社,1987:347.
④ 郭镇之.中国电视史[M].北京:中国人民大学出版社,1991:125;张庆,胡星亮.中国电视史[M].北京:中央广播电视大学出版社,1996:51.

名为黑龙江电视台;1978年7月12日,成都电视台改名为四川电视台;1978年8月1日,太原电视台改名为山西电视台;1978年9月2日,武汉电视台改名为湖北电视台;1978年10月1日,长春电视台改名为吉林电视台;同一天兰州电视台改名为甘肃电视台。①

1978年5月1日,西藏自治区广播事业局开始试播黑白电视节目,每周五晚播放一次电影和其他节目。1979年9月,该台开始试播彩色电视节目;1982年1月正式播出。1979年5月16日,北京市电视台开始试验播出。播放范围为北京市区及郊区各县。至此,全国当时的29个省、自治区、直辖市全部建立了电视台(不包括台湾地区)。②

在电视频道建设上,此时新开办电视台除了西藏自治区、北京的最后两家省级台,其他的主要分为两类:市级台和省台的第二、三频道;很多省级台将其中一个频道专用来转播中央电视台的节目。如1979年4月2日,天津电视台开始用5频道和12频道播出两套节目,5频道每天播出自办节目,12频道每星期一至星期六全部转播中央电视台的节目。1982年,辽宁电视台使用10频道每周播出6次,5频道每天转播中央电视台节目,并于当年实现彩色播出,和使用电子摄录设备制作节目。③ 到了1983年,全国电视台的数量已经达到52家。

广东电视台的频道数量最多。其第一台使用两个频道播出,其中,8频道全部转播中央电视台的节目;二台的14频道为彩色电视,1983年8月22日试播,9月30日正式播出,发射功率达到30千瓦。三个频道全天共播出26小时40分。广东省最早的地方台是海南电视台,于1983年5月1日开播。

还有些电视台的第二频道被设为专用台。如1982年6月1日,新疆电视台实行维吾尔语、汉语分频道播出,各办一套节目,成为国内第一家专用频道开办少数民族语言节目的省级电视台。④

(二)组织机制

1.中央台

1978年5月1日,北京电视台改名为中央电视台之后,进行了一系列组织机构调整。

成立总编室。这是一个组织宣传活动的职能机构。其工作职责包括:制订宣传计划,审定各部门选题,审批节目的录制计划,编排每周节目播出表,指挥日常节目播出,制定节目技术标准,磁带和影片资料的借阅与保管,观众来信的处理等。总编室的成

---

① 《当代中国的广播电视》编辑部.中国广播电视大事记[M].北京:北京广播学院出版社,1987:293-294.
② 方汉奇.中国新闻事业通史:第三卷[M].北京:中国人民大学出版社,1999:1050.
③ 《当代中国的广播电视》编辑部.中国广播电视大事记[M].北京:北京广播学院出版社,1987:302,340,345,378.
④ 《当代中国的广播电视》编辑部.中国广播电视大事记[M].北京:北京广播学院出版社,1987:351.

立,使电视新闻宣传管理开始向正规化、科学化迈进。①

增设节目部。1979年6月,中央电视台专题部体育组成立,1980年,又扩充为体育部,有了专门的体育报道机构。《体育之窗》节目也改为每周一辑,还增加了国外体育节目内容;拍摄手段也由胶片过渡到了录像。②

1979年7月,中央电视台新闻部一分为四,增加了专题部、军事部、国际部。

专题部,其部分人员是从新闻部抽调出来的记者、编辑。他们酝酿开办一个具有时政、政论性的专题栏目——《观察与思考》。③

专题一部,是由原来的社教部人员组成,下设《文化生活》组、科技卫生组、少儿组。科技卫生组有《科技与生活》《卫生与健康》和《为您服务》3个栏目。后来专题一部又改名为文教部,比较明确地把节目内容限定在知识性和服务性的范围之内。

专题二部,是由从新闻部分离出来的纪录片制作人员组成。

国际部,是从原社教部分离出去的《国际知识》(后来的《世界各地》)栏目划归过来的。④

军事部,1979年12月31日,根据解放军三总部在《关于贯彻执行〈中央转发总政治部、新华社、广播事业局关于恢复军事宣传机构实现双重领导的请示报告〉的通知》中的决定,"将中央电视台军事组改为中央电视台军事部,为师级单位,列入军队编制,实现双重领导"。在对越作战结束后,叶剑英元帅指出:应由现役军人从事军事报道。⑤

到了20世纪70年代末,中央电视台新闻部已经拥有了一支250多人的队伍,他们有的来自广播、电影机构,也有复员军人和各地大学新闻系、电视系、中文系的毕业生。从1975年开始,有"工农兵"大学生毕业后被分配到电视台。⑥

2.上海台

20世纪70年代末、80年代初,上海电视台在组织机构上进行了一系列改革。他们从机制入手,改在了根本处,为新闻采编提供了良好的组织条件。

上海电视台在本市广播事业局核定的人员编制和财务预算的前提下,自行吸收、聘用各方面人才,自行核算财务收支。该台在1979年和1980年相继成立人事科(后改为组织科)、财务科,使人事、财务管理相对独立。

1980年6月1日,上海市广播事业局所属的电视教育办公室划归上海电视台领导,后在此基础上改建为社教部。翌年,上海电视台建制,设五部一室:新闻部、文教

---

① 杨伟光.中央电视台发展史[M].北京:中国广播电视出版社,2010:321.
② 任江舟.漫谈中央电视台体育新闻[J].电视研究,1989(4).
③ 郭镇之.中国电视史[M].北京:中国人民大学出版社,1991:165,205.
④ 段忠应.从社教部的几次易名谈专题节目的界定[J].电视研究,1994(10).
⑤ 杨伟光.中央电视台发展史[M].北京:中国广播电视出版社,2010:199;杨伟光.往事如歌:老电视新闻工作者的足迹[M].北京:人民出版社,1997:295.
⑥ 杨伟光.往事如歌:老电视新闻工作者的足迹[M].北京:人民出版社,1997:47.

部、电教部、技术部、管理部和台办公室。①

在机构改革的同时,还采取措施增加人员数量、提高队伍素质,如社会招聘,争取大学生的分配名额,送在职员工到学校深造,鼓励员工带职学习。这几种做法被概括为招、争、送、留四大举措。② 在人事自主的前提下,该台在20世纪80年代初期在全国率先向社会公开招聘人才,1980年11月27日,与上海电台联合公开向社会招聘编辑、记者,从报名应聘的4,000多人中共招收31人,其中7人来到电视台。1983年8月5日,上海电视台再次向社会公开招聘播音员、主持人、编辑、记者、导演等工种,由于不需要单位证明,共有8,000多人报名,最终录用记者、编辑、导演共37人,男女播音员各1人,后于1988年3月又公开招聘主持人5名。③

同时,上海电视台还向社会延伸触角。1980年年初,上海电视台面向全市各区、县、局机关及社会聘请了第一批600名通讯员,建立了新闻通讯网,目的是配合新闻节目改版、创办口播新闻。当年6月1日节目开播,这些通讯员的稿件成为节目内容的主要来源。

该台还调整了摄影和文字编导的比例。20世纪80年代以前,上海电视台摄影记者数量远远多于文字采编人员,比例是4∶1;经过上述两次招聘,加上个别考核吸收,文字采编和摄影记者的人数渐渐接近。到1985年前后,新闻部已基本形成采编为主的格局,扭转了以往重画面轻文字、重摄影轻采编的倾向,新闻节目质量有了明显提高。④

这时候采编人员开始分为几类:1.采访记者,出现在1980年,和摄影记者结成相对固定的对子,负责采访和撰写文字稿件,有的还兼剪辑画面。开始,合作是以摄影记者为主,3—4年以后,文字记者成为主导。2.责任编辑,开始是从工作时间较长又有文字基础的摄影记者中选拔,负责加工摄影记者交来的文字稿和画面。随着摄影记者人数增加,并按行业分工,每个责任编辑负责一个行业的数名摄影记者作品的加工。到1984年成立了新闻中心,每天的安排播出也要由一个编辑总把控,这个岗位也被称为责任编辑,后一直沿用。3.通联编辑。1980年建立通讯网后,成立了编通科,有2—3名编辑。他们主要处理通讯员来稿和主持通联工作,还要负责编辑处理与外单位的交换新闻。4.栏目编辑,也叫专栏编辑(署名责任编辑)。上海电视台这个时期开办有多个栏目,一些栏目里还办有小栏目;栏目编辑服务于某个栏目,其任务是事先策划栏目内容,组织落实节目源,撰写串连词,负责安排主持人录像,后期编辑合成。5.长片编导。在摄制专题片、纪录片时,身兼记者和编辑两职。前期负责选题、采访、撰写文字稿;在拍摄现场,要和摄影记者密切合作拍摄;后期负责剪辑画面,制作特技,配字

---

① 赵凯.上海广播电视志[M].上海:上海社会科学出版社,1999:380.
② 龚学平.切实抓好广播电视的主体:新闻节目[J].电视研究,1985(2).
③ 郭镇之.中国电视史[M].北京:中国人民大学出版社,1991:199;赵凯.上海广播电视志[M].上海:上海社会科学出版社,1999:380,481,646.
④ 赵凯.上海广播电视志[M].上海:上海社会科学出版社,1999:476.

幕、配乐和最后合成。这种分工更为合理,职责清楚,有利操作。

在编辑部之外,还设立了一些新的岗位:1.录像带管理员。建台最初十余年,除新闻节目有胶片资料外,其他节目都是直播,没有影像资料。20世纪70年代后期有了录像设备,最早是由节目科安排一人兼管录像带;1979年,设立了专职管理员。2.资料员。上海电视台以前与广播电台共用资料室,没有自己的资料机构。1979年5月建立了小型资料室,根据电视特点,资料员在收集文字资料的同时,注意图片、照片、画册等图像资料的搜集。资料员曾到新华总社国际部、摄影部,翻拍了200余张世界各地各类内容的彩色照片,供口播新闻等节目使用,为电视报道提供了影像资料库,丰富荧屏画面。①

搞电视不可能没有影像资料。保存影像资料可以丰富荧屏、提高节目可视性;同时避免每个片子都要自己拍摄所有镜头,从而降低成本、缩短制作周期;还可以提高节目的权威性,使报道有更丰富的背景说明。分门别类、系统地保存节目资料,易于查找和使用,这也是国际上各国电视台的通用做法。上海电视台在这方面觉悟较早,管理得力。但国内其他电视台对这方面的重视程度都没有达到应有的高度。

3.地方台

此时,各地方台还都处在"微调"之时。河南台有了一个较大动作。1983年11月,河南台成立了广播电视新闻中心。它的任务是:统一领导并直接组织河南广播、电视的新闻报道与评论工作,统一指挥驻各地、市的广播电视记者。该新闻中心把广播电视新闻集中起来,做到五个统一:统一指导思想、统一宣传口径、统一报道计划、统一组织力量、统一编排播出。如此一来,广播电视一齐上,新闻、评论同步行,互为补充,相得益彰。这一组织方法有利于不断提高新闻、评论的质量,还使广播电视新闻有了一支专门的编采队伍。新闻中心在改革广播电视组织形式,培养一专多能的编辑、记者,发挥电子媒体威力等方面进行了新的探索,②在全国引起较大反响。

贵州电视台从1983年起先后建立了8个地方电视记者站,还建立了有120多人的通讯员队伍。③

从1958年5月1日成立第一家电视台到1983年,我国电视事业走过了25年的历史。在这期间,电视工作者队伍的发展经过了三个阶段:1958到1960年左右为初建阶段,那时的电视工作者寥寥无几,北京电视台和少数几个地方电视台加在一起,不过几百人;1970年前后,全国各省、自治区、直辖市(除北京市和西藏外)先后建立起电视台,至此,电视队伍初步形成;到1983年,中央和省级电视台已经拥有了一支包括编、采、导、摄、美、译、播以及工程技术等各工种在内六千多人的电视制作专业队伍。④

---

① 赵凯.上海广播电视志[M].上海:上海社会科学出版社,1999:477,494,495.
② 《当代中国的广播电视》编辑部.中国广播电视大事记[M].北京:北京广播学院出版社,1987:385.
③ 《当代中国的广播电视》编辑部.中国广播电视在改革中前进[M].北京:北京广播学院出版社,1991:560,708.
④ 壮春雨.中国电视概述[M].北京:中国广播电视出版社,1985:235.

(三)四级办

第十一次全国广播电视工作会议提出的"四级办广电,四级混合覆盖"是广播电视事业建设方针上的重大调整。这个设想最初是由广播电视部总工程师何大中提出的,后经广播电视部领导多次研究,逐步形成意见,最后在该次工作会议上正式提出,并获得中央批准。①

四级办电视——凡具备条件的省辖市和县都可以办电视台,这些自办电视台除转播中央台和省台的节目外,还可以自办节目。这一方针影响深远:动员社会力量办电视,调动了地方的积极性,打破了过去集中体制;也与当时在国内全面推开的改革发展形势相吻合。

当时中央采取的改革措施有许多与这一方针不谋而合。比如:在扩大地方自主权,特别是实行财政包干以后,地方投资广播电视事业的可能性增大;农村实行生产责任制以后,农民的生活得到改善,看电视的要求更高;在经济发达地区,以中心城市带动周围农村、实行市领导县的体制,激发了中等城市办电视的积极性。

在这之前,全国只有少数省辖市办有电视台,在这之后,就如打开了闸门,全国迅速出现了几十家市级电视台,并且逐年递增。这使我国的电视事业得到了迅速发展,大量人才被培养出来,节目制作能力逐渐增强,市场需求扩大,另外,覆盖率提高,广大农村群众能够更快看到电视,这有利于电视宣传收到更大的效果。② 但是由于对这种新变化缺乏思想准备,缺乏应对经验,特别是缺乏有效的监督管理办法,因而出现了一些混乱。③

三、技术进步

电视要以技术手段为基础,技术在很大程度上决定了节目面貌。

(一)地方台办彩色电视节目

在 20 世纪 70 年代末、80 年代初这段时间内,播出彩色节目录像是各电视台急需完成的技术更新。

1977 年 7 月 20 日,北京电视台另一座彩色电视中心安装调试完毕。25 日,第二套节目用 8 频道向北京地区正式播出彩色节目。至此,北京电视台的两套节目都实现了彩色播出,完成了由黑白向彩色的过渡。④

---

① 郭镇之.中国电视史[M].北京:中国人民大学出版社,1991:191.
② 方汉奇.中国新闻事业通史:第三卷[M].北京:中国人民大学出版社,1999:576;壮春雨.中国电视概述[M].北京:中国广播电视出版社,1985:19-22.
③ 壮春雨.中国电视概述[M].北京:中国广播电视出版社,1985:194-195;张骏德.当代广播电视新闻学[M].上海:复旦大学出版社,2001:47.
④ 郭镇之.中国电视史[M].北京:中国人民大学出版社,1991:90,124.

各地方电视台也在积极开办彩色电视。刚开始,它们都是先上彩色发射机,有的最初利用彩色转播车代替彩电中心,更简陋的是把彩色录像机和彩色发射机串联起来,不经过中心,直接把信号输送给发射机。节目主要是转播中央电视台的彩色节目,随后它们才逐步建立起自己的彩电中心。从 1976 年 10 月到 1980 年的三四年时间内,全国各地电视台基本实现了彩色电视节目播出。①

1977 年,石家庄电视台、长春电视台、南京电视台等实现了彩色电视节目的播出;1979 年,湖南电视台、山东电视台、内蒙古电视台、新疆电视台、湖北电视台也播出了彩色节目,西藏电视台开始试播彩色电视节目;1980 年,甘肃电视台、宁夏电视台、江西电视台也播出彩色电视节目;1981 年,黑龙江电视台、重庆电视台试播自办彩色电视节目;1982 年,辽宁电视台实现彩色发射。②

最初的彩色节目是由彩色胶片洗印出来的。1977 年前后,保定胶片厂开始供应 16 毫米的彩色胶片,虽然洗印出来的影片图像色彩不够理想,但除此之外便无其他彩色胶片。上海电视台的新闻片就是从此时由黑白转为彩色的。后来,多数地方台播放彩色电视节目,主要是通过彩色录像实现的。③

1979 年,上海电视台从美国购进了 1 台过时的洗片机,扩建了污水处理系统,打算建成华东地区电视胶片洗印中心,帮助尚未掌握彩色胶片冲洗技术的其他省市电视台冲洗胶片。同时购进的还有 6 台摄影机,包括联邦德国的阿莱 16 毫米摄影机 2 台,法国爱克莱 16 毫米摄影机 1 台,瑞士鲍来克司摄影机 3 台以及三脚架等一批配套设备。④

1973 年 5 月 1 日,北京电视台彩色电视节目正式播出,洗印车间已具有两套彩色胶片洗印生产线。1981 年,中央电视台建成世界最先进的高温快速彩色胶片洗印生产线,这阶段也是中央电视台洗印业务的黄金时期。⑤

1982 年 8 月,国家标准局发布由广播电视部制定的"彩色电视广播标准",正式确定我国彩色电视制式采用逐行倒相正交平衡调幅制(PALD,Phase Alteration Line)。

(二)节目录像播出

在 20 世纪 70 年代以前,我国电视节目除用胶片拍摄外,其他全部是直播,鲜有录像片。用录像机保留节目以备重复播出,这是当时电视发展的要求。电视人在开始时依然想自力更生——靠国产录像设备实现节目播出,但后来证明这样很难满足电视迅速发展以及与国际同行衔接的要求,只好依靠进口解决这个问题。

---

① 壮春雨.中国电视概述[M].北京:中国广播电视出版社,1985:16-17.
② 《当代中国的广播电视》编辑部.中国广播电视在改革中前进[M].北京:北京广播学院出版社,1991:517.《当代中国的广播电视》编辑部.中国广播电视大事记[M].北京:北京广播学院出版社,1987:308-310,312,340,345.
③ 壮春雨.中国电视概述[M].北京:中国广播电视出版社,1985:16-17.
④ 赵凯.上海广播电视志[M].上海:上海社会科学出版社,1999:475.
⑤ 杨伟光.往事如歌:老电视新闻工作者的足迹[M].北京:人民出版社,1997:180.

1973年北京电视台彩色电视开播后,随之我国也开始了部分节目的录像播出。[①]因此,在我国,录像机的使用是与彩色电视播出同步开始的。但是直到20世纪70年代末期,我国陆续从国外成批引进电视录像设备,录像播出才逐渐普及。

1979年,中央电视台去美国采访,用的仍然是16毫米摄影机,录像要靠美国三大广播公司帮助完成。1979年以后,中央电视台引进了更多新设备,促进了节目播出和制作方式的变革。到了20世纪80年代初,摄像机几乎取代了摄影机,电视节目采取单机摄录及后期加工的制作方式。[②] 从1980年7月开始,中央电视台节目全部实现了直播转为录像播出,并进而转为用计算机控制的自动播出。[③]

1964年夏天,上海电视台进口了两台日本产的摄像机,它们有云台和变焦功能,被用于演播室和电视转播。1979年,中央广播事业局分配给上海电视台两台VO—2860P彩色录像机,也被用于剧场或体育场馆演出、竞赛等大型节目的录制。这一年,上海电视台进口了1英寸便携式小型摄录像机,并开始少量引进3/4英寸录像机系列。1981年9月17日,上海电视台又购进两台SONY牌1英寸录像机;同年12月5日,再从安培公司购进了6台录像机,还有相关的电子编辑器、时间校正器、彩色监视器等。上海电视台成批引进国外制作设备,更新原有设备,逐步淘汰了落后的摄影方法,改变了只在演播室录制节目的状况。

为了更好地报道1983年9月在上海举行的第五届全国运动会,1983年7月,上海电视台向日本池上公司订购了一辆彩电录像转播车,车上配有4个讯道的摄像机,以及特技、控制设备,车顶上有9米升降台。这些设备的添置,大大丰富了上海电视台体育和各种文艺节目的表现手段,使节目制作上了一个台阶。[④]

1980年9月1日,吉林电视台的两个频道实现了录像播出。1982年,辽宁电视台实现彩色发射,并开始用电子摄录设备制作节目。[⑤]

(三)使用摄录设备

1.电子摄录机

20世纪70年代末期,少数实力雄厚的电视台开始引进、使用进口电子摄录机(ENG,Electronic News Gathering)进行采访。20世纪80年代初,中央电视台、省级电视台也开始使用电子摄录机设备进行新闻采访和电视剧制作。当时还有部分电视

---

① 杨伟光.中央电视台发展史[M].北京:中国广播电视出版社,2010:333.
② 林景云.对我台技术工作的若干回顾[J].电视研究,1985(3);杨伟光.往事如歌:老电视新闻工作者的足迹[M].北京:人民出版社,1997:167.
③ 杨伟光,李东生.《新闻联播》20年[M].上海:上海三联书店,1999:25.
④ 赵凯.上海广播电视志[M].上海:上海社会科学出版社,1999:377,486,574.
⑤ 《当代中国的广播电视》编辑部.中国广播电视大事记[M].北京:北京广播学院出版社,1987:319,340,345.

台摄影机、摄像机并用,开始向录像化过渡。①

1978年12月,中央电视台开始使用两台仅有的电子新闻摄录机采制声像合一的新闻素材。采访和制作逐步向电子录像方式过渡。最初的电子摄录机设备是摄录分离式,由日立的摄像机和索尼的背包式录像机组成一套。②

1979年12月初,日本首相大平正芳访华途经上海,上海电视台首次使用电子新闻摄录机拍摄了新闻并及时播出。1981年,上海电视台新闻部又配备了两台电子摄录机用于新闻采访拍摄。③

从这时开始,中国电视台使用电子新闻采集设备和电子编辑机采制新闻。技术设备的改善大大简化了电视新闻采制操作,缩短了制作周期,提高了新闻时效;同时方便了同期声采录,丰富了表现形式。这有助于电视新闻的改革,促进了中国电视新闻的地位和影响力的提升。中国电视新闻与国外同行经历了同样的历程,但中国的路走得更曲折、更艰辛。

全面采用新技术还经历了一个滞后过程。首先,以上海台为例,由于不少摄影记者已经习惯使用摄影机采访,改用摄像机,还要再拖一个录像包,明显感到抢镜头时不够灵活。其次,台里仓库中积存有大量国产彩色胶片,在其他省台都迅速放弃胶片摄影改用电子摄像后,上海电视台仍在沿用胶片摄影。经过两年多的胶片摄影和电子摄像合用的过渡阶段,到1984年7月14日,最后一批胶片拍摄的电视新闻播出后,这种方式才正式退出新闻报道的历史舞台。为提高时效,自1983年开始,上海电视台新闻部建立了夜间通宵值班制度。每晚由编辑、摄影(像)记者和灯光各一人轮值,遇到突发事件立即出动,赶赴现场采访和拍摄。④ 这是设备改善后建立的新机制。

2.其他设备

随着与国外交流的扩大,一些其他先进设备也陆续进入我国。1979年,中央电视台赴美工作小组带回了一项新技术——提词器。它用在新闻播报中,使播音员可以抬起头来与观众(镜头)交流。⑤

1980年,中央电视台留用了在北京参加展览的两辆日本电视转播车。这两辆转播车车内设备小型、轻便、功能简易。之后多年内,中央电视台用它制作了大量中、小型文艺节目和新闻节目,它还担任过首届北京国际马拉松比赛电视直播的主车。

1981年,中央电视台从日本引进了小型箱式外出制作设备(EFP,Electronic Field Production)。这一设备拥有监视单元、切换单元、摄像机控制单元以及三讯道便携式

---

① 方汉奇.中国新闻事业通史:第三卷[M].北京:中国人民大学出版社,1999:632;杨伟光.中央电视台发展史[M].北京:中国广播电视出版社,2010:156;壮春雨.中国电视概述[M].北京:中国广播电视出版社,1985:223-230.
② 杨伟光,李东生.《新闻联播》20年[M].上海:上海三联书店,1999:9;杨伟光.中央电视台发展史[M].北京:中国广播电视出版社,2010:344.
③ 赵凯.上海广播电视志[M].上海:上海社会科学出版社,1999:396.
④ 赵凯.上海广播电视志[M].上海:上海社会科学出版社,1999:396,475.
⑤ 杨伟光.往事如歌:老电视新闻工作者的足迹[M].北京:人民出版社,1997:167.

摄像机和四路视频切换台,箱体之间用电缆连接,是一整套拍摄和编辑系统,用于台外现场拍摄和编辑。由于设备小型紧凑可随身携带,为外出制作节目提供了方便。1982年春节联欢晚会直播的视频系统即采用了两个小型 EFP 切换台构成的六讯道系统,完成在当时称为大制作的直播节目。①

1982 年 9 月,广东电视台设置了两台电子采访车,配备了由文字记者、技术员、灯光员和司机等组成的电子采访队。②

20 世纪 80 年代初,全国省级以上电视台基本实现了彩色化和录像化播出。

(四)北京台建彩电中心

早在 1972 年,在积极筹备试播彩色电视节目的同时,北京电视台就决定兴建一座现代化大型电视中心,以满足发展彩色电视的需要。1973 年,周恩来总理提出兴建一座系统完整、功能齐全、设施先进并有适当发展余地的国家级电视台。根据周总理的指示,1973 年,新台工程建设处成立,开始选址和总体规划,几经周折,最后选定复兴门外的蔡公庄。同时,北京电视台、中央广播事业局设计院和广播科学研究所三方共同合作,于 1976 年开始新台的方案设计。1981 年 5 月到 10 月,中央电视台章之俭等五人赴日本 NHK,为彩电中心做联合设计。③

1981 年,中共中央书记处会议决定把建设彩电中心列为国家"六五"计划的重点工程。1983 年 5 月 30 日,中央电视台彩色电视中心主体工程(方楼)破土动工;1984年 3 月,制作楼(圆楼)开工;1986 年年末,技术部门开始安装设备;1987 年基本建成。该电视中心总建筑面积 10.4 万平方米,占地 10 公顷,由播出区、制作区、生活区三大部分组成,播出系统由电子计算机控制,该电视中心还广泛采用现代化电子采编设备,主楼的播出中心设计能力是 4 套节目。④

这是 20 世纪 60 年代初国家在广播大楼院内建设电视台后的第二次建新台。第一次是在国家经济非常困难的时候修建的,这一次国家财政仍然不宽裕,但每一次国家都是全力投入,力保工程早日完成,可见对电视事业的重视。这也说明了电视台的基本权属,奠定了电视台国有资产、公共财产的基本性质。

四、解决覆盖

1981 年 11 月 6 日,时任中共中央总书记胡耀邦在广播事业局的一份材料上批示,"仲勋同志:从去年以来,我去过西藏、四川、贵州、广西、云南、广东、湖南、江西、湖北、上海、浙江、山东、上海、宁夏、内蒙古、陕西、河南、河北、山西、辽宁 20 个省区市,这

---

① 杨伟光.中央电视台发展史[M].北京:中国广播电视出版社,2010:338-339.
② 《当代中国的广播电视》编辑部.中国广播电视大事记[M].北京:北京广播学院出版社,1987:358.
③ 杨伟光.中央电视台发展史[M].北京:中国广播电视出版社,2010:330.
④ 赵玉明.中国广播电视通史[M].北京:北京广播学院出版社,2004:346;杨伟光.中央电视台发展史[M].北京:中国广播电视出版社,2010:143,331.

些省区市多数中等城市看不清中央电视台节目,我弄不清是什么原因,但这个情况是很严重的,极大影响政治宣传效果,影响人民对电视机的购买。请你抓一下这件事,看究竟如何解决才合理"①。这说明当时电视覆盖问题非常严重。覆盖,一方面是观众要能看到与看好;另一方面是解决电视台的节目回传问题。

(一)微波覆盖

这个时期,国内覆盖由最初的以发射机为主逐渐向以微波为主转变。微波线路此时已经覆盖全国的主要城市。1978年1月24日,中央广播事业局发出关于青海、宁夏、江西、福建四省自治区微波干线正式投入使用的通知。

虽然覆盖已经普及,但只有天津、上海、广州等少数城市可通过微波线路向北京回传节目。如1978年2月24日18时30分,北京电视台试转上海电视台节目,并获得成功。当天上海电视台安排的节目有:《"交大"制成水下切割机》《塑料大棚种蔬菜》《木偶戏"三打白骨精"排练演出》等新闻片;音乐节目《小提琴独奏》;木偶神话剧《孙悟空三打白骨精》。这是北京电视台第一次尝试转播上海电视台节目。②

而其他大多数城市都只能单向接收节目。这时要解决的重点是线路的双向使用。1977年7月28日,中央广播事业局函请邮电部协助开通向北京传送节目的微波通道,以便全国各地电视台的节目能及时回传北京,由北京电视台播出或经其编选后在全国播出。一年后,1978年7月,河北、江苏、湖北、湖南、河南、四川等六个省级台开始向北京回传节目。1980年10月20日,中央电视台通过微波干线可以收录绝大部分省级电视台定时回传的新闻。各省上午发生的重大事件,下午便可以传到北京,晚上《新闻联播》即可播出,比寄送录像带提前了一到两周时间。③

1981年4月,为动员全国电视台共同办好《新闻联播》,中央广播事业局在青岛特别召开了会议,之后,各地加快了微波新闻网的建设,《新闻联播》中地方新闻数量大幅增长,并逐步引人注目。④

1981年8月1日,福建电视台首次利用微波线路向中央电视台回传新闻,成功传送的是福州部队当天上午在福州举行的陆海空三军阅兵典礼实况。当晚中央电视台在《新闻联播》节目中播出了该新闻。1981年8月8日,国民党空军少校飞行员考核官黄植诚驾机起义回归祖国大陆。福建电视台将黄植诚归来后在福建省的全部活动,通过北京—福州微波线路前后3次向中央电视台共传送了5条新闻,这些新闻大都通过当晚的《新闻联播》被传播出去。⑤

---

① 《当代中国的广播电视》编辑部.中国广播电视大事记[M].北京:北京广播学院出版社,1987:288,343.
② 赵凯.上海广播电视志[M].上海:上海社会科学出版社,1999:672.
③ 郭镇之.中国电视史[M].北京:中国人民大学出版社,1991:124;杨伟光,李东生.《新闻联播》20年[M].上海:上海三联书店,1999:25;徐光春.中华人民共和国广播电视简史[M].北京:中国广播电视出版社,2003:197.
④ 郭镇之.中国电视史[M].北京:中国人民大学出版社,1991:167;杨伟光.中央电视台发展史[M].北京:中国广播电视出版社,2010:157.
⑤ 《当代中国的广播电视》编辑部.中国广播电视大事记[M].北京:北京广播学院出版社,1987:337.

1981年10月,第十次全国广播工作会议确定地方电视台作为中央电视台的集体记者。同时,各地积极修建广播电视专用微波线路,中央电视台和一些地方电视台开始通过微波线路定期互传新闻。①

广播电视专用微波线路的建设也取得了新进展。一些省、自治区开始投资建设传送节目的专用微波线路,到1982年年底达10,330公里,1983年年底增加到14,000多公里,大大提高了覆盖率。例如,1983年,江苏全省建成15个微波站,线路全长720公里,改善了南京至镇江和苏北沿线地区的电视收看条件。但是,很多地方尚未实施微波线路建设,如当时苏南地区和苏北不少远离微波线路的地区,仍然缺乏稳定的电视信号源。②

微波线路建设的发展、"硬件"水平的提高,为中国电视新闻的发展提供了物质保障。1982年,中央电视台第一套节目通过微波传送,已可传送到除西藏、新疆以外国内各省、自治区、直辖市(不包括台湾地区)。与此同时,全国20多个省级电视台可以通过微波线路向北京回传新闻。电视新闻的时效大大提高,中国电视新闻网初步形成。③

(二)转播台

国内覆盖虽逐渐转向以微波为主,但也兼用其他的覆盖方法。随着技术的不断提升,发射机覆盖的效果也在不断改善,转播发射建设速度也在加快。

20世纪70年代末、80年代初,虽然国家财政还有困难,但各地对广播电视事业的投资有所增加,兴建了不少广播电视发射台和转播台。如1977年5月1日,四川龙泉山电视中心发射台彩色发射机开播,从此,四川电视台由仅能覆盖成都地区过渡到向全省播送节目。④

1979年,中央广播事业局设计室设计的混凝土电视塔在武汉龟山落成。该塔高220米,是当时全国最高的电视塔,塔楼上还设有旋转餐厅。

1981年12月25日,全国海拔最高的电视转播台——云南省大理苍山电视骨干转播台建成。它使滇西800万人口的广大地区能及时看到中央电视台和省台的电视节目。

为了增强电视发射功能,完善传输网络,扩大上海电视台的覆盖面,1983年1月1日,上海电视台5频道启用了40千瓦电视发射机,发射功率比以前增加3倍。通过差转和微波传送,上海电视台的覆盖范围不断扩大,北至江苏连云港,西到浙江、安徽部

---

① 方汉奇.中国新闻事业通史:第三卷[M].北京:中国人民大学出版社,1999:574.
② 《当代中国的广播电视》编辑部.中国广播电视在改革中前进[M].北京:北京广播学院出版社,1991:460.
③ 壮春雨.中国电视概述[M].北京:中国广播电视出版社,1985:23,59,90;杨伟光,李东生.《新闻联播》20年[M].上海:上海三联书店,1999:41,45.
④ 赵玉明.中国广播电视通史[M].北京:北京广播学院出版社,2004:336,346;《当代中国的广播电视》编辑部.中国广播电视大事记[M].北京:北京广播学院出版社,1987:282.

分地区,南达江西东北部,东到舟山群岛和长江三角洲的大部分地区,都能看到上海电视台的节目,人口超过1亿。①

根据1979年年底统计数据,全国有电视台38家,1千瓦以上的电视发射台和电视转播台238家,小功率(50瓦以下)电视差转台2,000多座。1980年年底,全国电视台仍为38家,电视发射台、转播台为2,469座,是上一年数量的十倍多。1982年12月31日,全国共有电视台47家,电视发射台和电视转播台5,635座,其中1千瓦以上的328座。到1983年年底,全国从中央到地方(不包括台湾地区)已建立起52家电视台,电视转播台、电视差转台遍布全国各地。②

电视的人口覆盖率有了较大幅度提高,1982年达到57.3%;但除北京、上海能收看到3套电视节目外,其他地区一般只能收看1—2套电视节目。以湖南台为例,1983年以前,电视的覆盖是省台节目和中央电视台节目混合覆盖,即一周内有3天播送中央电视台节目,另外时间自办节目;节目采用差转传输方式播出,转播质量很差。所以,这时的转播效果仍不够理想,部分地区达不到"看好"的技术标准。③

为了解决这一问题,有的省开始使用有线方法传输节目。如1981年6月1日,江苏电视台首次使用光缆传输系统(有线)传送电视节目。这套设备是南京邮电学院通信研究所研制的。

(三)卫星

中国幅员辽阔,在其他国家可以一举解决的覆盖方法,在我国都很难奏效。因此,更有效的覆盖方式很快进入人们的视野,这就是卫星。在制定这一重大决策之前,我国在卫星领域已经有了一系列准备。

1969年,中国试制第一套通信卫星地面接收站,成功接收了美国"阿波罗11号"飞船首次登月的电视节目卫星转播。④ 在1970年4月,中国成功发射了自己的第一颗卫星。

1972年,美国总统尼克松访华,北京电视台、上海电视台都派出技术人员协助美方通过卫星传送节目,同时学习了彩电转播和卫星传送的技术。其后,每逢重大国事活动,以及一些重要的国际体育赛事,向内、向外的实况转播或是电视新闻片的传送都是利用太平洋和印度洋上空的国际卫星实施的节目传送。⑤

1972年,我国开始建设"北京一号"卫星通信地面接收站,1973年建成,1974年,

---

① 赵凯.上海广播电视志[M].上海:上海社会科学出版社,1999:377.
② 赵玉明.中国广播电视通史[M].北京:北京广播学院出版社,2004:344,346;徐光春.中华人民共和国广播电视简史[M].北京:中国广播电视出版社,2003:191;杨伟光,李东生.《新闻联播》20年[M].上海:上海三联书店,1999:45.
③ 《当代中国的广播电视》编辑部.中国广播电视在改革中前进[M].北京:北京广播学院出版社,1991:608.
④ 赵水福.世纪心语:中国老广播电视工作者感悟录[M].北京:中国国际广播出版社,2003:314.
⑤ 郭镇之.中国电视史[M].北京:中国人民大学出版社,1991:88,102;杨伟光.中央电视台发展史[M].北京:中国广播电视出版社,2010:135.

又建成了"北京二号"站以及"上海站"。北京和上海处于太平洋和印度洋卫星的共同覆盖区,使用这三个地面站,便可与亚、非、欧、北美及大洋洲的几十个国家进行电视节目交换。如"北京二号"站的通信容量为132路电话和一路双向彩电,其通过印度洋上空的国际通信卫星与亚非国家地区沟通。

1974年2月,北京电视台副总工程师许中明作为我国电信代表团成员,赴日内瓦参加了国际无线电咨询委员会会议。回来后他撰写报告,提议用卫星广播系统来有效、高质量地解决广播电视全国覆盖的问题。他除一再提倡、建议,还试制成功广播卫星接收机,广泛邀请各界人士和领导前来观看,通过主管领导的报告,他得到邓小平同志支持卫星广播系统的批示。①

同仁共识、领导支持,客观环境也为这项事业提供了条件。1977年,我国正式加入国际卫星组织,开始通过更多国际间的合作,开展卫星电视广播业务。中国在12吉赫这一广播频段分到了3个卫星轨道位置、35个波束、55个频道,可以保证中央电视台3套节目和各省、自治区1套电视节目的播出。②

1977年10月7—13日,中央广播事业局在南京召开了卫星广播网规划座谈会,国防科委、总参通信部、中国科学院、四机部、七机部、邮电部和部分省区广播事业局以及各部所属有关厂、所等26个单位的代表参加了会议。会议提出我国广播电视应采用卫星覆盖的建议,讨论研究、制定了中国卫星广播网规划,并确定广播卫星使用12吉赫频段。

发展卫星广播的规划经中央批准,决定第一期先引进,第二期由自己的产品接替,但之后在与外国的谈判过程中,由于国内经济调整该规划被推迟执行。③

国家领导不约而同地从电视教育角度支持了卫星覆盖战略。

1979年5月17日,邓小平在谈到从美国购买通信卫星时说,"原来确定的方针不变,以彩色电视广播为主,覆盖全国为准,普及电化教育,加速培养人才"。他还指出:地面站两千多个县可以先建一部分,一批一批地建设。彩色电视机一定要搞上去,先把所有的大学和重点中学搞起来。优秀的老师讲课,统一组织收听,如李政道的讲学,就可以通过电视组织全国更广泛的范围来收看、收听。他关注的是利用卫星+广播电视来普及教育,在广大的国土上取得最大的教育效益。这无疑是中国的一项重大战略考虑,而卫星就是实现它的有效手段。④

1982年5月,国家计委党组在向中央领导汇报"六五"计划时引用中央领导关于发射广播卫星的话:购置和发射广播卫星,电视教育可以共用。地面站国内自己搞,有关地区共同建设,共同受益。广播卫星搞起来了,可以扩大覆盖面积,大大发展广播电

---

① 《当代中国的广播电视》编辑部.中国广播电视大事记[M].北京:北京广播学院出版社,1987:257,263,272,284,335.
② 《当代中国的广播电视》编辑部.中国广播电视在改革中前进[M].北京:北京广播学院出版社,1991:135.
③ 《当代中国的广播电视》编辑部.中国广播电视在改革中前进[M].北京:北京广播学院出版社,1991:135.
④ 《当代中国的广播电视》编辑部.中国广播电视大事记[M].北京:北京广播学院出版社,1987:304.

视教育,还可以举办农业科学等各种讲座。这是为教育、为广播办一件大事。①

20世纪80年代初期,随着电子科技的飞速发展,世界范围出现了区域化和全球化的卫星电视广播,如1980年创办的美国有线新闻网(CNN,Cable News Network)。与此同时,虽然我国财政还有困难,但是中央还是决定发射广播卫星。②

1983年4月,第十一次全国广播电视工作会议确定对事业发展方针和技术政策进行较大调整,采用广播卫星覆盖全国的方针。

1983年6月,广电部科技委员会制定《广播电视技术政策》,提出到20世纪末,我国广播电视的技术建设要采用卫星广播、微波传送和其他科技成果,立足国产,力图接近或达到世界先进水平。

1983年9月,以卢克勤顾问为团长的中国广播电视代表团于1日至16日访问加拿大,重点考察卫星广播情况。③

1983年12月21日,中国广播卫星公司成立。该公司以广播电视部为主,专门从事广播卫星技术引进工作。

1986年7月1日,上海电视台卫星地面接收站建成,可以接收电视节目。④

第二节 新闻改革

党的十一届三中全会确定了改革开放方针之后,新闻改革正式拉开帷幕。新闻改革使电视新闻发生了很大变化。在短期的过渡之后,增办电视节目成为新闻改革开始的标志。

一、粉碎"四人帮"后的节目

在粉碎"四人帮"后的一段时间,北京电视台的几个大型节目形成了巨大的社会反响,抒发了人们积郁已久的情感,让人们看到了希望。

1976年12月21日,北京电视台转播了《诗刊》编辑部主办的《诗歌朗诵音乐会》实况。一批老文艺工作者登台,演出了不少观众喜爱的老节目。演员们在节目中更多地宣泄出对"四人帮"的恨和对周总理的爱,释放出近一年被压抑的情感。郭兰英在《绣金匾》中唱道"三绣周总理,人民的好总理……"的时候,泪水夺眶而出,场内场外的观众也都被深深感染,流下了热泪。⑤ 人们这时的爱憎情感高度一致,在观看中获得了交流与释放。

---

① 《当代中国的广播电视》编辑部.中国广播电视大事记[M].北京:北京广播学院出版社,1987:350.
② 赵玉明.中国广播电视通史[M].北京:北京广播学院出版社,2004:346.
③ 《当代中国的广播电视》编辑部.中国广播电视大事记[M].北京:北京广播学院出版社,1987:304,375,379.
④ 赵凯.上海广播电视志[M].上海:上海社会科学出版社,1999:377.
⑤ 徐光春.中华人民共和国广播电视简史[M].北京:中国广播电视出版社,2003:187.

1977年1月,在周恩来总理逝世一周年之际,北京电视台又播出了"纪念伟大的无产阶级革命家、杰出的共产主义战士周恩来总理逝世一周年"文艺演唱会,观众反响热烈。与此同时,北京电视台还播出了新影厂的彩色纪录片《敬爱的周恩来总理永垂不朽》,它一反当时大多数新闻纪录片套话连篇的风气,朴实自然、真诚感人。这部片子本该在一年前周总理逝世时播放,但在"四人帮"的禁令下没能与观众见面。①

1978年2月6日,北京电视台举办了第一次综合性春节联欢晚会,节目从大年三十晚播出,一直持续到第二天凌晨一点钟左右。② 这成为以后每年春节惯例节目的肇始。

此后,全国展开了揭批"四人帮"、拨乱反正、清理"文革"错误的工作。1978年5月11日,《光明日报》发表了特约评论员文章《实践是检验真理的唯一标准》,其中心是在思想上拨乱反正、恢复党的实事求是思想路线。当年12月,中共中央召开了十一届三中全会,会议做出"把全党工作重点转移到社会主义现代化建设上来"的战略决定。粉碎"四人帮"后,人民要求改变国家面貌、改善自身生活状态,大家都憋着一股劲,发展成为主要矛盾。

二、增办新闻节目

改革开放以后,各地电视台纷纷增加新闻节目。如1981年,除转播《新闻联播》以外,每周7天中有4天播出本地新闻的电视台在全国还不到一半,但到了1984年,大部分省、市台都有了自己的新闻,如《黑龙江电视新闻》《江西电视新闻》《四川新闻》《天津新闻》《浙江新闻》《辽宁新闻》《甘肃新闻》《河南新闻》《新疆新闻》等。有的电视台还开办了一天两次或更多的新闻节目。地方电视台的新闻在其节目中的比例,开始高于中央电视台的。全国电视新闻编辑记者队伍也从1981年的300多人发展到1984年的1,200人左右。③

(一)上海电视台

上海电视台的新闻播出次数增加最快,而且开发出很多以前没有的新栏目。

该台从1977年开始增加新闻播出次数,1979年达到每周播出6次(周一至周六)。1980年6月1日,上海电视台开始在周日开办《口播新闻》栏目,此后每天都有新闻节目。《口播新闻》栏目主要内容来源是聘请的600名通讯员来稿;平均每次播出5条左右,大多是当天或一天前发生的事情。虽然《口播新闻》没有活动画面,但由于它时效性强、内容新鲜,改变了以往电视新闻内容陈旧乏味、数量少、旧闻重播多的现

---

① 赵玉明.中国广播电视通史[M].北京:北京广播学院出版社,2004:342;郭镇之.中国电视史[M].北京:中国人民大学出版社,1991:107.
② 《当代中国的广播电视》编辑部.中国广播电视大事记[M].北京:北京广播学院出版社,1987:278,280,288.
③ 洪民生.发展中的中国电视新闻事业[J].电视研究,1985(3);壮春雨.中国电视概述[M].北京:中国广播电视出版社,1985:59,90.

象,社会反应良好。通讯员的信息也使新闻扩大了报道面,增强了时效性。

1979年,上海台又创办了《华东见闻》专栏,该栏目每周播出1次,轮流播放华东各台拍摄的具有地方特色的经济建设、文化生活以及其他题材的新闻专辑和纪录片;1984年元旦,该栏目改名为《经济区信息》,每周播出1期。上海台这个时期创办的新闻性栏目还有《市场掠影》(1981年,1985年更名为《经济之窗》)、《体育大看台》(1982年)、《国际瞭望》(1983年)等。

1982年元旦,上海电视台率先在每天的21:30播出《夜间新闻》栏目,时长15分钟。内容除选用当天18:30播出的重要新闻外,还选录中央电视台19点《新闻联播》中的要闻,还有少量突发事件的报道。这是新时期中国最早开办的晚间新闻,它打破了当时中国电视新闻一天一次的格局。① 在这之前,北京电视台(中央电视台前身)20世纪五六十年代播出的节目中,除每晚18:30播出的《电视新闻》栏目外,还有每天节目结束前、22点左右最后播出的《简明新闻》(口播),这是中国最早的晚间新闻。

(二)广东电视台

广东电视台也通过创办类别丰富的新闻栏目增加新闻次数,如创办了《国际纵横》(1981年2月)、《口播新闻》(1981年4月)、《一周新闻集锦》(1981年10月)、《市场漫步》(1982年4月)、《电视评论》(1982年4月)、《文明之花》(1983年2月)和《立此存照》(1983年3月)、《今日电视新闻》(1983年8月)。

从1982年7月1日起,广东电视台在全国率先开办了白天的综合节目,同年,在全国最早开播《午间新闻》。该台还在年底开办了反映群众呼声的《观众之友》。开办《午间新闻》的第二年,1983年7月,广东电视台又增开了晚间的《今日电视新闻》,把当晚中央电视台《新闻联播》节目中的国内、国际重大事件和本省市的新闻编在一起播出。至此,该台午、晚都有了自办新闻,并开始在新闻节目中实行部分直播。② 广东电视台成为当时节目改变最大的电视台。

还有的台,如湖南电视台于1983年3月1日开办晚间新闻节目。这是第三家开办晚间新闻的电视台。1983年以前,其节目混合省台和中央电视台节目,即一周内4天播送本台节目,3天播送中央电视台节目,采用差转传输方式转播,质量不理想。③

三、扩大节目来源

以新闻改革为突破口带动和促进整个电视事业的改革是当时电视工作者的共识。要改革新闻首先就要从扩大新闻来源入手,所以早期的新闻改革中,调整机制、改进技术以拓展新闻来源是其主要工作。改善覆盖技术,给新闻节目扩大来源提供了途径,

---

① 赵凯.上海广播电视志[M].上海:上海社会科学出版社,1999:393,477.
② 郭镇之.中国电视史[M].北京:中国人民大学出版社,1991:160,161,199.
③ 《当代中国的广播电视》编辑部.中国广播电视在改革中前进[M].北京:北京广播学院出版社,1991:608;《当代中国的广播电视》编辑部.中国广播电视大事记[M].北京:北京广播学院出版社,1987:327,366,377.

如微波、卫星等。因为播出次数的增加,所以每天的自办新闻需要更多的新闻来源。

(一)台际合作

台际合作是指各台之间平等交流、合作,除此之外还有上下级台之间的转播合作。这种合作搞得好,可以有效解决内容来源问题。

1977年,北京电视台在合肥、太原、成都等地召开了华东、中南、华北、东北、西南、西北地区会议,针对《新闻联播》报道面窄、节奏缓慢等问题,研究电视新闻改进和共同办好《新闻联播》节目的方法。会后,各地向北京提供的新闻数量明显增加,由1977年的200多条,增加到1978年的800多条。①

1978年7月中旬到8月中旬,中央电视台和各省、自治区、直辖市电视台的代表分别在阳朔和呼和浩特举行座谈会,就如何办好《新闻联播》《祖国各地》等节目和提高新闻质量进行了讨论。②

前文提到的1979年8月18—27日在北京召开的第一次全国电视节目会议中,来自29个省区市的代表除了讨论搞好自办节目外,还重点讨论了加强全国各电视台协作、交流和节目交换的议题。1980年6月16—22日,第二次全国电视节目会议也主要讨论了节目交换和联播问题。③

1979年6月5日,浙江电视台倡议:华东各省、市台定期召开电视协作会议,着重解决电视录像节目的交换和异地播出问题。此倡议得到江苏、安徽、山东、江西、福建、上海5省1市电视台的赞同。1980年7月,这6家电视台联合推出了《华东见闻》专栏。

1979年,上海电视台同华东各省以及广东、天津、北京等10多个省、市建立起节目交换关系。通过节目交换,1980年,上海电视台提供给兄弟台的节目时长达5,453分钟,如曾经通过电力微波网为杭州市电视台传输节目。1981年,上海电视台因交换增加节目7,000多分钟,交流的节目有电视新闻、文艺、专题、电视剧、戏曲片等。④

1980年12月22—28日,华北五省市电视台在石家庄首次召开电视新闻工作座谈会。会议交流了办好电视新闻的经验,研究了电视新闻改革和"自己走路"的问题,商定联合举办《华北见闻》专栏节目。《华北见闻》于1981年1月开始播出,1982年2月改名为《长城内外》。⑤

全国城市电视台从1983年起展开一年一度的节目交流,起初只有大约20个电视台,之后逐年增加,开始是"骡马大会",软件硬件都带着,后来只带软件,东道主提供硬

---

① 杨伟光.中央电视台发展史[M].北京:中国广播电视出版社,2010:155;郭镇之.中国电视史[M].北京:中国人民大学出版社,1991:124.
② 《当代中国的广播电视》编辑部.中国广播电视大事记[M].北京:北京广播学院出版社,1987:293.
③ 郭镇之.中国电视史[M].北京:中国人民大学出版社,1991:136.
④ 赵凯.上海广播电视志[M].上海:上海社会科学出版社,1999:579,675,67,6.
⑤ 《当代中国的广播电视》编辑部.中国广播电视大事记[M].北京:北京广播学院出版社,1987:325.

件,再后来,大家都感到需要建立一个固定的节目交流中心。①

(二)全国一盘棋,丰富中央电视台节目

1981年1月13—18日,中央广播事业局召开广播局局长座谈会,北京、天津、上海、广东、山东、四川、湖南、甘肃、辽宁、河北10省市主管电视的广播局局长参会,会议中心议题为"解决地方电视台转播中央电视台的节目"。会议就中央台与地方台在节目播送方面的关系提出了如下意见。1.中央与地方要通力合作,把中央台的节目传送到各地方去,地方台不能只转播省台节目;除了保留中央台的新闻节目和娱乐节目,还要播出中央台的有关政治类、经济类的专题节目和有关精神文明、文化教养、科技方面的节目;不能用使用效果不好的频道转播中央台节目。2.一周内,中央台与各省台以5∶2或4∶3的天数分配播出时间;也可7天都以转播中央台节目为主,每天加上若干本地新闻。② 这一规定是对"加强地方广播事业管理工作"方面报告的落实。它针对的是在当时虽然各地已建立了电视台,但节目制作能力还是非常欠缺的状况。这一想法对地方台有一定的帮助;但实际上,这些意见并没有被很好地执行。

1983年,第十一次全国广播电视工作会议明确规定各级地方电视机构应准时、完整地转播中央电视台的一定节目,以保证中央的精神和国内外重大事件的报道能够迅速、直接地同全国人民见面。在那几年里,随着电视基本建设的发展,微波线路的增加和覆盖面积的扩大,中央与地方电视节目的播放配合要比过去方便多了。③

为了使地方台能及时向《新闻联播》提供电视新闻,1983年,中央电视台从自筹外汇中拨出50万美元,补助各省、自治区和直辖市电视台购置电子新闻采、录、编设备。为了帮助地方台解决器材设备短缺问题,中央电视台又请求中央拨专款70万美元,补助30个地方台,平均每台补助2万多美元。④

据1982年的统计,中央电视台自采自编的新闻和专题已占新闻总播出量的80%以上,改变了电视新闻长期依赖报纸、广播、通讯社的局面。

(三)对外交流合作

在当时,以中央电视台为主,我国电视界开展了一系列国际交流活动,通过交换节目、出访拍片、建立业务联系等,扩大了新闻来源。这也标志着我国电视进入了国际交流的新阶段。

1.建立合作关系

中央电视台和一些国家级电视机构建立了合作关系。1980—1981年,中央电视

---

① 郭镇之.中国电视史[M].北京:中国人民大学出版社,1991:197.
② 壮春雨.中国电视概述[M].北京:中国广播电视出版社,1985:194-195;《当代中国的广播电视》编辑部.中国广播电视大事记[M].北京:北京广播学院出版社,1987:328,345.
③ 徐光春.中华人民共和国广播电视简史[M].北京:中国广播电视出版社,2003:217;郭镇之.中国电视史[M].北京:中国人民大学出版社,1991:186,191,194,245.
④ 壮春雨.中国电视概述[M].北京:中国广播电视出版社,1985:199.

台和英国广播公司、瑞士国家广播公司、法国国家广播公司以及意大利广播电视公司等机构签订了合作协定；1983年，同巴基斯坦、塞舌尔、法国、罗马尼亚4国签订了广播电视合作协定或议定书。与签约国家合作，其中包括节目交换，这带来了相应国家的新闻资源。①

2. 参加卫星交换

1983年3月1日，我国参加了亚洲太平洋广播联盟（以下简称"亚广联"）A区通过国际通信卫星进行的电视新闻交换试验。它是实现全球电视新闻交换的一个组成部分。全球性新闻交换是由联合国教科文组织提出的。中国、日本、澳大利亚、新西兰、韩国、中国香港6个国家和地区为亚广联A区。到9日试验结束，中央电视台播发新闻7次18条，共30分钟，被参加组织采用11条；接收A区播发的新闻54条，采用了21条；接收亚广联B区（菲律宾、印尼、马来西亚、新加坡、泰国）新闻32条，采用12条，由此改变了国际新闻依赖英美提供的状况。1984年4月1日，中央电视台正式参加了亚广联A区每周的定期新闻交换。②

此类新闻交换，西欧各国通过欧洲广播联盟是每日3次；东欧国家通过国际广播电视组织是每周1次，都早已开始了。当时亚广联C区、阿拉伯广播电视组织、非洲广播组织、拉美电视组织也都进行了试验。第三世界国家新闻交换的目的就是打破新闻交流的不平衡状态，促进国际间的平等交流。③ 这种交换关系带来了定期、直接、大量的节目资源。

3. 建立记者站

此时中央广播事业局开始在国外建立自己的记者站。1980年12月，国家三台（国际广播电台、中央人民广播电台、中央电视台）联合建立了驻贝尔格莱德、东京两个记者站。这是我国广播电视系统第一批正式驻外记者站。我国电视界第一个驻外记者是1965年3月由北京电视台派出的朱景和，他建立了第一个驻越南北方的电视记者站。④

1981年3月17日，三台又派出了首任驻法国记者。同年10月29日，三台派出了驻巴基斯坦记者；12月29日，又派出了驻墨西哥记者。1983年10月8日，国家三台建立了驻香港记者站；同年10月12日，建立驻华盛顿记者站。至此，三台在贝尔格莱德、东京、巴黎、伊斯兰堡、墨西哥城、香港、华盛顿共建立了7个驻外记者站。⑤ 之后三年的时间里，国家三台在欧、亚、拉美三大洲都有了自己的记者站。驻外记者为中国广播电视新闻提供了中国人对世界的观察与思考，丰富了新闻内容。

---

① 《当代中国的广播电视》编辑部.中国广播电视大事记[M].北京：北京广播学院出版社，1987：318，366，380.
② 杨伟光.中央电视台发展史[M].北京：中国广播电视出版社，2010：313.
③ 壮春雨.中国电视概述[M].北京：中国广播电视出版社，1985：220.
④ 《当代中国的广播电视》编辑部.中国广播电视大事记[M].北京：北京广播学院出版社，1987：325.
⑤ 《当代中国的广播电视》编辑部.中国广播电视大事记[M].北京：北京广播学院出版社，1987：331，340，344，381，382.

4.人员交往

除了节目交换以外,人员交往也增加了。其中有外国电视机构来华访问,也有中国走出国门参加国际交流,还有采取走出去、请进来的方法,培训自己的人员。

1981年5月17日,CBS(哥伦比亚广播公司)著名主持人克朗凯特一行6人在广州和北京采访拍摄了中草药、中医等内容的节目。同年7月28日—8月10日,CBS《60分钟》栏目记者麦克·华莱士一行在北京、上海、南京采访拍摄了《中国的军队(179师)》《变化中的中国》以及《李敦白一家》等节目。①

1982年,中央电视台应美国广播公司(ABC)的邀请,派出3人小组到该公司新闻部学习考察。

1983年4月22日至29日,中国电视代表团一行4人到法国参加了第十九届戛纳国际电视节,共带去20个小时的节目,设立了展台。这是我国第一次在戛纳电视节设立展台,受到了各方面的关注。

联邦德国艾伯特基金会按照其与广播电视部的约定,于1983年9月23日至10月21日派出3名摄影专家在山西省太原市电视台举办了一期电视新闻摄影、编辑训练班,参加培训的有30人,分别来自辽宁、湖北等10个省区市电视台。②

1983年11月14日至12月9日,上海电视台新闻部派出5人到马来西亚吉隆坡参加亚广联举办的亚太国际新闻交换培训班,系统了解了运用国际卫星交换新闻的技术,同时学习了国外广泛采用的"无剪辑"拍摄法。③

四、新闻数量增多

在新闻节目增加的同时,新闻数量随着报道面的扩大而增多。1982年,全国共制作新闻节目1,797小时零4分钟,其中各地方电视台占1,513小时零7分钟,达84%。当年,上海、广东两地电视台拍摄的新闻片都在2,900条以上。④

1980年,上海电视台播出的新闻片数量为1,429条,到1981年猛增至2,499条,增长了近75%;1982年继续增至2,952条,比上年又增长了18%。这期间摄影记者人数基本上未变,而拍片数量上升,其中也有新闻部实行"评工记分"管理机制的因素。这种制度是由时任新闻部副主任龚学平倡议的,首次尝试打破平均主义,调动了大家的积极性,人们普遍超额完成任务,最多的超过定额的一倍半。⑤

四川电视台新闻部在20世纪80年代初期,努力改变现状、不断求索,采编、录制的新闻片数量成倍增加,质量显著提高。1983年和1984年,该台的新闻在中央电视台播用地方台新闻片数量中连续两年居全国第一。如1983年,四川电视台采制的新

---

① 《当代中国的广播电视》编辑部.中国广播电视大事记[M].北京:北京广播学院出版社,1987:333,337.
② 《当代中国的广播电视》编辑部.中国广播电视大事记[M].北京:北京广播学院出版社,1987:381.
③ 赵凯.上海广播电视志[M].上海:上海社会科学出版社,1999:476.
④ 壮春雨.中国电视概述[M].北京:中国广播电视出版社,1985:59,90.
⑤ 赵凯.上海广播电视志[M].上海:上海社会科学出版社,1999:397.

闻被中央电视台《新闻联播》节目采用了 197 条。当年,《四川新闻》共播发新闻片 1,611 条,专题片 15 条,口播新闻 1,671 条,播出总时数达 60 小时以上。①

1982 年,山东电视台新闻播出数量比 1980 年增长了五倍以上。另外部分省辖市电视台还开办了本地新闻,如《大连新闻》《无锡新闻》等。②

此时,一方面中央电视台的《新闻联播》可以在同一时间传到全国(除新疆、西藏外)各省、自治区和直辖市;另一方面全国 20 多个省级电视台可以通过微波向北京回送新闻,电视新闻传送网初步形成,电视新闻的时效大大提高。但是,电视新闻节目在内容、形式、时效、播映等方面还有待进一步改进,需要经过一番大的努力,才能让自己的地位牢固起来。③

五、改变操作方法

首先是逐步改变新闻传播理念。1979 年 2 月,中央电视台对国内新闻中突出宣传个人、标语口号式、"配合政治任务式"的内容进行了清理。但这一时期还有一些"工业学大庆""农业学大寨"之类的系列专题,基本上是配合某一会议的宣传活动内容。"这些表面上声势浩大的宣传,实际效果并不理想。"④说明理念转变需要一个较长过程。

第十一次全国广播电视工作会议后,广大电视工作者认真贯彻会议精神,采取一系列电视新闻改革措施,对电视新闻的内容和形式进行了大胆且慎重的改革,加上电视技术的发展、传送手段的改善以及收视工具的增多,电视新闻的影响日益扩大,已成为全国各地最主要的舆论阵地之一。

(一)形式的变革

在一些具体层面,改革的推进比较迅速。

新闻时效性得到普遍提高。在全国 20 多个省级电视台可以通过微波线路向北京回传新闻的背景下,提高时效被看作新闻改革的重点之一。

1983 年,在上海举办的第五届全运会上,朱建华刷新跳高世界纪录这条新闻,上海电视台记者在下午 17:15 拍摄完成后,从体育场赶回台里,于 18:30 播出,同时回传北京;中央电视台在当晚 19:00 的《新闻联播》中播出。这是当时最快的独家新闻,它获得了 1983 年电视好新闻一等奖。据统计,上海电视台 1981 年播出的"今天、昨天"新闻只占总数的三分之一左右,到 1982 年这个比例变为 62%;从 1983 年元旦起,该

---

① 张哲西.辛勤传播信息的人[J].电视研究,1985(3);杨宗宪,魏炳炉.在改革中开创电视新闻的新局面[J].电视研究,1985(2).
② 徐光春.中华人民共和国广播电视简史[M].北京:中国广播电视出版社,2003:198.
③ 壮春雨.中国电视概述[M].北京:中国广播电视出版社,1985:59,90.
④ 《当代中国的广播电视》编辑部.中国广播电视大事记[M].北京:北京广播学院出版社,1987:301;郭镇之.中国电视史[M].北京:中国人民大学出版社,1991:116.

台增加了重大新闻事件的现场直播,并出现了无剪辑、不复制、一次合成的电视新闻。①

通过卫星报道,提高新闻时效。早期没有自己的卫星,中国电视记者曾饱尝发稿的困难。如1983年,租用卫星传送一次需要上万美金,为了节约经费,大家还是使用胶片拍摄新闻;而胶片需要经过冲洗、编辑、剪辑,其中仅洗片就需要三四个小时。那一年中央电视台记者邓勤到柬埔寨采访西哈努克亲王,采访从上午10点钟开始,到中午结束。邓勤在柬埔寨回曼谷驻地的汽车上开始写稿,下午回到驻地整理胶片,之后交给民航办事处人员送往机场。飞机到达香港后,再由最早一个航班将片子送往北京由电视台派专人取片。这么紧张的操作,也难以保证新闻在当天播出。当时新闻只有每天晚上一次,错过了时间就只能在第二天晚上播出了。②

而中国很早就借助国际卫星向外发出报道。如1972年2月下旬美国总统尼克松访华,我国首次通过国际卫星向世界发送广播电视报道,此后,便逐渐开始通过租用国际通信卫星线路传送中国新闻。1976年1月8日,周恩来总理逝世,北京电视台通过国际卫星向全世界播发了丧事活动的彩色电视片,这是我国电视台首次通过卫星发送国内新闻。由此也可以看出,没有钱有新技术也难以利用;有自己的卫星会方便、便宜很多,而且还会产生很大的经济效益。由此再次证明,发展电视事业没有强大的经济基础是不行的。

领导人出访是除我国重大事件外电视最早使用卫星向国外传送的新闻题材。1978年5月5—10日,中央电视台派记者随同时任国家主席华国锋访问朝鲜,从5日起,中央电视台陆续播出记者拍摄的电视新闻,并通过卫星将新闻传送到国外。③

1978年8月15日—9月1日,中央人民广播电台、中国国际广播电台、中央电视台派记者赴罗马尼亚、南斯拉夫和伊朗,采访中国领导人华国锋对三国的国事访问。国家三台第一次使用国际通信卫星从国外传回国家领导出访有关活动的新闻录音报道和电视片。此后,中央电视台又多次派出卫星转播小组,向国内观众及时报道胡耀邦、邓小平等国家领导人出国访问的新闻。④

1978年6月,中央电视台第一次通过卫星转播了外国电视节目——在阿根廷首都布宜诺斯艾利斯举行的世界杯足球赛决赛的实况。⑤

运用声像资料,丰富新闻报道。时任美国总统里根于1981年3月30日下午14点25分遇刺,该新闻通过卫星传到中央电视台后,编辑们认为单纯报道里根遇刺,镜

---

① 洪民生.发展中的中国电视新闻事业[J].电视研究,1985(3);壮春雨.中国电视概述[M].北京:中国广播电视出版社,1985:82;《当代中国的广播电视》编辑部.中国广播电视在改革中前进[M].北京:北京广播学院出版社,1991:440;《当代中国的广播电视》编辑部.中国广播电视大事记[M].北京:北京广播学院出版社,1987:344,364.
② 杨伟光,李东生.《新闻联播》20年[M].上海:上海三联书店,1999:272.
③ 《当代中国的广播电视》编辑部.中国广播电视大事记[M].北京:北京广播学院出版社,1987:291,293.
④ 杨伟光.中央电视台发展史[M].北京:中国广播电视出版社,2010:136.
⑤ 壮春雨.中国电视概述[M].北京:中国广播电视出版社,1985:245.

头比较简单,显得单薄,于是把里根过去政治活动的镜头作为背景介绍加入报道,使新闻更加完整、丰满。虽然如此,但对比当时美国电视台,在消息后还将美国历届总统遇刺的情况的声像资料配合播出,其报道的系统性、完整性是我国当时的报道所远远不及的。[①]

主持人出现。中央电视台1980年创办的《观察与思考》节目中开始出现了记者型主持人,第一位出镜的是资深记者庞啸。创办于1979年的《为您服务》节目从1983年元旦开始也启用了固定主持人,沈力成为中央电视台第一位专职主持人。主持人出镜,增加了人性因素,拉近了观众与节目的距离,增加了节目的吸引力。可惜的是正当节目红火之时,因为到达退休年龄,1988年7月1日沈力与中央电视台另外16名老同志一起办理了离退休手续。在她退休后,虽然节目组依然非常努力,但《为您服务》节目却日渐式微,逐渐淡出了观众视野。这一结果更加印证了主持人对于节目的重要性。

(二)上海电视台的变化

上海电视台新闻的改革成果突出。工作者们思考深入、细致,把握准确,能够代表电视新闻改革的主流,他们的实践,为后来很多变革打下了基础。

1978年上半年,上海电视台恢复了自办新闻节目("文革"时期中断,当时主要根据新华社、报纸消息来播报,自采力量相当薄弱)。台领导提出"新、快、多、广、活"的要求,从开辟口播新闻和突破事故报道禁区等方面着手,加快新闻报道节奏。在采访手段上,上海电视台也汲取国外的有益经验,大胆尝试,率先采用并改进,如尝试使用无剪辑合成录像等,大大提高了新闻时效,努力做到重大事件实况转播、同步报道,突发性事件争分夺秒报道。

新闻时效性大大提高。1980年,上海电视台新闻组有了一台专用电子摄像机。这一新设备的使用,大大提高了新闻的时效性。1983年8月,中共中央总书记胡耀邦陪同意大利共产党总书记贝林格来沪访问,飞机到达、客人走下舷梯已是下午17:58。上海电视台记者洪竣浩、朱黔生等在现场用无剪辑摄录法拍摄,之后立即驱车返回台内,在18:30的《上海新闻》节目中直接播出刚刚拍下的新闻。这条新闻创下了上海电视台开办25年来最快新闻时效的纪录。[②]

新闻播出量明显增加。通讯网的建立和新闻改版,成了上海电视台新闻改革的起点,电视新闻从此逐渐摆脱新闻电影模式。1979年,该台播出电视新闻1,106条;1980年,仅口播新闻就为1,925条,占新闻播出量的54.4%,加上新闻片该台播出电视新闻共达到3,354条,是上年的300%;1981年,为4,819条,比上年增长了约44%,其中口播新闻2,320条,占新闻播出量的48.14%。在这以前,上海电视台基本

[①] 刘志筠.电子新闻媒介:广播与电视[M].北京:中国人民大学出版社,1988:90;王传玉.充分运用声像资料丰富电视屏幕[J].电视研究,1988(4).

[②] 陈乾年.跋涉与求索:陈乾年广播电视论文集[M].上海:上海社会科学院出版社,2002:5.

没有当天或前一天的新闻,而根据1980年年底的统计,时效性强的新闻已占新闻总数的三分之一,到1982年,这个比例已达到三分之二。

新闻片中开始采用现场同期音响。1981年,中央政府派部队去罗布泊寻找失踪的科学家彭加木,上海电视台派出新闻摄影与录音人员,冒着罗布泊地区摄氏40—60度的高温,随部队拍摄搜寻的纪录电视片。录音员庄维崧将寻找过程中部队首长的讲话声、直升机的轰鸣声、汽车在荒野中行驶的马达声、警犬的吠叫声以及寻找人员沙沙的脚步声,都如实采录下来,用实况音响代替过去的配乐,使新闻更为真实、生动。① 这是电视新闻理念的一大进步。

运用抢拍、偷拍手法。1982年前后,台里新闻业务人员才有较多机会看到国外的电视新闻。国外新闻片在拍摄手法上与当时国内的有很大不同,这为编辑、记者提供了很多借鉴和启发。记者们也开始尝试使用抢拍、偷拍的手法拍摄新闻。1982年,在拍摄新闻专题片《青春的选择》时,摄影记者余水锦进行了尝试,他偷拍了一群聚集在电影院门口滋事的年轻人。1984年,记者林罗华拍了一条《蟋蟀市场搞赌博今被取缔》的新闻片,他用近距离隐蔽偷拍的方式,拍到聚赌的人们赢钱、输钱时或喜或恼的表情,以及他们看到警察出现时惊慌逃窜的情景。这些鲜活、生动的镜头,一扫之前拍摄镜头的四平八稳、沉闷造作,十分真实,达到了真正新闻摄影应有的水准。

上海电视台的新闻片和纪录片在1983—1984年前后停止了从头到尾配乐的做法,但在某些文艺性题材和风光片中仍继续沿用。运用现场音响的同期声则因人而异,使用并不普遍。②

(三)广东电视台的做法

广东电视台毗邻港澳,一直有着沉重的竞争压力,也有着得风气之先的便利。1979年年初,广东电视台开始与香港电视台进行节目交流。同年8月在全国第一次电视节目会议上,中央广播事业局敦促广东电视台加强与海外的交流。广东电视台向香港两家电视台学习了很多,香港电视台一些成功的经验被移植到广东电视台节目制作中,新闻中出现了现场报道、连续报道、突发事件报道、直播口头报道等,还普遍设立了节目主持人。③

1980年,广东电视台对观众做了一次收视调查,结果在调查涉及的13类节目中,本台新闻节目倒数第一。1981年1月1日,广东电视台开始新闻改革,主要着力于两个方面。一是改革报道方式,力求做到新闻新、短、快、多,改变旧、长、慢、少的现状,并启用连续报道等形式;二是开设新栏目,丰富报道内容。该台在新闻中增加了《港澳动态》小专栏,将香港亚视和无线两台的素材,挑选重编,每天选播3—4条港澳新闻,5分钟左右,颇受欢迎;从当年春节起广东电视台开办了《国际纵横》专栏,还创办了众多

---

① 赵凯.上海广播电视志[M].上海:上海社会科学出版社,1999:396,479,490.
② 赵凯.上海广播电视志[M].上海:上海社会科学出版社,1999:476,479.
③ 《当代中国的广播电视》编辑部.中国广播电视大事记[M].北京:北京广播学院出版社,1987:300.

其他新闻栏目。一年之后,广东电视台又做了一次观众调查,爱看电视新闻的观众数量已从倒数第一升到了第四位。①

1981年5月4日,广东省委第一书记任仲夷到广东广播局视察,他要求广播电视要以内容占领阵地,要使群众愿意收听、收看广东电视台的节目,包括香港的观众。

1983年9月,广东电视台在开办第二台(频道)时将新闻节目改为直播口播和部分录像解说的半直播播出形式。这是"文革"时期禁止直播以来的新突破,②也是国内电视新闻最早的直播尝试。

(四)观众意见调查

对于观众的意见反馈,从电视台建台初期到20世纪80年代初期的20多年时间里,电视台主要采用的方法是传统的观众来信统计处理和举办少数的观众座谈会。如1979年6月中旬到7月上旬,上海电视台信访部门深入该市的工厂、农村、街道里弄召开了6次观众座谈会,重点征求对自办节目的意见。在座谈会上,观众高度评价了该台摄制的电视剧,提出对交响乐等节目应增加背景和内容介绍,创办一档反映市民日常生活的《生活顾问》节目,为节目预告配上字幕以防听不清、记不牢等建议。这些建议都逐步得到采纳。③

也是在这个时期,开始出现了使用社会调查方法进行的受众调查,较为科学地量化描述收视情况,帮助媒体更清晰地了解受众需求,使改革操作更有目标。这在媒体的运作中,可以说是一项非常重要的改变。

北京新闻学会在1982年6月至8月对北京的2,238位观众进行调查,列出15个电视节目,要求被调查者选出自己喜欢的3个节目,其中有50.4%的人选择了《新闻联播》。④ 当时,我国的电视新闻虽然还不能令人满意,但是随着节目增加、受众增多,电视的新闻功能也越来越突出。

1983年年初,中央电视台总编室成立了观众联系组,该小组除了观众来信管理外,开始将重点放在组织随机抽样调查、建立我国电视观众调查网、深入进行调查数据分析等方面。

1983年9月10日,中央电视台参加了18个新闻机构在浙江省举行的读者、听众和观众调查活动。⑤

---

① 郭镇之.中国电视史[M].北京:中国人民大学出版社,1991:157,161;《当代中国的广播电视》编辑部.中国广播电视大事记[M].北京:北京广播学院出版社,1987:327,333.
② 方汉奇.中国新闻事业通史:第三卷[M].北京:中国人民大学出版社,1999:578.
③ 赵凯.上海广播电视志[M].上海:上海社会科学出版社,1999:493.
④ 壮春雨.中国电视概述[M].北京:中国广播电视出版社,1985:36-37.
⑤ 杨伟光.中央电视台发展史[M].北京:中国广播电视出版社,2010:325-326.

第三节　新闻节目

一、《新闻联播》

1976年7月1日,北京电视台开始试播《全国电视台新闻节目联播》,简称《新闻联播》,采用播音员出镜播报形式。开始时该节目播出时长为20分钟,从19:00到19:20。因录像设备当时尚未在新闻节目中使用,所以仍是沿用电影胶片拍摄、演播室直播方式。《新闻联播》的出现标志着以首都为中心的全国电视新闻网的成立。

1978年1月1日,《新闻联播》转为正式播出。此时节目仍只有国内新闻。地方新闻大都通过班机或火车运到北京,然后洗印、编录,快则三五天,慢则十天半个月才能与观众见面。虽然早在1974年微波中继通信就已经接通了全国20个省区市,但当时的微波线路大多只用来从北京向地方下传节目,还不能实现节目上传。[①] 直到两年后这个问题才得以解决。

《新闻联播》的改革始于《国际新闻》。

(一)《国际新闻》

1977年10月26日,北京电视台国际组开办了《世界各地》节目,其前身为《世界知识》;这个节目每周播出一次,每次约15分钟,着重介绍各国的经济建设、文化教育、人民生活、名胜古迹和地理风光等。首次播出的电视片是《伊朗的风光和艺术》。[②]

20世纪70年代末期,原新闻部国际组升格为国际部,下设外语组、出国片组和《国际新闻》组。《国际新闻》由过去的不定期播出转为每天播出,长度也有所增加。此外,还有新开办的栏目《世界各地》等。这时期出国片的数量也有明显增加。[③]

新闻改革首先要丰富报道内容。1979年1月,中央电视台在对国际新闻报道的总结中指出,国际新闻报道面窄、消息零碎、片面性大、时效性差、片源单调、"禁区"太多。中央电视台借思想解放之机,扩大了国际新闻的报道面,决定今后凡重大国际政治活动和国际会议(包括美国、苏联)、各国的群众活动、重大的科研活动和现代化设施以及各国的社会新闻、文化、生活、体育等领域的新闻,都可酌情做客观报道。[④] 另外,《国际新闻》的片源基础普遍较好,它们不仅及时、重要,而且拍摄、制作质量高,很多方

[①] 郭镇之.中国电视史[M].北京:中国人民大学出版社,1991:121;杨伟光,李东生.《新闻联播》20年[M].上海:上海三联书店,1999:9.

[②] 郭镇之.中国电视史[M].北京:中国人民大学出版社,1991:114;《当代中国的广播电视》编辑部.中国广播电视大事记[M].北京:北京广播学院出版社,1987:285.

[③] 杨伟光.往事如歌:老电视新闻工作者的足迹[M].北京:人民出版社,1997:487.

[④] 方汉奇.中国新闻事业通史:第三卷[M].北京:中国人民大学出版社,1999:571,572;《当代中国的广播电视》编辑部.中国广播电视大事记[M].北京:北京广播学院出版社,1987:300.

面都超过了当时中国国内新闻的质量,本身具有极好的播出条件。

1979年9月1日,经过两年来往,中央电视台同美英合资的合众独立电视新闻社(UPITN)签订了互购电视新闻片的协定。这是我国签约的第二家电视新闻通讯社。此前合作的维斯新闻社(VISNEWS)中央电视台早在1960年就与其前身英联邦国际新闻影片社接触,经过一年多的交往,于1963年1月7日与其签订了交换电视片的试行合同,1967年2月14日合同期满,没有续签,交换终止。1971年6月28日,在中断关系四年多以后,北京电视台和维斯新闻社在伦敦又正式签订了互购电视新闻片的协议;此后,双方一直续签协议,保持交换关系。[1] 维斯新闻社的新闻片消息可靠、制作上乘,但价格较贵,且由于是航寄,时间不能保证。此次与合众独立电视新闻社签约是为了打破前者对中国市场的垄断。签约内容为合众独立电视新闻社每天从香港收录10分钟卫星新闻,航寄北京。维斯和合众独立两家新闻社在香港收录中央电视台的《新闻联播》节目并选择发行。由于航寄和译制的原因,《国际新闻》播放的常常是事件发生多日后的旧闻。

同样是从这一天(1979年9月1日)起,新华社也每天为中央电视台提供当天未见报的国际要闻,每天8条左右,约1,000字。从此,中央电视台开始在《国际新闻》中增加一组最新国际要闻简讯,以口播形式、配部分新闻照片或背景材料播出。这使中央电视台每天都有了较多最新的国际新闻,节目内容变得更丰富,时效大大提高。[2]

1980年4月1日,中央电视台与维斯新闻社和合众独立电视新闻社商定,将两家的航寄录像带传送新闻改为卫星传送,中央电视台从北京直接收录这两家分别从伦敦和纽约通过太平洋和印度洋通信卫星传送的国际新闻。从这天起,中央电视台每日选用的国际新闻的时效大大提高,观众可以及时看到世界上发生的重大新闻。从此,电视开始成为人们最先获取国际新闻的渠道。技术进步为改革提供了新的动力。当然国际新闻并不是按原样播出,而是经过了脱胎换骨的改造。

这一阶段还是中央电视台国际新闻的试验、开拓阶段。在国际新闻基础上曾诞生过《国际纵横》《国际瞭望》《今日世界》等国际时事杂志节目。[3] 如1980年4月,中央电视台开办的《国际见闻》栏目,就是在维斯新闻社和合众独立电视新闻社每周提供的新闻背景和软性新闻及各国电视机构不定期寄来的一些时效性不强的电视片中,选择观众感兴趣、又不适合在《国际新闻》中使用的片子播出。该栏目每周播出三次,每次15分钟。由于栏目内容知识性和趣味性较强,播出后颇受欢迎。后因片源不足,该栏目于1983年2月停播。

---

[1] 壮春雨.中国电视概述[M].北京:中国广播电视出版社,1985:216-221;中华人民共和国史广播电视部.当代中国广播电视回忆录:第三集[M].北京:中国广播电视出版社,1994:69.
[2] 杨伟光.中央电视台发展史[M].北京:中国广播电视出版社,2010:94,103,156,172,312;杨伟光,李东生.《新闻联播》20年[M].上海:上海三联书店,1999:18;郭镇之.中国电视史[M].北京:中国人民大学出版社,1991:52,77,86,102,154.
[3] 杨伟光,李东生.《新闻联播》20年[M].上海:上海三联书店,1999:25.

1980年5月1日,中央电视台将《国际新闻》挪入《新闻联播》中播出。这时的国际新闻一度十分抢眼,在《新闻联播》中经常占到一半时间,最多曾占到19分钟,占到近三分之二时间。后来其时间被控制在10分钟左右。

此后,世界上许多重大的突发性事件,诸如埃及总统萨达特遇刺(1981年10月6日)、韩国一架波音747客机被苏联战斗机击落(1983年9月1日)、印度总理英·甘地遇刺(1984年10月31日)、第二十三届奥运会在洛杉矶开幕(1984年7月28日)、印度博帕尔农药厂毒气泄漏(1984年12月3日)、美国航天飞机"挑战者"号失事(1986年1月28日)、切尔诺贝利核电站事故(1986年4月26日)等重大新闻,人们都是从电视上首先获知的。还有如1983年4月18日,法国总统密特朗访华前夕,中央电视台记者庞啸和我国驻巴黎记者林希联合采访了密特朗,中央电视台于当月27日和法国电视一台(TF1)同时播出了这一节目。①

这一阶段,一些地方台也开始增加对国际新闻的报道。1981年春节,广东电视台率先开办《国际纵横》专栏,每周一期,最先打破了地方台不办国际新闻节目的局面。1983年10月15日,上海电视台开办《国际瞭望》节目,初期为每半月1期,从1984年3月10日第12期开始,改为每周1期,每次25分钟,设有《新闻综述》《一周(半月)要闻》《世界名城》《大洋彼岸》《大千世界》《世界一绝》《万花筒》《六十秒奇观》等小栏目,既反映国际时事,又介绍科技进步和社会生活。栏目超越一般动态性报道,尽可能向深度开拓,注重对相关事件的阐述与分析。为加强观众的参与性、普及国际知识、发现国际人才,《国际瞭望》还在1984年、1986年、1992年举办过3次国际知识竞赛,扩大了节目影响力。1985年,上海市总工会组织上海职工评选上海10种"群众喜爱的精神产品",《国际瞭望》名列首位。②

国际新闻来源逐步拓展,极大地丰富了电视新闻的内容,同时也拓宽了国内新闻从业者的眼界和思路。国际新闻为中国电视新闻吹进了新风、提供了示范,引起中国新闻界的思索,推动了新闻变革。国际新闻先声夺人也大大提高了电视新闻的地位,扩大了电视的影响,带动了收视。

(二)改版

在国际新闻深孚众望的时候,国内新闻报道仍然形式单调、内容雷同、时效性差。这些缺点集中反映在全国电视台共同支持的《新闻联播》栏目中。③ 对此,中央电视台进行了内容调整及形式改变。

1980年5月1日,中央电视台将《国际新闻》保留名称放入《新闻联播》栏目中。

---

① 方汉奇.中国新闻事业通史:第三卷[M].北京:中国人民大学出版社,1999:573,577;《当代中国的广播电视》编辑部.中国广播电视大事记[M].北京:北京广播学院出版社,1987:327,371.
② 郭镇之.中国电视史[M].北京:中国人民大学出版社,1991:157,161,200;赵凯.上海广播电视志[M].上海:上海社会科学出版社,1999:400,401.
③ 杨伟光.中央电视台发展史[M].北京:中国广播电视出版社,2010:159,173.

当年10月20日,中央电视台又开始通过微波干线收录各省、区、市电视台定期回传的新闻。1981年7月1日,作为4月青岛会议"力争把《新闻联播》办成观众获得新闻的重要途径"的反应,《新闻联播》做了较大改进,首先是增加了中央人民广播电台提供的国内新闻口播稿,此后,中央电视台的口播新闻包括国内新闻、国际新闻两部分;同时缩短每条新闻的长度,以增加新闻数量;编排上改变了过去把国内电视新闻片、口播国际新闻(新华社提供)和通过卫星收录的国际新闻录像截然分开的做法,各类稿件按其内容分别被编排到国内、国际新闻部分,再按其重要程度统一编排。从此,《新闻联播》形成国内电视新闻、通过卫星收录的国际新闻两大部分,形成了后来沿用多年的节目编排模式。栏目基本成形,并固定下来。这样的节目编排已经比将口播、图片、图像、国际各种形式内容割裂的栏目设置要成熟不少。

在调整内容的同时,《新闻联播》于1981年7月1日重新设计了版面,对《新闻联播》节目的标志和音乐、播音员的背景以及新闻提要的方式和气象预报的范围和图表等进行了改造;取消了新闻配乐,将影片、录像、字幕、口播等多种报道手段有机结合起来,口播新闻也尽可能配上照片、地图、幻灯片或字幕等形象资料,初步实现了新闻报道的电视化,就此奠定了其综合新闻形式的基础,开始突破新闻纪录影片的窠臼。[①]

这样,《新闻联播》成为包括国内新闻和国际新闻,既有维斯新闻社、合众独立电视新闻社的图像报道又有新华社提供的口播新闻的较为完整、多样的新闻节目。每次节目播出时间也由20分钟增加到30分钟。[②]

随着中央电视台口播新闻量的增加,各地方电视台也相继恢复或新开口播新闻节目,此类新闻在整个新闻节目中的比重明显增加。以1982年为例,中央电视台一共播出国内新闻11,000条,其中口播新闻2,600条,占23.6%;上海电视台当年共播出新闻5,049条,其中口播新闻2,057条,占40%;湖北电视台播出新闻2,660条,其中口播新闻1,600条,占60%。口播新闻的播出形式均采用单人播报式。中国共产党第十二次代表大会(1982年9月1日至11日)期间,中央电视台曾采用双人播报大会政治报告摘要,这种形式平时并不采用。[③] 口播新闻的采用,打破了一定要画面当家的"门户之见",扩大了新闻来源、丰富了播报内容,使电视新闻能够更好地"汇天下精华",增加了新闻权威性。

之后,中央电视台仍根据需要不断做出小的调整。如1982年6月18日,中央电视台决定在《新闻联播》节目中逐步增加反映农村情况的新闻。[④]

1982年11月5—11日,广播电视部在北京召开第一次全国电视台台长会议,要求通过办好《新闻联播》,使中央电视台成为全国新闻舆论中心之一。

经过几年的努力,《新闻联播》在内容、时效、报道形式等方面都有了较大变化和进

---

① 方汉奇.中国新闻事业通史:第三卷[M].北京:中国人民大学出版社,1999:575.
② 郭镇之.中国电视史[M].北京:中国人民大学出版社,1991:154,155,168.
③ 壮春雨.中国电视概述[M].北京:中国广播电视出版社,1985:58,60.
④ 杨伟光,李东生.《新闻联播》20年[M].上海:上海三联书店,1999:25,45.

步。新闻数量的增长是其中代表。据统计,1981年在这个节目里播出的国内新闻片有4,186条,比上一年增加了516条,增长14%,每天达11.5条。1982年播出了6,000条,比上一年增加了1,814条,增长了43%,平均每天达到16.7条,一条新闻的平均长度缩短。

新闻节目占每晚综合节目时间的六分之一。改版后的《新闻联播》成为全国最重要、最权威的电视新闻节目;作为"要闻总汇"的《新闻联播》,集中体现出中国电视新闻发展的水平,成为亿万观众获取国内外重要新闻的主要渠道。①

(三)经济新闻

改革开放以后,党的中心任务转变到经济建设上来,我国电视屏幕上的经济新闻日益增多。1981年10月召开的第十次全国广播工作会议中明确提出:"实现四个现代化的核心是经济建设,广播、电视的新闻、评论应当把四个现代化的宣传作为中心内容,把经济宣传放到头等重要的位置。"②此后,各电视台的经济新闻报道逐渐增加。

1981年,中央电视台在《新闻联播》节目中共播出国内新闻片4,186条,其中经济新闻占一半左右。这实际并非太新的变化。早在北京电视台开播当年(1958年)的新闻报道中,我们对能够见到的部分新闻题材进行统计,发现经济新闻报道平均占到41.1%—42.9%,在纪录片的题材中也占到40%—46.1%。1962年,北京电视台新闻部就开始按行业分工,设立了经济组;20世纪60年代的节目表中,19:40—20:00办有20分钟的时事专题节目,它主要以生产建设专题为主,表现出当时国家对经济建设的高度关注;③在新闻题材上,无论试验期还是正式播出时,北京电视台都是以经济新闻为主,其次是时政类新闻。

当时有人提出这样的见解:我国的新闻结构不同于外国,外国较多的是社会新闻,占新闻总量的一半还要多,而我国较多的是经济新闻,这是中国新闻报道的特色。如此众多的经济新闻题材却主要集中在工农业生产、财贸、商业活动等有关生产领域和宏观经济成就上,其中相当多的题材缺乏形象或画面单一,有的没有明确的时间概念,不能引起人们的兴趣。这说明当时的经济报道还沿袭着早年的报道方式,与全国人民一样,新闻人对真实的经济生活还处于不那么了解和不那么能应付自如的状态。如何找出经济报道的规律,把电视经济新闻办得生动活泼、引人入胜,是一个新课题。

20世纪80年代初期的经济新闻开始向生活服务方向转变。在这期间,开辟经济新闻栏目是一个新的做法。

1981年10月3日,上海电视台开办了一个经济新闻栏目——《市场掠影》,在每周六晚的新闻节目中播放,每次三四分钟,有五六条商品信息。栏目的宗旨是传播信

---

① 赵玉明.中国广播电视通史[M].北京:北京广播学院出版社,2004:354;壮春雨.中国电视概述[M].北京:中国广播电视出版社,1985:59.
② 张骏德.当代广播电视新闻学[M].上海:复旦大学出版社,2001:46.
③ 摘自1960年1月1日起的时间表,见本书第一、二章。

息、沟通产销、引导消费、促进生产。它把经济报道范围从单纯报道生产拓展到也报道消费领域新闻,如《南京路上新开一家特色商店》《市场上平板玻璃供应紧张的原因》《何处有定做皮鞋》《多用家具谁家供应》。对一些商品的产销供应趋势,也及时做出分析和解答。这是国内开办最早的电视市场新闻栏目。①

1982年4月16日,广东电视台也开办了服务性很强的经济新闻栏目《市场漫步》。其经常采用现场报道的形式,以信息服务于大众生活。② 此类经济新闻很快引起观众的兴趣和反响,在全国电视系统也是一个突破,它适应了商品经济和搞活市场形势的要求,深受产供销诸方和消费者的欢迎,很快成为热门节目。

在对经济发展所做的早期报道中也有过教训,如对"万元户"的报道。当时,中央提出允许一部分地区和一部分人先富起来,而新闻媒介依循报道的老旧思路,大量报道了"万元户"甚至"十万元户""百万元户",以及"电视机村""洗衣机村",突出"谁致富谁光荣";但强调劳动致富不够,更不提集体富裕,甚至不少记者亲自参与"制造"此类新闻,纷纷扬扬、不亦乐乎,一时间形成了一股"万元户"热。这引起了社会上很多人的情绪,认为农民都富了,只有自己穷,产生了分配不公的感觉。而实际上农村绝大多数人的生活依然很贫困,生活水平远比城市要低。③ 这种片面报道,引发一波全国性的思想动荡,助长了急于致富、不问手段的浮躁心理。新闻媒介难辞其咎。

二、体育新闻

(一)节目组织

党的十一届三中全会以后,电视体育新闻也得到了长足发展。

1979年,中央电视台成立体育组,1980年又扩充为体育部,从人力、物力、财力等方面加强了对体育新闻报道的投入。电视体育节目的播出量不断增加,节目内容更为广泛,水平也有很大提高。

1982年,上海电视台也成立了体育组,随后,其采编工作独立进行,体育报道的形式渐趋多样,内容日益丰富,提供报道的数量也逐步增多。

增设体育栏目

20世纪70年代末、80年代初,中央电视台及广东、北京、上海等电视台都相继开办了新的体育栏目,并经常转播国内外体育比赛实况。一时间,体育节目成为最受观众欢迎的电视节目之一,所谓"一球牵动亿万心"。

北京电视台(中央电视台前身)于1978年4月开办了《体育之窗》栏目,它主要介绍著名运动员、教练员的生活,并同时报道国内外体育比赛的相关消息,每周一期,每

---

① 方汉奇.中国新闻事业通史:第三卷[M].北京:中国人民大学出版社,1999:577;赵凯.上海广播电视志[M].上海:上海社会科学出版社,1999:401.
② 郭镇之.中国电视史[M].北京:中国人民大学出版社,1991:151.
③ 杨伟光.关于改进经济报道的几个问题[J].电视研究,1991(6).

期约15分钟。之后,北京电视台又创办了《世界体育》(每周一期,每期约15分钟)、《体坛纵横》(每周一期,每期约50分钟),这两个栏目是对国外体育节目的缩编。①

广东电视台从1979年12月30日开始在每周日晚上的黄金时间播出《体坛内外》专栏,长度约一小时,主要以播出国内体育比赛实况为主。该台在1981年年初做过一次观众调查,从5,000张调查表和近9万名观众的意见中发现,有52%的观众喜欢体育节目。《体坛内外》的收视率在该台所有节目中排第三位,仅次于故事片和电视剧。其后几年,该栏目的收视率一直保持在前六名之内。②

上海电视台的第一个体育专栏《体育大看台》创办于1982年4月18日,每周日播出,每期1小时。其中设有一些小栏目,如《体育简讯》报道一周来国内外重大体育活动;《体育见闻》介绍体坛人物和群众体育活动;《国际体育》播送国际精彩比赛录像剪辑以及体育知识等。此前,上海观众很少能看到高水平的国际体育比赛,《体育大看台》节目一经推出,社会反响热烈,获得了很高收视率,且长期处于领先地位。

1984年5月,在对上海职工进行的电视收视调查中,该栏目收视率居第二位。同年,上海电视台又做了一次为期两个月的体育节目收视情况调查,在被调查的1,981人中,每次都看《体育大看台》的占11%,经常收看的占43%。1985年三四月,上海市总工会职工文化体育服务中心信息研究部进行的一次全市民意调查中,《体育大看台》被评为该市最受欢迎的"十大精神产品"之一。该栏目在1988年10月调整为以自行采编节目为主的杂志型栏目,每周一期,每期40分钟,1993年又改为每期30分钟。③

(二)体育新闻

此时的《新闻联播》节目中,每天都有1—2条国内、国际体育新闻。国内体育新闻除自采外,还有各地方电视台通过微波传送到北京的报道。

1983年以前,中央电视台自己采制的体育新闻都是用16毫米电影摄影机拍摄的,由于胶片的洗印加工周期比较长,所以在《新闻联播》中报道的当天体育新闻一般都是上午的比赛,下午和晚上的赛事消息则要到第二天才能播出。我国运动员在国外比赛的报道,由于当时的卫星技术和中央电视台财力的限制,只能由中国民航的国际航班把记者拍摄的胶片带回北京冲洗制作,播出往往要在三四天之后了。因此,此时自制的电视体育新闻的优势只在于它的形象化,而不是它的时效性。④

国际体育报道则不同。1980年4月,中央电视台开始通过国际通信卫星接收维斯新闻社和合众独立电视新闻社的国际新闻,国际体育新闻一般通过这两家机构采

---

① 杨伟光.中央电视台发展史[M].北京:中国广播电视出版社,2010:177.
② 卢晓峰.对电视体育杂志节目的认识和实践[J].电视研究,1989,(3);壮春雨.中国电视概述[M].北京:中国广播电视出版社,1985:98.
③ 赵凯.上海广播电视志[M].上海:上海社会科学出版社,1999:439.
④ 任江舟.漫谈中央电视台体育新闻[J].电视研究,1989(4);杨伟光.中央电视台发展史[M].北京:中国广播电视出版社,2010:174.

集,在赛后的第二天就能同电视观众见面。

1980年2月,中央人民广播电台、中国国际广播电台、中央电视台派出8名记者前往美国普莱西德湖,采访报道了第十三届冬季奥运会。① 这是我国电视媒体第一次报道奥运会。

上海电视台体育组成立后,一些报道给百姓留下深刻印象,并得到业界好评。如中国女子排球队在第九届女排世界锦标赛上获得冠军后,于1982年10月1日19时抵达上海虹桥机场,停留1小时后续飞北京。上海电视台的记者和主持人利用这个短暂时间,采访了3名运动员,赶回电视台迅速制作新闻,在当晚21点30分的《夜间新闻》栏目将该新闻播出来。再如1983年第五届全国运动会在上海举行,其间上海电视台播出的新闻《朱建华跳过2米38创世界纪录》,完整地记录了朱建华跃过横杆的历史性瞬间,该新闻获得了1983年度全国电视新闻节目一等奖。②

当时,电视对国际、国内重大体育赛事,如奥运会、亚运会、世界杯足球赛、世界篮球锦标赛、世界杯排球赛、世界乒乓球锦标赛、世界羽毛球赛、世界大学生运动会、全国运动会等,均开始有了较为充分的报道。

虽然增加了新闻报道,但在这一时期,中央电视台的节目基本上还延续着20世纪60年代的制作模式。由于我国的体育赛事不是很多,因此体育新闻基本以报道群众性体育活动为主。中央电视台体育部先后制作了《盲聋哑人运动会》《北京站的一次运动会》《公安运动会》《消防运动会》《幼儿园运动会》《大连农民足球队》《老年长跑队》等专题片在节目中播出。③

(三)现场直播

将卫星技术引入电视新闻报道,在中国始于体育节目。从20世纪70年代末开始,运用各种方法进行的重大赛事的国际转播和国内转播就纷纷在荧屏亮相。

1.日益增多的直播节目

在有了较为丰富的国内转播经验后,20世纪70年代末期,我国电视积极介入国际赛事的卫星转播之中。

1978年6月25日、26日和7月2日,中央电视台通过卫星,从阿根廷向国内转播了第十一届世界杯足球赛半决赛和决赛的三场实况,这是我国电视台第一次转播国际赛事。国际声像讯号通过大西洋卫星经转印度洋卫星再传到北京。中国电视观众第一次实时观看到高水平的国际足球比赛。比赛开始时间是当地25日下午3点,传到北京却是在第二天凌晨2点,但球迷们仍然兴奋喜悦,很多人都坚持熬夜收看。播出

---

① 《当代中国的广播电视》编辑部.中国广播电视大事记[M].北京:北京广播学院出版社,1987:313.
② 赵凯.上海广播电视志[M].上海:上海社会科学出版社,1999:437.
③ 杨伟光.中央电视台发展史[M].北京:中国广播电视出版社,2010:176.

时,宋世雄在北京中央电视台的机房对着屏幕即时加配解说,向全国播出。①

1978年11月24日—12月25日,中央三台和中控室组成的广播电视记者组到泰国首都曼谷采访了12月4—22日举行的第八届亚运会。中央电视台派出了编辑、记者以及解说员宋世雄。中央电视台通过印度洋卫星现场转播了开幕式、闭幕式(包括足球决赛)和男篮、女排两场决赛的实况,还拍摄了新闻片。这是中央电视台第一次派出人员在国外现场直播。之前1966年11月中央电视台在柬埔寨首都金边通过广播报道过第一届亚洲新兴力量运动会;1974年9月,到伊朗报道过第七届亚运会;1976年4月,赴朝鲜平壤报道过第三届亚洲乒乓球锦标赛,但都没有做过电视实况转播。②

此后,中央电视台的体育现场直播越来越多,凡在北京举行的重要比赛,几乎都做了现场直播。如1979年在北京举行的第四届全运会,中央电视台现场直播了开幕式和一些重要场次的决赛。③ 1981年7月18日,中国青年杯足球赛决赛和闭幕式在上海举行。中央电视台、中央人民广播电台、上海电视台、上海电台联合向全国做了实况转播。这是中央两台和上海两台第一次合作向全国做实况转播。④

1981年9月27日,中央电视台与日本东京广播公司(TBS)联合直播了北京国际马拉松比赛实况。参加转播的工作人员(包括日本TBS的30多人)近200人,摄像机16台,各种车辆30多部。这是中央电视台有史以来投入力量最多的一次实况转播,除向北京地区播出外,还通过卫星传往日本。在这之后,北京国际马拉松成为一年一度的固定赛事。⑤

1981年9月24日、10月3日,应观众要求,中央电视台通过卫星转播了第十二届世界杯足球赛亚太区预选赛决赛——中国队和新西兰队的两场比赛实况。接着又在10月18日、11月12日分别通过卫星转播了中国队对科威特队、中国队对沙特阿拉伯队的比赛实况。⑥

1982年6月13日—7月11日,中央电视台通过"亚广联"购买了在西班牙举行的第十二届世界杯足球赛的报道权,派出4人报道组,包括编辑和解说员,借助香港电视台的力量,在香港通过卫星收录了足球赛决赛阶段的所有52场比赛。解说员根据电视画面在香港解说,中央电视台转播了其中的24场比赛实况,并将每天赛事缩编成一小时的专题片,共制作了19个特辑,由内地民航班机带回北京播出,这是中央电视台自有电视实况转播以来难度较大的一次播出任务。借助香港力量的方法一直沿用到

---

① 郭镇之.中国电视史[M].北京:中国人民大学出版社,1991:115;宋世雄.宋世雄自述[M].北京:作家出版社,1997:129;任江舟.漫谈中央电视台体育新闻[J].电视研究,1989(4).
② 《当代中国的广播电视》编辑部.中国广播电视大事记[M].北京:北京广播学院出版社,1987:208,259,296;宋世雄.宋世雄自述[M].北京:作家出版社,1997:131.
③ 杨伟光.中央电视台发展史[M].北京:中国广播电视出版社,2010:96,178,179,184.
④ 赵凯.上海广播电视志[M].上海:上海社会科学出版社,1999:673.
⑤ 杨伟光.中央电视台发展史[M].北京:中国广播电视出版社,2010:180;郭镇之.中国电视史[M].北京:中国人民大学出版社,1991:178.
⑥ 《当代中国的广播电视》编辑部.中国广播电视大事记[M].北京:北京广播学院出版社,1987:339.

1992 年的巴塞罗那奥运会。

1982 年 11 月 19 日—12 月 3 日,中央三台派记者采访了在新德里举行的第九届亚运会。中央电视台派出了 8 名记者,当时印度还只能播出黑白电视信号,卫星也只能传送转播开幕式和足球决赛等少数场次。所以除这两场外,记者每天要把拍摄的胶片交给中国民航机组带回北京,经过北京工作人员的洗印加工,编辑成 4—8 分钟的专题片播出,播出时已是赛事后 3 天了。①

1983 年 4 月 28 日—5 月 9 日,中央电视台通过卫星转播了在东京举行的第三十七届世界乒乓球锦标赛的全部决赛。

1983 年 7 月 6—8 日,中、日、美三国女排在香港举行"世界超级女排赛",这是中国女排重新组建后第一次参加国际比赛。中央电视台通过卫星向全国转播了 3 场比赛的实况。

我国体育节目当时在电视中的地位虽还不如发达国家那样突出,但已经提高了很多。仅 1982 年,中央电视台就转播了 103 场体育比赛实况,平均不到 4 天就有一场。同时,一些地方台也开始投入较大规模体育赛事的报道和直播。如 1981 年 11 月 4 日,北京电视台第一次租用国际通信卫星转播了在沙特阿拉伯首都利雅得举行的世界杯足球赛亚大区四强复赛——沙特队与科威特队比赛的实况,并首次通过画面在北京进行解说。②

2.振兴中华

1981 年 3 月 7 日,世界冰球 C 组锦标赛在北京首都体育馆举行,观众席上北京大学的学生们第一次打出"团结起来,振兴中华"的横幅,通过中央电视台的现场直播,这个口号很快就在全国叫响了。③

1981 年 3 月 20 日,中央电视台通过国际通信卫星实况转播了在香港举行的世界杯排球赛亚洲区预选赛。中国男女排球队双双获得预选赛冠军。电视转播刚刚结束,中国大地一片欢声笑语,北京大学、复旦大学、上海交通大学、中国科技大学等著名高校的师生,高举五星红旗,兴高采烈地在校园内游行庆祝,高呼:"团结起来,振兴中华。"④

1981 年 11 月,中央电视台通过卫星转播了在日本举行的第三届世界杯女子排球赛中国队对苏联队、美国队、古巴队和日本队的多场比赛实况。11 月 16 日,中国女排与日本女排决赛,中央电视台进行了赛事直播。当天晚上 8 点零 5 分比赛结束,中国女排为我国三大球夺得了第一个世界冠军,全国亿万观众通过电视看到这一结果,许多人饿着肚子看完比赛才去吃晚饭。很多人走上街头,热烈庆祝这一胜利。当女排凯

---

① 杨伟光.中央电视台发展史[M].北京:中国广播电视出版社,2010:182,184.
② 《当代中国的广播电视》编辑部.中国广播电视大事记[M].北京:北京广播学院出版社,1987:342,351,361,371,376.
③ 杨伟光.中央电视台发展史[M].北京:中国广播电视出版社,2010:179,180.
④ 郭镇之.中国电视史[M].北京:中国人民大学出版社,1991:177.

旋时,中央电视台又在首都机场直播了欢迎仪式实况。①

1982年9月16日、19日、21日、25日、26日,中央电视台通过卫星分别转播了在秘鲁举行的第九届世界女子排球锦标赛——中国队对美国队、古巴队、日本队、苏联队、秘鲁队比赛的实况。这次比赛中国女排继世界杯排球赛之后再次荣获世界冠军。

1981年,中国足球队参加第十二届世界杯足球赛预选赛时,"冲出亚洲,走向世界"的标语随着中央电视台的现场直播传遍了全国。这一年,中国足球队冲击世界杯失败,但是中国队却给人们留下了深刻印象。特别是队长容志行,他不仅球艺高超,还具有振兴中国足球事业的远大理想和高尚的体育道德。②

(四)第五届全运会

1983年9月18日—10月1日,第五届全国运动会在上海举行,这是中华人民共和国成立以来第一次在首都以外的城市举行全国运动会。运动会总共举行14天。中央电视台只派了两个人从事报道协调,对全运会的报道主要使用来自上海电视台的信号。上海电视台播出电视现场转播和录像70场次,其中传送给中央电视台向全国直播和录播的共18场次,包括开幕式、男女篮球、男女排球、足球等10多场比赛的实况或录像。每天向全国播送的20分钟节目《第五届全运会专题报道》通过微波干线传送到北京。在此期间,上海电视台还采制播出了14条全运会重要活动和打破世界纪录、亚洲纪录的电视新闻。上海电视台还向北京、天津、广东、福建等10多家省、市电视台提供了数次整场比赛的录像或录像剪辑,向香港无线电视台每天提供6小时的录像素材。

上海电视台参加这次报道的编辑、记者、摄像、技术人员、节目主持人共150余人,组成转播录像和新闻专题采访两套班子,同时集中了全台比较先进的设备,包括转播车4辆、电子摄像机(ENG)12套、编辑机5套。③

为了迎接第五届全国运动会的召开,1983年1月14日,上海电视台向日本池上公司订购了一辆彩色电视转播车,该车功能较齐全,配备较完善。车上配有4个讯道的摄像机,10路输入的特技切换台,录像机2台,9米高的升降台可装备自动遥控摄像机及小微波。车内配有特技及控制设备。车后装有避震摄像机5台,并自备发电系统,可在行进间进行实况直播。该车1983年7月被引进后,一直担负着重大的国内外实况节目的直播任务,后来还做过改造升级。另外,上海电视台还增加了两辆小录像车:一辆是北京电视设备厂用JVC设备组装的面包车,一辆是上海广播器材厂用SONY设备组装的面包车。在第五届全国运动会上,上海电视台的上述录像、转播车

---

① 壮春雨.中国电视概述[M].北京:中国广播电视出版社,1985:98;宋世雄.宋世雄自述[M].北京:作家出版社,1997:37.
② 杨伟光.中央电视台发展史[M].北京:中国广播电视出版社,2010:177,179-180.
③ 赵凯.上海广播电视志[M].上海:上海社会科学出版社,1999:438,673,677;壮春雨.中国电视概述[M].北京:中国广播电视出版社,1985:99;杨伟光.中央电视台发展史[M].北京:中国广播电视出版社,2010:184.

全部投入使用。①

体育报道要求高水平的摄录设备,而体育新闻引领了整个新闻报道的变化。频繁的体育赛事报道培养、锻炼了一批具有较高水平的新闻报道、转播人才。

三、不同题材的报道

(一)会议报道

全国性党政会议在中国是重要新闻的代名词,对会议的报道是新闻媒体重中之重的任务。其报道时间、规模是国家权力对媒体地位、作用的评价标准,也是媒体地位的重要标志,是一种"待遇"。在这段时间里,逐渐形成了一些多年都行之有效的报道模式。

1.党代会

这个时期党的代表大会奠定了后来国家发展的一些基本方针、路线,在中国国家和中国共产党的历史上都占有非常重要的地位。但是当时相应的电视新闻报道尚没有出现较大的变化,仍主要沿袭之前的新闻报道和纪录片形式。

1977年7月22日,北京电视台在两套节目中同时播出了党的十届三中全会公报全文和电视新闻片。会议决定恢复邓小平的职务和批判"四人帮"反党集团。全会的电视纪录片连续播出三天。

1977年8月20—29日,北京电视台报道了党的十一大召开。在大会召开的当晚20点北京电视台播出新闻片,24日晚播出纪录片,也连播了三天。

党的十一届三中全会于1978年12月18—22日在北京举行。中央电视台在大会结束的次日即23日20点与中央人民广播电台同时播出了全会公报,中央电视台采用的是插播的方式播出的这一新闻片,长度约5分钟。12月24日,中央电视台又在《新闻联播》中播出这一新闻。这次会议提出了改革开放、建设中国特色社会主义的重大决策,是中国改革开放的里程碑。中国的电视新闻业也由此进入一个蓬勃发展的新时期。

1980年2月29日,中央电视台播出党的十一届五中全会的电视新闻;1982年8月6日,中央电视台在当晚的《新闻联播》节目中播出了中共十一届七中全会在北京召开的新闻。全国除内蒙古、新疆、西藏外,其他各地电视台同时转播。② 这是使用电视媒介首发新闻的征兆、预演。

1982年9月1—11日,中国共产党第十二次代表大会在北京举行。9月1日的大会开幕式到下午5点30分才结束,晚上7点,中央电视台的《新闻联播》就播出了关于大会的报道,并通过卫星向国外传送。中国人第一次通过电视首先得知了这一重大会

---

① 赵凯.上海广播电视志[M].上海:上海社会科学出版社,1999:486,575.
② 杨伟光,李东生.《新闻联播》20年[M].上海:上海三联书店,1999:41,45.

议新闻。从这次大会开始,总书记胡耀邦明确规定:重大新闻的发布时间由原来中央人民广播电台的《各地人民广播电台联播》播出的 20 点提前到中央电视台《新闻联播》播出的 19 点。《新闻联播》从此成为首发重大时政新闻的窗口,中央电视台获得了重要新闻的首播权。在这之前,对重大新闻中央电视台必须等到晚上 8 点与中央人民广播电台的《各地人民广播电台联播》同时播出。这一改变标志着中央电视台从早期作为广播、报纸的补充变成独立的新闻发布机构,这对于电视来说是一个划时代的变化。

十二大会议期间,中央电视台 9 月 10 日晚通过卫星向国外传送了十二大选举中央委员、中央顾问委员会和中央纪律检查委员会委员的新闻。中央电视台在 9 月 11 日、12 日两天,通过卫星向国外传送了十二大闭幕及召开一中全会的新闻。11 日,中央人民广播电台在 12 点首先播出十二大闭幕的消息,并在当晚的《各地人民广播电台联播》和次晨的《报纸摘要》中播出会议的录音新闻。这一举动对电视新闻业产生了一种时效竞争压力。①

2.两会报道

1978 年 2 月 25 日—3 月 5 日,北京电视台(中央电视台前身)派记者拍摄了第五届全国人民代表大会第一次会议和中国人民政治协商会议第五届全国委员会第一次会议召开的电视新闻。2 月 26 日、3 月 5 日,该台通过卫星向日本、英国、中国香港等地发送了第五届人大开幕和闭幕的电视新闻。

1979 年 6 月 14 日—7 月 4 日,中央电视台派出报道组连续报道了五届人大和政协二次会议的消息及电视新闻片。

1980 年 8 月 30 日—9 月 10 日,中央电视台与中央人民广播电台、中国国际广播电台三台共同组成报道组,采访五届人大三次会议。中央电视台开办了两个专栏,每天播出有关报道和小组讨论会的发言,增加了会议报道的实质内容和数量。

1982 年 11 月 26 日,五届人大五次会议在北京开幕。中央人民广播电台上午 11 点第一次播出大会开幕简讯,晚上《各地人民广播电台联播》播出了大会开幕的录音新闻。中央电视台在 26 日当晚播出大会开幕的新闻。会议期间,《新闻联播》报道了会议进行情况和小组讨论的情况,同时中央电视台开辟了《五届人大五次会议专题新闻》专栏。中央电视台还通过卫星向国外传送了 4 次新闻——开幕式、政府工作报告、《中华人民共和国宪法》通过和闭幕式。② 有关领导在《关于第六个五年计划的报告》中指出:"广播电视要提高节目的思想性、知识性和艺术性,加强节目的制作和传送手段,提高技术质量和人口覆盖率。"

国家级重大会议是中国新闻界最重要的新闻资源。媒体在其中的地位并非由个人好恶决定,而是中国社会对其综合评价的集中反映,也标示出其社会权威程度,所以

---

① 壮春雨.中国电视概述[M].北京:中国广播电视出版社,1985:82;郭镇之.中国电视史[M].北京:中国人民大学出版社,1991:168;徐光春.中华人民共和国广播电视简史[M].北京:中国广播电视出版社,2003:197.
② 《当代中国的广播电视》编辑部.中国广播电视大事记[M].北京:北京广播学院出版社,1987:61,289,304,318.

这个领域成为媒体竞争的主要阵地之一。

1983年春,广播电影电视部提出由电视台现场直播第六届人大一次会议开幕式,因条件不成熟未获批准,后仍采用录像剪辑播出。

(二)重大事件

1. 实况转播

这一时期的实况直播、转播仍然集中在一些预定的大型活动上,并以时政性会议转播为主。

如1977年9月9日15点,北京电视台(中央电视台前身)转播了隆重纪念伟大领袖毛主席逝世一周年及毛主席纪念堂落成典礼大会的实况,晚上,播出纪念毛主席逝世一周年文艺演出。1980年5月17日,中央电视台向全国转播了刘少奇同志追悼大会实况,18日、19日重播。

1981年7月1日,中央人民广播电台、中央电视台转播了首都各界庆祝中国共产党成立六十周年大会。

当然也有一些其他类型的活动。如1978年12月22日,中央电视台转播了上海电视台传送的"宝山钢铁总厂开工典礼"实况,时长约1小时30分,同时通过微波线路向全国播出。1979年8月9日,中央电视台实况转播了曾任驻中国大使、越南国务委员会副主席黄文欢从越南出走后在北京举行的记者招待会。①

2. 事件报道

1977年12月13日,北京电视台播出了北京市恢复举行高等学校招生考试的新闻片。高等学校招生考试是10余年来国家进行的第一次公开、广泛、择优录取的考试。同一时期,全国各地也进行了同类考试,超过1,500万人加入了这一重要人生机会的竞争。②

1978年3月18日,全国科学大会在北京隆重开幕。北京电视台(中央电视台前身)派出98人投入采访工作,之后播出了新闻片并用卫星向国外传送。对于这个大会,北京电视台从1977年9月就开始了集中宣传。

1978年11月15日,中央人民广播电台播出新闻:中共北京市委在最近举行的一次常委扩大会上宣布,1976年4月5日的"天安门事件"完全是革命行动。中央电视台请到几位当事人回忆讲话,以"寒凝大地发春华——赞天安门广场反'四人帮'的斗争"为题播出,节目中穿插使用了当时拍摄的一些照片。③ 1979年4月5日,中央电视台在第一套节目里播出了反映天安门事件的纪录片《扬眉剑出鞘》,运用大量珍贵的照片、讲话录音和影像资料反映出"四五运动"中人民群众不畏强暴、同"四人帮"所做的

---

① 《当代中国的广播电视》编辑部.中国广播电视大事记[M].北京:北京广播学院出版社,1987:284,297,306,315,336.
② 郭镇之.中国电视史[M].北京:中国人民大学出版社,1991:117.
③ 杨伟光.中央电视台发展史[M].北京:中国广播电视出版社,2010:108-109,294.

坚决斗争。① 这个节目与纪念周总理的节目一样,让人有一种冲破坚冰、伸张民意的感觉,受到广大观众的欢迎。

1978年12月25日,中央电视台播出"彭德怀、陶铸同志追悼大会隆重举行"的新闻;1979年8月26日,中央电视台播出《张闻天追悼会在北京隆重举行》的电视新闻。

1979年年底,中国的农村大地孕育着一场革命。当时刘效礼领命去安徽凤阳拍摄反映农村大包干对军属影响的片子。到当地后的所见所闻深深打动了他。他没有请示便自行拍摄了一部赞扬大包干的专题片《说凤阳》,片长30分钟。片中运用了两个物件,一个是祖辈相传的要饭篮子,一个是装满粮食的寿棺,来进行穷富的对比和说明时代的变迁。由于当时对大包干中央还没有表态,只能做不能说,面对领导的质疑,刘效礼的回答是:"老百姓高兴!"片子经时任中央广播事业局局长张香山亲自审查后播出,反响非常强烈。老画家黄永玉写信道:"过去电视是粉饰农村,……这部片子表现的是实实在在、真真切切的农民生活。"之后不久,中央做出决定,肯定了大包干,并向全国推广。这是电视对大包干的第一个报道。该片获得了1981年度全国电视片一等奖。②

1981年1月4日,葛洲坝水利枢纽工程截流合龙。中央电视台在《新闻联播》中播出长消息,合龙现场壮观的景象给观众留下深刻印象。

1981年9月30日,中央电视台以特别新闻的形式报道了我国首次用一枚运载火箭发射三颗卫星,并播出专题报道《我国向太平洋发射运载火箭》。

1983年4月22日,中央人民广播电台派出记者刘长乐、邵山、王求三人到福州采访驾机起义归来的原国民党陆军航空队少校李大维,成为最早报道这一事件的新闻单位之一。24日,中央电视台播出了福建电视台通过微波传送的该事件电视新闻。

3. 两案庭审

1980年9月26—29日举行的第五届全国人大常委会第十六次会议决定成立最高人民检察院特别检察厅和最高人民法院特别法庭,检察、审判林彪、江青反革命集团主犯;任命黄火青检察长兼任特别检察厅厅长,江华院长兼任特别法庭庭长。会议决定特别法庭分开审判。③

1980年9月25日,中央电视台拟定了审理林彪、江青反革命集团的宣传报道计划:(1)拍摄人大常委会发布有关审理"两案"的决定,在《新闻联播》节目播出;(2)拍摄审判"两案"的动态新闻,及时在《新闻联播》播出;(3)录制审判"两案"的全部实况,作为资料保存;(4)选用部分实况录像作为专题播出,每个被告选用1—3次;在审理"两案"期间,电视节目增设《审判林彪、江青反革命集团案专题报道》专栏,有关审判的专

---

① 《当代中国的广播电视》编辑部.中国广播电视大事记[M].北京:北京广播学院出版社,1987:284,295,302,313.
② 李华新.对电视专题片"情"的断想[J].电视研究,1994(7).
③ 《当代中国的广播电视》编辑部.中国广播电视大事记[M].北京:北京广播学院出版社,1987:320,322,340,371.

题都在这个栏目播出;(5)如国外要求用卫星传送节目,可同意传送。

1980年10月,为了充分报道审判林彪、江青反革命集团的情况,中央电视台组成了录制最高人民法院特别法庭和最高军事法庭审判的两个电视报道组,共约40人,专门负责录制"两案"审判情况。这支队伍由陈汉元任总领队,张正道和马超曾任副领队,很快他们进入工作状态。正式审判前的预审在秦城监狱进行。他们目睹了王洪文、张春桥、江青、姚文元"四人帮"站在被告席上的样子。预审的电视片当晚在电视中播出,观众反响强烈。①

1980年11月20日,最高人民法院特别法庭开庭审判林彪、江青反革命集团案。在我国历史上,这种公开审判是第一次。当日,两案审讯的报道第一次在《新闻联播》播出,全国亿万观众目睹了庭审过程。中央电视台自当晚19点30分起,连续播出有关审判的电视新闻报道,并增设《审判林彪、江青反革命集团专题报道》栏目。在一个多月的审判过程中,中央电视台及时对最高人民法院特别法庭和最高军事法庭的审判情况进行了详细报道,并同时通过卫星向国外转播。

"两案"庭审期间,电视新闻报道时效强、声画并茂,真实展现了法庭上的气氛和场面,使观众有身临其境之感。报道期间,电视收视率空前高涨,国内外观众反响强烈,再次形成了"电视热"。在公共场合的电视机前,常常是人头攒动、摩肩接踵,多者一处聚集竟达数百人,形成了"全党共诛之,全民共讨之"的局面。②

(三)随访报道

我国领导人的国务出访活动越来越多,这为电视新闻报道提供了很多机会。很多新技术的使用始于新闻报道,这在客观上促进了电视新闻的发展。

1977年5月11日,北京电视台草拟《关于要求改变华国锋活动的电视片播出次数的请示》,要求改变华国锋与毛主席同等待遇,由每天两次、连播三天改为两天,次数不变。此文件经广播事业局上报中央宣传口。可见此类报道与政治的密切关系,媒体并不能自己决定报道方法。但从中也可以看到电视台开始对此类报道有了自己的意见,并能够通过上报备案,来改变报道状态,这无疑是一个进步。

1978年5月5—10日,时任国家主席华国锋访问朝鲜,中央电视台从5日起陆续播出记者拍摄的电视新闻,并通过卫星将新闻传送到国外。1978年8月15日—9月1日,华国锋主席对罗马尼亚、南斯拉夫和伊朗进行国事访问,中央电视台记者第一次使用国际通信卫星传送出访活动新闻报道。③

1978年10月22—29日,中央电视台记者随邓小平副总理访问日本,当天该记者

---

① 杨伟光.中央电视台发展史[M].北京:中国广播电视出版社,2010:161;王晞建.岁月拾贝[M].北京:中国广播电视出版社,2002:60.
② 《当代中国的广播电视》编辑部.中国广播电视大事记[M].北京:北京广播学院出版社,1987:324;杨伟光.中央电视台发展史[M].北京:中国广播电视出版社,2010:161.
③ 杨伟光.中央电视台发展史[M].北京:中国广播电视出版社,2010:105,136.

即用卫星传回新闻。1978年11月21日、25日、26日,中央电视台播出随访记者采制的邓小平副总理访问泰国、马来西亚、新加坡的电视片。①

1979年1月28日—2月5日,中央电视台派出两个报道组随邓小平副总理访问美国。其中一组录像,一组摄制一部1小时的电影纪录片。这是中美隔绝30年之后中国政府代表团第一次访美。代表团在美8天,一共访问了5座城市,中央电视台进行了10次卫星传送。1月30日起,中央电视台在两套节目中每天各播放一次通过卫星传回的此行的新闻。邓小平参观了波音飞机制造公司、宇航中心以及精密仪器厂、农场等对我国建设有借鉴作用的工农业项目。他参观非常认真,问得仔细、听得清楚。关于访问的纪录片的制作和卫星传送电视新闻也都很成功。这是中国电视史上第一个通过卫星把当天活动的新闻从大洋彼岸传回国内的案例。该节目的收视率很高,可见受到观众欢迎。②

1979年1月的一个上午,随邓小平副总理访美的先期到达的电视报道小组来到白宫采访卡特总统。采访者是当年37岁的赵忠祥,这是中央电视台第一次采访美国总统。采访前,赵忠祥与卡特坐在总统椭圆形办公室"长长的办公桌的一端",卡特"温和地笑着"与赵忠祥随意交谈,之后才进入正式采访。结束后,赵忠祥要将前一段非正式对话编进电视片,但应邀前来协助摄像的CBS(哥伦比亚广播公司)工作人员不肯,中国报道小组吃了个"哑巴亏"。中央电视台通过卫星播出了这次采访的录像。③

为配合这次访问,1月29日、30日,2月3日,中央电视台在《科学与技术》专栏中分三次连续播放了1969年7月20日"阿波罗"登月的纪录片。这是事件发生近十年以后,中国第一次公开放映该纪录片。这次访问还达成了美国向中国出口通信卫星技术和设备的协议。④

1983年5月10日,中央电视台记者随胡耀邦总书记出访罗马尼亚、南斯拉夫,每天通过卫星传回电视新闻报道。1983年11月23—30日,中央电视台记者随胡耀邦总书记访问日本,每天通过卫星将新闻传回中国,《新闻联播》随即播出该新闻。中央人民广播电台记者刘振敏在访问过程中做的现场报道《胡耀邦总书记瞻仰周总理诗碑》获得全国好新闻一等奖。⑤

虽然应用的技术先进,到达率很高,但此类报道一直沿用固定套路,程式化严重,观众很难从中获得更多的信息和新鲜的感受,所以反响甚微。

---

① 《当代中国的广播电视》编辑部.中国广播电视大事记[M].北京:北京广播学院出版社,1987:282,291,293,295-296,299.
② 郭镇之.中国电视史[M].北京:中国人民大学出版社,1991:111,127,128;杨伟光.往事如歌:老电视新闻工作者的足迹[M].北京:人民出版社,1997:107.
③ 赵忠祥.岁月随想[M].上海:上海人民出版社,1995:32,100,120,122.
④ 赵水福.世纪心语:中国老广电视工作者感悟录[M].北京:中国国际广播出版社,2003:308.
⑤ 《当代中国的广播电视》编辑部.中国广播电视大事记[M].北京:北京广播学院出版社,1987:294,328,362,370,372,385.

(四)连续报道

随着电视新闻报道量的大幅度增加,在这个时期,对重要会议、重大事件,只要其持续一段时间,电视台都会进行连续多日的报道,基本改变了对有时间延续性的事件只做一次性报道的做法。

在初期比较突出的有,上海电视台对中央做出建设宝山钢铁总厂决定的报道。1978年下半年,该台抽调记者摄制了一条新闻纪录片《宝钢开工以前》,于12月28日播出,该纪录片对宝钢的建设规模、生产能力、对国民经济的影响,以及各路建设大军进入工地的场景等都做了报道。在宝钢正式开工以后,上海电视台新闻部规定每周必须有一次宝钢建设的报道,并指派记者邹志民常驻宝钢工地。当时有较大影响的新闻有《宝钢一号高炉奠基》《炼钢厂开始打桩》《原材料码头动工兴建》等。

1985年9月15日,宝钢一期工程建成,上海电视台从9月14—21日,在电视新闻中做了连续8天的报道。这组报道播出时,电视台每天还配发1—2条资料片,15日配发的资料片是邓小平等中央领导同志到宝钢建设现场视察的《中央领导同志关怀宝钢建设》,8天内共播出资料片12条。这组报道同时被发送到中央电视台,于是《新闻联播》从15日起连续7天播出了这组报道及部分资料片。[①]

该报道持续数年,报道的时间长、次数多,很有代表性。

(五)负面报道

在改进文风和加强时效性的同时,新闻报道的题材范围逐渐扩大,一直被视为"禁区"的灾害性和批评性新闻上了荧屏。负面报道是指对自然灾害、人为灾难、社会问题等广义层面上现存事实的报道,其中一般没有具体的批评对象;而批评报道则是直接针对人为导致失误的部分,一般都有具体的责任人。

在我国电视新闻史上,改革开放之前的近20年中,除了邢台地震、唐山地震等个别无法掩饰的自然灾害,以及严厉打击犯罪的报道偶尔暴露出一些负面消息外,基本不存在负面报道,更不用说批评报道了。而任何一个社会都不可能是纯粹的、完全干净的,都会存在各种灾难、事故与社会问题,这些内容恰恰又是受众最为关心的,有些还直接关系到他们自身的安危。能不能及时获得有关灾难、问题的信息,标志着人们社会知情权的有无,因此负面报道是衡量新闻开放程度的重要指标,也是当时新闻改革的重要内容。改革开放不久,负面报道开始陆续出现在电视媒体上。从内容分类看,很多负面新闻都属于"社会新闻"。

1979年7月4日,上海电机厂发生火灾,上海电视台记者朱黔生拍回的片子经逐级审查,于一星期后播出,名为《上海电机厂发生严重火灾事故》,突破了中华人民共和国成立以来电视新闻不播事故消息的禁区。当时,一名英国路透社记者,特地从北京

[①] 赵凯.上海广播电视志[M].上海:上海社会科学出版社,1999:396-397.

赶到上海采写了一条《上海电视台播出灾害性新闻》的专讯。香港《大公报》也刊登了这条消息。①

1979年8月29日,中央电视台播出了它的第一条批评性新闻《北京有些单位在马路旁边乱堆物品,破坏首都市容和公共卫生》。此后,该台的批评性报道逐渐增多。

这时期批评报道中最有代表性的是1979年9月12日中央电视台在《新闻联播》中播出的著名报道《王府井百货大楼停车场见闻》,它批评了高级干部的用车特权。片子解说词不多,但纪实性很强,批评较尖锐。新闻一播出,顿时舆论哗然,各界、各地的信件、电话纷至沓来,几天之内,中央电视台就收到近千封观众来信,该新闻一时成为人们茶余饭后的热门话题。应观众要求,这条消息于9月16日在《为您服务》中重播。在全社会反"特权"的声浪中,这条批评报道满足了社会需求,开电视舆论监督的先河。

该报道的制作过程是这样的:新闻采制于当年的5月1日。中央电视台记者张长明和北京广播学院教师王纪言在百货大楼用长镜头抓拍到干部子女乘公家轿车来王府井购物、游玩的情景。他们一共待了7个小时,拍了200尺胶片(约4分钟)。上镜头的有10多辆车,其中还有红旗牌轿车,他们特地拍了牌照号码的特写镜头。张长明和王纪言是大学同学,他们刚毕业。张长明在采访第五届人大二次会议时听到政府工作报告中有关"反对干部特殊化"的内容,他认为,这代表了人民的意志。这个选题是张长明和老记者戴维宇聊天时灵机一动产生的。拍好后,中央电视台新闻部主任朱继锋表示支持,副主任章壮沂为解说词磨去了一些棱角。中央广播事业局局长张香山同意播出。4个月后节目播出,张长明又一次到百货大楼察看,停车场空空如也。过了一段时间开始出现吉普车,但小轿车一时竟绝了迹。② 当时的被批评者对媒体曝光还没有像现在这样的敏感,也还没有一套系统的"紧急应对"的干预措施。

1980年3月,党的十一届五中全会通过了《关于党内政治生活的若干准则》,明确提出"不准搞特权"的要求。后来批评报道开始增多,到1980年年初,中央电视台每月播出20条左右批评报道。电视新闻的吸引力就此增强。③

1980年1月4日,上海电视台的《晚间新闻》播出了一条1分37秒的新闻片《一只老鼠作祟,损失1,200万元》。这条新闻的作者赵书敬采拍的初衷是按照惯例做"开门红"或坚持节日生产的报道。他在元旦一清早赶到上海石化总厂,却被告知"今天不能拍片了"。在他打听下得知:一只老鼠凌晨时钻到发电厂的总电闸里,引起短路,全厂断电停产。他马上去找总厂领导,并打电话到电视台。那天值班的是上海电视台新闻科副科长龚学平,他建议先把事故现场拍下来。赵书敬通过反复解释、交涉,终使厂方同意拍摄事故现场。在发电厂事故现场,摄制组拍到了那只被烧死的老鼠、满地的碎玻璃片和烧黑了的电路板,并采访了工人。由于需要层层审批,新闻推迟了4天才

---

① 盛重庆.辉煌与奋进:新闻卷 上[M].上海:上海人民出版社,1998:133.
② 郭镇之.中国电视史[M].北京:中国人民大学出版社,1991:163.
③ 杨伟光.中央电视台发展史[M].北京:中国广播电视出版社,2010:163;杨伟光,李东生.《新闻联播》20年[M].上海:上海三联书店,1999:18.

播出,但这在当时已经是时效最强的负面报道了。① 新闻播出后,广播电台和报纸纷纷转播转载,它成为上海滩具有轰动性的社会新闻。1月16日,上海台又播出新闻片《上海石化总厂从事故中吸取教训》。在这一段时间里,"老鼠事件"成了当地的热门话题。该报道对上海及全国新闻界冲破禁区、积极报道负面新闻起到了积极作用。

1980年春节前夕,403次列车在株洲发生重大火灾,中央电视台记者闻讯赶到现场,却遭到了铁路方面负责人的阻拦。他们的理由是:拍这个是暴露阴暗面,会给社会主义抹黑。随后记者联系湖南省省长以及国家经济贸易委员会和铁道部的相关人士,在他们的一致支持下,记者才得以进入现场,完成《403次列车在株洲发生火灾》一片的拍摄。这条新闻在中央电视台被及时播出,受到了有关部门的赞扬。

以上的负面新闻都早于作为改革开放后批评报道的标志性作品——"渤海二号"事件报道(1979年11月25日发生,1980年7月22日《工人日报》刊登),都属于中国新闻负面报道的"破冰"之作。此后,各地的负面报道纷纷涌现,而且当时的这些报道也并没有引起太多的麻烦,反而都促进了问题的快速解决,也得到了百姓的支持。这是一个积极、健康的发展趋势。

1980年10月,湖南电视台拍摄了一条名为《要让孩子们有一个良好的学习环境》的新闻片,批评某县的一些小学危房多、环境差,影响儿童健康成长。片子拍成后,他们先拿到县委、地委放映,请有关部门审查,并核对事实,在当地党委和主管部门都认为事实准确以后才正式播出,取得了良好的批评效果。②

1980年10月29日晚6点15分,北京火车站发生爆炸,中央电视台记者赶到现场拍摄了事件相关画面。事后查明,这是犯罪分子用自制土炸药制造的事件。中央电视台在31日的《新闻联播》中播出了这条新闻,以事实澄清了社会上的流言。③

1981年春天,乌鲁木齐冰雪融化,水溢市街。新疆电视台记者拍摄了市区和平街污水汪洋、道路泥泞的画面,并制作成新闻播出,立刻引起市委和该街道办事处的重视。春天电视台批评完,秋天政府就修好了一条柏油马路,大大改善了这个街道的卫生状况。

1981年7月,重庆出现百年罕见的特大洪灾,正在建设、尚未开播的重庆电视台立即组织人员抢拍了山城人民抗洪救灾的电视片。

1982年11月,上海电视台播出了《这三千名居民为什么买米难》,批评了有些单位相互扯皮、推诿的不良作风。播出后,这个拖了半年多的问题得到解决。

1983年7月,无锡电视台将本市熙春街菜场缺斤短两的情况拍成新闻播出,引起菜场领导和职工的震惊,菜场采取了一系列措施堵塞漏洞。两个月后,记者又来到菜

---

① 盛重庆.辉煌与奋进:新闻卷 上[M].上海:上海人民出版社,1998:152-154;赵凯.上海广播电视志[M].上海:上海社会科学出版社,1999:396.
② 壮春雨.中国电视概述[M].北京:中国广播电视出版社,1985:76-77.
③ 左漠野.当代中国的广播电视:下[M].北京:中国社会科学出版社,1987:39.

场,当场为几十位顾客复秤,未发现缺斤短两,于是又报道了这个菜场改正缺点的情况。①

1983年7月,陕西安康地区遭受了百年不遇的特大洪水灾害,陕西电视台先后派出5批记者赶往现场,抢拍灾情。他们向中央电视台和陕西电视台提供了30条抗洪救灾新闻。

1983年,中央电视台记者陪同卫生部领导到北京医学院察看学生宿舍时,看到学生将吃剩的饭菜摆满桌面,纸屑、果皮扔得满地皆是,记者拍下并制作了《崔月犁、白介夫检查学生宿舍卫生》的批评性新闻,播出后在全国高校引起强烈反响。

当时很多地方台也做了一些很尖锐的批评报道。如浙江省杭州市工商局一名干部乘拆迁之机敲国家竹杠,致使城建工程迟迟不能开工。浙江电视台记者冲破"阻碍",播发了11次批评报道,电视台收到数以百计的电话、信件、电报,许多新闻单位也纷纷刊发新闻和评论,支持浙江电视台的报道,在社会舆论的支持下,问题最终得到解决。福建电视台对厦门市的严重污染问题做了批评报道,湖北电视台对野蛮施工给予了批评报道,这些报道都在当地引起了强烈反响。②

这些早期的负面新闻针对的大多是一些自然灾害、社会问题、不道德行为的个别现象,较少挖掘问题背后的核心、症结。比如前面提到的学生宿舍事件,由于报道并没有对相应的社会氛围、条件、心理做深入分析,虽然在高校也促使宿舍卫生检查评比制度产生,但对学生生活习惯的影响仍很微弱,仅仅流于表面处理而很少产生实质性影响。

当时,大家对批评报道还不那么了解,利益冲突还没有那么明显,只要事实核对清楚,一些单位的领导还能较坦然地接受媒体批评,致使报道能够见诸媒体,而且还能迅速解决问题。但是从这些新闻的操作过程看,人为因素的作用较大,没有形成相应的固定程序与法律保护,领导足够开明是报道成功的唯一保证。这很快形成巨大的弹性空间,致使一些灾害报道、批评报道至今都不能有一个畅通的表达途径。

除了随机的批评报道外,有的电视台还设立了专门栏目,使批评常规化。1983年2月,广东电视台开办了《立此存照》栏目,这个栏目曝光一些不讲卫生、不讲礼貌、不文明、不道德、不守纪律的人和事,激发人们共同鞭挞违反社会公德的行为和不良风气,深受观众好评。此外,北京电视台的《观众之声》、山东电视台的《街头见闻》、上海电视台的《观众中来》等,都属于这类栏目。③

(六)社会新闻

1949年之后的媒体很长时间都对社会新闻讳莫如深。1978年冬天,湖南电视台

---

① 壮春雨.中国电视概述[M].北京:中国广播电视出版社,1985:74.
② 左漠野.当代中国的广播电视:下[M].北京:中国社会科学出版社,1987:40,43.
③ 方汉奇.中国新闻事业通史:第三卷[M].北京:中国人民大学出版社,1999:578;《当代中国的广播电视》编辑部.中国广播电视大事记[M].北京:北京广播学院出版社,1987:369.

编辑人员亲自出马,密切配合记者采访播出了第一条社会新闻——《长沙人民希望坐好公共汽车》,受到了观众的欢迎。以此为契机,湖南电视台的社会新闻越拍越多,成为新闻中的重要品类,也是观众最乐于收看的内容。① 这个时期,湖南电视台采制的社会新闻有三个方面的选题:第一,讴歌良好社会风气。如1980年6月,该台一位记者到农村采访,发现所住人家四代和睦相处,50岁的儿媳妇细心照顾90岁的婆婆,年轻的侄儿、侄女把独居的70岁伯父接到家里奉养。记者经过对全村此类事例的调查,拍摄了一组《这样的家庭谁不夸》的社会新闻专辑,反映人与人之间的亲情关系。后来,该台记者又连续报道了《一个情操高尚的姑娘》《后母爱子胜亲娘》《姑娘爱上了残废军人》《孝敬公婆的贤媳妇》等反映良好道德风尚的社会新闻。第二,针砭时弊。湖南电视台报道了《长沙街头车祸多》《菜价高于米价》《长沙环境污染严重》《救救湘江》等针对社会问题的新闻;同时也报道了轰动一时的案件《衡阳"2·21"案件始末》《盗宝案件侦破前后》等。第三,奇闻、趣闻。该台报道了人们普遍感兴趣的社会奇闻,如《一个身体多部位能识字的女孩》《一岁多的小孩识字一千多个》等。这些不同内容、不同角度的社会新闻播出后,受到观众的普遍欢迎,也为社会新闻的发展提供了实践基础。1981年4月,在青岛召开的全国电视新闻工作座谈会上,湖南电视台相关人员介绍了他们组织社会新闻的体会。②

上海电视台在新闻节目中也较早地播出了社会新闻。1979年前后的《上海电机厂发生火灾》《陈燕飞勇救溺水者》《大学生堕落成杀人犯》《一残废青年义务为群众修表》等新闻,都在观众中引起了广泛关注。③

(七)战争报道

1978—1979年5月,越南当局在中越边境制造事端,将20万华侨和华裔越南人驱赶到我境内,并挑起边境的军事冲突。

中央电视台派新闻部军事组记者到边境采访,真实记录了越军迫害华侨和华裔、打死打伤我边民300多人的罪行。1978年5月25日,《新闻联播》报道了越南当局驱赶大批华侨回国的新闻;6月9日,中国外交部发表《关于越南驱赶华侨问题的声明》,中越边境紧张局势加剧;8月25日,越南当局在友谊关口制造流血事件,驱赶我难侨,中央电视台记者马赤后、王有才冒着危险抢拍了大量镜头,中央电视台据此制作的新闻片于27日播出。④

1979年2月12日,中央军委下达《中越边境地区自卫还击作战命令》。16日,中共中央召集党政军副部级以上干部报告大会,邓小平在会上做了关于对越进行自卫还击、为保卫边疆作战的报告。2月17日凌晨,对越自卫还击战斗打响,中央电视台当

---

① 何共淮.重视电视新闻编辑队伍的建设[J].电视研究,1988(3).
② 壮春雨.中国电视概述[M].北京:中国广播电视出版社,1985:70.
③ 盛重庆.辉煌与奋进:新闻卷 上[M].上海:上海人民出版社,1998:133.
④ 杨伟光,李东生.《新闻联播》20年[M].上海:上海三联书店,1999:4.

晚口播了"新华社奉中国政府之命发布声明",播出我广西、云南边防部队被迫自卫还击越南侵略者的消息,并播出了军事记者拍摄的专题报道《我们的忍耐是有限度的》,及时向中外观众报道中越边境事件真相。①

在中越边界自卫反击战打响之后,记者们与部队指战员一起,冲到了前沿。中央电视台新闻部军事组组长周居方带队,9 名记者兵分两路,分赴广西和云南前线,随军采访。9 名记者和战士一同摸爬滚打,冒着枪林弹雨拍摄了大量新闻素材,不断通过空军值班飞机送回北京。其中,中央电视台记者周兴广战争初期在中越边界采访。在战争中他第一个被派往前线,进入对方腹地,冒着枪林弹雨进行拍摄。由于通信线路不时被对方破坏,加上设施落后,他曾有 7 天时间不能同北京联络。他与战争年代我军的战地记者一样,"有一种信念,宁肯牺牲不做俘虏",像一个真正的战士一样视死如归。他当时"什么也不顾,边走边拍",拍摄了大量战地画面。记者们摄取的珍贵图像资料,被编成 10 集新闻系列报道,以《自卫还击》为题在中央电视台播出。党中央和中央军委领导先后审看了这部作品,给予了很高的评价。战后回到北京,解放军总政治部为每位战地电视记者记功授奖。②

对越自卫反击战开始后,昆明电视台也派记者拍摄了有关前线的资料片,有些提供给了中央电视台。广西电视台也有 3 名记者赴前线采访,均荣立三等功。

战争初期的 1979 年 3 月 17—25 日,联邦德国电视二台记者夏拉图一行 4 人来我国拍摄中越边界冲突电视片,制作了题为《第三次印支战争——中国抗击越南》的新闻,介绍了我对越自卫反击战的始末与背景。③

1979 年 5 月,以外交部副部长韩念龙为团长的中国政府代表团赴越南,就缓和两国边境地区形势进行了谈判,中央电视台派记者韩金度、杨宪文随团采访。

第四节 专题、评论

一、专题系列

20 世纪 80 年代以来,除《新闻联播》外,中国电视的各类新闻栏目也纷纷涌现。电视新闻的体裁和编播方式有了新的发展,出现了近似报纸中通讯、特写、述评、评论之类体裁的专题报道、新闻评论,以及近乎报纸专版、专辑、集纳之类的新闻专栏。这些专题节目一改单调、枯燥的说教方式,纠正了简单化、概念化的做法,努力寓思想性于知识性、趣味性、欣赏性和娱乐性之中,在表现形式上也开始注意发挥电视的特长,

---

① 杨伟光.中央电视台发展史[M].北京:中国广播电视出版社,2010:199.
② 杨伟光.往事如歌:老电视新闻工作者的足迹[M].北京:人民出版社,1997:37,396.
③ 杨伟光,李东生.《新闻联播》20 年[M].上海:上海三联书店,1999:14;《当代中国的广播电视》编辑部.中国广播电视大事记[M].北京:北京广播学院出版社,1987:301,302.

将形象、声音、文字、色彩有机结合,力求丰富多彩、突出不同栏目的个性。这时,从中央台到地方台的各种专题栏目数量大增,涉及众多领域。

(一)专题栏目

电视新闻专题内容翔实、风格各异,容易展现电视的特点,因而是电视台新闻节目的看家体裁。在中国电视史上曾出现过不少专题片、纪录片摄制的能手、高人。

1977年9月,在毛泽东主席逝世一周年之际,北京电视台播出了电视片《毛主席在中南海住过的地方》。12月中旬,又拍摄了电视片《周总理的办公室》。两部片子表现出人们对两位领袖的崇敬、怀念之情,在国内外皆获得好评。①

1977年10月17日,北京电视台播出了专题片《为革命站柜台——介绍北京市百货大楼劳动模范张秉贵》,②这是当年典型的英模报道。在物资短缺的年代,售货员的服务态度曾经是社会"窗口行业"改善面貌的重点、难点,重新提倡职业道德在当时确实有着很强的社会针对性。这个人物获得了社会广泛的认可,成为服务行业的典范。

中央电视台军事部在1979年年底成立后,1980年春节(2月16日)开播了《人民子弟兵》节目。当时这是一个对部队官兵进行针对性宣传的专题栏目。播出的第一部专题片是刘效礼编导的《干枝梅颂》,片子讲述的是内蒙古守备一师老干部们的生活。该片获1980年度全国电视片一等奖。③

1981年4月28日,中央电视台新闻部创办了《专题报道》专栏。④

1981年9月,中国人民解放军在华北某地举行了我国历史上最大规模的军事演习,演习后是盛大的阅兵式。中央电视台派出9名记者到现场采拍。他们使用《丝绸之路》用过的带摄影平台和摄影座椅的日产中巴车拍摄;前后方人员密切配合,边拍摄、边冲洗制作,在演习结束后不到一周的时间内,早于报纸、电影,中央电视台于9月26日晚在《新闻联播》中播出了8分钟新闻,联播后又播出了27分钟的专题片《光荣啊!人民解放军》。片子在播前审查时受到亲临中央电视台审看的杨尚昆、杨得志等中央军委领导的一致赞扬:"拍得很真实,很有气势,也有情节,比在现场看要好得多。"

(二)系列专题

这一时期电视专题节目改革的主要成果,就是涌现出了几个大型电视系列片。例如,1980年5月1日播出的中央电视台与日本广播协会NHK合作拍摄的18集大型纪录片——《丝绸之路》;中央电视台1983年8月播出的与日方合拍的25集系列片《话说长江》。⑤

---

① 朱景和.电视片纵横观[J].电视研究,1990(4).
② 杨伟光.中央电视台发展史[M].北京:中国广播电视出版社,2010:109.
③ 话说刘效礼[J].电视研究,1993(2);冷治夫.追踪昨天的故事 展示时代的风采[J].电视研究,1994(11).
④ 郭镇之.中国电视史[M].北京:中国人民大学出版社,1991:167.
⑤ 赵玉明.中国广播电视通史[M].北京:北京广播学院出版社,2004:378.

最早制作的大型系列专题片都是与外国合作完成的。在中外电视交流史上,与外国电视台共同制作节目成就了重要的一章。

1.《丝绸之路》

1979年,中央电视台与日本广播协会NHK合作拍摄了大型纪录片《丝绸之路》,这是我国电视台首次与外国合作拍片。

同年8月8日—10月21日,中日联合摄制组共21人(中方11人,日方10人)分三路在西安、兰州、武威、张掖、酒泉、敦煌、新疆进行前期拍摄。摄制组由东向西探古访今,国内行程达几万公里,拍摄素材有45万英尺(约合120多小时)。随后,中央电视台就此编出18集、每集长度40—50分钟不等的节目,以《丝绸之路》之名于1980年5月1日开始在黄金时间播出第一集《古都长安》,之后每周播出一集。全片介绍了从公元2世纪到14世纪我国通向欧洲及西亚的陆路交通要道,这是一条丝绸之路,也是对外交通的命脉。该片结构上以时间、路线为线索,以声音配画面为主要视听手段。

日本版的《丝绸之路》共14集,每集50分钟,在固定时间播出。节目播出后在日本引起了极大轰动,出现了空前的"丝绸之路热"。在我国,由于当时缺乏制作、播出此类"大片"的经验,播放《丝绸之路》系列片,虽然选择了黄金时间,但没有相对固定的播出时段和节目时长,播出后没有完全达到预期效果,反响逊于日本。

另外,由于双方的拍摄观念存在很大差别,导致很多镜头都是各拍各的。当时我方还是将"宣传西部建设成就"作为指导思想,在拍摄中,当日方一导演想要拍摄雨中渭桥人群熙熙攘攘的"渭城朝雨"场景时,我方认为这乱哄哄的有碍观瞻,不同意拍摄。三天后,桥面被打扫得干干净净,并暂时中断了交通,但被邀前来拍片的日方人员已了无兴致。在拍摄采摘哈密瓜的镜头时,日方拍摄的是衣衫不整的当地农民,我方拍摄的是从文工团请来的女演员。[①]

我国电视在诞生后的20多年里,一直是以摄制单集电视片为主,两集以上的选题寥寥无几,如此大型的系列纪录片是第一次出现在中国的荧屏上。该片以题材内容的丰富多彩、完整系统,摄影、编辑的高度艺术性,吸引了众多观众。我国电视工作者分工摄制的两集《到楼兰去》在日本荣获电视片大奖。[②]《丝绸之路》给我国电视工作者摄制大型电视片树立了信心。

2.《话说长江》

1980年4月,中央电视台和日本佐田企划签订合拍电视纪录片《长江》的协议,从1981年开始拍摄。中央电视台原是"协拍"身份。片子拍完后,后期编辑遇到困难,由

---

① 郭镇之.中国电视史[M].北京:中国人民大学出版社,1991:259.
② 洪民生.电视节目的思考[J].电视研究,1987(1);朱景和.电视片纵横观[J].电视研究,1990(4);中华人民共和国史广播电视编辑部.当代中国广播电视回忆录:第三集[M].北京:中国广播电视出版社,1995:53,55;雪松.以电视记录历史[J].电视研究,1999(10).

戴维宇出来收拾残局,陈汉元承担了《话说长江》近一半解说词的创作。①

1983 年 8 月 7 日,中央电视台开始播出 25 集电视系列节目《话说长江》,当天播出的是第一集《源远流长》。该系列片每集 20 分钟、每周日播出一集,持续播出达半年多。该片突破纪录片原有模式,采用章回评书体,设男女主持人,他们以第一人称、与观众对话的形式出面"话说",导出内容。

该片解说词的知识性与文学性并重,内容涵盖了长江沿岸的山水风光、历史文化、名胜古迹、名人典故、诗词歌赋、风俗人情、新旧变化等,奇观荟萃、胜景博览、意趣盎然。播出形式缩短了电视与观众的距离,增加了自然亲切的气氛。播出时,长度规范、定点播出、便于收看。中央电视台还注意加强了播出前和播出中的宣传、评介工作。

《话说长江》播出期间,"长江热"持续不衰。观众们以浓厚的兴趣连续收看。大量观众来信纷纷涌向电视台,有赞扬、有评论,有的索要解说词,有的批评缺点、差误。辽宁省委的李金星来信说:"《话说长江》对我来讲,比电视连续剧还有吸引力。看了这一回,恨不能立刻看下一回。那里天文地理、风土人情无所不包,真是一部活的教科书。"②在为同名专题音乐会征集主题歌词时,短短 13 天里,来自国内四面八方的稿件达到 5,000 多份,来稿者从 14 岁的小学生到 90 岁高龄的老人都有,反映出广大观众对长江、对电视片的高度热情。

这部系列片先后在中国香港、美国等地电视机构播出。随后《话说长江解说词集》和根据电视片内容扩写的《话说长江》两本书,以及《话说长江歌曲集》《长江画册》等专著陆续出版。日本方面制作的同题材电视片命名为《扬子江》。

这已是中央电视台第三次拍摄长江题材了。1963 年,北京电视台首次拍摄了纪录片《长江行》;1980 年,记者马靖华拍了四集系列片《万里长江》。③

上述两部电视系列片巨制都为合作拍摄。中国电视人曾在 1975 年"内部观摩"过美国著名制作者贾维斯夫人的纪录片《卢浮宫》《克里姆林宫》《故宫》(人称"三宫")。当时他们被其深厚的内涵及优美灵动的表现形式所深深折服,早就有了拍摄自己的优秀纪录片的冲动。④而合拍片对中国纪录片成长的影响则比观摩来得更大。在合作中,一言一行都有比照,中国电视人近距离观看了别人的工作、组织方式,他们更快地学习到了先进的制作理念与操作方法。

二、评论类节目

20 世纪 80 年代初,随着新闻改革和思想解放的继续深入,电视新闻数量猛增,电

---

① 《当代中国的广播电视》编辑部.中国广播电视大事记[M].北京:北京广播学院出版社,1987:305,314,377;王纪言.你是一条河:为《水淋淋的太阳》作序[J].电视研究,1995(2).
② 姜丽彬.观众调查和对策思考[J].电视研究,1986(3).
③ 郭镇之.中国电视史[M].北京:中国人民大学出版社,1991:205-208;《话说运河》创作谈[J].电视研究,1987(5).
④ 黄望南.新的突破新的高度:《话说运河》漫笔[J].电视研究,1987(2).

视新闻评论逐步受到更多重视。电视评论当时有多种类型:一种是在新闻节目中就某一事件发表议论,一般是在该新闻前后加上简短的评语;另一种是开办评论性专栏。①

(一)电视评论

因国际新闻报道数量增加,且它们一般都较为简短和零散,为了提供更多的资料和分析材料,使观众对国际事件有比较系统、深入的了解,1980年年底中央电视台创办了《国际评论》栏目,每周播出一次,节目中插入背景资料和图片,对国际热点发表意见。节目持续播出有一年多时间。②这是在1959年北京电视台《国际评论》之后的再次起步。

1982年8月5日,中央电视台播出本台评论《历史岂容篡改》,就日本文部省一些人企图篡改日本军国主义侵略中国的历史进行了批驳。这是当年电视评论的代表作。

上海电视台当时制作的节目中也出现了几则有影响的评论:一是1982年播出的《青春的选择》,对当时青年人身上出现的失去信仰、沉湎享乐的倾向做了批评,并以英雄典型进行引导,文字稿结合画面,有叙述也有议论;二是《瓶塞大王》,针对当时社会上出现的买小商品难和修配难等问题,以豫园商场一家专门供应各种类型瓶塞的专卖店为例,夹叙夹议,表扬其便民服务的精神,该片后来在中央电视台的《观察与思考》栏目中播出。这类上海电视台最早的评论片,都是用胶片摄影,表现方式仍是画面加解说,但它们标志着有电视特点的述评片问世。③

摄像机的应用,给了电视评论片以进一步推动。在评论片中,批评性评论占到一定比例。上海电视台当时播出的《坚决整治乱占马路现象》一片是配合公安部门的整治行动摄制的,画面表现出马路被侵占的严重情况以及由此引起的交通事故,震撼人心。《大学生如此糟蹋粮食》一片用画面展示出华东师范大学学生食堂里满桌被丢弃的白花花的大米饭,节目播出后华师大党委连夜开会,研究整改,开展节约粮食的宣传教育活动。《大学生堕落成杀人犯》是在1982年一名大学生因杀人被判死刑的法庭宣判现场,记者采访旁听席上的团干部和青年,录下他们的谈话编成的小评论,该评论当晚和新闻片配合播出,这是一次有观众参与、采用访谈形式制作电视评论的尝试。④

(二)观察与思考

1979年7月,中央电视台新闻部一分为四,增加了专题部、军事部、国际部。从新闻部调过来的编辑、记者到专题部后,即酝酿开办一个有深度的专题新闻栏目《观察与思考》。⑤

---

① 赵玉明.中国广播电视通史[M].北京:北京广播学院出版社,2004:355.
② 杨伟光.中央电视台发展史[M].北京:中国广播电视出版社,2010:173,318.
③ 《当代中国的广播电视》编辑部.中国广播电视大事记[M].北京:北京广播学院出版社,1987:354.
④ 赵凯.上海广播电视志[M].上海:上海社会科学出版社,1999:398,399.
⑤ 郭镇之.中国电视史[M].北京:中国人民大学出版社,1991:165,205.

1980年7月12日,《观察与思考》栏目开播,这是中央电视台主要针对国内题材的第一个新闻评论性专栏。其宗旨是通过对具有普遍意义或群众关心的事件、问题或人物进行调查、介绍、分析和研究,说明其中道理以引起观众思考,起到引导和影响舆论的作用。其内容涉及政治、经济、法制、文化、教育及社会道德等各个方面。此时正值"实践是检验真理的标准"讨论之后,节目以当时社会上存在的一些矛盾和问题为对象,进行较为深入的剖析。节目采用主持人主持形式,但不固定主持人。①

该栏目第一次推出的节目是《北京居民为什么吃菜难》。节目由当时的专栏组长粟玉钊制作,节目中出镜记者是庞啸。节目在开办前就"记者出图像"问题征得了台、局领导批准。这一期节目迈出了"记者出图像"的第一步。记者庞啸原是播音员,从20世纪50年代就开始从事电视新闻工作,曾到北京电影学院专修过新闻摄影。这个节目的记者以主持人身份出现在电视屏幕上,亲自采访、评述,由多个记者任非固定主持人,节目对新闻主持人做了具有开创意义的探索。

《北京居民为什么吃菜难》是一个关于经济生活的话题。此后,这个栏目推出了一系列产生很大影响的经济新闻探讨,如《包产到户之后》反映安徽滁县实行包产到户后发生的巨大变化,片子以大量事实为依据,论证了十一届三中全会制定的农村政策的正确性。《一个"不可思议"的企业》连播3集,介绍和评述了全国闻名的福建闽东电机厂的经验。《菜篮子里看改革》对武汉市的蔬菜和其他副食品市场的产销体制改革做了分析和评论。

此外,介绍和评述农村深化改革的《鸟是怎样飞起来的》、反映企业横向联合中出现问题的《鞋之不适,安能削足》等,都产生了很大的社会反响。尤其是连播4集的《温州之路》,通过大量温州市永嘉县桥头镇纽扣市场的现场采访镜头,生动形象地讲述了温州在改革之后,大力发展个体经济,迅速走上富裕之路过程,播出后社会反响强烈。

除经济话题外,该栏目还集中对社会上的热点问题进行了深入报道和评述。相继推出了一批有影响的节目,如《似梦非梦》《漫话城市交通》《让青春更美好》《从政治诈骗犯到公民》《谁是失主》《师徒之间》《白天鹅之死说明了什么》等。其中相当一部分节目来自地方台,如《让青春更美好》来自上海电视台,《从政治诈骗犯到公民》来自陕西电视台。在社会上引起轰动的《冯大兴的下场》一片是对大学生走上杀人犯罪道路根源的思考,节目通过对事件的分析、在审判现场组织旁听者座谈,说明年轻人不重视思想政治学习和修养的危害,该节目后被很多高校当作入学教育的教材。②

这个栏目播出的一系列批评性节目引起了社会广泛关注,成为这个栏目深受欢迎的重要因素。这些节目在内容形式上基本都能做到深入浅出、以小见大、坦诚生动、发人深思。

1982年2月,中央电视台召开了全国电视政治、经济性专题节目会议。会上印发

---

① 杨伟光.中央电视台发展史[M].北京:中国广播电视出版社,2010:169.
② 郭镇之.中国电视史[M].北京:中国人民大学出版社,1991:166;徐光春.中华人民共和国广播电视简史[M].北京:中国广播电视出版社,2003:200.

了一份摘登37封观众来信的材料,其中有26封认为《观察与思考》之所以受到欢迎,是因为它切中时弊、敢于批评。这之后,一些地方电视台也相继开办了以批评性报道为特色的专题栏目。

1983年以后,由于部分主创人员陆续被抽调,选题内容又受到社会舆论环境压力增大的影响,评论类节目播出时断时续,最终停办。①

(三)电视讲话

粉碎"四人帮"以后,讲话节目有了新的发展,除了20世纪60年代已有先例的英雄模范人物的讲话外,一些高层领导人也来到电视台发表讲话,还有一些针对新闻事件的谈话开始出现。这时的谈话节目没有设立专栏,以特别节目形式存在。

1977年3月,为了纪念周恩来80周年诞辰,北京电视台邀请时任北京电业管理局局长、党组书记李鹏做了题为《永远铭记周总理的亲切教诲》的电视讲话。1978年9月2日,美籍华裔科学家、诺贝尔物理学奖得主杨振宁博士应中央电视台的邀请,向电视观众发表讲话。

1983年3月17日,中央电视台播出了6天前在人民大会堂录制的由中直团委、国家机关团委和北京市团委联合举办的"优秀共青团员张海迪"报告会,这个节目在观众中反响强烈。②

1980年8月4日,中央电视台创办了一个谈话栏目《交流》,其初衷是请中央高级干部如政府部长同观众见面,听取意见、回答问题,是一档特定的交流对话节目。但是在操作中它演变成了领导干部的电视演讲。栏目的第一期是《梁灵光答电视观众问》。③ 1983年,中央电视台把节目名称由《交流》改为《电视论坛》,其内容不再局限于高级干部的讲话,一些行业的人员和典型人物也在节目中发表讲话,由于多数领导讲话都是念稿子,导致节目不好看、不好听,节目的社会关注度并不高。

小结

经过调整,国家的发展方向渐趋明确。与此同时,电视媒体迅速复兴,事业壮大,技术装备大幅改善,电视新闻在传送、拍摄、制作等各个环节都有了巨大的进步。新闻节目受到重视,如在国际报道和体育新闻两方面获得实质性突破,国内新闻也在提升新闻价值、正常反映动态和社情民意的方向上大步前行。

有人总结说,在1978年之前相当长的时间里,我国电视新闻片中普遍存在四个问题:"慢、假、长、老"。所谓慢,是指新闻片的拍摄、制作和播出都不及时;所谓假,是指虚假浮夸,大话、空话、套话、假话充斥;所谓长,是指主题不集中、面面俱到、四平八稳、

---

① 杨伟光.中央电视台发展史[M].北京:中国广播电视出版社,2010:170.
② 《当代中国的广播电视》编辑部.中国广播电视大事记[M].北京:北京广播学院出版社,1987:318,347,368;郭镇之.中国电视史[M].北京:中国人民大学出版社,1991:231.
③ 梁灵光时任轻工业部部长。

不知所云;所谓老,是指题材不新,老一套,在表现方式上也程式化。当然,这些问题在报纸、广播新闻中也同样存在,是那个时代的产物。

改革开放以后,随着党和国家方针政策的改变,以上问题迅速发生改变。基于"从新闻改革入手来带动其他各种节目改革"的认识,在20世纪70年代末、80年代初,中央到地方的各级电视机构普遍加强了新闻工作。

全国电视新闻改革主要有以下几个方面的进步:1.在题材上注意选择重大、新鲜、有价值的事实,扩大报道面,出现了过去没有或很少有的批评报道和社会新闻;2.新闻片的长度缩短、内容集中,增加了报道数量,丰富了报道内容,逐渐减少了说教;3.发挥电视声画并茂的优势,改进报道形式;4.采用卫星、微波等传输手段,提高电视新闻的时效性,做到重大新闻事件(尤其是重要的动态)大都能在当天播出;5.根据电视的特点,增加和改进新闻评论;6.加强同其他新闻单位的联系和自身记者、通讯员队伍的建设,拓宽新闻来源。由于这些改革,电视新闻在整体节目中、在各类媒介中的地位都有了明显提高。

根据1982年全国人口普查情况来看,当时我国10多亿人口中,有20%以上的文盲,多数国民的文化水平参差不齐。因此,电视是最适合用于新闻传播的媒体,它没有文化程度的约束,为大众所喜闻乐见。当时各种电视节目的改革也注意到要以普及为主要目的,力求做到普及与提高结合。各种节目都要求能和观众更为接近,把观众当作自己的朋友来改革表达方式,提高接收率。

这个时期,电视在民众中的地位也确实有了很大提升。中央电视台老记者戴维宇曾在20世纪80年代说过:电视开播初期,无论你拍了什么片子、花了多大力气,播出后都像扔进深谷的石块一样没有回响、毫无反应——没有赞扬也没有批评,就像压根儿没播过一样。这对创作者来说,是深感孤寂的。而从这个时期起,情况有了根本改变:一部好节目的播出能使街道上人流骤减,甚至连小偷都暂停作案,公安局的犯罪率也随之下降。[①] 这个时候新闻节目的收视率大大提高,电视逐渐变为重要的新闻媒体。

关于当年确立的从新闻改革入手带动其他各类节目改革的方针,第一任广播电视部部长吴冷西从三个方面进行了论述:第一,新闻是最直接、最紧密地结合形势的,它最便于宣传党的路线、方针、政策;宣传人民群众在社会主义现代化建设中所表现出来的勇于进取、不断创新、顽强奋斗、百折不挠的事迹、智慧和风格,因此,更便于实现教育和鼓舞的任务。第二,新闻能够及时给人们提供国内外形势变化的最新信息,因此,它是领导干部和人民群众最关心的宣传形式。第三,新闻用事实说话,符合从个别到一般、从具体到抽象、从现象到本质这样的认识规律,因此,它是最容易为人民群众接受的宣传形式。[②]

这一时期的改变,为今后电视新闻的大发展打下了良好基础。

---

① 王晞建.岁月拾贝[M].北京:中国广播电视出版社,2002:256.
② 壮春雨.中国电视概述[M].北京:中国广播电视出版社,1985:19.

第五章　奋发改革精神　探索电视规律
（1984—1988年）

1983年到1987年这五年是国家发展加速时期,并基本确定了发展的路径与方向。

1982年9月1日至11日,中国共产党第十二次全国代表大会召开,第一次明确提出了建设中国特色社会主义的指导思想,提出了新时期的总任务:实现四化和建设高度的社会主义精神文明和社会主义民主。会议还确定了国家经济发展目标:到本世纪末实现工农业总产值翻两番。这在很长时间里成为全国一切工作的指导方针。

1983年10月召开的十二届二中全会,又提出了整党和清除精神污染、反对资产阶级自由化的任务。1986年召开的十二届六中全会,将反对自由化与精神文明建设联系起来。在当年年底的学潮,被归结为反击自由化不力。为此,在1987年1月16日的中央政治局扩大会议上,胡耀邦辞职。

1984年10月20日,中共十二届三中全会在北京召开。会议通过的《中共中央关于经济体制改革的决定》中提到,我国经济是"公有制基础上的有计划商品经济"的重要观点,我国将改革的重点从农村转向城市,展开全面的经济体制改革。在这一方针的指导下,在1985年我国启动了科技体制、教育体制、文化事业体制的改革。

1987年党的十三大召开,确定了我国所处的社会发展阶段,系统阐述了社会主义初级阶段理论,明确提出了"一个中心、两个基本点"的基本路线,即"以经济建设为中心,坚持四项基本原则,坚持改革开放"。大会规定了经济发展的战略目标:到下世纪中叶达到中等发达国家水平。在政治体制改革上,要求实行党政职能分开,加强法制建设,和废除领导干部终身制。

在经济领域,农村已全面实现了家庭联产承包责任制,到1984年年底基本完成了政社分设,成立村民委员会作为群众性自治组织,彻底取代了人民公社。农民实现了种植自主,乡镇企业蓬勃兴起。对外开放力度继续加大,增加了沿海港口开放城市和对外开放地区,经济增幅持续扩大。在改革的推动下,到1985年第六个五年计划结束时,国家基本农产品供应已能保证,基本取消了居民供应票证。

但与此同时,经济过热和物价上涨也出现了。1985—1987年间通货膨胀明显加剧,到1988年全国零售物价指数(CPI)上涨达18.5%,这时我国又推出了工资、价格制度改革,由此爆发了抢购风潮,经济秩序混乱。加上农业生产多年徘徊,财政收入占比下降,国家调控能力减弱。到这年下半年,中央提出治理经济环境、整顿经济秩序的调控方针。①

与全国发展形势一样,这时期的广播电视界也经历了大发展、大探索的起起落落,也像国家一样,虽然驶上了发展的快车道,但行进中也时常出现振荡。一切皆有可能,前途一片光明,是当时大家的心态。

第一节 事业发展与技术进步

一、体制规范与转变

(一)强调广播电视的政治属性

鉴于改革开放对媒体的需求大大增加,在这几年里,对于电视事业的建设,国家领导人有不少的指示,对电视的功能提出了更高要求。在这个阶段,党和国家领导对广播电视工作,一再重申广播电视的社会主义喉舌工具性质,强调要将社会效益放在首位,同时提出了电视在精神文明建设中的任务。

1983年,中共中央提出要反对精神污染,邓小平在十二届二中全会的讲话中指出:"党性来源于'人民性'这种说法是违反马克思主义常识的。"②

1985年,中央批准转发了《关于严禁发表违反中央外交政策的文章的请示》等几个文件,其中对媒体的性质再次重申:我国是社会主义国家,新闻事业是党和政府的喉舌。

1987年中央发出《关于坚决、妥善地做好报纸刊物整顿工作的通知》,强调端正新闻、舆论阵地的思想政治方向,指出:"必须无条件地宣传党和政府的路线、方针、政策,坚持把社会效益放在首位,绝不能借口'新闻自由''文责自负'和单纯追求'经济效益'而任意发表错误的和有害的东西,更不允许利用所掌握的舆论工具宣传反党的政治主张。"③

1985年2月7日《中共中央书记处会议纪要》(以下简称《纪要》)发布,对广播电视工作提出了一些具体要求:要坚决贯彻党的对内搞活、对外开放的重大决策,自觉服从、服务于党的总任务和总目标;在节目上,要改变内容和形式上单调、死板和生硬的状况,做到战斗力、说服力和感染力的统一,做到丰富多彩、生动活泼,满足广大人民群众在精神生活上的需求,国际新闻应尽量选用通信卫星传播的资料,并努力开辟其他来源。除了对节目质量提出要求外,《纪要》还对事业建设提出意见:要增设频道,增加节目和播出时间,要尽快使全国各地都能收看到电视节目,当时就是要积极研究租用

---

① 胡绳.中国共产党的七十年[M].北京:中共党史出版社,1991:527.
② 杨弃.端正新闻改革的政治方向[J].电视研究,1989(5).
③ 杨弃.端正新闻改革的政治方向[J].电视研究,1989(5).

外国通信卫星来做过渡。①

1985年11月11日,中央书记处会议纪要指出,电影、电视要以社会效益为唯一准则,它们的企业经营也要以社会效益为最高准则。②

1983年中央提出反对精神污染,最初的几年里,由于新闻工作者对这一决策理解不深、政策界限不清,出现节目比较单调乏味、制作者不知所措,甚至对一些社会变化重新持有"左"的观点的问题。③

这一时期也确实出现了一些有违世序良俗的低级庸俗广电作品。如1987年7月28日,北京市广播电视局通报批评北京音像公司违章出版录音带《洞房蜜语》,决定没收其全部非法收入4.95万元,并处以10万元罚款。对此事负有责任的人员分别受到了行政处分。

(二)反对有偿新闻

自从广播电视放开广告经营,一向经费捉襟见肘的电视台便开始探索从日常报道中找到更多财源。从记者参加新闻发布会领取小礼品,到采访对象提供经费,再到利用媒体的影响与报道对象进行交换,将一些经济资讯类节目办成"二类广告"向报道对象收费等,各种赚钱门路不一而足。几年间,经济收益已经大大超出了广告收入范围,不少电台、电视台搞起了有偿资讯甚至是有偿新闻,虽然收入大增,但严重影响了其声誉。这时国内媒体界展开了一场新闻是否具有商品属性的大讨论。

1985年2月21日,广播电视部发出《关于必须把新闻报道和广告严格分开的通知》(以下简称《通知》)。《通知》指出,一些广播电台、电视台播出"有偿新闻"和有偿服务的"信息节目",以传播信息为名,实为捞钱,这是对新闻改革的一种误解,是不正之风。《通知》要求全国各广播电视厅、局立即检查和纠正这种做法。

1985年4月17日,国家工商行政管理局、广播电视部、文化部联合发出《关于报刊、书刊、电台、电视台经营、刊播广告有关问题的通知》(以下简称《通知》)。《通知》规定,中央和地方报刊、电台、电视台不得在新闻栏目或其他节目中以新闻形式刊播或插播广告。节目进行中,不得中断节目播出广告。④

1987年2月5日,广播电视部总编室召开了广告与新闻、专题等节目关系研讨会,提出要防止广播电视节目的商业化。与此同时,还有一些地方小台不能遵守宣传纪律,屡屡发生盗播滥播中国港台地区和外国电视剧的违纪现象。⑤

---

① 《当代中国的广播电视》编辑部.中国广播电视大事记[M].北京:北京广播学院出版社,1987:415.
② 《当代中国的广播电视》编辑部.中国广播电视在改革中前进[M].北京:北京广播学院出版社,1991:592;《当代中国的广播电视》编辑部.中国广播电视大事记[M].北京:北京广播学院出版社,1987:434.
③ 王枫.适应改革开放的新形势进一步改革电视宣传工作[J].电视研究,1988,(1)
④ 《当代中国的广播电视》编辑部.中国广播电视大事记[M].北京:北京广播学院出版社,1987:415,420.
⑤ 《当代中国的广播电视》编辑部.中国广播电视在改革中前进[M].北京:北京广播学院出版社,1991:237,238.

(三)体制机构

1.机构体制

1983年召开的第十一次广电工作会议将广电体制改革作为主要任务。会上首先明确了领导体制:各省、自治区、直辖市的广播电视厅(局)的事业管理受同级人民政府和广播电视部的双重领导,其宣传工作受同级党委和广播电视部双重指导,皆以当地同级领导为主。这决定了中国各级电视台的隶属关系,"都是国家办的,是各级党和政府的舆论机关"。由此独特的既统一又独立的全国性电视网络布局形成。[①]

当时各地广电机构名称不一,广播电视部做出规定:大中城市和地、县级广电机构称"局",而省、自治区机构称"厅"。到1984年年底,全国各省市都按此建立了广播电视厅(局),还建立了2,050个地区、省辖市和县一级的广播电视局(处)。

1986年1月20日,第六届全国人民代表大会常务委员会第十四次会议审议了国务院提出的相关议案,决定将广播电视部改为广播电影电视部。初期,广播电视部电影电视合并领导小组决定,省级以下电影系统的隶属关系暂时不变,只是在国家一级做出调整。[②]

之前,1985年6月18日,中华人民共和国第六届全国人民代表大会常务委员会第十一次会议决定,任命艾知生为广播电视部部长,免去吴冷西的广播电视部部长职务。这一年,杨伟光、沈纪从中央人民广播电台调到中央电视台,杨任副台长,沈任台长助理。1987年7月16日,王枫同志任广播电影电视部副部长兼中央电视台台长。[③]

1985年11月,中国记协电影电视记者协会在北京成立。

2.台内机构调整

随着电视媒体的日益壮大,为了配合节目制作需要,很多电视台进行了机构调整。这个时期的机构动向主要有两个:一个是理顺业务程序,增加、完善操作功能;另一个是开办专业服务公司,既为节目服务也承担一定的创收任务。

经广播电视部批准,1984年,中央电视台成立了作为全台"宣传"决策机构的编委会,负责对节目进行全面规划;同时明确了总编室作为其执行机构的职能和地位。这是在中央电视台考察了日本广播协会(NHK)等的管理模式后确立的管理机制,希望从节目管理入手,带动管理水平的逐渐提高。[④]

此外,在经济改革如火如荼开展的背景下,1984年,中央领导多次指示中央电视台加强经济宣传,为改革开放服务。这年12月,中央电视台成立了经济部。上级明确规定经济部的工作宗旨是:开发信息资源,服务"四化"建设。

[①] 洪民生.中国电视事业[J].电视研究,1986(4).
[②] 赵玉明.中国广播电视通史[M].北京:北京广播学院出版社,2004:388,389.
[③] 《当代中国的广播电视》编辑部.中国广播电视大事记[M].北京:北京广播学院出版社,1987:424;杨伟光.中央电视台发展史[M].北京:中国广播电视出版社,2010:166.
[④] 杨伟光.中央电视台发展史[M].北京:中国广播电视出版社,2010:188,321.

1986年,中央电视台将1978年专为教育电视成立的电教部改名为"社教部",不久又与专题部合并。①

上海电视台也进行了内部机构调整。1984年3月1日,下设机构变为7部、2室、1组,即:新闻部、文艺部、电视剧部、社教部、对外部、技术部、管理部,党委办公室、总编办公室,党委纪律检查组。同时上海广播电视艺术团也被划归该台领导。1986年6月2日,上海电视台也成立了编委会。

1985年1月,上海电视台又相继成立了9家经营公司,为电视台提供各类服务的同时承担一定的创收任务。它们中有上海电视台技术公司、制作公司、咨询信息服务公司、贸易服务公司,以及上海正大综艺电视制作有限公司、沈传薪——四川音乐制作有限公司两家中外合资、合作公司等。它们都是具有法人资格的"三产"企业。②

业务调整之后,在一些发展较快的台里,出现了最初的功能单纯化分离,大多是始自影视剧制作部门。如1987年2月14日,原江苏省文化厅所属南京电影制片厂与江苏省广播电视厅所属电视台电视剧部合并,组建了"江苏影视制作中心",隶属于省广播电视厅。两个月后,4月25日,原河北电影制片厂、河北省科学教育电影制片厂和河北省广播电视厅所属电视剧制作中心合并,成立了河北电影电视剧制作中心。

1987年5月2日,上海也组建了电视剧制作中心。同一天,上海广电部门对所属频道进行了重大调整。上海人民广播电台按节目类别分别设立了"新闻教育台""文艺台"和"经济台"。而电视台则分为以播出新闻、文艺类节目为主、使用8频道播出的"上海电视一台"和以播出经济、体育、社教节目为主,使用20频道播出的"上海电视二台"。由于当时频道数量、节目制作能力有限,电视还不能达到像广播一样的细分程度。实行这种专业分工的目的是"倡导内部竞争","把商业经营的某些做法引入电视管理"。③

(四)法制建设

20世纪80年代初期,国家的法制建设快速进步,新闻立法提上日程,广播电视立法工作也在加紧探讨。

1986年1月,当时的广播电影电视部决定成立部法规领导小组,并在部政策研究室设立了法规处。稍后,中央电视台等一些部属单位也成立了法制领导小组和法规起草小组。与此相适应,上海、广西、四川、湖南等省、自治区、直辖市的广播电视行政部门也成立了法制处,还有一些省份成立了法制工作小组,配备了专职的法制工作人员。

1985年12月22日,吉林省人民政府发布《吉林省广播电视管理暂行规定》。这是全国省级政府第一部内容比较充实的关于广播电视的法规性管理文件。此后,广

---

① 《当代中国的广播电视》编辑部.中国广播电视在改革中前进[M].北京:北京广播学院出版社,1991:86;郭镇之.中国电视史[M].北京:中国人民大学出版社,1991:133,185.
② 赵凯.上海广播电视志[M].上海:上海社会科学出版社,1999:380.
③ 郭镇之.中国电视史[M].北京:中国人民大学出版社,1991:170.

西、江西、山东、山西、新疆等广播电视厅(局)也分别制定了各自的广播电视管理条例。这些法规、规章的颁布与实施,加强了广播电视系统依法管理的水平。①

1986年8月17—22日,广播电影电视部政策研究室在吉林省通化市召开全国部分省、自治区、直辖市广播电影电视法制工作座谈会,讨论了《电视节目版权规章》《广播电影电视部关于中外合拍(协拍)电影电视片管理细则》和《广播电影电视部"七五"期间立法计划》。

1987年8月13日,广播电影电视部第一次法制工作会议在贵阳召开。会议讨论了《录音录像管理条例》《有线电视管理规定》《中外合作摄制电影片电视片暂行规定》等5个条例和规章。

这个时期,一些立法开始涉及音像内容的制作、播出管理。

1986年9月15日,广播电影电视部发布了《录音录像版权保护暂行条例》《录音录像出版工作暂行条例》。

1987年2月9日,江西省广播电视厅党组讨论通过了《江西省广播电视厅广播电视节目审查制度》。该制度分为总则和审查范围、职责及程序、审查要求三个部分,共10条。

1987年4月15日,山西省广播电视厅发布《关于加强电视剧制作管理的规定》。

1987年6月16—21日,广播电影电视部办公厅在安徽合肥召开全国音像管理工作会议。会议议题是研究和部署加强音像管理,整顿音像出版和音像市场工作。

1987年9月8日,山西省第六届人民代表大会常务委员会第二十六次会议通过并公布了《山西省图书报刊音像出版管理暂行条例》。

这一时期的立法还有相当部分是关于广电设施使用、保护和对有线电视管理的,属于设施、技术性法规,其中少数也涉及内容管理。如:1986年1月11日,广播电视部颁发了《分米波电视广播覆盖网规划》。1987年4月24日,国务院发布《广播电视设施保护条例》。1987年5月21日,北京市人民政府批准转发了《北京市郊区电视转播台管理暂行规定》。1987年6月10日,上海市广播电视局发布《上海市闭路电视管理暂行规定》。1987年8月12日,广东省人民政府重新颁布《广东省电视共用天线管理规定》。1987年9月,江苏省委宣传部、省广播电视厅、省旅游局联合颁发了《加强江苏省旅游饭店闭路电视管理的办法》。1987年12月15日,吉林省人民政府发布并开始实施《吉林省广播电视保护办法》。

还有一些台率先制订了职业道德规范。如:1985年7月20日,湖南省广播电视厅公布了《新闻记者道德规范条例》。1987年5月27日,上海电视台召开首届职工代表大会,通过了《上海电视台工作人员职业道德规范》。

---

① 《当代中国的广播电视》编辑部.中国广播电视大事记[M].北京:北京广播学院出版社,1987:437;赵水福.广播电视法制建设回眸[J].电视研究,2003(9).

二、事业建设

(一)增办播出机构

在这个阶段,中国电视史上出现了办台的第二次大跃进。

1. 国家、省级台

首先是实力雄厚的国家、省级台纷纷开办第二、三频道,很多是为了将自办节目与中央电视台节目各自独立。随着国家教育电视台上星,各台的新开频道中大多有一套教育节目,其他为具有某种专业倾向的节目频道。

1984年9月3日,天津电视台开设17频道,主要播放中学课程及少儿节目。1985年1月1日,河北电视台10频道开播,播出自办节目,不再与转播中央电视台节目混用同一频道。①

1986年1月1日,中央电视台开办了第三套节目,用15频道向北京地区试播,使用超高频(U频段)播出。在新台主楼顶的天线高度达140米,机房安置在23层。② 5月,上海电视台26频道开始试播,7月1日正式播出,替代20频道播出教育节目,成为电视教育的专用频道。12月,天津电视文艺台开播,每晚播送文艺节目2至3小时,是全国地方台中第一家文艺性的电视台。③

1987年2月1日,四川电视台第二套节目开播。5月1日,辽宁电视台第二套节目试播以经济宣传为主的综合节目,每天两小时。7月,内蒙古电视台蒙古语电视频道正式播出。10月1日,江苏电视台38频道试播文艺节目,至此,该台每天累计播出时间由1983年年底的13小时增加到了30小时。12月20日,浙江电视台二台文艺台开始试播。

湖南省电视台1983年每天平均播出只有18小时,其中自办节目平均每天3小时。到1987年增加到3套节目,平均每天播出24小时30分,自办节目增加到9小时30分,增加了3倍多。其中包括1987年7月1日正式播出的电视文艺台,这是全国第三家文艺台。

这一段时间新开播的很多是教育台和文艺台,这是最早的基础功能划分的结果。

其次有的台在没有增加频道时,先增加了播出时间。1984年1月1日新年伊始,江苏电视台自办节目由每周5次猛增到每周14次。甘肃电视台在1984年自办节目每周3次,到1987年,增加到每周7次。

浙江电视台从1985年始,全天开设三档电视新闻节目。市级电视台除杭州电视

---

① 《当代中国的广播电视》编辑部.中国广播电视大事记[M].北京:北京广播学院出版社,1987:403,412.
② 《当代中国的广播电视》编辑部.中国广播电视在改革中前进[M].北京:北京广播学院出版社,1991:88;杨伟光.中央电视台发展史[M].北京:中国广播电视出版社,2010:331.
③ 赵凯.上海广播电视志[M].上海:上海社会科学出版社,1999:377;郭镇之.中国电视史[M].北京:中国人民大学出版社,1991:204.

台每天设有《杭州新闻》之外,嘉兴、宁波、温州等台也都增加每周电视新闻的播出次数。

随着接收设备的普及,过去一直并不突出的接收外台的问题变得越来越严重。1985年9月25日的《中央书记处会议纪要》指出,广东珠江三角洲地区一些地方普遍收看香港电视,不少群众受到资本主义思想潜移默化的侵蚀和影响。解决的根本办法是努力把我们自己的电视办好。鉴于珠江三角洲一带为粤语地区,相关部门决定尽快安排一个电视频道,主要用粤语播出。播出节目以国内节目为主,同时适当选播一些内容基本健康的香港或外国的电视节目。书记处会议原则上同意《中共广东省委关于珠江三角洲地区收看电视问题的报告》。从中可见当时主要是以"疏"的方式面对问题,这样便出现了方言频道。1987年7月4日,中共广东省委召开电话会议,要求在全省范围内撤除收看香港电视的共用天线。①

2.市县台

自十一次广电工作会议确定四级办台方针,允许市县办电视后,地方积极性被调动起来,各地电视台如雨后春笋,逐年递增。到1986年的近三年中,我国批准市级办台176个,县级办台137个;在当时已开办的201个新台中,市级台约占总数的70%,县级台占30%。县一级当时受到人财物力条件的限制,只有极少数具备条件,所以省辖市就成为新办电视台的重点。

例如:深圳电视台原来只是个差转台,只负责转播中央电视台和广东电视台的节目。经过1983年一年的筹建,它以较快的速度完成基建、安装设备、调集干部和专业人员、制定节目方针等任务,于1984年元旦试播。当年即播出新闻1,392条,被中央电视台和广东台采用71条,自制专题节目37个、电视剧5部,电视小品两个。②

在1983到1987的四年间,各省的省会城市电视台有较大增幅。例如,1984年1月1日武汉电视台正式播出。5月1日,西安电视台用10频道试播节目。太原电视台也于当年年底开播。1985年3月16日,乌鲁木齐建立了市电视台,至此,新疆15个地州市首府都建立了电视台。1987年1月1日,重建的成都电视台在15频道正式开播。这年10月,甘肃省第一家市办电视台——兰州台正式播出。③

同时,地市和县级台也在持续增加。如山东省同期先后新建了11座市地电视台和10座县级电视台,全省的电视台从两座增加到23座,连一些经济条件好的乡镇也集资建起了差转台,人口覆盖率从50%增加到75%。江苏电视台这期间由6座发展到19座:省级1座,市级11座,县级7座,每个省辖市都建有了电视台。同期,安徽省

---

① 《当代中国的广播电视》编辑部.中国广播电视在改革中前进[M].北京:北京广播学院出版社,1991:468,488,594,789;《当代中国的广播电视》编辑部.中国广播电视大事记[M].北京:北京广播学院出版社,1987:431.
② 阮观荣.城市电视台有强大的生命力[J].电视研究,1986(4);阮观荣.经济特区的电视要办出特色来[J].电视研究,1985(2).
③ 吴晓宇.太原电视台邀请专家研讨本台栏目[J].电视研究,1991,(3);《当代中国的广播电视》编辑部.中国广播电视大事记[M].北京:北京广播学院出版社,1987:386,395,417;《当代中国的广播电视》编辑部.中国广播电视在改革中前进[M].北京:北京广播学院出版社,1991:789.

开办了 8 座省辖市台、1 座地区台和 6 座县级台,加省台共有电视台 16 座。江西建立了电视台 9 座,除省台外,还有南昌、景德镇、九江、新余、萍乡市和赣州、宜春地区以及婺源县电视台,节目达到 16 套。

这几年间,广西批准建成了桂林、梧州、南宁、柳州 4 座电视台。云南省先后建立了昆明、大理、楚雄 3 座地(州、市)级电视台和玉溪、个旧两座县级市电视台。贵州省于 1984 年 12 月后逐步建成了黔南州台、安顺台、贵阳台、遵义台及清镇县和都匀县台。①

这时,地方上的发展重点已经从广播全面转向了电视。分析起来,各地纷纷办台可能的心态有多种:"发展是硬道理"已逐渐深入人心,各地都急于争上建设项目;抓住时机很重要——害怕政策一变想办也办不成了,这是常常出现的"机不可失"的追风心态。当然,当时电视在全世界都处于大发展阶段,办电视、上电视很风光,是一种权力的象征,也成为一些地方领导自我欣赏、炫耀的舞台。另外,办电视可以有广告收入,可以获得经济利益。

扩容之前,对于百姓来讲,能够收看到电视的人多了,可选择的节目也多了,但频道并没有那么多。很多地方台都是在一个已开播频道上"插播"自己的节目。观众来信说,在可以收到的一个频道上,往往"看不到一套完整的节目":中央台、省台、地区台的节目轮番上阵、层层截流,电视报上的预告"宣告作废"。所以增加频道受到欢迎。但随着频道层级的增加,新闻也实实在在地多起来,一个住在县城的人可以从中央台一直看到自己县里的四级新闻,全都看完一晚上至少要一个多小时。

电视是一个重装备、高消耗的事业,运营费用很高。在一些当时经济条件较差的省份,如陕西,有一部分电视台、差转台曾因经费不足而不能正常播出。山东省在建其 10 座县级电视台时都花费了大笔投资,但建成后由于经费和节目源有限,多数每周只能播出十几分钟的自办节目,并没发挥太大的作用。再如河南省这期间建成了 9 个省辖市台和 1 个地区台,但除洛阳、郑州市台每天固定播出 1 次外,其他各台由于人力、设备的限制,每周只能定期播出 1 至 2 次新闻和专题节目,一般播出时间为 10—20 分钟,县级台仅有邓县 1 个,该台条件差,不能定期播出节目。所以有人提出:根据当时的实际情况,应严格控制县级办台,县一级的建设重点应放在转播台和差转台上。这在后来证实是正确的主张。

针对这样的状况,1984 年 3 月 28 日广播电视部颁发了《关于市县建立广播电台、电视台的暂行规定》,对市县建台方针、条件、宣传要求和申报批准做了具体规定,要求"市县电视台以转播或录放中央和本省的电视节目为主,有条件的可以插播本地的新闻性、知识性和服务性节目,暂不自办文艺节目"。②

---

① 《当代中国的广播电视》编辑部.中国广播电视在改革中前进[M].北京:北京广播学院出版社,1991:537,458,494,516,666,740,699.
② 郭镇之.中国电视史[M].北京:中国人民大学出版社,1991:189,188;《当代中国的广播电视》编辑部.中国广播电视在改革中前进[M].北京:北京广播学院出版社,1991:766,553,536,538.

3.教育台

由于国家大力支持教育电视发展,在新办台中,也出现了一些教育台。1985年10月1日,经有关部门批准,我国第一家高校台——武汉华中工学院电视台成立并开始播出。该台由学院自筹资金建立,专门播出电视教学节目。① 1986年10月,黑龙江省方正县建成该省第一座县级电视教育台。

1985年10月,上海电视台使用邮电部第一研究所生产的1套6米天线卫星接收设备,接收国家教委的第一套和第二套电视节目。1986年7月1日,中国卫星电视教育频道开始试播。②

4.中央电视台三套节目分工

中央电视台这时已经办有三套节目,经过宏观考虑、总体布局,本着充分发挥各频道特色、提高总体节目效益的宗旨,对频道进行了重新定位:

第一套节目是以新闻为主体的综合节目。主要任务是发布新闻、传达政令、宣传改革。当时每天播出三次新闻,其调整目标是增加新闻播出次数,并使节目形式多样化:要有长有短、有综合有专题、有速报有分析解释;以改革新闻为突破口,充分发挥新闻舆论的作用。此外,注意文艺、体育、少儿、社教等各类节目的恰当配置,精选、精编、精办一些高质量的节目,以少胜多,以精取胜。

第二套节目是以经济信息为主体的综合节目。其主要任务是宣传党和政府的经济政策,传播国内外经济信息和商业行情,沟通城乡和国内外产销渠道,当好企业和消费者的参谋。当时的经济节目是一个40分钟的栏目,改进方向要增加经济内容的分量,提高节目质量。此外,还要播一些欣赏性、娱乐性节目和国内外文艺团体演出、体育比赛等的实况。

第三套节目于1986年初试办,当时只对北京地区播出,是以文艺节目为主,并选播第一、二套中已播过、质量较高的节目,每天播出3小时。这套节目考虑增加社教类内容。③

这其实是频道达到一定数量后,开始进行的最初的频道专业化分工。

(二)经营转变

在第11次全国广电工作会议上,确定了对广电经费管理体制进行改革,将过去单纯由国家财政拨款改为经费来源多渠道,通过提供服务、节目收费、制播广告等方式创收,弥补经费不足。

1984年5月7日,田纪云副总理视察中央电视台,当台领导提出管理体制改革问题时,他表示支持,同时提出广播电视部可以把电视台作为试点单位,要求将改革方案速报国务院。10月24日,国务院批准了中央电视台的改革方案,在办好电视节目、提

---

① 《当代中国的广播电视》编辑部.中国广播电视大事记[M].北京:北京广播学院出版社,1987:393,431.
② 赵凯.上海广播电视志[M].上海:上海社会科学出版社,1999:580.
③ 王枫.适应改革开放的新形势进一步改革电视宣传工作[J].电视研究,1988(1).

高节目质量的前提下,扩大中央电视台的自主权,经费包干三年不变。①

  这一年,中央电视台成立了"中国电视国际服务公司",经营电视节目、音像制品的国内外交流、购销业务。

  在经营方面,一向被认为是最有经济头脑的上海人一直走在前面。1979年,上海电视台率先开办了电视广告,开始有了自筹经费。1980年建立了二级会计单位,实行"经费包干,独立核算"的财务体制。1985年1月,上海电视台分别与所属5个部门签订了形式不同的承包合同:新闻、文艺、社教三个节目部是以节目制作质量、数量为主要内容;技术部是以更好为节目服务、提高播出质量为中心内容;广告业务科的则是以广告创收金额与物质奖励相结合为中心内容。这种承包后逐步推广至其他部门。其方法是将经费与所承担的业务开支挂钩,对相应单位进行计划、管理。同时,正如前面提到过的,上海台还相继成立了经营公司、技术公司、制作公司等9家三产企业,②提升了经营能力。

  以上海台新闻部为例,承包主要是明确职责。在经济上,除定编人员的工资外,奖金和新增人员的工资以及其他杂项开支都要由部门搞多种经营自筹。按规定,记者不允许搞创收,但可以抽人专搞经营,于是他们成立了"上海电视台经营公司"和"录音录像服务中心",从事广告片、加工片的摄制和录像服务;该收入将按3%左右提成,作为部里的奖励和福利基金,按多劳多得的原则进行分配。③

(三)人员机制

  随着各地电视台新闻节目的快速增加,全国电视新闻编辑记者队伍也快速壮大,从1981年的300多人发展到1985年的1,200人左右,增加了三倍。1985年全国的电视编辑记者共提供了10万多条消息及专题新闻,人均近百条。如果单按拍摄数量计算,记者人均达近200条。这个工作量,比其他新闻单位的记者要大得多。④

1.增加数量,提高素质

  1984年5月14日,时任总书记胡耀邦在吉林视察时谈到电视新闻工作。他说,要搞兼业记者,搞时政的记者难道其他重要新闻就不搞了?摄像记者也要能写口播稿、文字稿。记者一定要一专多能,知识面要宽,还可以发动其他人给你们拍新闻。这一讲话涉及培养全能记者、发动社会力量参与新闻制作的重要问题,很有先见之明。⑤

  1985年7月4日,胡耀邦在同广播电视部领导谈话时讲到,要把领导班子健全起来。要下决心裁减一批人,这样才能减少官僚主义,提高工作效率。要推行责任制。

---

① 《当代中国的广播电视》编辑部.中国广播电视大事记[M].北京:北京广播学院出版社,1987:396.
② 赵凯.上海广播电视志[M].上海:上海社会科学出版社,1999:378,380.
③ 龚学平.切实抓好广播电视的主体——新闻节目[J].电视研究,1985(2).
④ 洪民生.发展中的中国电视新闻事业[J].电视研究,1985(3);章壮沂.新闻改革重在提高质量[J].电视研究,1986(3).
⑤ 《当代中国的广播电视》编辑部.中国广播电视大事记[M].北京:北京广播学院出版社,1987:397.

要改善每天的节目,经常指导各省市的广播电视工作。他对广电班子建设提出了中肯的意见。①

根据当时的实践经验计算,一个台每天办一次15分钟的电视新闻节目,应该有记者、编辑、照明、录音、播音、美工、技术等各种专业人员至少50人,否则不能保证质量。播出次数多和边远地区的台,人员还要更多。以中央电视台新闻部为例,1985年每天平均办大约一小时新闻节目(其中一半内容由地方台提供),编制为170多人,仍感人员严重不足。②

面对电视新闻急剧增长的大发展态势,当时的电视新闻工作人员数量、专业素养都不乐观。据1986年统计,全国省级电视台新闻部有编辑记者1,100多人,其中大专以上学历的有530多人,约占50%,而同时其他新闻机构的这个比例达到了70%左右。所以当时在新闻选题、采访、调研等方面,电视与其他新闻单位相比,有很大差距。"没有高水平的电视记者和编辑队伍,就很难搞出高质量的新闻。"尽管水平还不够高,但这是一支十分活跃、朝气蓬勃的队伍,大家艰苦奋斗,积极努力,为发展电视新闻事业积极做贡献。③

人员构成情况在不同级别电视台之间还有不同。1986年6月统计,江苏电视台具有大专以上学历的为69.6%,徐州电视台则只占48.3%。因此,地市级电视台无论是在人员数量、质量上,还是在其他物质条件方面,都无法与大台相比。

上海电视台1958年创建时,人员来自电影厂、电台和文艺机构。"文革"中,又进来了大批复员军人和回城知青,具有新闻素养和实践经验的不多。1978年在改革初期,随着对新闻认识的提高,现实情况要求对新闻部门的人员队伍进行调整更新。他们在1982年至1984年三年间,面向社会招聘两次,新闻部招聘了12名编辑记者,队伍得到了充实。他们还积极争取大学生分配名额,仅1983、1984两年就招收复旦大学11个毕业生。这些学生受过专业训练,有理论知识,能很快适应工作。1984年还选送了5名复员军人和知识青年到学校去学习深造。④ 通过这样的系统招收、培训,上海台整体提高了新闻采编人员的专业素养。

在调动员工提高工作效率方面,上海电视台新闻部率先探索。他们从1980年开始对员工进行"评记功分"式的分配改革,即将各职位的工作设定定额,超过者给予奖励。这样一来,打破了"大锅饭"的模式,调动了员工的积极性。原来新闻部一年只制作播出新闻230多条,到1985年他们提出每天办五次新闻:9:30、14:00、18:30、20:00、22:00各一次,时长总数达115分钟;另外每天还要播出一个专题或专栏。人的数量没变,还是110人,但新闻节目的数量增长却很惊人。1985年新闻部员工提出实行

---

① 《当代中国的广播电视》编辑部.中国广播电视大事记[M].北京:北京广播学院出版社,1987:425.
② 一九八五年全国电视新闻评选和经验交流会会议纪要[J].电视研究,1985(2).
③ 洪民生,章壮沂.立志改革力争使电视新闻节目有一个新突破[J].电视研究,1985(2).
④ 朱小平.试论市级电视台办节目的优势和劣势[J].电视研究,1986(3).

全面承包:包人、包成本、包任务,以完成节目播出。①

中央电视台自成立以来的30年间,从1958年建台初期的45人、办一个频道每周播两次、每次两小时节目发展到1983年的990人、1985年的1,500人,到1988年,共有2,351人(含中国电视剧制作中心),每天有3个频道播出4套节目,日播出量累计为30小时(其中自办节目为5小时)。1983—1987年平均年递增约200人,是历年编制幅度增长最大、增速最快的,其中具有大专学历的占到50%左右。②

另如1984年元旦开始试播的深圳电视台,1985年办有两套节目,一套转播广东台和中央电视台节目,一套为自办节目。后者每周二、四、日播出三次,每次三个半小时,其中新闻节目10分钟左右(普通话、广州话各一次),还有专题、文艺、天气预报、广告等节目。当时全台218人,除原有少数外,大部分来自广州、上海、北京和其他地方台,分属新闻、专题、编播、电视剧、技术、行政等部门。其中新闻节目采制人员占三分之一强,技术人员占三分之一弱。③

以上可见,当时的电视新闻工作队伍人员少、任务重,同时又经验少、专业基础差,成为电视发展过程中的短板。

2.记者站、通讯员团队的组建

到20世纪80年代中期,上海有些企事业单位、大专院校和政府机构开始拥有电子摄录设备,为本单位的闭路电视系统制作节目。上海电视台新闻部吸收了80个单位掌握摄录技术的110名人员为通讯员,于1986年8月召开了首次电视新闻通讯员会议,建立了通讯员队伍。当年,这些通讯员被采用的新闻片达723条,占新闻片总播出量的17%,1987年达到了905条。通联工作的重点,也从处理口播文字新闻稿,逐步向处理电视新闻片过渡。

很多省级台都在本省范围内设立了记者站,以增加节目来源、更快捷地得到各地的新闻信息。如江西电视台在全省的8个地市建立了记者站,并建有驻省军区记者站,从1987年起,还发展了以各地市电视台为单位的集体记者。

安徽电视台自1982年起在省内各地市聘请了通讯员,1987年又建立了5个记者站。之后来稿数量急剧增加,播出新闻逐年上升:1985年为2,850条,1986年为5,234条,1987年增至5,684条,同时还播出新闻专题137个。合肥、蚌埠、安庆、马鞍山等市电视台在人员、设备严重不足的情况下,全年播出的新闻条数也在1,000—2,000多条。安徽电视台当时每日播出《安徽新闻》,每次15分钟;每周一次《安徽要闻》,每次10分钟;《华东见闻》两周一次,每次10分钟。④

---

① 龚学平.切实抓好广播电视的主体—新闻节目[J].电视研究,1985(2).
② 邹庆芳.关于加强中央电视台人员编制管理问题的探讨[J].电视研究,1988(4);樊浩然.电视队伍建设使用干部要知人善任[J].电视研究,1985(2).
③ 阮观荣.经济特区的电视要办出特色来[J].电视研究,1985(2).
④ 赵凯.上海广播电视志[M].上海:上海社会科学出版社,1999:490;《当代中国的广播电视》编辑部.中国广播电视在改革中前进[M].北京:北京广播学院出版社,1991:525,496,500.

(四)观众调查

这个时期,各类调查增加,并逐步常规化,为电视事业提供了客观的反馈观察。

1.中央电视台

1986年4月5日到7月15日,中央电视台总编室委托国家统计局咨询服务中心和国家统计局城市调查队进行了"中央电视台电视观众调查"。对除台湾和西藏外的25个省市区首府和3个直辖市进行了调查。调查员根据抽样访问到户,1,262个样本回答了问卷中的问题,调查表回收率达100%。调查结果为:城市居民看电视的达到99.8%,经常看、天天看的为83.5%,所有60岁以上的老人都是天天看。① 这样大规模、大范围、科学、有计划的全国观众调查在我国历史上是第一次。

与此同时,1986年6月,中央电视台总编室观众联系组与系统工程部合作,利用计算机开展了日常节目收视率调查。样本选择方法是在《电视周报》(《中国电视报》的前身)上发布信息,招聘被调查者;从北京观众中选择确定了570个调查点,组织调查对象义务做收看记录,他们把自己看过的节目每日在《电视周报》节目单上勾划出来,一周后寄回电视台;调查组再将数据录入,统计出收视率,每周或半月公布一次。用计算机统计反馈信息,将收视率调查制度化、常规化,这为节目决策和提高质量、改进工作提供了科学、可靠的依据。这种收视率调查方式坚持了半年时间。② 这是中央电视台最早的日常收视率调查。

除这两次外,这一年中央电视台还进行了电视新闻抽样调查。这三次调查在该台历史上是一个大突破。

中央电视台在对调查情况进行定量分析的同时也注意到定性分析。1986年还搞过两次农村典型调查。调查发现由于农村改革形势发展很快,农民不仅需要娱乐,而且迫切要求文化、科学知识。根据这个情况,中央电视台增加了农业专栏。

1987年,中央电视台又在全国19个县铺开调查网,采用分层抽样法,在近1,000万人口中抽出4,000人,再按等比例随机抽样,选出550人;用有偿提供方法,请其每日做收看记录。这些观众基本都能按要求做记录,保证了基础资料的可靠性。中央电视台根据这些数据,及时把各栏目收视率公布出来,受到全台的重视和欢迎。

1987至1991年,中央电视台的收视率调查一般采用委托调查的方式。1987年又委托中国社会调查所,在全国抽取1,200个调查样本,采用邮寄卡片的形式,卡片上标有节目时间及所在频道,调查对象将自己的收视情况记录在卡片上,每周回寄给调查所,该所汇总后将收视率结果提供给电视台。1988年,收视率调查工作委托给了国家

---

① 台总编室观众联系组:中央电视台全国28城市受众抽样调查分析报告[J].电视研究,1985(2);杨伟光:在中南五省电视新闻协作会上的发言(摘要)[J].电视研究,1986(4).
② 杨伟光.中央电视台发展史[M].北京:中国广播电视出版社,2010:327,329;王进、段晓超.从三接近到三贴近[J].电视研究,2003(10).

统计局信息咨询中心,方法与 1987 年的类似。[1]

2. 上海电视台

1984 年,上海电视台举行了多次综合调查。年初即深入工厂、街道等召开观众座谈会,通过工会组织发出"城市职工收看电视节目调查表",再从上海市统计局、人口办公室等了解有关全市总体的数据。由此获知上海市民拥有电视机超过 200 万台,市区电视机普及率为 88%,郊区为 15%,同时还了解到市民观看电视的时间、观众的文化层次和喜爱的节目等,为上海电视台开辟白天节目、调整栏目档次提供了依据。

1985 年 4 月 26 日,上海市民评选本市 10 种"群众喜爱的精神产品"揭晓,上海电视台的《国际瞭望》《体育大看台》节目入选。[2] 这是公开的调查。

1985 年上海电视台群工科的收视调查分析发现,调查对象中年龄为 13—44 岁的占 85%,其中大专文化程度占 13%,初高中达 80%;受试者平均每天看电视达两个小时,其中娱乐节目收视者达 70%以上,其次为新闻和生活服务类节目。调查结论是要增强节目的针对性和通俗性。[3]

1986 年年初,上海电视台决定当年投资 5.5 万元建立本市区电视收视率调查网,委托该市城乡调查队负责实施。7 月 1 日起调查队在市区选择了 50 个居委会的 1,000 个家庭作为样本单位,要求他们采用记收视日记办法,将每天节目按时间段和各个频道,填写收视情况。每 20 户请一名调查员负责发放、收集调查表,并指导填写。周一收回表格,周二上报城乡调查队,周四向上海台发出统计报表。以户为单位,统计各时间段和节目的收看百分比;每季度再选 1 周侧重分析各节目观众个人的情况。

上海电视台通过每周的收视率调查,了解到该台新闻节目的收视率为 10.6%,中央电视台《新闻联播》的收视率是 13.04%,观众对新闻节目的平均喜爱率达到 62.71%。

抽样调查对节目有了科学、客观的评价,在电视一台与二台以及各个节目组中形成了竞争压力,为改善节目引入了活力。各节目组纷纷给自己定出收视率的"合格线"和"警戒线",开始改变"节目播出就是完成任务"的观念,也不再仅凭"自我感觉或领导赞美"作为节目的评价依据。这有助于克服"拍脑门"决策和"大锅饭"的平庸。

3. 全国推开

我国一直实行电视无偿服务的方式,对电视节目的检测、评价长期是"对上负责与上面负责结合",缺少受众的意见、评价表达渠道。而对上负责很多时候都是人为评价,不能为节目的进步提供科学的、持续的改善动力。抽样调查改变了这一弊端,观众的意见、评价成为电视台确定节目设置、编辑方针、节目内容及形式的主要依据,有益

---

[1] 王传玉.进一步搞好宣传管理[J].电视研究,1987(3);杨伟光.中央电视台发展史[M].北京:中国广播电视出版社,2010:328.
[2] 赵凯.上海广播电视志[M].上海:上海社会科学出版社,1999:493;《当代中国的广播电视》编辑部.中国广播电视大事记[M].北京:北京广播学院出版社,1987:421.
[3] 赵凯.上海广播电视志[M].上海:上海社会科学出版社,1999:692.

于对节目播出规律的探索。随着电视节目质量高低逐步与电视人的收入挂钩,这对从根本上提高节目质量、效益,提高从业人员的积极性有极大的持续性推动作用。这在当时电视事业大干快上,电视台普遍底子薄、经费缺、制作力量不足,同时又节目多、战线长、质量难保的条件下是非常有效的激励机制。

使用调查方法,从服务对象处获得评价,不仅是电视节目改进的动力,也是管理科学化的进步。

1987年5月10日,首届全国电视台观众调研工作会议在无锡召开。会议由中央电视台、上海、江苏、浙江、无锡等广播电视厅(局)、台联合主办。会上,广播电影电视部向全国电视台推广了上海收视率抽样的调查方法。①

同时,很多省市都开展了方式接近的受众调查。

1984年9月15日,广东电视台召开观众收视调查汇报会,首次公布由省计算中心统计的调查结果:全省有电视观众2,500多万人,电视机约250万部,观众每天看电视近3小时。被评为最受欢迎的5个栏目是:《电视剧坛》《万紫千红》《百花园》《一周荧屏》《体坛内外》,没有新闻节目。

湖南省电视台的调查结果则相反。该台1986年对3,220名观众调查统计显示,在该台的3个新闻节目中,喜欢看《湖南新闻联播》的占63.9%,收看《晚间新闻》的占69.3%,收看《一周要闻》的占41.1%,电视新闻在各类节目中收视率最高。②

1987年9月,四川省开展了首次广播、电视、音像受众抽样调查,完成了1,000份问卷的调查任务。

一些调查也得出了出人意料的结果。如1987年杭州市城调队11月9日到22日两周的市区调查显示,中央电视台第一套周一到周六19点以前的83个日间节目的平均收视率为0.72%,有50个节目的收视率为0。这一发现被认为是"令人震惊"的。③

1986年,浙江新闻界对该省城乡受众展开调查,了解受众的重大消息首要来源。调查了当年的四大突发事件:1月28日的美国"挑战者"号航天飞机爆炸、4月15日的美国空袭利比亚、4月26日的苏联切尔诺贝利核电站事故、5月3日的王锡爵从台湾架机回到广州。对于"你是首先从哪里知道这四条新闻的"的回答中,从电视知道的占52%,从广播知道的为26%,报纸只有百分之十几。由此可见当年广播电视的影响力之大。

1988年春,江苏广播电视新闻研究所(筹)联合省社会科学院等4家单位,就群众获悉上一年10月25日至11月1日举行的中共"十三大"新闻的情况对南京市区和郊县进行了抽样调查,在800个样本中回收有效问卷792份。结果显示:76.8%的人通

---

① 赵凯.上海广播电视志[M].上海:上海社会科学出版社,1999:494,692.
② 《当代中国的广播电视》编辑部.中国广播电视大事记[M].北京:北京广播学院出版社,1987:404;《当代中国的广播电视》编辑部.中国广播电视在改革中前进[M].北京:北京广播学院出版社,1991:594.
③ 高扶小.收视率研究与电视的改革[J].电视研究,1988(4).

过广播、63.1%的人通过电视了解该新闻。① 这一结果再次说明广播、电视已成为社会信息传播的最有效途径。

1986年,辽宁电视台先后对机关干部、部队官兵、科研人员、工人、村民、政协委员召开调查座谈会,同时对这部分观众也发放了调查问卷,对"您喜欢看哪一类新闻"这个问题,人们的兴趣首先集中在国际新闻、突发事件上;其次是关系到国家大政方针的新闻和国家领导人出访的消息;最后是人物新闻。人们对那些千篇一律的经济新闻、会议新闻都不大感兴趣,有些观众甚至很反感。当问到中央电视台、辽宁电视台、沈阳电视台三个台中,"哪个台新闻节目您是必看的"时,多数人对《新闻联播》《沈阳新闻》的回答是基本都看,而很少看《辽宁新闻》。至于缘由大家都直言不讳:我们看新闻,一是想知道国际国内大事;二是想知道自己身边发生的事情。"至于大连、鞍山发生了什么事情,与我们日常生活关系不大。"②

无独有偶,1986年年初,徐州电视台抽样调查了1,400名观众,中央电视台的《新闻联播》、江苏电视台的《江苏新闻》、徐州电视台的《徐州新闻》的收视率分别为79%、16%和53%。据江苏省社科院社会学所新闻传播研究室1985年5、6月间对南京观众的抽样调查,中央、江苏、南京三家电视台的新闻收视率分别为63.6%、28.3%、41.9%。③ 这种重远、重近的现象并非偶然,从中透视出省台的尴尬。

这种"新式"的调查给媒体带来了可以清晰感知的定量效果的惊喜,此外,传统的调查方法依然有效,很多台都在用新的热情使用老的调查方法。

1985年10月,浙江电视台为调查电视收看情况,发展了140名"电视之友",初步建成一个遍及全省各县的电视反馈网。杭州电视台则建立了监听员队伍,以帮助改进电视宣传工作。④

为了取得对于电视的具体意见,1986年12月,新华社记者访问了北京通县梨园乡的两个"电视村",农民反映:《新闻联播》"外事往来多了点,领导人宴请这个,会见那个,用不着啥都上电视""应增加点社会新闻"。"政治宣传、思想教育不可不要,但不要套话、空话、大话。要真话、实话。"这些实实在在的语言讲的是真情实感,呼应他们的要求才会有媒体生存的空间。

在当年中央电视台的一次调查中,观众们对于收视目的的回答,在最多可选三项的前提下,选择如下表(见表5-1)。从中看到农村与城市观众的选择差异主要体现在"了解时事"的排序上;而城乡观众对娱乐的要求都一样很高,总和是三项中最高的。

---

① 杨伟光.在中南五省电视新闻协作会上的发言(摘要)[J].电视研究,1986(4);《当代中国的广播电视》编辑部.中国广播电视在改革中前进[M].北京:北京广播学院出版社,1991:474.
② 姜丽彬.观众调查和对策思考[J].电视研究,1986(3).
③ 朱小平.试论市级电视台办节目的优势和劣势[J].电视研究,1986(3).
④ 《当代中国的广播电视》编辑部.中国广播电视大事记[M].北京:北京广播学院出版社,1987:433;《当代中国的广播电视》编辑部.中国广播电视在改革中前进[M].北京:北京广播学院出版社,1991:488.

表 5-1 中央电视台调查城乡观众对于收视目的回答对比(单位%)

收视目的	消遣和娱乐	增加知识	了解国内外时事	总计
农村观众	60(第一位)	34.6(第二位)	33.4(第三位)	128
城市观众	49.7(第二位)	38.7(第三位)	68.6(第一位)	157
总计	109.7	73.3	102	285

1987年下半年,由中央电视台牵头,组成了由各省、自治区、直辖市参加的联合调查组,进行了"首次全国电视观众抽样调查"。结果表明:截至当年7月,中国电视观众人数已达6亿,约占总人口的56%;1978年时,这个数字还只是8,000万,平均年递增6,100万。电视机的社会拥有量近1.2亿台,拥有电视机的家庭占总户数的47.8%;而在1978年这个比例还只是2%。观众中26%的人认为电视台在"反映人民群众呼声"方面做得不够。①

1987年9月至11月,中宣部、广播电影电视部组成联合调查组,会同国家统计局农调总队和有关省、地(州、市)、县的党委宣传部和广播电视厅(局),对不发达地区广播电视事业进行了调查。联合调查组共填写整理了400多张典型调查表,查阅整理各类资料上千份,最后形成各类调查研究报告17个。

这几年大家异常热心从事的大规模调查,初步摸清了各类"家底",对相关的数据都有了一些基本的认识,从中看到的观众原汁原味的意见和对节目的真知灼见,今天看来也非常宝贵。这个阶段,这样的调查工作受到了广泛的重视。

三、技术进步

(一)覆盖面扩大

在基本解决了城市覆盖之后,电视的目标即开始转向农村。1986年11月,电子工业部、广播电影电视部、商业部、农牧渔业部联合发出通知,要求在全国农村开展普及电视工作,以实现中央提出的到本世纪末户户人人都能看到电视的奋斗目标。②

1.微波建设

随着广播电视事业的发展,为了提高广播电视节目的传送和转播质量,各省陆续建成了微波干线和广播电视专用线路;依靠微波解决覆盖问题,改善接收质量,结束了各地用转播方法长期接收不好中央、省电视台节目的历史。这是一个大规模建设和连通微波网络的时代。

1982年4月,我国第一条跨海微波线路——福厦线投入运行,线路全长305

---

① 郭镇之.中国电视史[M].北京:中国人民大学出版社,1991:243,244,240.
② 广播电影电视部《中国广播电视年鉴》辑委员会.1987年广播电视年鉴[M].北京:北京广播学院出版社,1987.

公里。①

到 1987 年,广东省共建成了以粤东、粤西、粤北以及南至三亚的微波线路,总长度达 1,653.7 公里。湖南省投资 1.5 亿元,建成了 994.1 公里的微波干线,开通了湘北、湘西、湘南的广电专用线路,使全省 13 个地州市中 10 个通了微波。河北省的广电专用微波线路 1,268 公里全线开通,使河北电视台和电台的一、二套节目直接传送到北戴河,使暑期度假的领导和游客可以看好电视。吉林省拥有了 40 座微波站,电路总长达到 1,452 公里;解决了省台节目靠转播台,播出信号不稳定的问题。山东省共兴建了 9 条微波干线,建微波站 35 个,线路总长 2,100 多公里;全省 15 个市、地和少数县可通过微波传送,收看到高品质节目。1986 年 5 月 8 日,山东电视台在全国首次运用远程传播系统向中央电视台传送节目获得成功。②

有些省,如安徽因经费所限微波专线建设起步较晚。1986 年 9 月 25 日建成皖东方向一条线,1987 年 11 月建成合肥至淮北市的第二条干线,全线 279 公里,投资 293 万元。经费问题通过省里贷款、省厅自筹和沿线集资 3 个途径解决。

虽然各省的进展不等,但建设的热情高昂,进展较快。除省级干线外,一些地县还兴办了微波支线。如安徽宿县地区广播电视局在宿县微波站开口,建成了至灵璧、泗县的微波支线,使这两个县看到了省电视节目。③

1987 年 8 月 10 日,中南 5 省(区)在湖南省南岳电视转播台举行该区域广播电视微波联网会议。会议研究加快微波联网工作,以实现 5 省(区)广播电视节目的互传或联播及省厅间的公务电话联络。

20 世纪 70 年代末《新闻联播》初创时期,节目中地方新闻占 60%,均由地方电视台拍成胶片通过飞机或火车运送到北京再加工,有时候一则麦田管理的新闻,播出时麦子已经收割了。而当时向各地发送中央电视台节目租用的邮电部微波线路,花了双向的钱,却只用了由北京下行的线路。联播节目组提出地方台把新闻通过微波回传,以解决新闻时效问题。可是从 1982 年开始的回传试验却遇到困难,因为省台一般离微波站很远,发送节目必需的矫正器常常只有一两台,为传一条两三分钟的新闻,必须拆下电视台的设备搬到山上的微波站,传完再拆回。直到 1985 年的 5 月 1 日,《新闻联播》播出了当天中国进出口商品交易会(简称广交会)在广州开幕的消息,才宣告各省市陆续开通微波回传,新闻的时效才真正提高了。

1986 年 1 月 8 日,中央电视台开始通过微波线路召开每周一次的全国各电视台新闻负责人电话会议,用以传达宣传精神、总结上周发稿情况,并由各地方台通报选题,统一协调电视新闻报道。④

---

① 《当代中国的广播电视》编辑部.中国广播电视大事记[M].北京:北京广播学院出版社,1987:426,413,429.
② 《当代中国的广播电视》编辑部.中国广播电视在改革中前进[M].北京:北京广播学院出版社,1991:605.
③ 《当代中国的广播电视》编辑部.中国广播电视在改革中前进[M].北京:北京广播学院出版社,1991:381,536,494.
④ 杨伟光,李东生.《新闻联播》20 年[M].上海:上海三联书店,1999:270,95.

2.卫星电视

1956年,我国在"十二年科学发展规划"中提出积极发展卫星科技。1970年4月成功发射了第一个人造地球卫星"东方红一号"。这是一颗低轨有源卫星,可以向地面发送信号。之后不久,通信部门迫切希望用卫星改变国家通信技术落后的状况。1970年6月,中国运载火箭研究院和空间技术研究院分别组织队伍,开展了通信卫星的相关研究。[1]

(1)通信卫星

1984年1月29日,我国发射了第一颗"东方红二号"试验通信卫星。由于发动机未能二次点火,卫星未能进入预定轨道,首发失败。但对卫星进行的部分试验证明其性能满足设计要求。

1984年4月8日19时20分,我国发射了第二颗"东方红二号"试验通信卫星。近8天后的16日18时27分,成功定点在东经125度赤道上空。这是我国的第一颗同步轨道通信卫星,由中国空间技术研究院研制,主体为圆柱形,高3.6米、直径2.1米,质量为441千克。卫星上配置了2个C波段转发器,使用全球波束的喇叭天线,可以进行全天候包括电话、电视和广播等的各项通信试验。这使我国成为世界上第五个独立研制、发射和运行地球静止轨道卫星的国家。

17日,试验通信卫星把中央电视台的节目传送到不通微波线路的乌鲁木齐。18日上午10点,国防部长张爱萍在北京通过这颗卫星与新疆党委第一书记王恩茂通了话。当晚8点30分,新疆电视台第一次播出了由这颗卫星传来的中央电视台当天的《新闻联播》。20日,开始进行了15路广播和1路彩色电视的传输试验。由此中国广播电视事业开始使用自有卫星。

广播科学研究所于当年5月完成了对这颗卫星广播电视传输指标的测试工作。乌鲁木齐和拉萨市先后在当年5月1日和10月1日开始正式转播当天中央电视台的《新闻联播》,使两座城市比原来寄录像带播出提早了4到7天,大大提高了新闻时效。至此,全国各省、自治区、直辖市都能当天同时收到中央电视台的节目。这颗卫星的实际工作寿命大大超过了设计标准。

1984年,北京、乌鲁木齐、呼和浩特、拉萨、广州等地开始修建卫星地面站。当年9月13日,西藏地面站建成。26日,拉萨市民第一次看到中央电视台当天的节目;10月1日,第一次看到当天的国庆阅兵游行盛况。[2]

1986年2月1日,我国又成功发射了一颗"东方红二号"实用通信广播卫星。20

---

[1] 资料来源:刘幼俐,林美惠.台湾民众收看大陆卫星电视节目行为之研究.《广播与电视》第二卷第三期;2;庞之浩.日新月异的中国通信卫星,数字通信世界[EB/OL].(2014-08-05)[2014-08-12].http://market.c114.net/176/a165834.html。

[2] 洪民生.精心办好电视:在全国电视台台长会议上的讲话[J].电视研究,1985(1);杨伟光,李东生.《新闻联播》20年[M].上海:上海三联书店,1999;72;《当代中国的广播电视》编辑部.中国广播电视在改革中前进[M].北京:北京广播学院出版社,1991;84,135,833;方汉奇.中国新闻事业通史:第三卷[M].北京:中国人民大学出版社,1999;1057.

日,卫星准确定位于东经103°赤道上空。和试验卫星相比,这颗卫星采用覆盖国内领土的窄波束抛物面天线,增强了波束的等效辐射功率,信号强度明显提高,传输质量得到改善,接收的电视图像质量很好,通信容量也大大增加;星上有2路转发器,每路输出功率为8W,工作于C波段,还有1,000路电话传输能力。其传输质量超过了当时租用的国际通信卫星,地面接收天线直径从10米下降为3米,卫星设计寿命为3年。[1]

(2)租借卫星

租星转播在这个时期也开始使用。1983年12月21日,中国广播卫星公司成立。该公司以广播电视部为主,专门从事广播卫星技术引进工作。

1985年7月4日,中共中央总书记胡耀邦同广播电视部领导谈话,他提出要下决心租卫星。[2] 由于当时的条件有限,中国的通信卫星网建设进程决定分几步来走:边研制,边租用、购买国际卫星组织的转发器。

1985年8月1日,我国为传送电视节目而租用的国际通信卫星转发器开始启用。起初租用的是位于东经57°印度洋上空卫星的一个东半球波束全转发器和另一转发器的部分频段。1986年又改租位于东经66°的国际通信卫星。中央电视台用该卫星传送其第一套节目,突破了单纯依靠微波线路传送的局限,使得不通微波线路的新疆、西藏等边远地区可以收看到中央电视台当天的节目。[3]

使用通信卫星传输节目,中央电视台能及时将重大新闻事件和体育比赛从国外到国内任意传送,还使23个省、市电视台可向北京回传节目。

1987年1月16日,中国广播卫星公司同意贵州省从1988年1月起租1个卫星转发器发展广播电视事业。为此,贵州省广播电视厅于2月14日召开建立卫星上行站技术协调论证会。之前在1985年,贵州全省建成电视卫星地面接收站14座,1986年底增至120座,1987年年底达到了295座。[4]

(3)地面站

卫星电视地面站的建设此时也有了较大发展。除了广播电视系统,社会上有关单位也建设了一批不供转播的单收站。1985年9月《人民日报》报道:党中央、国务院向各地赠送53个卫星电视地面接收站。到9月12日晚,已有45个开通,并开始转播中央电视台的节目。当年10月7日,国务院副总理李鹏在卫星电视地面站试点工作总结会议上指出,要大力发展卫星电视转播,力争使我国的广播电视事业有大发展。

1985年,中共中央和国务院赠送给新疆5套卫星电视地面接收站成套设备,分别建在伊犁、阿勒泰、喀什、和田和乌鲁木齐5个地、州、市首府;9月全部建成开通。西

---

[1] 郭镇之.中国电视史[M].北京:中国人民大学出版社,1991:246.;
[2] 《当代中国的广播电视》编辑部.中国广播电视大事记[M].北京:北京广播学院出版社,1987:394,425.
[3] 杨伟光.发扬优良传统建设世界一流大台[J].电视研究,1993,台庆专刊.
[4] 洪民生.中国电视事业[J].电视研究,1986,(4);《当代中国的广播电视》编辑部.中国广播电视在改革中前进[M].北京:北京广播学院出版社,1991:699.

藏地区随后也建成了地面站,利用卫星传送电视成功,使中央电视台节目真正实现了全国覆盖。

1986年7月8日起,新疆电视台利用中央电视台晚间卫星转播结束后的空档,通过乌鲁木齐的卫星地面站向中央电视台回传当日新闻。同时,全国和亚太地区的卫星地面站,都可以直接收到新疆电视台的维语《新闻联播》和用汉语、维语播送的《新疆新闻》,以及每周1次的哈语电视节目。通过卫星传送省级台节目,这在全国是第一家。① 到1987年年底,新疆全区已建地面站156座。

1985年11月10日,河南省商丘地区自筹资金建成一座地面站。1986年1月,安徽省第一座卫星地面接收站——安庆市卫星地面接收站建成,图像清晰,效果良好。1986年7月1日,上海电视台卫星地面站建成,开始接收电视节目。

1986年7月8日,国内卫星通信网开通,开通典礼在北京沙河中央地球卫星站举行。北京、拉萨等5个城市联网可覆盖我国全部版图。②

到1987年年底,湖南全省建成卫星地面接收站121座,其中广电系统64座。全省多数地市能收看到3套以上电视节目,多数县城能收看到两套以上节目。云南全省建成地面站505座,其中广电系统276座,系统外229座,县县都有了地面站。

全国拨款或自筹建设的卫星地面站,1985年上半年还只有300多个,到年底达到1,600来个;到1986年上半年,已经有了3,000来个。有的卫星地面站接收国外节目后,随即播放,难以有效限制,形成新的问题。③

3.有线电视

(1)线路发展

有线电视这时已经从同轴电缆发展到光纤技术。1984年12月,吉林省广播电视研究所和电子工业部23所共同研制了一套广播电视光缆传输系统,它可以双向传送彩色电视和立体声广播。

1985年4月10日,上海电视台的广播电视光纤传输试验第一期工程架设完成,全长1.21公里。1986年12月,从南昌电信大楼200微波站到江西电视台的电视光纤传送线路建成使用,这是江西省的第一条光纤线路。1987年1月26日,广西电视台四频道发射机正式采用光纤传送电视信号播出。④

---

① 洪民生.中央电视台三十年[J].电视研究,1988(2);杨伟光.中央电视台发展史[M].北京:中国广播电视出版社,2010:337;《当代中国的广播电视》编辑部.中国广播电视在改革中前进[M].北京:北京广播学院出版社,1991:833,834;杨伟光,李东生.《新闻联播》20年[M].上海:上海三联书店,1999:95.
② 《当代中国的广播电视》编辑部.中国广播电视大事记[M].北京:北京广播学院出版社,1987:429,431-432,434;赵凯.上海广播电视志[M].上海:上海社会科学出版社,1999:377;杨伟光,李东生.《新闻联播》20年[M].上海:上海三联书店,1999:89.
③ 《当代中国的广播电视》编辑部.中国广播电视在改革中前进[M].北京:北京广播学院出版社,1991:605,609,722;聂大江.谈谈广播电影电视的立法工作[J].中国广播电视学刊,1987,(3)
④ 《当代中国的广播电视》编辑部.中国广播电视大事记[M].北京:北京广播学院出版社,1987:411,419;《当代中国的广播电视》编辑部.中国广播电视在改革中前进[M].北京:北京广播学院出版社,1991:609,663,494.

(2)闭路系统

这个时期闭路电视系统已经从饭店、企业向居民社区延伸。

1986年2月16日,广电部和国家旅游局联合召开的旅游饭店闭路电视管理工作会议在长沙举行。1987年9月,江苏省委宣传部、省广播电视厅、省旅游局联合颁发了加强江苏省旅游饭店闭路电视的管理方法。

1987年1月23日,北京市丰台区丰台镇、北大地两个小区的有线电视试播成功,为北京近郊电视事业发展创出一条新路。

这个阶段,湖南大中型企业开始发展有线电视,多分布在岳阳、湘潭、株洲等地。到1987年,已有岳阳化工总厂等多家企业具有一定规模的有线电视台,他们的设备较先进。有线电视用户达到近6万户,电视工作人员142人。

据估计当时全国有数千个机关团体、厂矿企业开办了闭路电视,有400家旅馆饭店也已开办,所放内容参差不齐,有些格调不高。这使主管部门感到如不及时制定章法,会造成消极后果。①

4.发射台

地面发射台、差转站仍然是电视覆盖的有效手段。

如上海电视台为了扩大覆盖面,1983年1月1日在其5频道启用了40千瓦电视发射机,发射功率比以前增加3倍。1985年12月2日,上海电视台与江苏省无锡、常州、南京、扬州、南通等7城市电视台取得协议,通过上海—北京微波线路,开口转播上海电视台节目。以后,浙江杭州、宁波、舟山等城市电视台也建立了微波、差转台,转播上海台的节目。这样,上海电视台的覆盖范围不断扩大,在周边地区的收看人口超过了1亿。②

卫星地面站和转播台的迅速增长,加上微波专线的建设,各地的电视覆盖率大幅提高。中央、省区市各级电视台这时已达近70座,这些台的人口覆盖率达到了60%以上。中央电视台节目通过卫星、微波、差转等手段传到了全国除台湾外的所有省区市。地方如安徽通过多种手段应用,其电视人口覆盖率由1985年的70%提高到1987年的78%。③

(二)新技术应用

各台在增加频道和播出时间的同时,也不断进行着摄、录、播设备的更新和技术改造。

1.播出设备

1984年,为准备国庆35周年庆典和晚会的电视直播,中央电视台从日本日立、池上公司分别引进了一辆6讯道和一辆4讯道的转播车。这两辆转播车在20世纪80年代中后期、90年代初期完成了大量大、中型文体类节目的直播和制作。

---

① 聂大江.谈谈广播电影电视的立法工作[J].中国广播电视学刊,1987(3).
② 赵凯.上海广播电视志[M].上海:上海社会科学出版社,1999:377.
③ 洪民生.精心办好电视:在全国电视台台长会议上的讲话[J].电视研究,1985(1).

1984年10月联邦德国总理科尔访华时,向赵紫阳总理赠送了一辆电视转播车。1985年5月30日,这辆转播车的交接仪式举行。国务院办公厅将此车交中央电视台使用。该车主要用于中央电视台的中、小型文艺,特别是专场节目的制作。1987年,中央电视台又从第一届北京国际电视设备展览会上留购了德国公司一套4讯道箱式现场制作设备(EFP,Electronic Field Production),1989年将其装配在改造后的转播车内,完成了大量直播和录像制作。

上海电视台从1981年开始成批引进国外电视设备。1984—1986年改建了播控中心,采用先进的技术和设备,率先建成了多功能网络型的制作、播出、传送中心系统。他们还购买了提示器,解决了新闻播音问题。①

1984年3月,中央电视台制作楼(圆楼)开工。1986年末技术部门开始安装设备,1987年基本建成。1987年1月28日,中央电视台首次在彩电中心最大的演播室向全国现场直播《春节联欢晚会》。

当时国际上的电视设备发展已处于一个新的水平,体积日趋缩小,质量、可靠性和稳定性日趋提高,数字技术日益增多。我国电视台所用设备也已有了相当进步,不少设备自动化程度高、质量优异。设备出故障的概率少,但一旦出现故障,处理也比较困难。②

在没有录像设备之前,我国的许多电视节目,包括大型综合性晚会和电视剧,都是采取直播方式播出。我国引进录像设备较晚,但发展很快。在进口设备的同时,中国科研人员也自己研制了录像设备。

1986年6月15日,广电部广播科研所研制的1英寸录像机录放磁头在北京通过部级鉴定。1987年4月14日,航天部八二四厂试制的3/4英寸盒式录像磁带通过部级鉴定。这些成果填补了我国的空白,但是它们最终都并没有形成有竞争力的产品。

对于电视台来说,录像设备的引入,极大增强了电视节目的制作能力。它可以精雕细刻地加工、处理各类素材,还可以同各种资料进行汇编,丰富电视的表现力。本来录播和直播相辅相成地发展,会非常理想,但是,在大量引进录像设备后,电视台出现了越来越依赖录制播出的倾向,直播方式逐渐减少,并被慢慢取代。这虽然引起了一些人的注意,但还是走了相当长时间的弯路。③

2.栏目化播出

1984年7月1日,中央电视台向全国播出的第一套节目开始了全天播出模式,并试行电视节目栏目化。这意味着除特殊情况外,所有节目制作都须与栏目时间表要求一致,节目不得任意超长或缩短,这不仅从根本上保证了节目播出的安全,也逐渐解决

---

① 杨伟光.中央电视台发展史[M].北京:中国广播电视出版社,2010:331,339;陈乾年.跋涉与求索:陈乾年广播电视论文集[M].上海:上海社会科学院出版社,2002:9;龚学平.切实抓好广播电视新闻节目[J].电视研究,1985(2).
② 林景云:对我台技术工作的若干回顾[J].电视研究,1985(3).
③ 王枫:充分发挥电视的特长把更多的好节目奉献给观众[J].电视研究,1986(3).

了长期以来电视节目播出不准时、观众意见大的问题。栏目化播出是中央电视台实行科学化管理的重要标志。

与此同时，中央电视台还对在北京地区播出的八频道节目开始试行计算机程序控制播出，使用的是该台于1984年引进的两套日本电器公司（NEC，Nippon Electric Company，Limited）生产的计算机自动节目播出系统（Automatic Program System，APS），这无疑是中国电视节目播出手段的一次革命。一直到1993年，中央电视台实现了全台所有栏目的零秒准时播出。1985年，中央电视台全部节目都实行了栏目化播出。

计算机除用于播出管理外，还被用于促进节目制作的规范化。节目带要按播出要求规范录制，画面、声音信号质量都有了具体规定；从1982年起节目增加了技审环节，在播前对节目技术质量进行监督。这些变化有效保证了节目的播出质量。中央电视台对节目的播出、制作技术实现了正规化管理。①

3.改变操作流程

电视新闻采制任务重，时效要求高，对新闻节目制作的各个环节需要集中统一领导和管理。此时，机构、机制调整为节目制播服务的理念越来越明确，为此，出现了对内部操作流程的调整。

继1983年11月河南台率先成立广播电视新闻中心后，上海台也在1984年2月成立了电视新闻中心。该中心采取"一条龙"运作办法，将编辑、播出安排在一个楼上，以办公室为中心，周围是工作间，有一个70平方米的演播室、两个录制室、编辑间和导控室，配备了四套编辑设备。这种格局方便了新闻的及时制作播出，避免了编辑记者在各处来回奔跑的麻烦和耽搁。这一编播制作自主性的改进不但大大提高了效率、扩大了容量，而且能使一些突发新闻及时穿插播出。采摄电视新闻的记者还常年坚持24小时值班，抢拍出许多突发事件新闻。②

1984年3月，因上海电视台播出环节自动化，撤销播出科，播音员分别调入各节目部。从此时始，播音员有了比较明确的分工，向专职化方向发展。

1985年，中央电视台总结了前几年的节目生产制作管理中的经验教训，根据各部门的特点，采取不同的管理方法。对于新闻部这样时效要求高、相对独立的单位，采取采、编、技各种人员和基本设备组合成"一条龙"生产线，由新闻部统一领导，相对独立地进行节目制作。③

1986年10月，山东省广播电视厅新闻中心成立，将原来独立作战的广播、电视台

---

① 《当代中国的广播电视》编辑部.中国广播电视大事记[M].北京：北京广播学院出版社，1987：400，423；杨伟光.中央电视台发展史[M].北京：中国广播电视出版社，2010：149，323，334.
② 龚学平.切实抓好广播电视的主体：新闻节目[J].电视研究，1985(2)；陈乾年.跋涉与求索：陈乾年广播电视论文集[M].上海：上海社会科学院出版社，2002：8；方汉奇.中国新闻事业通史：第三卷[M].北京：中国人民大学出版社，1999：578；郭镇之.中国电视史[M].北京：中国人民大学出版社，1991：199.
③ 赵凯.上海广播电视志[M].上海：上海社会科学出版社，1999：481；王枫.加强电视管理[J].电视研究，1986(2).

的两个新闻部及有关部门合并；下设总编室、经济部、政文部、采通部四个处级单位,实行广播电视新闻合一编制,由以厅长为组长的领导小组统一指挥。由于编辑记者共同努力,积极扩大信息来源,努力提高节目质量,1987年共播出广播新闻24,300多条,电视新闻片11,500多条,中央电视台选用播发新闻片达571条,质量、数量都大大提高。这是对广播电视新闻体制进行的新的探索。

为保证节目思想内容健康,艺术水平较高和技术标准符合播出要求,中央电视台从最初采取的几位领导集体审片,逐渐发展到逐级审查、分级负责的方法：各节目组实行责任编辑制（或值班编辑）,一般节目稿件由部主任终审,重要节目稿件由台长或送上级有关部门审阅；并完善了对政治内容、艺术水平和技术制作的审查标准,形成了一套较完整的审片制度。[1]

4.采访设备

在电视开办的初期,除了各类直播是声像同步之外,其他的节目都是靠用胶片制作,即在完成了影片的拍摄、冲印、剪辑等工作后,再进行后期配音处理,只有很少量节目使用同期声。我国在20世纪60年代中期开始引进录像机,到80年代初已逐步形成电子采、录、编、播的配套系统,大部分节目摆脱了电影工艺的局限。

从1984年开始,中央电视台的摄影机全部为电子摄录设备所取代,技术上的变革为新闻带来了革命性的变化。如体育新闻,记者可以更快地把比赛结果报告给观众,甚至可以把正在发生的新闻事件直播出去,从而使电视体育新闻的影响越来越大。[2]

上海电视台在1979年将进口的第一台录像机、摄像机都交给新闻部使用。自1981年到1984年胶片摄影和电子摄录交叉使用,到1984年7月14日停用了胶片。在1984年年初,该台引进了8套3/4英寸低带背包机采访设备、10台台式机,以及相关的电子编辑设备和彩色监视器等,构成了整套的摄录编播系列。1984年下半年,该台又换用了3/4英寸的高带录像机,提高了画质。1984年年底至1985年,新闻采访设备又由摄录分体机向一体机过渡。1988年,记者在采访中用上了BETACAM（贝特卡）[3]一体机,增强了拍摄的机动灵活性,图像质量也进一步提高。

从采访条件看,除摄录设备外,电视台还开始配备机动车辆和通信设备。如上海电视台新闻部当时有5部小轿车供采访使用,极大改善了采访的交通条件。为了保证联络畅通,上海电视台还为部主任和主要记者家里安装了电话。此外,新闻部还装备了5台传呼机,遇有突发新闻,可与大家尽快取得联系。[4]

广东两个电视台都配备了比较先进的新闻采访设备和交通、通信工具,遇有突发

---

[1] 方汉奇.中国新闻事业通史：第三卷[M].北京：中国人民大学出版社,1999：578；郭镇之.中国电视史[M].北京：中国人民大学出版社,1991：199.
[2] 杨伟光.中央电视台发展史[M].北京：中国广播电视出版社,2010：174,323.
[3] 广播专业级摄录机,由日本SONY公司制造。
[4] 赵凯.上海广播电视志[M].上海：上海社会科学出版社,1999：475,574；龚学平.切实抓好广播电视的主体：新闻节目[J].电视研究,1985(2).

性事件,可以通行无阻。

5.其他新技术

这个时期,很多新技术进入了电视制作领域,极大地改变了电视制作的方法。

为了实现在电视剧《西游记》中的特技要求,1983 年中央电视台从美国购进了一台数字特技设备,为此在 1984 年建成了一个特技机房,配备了一台高级视频切换台和高质量录像机。这套特技设备可以对图像做旋转、变形、拖影、显示运动轨迹等处理,实现马赛克等多种效果,还可以在图像的任何部位插入文字、字幕,使电视片后期加工手段大大丰富起来。

1984 年,中央电视台首批台式计算机投入新闻节目制作。1985 年,新闻中心开通了接收新华社系统的网络。之前采用新华社稿件需要有人专门取送,这时可以通过一台与新华社联网的电脑收传稿件,供记者、编辑调阅选用。还有一台用作字幕机的计算机,改变了过去新闻字幕要用摄像机把美工写出的字迹拍摄下来,再叠加到画面中的做法。计算机使新闻节目的时效和画面都有所改善。[①]

1987 年,中央电视台将计算机应用于英语新闻稿件的编辑、存储和查询。由于设备上的限制,当时只是将几台微机和一个共享磁盘简单地连接,形成一个网络环境,编辑可以在微机上编辑稿件,需要时存在共享磁盘上,供其他人使用。这一年,中央电视台还在新闻中心建立了远程新闻采集网络,建立起多文种计算机编辑系统。[②]

四、对外合作交流

改革开放之后,我国电视台的对外交往日益增多,中外业界来往变得非常频繁。我国广播电视界同世界众多国家的相关部门机构进行了互访,并签订了合作协议。这些合作中有会议交流、节目交换、技术交流方面的,也有互转对方广播电视节目和到对方境内拍摄采访的。

(一)对外交流

1984 上半年,我国同世界上 35 个国家和地区的电视机构建立了交换和买卖节目的关系。到当年年底,中央电视台同 69 个国家地区的 86 个电视机构恢复或建立了业务联系,同 20 多个国家签订了业务合作协定。

与我国电视机构互访的国家有西欧的法国、瑞士、瑞典、挪威、希腊、卢森堡;东欧的苏联、波兰、民主德国、捷克斯洛伐克、匈牙利、保加利亚、南斯拉夫;非洲的埃及、几内亚、塞内加尔、摩洛哥、突尼斯、阿尔及利亚;亚太地区的印度、菲律宾、伊朗、澳大利亚;美洲的美国、墨西哥、哥伦比亚等。[③]

---

① 杨伟光,李东生.《新闻联播》20 年[M].上海:上海三联书店,1999:280.
② 杨伟光.中央电视台发展史[M].北京:中国广播电视出版社,2010:345,313,341.
③ 壮春雨编著.中国电视概述[M].北京:中国广播电视出版社,1985:228;《当代中国的广播电视》编辑部.中国广播电视大事记[M].北京:北京广播学院出版社,1987:417-425.

其中具有开拓意义的是1986年12月11—26日,苏联中央电视台摄制组首次来华采访。1987年5月7—22日,应广播电影电视部邀请,苏联国家电视广播委员会副主席弗·依·波波夫一行4人到我国访问。这是从20世纪60年代中苏两国广播电视业务合作关系中断20多年来,苏联广播电视机构领导人的最初来访。

我国与其中一些国家还有更为深入的交流合作。1984年1月18—23日,法国巴黎蓬皮杜艺术文化中心和法国国家视听学院联合举办了"中国电视周"和"中国电视唱片展览"。其间每天下午2点半到晚8点半在该中心免费放映有现场翻译的《鲁迅》《新岸》《小不点儿》《群芳荟萃》《蹉跎岁月》《夏天的经历》《上海屋檐下》和《赤橙黄绿青蓝紫》等中国电视剧(片),吸引了数千观众到场观看。中央电视台派代表团参加了该活动。当月24日,为纪念中法建交20周年,胡耀邦总书记到中央电视台发表了广播电视讲话;26日,中央电视台通过卫星向法国传送了讲话录像。法国总统密特朗也应两国电台之请向中国人民发表了广播讲话。① 第二年,1985年4月24—29日,根据中法文化交流计划和广播电视部的指示,山东省广播电视厅在济南举办了"法国电视周"。1987年10月5—11日,天津电视台也举办了法国电视节目展播周,期间播出了10余部法国电视片,共190分钟。

德国当时与中国的交往主要在技术支持方面。1984年10月联邦德国总理科尔访华时,代表该国政府向我国赠送了一辆电视转播车。1987年,中央电视台又从第一届北京国际电视设备展览会上,留购了一套德国公司的4讯道电子现场制作设备EFP,后将其装配在改造后的转播车内。1987年10月,德意志联邦共和国向中央电视台提供了一套"德语教学"节目演播室设备。

除了与各国的双边交往外,我国还主办、参与国际会议,扩大与各国的多边沟通。首先是在亚洲范围内的交往。1985年5月15—19日,亚广联第38届理事会在北京召开,这是自1973年10月恢复我国正式会员资格10多年来,我广电机构首次担任"亚广联"会议的东道主。1987年10月8—9日,"亚广联"第24届全体会议在泰国曼谷召开,中国广播电视代表团出席了会议。另外我国广电部专家还参加了国际无线电咨询委员会(International Radio Consultative Committee,CCIR)广播、电视研究组的相关会议并担任了领导工作。②

(二)外媒采访

这个时期,来华采访的国外媒体增多,采访、播出的量大、层级更高。

1986年9月2日,中共中央顾问委员会主任邓小平在中南海接受了美国哥伦比亚广播公司《60分钟》节目记者迈克·华莱士的电视采访,就中苏关系、中美关系和中国海峡两岸统一问题等发表了意见。中央电视台《新闻联播》于9月8日播出了这次

---

① 壮春雨.中国电视概述[M].北京:中国广播电视出版社,1985:228.
② 杨伟光.中央电视台发展史[M].北京:中国广播电视出版社,2010:318,339;《当代中国的广播电视》编辑部.中国广播电视大事记[M].北京:北京广播学院出版社,1987:390,422,423.

采访录像。①

美国全国广播公司(NBC)于1987年6月下旬开始,先后派了十多个摄影队到我国北京、上海、天津、四川、山东、山西、河北、河南、甘肃、江苏、陕西、广东、西藏、内蒙古、宁夏、湖北等16个省市自治区采访,共拍摄、播出了90多个专题节目,总时长达20个小时。

1987年9月25日至10月初NBC又在北京通过卫星向美国公众进行了为期一周的《今日》栏目现场直播专辑。为搞好这次大规模的电视报道,该公司派出了100多名工作人员,带来30吨重的包括转播车、卫星地面站等各类大型设备。卫星传送中心分别设在天安门广场、故宫和长城。NBC几乎所有的著名新闻和专题节目主持人都云集北京,他们把这一周的新闻播出中心设在了北京。NBC新闻部负责人认为:"这是世界广播电视史上的一次历史性创举。"

节目以《变化中的中国》为题,内容涉及中国社会的方方面面,比较客观地报道了我国多方面的变化。他们每天向美国国内传送播出三个半小时的节目,引起了美国观众了解中国的兴趣,受到舆论界的普遍重视。这样一家世界著名大台以如此高密度、大纵深地报道中国事务,实属罕见,被国外新闻界公认是"中国对美国宣传的极为成功之举"。中央电视台同有关地方台接待、协助了该公司在华的摄制和卫星传送。②

(三)节目合作

此时,我国节目在外国的落地也有了新的进展。越来越多的外国电视台与我国电视台合作,向本国传送介绍中国的节目。

1.建立对外宣传机构

1984年,中央电视台率先将国际部改为对外部,各地方电视台也相继建立起对外宣传机构。1986年12月,中央电视台与美国纽约苹果台签订协议,向该台提供《中国纪实》节目。同月,中央电视台在加拿大温哥华地区增加对外宣传网点,并与加拿大国泰台签订协议,委托该台在加拿大不列颠哥伦比亚(BC)省19频道播出中国节目。③

同时,地方台的对外合作也迅速增加。

1985年8月12、13、15日,为纪念抗日战争胜利40周年,日本东京广播公司(TBS)分别与黑龙江电视台、吉林电视台、辽宁电视台和大连电视台合作,联合举办特别节目,通过国际通信卫星,将哈尔滨、长春、沈阳和大连四市的新市容景象传送到东京,在《早晨热线节目》中播出。④

1987年6月1—3日,日本广播协会(NHK)大阪支局在上海举办了以《你好,上

---

① 杨伟光,李东生.《新闻联播》20年[M].上海:上海三联书店,1999:90.
② 《当代中国的广播电视》编辑部.中国广播电视在改革中前进[M].北京:北京广播学院出版社,1991:94;王枫:适应改革开放的新形势进一步改革电视宣传工作[J].电视研究,1988(1).
③ 赵玉明.中国广播电视通史[M].北京:北京广播学院出版社,2004:381.
④ 《当代中国的广播电视》编辑部.中国广播电视大事记[M].北京:北京广播学院出版社,1987:421,424,426.

海》为题的卫星实况直播,在上海电视台的大力协助下取得圆满成功。

1987年6月10日,法国电视台四台到上海电视台选购了《上海监狱》等8部专题片,这是我国首次向法国出口电视节目。

1987年7月1日,吉林电视台和法国地方台——电视三台签署了建立友好台关系的协议书,双方同意定期交换节目,互派记者到对方省区采访。

1987年7月20—23日,日本广播协会与天津电视台合作,在天津市解放桥、食品街、南开大学三地,通过卫星向日本现场直播了三次,将富有天津特色的景物及人民的日常生活、建设成就介绍给日本观众。

2.合拍节目

1985年5月7日,继《丝绸之路》成功合作之后,中日合拍电视纪录片《黄河》的协定书签字仪式在北京举行。这是中日电视界的又一次节目合作。

1985年6月20—29日,靳羽西与中央电视台商谈联合制作《世界各地》节目,达成协议。

1986年11月26日22点10分,中央电视台英语节目在8频道试验播出。内容有新闻、专题、文艺、体育,还有电影、电视剧等,播出为一个小时左右。1987年2月1日起对全国播送。①

当时中央电视台对外宣传的形式主要有三种:一是通过交换或贸易方式对外输送节目;二是同国外有关电视机构联合拍摄或协助拍摄电视节目;三是开办英语节目,针对来华的外国人不断增加的情况和应对国内有越来越多的人学习外语的需要。②

第二节　新闻改革

1984—1987年,是电视事业、节目的大发展年。几年中全国形成了一个电视新闻网,《新闻联播》成为独立发布重要新闻的主渠道之一,国内外信息逐步增加,各省市区台都有了本地新闻节目。

1985年,国家广电部长吴冷西提出:"电视台应以新闻多、快、短和形声并茂为目标,应有囊括所有要闻信息的雄心;再加形象,力求超过所有其他新闻工具(包括广播)。"他强调,为此,首先要解决新闻在电视中占什么位置和电视是新闻还是娱乐工具的问题。他提出,"从当前世界各国电视台发展趋势看,普遍规律是增加电视新闻。我们对此再也不能犹豫了"。他提出的目标是:先要经过几年的努力,使《新闻联播》赶上中央人民广播电台的《新闻和报纸摘要》节目水平;之后是成为观众的主要新闻来源,

---

① 郭镇之.中国电视史[M].北京:中国人民大学出版社,1991:169;杨伟光.中央电视台发展史[M].北京:中国广播电视出版社,2010:313.
② 王枫.适应改革开放的新形势进一步改革电视宣传工作[J].电视研究,1988(1).

要求做到:"看了电视新闻,即使不看报纸、不听广播报道也能够获得一切重要新闻。"①

新闻采制方面也有了明显的进步。正如杨伟光在1987年度全国优秀电视新闻评选揭晓会上的讲话所指出的:电视新闻的进步表现在以下七个方面:1.重大会议报道有新的突破;2.连续报道、系列报道达到新水平;3.现场报道有新发展;4.新闻结构开始改变,社会新闻明显增加;5.报道了一些改革中涌现的新事物;6.深度报道成绩突出;7.报道形式有所创新,注意发挥声、形、文字并茂的优势。

如《新闻联播》改进了会议报道和外事报道,陈闻、旧闻、一般性的会议报道少了一些,新闻的时效增强了,现场报道、有深度的报道出现了。②

具体来看,电视新闻改革,首先表现在增加新闻播出频次、播出时间,扩大新闻节目在整个电视节目中的比重上。

一、扩大新闻来源

此前,我国已同日本、英国以及一些国际电视机构建立了新闻交换关系,还把国内重大事件的新闻,通过国际通信卫星,向一些主要国家和地区发送。在这几年中,与我国进行新闻交换的国家继续增加。

1984年1月16日,中央电视台正式参加亚广联B区新闻交换。当时参加这个区域交换的有泰国、马来西亚、新加坡、菲律宾、文莱、达鲁萨兰、印度尼西亚、印度、巴基斯坦、斯里兰卡、孟加拉等国。当年4月5日,中央电视台又参加了亚广联A区的新闻交换。参加该区交换的有日本、伊朗、韩国、澳大利亚、新西兰等国。③ 通过交换,中国新闻增加了对亚洲地区、第三世界的报道,同样,也增加了其自身的传播途径。

1986年3月18日,中央电视台开始试收欧洲广播联盟的新闻。

1987年2月11日—3月1日,中央电视台副台长杨伟光率团访问美国,于2月18日签订了与特纳广播公司(Turner Broadcasting System, Inc)的合作协议。1987年,中央电视台建起了卫星地面站,3月1日开始收录美国有线新闻网(CNN)的新闻。④

1987年4月30日—5月11日,中央电视台台长助理沈纪等3人赴捷克斯洛伐克首都布拉格与国际广播电视组织(Organization of International Radio and Television, OIRT)面谈电视新闻交换业务,草签了与该组织交换电视新闻的合作协

---

① 洪民生,章壮沂.立志改革力争使电视新闻节目有一个新突破[J].电视研究,1985(2).
② 1987年度全国优秀电视新闻评选揭晓[J].电视研究,1988(4);崔屹平.谈谈一年来《新闻联播》的改进[J].电视研究,1985(1).
③ 《当代中国的广播电视》编辑部.中国广播电视大事记[M].北京:北京广播学院出版社,1987:389,393,398;方汉奇.中国新闻事业通史:第三卷[M].北京:中国人民大学出版社,1999:575;郭镇之.中国电视史[M].北京:中国人民大学出版社,1991:169.
④ 杨伟光.中央电视台发展史[M].北京:中国广播电视出版社,2010:157-158,337;壮春雨.中国电视概述[M].北京:中国广播电视出版社,1985:228;杨伟光,李东生.《新闻联播》20年[M].上海:上海三联书店,1999:72,95,110.

议。中央电视台从 1987 年 10 月 16 日至 1988 年 1 月 16 日通过国际宇宙通信组织（Intersputnik）的卫星，试验收录了总部设在布拉格的国际电视新闻交换网（东欧广播联盟）的电视新闻。由此，中央电视台增加了苏联、东欧地区的电视新闻来源。

此时，由于卫星和微波的广泛应用，中央电视台从当初只收录两三家新闻社的国际新闻，扩大到可以收录多家海外机构提供的诸如体育、国际金融等 20 多个类别的节目，加上每天可以接收 30 多条国外新闻，国际新闻来源大增。[①] 过去动辄七八分钟的"纪录片"已被一两分钟甚至是几十秒的新闻代替。

同时，对外传播的新闻也在增加。1987 年 4 月 6 日，《新闻联播》开始每天向日本广播协会《大晚间新闻》节目提供头条新闻。

1984 年 6 月开始，中央电视台又通过厦门电视台收录台湾中华电视台的《华视新闻》，经制式转换、摘编后选用，到当年底播出台湾新闻 15 条。加之当年中央电视台派出了常驻香港记者，增加了对港澳的报道。

这时，通过微波回传线路收录各省、市地方新闻每天达 20 到 40 多台次，对国内新闻也基本做到重要新闻不遗漏。通过一天三次的新闻节目，平均可提供新闻信息 50 多条，其中国内新闻 30 条，国际新闻十几条，口播 10 条，大大提高了信息量。[②]

1986 年，中央电视台开始了规模较大的双向节目传送。当年，与法国电视一台（Télévision Française 1，TF1）及十几个国家进行了多向卫星传送的"世界青年大聚会"，1987 年 4 月，与浙江电视台合作进行北京—杭州微波双向传送的《京杭运河知识智力对抗赛》等。

中央电视台当时有三套节目，两套覆盖全国，一套覆盖北京，每天播出时间达 32 小时。这样的节目量，它当时的制作能力无法应对，为此它动用了全国电视系统，共同办节目。全国各省市电视台作为中央电视台的集体记者，把向中央电视台提供新闻作为自己的职责。1984 年，中央电视台播出的国内新闻中，一半是由各省级以及部分省辖市级电视台提供的。1987 年，中央电视台共播出新闻 32,566 条，其中国内图像报道 15,624 条，由各台提供的达到 9,731 条，占到 62%。此外，中央人民广播电台、中国国际广播电台、新华社以及大量报纸记者采写的新闻稿也常被《新闻联播》选用。1986 年，已有 50 多家在北京出刊的报纸为《新闻联播》供稿，为此，《新闻联播》开辟了"简讯""报摘""一句话新闻""科技简讯""医疗简讯""文化动态"等口播栏目和图像简讯。[③]

(一) 台际协作

随着这一时期通信手段发展迅速，节目数量急剧增多，各级电视台也都遇到了因

[①] 洪民生.发展中的中国电视新闻事业[J].电视研究,1985(3).
[②] 方汉奇.中国新闻事业通史:第三卷[M].北京:中国人民大学出版社,1999:575;杨伟光,李东生.《新闻联播》20 年[M].上海:上海三联书店,1999:72,95.
[③] 王枫.适应改革开放的新形势进一步改革电视宣传工作[J].电视研究,1988(1).

制作能力不足而引发的节目资源危机。为了保证播出,各地电视台之间出现了大量有组织的或是自发的协作活动和机构,开创了节目资源共享的尝试。

全国省辖市级电视台于1980年自愿结合成立了全国城市电视台协作会,1985年12月20日,在武汉市举行了第七次年会,有90个省辖市电视台参加。到1987年12月7日在南京召开的第九次协作会,参会的城市台达到了127个,会议筹划开辟第二节目源和联合购买国内外电视剧。①

还有一系列的台际协作会议召开,如京、津、沪、渝广播电视协作会首届会议于1984年10月在重庆举行;也有一些会议后来发展成为合作组织,如1984年在沈阳召开的"首届全国省级电视台节目交流会",有35家电视台参加,后来发展成为"全国省级电视台节目交流网"。

1985年7月1日,城市电视台节目交流中心正式诞生,当年10月1日开始节目交流。其中上海电视台在参加该网后,每年引进以电视剧、专题片为主的各类节目约占到其播出总量的25%。②

1986年2月,在江苏电视台建立了"沿海沿长江省电视台节目交换服务站",这是在江苏、山东电视台的倡议下,由13家此类地区的省电视台台长会议商定的。

上海电视台为了打造在本经济区的信息总汇地位,1986年倡议建立了电视新闻协作网。该经济区包括17个城市,有杭州、南京、宁波、温州、苏州、无锡等32家电视台参加,协作的主要目的是共同办好所处区域的电视新闻。各台为上海台提供新闻片和口播新闻,每晚得以转播上海台的新闻和其他文艺节目。该协作网成立的第一年,上海台选播各台新闻片992条,为上一年此类来源的8倍多;第二年又增加到了1,516条。

1986年11月1日,上海电视台与广东电视台开始每天交换新闻。经过选择在夜间增设了《南方快讯》栏目,使上海观众每天能看到邻近省市以及广东和港澳地区的电视新闻。1988年国庆节,上海台新闻部开辟了《各地航讯》栏目,又与20多个台建立了新闻交换,进一步丰富了荧屏新闻。③

除了大区域的协作外,一些小区域或邻近地域台的合作也出现了。如1987年1月1日,广东、广西电视台开始每天互相提供新闻节目。合肥电视台1987年4月起联络南京经济区18家地、市电视台举办了电视新闻联播节目,每月交换1次节目,每台提供4条新闻;安徽有12家电视台参加。

此外,还有一些台自愿组合,制作了一些合拍节目和合办栏目。如1987年11月2—8日,上海、江苏、江西、安徽、浙江、福建和山东联合举办了《华东六省一市电视台

---

① 朱克虎.市电视台节目流通工作的思考[J].电视研究,1992(4);《当代中国的广播电视》编辑部.中国广播电视大事记[M].北京:北京广播学院出版社,1987:408,437.
② 郭镇之.中国电视史[M].北京:中国人民大学出版社,1991:169,195,197;赵凯.上海广播电视志[M].上海:上海社会科学出版社,1999:675-676.
③ 《当代中国的广播电视》编辑部.中国广播电视在改革中前进[M].北京:北京广播学院出版社,1991:444,496.

联播周》。

这种合作也出现过一些问题。如从1985年下半年开始,全国城市电视台组织了《一市一景》短片联播,一个月播出几部各地台制作的本地专题,但由于其中风光、地方小吃等内容比重偏大,片子格调单一,缺乏时代气息,播出效果不佳。① 这恰恰反映出各地电视节目缺乏独创和个性的问题,是合作中的前车之鉴。

(二)建立记者站

随着电视事业和电视技术的迅速发展与普及,全军各大单位和一些部队相继购买了电视摄录设备,各部队的电化教学有了很大发展,一批有一定思想水平和业务能力的电视编摄队伍迅速成长起来。

当时中央电视台军事部只有18人,很难完成全军报道任务,为了把各部队的相关力量纳入中央电视台军事宣传轨道,1985年11月20日,中央电视台向广播电视部及解放军总政治部写报告,建议在各大军区、军兵种及三总部、武警总部设立中央电视台军事记者站。这一建议得到了支持和批准。

1986年2月28日,中央电视台第一个军事记者站在沈阳军区成立。到1987年上半年,全军15个记者站相继成立,它们是:中央电视台驻沈阳军区、北京军区、南京军区、济南军区、成都军区、广州军区、兰州军区、海军、空军、第二炮兵、国防科工委、总参谋部、总政治部、总后勤部和武装警察总部的记者站。

中央电视台军事记者站的主要任务是:向中央电视台提供辖区内的新闻,为军事部开办的栏目提供节目,与当地电视台合作,宣传部队工作的成就与典型。记者站人员设置为:大站6至8人,小站3至5人,共123名,隶属于各大单位政治部宣传部领导,中央电视台授权军事部在业务上实施指导,站长人选由各大单位政治部选配,由中央电视台台长聘任。各记者站与中央电视台建立了密切的业务联系,使原有的、分散的电视报道力量汇成一支统一的、目标明确的、有组织有纪律、战斗力很强的电视节目编采队伍。中央电视台的军事节目由此出现了一个新的局面。

各总部和军区的记者站,成了中央电视台军事报道的基本力量。1987年大兴安岭扑火斗争及时连续的报道主要来自沈阳军区记者站。当年受到观众高度赞扬的《让历史告诉未来》系列片解说词的主要作者来自南京军区,参与制作工作的85人中,中央电视台军事部只有8人,其他都来自记者站和部队。②

在部队大规模建记者站的同时,1984年2月15日,中央电视台派记者拉白到香港筹建记者站。建立香港站的目的首先是为配合报道香港地区的问题,再则是为建立其他驻外记者站积累经验。拉白随身携带了一台艾克拉摄影机,不到半个月即拍了4条新闻托中国民航班机带回北京。新闻部的同志把片子从机场取回后,冲洗、编辑播

---

① 李虹伟.专题节目断想[J].电视研究,1987(4).
② 王枫.适应改革开放的新形势进一步改革电视宣传工作[J].电视研究,1988(1).

出,4条新闻都是在第4天播出。平时,拉白一个人既要联络线路,又要采访、拍摄;既编片、写稿,又要传送节目。9月19日他将这台机器拍摄的新闻通过香港大东电报局的微波线路传回北京。这一次他下午3点传的消息当晚7点即播出了。①

20世纪70年代中期,中央领导曾批准中央电视台建立驻外记者站,但因种种原因一直未能实现。1986年12月,广播电影电视部相继在联邦德国、泰国和埃及建立了驻外记者站。

二、增办新闻

这个时期增加的新闻节目,有时段性的早间、午间新闻,也有专栏性质的经济、报摘新闻等。这是新闻大幅增加的时期。

增加播出时间包括开播新时段新闻、增加播出次数、延长播出时间等。这一发展的基础是节目套数的增加和播出时间的增长,即每增加一次播出,就增加一次新闻节目;每延长一次节目的时间就要增加新闻的次数。因此,新闻在节目总体中所占比重不一定增大,但新闻数量却明显增加了——这是一种绝对数量的增多。

(一)央视新闻

1984年1月2日起,中央电视台在其对全国播出的第一套节目中增加了白天综合节目,同时开办了《午间新闻》(1995年4月3日改为《新闻30′》)。这是一档综合性新闻栏目,每天12:15—12:30播出,时长15分钟;其中国内新闻10分钟,国际新闻5分钟。同时全国电视台联播。②

1985年3月1日,中央电视台第一套节目增辟《晚间新闻》,每晚22点左右播出,每次10分钟,这也是一个综合性新闻栏目。它的新闻来源和编辑人员与《新闻联播》相同,但却办得颇有声色。从这一天起,午间新闻也改到12点播出,每次15分钟。《新闻联播》则由35分钟缩短为30分钟,使新闻播出时段改在整点、半点,更便于接收。至此,中央电视台新闻节目从最早的一天一次增加到了一天三次,加上重播,达到每天七次新闻。1985年共播出2.04万条新闻,比上年增加了5,097条,许多重大新闻都在当天播出。③

1986年7月1日起,《新闻联播》又由30分钟延长到35分钟,其中当天新闻和刚刚收到消息的比例大为增加。这一年,中央电视台还开办过上午9:00的《新闻简讯》栏目,因收视率太低在一年后停办。

---

① 杨伟光.往事如歌:老电视新闻工作者的足迹[M].北京:人民出版社,1997:407-410;杨伟光.中央电视台发展史[M].北京:中国广播电视出版社,2010:197,198,415.
② 壮春雨.中国电视概述[M].北京:中国广播电视出版社,1985:58;《当代中国的广播电视》编辑部.中国广播电视在改革中前进[M].北京:北京广播学院出版社,1991:85,87-88.
③ 方汉奇.中国新闻事业通史:第三卷[M].北京:中国人民大学出版社,1999:575;杨伟光,李东生.《新闻联播》20年[M].上海:上海三联书店,1999:82;《当代中国的广播电视》编辑部.中国广播电视大事记[M].北京:北京广播学院出版社,1987:389,416;郭镇之.中国电视史[M].北京:中国人民大学出版社,1991:169.

1987年中央电视台开办了《经济新闻》(后改为《经济信息》)栏目。这一年,《新闻联播》播出的各类新闻总数已达11,727条。[①]

中央电视台的第一、二套节目中,每天播出的新闻节目(包括重播)到1988年已增加到10次。

(二)地方台新闻

从全国来看,1981年全国只有不到半数的电视台每周办有四次当地新闻。1985年,大部分省、市台都有了自办新闻,有的台还一天办有两次以上;最早增办的是晚间新闻,随后是早间新闻。省辖市以下的电视台也都把办好本地新闻作为重要任务。[②]

1980年以后,江西电视台的自办节目时间从过去每周2天增加到4天,1985年开始又增至每周7天。1987年在调整节目中,增加了电视新闻播出时间和栏目,设有《江西新闻》《晚间新闻》《一周新闻选播》《华东见闻》《历史上的今天》等多个栏目。

1986年5月,湖北电视台开办《晚间新闻》,每周一至六晚播出。

河南电视台的自办节目由原来的每周5次改为7次。《河南电视新闻》安排在每天19:30播出,每次15分钟,22点重播一次,并插入当天下午和晚上采制的重要新闻。1987年元旦开始,每天增加1次《晚间新闻》,每次5分钟。

河北电视台1984年每周自办节目3次,每次播出新闻10分钟左右。从1985年5月1日,天天有自办节目,新闻节目也每天播出。1987年1月1日,又增办了《晚间新闻》,时长也是10分钟。1988年1月1日,《河北新闻》改为《河北新闻联播》,增加到15分钟。

1985年7月1日,黑龙江电视台将该台的新闻节目由每周3次共45分钟,变为每周14次共175分钟,即由隔天一次新闻改为到每天两次。除继续办好《全省新闻联播》外,增办了《最后新闻》(10分钟),当天省内发生的重大新闻,都能及时播出。[③]

福建电视台的节目大致经历了三个变化过程:其一,1981年到1984年,每周自办节目只有3至4次,新闻、专题和文艺节目都不固定穿插播出。新闻采制仍部分使用16毫米影机,后期加工很费时,往往不能及时播出,新闻数量少、不新不快。其二,1984年10月增加到每天一次。其三,1985年以后,节目逐步栏目化,形成以新闻为主体,辅以社会教育、电视文艺和服务性节目的格局。《福建新闻》每天播出一次15分钟,加办一次《新闻摘播》(后改为《晚间新闻》),并开办了每周3次播出的第二套节目。

1986年1月1日起,广西电视台从原来每周办6次新闻增加到7次,星期天晚上播出《一周新闻选播》。同年10月1日,每周新闻增加到8次,天天有《广西新闻》,每

---

① 赵玉明.中国广播电视通史[M].北京:北京广播学院出版社,2004:374;杨伟光.中央电视台发展史[M].北京:中国广播电视出版社,2010:158,417,420.
② 洪民生.发展中的中国电视新闻事业[J].电视研究,1985(3).
③ 《当代中国的广播电视》编辑部.中国广播电视在改革中前进[M].北京:北京广播学院出版社,1991:301,414-415,519,555-556,558.

则新闻控制在 1 分 20 秒以内,每次播出 8—10 则消息;1987 年 1 月 1 日起,开办了《夜间新闻》。从 1985 年开始广西电视台增加口播新闻,在图像新闻中间插播 5 分钟。南宁、柳州、桂林三地市基本上做到当天的重要新闻当天播出,1987 年的"今日新闻"达到 30% 左右。

贵州电视台从 1984 年 7 月 1 日起,自办节目由每周 3 次增加到 5 次。唯一栏目《贵州新闻》播出的条数增多,质量也有提高。到 1985 年,该台节目每周的播出次数又增加到了 6 次,1986 年 4 月实现了天天有《贵州新闻》。1987 年 12 月 15 日,贵州电视台又开办了《晚间新闻》,每周播出 6 次,每次 5 分钟左右。栏目增多,信息量增加,时效性提高。①

1985 年 7 月 1 日,上海电视台增设了上午和中午的新闻节目。至此,全天已增至 5 档新闻,具体时间是:9 时(15 分钟)、14 时(10 分钟)、18 时、20 时、22 时(全为 25 分钟)。为了适应对外开放的需要,1986 年 10 月 1 日,上海台在全国率先开办了《英语新闻》,每日一次 10 分钟,其中有本市新闻 4 条,选自中央电视台的全国及国际要闻 4 条。翻译基本是借助社会力量。1988 年年底,长度延至 15 分钟,偶尔还有了自采新闻。

1986 年 10 月,杭州电视台开办了每周 3 次的《早晨好》新闻栏目,融新闻、报摘、信息、服务、文娱为一体,在全国电视台中率先播出早间电视节目。②

1987 年元旦,广东电视二台开播《早晨》节目,每天早上 7 点即播出第一次新闻,集当天报纸和中央电视台及其他台的主要信息,与广播一样在时效上取得了较大进步。这是我国省级台中最早开办的早间节目。它融新闻、知识、服务于一体,以演播室直播为主,由主持人串联多个小栏目形成。节目播出半年就收到了 60 多万封观众来信。

随后在早上开办新闻节目的台还有:广州、上海、北京电视台等。

1986 年,北京电视台开播了《首都报摘》栏目,广泛收集首都各报刊有关北京的报道,每次少则一二条,多则四五条,补图像新闻之不足,丰富了电视新闻的内容。

1986 年,广东电视台开办了 5 分钟的《简明新闻》,每次播出 11 至 15 条,体现了"短"和"多"的特点;开辟了《岭南简讯》《长江三角洲信息》栏目,与本省各地和上海实行横向新闻联系,增加了信息量。广东电视新闻节目由此已达到每天六次以上,两台合计晚间每个小时都有新闻节目,居全国之首。③

少数民族地区开始增办或试办民族语言节目。

---

① 《当代中国的广播电视》编辑部.中国广播电视在改革中前进[M].北京:北京广播学院出版社,1991:509,510,664,701,708.
② 赵凯.上海广播电视志[M].上海:上海社会科学出版社,1999:394,401;郭镇之.中国电视史[M].北京:中国人民大学出版社,1991:161-162,169,171.
③ 《当代中国的广播电视》编辑部.中国广播电视在改革中前进[M].北京:北京广播学院出版社,1991:252,631,643,822;方汉奇.中国新闻事业通史:第三卷[M].北京:中国人民大学出版社,1999:578;赵玉明.中国广播电视通史[M].北京:北京广播学院出版社,2004:374.

随着试验通信卫星的正常运转,新疆电视台于 1984 年 8 月 20 日调整了电视节目,汉语台每天录像播出当天的《新闻联播》(因时差不能直接转播);从当年 11 月 5 日开始,《新疆新闻》由每周 4 次增加到 6 次,并做到维、汉语同步播出,节目已基本做到以图像为主。1984 年 4 月 18 日,该台的维语节目,由从每周 4 次增加到 7 次,每天译播前一天的中央电视台《新闻联播》,比原来时效提前了 6 天。1985 年 9 月 22 日开始试播哈萨克语节目,每周暂播一次,每次 2 至 3 小时。

1984 年 10 月 1 日,青海电视台开办藏语电视新闻节目,每次 15 分钟。①

(三)新闻数量增多方法

当时的通常做法是:压缩每一条新闻的长度,以求扩大在固定时间里播出的新闻条数,从而增加信息量。如山东电视台,同样是一天三次新闻、播出 40 分钟,几年的数量分别为:1984 年播出新闻 4,100 条,1985 年 7,600 条,1986 年 10,400 条,1987 年仅上半年就达到了 6,000 多条。

1987 年,中央电视台 4 次新闻节目(联播、简明、晚间、午间)共发稿 32,566 条,平均每天播出 89 条,比上一年在同样的时间里增加了 12,138 条,提升了 59.4%。其中,多为科技、文化、体育、社会新闻和批评性新闻,一句话新闻、一两个镜头的简讯也已屡见不鲜。过去那种"有头有尾,七八分钟"的新闻,已经变得不可思议了。当时时兴的"版块结构"、栏目杂志化、主持人节目等,也都有助于增加新闻内外相关的信息量。

新疆电视台 1984 年全年播出新闻 2,292 条,1985 年 3,086 条,1986 年为 3,883 条,1987 年该台新闻增加到 4,264 条,比上年增加 797 条,增长近 26%,平均每天近 11 条,其中 53.6%的新闻来自自治区内南北疆各地州。1987 年的录像新闻为 1984 年的 2.3 倍。新闻片过去一般在 3—4 分钟长,当年已经在 10 分钟内可容纳 15—16 条新闻了(见表 5-2)。②

表 5-2　新疆电视台 1984—1987 年播出新闻数量及增长比例

年份	播出条数	增加数量	增长比例%	每天播出(条)
1984	2,292	—	—	6.3
1985	3,086	794	34.6	8.5
1986	3,883	797	25.8	10.6
1987	4,264	381	9.8	11.7

贵州电视台随着自办节目时间增加,其《贵州新闻》节目播出的条数也增多了,1984 年播出新闻 1,474 条,比 1983 年多了 704 条,增加一倍多。

---

① 《当代中国的广播电视》编辑部.中国广播电视大事记[M].北京:北京广播学院出版社,1987:406.
② 曾昭明,武云芳.信息量之于电视节目[J].电视研究,1988(2);《当代中国的广播电视》编辑部.中国广播电视在改革中前进[M].北京:北京广播学院出版社,1991:88,631,701,823.

中央电视台《新闻联播》1984年播出新闻10,336条,采用各地方台新闻4,093条,比上一年增加了51%,仅《午间新闻》当年就播出了4,865条(其中国内新闻2,543条,国际新闻2,322条),1985年还新增办了《晚间新闻》。1987年,《新闻联播》播出各类新闻总数已达11,727条。1986年以前《新闻联播》一般每天播出约25条新闻,这时达到35条左右。稿源较多,为增大新闻报道量提供了条件。①

在拓宽报道面、增加信息量的努力中,电视人注意到除了在新闻节目里增加报道数量、增加短讯外,还要注意挤掉日常报道中的"水分",压缩每条新闻的长度,增加每条新闻的信息量。

1986年,广东电视台开办了5分钟的《简明新闻》,每次播出11至15条,体现了"短"和"多"的特点。②

中央电视台当时也基本上做到,图像新闻除少数要闻外,一般长度在一分钟左右,不少口播新闻成为"一句话新闻",30分钟的《新闻联播》,可以播出35条左右。中央电视台对时政新闻进行了改革,控制会议报道、压缩了长度,为增加多类新闻内容腾出了时间。

三、改善报道

(一)提高时效

时效是衡量新闻价值的标准之一,也是电视新闻改革的一个主要的目标。电视具有在事件发生的同时把现场的画面和声音传送到千家万户的手段,这是巨大的优势。从20世纪80年代初开始,中国电视界普遍使用电子摄录机(ENG)和电子编辑机采访制作,减少了洗印环节,缩短了节目制作时间,加之在那几年开始实现的微波回传和卫星传送技术,都对提高新闻时效提供了条件。当时的要求是在真实准确的前提下提高新闻时效,力争把"正在发生"和"刚刚发生"的消息报道出去。

1986年前,各省级台向中央电视台传送新闻,有的一周一次、有的两次,新闻时效无法保证。1986年3月,中央电视台和各省市区台及有关部门达成协议,每天下午3时半至5时半为"今天消息"传送时间,微波线路不受固定传送时间限制。过去连北京下午6点的活动往往都要等到第二天再播出,当时的要求是:北京上午的新闻,最好《午间新闻》播出;晚上六点钟左右的活动,当晚《新闻联播》播出。如赶不上头条,就放到节目后面,只要能赶上就以"刚刚收到的消息"方式播出。这样一来,全国各地发生的重大事情,如《广交会隆重开幕》《天津二环路全线开通》,在各地举行的各种全国性运动会,党和国家领导人在外地视察调研等新闻,也都可以赶发当天消息。难得的是

---

① 洪民生,章壮沂.立志改革力争使电视新闻节目有一个新突破[J].电视研究,1985(2);杨伟光.中央电视台发展史[M].北京:中国广播电视出版社,2010:158;杨伟光.在中南五省电视新闻协作会上的发言[J].电视研究,1986(4).

② 郭镇之.中国电视史[M].北京:中国人民大学出版社,1991:161,162.

其中还有一些突发新闻,如甘肃一个山村突发滑坡,一些房屋被掩埋,人们迅速展开营救,甘肃台当天发来了报道。① 国内新闻时效大大提高。

1986年起,中央电视台开始把"提高时效,力争首播"作为提高电视新闻权威性的重要举措。许多重大新闻都是刚刚发生,电视新闻就迅速展开了报道。

除现场报道外,争分夺秒的时效观念,在电视新闻的采录、编辑、传送、播出的各个环节得到了充分的体现,各电视台新闻节目中的当天新闻和刚发生的新闻所占比例大大提高。据1985年的不完全统计,国内新闻已有60%是"今日新闻"或"昨日新闻",还有40%新闻时效性不强。② 据1986年5月到10月统计:《新闻联播》一共播出国内外新闻3,993条,其中当天的新闻1,307条,占31.7%,将近三分之一。③

1.不同形式

在争抢时效的具体做法上,可运用的方式越来越多。

(1)现场直播。有重大意义的政治、体育、文化活动,采取现场直播的形式,可以没有时差地即时报道。如1985年3月的六届人大三次会议,1987年10月的中共十三大,以及奥运会、亚运会的重要活动,均采用这一方式。广东台1985年对春节"花市"也做过现场报道,虽不是时政活动,但它为观众所关注。

(2)"正在发生"的消息。对一些新闻事件虽然不搞现场直播,但可搞连续报道。广东台对一起火灾从发生开始报道,直到最后把火扑灭,打破了日常节目编排,整个过程在电视里不断报道。

(3)"刚刚收到"的消息。新闻节目延长截稿时间,重要新闻随到随发,还可以在其他节目中插播。如1986年12月4日墨西哥总统来访,摄制组赶回时已是晚7点05分,各个岗位密切协作,只用10分钟即处理完毕,赶在国内新闻最后一条抢发出去。这一天,《新闻联播》还抢发了下午6点50分结束的中日围棋赛的新闻。

(4)以口播或者"飞字幕"的形式播出。有些新闻在远地发生,图像一时不能传回编辑部。在这种情况下,为了争取时间,由播音员直接在新闻节目中播读稿件,或在新闻节目时间以外,不中断正常节目,用屏幕下方的移动字幕及时将新闻传播出去。如亚运会报道中国队在金牌总数第一的卫冕战中险胜东道主韩国队的《我金牌总数第一已定》的新闻,就是在1986年10月4日下午2点由报道组传回,2点35分中央电视台中断了正常节目插播出去,在国内首播。1988年4月,七届人大一次会议选举国家领导人的报道,从会议开始到公布选举结果,中央电视台采取插播新闻和"飞字幕"相结合的做法,对会议进行同步报道,字幕新闻一共发了十几次。选举结果刚公布,屏幕上立即打出新的国家领导人名单。④

---

① 李海明.谈谈一九八六年《新闻联播》节目的改革[J].电视研究,1987(3);杨伟光.中央电视台发展史[M].北京:中国广播电视出版社,2010:166.
② 洪民生,章壮沂.立志改革力争使电视新闻节目有一个新突破[J].电视研究,1985(2).
③ 杨伟光.加强理论研究 推动新闻改革[J].电视研究,1986(4).
④ 赵玉明.中国广播电视通史[M].北京:北京广播学院出版社,2004:375.

这几种方式都较好发挥出电视快捷的优势。在具体操作中,从节目计划的制订、前期采访、后期编辑到安排播出,都要环环紧扣,争分夺秒。当然这类新闻很多并没有实质内容,如领导接见、出访,只是简单的动态信息,虽然播出快了,内容却并不实在。这时除了对大量预知的新闻报道之外,对突发性事件的及时报道成为电视记者共同的追求。

2.各台实例

中央电视台在美国"挑战者"号航天飞机升空爆炸后不到 9 小时,就在电视中报道了这一特大新闻:北京时间 1986 年 1 月 29 日 0 点 38 分,"挑战者"号在点火升空时突然爆炸,七名宇航员全部丧生。这一消息通过全球各大通讯社、电视台网、广播电台传到世界各地。8 点 10 分,中央电视台国际新闻组值班编辑一边预看卫星传来的图像,一边酝酿报道方案。早间《简明新闻》编辑何宁立即奔向国际广播电台,取来刚刚收到的简讯,取出尚未预看完的录像带。在半个多小时里,编辑、播音、技术密切配合,9 点 20 分,这一新闻首次播出。

国内新闻抢时效发布的有一些是突发事件,但大多是领导新闻、会议新闻。1986 年 5 月 3 日,台湾华航货机机长王锡爵驾机飞回大陆定居,下午 3 点在广州白云机场着陆。广东电视台记者立即赶到现场,在飞机旁采访了王锡爵,这是王锡爵飞抵广州后第一次接受大陆记者的采访。广东电视一台和二台中断了正在播出的节目插播了这条新闻,同时,通过微波干线传送到北京,中央电视台在《晚间新闻》中作为头条播出。①

1986 年 7 月,河北电视台记者在唐山拍摄完十万人大会后,立即乘直升机飞回石家庄,到石家庄上空,正碰阴雨,机场能见度很差,飞机在空中盘旋 4 小时,到下午 4 点天气仍不见好转,最后油基本用光,只好在石家庄郊区一个小机场强行着陆,幸好没出事。摄制组立即乘车飞驰回台,很快传回新闻,当晚在《新闻联播》头条播出。

1986 年 8 月 19 日至 21 日,邓小平在天津视察。21 日下午视察结束,邓小平在当晚进餐时就看到了天津电视台播出的《邓小平同志在天津视察》的新闻。他高兴地勉励天津台的记者:"你们的工作效率很高,希望继续努力。"

1987 年 9 月 3 日傍晚,广东江门甘化厂发生火灾,广东领导立即组织人力奔赴现场采访,当晚电视和广播新闻都播出了这一消息。9 月 4 日早上,通过微波回传直播现场灭火情况,第一次实现了突发事件远距离现场直播。②

1987 年 11 月 20 日至 12 月 7 日第六届全国运动会在广州举行,上海电视台采用"移动字幕新闻"播送最新消息。赴羊城现场采访的上海电视台记者,一获得运动会打

---

① 方汉奇.中国新闻事业通史:第三卷[M].北京:中国人民大学出版社,1999:581;中央电视台国际新闻组.打破老框框的一次尝试:美国"挑战者"号爆炸事件的报道体会[J].电视研究,1986(2).

② 徐光春.中华人民共和国广播电视简史[M].北京:中国广播电视出版社,2003:223;李海明.谈谈一九八六年《新闻联播》节目的改革[J].电视研究,1987(3);《当代中国的广播电视》编辑部.中国广播电视在改革中前进[M].北京:北京广播学院出版社,1991:635.

破世界纪录或亚洲纪录、上海运动员得金牌的信息,就立即通过"热线电话"告诉上海电视台体育部的值班人员,再通过技术部,把刚接到的消息用移动字幕直接插入正在播放的节目,最快的离新闻事件发生才两分钟。

由于多数重要新闻都是由电视新闻最早播出、公之于众,人们逐渐习惯于通过电视新闻了解时事、了解新闻。

(二)内容贴近受众

这一阶段,电视新闻扩大报道面、增大信息量,内容逐渐丰富。坚持新闻的真实性、针对性、可信性,反映群众呼声,社会新闻大量增加,重大刑事案件和灾害事故的报道有所增加。经济报道比较活跃,并日益密切联系人民生活。文教、体育、科技、娱乐事业逐渐受到重视,加上对国际新闻放宽限制,中国观众通过电视基本可以广泛了解国际国内各个领域的全面情况。

1.强调服务性与参与性

电视新闻内容更多联系人民生活,与观众的关系开始密切起来。

1984年5月21日深夜23时38分,南黄海海域发生5.8级地震,上海市区有明显震感,市民恐慌。上海电视台连夜采访有关部门,了解震情。记者分别到地震局、发电厂、煤气厂等单位采摄消息,于次日早晨7点破例临时安排开机增加了一次新闻节目(当时尚未开播上午节目),报道了有关情况,并反复重播数次,起到了稳定人心的作用。"电视之友"(节目监看人)顾德峰、周敏华看完电视后,在当天上午8点多钟即送来了信息反馈,认为短短4分钟的新闻报道,进一步安定了民心,并提出继续追踪报道的三点建议,信访部门在中午前即将此内容汇编成《铮友之声》。电视新闻联系群众的社会功能在电视机全面普及后得到充分发挥。这也是催生早间和全日节目的动力之一。

1987年,上海电视台录制的《黄浦江上游引水一期工程通水》,及时报道了上海人民最为关心的饮水问题,详尽地介绍了工程的进展情况,受到观众的欢迎,获得全国电视新闻特等奖。①

在一些新闻内容中,以领导人为中心的模式出现了松动。如中央电视台1987年的《党中央邀请科技专家到北戴河休息,赵紫阳等同他们亲切会面》一片,按照惯例,此类新闻要按照握手、照相、首长讲话这样的模式推进。而这条新闻的主体人物是被邀请的十名专家。记者在专家们散步休息时,先拍下他们个人的镜头,然后按照领导同专家握手的顺序,将拍好的个人镜头穿插进来,一一介绍他们的专业和事迹,使专家在新闻中处于中心地位,采制角度突破了传统,具有较强的创新性。②

---

① 赵凯.上海广播电视志[M].上海:上海社会科学出版社,1999:396,492,479;1987年度全国获奖电视新闻研讨会座谈纪要[J].电视研究,1988(4).
② 何宏业.全方位多角度展现改革大趋势[J].电视研究,1988(5).

2.增加文字报道

1978年,上海电视台新闻部开始改革时,围绕着"形象第一性,还是新闻第一性"的问题争论了很久,最后大家一致认为是"新闻第一性"。这是在"图像、信息何为重"的争论持续多年后,得到的比较普遍和确切的共识。

这时的口播和文字新闻一般用于三种情况:一是一些题材本身就没有形象内容,如发布国家主席令、国务院各类文件等重要权威的宏观信息、经济报道等,可以及时使用文字进行报道。

二是虽有图像报道,但播出时尚无法得到,先采取口播,之后再播图像的方式播出。如,1988年4月的七届人大一次会议选举国家领导人,为了把选举结果以最快的速度告诉观众,中央电视台采取同步播出字幕新闻的方式,在人民大会堂现场公布的同时在屏幕上播出名单,然后口播当选名单,之后再播出图像新闻,形成多层次、逐步深化的报道。这种方式保证了新闻的高时效。

三是新闻中的人名、地名、背景材料、历史状况、相关知识等,不能仅用声音和形象反映,要转化成为文字稿,通过字幕和口播,把信息传达出去。这些内容都是用图像很难表现的,所以,发挥字幕、口播传播信息的作用,与图像互为补充,相辅相成,更好发挥电视传播的优势。①

(三)形式更为生动

1.同期声

为了发挥电视的特长,此时的新闻,凡是能用形象的内容均尽可能用形象表现。字幕的使用更加积极主动,图像资料也更加生动活泼、运用自如。电视变得更加好看了。

上海电视台最早是在1984年的《观众中来》栏目里开始使用同期声。节目中一些群众直接在镜头前倾诉诸如屋顶漏雨、买不到米、垃圾成堆等苦楚,绘声绘色,显示出电视独特的优势。在1987年创办的《新闻透视》节目中,同期声运用成为其主要特点和风格。

山东台1987年的《台湾同胞回青岛探亲》新闻,反映两岸亲人重逢的情景。其中有这样一段:壮年的儿子归来,94岁的老父亲迎出来,分别近40年的父子相见,失声痛哭,父亲一字一顿地说:"儿啊,这么高了,爹不敢认你呀。"这句同期在这样的气氛中,反映出浓烈的真情,片中此类画面和同期声都是文字描述很难比拟的,让人不由得不与屏幕上的父子一起落泪。

有一些新闻的同期使用更加大胆。在1986年的《邓小平会见香港基本法起草委员会委员》一条里,只在开头和结尾各用了一句解说,将近三分钟的报道都是采用的现场同期声。一开始,小平同志同委员们一一握手,交谈,坐下后以年龄为话题,开始了

---

① 杨伟光.发挥电视优势提高新闻可视性[J].电视研究,1988(4).

谈话:"我今年 83 岁,明年 84 是个关。……"全场委员哈哈大笑,气氛轻松、热烈,使电视观众有身临其境的感觉。①

1986 年元旦前后,中央电视台为了宣传党在十一届三中全会以来的大好形势,在《新闻联播》中增加了"六五"成就专栏。这个栏目的内容主要来自中央各部委提供的文字资料、照片和各省电视台提供的材料。如果原样使用,就是由播音员念文字配图片,会使报道枯燥乏味。为了使节目生动,中央电视台利用各行业已有的声像资料配合报道,使新闻生动、真实。1987 年播出的《改革在你身边》用漫画、图表说明抽象的数字;《让历史告诉未来》片中,使用大量资料展现历史。相应资料的使用,弥补了画面的不足,更好地说明了主题。②

河南电视台新闻中心从 1986 年 6 月 22 日起在《河南新闻》中开设了《新闻漫画》栏目,其内容是将经过编辑加工、敷彩、分镜头的新闻漫画,配上音乐和风趣幽默的解说播出。这是一种新的尝试,在全国是第一家。开始时争议较大,后来得到河南省委宣传部、省内外漫画界、新闻界和广大观众给予的肯定和支持。这个栏目每周播出两次,到 1987 年年底,共播发 102 期、288 幅新闻漫画,日益形成自己的风格特色。③

虽然如此,但在电视新闻里运用同期声的还并不普遍,使用技巧也有不足。1987 年有人对中央电视台连续 20 天在《新闻联播》中播出的 322 条国内新闻图像报道做了量化分析,发现其中有独立的现场同期声的报道只有 23 条,占 7.1%。这说明同期声的使用还存在很多的空白,还没有被充分重视。当时很多电视记者使用 ENG 采制新闻时,只用它记录现场画面,并不善于用它将现场有价值的声音采录回来,因而未能全面发挥电视的优势。④ 当然这与早期使用摄影机采录,没有声音信号,从而没有录取声音的习惯有关,也和其他的如管理不到位、缺乏真正的竞争和媒体风气等有关。

增加电视新闻的现场感,也是发挥电视的优势和特长。这个阶段,各台在新闻采编中,开始注意到增加现场采访、现场报道,将现场的情景、气氛传达给观众,从而使观众增强身临其境的感觉。

2.字幕新闻

这个时期,字幕新闻在我国荧屏已开始采用。如 1987 年 5 月 24 日第 5 届世界羽毛球锦标赛在北京举行,中国羽毛球队包揽了全部 5 项金牌。中央电视台没有转播全部比赛,就在正热播的电视剧《红楼梦》中插播字幕:"在刚刚结束的世界羽毛球男子单打比赛中,我国选手赵建华以 2:0 淘汰了印尼选手蔡祥林。"不足 40 字的简讯,滚动一次不过十几秒,增加了信息的传播途径,使观众及时获得了新闻。当时我国电视对字

---

① 郑鸣.浅析新闻中同期声的运用[J].电视研究,1988(6);于学臣.敏感·时效·优势[J].电视研究,1988(2).
② 王传玉.充分运用声像资料丰富电视屏幕[J].电视研究,1988(4);杨伟光.发挥电视优势提高新闻可视性[J].电视研究,1988(4).
③ 《当代中国的广播电视》编辑部.中国广播电视在改革中前进[M].北京:北京广播学院出版社,1991:559.杨伟光.加强理论研究 推动新闻改革[J].电视研究,1986(4).
④ 曾昭明,武云芳.信息量之于电视节目[J].电视研究,1988(2).

幕新闻的使用还尚不普遍。

1987年11月20日至12月7日第六届全国运动会在广州举行,上海电视台也采用了"移动字幕新闻"传送最新消息。赴羊城现场采访的上海电视台记者,一获得运动会打破世界纪录或亚洲纪录、上海运动员得金牌的信息,就立即通过租用的24小时开通的"热线电话"线路告诉该台体育部值班人员,再通过技术部,把刚接到的消息用移动字幕直接插入正在播放的节目中,最快的离新闻事件发生才两分钟。在这届运动会期间,上海台共发布"字幕新闻"近40条,成为上海各大媒体发布全运会重大新闻最迅速的单位。

1988年9月,第24届奥林匹克运动会在韩国汉城举行时,上海电视台利用太平洋和印度洋上空的两颗国际通信卫星,转播奥运会现场实况的画面,并再次使用"移动字幕",迅速播发中国运动员夺得奖牌和创造新纪录的新闻50多条。①

3. 编排

在编排形式和格局上,这几年有了较多的变化。

1981年,《新闻联播》还是"老三段"式播出:国内新闻(影片)、国际新闻简讯(口播)和通过卫星收录的国际新闻(录像)。1984年10月,《新闻联播》在播出形式上将一位播音员改为男女两位播音员交替播报。同时,更换了栏目标识和音乐,新闻打上了字幕标题。到1985年将内容统一编排为国内、国际两部分,口播新闻增加了背景资料,又添加了字幕。

1987年7月1日,《新闻联播》增加了画面上的抠像和字幕,节目结尾出了工作人员名单;增设了《观众论坛》和《观众信箱》栏目;字幕新闻大量采用,随时插播。这时的《新闻联播》已成为拥有国内近8亿观众,同时对港、澳、台地区的新闻也进行了收录选播,还通过中央电视台四套向世界部分国家和地区播出的名牌新闻栏目。②

北京时间1986年1月29日凌晨"美国'挑战者'号航天飞机失事",这一新闻在当天的《新闻联播》里以头条位置播出,时长达六分多钟;而时任中共中央总书记胡耀邦的活动反而放在了第三条。③ 这是该栏目第一次把国际新闻放在国内新闻之前,打破了传统的编排顺序,播出后在社会上引起了强烈反响,受到了一致好评。这代表了当时新闻人的理想:"完全按内容的重要性,而不分国内国际"的统一编排,从反响来看,这也是观众的要求。这成了新闻界的一段佳话。

---

① 杨凯.电视字幕新闻的优越性[J].电视研究,2003(11);赵凯.上海广播电视志[M].上海:上海社会科学出版社,1999:438.
② 洪民生、章壮沂.立志改革力争使电视新闻节目有一个新突破[J].电视研究,1985(2);崔屹平:新闻改革在报道改革中改革报道[J].电视研究,1985(1);《当代中国的广播电视》编辑部.中国广播电视在改革中前进[M].北京:北京广播学院出版社,1991:84,92.
③ 孙孔华.电视要办好社会新闻[J].电视研究,1989(3);方汉奇.中国新闻事业通史:第三卷[M].北京:中国人民大学出版社,1999:581;杨伟光、李东生.《新闻联播》20年[M].上海:上海三联书店,1999:95;杨伟光.中央电视台发展史[M].北京:中国广播电视出版社,2010:159,164;郭镇之.中国电视史[M].北京:中国人民大学出版社,1991:170;王传玉:充分运用声像资料丰富电视屏幕[J].电视研究,1988(4).

《新闻联播》1985年3月1日起由过去的每次35分钟改为30分钟,时间虽然减少了,新闻数量还增加了。1985年,中央电视台新增办了《晚间新闻》。1986年7月1日起,《新闻联播》又由30分钟延长到了35分钟,当天新闻和刚刚收到的消息大量增加:民主德国领导人昂纳克访华以及美国空袭利比亚等重要新闻,中英关于香港问题的联合声明签字仪式,十二届三中全会等。[①]

第三节 不同题材的报道

一、时政新闻

这个时期,重大会议的报道率先采用直播,为新闻改革做出了表率。当然这也需要一个过程。

1983年春,六届人大一次会议召开前夕,广播电视部领导曾提出现场直播大会开幕式,未获得批准。电视台只做了录像剪辑播出。中央人民广播电台首次对开幕式作了连续报道。1984年5月,六届人大二次会议在北京举行,中央电视台派记者采访,播出了20多个会议专题节目。

1985年3月27日,六届人大三次会议在北京举行。广播电视部旧事重提,向会议宣传组提出现场直播大会开幕式的要求,得到中央领导同志批准。中央电视台、中央人民广播电台等组织了专门报道班子,从当天下午14点55分开始,向国内外电视观众和听众现场直播了开幕式实况。这是在改革开放之后,电视首次现场直播重要会议的开幕式。早在1959年4月18日,北京电视台(中央电视台前身)就曾直播了周恩来总理在第二届全国人民代表大会第一次会议上做政府工作报告的实况,那是电视首次转播重大政治会议。

1986年六届人大四次会议期间,中央电视台对两会记者招待会进行现场录像播出,引起巨大反响。[②]

(一)六届人大五次会议

1987年3月25日—4月11日,全国人大、政协六届五次会议召开。这次两会在前一年形势变动的背景下,引得中外记者云集北京。开始媒体以为报道口径可能会有所收紧,但是中央提出要求:"大会宣传应采取更加积极主动、更为民主开放的精神,通过各种手段采取多种方式,抓紧一切时机向国内外各阶层人士正面阐述、说明、解释党的政策。"这显示了空前开放的姿态。

---

① 《当代中国的广播电视》编辑部.中国广播电视在改革中前进[M].北京:北京广播学院出版社,1991:84,88.
② 《当代中国的广播电视》编辑部.中国广播电视大事记[M].北京:北京广播学院出版社,1987:397,418;杨伟光.提高对外电视节目质量的关键:八要八不要[J].电视研究,1994(7).

电视工作者们了解到会议宣传组安排了八次中外记者招待会,提出录像播出会议实况,改变以往记者招待会只发简单消息、回避尖锐问题的做法,以此作为报道的一次突破。这一设想得到广电部领导和大会宣传组的支持。会议期间,中央电视台播出了全部记者招待会的实况录像剪辑,及时而详细地报道了中央领导直接回答国内外关心的问题。电视还在报道各小组讨论会时,使用了代表和委员们发言的同期声,一改过去只见代表张口,不闻其声的缺欠,提高了重大会议报道的开放程度。

节目播出后,在国内外产生了巨大反响,上自国家领导,下至普通百姓,从国内电视界到外国报刊都对这种开放性报道给予较高评价。观众反映:"报道沟通了最高层同群众的联系""是我国政治生活中的一个进步"。美国《基督教科学箴言报》评论说:"中国政府通过电视向全国传播了数次记者招待会,……显示了前所未有的开放姿态。"①这次报道是电视新闻改革的重要标志。

在这次两会期间,针对有人说"电视记者到人大会堂从来不敢提问题"的风凉话,中央电视台开始专门研究现场提问。在20多个问题中经讨论确定了几个后,当年的"两会"记者招待会上,中央电视台记者几乎场场提问,从此也形成了传统。

这次报道也使有关领导更加重视电视的作用。这之后,在中央批准的《关于改进新闻报道若干问题的请示》中,在叙述了电视报道记者招待会的成功经验之后,谈道:"广播电视是同人民群众对话的新闻渠道中最迅速、最广泛、最直接,为广大群众喜闻乐见的现代化工具,具有文字报道不可替代的作用。"此后不久,国务院举行常务会议处理大兴安岭特大森林火灾问题,中央领导提出中央电视台要搞录像剪辑播出。这在国务院会议报道史上是第一次。②

(二)十三大

1987年10月25日—11月1日,党的十三大在北京召开,大会政治报告阐述了社会主义初级阶段的理论。对于新闻工作,会议提出:"要通过各种现代化的新闻和宣传工具,增加对党务政务活动的报道,""重大情况让人民知道,重大问题经人民讨论。"

中央电视台在总结人大会议报道经验的基础上,又提出对记者招待会现场直播,未能如愿;但报道口径明显放宽了。新闻报道一反过去严格保密的惯例,实现了从未有过的新闻公开,开创了党代会报道的四个"第一":第一次现场直播开幕式实况;中央电视台在人民大会堂用四部摄像机进行了实况直播,并通过国际卫星向全世界转播;第一次对党代会的全体会议从开始不断发出正在发生的消息的连续报道(包括字幕新闻);第一次明确规定领导人在记者招待会上的讲话,原则上可以公开报道,不必再送

---

① 于学臣.敏感·时效·优势[J].电视研究,1988(2);杨伟光.发挥电视优势提高新闻可视性[J].电视研究,1988(4).
② 赵玉明.中国广播电视通史[M].北京:北京广播学院出版社,2004:376;方汉奇.中国新闻事业通史:第三卷[M].北京:中国人民大学出版社,1999:579;中国广播《当代中国的广播电视》编辑部.中国广播电视在改革中前进[M].北京:北京广播学院出版社,1991:91,96;郭镇之.中国电视史[M].北京:中国人民大学出版社,1991:253;王枫.适应改革开放的新形势进一步改革电视宣传工作[J].电视研究,1988(1).

审;第一次允许中央各新闻单位根据各自的特点,大量发稿。这就为新闻单位放下了"怕出错"的包袱,为及时播出会议报道创造了重要条件。

大会期间召开记者招待会和记者采访会11次,电视台每次都录像播出、迅速报道。特别是11月2日下午一中全会闭幕后,下午5点开始,新当选的中共中央总书记率领着新当选的政治局常委一起出席了招待中外记者的酒会,回答记者提问。在现场的中央电视台记者沈忱、周建国、于学忱、马赤后与台长助理沈纪出于新闻敏感,决定做好简短新闻报道与详细专题报道的两手准备。由于招待会场地较大,领导与记者的活动范围很广,便使用一部便携式摄像机跟拍,用两部固定机位拍摄全场气氛,将现场实况全部记录下来。酒会在6点结束。中央电视台采用边录、边编、边播的流水作业方式,将此新闻在19:00的《新闻联播》中做了简要报道,在19:35播放了一个长达57分钟的专题《赵紫阳等五位常委答中外记者问》。赵紫阳同志边走边谈,对答如流,表现出党的领导对改革和国家前途充满信心。节目中运用了大量的近景和特写镜头来渲染气氛、烘托主题;片中的同期声,将五位领导与中外记者的提问、问答一一展现,使观众耳目一新。

节目播出后,在国内外受到热烈欢迎。应观众要求,节目在全国各电视台播出了几十次。外国电视机构有16家接收了这一新闻。但电视人还是遗憾:"这样的记者招待会,现场直播该多好啊!"在10天会期中,中央电视台先后播出新闻67条,记者招待会专题新闻13个;再加直播、插播及字幕新闻等,总计播出25小时15分钟。维斯新闻社还向多国发了新闻。如此大量、集中、迅速的报道,是前所未有的。大会期间,《新闻联播》的收视率从通常的30%多增加到42.7%。十三大会议和有关报道因此被誉为"开放型的会议,开放型的报道"①。这一年也成为重要会议电视报道改革取得历史性突破的一年。

十三大以后,电视中的"对话""交流"节目越来越多。现场报道以及连续报道、系列报道日多,重大政治活动的录像播出已成常规,现场直播也不时采用,用字幕夹带播出的简明消息、快讯经常呈现于屏幕。电视在新闻传播中的作用日益明显、突出。②

在十三大北京召开期间,上海电视台派出采访组,每天发回有关的新闻片和专题片,在电视新闻节目中播出。这是上海台第一次派出记者直接参与全国性重大政治活动报道。此后,全国性的重大政治活动如"两会"等,上海台都派记者到首都参与报道。③

这一时期,地方台的新闻也力图改革会议报道。对于电视报道中会议很多、会议

---

① 杨伟光.发挥电视优势提高新闻可视性[J].电视研究,1988(4);郭镇之.中国电视史[M].北京:中国人民大学出版社,1991:171,255;杨伟光.谈新闻报道的"度"[J].电视研究,1989(1);1987年度全国获奖电视新闻研讨会座谈纪要[J].电视研究,1988(4);郭良.同期声在电视新闻中的地位[J].电视研究,1988(6).
② 方汉奇.中国新闻事业通史:第三卷[M].北京:中国人民大学出版社,1999:579,580;杨伟光.中央电视台发展史[M].北京:中国广播电视出版社,2010:145.
③ 赵凯.上海广播电视志[M].上海:上海社会科学出版社,1999:398;赵玉明.中国广播电视通史[M].北京:北京广播学院出版社,2004:377.

新闻慢慢形成的模式"台上台下,会标高挂,群众鼓掌,领导讲话",观众没有兴趣。1986年10月,北京电视台向市委写了《关于减少会议报道的请示报告》,很快得到市委的批准。市委办公厅向各部委办、区县局转发了这个报告,说明大家对会议报道的问题都心知肚明,希望有所变化。但后来会议报道在电视新闻中仍然较多,其中原因也是复杂的。

1987年11月召开的中共北京市委第六次代表大会,北京电视台转播了开幕式实况,会议期间的几次记者招待会也都录像播出。每天都大量播发了会议的新闻和专题报道。这些报道增强了群众参政议政的意识,扩大了会议的宣传效果。①

(三)时政新闻

其时,一些有关领导活动的时政新闻,也有了新的探索和发展。

1984年1月24日21点30分,中国总理访美国、加拿大后乘机回到上海,上海电视台播出图像音响报道,电台用电视音响在播音室里做了现场实况报道。

1984年3月5—23日,李先念主席出访巴基斯坦、约旦、土耳其和尼泊尔4国,是我国恢复国家主席职位后的第一次出访。中央人民广播电台、国际台共派出7名记者随行采访。中央电视台报道组通过卫星及时向国内进行了报道。

1984年5月30日—6月16日,中国总理访问法国、比利时、欧洲共同体、瑞典、挪威、意大利。中央电视台通过国际通信卫星每天传回当天访问活动新闻。②

1985年,中央电视台播出的专题报道《胡耀邦同志重访长征路》,真实记录他深入基层、认真调查研究的情景。人们从中看到,在10天时间里,他沿着50年前红军走过的道路,行程2,000多公里,视察了川西北高原和陇南山区10多个县。总书记在田边地头,和农民席地而坐拉家常,询问他们的生产和生活情况;会见基层干部,和他们交谈形势、商量工作。片中有一幅幅耀邦同志为老汉点烟、抱着农家孩子嘘寒问暖的画面。③

1986年,中央电视台与英国方面合作,对英国女王伊丽莎白二世访华活动通过卫星进行直播,并为英国独立电视台(ITN)建了临时演播室。

1987年1月17日,中共中央政治局扩大会议公报,向外界宣布了胡耀邦同志辞去党中央总书记职务,世界各国的新闻机构都迅速报道。各国的目光一下子转向北京。很多国家对我国政策前景纷纷猜测。3月3日邓小平主任会见了来我国访问的美国国务卿舒尔茨。会见时我国领导人指出:在我们中央个别人事变动后,不存在改变改革开放政策的问题。我们反对资产阶级自由化,正是为了更正确、全面地执行已经贯彻执行了8年的行之有效的路线和政策。我们的既定政策不会变。接受报道任

---

① 《当代中国的广播电视》编辑部.中国广播电视在改革中前进[M].北京:北京广播学院出版社,1991:97,98,252-254.
② 《当代中国的广播电视》编辑部.中国广播电视大事记[M].北京:北京广播学院出版社,1987:390,392,398.
③ 王锋.屏幕得失小议两则[J].电视研究,1986(4).

务的记者,预见到这个新闻的重要性,事先做了充分的准备,所以现场抢拍到大量有说服力的素材,保证了准确、及时地把这一声音告诉世界。①

山西电视台有意识地增加公共事务的公开报道。该台新闻部选派了一两名能够完成重大报道任务的首席记者,常驻省六大班子和省军区,及时报道省委、省顾委、省人大、省政府、省政协、省纪委及省军区的重要活动,提高领导机关的开放程度,使山西人民及时了解重大情况和重大决策。他们还适时邀请山西省党政领导在电视上发表讲话,介绍形势、解答问题,增进群众对全面情况的了解和对党的政策的理解。同时注意选择有代表性、群众最关心的热点问题,在电视上组织公开讨论,请各方面的观众发表不同意见。这是对时政新闻内容的实质性改革探索。②

二、负面新闻

(一)灾难新闻

随着新闻改革的深入,负面新闻日见增多。我国对自然灾害的报道日益放开。

1.上海造漆厂火灾

1985年6月27日,当天下午在上海造漆厂发生了化学性恶性火灾。大火随时可能引发大爆炸,记者朱黔生、朱开元等紧急赶赴现场,和消防人员及其他抢险人员一起,冒着生命危险摄录下惊险的一幕。在拍摄中,记者感受到救火人临危不惧的大无畏精神,把新闻主题确定在讴歌英雄之上。上海电视台头条新闻播出了这条消息,还配上了一条短评。这条消息又被传送到中央电视台播出。新闻受到了上海市委和公安部主要领导的表扬,《人民日报》为此还发了一篇题为《做新时期的战地记者》的短评,表扬上海台记者为报道不惧牺牲的精神。③

1985年7月下旬,辽宁省辽河流域发生了特大洪灾,人民解放军驻辽宁各部队迅速奔赴灾区抗洪抢险。辽宁电视台及时传送灾情预报及防汛指挥部门的指令,播发抢险救灾的新闻、评论;从7月21日—9月6日的40多天里,共播出相关图像和口播新闻287条。中央电视台培养的第一批军队电视通讯员也随救灾部队赶到现场,拍摄了很多抢险救灾场面。军事部将这些素材汇编成《沈阳军区抗洪救灾立新功》的新闻。这条新闻有人物、有情节,现场感很强。④

2.大兴安岭火灾

1987年5月6—31日,我国东北大兴安岭林区发生了特大森林火灾,中央电视台

---

① 杨伟光.中央电视台发展史[M].北京:中国广播电视出版社,2010:337;于学臣.敏感·时效·优势[J].电视研究,1988(2).
② 《当代中国的广播电视》编辑部.中国广播电视在改革中前进[M].北京:北京广播学院出版社,1991:328.
③ 郭镇之.中国电视史[M].北京:中国人民大学出版社,1991:170,171;赵凯.上海广播电视志[M].上海:上海社会科学出版社,1999:397,672.
④ 《当代中国的广播电视》编辑部.中国广播电视大事记[M].北京:北京广播学院出版社,1987:425.

军事部和驻沈阳军区记者站联合作战,和通讯员全部随部队行动,深入一线采访。5月8日起中央电视台新闻开始报道。5月10日,黑龙江省广播电视厅组织两台(电台、电视台)记者20多名,也奔赴火灾前线采访。5月11日,中央电视台播出军事记者从灾区发来的第一条火灾现场情况的新闻片和通过卫星观察到的大火情况。之后,每天报道火情动态、扑火事迹、灭火战果、部队调动、生活、英雄集体、先进个人、善后处理、教训分析等新闻,记者在现场采访扑火部队,被采访人气喘吁吁,上气不接下气,显得真实感人。报道中适时穿插背景介绍,以及世界各地森林火灾发生情况和扑救办法,还有"大兴安岭火灾给人们的启示""火灾给人们的思考"等新闻评论。整组报道有动态、有背景、有解释、有分析,吸引着亿万中外观众。①

在连续报道期间,在交通极端困难的条件下,黑龙江省一些领导人阻止黑龙江台为中央电视台传送有关新闻,由于部队和辽宁台的支持,中央电视台及时报道了火情和军民扑火斗争的动人事迹。对这场火灾的报道,中央电视台前25天播出了60条新闻和多条评论;在一个多月内共播发100多条新闻。这些报道虽然每条都很短,但众多新闻形成整体,具有了相当的深度,创中央电视台连续报道之最,在我国电视新闻史上实属罕见。黑龙江省电台、电视台在一个多月时间里共采写各种形式的报道453篇。②

1987年6月7日,国务院召开常务会议,处理大兴安岭森林火灾问题,罢免了林业部部长。中央电视台对其进行了录像剪辑报道,这在对国务院会议报道历史上也是第一次。

虽然有了一定数量的灾难报道,过去讳莫如深的重大灾难事故在中央和地方电视台上逐渐基本做到有闻必录。但这类新闻仍然延续着"不做灾难做救灾"的思路。不深入追究和挖掘事故的责任和根源,观众从新闻中便不能全面了解灾难,也很难对如何避免灾难再次发生以及恰当的避难带来深入的了解。这损失的是事实的真相和对真相的认识,是人类从灾难中获得更多生存的机会。

(二)批评报道

从1979年中央电视台对"王府井小轿车"的报道之后,批评性报道日渐增多。在历年的好新闻评选中都有对此类的表彰,舆论监督受到广泛的关注和欢迎。这个时期的批评报道很多在关注百姓生活困难方面。这个时期各地主管部门还没有应对批评的经验,往往一个地方的问题一下就捅到中央电视台播出,也没有受到太多阻拦。

十三大政治报告中指出:"要通过各种现代化的新闻和宣传工具,增加对政务和党务活动的报道,发挥舆论的监督作用,支持群众批评工作中的缺点错误,反对官僚主

---

① 杨伟光.中央电视台发展史[M].北京:中国广播电视出版社,2010:167,203,204;杨伟光,李东生.《新闻联播》20年[M].上海:上海三联书店,1999:110.
② 杨伟光.发挥电视优势提高新闻可视性[J].电视研究,1988(4);章壮沂.电视新闻的改革与发展[J].电视研究,1993(台庆专刊).

义,同各种不正之风作斗争。"由于电视在社会上的影响越来越大,电视所反映的问题也形象、直观,所以,电视新闻发挥舆论监督作用,更容易引起社会的重视,也能促使问题尽快解决。在批评中,简单化的指控已被多侧面的分析所代替,有助于以理服人。

1.社会话题

1984年1月4日,就江西大学门前路面破烂不堪、污水横流而长期无人过问的问题,江西电视台连续播发了"江大门前路难行"和"这种局面何时了"两则报道。报道把现状展现在屏幕上,批评主管部门的官僚主义和拖拉作风,引起社会关注。不久,该路段得到了治理,推动了问题的解决。江西电视台又陆续播出了《南昌街头迷信活动猖獗》《九江火车站买票难》《倒卖汽油票现象应引起有关部门重视》等一些批评性报道,都取得了很好的社会效果。①

1984年8月,中央电视台播出了一组连续报道:《北京乘车难》,由10则单篇报道组成。它首先报道了两路公共汽车乘车难,和病人、产妇乘出租汽车难的情况;然后调查出乘车难的原因以及缓解矛盾的措施。采制中,记者没有事先写解说、设计镜头,也没有导演摆布,而是深入现场,抓拍真实、自然的镜头;采访当事人,用民众的语言来说明问题。报道一播出就接到北京观众的电话,以后,又陆续收到上海、广州等许多地方观众的来信表示支持。时任副总理李鹏为这个报道提出感谢中央电视台;胡耀邦同志看了后说:"这种报道不错,其他方面也可以采用这种方法连续报道一下。"北京市委市政府领导看了后,立即给有关部门打电话,要求他们认真对待所提问题,改进工作。北京市公交总公司很快新开了四条新线路,在比较拥挤的线路上增加了车辆和车次,在一些线路上增设了母子班车。报道促使被批评线路的交通难问题有了明显改善,这些举措也被继续报道出来。②

1985年广东电视台的连续报道《广州市近两万名学生入学难问题亟待解决》,首先抓住近两万名学生因无校舍上不了学这一问题展开,报道了有关部门互相扯皮,致使建校拖了4个月毫无进展。又追踪报道有关部门大力合作、克服困难,在短短4个月内建成3栋楼房,将问题圆满解决,收到了很好的社会效果。类似这样的连续报道,在当时的一些批评新闻中被经常采用,结果一般都能令人满意。③

1985年湖南广播、电视媒体一起针对农村乱占耕地建房问题集中报道,连续播出了三个月。关于"农民跑运输难"的报道,在湖南全省震动很大,引起了省委、省政府直至中央领导同志的重视,促进了问题的解决。1987年关于益阳市副食品公司白酒掺水事件的连续报道,随着事态的发展,媒体冲破阻力、层层深入,揭露事实真相,在社会上引起强烈反响。省委、省政府主要领导召开专门会议,听取情况汇报。益阳市副食品公司及其负责人分别受到处罚。国家有关部门制定的白酒加浆标准的条款也分别

---

① 《当代中国的广播电视》编辑部.中国广播电视在改革中前进[M].北京:北京广播学院出版社,1991:85,521,595.
② 郭镇之.中国电视史[M].北京:中国人民大学出版社,1991:171;崔屹平.新闻改革在报道改革中改革报道[J].电视研究,1985(1).
③ 谭盛章.电视新闻中的连续报道和系列报道[J].电视研究,1986(3).

做了修改或废止。

1986年,江西电视台针对南昌市卷烟市场的混乱情况,先后5次播出了揭露烟霸违法行为的连续报道,以及13期"烟霸的出现说明了什么"的追踪报道,在全省上下引起强烈反响。全国人大代表南昌视察组、省顾问委员会分别听取了省电视台关于这一报道的汇报,省委、省政府负责同志就如何整顿南昌市卷烟市场提出了一系列要求和措施,发挥出新闻舆论监督的巨大作用。

中央电视台于1986年12月4日新闻节目头条播出《全国自然保护工作经验交流会在长沙举行》,这条新闻是较早的对于环境问题的坦诚批评。它讲了从会上了解到的我国自然资源被破坏的情况,一系列触目惊心的数字,说明问题已经到了无法容忍的地步。这条新闻的开头先用了一个会场全景,接着是主席台近景和听众镜头。随后,画面便转到会外,用画面展示出我国环境破坏的严重情况:水土流失,牲畜、森林、动植物数量大幅度减少,缺乏养分的粮食作物、退化沙化碱化的草原以及森林、沙漠,等等。一些野外实地镜头和部分资料图片丰富了会议的信息,使画面本身具有新闻价值。这一幕幕情景,激起了人们的共鸣,引起了社会的广泛关注。

在批评报道中,还出现了一些体裁配合、正负报道配合的实例。1986年《湖南新闻联播》报道了假药事件。该台专题部便采制了专题《假药追踪记》,详细报道卖假药的来龙去脉。1987年,电视新闻连续报道了"官府村"现象,专题则报道了《常宁县一些干部乱用公款建私房》;新闻从正面报道了《六省公安机关通力合作,被绑架小孩平安返家》,专题则从反面报道了《高墙内的母与子》。这种长短配合和正反结合的报道方式在社会上对所批评问题分析更深入,较好地发挥了舆论监督作用。①

1987年广东电视台播出了电视新闻《广州三十万退休工人没有专门活动场所》。该片记者经过深入采访得知,广州市的退休工人不仅没有一个专门管理机构,连一个活动场所也没有。广大退休工人生活单调,对此意见纷纷。记者萌发了要为退休工人提诉求的想法,并很快采拍了这条新闻。画面中那一组退休工人坐在江边、路旁打纸牌的镜头,形象、生动,足以说明主题。新闻播出后,立即引起了广州市委、市政府和有关部门的重视。市委领导批示市总工会和各区政府,要重视退休工人活动场所的问题,第二年问题得到了一定程度的解决。一条一分多钟的电视新闻,在社会上引起了如此反响,收到这么好的社会效果,根本原因是它抓住了当时广大群众普遍关心的社会问题。②

回顾这么多早年的批评报道,我们惊讶地看到,很多当年"圆满解决"了的问题后面依然存在,而且那么惊人地相似。深究内中原因,可见媒体对社会问题多停留在将其所反映的具体矛盾的迅速化解上,而对问题的根源却没有深入追究、挖掘,没有建立阻断其继续滋生的途径、土壤,建立起长效的管控机制、制度。正是这些没有挖掉的根

---

① 《当代中国的广播电视》编辑部.中国广播电视在改革中前进[M].北京:北京广播学院出版社,1991:521,601.
② 孙孔华,张惠建.为民呐喊 发挥电视新闻舆论监督作用[J].电视研究,1988(5).

源,遗养成了日益壮硕的老根,在这上面结出了更多的恶果。一个问题表面上解决了,但其根还在,就会继续发芽、长出新的问题……这是社会盛行短期治理行为的恶果。

当年的电视批评报道具有很大的影响力,在播发以后常常引来高层领导的关注,说明领导们都在和大众看一样的节目,并会对一些媒体反应予以相当的重视,会责令解决。

除了批评报道以外,广东电视台在当时的省委第一书记任仲夷的提议下,于 1983 年 2 月 4 日在电视新闻中开办了《立此存照》这个批评栏目,该栏目播出后极受欢迎。1986 年 9 月,记者在调查中发现,广州市党恩新街下水道堵塞,污水横流四个月,当地居民曾多次向有关部门反映,报纸也做过报道,但一直无人过问。《立此存照》栏目以《屎水浸街四个月,六千多人受困扰》为题,报道了这一问题,并配发短评,引起了广州市和荔湾区两级政府的重视,副市长亲自过问,实地察看。管理者立即派人清疏。新闻播出后第四天问题得到了解决。同月,记者在调查中发现,广州海珠区晓园新村 72 家购买商品房的住户,搬进新居后缺水缺电达半年之久,何时解决,遥遥无期。《立此存照》又批评了这一现象,受到重视,经过 20 多天努力,问题也得到了解决。①

2.经济批评

随着改革深入,经济领域的利益纠葛开始涌现,新闻批评也开始涉及这个领域。在当年的批评报道中,有相当数量的涉及经济领域,里面有消费者对消费权利的维护,也有对经济建设中新出现弊端的声讨。这些新闻批评具体、实际,往往能够解决现实问题。

1985 年上半年,上海电视台提供给中央电视台播放的《上海市破获一起倒卖拼装汽车大案》《上海市药品管理混乱》和《外地冒牌的名牌产品进入上海市场》等新闻,及时揭露了经济领域的不正之风。中央电视台在采用时均配发了评论。《上海市药品管理混乱》引起了国务院医药管理总局的重视,为此向全国发文,直接推动了全国药物管理工作的展开。

山西电视台 1985 年播出的《山西运城地区违反农村信贷政策,造成重大经济损失》一片,反映出农村信贷工作因宏观失控和不正之风给国家带来了重大损失的事实,揭露一些人乘改革之机损公肥私的罪恶行径,是一则重大题材的报道。该台 5 名记者为了了解农村信贷中的问题,用一个多月的时间跑了十几个县,行程一千多公里,进行了大量深入的调查,取得了丰富的第一手材料。报道把抽象的信贷内容用生动的形式表现出来,化枯燥的概念、数字为具体的形象:一些贷款户大量借贷久拖不还,却在盖楼房、购汽车、买家电,甚至乱投资,这些事实都给电视观众留下了深刻印象。报道促使国家有关部门采取措施,及时纠正错误倾向。它以较高的新闻价值、较强的报道深度和较大的社会影响,赢得普遍的好评,并赢得"全国优秀电视新闻特等奖"。②

---

① 孙孔华,张惠建.为民呐喊 发挥电视新闻舆论监督作用[J].电视研究,1988(5).
② 赵凯.上海广播电视志[M].上海:上海社会科学出版社,1999:672;王锋.屏幕得失小议两则[J].电视研究,1986(4).

1987年下半年,山西电视台记者在采访中发现,一些地区和单位不顾财力物力实际情况,竞相大兴土木、基建摊子越铺越大,造成投资膨胀,工程拖欠款严重。记者走访了太原市体改委,了解到正是那些为计划留下资金缺口、资金和材料都不落实、在施工中不断追加资金的"钓鱼"工程造成了拖欠施工款的问题。这类工程仅在太原地区在建的 800 余个项目中就超过了 70%。看来,这个问题既有典型性,又有普遍性。于是记者确定了这条新闻的主题,做了《太原地区一些"钓鱼"工程造成基建投资规模膨胀、工程马拉松》的报道,及时配合了国务院要求各地清理在建项目的工作。山西省在清理中,共停建、缓建此类工程 78 个,压缩总投资 2.54 亿元。①

中央电视台于 1987 年 2 月 1 日正式开播的《综合经济信息》栏目,对当时的社会经济生活中的问题多有批评,如《彩电为什么买不到》《猪肉为什么限量供应》等与百姓生活密切相关的话题,或是《福建晋江地区鞋厂产品质量低劣》《桃花牌电扇引出的教训》等消费品质量问题。《在诱人的广告背后》,使观众充分了解浙江永嘉骗人广告的真相,为全国数以千计的受害者追回了损失。此外,《山西农村乱开小煤窑严重破坏国家煤炭资源》《运城地区建设农村信贷政策造成重大经济损失》《河南新郑县发现一座假化肥厂》《阿勒泰金矿遭到破坏》等经济批评报道播出后,均产生了很大的社会反响,对促进问题的解决发挥了积极作用。②

1987 年,中央电视台在《综合经济信息》栏目播出的连续报道《首都海关空运进口货物积压严重》引起社会的高度关注。时任经委副主任朱镕基立即召开了经委办公会议,指示要尽快解决。报道还在全国引起了连锁反应,许多地方开展了清仓查库工作,以减少国家损失。《北京沙子口货场哄抢西瓜》一片播出后,北京市有关部门惩办了主要肇事者,保护了农民的权益。这两则批评报道大胆揭露了相关管理部门存在的官僚主义和管理上的弊端,曾一时成为经济新闻中的焦点。经中央领导直接过问,被报道所批评的单位很快对有关问题和责任者进行了处理,同时也引起了各地有关部门的普遍重视,收到了较好的效果。时任国务院副总理万里就此指出:"今后对官僚主义的斗争要坚决持久地搞下去,并与深化改革结合起来。"③

1987 年,辽宁电视台和中央电视台共同录制的新闻《一条马路隔断了两个厂的产销联系》,播出后也引起了较大反响。新闻反映了沈阳市只有一路之隔的两个工厂,互相需要对方产品却难以直接建立供求关系,产品购进要到千里之外,生动地揭示了计划经济时代中国企业经营体制的弊端,问题提得尖锐、表现典型。④

湖北电视台 1987 年播出的《中南轧钢厂六五〇工程浪费惊人》,批评的是:六五〇工程耗资三百多万元后长期闲置,造成巨大浪费。报道不仅对败家子作风提出了批

---

① 南晓明.浅谈电视新闻选题[J].电视研究,1988(1).
② 《当代中国的广播电视》编辑部.中国广播电视在改革中前进[M].北京:北京广播学院出版社,1991:91;杨伟光.中央电视台发展史[M].北京:中国广播电视出版社,2010:190-192.
③ 王枫.适应改革开放的新形势进一步改革电视宣传工作[J].电视研究,1988(1).
④ 杨伟光.中央电视台发展史[M].北京:中国广播电视出版社,2010:188-192.

评,而且找出了问题的根源:工程盲目上马,缺乏前期的科学论证,就此提出了"不讲科学是最大的浪费"这一观点,揭示了新建企业中带有的普遍问题。武汉市委、市政府领导看了新闻后,连夜召开会议,责成市经委尽快拿出救活该工程的方案,并提出要追究有关人员的法律责任。冶金部长看到新闻后,在《光明日报》发表文章,严厉批评了这一现象,并拨专款指令武钢限期把工程搞活。武钢随后做出决定,把这一工程改革成现代化螺纹钢生产线。人们称赞:"一条新闻救活了一项大工程。"①

经济类批评是批评报道的一个新兴类别,它在这个时期大量涌现,并有力地发挥出对经济建设领域的社会舆论监督作用。

这个时期批评性新闻广受重视,也体现在评奖中。在1987年的全国优秀电视新闻评选时,获特等奖的15条新闻中有5条负面、批评报道:《大兴安岭森林火灾》(中央台)、《一条马路隔断了两个企业的产需联系》(中央台、辽宁台)、《太原市流动个体工商户超计划生育严重》(山西台)、《广州30万退休工人没有专门活动场所》(广东台)、《制止公款吃喝》(江苏台),另外一些得奖作品中也带有一定的批评内容。② 有人曾统计过1986—1988三年的全国优秀电视新闻获奖作品,发现批评性报道在特等奖、一等奖、二等奖中所占的比例分别为,1986年:10%、3.7%、8.5%;1987年:30%、23%、15.3%;1988年:60%、33.3%和33.3%。这组数字从一个侧面说明了中国电视新闻改革在内容上所发生的变化。

三、经济新闻

(一)经济频道

十一届三中全会以后,全党和全国的工作重心转移到经济建设上来,经济报道在电视宣传中处于重要地位。1984年以来中央领导多次指示,中央电视台要加强电视经济宣传,为改革开放服务。为了适应这一形势、适应经济发展的需要,1984年12月,中央电视台成立了经济部。当时上级明确规定其工作宗旨是:开发信息资源,服务"四化"建设。

为了对经济建设提供更具体的服务,中央领导多次指示中央电视台创办经济频道。1985年3月8日,中共中央书记处书记胡启立打电话传达了国务院副总理万里的指示:"要办一个经济电视台,着重传播经济新闻、经济信息、商业行情和广告。"

1986年3月,国务院电子振兴办公室给中央写了《关于购买国际通信卫星转发器,开办国内教育电视节目和综合经济信息节目的请示报告》,国务院副总理李鹏在这份报告上批示:"今年年底中央电视台开办一套经济信息节目,以适应四化建设需要。"③

---

① 何宏业.全方位多角度展现改革大趋势[J].电视研究,1988(5).
② 1987年度全国优秀电视新闻评选揭晓[J].电视研究,1988(4).
③ 《当代中国的广播电视》编辑部.中国广播电视在改革中前进[M].北京:北京广播学院出版社,1991:86,91.

1986年12月20—23日,广播电影电视部根据中央领导同志的指示精神,在青岛召开了"中央电视台第二套节目向全国传送工作会议",专门研究和布置了加强经济宣传和节目传送问题。全国24个省、自治区、直辖市广播电视厅(局)、70个城市电视台的代表出席了会议。会议决定,中央电视台第二套节目以传播综合经济信息为主要特点,并指出,"经济信息节目的任务是宣传党和政府经济改革的方针政策,传播国内外经济信息和商业行情,沟通城乡和国内外产销渠道,当好企业和消费者的参谋,为四化建设、为人民生活服务"。会上决定1987年中央电视台正式通过国际卫星向全国传送经济节目。

媒体这时对经济新闻也有了新的认识。传统的模式常常是将经济新闻等同于生产新闻,只关注哪个工厂提高了效益、产值增加了多少,这时,电视人认识到这个概念过窄、片面,甚至构不成新闻。这种节目观念导致观众不爱看经济新闻,而观众爱看的则报道得很少。1986年在石家庄会议上有人提出把生产过程放在经济新闻主体地位的观念应改变,要改变经济新闻的结构,即经济报道实际是个非常大的概念,包括经济政策、建设成就、物资流通、新闻人物、金融动向等方方面面,应该开阔视野、更新领域。"这类问题不解决,观念不改变,我们的新闻结构就很难改变,我们的新闻也就很难受观众的欢迎。"①

(二)中央电视台经济节目

1.创办专门栏目

1985年元旦,中央电视台在第一套节目中开辟了《经济生活》专栏,这是中央电视台建台以来第一个以经济为主要内容的栏目,其中还包括了原《科技与生活》栏目的内容。其主要内容是宣传改革新举措,介绍国内外经济、科技发展动态,维护消费者利益、传播经济行情信息、沟通产销渠道、提供各类服务。其中开设的小栏目有:《经济快讯》《市场巡礼》《科技信息》《市场信息》《国内行情》《世界经济窗口》《港台信息》等。节目每周播出3次,每周二、四在第二套节目19:00播出,每周一晚上在一套节目播出,每次20分钟;主持人为张宏民、卢静等。这个节目一出台,就受到中央领导和社会各界的重视,播出的一些节目在社会上产生过很好的影响。②

1985年8月中央电视台又开办了《消费者之友》栏目,进一步沟通消费者与生产企业、销售企业的联系,反映消费者呼声,保护消费者利益。这一栏目与中国消费者协会等单位密切合作,发出了《福建晋江地区鞋厂产品质量低劣》《桃花牌电扇引出的教训》等较受观众欢迎的节目。

1986年年初,中央电视台开办了面向北京地区的第三套节目。1987年2月1日起,原来只对北京地区播出的第二套节目调整为以经济节目为主的频道,通过卫星面

---

① 杨伟光.加强理论研究 推动新闻改革[J].电视研究,1986(4).
② 杨伟光.发扬优良传统建设世界一流大台[J].电视研究,1993,台庆专刊;《当代中国的广播电视》编辑部.中国广播电视大事记[M].北京:北京广播学院出版社,1987:412.

向全国传出。

2月1日同一天,中央电视台在《经济生活》栏目基础上扩充并改名的《综合经济信息》节目开播(1989年年底改版为《经济半小时》)。该栏目在二套每天播出,一周7期,并在首播的第二天重播。节目时长由20分钟增加到40分钟,其中有25分钟播出每天的固定小栏目《经济新闻》《市场信息》《金融动态》《东南西北》《广告》等;另外15分钟每天轮流播出《经济纵横》(周一)、《经济博览》(周二)、《世界经济窗口》(周三)、《科技与效益》(周四)、《企业家园地》(周五)、《信息发布会》(周六)、《消费者之友》(周日)、《周末热门话题》《外汇牌价》等栏目。该节目注重党和政府改革开放政策的宣传,其中包括物价政策、特区政策、外贸政策、企业承包政策、乡镇企业政策、国家财政金融政策等;还通过其众多小栏目,传播了城乡人民生活等内容。这个节目因逐步办出了特色,收视率较高。

《综合经济信息》开播后得到各级经济主管部门、企业界和全国各地方电视台的大力支持,受到观众特别是经济界人士的欢迎。仅10个月,就发布经济新闻和信息6,000多条。到1987年年底,全国已有120家省、市级以及相当多县电视台转播这一节目,到1988年4月初,达到了130家。前述《空运到京进口货物积压严重》和《北京沙子口货场哄抢西瓜》新闻都是在《综合经济信息》栏目播出的。该栏目中曾有不少节目获得了国家级大奖。如《发展中的思考——我国涉外宾馆宏观控制》就获得1987年全国优秀电视专栏一等奖。①

由编导乔冠英等策划制作的《周末热门话题》栏目,内容贴近百姓生活现实,形式上较早采用主持人谈话的方式,既轻松又活泼,播出了《彩电为什么买不到》《猪肉为什么限量供应》《住房改革对谁有好处》等,通过议论百姓关心的问题,宣传、解释了政府的有关政策,反映了群众意见,社会影响较大。

对于经济报道的关注也可以在专业刊物上看出来。1985年新出刊的中央电视台《电视研究》杂志第一期即刊登了《关于宣传改革的几点意见》。其中基本都是关于经济报道的:其一,注重把握改革的目的:有利于促进社会的安定、生产的发展、人民生活的改善、国家财力的增加。其二,城市经济体制改革要抓住增强企业活力这个中心环节。其三,突出宣传搞活城市经济的几个重点:发展多种经济成分,大力发展商品生产,积极发展第三产业,搞活流通。其四,宣传政企分开。其五,大力宣传尊重知识,尊重人才。其六,宣传以整党的精神来搞好改革。其七,价格问题要特别慎重,必须严格按照中央和国务院的有关部署进行。② 这些也都是当年经济报道的重点内容。

2.经济建设成就

随着国家中心工作向经济建设转移,这个时期开始出现很多大型工程报道。

这一时期对于卫星发射的报道频频现身荧屏,增加了国民对卫星事业发展的了

---

① 《当代中国的广播电视》编辑部.中国广播电视在改革中前进[M].北京:北京广播学院出版社,1991:86,87,91;杨伟光.中央电视台发展史[M].北京:中国广播电视出版社,2010:146,189-192.

② 中央电视台总编室.关于宣传改革的几点意见[J].电视研究,1985(1).

解。1984年4月,我国在西昌卫星发射中心发射了第一颗实验通信卫星。中央电视台军事部的记者在现场选择了最好的角度,距离最近又最危险的地点,拍摄到较理想的镜头,制作出《我国通信卫星定点于东经125度赤道上空》的新闻。[①]

从20世纪80年代中期开始,上海的重大市政建设工程相继上马并陆续竣工,围绕南浦大桥、杨浦大桥、地铁一号线、内环线高架路、东方明珠广播电视塔等,从工程开工起,上海电视台组织了一系列的报道。1985年宝山钢铁总厂建成投产前夕,中央电视台急请上海电视台提供关于宝钢投产对国民经济发展将产生怎样作用的电视评论,编辑记者用一昼夜制成一条10分钟评论片,送中央电视台在宝钢投产当天播出。

(三)各地经济台

上海电视台从1981年10月就开办了服务性很强的经济新闻栏目《市场掠影》,每次3分钟,播出五六条实用商品信息,每周六播出,播出后受到欢迎。1985年2月将其扩大为《经济之窗》栏目,每周一集20分钟,其中10分钟为经济新闻,设有《生意经》《市场漫步》《上海之最》《建议和呼声》等小栏目。节目中有对调价后自行车销售情况的反映,有对劣质蛋糕来源的调查等。1986年春节,围绕节日供应和价格问题,节目组邀请市民与叶公琦副市长进行电视对话,节目组播出后观众纷纷来信赞扬。[②] 随着市场启动、社会经济活跃,民众对相关信息的需求大大增长,这也是后来开办更多节目直至办频道的内在动因。

1987年6月15日,上海电视台将社教部改建为电视二台,以经济宣传为中心进行节目安排,经济栏目全面铺开。开设有固定栏目《小菜场》《商情·交通·气象》《经济信息》《信息总汇》《今日农村》等。经济类节目每天播出时间达50分钟。其中《信息总汇》每天20分钟,除本市经济新闻外,还报道全国、全球信息。整个栏目的特点是短平快,信息容量大(该栏目初名《经济交流》,每天10分钟,半年后扩版改此名)。《商情》是《商情·交通·气象》节目中的一个专栏,内容为:预测和评述消费及生产资料的供求趋势,通报上海市场各类展销活动,沟通供求双方,播发股票、债券、外汇牌价以及开奖活动、中奖号码等。1993年2月起,该栏目被纳入《上海早晨》栏目的《生活百事》栏目中。

上海电视二台在1987年年中还举办了经济合同、机械制图、家用电冰箱、手编绒线服装款式等一系列讲座。该频道开设时间晚于中央电视台二套四个半月,但开局内容更为丰富。

同时,各省、市电视台也纷纷办起了形式多样的经济专题节目。贵州省电视台从1985年7月起新开辟综合经济信息节目《经济动态》,每周播出两次,每次15—20分

---

① 杨伟光.中央电视台发展史[M].北京:中国广播电视出版社,2010:202;赵凯.上海广播电视志[M].上海:上海社会科学出版社,1999:398-399.
② 方汉奇.中国新闻事业通史:第三卷[M].北京:中国人民大学出版社,1999:577;郭镇之.中国电视史[M].北京:中国人民大学出版社,1991:150.

钟,当年播出 26 次,提供各种经济信息 643 条。此外,该台还办有《致富之路》节目,不定期播出。①

1987 年云南电视台组织力量摄制了《改革之窗》《一厂一策》《厂长书记谈改革》等系列节目,使全省 17 个地、州(市)和 100 多个县都上了电视,让大约近百位厂长书记在电视上亮相,介绍各自的改革经验。这应该算是用传统形式提供新内容服务,试图用典型引路,是一种比较保险的做法。

河南台对黄河大桥工程从开始到结束不断地分阶段进行报道。对国家重点工程持续地报道能鼓舞人心,比起之前那种小厂年产值增加多少一类的报道要好得多。这些报道在人们面前展现了我国经济体制改革和经济建设中方方面面、多姿多彩的情景,给人们以启迪,激励人们坚持改革,实现四化。②

除开办专栏外,各地台还注意在节目中宣传有关经济体制改革和经济建设的政策、法规、法令,宣传从产品经济向商品经济转变中的新思想、新观念、新经验,传播科学技术知识和经济信息,交流经营管理经验,开阔视野,开拓致富途径,促进城乡商品经济发展。如四川电视台播出的《四川化工机械厂实行三方面改革》,安徽电视台播出的《县委书记看望受挫专业户》等,很有各地各自的特点。

黑龙江电视台抓住实行家庭联产承包责任制后,当地当时农业生产中最突出的大农机与小地块之间的矛盾问题,编播了《黑龙江省在解决大农业机械与小块土地的矛盾中闯出一条新路》(1987 年 8 月中央台播出),从全新的角度,围绕农村改革的经济效益和社会效益提出问题,并找到解决的办法,对改革粮食生产、推动农村第二步改革,提供了宝贵的经验。

湖北电视台的视角前卫,注意抓取改革中出现的新事物、探讨新问题,有很强的新闻性。如《湖北省审计部门积极开展对厂长、经理离任的经济责任审计工作》报道,以高度的责任感和敏锐的观察力,捕捉到对厂长、经理离任时采取经济审计的做法和经验。这种做法既保护了优秀企业领导人,又制约了一些厂长和经理在承包经营中的短期行为,无疑对完善承包经营责任制、深化企业制度改革发挥了推动作用。该台还于 1987 年 11 月对武汉市在经济体制改革中出现的"企业兼并"这一当时尚无先例的改革现象进行了报道。新闻中的兼并者和被兼并者都是国有企业,具有很强的典型性和普遍意义,揭示出兼并是亏损企业求生存和盈利企业求发展的双赢选择这一道理。③

各地方台这一时期也发出了较多经济类新闻报道。在获奖的全国电视好新闻中可见一斑。如 1986 年获奖的中央台和武汉台联合制作的《菜篮子里看改革》深入浅出地讲解经济学知识,宣传改革精神;广东、湖北、河北三家电视台的新闻《广州东山酒家

---

① 赵凯.上海广播电视志[M].上海:上海社会科学出版社,1999:402.
② 《当代中国的广播电视》编辑部.中国广播电视在改革中前进[M].北京:北京广播学院出版社,1991:231,436,701-702,708,740.
③ 何宏业.全方位多角度展现改革大趋势[J].电视研究,1988(5);赵玉明.中国广播电视通史[M].北京:北京广播学院出版社,2004:377.

坚持薄利多销,顶住乱涨价歪风》《武汉蔬菜购销体制改革后产销两旺》、连续报道《来自河北保定农村的喜讯》从不同的侧面反映了城乡经济改革的现状与进展。

1987年的获奖新闻中,有反映农村土地承包新动态的:辽宁台《铁岭县新台子镇采取投标方法鼓励农民承包机动土地》;对国有企业领导展开监督管理的:湖北台《湖北审计部门对离任厂长经理实行离任审计》;对企业运营方法进行探讨的:河北台《石家庄第一塑料厂实行满负荷工作法》;等等。这些报道,反映了经济领域改革中出现的新事物,引起了社会广泛的关注。①

这些经济新闻直面改革中的重大课题和日常话题,探讨了当时社会急待明了的众多发展问题,对全国改革现实具有启发、指导作用,是社会发展的指南针和温度计。加之其播出形式在真实性、感染力上更胜一筹,更有优越性,也更容易获得社会的接受和认同。

这一时期经济新闻所占比重已经很大,除去那些产生影响的优秀报道外,也还存在相当数量的一般性报道。这些报道离不开工厂机器转,面面俱到,中心不突出,即使有一点新的内容,也被淹没在大量的一般化事实之中,缺少新闻价值。还有一些报道划不清和广告的界限,宣传色彩很浓,成为广告式有偿新闻。②

四、体育新闻

(一)中央电视台体育报道

从1984年开始,中央电视台的摄影机全部为电子采录设备所取代,技术上的变革为体育新闻带来了革命性的转变。体育记者可以更快地把比赛的结果报告给观众,甚至可以把正在发生的新闻事件直播出去,从而使电视体育新闻的影响越来越大。

1984年洛杉矶奥运会之后,我国掀起了一阵体育热。由于卫星和国内微波技术的不断改善,许多比赛都可以进行现场直播。

1980到1984年间,中央电视台体育部先后开办了三个周播体育栏目《体育之窗》(15分钟)、《世界体育》(15分钟)和《体坛纵横》(50分钟)。后两个栏目是对国外节目的缩编,《体育之窗》逐渐增加了赛事欣赏和深度报道的内容。1985年以后,《体育之窗》中逐渐多了一些边缘性内容,如跳出单纯赛事,把镜头延伸到运动员身边和运动队里,让观众能够看到一些在现场没有的东西。特别是在大型运动会开始之前的几个月内,该栏目就开始播出介绍运动会的历史、主办地、参赛队情况、中国队的准备等内容,帮助观众了解赛事,预热比赛报道。③

在这个时期,中央电视台在《世界体育》和《体坛纵横》两个栏目中播出了不少国外

---

① 王锋.屏幕得失小议两则[J].电视研究,1986(4);杨伟光.发挥电视优势提高新闻可视性[J].电视研究,1988(4).
② 洪民生,章壮沂.立志改革力争使电视新闻节目有一个新突破[J].电视研究,1985(2).
③ 杨伟光.中央电视台发展史[M].北京:中国广播电视出版社,2010:174-175,177.

节目,尽管有些内容已是两三个月之前的事了,观众还是很喜欢,这是因为这些节目的选材角度比较新颖且制作精良。因此,体育记者们开始寻找新的制作方式,改变传统的单纯报道赛事的专题,以满足观众的观赏要求。

由于《新闻联播》的节目容量有限,除了重要消息外不少体育新闻都不得不被推到第二天,甚至更晚才能播出。1985年3月中央电视台开辟了《晚间新闻》,这就使体育新闻有了更多的播出机会,从此中央电视台体育新闻的播出数量增加了很多:从1982年体育新闻播出总数只有300多条,到1986年已经超过了1,000条。

1984年10月14日,第4届北京国际马拉松比赛举行。中央电视台200多名工作人员参加转播,从上午9:30开始向北京地区做现场直播,同时通过卫星向日本传送,当晚向全国播出了比赛录像。

1985年3月29日,第38届世界乒乓球锦标赛在瑞典哥德堡举行。中央电视台派出转播组,比赛期间,向全国观众进行了报道。①

1985年7月31日—8月11日,国际足联举办的16岁以下柯达杯少年足球世界锦标赛在中国举行。中央电视台联合上海电视台、天津电视台、大连电视台向全国现场直播了10场比赛。比赛通过太平洋卫星和印度洋卫星向阿根廷、墨西哥、哥斯达黎加和尼日利亚等国传送比赛实况和录像42场次,全世界有上亿观众通过电视看到了在中国的比赛,为亚运会转播锻炼了队伍。

1985年10月13日上午9:30,中央电视台现场转播了第5届北京国际马拉松比赛实况,除向北京转播外,还首次向全国转播,同时通过卫星向日本传送。

1985年11月,直播了在日本举行的第4届世界杯女子排球赛。中国女排以7战全胜的战绩,第4次荣膺冠军。

1986年6月1日,根据观众的要求,虽然没有中国队参赛,中央电视台还是转播了在墨西哥举行的第13届世界杯足球赛的全部52场比赛实况,全部安排在比赛当天播出,其中直播19场、录像9场、录像剪辑24场。中央电视台派出6人报道组赴香港,使用香港电视台的信号进行现场解说、评论。一个月时间里,通过卫星传送了100多小时的节目,全部播出。这在中央电视台历史上是第一次。这次转播克服了距离远、环节多、通信联络困难等不利条件。②

1986年8月10—17日,中央电视台首次利用我国发射的通信卫星现场直播了在新疆乌鲁木齐举行的第3届全国少数民族传统体育运动会开幕式及3,000米速度赛马实况。中央电视台派出20多人的报道组,通过卫星每晚播出从新疆传回的运动会专题节目。

1986年,转播了在捷克举行的第10届世界女排锦标赛。

---

① 《当代中国的广播电视》编辑部.中国广播电视大事记[M].北京:北京广播学院出版社,1987:400,406,413,418,426-427,432.
② 杨伟光.中央电视台发展史[M].北京:中国广播电视出版社,2010:181-182,185.

(二)地方台体育报道

在这期间,一些地方台采用多种形式也开始了国内甚至是国外赛事的直播报道。

1984年6月28日,第7届欧洲足球锦标赛决赛在法国巴斯市的公主公园体育场举行,天津电视台租用国际通信卫星从凌晨2点45分开始直接由法国转播比赛实况。这是天津电视台首次租用国际通信卫星转播国际比赛。

1985年1月26日,福建电视台第一次和中央电视台联合利用微波干线向全国直播了日本日立女排和福建女排比赛的实况。

1985年5月,辽宁电视台首次租用国际通信卫星现场直播了辽宁足球队与精工足球队在香港的比赛实况和在辽宁的比赛实况。[①]

1985年8月21日,陕西电视台现场直播了在西安举行的武术国际邀请赛。有16个国家和地区的代表参加比赛。

1986年6月在墨西哥举行的第13届世界杯足球赛期间,上海电视台自行直播了两场中央电视台没有转播的比赛实况,即6月18日意大利对法国的八分之一决赛和6月23日阿根廷对英格兰的四分之一决赛。转播都是从北京时间凌晨3时开始;上海台体育解说员在本台直播室边看画面边直接进行解说。这是上海台首次使用国际通信卫星转发的画面,直播在国外进行的重大体育比赛。

1987年3月29日,第6届全国运动会马拉松比赛在天津进行。天津电视台在没有电视转播车的情况下,克服重重困难,首次采用微波多点传送、现场直播与现场录像相结合的方法对这项大型比赛进行了报道。

1987年11月20日至12月7日,第6届全国运动会在广州举行期间,上海电视台每当运动员打破世界纪录或亚洲纪录、上海运动员取得金牌的时刻,即采用"移动字幕新闻"形式插入正在播放的节目,最快的离事件发生只有两分钟。[②]

这期间对国内外大型运动会和体育赛事,上海电视台均由体育节目播音员赴现场或根据卫星直播解说。1985年上海体育学院毕业的杨旭峰调入上海台,当年即为51场体育比赛进行了解说,由此上海台开始培养自己的节目主持人。

(三)第23届洛杉矶奥运会

1984年7月29日,第23届奥运会在洛杉矶开幕。这是新中国运动员参加的第一届奥运会。

1983年2月,中央电视台派谈判小组同洛杉矶奥运会组委会谈判报道权,面对120万美元的转播费要价据理力争,拒绝了外国赞助和其他附带条件,最终出资20万美元,直到1984年2月才把报道权买定。之后继续解决信号传送问题,由于其他各国

---

① 赵凯.上海广播电视志[M].上海:上海社会科学出版社,1999:438-439,484,673;郭镇之.中国电视史[M].北京:中国人民大学出版社,1991:179.
② 《当代中国的广播电视》编辑部.中国广播电视在改革中前进[M].北京:北京广播学院出版社,1991:87.

都是上一届奥运会一结束就开始谈判下届的报道权和租用卫星线路,而我国当时谈定报道权时卫星线路已被其他国家全部租用。在这种情况下,我国只好加入香港无线电视台同新西兰共同已租用的每天 13 小时的太平洋备份卫星线路,在总共 22 万美元租金中仅出资 5.2 万美元解决了传送问题,成为花钱最少的一家。由于香港和中央电视台的报道项目基本一致,这也没有问题。

在洛杉矶新闻电视中心租用工作间、设备以及解说员位置等问题上,也是选择和新西兰共用其花 100 多万美元租的一个工作间,条件是要由对方控制传送需要的节目,我方就不用再出钱。奥运会租用现场解说位置每天要 1 万美元,这笔费用又要几十万美元;后经过与两方多次商量决定,中央电视台组成三个报道小组:一组赴洛杉矶负责落实计划中的各种项目选择和传送,并负责新闻报道;一组赴香港负责为洛杉矶直播和香港编后传送的各节目加解说;一组在台里负责接收和播出,三点成一线统一指挥,分工负责。每天完成两小时专题报道、一次 1—2 小时的现场直播或录像播出,再加我国运动员破纪录和获金牌的所有新闻报道。

为了节省费用同其他台合作或者"借光"的办法,钱是省了,但给报道工作带来了很多不利。加之解说员不在现场,缺乏第一手资料,解说也不够理想。[1]

这次传送节目用的太平洋备份卫星,北京的地面站收不到,因此只好在香港收下来,再用微波线路传到北京向全国播出,这并不影响报道时效。中央电视台现场转播了开幕式、闭幕式和女排决赛等 10 场实况;还有专题报道 30 集、赛事录像 17 次、新闻报道 35 条、评论 3 次,共播出约 70 小时节目;再加口播新闻和综合报道 17 次,重播录像 26 场。电视节目使得国人首次第一时间看到了奥运会的比赛和现场记者团发回的报道,收视率空前。这届奥运会上中国选手得到 15 项金牌,中国观众沸腾了,强烈要求增加转播时间。中央电视台据此修改了报道计划,从原定每天 40 分钟转播逐渐增加到每天 4 小时。[2]

奥运会报道形成了几个热点:《许海峰夺得二十三届奥运会第一块金牌》,这条新闻除了展现许海峰金牌夺得不易的情景外,还抓拍了颁奖时五星红旗冉冉升起的镜头,带有强烈的抒情色彩,让人们心情激荡。中国女排夺魁,吸引了国人的视线,连当时的香港街上行人都大为减少,祖国的荣誉使每一个炎黄子孙都为之欢呼雀跃。中国观众通过现场直播"同步"收看到李宁勇夺三枚金牌,也看到李宁在获得男子体操冠军后在领奖台上胸挂金牌、手捧鲜花,当国歌奏响时,热泪滚滚而下,他身后叠化出缓缓升起的五星红旗,并重现了他在赛场上拼搏的身姿。[3]

本届奥运会上,来自 140 多个国家和地区的约 1 万名记者云集洛杉矶,这是新闻

---

[1] 叶惠.第二十三届奥运会报道的"头两脚"[J].电视研究,1985(1).
[2] 杨伟光.中央电视台发展史[M].北京:中国广播电视出版社,2010:159,181,185,186;郭镇之.中国电视史[M].北京:中国人民大学出版社,1991:170,179.
[3] 吴芳.试论电视新闻的欣赏性[J].电视研究,1989(6);杨伟光.发挥电视优势提高新闻可视性[J].电视研究,1988(4).

报道史上记者人数最多、采访时间最长的一次。全世界观众数量达到了 20 多亿。① 可以说,这同时也是新闻界的"奥运"赛会。

(四)汉城第 10 届亚运会

1986 年汉城第 10 届亚运会是之前亚运史上规模最大的一次。中央电视台投入大量人力、物力做了充分报道;派出了 15 人的报道组赴汉城采访,每天传回 35 分钟的综合节目,报道比赛实况;仍与香港电视台合作,每天的现场直播和当日的集锦以香港电视台制作为主,中央电视台人员主要拍摄和中国队有关的新闻和配加解说;每天的《新闻联播》播出当天上午和下午的比赛情况,《晚间新闻》则报道当天晚上的比赛结果,重要消息随时插播。中央电视台赴汉城报道组每天还通过通信卫星传回 30 分钟的综合消息,在黄金时间播出。每天的播出量都超过 10 小时。②

对中国体育代表团获第一块金牌和金牌总数第一的消息都是争分夺秒的"战斗"。中央电视台一个主要对手是中央人民广播电台。10 月 4 日,中国队和韩国队的金牌总数是 92 平,而 5 日还有六项比赛,其中一项为马拉松,日本有把握赢;一项足球,韩国比较有把握;还有四项田径比赛,中国只参加三项,形势非常紧张。当天下午 1 时,田径比赛开始,第一个女子 4×100 米,我们拿到了金牌后,马上发回一条消息。第二项男子 4×100 米又是我们第一,但还不能肯定是我们的金牌总数第一。接着女子 4×400 米,印度获得了金牌。这才确定了我们金牌总数第一的位置,记者马上写消息发回来,当时是下午 1 点 40 左右。但这时有可能是第一也可能并列第一。到男子 4×400 米,日本队取得了金牌,这才肯定是我们第一,又重新改写消息。北京时间下午 2 点 15 传回,2 点 35 在电视节目中插播。这次,中央电视台在时效战中也得到了第一。

本次亚运会上,我国自行车队勇夺金牌的电视新闻,在比赛结束 15 分钟后就由中央电视台播出。9 月 21 日 11 点 30 分,记者从比赛现场电话告知,100 公里自行车比赛,中国队获第一名,记者马上写稿,传回北京,11 点 50 分中央电视台中断节目播出,此时,场上还在举行发奖仪式。这条消息的速度连当地的韩国媒体也不及。当时有的比赛刚结束,比赛成绩公告的字幕就已在电视机上出现。③

五、其他报道

(一)战地报道

由于从 1978 年开始,越南当局在中越边境制造事端,并挑起边境军事冲突。1979

---

① 威廉.洛杉矶奥运会的电视新闻[J].电视研究,1985(1).
② 《当代中国的广播电视》编辑部.中国广播电视在改革中前进[M].北京:北京广播学院出版社,1991:89.
③ 杨伟光.加强理论研究 推动新闻改革[J].电视研究,1986(4);任江舟.漫谈中央电视台体育新闻[J].电视研究,1989(4).

年2月12日,中央军委下达了《中越边境地区自卫还击作战命令》。17日对越自卫反击战打响。中央电视台随后播出了我广西、云南边防部队自卫还击越南侵略的消息和专题报道,及时向中外观众报道了中越边境冲突事件。

1984年4月28日至5月15日,中国边防部队奉命收复了被越军蚕食的我云南麻栗坡县的老山和者阴山。军事部派出记者随作战部队行动,拍下了这次战斗的全过程,制作播出了《我军收复老山、者阴山》的新闻报道。①

除了在中越边界的报道外,1985年4月25日至8月29日,中央电视台派军事部记者周兴广、宫军、叶国平和翻译刘润礼组成记者组,赴柬埔寨丛林采访那里的军民抵抗越南侵略的斗争。为了这次采访,行前广电部和电视台领导曾亲自交代一定要完成任务。4人决定就是剩下一个人也要坚决完成任务。他们做好了吃大苦耐大劳甚至牺牲的思想准备,一定要把柬埔寨三方武装抵抗力量在国内打击越军的真实情况拍回来,向全世界报道。

5月,电视小组一行4人,进入柬埔寨内地。当时正值雨季,到处都是水茫茫一片。记者随柬方游击队行动,不是蹚水就是泅渡,衣服、鞋子没干过。在柬埔寨两个多月的采访中,他们没睡过一次安稳觉,没住过一个干地方。徒步行军1,500多公里,路经马德望、菩萨、磅清扬3个省,曾进到离金边91公里的游击队营地;通过侵柬越军的7道封锁线和9个地雷区,除忍受蚂蟥、蚊虫的叮咬和阴暗潮湿的原始森林中的炎热与腐叶的恶臭外,还先后5次与敌人遭遇。中途,除宫军染上疟疾,高烧不止,不得不提前回国外,其余3人均克服了巨大的困难和危险,圆满完成了任务。

7月1日,摄制组安全到达泰国首都曼谷。在修整期间,又一次返回柬埔寨靠近泰国的地方,拍摄了西哈努克、宋双、乔森潘三方的联合大会,还拍摄了宋双、拉那列部队的训练。当时美国之音报道说:"中国中央电视台是世界上第一家深入民主柬埔寨营地进行采访的电视台"。3人于8月29日回到北京。接着又经过十几天紧张的后期制作,做出了汉、英、泰、柬4种语言版本的节目。

此行共拍摄新闻12条,完成专题片《来自柬埔寨丛林的报告》。除在中央电视台播出外,还送往国外。这一年,党和国家领导人把该片作为礼品送给来访和出访时会面的外国元首。专题片在联合国大会上放映后,产生了很大的影响。②

他们是真正的战地记者。这之后多年,我国电视记者再没有像这样真正进入战地,做过如此艰苦的采访。

(二)社会新闻

这个时期的新闻报道内容结构开始出现明显改变,反映生产的新闻减少,社会新闻明显增加。当时的社会新闻围绕改革这一主题,报道了一些生活中的新事物,很多

---

① 杨伟光.中央电视台发展史[M].北京:中国广播电视出版社,2010:199-200.
② 周兴广.在柬埔寨的丛林中[J].电视研究,2000(1).

是热情歌颂新人、新事、新气象或提示社会生活中新出现问题的。

1984年2月28日18点25分,广东电视台接到电话,广州自来水公司一名工人受伤生命垂危,急需大量AB型血,希望通过电视向社会求援。播出总值班罗远峰当机立断,在19点05分中断节目,插播了这一消息。十几分钟内自愿献血者纷纷赶到抢救现场。广东电视台又及时派记者拍摄了献血的场面,在22点的《今日电视新闻》中播出,构成了连续报道《广州市民争相献血抢救受伤工人》。报道显示了电视的威力,引起了社会极大反响,受到广大观众的赞扬。①

在1986年,中央电视台报道了北京市选市花的消息。当时对北京市选什么花做市花有两种意见:一种主张选菊花,一种主张选月季花。记者现场采访了选菊花人的意见,后来台里又让增加了选月季花的意见。这在当时是一种尝试。这涉及一些前所未有的题材领域:花事能不能上《新闻联播》?大家讨论后认为可以。报道后,观众反响很好:既开阔了观众的视野,也开拓了报道领域,还使新闻节目回归了其本来定位。但当时业内有很多的不同意见,认为"这种新闻就全国来讲,对国计民生根本没有什么影响,……基本上不算新闻"。"应该增加重要的经济新闻",致使后来一段时间,很少见到此类报道。② 从中可见新闻界的过多顾虑和改革中的手足无措:不知该摸的那块石头在哪,不知道据何界定新闻的标准。当然其中也有时代的局限:当时节目时间少,想要多报"大事"。实际上报道存在很多空白领域,且一时也不知该如何改善。新闻报道常常不自觉地回到传统的老路上去。

1987年四川电视台的新闻《武术擂台赛父子对擂爆冷门》,用独特的表现形式拍摄了赛事中的一个花絮:在武术擂台比赛中,父子共同参加一场比赛并成为对手,这件事本身就是一条有趣的新闻,而作为比赛一方的中国人民警官大学副教授杜仲勋在与儿子对擂中竟误把裁判当作对手摔倒,被裁判苦笑着罚出场去,令人捧腹。记者在现场及时抓拍到事件发生的全过程,编辑在剪辑画面时把父亲摔倒裁判的瞬间做了一个定格,以此突出事件的关注点,表现形式恰当,增加了新闻的看点。③

在1987年评选出来的电视好新闻中也可以看出社会新闻的数量有了较大增长。这些新闻或热情歌颂新人新事、新气象或提示生活中值得注意的问题。如安徽台的《贵重木箱丢失以后》、湖南台的《岳阳北门渡口一个体户抢救遇险群众脱险》、山东台的《台湾同胞回青岛探亲》、吉林台的《青年人追求生产用品高档化值得注意》、广东台的《广东30万退休工人没有活动场所》、沈阳台的《记者上了被告席》等。这些选题都能引起观众的兴趣,使新闻更接近民众。

这个时期上海电视台为报道社会新闻,与市里很多职能部门合作,采拍也更为方便。如公安部门主动提供线索,出了事故会先打电话通知,等记者到场拍完后再清理现场。他们还为电视台配备了一辆警车,遇突发新闻,畅通无阻,效率大增;为政法记

---

① 《当代中国的广播电视》编辑部.中国广播电视大事记[M].北京:北京广播学院出版社,1987:391,431.
② 杨伟光.加强理论研究 推动新闻改革[J].电视研究,1986(4).
③ 何宏业.全方位 多角度展现改革大趋势[J].电视研究,1988(5).

者配备了警服,以方便拍摄事故或是进入提审犯人的现场。消防部门为记者提供了战斗服、钢盔、长筒靴、雨衣等,更方便火灾新闻拍摄。他们知道新闻工作不是要找麻烦,而是给他们做宣传。记者也会就播出内容征求他们的意见。[①]

社会新闻越来越多,其中有一定比例的新闻事件为民众提供了法制教育机会。

第四节 各类体裁的报道

一、现场直播报道

(一)现场直播

1.国庆庆典直播

这个时期通过卫星实况转播国际性体育比赛和重大政治活动的次数越来越多。

1984年10月1日,中华人民共和国成立35周年大庆,天安门广场举行了盛大阅兵庆典。中央电视台与中央人民广播电台、中国国际广播电台都现场直播了阅兵式和群众游行及焰火晚会的实况。

这次直播,中央电视台现场出动了200多人、23台摄像机、14套微波设备、5辆转播车;采用多机位、二级导播方式,进行多角度的现场展示。节目通过微波干线和卫星向全国直播,并通过印度洋、太平洋和大西洋上空的国际通信卫星向世界传送。这是中央电视台建台以来最大规模的转播活动。[②]

群众游行中,出现了北京大学学生自发打出"小平您好"的自制条幅,这是现场的"突发事件",由于在事前准备的解说中没有此内容,播音员又并不是报道员,他们没有现场增加解说的义务,所以现场"转播"的台都没有在解说中把这一真正的新闻事件报道出来。中央电视台的直播机位在现场切出了这一画面,使观看直播的观众在第一时间亲眼看到了事件。

直播吸引了电视屏幕前全国人民的视线。同时,通过国际通信卫星和欧广联、亚广联等电视机构向世界传送。据不完全统计,有中国香港、美国、秘鲁、日本、意大利、菲律宾等8个国家及地区的十几家电视台全部或部分转播了这一实况,还有34个国家的43家电视台播送了中央电视台提供的我国庆庆典的电视新闻。[③]

10月1日当晚,在白天的阅兵游行之后,35周年国庆焰火晚会在天安门广场举行。广场上除了文艺表演和放焰火外,还有激光表演、跳集体舞。电视也对晚会做了

[①] 杨伟光.发挥电视优势提高新闻可视性[J].电视研究,1988(4);龚学平.切实抓好广播电视的主体:新闻节目[J].电视研究,1985(2).
[②] 洪民生.中央电视台三十年[J].电视研究,1988(2).
[③] 洪民生.在全国电视台台长会议上的讲话[J].电视研究,1985(1).

直播。这次节目的总体要求是：热烈、欢乐、亲切。在三个多小时的晚会过程中，除了多方位直播天安门广场上的活动外，编导还插播了大量事先摄制的录像片：天安门城楼内景、礼花品种介绍、礼花燃放阵地采访、激光表演介绍、《狂欢圆舞曲》等歌曲的演唱、导演台的工作情况、在石景山区举办的灯会活动，以及黑龙江、甘肃、四川、江苏、广东、云南等省的省会城市和上海、天津的国庆夜景等。整场晚会直播内容丰富多彩。转播现场投入了两辆转播车和18台摄像机，6名播音员分别在各演播区介绍晚会现场盛况。各路信号汇集到广播大楼十层切换播出，邹友开出任总导演。

焰火晚会于9点钟传送给日本，10点钟在日本全国播出。美国公共广播公司向该国的十几家电视台转播了庆典的全部实况，节目主持人是靳羽西。据我驻美国记者反映：效果良好，反响强烈，很多华侨华人到我驻美使领馆表示祝贺。

在受阅部队训练时，军事部记者深入训练现场，拍摄了《阅兵方队中的国庆兄弟》《阅兵方队的教官》等一批反映受阅部队训练和生活的专题片。[①]

2. 新闻直播

除了重大庆典的直播，日常重要新闻直播也开始了尝试。初期的直播大多是时政新闻。

1984年1月24日，国务院总理赵紫阳结束了对美国、加拿大的正式访问回到上海。上海电视台将一辆刚引进的全功能转播车开到虹桥机场，台长龚学平、新闻部副主任周济率领一个采访班子，做了现场直播。由于事先和中央电视台取得了联系，上海台将信号同时送到北京，中央电视台在第一套节目中插播了这段最新报道。

1984年12月19日，中英关于香港问题的联合声明正式签字，中央电视台、中央人民广播电台都从现场直播了实况。中央电视台还用英语通过太平洋、大西洋卫星向国外进行了广播，30多个国家和地区接收了这次节目。[②]

在这个时期，新闻现场直播数量增多，主要出现在两个领域，一是重要会议，一是重要体育赛事。

(二) 现场报道

湖南电视台1986年播出了一个晚上突击采访长沙市几个医院急诊室的新闻。记者在现场告诉观众，该院的设备情况、医生在做什么、对病人的态度怎么样。这些现场的报道与画面展现在观众眼前，事先没有任何布置，原汁原味、现场感很强。

广东电视台1986年做了春节的《迎春花市》现场报道。让更多广州市民了解花市的盛况，将花市现场生动地展现在观众面前。该台当年还对英国女王到访广州做了现场直播，用中英文同时播出，中间虽稍有冷场，说明准备得还不够充分，但播出效果依

[①] 《当代中国的广播电视》编辑部.中国广播电视在改革中前进[M].北京：北京广播学院出版社，1991：83；杨伟光.中央电视台发展史[M].北京：中国广播电视出版社，2010：202，282，421.

[②] 赵凯.上海广播电视志[M].上海：上海社会科学出版社，1999：396，672；《当代中国的广播电视》编辑部.中国广播电视大事记[M].北京：北京广播学院出版社，1987：405，411.

然很好。①

哈尔滨电视台1987年播出的《繁荣活跃的江畔早市》是一条无解说报道。它采用现场报道的形式,充分运用镜头语言,不加一句解说词,展示了松花江畔工贸市场上商品购销两旺的繁荣景象,令人信服地展示出改革搞活了商品流通、丰富了民众生活的主题。

有关统计表明:1985年年初,在全国各电视台向中央电视台提供的报道中,现场报道的数量与1984年相比,大约增长了2—3倍,形式也多种多样。有的完全采用同期声,全部是现场的口头报道;有的则是在新闻的开头、结尾或中间的某一部分使用。②

当时有很多突发事件,如大兴安岭森林大火、各地的灾害以及重大体育赛事,甚至重要时政活动都使用了现场报道,这一方式从这时起使用频率越来越高。

由于是新的报道形式,记者对其还很不熟练,经常会出现一些让人不太满意的状况。如1987年在广州举行的第六届全运会上,广东选手何灼强打破举重世界纪录,全国人民很激动,都想立即看看何灼强的样子,听听他的讲话。但是,现场报道的记者,不是立刻向他提问,而是先自说自话起来:"何灼强同志,首先,我代表中央电视台和广东电视台,向您表示热烈的祝贺……"破坏了整个节目的气氛和节奏,引起观众的不满。这说明记者当时对该如何现场报道、采访还没有一个确定的概念,一切都还在尝试、探索中。

在发挥电视特长进行报道方面,我国业界当时还有着明显的差距。20世纪80年代来访的美籍华人学者赵浩生就批评过:国内电视新闻中,播音员占的时间太多了,听不到新闻人物的声音。③ 这说明报道形式虽有进步但还很不够。

二、连续系列报道

在此之前,连续报道在电视新闻中非常少见。不管多大的新闻,电视新闻报道都是"砂锅捣蒜——一锤子买卖",只做单篇报道一次性解决。尽管几年来一直有人呼吁,要突出电视优势,抓住典型事例做连续报道,却始终起色不大。一直到1984年,此类报道才慢慢多了起来。如中央电视台播出的《北京蔬菜供应中的问题》《北京夜市》《北京食品卫生》《北京乘车难》《北京崇文区集体经济越办越好》《养兔专业户尹月丽》等。这些连续报道少则三五条,多则由二十几条构成,向观众跟踪介绍事情的进展和变化,引起观众较多的关注。④

---

① 杨伟光.加强理论研究 推动新闻改革[J].电视研究,1986(4).
② 何宏业.全方位多角度展现改革大趋势[J].电视研究,1988(5);惠军.谈电视新闻中的现场报道[J].电视研究,1985(3).
③ 寿沅君.少说或者不说"我代表……"[J].电视研究,1988(4);杨伟光.发挥电视优势提高新闻可视性[J].电视研究,1988(4).
④ 崔屹平.新闻改革在报道改革中改革报道[J].电视研究,1985(1).

(一)报道

1.连续报道

随着新闻改革的推进,事件性、突发性新闻渐渐增多,很多事件有持续发展的过程,并非一下完结,因此便出现了连续报道。在事件不断变化、发展时,报道者忠实地追踪事实,以截稿时间为限分段、陆续报道事态发展,直到事件完结。连续报道中各个独立报道之间关联紧密、互为因果,这符合电视每天连续不断播出的特点。

1984年12月3日,印度博帕尔农药厂毒气泄露,伤亡惨重,造成2,500多人死亡,几万人双目失明。4日,《新闻联播》开始介入报道,对这一事件的发生、发展、后果及处理情况等进程逐一报道。先后共报道达20多次,形成了一组对于重大灾难事件的连续报道。[①]

1984年广东电视台的连续报道《广州市民争相献血抢救受伤工人》,讲述了40多位与伤者素不相识的市民,从电视得知消息后,连夜冒着寒风和细雨,从四面八方赶到广州军区总医院,争相为伤者献血。1985年广东电视台播出的《广州市近两万名学生入学难问题亟待解决》的连续报道,共分11次,前后播出长达近五个月。两则报道在两年间连续获得全国好新闻特等奖和一等奖,在电视新闻界打响了头炮,此后连续报道成为电视记者乐于采用的方式。

1985年贵州电视台组织了一系列连续报道,如关于食品卫生、黔西县3名青年残害女教师事件、851厂党风好转等题材。这些报道影响大,效果好。如黔西县3名青年残害女教师事件的报道在中央电视台播出后,受到中央领导同志的表扬。[②]

1986年6月,四川电视台派出黎明福、秦军、姚瑶等6位记者,组成两个采访组,跟随几名青年自发组织的洛阳长江漂流探险队拍摄了半年,从长江源头到入海处吴淞口海军码头,采用纪实追踪手法,历尽艰险,记录了其全程漂流活动。此间共拍摄了30多小时素材,制作播出了连续报道《长江漂流探险活动纪实》,生动形象地表现出漂流队征服长江的壮举。半年时间,四川台共播发了48条新闻,中央电视台采用了28条。全片既反映了漂流健儿不畏艰险、顽强拼搏、为国争光的精神,同时也体现了电视新闻记者科学求实、开拓进取的作风。该报道获1986年全国好新闻特等奖。

1986年,菲律宾国内发起反对总统马科斯的运动,导致马科斯同意提前大选。大选形势开始即对反对派候选人有利,随后又暴露出执政者在大选中舞弊。这一行为激怒了选民,要求马科斯下台的呼声顿然高涨。最后,军方在民众的压力下倒向反对派,

---

[①] 谭盛章.电视新闻中的连续报道和系列报道[J].电视研究,1986(3);杨伟光,李东生.《新闻联播》20年[M].上海:上海三联书店,1999:70;杨伟光.中央电视台发展史[M].北京:中国广播电视出版社,2010:159.

[②] 郭镇之.中国电视史[M].北京:中国人民大学出版社,1991:170;雷学峰.谈谈电视新闻长与短[J].电视研究,1989(3);《当代中国的广播电视》编辑部.中国广播电视在改革中前进[M].北京:北京广播学院出版社,1991:702.

马科斯被迫下台,流亡国外。中央电视台对事件的持续报道,展现了事件发展的前因后果。①

1987年湖南电视台的连续报道《长沙工商银行金库被盗》,首开我国新闻报道与破案同步进行的先例,涉及了过去被视为"禁区"的题材。记者克服重重阻力,追踪报道了自案件发生到案犯被押上审判台的全过程,环环紧扣,引人入胜,观众看完电视后积极地向公安部门提供线索,推动了案件的破获进程。

1987年河北电视台的《石家庄市第一塑料厂实行满负荷工作法》一片采取了连续报道的形式,通过多角度从内容上分层次开掘,并交替采用消息、人物专访、夹叙夹议等表现形式,由浅入深地进行报道,选题新颖,手法创新。播出后该工作法经中央领导同志充分肯定,并在全国推广。②

2.系列报道

系列报道是围绕同一题材、主题,从多个侧面展开的报道。系列报道属于主题性新闻体裁,所反映的大多是非事件新闻。它通过多次、不同角度地报道事物,挖掘某种共性,体现某种主题思想,反映具有普遍意义的状况或趋势,以引起社会舆论的重视。

有的时候系列报道的对象是若干独立存在的事物,它们之间有相近、相似之处,但并无直接的联系。记者报道时,要侧重于横向的联系来体现纵向的深入。从报道整体看,报道对象间只有内容上的并列,而没有时间上的延续关系。从播出形式看,虽然也是连续播出,但实际并无先后联系,次序都是由制作者人为安排的。

1984年,中央电视台推出了一批电视系列报道。9月份,《新闻联播》在节目中推出《光辉的成就》小专栏,陆续播出23条新闻,比较全面、系统,又简明扼要地回顾了新中国成立以来各条战线取得的成就。此后几年间,又播出了《改革,在你身边》《六五成就》《改革——希望之光》《时代的大潮》《大中型企业机制改革》《湖畔争夺战》《弹指一挥间》《看今朝》等大型系列报道,均在社会上产生了较大反响。这些报道,充分利用电视声像兼备的优势,调动电视传播的各种手段,强化了新闻报道的深度。③

1985年,河北电视台的系列报道《来自河北保定农村的喜讯》,以反映保定地区1984年人均收入增百元的经验为中心,选择了9个不同类型的县,每个县突出一个重点,既不面面俱到,也避免了雷同、重复。通过多次报道,观众比较全面、深刻地了解了保定地区农村人民大干四化的情景。④

---

① 赵玉明.中国广播电视通史[M].北京:北京广播学院出版社,2004:377;张哲西.动人心魄的连续报道[J].电视研究,1987(3).
② 《当代中国的广播电视》编辑部.中国广播电视在改革中前进[M].北京:北京广播学院出版社,1991:602;何宏业.全方位多角度展现改革大趋势[J].电视研究,1988(5).
③ 崔屹平.新闻改革在报道改革中改革报道[J].电视研究,1985(1);杨伟光.中央电视台发展史[M].北京:中国广播电视出版社,2010:166.
④ 谭盛章.电视新闻中的连续报道和系列报道[J].电视研究,1986(3).

(二)栏目

1.《让历史告诉未来》

1987年7月27日—8月7日,中央电视台播出了反映解放军60年建军历史的12集系列片:《让历史告诉未来》。这部片子在拍摄过程中走访了众多老红军、老将军、老干部,根据他们的回忆,首次披露了一些史实。片中提到的一些鲜为人知的史实包括,毛泽东主席在朝鲜战争爆发后是否派志愿军参战的问题"闭门思考了整整三天三夜";他在听到自己儿子在朝鲜牺牲后充满感情的谈话;二战英军统帅蒙哥马利访问北京时,在宴会上陈毅元帅和刚被释放的"敌手"杜聿明的精彩对话。

片子以翔实的史料,有点有面地生动回顾了解放军成长壮大的历史,达到了历史题材专题系列节目新的高度。①

这部系列片有丰富的图像,如《动乱年代》一集中,在天安门城楼上林彪、江青、康生在笑,周恩来、叶剑英、徐向前、聂荣臻等老帅在沉思所形成鲜明对比的镜头;也有生动的解说,不仅叙述、抒情,恰当的评论也发挥了画龙点睛的作用。有些很难用形象表达的内容,使用了字幕或口播形式;一些没有资料图像的史实,如没有留下一张照片的陈毅赣南三年游击战,则借助故事片镜头再现当时的情形。这些都为节目增添了光彩。②

这部片子是改革开放之后,对党史、军史重新认识、书写的倾力尝试,在那个特殊的时期,说出了一些难能可贵的真话、实话,形象地体现出拨乱反正的实在努力,在民众中起到了正面的宣传效果。

2.《改革在你身边》

1987年9月29日—10月24日(党的十三大召开前一天),中央电视台《新闻联播》播出了由该台与山西、广东、广西、北京、江苏、黑龙江、上海、陕西、大连、安徽、天津、山东等地电视台联合摄制的《改革在你身边》系列节目。它通过每天对某一领域的综述性报道,在近一个月中共播出25集,总长度为1小时45分,形成了一个全面反映9年改革成就、展现社会和人们精神面貌变化的完整图景。

党的十三大之前,怎样宣传改革成就?一是走老路,将各部门九年来的变化写成文字稿,配图像、图表播出;一是不走老路,但这个路子该怎么走却还没有经验。当时中央电视台提出要讲实话、讲事实,让民众能够接受。新闻部经过认真、反复研究,提出在《新闻联播》中开设这个栏目。

该系列采用主持人制,使用自然、平等、面对面交谈的话语方式,从与百姓息息相关的衣、食、住、行入手,从人们挂在嘴边的话题谈起,就改革以来所取得的成绩以及尚未解决的问题展开分析。如第一集开篇,主持人就以"您正在吃晚饭吧"谈起餐桌上的

---

① 《当代中国的广播电视》编辑部.中国广播电视在改革中前进[M].北京:北京广播学院出版社,1991:91;洪民生.中央电视台三十年[J].电视研究,1988(2).
② 孔令铎.社教节目的作用和价值[J].电视研究,1990,(4)王传玉.充分运用声像资料丰富电视屏幕[J].电视研究,1988,(4)

变化。10月7日中秋节,从团圆谈到解决7,000万人返城、就业的事实。记者们还在农村小磨坊里看村民磨的粮食,在饭桌上问孩子的伙食,从中反映出多数民众解决了温饱的重大成就。

片子注意突出现场感。在第二集的开头展现了北京"全国服装鞋帽时新产品展销会"上的热闹场面;第六集中,主持人杜宪配合画面带领观众"到长安街上看看",历数了路旁的国家重点工程、即将完工的大饭店、高档的写字楼,以及新建成的彩电中心。在手法上,将图片、图表、字幕、漫画、历史资料、现场采访和专家评论等与内容有机融合,给人以丰富、生动、又真实、可信的印象。①

该报道在话题上也有突破。在报道制作过程中,有人曾挑战式地问编导:"现在物价乱涨,你们敢不敢谈?"当时,记者在许多街头采访中,民众也都提到了这个问题。起初,编导怕谈问题得不到领导的支持,"没想到,部、台领导对这部分内容充分肯定,并且指出,问题还可以提得更尖锐些,更全面些"。甚至反复强调,"越是反映改革成就的报道,越是要实事求是地谈问题,才能有说服力"。在这25集短片中,共提出了11个比较尖锐的社会问题,从观众观后的反应中,并没有引发新的怀疑,反而对成绩更为认同。②

片中大量采用了现场采访,据统计有41组之多。在最后一集中,编导设计了一组天安门广场现场采访。记者向所有受访者提出了同样的问题:"改革九年中您觉得最开心的事是什么?您最不开心的事是什么?"并同时对电视机前的观众发问。这组问题兼顾成就与问题,让观众实实在在地参与思考,从人们的回答中可以看到他们真实的想法,忠实记录了这部分民众的心声。

该系列片摆脱了平面式报道的局限,没有摆出说教的面孔,也没有喋喋不休地罗列数字,而是选择人们关心的话题,通过典型的事例和饱满的情趣娓娓道来,通过人们衣食住行和精神生活的变化,全方位、大角度地展现了改革的意义和成就,亲切地告诉人们:发生在你们身边的改革,正在给人们带来巨大的好处和灿烂的前景。③ 这称得上是电视系列深度报道的典范之作。

从该系列片可以看到,在改革的早期,媒体人、全社会对改革前景的无限期盼,对变革的巨大热情;可以感受到编导们对"命题作文"独立思考和精心操作的不懈努力,试图运用符合新闻规律的做法,走出一条不同以往的道路,使新闻专业理念得到落实和传扬。这样的热情今天看来是多么可贵,而且这样的思路也确实有发展前景。

三、深度报道

在内容改革中,新闻的报道深度开始受到重视。这个时期的深度报道有单独成篇的,也有以栏目形式出现的。

---

① 杨伟光.中央电视台发展史[M].北京:中国广播电视出版社,2010:167;杨伟光.发挥电视优势提高新闻可视性[J].电视研究,1988(4).
② 叶晓林,惠军.改变我们的思维方式[J].电视研究,1988(1).
③ 何宏业.全方位多角度展现改革大趋势[J].电视研究,1988(5).

反映改革，是电视报道面临的新课题。1986年广播电视优秀新闻评选中，一批获最高奖励的新闻作品便是抓住了反映社会变动的重大主题，发挥出电视报道的优势。如贵州台的《贵州省清镇县改革干部制度》一片讲述了一位局长改任副局长之后，主管业务，因发挥了自己的专长而心情舒畅，由此反映了在干部任用上应用人所长，而不是简单地把年轻干部"提上来"或"放下去"。这从一个侧面反映了"应打破干部终身制、根据特长安排工作、罢免不称职干部，使干部们各得其所"的干部制度改革主题，节目播出后，这一主题也受到了国家有关部门的重视。

山西电视台这一时期特别注重在日常琐事中开掘新闻价值，以小见大。如该台1987年拍摄的《太原市流动个体工商户超计划生育严重》，将镜头对准了这个没有被人注意到的群体，及时反映出计划生育工作的漏洞，促使有关部门采取措施，确保计划生育国策的落实。

1987年的新闻实践中涌现出一批此类节目。如江苏台的《百万特大贪污案的反思》、上海台的《对11·6枪声的再思考》、青岛台的《劳务市场的启示》等，都反映出电视工作者不满足于一般性报道，努力探索新闻事件的直接原因和间接原因，将其放到广阔的社会背景中去分析，使电视新闻更好地发挥出舆论监督作用。①

(一)报道与评论

1.组合报道

这个时期中央电视台的新闻中出现了最早的组合报道，即在发布事实的同时提供一组背景、说明资料或是评论意见，形成解释性深度报道。在一次次的尝试中，"组合报道"这一形式也在不断发展进步。

1986年1月29日，中央电视台在报道美国"挑战者"号航天飞机升空爆炸时，为了弥补卫星传送的简单图像之不足，国际组的编辑们运用资料介绍了美国的航天计划、世界历次航天事故、"挑战者"号的航天历程、7名宇航员简历，以及"挑战者"号出事故的全过程，以使观众系统了解相关情况，受到观众和新闻界的好评。②

1986年2月1日，我国发射了一颗实用通信卫星。中央电视台军事部采制了《我国实用通信卫星发射成功》一组新闻，记者为新闻用土办法精心配制了一个《通信卫星是怎样上天的》动画片，形象展示了卫星发射的知识，使新闻的内容丰富，是我国电视新闻中较早运用动画交代新闻背景知识的成功范例。③

1986年4月15日，中央电视台新闻部国际新闻组以最快的速度报道了美国袭击

---

① 1987年度全国获奖电视新闻研讨会座谈纪要；杨伟光.发挥电视优势提高新闻可视性[J].电视研究，1988(4).
② 孙孔华.电视要办好社会新闻[J].电视研究，1989(3);方汉奇.中国新闻事业通史：第三卷[M].北京：中国人民大学出版社，1999:581;杨伟光，李东生.《新闻联播》20年[M].上海：上海三联书店，1999:95;杨伟光.中央电视台发展史[M].北京：中国广播电视出版社，2010:159,164,202.
③ 王传玉.充分运用声像资料丰富电视屏幕[J].电视研究，1988(4);郭镇之.中国电视史[M].北京：中国人民大学出版社，1991:170.

利比亚的事件,并配以各种背景材料进行解释,引起国内新闻界瞩目。

2.专题节目

1984年,湖南电视台开始要求本台记者将新闻与专题报道紧密结合,为此制作了一批与新闻有意识配合的专题片。1986年《湖南新闻联播》报道了假药事件,专题部制作了调查性专题《假药追踪记》,详细报道了卖假药的来龙去脉。1987年,电视新闻连续报道了"官府村"现象,专题则调查报道了《常宁县一些干部乱用公款建私房》;新闻从正面报道了《六省公安机关通力合作,被绑架小孩平安返家》,专题则从反面报道了《高墙内的母与子》。这种相关配合和正反结合的报道方式在社会上引起强烈反响,更好地发挥出新闻的舆论作用。在这种报道思想的指导下,该台的专题节目发生了较大转变,成为最早的电视深度报道,这在中国应该是有开创性的,引领了节目的潮流。表现出该台具有突出的预见、创新能力,并且拥有一批有追求、有理想的电视人。

3.人大常委会《企业破产法》讨论纪实

1986年9月26日19点35分,中央电视台播出了一档特别节目——《六届全国人大常委会第十七次会议采访纪实》,节目紧跟在《新闻联播》之后,报道了该次会议讨论《国营企业破产法》的详细过程,生动再现了会场既活跃又严肃认真的氛围,和多位委员敢说真话、敢露真情,争先恐后发言,因不同意见而激烈辩论的场面。最后终因意见相左,该法以"不提出、不表决"而告一段落。这是一次没有先例的大胆尝试,突破了以往会议报道的套路,记者采用纪实手法,真实地记录了这次讨论的全过程。该专题报道还第一次即席采访了人大常委会的几名负责人,包括彭真委员长和耿飚、彭冲两位副委员长。

节目播出后,观众反响热烈,领导也评价很高。6天之内电视台就收到100多封观众来信及30多次电话(当时普通民众家庭基本都没有电话)。观众来信纷纷赞扬这个节目,说节目"以多年来从未见过的真实的声音、生动的画面、纪实采访的形式,消除了人们对立法过程的神秘感与不信任感";"缩短了人大代表与普通百姓的距离,使人们真正地参与了国家民主政治生活,看到了国家的希望"。有的观众还指出,这个节目可以"提高各级组织、干部、群众的民主意识""激发人们参与政治生活的热情";"改善国家最高权力机关的形象"。① 这是新中国成立37年来第一次详细展示国家最高权力机关立法的过程,这样的透明度、开放性在中国新闻史上是第一次。这是一次关于改革的报道,又是一次对于报道的改革,更是电视新闻改革的一大成果。它证明了纪实性报道具有的表达空间和力度。

对于报道形成的过程,据时任台长杨伟光回忆:开始记者提出选题,台里研究认为可以做,但播出要经领导认可,不敢保证,如不能播即作为内部资料。节目完成后呈送彭冲副委员长、彭真委员长审看,他们认为很好,同意播出。作者是中央电视台专题部

---

① 杨伟光.电视新闻论集[M].北京:人民出版社,1993:496;郭镇之.中国电视史[M].北京:中国人民大学出版社,1991:249,252.

记者傅思,他在会场采访时看到了那种民主协商的气氛,心想如果能把这一过程如实播放出去,会有助于消除民众对国家立法过程的神秘感,增进人们对立法机关的信任感,激发人民参与政治生活的热情。傅思从全程纪录的22盘录像素材带中,选出了委员们发言最精彩的部分编成节目。三个多月后,1987年1月2日中央电视台播出了该节目的后续报道:《全国人大常委第十八次会议通过企业破产法(试行)》。

可见在当时的改革大潮中,电视的很多节目在社会上引起了思想和情感的波澜,引领了舆论导向;电视节目在相当程度上成为社会思考、辩论的场所,节目本身也是对这些思考、情感轨迹的记录。这说明电视较好地承担起了其应该承担的变革时代的责任。

4.评论

长期以来,评论一直是电视新闻节目的薄弱环节。

当时设想的出路是:从电视的特点出发,发表短小精悍的评论。随着电视新闻报道的改进,新闻短评逐步增加。1984年,中央电视台《新闻联播》节目中出现了20多篇评论,其中有赞扬华山抢险英雄的,有批评太原某副食店浪费行为的,有评述南非当局迫害黑人行径的。评论与新闻报道配合,使新闻报道更加旗帜鲜明。

虽然如此,但评论数量仍然太少。电视人坦陈:还没有找出一条成熟的电视评论的路子。电视新闻节目缺少言论,在很多重大问题上,没有自己的观点,对于所报事实很少发表赞成、反对意见,"不像个新闻机关",致使其在社会舆论中缺少地位,没有发挥出应有的作用。[①]

上海台开始在新闻节目里播出口播短评。1984年开设了《本台评论》《今晚谈》《编者的话》《编后小议》等不定期小论坛,在《新闻报道》和《新闻透视》节目中,结合新闻发表评论,增强了节目的言论力量。其后,《今晚谈》相对固定在晚间新闻里播出,平时每周2—3次。1986年又开设了《周末论坛》,固定在周六新闻节目里播出,长度3分钟左右,对本周重大新闻和热点事件进行回顾评述,大多配有画面;如《大家一齐来扫除文字垃圾》《燃放烟花爆竹莫忘安全》《愿圣火长燃不熄——东亚运留给我们的思考》等,反响不错。《新闻透视》中的《观众中来》小专栏,是一种以形象化语言出现的群众论坛,在观众中很有影响。1989年《周末论坛》改名为《星期论坛》,内容和长度不变。[②]

广东电视台也开始注重配合新闻组织评论,深化主题。该台1985年采制的一组报道《广州市近两万名学生入学难亟待解决》,在持续播发时配发了《迫在眉睫》《办教育要少讲空话多办实事》两篇评论,增强了整个报道的力度和深度,加强了舆论引导作用。

---

① 崔屹平.新闻改革在报道改革中改革报道[J].电视研究,1985(1);王枫.加强农村报道势在必行[J].电视研究,1985(2).
② 赵凯.上海广播电视志[M].上海:上海社会科学出版社,1999:399;《当代中国的广播电视》编辑部.中国广播电视在改革中前进[M].北京:北京广播学院出版社,1991:252,445,473.

1986年,北京电视台新闻节目开辟了一些新专栏,其中有《首都报摘》《荧屏夜话》等。《首都报摘》是广泛收集首都各报有关北京的报道,每次少则一二条,多则四五条,补图像新闻之不足,丰富了电视新闻内容。《荧屏夜话》则是一个杂谈式言论专栏,一事一议,"小题大做"。它所议论的都是社会生活中的种种现象,以评论见长。

还有一些围绕重大事件出现的言论,如江苏电视台针对少数大学生闹事这一现象,于1987年初播发了《像保护眼球一样维护安定团结》等6篇评论,旗帜鲜明地维护四项基本原则。①

当时电视新闻界的很多注意力都放在了保证新闻报道的数量、品质上,为了每天越来越多的新闻节目殚精竭虑,还没有太多精力顾及评论,并没有很好地处理新闻与评论的关系,少数评论常有勉强为之的味道,并非自然地有感而发。

(二)栏目

1.《观察与思考》

《观察与思考》是中央电视台1980年7月创办的第一个评论性栏目,其宗旨是通过对具有普遍意义或群众关心的事件、问题和人物进行调查和分析,说明某种道理,引起观众思考。创办初期较有影响的节目,有反映安徽滁县实行包产到户,农村发生巨大变化的《包产到户之后》等。

《观察与思考》曾停办一段时间。1984年恢复播出之后,以电视讲话等形式播出了一些有影响的言论。1985年,中央电视台新闻部成立了评论组,继续开办栏目。1985年3月播出了述评《菜篮子里看改革》(武汉市)等。从1986年起,随着全社会改革的深入发展,《观察与思考》重新以社会重大问题和群众关心的热点话题作为报道和评论的主要内容。节目每两周一次,长度为20分钟。曾播出了反响强烈的《温州之路》(4集,1986年获优秀电视新闻评论特等奖)、《鸟是怎样起飞的》(河北廊坊农村经济发展)、《小钮扣大市场》等。它们后来成为评述性电视节目的样板。

为了进一步加强电视新闻评论节目,1987年《观察与思考》设立了固定的节目主持人——肖晓琳,每周一次,固定在星期日晚黄金时间播出。节目方针在原有基础上进一步明确:要融新闻性、社会性、评论性于一体。栏目反映和分析改革时代出现的新事物、新问题、新观点,越来越多的节目令人深思,发人深省,在社会上产生了强烈反响。由于节目质量不断提高,栏目的收视率直线上升,达到20%以上。②

2.《新闻透视》

1986年6月,上海电视台实行了倡导内部竞争的一台、二台独立制。上海一台很快推出了第一个大型新闻杂志节目——《新闻透视》。

1987年7月5日,《新闻透视》开始播出,每周一期,逢周日播出,每次30分钟,重

---

① 孙孔华.电视要办好社会新闻[J].电视研究,1989(3).
② 杨伟光.中央电视台发展史[M].北京:中国广播电视出版社,2010:170,427;章壮沂.电视新闻的改革与发展[J].电视研究,1993,台庆专刊.

播一次。它是上海台借鉴国内外同行的经验,为加强电视新闻的深度和力度,在国内率先推出的杂志型新闻节目。

节目旨在按照新闻性、社会性、知识性、服务性的要求,及时捕捉追踪、剖析观众关注的重大新闻、热点新闻和社会问题,努力把节目办成党、政府与群众之间沟通的桥梁,更好地反映观众的意见和呼声。节目设有《社会广角》《长焦距》《快节奏》《纵与横》《当代人》《大家谈》《观众中来》等小栏目。节目多采用现场报道形式,新颖活泼,加之信息量大、内涵丰富、评述深入,赢得了观众的信任。它也被称为"电视新闻改革的方向"①。

《新闻透视》着重在"新"字上找选题,在"透"字上下功夫。节目开办后不久就播出了"改革开放中的上海"系列报道,从改革、开放、观念更新、城市建设、技术改造等5个方面,深入介绍了改革9年给上海带来的巨大变化。

《新闻透视》最大的特点是围绕社会热点,抓住生活中市民议论最多的话题和一些重大事件深入开掘,组织报道。如"悸动的神经——物价问题透视""陆家嘴轮渡惨祸纪实""公物被窃连续报道""交通路立交桥返修引起的议论""公交变奏曲系列报道""菜篮子系列报道""冒牌'活鱼'落网记"等叙议结合的报道。

一个突出的例子是1987年12月上海市重点工程——铁路上海新客站建成通车,《新闻透视》先在"上海铁路新客站巡礼"中报道了它的气派风光。新客站使用不久,由于施工质量不高和一些乘客的不文明行为,部分设施出现损伤。《新闻透视》记者抓住这个问题,在两周后又以"新客站的困惑"为题,采用现场观察、提问、议论等方法,将自动电话和电视问讯机被破坏、候车椅遭践踏、易拉罐塞在马桶里、崭新的拉合门关不上等一一展示于荧屏;接着又一次请各媒体记者在现场边看边发表议论,并请施工单位领导到现场"集体会诊"、研究解决办法;最后组织播出了《新客站的困惑三部曲》连续报道,表达了一个主题:现代化的设施需要具有现代化意识和素养的人来使用和管理。显示了新闻舆论的监督作用。②

《观众中来》创办于1984年5月4日,先在《新闻报道》节目中播出。它开始每周一期,每次5分钟。节目运用群众提供的线索,通过记者和主持人实地采访,用鲜活的屏幕形象揭露社会生活中的积弊,特别是揭露一些部门漠视群众疾苦,该办的事久拖不办,造成群众利益受到损害的现象;坚持反映群众呼声、开展社会批评,受到观众称道,被称作平民百姓主持公道的节目。它播出后反响热烈,每天收到观众来信100余封。1985年4月后扩展为20分钟,成为一个独立专栏,仍为每周一期。在《新闻透视》创办后,该节目被移进去。

随着国内的形势变化,新闻改革的进一步深入,以社会热点问题探讨为己任的新

---

① 方汉奇.中国新闻事业通史:第三卷[M].北京:中国人民大学出版社,1999:578;杨伟光.发挥电视优势提高新闻可视性[J].电视研究,1988(4).
② 《当代中国的广播电视》编辑部.中国广播电视在改革中前进[M].北京:北京广播学院出版社,1991:438,442;赵凯.上海广播电视志[M].上海:上海社会科学出版社,1999:399,400.

闻专栏在几家地方台出现。福建电视台于 1988 年元旦开办了《新闻半小时》,安徽电视台创办了《社会之窗》等,都以切中时弊、发现问题、深入探讨,引起了观众的极大兴趣,先后成为当地的名牌节目。①

四、专题栏目

电视新闻虽迅速、及时,但报道深度不及专题。在新闻恢复发展的早期,并没有专门的深度报道栏目,深度报道的任务主要是由专题报道来承担。而在传统意义上,我国电视专题节目常走的是"风光片""散文片""生活片"的路子,很少发挥新闻性作用。

我国电视在开播的第一天就有了专题节目的雏形。1960 年 1 月 1 日中央电视台试行固定节目时间表,就设置了十几个栏目。到 1984 年,全国各级电视台在办的专题栏目有《光辉的历程》《祖国各地》《人民子弟兵》《民族团结》《新风赞》《知识宫》《电视与观众》《社会之窗》《科学与技术》《卫生与健康》《文化生活》《体育之窗》《体坛内外》《生活之窗》《为您服务》《观众之友》《生活之友》《家庭顾问》《历史长河》《青年之友》《少儿节目》等近 200 个(节目有一些重名)。其中一批当时创办的新栏目,在观众中很有影响力,如中央电视台的《观察与思考》《电视论坛》《专题报道》《今日世界》等,省市台的《国际展望》《市场掠影》《立此存照》等。②

那几年,出现了一些水平较高的电视片。以中央电视台的《祖国各地》栏目为例,全国各地方台提供的节目中有不少优秀作品。其共同特点是不仅有漂亮的镜头和精巧的剪辑,而且解说词的文学水平较高,赋予了节目"灵魂"。③

(一)中央电视台专题栏目

1.大型专题纪录片

这几年间,中央电视台拍摄、制作了一批具有强大影响力的大型专题、纪录节目。

1984 年 5 月,中央电视台、青海电视台联合摄制的大型电视系列片《唐蕃古道行》在青海开机,全片 19 集,在青海拍了 10 集。该摄制组不足 10 人,在 1,300 年前形成的唐蕃古道上行程数万公里,用了两年多时间,拍摄了青藏高原的奇观异景:险峻的山峰、广袤的草原、取之不尽的盐湖、黄河源头突突跳动的泉水……内容沿着一条道路延伸展开,由主持人串联,画面、解说优美而抒情。该片在《话说运河》之后播出。

1984 年 7 月 1 日,中央电视台与日本 NHK 合拍的大型系列片《黄河》摄制组赴河南拍摄,计划拍 30 多集,到 1986 年摄制完成。④ 1988 年 2 月 20 日,《黄河》在中央电

---

① 申家宁,胡劲草.追求困惑抉择:记《观察思考》节目组[J].电视研究,1993(2).
② 壮春雨.中国电视概述[M].北京:中国广播电视出版社,1985:88;洪民生、章壮沂.立志改革力争使电视新闻节目有一个新突破[J].电视研究,1985(2).
③ 王枫.充分发挥电视的特长把更多的好节目奉献给观众[J].电视研究,1986(3).
④ 孙素平.祖国:永恒的主题[J].电视研究,1987(3);《当代中国的广播电视》编辑部.中国广播电视大事记[M].北京:北京广播学院出版社,1987:398,400;《当代中国的广播电视》编辑部.中国广播电视在改革中前进[M].北京:北京广播学院出版社,1991:90.

视台开播。该系列片为30集,每集30分钟。

1986年7月5日至1987年3月28日,《话说运河》在中央电视台播出,时间长达近9个月。该系列片保持了同类节目的较高收视率,它在题目格式上类似《话说长江》。在播出几集后,观众给予制作者极高的赞扬。其中很重要的因素是它的解说具有深刻的思想、独到的见解和别出心裁的构思。撰稿人陈汉元所写的第一集解说,从长城、运河组成"一撇一捺"的"人"字说开,一下使得整个节目的意境、情趣、思想、格调都有了极高的定位。一位天津观众来信说:"解说词将知识性和艺术性巧妙地结合在一起,加上两位解说员的播讲,使这部片子增色不少。"该片的采制资金完全自筹取得,它是中央电视台依靠自己的创作力量摄制出的第一部大型电视系列节目。①

1986年7月12日,国务院颁布了四个规定,启动了企业用工制度向合同制的改革。中央电视台随后开始筹划拍摄反映这一劳动制度改革的节目。1987年3月20日起在《九州方圆》的"全景与特写"栏目中连续播出了6集系列片《360万人的试验》,到4月10日全部播完。该系列节目用了不到半年时间,从筹备、采访、拍摄到播出完毕;在全国的13个省份,访问了与合同制有关的360个人。这是一个快速反应的改革题材,片子帮助观众多角度地了解劳动制度改革的内容与实践。

1987年年底,王少华、孙玉胜、王进、姜诗明等记者采制了反映我国改革历程的6集政论专题片《时代的大潮》。该片全面总结了党和国家在农业方面以推行家庭联产承包责任制为特征的改革成果,同时也反映了城市改革、对外开放、人才交流等内容。播出后,以其深刻的主题和具有力度的表现形式受到社会好评。②

2.专题栏目

当时中央电视台还有一些专门播出专题节目的栏目。如1985年在第二套节目中开办的《经济生活》专栏。1985年3月7日新开办、专门播出国内各电视台摄制供国际交流节目的栏目《华夏掠影》。1985年7月1日中央电视台又增加了《规矩与方圆》等新栏目。

这时中央电视台的新闻性节目《专题报道》一直以每周3次、每次15分钟的高频次播出,每年播出达160多期。其中,由各地方台提供的节目占栏目播出总数的三分之二以上。节目数量不少,但被批评为"质量不高,缺少新意",基本上是沿袭传统拍摄纪录片的方法,收视率不高。③

继1980年4月的《国际见闻》、当年年底的《国际评论》陆续停播之后,中央电视台又于1984年7月1日开播了《今日世界》栏目,这是一档杂志型节目,是中央电视台在

---

① 郭镇之.中国电视史[M].北京:中国人民大学出版社,1991:209;王枫.充分发挥电视的特长把更多的好节目奉献给观众[J].电视研究,1986(3);《话说运河》创作谈[J].电视研究,1987(5).
② 童宁.《360万人的实验》创作谈[J].电视研究,1989(1);杨伟光.中央电视台发展史[M].北京:中国广播电视出版社,2010:162,173,191,318.
③ 《当代中国的广播电视》编辑部.中国广播电视大事记[M].北京:北京广播学院出版社,1987:400,416;洪民生、章壮沂.立志改革力争使电视新闻节目有一个新突破[J].电视研究,1985(2);《当代中国的广播电视》编辑部.中国广播电视在改革中前进[M].北京:北京广播学院出版社,1991:85,87.

改革开放后开办的第一个国际时事栏目。它以报道和评论国际关系、国际时事和各国政治、经济、科学技术等领域的新动向、新趋势、新问题为主,融新闻性、评论性、知识性于一体,内容包括新闻述评、新闻人物、国际知识、科技简讯等;使观众了解国际形势的最新发展及其来龙去脉。这是对 50 年代即存在的国际评论节目的再生、延续。

开始时每两周一期,每期 15 分钟;1985 年 1 月改为每周一期,长度为 10 分钟。开播后的前几年,栏目及时报道和评述了黎巴嫩局势、两伊战争、英·甘地遇刺、印度博帕尔农药厂毒气泄漏等事件;介绍了一批国际新闻人物,如印度新总理拉吉夫·甘地、法国总理法比尤斯、联邦德国总理科尔、澳大利亚总理霍克等,还制播了一系列国际知识专题。1988 年 3 月 13 日因片源不足停播,1991 年 1 月 6 日再次恢复播出。播出历时将近 10 年,到 1994 年为《世界报道》所取代。与此同时,全国出现了一批国际新闻时事性杂志节目。①

(二)地方台专题、栏目

上海台 1984 年在对外报道部成立时创办了专题栏目《上海万象》,其时《吴越风采》等纪录片专栏也还在播出,但在一年后停办。1987 年 5 月 2 日,上海电视台实行了倡导内部竞争的一台、二台独立体制。上海电视一台很快推出了全国第一个大型新闻杂志节目——《新闻透视》。电视二台则开办了受欢迎的经济新闻栏目——《信息总汇》《商情消息》。②

陕西电视台 1986 年共开办了《生活之友》《体坛内外》等 10 个专栏,其中 4 个是新增设的。

1987 年,新疆电视台对电视专题实现了栏目化,除开辟了《开发建设新疆英雄谱》外,还增办了《天山南北》《观众之友》和《雪莲花》《平凡的岗位》《一周新疆要闻》等栏目。后来将《观众之友》栏目进一步具体分设为《老年生活》《西域文化》《家庭顾问》《农牧科技》《影剧之窗》《塞外体坛》《卫生与健康》等,还从其他台引进了《神州大地》《体坛集锦》等栏目,在社会上都产生了较好的影响。

黑龙江电视台在这几年间增办了《专题报道》和《经济生活》两个新闻性专题栏目,并将《北方体坛》改名为《体坛大观》,将《荧屏服务窗》改名为《生活之友》,将《科海纵横》改名为《科学园地》,对专题节目的设置进行了扩容和调整。

云南电视台由于地处对越自卫反击斗争的一线,对"两山"前线的报道相应较多。1985 年前后,除转播英模报告大会外,还先后录制了 8 个专题节目:有《如钢似剑老山兰》《战士也在我心中》《相会在边关》《当代大学生与前线英雄谈心录》等,播出后引起

---

① 方汉奇.中国新闻事业通史:第三卷[M].北京:中国人民大学出版社,1999:577,579;章壮沂.电视新闻的改革与发展[J].电视研究,1993,台庆专刊.
② 方汉奇.中国新闻事业通史:第三卷[M].北京:中国人民大学出版社,1999:578;郭镇之.中国电视史[M].北京:中国人民大学出版社,1991:170;赵凯.上海广播电视志[M].上海:上海社会科学出版社,1999:404.

省内外观众的较强反响,一时成为对观众进行理想、纪律教育的教材。①

1984年,辽宁台记者在云南老山前线实地拍摄,制作了电视系列报道《当代军人的风采》。记者不仅抓拍到战场上的炮火连天、弹痕遍地,而且还抓拍到一名带着血迹的战士在紧张的战斗间隙,香甜地睡在阴暗潮湿的猫耳洞里,一只小虫在他身上爬来爬去却全然不知的画面,感人至深、耐人寻味;表现出中国军人的艰难、牺牲和情操、理想,打动了观众。②

为纪念红军长征胜利五十周年,由长征途经的12个省、区和重庆电视台联合摄制了25集电视系列片《长征之路》,于1986年9月1日起在这13家电视台同时开播,后在各省级电视台也相继播出。

除了这些大事件和在历史结点上的梳理外,当时各地电视台的节目中,还涌现出一批对改革开放现状进行观察和思考的专题片,其中一些轻盈短小、一些形成了大而厚重的系列。

江苏电视台这几年间拍摄播出了一批专题节目,突出宣传改革开放的成就,从题目上就可以看到片子的聚焦点,如《淮阴纪行》《苏州文明村镇巡礼》《乡村企业交响曲》《专业户外传》《小城轻吹开放风》《铺黄展绿宁扬间》等;还播出了大型系列节目《三百六十行》。此外,该台还与省内几家市级电视台联合摄制了大型电视报告文学《百家春秋》,褒扬先进人物、批评不正之风,进行职业道德教育,通过各种人物的命运遭际,形象地宣传改革开放的形势。该台于1986年4月开始拍摄了从连云港到新疆中苏边境的大型纪录片《陇海万里行》,这部30集的电视纪录片,着力探讨了发展交通事业在四化建设中的重要作用。

山西电视台于1986年播出了《重访大寨录》,抓住大寨这一具有特殊意义的中国农村样板典型,从历史与现实的联系入手展开报道。节目通过报纸、照片资料,唤起人们的回忆;通过采访梁便良、郭凤莲、耿良柱等名噪一时的人物,将大寨的过去、现在和未来联系在一起,展开纵向比较,使节目既有历史纵深感又有现实冲击力。引导人们通过大寨的变化对中国的现状和未来进行深层次思考。这一选题本身具有很大的吸引力,播出后反响很好。

河南电视台从1987年8月12日至16日,播出5集系列报道《广汉致富之路》。这部电视专题系列报道采用纪实手法,集中反映了四川省广汉县在农村体制改革中的成功经验和做法。③

这个时期,人们还没有被利益过多区隔和诱惑,从上到下还依然留存着早年间形成的官民一家、同舟共济的理念、惯习。在面对新的改革进程的时候,多数人能够心想

---

① 《当代中国的广播电视》编辑部.中国广播电视在改革中前进[M].北京:北京广播学院出版社,1991:415,522,601,739,767,826.
② 李晓莉.试谈电视新闻的美感特征[J].电视研究,1988(1).
③ 《当代中国的广播电视》编辑部.中国广播电视在改革中前进[M].北京:北京广播学院出版社,1991:232,468,560.

一处、劲使一方。社会各方都处于对新的理念、模式的摸索、探讨中,社会上的新生事物层出不穷,在节目中也多少反映出来,应该说其中很多都是对社会公共生活功能的正面尝试与调整,让大家透过媒体感到前行的希望。

五、主持人

1984年起中央电视台有一套节目实现了栏目化播出,到1985年,全部节目都实现了栏目化。与栏目化相伴随的是众多栏目相继采用主持人形式播出。在新闻和社教类专栏中,担负播音任务的人员以主持人名义现身荧屏,但他们的实际操作情况却各有不同。

1986年7月5日,大型电视系列片《话说运河》在中央电视台与观众见面。片中,男女主持人从演播室走向了运河两岸,在实地采访的现场直接与观众对话、交流,使节目更具电视特点,突破了纪录片的模式,给电视屏幕带来了清新亲切的新面貌,与观众的距离更近了。继这部片子之后,电视节目中运用男女主持人的形式开始越来越普遍。

在主持人的培养、使用方面,上海电视台在早期有较多的探索。

新闻栏目的播音也开始出现变化。上海台历史最长的《新闻报道》栏目,其新闻信息内容都为预先确定,因此还是由播音员播读稿子,只是在态度和语气上改变过去居高临下的姿态,注意亲切自然。1984年2月开始在播出方式上又做了一些改进,由两位播音员交叉直播,同时播音速度也大幅度加快。在新闻节目里经常出现的现场报道中,大多是由播音员到现场采访提问。最初,这种采访都是由记者事先拟就提纲,播音员只是照着逐一提问,后来,随着播音员的能力在实践中得到锻炼和提高,这种被动局面有所改观,多数场合改为同编辑记者事先做好案头准备,到现场就可以有较多的临场发挥。新闻播音员成笛参与报道南浦大桥建成通车的《彩虹在浦江升起》,从人头攒动的通车典礼现场选取采访对象,针对不同身份的对象提出有质量的问题,与编辑记者合作默契。在报道全市召开重要会议,例如人民代表大会、政治协商会议,以及报道市重要工程建设时,播音员开始以记者身份采访各级领导、专家学者以及各个阶层人士。

1984年7月,上海电视台举办《60秒钟智力竞赛》,节目由体育节目播音员陈天明主持。这个竞赛节目除了在舞台设计上增加了紧张热烈的气氛外,主持人随机应变的临场发挥也成了明显特色。由于竞赛时情况千变万化,串联词不可能事先写好,他就事先从参赛者名单上了解他们的基本情况和兴趣爱好,以备即兴串联解说时使用。他主持节目时态度平易、大方随和,话题切合参赛者情况,往往很快打消了参赛者的紧张感。他以快捷的反应、潇洒的仪态、流畅的表达赢得了观众的喜爱,成为上海电视台的第一个节目主持人。[①]

---

① 陈乾年.跋涉与求索:陈乾年广播电视论文集[M].上海:上海社会科学院出版社,2002:9.

在上海,最早从播音员过渡到主持人的是体育节目。体育节目主持人,特别是体育比赛现场报道主持是一种专门类型的主持人。上海电视台体育节目的球赛转播,最早大多由新闻播音员担任现场解说。20世纪80年代中期,随着中华健儿冲出亚洲走向世界,对我国的体育转播也提出了新的要求。播音员不仅要敏捷反应,及时捕捉稍纵即逝的瞬间精彩场面,口齿清楚地解说,还要懂体育、能恰当地给予评论;并要能采访、报道大型运动会。上海电视台体育播音员陈天明经过学习、吸收其他有成就的体育播音员的优点,不断总结经验,在数百场电视体育实况转播中逐渐提高了解说和评论水平。1985年调入上海台、毕业于上海体育学院的杨旭峰,到台当年即为51场体育比赛担任解说,1986年接任《体育大看台》主持。除重大节目外,均是自己撰写解说词。① 在这样的锤炼中,体育主持人率先脱颖而出。

上海台的新闻栏目如《国际瞭望》《新闻透视》等,一般都包含几个小栏目或专题,它们有的由编辑自行采访摄制,也有的利用资料汇编。一开始也都是由编辑写好串联词,主持人只是出画面、照本背读播出。这些专栏要求主持熟悉节目内容,播出时要体现节目方针、态度亲切,和观众有情感交流,使节目流畅自然。经过一个阶段的实践,有一些主持人开始介入节目采制,比单纯念稿前进了一步。如《国际瞭望》主持人晨光(贺海林)有时甚至负责一档小专栏的编播制作。播音员李培红担任《新闻透视》主持人以后,学习采访、写稿、编辑、剪辑、打字幕,渐渐能够单独采访、制作节目。1990年,她被中央电视台大型系列电视片《长城》摄制组选中,成为这一大型纪录片的主持人之一。可见,这一时期,新闻播音员中的有心人已经开始主动向主持人转变。

1986年10月1日,上海电视台推出全国首档《英语新闻》节目。最早两名英语播音员是上海大学文学院外语系的毕业生,以后上海台每年从上海外国语大学和复旦大学等高校陆续招收播音员。由于这些人员来台后大多时间不长就离职出国,播音员频繁更换,一直到1993年后才逐步稳定下来。他们在工作中都同时兼任文字稿翻译,有时也外出采制新闻,是较早规范化参与采编工作的播音员。

其他上海台的社教类专栏,如《生活之友》《法律与道德》《知识博览》《女性世界》等,主持人也大抵分属单纯串联或是部分介入采编类型,在播报中都倾向于有亲和力、生活化的谈心式,使自己的主持趋于主动。

另外,这时的上海电视台还举办了一些竞赛类的短期节目,如《国际知识电视竞赛》《我爱祖国语言美——普通话电视评比》《民间童装有奖比赛》《日语学习者演讲赛》《好丈夫》《金鸳鸯》等。这些节目播出时都有参赛者、评委、观众等多人出场,主持人则多来自主办栏目。他们在现场需引导、提示、调度与活跃赛场气氛等,由此得到了锻炼和考验,在主持的道路上逐渐成长。

---

① 赵凯.上海广播电视志[M].上海:上海社会科学出版社,1999:482-484;杨伟光.中央电视台发展史[M].北京:中国广播电视出版社,2010:149.

专栏节目主持人中,也有一些是业余成员。1986年和1988年,上海电视台分别开办《日常英语》和《外贸英语》节目,曾聘请美国和加拿大籍教师担任教学主持。少儿部1986年开办的《你我中学生》、1987年开办的《我们大学生》两档学生节目,主持人就是由在校学生担任。他们当中一些人后来成为上海电视台或东方电视台的主持骨干。[①]

第五节　热播、交流节目

1985年6月14日,中央书记处书记胡启立、邓力群视察广播电视部时说,总的印象,广播电视在全国基本形成了一个网。我们要集中力量供给人民高质量的、能够吸引和教育人民的精神产品。……要两条腿走路,高档、中档、低档的技术手段一起上,为人民提供更多更好的精神产品。其间,他们特别指出联系群众的问题:电视、广播要加强和群众的联系,给青年群众做生活指导,为他们排忧解难,建立直接的对话。[②]

几年之中,全国涌现出一批为社会服务、与群众交流的新闻节目,为人民排忧解难、代言心声,受到民众的欢迎。使电视节目更接近群众,也是新闻节目不断拓宽报道领域、改善节目形式、扩大信息量追求中的核心部分。

一、电视讲话

中央电视台《电视论坛》是以讲话为主要形式的栏目,它的前身是1980年4月创办的《交流》专栏。《交流》早期以采访领导干部为主,请政府部长同观众见面,听取意见、回答问题。其第一次节目是《梁灵光同志答电视观众问》(梁灵光时任轻工业部部长)。1983年《交流》栏目改为《电视论坛》,内容不再局限于领导讲话,有一些普通人也出现在栏目中。虽改为《电视论坛》,但节目并没有论辩性,基本上都是报告会。该栏目在开办五年之后,由于栏目调整而停办。

1985年2月,中央电视台播出了《马胜利的"生意经"》《马胜利的"治厂经"》两集,引起社会关注。随后,1985年7月23日,中央电视台播出了曲啸长达两小时的讲话录像《心底无私天地宽》,社会反响强烈。播出当晚和第二天,节目组和观众联系组不断接到电话和信件,有的要求重播,有的要求购买录像带,有的表示感谢。反馈热潮来势之猛,使节目组无法招架。曲啸的讲话成为社会议论的话题。应观众要求,当月30日又在一套节目里重播,共连播了4次。中央电视台总共收到3,000多封来信,156次电话,21封电报;曲啸本人收到近2,000封信。一些观众收看多次,观众普遍反映,曲啸的讲话情理交融、真切感人、催人泪下、促人奋进,使某些"对人生感到迷茫"的青

[①] 赵凯.上海广播电视志[M].上海:上海社会科学出版社,1999:482-484.
[②] 《当代中国的广播电视》编辑部.中国广播电视大事记[M].北京:北京广播学院出版社,1987:424-425.

年感受到理想、信念的力量,受到了鼓舞。①

在中央电视台播出之前,其他媒体曾对曲啸有过报道,但都没引起太大的反响。而有些领导人的电视讲话,一字不漏地念稿子,让人没兴趣听下去。这说明观众喜欢精彩的讲话节目。

此后,中央电视台人检讨:以前在报道中偏重活动影像,强调镜头及其组接技巧,对声音重视不够。他们认识到:讲话节目由本人现身说法,讲他们自己的生活、思想,能引起人们心灵上的震动,具有很强的说服力和感染力,不同于传统上那些经过雕琢的典型报告。即使把曲啸的讲话内容改作专题片或纪录片甚至是电视剧,也无法用图像说清曲啸的认识、判断和思考,不能收到如此明显的社会效果。因此,要充分估计到此类节目在电视中的特殊作用。② 这期节目是这个栏目的最高潮。

这期间走入栏目的还有王桂荣、辛福强、张海迪等人,为该栏目掀起了一波又一波热潮。此外,1985 年 9 月 16 日,中央电视台在一套节目中播出了解放军前线英雄模范报告团的演讲——《保边疆、献青春演讲报告会》,再次引起观众的巨大反响。在此之前,由地处祖国边疆、在反对越南侵略斗争中处于特殊地位的云南省电视台,就曾实况转播了昆明市、云南省军区组织的中国人民解放军英模汇报团报告大会,历时 3 小时 04 分;还做了录像播出。此外,1985 年,湖南省广播电视一起上,对曲啸、英模报告团都进行了大张旗鼓的报道。③

除去英模讲话以外,这个时期电视中还增加了高层领导的讲话节目。

1986 年《电视论坛》栏目播出了《八市长谈改革》。市长们从不同侧面论述了改革的必要性和迫切性。④ 1987 年 7 月 11 日,世界 50 亿人口日,国家总理应邀发表了广播电视讲话。

山西电视台也适时邀请该省党政领导在电视上直接发表讲话,介绍形势,解答问题,增进群众对情况的全面了解和对党的政策的理解;同时选择有代表性、群众最关心的热点问题,在电视上组织公开讨论,请各方面的观众发表不同意见。

1987 年 11 月,中共北京市委第六次代表大会召开。在对党代会的报道中,北京电视台在《市长与观众》节目中播出领导讲话,将党和政府的方针政策、重大决定及时告诉市民。仅这一年,北京电视台在该节目中就播出了 20 多次领导同志的电视讲话和答记者问,如:韩伯平副市长谈整顿液化石油气;孙孚凌副市长谈物价;封明为副市长谈整顿市场管理秩序。市委书记陈希同在新年献辞中向市民介绍市政府的工作,回

---

① 马胜利被称为"国企承包第一人",他于 1984 年承包了石家庄造纸厂,并扭亏为盈。曲啸原为营口教育学院教授,青年理想教育专家、演说家。
② 姜丽彬.观众调查和对策思考[J].电视研究,1986(3);中央电视台评论组.精神文明宣传的一种好形式:电视讲话节目[J].电视研究,1986(2).
③ 杨伟光.中央电视台发展史[M].北京:中国广播电视出版社,2010:170;《当代中国的广播电视》编辑部.中国广播电视在改革中前进[M].北京:北京广播学院出版社,1991:86,595,739.
④ 郭镇之.中国电视史[M].北京:中国人民大学出版社,1991:230-231;王枫.适应改革开放的新形势进一步改革电视宣传工作[J].电视研究,1988(1).

答了一些问题,受到观众欢迎。①

二、观众参与、交流

(一)征求民众意见

随着改革开放的展开和深入,群众多年压抑的政治热情得到了释放,他们积极问政,参与公共事务的议论。而此时的领导阶层还较好地保持着我党联系群众的优良传统,保存着较强的公仆意识。在大家都没有太多经验的改革领域,展开了自发的对政治运行方式的公开讨论探索。

1984年1月7日,北京电视台在建台五周年前夕,以"假如您来办北京电视台"为题,公开征集观众的意见和建议。这一活动引起广大市民的关注,在不到两个月的时间里,收到来信2,000余封。②

1985年10月,陕西省邀请国内和省内的部分经济工作者及大批专家、学者,共同研讨该省的经济社会发展战略。电视台抓住这个时机,在研讨会期间开办了《为陕西建设献计献策》专栏。一方面把会上的讨论意见告诉全省观众,另一方面请他们提出自己的建议。在12天时间里,有20多位领导和专家学者在电视上发表了意见,有30多位来自各条战线的群众也谈了自己的看法。不少农民群众从数百里以外自费专程赶到省城西安,找电视台要求上电视说几句心里话。有的残疾人还撑着拐棍找上门来,在摄像机前侃侃而谈。

12天时间里,陕西台新闻部收到相关信件800多封。有的信长达万言,有的则是写在烟盒或其他旧纸头上。对这些信件,除节目大量摘播外,都一一转到了会上。专家的见解固然精辟,群众的意见也不乏独到之处,尤其是他们振兴陕西的一股子热情,使领导和专家们大受鼓舞。一时间,会内会外、全省上下,形成了共同商讨如何振兴陕西大计的热烈气氛。

对这一节目,省里各方面领导大加赞赏,广大群众的褒扬更加动情。专栏开办期间,广大民众焕发出来的高昂政治热情和他们要求参与、要求舆论公开的强烈呼声,震撼了编辑、记者以及各级领导。节目结束后,大家仍久久不能平静,进一步寻求新闻改革的途径,大量采用现场采访,请更多的群众在屏幕上发言。③

从这几个热门节目可以看出,民众当时对改革前景充满了期待,对参政、议政有高度的热情,对改变政治运行方式有强烈的需求,对前途充满信心,对政府十分信任。他们把个人发展与社会进步视为一体,在面对巨大变化时积极进行心理调适,对个人发展重新摸索、探求,积极为社会进步做贡献。虽然有人认为那时存在信仰、信任危机,

---

① 《当代中国的广播电视》编辑部.中国广播电视在改革中前进[M].北京:北京广播学院出版社,1991:253-254,328.
② 《当代中国的广播电视》编辑部.中国广播电视大事记[M].北京:北京广播学院出版社,1987:389.
③ 《当代中国的广播电视》编辑部.中国广播电视在改革中前进[M].北京:北京广播学院出版社,1991:773.

但这一切都能说明当时的百姓对政府和未来持有非常强的信心,政府与民众上下还比较同心同德。

同时也可见,适应观众需要的节目才能迅速走红。适应需求是普及、推广节目的真正法宝,找到需求才可能获得到当下的社会红利。

(二) 创办沟通节目

在这几年间,各地电视台纷纷办起了《观众之声》栏目,让观众直接发表意见、提出问题、展开讨论,成为真正意义上的参与交流节目。民众的声音此时有了固定的表达途径。

1984年5月1日,北京电视台在《北京新闻》节目中开辟了《观众之声》专栏,后来又独立出来办成固定栏目。栏目着眼于反映观众的意见、要求、呼声,批评各种不良倾向。这个节目开办以后,每天要收到几十封观众来信,还要接待不少的观众来访。上海电视台也在这个月创办了具有社会性、服务性、交流性的新闻栏目《观众中来》。

浙江电视台从1985年始,在增设新闻节目的同时,开办了《观众中来》节目,成为电视与群众之间的桥梁。

1987年4月1日,中央电视台《新闻联播》中开设了《观众信箱》小栏目;4月15日又开设了《观众论坛》小栏目,为观众提供了一个言天下事的论坛和发表意见的窗口。这是《新闻联播》的又一次改革。

河北电视台也在新闻节目中开办了《观众来信》《观众中来》等不定期的小栏目,编发群众来信,及时反映群众的意见和呼声,赢得了观众的赞誉。河北电视台针对其主要观众在农村这一特点,明确提出了"服务农村兼顾城市"这一办节目方针。①

这时很多地方台开始出现观众点播节目。这缘于节目源的匮乏和希望接近媒体的心理需求与现实需要。内容一般是为亲人朋友的生日、喜庆点播歌曲、传达祝福。这类节目要收取一定的费用,既满足了观众的需要,也得到了一定的收益,又构成了节目,一举多得。如1984年1月1日,当江苏电视台的自办节目由每周5次增加到14次后,便增设了星期日观众点播节目。

三、协商对话

经济改革触动了多年不变的社会生活格局,社会利益关系出现大幅变动,人们对此议论纷纷。中共十三大报告中提出:"建立社会协商对话制度","重大情况让人民知道,重大问题经人民讨论"。在这一精神指导下各方面领导与群众上媒体见面交流,在节目中直接展现他们的沟通成为一时之选。

广播电台率先开设了这类节目。1986年10月5日,广州广播一台开办了《公仆

---

① 《当代中国的广播电视》编辑部.中国广播电视在改革中前进[M].北京:北京广播学院出版社,1991:250,251,488,92,305,468;方汉奇.中国新闻事业通史:第三卷[M].北京:中国人民大学出版社,1999:578;杨伟光、李东生主编.《新闻联播》20年[M].上海:上海三联书店,1999:110.

与市民》节目,该市领导通过节目定期与市民交流,解答市民普遍关心的问题。[①]

天津人民广播电台在这方面更为出色。1987年4月26日,天津市政府召开了市长办公会议,研究解决市人大代表的一些议案和意见。天津人民广播电台于次日播出了这次会议的录音剪辑,将市领导会议的决策过程公开化。节目播出后在社会上引起极其强烈的反响,应听众要求先后重播十次。此后,天津市领导接连召开了几次记者招待、新闻发布会及政府办公会,天津电台、电视台都予以录音、录像播出,形成了一个不定期的对话节目。时任天津市市长李瑞环曾向几位中央领导汇报,引起了重视。

十三大之后,天津电台、电视台正式开办了《社会对话》和《公仆与公民》节目。播出的第一个内容就是市政府领导同部分人大代表和政协委员对话的录音、录像剪辑,它再次成为全市人民街谈巷议的话题,又一次获得了很大的成功。又如1987年9月天津开始实施猪肉定量供应,人们议论纷纷;就这个问题,记者先向二商局负责人询问原因,又请主管市长介绍决策过程,接着又到市民中采访意见和要求,播出后反响很好。这两个节目,成为该台收听、收视率最高的节目。

1987年5月6日至9日,沈阳电视台围绕当时群众最为关注的问题,请市政府有关部门领导和部分企业职工代表在当地媒体中率先进行对话,题目是《职工与领导对话——谈改革、谈物价问题》。节目连续4天以专题报道形式播出,在社会上引起强烈反响,收视率超过一般节目。

1987年5月初,陕西台在《新闻》节目之后,开办了《对话与交流》栏目。栏头是两只从两个方向伸出来、在屏幕上握到一起的手。第一期节目先请了一位省委常委与一些厂矿企业和大专院校的干部、工人、教师、学生就对话方法本身进行交流;之后又选择了一些民众关心的"难点"和"热点",如物价、市场、蔬菜、住房、彩电等问题,请省有关领导与群众直接在节目中面对面交流。他们的对话有时互相答疑,有时互诉苦衷,有时又一同商量解决办法。双方敞开胸怀、没有拘束,说出了心里话。播出后,社会反响十分强烈。许多观众来信称赞节目是为改革鸣锣开道、是民主的窗口,它将促进领导决策的民主化、调动群众参政议政的积极性,有利于深化改革。

1987年内,陕西台《对话与交流》节目一共播出了20多期。在观众热情的鼓励下,电视台又开设了一档《观众与屏幕》栏目,架起一座与观众沟通的桥梁。人们在节目中畅谈对电视节目的意见、要求与建议,增进了电视台与观众之间的了解与沟通。专题部、文艺部,甚至一些对外节目,也都采用了对话的节目方式。节目越办越活,观众也越发喜欢收看。

黑龙江台于1987年7月8日增设了《公仆与民众》栏目。首次播出的是"关于物价问题的对话"。在这次节目中,请来了副省长刘仲黎和有关的二十几位厅局长,与社会各界代表直接对话。双方以平等的态度,各抒己见,畅所欲言。有各方的情况反映,也有职能部门的问题调查,有诚恳认真的解释、疏导,也有激烈的辩论、探讨,气氛十分

---

① 王枫.适应改革开放的新形势进一步改革电视宣传工作[J].电视研究,1988(1).

活跃。节目播出后,受到社会各界的普遍欢迎。群众来信称赞节目"反映了我们的心声,拆开了我们与领导之间的那堵墙。"此次节目之后,又播出了一期关于物价问题的新闻专题。十三大提出要把民主协商对话形成制度以后,更坚定了节目组办好栏目的信心。到1988年6月,该专栏共播出各种形式的对话20多次,内容都是针对改革中的重大问题,如科技、教育、交通、粮食生产等展开的。①

1987年,在七届人大五次会议和党的十三大期间,中央电视台为了加强宣传的针对性,就群众普遍关心的问题试办了一系列对话节目,内容涉及改革、物价、住房等,参加座谈的人各抒己见,在《电视论坛》中播出。8月,中央电视台播出了五期节目,题目是:《改革反思与出路》《他们是不是资本家》《工人能先富起来吗?》《大家谈物价》《住房也要改革》。在节目中,领导和群众平等讨论,每个人都对话题各抒己见,节目最后也没有正式结论,只是在讨论中可以看出明显的倾向。比如讨论人民生活是否改善了时,有个中年知识分子说,虽然家庭收入多了一些,但生活却没有过去好过。但多数人认为,家庭收入增长的幅度比物价提高幅度大,生活改善了,只是还不够快。开始中央电视台对在节目中如此说法把握不大,便先将节目安排在非黄金时间播出。没想播出后观众反响热烈,要求重播。时任中央书记处书记胡启立看过后认为,节目宣传了物价改革的必要性和成绩,也谈到存在的问题以及解决的办法和前景,很好。他指出,那位中年知识分子的意见也是可以讲的。这之后,中央电视台又将其安排在黄金时间重播。随后又由国务院研究室主任袁木主持、物价局长出面同观众对话,播出后反映很好。该栏目还曾组织北京市第一商业局系统职工参与关于服务态度的电视讨论,播出后成为北京市民的热门话题,一时间"相互理解"成为社会的流行口号。这种对话因为涉及广大群众的街谈巷议,不回避热点、难点,有较强的针对性,容易入脑入耳,社会效果很好。据此,中央电视台决心要"承担起社会协商对话的重任,把办好对话节目作为当前电视宣传改革的一项重要工作来抓"。②

在十三大前后开办的类似节目还有四川人民广播电台的《省长与农民》、湖南人民广播电台的《对话和参与》、山西太原电视台的《市长与市民》。还有一些地、市、县的电台、电视台也举办了社会协商对话节目。这些节目都深受群众欢迎,其最重要的原因就是"及时地、畅通地、准确地做到下情上达,上情下达,彼此沟通,互相理解"。有的观众说:"这种节目既能促进人们关心改革,又能造成民主参政、议政的现代气氛。"③

十三大前后,电视中兴起了"对话"热潮。新闻节目的功能由"喉舌"向"纽带"与"桥梁"扩展。对话节目让电视人感到"这一步踏在了新闻改革的正确路子上",感到很

---

① 《当代中国的广播电视》编辑部.中国广播电视在改革中前进[M].北京:北京广播学院出版社,1991:231,270,362,416,417,772-773.
② 王枫.适应改革开放的新形势进一步改革电视宣传工作[J].电视研究,1988(1);郭镇之.中国电视史[M].北京:中国人民大学出版社,1991:231.
③ 《当代中国的广播电视》编辑部.中国广播电视在改革中前进[M].北京:北京广播学院出版社,1991:86,231;王枫.适应改革开放的新形势进一步改革电视宣传工作[J].电视研究,1988(1).

欣慰。他们体会到：我国正处在新旧时代交替的历史阶段，有很多问题需要重新认识，一下子又很难辨别清楚，这就需要通过全社会的交流沟通来分析解答。协商对话的目的就是把领导的意图、群众的心声，通过节目彼此沟通、互相理解，在党和政府同民众之间、在社会各阶层之间架起互相理解的桥梁。这是正确处理和协调各种不同社会利益和现实矛盾的有效方法。而在这一领域，电视有着极大的优势。

小结

在1985年召开的全国电视新闻评选和经验交流会议上，业内同行们回顾了自1981年4月在青岛召开全国电视新闻座谈会以来电视新闻工作所取得的成绩。这包括全国电视新闻节目的播出时间逐年增加，中央电视台和部分地方电视台增设了午间新闻和晚间节目；电视新闻内容更为丰富、报道面扩大，现场报道、连续报道和批评报道都有了明显的增长。电视台已经成为一个独立的新闻舆论机关。电视拥有了上亿观众，社会影响越来越大。同年年底，《新闻联播》在调查中出现了双胜出：一是在中央电视台的所有固定栏目中，《新闻联播》的收视率最高，稳居榜首；二是在所有新闻媒体中，《新闻联播》成为观众获取新闻的第一渠道。[①] 成绩是明显的。

在这五年中，除了上述成绩之外，中国电视新闻深入探讨了众多后来成为报道主力和发展方向的体裁、形式，大胆尝试了所有可以改革的领域，有欣喜、收获，也有教训与不足。可贵的是电视新闻人热烈的对理想、事业的追求和勇于、善于实践的刻苦努力。

虽然从改革开放开始，各级电视台就在从封闭、半封闭型的单纯宣传机关向开放型的新闻媒体转变，但这时距离实现这一转变还有相当的差距。在新闻形式方面的改革多于实质变革，仅触到了事物的表层。

概括起来，当时的新闻节目存在的问题在内容方面主要有：在开拓报道领域、深化报道内容等方面，进展仍不大；新闻提供的信息量少，报道题材面窄，内容还不够丰富；重大新闻事件、重大题材、重大典型的报道还不够突出和深入；报道内容比较肤浅，深度不够；新闻评论，特别是短小的评论数量少；有些新闻仍然没有突破老框框，缺乏新闻价值，工作报告式的新闻仍然较多，有生活实感和新鲜内容的仍然较少；在宣传报道中摆事实仍不充分，讲道理也不深入，还程度不同地存在着片面性、简单化和形式主义。在电视新闻报道中的"假、大、空"现象仍时有发生，套话、空话、大话时常出现；领导活动报道多，一般化表现生产过程的经济报道大量存在，程式化的外事新闻、会议新闻数量不小，重大的有影响的新闻屈指可数，群众喜闻乐见的新闻仍较少；时而出现有偿新闻、广告新闻，影响了新闻固有的价值，影响了社会效益。

当年的报道内容上，曾出现过较多新的偏差。如几年的改革确实带来了很大的变化，而媒体对新鲜事物却往往没有把握、无法判断，加上没有完整的报道授权，便一窝

[①] 杨伟光.中央电视台发展史[M].北京：中国广播电视出版社，2010：158，170.

蜂地搞起"新闻猎奇"。为了说明改革成效,大肆报道农村的"万元户""洗衣机村""电视机县""保险村""万元户村"等,不一而足。当时有领导同志指出:这是一种新的"大跃进"苗头,浮夸、花架子又出现了;这些东西搞起来不得了,容易搞成形式主义、强迫命令,容易说假话。中央领导指示:要抓新,但要防止猎奇,不要出格。高层制止后,有些题材很快消失了。[①]

问题最多的恰恰是基层台。1986年4—5月广播电视部地方宣传局电视处对县办电视台进行了一次调查。这些地方小台虽为新办,但观念却很陈旧。虽然资金紧缺,但必办的却是"本地新闻"。节目中充斥着会议、领导报道;各部门领导干部当仁不让地扮演起屏幕主角,热衷于当"电视明星"——电视台成了他们的"喉舌"。基层台身近农村却没有将眼光放在农民身上。

在报道形式上,面孔严峻、形式单调的问题也没有很好解决。新闻的采访形式和表现形式老一套,报道和播出形式呆板,播音员的播出方式没有亲切感。新闻时效性不够强,特别是一些非事件性新闻(如经济新闻)常常缺乏具体的时间概念;解说同图像两张皮的新闻相当普遍,许多新闻画面拍得一般化,会议新闻、生产新闻千篇一律,形成"公式";新闻的可听性、可视性较差,不能做到令人喜闻乐见。

这期间的报道仍然存在着很多问题需要改进。虽然几年间做了大量的拨乱反正工作,历史留下的重负不可能短期之内解除,积习流弊还在发挥着相当的影响,经济新闻报道的数量较多,但同样存在着主题挖掘不深、形式雷同、单调枯燥、声画脱节等问题。报道中充斥着生产数字、一时一地的丰收、增产。与此同时还新涌现出很多的"剪彩"新闻,甚至有街边小店的开张也堂而皇之地登上荧屏。后来大家才逐渐明白,这只是有偿新闻而已。

有人对电视新闻的缺陷做了原因分析,认为这些问题主要是受广播、报纸、电影的影响,没有真正按电视的宣传规律办事。受广播影响的主要表现是:写解说词时,不注意与图像、声音配合,只是写成了完整的文字稿;从画面开始念到画面结束,置画面于不顾。受报纸影响的主要表现是:追求文字华丽,爱用书面语言;不注意通俗口语和对象感、参与感、现场感。受新闻电影影响的主要表现是:重全面系统,不重视时效;重画面,不重视人物;重解说,不重视现场采访,搞成"新闻简报",使新闻缺少生气。而电视要确立自己应有的地位,就必须研究自己的传播规律,摆脱其他媒体的不良影响,按照电视的规律做新闻。此外,新闻体制改革的困难也依然存在,当时虽也提出过多次方案,但由于条件不成熟,皆未能实现。

还有一些当时的问题实际是出在新闻管理上。一些新鲜事物,如过去反对民众私自开矿、办厂,这时却鼓励农民劳动致富,因地制宜开矿、办小水电、办工厂;而对如何办又没有一定之规;当对报道没有明确的效果把握时,管理者便要求媒体:一些事情可以做,但新闻单位不能宣传,这就是"能做不能说"。而对控制乱发奖金、避免消费基金

---

① 洪民生.在农村宣传座谈会上的讲话[J].电视研究,1985(2).

过快增长等题目则又要求媒体大肆宣传。这样使得媒体可说、可探讨的空间收窄,报道变得人为化、功利化,不能根据媒体规律和社会认识发展需要来自行选择合理的行为。这没有引来理性、科学的媒体和社会行为,反而带来了长期难以根除的不计后果的一窝蜂跟风炒作的弊端。

很多人都认识到一些已有改革举措只是表面、微观的,真正的改革不仅要考虑单项改革,还要考虑整体改革;不仅要考虑短期改革,也要考虑中、长期改革。要从新闻体制入手,提高新闻的开放程度,来增强内部活力,抓住社会的"热点""难点"问题,在"三接近"和增强社会效益上下功夫。当时,杨伟光谈到进一步搞好新闻改革,提高电视新闻质量要做好四件事:1.提高开放程度,增大信息量;2.组织好社会协商对话的报道;3.正确开展批评,发挥舆论监督作用;4.提高宣传水平,增强宣传效果。① 这四条其实都是对新闻管理层面的希望,是对按电视规律办好新闻的期盼。

在这样的探索、尝试、变动、起伏之中,中国电视迎来了自己30周岁的生日。

---

① 1987年度全国优秀电视新闻评选揭晓[J].电视研究,1988(4).

第六章　闯关动荡改革　新型格局初定
（1988—1992 年）

1988 到 1992 这五年是我国改革开放的重要发展期。1987 年党的十三大召开，确切定位了我国所处的发展阶段，系统阐述了社会主义初级阶段理论，明确提出"一个中心、两个基本点"，即"以经济建设为中心，坚持四项基本原则，坚持改革开放"的基本路线。

在这五年之前，我国经济历经急速发展与转型，社会总需求和社会总供给的矛盾突出。物价上涨、人民币贬值，社会承受力下降。20 世纪 80 年代末，随着改革开放的推进、国际交流的增加，西方思想对社会——特别是知识分子群体影响日益深入。社会各界对国家发展的认识出现了差异，改革进入闯关期。

1990 年 12 月 25 日至 30 日在北京举行的中国共产党第十三届中央委员会第七次全体会议，提出了《中共中央关于制定国民经济和社会发展十年规划和"八五"计划的建议》草案。该计划建议重点改善人民生活和健全社会保障，深化经济体制改革的方向、任务和措施，进一步扩大对外开放。

直至 1992 年邓小平同志南方视察，以及党的十四大召开，确立了发展社会主义市场经济为国家建设的主旋律，中国的改革开放和现代化建设事业才又进入了新的高速发展阶段。这段时期对中国社会而言是一段至关重要的转折期。

与国家发展同步，电视新闻界在政治与经济急速变化的背景下不断摸索前行，在试错中逐步成长。面对社会的复杂变化，乘着改革的春风，这一时期的电视基础设施建设发展较快，初步形成了较为完备的电视传播格局。电视媒体的影响力继续扩大，成为发展最迅速的行业之一，实现了第二次重大突破。电视新闻的主体地位日渐凸显，赶超报纸和广播成为第一媒体，形成第二个高速增长期。

第一节　电视新闻事业发展与技术进步

一、事业建设

第十一次全国广播电视工作会议"四级办广播、四级办电视"政策出台后，电视台、频道、节目数量都持续大幅度增长，随之而来的是从业人员数量的急速扩张；在这一阶段，行业的全面发展呈现出加速度的态势，现实急切呼唤与之相适应的机构体制、人员管理的改革。

(一) 增办播出机构

在这个阶段,中国电视迎来了第二次大发展。在"四级办"方针的指引下,凡是具备条件的省辖市、县都可以根据当地的需要和可能兴办电视台。这些电视台除了转播中央和省台的节目外,还可以播出自办的节目,覆盖本市县。

对比1984年和1992年的广播电视事业发展情况可见:电视台、广播台及其相对应的转播台数量呈几何级数增长(见表6-1)。电视的影响力在这一时期超越了广播,国内的传播格局发生了重大变化。

表6-1 广播电视事业发展情况:1984年与1992年比较

统计项目	1984年	1992年	1992年比1984年	
			增长量	增长速度(%)
无线广播电台(座)	167	812	645	386
中短波发射台和转播台(座)	556	711	155	27.9
调频发射台和转播台(座)	172	934	762	443
广播人口覆盖率(%)	67.8	75.6	7.8	11.5
收音机社会拥有量(万架)	22,373	21,595	−778	−3.5
电视台(座)	93	586	493	530
电视发射台和转播台(座)	9,708	32,643	22,935	236
电视人口覆盖率(%)	64.7	81.3	16.6	25.7
电视机社会拥有量(万架)	4,763	22,843	18,080	380

1.国家、省级台

1988年开始,除中央电视台以外,省级卫视也开始大批上星播出。新疆、云南、贵州、西藏、四川等省、自治区的电视节目可以通过我国自行研制的卫星分时段传送。

实力雄厚的省级台纷纷开办第二、三频道,很多是为了给自办节目提供独立播出空间。随着国家教育电视台的上星,各地的新开频道中多数又有了一套教育节目。

2.市县台

我国城市台的发展与整个电视事业同步推进。早在20世纪50年代末期,在中央和部分省相继建立电视台之际,少数省辖市也有了自己的电视台。80年代末,吉林台、齐齐哈尔台都已经有30年的历史了。据"城市电视台节目交流中心"提供的162家成员台建台时间表,1960年时全国有3家城市台,到1978年增至23家,1983年年底达到45家(包括地、州、盟台)。"四级办"政策确定之后,许多城市都将本市电视台的发展列入年度目标。随着电视机在城市的普及,以及贯彻"四级办"方针,到1990上半年,城市电视台猛增到 271 家。这种发展速度是电视史上前所未有的。

随着城市经济的发展,地方实力增强,财政状况好转,地方政府对城市电视台增加了投入,城市台的事业经费随之增加。根据对 153 家城市台的统计,1988 年超过四成收到的财政拨款达到 11—30 万元,还有近三成达到了 31—50 万元。①(见表 6-2)

表 6-2　1988 年国内 153 家地方台财政拨款额度统计

拨款额度(万元)	台数	所占比例(%)	备注
10	6	4	拨款 30 万以下地方台占总数的 45%
11—30	64	41	
31—50	44	29	拨款 30 万以上地方台占总数的 55%
51—100	25	16	
>100	14	9	
总计	153	100	

很多城市电视台都是在很短时间内创办起来的。如 1988 年 1 月 10 日,广州电视台举行试播开播仪式。1988 年 1 月 23 日,国家广播电影电视部(以下简称"广电部")批准成立广西柳州地区电视台和漓江地区电视台。同日,广电部还批准了成立甘肃张掖、酒泉两个地区电视台,呼号分别为"张掖电视台"和"酒泉电视台"。②

当时的大多数城市台已在摄、制、播、传等业务和传输系统方面初具规模。城市台不但是中央和省台的合作伙伴,又成为前二者的竞争对手。城市台最显著的特征就是距离民众更近,这是中央台和省台所不及的。

3.企业台

"四级办电视"的口子一开,财力雄厚的大企业、大单位也不甘落后。它们着力建设有线电视企业台,至 1989 年年底,我国有线电视企业台超过了 500 个。③

企业有线电视是在 20 世纪 80 年代初期开始萌芽发展的,比无线电视晚了 20 年。最早是少数大企业安装公用天线,解决接收覆盖问题,因此出现了第一代有线电视。以后经历了转播、播放录像、自办节目等三个阶段,短短几年有了大面积的发展。据不完全统计,90 年代初全国有数千家企业设立了有线电视台,线路入户达 800 多万;有 500 余家企业建立了正式的有线电视台,超过了当时全国无线电视台的总和。同期全国有 1 亿多台电视机、6 亿多观众,其中约有 1,000 多万台电视机和近 5,000 万观众在收看有线电视。④

---

① 王声骋、朱克虎.城市电视事业大有可为[J].电视研究,1999(1).
② 广播电影电视部《中国广播电视年鉴》编辑委员会.1989 年广播电视年鉴[M].北京:北京广播学院出版社,1989:451.
③ 方汉奇.中国新闻事业通史:第三卷[M].北京:中国人民大学出版社,1999:576.
④ 瞿若烨.扎根基层、面向群众,办出企业电视特色[J].电视研究,1991(4).

一开始企业有线台主要是转播中央、省市台的节目或是简单播放录像带,后来逐渐发展到能够自办节目,初步办成了有企业特色的新型媒介。

80年代初,我国电视技术落后,节目信号覆盖率低,难以发挥电视政令传达的作用。这一时期通过增办电视台,特别是地方台,有效提升了电视的人口覆盖率。这一方面有助于中央电视台和省台新闻的转播,另一方面也有利于地方新闻的及时采集传播,也顺应了地方政府参与电视事业发展的需求。同时这也有助于形成地方公共事务讨论交流的平台。

(二)扩大新闻来源

随着电视台数量以及电视机保有量的增加,民众对电视节目内容的需求也快速增长。人们渴望通过电视了解外部世界,电视新闻成为最重要的节目。通过加强台际协作、建立记者站、增办新闻等多重手段,这一时期电视新闻在数量和质量方面都有很大提升;呈现出节目增多、形态多样、报道成熟的进步态势。在节目数量、质量提高的同时,编排布局方面也更趋合理。

1.国际协作

自1984年4月,中央电视台正式参加亚广联A区每周的定期新闻交换;到1986年3月,东京电视网与中央电视台签订了"关于节目交流的议定书",开始同中国进行每日新闻素材的交换。我国逐渐增加了和各国的国际协作,扩大了新闻来源。

1988年3月12日到18日,国际广播电视组织秘书长科德尔和国际太空卫星通信组织总经理库利洛夫应邀访问中央电视台。双方达成了交换电视新闻的协议。从此,中央电视台可直接收录苏联、东欧各国的电视新闻。

1990年2月23日,中央电视台开始向美国电缆电视新闻网(CNN)传送新闻节目。5月18日,中央电视台北京国际卫星电视地球站开通,该站是根据中央电视台为扩大国际节目交换的需要而建造的。[①]

对国际新闻放宽限制,使得中国观众能够通过电视及时了解世界的一些最新动态。

2.建立记者站

这一阶段,为进一步扩大新闻来源,中央电视台在国内、国外都陆续设立了记者站。

1992年年底,中央电视台建立了驻美国记者站。陆伟昌、王春全是第一任驻美国记者,陆伟昌任站长。到美国第一年,靠租借设备采访发回50多条新闻,到1995年年底,共采写了300多条新闻。这一年中央广电机构在国外共建有了19个记者站,其中

---

① 广播电影电视部《中国广播电视年鉴》辑委员会.1991年广播电视年鉴[M].北京:北京广播学院出版社,1991:483.

广播记者站17个、电视记者站2个。①

1992年年底,中央电视台在1987年已经在各大军区建立了15个记者站的基础上,又在国防大学和军事科学院设立了记者站。1994年12月,进一步在新疆军区、西藏军区、海军东海舰队、北海舰队、南海舰队、海军航空兵和各大军区空军设立了记者分站。② 由此丰富了军事新闻节目内容。

(三)体制机制改革

1988到1992年间,大量城市台、企业台开播,大量增办新闻节目,电视新闻事业取得了较快发展。蓬勃发展的局势使得从业人员数量也大幅攀升。为了保证良好有序的发展环境,组织体制和从业人员管理改革提上了日程。

1. 经费机制改革

我国电视媒体作为国有事业单位,长期依靠国家投资拨款生存,电视的传播活动不具有商业性质。供给制的体制和机关化的管理方法,使得电视台缺乏经济运营观念和经验;习惯于重视宣传、轻视管理,只抓节目、不考虑经济效益。

1983年的第十一次全国广播电视工作会议,确定了对广电经费管理体制的改革,将过去单纯由国家财政拨款办台改为经费来源多渠道,通过提供服务、节目收费、制播广告等方式创收,弥补经费不足。这是电视台从非营利性机构向有限商营的事业机构转变的尝试。自此,电视媒体从纯粹的事业单位转变为"事业单位企业化经营"组织。③ 1988年至1992年,电视业在经济变革的推动下萌发了经营转变,媒体的管理与生产机制更为灵活,更加接近和面向市场。

随着电视事业的迅速发展,节目播出量增长较快,运营经费开支也大幅上升。1985年全国广电业的经费总支出为17.8亿元,1989年已超过30亿元,平均每年增长达56.2%。中央电视台的节目播出时长由1983年的5,233小时增加到1990年的11,310小时,每年增长幅度达到8.68%。所需经费也相应增加,仅节目直接支出部分就占到全台事业经费的40—50%。④ 电视媒体需要快速转型成为既强调公共服务、又开展商业经营获取利润的新型事业单位。

中央电视台自1979年实行"预算包干""差额补助,结余留用"制度以后,经济上开始有了筹措部门经费的自主权力。1987至1990年,中央电视台曾一度回到全额拨款制;从1990年开始,又开始了三轮财政包干时期。⑤ 电视台财源结构由单纯依靠国家财政拨款转向多元化筹措,使电视传播机构在经济上有了一定的自主性。财务管理制

---

① 广播电影电视部《中国广播电视年鉴》辑委员会.1998年广播电视年鉴[M].北京:北京广播学院出版社,1998:43.
② 杨伟光.中央电视台发展史[M].北京:中国广播电视出版社,1998:415,198.
③ 杨凤娇.中国电视新闻传播格局的变迁[M].北京:中国广播电视出版社,2009:7.
④ 钱蔚.政治、市场与电视制度:中国电视制度变迁研究[M].郑州:河南人民出版社,2002:68;贾文增.谈电视台的节目经费管理[J].电视研究,1991(5).
⑤ 赵化勇,孟建.电视媒介经济学[M].北京:华夏出版社,2004:53.

度改革带来的收益,可以用于缓解发展经费的紧张,有利于更新设备和提高节目质量。

上海电视台的改革力度最大。1987年6月,上海电视台开始实行分台制,即按频道划分节目类别,播出内容各有侧重。1988、1989两年,总台对分台试行节目、财务(包括收与支)、人员等全面承包。① 实行经费承包后,各分台必须对内部条件、社会环境、节目构成、人员结构、经济势态等情况都做出客观分析,随时做出相应决策。

还有一些地方电视台也采用了分台承包制,引进竞争,促进电视业各方面的深度发展。这种"分而治之"的机制改变,对各级干部的各类管理工作提出了更明确的目标和要求。

总体来看,这一时期,电视传播主体从非营利性质的事业单位开始向有限经营的事业机构转变,电视节目的商业性开始显现。但各级电视台的经营性收入所占比重还不大,国家财政拨款在收入来源中还占有重要地位。在财政预算包干改革方案下,大部分电视台还缺乏足够的内在动力。

在创收大潮中,广告成为收入主力。当时中央电视台第一套节目中的"榜上有名"广告专栏,从1988年的2分钟到1990年的3分50秒,1991年增加到了8分钟。② 从中可见逐年递增的速度。在各地电视台,广告播出时间愈来愈长已成普遍现象。有的台一个广告时段长达20分钟左右,超过了一些固定栏目。

2.机构调整

1988年开始,为理顺关系、转变职能、健全管理,广电部及全国各电视台纷纷展开了机构改革。

广电部通过"定职能""定编制""定机构"的"三定"宗旨,将其下属部门确定为办公厅、总编室、政策法规司、教育司、地方宣传管理司等11个职能厅室司局,共有工作人员560人。这使得管理上的"政事分开"有了组织保证,有利于电视事业的产业化经营。③

随着电视媒体的快速发展,很多电视台也进行了台内机构调整,以适应发展,提高生产与经营能力。1987年上海广播电视局推行"五台三中心体制"。各职能部门分别负责新闻、文艺、经济、体育、社教、电视剧制作等。

1989年8月2日,为适应新闻工作特点,中央电视台设立了新闻中心,章壮沂任中心主任。评论组从总编室划归新闻中心,建立起采编播"一条龙"操作体制。中心下设六部一组:新闻采访部、新闻编辑部、国际新闻部、新闻制作部、体育部、军事部和评论组。重大宣传任务由新闻中心统一组织,各部分工负责,相互支持。④ 1988年3月16日,中央电视台总编室地方节目组成立。它统一管理地方台寄送的专题、文艺类节

---

① 潘永明.电视业管理中几个问题的认识[J].电视研究,1991(5).
② 王强军.权议导播制度的建立[J].电视研究,1991(5).
③ 广播电影电视部《中国广播电视年鉴》辑委员会.1990年广播电视年鉴[M].北京:北京广播学院出版社,1990:43.
④ 杨伟光.中央电视台发展史[M].北京:中国广播电视出版社,1998:159.

目,改变了过去多头管理的状况。

到1992年,中央电视台从宣传部门和技术部门的简单划分逐渐过渡、分化出新闻、电视剧制作、社教、对外宣传、技术制作、技术播送、技术管理和动力等8个中心。全国各级电视台的机构一般都参照中央电视台的设置,再根据自身实际情况适当调整;虽然会有机构设置数量上的不同,但其结构却都大同小异。到20世纪90年代初,我国大多数的电视台都建立了新闻中心或类似的机构。①

3. 人员机制

随着经营体制的变革,一方面媒体事业单位的属性逐渐弱化,另一方面节目量增加对从业人员的需求也大幅增长,队伍快速壮大。这就要求有能更适应现实发展的人员聘用管理机制出现。部分地方台率先转变经营方式,实行聘任及工作量化制度。

1988年1月1日起,山西电视台新闻部开始实行聘任制度,各级干部和工作人员都由其上一级聘任。如新闻部主任由台长聘任,新闻部副主任、组长由主任聘任,记者、编辑、播音、技术制作由组长聘任。在新闻部内,建立起了责任制和考核制度。比如,在太原地区采访的记者,每月指标是15条新闻;到市外基层采访,每月指标是10条新闻;个别采访条件差的地区为7条。同时规定两个人一起出去采访一条新闻,每人只算半条;会议新闻也只算半条。编辑的指标是每月编40条新闻。记者超额一条奖励3元,缺额一条扣月工资的1/10或1/15;编辑超额一条奖励1.5元,缺额一条扣当月工资的1/40。鉴于当时的交通、通讯以及设备条件,这个定额指标是相当高的。据时任记者高丽萍回忆,她当时是拿话筒出镜采访的记者,每次出去都是两人,每月要拍30条,才算完成任务。1989年,她的定额是192条,实际完成250条,超额58条,奖金174元。在山西台新闻部,执行制度不打折扣,成绩突出的表扬、奖励兑现。据了解,月奖励最高的是一位编辑,月拿奖金100多元。②

在发展过程中人员岗位分工的精细化也逐步实现了,确立了如"导播"等一些专业岗位及相应的管理制度。

4. 法制建设

早在1986年,广电部就开始起草《广播电视法(草案)》,到1990年年底已修改至第五稿,仍然没能出台。如此,电视媒体的各项工作依然主要依靠行政主管部门的条例和行政指令指挥管理。

对有线电视的管理随着其规模的不断扩大而逐渐加强。

1984年,广电部地方管理局在北京召开了有线电视宣传工作座谈会,讨论如何进行管理。③ 1987年广电部完成有线电视管理规定初稿,1989年将修订稿呈报国务院。1990年11月国务院批准了《有线电视管理暂行办法》(俗称2号令),由广电部发布施行。广电部于1991年4月又发布了《有线电视管理暂行办法实施细则》(俗称5号令)。

---

① 岳淼.中国电视新闻节目发展史研究(1958—2008)集[D].厦门:厦门大学,2009:88-89.
② 杨伟光.他们创造了第一流业绩:访山西电视台新闻部[J].电视研究,1990(4).
③ 苑淑云,王瑞英,周志强.我国有线电视的发展历程、特点及发展趋势[J].中国广播电视学刊,1991(6):21.

1990年8月29日,广电部、公安部、国家安全部联合发布了《卫星地面站接收外国卫星传送电视节目管理办法》(俗称1号令)。明确规定除了教育、科研、新闻、金融、经贸、涉外宾馆(或公寓)及其他业务工作需要的单位可申请接收外国卫星节目外,其他人或单位一概不准接收。申请者必须证明接收目的、内容、方位、方式和收视对象的范围,向所在省、自治区、直辖市广播电视厅(局)报批,并由审批机关报广电部、公安部及国家安全部备案。其中第9条特别严禁将所接收的外国卫星节目在国内电视台、有线电视台及录像放映点播放。①

1991年9月,中宣部与广电部共同发布了《关于加强有线电视台宣传管理的通知》。1992年2月又发布了《关于有线电视台、站电视节目管理的暂行规定》(俗称250号文件)。

以上文件中都有专门针对有线电视台站播放节目的管理规定。其主要内容是:

(1)有线电视台站要完整接收、传送中央电视台和地方电视台的新闻和其他重要节目。

(2)有线电视台站要建立审片制度及播放管理制度,对所播放节目经过相应审查。已公开发行的录像制品包括海外影视剧,必须经广电部或省级广电管理部门审查,并贴有"有线电视节目准播证"才可播放。

(3)境外影视剧经由广电部地方管理司审查后,由中国电视国际服务公司集中引进,通过省级供片机构向有线电视台站提供。

(4)有线电视台站应以转播中央台和省市台节目为主,自办节目为辅;有线电视台每周自办新闻节目不得少于30分钟。播出境外影视剧等节目每周不得超过影视剧、录像制品总播出量的三分之一。

(5)不得转播由卫星接收的外国及台、港、澳电视节目。②

各地方根据自身发展需要也制订了相关的规章条例。如1988年2月,《湖南省电视共用天线管理规定》和《湖南省电视共用天线系统技术标准》颁布实施。1988年6月1日,广西广播电视厅发布《广西壮族自治区闭路电视管理暂行规定》。同日,湖南省广播电视厅颁发了《关于大型企业有线广播电视台的暂行规定》。1990年3月17日,广东省广播电视厅向全省各市广播局发出《关于不得收录境外电视节目在各种有线电视中播出的通知》。③

(四)观众调查

为了解受众状况、验证前期改革的成果、确定下一步的改革方向,这一时期中央及地方媒体纷纷开展媒体受众调查,并逐步将这项工作常规化,为事业建设提供了客观

---

① 杨伟光,李东生.《新闻联播》20年[M].上海:上海三联书店,1999:148.
② 刘幼琍.大陆有线电视法规之研究[J].新闻与传播研究,1994(1):69-78.
③ 广播电影电视部《中国广播电视年鉴》编辑委员会.广播电视年鉴(1991)[M].北京:北京广播学院出版社,1991:482.

的反馈机制。

1987年5月召开的全国电视受众调查工作经验交流会倡议在全国各省市对观众的基本情况进行调查。这个倡议受到了广电部领导的重视,广电部把这次会议纪要作为部颁文件下发到各省广播电视厅、局,希望各级广播电视机构提高对这项工作的认识,并采取相应措施把它做好。①

1.中央电视台收视率调查

1986年,中央电视台在北京地区开展了首次收视率调查工作。1987年至1991年,中央电视台的收视率调查采用委托调查的方式进行。

1988年1月26日,中央电视台总编室在彩电中心举行新闻发布会,公布《全国电视观众抽样调查》的部分结果。调查表明:我国约有1.2亿台电视机,6亿电视观众。②这在世界各国中名列前茅。也就是说,当时的电视人口覆盖率已经达到了70%以上。

1988年的收视率调查工作委托给了国家统计局信息咨询中心。1988年年底,中央电视台举办了首次收视率调查招标活动,目的是通过竞争,择优录用,进一步提高收视率调查的质量。中标者仍为国家统计局信息咨询中心,该中心承担了1989年中央电视台的收视率调查工作。

1991年全国电视观众调查网开始创建,采用以点带面、稳定发展的策略。北京网上半年首先建立,总结经验后又向全国其他省份铺开。③

1992年,中央电视台联合地方电视台开展了第二次"全国电视观众抽样调查"。截至当年6月底,全国电视观众总数为8.06亿,与1987年第一次"全国电视观众抽样调查"相比,增加了2.16亿,电视人口覆盖率达到81.3%。全国共有电视台586座,节目644套;平均每周播出时间达到26,432小时,全年制作电视节目共14.8万小时。全国共有电视发射台和转播台3.2万座,微波站1,119个,微波线路长4.9万多公里,卫星电视地面站3.9万座。④

2.地方台收视率调查

地方台也积极开展了受众调查工作。

1988年福建电视台建立了全省受众调查网。电视台根据收视率调整了播出时间,把冬春季的播出时间提前一小时,收到了明显的经济和社会效益。调查结果为办好节目提供了决策依据。

1989年,辽宁电视台开始在每周宣传例会上讨论收视率调查情况,并按调查结果调整节目。个别栏目因收视长期达不到10%即被砍掉,收视效果得到提升。⑤

---

① 王传玉.进一步重视和加强受众调研工作为提高电视宣传效果服务[J].电视研究,1991(3).
② 杨伟光,李东生.《新闻联播》20年[M].上海:上海三联书店,1999:123.
③ 杨伟光.中央电视台发展史[M].北京:中国广播电视出版社,1998:328,329.
④ 广播电影电视部《中国广播电视年鉴》编辑委员会.中国广播电视年鉴(1992—1993)[M].北京:北京广播学院出版社,1995:13.
⑤ 王传玉.进一步重视和加强受众调研工作为提高电视宣传效果服务[J].电视研究,1991(3).

1989年对南京观众的抽样调查结果显示,中央、江苏和南京三台的收视率分别为61％、16％和23％;喜爱率分别为:53％、13％和20％。[①]

收视率直接显示出各个节目在不同观众心目中的好恶,推动了电视节目的变动和更新,给荧屏带来了新气象。从1988年至1992年五年间,是我国电视观众调查研究工作取得了突破性进展的重要时期,其标志就是在延续观众来信管理等传统方法的同时,开始把抽样调查技术运用到观众调研工作中,使观众反馈信息得以科学量化。其结果为改进节目提供了参考,增强了节目制作人员的观众意识,为电视节目建设提供了客观的反馈监督指导手段。

二、技术进步

传播技术发展是电视媒体发展的基础保障。1988年至1992年的五年间,我国电视技术领域的发展,主要是在采编计算机网络的建设普及、有线电视和卫星电视的大规模应用;这为电视信息传播提供了技术基础。这一时期,电视新闻节目开始基本形成了覆盖全国的立体传播格局。

(一)覆盖面扩大

第十一次全国广播电视工作会议确定的用卫星覆盖全国的方针,几年来一直在持续贯彻落实。1988年全国广播电视厅局长会议进一步提出,要逐步完善以卫星为主的广播电视节目传输系统。具体要求是,中央电视台和国际广播电台的节目传输,逐步做到以卫星为主,微波为辅;中央人民广播电台的节目传输,逐步做到以卫星为主,微波、短波为辅;省级广播电视节目的传输,主要利用专用微波线路。地广人稀和由于自然条件限制不宜建设微波线路的省、自治区,可以通过卫星传送本省、自治区的广播电视节目。

中央电视台通过国家微波干线和卫星技术,发展成为拥有全国观众的综合性电视机构。各省、自治区电视台主要通过本省区的专用微波线路、小功率电视转播台、差转台等扩大覆盖,信息传送范围受到地理空间的限制。

1.微波线路

广电微波线路建设在20世纪80年代突飞猛进。各省的微波线路(支线)与邮电部的国家微波干线结合,形成了全国性微波传输网络。各省区的电视广播节目主要依靠微波线路传送到各市县,同时也主要通过微波将各地重大活动报道节目回传到省会、北京。

1988年11月24日,吉林省从长春经九台、德惠、农安到前郭县王府的微波线路建成,共5个站186.7公里。1990年8月9日,四川省广播电视专用微波干线成都到西昌段正式开通。

[①] 王声骋,朱克虎.城市电视事业大有可为[J].电视研究,1991(1).

到1989年年底,全国各省、自治区已建成微波站1,401座,微波线路总长达45,388公里。

2.卫星电视

通过卫星转播广播电视节目、组成覆盖全国的网络,在这五年间初具规模。这是我国广播电视事业、技术建设的一大飞跃。通过卫星传送节目,电视覆盖率从1982年的57.3%增长到1990年的79.4%,这对于国土辽阔、人口众多的中国来说是相当可观的速度。① 这促进了20世纪80年代我国广播电视事业的大发展。

(1)自制卫星

1988年3月7日,中国发射了一颗通信卫星,当月22日在东经87.5度的轨道上定点成功。这颗新卫星的定点精度和稳定精度都有提高,且工作寿命长、通信容量大、辐射功率强。4月17日,这颗卫星正式开始向全国传送两套中央电视台的综合节目和一套教育电视节目。专家预言:中国租星时代即将结束。②

1988年11月1日开始,中央电视台向全国传送的第一套、第二套节目,从租用的"国际通信卫星"转移到我国自己制造和发射的第二颗"实用通信卫星"上,大大提高了转播质量和发射效果。③

在1988年12月22日和1990年2月4日我国又分别成功发射了两颗自行研制的"东方红2号甲"实用通信卫星。这两颗卫星的在轨服务使得我国卫星通信和电视转播跨入一个新阶段。卫星上的转发器增加到4个。除中央电视台两套节目外,1989年2月新疆电视台节目通过该卫星传送;之后,新疆又与云南、贵州的电视节目合用该卫星转发器时分传送节目。1989年11月西藏电视节目上星。1990年年初,四川与西藏电视节目合用一个转发器上星。这解决了长期困扰地处边疆的省、自治区的电视覆盖问题,保证了我国电视节目的大范围传送,也极大改变了这些边远地区收视难、通信难的状况,同时也在我国对外传播中发挥了巨大作用,为信息安全提供了保障。④

(2)租星

在自行研制的两颗通信卫星发射成功、投入使用的同时,为了更好地扩大节目覆盖、加强对外宣传,我国继续通过租用卫星向海外转播电视节目。

1991年7月1日,中央电视台第一套节目送上了位于东经96度5分的俄罗斯静止卫星,节目覆盖了大片国家和地区。⑤ 1991年9月1日,中央电视台开始通过由中国中信集团(CITIC GROUP)和美国通用电气(GE)共同拥有的亚洲卫星公司于1990年4月7日成功发射的亚洲地区第一颗商用通信卫星"亚洲一号"转播节目;可覆盖中

---

① 王枫.更加自觉地依靠科技进步发展广播电视事业[J].电视研究,1991(5).
② 郭镇之.中国电视史[M].北京:中国人民大学出版社,1991:246.
③ 方汉奇.中国新闻事业通史:第三卷[M].北京:中国人民大学出版社,1999:630,631.
④ 史上今日:中国发射了一颗实用通信广播卫星[EB/OL].(2017-02-01)[2020-11-20].http://news.xinhuanet.com/2017/02/01/c_136009141.htm.
⑤ 杨伟光.中央电视台发展史[M].北京:中国广播电视出版社,1998:314.

国台湾、中国香港、中国澳门以及东南亚地区；《新闻联播》通过国际卫星走向了世界。①

1992年10月1日，以台、港、澳和侨胞观众为主要服务对象的中央电视台第四套节目——中文国际频道通过卫星向海外播出。

我国自行研制的两颗通信卫星发射成功并投入使用后，全国各地的卫星地面接收站迅速发展起来。如为接收、传送好中央电视台节目，天津市五县三区广播电视局（站）各增建一座卫星地面站，1988年11月1日正式投入使用。

1988年，上海电视台在本台院内5号楼顶上架设了1副6米天线及卫星接收设备，接收机为东芝DX型机器，在电子部第十四研究所和上海有关单位的配合下，该设备于10月1日以前安装结束，经测试符合厂方规定的技术指标；1989年10月1日起，正式用于转播中央电视台第一套、第二套及教育电视节目；筹建有线电视台时，1992年又在电视台大院内2号楼顶加层扩建时安装了2副6米卫星接收天线，分别接收亚洲一号卫星和太平洋国际通信卫星(179E)的信号。②

到1988年，全国地面站总数达到8,233座，超过原计划发展的两倍。同时各省、自治区积极建设本区域内广播电视节目传送的专用微波线路，发展小功率电视转播台；借助卫星设备接收节目、扩大覆盖范围。全国逐步形成了一个以卫星传送为主，微波、地面收转和差转多种技术手段相结合的高质量、高效率的广播电视节目传输、覆盖网络。

1990年5月18日，中央电视台北京国际卫星电视地球站开通。该站是根据中央电视台为扩大国际节目交换的需要而建造的。③

3.有线电视

我国的有线电视事业始于1964年，为保障当时在北京饭店召开的国际会议，安装了第一套有线电视系统，但之后很长一段时间都没有再发展。进入20世纪80年代后，一些远离城镇的工厂企业为了让职工能收看到高质量的电视节目，也为了方便企业内部的信息传播，纷纷安装了共用天线系统。到80年代末期，全国有一定规模的企业有线电视台已发展到500家左右。④

在此后短短几年中，我国有线电视技术日趋成熟，很快从原为提高电视收看质量而建立的共用天线系统发展成为有线电视广播系统。同时，行政区域性的有线电视系统也发展很快。湖北沙市是第一个获得广电部批准的有线广播电视台。从1988年起，有线电视开始向农村发展，速度之快超过预料。到当年8月底已经有48个县办起

---

① 杨伟光,李东生.《新闻联播》20年[M].上海:上海三联书店,1999:167.
② 赵凯.上海广播电视志[M].上海:上海社会科学出版社,1999:580.
③ 广播电影电视部《中国广播电视年鉴》编辑委员会.中国广播电视年鉴(1991)[M].北京:北京广播学院出版社,1991:483.
④ 赵玉明.中国广播电视通史[M].北京:北京广播学院出版社,2004:397.

了有线电视台,到 1989 年年底,有线电视用户达到了近 800 万。①

有线电视作为广播电视节目的一种有效的传送和覆盖技术手段,其事业迅速发展的背后是经济收益的推动。根据规定,有线电视台可以向用户收取线路建设费和维护费,实行有偿服务。有线台稳定的收入,为事业发展提供了动力。

卫星节目传送与有线电视网的结合,扩大了中央和省级两级电视节目的覆盖面,大大丰富了有线电视台的节目内容,观众可以接收到数量更多、质量更好的电视节目;同时在宣传党的方针政策、传递信息方面也发挥出积极的作用,受到各级政府和民众的欢迎。

技术的进步使得越来越多的省台通过卫星传送,进入全国平台,打破了中央电视台节目的垄断,形成了新的分级垄断传播格局,使得中国电视传播机构有了一个相当程度的统一开放竞争环境。各省级电视媒体处于地方保护之下,缺乏危机意识、缺乏市场竞争力的局面在一定程度上也被打破。

(二)新技术应用

随着科学技术的发展,电视行业出现了许多新技术,既有国外引进的,也有我国自主研制开发的。一些技术逐步由广播电视业内走向了民用。

1.计算机网络

采编现代化的提出始于 1985 年,虽然那时广电系统拥有计算机的数量不少,但是在应用方面却迟迟没有取得较大进展。多数单位只是把计算机当成打字机,并没有用计算机科学高效地投入节目采编工作。中央电视台首开计算机应用先河,采编计算机网络逐步在业内普及。

(1)中央电视台

1988 年 1 月 15 日,中央电视台彩色电视中心建成开播。彩电中心采用了计算机控制的局域网络,将播出系统、节目制作系统、业务管理系统等大部分操作系统和设备连接在一起,使庞大复杂的系统更有效运转。在彩电中心的播出系统中,有由计算机控制、可以播出 4 套节目的播出中心,还有由多个演播室和磁带编辑室组成的新闻中心和外事中心。播出系统中的视频、音频信号进出交换枢纽与传输终端的总控制机房,与通向全国的微波干线和卫星广播上行站相连接,可以向全国传送电视节目。这个现代化传输系统开通后,中央电视台节目的传送质量大为提高。②

迁入彩电中心之后,中央电视台新闻部门有了自己的计算机 OMNINET 网络。3 月 15 日,中央电视台系统工程组开发的"节目信息管理系统"投入使用。同日,中央电视台接收新华社中文稿传输系统投入运行,及时配合了全国七届人大的宣传报道工作。采编人员通过此计算机系统可以实时调阅新华社英文、法文通稿及国外环球电视

---

① 方汉奇.中国新闻事业通史:第三卷[M].北京:中国人民大学出版社,1999:1065,632.
② 方汉奇.中国新闻事业通史:第三卷[M].北京:中国人民大学出版社,1999:632.

新闻网、路透社等的新闻稿件。

(2)地方台

青岛台在20世纪90年代初开始使用计算机网络开展采编工作,每天开机16小时,处理稿件十几万字,大大提高了工作效率;新闻播出时长比以前增加了75%,没有增加一个工作人员。青岛台编辑人员说,这个系统与手工编辑相比,有五大优点:一是资料检索和屏幕分块操作,为编审提供了比较丰富的背景材料;二是后期处理系统和查询统计功能,把新闻管理工作纳入了科学管理轨道;三是总编辑可以随时掌握新闻生产的全过程,实现了对生产的实时控制;四是各环节的工作效益大大提高,增强了新闻的时效性和竞争力;五是学起来方便。①

计算机采编系统的使用大大提高了工作效率。电子信息管理功能方便了资料存储和调用,远距离传输素材意味着又建成了一个更高层次的新闻交流网络。增强了电视新闻作为电子媒介的时效优势,标志着我国电视事业进入了一个崭新的发展阶段。

2.录制设备

1988年5月10日,广电部广播科学研究所研制的广播电视用18毫米硒砷摄像管通过了部级技术鉴定。这种摄像管的研制成功为我国自主生产电视摄像设备提供了基础。

1989年,为筹办第十一届亚运会,中央电视台领导通过谈判,同时引进了日本索尼和松下两家公司制造的1/2英寸摄录一体化设备和后期编辑设备。为避免同一部门出现两种规格的节目磁带,台领导决定新闻部门和电视剧中心以使用松下设备为主,其他部门以使用索尼设备为主。②

1990年9月13日,日本协力团援助北京电视台的第一批物资运抵北京,共计有摄像机30部、监视器30台、小型转播车1辆,采访车6辆,价值约4亿日元。

3.播出设备

为了适应逐步增长的节目数量和扩大了的覆盖范围,电视媒体播出工作从硬件设备到表现方式都有了较大发展。

1989年2月10日,上海电视台开始使用移动字幕增加播出的新闻内容。进入20世纪90年代,荧屏字幕除特殊需要(如电视剧片名)外,全部采用电脑打字输出。③

1990年9月13日,湖南电视台新建的电视发射塔在亚运会开幕前正式启用。发射塔总高为210米,与原发射塔相比,覆盖面扩大了10倍,可同时容纳7个电视频道和6套调频广播节目。④

1991年12月19日,《新闻联播》节目主持人开始使用新闻提示器,再不用低头看

---

① 王枫.更加自觉地依靠科技进步发展广播电视事业[J].电视研究,1991(3).
② 杨伟光.中央电视台发展史[M].北京:中国广播电视出版社,1998:344.
③ 赵凯.上海广播电视志[M].上海:上海社会科学出版社,1999:489.
④ 广播电影电视部《中国广播电视年鉴》编辑委员会.中国广播电视年鉴(1991)[M].北京:北京广播学院出版社,1995:486.

稿件,增强了与观众的交流感。①

三、对外合作交流

在 1989 年之前,我国电视事业的对外交流一直延续着改革开放提供的良好机遇,与各国机构、台网不断延伸着越来越多的交往。但在 1989 年之后,我国的对外宣传一度进入冰冻期。随着改革开放的深入,我国与国际社会的沟通逐渐恢复。为了重启与世界的联系与沟通,成立不久的国务院新闻办公室于 1990 年 1 月召开了全国对外宣传工作会议,强调要加强对外宣传力量。之后,对外宣传逐步复苏,对外交流再次快速增加。

(一)对外交流

1.中央电视台

20 世纪 80 年代中期,随着改革开放的深化,国内与国外人民群众相互了解的愿望愈加强烈。中央电视台曾经密集接待国外来访同行,共同商谈业务合作事宜。

1988 年 1 月中央电视台与加拿大温哥华国泰电视台、多伦多中文电视台签订了供片协议。1988 年 6 月与美国纽约苹果电视台签订了供片协议。从此,中央电视台对北美中文电视台的供片关系全部转为商业形式。

1988 年 1 月,匈牙利电视台台长拜赖茨基·久洛等 2 人访华;同月底美国哥伦比亚广播公司总裁蒂施一行访华。2 月 24—26 日,联邦德国电视二台台长斯图尔特等 2 人访华。3 月 5 日,卢森堡广播电视公司董事长兼总经理托恩访华。3 月 15—25 日,科威特电视台台长萨利姆·法赫德一行 3 人访华。3 月 28 日—4 月 12 日,朝鲜广播电视委员会委员长朱贤钰一行 4 人访华。4 月 26 日—5 月 10 日,波兰广播电视委员会协调局局长维日科夫斯基、波兰电台一台、二台台长等一行 4 人访华。6 月 12—19 日,捷克斯洛伐克电台台长扬·里什珂等 2 人访华。

国外同行的到访,不仅了解了我国经济改革的内容和成就,而且同中央电视台就电视业务合作、电视节目交换等进行协商会谈。在国外同行来访的同时,我国广电机构相关负责人也走出国门,学习世界的先进经验。

1988 年 3 月 24 日—4 月 5 日,为当年 9 月转播第 24 届汉城奥运会的广告业务,中央电视台副台长陈汉元等访问日本。3 月 28—31 日,中央电视台社教部冯存礼赴泰国参加"亚太地区教育电视研讨会"。4 月 21 日—5 月 6 日,中国电视剧制作中心主任阮若琳率团赴法国参加戛纳电视节。6 月 13—27 日,以广电部副部长聂大江为团长的中国广播电视代表团,应苏联电视广播委员会的邀请访问苏联,考察了苏联广播电视事业的管理体制和节目改革,就发展双边合作进行了多次业务会谈,并签订了 1989 中苏广播电视双边合作议定书。9 月 7—28 日,中央电视台台长黄惠群一行 5

---

① 杨伟光,李东生.《新闻联播》20 年[M].上海:上海三联书店,1999:167.

人,应美国新闻署邀请,赴美考察电视管理业务。

1991年7月16日,中央电视台成立了对外中心,加强了对外宣传工作的领导和制作力量。同月,中央电视台将第一套节目送上了俄罗斯同步卫星,使电视对外宣传前进了一步。

1992年5月15日至18日,中央电视台对外中心在河北省白洋淀召开会议,会上研究了开拓对外宣传新局面的问题。当时中央电视台的对外宣传,仍在沿用向对象国发送录像带和租用外国电视频道时段播出中国节目的做法。这种方法的宣传效果一直不甚理想,影响面不大。经过四天的热烈讨论,对外中心主任徐雄雄提出中央电视台对外宣传工作要上新台阶、有大发展,必须一手抓"天上"、一手抓"地下"的对外宣传新思路,得到大家的一致认可。这便是中央电视台从"天上、地下"两个方面开展对外宣传发展战略的由来。台长杨伟光也指出:"为了实现中国电视走向世界、覆盖全球这个发展战略,我们就要了解世界卫星电视发展的总趋势,并根据我国的情况,制定实现'天上、地下'发展战略的实施步骤。"①

所谓"天上",就是通过卫星传送节目,让中国电视节目覆盖全球;所谓"地下",就是要建立销售节目录像带的世界网络,把中国电视节目以磁带形式传送到世界各大城市,打入国际录像市场。这样,全世界亿万家庭都能买到、看到中国电视节目,从而他们可以更好地了解中国。

综观世界卫星电视发展,中央电视台制订了对外宣传三步走计划。第一步:根据国外有近5,000万华人华侨的情况,建设一个中文频道;通过卫星把电视信号传送到全球,让全世界的华人、华侨和懂中文的外国人能看到中国的电视节目。第二步:建设一个英语频道,让西方主流社会看到中国的电视节目。第三步:发展多语种对外频道,利用数字压缩技术,在一个转发器上传送五套节目;它们分别是:综合频道、多语种新闻频道、英语频道、电视剧频道以及体育与音乐频道。所谓多语种,包括西班牙语、葡萄牙语、法语、俄语和阿拉伯语等大语种。

2.中央电视台第四套节目开播

中央电视台海外中心经过一年多的紧张筹备,于1992年10月1日正式推出了中央电视台国际频道——CCTV-4。这是一套面向台港澳同胞和海外华人华侨及关心中国的世界友人并兼顾中国内地(大陆)观众的综合性节目。这套节目采用两种制式(NTSC制、PAL制)、通过两颗卫星(亚洲一号、ST-14号)发射,覆盖亚洲、澳洲、东欧、中东、北非、北美以及我国港澳台等80多个国家和地区,每天播出时间达15小时以上。

第四套节目以新闻为骨干,在同步转播中央电视台第一套节目的《新闻联播》、第二套节目的《经济半小时》和《经济信息联播》,以及安排播出《英语新闻》《每日新闻》的同时,自开播之日即创办了《中国中央电视台新闻》。该栏目长度为10分钟,侧重报道有关台、港、澳及海外华侨的新闻。这个节目播出后,引起海内外关注。据了解,台湾

---

① 杨伟光.中央电视台发展史[M].北京:中国广播电视出版社,1998:315.

有120万个家庭、港澳有20多万个家庭可以收看到这套节目。①

第四套的新闻从创办初期就注意学习海外电视新闻报道的长处,从传播观念上革新,由居高临下的说教式转变为平等的传播、服务式。观念变化带来了内容和形式上的变化。在内容上,注意选择海内外关心、具有较高价值的新闻,摒弃那些生产进度、表扬稿式的新闻。对会议和领导人会见类报道,也按新闻价值处理,通过精编增加新闻背景。在形式上,多使用现场采访,增强现场感,提高可信性。后期编辑时,注意多使用图表、字幕,让观众更好理解新闻内容。在编排上,注意海内外舆论交叉组合,实现立体报道。在播出形式上,一开始就实行主持人播报导语的串联式,主持人播报亲切、快节奏。由于实行以上措施,第四套新闻以亲切、清新的面貌出现在屏幕上,很快引起了观众注意。

第四套的新闻在北美播出一周后,陆续收到观众的电话、信件。《华声通讯》发表文章说:"通过中央卫星新闻的改进,可以看出中国新闻界改革的步伐。"美国旧金山华声台来信说,由于新闻节目质量提高,华声台收视率提高,广告也增加了。②

3.地方台

这一时期,地方电视台的对外传播也有所发展。与国外电视台合作的固定栏目定时在国外播出的逐渐增多。1984年,中央电视台将国际部改为对外部后,各地方电视台也相继建立起对外宣传机构,投入一定的人力、物力、财力,专门负责制作适合对外传播又各具地方特色的节目,直接或通过中央电视台向海外交换、播发。

1987年,上海电视台成立了国际部,积极组织电视节目出口。仅1988年,该台出口的各类电视节目就达到330小时。它还同时与40多个国家和地区的电视界保持经常的业务往来;举办了日本、南斯拉夫电视节目展播周,组织了"上海—奥地利文化"等电视对话节目,增进了相互的了解和友谊。

1988年5月2至8日,上海电视台和日本读卖电视台合作举办了《上海—日本读卖电视周》。一批中日电视节目在上海电视台和日本读卖电视台互换播出。1988年5月3日,上海电视台开始定期向台湾中视、华视和台视三家电视台寄送《上海电视》月刊。

1988年,江苏电视台成功举办了"中国江苏电视艺术节",联邦德国、加拿大、日本以及中国香港的电视同行前来参加。山东电视台的对外报道节目形成了一整套录产销体系,向国外电视台赠送了《蓬莱仙境》《黄海明珠》等一批介绍山东自然风光和建设成就的专题片。同时它与省外办联合举办了"国际友好城市电视节目展播"活动,与法国电视三台布列塔尼分台及日本山口放送建立了业务关系。1992年12月27日,北京电视台首次在美国的休斯敦播出节目,后发展至六个海外播出点。

4.国际电视节

这个时期,国内开始兴办的国际电视节庆活动也促成了更多的交流。

---

① 杨伟光.中央电视台发展史[M].北京:中国广播电视出版社,1998:314,567.
② 杨伟光.中央电视台发展史[M].北京:中国广播电视出版社,1998:337,570.

1988年10月22至29日,"88上海国际电视节"隆重举行。电视节期间,接待中外来宾1,300人,播出译制片60小时;节目交易成交100万美元,计约1,000小时节目;设备展览成交额260万美元,合700万元人民币。

1990年2月26日—3月4日,四川电视台在成都举办了以"和平、友好、合作"为宗旨的"1990年中国四川国际友好电视周"。来自美国、加拿大等14个国家和中国香港地区的22个电视机构和单位带来了110多部(集)风格、体裁各异的电视节目。[①]

(二)外媒采访

随着对外开放的深化,出现了越来越多外事采访活动,其中最引人注目的就是对外国元首的采访。

1989年2月26日下午6点,美国总统乔治·布什在访华期间,到中央电视台接受了独家采访。这是中央电视台第一次接待外国元首。节目通过卫星传送至全世界。[②]

1989年5月15日至18日,苏联最高苏维埃主席团主席、苏共中央总书记戈尔巴乔夫应国家主席杨尚昆的邀请,来华进行正式访问。此期间,卫星传送任务急剧增加,电视台一楼所有机房,包括楼道,都被海外电视记者用来作为传送工作间,搭起布景、摆好道具,用来直播新闻。苏联国家电视台占用了三楼好几间机房,移动卫星车也开到中央电视台方楼东侧。日本五家电视台组成日本报道团,租用了三楼两个演播室及一大片机房,用作节目编辑、制作和传送。这样大规模高密度的卫星传送创造了历史纪录,也考验了中央电视台整个传输系统的设备、考验了技术队伍。[③]

这些活动不仅提高了我国媒体在国际新闻界的地位和知名度,也为今后采访外国元首和领导人积累了经验。

(三)节目合作

这一时期随着我国媒体对外交往的深化,内容合作、节目交流工作有了较快的发展。在合作过程中,电视人逐渐学习到国际化的业务观念,不少作品在国际获奖。

1988年3月7日,中央电视台开始在新建的彩电中心收录国际新闻并进行亚广联A区新闻交换。日本NHK、美国NBC、马来西亚APM等各接收单位反映传送质量很好。

1988年3月12至18日,国际广播电视组织秘书长科德尔和国际太空卫星通信组织总经理库利洛夫应邀访问中央电视台,双方达成了交换电视新闻的协议。

1990年5月5日,应蒙古人民共和国电视台和蒙古驻华大使馆的要求,中央电视

---

① 广播电影电视部《中国广播电视年鉴》编辑委员会.中国广播电视年鉴(1991)[M].北京:北京广播学院出版社,1995:481.
② 王连生.关于布什接受本台记者采访的随想[J].电视研究,1989(3).
③ 杨伟光.中央电视台发展史[M].北京:中国广播电视出版社,1998:338.

台首次通过苏联东欧的 Intersputnik 卫星传送了蒙古大呼拉尔主席奥其尔巴特访问中国的电视新闻。

1989年中,因故一度被中断的海外业务关系很快得到恢复,同时又有了一些新的合作者。中央电视台在与美洲一些华语电视台恢复供片关系的同时,又和美国洛杉矶熊猫电视台、北美卫星电视台等新建了供片关系,并增加了在海外电视台播放英语节目的新项目。在美国旧金山,支持彩虹电视台开办了英语中国电视节目,在当地播出。在欧洲,利用"同一世界频道"的卫星,向西欧十多个国家播出。此外,中央电视台还及时采制了新闻杂志节目《中国报道》,其中的《今日中国》部分制作了英语版和法语版,分别在华盛顿、洛杉矶、芝加哥和法国向当地观众播出。

1990年3月19日,中国电视有限公司在美国洛杉矶注册成立,徐创成任公司总裁。①

1992年因中央电视台国际新闻部对亚洲太平洋广播电视联盟(简称"亚广联")新闻交换工作的突出贡献,获得亚广联新闻大奖——艾伯特基金奖。②

(四) 合作节目

随着对外交往的日益增多,从中央电视台到地方台,这一时期都与国外媒体合拍了不少节目。

1988年1月1日,中央电视台在大演播室成功播出了"北京—巴黎世界青年大聚会"双向传送节目。法国、中国、苏联、美国、日本、印度、巴西、科特迪瓦和突尼斯9个参加国,分别在各自国家的电视台邀请本国100名青年参与对话,讨论共同关心的社会问题和国际问题。

1988年4月始,上海电视台与国外多家电视台合作,制作播出了双向同时传送节目。这种节目是两国双方的电视画面同时出现,并能相互对话的节目形式。(见表6-3)③

表6-3　上海电视台1988年部分卫星电视实况节目传送一览表

	播出日期	节目	合作电视台	传送地点及方式
1	4.4—4.5	丝绸之路	日本大阪NHK	机场宾馆,双向传送
2	5.5—5.8	改革中的上海	日本长崎电视台	常德路托儿所、中百一店、天桥、上海电视一厂
3	9.4	电视之桥	德国电视二台	海鸥饭店、嘉定大众汽车厂、双向传送
4	10.12	青年座谈会	加拿大	电视台演播室,双向传送

---

① 广播电影电视部《中国广播电视年鉴》编辑委员会.广播电视年鉴(1991)[M].北京:北京广播学院出版社,1995:482.
② 广播电影电视部《中国广播电视年鉴》编辑委员会. 中国广播电视年鉴(1992—1993)[M].北京:北京广播学院出版社,1995:12.
③ 赵凯.上海广播电视志[M].上海:上海社会科学出版社,1999:580.

1988年10月13日,上海电视二台与加拿大魁北克广播公司联合举办的《中加电视之桥——青年卫星对话》节目,通过卫星线路传送,取得成功。

1988年2月20日,中央电视台大型电视系列片《黄河》开播。这是由中央电视台和NHK在《丝绸之路》之后的再次合作拍摄的。中央电视台共编成30集系列片、每集30分钟播出。[①]

1988年6月13日,由美国著名电视节目主持人靳羽西主持和拍摄的《黑龙江省》专题片,在黑龙江电视台播出。这部专题片共4集,曾作为美国《看东方》节目的特别节目在美国播出。

1988年6月19日,中央电视台与美国南海公司签订合作协议,在美国发行以及出租中央电视台节目录像带。

1989年后,随着国内政治形势的稳定和国际关系的好转,我国的对海外传播很快有了新的起色,中央台和地方台纷纷建立新栏目、寻求新合作。

1991年,大型系列电视片《望长城》经过3年的拍摄制作,终于与广大观众见面。该片以新颖的手法、全新的视角表现古老的长城,赢得观众喜爱。该片是与日本东京放送(TBS)联合摄制的,日方片名为《万里长城》。

1991年8月,山西成立了向美国斯科拉电视台提供节目、报道中国的专业电视台——中国黄河电视台。斯科拉电视台是一家以知识阶层为服务对象的非营利性电视机构,其任务是向各大、中学校和研究、教学单位播放世界各主要国家与地区的电视新闻及专题片。黄河台在斯科拉台设有演播室,开始时每周播出一小时节目,有《中国新闻》《经济报道》《科技纵横》《文化长廊》《炎黄子孙》等20多个栏目以及语言教学节目。

到1992年我国逐步形成了通过卫星传送中国广播电视节目为常态传播,结合各台与海外的交流合作,建立起了一整套立体多元的对外传播网络。中国电视媒体的节目传送到世界各大城市,走进亿万家庭,使世界人民更加了解中国。

第二节 新闻改革

在这一时期,新闻界强调新闻工作要尊重新闻规律,具体到业务层面,要坚持真实性原则、客观性原则、实效性原则,扩大新闻报道面、增加新闻信息量。电视新闻创制群体的主体意识萌发,对所属行业的功能、特性、使命、从业规范等问题展开了认真的思考。

---

① 杨伟光.中央电视台发展史[M].北京:中国广播电视出版社,1998:318.

一、增办新闻

(一)新闻数量增多

随着电视机的日益普及,电视新闻以其形象生动的特点成为民众获取新闻信息的首要选择。各地电视台在加强国际合作和记者站建设的基础上,加之台内自采新闻大量增加,新闻来源持续扩大,电视新闻的生产能力实现了跨越式增长。

新闻数量增长,首要的指标是播出时间的增加。根据中国广播电视年鉴的统计数据,全国电视新闻节目的制作时长从 1988 年的 20,605 小时增长到 1992 年的 42,393 小时,四年间增长了 106%,翻了一番多。

新闻数量的增长还有一个指标就是新闻条数的增加。电视新闻的观众极其广泛,为满足不同观众的需要,在有限的时间内提供更多样的信息,就要压缩每一条电视新闻的长度,以增加信息量。经过几年的努力,播出新闻的数量大幅度增加。20 世纪 80 年代初,中央电视台每年只播出三四千条国内新闻;到 80 年代末增加到两万条左右;国际新闻也增加了近一倍。90 年代初,国内国际新闻的年播出量达到 4 万条左右。

中央电视台在这个阶段极大地扩展了新闻来源。1984 年开始增加了港澳台新闻,加之同年与亚太广播联盟 B 区和 A 区的新闻交换,境外、国外新闻日渐丰富。在国内,地市电视台向中央电视台提供的新闻逐年增加,报纸也主动为电视新闻供稿;本台记者采录的新闻日渐增多,这为电视新闻提高信息量,扩大报道面,增加播出时间提供了有力的保证。①

地方台的新闻数量也大幅增加。如山西电视台是自办地方新闻较早的省级台之一,开办初期,每周只有 3 次新闻节目。1979 年开始,逐步由五六次到日播,后来还开办了晚间新闻。播出新闻数量,从 1979 年的 710 多条到 1989 年的 5,400 多条;年播出总时长,由 1979 年的 40 多小时达到 1989 年的 130 多小时。该台 10 年间还采制播出了新闻性专题片 240 多部,每年平均 20 多部。②

(二)新闻栏目增加

这一时期电视新闻栏目日渐增多,但栏目设置带有较大的随意性,不够稳定。

中央电视台在精办《新闻联播》的基础上,先后推出了《午间新闻》(1984 年)、《晚间新闻》(1985 年)、《经济新闻》(1987 年)等栏目。1991 年 7 月 5 日,中央电视台在第一套节目 9:00—9:10 开始直播《早间新闻》,这个时段曾在 1986 年开办过《新闻简讯》栏目,后停办。至此,中央电视台每天的新闻播出次数已达 9 次,计 3 小时零 5 分,早、中、晚三个时段皆有了新闻节目,空档基本填补完毕。

---

① 章壮沂.电视新闻的改革与发展[J].电视研究,1993(台庆专刊).
② 王家贤.在实践中开拓前进:山西电视台新闻工作的概略回顾[J].电视研究,1990(5).

中央电视台增加新闻节目取得了很好的效果,许多地方电台也纷纷效仿,相继推出一批新闻栏目。如广东台的《文明之花》《立此存照》,太原台的《新闻 30 分钟》、湖南台的《焦点》、上海台的新闻杂志节目《新闻透视》中的《纵与横》等。1988 年 1 月 1 日起,福建电视台把星期五晚上 19:35 播出的《福建新闻》改名为《新闻半小时》,每次 30 分钟,内设《焦点透视》《追踪报道》《改革探讨》《新闻反馈》《花边新闻》等小栏目;①收到很好的社会效果。

1989 年后,一些国际性新闻评论专栏也重新出现,如中央电视台的《今日世界》、上海台的《国际瞭望》、广东台的《国际纵横》等。这些栏目对新近发生的重要国际事件进行综合报道,对事件的背景及前因后果进行分析和评介。②

随着经济改革成为国家生活主题,观众对经济信息的需求日益增加,这样的变化也反映在电视新闻传播格局中。这一时期从中央到地方涌现了大量经济新闻栏目。1989 年 12 月 18 日 21 点,中央电视台在对《综合经济信息》改版的基础上,在第二套节目中新开办了电视经济栏目《经济半小时》。1991 年,中央电视台与全国各省市电视台合作,共同开办了《经济信息联播》栏目。

这一时期体育新闻也经历了从少到多、从分散到集中,最终出现了专门栏目的发展过程。1989 年元旦,中央电视台开办了《体育新闻》栏目,每周一至六的 21:55 至 22:00 播出,每次 5 分钟。《体育新闻》栏目对我国电视体育新闻节目的发展发挥了重要作用。

1.《北京您早》

1991 年 7 月 30 日,北京电视台创办了《北京您早》栏目。在开始时只是一档 15 分钟的新闻栏目,后来延长为一个小时。其中有《北京早新闻》和《国内外大事》,以及展示身边变化的《古都新事》等新闻版块,还有服务性的《您早信箱》《求医问药》等。《北京您早》以其知识性、信息性和娱乐服务性以及丰富变幻的小栏目赢得了观众的喜爱和关注,是国内最早的一档早间电视新闻杂志节目。

1992 年节目改版,下设子栏目改为四个:《人海撷英》《唱我心曲》《生活指南》《社会大观》。③《人海撷英》是人物访谈,采访对象为北京的各路英豪;《唱我心曲》是一档音乐电视节目,经常播放当时流行的主旋律歌曲;《生活指南》是北京生活、出行的实际服务内容;《社会大观》则是专题报道,关注新闻话题、社会热点,述评结合,深度参差不齐。《社会大观》后来曾改名为《点点工作室》,由多名主持人轮流主持。元元在该节目的主持中逐渐脱颖而出,一度把节目改名为《元元说话》,再后来独立创办了受到北京市民喜爱、在全国也很有影响的《第七日》节目。

---

① 刘习良.中国电视史[M].北京:中国广播电视出版社,2007:196.
② 杨伟光.中央电视台发展史[M].北京:中国广播电视出版社,1998:173.
③ 《北京您早》的子栏目在创办之后有多次频繁调整,特别是生活类和专题性两个栏目。由于北京台多年来没有专门修志,网络记录也不全,较难一一核查考证。

2.新闻容量增加

1980年第十次广播工作会议后,各电视台已经意识到"短"和"快"是电子媒体的优势,新闻出现篇幅变短、容量变大的持续努力;但总体上依然存在报道面窄,信息量少、单条新闻太长的情况。1983年第十一次广播电视工作会议后,这种缩短篇幅、增加信息量、拓宽报道面的态势继续得到强力推进。

1990年起中国记协连续开展三届"全国优秀现场短新闻评选",这说明全国媒体短新闻意识都在受到推崇和强化。

中央电视台当时基本做到除少数要闻外,一般新闻在一分钟左右,还有许多口播新闻为一句话新闻。时长30分钟的《新闻联播》,每次大体能播出35条,信息容量变大。

这一系列的举措,从新闻采集、制作、播出等环节多管齐下,电视新闻信息总量明显扩大,显示出电视新闻媒体信息意识在增强。但总体来说,这一时期的电视新闻仍处于起步期,种类还比较单一,题材选择和报道角度上仍主要强调宣传价值。

二、改善报道

这一时期中国电视新闻体系完成了最初的自身建设,建立起自己的新闻采集网络,逐步改变对通讯社、报刊和广播的依赖。它在很短时间内完成了与报刊、广播媒体三足鼎立,并最终成为第一媒体的过程。

随着我国改革开放政策的进一步深化,信息在人们生活中越来越重要。为适应观众求知欲增强的需求,电视不仅要及时传播国内外大事,还要以深度报道、言论来影响和指导舆论;并要在新闻呈现方式上力求适应电视的传播特性,发挥出电视形象性的优势。在此思想的指导下,电视传播机构逐步加强了自行采集制作新闻的能力,强化了新闻报道中对新、短、快、活、强等的要求。

(一)提高时效

这一时期的电视新闻节目中,自采新闻多了,现场感强了,更加强调时效性;在电视新闻采录、编辑、传送、播出的各个环节都充分体现出争分夺秒的时效观念,各电视台新闻节目中当天新闻和刚刚发生新闻的比例都大大提高。

1988年11月6日,云南澜沧、耿马相继发生7级以上强烈地震。云南电视台准确及时地发布了地震消息,并多次派记者深入灾区采访,在电视台播放了近200条录像和口播新闻。反映这一事件的新闻专题《神兵天降八千三》(记者:许建华、谭湘江等),获全国优秀电视新闻专题特等奖。[①] 由于地震发生突然,记者火速赶往现场抓拍、抢拍,这部片子的不少画面摇晃得厉害,构图也不甚讲究,不少画面还是用VHS家用摄像机拍摄,有偏色现象,现场音响也不很清晰。但正是这些画面和音响,以极强

---

① 侯东合.电视新闻"残缺语言"管窥[J].电视研究,1991(4).

的时效性反映出救灾现场的情况,深深感动了观众。

1990年4月26日,青海省塘河发生大地震,青海省电视台在震后10分钟就紧急动员,不到4小时,记者就赶到震区,24小时内即向全国发出了第一组报道。①

(二)内容贴近受众

随着新闻改革的推进,在坚持新闻的真实性、针对性、可信性、反映群众呼声的同时,新闻内容逐渐丰富。这一时期的新闻扩大报道面、增加信息量,更加贴近受众,开始强调服务性与参与性。

1988年四五月间,浙江省一些地方出现抢购食盐现象。当大多数人对此事还不明就里时,浙江电视台记者施泉明和周冬梅发出了《浙江盐业生产面临危机》的新闻,指出食盐供应紧张的原因在于原盐税价不合理,抑制了盐民的生产积极性。三个月后,浙江省政府就调整了原盐收购价格。这条新闻以它的预见性荣获1988年度全国好新闻一等奖。

1989年6月1日中午,河北电视台记者董克勤采拍完省会儿童欢度"六一"的新闻片,驱车返回单位途中,看到街上影院赫然高挂的"庆祝六一儿童节"的大条幅下,影视预告牌上却是渲染恐怖、凶杀、武打、色情的内容,且醒目地注有"儿童不宜"字样。一些孩子头顶烈日徘徊在售票窗口前。这一现象引起了记者的思索,他毅然掉头,扛着摄像机跑遍了市内各大影剧院,一条荣获1989年度全国优秀电视新闻一等奖的电视片《儿童节不见儿童片》就这样诞生了。②

(三)形式更为生动

电视新闻以摄录真实性为基础,电视新闻的魅力更多在于图像的生动形象,对事实的画面表现最有说服力,所以抓细节、抓特写是电视编导用以增加电视新闻感染力的最佳手段之一。

特写用来表现细节,在视觉形象上具有强烈的感染力,它能深入观众心灵,引起联想,发挥"见微知著、一叶知秋"的妙用。1989年《葛洲坝工地大江截流》的新闻中,一位卡车司机趁翻斗御石入江的间歇,从口袋里掏出半个馒头连咬几口,又驾车离去,汇入往来如织的车流中。又如《警民奋力拦惊马》的新闻,惊马被降服后,记者采访一位参与拦马的警察,人们发现这位警察光着一只脚。这两个细节的运用有异曲同工的效果,它留给人们深刻久远的记忆,诱发人们更多的联想,其作用远远大于长篇的说教。③

为了发挥电视的特长,这一时期的新闻,凡是能用形象表现的内容均尽可能用形

---

① 广播电影电视部《中国广播电视年鉴》编辑委员会.中国广播电视年鉴(1991)[M].北京:北京广播学院出版社,1995:483.
② 何振虎.好新闻与新思维[J].电视研究,1991(6).
③ 吴芳.试论电视新闻的欣赏性[J].电视研究,1989(6).

象表现。字幕的使用更加积极主动,图像资料也更加生动活泼、运用自如。电视变得更加具有观赏性。

即兴采访的运用,突破了传统构图、造型和光线处理的模式,消除了电视和观众之间的隔阂。《长岛新潮》在表现妇女主任邹凤玲勤勤恳恳为群众服务时,摄像机跟随她从室外跑到室内,从渔村跑到海边。由于是抓拍的场面,采访对象没有应付拍摄的紧张情绪,摄像机代替了记者的眼睛,同时也代替了观众的眼睛。没有布灯造型的人工痕迹,没有组织加工的画面,观众目光随着镜头的运动而运动,多角度、多侧面地看到了活生生的人和事。这种即兴拍摄自然而然地把观众引入了现场。①

更多同期声的使用增加了电视新闻的现场感,发挥了电视的优势和特长。这个阶段,各台在新闻采编中,都更加注意增加现场采访、现场报道,将现场的情景、气氛直接传达给观众,从而使观众增强身临其境的感觉。

1988年3月10日,我国著名妇产科专家张丽珠培育的中国第一例试管婴儿在北京医科大学第三医院手术室里诞生。中央电视台记者在医院现场拍摄了剖宫产镜头。并进行了同期采访。记者:"恭喜您得了一个女孩,您准备给这个孩子起什么名字呢?"母亲:"按照我们当地风俗,名字起两个,乳名叫雍龙,学名叫郑萌珠。"记者还采访了张丽珠教授,她说:"我们这个试管婴儿成功,可以带动很多的研究……"画面加上两位新闻人物的同期声,使坐在电视屏幕前的观众耳闻目睹了这一历史时刻。② 这就是电视新闻《我国大陆第一个试管婴儿诞生》的内容。

同时期,通篇使用同期录音的《微循环专家——修瑞娟》,无技巧编辑的《农家春节》等作品相继问世。在这些充满生机的电视片中,自然光代替灯光、现场音响代替配乐、同期讲话代替解说词,电视新闻的现场性、生动性、真实性在这些形式的运用中大大提高。

(四)专题片

随着电视新闻设备更新、制作技术提高,集电视新闻性与艺术性于一体的电视新闻专题报道也得到电视人不断的探索创新。在这一时期涌现出大量有影响力的专题报道。

20世纪80年代晚期,为纪念党的十一届三中全会十周年,中央电视台播出了一批专题片:《道凤阳》《改革——时代的大潮》《祖国在我心中》《中国龙》《不能消失的颜色》等。

1988年,国防科工委记者站在中央电视台军事部指导下,完成了我国第一颗气象卫星的新闻报道和系列专题节目《祖国不会忘记》(主创人员:朱乐民、骆嘉玺、刘江海等)的制作,在当年的全国优秀电视新闻评选中获新闻专题特别奖。

---

① 孙玉平.纪实电视片的即兴性[J].电视研究,1990(6).
② 肖竹乔.电视新闻同期声刍议[J].电视研究,1991(5).

1991年夏,安徽、江苏、河南、湖北等地发生特大水灾,南京军区、济南军区和广州军区记者站全部随部队赴灾区,与中央电视台记者和地方电视台记者通力合作,全方位报道了党政军民齐心协力与洪水抗争和一方有难八方支援的历程。军事部与其他部门密切合作,统一使用所拍素材编辑的新闻专题《1991年中国抗洪曲》(记者:陈荻芳、李安东、周安银等),在全国优秀电视新闻评选中获特等奖。

三、现场直播报道

(一)现场直播

1.国庆庆典直播

1989年10月1日晚,"国庆40周年首都群众焰火晚会"在天安门广场举行。中央电视台做了现场直播,胡恩担任总导演。晚会强调节奏明快、增强现场感,体现建国40年来全国各族人民大团结,以及港、澳、台同胞和海外侨胞心向祖国的主题。

晚会直播系统由两辆转播车及在天安门城楼上的一套EFP现场制作系统组成。三讯道整体作为一号车的一路信号输入,共设17台摄像机、5位主持人。信号由彩电大楼的传送中心播出。

这次直播改变过去那种口号多、过分强调政治内容的做法,突出现场的欢乐气氛,详尽地介绍了国庆礼花的品种与特点,受到观众的赞誉。在增强现场感的前提下,保留了采访礼花施放人员、介绍礼花品种的录像片插播。《万花争艳》等四首歌曲的插播采用了抠像技术,使演播者与广场联欢的场面融为一体。辽宁、上海、四川、广东、陕西五家电视台提供的当地节目通过微波传到北京,分段切入直播过程中。在各方面的共同努力下,这次直播任务圆满完成。

2.新闻直播

新闻现场直播在这一时期主要用于两个领域:重要会议和重大体育赛事。如对党的十四次全国代表大会的直播,对亚运会、奥运会的大规模直播。

此外,中央电视台和地方电视台对一些日常重要新闻也开始了直播尝试,对直播手段的运用日渐成熟。1990年4月7日,在西昌卫星发射中心,一枚长征三号(CZ-3)运载火箭将美国制造的"亚洲一号"卫星送入太空。这是我国发射的第一颗境外卫星,象征着长征火箭成功地进入了国际商业卫星发射行列。中央电视台由军事部牵头,与四川电视台合作对此进行了现场直播,这是中央电视台第一次直播卫星发射实况。《"亚洲一号"卫星发射成功》的新闻(记者:杨宪文、汪恒、邹克勤等)获全国优秀电视新闻一等奖。[1]

(二)现场报道

随着便携采访设备的普及,现场报道这种更能体现电子媒介即时传播优势的报道

---

[1] 杨伟光.中央电视台发展史[M].北京:中国广播电视出版社,1998:203,205,283.

形式在这一时期受到热捧。注重现场采访、展现现场感成为不少电视台新闻报道的重要追求。在具体操作中,现场报道以记者或节目主持人贯穿新闻事件始终,不用另外配音和解说,现场的画面和现场的音响有机结合,产生了强烈的现场感。

1988年12月至1989年1月,中央电视台开辟了《大家谈》小栏目,这个栏目中播出的新闻全都采用现场报道,大量采用同期声;使用两个标准问题"这十年里面最开心的事和最不开心的事"提问,让民众走上荧屏,谈论改革十年的成绩与不足。[①] 在这个节目里,大家开心的事情各不相同:有的是上了大学,有的是平反了、结婚了;但不开心的事情却是高度一致,很多人都谈到了物价上涨对生活带来了影响。这样的报道看后让人感到亲切自然、真实可信,同时也发挥出"民意调查"的作用。

地方台也纷纷在新闻节目当中使用这种报道形式。1989年,贵州电视台开辟了一档评述性的栏目《透视镜》,以群众普遍关心的社会问题为题材,通过现场采访、现场评述等方式,对它们进行较为深入的剖析。安徽电视台的《社会之窗》、广东电视台的《社会聚焦》等栏目也改变了过去坐而论道的方式,坚持现场采访,由记者担任主持人,自己采访、自己评述,并注意多让当事人或目击者现身、当面交流,传播出社会基层最真实的影像。

四、连续系列报道

连续报道是对一个新闻事件进行追踪、持续关注事态发展,由按时间顺序依次出现的多个独立报道组成的事件动态报道。这种报道形式符合电视随时序不断播出的传播特点。这一时期,随着电视新闻的发展,连续报道的运用愈加成熟。

(一)报道

一则连续报道由少则三五条,多则几十条构成,通过跟踪介绍事情的进展,引起观众较多的关注。

1988年上海电视台关于沪杭列车重大事故的报道,是一个连续报道的范例。这一年的3月24日14点30分,上海境内发生两列火车相撞、中日旅客伤亡127人的恶性事故。上海电视台接到事故电话后,马上派两批记者赶赴现场,抢拍了事故列车叠架的场景,于当晚20点24分以插播方式做了报道。此后10天,电视记者30多人连续采访拍摄,报道了清理现场、调查原因、抢救伤员、安置旅客、善后处理等全过程。先后播出现场录像新闻20条,供给中央电视台10条。许多新闻直接传送到日本、英国等,为多家电视台采用。[②]

(二)栏目

1989年9月10日—11月7日,为庆祝建国40周年,中央电视台《新闻联播》播出

[①] 郑兴光、晓吴.电视新闻现场感的建立[J].新闻界,1989(3).
[②] 赵凯.上海广播电视志[M].上海:上海社会科学出版社,1999:672.

了系列报道栏目《弹指一挥间》。报道前后57天,共播出180条新闻,时长500分钟。以大量事实生动、系统、具体地展现了40年来各条战线取得的成就,对祖国日新月异的变化做出形象的展示。同时,结合国情、民情,讲成绩也讲差距,讲数字也讲精神。节目受到全国上下的好评,获得了1989年度全国优秀电视新闻特别奖。①

随后,中央电视台在《新闻联播》之后黄金时段的19:55至20:00开辟了《神州风采》专栏,每天5分钟,讲述中国的人和事;既有风光、名川大山,又有情趣、风采人物;一事一报,持续不断。

1990年1月1日至3月2日,中央电视台《新闻联播》推出了系列报道《看今朝》,历时61天,共播出94篇报道;集中反映了改革开放以来农林、电力、石油、轻纺等30多个行业取得的成就。

1990年3月17至27日,中央电视台《新闻联播》在七届人大和政协三次会议期间播出了《来自重点工程的报道》,每天一集,涉及能源、交通、水电、农业等16个大型项目。②

1991年3月20日起,国家民委系统和电视台合作,在《新闻联播》节目中联合推出了系列报道《祖国大家庭》。节目主要讲述我国各个民族的特点、贡献,同时注重报道各民族在政治、经济和文化方面的巨大变化。这组节目历时56天,每天一个民族;各民族不分大小,借用国家人口普查公布的顺序安排播出次序;每次长度都在4分钟左右,总长度达260分钟。栏目也是与地方台联合的佳作,其目的就是提高各民族的自豪感、自信心,增加祖国大家庭、民族大团结的凝聚力。栏目播出后,受到江泽民、李鹏等各级领导和广大电视观众的热情称赞和关注。③

五、深度报道

随着改革开放逐步深入,整个社会处于转型期,社会生活发生了剧烈变化,各种新事物、新问题以及新观念让人应接不暇。这一时期,深度报道形式被媒体广泛接受,作品大量涌现,影响力也逐步扩大,其所承载的服务公众的社会功能日益凸显。1988年的全国好新闻评选首次设立了"深度报道奖",确立了深度报道的重要地位。

(一)《观察思考》

1988年7月,中央电视台决定,从各部门抽调人员,重建评论组;将《社会瞭望》栏目与《观察与思考》栏目合并,改名为《观察思考》,于10月重新播出。该栏目每周播出一次,固定在星期日黄金时间的19:49至20:09播出,时长20分钟。栏目方针被进一步明确:融新闻性、社会性、评论性于一体,随时代脉搏一起跳动,反映和分析改革开放

---

① 杨伟光,李东生.《新闻联播》20年[M].上海:上海三联书店,1999:275.
② 广播电影电视部《中国广播电视年鉴》编辑委员会.中国广播电视年鉴(1991)[M].北京:北京广播学院出版社,1995:480-481.
③ 杨伟光.民族团结进步的赞歌:谈谈系列报道《祖国大家庭》[J].电视研究,1991(5).

时代出现的新事物、新问题、新观点。

栏题少了一字的新栏目组变化很大。十几个30岁左右的年轻人被招至麾下。他们来自新闻部、社教部、总编室等多个部门,电视台几年摸爬滚打的实践,使他们得到良好的专业训练,加上年轻人素有的激情,新栏目带着浑身活力又"出山"了。

1988下半年,抢购风席卷全国。抢购,这个由当年严重的通货膨胀——日用品大幅涨价催生的恶魔以难以估量的力量破坏、侵扰着经济的正常运行。刚组建的《观察思考》节目组十几人分成四个小组,分头采访,拍出四集系列节目《物价大震荡》。这个系列试图以"磅礴的气势、理性的分析、抒情诗般的语言"打响节目恢复后的第一炮。在亢奋之中,全组迎来了该系列节目的首播。但是,当他们兴致勃勃坐在电视机前等待欣赏自己的劳动成果时,节目却并没有播出——被"枪毙"了。这沉重的打击对全组来说几乎是难以承受的。他们不得不对节目几经修改,最后虽总算播出,但面目已别于初时。这对于满腔热情的青年人,是一种磨炼和考验。①

开播的第一个节目《物价大震荡》虽经大删大改,但它及时反映出当时农副产品涨价带给社会的巨大影响,播出后引起较大反响。随后一批有分量的节目相继推出,如《从一家工厂停产所想到的》《公款消费剖析》《忧与求》《演员走穴的背后》《购物热引起的思索》《困谷中的抉择》等。② 栏目通过对具有普遍意义或群众关心的事件、问题或人物的调查、介绍、分析、评述,引起大家的关注和思考。

(二)地方台栏目

1988年元旦,福建电视台开办了《新闻半小时》。该栏目内容以揭露现实生活中的各种不良现象,探讨改革开放中出现的各种带有普遍性的问题为主。它大胆反映社会重大问题、敏感问题、热点问题,并旗帜鲜明地发表短小精悍的评论。《新闻半小时》辟有《改革探讨》《社会看台》《焦点新闻》《警报台》《追踪报道》《新闻反馈》等小栏目,具有新闻杂志型节目特点。节目开办以后,在社会上引起强烈反响;在1988年福建省观众评选的"十佳专栏"中名列榜首。③ 该栏目的主要创办人是后来曾任凤凰台副台长的程鹤麟。

1989年4月,山东电视台开办了评述性专题节目《社会话题》,每两周一次,每次20分钟。内容反映群众普遍关心或社会生活中有争议性的问题,追求以小见大、由浅入深,说透问题,给人启迪。

1989年9月17日,广东电视台新闻部开办了评述性新闻专栏《社会聚焦》,对新闻事件做深度报道,对具有重大意义、群众普遍关心和感兴趣的新闻题材进行剖析。节目实事求是、勇揭矛盾、敢讲真话,播出过反映干部以权谋私现象的《权力等于房子吗》,对市场进行分析的《话说市场疲软》,探讨社会问题的《小学生午餐何处吃》等,在

---

① 申家宁,胡劲草.追求 困惑 抉择:记《观察思考》节目组[J].电视研究,1993(2).
② 杨伟光.中央电视台发展史[M].北京:中国广播电视出版社,1998:171.
③ 刘习良中国电视史[M].北京:中国广播电视出版社,2007:196.

观众中引起广泛关注与议论。

进入20世纪90年代后,深度报道在全国全面开花,成为电视台的必备新闻报道样式。电视深度报道因其反映社会重大问题、敏感问题、热点问题,对一些影响巨大、价值重大的新闻事件和话题进行追踪深挖,深受广大观众喜爱。经历了这一时期的发展,电视深度报道从向报纸借鉴到探索出符合电视特性的新方向,报道的社会功能更加突出,各地的深度报道栏目一波一波如潮水般推进、成长起来。

六、新闻节目主持人

从1980年开始,电视节目中就出现了主持人的身影。《观察与思考》是中央电视台第一个经批准正式推出主持人的节目。在这个节目播出之日的1980年7月12日,荧屏上首次出现了"主持人"这一身份称谓。该栏目设置的主持人是新闻节目主持人,是在中国电视各类节目里率先出现主持人的节目类型。

《观察与思考》栏目在诞生伊始就由记者出镜担任主持人;从演播室到现场,从主持串联到采访,他们都拿得起、放得下。① 该栏目主持人一开始就采用无稿播出,自然地说出经过深思熟虑的话,说老百姓听得懂的日常语言。主持人衣着朴素、态度平易,节目开始有问候、节目结束道感谢,与观众拉近了距离,表现出与观众平等的态度。

这一做法缘于当时新闻节目改进报道理念与方法,为了更好贴近受众,增强现场感与传播效果,注重现场采访、注重与观众交流的结果。新闻节目中出现主持人日渐成为潮流,一般是由记者出镜任主持,自己采访、自己评述,播讲方式更为多样、更为亲切;节目中展示出与新闻当事人或目击者的直接交流,传递出事实现场的语音与影像。

1988年9月,为进一步满足广播电视业界对主持人的需求,中央电视台社教部、《中国电视报》联合主办了"如意杯"节目主持人选拔活动。

《经济半小时》栏目1989年开播以来,采用两位主持人对话串场的演播方式,播报信息快捷利索,娓娓而谈不落俗套,缩短了与观众的距离,开创出一种亲切自然的播出风格。虽然在开始阶段主持人不熟悉这样的工作方式,经常出现词不达意、表达不流畅的问题,但仍获得了观众的认可。他们来信说:栏目"采编人员好像是我们身边的邻居,主持人好像和我们拉家常一样。"②

1990年1月1日到3月2日,中央电视台《新闻联播》推出了50期的系列报道《看今朝》。节目采用单一固定主持人形式,即主持人全程参与新闻事件的采编播工作。如在其最后一集"访祥云国货商场"中,主持人李瑞英以记者身份到现场采访,访问几个不同身份的人,所提问题紧扣主题。主持人参与新闻事件的采编播全过程,是当年认为的电视新闻主持人的最理想状态,所以这个节目被认为是"使得电视新闻主持人的发展迈入新的阶段"的尝试。但是后来证明这是很难持续的工作方式,后来也就没

---

① 袁沫.观察与思考节目主持人[J].电视研究,2000(4).
② 刘连喜.电视新闻节目主持人参与新闻事件采访的随想[J].电视研究,1990(6).

有更多的实践了。

1992年为期16天的第25届奥运报道中,中央电视台组织了一个主持人团队,由在巴塞罗那"前线"的宋世雄、孙正平、韩乔生与留在"大后方"的宁辛、沙桐共同组成。关键时刻,体育部副主任马国力也曾亲自上阵,主持《清晨奥运报道》和晚间《奥运沙龙》节目;同时,又请来京城体育新闻界颇有名气的《中国体育》杂志记者张武斌。马国力与张武斌二位,一位是掌控节目的主编级主持,一位是具有丰富体育报道经验的行家。他们的出现开阔了主持人选拔的思路,为中国出现"真正的主持人"做出了可贵的探索。宁辛、沙桐两位播音员出身的年轻主持人,也动脑、动笔参与稿件内容组织,在现场直播的报道中显示出即兴主持表达的能力。节目主持人的出现增强了电视体育报道的可视性,在电视与其他媒介的竞争中显示出自身优势。这次奥运报道中表现出来的培养和启用名副其实的主持人的做法对后来的体育及所有节目都带来长期影响。[①]

地方电视新闻节目中设置主持人的也日渐增多。四川电视台1988年开办的杂志型社会新闻节目《从观众中来》,也设了节目主持人,为观众提供一个具体的交流对象和节目标志。福建电视台1988年开播的《新闻半小时》、安徽电视台的《社会之窗》等也都有专人主持。不少新闻节目主持人都很快受到观众的热烈欢迎。

这一时期的中国电视新闻在多个方面都有了积极的探索和改革,但尚未形成成熟稳定的整体架构。电视新闻栏目日渐增多,但栏目设置带有较大的随意性,稳定程度不高;栏目形式单一,多为纵向型的动态新闻式组合;虽然出现了主持人角色,但多数节目播出还在倚仗播音员。

总体来说,这一时期的电视新闻已经不再单纯关注于打造"新、短、快、活"的报道品质,而在更广泛的专题报道、系列连续报道及深度报道、主持人形式上进行了更多的探索。

第三节　不同题材的报道

一、时政报道

这个时期,对党和国家重大会议采用直播报道,并加强对外传播,在关键政治领域为新闻改革做出了表率。

(一)七届全国人大和政协会议

1988年3月24日—4月13日,全国人大和政协七届一次会议在北京举行。会期

---

① 申家宁.电视奥运报道中的竞争与合作[J].电视研究,1992(6).

中间,许多大会、小组会向中外记者开放。报纸、广播、电视反映会议讨论中的意见报道较多,民主气氛更加浓厚。

从全国人大和政协七届一次会议开始,记者招待会采取了现场直播的形式。中央电视台直播了四场中外记者招待会:《班禅、阿沛答中外记者问》《吴学谦、钱其琛答中外记者问》《八民主党派负责人答中外记者问》《李鹏、姚依林、田纪云、吴学谦答中外记者问》,电视观众可以同步观看现场情况。① 这一做法进一步提高了新闻时效,也使会议内容更加公开,体现了政治生活的民主化进步。

官方放开会议采访直播权,也让记者放下了包袱,敢于提出更尖锐的问题。在两会期间的中外记者招待会上,中央电视台记者提了一个问题:根据有关部门统计,去年物价上涨指数为7.2%,但老百姓的感觉大大超过这个数字;本届政府准备采取什么措施保证人民生活水平不会下降？这个问题为亿万观众所关心,引起各方关注。从总的提问情况看,中国记者的问题有深度、针对性强,能引起受众共鸣;一些外国记者则有些相形见绌。

中央电视台电视镜头语言的运用也更加纯熟。在政协主席团预备会结束后,邓颖超同志谦恭地让所有在主席台就座的主席团成员先走,别的同志让她,她说:不！我要最后一个走,表达了她交班之前的心情和愿望。在人大主席团会议上,前任委员长彭真先做主持,后半段交给新任委员长万里主持,交接时两人紧紧拥抱。在七届人大一次会议闭幕式上,新当选的国家主席杨尚昆讲话,讲到前任李先念主席的功绩时,离席到后排,两人热烈拥抱。电视记者及时抓住这些精彩镜头,记录下动人的情景。②

埃菲社报道说:"中国电视台天天向观众介绍记者招待会的情况,这是迄今为止最为民主和公开的会议。"这次会议新闻反映出我国党务政务透明度大大提高,使得电视新闻改革在报道内容形式上都取得了突破。

广东电视台记者赴京参加了本次人大和政协会议的报道。这是地方电视记者第一次参加全国性重大政务活动报道。

(二)十四大

1992年10月12—18日,中共十四大在北京举行。此次会议报道的特点是变化多、工作紧张。由于这次会议强调保密,会议日程和内容难以掌握,给电视报道增大了难度。为了避免遗漏有价值的信息,报道组利用分组分工来加强前后方联系,根据变化的情况不断调整报道力量,保证了重要新闻和领导人的镜头一个不漏。

1. 会议报道

会议开幕第一天,记者分头采访拍摄了8位中央领导同志参加小组讨论的新闻,在当天的《新闻联播》中播出。大会第二天播出的专题新闻《共同的心声》,由记者分为

---

① 赵凯.上海广播电视志[M].上海:上海社会科学出版社,1999:398;赵玉明.中国广播电视通史[M].北京:北京广播学院出版社,2004:377.
② 杨伟光.发挥电视优势提高新闻可视性[J].电视研究,1988(4).

五个组,随大会代表登上返程汽车,在车上随机采访后编辑而成,不仅保证报道内容权威,形式也很自然、生动。

  为保证新闻时效,做到重要新闻随时插播、滚动播出,报道组的同志尽了全力。10月18日下午十四大闭幕,由于会议结束较原定时间晚,加上不许记者进入会场、不许传送信号,使电视报道面临巨大的压力。为了争取时间,前方记者与后方编辑通过无线电话保持联系,经过多方核对无误后,把会议闭幕的消息由播音员录好音,当会场内《国际歌》一结束,就迅速启动播出,于18点率先在第一、第四套节目中插播出了闭幕的新闻。18点15分,前方记者将会议录像送回台内,编辑记者分工合作,争分夺秒,在三个机房同时编辑配音,采访部主任李东升和新闻制作部主任李晓明亲自上机编辑制作。新闻编成后距播出仅剩4分钟。

  除此头条之外,当晚《新闻联播》还播出了代表步出会场谈感受的报道。为了拍摄这条新闻,刘晓军等记者在会场外等了一个下午。由于闭幕时间一拖再拖,为了与代表走出大会堂的时空气氛协调,他们反复拍摄了四遍天安门广场场景。这条新闻以富于美感的画面语言表现出天安门广场华灯初上、花团锦簇,代表们面露喜色走出大会堂,向记者畅谈感想。代表们刚刚回到驻地就看到了这条新闻,都对中央电视台报道的速度表示称赞。大会新闻组领导原以为闭幕新闻赶不上当日的《新闻联播》,没想到电视台记者行动如此之快。十四届中央委员会名单,由于拿到时间较晚,在播出时来不及打出字幕,只能由播音员口播,说明了报道时间之紧张。10月19日下午,邓小平同志会见了十四大全体代表,一时成为中外记者报道的热点。中央电视台记者争分夺秒,于下午4点半以"重要新闻"的形式在节目中插播出去,并及时传送到国外。

  十四大报道在条件受限的情况下,仍然努力增加报道内容,力争有所创新,并注意克服表达的一般化和套路化。会议召开之前中央电视台就组织播发了全国各地改革开放的成就和全国人民喜迎十四大的新闻,并且连续播出了系列报道《十四大代表风采》。会议中,使用即兴采访的方式,真实、自然地反映出各个方面对十四大的关注;如《各地群众谈十四大》《香港居民关注十四大》等。会议第二天播出了一条《上海股市上涨》的新闻,以改革开放出现的新事物股市为切入点,反映出人们对大会的信心。十四届一中全会选举出了新的政治局,中央电视台在电视新闻介绍政治局常委简历时都配上了图像资料。这些资料是磁带资料库同志和编辑通力合作,从上百盘资料带中查找到的。

  从当年9月底开始,中央电视台工作人员奋战20多天,对十四大进行了准确、及时、充分、全面的报道。累计播出有关会议新闻8小时45分,其中现场直播开幕式122分钟。[①] 据会议期间调查,中央电视台一套加上省台转播的《新闻联播》和《专题新闻》两个栏目累计收视达到55%左右,比平时提高了20个百分点,以此推算,观众人

[①] 广播电影电视部《中国广播电视年鉴》编辑委员会.中国广播电视年鉴(1992—1993)[M].北京:北京广播学院出版社,1995:12.

数约为 4.4 亿。①

2.对外传播

积极及时向国外、海外观众报道十四大新闻,也是这次会议报道的一大亮点。为此,中央电视台对外中心、第四套节目部、对外新闻组都做了大量工作。对外中心及时复制十四大新闻专题以最快速度寄往国外,并在对外英语新闻中播出大量报道。第四套节目几乎全部照转了一套播出的重要新闻,还自编了部分新闻在第四套新闻节目中播出。

对外新闻组担负着向亚广联传送新闻的任务。为争取及时传出,他们与亚广联联系推迟了传送时间,保证十四大新闻能当天传送。邓小平会见会议代表的新闻是在亚广联新闻交换结束时,由对外新闻组、主控与亚广联协调中心临时协调,增加了两分钟卫星传送,才得以发出的。亚广联高级新闻官丹尼斯·安东尼事后专门发电传表示感谢:"中国中央电视台侯明古:谢谢你和你的同事昨天赶在最后一刻加传了邓小平露面的新闻。我确信这条新闻是首家传出,并被全世界广泛采用的。我们对亚广联同CCTV 的良好合作关系表示赞赏。"

十四大期间各国舆论都对我国新闻十分重视,亚洲大多数国家都收转了中央电视台的新闻报道。欧广联也从亚广联索要了会议重要新闻。亚广联协调中心对我国新闻界的工作十分满意,并提供了使用我国新闻的国家名单。

十四大报道期间,中央电视台总计对外播发新闻 196 条,时长达 5 小时 20 分 38 秒;17 个专题新闻,时长 3 个多小时。② 同时还有大批外国和港澳台记者前来采访,总计共有来自 13 个国家和地区的 26 家电视台记者,通过卫星传送了 100 多条次新闻,累计传送时间达到 2,065 分钟(合 34 小时 25 分钟)。传送新闻的境外电视台有:英国 BBC、NIS、ITN、SKYTV、AMTV;日本 NHK、NTV、TBS、朝日电视 ANB;韩国 KBS、SBS、MBS;美国 ABC、CNN;德国 EDF、ARD;加拿大 CTV、CBC;意大利 RAI;法国 TF1;芬兰 YLE;中国台湾 CTS、TTV、CTV;中国香港 ATV 和中国澳门 TDM。

(三)时政新闻

1.新的变化

随着广播电视技术设备的革新和对时效性要求的提高,越来越多的地方台也采用了直播形式报道时政新闻。1988 年 1 月 19—21 日,山西人民广播电台、电视台对山西省七届人大一次会议和省政协六届一次会议以现场直播、专稿形式进行了集中连续报道,播发新闻 30 条,受到代表和观众的好评。

这一时期时政新闻的报道角度也更符合传播规律,出现了很多从全新视角进行表

---

① 穆晓方.中央电视台"十四大"的电视报道[J].电视研究,1992(6).
② 广播电影电视部《中国广播电视年鉴》编辑委员会.中国广播电视年鉴(1992—1993)[M].北京:北京广播学院出版社,1995:24.

现的作品。1989年北京电视台获得中国新闻二等奖的《江泽民视察并同工人一起买饭就餐》,上海台获新闻特等奖的《朱镕基慰问工人纠查队员》,1990年北京台《五一前夕杨尚昆主席来到群众中间向人们致以节日祝贺》等作品都摒弃了以往对国家领导人所用的宏大叙事语汇,从小事写起,走亲民路线。这比以往的"领导亲切接见"式刻板语汇更能吸引人、打动人。

国际时政节目也逐渐恢复播出。1991年中央电视台的《今日世界》复播后,在栏目内容和结构上做了一些调整。内容上,国际评论比例增加,聘请国际问题专家撰写专稿对一些热点问题进行分析和点评;结构上,向大型化、系列化发展,分集播出、篇幅较长的节目增多。1991年年末,《今日世界》播出了总结性、评论性的年终特别节目《1991年国际形势回顾》。这个节目首先从宏观角度分析了当年的世界形势,然后逐一分析了苏联解体、海湾战争、南斯拉夫内战等重大新闻事件,最后就这些事件对世界形势产生的影响做了集中分析和评论。这个节目打破了年底"十大新闻"式的传统模式,播出后受到好评。①

从1988年到1992年,电视时政新闻虽然受到一些影响,但总体来说,电视新闻已经发生的巨变趋势并没有停止。首先,这是因为新闻传播生态已经发生了变化,随着我国经济的发展和媒体数量的增加,出现了各媒体对同一新闻争分夺秒抢发的局面,电视因其即时、形象传播的特性在竞争中独占鳌头,成为民众了解时事的第一选择。其次,时政新闻报道语态发生了很大转变,不再居高临下俯视说教,而是以平视角度进行的平等对话。最后,时政新闻的传播方式发生了变化,逐渐由紧张保密走向透明开放,直播形式开始被电视广泛使用,对外及时传播也受到了重视。

2.海湾战争报道

海湾战争是美军自越南战争后主导并参加的第一场大规模局部战争。海湾战争不光震动了军事领域,也是一次对媒体实力的考验。

海湾地区具有十分重要的战略地位,而且这里的石油储量丰富。1990年8月2日凌晨,伊拉克突然出兵对弱小邻国科威特发动武装入侵,当晚攻下首都科威特城。5个多月后,1991年1月17日,以美国为首的多国部队在联合国安理会授权下对伊拉克展开了局部战争。在经历42天的空袭以及边境地带100小时的陆地作战之后,伊拉克最终接受联合国660号决议,2月28日无条件从科威特撤军。②

在这场战争打响之时,美国先对伊拉克展开了大范围的电子攻击,得到了制电磁权,使伊拉克的通讯和预警系统瘫痪,其指控失灵,丧失了大部分作战能力。同时也使已在现场想要做战争报道的各国媒体人也很难对外报道。而美国CNN则凭借自己的卫星设施等先进的媒体技术装备,冲开电子封锁,进行了独家直播报道,并垄断了战争的新闻信息。这是人类历史上第一次对于战争的现场直播报道。它带来了对传统

---

① 杨伟光.中央电视台发展史[M].北京:中国广播电视出版社,1998:173.
② 沙漠风暴——1991年海湾战争大事记及影响[N].北京晚报,2002-12-13.

电视新闻操作方式及观念的冲击。

此时中国电视台的此类战争报道意识还不够明确,加上技术远不如人,所以此次海湾战争报道缺乏时效性和深度。一位观众说:"打开电视想看一下有关海湾局势的报道,结果什么也没有……"水均益也曾回忆:"空袭发生时,CNN的记者就在巴格拉市中心的拉希德饭店顶层。同样是记者,此时此刻,我们却只能坐在房间里看人家的报道。"①

自海湾危机以来,虽不能获取第一手新闻资料,但中央电视台对有关局势进行了大量跟进。中央电视台当时没有早间新闻、整点和半点新闻,只有午间和晚间新闻档,加之节目播出没有灵活变动的先例,仍然只是按照预先安排的顺序播放,故不能实时播发新闻,人们只能在午间和晚间的固定新闻栏目中一睹这"历史的画面"。电视台在此次海湾战争报道中,表现出了节目管理上的僵化和落伍,亟须建立灵活多变的新闻报道机制。

中央人民广播电台在海湾战争打响不到一个小时即向全国播发了战争爆发的消息。随之,一些台的电视新闻将有关海湾战况的报道在各个新闻节目中向公众报道。这在我国有关重大突发性国际新闻报道中尚属首例。②

二、经济新闻

党的十四大明确提出了建立社会主义市场经济的思想,对电视信息传播潜在价值的开发,提出了更高、更新的要求。在这个阶段,电视媒体中的经济栏目呈几何数级增长。在为民众了解国家经济政策、把握时代经济脉搏、沟通经济信息的基础上,经济节目还直接参与了经济活动,沟通产供销渠道、为消费者服务,为推动经济发展提供了权威而直观的窗口。

(一)中央电视台经济节目

1984年中央电视台成立了经济部。次年元旦中央电视台面向全国的《经济生活》《科技与生活》节目开播。1987年中央电视台又开办了《经济新闻》节目,向观众提供最新、最快、最准确的经济信息。经济新闻报道在两年后的政治风波中陷入停滞,1990年又重新回归到改革开放、国家经济建设的宣传轨道上。

1.《经济半小时》

1987年,中央电视台第二套节目向全国性经济频道转型,推出了《综合经济信息》节目,后于1989年12月16日,在对该栏目改版的基础上,改名为《经济半小时》。改后的栏目宗旨是:紧紧围绕国家经济建设这个中心,宣传党和国家的经济方针、政策;表彰国内经济领域各行各业的先进人物,介绍先进的经营管理和致富经验;传播海内

---

① 水均益.前沿故事[M].海口:南海出版社,1998:232.
② 张帆.影响广播电视突发性重大新闻报道效 广播电视海湾战争报道效果调查[J].现代传播,1991(3).

外各类经济信息,沟通产供销渠道;为繁荣我国社会主义商品经济服务,为广大消费者服务。

《经济半小时》最初由10个子栏目构成,它们是:《经济信息》《看市场》《桥》《七十二行》《新书架》《开眼界》《消费者之友》《世界经济窗口》《经济博览》和《经济透视》。后来又增加了专门为农民提供致富经验的《祝您致富》和批评伪劣产品的《钟》以及《每周一款》《茶余饭后》《一周话题》《企业之林》《改革特写》《专家论坛》《话今天》等多个子栏目。它们分别从不同侧面、不同领域为观众提供服务,在节目选题上抓住与人民群众切身利益和日常生活密切相关的问题,帮群众所需。

《经济半小时》节目通过太平洋上的卫星传送到全国。节目为观众提供经济政策指导、致富和发展信息、供求信息、金融信息、产品信息、新技术信息和经商理财信息;为电视观众介绍各行各业发展的现状和经验,如住房改革、农业发展、股市现状、企业经营机制等;还介绍了工业、农业和科研等领域的先进典型。栏目中的《祝您致富》《经济信息》等小栏目为人们牵线搭桥,寻常百姓、大小企业借此致富者不计其数。栏目组还大量采用竞赛、系列小品、组织大型专题晚会等多种形式,把节目办得生动活泼,充满趣味。①

《经济半小时》直接介入经济生活,反映经济活动、交流经济信息,对培育市场、沟通产销发挥了重要作用。因其内容丰富、贴近群众、服务性强、编排新颖,在1990、1991两年均被评为全国优秀电视名牌栏目。开播半年以后,收视率就在中央电视台第二套节目中跃居第二,观众来信从最初的每日几十封跃增到每日上百封。②

2.《经济信息联播》

1992年5月20日,全国电视经济宣传座谈会在天津召开,26个省、自治区、直辖市电视台和28个计划单列市、省会市、省辖市电视台负责经济宣传工作的90名代表参加了会议。为发挥全国电视系统的总体优势,便于各类经济节目的交流,会议建议中央电视台开办《经济信息联播》栏目,并尽快建立全国电视经济宣传协作网。

1992年8月31日,中央电视台《经济信息联播》栏目正式与观众见面。栏目每天在二套18:30首播,第二天在一、二套分别重播;每次30分钟,平均播出信息70条。节目旨在形成全国电视经济信息传播网络、沟通产供销渠道。节目的具体内容为汇集国内外各类最新经济信息,分为宏观、新产品、财经、服务和国际5大类,每一类再以小栏目形式组合编排。1992年年底,节目中播出了系列报道《走向大市场——中国市场经济系列报道》,以十四大精神为指导,宣传在我国建立社会主义市场经济的必要性。

栏目直接介入经济领域参与经济活动,为生产者、经营者、消费者提供信息交流,为发展生产牵线搭桥。节目开播3个月即收到观众来信15,000多封,每天平均收到电话、电报100多个。邓小平也专门表扬了节目,称它办得及时、内容丰富、节奏明快、

---

① 赵化勇.从《经济半小时》到《经济信息联播》:发挥优势、加强合作、努力搞好电视经济宣传[J].电视研究,1993(台庆专刊).
② 杨伟光.中央电视台发展史[M].北京:中国广播电视出版社,1998:192-194.

信息量大,对中国市场经济的发展将起到推动作用。①

《经济信息联播》与《经济半小时》在内容上各有侧重,成为经济报道的两大重要栏目。

3."中国质量万里行"

20世纪90年代,在我国经济的快速发展中,制售假冒伪劣产品成为严重问题。它损害了广大企业尤其是消费者的利益,污染了经济环境,危及了市场秩序和社会稳定。为此,首都新闻界主要新闻单位联合主办,在国务院有关主管单位参与和支持下,举办了"中国质量万里行"活动。活动的内容和宗旨体现在名称之中:中国的质量工作正面临着千里之行、万里之行;中国记者,为了报道质量问题,将要做千里之行、万里之行。

1992年2月,活动正式启动。很快,第一批关于产品质量的报道同时在报纸、电视、广播中发出,在全国范围内引起极为强烈的反响。消费者纷纷写信给组委会和各新闻单位、各主管机关,甚至给当时主管经济工作的朱镕基副总理。来信内容归结起来是"大快人心事,质量万里行";"这是党和政府为人民办的一件好事、实事";"希望万里行、天天行"。刚刚从国外访问归来的朱镕基副总理在看到质量万里行第一期工作汇报之后,于3月12日批示给组委会:中国质量万里行活动一炮打响,效果甚佳,可喜可贺。我已经向总书记和总理汇报。随后,李鹏总理在全国质量工作会议上,再次肯定了这一活动,认为这是政府为人民办的好事,政府有责任办这样的事情。朱镕基副总理在一次讲话时曾引用《质量万里行》节目中的一句话说:"质量万里行要天天行。"②

中央电视台经济部于这一年初组成质量万里行采访组,途经8省市、行程万里,在近40天时间里,采访拍摄了57期新闻专题节目,共计250分钟,收到了如雪片般的信件、电报,引起了社会的强烈反响。上海市经委、技术监督局来函说:"'中国质量万里行'为增强全民族的质量意识,推动企业走质量效益型道路,为振兴经济和改革开放所做出的贡献,必将载入我国质量管理的史册。"③

1992年8月,中宣部、国家新闻出版署、中华新闻工作者协会、中国质量万里行组委会联合召开了第一年活动总结大会。会上认为,"中国质量万里行"找到了一个新闻工作为经济建设中心服务、推进质量工作的好方法。就此,原本作为一次性活动的"中国质量万里行"变成了持续性的常年活动,"中国质量万里行组委会"成了常设机构,正式注册了国家级社团,国家经贸委和中宣部成为它的主管机关。

(二)地方台

《经济半小时》栏目出台后,全国各省市电视台也纷纷开办,涌现出一批富有特色

---

① 杨伟光.中央电视台发展史[M].北京:中国广播电视出版社,1998:329,452.
② 赵化勇.从《经济半小时》到《经济信息联播》:发挥优势、加强合作、努力搞好电视经济宣传[J].电视研究,1993(台庆专刊).
③ 于广华.中央电视台简史[M].北京:人民出版社,1993:144.

的经济栏目。如上海电视台的《经济信息总汇》、辽宁电视台的《经济博览》、贵州电视台的《经济之窗》等都成了受到本地观众欢迎的节目。①

1988年12月,以湖北电视台第二套节目编辑部为班底组成的江汉经济电视台正式开播,成为全国第一个挂牌的经济电视台。

1992年,上海电视台先后播出了《上海改革开放启示录》《热土在召唤》《上海人话改革》等电视系列经济专题,对上海面临的挑战、上海人的心态等予以集中讨论、展示。②

(三)晚会和大型活动

随着经济逐渐成为人们生活的重心,电视台开始举办一些相关的大型知识竞赛、晚会和报道活动,突破以往单调的经济宣传手法,增强服务性和互动性,产生了巨大影响。

1989年3月,中央电视台现场直播了"全国首届经济法知识电视大赛"。1989年11月7日,中央电视台《经济半小时》栏目推出了特别节目"万家乐全国消费者知识竞赛"。此类竞赛节目在当时都是应者如云,在社会上掀起一场又一场参与热潮。

1991年起,为维护消费者权益,《经济半小时》栏目在每年的3月15日国际消费者权益日都会举办《3·15国际维护消费者权益日"消费者之友晚会》。"3·15晚会"曝光劣质产品、维护消费者权益,以推动制度完善、产品质量提升、共建和谐社会为目的。为将电视媒体的广泛影响力与现实行政执法能力相结合,"3·15晚会"联合众多司法、行业、质量管理的国家主管部门(包括:最高人民法院、最高人民检察院、全国人大常委会法制工作委员会、工业和信息化部、公安部、司法部、农业部、商务部、国家质量监督检验检疫总局、国务院法制办公室、国家知识产权局、中国消费者协会等)共同主办。晚会采取现场直播形式,设立现场专线电话,回答消费者的咨询和对产品服务质量的投诉,对假冒伪劣产品当场曝光。很长时间内都是最具影响力的维护消费者权益的大型公益晚会,深受观众欢迎。

1992年年底,中央电视台推出了四场题为《架金桥·觅知音》的现场直播特别节目。这组特别节目设立了科技成果转让、闲置设备转让、专利发明转让和人才交流4个展区,组织了8个部委、上千人参展,通过电视直播交流信息并进行现场交易。据统计,节目直播4天意向成交额达10亿元人民币以上,成为开在电视中的物资交流市场。

这些大型的宣传活动,极大地拓展了经济报道的思路,开阔了眼界,丰富了形式。同时,也为经济报道参与社会生活,为民众服务提供了有效的途径。

整体来看,随着经济建设成为国家生活的主旋律,电视经济新闻的社会影响力增

---

① 何宏业.全方位多角度展现改革大趋势[J].电视研究,1988,(5);赵玉明.中国广播电视通史[M].北京:北京广播学院出版社,2004:377.
② 陈乾年.跋涉与求索:陈乾年广播电视论文集[M].上海:上海社会科学出版社,2002:133.

强,从被动、客观描绘经济发展的媒介镜像,扩展成为通过服务社会经济信息交换直接搭建经济建设的桥梁。这一时期我国的电视经济新闻由星星之火逐渐呈现出燎原之势,进入发展高潮。

三、负面新闻与社会交流

(一) 负面新闻

1988年,中央办公厅要求新闻媒体"正确开展批评,发挥舆论监督作用"。当年的全国广播电视厅局长会议肯定了电视新闻"为排除改革障碍,纠正不正之风,克服官僚主义,保证党政机关廉洁,打击违法乱纪现象"所取得的成绩。这个会议还要求"继续积极稳步地推进广播电视宣传工作的改革"。①

1988这一年舆论监督、批评报道的兴旺,从当年5个全国电视新闻特等奖中就有3个负面新闻(浙江台《浙江盐业生产面临危机》、贵州台《乱开发票成为一大社会公害》、河南台《振兴开封座谈会成了催眠会》)中可见一斑。河南电视台的这则报道一经播出,很快便受到社会的广泛关注。作品突破了会议新闻报道套路,在画面表现上,运用正面中近景表现人物睡态(全片共25个镜头,人物睡态占16个,且反复对准几个人。今天看来确有可商榷余地);在内容表达上变叙述为评述,叩问与会者:如果会议内容十分重要,那么你们连开会的精神都没有,又怎么能贯彻执行?如果会议内容无聊,又何必招集这么多人在一起受罪?观点犀利、清晰。②

1989年,受"正面宣传为主"指导原则的影响,电视新闻批评报道的数量锐减。政治风波的影响淡去后,批评报道也逐渐复苏。1990年贵阳台获得电视新闻二等奖的《全国城市卫生检查团离开贵阳后》表现检查团离开前后该市环境卫生的天壤差别,取得了良好的舆论监督效应。全国电视好新闻评选中批评报道的比重,也体现出既坚持正面报道为主,又适量做好批评报道的引导作用。

负面新闻或通过直观形象的电视语言对人物或事物正面批评,探讨问题的解决;或从大众话题出发进行谈话式探讨,引起思索。它们成为解决百姓难题,鞭答生活陋习,促进社会进步的一方阵地。在这一过程中,电视新闻的公信力也在不断增加。

(二) 社会沟通交流

随着改革开放的逐渐深入,群众多年压抑的政治热情得到了释放。他们开始积极问政,参与公共事务议论。与此适应,这一时期全国涌现出一批为社会服务、与群众交流的新闻节目。

---

① 广播电影电视部《中国广播电视年鉴》编辑委员会.中国广播电视年鉴(1989)[M].北京:北京广播学院出版社,1989:4.
② 陆晔.电视时代:中国电视新闻传播[M].上海:复旦大学出版社,1997:33;诚勇.针砭时弊发人深思:编发电视新闻《振兴开封座谈会开成了催眠会》的体会[J].中国广播电视学刊,1989(6).

1988年10月至11月间,广东电视台组织播出了系列报道《我们这十年》;与此同时,中央电视台也创办了《大家谈》栏目。这两个节目的内容都是反映开放改革十年的成就,同时也不回避现实中存在的问题;多侧面、多角度观察事物,既谈优势,又谈弱点,既报道希望,又指出困难。这种"中性报道"的手法,摒弃了"非好即坏"的旧模式;引导人们对当时存在的问题进行具体、科学的分析,使人们对改革的复杂性、艰巨性有更充分的思想准备,为改革营造更好的舆论环境。①

1990年1月4日到24日,北京电视台播出了由中共北京市委宣传部主持设计并组织拍摄的21集电视系列片《同心曲》,拍摄制作历时一年。节目中不回避矛盾,既反映群众关心的问题,触及热点,又介绍政府的努力,沟通情况。大胆让群众讲话,以减少社会怨气和牢骚,达到让民众了解政府举措,从而调动积极性的目的。②

1990年11月,贵阳电视台创办了《立交桥》栏目,每周播出1次,每次20分钟。节目设置了3个子栏目:《热流》以小专题形式,反映党和政府有关部门用实际行动加强与群众的联系、为民排忧解难的作为,同时又把党和政府的方针政策传达出去;《广角》和《回声》则主要反映群众普遍关心的民生问题,如"群众乘坐7路公共汽车难""新关巷的行路难""大宗巷的如厕难""河南街的用电难"等;为民众与政府沟通架起了桥梁。

与此同时,城市台也充分发挥其便于群众参与的特性,开设专门的沟通栏目。例如哈尔滨、成都、绵阳等电视台的《对话与交流》,长春台的《对话园地》,太原、临汾、长沙等台的《市长与市民》,武汉台的《社会公民》,镇江、阳泉、保定等台的《主人与公仆》栏目;还有一些台的《街谈巷论》《热门话题》等也都属于这种类型。此类节目都是针对一个时期党和政府的中心工作以及民众关心的热点问题,通过领导和观众对话的形式,沟通信息、交流需求,打造一条上下、官民互相了解和理解的渠道。③

1992年,北京电视台在《北京新闻》中也推出了《大家谈》栏目,新闻部还专门开辟了《市府与市民》栏目。它们都以访谈形式,实现政府与市民顺畅交流的目的。④

电视新闻越来越关心民众的生活,以电视新闻为纽带实现百姓与政府间的双向对话,架起一座沟通桥梁;为群众排忧解难、代言民声,让民众了解、讨论身边和国家的大事小情,节目受到民众的热烈欢迎,也推动了社会民主建设进程,促进社会和谐发展。

四、体育新闻

(一)体育报道

随着家庭电视机的普及和居民生活水平的提高,受众对电视节目的丰富性、娱乐

---

① 蔡贤盛.新闻报道与舆论监督[J].电视研究,1989(4).
② 孔令铎.社教节目的作用和价值[J].电视研究,1990(4)
③ 王声骋,朱克虎.城市电视事业大有可为[J].电视研究,1991(1).
④ 叶子.电视新闻节目研究[M].北京:北京师范大学出版社,1999:163.

性提出了更高的要求。在这一时期,体育新闻迎来了引人注目的里程碑式的革新:首先是中央电视台开办了固定体育新闻栏目,其次是第 11 届亚运会和第 25 届巴塞罗那奥运会的直播报道工作。这是我国电视体育新闻走向成熟的转折点,报道的时效性和节目量都有了空前的提高。

1.赛事报道

在这几年中,赛事报道数量大增,这缘于国内体育赛事增加和国际大赛恢复参赛,这也带来了体育报道的繁荣。

1988 年 5 月 5 日,中央电视台从 11:29 至 17:35 现场直播了中、日、尼三国联合登山队双跨珠穆朗玛峰的全过程。当日 16:05,中、日、尼三国登山运动员历经艰难,团结合作,从南北两侧登上了世界屋脊珠穆朗玛峰。直播在社会上引起了强烈反响。直播过程中,党和国家领导人邓小平、杨尚昆、王震、阿沛·阿旺晋美等打来电话祝贺。

1988 年 5 月 19 日,中央电视台现场直播了在济南和南京举行的中、日、美、古四国女排赛。

1988 年 5 月,中央电视台经与有关方面谈判,协商购买了第 24 届奥运会中国境内的独家转播权。在当年 9 月 17 日至 10 月 2 日韩国首都汉城举行奥运会期间,中央电视台大量直播了现场赛事,发挥出电视的优势,并且在不中断已有节目正常播出的情况下,采用字幕新闻方式随时插播重要动态。这次奥运会,中央电视台共对各类赛事做了总时数达 181 小时的报道,其中包括 72 场直播、35 场实况录像。

1988 年 10 月 9—16 日,全国首届农民运动会在北京举行,中央电视台现场直播了开幕式、闭幕式及重要比赛,还以新闻、专题的形式发出了大量报道。

1990 年 6 月 8 日第 14 届世界杯足球赛在意大利开幕,来自世界五大洲的 24 支足球劲旅进行了 30 天 52 场比赛。6 月 9 日 0:30,中央电视台直播了本届世界杯的开幕式和首场比赛。在之后的过程中,中央电视台选择了 18 场强队比赛做现场直播,并对全部 52 场比赛做了实况录像转播,总共播出达 120 小时。这次报道引起观众的很大反响,社会效果突出。①

地方台也开始转播重要体育赛事。上海电视台在 1988 年首次通过卫星转播了"沪港杯"足球赛。1990 年 5 月 24 至 26 日,国际女排邀请赛在南昌市新落成的江西省体育馆举行。江西电视台除及时播发新闻外,还对四场比赛全部进行了现场直播,并首次向中央电视台进行了微波回传。

1990 年 10 月 29 日至 11 月 3 日,由世界职业台球总会、国际管理集团、中国台球协会主办,英美烟草公司赞助的"第二届 555 亚洲台球公开赛"在广东彩电中心 108 演播厅举行。来自英国、澳大利亚、中国香港等国家和地区的 16 名运动员参加了比赛。这是首次在我国举行的世界性台球比赛,也是广东电视台举办的第一个世界性体育

---

① 杨伟光.中央电视台发展史[M].北京:中国广播电视出版社,1998:181-182.

赛事。①

2.创办栏目和调整

1989年元旦,中央电视台开办了《体育新闻》栏目,每周一到六播出6次,从每天的21:55到22:00共5分钟。固定的新闻栏目使得体育报道有了自己的专有空间,大大提高了新闻的时效性;也对体育部带来了每日的压力和挑战。该栏目播出后,在社会上引起了不小的反响,提高了电视在体育新闻报道领域的地位。②

1991年5月,中央电视台调整了体育栏目,停办了已经播出十年的《体育之窗》和已有多年播出历史的《世界体育》和《体坛纵横》三个周播栏目,由《体育大世界》(50分钟)和《赛场纵横》(90分钟)两个周播节目取而代之。《体育大世界》是杂志型栏目,于5月6日开播,很快得到观众的好评,当年即获得全国电视专题节目一等奖。《赛场纵横》也受到广大球迷的欢迎。由此,中央电视台一年中圆满完成了全国冬运会、少数民族运动会、城运会及首届世界女足赛等180多场体育现场直播和录播任务。③

(二)第11届亚运会

1983年的8月,北京向亚奥理事会提交了申办第11届亚运会的文件,日本广岛也以广岛建城400周年和纪念广岛受原子弹侵害45周年为由递交了申请。投票结果以43票对22票,决定由北京和广岛分别举办1990年和1994年的亚运会。

1989年之后,欧美主流媒体关于中国多是负面报道,改革开放的国际环境遭到空前挑战。当时国际上曾出现了抵制北京亚运会的声音。1990年8月,伊拉克入侵科威特,亚奥理事会总部被捣毁,主席被杀害,这给亚运会组织工作带来了影响。亚奥理事会暂停了伊拉克的会籍,修改了竞赛日程,并劝说一些支持伊拉克的西亚国家,继续参加亚运会。

在这样复杂的情况下,中国十分需要发挥体育这一民间外交平台的作用,以亚运会为契机打开局面,改善环境。外交部和亚组委都做了许多卓有成效的工作。

1989年8月17日,亚奥理事会新任主席科威特的艾哈迈德·法赫德·萨巴赫亲王率代表团访华,他发表公报说,由中国举办的亚运会是亚洲青年的期望,亚奥理事会给予全力支持。他表示北京亚运会一定会成功,任何国家没有理由不来参加。

1.前期准备

1989年下半年,中央专门发出文件,强调举办亚运会的重大意义,要求各地区、各部门大力支持。此后,全国掀起了迎亚运的热潮。

中央和地方媒体都展开了宣传攻势。距第11届亚运会还有300天时,中央电视

---

① 广播电影电视部《中国广播电视年鉴》编辑委员会.中国广播电视年鉴(1991)[M].北京:北京广播学院出版社,1995:484,487.
② 杨伟光.中央电视台发展史[M].北京:中国广播电视出版社,1998:175.
③ 广播电影电视部《中国广播电视年鉴》编辑委员会.中国广播电视年鉴(1992—1993)[M].北京:北京广播学院出版社,1995:22.

台《体育新闻》栏目推出了60集的《亚运纵横》,介绍亚运会的历史和北京亚运会的各项准备情况。5月18日,为迎接第11届亚运会而专门制作的46集《亚运之光》节目在广东珠江电视台首播。距亚运会100天时,《新闻联播》播出了33集亚运会场馆介绍。

1990年6月1日,中央电视台"亚运会国内制作中心"突击建成,提前先用于在意大利举行的第14届世界杯足球赛期间的节目制作和转播。1990年7月14—15日,广播电视系统进行了亚运会全区合练。中央电视台在9个场馆进行了现场传送演练,在12个场馆进行了ENG采访演练。共有中央电视台、9个地方台和2个院校参加,共传送信号90小时。

1990年8月22日,亚运火炬点燃仪式开始,《新闻联播》开设了"亚运之光"小栏目。9月20日,中央电视台现场直播了"亚运之光"火炬终交仪式,长度35分钟。

2. 亚运报道

1990年9月22日至10月7日,第11届亚运会在北京举行,最终共有37个代表团参会,创下新的纪录,台湾地区也在时隔12年后重返亚运赛场。9月22日下午,历尽劫难的第11届亚洲运动会在北京工人体育场举行了开幕式,演出了万人团体操《相聚在北京》。

中央电视台从15:15到18:29成功直播了开幕式现场实况。这次直播共出动了两辆转播车及一套EFP电视系统,用18台摄像机从不同方位多角度反映开幕式的表演和各国运动员的阵容。

亚运会期间,共在31个场馆有项目比赛,其中19个场馆具有电视现场实况转播功能。在这19个转播场馆中,向外传送信号的微波设备多达50多套,能同时将14路电视国际信号传入国际新闻广播电视中心,每天有7路不同信号供国内外传送者选用。在没有电视转播功能的场馆,其比赛实况也都用制作、采集设备录制后送到国际新闻广播电视中心和中央电视台进行后期加工。国内部分集中在中央电视台,国际部分集中在国际新闻广播电视中心进行制作。后期制作区设备先进,播出的国际公共信号质量高、信息量大、时效性强,达到国际先进水平。

中央电视台在16个地方电视台和北京广播学院同行的协助下,共出动25辆转播车和EFP现场制作设备、46套ENG一体化电子采访机、142台摄像机、209台录像机、52套微波设备、130套评论席设备,通过6个演播室和14个卫星讯道参与直播和信号录制。经过729名现场摄录人员的共同努力,在19个场馆共实况转播307场次赛事。中央电视台对国内播出达335小时,为外国电视机构提供国际讯号950小时,卫星传送节目2,045小时。中央电视台3套节目都延长了播出时间,其对内播出时间比上届亚运会多了165小时;在新闻节目中播出亚运会新闻296条,共计253分钟。同时还拍摄了11个项目的精彩片段,提供国际信号122次,达37小时。①

---

① 杨伟光.中央电视台发展史[M].北京:中国广播电视出版社,1998:146,168,176,339.

在对外传播方面,9月23日凌晨两点,中央电视台对外部向美国CNN传送了亚运会开幕式新闻3分钟,早上6点亚运会开幕式专题制作完毕,及时通过快递局寄出。美国旧金山华声台于美国当地时间23日下午6时收到,当晚黄金时间与66频道太平洋公司合作播出,"效果极佳,已引起轰动"。亚运会期间,来自33个国家和地区的82个广播影视机构的1,102名记者采访报道了亚运会。

1990年10月7日19:25—21:20,中央电视台在北京工人体育场现场直播了亚运会闭幕式实况。至此,第11届亚运会的电视转播工作落下了帷幕。①

中央电视台与7家新闻机构及研究部门联合举办的"亚运会宣传效果"抽样调查表明,北京市民有97%收看了中央电视台的亚运报道,69%的市民是通过电视首先获得亚运会重要消息的。在全国,约有7亿人通过电视观看了开幕式转播或重播。②

(三)第25届巴塞罗那奥运会

1992年巴塞罗那第25届奥运会,是中央电视台体育报道走向成熟并逐渐与国际接轨的转折点。中央电视台投入了大量人力、物力,做了充分报道。

奥运会期间,中央电视台的3套节目,开辟了早6:30—7:00直播的《清晨奥运报道》,经过重新制作后再在中午的《午间奥运会报道》中滚动播出,还有《晚间奥运报道》《中国金牌榜》等多个栏目,在每天的不同时段以各种栏目和形式播出。

1.前后方配合报道

奥运期间,中央电视台由台长杨伟光带领27人组成前方报道组,主要任务是将250小时的直播或录像节目全部配上解说送回北京,将三个专题节目《清晨奥运报道》《晚间奥运报道》和《92巴塞罗那》中每天的采访等内容做好传回。另一项任务是要完成每天全部比赛的收录工作。前方报道组比较好地完成了这几项任务,确保时效第一,为后方节目的再加工和播出奠定了基础。③

在北京,台里的后方团队也经过强化建成了一个播出中心,及时处理、包装前方信号。当前方评论员坐在新闻中心把画面配上解说,由编辑确定或剪辑画面、在技术人员的监视下将画面传到国内之后,在中央电视台一层的一个房间内,接收人员紧盯屏幕,收录所有节目,并记下精彩画面的时间码、做好纸签,将带子放到磁带架上给后方编辑备用。后方人员拿到带子后,多是由主持人大致看一遍,就以最快速度做准备,坐进直播室,将奥运消息报告给全国观众。在奥运会举行的16天里,中央电视台播出的250个小时节目都是这样由前后方人员倾力合作共同完成的。

本次奥运转播是中央电视台与香港无线电视台合作,共同租用两条卫星线路以传送各自节目的。这两条线路同时还要为亚广联另外一二十家广电机构服务。在有限

---

① 广播电影电视部《中国广播电视年鉴》编辑委员会.中国广播电视年鉴(1991)[M].北京:北京广播学院出版社,1995:484-487.
② 方汉奇.中国新闻事业通史:第三卷[M].北京:中国人民大学出版社,1999:633.
③ 冯一平.通力合作精心转播:第25届奥运会前方报道组工作札记[J].电视研究,1992(5).

的条件下,前方报道组和后方演播室统筹协调,将中国队的强项、中国队集体项目的预赛和中国观众想看的项目,包括中国队夺得16块金牌的比赛都提前安排好转播计划,在与他国共用线路的情况下,圆满完成了全部转播任务。

2.电视成为人们获知奥运会信息的主渠道

从1964年第18届东京奥运会首次出现电视转播开始,奥运会的观众从赛场内扩展到赛场外,观众的数量更多、范围更广了。第25届巴塞罗那奥运会因为引进了先进技术使电视观众达到30亿人、200亿人次以上。中央电视台对此次奥运会所做报道总计播出近250小时,比上届汉城奥运会多了20小时,比洛杉矶奥运会多了两倍,还创造了连续播出90小时的中央电视台新纪录。

1992年8月1日至6日,中央电视台就25届奥运会的电视报道效果做了一次调查。从《北京电话号码簿》(1991—1992版)中随机抽取了210人作为调查对象。在被调查者中,有84%的人通过电视现场直播或录像观看了开幕式。他们认为,电视奥运报道直观、形象,很吸引人。在被问到奥运新闻的获得渠道时,有60%多的人回答首先是从电视获知。他们还表示,在体现"及时""生动""印象深"等方面,电视报道占有绝对优势①。

不仅大多数中国人是从电视上首先获得奥运会的各类新闻,而且很多主要新闻单位也是根据电视新闻撰写稿件,甚至报纸上的许多重大新闻照片,也是从电视屏幕上翻拍的。其报道量之大、质量之好、时效之快,是过去中国任何一次体育活动的报道所无法比拟的。

3.拓展报道深度

在这次奥运期间,电视人对体育报道如何加强深度进行了探索。以前,大型体育比赛中,对具体赛事进程的预测和分析几乎都是报纸的专利。这次,通过中央电视台的三个体育专题节目,尤其是晚间的《奥运沙龙》,发挥出分析、预测功能,将报道引向深入。例如,当中国击剑选手仅以一剑之差痛失金牌、许多观众对裁判结果发出质疑时,该节目主持人以冷静、客观的态度提醒大家:奥运精神最重要的是参与,在争执之际发挥出引导舆论、稳定人心的作用。实践证明,电视报道可以搞评论,也可以"深入",要在与其他媒介的竞争中取得优势,只满足于转播赛场实况、通报比赛成绩是远远不够的。②

这一时期的体育新闻报道出现了固定栏目,提高了新闻时效,凸显了人文关怀,大型赛事的现场直播日渐成熟,有力地直追国际体育报道的高水平。

---

① 第25届奥运会电视报道效果调查报告[J].电视研究,1992(5);广播电影电视部《中国广播电视年鉴》编辑委员会.中国广播电视年鉴(1992—1993)[M].北京:北京广播学院出版社,1995:446.
② 申家宁.电视奥运报道中的竞争与合作[J].电视研究,1992(6).

第四节 纪录片

党的十一届三中全会以后,随着经济的发展以及对外合作交流的增强,电视纪录片的创作从思想内容到表现形式都冲破了人为的禁锢,迎来一个繁荣发展的时期。电视工作者解放思想大胆开拓,拍摄了一批内容丰富、风格样式不断创新的电视纪录片,丰富了电视媒体。其代表作如《话说长江》《周总理的办公室》《让历史告诉未来》《西藏的诱惑》《热土》《望长城》《祖国不会忘记》等。① 这一时期,有两部电视纪录片获得了广泛的关注:政论纪录片《河殇》以其思想的尖锐性引发了全国大讨论;纪实风格纪录片《望长城》则以脱离说教,寄情于物、充满了人文关怀的风格获得广泛好评。

一、《河殇》

十一届三中全会之后,我国以全新的姿态翻开了历史新的一页。随之而来的是思想的大解放,制度的调整和经济的飞跃。20世纪80年代中后期随着对外交流的日益增加,对国门之外世界的了解使人们意识到中国与世界的差距。作为精英阶层的知识分子则开始思考这种落后的来由与根源。这时各种相关国外哲学社会科学理论大批涌入,为这些思考提供了武器。其中的一些人士与电视人合作,意欲通过电视这种具广泛传播力的文化形式追索国家民族落后的原因,探讨发展的方向。在这个背景下,政论纪录片《河殇》开始创制。

《河殇》的导演是大学毕业不久的青年导演夏骏。解说词由时任北京广播学院讲师、报告文学作家苏晓康、时任北京师范大学中文系教师王鲁湘两人任总撰稿,撰稿人还有:张钢、谢选骏、远志明。顾问是学者金观涛和厉以宁,总监制是中央电视台副台长陈汉元。夏骏曾参与过纪录片《黄河》的拍摄制作,他利用该片制作后的"边角余料"及相关的文字、图片、视频资料,通过后期加配解说词的方式创作了这部作品。

1988年6月16日,自制电视系列片《河殇》开始在中央电视台播出,在社会上引起了广泛关注。② 该系列片探讨的话题十分广泛,从黄河的自然地理变迁到当代的治理工程,从传统价值观对知识分子的评判到当代知识分子遭遇的灾难,从传统文化带来的荣耀到对其科学理性缺失的反思,还有近代中国风云诡谲的政治历史现实。

该片分为六集:《寻梦》《命运》《灵光》《新纪元》《忧患》和《蔚蓝色》。第一集就毫不客气地指出中国文明衰落,其根源在于滞后的传统。第二集从地理环境等因素分析了中国人固守黄土、畏惧海洋、听天由命、不思进取的落后心态,提出迈向海洋文明的必要性。第三集着重从文化方面,提出一个引人深思的问题,即中国古代科技文化的"灵

---

① 牛虎雄.从《望长城》谈起[J].当代传播,1992(4).
② 时至今日,我们应该如何评价《河殇》?[EB/OL].(2014-11-17)[2020-10-22].http://www.zhihujingxuan.com/21357.html.

光"能够被西方接纳,为什么中国却将西方先进的东西拒之门外?进而阐述了20世纪知识分子的生存逆境。第四、五两集分别从经济、政治的角度肯定了改革开放所取得成就,指出这仅仅是迈出了一小步。片子最后呼吁以一种彻底不妥协的精神,摆脱传统、挣脱束缚,由代表中国传统文化落后、封闭和保守的"黄色文明"变为代表西方富于生命力的海洋"蓝色文明",实现中国真正的彻底改革。①

该片总长度不过4个来小时,其中99%的镜头是观众已经在其他节目中看到过的,许多镜头取自当时刚播不久的系列片《黄河》。片中大胆的设问、奇特的联想、鲜明的对比、新鲜的说法无不透露出对历史和社会犀利的剖析、沉重的忧患,也表达出热诚的希冀、强烈的追求。这在当年的电视系列片中是一部不同以往的政论片,其中对各种新鲜观点通过电视画面重新组接、阐释。《河殇》剧组顾问金观涛在看过节目之后感慨道,它"给我一个很深的印象和内心震动"。由于反响强烈,当年8月15日起,中央电视台又重播了该系列片,总共进行了两轮重播。②

片中对中华农耕文明前所未有的批评,在社会上、在世界华人圈中引起了激烈的讨论,观点分歧严重。据记载:片子首播时,年届八旬的时任国家副主席王震在湖南岳阳视察,看到了《河殇》。他经过反复观看和思索,于9月27日下午在宁夏回族自治区领导欢送他的会议上第一次提出了对《河殇》的批评。9月28日《宁夏日报》头版头条登载了他这一批评。在9月30日上午举行的中共中央十三届三中全会上,王震指出:"看了《河殇》伤了我的心……伤了中华民族的心。《河殇》把中华民族诬蔑到不可容忍的地步!"当天下午,王震在中南海勤政殿向政治局常委胡启立、书记处书记芮杏文、中宣部部长王忍之谈了自己对《河殇》的看法。他在分析了片子宣扬"全盘西化"的本质后尖锐指出:"在批'左'的时候不能不注意右的倾向,反革命还有人在。意识形态要为现行政策的贯彻服务,我们还是信仰马克思主义。"③

不少海外华侨、华人也持类似观点。王震同志的呼吁引起了各方面的重视,从1988年10月8日起《河殇》的发行被限制,中国海关禁止《河殇》的录像带出口。它在之后开展的反对资产阶级自由化的斗争中受到了批判。④

《河殇》可以说是中国第一部真正的政论式纪录片,其非常规化的制作在表现形式上是一种大胆的探索。除去观点受到严厉批评以外,《河殇》在声画处理上,既有到位的画面意象表现,也有非常严重的声画分离。如:画面用空镜表现景观,声音则是通篇论说。很多时候解说词显得过满、过密,内容承载了过多派别的现代理论,对多数没有相关准备的观众来说感觉不好理解、信息过载,甚至形成"一直在念解说词"的印象。内容表达上,缺乏平和的讨论和沟通,容易让人产生强加于人和说教味重的感觉。内

---

① 龚书铎.《河殇》要把中国引向何处[J].中共党史研究,1989(5).
② 王甫.让思想界触"电":从《河殇》看电视品位的提高[J].电视研究,1988(5);方汉奇.中国新闻事业通史:第三卷[M].北京:中国人民大学出版社,1999:1061.
③ 编写组.王震传[M].北京:人民出版社,200:654-655.
④ 王铎羲.回看《河殇》事件[J].当代作家评论,2013(3).

容上对各种西方理论进行了不假思索的搬用,没有从具体分析中国社会现实入手讨论中国问题。后来证明,片中一些理论、事实的引用存在错漏,这些都给电视政论纪录片的制作带来了经验与教训。

《河殇》给后来同类型纪录片的制作实践带来诸多思考。即政论纪录片传播"思想力"的核心是要充分尊重所对应的事实,对所阐述的理论要有深入的理解和把握,阐释过程要能发挥电视特长且态度平和、通俗易懂。唯有符合历史发展和认识规律,才能经得起实践的检验。

二、《望长城》

1988年12月2日,中国中央电视台与日本东京广播公司(TBS)在北京人民大会堂签订合作协议,共同合作拍摄大型电视纪录片《望长城》(日方片名为《万里长城》)①。中央电视台团队中,总编导为刘效礼(新闻部地方组编辑),编导为崔屹平(电视报社副主任)、程宏(总编室节目组长),另外还有40多名成员。他们历经三个春秋,拍摄了2,000多盘、近700小时的素材,最后编成了总长度为626分钟的大型电视纪录片《望长城》。②

1991年11月18日北京时间晚8点,这部纪录片在中央电视台和日本东京广播公司同时播出,并在中、日两国均创下同类片子的最高收视率,受到观众的热烈欢迎和业界的一致好评。浙江大学的孙家鸣给摄制组的信中说出了大家共同的感受:"我们一直在纳闷,如此让人动情的纪录片,怎么会拍得这般信手拈来、散散漫漫,却又处处勾人魂魄、让我们的情感随之起伏。"③

该片的制作有很多先人一步的探索,对中国电视纪录片及电视新闻的发展带来深入和持久的影响。

(一)确定主题和内容

摄制组为了突破已有大型风光纪录片的模式,于1989年初冬,全体人员在八达岭脚下的康庄经过5天畅所欲言的讨论,最后达成共识,确定片子内容围绕长城的军事功能、民风民俗、种族融合、生态平衡四个方面制作。作者们在采摄过程中,继续不断加深对主题的认识、理解,不断顺藤摸瓜、延展扩充内容。在为什么修长城、怎样修长城、长城的变迁、长城在中国历史上的地位作用,长城对人民物质和精神生活的影响,长城与当今自然生态及人口迁徙变化的关系等十分广阔的文化层面上,展开了恢宏壮丽的巨幅画卷。

《望长城》的叙事结构以"长城"为贯穿全片的主线,将沿线的风土人情、民间习俗

---

① 广播电影电视部《中国广播电视年鉴》编辑委员会. 中国广播电视年鉴(1992—1993)[M].北京:北京广播学院出版社,1995:22.
② 杨伟光.往事如歌:老电视新闻工作者的足迹[M].北京:人民出版社,1997:271.
③ 韩金度.归真反璞:谈《望长城》摄影创作[J].电视研究,1992(2).

和人文景观串联起来。其主题是对中华历史、文化的有趣展示和深层反思,从中体现出对人的命运的关怀,并上升到对人类发展与生命延续的思考。

播出时其具体部集内容为:第一部《万里长城万里长》,从历史角度出发,对长城的真实长度和确切的地理位置及其历史功能进行考证。第二部《长城两边是故乡》,关注长城两边普通人家的生存状态。第三部《千年干戈化玉帛》,从过去利用长城抵御外族入侵,到现在的多民族团结,体现出融洽的主题。第四部《烽烟散尽说沧桑》,集中描绘了长城附近的自然人文景观。这四部的线索大致可归纳为:考察长城—关注人—关注人与人的矛盾冲突—关注人与自然的共存发展。[①] 每部又分为上中下三集。每部原定100分钟,但制成后播出的完成片为每部156分钟。

(二)以现场对话评论为主的解说

在确定内容的同时,在片子的制作上,也同时确定了"求真务实,刻意创新"的原则。

总编导刘效礼,是当时电视界知名的解说词创作高手。可是,这部耗时三年之久的大型巨作,却并没设撰稿,也没有传统意义上的解说词。片中那些活泼生动、别具一格、饶有趣味的解说,"其绝大部分是由主持人、编辑、记者和诸多专家、群众在'邂逅'现场'信口'"而成的,是摄制组放手发挥编辑、记者和主持人的主观能动性,在深入采访中,根据主题思想的需要、依据生活的本来面貌,"无所拘束"地"随机"创作出来的。[②]

以专家访谈为例,在片中,十几位专家几十次为各种相关的重要历史、学术话题发表谈话,构成节目的重要内容。如罗哲文谈长城的长度,戚继光监修的东段明长城的特点;刘谦谈辽东长城的起点,长城关口军事据守与经济文化交流之双重价值;孙燕民谈秦长城西端的准确位置等。这些谈话,不拘形式、机动灵活、言出有据,权威性很高,是破解长城历史之谜的精彩章节,颇有扣人心弦的功效。其效果远胜于一般的解说词式表达。

(三)主角——长城人

《望长城》长达600多分钟,除了文物古迹之外,占据镜头最多的是普普通通的中国人。在长城内外,那些质朴无华的老农、村妇、手艺人、教师、民间艺术工作者毫无矫饰地在电视上和观众见面。他们饱经沧桑的面容、坎坷艰辛的身世、对未来生活的追求和向往,人生的悲欢离合与真情实感都牵动了观众的心。

观众为站在土堆上不识长城,死了丈夫、带着孩子的妇女流露出同情和爱怜;为那位又矮、又老、又穷的王向荣母亲身上流露出来的善良、淳朴和纯真洒下感动的泪水;

---

① 吕晴.《望长城》的人文性叙事手法[D].武汉:华中科技大学新闻与信息传播学院,2009.
② 朱景和.浓厚的纪实色彩 强烈的艺术魅力:赞《望长城》创作观念和方法的更新[J].电视研究,1992(2).

还有呼伦贝尔草原上的一家,男主人原是天津一位汉族妈妈的儿子,流落到草原上生根、成家、养育了一群儿女。当他们牵儿携女背着大包小包,乘坐火车观看两边的景色,误把树木当高草,推推搡搡出没在拥挤的车站里,观众马上认可了《望长城》的真实、亲切和自然。因为当时千千万万的中国观众不也是在这样的挤挤碰碰中,面对检票员匆匆忙忙、毫无表情的脸色,度过各自行旅生涯的?至于长城内外家乡欢度节假日的民风民俗,乡间操办婚丧红白喜事的场面……这些浓郁的民俗风情怎能不吸引住所有的观众?

观众很容易对那些和自己一样的父老兄妹上了电视,产生出一种亲切的认同感。再加上观众对日常电视里那些枯燥无味、空泛说教的宣传不满意,对电视里英俊小生、粉面美人的镜头太多有意见,故而对《望长城》强调真人真事,甚至透出的土里土气感到分外过瘾。他们说《望长城》是一部真实、自然、使人耳目一新、令人兴奋的好片子。①

长城文化的核心是人。作者十分明确地把视线焦点对准与长城有关的人,让众多专家、百姓出镜,对历史和生活畅所欲言。这些人,不是名家,不是英模,他们的身份、年龄、性格、处境各不相同;但是,他们的祖辈和自身,都有长城打下的烙印,都有长城留给他们的酸甜苦辣、悲欢离合。作者以满腔的热情和充实的篇幅,表现泥土气息浓重的乡下人,表现他们的人伦幸福和种种烦恼。

(四)记录过程、延伸过程

片子采取实景跟拍记录式摄制,重视记录"过程"中有趣的故事、人物,重视拍摄事件发生的原因及演变过程。

比如它记录在陕西一户农家过中秋的情景,将厨房中自制月饼的全过程展示给观众;一道道工序地交代,大大的锅、旺旺的火、浓浓的蒸气,大人孩子的欢声笑语、热闹的场景,汇成了农家中秋的节日氛围。大月饼做好后,全家人在院子里、月亮下,按老规矩拜月、祭祖先。吃完月饼,主持人在和老汉的交谈中,得知他年轻时曾作为农民腰鼓队员到北京参加过民间艺术会演,于是他们兴致勃勃地到堆满灰尘的杂物堆中找出绘有阴阳太极图的腰鼓,老汉打了起来,主持人也跟着学起来……②

另外如对长城的东端在哪里,一个画面、几句解说就可以告诉人们,但片子却偏要让摄像沿着长城向东寻找——他要的不是结论,而是寻找的过程。又如,为了实地看看山海关悬壁长城如何运料上山又是如何施工的,摄制人员便亲历艰险,攀登峰巅高城。拍摄者边攀边拍,其间用无线电话联络,一边爬一边对话。机位摇摇晃晃,从画面中可以看出地势的险要,令人胆战心惊,观众不由得为拍摄者捏了把汗,让人们从拍摄的艰难中领略那修建之不易。

---

① 杨淑英.漫话《望长城》宣传的得失[J].电视研究,1992(2).
② 朱羽君.屏幕上的革命[J].电视研究,1992(2).

这种完整记录生活场景和过程的方式,让观众在观看中也体验到纯朴的乡情,了解了民间的传统习俗,从而更好地理解片中的主题。

(五)坚决使用同期声

《望长城》在声音的使用上有很大的突破。总编导刘效礼一开始就下了死命令:"一切声音必须在现场完成,并达到播出要求,不准后期造假。"[①]录制方式彻底改变的标志就是"开放录音机关",让各种声音与画面同步采录,尤其是确保采访者和被采访者现场对话的完整录音。因而才有了许多宝贵的意外收获。这是追求和达到最大限度的朴实、自然、返璞归真的有效途径。

在拍摄过程中,录音师始终和摄像师同步纪录,所有的拍摄都有同期采访和现场音响;所有拍摄意图、主题思想都通过被摄主体自然表达出来。于是,在《望长城》中,鸡鸣犬吠、街市嘈杂,人们的叨叨絮语,纷呈耳际,展现了一个真实的世界。

(六)抓拍与长镜头

《望长城》总摄影韩金度时任中央电视台军事部主任记者,他从一开始就强调"抓拍、抢拍、偷拍突发性人物、突发性事件"。从播出效果看,抓拍的人物和事件都引起了观众的共鸣。

如在临洮寻找秦长城西端起点时,向一位坡下的行人问路,那老汉没有回答,一声不吭、翻墙爬坡直奔镜头而来,走近后直接说:"长城就在脚下!"整个过程都被摄影师徐海婴跟拍记录下来,一个镜头达两分多钟:有推、跟、摇拉、升降多种运动,可以说是"推得及时,跟得平稳,拉得到位,降得自然,把西北汉子那种热情、豪放的性格以及生活在长城脚下的自豪感表现得淋漓尽致"[②],观众也跟着吃了一惊,并留下深刻印象。

《望长城》一片中使用了很多这样的长镜头。最长的两个镜头达到5分10秒和3分40秒。如此长的镜头在以往的纪实性电视片中是没有过的。长镜头给人以很强的目睹感,配合上现场的各类声音,使片子的纪实性和接近感异常突出。

《望长城》中还多次出现摄制组遭遇危险、困难的镜头。如热气球放飞失控,车队沙海迷踪,虽都绝处逢生,但也足见求真求实付出的代价。此类拍摄,画面构图常常不够规范,却反而使缺陷成为一种美——这是来自生活的真实。在《烽烟散尽说沧桑》一集中,著名科学家彭加木夫人与摄制组一同驱车罗布泊,寻找彭加木的墓碑。在途中,摄像机出现故障,拍摄下来的画面,色彩还原不正常,偏红色。若按常规,这应算废片,但编导考虑到画面一次性的特点,为了让画面保持连续性,大胆地使用上,产生了良好效果。因为这些"问题"画面具有强烈的纪实性,独具魅力。

---

① 韩金度.归真返璞:谈《望长城》摄影创作[J].电视研究,1992(2).
② 韩金度.归真反璞:谈《望长城》摄影创作[J].电视研究,1992(2).

电视画面具有连续性和一次性的特点,所以,在事件的发展中,尽管条件恶劣,拍摄难度大,照度不够、机位摇晃、画面构图不规则以及偏色等不利因素,但由于再现了真实生活的原始形态,画面反而更有深度、有力度,使人领略到真实的力量。

(七)使用主持人

《望长城》编导希望能更大限度地发挥电视的优势,特别是发挥主持人的优势。而当时受到更多重视、中国电视又最缺乏的也是主持人。该片的摄制分为A、B两个组,各负责两部的拍摄。其独特的拍摄方式要求主持人必须全程在场,所以同时需要两个主持人。经过多次筛选之后,当时正在北京广播学院(现中国传媒大学)进修的上海电视台《新闻透视》节目主持人李培红被确定下来。男主持人则决定启用焦建成。当时他刚刚从解放军艺术学院毕业,出演过话剧《天边有一簇圣火》中的司务长。[①]但李培红很快因病退出,换上已65岁的作家、电影演员黄宗英。

前两部的主持是焦建成。他皮肤黝黑、矫健质朴,虽名不见经传,但他以其平实、自然的风格博得了观众的认可和赞誉。在片中他和老乡谈话投机、亲切融洽,其主持风格也与雄浑壮阔的自然环境相协调。除上述中秋做客的片段之外,他还在山西府谷寻找王向荣的一个段落中有着精彩的表现。这一段由偶然赞扬卖瓜人唱卖开始,继而是锄地人唱"爬山调"、放羊倌唱"五哥放羊"、张改花唱"摇三摆"。一个又一个受访人、唱歌人,或幽默大方、或羞涩腼腆,却都异口同声地赞扬王向荣。摄制组从府谷城寻到山村,又寻到榆林,两次到家不见人。面对讷于言辞的王妻、耳聋眼花的王母,主持人便从最牵动她们的话题——王向荣唠起,迅速消除了与她们之间的距离,出现了陶醉于儿子歌声和做面人风俗的老母亲的动人画面。直到找见王向荣,听到他那动人的谈话和清唱,整个过程可谓一波三折。可爱的人、优美的歌、浓烈的情,紧紧围绕"走西口"这一中心,逐渐释疑展示、感人至深。其间"一种对真实生活的震撼,对普通人真情实感的震撼便油然而生。这一片段可称得上中国电视史上的经典。"[②]

人们高度评价主持人焦建成的出色表现。他有形体和语言表演功底,却尽力抛开和避免表演,努力把自己还原为普通人,最大限度地生活化。他的言语、行动以至一颦一笑都那么自然得体、坦诚而亲切。这来自他优秀的素质和内在气质,给人以大雅若俗的美感。他的才能每每在"邂逅""即兴"式采访中放出光彩。他和孙燕民的交谈,和市场买卖人的交谈,和点烽火战士的交谈,在杨老汉家里过中秋,在裕固人家中试服装,与父母的会面,都给人留下美好的印象。而"考中学生"和"追访王向荣"两段,则可以称为非戏之戏,美不胜收,是现场采访、节目主持的典范。他的机敏、灵活、幽默和质朴、坦诚,使采访双方的心地、性情得以淋漓尽致地展现,看后令人赞叹感动,难以

---

① 刘效礼.关于《望长城》[J].电视研究,1992(2).
② 金明琦.真实时空的复原:兼论《望长城》的反璞归真[J].电视研究,1992(2).

忘怀。

由于主持人的参与和激发,片中的生活情节和心理活动都变得活跃,流露出浓浓的人情和心绪,"它们虽看不见,却是形象中能感应观众心灵的重要组成部分","主持人像一支振动生活的鼓槌,使画面和声音都具有光和韵律"。①

在《望长城》后两部担任主持的黄宗英,一头银发,高雅亮丽的衣装透出她大文化人的气质。由于她是著名的演员和作家,观众对她熟悉且敬佩,便有了过高的期望。人们后来总结道:《望长城》后几集较弱,其原因之一在于"主持人的年龄和气质与环境不协调,名演员的声望也使群众望而生畏,与群众交流不起来"。主持人应是熟悉生活,能很快和群众交朋友,有组织情节的能力。陌生的面孔,有时更具有沟通的便利。"要将主持人选择作为整体构思的组成部分,与所拍摄的内容和谐"②,便成为经验之谈。

《望长城》极富民族文化的特色与内涵。用主编导刘效礼的话来说,如果说长江、黄河是祖国母亲的血脉,那么长城则是祖国母亲的骨骼,是它,撑起了一个民族巨人的身躯。拍长城是以长城为经线,纬之以长城两边中华民族创造出的长城文化及长城文明。于是,我们不仅看到了乡情浓郁的窑洞皮影戏,而且在塞北听到了江南丝竹,不仅观赏到热情奔放的武威腰鼓,而且听到了高亢激越的"爬山调"。那司马祠前司马迁后人极富民间文学色彩的"摆古";祁连山下裕固族山乡一代代人走西口、闯关东的故事;宁夏平原人们为盛殓抵挡番兵英勇战死的王铁廉将军而沿用至今的红棺材;黄河岸边二骡抬轿的迎亲队伍;嘉峪关下魏晋墓里色彩瑰丽的壁画;西部疆域意外发掘出来的西夏坐佛彩塑。在这里,民俗、民风、民情、民族文化相映成趣,相得益彰,构成斑斓多彩、厚重和谐的民族文化的整体,令人想到生命与文化的源远流长。而在浓郁的民俗、民风、民情的影像后面,又始终有一种高亢的排云而上的韵味与精神,那便是编摄者在系列片中倾注的对民族文化乃至整个中华民族浓浓的挚爱与真情。③

长达600多分钟的大型电视系列片《望长城》,堪称一部黄钟大吕式的鸿篇巨制。它以一种沉甸甸的古朴气息,朴实无华的纪实风格,感觉全新的声像效果,睿智深邃的文化意识,展示了古今千年、东西万里的长城景观,将长城内外的历史、文化、军事、宗教、商旅、山川、民俗会集一处,力图透视中华民族的繁衍、沧桑、荣辱兴衰,使人们从饱经历史风雨的古老长城中去获取富有新意的感受和领悟。

《望长城》的创作者们遵循真实性原则,在现场采拍、同期声运用、全面调动综合表现元素等方面做出了大胆、有益的尝试,该片朴素、真切的纪实风格如扑面而来的清风使人精神振奋。《望长城》是中国第一部纪实风格的大型电视纪录片,在制作模式与制作技巧上可谓是我国纪录片成功转型的典范,是电视纪录片发展史上的经典之作和里程碑。

---

① 朱羽君.屏幕上的革命:在"电视声画关系"研讨会上的发言[J].电视研究,1992(2).
② 朱羽君.屏幕上的革命:在"电视声画关系"研讨会上的发言[J].电视研究,1992(2).
③ 肖平.传扬民族文化的鸿篇巨制[J].电视研究,1992(2).

小结

1988年到1992年是我国社会调整转型的关键时期，也是电视新闻节目不断开拓与发展的重要时期，这五年在很大程度上奠定了今后电视新闻传播的基本趋向。

这一时期，技术进步显著。虽然源于计划经济体制的传播格局有很多的不完善，但中国电视已经开始克服自然阻隔以及区域发展的不均衡，在全国建立起了基本完整的四级架构，微波、卫星、有线电视网等技术使得电视传播基本覆盖了全国。这对于事业起步较晚、起点较低的中国电视来说是了不起的建设成就。

新闻改革以满足政治需求起步，逐渐向市场化试行。从政治定位上看，电视新闻一贯作为社会舆论的重要工具；"89风波"之后宣传报道的方向转为"以正面宣传为主"，但也伴随着舆论监督类节目的持续发展。从法制建设进程来看，新闻立法开始了漫长而又未果的探索，媒介管理转而依靠不断增多的行政条例、文件。从市场定位上看，中国在经济领域实行体制改革，不断解放生产力，电视业也获得了相应的发展机遇。电视媒介的经营进程不断推进，逐渐突破体制的阈限，以广告为支点开始探索产业化运作的路径，但政府仍是主导中国电视格局的核心力量。电视新闻的主要目标在满足政府的宣传需求之外，增加了应对市场的需求。为此，新闻节目在不断追求本身价值提升的同时，也在不断探索形式的多样和对新技术的接纳与应用。

这一时期的电视新闻，一方面在观念上仍较多地受宣传逻辑的影响，一方面也有强烈的改革要求，电视新闻的主体意识开始成长。随着对外开放的深化，电视界与国外沟通增加，在新技术以及受众调查的助力下，电视新闻节目的内容及形态、形式比以往更加丰富，制作理念更加贴近百姓。

时政新闻随着社会民主化进程，变得日渐开放与透明，从宣讲说教走向开放与平等对话，促进了社会协商，加强了政府与民众的沟通。经济建设逐渐成为人民生活的重点，报道内容更丰富、活跃，甚至直接参与经济建设进程，这不仅促进了经济发展，密切了与人民生活的联系，也增强了电视新闻媒体自身的影响。体育新闻借助亚运会和奥运会的大好契机，迅速提升自身素质，在报道质量和数量上都实现了对国际水平的追赶。

进入20世纪90年代，整个媒介系统竞争加剧。电视新闻的竞争也日益激烈，对传统的节目模式提出了更大的挑战。一系列新型节目和节目内容、形式的探索呈现出五彩缤纷的景象。栏目建设、主持人制等实践为未来电视节目的栏目化乃至频道化打下了基础。电视新闻继续"短平快"的追求，同时开始向报道的深度与广度开拓，出现了最早的电视新闻杂志节目。如《望长城》这样社会反响巨大，并对后期节目产生深远影响的节目探索层出不穷，树立起了一座座丰碑。

1988至1992年是政治动荡与经济改革深化的大忙阶段。在急剧的碰撞激荡当中，中国电视度过了它30岁的生日。在席卷全国的政治风波平息之后，新闻业逐步回归到服务祖国建设、宣传改革开放的轨道上来，且奠定了今后电视新闻传播的基本格局。

国家出版基金项目
NATIONAL PUBLICATION FOUNDATION

中国电视新闻史

周小普 著

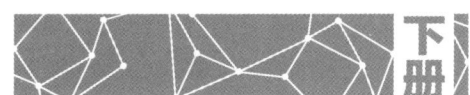

下册

中国传媒大学出版社
·北京·

目 录（下）

第七章　大力改革拓路　发展迎来高峰（1993—1997 年）　/ 371

第一节　事业发展与技术革新　/ 372

第二节　新闻节目的发展　/ 386

第三节　电视新闻改革的大动作　/ 404

第四节　各类题材的报道　/ 421

第八章　改革加大步伐　新的世纪挑战（1998—2002 年）　/ 439

第一节　体制与事业发展　/ 440

第二节　新闻业务改革　/ 462

第三节　新闻直播　/ 484

第四节　不同题材的报道　/ 502

第五节　新闻向百姓靠近　/ 520

第九章　大事频现考验　发展渐入高潮（2003—2008 年）　/ 529

第一节　电视事业建设　/ 530

第二节　技术进步　/ 544

第三节　电视频道改革　/ 551

第四节　电视新闻改革　/ 565

第五节　重大事件报道　/ 585

第十章　融合实质推进　技术促新形式(2009—2012年)　/ 609

第一节　事业发展与体制规范　/ 609

第二节　提升国际传播能力　/ 616

第三节　频道建设　机构调整　/ 620

第四节　各类题材的报道与创新　/ 628

第五节　重大事件报道　/ 633

第十一章　革新内外报道　新兴技术竞现(2013—2018年)　/ 647

第一节　体制规范与事业发展　/ 648

第二节　提升国际传播能力　/ 666

第三节　新技术对电视新闻的重塑　/ 671

第四节　各类题材的报道与创新　/ 694

第五节　重大事件报道　/ 701

附　录　/ 735

参考文献　/ 747

后　记　/ 774

第七章　大力改革拓路　发展迎来高峰
（1993—1997年）

1992年春，邓小平同志视察南方时重要讲话发表，深化改革、扩大开放的态势在各行各业迅速形成。1992年10月12—18日，中国共产党第十四次全国代表大会在北京举行，社会主义市场经济体制改革目标确立。中国的改革开放和现代化建设事业进入了新的发展阶段。

在这个背景下，1993年初在一次电视宣传会议上，中宣部部长丁关根指示："在宣传内容上，要面向群众，面向实际，注意面向广大群众最关心的各种热点、难点和疑点问题。在宣传方式上，要改进宣传方法，注意宣传效果，多采取民主讨论、相互交流的方式，做到生动活泼、可信可亲。"他还具体指示："今年要努力争取使电视节目有一个较大的改观。要从群众的需要出发，开辟新的栏目，在形式上有所创新；要增大信息量，增加新闻播出次数。"[①]

国家解放思想、深化改革的态势呼唤着电视新闻的革新。电视行业为适应此一需求，着眼于自身发展，开始积极探索新的节目结构布局。市场经济的发展，促使广播电视的生产机制发生了深刻变革。1993—1997年这五年，管理层根据实际变化不断地调整和完善。1996年，广播电视机构停止实施"四级办"。1997年，第一部全面规范管理广播电视事业的行政法规《广播电视管理条例》发布。电视台内，新的用工制度进一步激发起电视人的创新能力。

以1993年《东方时空》的创办为标志，电视新闻事业迎来了井喷式发展，节目类型迅速丰富，社会的关注和认可度达到顶峰。"变革"成为形容这一时期最为贴切的关键词。1997年，中国电视新闻现场直播报道开始发生快速推进。现场直播最大限度地缩小了时空差距，发挥出电视媒体传播的巨大潜能。

这一时期，随着有线、卫星及网络等技术广泛应用到电视事业中，以高新科技手段为前驱的电视节目制作、传播体系更为完善。我国进一步拓展对外电视事业，覆盖全球的范围进一步扩大。这一阶段可以称作中国电视新闻的"黄金时期"，电视新闻成为我国电视事业飞速发展的先头部队。

[①] 杨伟光.中央电视台发展史[M].北京:中国广播电视出版社,1998:432.

第一节 事业发展与技术革新

一、制度层面的变革

1996年12月27日,经中央批准,中央电视台和中央人民广播电台、中央国际广播电台一起升格为副部级事业单位。①

(一)停止实施"四级办"

1983年召开的第十一次全国广播电视工作会议确定了全国实行"四级办广播、四级办电视、四级混合覆盖"的发展方针,随后中央以1983年37号文件予以发布施行。

在"四级办"政策鼓励下,我国电视事业的规模急剧扩张。在此过程中,电视业出现了节目重复制作、重复播出、重复覆盖的现象,导致了重复投入,增大了成本,也使覆盖效益降低,造成了很大的浪费。进入20世纪90年代后,有线电视台大量涌现,形成了与无线并列的另外一个电视台系统。很多人看到有利可图,纷纷争办有线台。中央宣传思想工作领导小组在讨论这一问题时一致认为:"办电台、电视台(包括有线台)只能国家办,广电部门办,不能搞中外合资。"规范办台成为当时管理的一个重要问题。除了办台资质以外,"中国老百姓没有花钱看电视的习惯,我们也不可能养一批收费大军",也成为重要考虑因素。②

随着播出单位的迅速扩张,各级电视台之间展开了持续竞争,抢夺观众,节目也出现了供不应求的局面,有些台为了维持生计、赢得观众,从音像市场购买海外影视剧录像带直接播放,对其他台包括上级电视台节目形成冲击,扰乱了节目秩序,也造成了负面影响。③

从宏观层面看,结构失衡、力量分散、效益不高、资源浪费等问题,制约了中国电视事业的健康发展。社会条件的变更和电视科技的迅猛发展,使得依靠"四级办"来扩大节目覆盖的做法成为过时之举。

1996年12月,中央办公厅、国务院办公厅发布了37号文件,其中提出"市辖区不设广播电视播出机构,乡镇不设电视播出机构。现有县广播电台、电视台、有线电视台要合并为一个播出实体,主要转播中央和省的广播电视节目"④。明确了停止实施"四

---

① 赵玉明.中国广播电视通史[M].北京:北京广播学院出版社,2004:573.
② 要使电视节目有一个较大的改观:艾知生同志在全国省级电视台台长座谈会上的讲话(摘要)[J].电视研究,1993(台庆专刊).
③ 艾红红.中国广播电视史初论[M].济南:山东大学出版社,2002:47.
④ 资料来源:中央办公厅、国务院办公厅《关于加强新闻出版、广播电视业管理的通知》(两办37号文件),http://mlrc.cuc.edu.cn/plus/view.php? aid=407。

级办"方针。

(二)健全法制法规

从1995年开始,广播影视管理部门每年都召开由各省市广播影视厅局长参加的全国综合性工作会议。

在1995年2月召开的全国广播电影电视工作会议中,孙家正部长指出"广播影视事业发展很快,不立章建制狠抓管理,就会出现混乱现象"。会后,广播电视系统进行了全面整治,按分级负责的原则,对全国电台、电视台进行检查。1996年5月24日,广播电影电视部发布了《广播电台、电视台设立审批管理办法》,规定了申请设立广播电台、电视台的资格。[①] 以此次会议为标志,我国广播电视业开始步入加强行业管理、依法行政的新阶段。

1996年7月,广播电影电视部颁发了《关于对广播电视台(站)年检的规定》,建立了年检制度。1996年10月的首次按规检查发现:在有线电视台的建设中,有些行政区域台不按规定上报审批,存在外系统单位和广电系统竞办有线电视,购买、播出盗版音像制品等问题。这说明管理中存在漏洞,体现出年检的必要性。

1997年8月11日,国务院第228号令发布了由时任国务院总理李鹏签署的《广播电视管理条例》(以下简称《条例》)。这是国务院第一部全面规范管理广播电视事业的行政法规,是迄今法律效力最高的广播电视法规。

《条例》是在1986年起草的《广播电视法(草案)》的基础上修改、拟定的。《条例》根据我国国情,总结归纳历史上行之有效的管理经验,以国务院行政法规的形式规定,广播电视必须坚持为人民服务、为社会主义服务的方向;肯定了广播电视宣传工作、事业建设和行业管理"三位一体"的中国特色社会主义广播电视体制;对广播电台、电视台的建立,广播电视传输覆盖网的规划、组建、开发和管理,广播电视节目的制作、播放等具体事项,都做了较为详细的规定。这是广播电视工作中覆盖面最宽、法律效力最高的行业性法规。[②]

《条例》规定全国广播电台、电视台的设立、规划,全国广播电视传输覆盖网的建设和开发,都由国务院广播电视行政部门负责;广播电视节目也要按照广播电视行政部门批准的范围设置、开办。如"中央的广播电台、电视台由国务院广播电视行政部门设立。地方设立广播电台、电视台,由县、不设区的市以上地方人民政府广播电视行政部门提出申请,本级人民政府审查同意后,逐级上报,经国务院广播电视行政部门审查批准后,方可筹建"[③]。

《广播电视管理条例》的出台,是我国广播电视事业法制化进程中的一件大事,标

---

① 资料来源:广播电台电视台设立审批管理办法,《中华人民共和国国务院公报》1996(18),http://law.baidu.com/pages/chinalawinfo/1/51/5bf986e47040ed5fd620ac6c1b74aaec_0.html.
② 赵玉明,艾红红.中国广播电视史教程[M].北京:中国广播电视出版社,2009:176.
③ 《中国广播电视年鉴》编辑委员会.中国广播电视年鉴1998[M].北京:中国广播电视年鉴社,1998:148.

志着我国政府对广播电视业的管理,由过去以人治为主的经验式、行政化管理,向以法制化、规章化为特征的现代管理转变。

(三)用人制度改革

在此期间,电视事业对原有的机构机制进行改进,出现了新型组织运营方式。

市场经济的发展促使广播电视生产的机制发生了深刻变革。中央电视台在这一阶段创办的《东方时空》节目,在用人和节目管理上的新颖做法,发扬光大了之前一些具有探索精神的早期尝试。如为了提高员工工作效率,上海台从1980年就有对员工职位工作的定额管理规定,1982年该台新闻部开始出现社会招聘,1985年新闻部员工的全面承包制度等。①

1."第二用工制度"

中央电视台从1992年《东方时空》栏目的筹备开播开始,便尝试在事业管理和运营机制上大刀阔斧地改革。在经费投入上,台里借给节目组20万元启动费,给了它一定的广告时间用于自筹栏目运营经费。在管理上,节目组开始出现"制片人"职位,并赋予其人事管理、经费使用和行政管理等相应职权,使他"真正成为栏目创作、组织和支配的核心"②。

在人事制度上,我国广电系统的人员来源,长期以来主要是每年定期接收高校毕业学生、复转军人,或是不定期地从外单位调入。这是计划经济年代的产物,在电视事业飞速发展的需求面前,已经不能适应。

栏目组在创办之初只有7个正式职工,这对一档每日40分钟的新闻栏目来说,是不可能的。1993年1月,中央电视台人事处几易其稿,起草了《关于编制外聘用人员的暂行规定》,报台分党组。3月6日,该文全台下发。它的最大贡献在于提出了合同化管理方式,明确了聘用人员的入党、提干、评先进、分房等一系列待遇,包括奖金可以超过正式员工的工资。但其缺点也较明显:选人范围太窄,聘用人员待遇太低,同工不同酬。③ 这就是号称"中国第一媒体开辟第二用工制度"的开端。

《东方时空》在没有实行公开招聘以前,很多临时人员是由节目组的熟人介绍进来的。如时间把大学同学崔永元拉来帮忙,崔永元又将自己的师弟白岩松推荐给时间……很快,队伍不断壮大。白岩松回忆:"在九三、九四、九五那三年,我们这个栏目像一座充满朝气的兵营,似乎每天有着人员的进进出出。印象很深的是,每次出一次长差,回到办公室,总有些新来的人不认识,而过去熟悉的人不见了踪影,一打听,另谋生路了。"④

---

① 龚学平.切实抓好广播电视的主体:新闻节目[J].电视研究,1985(2)
② 杨击.《东方时空》8年:电视栏目调整与电视体制改革的双重考察[J].中国有线电视,2002(12);孙玉胜.十年:从改变电视的语态开始[M].上海:上海三联书店,2003:85.
③ 王冲.中央电视台新闻生产机制变革研究:基于媒介社会学的视角[M].北京:经济管理出版社,2013:107.
④ 白岩松.痛并快乐着[M].武汉:长江文艺出版社,2010:56.

临时人员中,一部分有着丰富实践经验和较高专业素质的人开始崭露头角,成为骨干。但是由于他们来源过于庞杂,个人与节目组之间没有任何约束,导致这些优秀人才常常处于自生自灭、放任自流的状态。为此,中央电视台开始酝酿一种规范的临时用工制度,能够将优秀人才从庞杂的临时人员中选拔出来,纳入正常的管理。

1993年12月,在为开办《焦点访谈》栏目做准备时,中央电视台在《东方时空》原有人员的基础上,成立了一个新部门——新闻评论部。同月,经广播电影电视部批准,新闻评论部公开面向社会招聘编辑、记者、主持人。他们在《中国电视报》《人民日报》《北京晚报》上刊登了招聘启事,实施了首次公开招聘。经过选拔,有30多名聘用人员走进了中央电视台,开创了中央电视台面向社会公开招聘制度的先河。

新的用工制度和自由的氛围吸引了大批来自外省市的优秀人才。"《东方时空》给我们这些热爱新闻的人提供了一块再好不过的阵地。这里的机制、这里的气氛、这里的效率、这里的实现感,是在许多新闻机构所难以想象的。"

新制度也对团队成员起到了良好的激励作用。在《东方时空》,节目播出效果的好坏成为评判一个人工作能力的标准。在栏目组内部还建立了一套季度性定期评奖制度,设立了金银铜三等奖项,还有对最佳编辑、主持、摄像、录音等的奖励。这些激励措施和竞争制度使得团队成员努力投入工作。据水均益回忆:"那时候我们并不在乎脖子上挂的是不是电视台正式职工的牌子,我们也没有八点上班、五点下班的概念,我们只追求一个信念:给我一块地,让我种出好庄稼。"①

2."制片人"制

《东方时空》是中国第一个引入"制片人"概念的电视新闻栏目组。在《东方时空》正式开播前的策划阶段,1984年即进入中央电视台工作、时任早间节目筹备组负责人的孙玉胜考虑:"应该把节目管理和传统的行政管理分离,或者是由单一的行政管理过渡到以节目创作为主的管理。"但是"要让一个负责栏目创作的人成为核心,首先必须赋予他行政权力"②。

几经权衡,孙玉胜最终决定使用"制片人"这一称谓。最初参与创办《东方时空》的7名员工成为中国电视领域的第一批制片人。他们是孙玉胜、童宁、梁晓涛、孙克文、时间、王坚平、张海潮。这7人中,年龄最大的42岁、最小的30岁,平均年龄34岁。

时间日后在接受采访时说:那时"我看中了一个人,那我就有权力留下他",不用上报请示。"我在《东方之子》担任制片人五年,给我的正式编制是30个人,但是轮换加起来用了能有200人,最后去粗取精,留下的都是精华。"至于经费使用权,"上级充分地信任你,交给你,成本的计算就是制片人的责任,包括各方面的成本"③。

当时的新闻评论部实行两级制片人制,各子栏目(节目组)的负责人为一级制片人,部主任为二级制片人,也称总制片人。后来在中央电视台的节目管理体系中,制片

---

① 水均益.前沿故事[M].海口:南海出版社,1998:21,22.
② 孙玉胜.十年:从改变电视的语态开始[M].上海:上海三联书店,2003:375-376.
③ 张洁,梁碧波.点燃理想的日子:我与《东方时空》二十年[M].北京:生活·读书·新知三联书店,2013:67.

人即栏目的负责人,他对节目的安全播出、经费使用、人员管理等负全责。①

但是在媒体制度的大背景下,在中央电视台传统行政化的管理轨道中,制片人也逐渐被行政序列化,成为"科组长"的代名词。这种倒退式的变化成为制片人职业化发展的阻碍,使得后来的制片人失去了这一制度原有的动力,且无法专心于新闻生产。

曾经担任《新闻调查》制片人的夏骏在解释自己选择离开中央电视台的原因时提道:"中央电视台把栏目作为一个行政机构来看待,《新闻调查》制片人基本上是科长,我走的时候38岁,一个科长做到38岁,已经很惭愧了,再往下做也没什么意思了。"②

一边是行政化,一边是权力过大,引发不满。为了进一步完善制片人制度,确保制片人能够公正、公平地使权力,中央电视台新闻中心于2000年1月将新闻评论部作为试点,出台了群众对制片人的民主打分制。规定如果群众考评不合格,制片人将自动请辞。这一制度实现了双向互动、上下监督,因而也更加完善和合理。③

(四)广告收入与节目经费

广告经费承包制最早始于《东方时空》。用广告收入"养"栏目在当时具有领先性。《东方时空》开播后,15秒广告标价为2,500元,大约半年后提高到12,500元,第一年就做到了经费自给。

由此,广告商意识到了新闻节目的市场价值。新闻节目受众广泛,其中很多还是社会的中坚力量和主流人群,因此,新闻节目成为广告创收的重要平台。

1991年,我国电视业的广告收入达到10亿元,第一次超过了报纸(9.6亿元),超过中国广告经营总额比例的四分之一。1993年国内电视业广告收入第一次超过政府拨款,这意味着电视业开始在经济上自立。

(五)制播分离

有线电视、卫星和数字压缩技术的运用,使电视频道数量大大增加。众多频道对节目内容的需求急剧增长,电视台已无法用已有人力、物力满足这一需要。节目生产社会化的呼声变得强烈,"制播分离"成为中国电视界的热门话题。"制播分离"就是指把部分制作任务从电视台分离,由社会上的制作公司承担,电视台可以选择购买、播出。

中国电视业对"制播分离"的尝试最早是在电视剧领域。20世纪90年代初,首先是中央电视台、北京电视台等有实力的大台纷纷成立电视剧制作机构,实现了电视台体制内的制播分离。1993年始,一些节目制作公司开始在社会上出现,它们为电视台进行节目包装或承包部分节目制作。经过一段时间的摸索,一批民营公司选择政策风

---

① 杨伟光.中央电视台发展史[M].北京:中国广播电视出版社,1998:433.
② 赵华.央视《新闻调查》幕后解密史[M].北京:中国广播电视出版社,2008:94.
③ 王冲.中央电视台新闻生产机制变革研究:基于媒介社会学的视角[M].北京:经济管理出版社,2013:98,103.

险较低的娱乐节目,开始了节目制作和销售。

对电视台而言,制播分离无疑是填补播出缺口、降低成本的好方法,但电视台和制片公司都要靠广告来维持生存,在相同的赢利模式下,电视台不可能把黄金频道和黄金时段交给社会节目制作公司,同时也不会把容易获得广告的节目形态交给制片商。这涉及资源与利益的分配。

二、增办频道

(一)上海台

1.上海东方电视台

1992年初,上海市广播电视局决定引进竞争机制,在上海浦东新区建立独立于上海台的广播电台和电视台。8月15日,国家广播电影电视部发文,批复同意将原上海电视台的20频道迁往浦东建立新台,台名为"上海东方电视台",取代了之前"上海电视二台"的称呼。

上海东方电视台在1993年1月18日19点以《风从东方来》这一特别节目宣布正式开播。该台为事业单位,经济上独立核算、自收自支。从台长到职工全部实行聘用制,每年还有3%—5%的淘汰率。成员奖金分配按贡献大小和工作量多少进行考核,奖勤罚懒,同时还尝试采取制片人模式,依靠社会力量办节目。

东方电视台台长为原上海电视台新闻部主任穆端正,副台长徐景杰、刘文国。编播人员大部分来自上海电视台,初期在编人员92人,共有记者、编辑、编导60人,摄像12人,9名播音和主持人相对固定在社教、文艺、体育节目中,还经常聘请有声望的各界人士担任嘉宾主持。在编人员平均年龄36岁。

东方电视台的编辑、编导大多一专多能,在采编之余,能够参与节目的技术操作,有的还兼播音、主持工作,如于其多编辑并主持《黄金时间》《白金大碟》节目,唐蒙既担任体育部编辑,又任体育节目播音员。

东方电视台开设了《东视新闻》《东方直播室》《海外博览》《快乐大转盘》《国际体育新闻》等二十多个栏目,涉及新闻、社教、文艺、体育、电视剧、教学、服务、广告等多个类别。其各类节目播出的比例为:新闻类14.1%,社教和体育类20.5%,文艺类50.5%,教学类8.1%,服务类(包括广告等)6.8%。每天播出17小时,其中自制节目4小时。[1]

东方电视台于1995年12月与上海科学教育电影制片厂合并,组建了硬件设施与软件设施一流的新的上海东方电视台。

2.上海有线电视台体育频道

为了满足电视观众和体育爱好者的需求,上海有线电视台于1993年12月12日开播了体育频道,这是一个全天播出体育节目的专用频道,这应该是中国第一个全体

---

[1] 赵凯.上海广播电视志[M].上海:上海社会科学出版社,1999:381,382,512,513.

育节目的频道。

(二)中央电视台

1.体育频道

1993年,中央电视台有了开设体育频道的计划。体育部为这个计划的实施做准备。首先是要扩大节目来源,因体育频道的节目需要量是当时已有播出量的几十倍。①

体育频道的正式筹备从1994年10月份对第12届亚运会报道结束之后的11月1日开始。两个月后,1995年1月1日,中央电视台第五套体育频道向北京地区开路播出。

2.英语频道

1996年中,中央电视台原海外中心开始为筹建英语频道做准备。1997年6月27日,英语频道开始对外试播。在7月1日香港回归祖国之时,开通了41小时的临时英语频道。当年9月20日,英语频道开始正式向世界播出,其呼号为CCTV-9,每天播出17小时。首播节目约占三分之一,重播两次,以适应世界不同时区的接收需要。频道办有15个栏目:《英语新闻》早、午、晚间版,《中国投资指南》中、英文版,《今日中国》英、法文版,还有《中华艺苑》《华夏风情》《电视剧场》《中国各地》《周日话题》《外国人看中国》《神州风采》《学汉语》《中国音乐电视》《中华武艺》《中国烹饪》等。②

1995年中,北京科学教育电影制片厂划归中央电视台。

到1996年底,中央电视台节目频道已经达到8个。中央电视台当年计划建立的对内系列频道有:以新闻为主的综合频道、经济频道、文艺频道、农业科技频道、体育频道、电影频道、公用频道等;对外的东方卫星电视系列台有:亚洲卫星电视、北美卫星电视等。③

(三)凤凰卫视中文台

1994年,记者出身的刘长乐嗅到了华语传媒的广阔市场,联合曾任北京广播学院常务副院长的王纪言等人作为创业伙伴,开始策划推出全球性的华语电视台。当时的关键卡在需要找一个卫星用来传输信号,而唯一可用的卫星属于新闻集团所有。在跟新闻集团进行多次谈判后,双方达成了合作协议,并且一向要求控股的默多克这次选择放手。"凤凰卫视有限公司"接管原星空卫视的中文频道,并确定刘长乐任凤凰卫视董事局主席及行政总裁。股份按商定份额分配,共同发展、经营在亚太区的华语商业卫星电视。④

---

① 杨伟光.中央电视台发展史[M].北京:中国广播电视出版社,1998:441,447.
② 赵化勇.中央电视台发展史(1958—1997)[M].北京:中国广播电视出版社,2008:442-444.
③ 欲穷千里目更上一层楼:贺中央电视台建台35周年[J].电视研究,1993(5).
④ 马立诚,胡百精.凤凰魂[M].北京:中国友谊出版公司,2006:216.

凤凰卫视创办于香港,作为改革开放下"一国两制"的产物,也是改革的产物。副台长王纪言称那时是"带着十几个人、七八条枪到香港,用借船出海、借鸡下蛋、借梯上楼的方式,把我们的理念和创意嫁接到合作股东现有的架构板子以及运行经验上"。这些来自内地的创业者,除了具有技术层面的经验优势,还有对中国制度环境的熟悉、对民众媒体需求的了解,能够直面且应对转型社会的"规范性期待"。①

1996年3月31日,凤凰卫视中文台伴随着凤凰卫视有限公司的成立正式启播。

凤凰卫视有限公司是于1996年3月25日由香港卫星电视有限公司、今日亚洲有限公司以及华颖国际有限公司按45∶45∶10出资组建而成。4年后,2000年6月30日当凤凰卫视的股票在香港创业板市场挂牌上市时,股东结构变为香港卫星电视有限公司37.8%,今日亚洲公司占37.8%,华颖国际有限公司8.35%,剩下16.05%的股份公开发行。2006年6月9日,中国移动宣布收购香港卫星电视所持有的凤凰卫视19.9%的股份。

凤凰卫视的股份结构为:香港卫星电视有限公司为美国新闻集团全资拥有,具有丰富的国际媒体运营经验;今日亚洲的主要股东实力雄厚,在中国内地市场有丰富的企业运作经验,多年来在石油、贸易、公路、地产、实业及文化等领域投资近百亿,与中国内地各界有广泛密切的联系;华颖国际有限公司是中国银行全资附属公司,在中国及国际财务运作方面有丰富的经验;而中国移动则拥有庞大的无线传输平台。②

凤凰卫视开台时,每天首播七八个小时,其中自制节目不到1小时,主要是《相聚凤凰台》《人间万象全接触》等栏目。其创办的第一年,主要以转播大型颁奖礼、晚会制造声势。例如,1996年4月28日,该台独家向亚太地区现场直播了"第十五届香港电影金像奖"颁奖典礼;5月11日首度与北京电视台合作,向亚太地区现场直播了"96北京国际电视周"闭幕晚会。③ 当时凤凰台在众多境外电视台中的品牌形象并不清晰。

1997年初,凤凰卫视开始筹备新闻节目。经过3月的两会报道历练,3月31日,《时事直通车》开始正式播出,主持人吴小莉。栏目开播头一周即推出两个重要新闻专题,一个是邓小平与香港,另一个是专访《南京条约》签约地。当时台长刘长乐的思路是,中央电视台《新闻联播》靠短和即时性取胜,新闻按秒计时,凤凰在即时性上比不过人家,就在长度和深度上下功夫,在视角上找亮点。每一条新闻都照着三五分钟去做,一期节目24分钟,大概也就五六条新闻。④

中文台的新闻节目秉承了港台地区新闻播报的风格,同内地观众所习惯的播报形式迥然不同,因此有较强的新鲜感和吸引力。另外,其"融合南北东西文化的传播特色""面向市场的商业运作机制""多元化雅俗共赏的节目体制""以主持人为形象代言

---

① 徐帆.铿锵和鸣:凤凰卫视的角色制造与节目生产[M].北京:北京大学出版社,2013:41,42.
② 邵培仁.媒介管理学经典案例[M].北京:高等教育出版社,2003:214;郑蔚.中国电视媒体的管理和经营[M].北京:中国广播电视出版社,2006.
③ 资料来源:谢耕耘《凤凰卫视的启示》,中国新闻传播评论(CJR),2004-06-11.
④ 张林.凤凰卫视这些年[M].北京:现代出版社,2016:77-79.

人的品牌意识"都令内地观众和电视业同行耳目一新。

此后该台陆续孵化出一些个性鲜明的新闻节目:《鲁豫新观察》《财经论坛》《时事开讲》等。当时,中国香港传媒竞争激烈,亚视(亚洲电视台)和无线(香港电视广播有限公司,Television Broadcasts Limited,TVB)两家占据了绝对优势。对此,凤凰卫视选择了中国内地作为市场突破口。对于中国内地的观众而言,凤凰卫视仍然带有"境外媒体"的身影。

此后,凤凰显示出对重大事件敏捷反应的特征。1996年对香港特别行政区筹委会推选委员会第三次大会进行实况转播,对刚当选的香港首任行政长官董建华进行专访;对邓小平的逝世进行特别报道,连续七天用直播方式报道了内地及香港人士悼念邓小平的活动。[①] 1997年,它又对江泽民访美展开直播,在香港回归时组织了60小时全程直播,还有对戴安娜葬礼直播的转播。这都是凤凰媒体历史行动的成功之作,其传播特色使得该台的新闻节目在内地部分人群中迅速蹿红。

凤凰台早期还陆续创办了一些有着独特眼光、受到观众喜爱的资讯类节目。如《媒体大拼盘》,精选各地电视台的社会民情新闻,是一档"文摘"式的新闻视频报道,主持人胡一虎对新闻进行整合解释,以另类读法挖掘出新闻之外的信息。《时事大参考》的主持人兼主编是凤凰卫视的资深评论员阮次山,其内容是访问国际政要、各地重要人士和智囊人物,围绕中国的战略利益,站在国际政治的高度,把握世界风云变幻。还有如《网罗天下》选取网红新闻、段子集纳播出,很多来自民间传播的内容;深度解读历史事件的《凤凰大视野》等不同类型、不同角度的新闻资讯、纪实类节目。

凤凰台在节目制作上选择那些内地媒体的空白处下功夫。由于传统报道习惯和新闻规训的管束,内地电视台遗留下很多内容"盲区":一是较少报道西方新闻,二是回避"敏感新闻",而这些都是改革开放中的国人渴望看到的。对于这两类新闻,凤凰台不仅加以报道,而且往往会进行一番"解读"。对重大国际事件的报道是凤凰卫视确立自身媒体地位的法宝,在让它吸引了大量眼球的同时,在广告上也赚得盆满钵盈。在中国媒体市场还没有完全开放、境外电视节目不可能进来的背景下,凤凰卫视在国内媒体中,在国际新闻报道上占据了优势。[②]

(四)全天候播出

从1993年开始,中国出现了全天候播出的电视频道。1993年9月1日,北京电视台第一套节目6频道从零点起,在全国率先实行了24小时不间断播出。[③] 随后,1994年5月23日,山东电视台也实现了24小时播出,在国内外引起广泛关注。同月30日,南京有线电视台也开始实行24小时全天播出。

1995年1月1日,中央电视台第四套节目通过国际通信卫星将信号发送到全世

---

① 马立诚,胡百精.凤凰魂[M].北京:中国友谊出版公司,2006:59-61.
② 陈金国.向左走,向右走?[J].互联网周刊,2004(28).
③ 杨伟光.齐心协力抓质量 奋发进取出精品 为把中央电视台建设成为世界大台而奋斗[J].电视研究,1996(3).

界,进一步扩大了全球覆盖面,并为此实现了全天 24 小时播出。

三、新技术应用

随着科学技术的进步,电视领域以有线电视和卫星电视的大规模应用为标志实现了技术突破,网络技术也广泛应用到电视事业中;电视录像器材、设备性能更好,传输手段和接收装置更先进,以高新科技手段为前驱的节目制作体系更完善。

(一)计算机技术

1988 年中央电视台迁入彩电中心后,新闻部门有了自己的计算机网络,采编人员可以实时调阅新华社及国外新闻网的稿件。1992 年,中央电视台新闻中心建立起省级电视台双向通信网络。

1993 年,中央电视台与联想集团共同开发了"新闻电脑编辑系统",使文字采集、稿件编辑、串联单编排、资料存储、系统维护集于一体。几年以后,这个新闻电脑网络将远程工作站分布到全国各省、市电视台及驻外的 4 个记者站,形成了"新闻大编辑部"的环境。[1]

从 1993 年开始,中央电视台开始追寻国外数字化脚步,在国内率先进行大规模的技术工程改造,加快向数字技术过渡的进程。1994 年实现了播出自动化,保证了体育频道的开播和国际频道 24 小时连续播出。中央电视台节目逐渐实现了采编播传全面数字化。[2]

数字技术的应用给电视新闻带来了革命性的进步。到 1997 年,中央电视台共建成了 9 个数字演播室、22 个数字后期制作系统、30 套数字非线性编辑系统等编辑制作系统、3 辆数字转播车、4 套数字移动地面站,加快了模拟技术向数字技术过渡的步伐,也为中央电视台对重大新闻事件现场直播提供了技术保障。[3]

1996 年,《新闻联播》记者装备了笔记本电脑,使记者在世界各地都能通过普通电话线路与台内网络相连,将数字技术的编制、沟通用于流动采访。

(二)走入网络

著名的央视国际网始建于 1996 年,是国内最早成立的提供中文信息服务的网站之一,也是国家重点新闻网站之一。央视国际以视频为核心,整合中央电视台以及国内外其他传播机构资源,提供视频内容的直播、转播、点播、下载以及视音频搜索服务,是当时国内最具实力的互联网视听节目传播机构,具有视频节目存储量最大、采集分发能力最强、合法用户数最多、市场占有率最大的优势。其用户覆盖美国、英国、法国、

---

[1] 杨伟光,李东生.《新闻联播》20 年[M].上海:上海三联书店,1999:280.
[2] 杨伟光.中央电视台发展史[M].北京:中国广播电视出版社,1998:342,657.
[3] 全面贯彻十五大精神继续深化电视改革把中央电视台的事业推向二十一世纪:杨伟光台长在中央电视台 1997 年工作总结表彰大会上的讲话[J].电视研究,1998(3).

日本、德国等 150 多个国家和地区。

由于拥有视频资源优势,网站从 1997 年就开始尝试采用网络广播技术进行在线直播(Live)及点播(On-Demand),1997 年 9 月首次成功地进行了"中共十五大开幕式及会议期间"视频片段的点播。①

(三)卫星电视

1993 年 7 月,我国购进了美国"中星 5 号"在轨卫星,随即将 1988 年 3 月 7 日发射的"东方红 2 号甲"卫星上播出的电视节目转到此卫星上传送。1993 年 8 月,中央电视台第三套节目也送上卫星覆盖全国。到 1993 年底,中央电视台共办有 4 套节目,其中 3 套都上星播出。1994 年 1 月 1 日,浙江、山东的电视节目也被批准上星。

1995 年 1 月 1 日,中央电视台第四套节目全天 24 小时通过美国泛美卫星公司的 3 颗卫星上的 4 个转发器向亚洲、北美、欧洲、澳洲、非洲和中东的 100 多个国家和地区播出。②

1995 年年初,中央卫星电视传播中心成立。卫星加密电视迅速发展,用户不断扩大。

1995 年 11 月 28 日,由中国中信集团(CITIC GROUP)和美国通用电气公司(GE)共同拥有的亚洲卫星公司的"亚洲 2 号"卫星发射成功。广电部买断了其 3 个 Ku 频段转发器,租用其 4 个 C 频段转发器。1995 年底,中央电视台影视、体育、综艺三个电视频道用数字压缩加密方式通过该卫星 KU 频段的一个转发器播出。

1995 年采用引进的数字压缩技术,通过租用的泛美 2 号卫星向北美传送 CCTV-4 中文国际频道节目。

截止到 1996 年 6 月,全国 30 个省、市、自治区都得到有效覆盖;到 1996 年年底,全国 1,500 个有线电视网(台)接收节目,收费用户达到 1,500 万。

1996 年 8 月,由中国航天科技集团公司控股的亚太卫星控股有限公司(亚太卫星集团)成功发射"亚太 1A"卫星,而我国的"东方红 3 号"卫星的第一次发射未获成功;此时,"中星 5 号"卫星的使用寿命即将到期,我国即将原在此卫星的业务转到了"亚太 1A"卫星上。

1996 年我国正式公布了广播电视卫星传输的国家标准,并着手规划我国广播电视卫星传输的数字化改造进程。

1996 年 4 月 1 日,《新闻联播》节目通过卫星覆盖了全球。1997 年 2 月,《新闻联播》使用两台移动卫星地面站向新疆沙漠油田和吉林农村传送了新春报道。③

1997 年,通过泛美 2 号卫星向北美传送的节目增加了 CCTV-3 戏曲音乐频道和 CCTV-9 英语频道,覆盖了全球空域。

省级卫视在原有 7 个省(区)节目上星的基础上,1997 年元旦,辽宁、广东、广西、

---

① 李岩.央视国际网情况分析[J].电视字幕·特技与动画,2001(7).
② 杨伟光.齐心协力抓质量 奋发进取出精品:为把中央电视台建设成为世界大台而奋斗[J].电视研究,1996(3).
③ 杨伟光,李东生.《新闻联播》20 年[M].上海:上海三联书店,1999:246,262.

湖南、湖北、河南、青海、江西、福建、内蒙古 10 省(区)节目上星传送。1997 年 8 月,国务院批准所有的省、自治区、直辖市级的电视节目均可上星传送。之后,安徽、江苏、陕西、黑龙江、山西的电视节目获批陆续上星。当年共有 15 个省(区、市)的广播电视节目实现了卫星传送,基本形成了星网结合的全国广播电视传输体系。①

卫星通信应用于电视传播,从根本上解决了我国电视节目过去完全依赖传统的地面无线传输方式(微波、差转、录像转播等)带来的覆盖问题。我国在卫星广播电视应用方面得到了广泛快速的发展。这一阶段卫星直播的出现还为电视新闻带来了一场传播方式的革命。

1993 年 8 月 1 日,中央广播电视塔开始试播,10 月 1 日转入正式播出。中央广播电视塔的开播显著改善了北京地区电视节目的收看效果。②

四、对外合作交流

1993 年,中央电视台提出对外宣传的构想:"天上""地上"两个渠道并举。天上是通过国际卫星覆盖外国,地上是在世界各国大城市建立中国录像带销售网络。③

卫星电视不仅上天,还要抓"落地"。1993 年 1 月 1 日,中央电视台通过太平洋卫星开始向北美传送节目,每天 1 小时,包括新闻、经济和文体内容,由芝加哥 3C 集团在 KVBAND 台播出。1993 年 8 月 28 日,中央电视台与美国 3C 集团合作,在北美创办了"美洲东方卫视"。1994 年 4 月,"美洲东方卫视"节目全部由洛杉矶最大的有线电视公司——皇冠有线(CROWN CABLE)公司转播,覆盖了美国、加拿大、墨西哥及加勒比海地区。

1993 年 11 月,为了进一步加强中央电视台对海外报道的力量,第四套节目部与对外中心合并,成立了中央电视台海外节目中心,使对外电视节目制作和编排播出形成合力,整体优势进一步提升。这是中央电视台进一步拓展对外电视事业,实现中国电视覆盖全球、走向世界战略目标的重要步骤。④

1994 年国庆期间,中央电视台在 127 个国家和地区的 1,650 家电视台成功举办了"中国电视周"。中央电视台制作了 22 小时 50 分钟的各类节目,使用中、英、法、俄、德、西班牙、阿拉伯等 9 种语言解说,总共寄送出了 13,000 多套节目。

1995 年 1 月 1 日,中央电视台第四套节目实现了全天 24 小时播出,为实现中国电视走向世界迈出了重要一步。⑤

1995 年 4 月,应法国戛纳电视节目交易市场组委会主席的邀请,广电部副部长刘习良率团参加并应邀举办了"中国专题日",这是该电视节自 1963 年创办以来第一次

---

① 《中国广播电视年鉴》编辑委员会.中国广播电视年鉴 1998[M].北京:中国广播电视年鉴社,1998:46.
② 《中国广播电视年鉴》编辑委员会.中国广播电视年鉴 1994[M].北京:中国广播电视年鉴社,1994:82.
③ 杨伟光.发扬优良传统建设世界一流大台[J].电视研究,1993,台庆专刊.
④ 杨伟光.中央电视台发展史[M].北京:中国广播电视出版社,1998:568.
⑤ 杨伟光.齐心协力抓质量 奋发进取出精品:为把中央电视台建设成为世界大台而奋斗[J].电视研究,1996(3).

为一个国家举办"专题日"活动。

"中国电视周"和"中国专题日"活动不仅有利于中国国家形象的推广,也是开门办电视、促进交流、开阔国际视野的重要通道。中国电视借此一方面向世界展示了自己的技术水平与制作能力,另一方面也在接受国外观众及同行的审视和检验。

在这段时间,我国的电视机构已同80多个国家的100多个电视台建立了业务联系,中央电视台逐渐开始成为在国际上有一定影响力的电视台。

五、受众情况变化

据有关部门统计,到1992年底全国有近2.3亿台电视机,8亿多电视观众。电视已成为中国亿万人民不可缺少的精神食粮。

进入20世纪90年代,我国电视观众的收视心理发生了显著变化。从"观众收看电视动机"调查表中可以看到,在1992年,人们观看电视的主要动机是娱乐身心,并且通过电视来增长个人的见闻;但是到1997年,对时事和国家方针政策等新闻性内容的了解成为人们观看电视的主要目的(见表7-1)。从观众收视心理的变化可以看出,电视新闻越来越受到观众的青睐,逐渐成为民众获得信息和感知世界的重要来源。这一方面导致人们对新闻需求的增加,同时也对电视新闻提供更加及时、丰富的节目内容有了更多的期待。

表7-1 1997年观众收看电视动机与1992年对比表[1]

序号	收视目的	1997年动机强度	动机强度排序	1992年动机强度排序	1997年对该目的认同比率%
1	了解国内外时事	2.6367	1	3	35.7
2	了解党和国家方针政策	2.212	2	4	14.8
3	娱乐消遣	2.006	3	1	21.2
4	学习各种知识	1.841	4	5	4.5
5	增长见闻	1.723	5	2	6.7
6	了解本行业动态	1.719	6	8	0.9
7	消磨时间	1.716	7	6	5.8
8	寻求精神寄托	1.66	8	9	0.9
9	追求精神、艺术、情感上的享受	1.639	9	—	2.7
10	了解商品信息	1.619	10	7	0.8
11	消除孤独	1.427	11	—	0.6

---

[1] 罗明,胡运方.中国电视观众现状报告[M].北京:社会科学文献出版社,1998:37.

六、禁止"有偿新闻"

随着电视节目的影响力越来越大和社会经济活动的日益增多,很多企业、商家为了宣传自己的企业与商品、服务,常常组织新闻发布会、记者招待会。开始时这类活动还只是发送一些文具、生活用品等小礼品,后来渐渐演变成为派送红包,红包的数额也从几十元逐渐水涨船高。新闻界虽然也有过议论和媒体分头的管理,但没有相应的规定出台和强有力的应对措施。出席这类活动的记者除个别严格自律者外,几乎全都收受馈赠和红包,成为较普遍的现象。

在媒体表现上,一是刊登广告,虽有明码标价的广告费,但为了在热门媒体不排长队等待,商家也要想办法送红包。另外就是品牌宣传,如赞助节目,在节目上挂角标、商标的 logo 等。再有就是当时有专门的"软文"时段,如"经济信息、工商资讯"之类的节目,其内容很多都是低于广告收费的"二类广告",往往是对企业以开业、年庆、纪念日等名义开展的各类活动的新闻报道。媒体采用新闻形式制作节目,实际上是为企业宣传。这种节目的目的首先是媒体收费,以补充经费不足,但是它们严重混淆了新闻与广告的界线,给从业人员行为标准带来了混乱。

另外,还有真正的"有偿新闻",这是专指在正规新闻节目中明的或暗的商家宣传。如对企业水平、产品质量的表扬,对企业家、商人的采访宣传,都帮助商家提高了知名度和美誉度。此类报道开始还有记者与编辑共谋的暗藏私货,后来增加了各级管理层的暗示或明示引导,再后来甚至有更高管理部门卷入,从中谋得小团体甚至个人的私利。

这一现象的出现有很多原因。一方面是由于当时媒体工作者——包括相当级别领导的收入水平普遍低下、经济困窘,对任何馈赠都有兴趣有需求。另一方面,当时社会民风淳朴、讲究信用,商家不多的馈赠就能得到媒体工作者确定的回报。更重要的是,当时各个媒体的社会信任度都很高,在送出礼物和红包之后,企业、商家从媒体宣传中都能得到丰厚的市场回报,致使这类馈赠愈演愈烈。再有就是当时的社会和职能部门对如潮涌出、泥沙俱下的商品和服务没有管理,民众包括新闻业者无从判断、甄别,而企业的商品宣传也随之胆子越来越大,越吹越牛,功效似乎无所不能,媒体也只是被动帮闲炒作。这也和当时一切为经济发展服务,一切以有利 GDP 增长为重的整体社会诉求有关,混乱了常识判断,阻断了常规管理。这说明有偿新闻并非源于简单的道德原因,而是社会生活巨大变动的复合性产物。

面对媒体日益严重的钱权(报道)交易,中央宣传思想工作领导小组为此专门召开会议,于 1993 年 7 月 31 日由中宣部和新闻出版署发出了《关于加强新闻队伍职业道德建设,禁止"有偿新闻"的通知》。时任中宣部部长丁关根在电视工作座谈会上就此问题指出:"当前社会各方面对新闻界提出了一个严肃的问题,即有偿新闻,有些记者接受红包。……维护我们新闻队伍在人民群众中的良好形象。这要靠大家共同努力。一方面要加强思想教育,一方面要建立相应的制度。……建议中央电视台也与全台职工认真商议,约法几章,公之于众。《人民日报》是我国第一大报,中央电视台是我国第一大电视台,你们两家的影响大、标准高、要求严,带好头,一定会得到社会的良好反应。"①

时任广播电影电视部长艾知生同年在全国省级电视台台长座谈会上也提出:"我们电视在这方面任务重大。社会上很重视电视,往往采取很多手段上电视,而上不了就给钱,也有人利用此赚钱。这样就造成一种印象,认为电视界很'黑'。如这个问题不解决,就会有损我们的形象、败坏我们的声誉,所以必须高度重视。最近中央搞的'93质量万里行',沿途拒收礼品,反映很好。禁止'有偿新闻'的事一定要坚持不懈抓下去,要改变前一时期的状况,挽回影响,树立我们社会主义电视的良好形象,电视工作者的良好声誉。要把禁止有偿新闻作为电视系统反腐败斗争的重要内容。"②

第二节 新闻节目的发展

1992年,全国上千家各级各类电视台中,有800多家自办了新闻节目。以新闻为主的中央电视台第一套节目覆盖了全国80%以上的地区。人们的注意力开始从电视剧更多地看向了电视新闻,新闻节目的质量代表着一家电视台的声誉和影响力。

一、新闻改革

1993—1997年,全国电视台大多对新闻节目进行了大幅度的改革。

(一)增办节目

1.中央电视台增加新闻次数

1993年3月1日起,中央电视台大幅度增加了第一套节目的新闻播出次数,改变了原来每天5次新闻(早、午、晚间新闻,《新闻联播》《体育新闻》)的格局,播出次数增至12次(含《体育新闻》),扩大了信息量,提高了时效,报道的深度也得到了加强。

1993年,中央电视台二套的新闻节目除重播《新闻联播》外,还有上一年创办的《经济信息联播》和《英语新闻》。第四套节目办有《中国中央电视台新闻》和为第二套提供的英语新闻。至此,中央电视台各个频道都办了新闻节目。③

1994年4月1日,中央电视台一套《晚间新闻》从内容到形式全面改版,增加了与民众生活密切相关的内容。同一天还推出了一个专门播送国际新闻的栏目《世界报道》。

---

① 开拓创新 真抓实干 加快电视事业的发展:丁关根同志在电视工作座谈会上的讲话[J].电视研究,1993(5).
② 艾知生.要使电视节目有一个较大的改观:艾知生同志在全国省级电视台台长座谈会上的讲话(摘要)[J].电视研究,1993(台庆专刊).
③ 章壮沂.电视新闻的改革与发展[J].电视研究,1993(台庆专刊).

1994年5月1日,中央电视台四套的《中国中央电视台新闻》改名为《中国新闻》,并增加了《亚洲新闻》和《台湾新闻》两个栏目。两年后,1996年5月1日,《中国新闻》又加办了《午间报道》,增加了新闻次数。

1995年9月1日,中央电视台第一套节目的《午间新闻》改为《新闻30分》,《晚间新闻》与《体育新闻》合并,共同组成《晚间新闻报道》。半年多后,1996年4月2日,《世界报道》《晚间新闻》和《体育新闻》合三为一,统称为《晚间新闻报道》,成为《新闻联播》《焦点访谈》之后的第二个黄金新闻时段。改版后,《晚间新闻》部分长度为8分钟。[①] 各时段节目中新闻的比重显著增大。

到1996年年底,中央电视台增加了经济、体育及国际方面的专门新闻节目。中央电视台一套新闻改革马不停蹄,几年内形成了工作日《东方时空》《新闻30分》《焦点访谈》《晚间新闻报道》几大节目坐分全天、周末《新闻调查》《实话实说》两大重头节目异军突起的新闻优势格局。

1997年5月5日,中央电视台对当时的五套节目都进行了不同程度的调整。第一套更加突出新闻特色,又在早上6点增加了一档15分钟的《早间新闻》节目。《晚间新闻报道》由35分钟延长到45分钟,成为一个颇具特色的新闻栏目。[②]

2.中央电视台更新国际报道

从1994年开始,中央电视台加大了国际报道的布局。

此前,中央电视台从事国际新闻宣传报道的节目有两个,一是《新闻联播》中的国际新闻部分,因不是独立栏目,在报道的广度和深度上都受到限制;另一个是《今日世界》栏目,它每周播出一次,能够对一些国际问题做较为深入的分析报道,然而在时效性方面却先天不足。

1994年4月1日《世界报道》开播,长度10分钟,每天在中央电视台一套的22点播出。栏目专事国际新闻报道,可以对重大国际事件进行较及时、充分的报道,满足了观众渴望了解世界动态的要求。《世界报道》内容新、时效快,在编辑手法上也独具匠心,或三言两语的简讯,或夹叙夹议的评论,也经常有深度报道和连续报道。

例如:1994年4月,南非废除种族隔离制度,举行这个国家有史以来第一次多种族全民大选,《世界报道》对此连续报道长达一个多月。南非的多种族全民大选,标志着种族隔离制度在南非推行近400年后最终被废除,在世界历史上具有划时代的意义。《世界报道》不回避大选前南非国内的党派纷争、政治暴力事件增多的困难和挫折,又着重反映了南非各派政治力量之间的磋商和协调,充分报道有利于大选举行的任何进展。4月26日,全民大选如期举行。当晚的《世界报道》对此做了详尽报道。它不仅及时跟踪大选的进展,还特别介绍了相关的背景,如当日的"新闻背景:南非主要党派介绍",4月27日的"新闻特写:南非升起第一面新国旗"和"新闻资料:南非临

---

① 杨伟光.中央电视台发展史[M].北京:中国广播电视出版社,1998:568,417.
② 《中国广播电视年鉴》编辑委员会.中国广播电视年鉴1998[M].北京:中国广播电视年鉴社,1998:53.

时宪法、新国旗和行政区划",4月29日的"新闻特写:南非群众踊跃参加大选"等。为了把握时效性,在对曼德拉宣誓就任南非总统进行报道时,节目编导一边收录CNN的相关图像,一边编写文字稿,在制作合成过程中还根据事态发展不断补充进新的内容。

《世界报道》从开播到当年年底,共播出新闻近3,000条,其中综述近80条,分析近60条,背景近100条,特写近20条,资料70条,人物20多条,特别报道10多条,针对重大国际事件制作的特别节目5个。从所报道事件的地区分布看,亚洲近800条,非洲150多条,西欧500多条,东欧及苏联400多条,北美900多条,拉美近100条,大洋洲30多条。《世界报道》的收视率最高达到16%,平均在6%—9%。①

在报道手法上,《世界报道》也常有创新和突破。1996年3月,首届亚欧会议在马来西亚召开,栏目首先采用模拟双视窗方式报道了会议开幕式,为中央电视台以后直播采用双视窗方式积累了经验。同年4月澳大利亚大选,《世界报道》用电话采访的方式报道了大选的进展及对选举结果的分析。栏目在播出克隆羊"多莉"出世这条消息时,采用了图表、动画、图像资料等多种形式深入浅出地介绍克隆技术,并请我国该方面最权威的专家就克隆技术的意义发表看法,节目播出后反响强烈。②

3. 东方台新闻及时报道重大事件

1993年1月18日开始播出的上海东方电视台,其新闻节目以全新的姿态吸引了观众。该台新闻及时报道重大新闻和突发事件,《东视新闻》《东视夜新闻》《东视深夜新闻》三档晚间节目对新闻的处理不仅是编辑和加工,还分别从综合性报道、财经报道与深度报道三个领域突破,强调自制和独家。

《东视新闻》节目从选题和报道角度上都强调"社会性"。开播初期,集中报道了一批与普通市民生活息息相关的内容,如水电煤及生活环境、小孩走失、巨款失而复得、交通事故、突发火灾等。例如,在试播期间的1993年1月3日晚,乍浦路海底皇宫娱乐总汇发生重大火灾,有较大伤亡。得到消息20分钟后,记者陈梁、姜澜、徐崇峰、仇锐等赶到现场,抢拍到了许多事故真实镜头。随后,记者又赶往医院、公安局等处采访至深夜。第二天,精心编辑制作了两条既有现场感又有深度的报道。新闻在该频道播出后,市政府有关领导立即来电,称赞报道有深度、有新意。

1993年8月5日13时25分,深圳发生了建市14年来最大的爆炸事件。当晚《东视新闻》便播发了口播消息。随后在不到24小时的时间里,记者连续采制、发回了6条高质量的"深圳安贸危险品仓库大爆炸现场报道",报道了现场余火尚未扑灭、零星爆炸仍有发生、伤亡人数还在增加等情况。

1993年10月23日杨浦大桥通车,东方电视台派出6名记者兵分三路进行了现场采访。当晚新闻节目不但播出了声情并茂的通车典礼现场报道和大桥建设回顾的

---

① 孙平.《世界报道》一周年回顾[J].电视研究,1995(5).
② 杨伟光.中央电视台发展史[M].北京:中国广播电视出版社,1998:417-418.

新闻背景,还播出了国务院副总理朱镕基高度赞扬上海建设的现场讲话,采访了大桥上市民的心声,并且配发了"东视言论",形成了一组"杨浦大桥胜利通车系列报道"。①

此外,从开播当年2月起,栏目加强了对上海全局的宏观报道。2月1日当天,头两条新闻即是《去年上海完成五件难做的大事》《1993年上海金融、银根收紧,开放加快》。报道既贴近生活又注意把握上海发展的整体脉络。

东视新闻注意在报道中突出电视特长。如注重画面形象、讲究声音效果、提倡现场报道、争抢第一时间,贴近城市特点、深入市民生活、重视深度报道和社会新闻,形成了东方电视台的独特风格。

在这些节目中,本市新闻主要来自本台记者的采制,一部分来自新华社、特约记者及通讯员提供的素材;国内新闻的重要来源之一是电视新闻协作网的兄弟省市电视台互换节目。开播当天开通的"东视新闻热线"(3223664)也由市民提供了一些有价值的新闻线索。1993年《东视新闻》自制新闻达6,309条,译制2,454条,《东视夜新闻》和《东视深夜新闻》自制6,389条,译制2,485条。②

其他地方电视台也从当地的需要和各自的具体条件出发,对新闻节目进行调整和改革。辽宁电视台1995年将新闻播出时间从原来的每天25分钟增加到60分钟,由2个播出时段增加到5个时段。同一年,北京电视台加强了《北京新闻》和早、中、晚新闻节目。③

这一阶段,省级电视台陆续上星,其新闻节目传播范围也随之大大拓宽。同时,香港几家电视台新闻节目对南部沿海省份观众的收视倾向亦产生了明显影响。全国电视新闻报道迎来了新的格局。

(二)滚动新闻

随着新格局形成带来的新竞争,一些新闻节目率先进行了形式上的改革,用加大直播、增加滚动新闻次数等方式,使报道更符合传播规律,满足受众需求。

上海东方电视台新闻节目在1993年1月18日开播后,在国内首倡新闻滚动播出。他们使用直播、插播等先进报道方式,及时报道重大新闻和突发事件。刚开播时,《东视新闻》(18:30)、《东视夜新闻》(21:30)、《东视深夜新闻》(23点)每次各25分钟,每晚滚动播出。

1993年3月1日起,中央电视台在增加新闻播出次数的同时,也实现了重要新闻滚动播出,且除《新闻联播》和《体育新闻》仍为录播外,其余节目皆实现了演播室直播。这一变化,使重要新闻可做到随到随播,国际新闻报道提前了12个小时,大大提高了新闻的时效性和社会选择接收的方便性。如1995年11月4日周六晚,以色列总理拉宾在特拉维夫市中心国王广场举行的支持和平进程盛大集会上发表演

---

① 赵凯.上海广播电视志[M].上海:上海社会科学出版社,1999:497-499.
② 赵凯.上海广播电视志[M].上海:上海社会科学出版社,1999:496.
③ 赵玉明,艾红红.中国广播电视史教程[M].北京:中国广播电视出版社,2009:159.

讲后遇刺身亡。事件发生几分钟后，中国国际广播电台驻布鲁塞尔和开罗记者立即发回了"拉宾遇刺受重伤正在抢救"的消息。中央电视台在《早间新闻》节目中及时报道，并持续更新内容。当天的《新闻联播》《焦点访谈》和《新闻调查》节目中播出了新闻特写、报道与反思："泪水烛光悼拉宾""为了即将到来的和平""百万人洒泪送拉宾"，节目言简意赅、深入浅出、饱含感情。在表现手法上，大量运用拉宾生平的图像资料做背景，加深了观众对拉宾的认识和了解。① 关于拉宾遇刺的报道，中央电视台采用新闻、资料、分析和把专家请进演播室的方式展开报道，使人耳目一新。节目播出后，在社会上引起关注。

1993年3月27日下午的八届全国人大一次会议报道，为了抢在"第一时间"播出国家新领导人的选举结果，《新闻联播》也采用了直播形态。在这个月中，李鹏总理请秘书转达了他对中央电视台新闻滚动播出的满意，说这符合国际惯例，也是电视新闻向国际水平迈出的一步。②

1994年7月21日，《新闻联播》三次将西昌卫星发射实况和北京国防科工委监看卫星发射情况的现场切入正在播出的节目，做直播报道。这在中央电视台还是首次。

1995年5月，中央电视台四套《中国新闻》开始采用直播方式，并实行每天8次新闻滚动播出，与国际电视新闻接轨。③

1996年1月1日，《新闻联播》结束了18年的录播历史，改为直播。至此，中央电视台第一套全天13次新闻全部实现了直播。

滚动式新闻报道是大众新闻媒介，特别是广播电视媒体传播新闻信息的一种高时效形态。其特点是根据事实最新发展、变动，对每次新闻节目的内容和版面进行及时更新和调整。加之增加新闻次数、定时播出，能高频率、很及时地传播新闻信息，这一做法还便于受众在任一新闻节目中了解当天大事，提高新闻的选择性。实行滚动式新闻报道，是世界新闻媒体的主流做法，也是媒体间激烈竞争的焦点。当时在我国一些地区，特别是沿海省市如广东，早已在其广播电台的新闻节目中成功推行实践。中央电视台在1991年对海湾战争进行的报道中，也曾做过尝试。

现场直播报道是在新闻事件发生、进行的同时，广播电视把现场的声音、图像以及记者等人员的口头报道、解说等直接同步播出的形式。现场直播报道是在新闻发生的同时直接向观众播报，因而节目的现场感、时效性都很强。

电视新闻直播报道理念的建立与技术装备的改善有密切关联。在1991年的海湾战争中，CNN对美军攻打伊拉克首都巴格达的现场直播成就了其高达76%的收视率，也成就了CNN在世界新闻频道中的地位。当年，卫星直播成为电视新闻竞争的尖端武器，其中通过C波段传送、使用模拟信号的卫星采访车，已经在欧美被广泛使用。卫星直播的出现为电视新闻带来了一场传播方式的革命。

---

① 雷跃捷，林小游.关于《新闻30分》和《新闻联播》节目的比较分析报告[J].中国广播电视学刊，1996(4).
② 《中国广播电视年鉴》编辑委员会.中国广播电视年鉴1994[M].北京：中国广播电视年鉴社，1994：575.
③ 杨伟光.中央电视台发展史[M].北京：中国广播电视出版社，1998：420，422，569.

1996年,中央电视台斥资8亿人民币购买了两台全世界仅有4辆的最先进转播车,1997年初,又引进了移动卫星地球站,使多点直播成为可能。①

在1997年举办的世界无线电联盟大会上,国际电联分配给中国3个直播卫星轨道位置,这为中国电视开展卫星直播提供了基础条件。

二、直播报道

(一)申奥直播

1993年9月23日20:00至24日凌晨4:30,中央电视台通过卫星成功转播了北京和摩纳哥蒙特卡洛两地申办奥运的现场实况。这一长达8个半小时的现场直播,在中央电视台历史上是第一次。

为了使节目好看,中央电视台派出了三个海外报道队、两个北京摄制组,联络了广东、上海、黑龙江、陕西等地方电视台,设立了中央电视台中心演播室,前期制作了4个小时的各类节目。

中央电视台在蒙特卡洛的前方报道队,在现场租用了一个演播室、一个评论席和一条单独的卫星线路。有两个摄影队负责拍摄中国代表团的活动。主持人从北京时间20:00开始,每个小时和北京演播室的主持人进行一次双向传送,报告投票的进展情况。还有一个报道队在香港与无线电视台人员合作,在当地对各界人士进行采访,反映香港民众关注申奥的情况。这路信号也通过卫星传到北京。还有一队人马提前到达台湾,与华视合作采访了台北奥委会主席张丰绪和国际奥委会委员吴经国。当天晚上在北京市内,有中央电视台的两支报道队负责对市民和体育官员的采访。

所有这些团队提供的素材,都经过中央电视台台内演播室加工制作,与事先摄制的节目一起,形成一个以事件报道为主线,新闻、文艺、体育各类内容结合的大型节目。②

虽然这一年北京没能如愿成为2000年奥运会的主办地,但是,中央电视台通过这次报道锻炼了队伍,检验了由新的技术设备带来的新的节目制作方式,并为1994年广岛亚运会及之后一系列的报道提供了必要的实践准备。

1997年因为一系列的直播活动,被称为中国电视的"直播年"。在这一年中,中央电视台共做了5次大型直播:3月9日,《日全食——彗星天象奇观》;4月20日,《"中俄哈吉塔"五国边境裁军协定》在莫斯科举行签字仪式,中央电视台进行了两个多小时的直播报道;7月1日前后三天,长达72小时的香港回归直播;10月28日,黄河小浪底水利枢纽工程截流直播;11月8日,"三峡工程大江截流"直播。

在这一年之前的电视现场直播多为技术层面的实况信号转播,除体育赛事直播较

---

① 周勇,刘凡平.1997中国电视直播年[J].中国广播电视学刊,1997(12).
② 杨伟光.中央电视台发展史[M].北京:中国广播电视出版社,1998:443,444.

早引入了现场报道外,其他电视新闻对直播的事件则缺少报道、掌控和解读。从 1997 年 3 月 9 日中央电视台的《日全食——彗星天象奇观》直播报道开始,电视新闻现场直播加入了演播室、主持人、嘉宾、专题片和记者现场解说、采访等元素,明确了"现场直播"向"现场直播报道"的转变。

(二)《日全食——彗星天象奇观》现场直播

1996 年 12 月,中央电视台就提出了这一现场直播的构想。因为这是 20 世纪中国境内可观测到的最后一次日全食,而且还会在漠河同时出现日全食和彗星同现的千载奇观。在之前人类天象观测的全部记载中,此两种奇观同现的记录只有 3 次。

1997 年 3 月 9 日上午 8 点到 10 点 22 分,历时 2 小时 20 分,中央电视台新闻中心编辑部、采访部与地方台密切配合成功进行了《日全食——彗星天象奇观》的现场直播报道。报道选择了漠河、北京、南京、昆明四个城市作为直播点,同时进行与四地记者和专业人士的连线穿插、递进报道。这 4 个城市由北向南,日食的程度依次递减,有利于向观众展示日食在不同纬度地区的不同形态,也有利于讲解日食形成的原理。

直播过程中,导演根据日食的进程,适时调整四地演播室信号,使观众能同时看到各地日食的全貌。如 8 点 41 分北京日偏食达到最大值时,反复对照切出北京、南京、漠河三地的太阳画面;9 点 07 分漠河日全食即将出现前 40 秒,切出昆明太阳复圆的画面;以及直播结束前对整个过程的精彩镜头回放等,最大限度缩小了时空差距,把不同地域的精彩瞬间同时呈现在观众面前,产生了前所未有的视觉冲击和奇妙的日食运动过程感。①

为了更好地进行报道,除了由康辉担任主持人,连接各地报道、解说日食进程外,节目组还请到中科院的两位天文学家作为本次直播节目的特邀科学顾问,他们与主持人一起,向观众讲述有关日食和彗星的科学知识;此外,还制作了大量有关日食、彗星等方面的新闻背景和知识性专题片,在直播过程中播出。②

(三)1997 香港回归直播

1997 年中央电视台的香港回归直播报道,从 6 月 30 日 6 点起至 7 月 3 日 6 点止,历时 72 小时,向全世界报道了香港回归过程及盛况。其中包括国家领导人抵港、港督离府、香港政权交接仪式、英方人士离港、香港特区政府宣誓就职仪式、中国人民解放军驻港部队入港、首都各界庆祝香港回归祖国大会、庆祝香港回归大型文艺晚会《回归颂》、香港市民花车巡游等 25 场次重大活动。

在 72 小时大直播中,有的直播内容属于仪式类,它们自身有完善的组织安排呈现,有现场观众,如政权交接、特区政府就职、庆回归大会、文艺晚会等,这样的直播主

---

① 范昀,李勇,冯建平.我国电视新闻报道领域的新成员:多点直播报道[J].中国广播电视学刊,1997(7).
② 李东生.重大新闻现场直播文案选编[M].北京:北京出版社 1998:373-376.

要是完整转播活动过程的视音频,以信号传输为主,其间的报道量很少。

而另外一些活动,如领导人抵港、英方人士离港、解放军入港、香港各界花车巡游等本身各个程序的"自明"内容不多,即使是现场观众也不甚了了,所以要有较多的解说、采访来加以说明,就要以报道为主。这一类直播报道难度较大,是对记者的很大考验。这种与事件同步的现场直播报道占到整体的四分之一。

本次直播报道中,中央电视台在北京设立了总主持人,他们是:敬一丹、方宏进、罗京、方静。总主持人通过串联词将香港演播室及各地的现场主持人、记者的直播内容、各地信号串联组织起来,以中央台演播室为核心,连接多点直播,形成报道整体。香港的主持人是水均益。

当时著名的电视新闻人都参与了现场报道工作,包括白岩松、水均益、柏杨、章伟秋、李瑞英、张宏民等。他们提前很久就投入到报道的准备中。据白岩松回忆,在离香港回归还有几个月的时间,参与报道的人在京城的一个培训中心接受了两天的课程指导。此后,为了制作新闻专题,他还进行了一个多月的相关采访。"我开始面对从1840年到1997年这一百多年的香港沧桑。从周南到历史学家,从参与谈判的中方人士到香港的范徐丽泰,采访大范围地进行,……一幅历史的画卷缓缓在我眼前铺开,心情中有叹息有欣喜有屈辱有无奈,……"①正因为有了如此认真的准备,加之他们都有过出镜报道、主持的经验,在本次报道中也多是如鱼得水,应付裕如。

在节目形态的设计上,这次报道充分展示了电视节目形式的丰富多彩——有现场直播、新闻节目、背景分析,也有大型专题节目、人物访谈、音乐电视,围绕香港回归进行的十几项重大活动穿插安排。其中,72小时节目在凸显新闻事件和事实的同时,大剂量注入新闻背景,特别是详细介绍香港历史的背景,增加了回归报道的厚重感和历史感。此外,25辑庆回归系列音乐电视作品、包装精美的节目宣传片和反映重要历史性时刻的短片,如用动画技术制作的"香港百问"和"香港风光",也共同起到缓冲作用,帮助观众在接受大量信息之余放松一下。② 整套节目内容丰富、形式生动。

为了更好地向世界报道,中国在香港、北京都建立了新闻中心,为外国记者提供重要庆典活动的电视信号。信号提供原则是,中方活动由中国中央电视台向国际媒体提供公共信号;英国方面的活动,则主要由英国广播公司BBC负责提供直播信号。但在有关政权交接仪式由谁来主宰转播报道则曾引发过中英双方的争论。英方认为,7月1日零点以前的交接仪式,应以他们为主;我方认为应是双方都享有报道权利,各自同时为各国媒体提供电视公用信号。经过几轮艰苦谈判,我方意见取胜,中英两国电视台拥有同样的交接仪式报道权,现场各有11个机位。③

尽管做了充分的前期准备,但是香港回归直播还是遇到了一些困难。孙玉胜在《十年:从改变电视的语态开始》一书中总结了香港回归直播的四种难度:难度之一是

---

① 白岩松.痛并快乐着[M].武汉:长江文艺出版社,2010:101.
② 张文华.中国电视新闻发展的必然趋势:由'97香港回归特别报道看新闻频道[J].中国广播电视学刊,1997(8).
③ 李东生.重大新闻现场直播文案选编[M].北京:北京出版社 1998:373-376,124.

地形复杂，多山、高楼、隧道让移动中的信号很不稳定；难度之二是直播一次性，事先无法排练；难度之三是直播相关事项协调艰难。部队入港前，香港是英国人的天下，要征得港英当局的同意；难度之四是直接影响着直播成败的信息严重缺乏。部队入港是严格的军事秘密，何时出发、走什么线路等，不到最后时刻是不知道的。

现场直播记者白岩松提到自己过去的经验没有任何可借鉴的，时不时会有一种恐惧感出现。排练和日常沟通时会将"驻港部队"脱口说成"戒严部队"，正式直播中还出现了信号失联等问题。如6月30日晚香港演播室与白岩松失去了通讯联系，水均益曾呼叫"白岩松你在哪儿"。

香港回归直播还有一次节目失控是在7月1日零点的香港政权交接仪式之后，演播室主持人水均益的主持语和章伟秋要报道的内容都已确定，但是没想到英国人在添马舰上又搞了一个告别仪式，活动持续了一个多小时，水均益和章伟秋要说的话早已说完，其他资料都没有准备，演播室再次对节目失去了控制。[①] 这是因为在这次直播中，虽然主持人都有着相当丰富的现场报道经验，但也都被要求成为播音员，现场表达的内容全由稿子提前确定，上面的每个字都经过审定后打印好，播出时不许增加一个字、不许随便说一句话。[②] 这样的限制首先是限制了主持人，他们的现场表现也就出现了一些大家不愿意看到的失误。加之中央电视台在整个直播过程中都没有使用BBC的公用信号，如港督离府和添马舰告别，特别是后者，不能用BBC的信号难以了解现场情况，再没有稿子可供解说，主持人在现场就出现了无话可说的尴尬局面。临时抓用的生活语言，虽然没错，但也肯定不能到位，被传为笑谈。

关于航拍信号问题，白岩松回忆："由于天降大雨，直升机无法升空，电视信号少了一个中转，全部报道计划付之东流。遗憾就留在那儿，让每一个人想起来心中都有点疼。"

中央电视台报道参与人员后来对本次直播中曾出现的多次节目失控的反思是："我们把演播室和主持人的功能只是简单地理解为专题片和新闻节目的串场，稿子事先写好，再根据稿子的长度确定主持人需要的时间。"然而，大型直播报道毕竟不是专题片和新闻播报，二者最大的区别是前者的不确定性。例如每项直播的活动本身都有可能因为各种因素而造成时间上的变化。为了确保这些不确定因素能及时得到处理，保证播出的连续性和安全性，就必须有一个环节对所有的节目资源进行总体控制和调度，这就是演播室和主持人。所以对大型直播节目来说，演播室不能仅仅是串场和解说，还必须具有灵活性、机动性和调节功能。如果说现场事件的直播和预先制作好的专题片等内容在时间上是一个定量，演播室则应是一个变量，演播室必须具有弹性，否则就失去意义。而这恰恰是应该赋予主持人的功能，他们要在演播室里，在编辑记者各路信息、资料的帮助下，全面从容应对各种不确定因素。[③]

[①] 孙玉胜.十年：从改变电视的语态开始[M].上海：上海三联书店，2003：238，242.
[②] 韩彪.现场直播：新闻改革的标尺[M].北京：当代中国出版社，2007：42.
[③] 孙玉胜.十年：从改变电视的语态开始[M].上海：上海三联书店，2003：250.

虽然有个别不太理想的现场表现,但毕竟安全完成了所有内容的直播报道,这是非常难得的成绩。回顾全过程,在现场报道的组织中,记者与后方主持人任务的分配与配合还有很多可圈可点之处。如记者的任务不应该是全面包揽现场报道,他应该只负责报道那些看到、听到、感到的内容和现场采访,其他如背景、相关交代则应由演播室提供。演播室主持人应该和现场记者共同承担报道任务,并对记者提供积极的支持、帮助,通过询问、交流来保证报道顺利,减轻现场记者的压力,减少报道的不确定性,使大家都能愉快地完成报道。把报道任务、时段全部交给现场记者,后方少于支持的问题在后来多年的中央电视台现场报道中依然存在,这样容易造成一输皆输的结果,对现场记者来说,也常常是不能承受之重。

在直播报道中,那些中央电视台没有用而被凤凰卫视使用了的 BBC 的英方现场直播则显得更有经验、更为老练。其提供的画面清晰完整、声画配合到位、关注点准、节奏感好、方位感强,其中表现出来的感情也正是英国人当时的情绪体验,赋予画面真实感和内在语义。对比来看,我们当时现场报道的画面表现还有着较大的差距。

尽管有诸多遗憾,现场直播主持人急中生智,还是贡献了很多漂亮的直播内容。例如白岩松的开场白:"一场大雨洗刷的是中国百年的屈辱,而风雨过后,是中国晴朗的天空。"和他饱含深义的串场:"刚才驻港部队的车流像一条线,把祖国和香港紧紧地连在了一起,一路上虽然有风有雨,但中国人一定会战胜风雨到达目的地。"①

这次节目创造了中央电视台重大政治活动报道的许多纪录:连续播出时间最长、报道规模最大、新闻时效最快、收视率最高、覆盖面最广等。

这次报道对此后的同类报道和新闻改革的意义也非同一般。和之后的大江截流、珠海航展或黄河小浪底截流的直播报道相比,它有着更强的政治性和历史、外交神圣感。同时,中央电视台大量从业人员在这次实战中积累了丰富的经验,有利于此类报道未来的发展。

香港回归报道是中国大型现场直播报道的里程碑,其中表现出来的中国社会、中国人民和中国电视人满怀希望、拼力奋斗、砥砺前行的精神溢满画面,给人鼓舞,使人自豪。

香港回归祖国,是 20 世纪末重大的国际政治事件。全球重量级媒体记者汇聚香港和北京报道此事。其中进入香港的就有 700 多家媒体、8,400 多名记者,计有 200 多家电视台的庞大记者团队。②

在这次的直播报道中,中央电视台参与报道人员达到了 1,660 多名,其中 289 人赴港报道,同时有近百名记者在全国 8 个重点城市和海外 15 个大城市采访报道;共投入 11 辆转播车、21 个卫星转发器、43 套中继微波设备、3 架航拍直升机,及 9 个演播室、200 套摄像机、250 台录像机、11 套多媒体设备,还在香港建起了 540 平方米的报

---

① 白岩松.痛并快乐着[M].武汉:长江文艺出版社,2010:108.
② 沈忆.中国电视新闻现场直播:导演手记[M].北京:中国广播电视出版社,2004:19.

道中心,派到香港的人力、物力达到一个省级台的规模。①

香港回归报道期间,中央电视台总编室中央电视台调查咨询中心于6月30日至7月2日对全国33个城市4,000余户家庭的6次电话调查了解到:94%的家庭收看了香港政权交接仪式,91%的家庭收看了香港特别行政区政府庆祝大会;国内收看这些重要活动的人数达到8亿左右,取得了89.9%的中国电视收视最高纪录。②

1997年8月12日,亚太广播电视联盟在文莱首都斯里巴加湾市举行第24届新闻工作组会议,向中央电视台颁发了一项特别奖——亚广联新闻交换奖,表彰该台对香港回归事件快速、准确、全面的报道。

(四)大江截流直播

三峡大坝是人类建设史上的重大工程。工程中的一个重要节点就是大江截流。中央电视台对这一事件组织了直播现场报道。

三峡工程大江截流特别报道于1997年11月8日8点开始,22点结束。在这14小时内,共有13段直播报道。

为了尽可能接近报道核心区,中央电视台专门租用了"东方皇后号"邮轮,将演播室搭建在邮轮的第四层甲板上,这里距合龙口直线距离仅200多米,主持人的背后就是施工工地,即使是对准主持人的镜头,依然可以清晰反映出合龙现场的工作进展,真正是一个身临其境的实景演播室。这次直播还首次把播出总控制中心搬到了新闻现场,在14个小时直播期间,除了《新闻30分》和《新闻联播》节目在北京播出外,其余13个小时全部在三峡截流工地的游轮上播出。船载播控中心在一定程度上起到了台里播出总控制中心的作用,堪称一座"水上电视台"。

这次直播设置了20多个机位,有8个现场报道记者。记者报道不拘泥于事先准备的稿件,而是根据工程进展随时调整,使得报道内容鲜活饱满。例如在合龙口的记者,除了报道合龙的最新进展以及水深流速等最新数据外,还先后对施工规模、方法、组织情况,施工单位的基本情况,施工者的挑选,施工机械的特性,石料投放的规律等做了介绍,甚至谈及工人午饭如何供应、为何要穿救生衣等细节。龙口塌方、测流船被冲走等现场变故也被记者及时抓住。对事件进程的高度重视和迅速反应成为本次直播报道的突出特点。③

除直播报道外,12段演播室话题交流、27个新闻专题,围绕大江截流为观众提供了丰富的新闻背景。其中包括三峡工程的伟大意义、巨大作用、科学的决策依据、崭新的建设模式;展示三峡建设者的风采;介绍三峡库区的风景名胜以及它们在工程完工后的新姿,都有助于观众在观看大江截流中更多了解这一工程。从今天的角度来看,

---

① 沈忱.中国电视新闻现场直播:导演手记[M].北京:中国广播电视出版社,2004:20;周勇,刘凡平.1997中国电视直播年[J].中国广播电视学刊,1997(12).
② 岳淼.中国电视新闻节目发展史研究(1958—2008)[M].厦门:厦门大学出版社 2009:142.
③ 李勇,张文华.现场直播报道的又一次突破:评三峡工程大江截流特别报道[J].中国广播电视学刊,1998(1).

对这个工程存在的争议、不同的意见,是有关新闻报道中一直没能正视的话题,这对帮助社会更清晰认识工程的前景与意义留下了遗憾。

这次直播,船载演播室的首次启用、飞机航拍直播的尝试、移动地面卫星站的成功对接,为观众提供了高质量的电视信号,加上镜头组接顺畅、音效还原清晰、解说通俗易懂,中央电视台通过全方位、多角度、立体化的电视直播报道,实现了电视直播报道的又一次飞跃,开创了直播报道的新纪录。①

继3月漠河日全食、7月香港回归、10月黄河小浪底截流,长江三峡的大江截流直播报道为这个直播年画上了一个圆满的句号。这几次直播节目都是由演播室主持人在节目导演的指挥下组织、调度。直播过程中,主持人适时串联节目,连接各个现场记者的报道,实现各直播点之间的自然转换、顺序播出,并将有关新闻背景、资料适时加入,既保证了报道的时效又丰富了内容,使节目能自然、合理地衔接;编导人员对节目的整体设计和在现场的有效把控,比较圆满地完成了这些不同题材、不同现场的长时段的直播报道,既实现了节目目标,也大大提升了中国电视新闻对重大事件的现场直播报道能力,在创世界一流的道路上迈出了坚实的一步。

三、谈话讲话

随着经济的飞速发展,普通百姓对于公共事务的参与热情日益提高,参与意见、表达心声的要求也日渐迫切。受众不再满足于只做传播流程中被动的接收者,希望能找到一个参与其中、表达自我的机会。技术发展也使得频道增多、节目需求量上升,电视媒体在这个时期出现了较多的谈话节目。

(一)《东方直播室》

上海人民广播电台于1992年10月26日开办了《市民与社会》节目,专门讨论热点话题、对热点新闻发表评论。它的特点一是有听众在演播室直接参与讨论;二是推出了集策划、编辑、制作、播音于一身的节目主持人,这是对当时追求"采编播合一"型主持人的回应;三是有各级领导——包括上海市市长、全国各省自治区领导乃至美国总统②参与,虽然之前在20世纪80年代电视中就已经出现了领导参与的对话式谈话节目,但那时都是录播,事后有调整的空间,而直播则对领导人和主持人都提出了更高的要求。这个节目播出后受到广泛的赞誉。受它启发,1993年1月19日,东方电视台在正式开播第二天即开办了电视谈话节目《东方直播室》。

该栏目每周一至周五的19点播出,每次30分钟,次日中午重播。它以直播形式播出,邀请有关嘉宾与观众代表到场,共同座谈议论。其宗旨为"热话题、大家谈、说真话、送温情、传信息"。每次根据不同的要求设置话题,多数是围绕公众关注的社会热

---

① 李东生.重大新闻现场直播文案选编[M].北京:北京出版社1998:373-376,160.
② 1998年,正在中国访问的美国总统克林顿通过节目与上海市民就中美关系发展前景进行了直播对话。

门话题展开。栏目播出主要在演播室,有时也会根据需要安排在军营、农村等现场,还有的将主会场设在台里,分会场放在现场,用微波传送的方法把两个会场联系在一起。节目栏目初期设编导8人,分为4组,每次由1—2人主持。

该栏目在第一年中推出的有影响的专题有:《潘平事件的思索》[①]《话说青少年的性教育》《家庭与婚姻系列谈》《上海邻里关系面面观》《教育子女众生相》《东亚运动会系列讨论》等。节目谈论的主要是社会话题,是对百姓身边事的议论和思考,其中也有对重大活动的讨论。如这一年的12月26日,推出了一档特别节目:《永远的红船——上海、嘉兴人民纪念毛泽东诞辰一百周年》。

1993年5月底,栏目推出了14期的《"三学"(学科学、学知识、学技术)系列讨论》,具体议题有:"微笑能灭'火'吗?""青春饭吃完怎么办?""重赏之下为何无'勇夫'?""崇尚学习的民族是有希望的"等。讨论期间接到观众热线电话500多个,观众来信60多封,为动员全民参与"三学"活动发挥了很好的作用。

栏目开播第一个月就收到了近千封观众来信。除了表达赞赏和支持外,还有人指出不足和提供选题。栏目播出后的前5个月中,一直名列频道收视率第二,受到时任中宣部部长丁关根和中央电视台台长杨伟光以及上海市领导的表扬,并得到美、英、法、日等多国电视台的采访报道。[②]

(二)《实话实说》

1996年4月28日,中央电视台开播了大型谈话节目《实话实说》。节目每周日在中央电视台一套早晨7点20分首播,即《东方时空》的播出时段,于晚上11点重播,节目时长40分钟。

《实话实说》确立了我国大型电视谈话节目的一种标准形态:谈话人由主持人、嘉宾、现场观众组成,谈话形式采取在场人士群体讨论。这种形式是由节目定位的普遍、普通性质所决定。节目定位为"平民化",谈话主题贴近生活、贴近百姓,便于引起观众的关注和共鸣,对节目收视有着很大的促进作用。节目通过主持人、嘉宾、现场观众的共同参与,在生动的气氛中展开社会生活或人生体验话题。

节目涉及了一系列有关百姓现实生活的话题,如第一期节目作为《东方时空》栏目的"周日特别奉献"推出的《鸟与我们》。节目探讨了人与鸟的关系,提倡要爱鸟,要以恰当的方式爱鸟。

节目推出了以平民风格著称的主持人——崔永元,其个人魅力决定了栏目的成功。据崔永元回忆,与《实话实说》同时期的访谈节目都是先写稿子、领导审查之后方才录像。而《实话实说》则采用了先录节目、再审查的生产方式。在节目中,他幽默睿智,把一种风趣而不失严肃、大众而不失深刻的风格带入节目,在插科打诨、嬉笑怒骂

---

① 潘平因与对方中止恋爱关系遭硫酸泼面毁容。
② 赵凯.上海广播电视志[M].上海:上海社会科学出版社,1999:500.

之间洋溢着他对百姓深切的认同和对社会正义不倦的追求。

《实话实说》节目发挥出一种独特的导向效果,这种作用不是像以往的新闻节目那样以探索、分析、说理的方式来实现,而是运用一种全新、另类的方式:先提出一个现象或问题,然后抛出不同的思考角度,引导现场观众对不同观点进行展示和辩论、交锋。在这种模式下,节目不是观点的一言堂、将结论简单地呈现给观众,而是让各种具有代表性的观点在节目中充分表达和碰撞,向观众展示观点确立的过程,这样得出的结论观众更容易接受。

例如在1995年末,王海利用新出台的《消费者权益保护法》第四十九条针对"商品或服务有欺诈行为的,……增加赔偿的金额"的"双倍赔偿"条款,以知假买假获得赔偿从而打假的行为,引发了社会争论。有人认为这是打假的有力手段;有人认为这是一种快速致富的聪明办法;也有人认为这是多管闲事,越俎代庖;还有人认为这是耍小聪明,早晚会吃亏。1996年3月16日的一期《实话实说》讨论了这一现象。节目中,不仅让有代表性的各种观点充分表达,而且提供了新的思考点:王海的行为是否在法律范围内?王海是否行使了作为公民应有的权利?打假是否需要多种形式、多方努力?通过这些引导,观众对王海现象有了新的视角:对于公民来说,法无禁止即可行。节目促进了大家的法律意识和社会责任感,社会舆论由猜度、褊狭、分歧变为理性、平和、认同,不少人由简单的同情转为依法行使公民权利的法治化认识。这是一次非常成功的说理与引导。[①]

在反复的实践中,《实话实说》探索出的这种新模式获得不断成功,有的选题还发挥出了叙述和报道的功能。例如1997年8月播出的《父女之间》,1998年8月播出的《日子》等选题,都是通过对普通人不寻常经历和情感世界的发现,来引得观众的共鸣与启发,受到观众的喜爱。

《实话实说》很快获得了观众的欢迎,进入街谈巷议,成为电视收视一大热点。据中央电视台总编室观众联系组的资料:1997年3—6月,每周日早7点20分至8点,在所有收看电视的观众当中62%以上是在看《实话实说》;其收视率曾一度高达4.56%,在中央电视台节目中仅次于《新闻联播》和《焦点访谈》位居第三。[②]

在播出当年的6月30日,《实话实说》栏目曾停播一个半月,进行调整、修改和定位,到8月11日再次恢复了播出。

以《实话实说》为代表的电视谈话节目一改过去简单化提供信息或思想教育的套路,跳出了刻板的说教和简单的通报,摸准了受众心理变化的脉搏,为人们提供了一个信息沟通、情感交流和观念倾诉的平台与通道,媒体、主持人与嘉宾、观众建立了一种平等交流的关系,传播在传者、受者共同作用下协作完成。这个过程促进了社会交流沟通,拓展了电视的功能。

---

① 王甫,王旭东,赵仙泉.正确把握宣传舆论导向:中央电视台近年新闻改革的实践和认识[J].电视研究,1996(12).
② 刘习良.中国电视史[M].北京:中国广播电视出版社,2007:360;佟婷.关于谈话类节目的思考[J].南方电视学刊,2000(4).

《实话实说》开办前后,全国电视荧屏上出现了80多个以谈话为主的栏目,这些节目抓住社会热点,在镜头前与观众展开沟通交流。如北京电视台的《BTV夜话》《谁在说》《荧屏连着我和你》,上海电视台的《有话大家说》、辽宁电视台的《市长、市民谈》、湖南电视台的《大当家》、重庆电视台的《龙门阵》、河北电视台的《大众话题》、青海电视台的《厅局长采访录》等。这些电视谈话栏目各具特色,在话题选择和栏目形式方面也有很多独到探索,逐渐形成了丰富多彩、相互竞争的态势。①

四、专题栏目

(一)中央电视台专题栏目

1.《毛泽东》

1993年12月13日—24日,中央电视台在第一套节目黄金时间播出了12集大型电视纪录片《毛泽东》,用以纪念已故毛泽东主席诞生100周年。片子是刘效礼在1992年2月举行的《望长城》研讨会上想到的。他随后提出了拍摄动议,未获批准。1993年初,他再次提出拍摄设想,得到杨伟光台长拍板同意:"你们是国家队,要拍出国家队的水平。"此时,距12月26日只有不到8个月时间。②

刘效礼在编导阐述中讲了他的想法:纪念毛泽东诞生100周年,意义非凡。毛泽东是人不是神,但他绝不是一个普通的人。中央《关于建国以来党的若干历史问题的决议》(以下简称《决议》)已对毛泽东做出了正确的评价,我们要用电视的手法,用史家的眼光和正史的笔法,从12个不同侧面为毛泽东立传、为20世纪的中国立传。对毛泽东晚年的错误,不必回避。该片的纪实主义本质属性不能变,但关键是要突破自己。

经过上百人的共同努力,节目终于在诞辰纪念日之前成功播出。片子对毛泽东在人生前期各个历史阶段都依据正史记载并进行了比较详细的介绍与解读,而对《决议》中提到的毛泽东晚年的错误如历次政治运动、"文化大革命"等却没有涉及和反思,简单跳过,使得后半部过于简短,并有一些史实内容的缺失。虽然有人提出了质疑,但它还是得到了业界和社会的肯定,赢得了国内外观众的赞扬和社会各界的强烈反响。③说明它代表了当时和以后很长时间的一种社会认知。

2.《邓小平》

1997年1月1日,中央电视台播出了历时3年拍摄制作的大型文献纪录片《邓小平》。12集的纪录片,采访了上百位当事人,挖掘了大量珍贵的影视资料和文献档案,以邓小平富有传奇色彩的一生活动为线索,形象、全面地反映了他作为改革开放的总设计师和中国特色社会主义理论创立者的历史功绩,以及他平凡而伟大的

---

① 《中国广播电视年鉴》编辑委员会.中国广播电视年鉴1994[M].北京:中国广播电视年鉴社,1994:76,82.
② 杨伟光.往事如歌:老电视新闻工作者的足迹[M].北京:人民出版社,1997:264.
③ 《中国广播电视年鉴》编辑委员会.中国广播电视年鉴1994[M].北京:中国广播电视年鉴社,1994:588;《中国广播电视年鉴》编辑委员会.中国广播电视年鉴1995[M].北京:中国广播电视年鉴社,1995:567.

品格和独特的个性气质。邓小平波澜壮阔、富有传奇色彩的一生,通过片中的内容传达出来。纪录片包括《早年岁月》《苏区风云》《戎马生涯》《历史转折》《绘制蓝图》等内容。

《邓小平》的播出在全国上下形成了一个收视热点,也在国内外引起强烈反响,获得各界好评。中央电视台收到了大量有关来信来电。应观众要求,从当年1月14日和20日,中央电视台在面向全国的第二套节目及面向北美、东南亚等海外地区的第四套节目中重播了这部纪录片。上海东方台等一些地方台也把其安排在黄金时段播出。①

据邓小平身边人回忆,当时重病卧床的邓小平在电视机前观看了该片。工作人员告诉他这是反映他的电视片时,老人脸上露出了羞涩的表情。②

3.《广东行》

1992年12月,中央电视台推出了6部18集电视纪录片《广东行》,该片是第一个将取材视野投向改革开放前沿的大型纪录片。其收视率达到20%上下,超过了同期热播的电视连续剧《爱你没商量》。③

该片制作的背景是:地处珠江三角洲的广东,在我国改革开放中,一直走在最前列,邓小平同志也是在这里视察后发表了具有历史意义的南方谈话。广东的经济发展为什么始终保持领先,广东的社会主义市场经济是怎样产生、发展的?南方谈话以后,广东成为人们关注的焦点。《广东行》把聚焦点对准改革开放的最前沿,把镜头推向中国发展最红火的地方,对这一热点地区以纪录片形式做了全方位报道。从这个意义上说,它可以被看作电视新闻中纪录形式的深度报道。

从创作上看,《广东行》的编导在录制前期深入、认真调查研究的基础上,对广东经济起飞有了客观、深入的认识。在采制中,编导以追随摄影的手法,用声画结合的形象语言,截取生动、真实的生活素材,展现出一个个具体、个性的人物形象和生动事例,把真实、新鲜的生活原汁原味地呈现在观众面前。

《广东行》中有不少感人、发人深思的片段。有一集内容是"路通财通",关于"番禺的桥、东莞的路"这一广东省为改善交通采取的措施的介绍,不是单纯通过数字、解说,而是通过亲历者的讲述来完成的。司机们一边开车一边叙说;东莞市交通局办公室主任、当年为建设洛溪大桥顶住压力自筹资金的拍板人现场谈话,谈他们的亲身经历和感受,这些第一手材料提供了建设的具体经过,增强了报道的可信性。还有一集是"人尽其才",随着公关小姐对推荐人才情况的介绍,观众看到了哈尔滨工业大学教授、讲师、研究生们在珠海市开发高科技产业的成就,以具体事例生动展示出珠海市重视人才、奖励人才,发挥人才作用,以高科技推动经济发展的远见卓识,并由此产生对重视知识、重视人才的深层思考。

---

① 韩冰洁,李靖.电视文献纪录片《邓小平》播出反响侧记[J].瞭望新闻周刊,1997(4).
② 消息来源:卫炜,邓小平同志的家风,http://news.ifeng.com/a/20170207/50658040_0.shtml。
③ 任远,郑蔚.《广东行》的叙事特色[J].北京广播学院学报,1993(4).

再如"走向市场"一集,清平街鱼市场往水里打氧气的活鱼、活虾,交易中买卖双方的讨价还价,这在当时的内地观众看来不仅有新鲜感,还生动展示出市场经济的活跃和广东人生活水平的提高。采访赛格集团一段,观众跟着摄像机,随同公关小姐从公司追到海关采访老总,又去采访赛格工厂厂长和储运公司经理,看到了赛格人如何利用外资赚取外汇。从老总、经理、司机的言谈中,观众能够感受到赛格精神,从而激发起把中国经济推向世界的信心。①

《广东行》给观众的不是结论而是调查过程,观众似乎是跟着摄像机到广东各地去看、去听、去感受。它不说教、不灌输、不强加于人,通过对广东社会各个阶层人物富有特色的生存方式、思维方式、行为方式的采录,为观众展示了一幅多彩的时代画卷。片子在叙事结构、动态采访以及长镜头、同期声、主持人、字幕等电视元素的运用上都有很多独到新颖之处,展现出影像纪实的魅力。它是继《望长城》之后纪实作品的又一成功之作,给电视新闻深度报道带来了活力和启迪。②

在这一时期中央电视台还播出了一系列的专题节目。如1993年7月31日至8月17日播出的展示战斗在我国陆、海、空口岸和边境一线,担负反内潜、反偷渡、反走私贩毒、反劫机和外轮管理等艰巨任务的边防将士事迹的8集电视片《中华之门》,获得邓小平同志的称赞和观众的认可。其他还有如《朱德》《唐山地震廿年祭》《中华文明之光》《香港沧桑》《辉煌的八五》和《边疆行》等思想性、艺术性俱佳的系列专题节目,都获得了较好的社会反响。③

(二)地方台专题、栏目

各地方台在这个阶段新开辟了一些专题节目、特色栏目,为电视新闻发展提供了积极的启示。

1.《新闻透视》

1987年,上海电视台推出了一档全新的电视栏目《新闻透视》,有人甚至称这个节目是中国至今仍在播的历史最悠久、生命力最强的电视新闻节目。《新闻透视》开播伊始就在上海电视台新闻类节目收视率中独占鳌头,1987—1994年,它将上海电视台的新闻节目收视率提高了近10个百分点,并常年名列上海电视台信息类电视节目收视率首位。

随着媒介环境的转变,以及社会转型期各种新的社会现象和问题大量出现,1994年6月,《新闻透视》进行重大改版,节目样式改为每天一期,每次5分钟,从多角度、多层次深入解读新闻事实或社会热点,力求全方位挖掘其所蕴含的本质特点。其形式,可以是深入调查一起新闻事件,可以是细致解读一个社会现象,还可以从多层次展现一种新的精神风貌,既可以理性预测某种发展趋势,也可以倡导某种价值观念。改版

---

① 叶子.电视纪录片的深层开拓[J].电视研究,1993(2).
② 张群力.电视界专家学者话《广东行》[J].电视研究,1993(1).
③ 《中国广播电视年鉴》编辑委员会.中国广播电视年鉴1997[M].北京:中国广播电视年鉴社,1997:66.

使节目逐渐形成一套可操作的规范结构和表达方式。改版的重大变化还在于不再设专门的主持人,而由记者、编辑直接出镜,夹叙夹议,对新闻热点进行及时分析、解读和点评,这样的节目样式一直保留多年。

《新闻透视》不断寻求突破,无论是报道结构还是解说词撰写,都更加追求"讲故事"的效果,让报道生动、鲜活,具有可看性。在选题上也尝试将落点选得比较小,更贴近百姓生活,一事一议,短小精悍,靠近民生去做文章,这样做的空间最大,也最容易博得受众和市场的青睐。而注重电视片结尾的点评,则是《新闻透视》在"讲故事"之外区别于一般社会新闻报道最大的特点。[①]

20世纪90年代初,《新闻透视》还针对上海的"乘车难""行车难"等影响市民生活的焦点问题,进行了历时半年、长达17集的连续报道,将这一场大规模的社会参与讨论报道推向深入。面对中国社会改革开放所凸显出来的新问题、新矛盾,这一类报道与当时中国社会发展的主流价值体系所需要的思想启蒙不谋而合。

从形式上,《新闻透视》几经变革,化整为零。尽管形式多变,但是在节目特色上,它始终保持了"及时准确地捕捉社会热点、针砭时弊反映群众呼声、融现场感与评论性为一体"的风格。

2.《东方潮》

该栏目在上海东方电视台于1993年10月16日开播。每周一期,每期25分钟,周六20:40播出。开始时为专题栏目(含纪录片),后逐渐定位为专播纪录片的窗口。以贴近社会、贴近群众、记录人生、记录时代为宗旨,镜头对准的是普通人与事,提示的是人间真情与生活底蕴。

《东方潮》栏目开播伊始,推出了一档有创意的系列片《心理魔方》。该系列从社会心理学角度设计了一些试验,用现场隐蔽拍摄的方法如实记录试验的全过程,然后由主持人和专家对所拍摄到的现象进行心理分析。例如《借钱》一集,为了测试上海人的"利他"和"援助"行为,主持人(试验者)化装成外地人,背着一个像是被小偷划破的包,带一张真的车票,以被偷而身无分文的理由向路人借钱,看不同对象的反应。不论对方借不借钱,躲在暗处的摄像机都进行实录。录像播出时,再加一段主持人对这种现象的心理分析与引导。该系列片采用跟踪纪实、同期录音的拍摄方法,真实记录被测试路人的反应。著名剧作家沙叶新担任"编剧"、总策划和主持人。节目共播出9集:《禁止摘的苹果是甜的》《雨中情》《婚礼上的不速之客》《请借给我五元钱》《对不起!》《小姐你真美!》《有气味的液体》《耳听是虚》。

这一社会心理系列片在中国属于首创。播出以后,在上海观众中引起较大反响。前5集播出后,收视率就上升到27%。[②]

---

① 陆晔,刘琼瑶.社会转型背景下电视深度报道和评论类节目的实践策略:以上海电视台《新闻透视》等节目为例[J].中国广播电视学刊,2007(7).
② 赵凯.上海广播电视志[M].上海:上海社会科学出版社,1999:502.

第三节　电视新闻改革的大动作

1993年,在分析国内外电视发展总趋势的基础上,作为中国电视龙头老大的中央电视台制定了新的发展战略,提出立足中国,面向世界,把中央电视台建设成为同中国大国地位相称的世界一流水平电视台的奋斗目标。要以一流队伍、一流设备、一流节目作为实现这一目标的具体举措。中央电视台开始实行"对内对外并重,无线有线结合"的方针。对内精心办好第一套以新闻为主的综合节目,同时开办多套专业频道。①

在我国传媒界有这样一种说法,中国真正的电视新闻改革是从20世纪90年代开始的。中央电视台老台长杨伟光也曾说过:"实质性的改革应该从1993年的《东方时空》开始。在这之前,只能算是改进。"②

当然在这之前,中央电视台和很多地方台就已经出现了一些具有开拓性的深度报道和杂志型栏目。例如中央电视台于1980年7月12日推出的《观察与思考》,1988年安徽台的《社会之窗》、广东电视台的《社会聚焦》、1989年贵州台的《透视镜》等,同属深度报道节目。再如上海台创办于1987年7月5日的《新闻透视》、福建台创办于1988年1月1日的《新闻半小时》、北京台开播于1990年7月30日的《北京您早》等,都是杂志型节目。它们都曾引起社会的热烈反响,是民众关注的热门节目。

其中《北京您早》是国内最早的一档早间电视新闻杂志节目,它1992年以后的节目安排有《人海撷英》《唱我心曲》《生活指南》《社会大观》四个子栏目。③ 其节目安排与后来的《东方时空》基本上不谋而合。这些节目的大胆尝试和对受众需求的认知,为《东方时空》等节目的崛起奠定了良好的专业与社会基础。

一、《东方时空》开播

1993年初,中央电视台新闻中心根据台领导和编委会的意见,决定创办一档早间节目。孙玉胜等人经过几个月的筹备,于5月1日正式开办了新闻杂志型栏目《东方时空》。

《东方时空》创办初期时长1个小时,早上7点到8点播出。节目定位是集新闻、服务和娱乐于一体,由《新闻》《东方之子》"浓缩人生精华"、《金曲榜》"高歌民族曲,激荡中国魂"(李鹏总理语)、《生活空间》"讲述老百姓自己的故事"、《焦点时刻》"时代写真·社会纪实"5个版块构成。

---

① 杨伟光.发扬优良传统建设世界一流大台[J].电视研究,1993(台庆专刊).
② 刘世英.杨伟光的央视岁月[M].北京:中信出版社,2007:42.
③ 《北京您早》的子栏目在创办之后有多次频繁调整,特别是生活类和专题性两个栏目。由于北京台多年来没有专门修志,网络记录也不全,较难一一查考。——作者

其中,《新闻》由编辑部制作,是传统的新闻总汇,播出不久即与栏目脱钩。① 《东方之子》是人物专访,主要选择那些事迹和经历突出的人物,通过记者访谈,反映其人生及内心世界。《生活空间》开播时提供的是服务性内容,有各种实际生活指南。在一段时间后,开始制作播出记录生活中的普通人、平凡事的小型纪录片。《金曲榜》是当时红火一时的音乐电视"MTV",但是这个栏目却并不追求流行,反而非常注重前卫与艺术水准,推出很多创新个性作品。《焦点时刻》则是针对社会、新闻热点进行聚焦的话题专栏,强调记者现场采访的真实感以及新闻深度的挖掘。这5个版块在内容上毫无联系,表现形式各不相同,有的连制作都不在一个部门。

这档诞生于早间、作为"试验田"节目的出现引起了社会极大的关注,迅速红遍大江南北,受到全国观众不可思议的热烈追捧。如开始的某期《焦点时刻》节目报道了一群北京中学生集体离家出走,节目中请求观众注意帮助寻找。当天节目组就收到了群众线索,被告知石家庄附近城镇有几个学生要求在餐馆打工。节目组和家长迅速赶赴现场,一举找到了出走的学生,从中可见节目受观众广泛关注的程度。

《东方时空》开播第一天正值"五一"国际劳动节,《东方之子》播出的是《钢人铁马——马俊才》,反映的是改革时代的企业家马俊才在担任济南钢铁厂厂长之后,仅用三年时间就将亏损十几年的企业"救活"的事迹。栏目记者式主持人深入钢厂车间生产现场,同期采访了马俊才及他的同事和工人,多角度反映出他的奋斗历程。另一期《一代儒商——牟其中》,把极富传奇色彩而又命运坎坷的四川私营企业家牟其中推到观众面前,其生活经历和人生追求,给观众留下印象。《东方之子》抓住这些独特的典型,反映出时代变动中的弄潮儿。

据《生活空间》时任制片人陈虻回忆,开始一年多,该栏目基本走的是人文教化的路子,也就是说,节目内容中更多的是关注和接近个人的内容,没有顾其背后的时代背景和影响。1996年,《生活空间》提出了新的想法:在飞速变化的社会背景下,每个人的生活、思想受时代的影响和局限,同时每个人的生活态度、情感、价值观等同样反映着这个时代。普通人的生活就是历史,节目要从小人物的角度记录,为未来留下一部由小人物构成的历史。②

于是《生活空间》开始注意记录时代背景下小人物生活的典型瞬间。如《寻找失主》中记者陪同出租车司机四处寻找遗失物品的失主。《久远的音符》关注的是一群熟习传统技艺的农村老人。《考试》记录了考生和家长一同经历的人生中重要的考验阶段。③ 节目注重通过有意思的情节,在故事里完成人物性格的塑造和刻画,以及对历史一斑的记录。编导每认识一位拍摄对象都要从他们朋友或亲人的角度来思考,努力去发现和捕捉那些朴实无华的生活情境中有价值的东西。节目平等地

---

① 杨伟光.中央电视台发展史[M].北京:中国广播电视出版社,1998:432.
② 徐泓编著.不要因为走得太远而忘记为什么出发[M].北京:中国人民大学出版社,2014:21,22.
③ 孙克文.焦点外的时空[M].上海:上海三联书店,1997:255,256.

表达对每一个人的真切尊重。其中的故事是从普通人的生活经历中截取出来的一幕幕人生境遇。

《焦点时刻》的报道针砭时弊、褒贬是非，有鲜明的立场和观点，在观众中引起热烈反响。节目对电视新闻与评论的结合进行了探索。虽然此时"电视新闻评论"仍未形成明确的理念及稳定清晰的节目形态，但反应快捷的电视新闻报道与个性鲜明的评论相结合的良好传播效果已在《焦点时刻》中得到证实。栏目完成了对"电视新闻评论"的初步探索，为这一体裁的成熟打下了实践与理论的基础。

在运营上，《东方时空》实行承包制，台里提供了20万元启动经费和节目中的5分钟广告时间作为经费来源。显然，节目如果不受欢迎、没有广告，就难以为继。

栏目的巨大成功、追求卓越的专业氛围，加上新的灵活用工制度在电视系统以及新闻界引起了强烈震动，吸引了大批来自全国的各类人才。据水均益回忆说："《东方时空》给我们这些热爱新闻的人提供了一块再好不过的阵地。这里的机制，这里的气氛，这里的效率，这里的实现感，是在许多新闻机构所难以想象的。""也许正是因为这些'激励'，《东方时空》的人很'玩命'。以台为家者大有人在。别人出差回来可能要先休息一天再上班，《东方时空》的人往往是从机场直奔编辑间，连夜赶制节目。"[①]

有人说，《东方时空》是一次革命，是一个壮举。它改变了当时我国大多数观众早上不看电视的习惯，将原先早上的冷门时间变成了另一个"黄金时段"。其实，调查数据显示，《东方时空》播出时间正是上班族离家的时间，而其节目重播的下午6点钟才是真正的收视高峰。无论如何，《东方时空》的开播，标志着中央电视台新闻改革迈出了新的步伐。其多样性的节目形态组合使得栏目整体鲜活生动，平民化、贴近性的述说方式，以及对真实生活的及时反映、针砭议论，一反传统新闻高高在上、拒人千里的生硬冷漠，使得节目走近亿万观众，成为他们在社会动荡大潮中的精神港湾。

1996年1月26日，《东方时空》开播1,000期的时候，在北京展览馆举办了观众日活动。3万多名观众来到现场，与节目组的编辑、记者、主持人面对面交流，气氛非常热烈。

活动次日，新改版的《东方时空》亮相。新版栏目撤销了《音乐电视》（原《金曲榜》，于1994年10月1日改名），虽然经过近三年的实践，由播出流行歌曲为主发展到播出当代名曲和优秀的民族歌曲，到以播出自己拍摄的MTV为主，在中国当时的流行乐坛已经举足轻重。增加了3分钟评论栏目《面对面》，由主持人适时对节目中的新闻做出点评并对热点问题进行阐释。《生活空间》由开始时的医药时装、美容美发，逐渐定位为"讲述老百姓自己的故事"的凡人生活记录。《焦点时刻》更名为《时空报道》，节目内容更趋向社会话题，形式更接近报道，与已于1994年开播的《焦点访谈》做出形式与

---

① 水均益.前沿故事[M].海口：南海出版社，1998：21，22.

内容上更明确的区隔。

新改版的《东方时空》还取消了小栏目分别设置主持人的做法，代之以一名总主持贯穿始终。改版后的《东方时空》成为一个集新闻、访谈、纪录、评论、专题等于一体、更纯粹的电视新闻杂志节目，其新闻性更加凸显，各小栏目的定位也愈加清晰。正如节目创始人之一孙玉胜所说的：对《东方时空》来说，主动放弃《音乐电视》"作为一种局部的割舍，那么'打造电视新闻杂志'就是我们的长远未来"[①]。

二、《焦点访谈》开播

1993年11月，在《东方时空》办得如火如荼的时候，中央电视台决定在黄金时段再办一档类似《焦点时刻》的栏目，并很快开始了筹备。1994年4月4日，《焦点访谈》正式开播。节目时长13分钟，每晚在中央电视台一套《新闻联播》和天气预报节目之后的19点38分播出，其形态是将演播室主持与现场采制的专题片相结合。

《焦点访谈》最初的自我定位是："时事追踪报道，新闻背景分析，社会热点透视，大众话题评说。"其选题都是新闻和社会话题，内容是对当下重要生活动向、社会热点、新闻事件、新颁政策的解读、追踪与阐释。

（一）舆论监督

《焦点访谈》在早期是一档以舆论监督为特色的节目。

1994年2月初，《焦点访谈》的创办者们在北京举行了筹备会议。在会上，孙玉胜明确表示："这个栏目首先要突出舆论监督的特色，……但是我们的位置要摆得非常正，我们不能以反对者的视角来看待监督出来的问题，向政府发难；……而是要本着一种建设性的思维，抱着解决问题的态度来帮助政府工作，绝不是添乱。"[②]这为日后《焦点访谈》节目的选题和报道思路确立了原则。

节目"有着比以往此类节目更强的时效性，更生动的纪实手法，更多样的评析方式，更自觉的喉舌意识，更大的舆论监督力度"[③]。它不仅对社会上存在的问题进行较为翔实的报道和分析，还以"硬焦点、软着陆"的方式努力对社会问题进行思考与评判；同时注意舆论引导，加强媒介与大众、政府之间的"沟通"和"平衡"。

从节目开播第一个月的选题分布来看（见表7-2），27天的节目有20期为监督类内容，其中有两个题目做了上下集，共有9个"硬监督"题材，也就是针对具体人或单位具体错误行为的批评，其余9个为"软监督"题材，即是针对某类问题的质疑讨论。

---

① 牛鸿英,张琦.嬗变中的超越与困惑:从《东方时空》看电视新闻杂志节目的发展[J].中国广播电视学刊,2005(2).
② 刘世英.杨伟光的中央电视台岁月[M].北京:中信出版社,2007:56.
③ 涂光晋.从"自己走路"到"走自己的路":电视评论类节目的发展历程与未来走向[J].中国记者,1999(9).

表 7-2 1994 年 4 月《焦点访谈》舆论监督题材分布①

序号	播出日期	题目	监督类型	内容类别
1	4.3	北京郊区——耕地上修建起一座坟茔	硬监督	农村·耕地
2	4.4	关于杭州"弃婴案"的报道	软监督	伦理道德
3	4.5	游戏机游戏着什么?	软监督	儿童·教育
4	4.7	重针厂破产一年半——对一起企业破产的报道	软监督	工业·国企改革
5	4.10	奖金的困惑	硬监督	经济秩序
6	4.11	高法严惩沈太福、李效时	硬监督	反腐败
7	4.12	吹牛皮真的不上税吗?	硬监督	商贸·假广告
8	4.13	海狸鼠——深化与现实的再调查	软监督	经济秩序
9	4.14	血汗白流——两万多钢铁耗子蚕食武钢	硬监督	工业·国有资产流失
10	4.15	从周峥之死想到的……	软监督	法治
11	4.16	从教不仁(上)	硬监督	教育·反腐败
12	4.17	从教不仁(下)	硬监督	教育·反腐败
13	4.18	"追债记"	硬监督	工业·三角债
14	4.19	国法为大——山西忻州广秀商厦保安人员打伤国家物价员	硬监督	法治
15	4.20	乱摊派何时了	硬监督	工业·乱摊派
16	4.21	由谁负责——对一起意外事故的追踪调查	软监督	社会保障
17	4.22	公民与纳税	软监督	法治
18	4.23	回家的路有多长——对流浪儿童的追踪采访(上)	软监督	儿童
19	4.24	回家的路有多长——对流浪儿童的追踪采访(下)	软监督	儿童
20	4.30	科学投资才有效益	软监督	经济

《焦点访谈》的舆论监督在题材选择上具有广泛性。题材涉及工业、农业、教育、法治、社会等各个领域,反映的是社会生活各方面的热点问题,其中很多与百姓生活息息相关。通过对已播出的舆论监督节目进行分析得出的数据可以看出,报道中最突出的是反映滥用职权,这些职权包括行政和行业特权,其次还有侵犯公民权利、贪污受贿、弄虚作假、违法乱纪等各种问题。这在一定程度上反映出当时中国社会存在问题的现

---

① 梁建增.《焦点访谈》红皮书[M].北京:文化艺术出版社,2002:39;梁建增,孙金岭.新闻舆论监督的成功实践[J].中国广播电视学刊,2003(3).

状,涉及社会各个领域,与社会热点息息相通,带有鲜明的时代特色,从而成为观众瞩目的焦点。

(二)评论客观平和,监督平衡理性

《焦点访谈》的基本结构是"主持人演播室导语+新闻事实陈述+主持人演播室评论"。节目主体是对事实的陈述,充分发挥电视纪实性强的优势,用采录来的音响和画面说明问题,给观众直观、形象的感受。记者特别注意对事件核心细节的核实,注重用事实说话,让观点形成于对事实真相的揭示之中,达到"事实胜于雄辩"的效果,使结论不言自明。所以其意见性评论只占节目时长的较小部分,尽量不用口说议论,这反而增强了节目的真实性、感染力、可信度和说服力。

同时,《焦点访谈》在节目中还坚持评论主体的多元化。记者会采访矛盾双方当事人,让他们都有发表意见的机会,达成一种主观意见的公平表达,给观众较为全面、完整的视角。这让报道避免了偏颇,保证了立场的理性、平衡,对问题的改进更加具有建设性,易于被更多的人所接受。

《焦点访谈》的记者在报道中对自己的身份始终摆得很清楚:自己不是矛盾冲突哪一方的代表,也不做"媒体审判",而是完全独立于事实之外的"第三者"。这对于确保事实的准确和公正性有着重要作用。

为了保证舆论监督的客观公正,《焦点访谈》特别明确了如下纪律:不与地方台合作,不接受被采访对象和当事双方中任何一方的支持,如提供采访方便、联系采访对象等,以制度的方式保证调查事实的不偏不倚,保证采访事实的准确客观。

(三)推动事态发展,舆论监督有效

《焦点访谈》开播后,节目暴露了社会生活中存在的很多问题,不仅使得老百姓纷纷拍手称快,也得到了各级领导的关注,促进了问题的解决。节目在批评某一现象之后,注重节目的建设性,一些报道提出的改进意见成为国家、地方决策的参考。

1994年6月19日,《焦点访谈》播出了《沉重的棉花》节目,对国内市场上的棉花掺杂造假现象进行了揭露与批评。国务院据此迅速展开全国范围棉花市场的专项整顿。记者又对整顿进行了追踪报道,分别在8月5日和10月10日播出了《让棉花不再沉重》和《收棉季节再访棉区》。后一个节目播出时,正值国务院召开棉花收购工作会议,恰好为有关决策者提供了最新的情况调查参考。

类似情况还有1996年4月29日播出的《咸宁工商取财有道》,节目引发了全国治理"三乱"大整顿和国家有关政策的出台。1996年12月16日播出的《盗伐危及大动脉》,更成为国家出台全国林区树木砍伐新规的契机。《焦点访谈》在很多话题上,对政府决策起到了促进和推动作用。

1996年,贵州省织金县少普乡强迫少普中学教师停课种烟,引起不满。《焦点访谈》以《育人者何以育烟》为题予以披露。节目播出之后,得到李岚清副总理重视,他专门批示要求贵州省严肃查处。此后,他多次过问处理情况。6年之后,2002年3月27日到4月2日,李岚清赴贵州考察,虽然日程紧张,但仍用一天时间驱车近500公里来到少普乡专程看望教师和学生,对当地的教育情况进行了实地考察。①

到1997年底,《焦点访谈》总共播出了近1,300期节目。其中批评报道约占四分之一左右。就其批评效果来看,每次报道都促进了问题的解决,甚至还推动了很多同类问题的改善。如1995年12月30日的《仓储粮是如何损失的》播出后,受到中央和地方政府的高度重视;1996年12月7日播出的《巨额粮款化为水》,促使黑龙江省委省政府下决心解决了打白条和挪用农民售粮款问题;1997年底播出的《法律岂是儿戏》和《"罚"要依法》等节目,都促使被批评当地和行业部门开展了专项治理整顿工作。②

《焦点访谈》舆论监督的有效性还体现在其对许多重点话题进行了反馈和跟踪报道。这种回馈方式受到广大观众的欢迎,体现出节目对观众知情权的尊重。电视新闻节目批评谴责各种不合理、不正常的行为,不仅仅是为了评析社会上的各种热点事件,引发民众的关注和议论,其根本目的是为了促进问题的解决。如果节目只揭露问题、做出批评,却不能解决,久而久之反而会引发民众的悲观失望情绪,这不是舆论监督应有的结果。

几年间,《焦点访谈》栏目还推出了一批得到观众广泛认可的记者和主持人,如敬一丹、水均益、方宏进、赵微、翟树杰、张泉灵、张羽等。

由于把握住了社会发展的脉搏,节目受到上自中央领导下至平民百姓的普遍欢迎,从播出的第二天就收到了来自社会各界的一致好评,《人民日报》当天还发表了署名文章:《〈焦点访谈〉开了好头》。开播不久即成为全国收视率最高的新闻栏目。据统计,1995年《焦点访谈》的年平均收视率达到26.6%,仅次于《新闻联播》。③ 成为这一时期国内媒体舆论监督的一面旗帜。

节目多次引起国家领导人的注意,并曾得到三任共和国总理的题词和赠言。1997年12月29日,李鹏同志在视察中央电视台时,特意来到新闻评论部演播室,欣然题词:"焦点访谈,表扬先进,批评落后,伸张正义。"1998年10月7日,朱镕基总理来到中央电视台视察,与《焦点访谈》栏目组座谈,并赠言"舆论监督,群众喉舌,政府镜鉴,改革尖兵"。2003年8月26日,温家宝总理视察中央电视台,在《焦点访谈》演播室赠言"与祖国同在,与人民同行,与世界同步,与时代同进"④。

在《焦点访谈》的带动下,全国各地电视台基本都在这时创办了自己的新闻评论节目。

---

① 梁建增.《焦点访谈》红皮书[M].北京:文化艺术出版社,2002:279,377.
② 杨伟光.中央电视台发展史[M].北京:中国广播电视出版社,1998:429,430.
③ 刘建鸣,张传玲,刘志忠:1995年收视率年度报告(上)[J].电视研究,1996(4).
④ 余伟利.《焦点访谈》等舆论监督节目的量化分析[J].电视研究,2002(9);《中国广播电视年鉴》编辑委员会.中国广播电视年鉴1999[M].北京:中国广播电视年鉴社,1999:58.

三、《新闻调查》开播

《新闻调查》栏目是根据中央电视台编委会进一步深化电视新闻改革的要求,由新闻评论部创办的。

(一)筹备阶段

1995年12月30日,新闻评论部主任孙玉胜找到了当时《焦点访谈》栏目一组的制片人张步兵,讨论创办《新闻调查》事宜。据张步兵回忆:当时大家心里明白,这档节目必须要办成"台里的标志性节目",办成中央电视台的标杆,"要做深度报道"。

1996年2月的一天晚上,新闻评论部主任孙玉胜在梅地亚召集《新闻调查》栏目组开会,关于节目的定位,孙玉胜和评论部副主任袁正明都明确提出:"我们要做中国的《60分钟》。"[①]通过讨论,《新闻调查》团队对栏目的形态达成了共识,就是要运用"调查"的方式,把那些被利益集团隐瞒、掩盖的事实公布出来。[②]

据《新闻调查》开播时的编导之一刘春当时所言:"做一组比较有深度的报道,……既不会很火爆,也永远不会被忽略,根基扎实,逐步发育,亦可能在社会敞开之后,长成参天大树。栏目学习的对象、观摩的教材和灵感的启示得自哥伦比亚广播公司(CBS)的《60分钟》、美国广播公司的《20/20》。"[③]

《新闻调查》在创办之初把美国的《60分钟》作为学习范本。当时由于北京收看不到《60分钟》节目,栏目组还专门花钱请人在深圳录香港电视台播放的节目,录完一盘就寄过来,供学习分析。通过观看节目,学习其理念、选题、报道方法、叙事技巧等,报道的各个方面都向国际最高水准看齐。

《新闻调查》栏目的特殊性和重要性,要求参与工作的编导、摄像、录音都是熟练的专业人员,以便能很快制作出合格的节目。孙玉胜找到了当时《东方时空》周末版的负责人王坚平,让他和张步兵一起带队组建栏目组。评论部同时给了特殊政策,允许他们从《东方时空》和《焦点访谈》栏目组挑选人员。于是包括夏骏[④]、赛纳[⑤]、张洁[⑥]、刘

[①] 《60分钟》是美国哥伦比亚广播公司(CBS)主打的一档电视新闻杂志栏目,创办于1968年9月,其栏目内容是对重大社会问题的深入挖掘、探讨。它的主持人都是资深记者,例如华莱士、丹·拉瑟、哈里·里森纳等。它在美国一直保有很高的收视率,也是世界电视新闻深度报道的楷模。
[②] 张洁,吴征.调查《新闻调查》[M].北京:文化艺术出版社,2006:5,7,8.
[③] 李近.《新闻调查》前路漫漫[J].南方电视学刊,2000(4).
[④] 夏骏,1996年加盟《新闻调查》,《改革开放20年》总导演,1998年任《新闻调查》第二任制片人,曾任民营银汉电视公司总经理。
[⑤] 赛纳,1996年加盟《新闻调查》,2000年任第三任制片人,2003年创办《面对面》并任首任制片人,现负责新闻评论部的节目研发。
[⑥] 张洁,从《东方时空·东方之子》加盟《新闻调查》,编导的节目《生命》获第36届亚洲—太平洋地区广播联盟特别奖,2003年起任《新闻调查》第四任制片人。

春①、王利芬②、钱钢③、王志等一些优秀电视新闻人都聚集在了《新闻调查》栏目组。④人才的汇聚成为栏目日后获得成功的首要因素。

1996年4月,中央电视台在继3月对其第一套节目19:55至20:00的《神州风采》栏目时段进行台内招标之后,再次对一套节目21点到22点的时段进行招标。目的是"要集中精力把第一套节目办成精品频道"。因为这"是中央电视台的当家频道,也是同国外电视台竞争的最重要的频道"⑤。《新闻调查》也参与了竞标。当时,制片人张步兵策划了两个选题制作样片:一个是张洁负责的《西古县村纪事》,内容是揭露河北省一个贫困村干部贪污村民口粮的行径,这是《新闻调查》第一次尝试调查性报道;另一个是夏骏负责的《宏志班》,讲述北京市广渠门中学为成绩优异的贫困生设立一个特别班级的故事。前一个选题涉及村干部腐败、农村民主等敏感话题,矛盾冲突突出,因此未能获得播出。《宏志班》作为《新闻调查》的样片参与竞标,以排名第一的好成绩脱颖而出,一举中标。

1996年5月17日星期五,《新闻调查》开播,首播节目《宏志班》。节目由记者白岩松出镜报道。节目在每周一晚首播,每期45分钟,是当时国内单篇时间最长的深度报道栏目。节目的采制方法在当时我国的电视新闻界具有开拓意义。

(二)节目定位

《新闻调查》开始时的节目定位口号是"正在发生的历史,新闻背后的新闻"。概括出栏目鲜明的个性追求。它宣告,《新闻调查》的报道都是正在发生、为群众所关注、也是特别需要解决的社会问题,它们是今天的新闻,也是明天的历史见证。而且这个栏目的内容走向不是停留在事实的表象,就事论事,而是要挖掘出背后的根源和实质,那些能够引发大家思考的内涵。栏目制片人之一赛纳也谈过,在《新闻调查》开播初期,他们有过这样的定位口号:"三性",即新闻性、故事性和调查性。一个《新闻调查》的选题,应该同时具备这"三性"。

《新闻调查》选择的题材,就新闻性和社会性而言,和《焦点访谈》有共同之处,两者皆关注在社会转型期出现的具有普遍意义的事件和现象。但在具体题材的选择上,《新闻调查》则要求事实更富于变化,容量大、层次多,能够层层掘进,更注重被社会普遍关注的性质。故事性是指构成栏目主体内容的选题,应该是承载了丰富信息的事

---

① 刘春,1996加盟《新闻调查》,曾任执行制片人,编导了《山顶上的希望》《成克杰腐败案》等,现为凤凰卫视中文台副台长。
② 王利芬,1996年加盟《新闻调查》做出镜记者和编导,代表作《透视运城渗灌工程》《跨世纪的握手》,后创办《对话》《经济信息联播》,曾任中央电视台广经信息中心资讯节目工作室主任。
③ 钱钢,著名报告文学作家,1996年9月加盟《新闻调查》,任记者、策划,后任《南方周末》主编,现任上海大学和平与发展研究中心学者、香港大学新闻及传媒研究中心"中国项目"负责人。
④ 央视国际.《新闻调查》栏目解析[EB/OL].(2005-05-20)[2015-06-11].http://www.cctv.com/program/xwdc/20050520/102483.shtml.
⑤ 杨伟光.把中央电视台建设成社会主义精神文明的重要阵地[J].电视研究,1996(10).

件,同时又富于变化和冲突,具有多元化和完整性。调查性是指节目在形式上,记者的采访调查过程是构成内容结构的主线;节目通过记者的介入式调查,实现对事件多层面展示和对主题的深入开掘。因此,节目的调查样式成为实现栏目特色的重要因素。

节目组把目光紧紧盯在关乎国计民生和改革难点的领域,记录"正在发生的历史"。如《大官村里选村官》《铁路面临重大改革》等,就是通过反映改革中发生的看似平常实则非常的事情来把握社会进步的脉搏,具有时代的厚重感。同时,他们把新闻触角伸向社会关注的焦点,探究"新闻背后的新闻"。如《平陆电厂兴衰记》《从市长到囚犯》等一批反腐题材,抓住了民众关切的反腐倡廉主题,且对产生腐败的原因进行了深入剖析。此外,他们不忘记关注大时代背景下小人物一波三折的命运,如《国家的孩子》《死囚的忏悔》《376小时》等节目,通过一个个鲜活的生命故事以及故事背后的人物命运,真切而生动地展示出改革的大变动带给人们观念上的碰撞和心理上的冲击,以小见大地折射出历史在现实中的塑形过程。而《跨世纪的访问》《保卫荆江》《香港首任行政长官选举纪实》等节目的快速制作与播出,不仅使节目更具时效性,同时也证明了这个大型深度报道栏目在新闻主战场驾驭突发重大事件的能力。①

《新闻调查》栏目主打"调查",节目不是仅仅报道一个事件的发生发展过程,而是通过出镜记者来探究事件的来龙去脉;通过对事件提出质疑,再带着疑问进行抽丝剥茧式的调查和探究,在质疑和调查中逐渐找到问题的答案。节目将这一调查过程记录和展示出来。

业界学者对《新闻调查》的选题类型有多种分析总结。有人概括出其共有四种调查类型:一、事件性调查,如《平陆电厂兴衰记》《陶艺节为何停办?》;二、主题性调查,如《淮河水》《招牌中的文化倾向》;三、舆情调查,如《一言难尽择校生》《公交能否优先?》;四、新闻事件的背景或内幕调查,如《香港特区首任行政长官推举纪实》《寻踪日全食》。②

从这种栏目形式来看,记者的素质显得尤为重要。记者此时已经成为调查的主体,节目好不好看、结果会如何都取决于记者的表现和发挥。在新闻现场,出镜记者肩负着多重任务:既要不断提出质疑,又要和采访对象进行交流,还要见证新闻事实、带领观众感受现场,向观众展示各种调查过程中的细节。每次调查都离不开记者的层层剥笋、层层发问、层层质疑、层层探寻。③

如开播第一期的《宏志班》,就是对北京一个由相对贫困家庭出身学生组成的班级的故事的调查发掘。节目通过带有情感的细节表达,带出了社会心理层面上的剖析。出镜记者白岩松有很强的题材把握和临场评述能力,使节目显得有故事、有情感,也有思考,小题材做出了大主题,获得了成功。成为栏目选取"小故事、大主题"事件报道的典范。

---

① 塞纳.事件与理性结合:《新闻调查》三年的追求[J].电视研究,2000(2).
② 徐舫州.众里寻他千百度:从《新闻调查》看深度报道[J].电视研究,1997(6).
③ 张洁,吴征.《调查〈新闻调查〉》[M].北京:文化艺术出版社,2006:138.

从当时已经播出的节目来看,记者的调查过程构成了节目的"现在进行时态",也构成了节目结构的主线。以《公交能否优先?》为例,记者白岩松通过对北京市 103 路电车沿线的调查采访,把涉及"公交优先"各个方面的问题揭示出来。节目中,电车线路好比一条长长的"藤",记者"顺藤摸瓜",把大大小小的"瓜"(问题)逐一摸了出来。节目通过双机拍摄把事实本身、记者亲历调查过程和观众的感受统一起来,形成了清晰的"进行时态"线索,产生了近似亲临现场的效应。

《新闻调查》大量使用出镜记者,使得节目带给观众的现场感和真实性都大大增强。给人印象很深的是著名的《透视运城渗灌工程》中记者王利芬的报道。节目中,她翻过井沿,跳进了干枯的渗灌井里,观众清楚地看到,水井并没有使用。接着,她又带着观众的质疑,进一步勘查现场,拉了拉插在地里的水管,结果一用力,水管就被拉了出来。观众看到,生了锈的水管里面还塞着木头,根本没有通向农田,仅仅是一个摆设,节目要表达的内容不言自明。

栏目开播不久,虽然每周只有一次,但很快引起了社会的普遍关注,成为中央电视台 21 点时段收视率最高的栏目。① 其中有些节目也获得了高层关注。1996 年 7 月 26 日,《新闻调查》播出了《一言难尽择校生》。节目通过调查在九年义务教育阶段升学中的"择校生"和学校高收费现象,探讨了义务教育中从应试教育向素质教育转变的重要性。节目播出后的第三天,国务院副总理李岚清在中南海召开教育工作会议,便开始着手解决这一问题,并充分肯定节目所反映问题的及时和深入。

(三)运作机制

《新闻调查》节目制作精良,原因是拥有一支素质较高的创作队伍和比较规范严格的操作程序。

栏目实行制片人制,以策划为先导,以编导为主体,以记者、主持人为栏目形象,形成稳定有序的程式化生产模式。

《新闻调查》有一个相对固定的策划组,抽调优秀的编导专职从事策划,辅之以临时的专家顾问,形成一个智囊核心。所有选题都要经过充分论证,集中集体智慧。策划通过"前前期采访",收集信息、摸清细节,确立选题的可操作性,形成完整的调查样式和结构设想,为现场采访拍摄工作提供充分有力的智力支持,使编导在具体操作之前能够胸有成竹,为保证节目质量奠定了坚实的基础。策划班子的成员长期合作,对节目形式和制作过程十分了解,能够有针对性地提出操作性较强的方案。他们保持了相对的超脱和冷静,可以广泛吸纳各种信息,比较客观地思考栏目的发展方向。②

在栏目的运作过程中,编导是节目的核心。从节目的创意策划到形成编导提纲,以至于最后编辑成片,无不体现着编导的意图和良苦用心。在节目具体操作时,策划、

---

① 王甫,王旭东,赵仙泉.正确把握宣传舆论导向:中央电视台近年新闻改革的实践和认识[J].电视研究,1996(12).
② 徐舫州.众里寻他千百度:从《新闻调查》看深度报道[J].电视研究,1997(6).

编导则成了"幕后英雄",把自己对事实的主体驾驭隐藏在屏幕后,展现在屏幕上的是记者的采访调查,是记者对事实的积极"参与"。

实现记者的调查取证、分析、叙述三大职能是栏目所要求的。记者不仅要充分理解本节目所涉及的内容,而且要最大限度地理解编导的思路。在编导提纲的指导下,记者对每一人物的采访做一个全面的设想,列出所有的问题。如果是有难度的问题,还必须设计出采访的方式和对采访对象情绪把握的细节等。没有与编导的密切配合,记者将难以完成这三个职能。①

出镜记者的使用充分体现了《新闻调查》主打的"调查"主题。栏目也培养出了一批风格各异的优秀出镜记者:除了"全能选手"白岩松外,还有善于质疑、提问冷静逼人的王志,外表知性、柔中有刚的董倩,睿智质朴的王利芬,反应敏捷的杨春等。记者的调查、采访、报道的过程也是对事实的参与和多向交流的过程。过程展示比简单阐述观点、评论包含更多的信息、更有魅力。②

《新闻调查》后来也对记者身兼数职的安排有所调整,对出镜记者形成了专职化。据原节目主力出镜记者长江回忆,她 1996 年从《经济半小时》调入栏目时,是记者与编导"双肩挑",后来被安排只任出镜记者,成了"单打一"。一段实践下来,她认为"单打一"比"双肩挑"好。她认为,电视业界曾广泛推崇的"采编合一"的主持操作方法在新世纪已经发生了变化,大工业格局面对的是产业化分工合作的生产方式。③ 记者专职化频繁出镜的锻炼,积累了经验,也更容易被观众接受。

在节目制作上,《新闻调查》采访、访谈都采用双机拍摄、同步录音,同时记录下谈话双方的表情、记者的调查过程,提供更为多样的可视信息,丰富观众的看点,并更好凸显事件的现场感与进行时态。

《新闻调查》在人员管理上仍然采用招聘制,广泛吸纳社会优秀人才。到 1997 年,《新闻调查》在编人员已包括策划、编导、记者、摄像、录音、制作、音乐编辑、美术编辑及财务后勤等十多个工种。④

(四)发展历程

随着中国社会的发展进步,《新闻调查》创办以后经历了从多样化探索向调查性报道的回归。有人将其历史大致分为四个时期:

1. 第一阶段(1996—2000 年)——多元探索时期

刚刚创立的《新闻调查》对节目的类型进行探索。节目的定位口号是"正在发生的历史,新闻背后的新闻"。

首播节目《宏志班》讲的是北京市广渠门中学为北京地区成绩优秀而经济困难的

---

① 王利芬.试述《新闻调查》记者的三个职能[J].电视研究,1997(11).
② 叶子.电视新闻评论性节目的传播策略:《新闻调查》透视[J].现代传播,1999(7).
③ 长江.单打一与双肩挑[J].电视研究,2001,12).
④ 杨伟光.中央电视台发展史[M].北京:中国广播电视出版社,1998:436.

学生办的一个高中班级,学校免全部学费,且每年给每人 1,500 元的生活补助。这样一个题材,不乏情感和故事,节目也做出了特殊的味道。这给栏目的创作提供了一种思路:小选题也可以从理性角度做多层次透视,可以通过一些细节和故事来表达和展开。这个节目一面世就奠定了《新闻调查》的基准节目样态:双机拍摄、记者现场采访、现场评述,对事件进行多角度分析、递进式探究。这种节目形态一直沿用。

从 1996 年到 1997 年,是主题性调查占据主流的阶段。所谓主题性调查,即选题多是关乎国计民生的重大社会热点话题,比如《国企改革备忘录》《明天怎么看病》《公交能否优先》《铁路面临重大改革》《买房:梦想还是现实》等。还涉及相对敏感的干部人事制度改革,如北京公开选拔副局级干部。在当时社会很多领域正在改革的背景下,这些节目产生了很大的社会影响,通过节目,观众更深刻地认识了转型中的中国社会,节目也得到了来自政府各部门的好评。

经过近两年的探索,1998 年初,《新闻调查》确立了进军新闻主战场的栏目定位。这一时期,其宣传词改为:"重大新闻事件背景调查全面深入,国计民生改革热点话题难点疑点解惑;大时代背景下的新闻故事一波三折。"1998 年,《新闻调查》在重大新闻事件的主战场上取得了丰硕的成果:制作播出了《跨世纪的政府》《面对分流的公务员》《大国的握手》《保卫荆江》《荆江:第六次洪峰》《钢铁八连》《江总书记到安徽》等有影响力的节目。它也逐渐成为中央电视台的著名栏目。

这一阶段,《新闻调查》也进行了节目类型的多元化探索,有舆情调查类,如《一言难尽择校生》《安全套进校园》;有历史调查类,如《恢复高考二十年》《探寻东方马其诺防线》《羊泉村记忆》;有纪录调查类,如《大官村里选村官》《第二次生命》;还有心理调查类,如《从市长到囚犯》《贪官胡长清》《少年凶犯独白》《戒毒者自白》;也有标准的调查性报道,即内幕调查,如《透视运城渗灌工程》。

2.第二阶段(2000—2002 年)——发展时期

这一时期的《新闻调查》开始放弃一些类型节目,使栏目的个性风格、节目诉求更加明确集中,使其与中央电视台的其他类似新闻评论节目、深度报道节目、专题节目更好区分开来。它提出了"探寻事实真相"的口号和创作理念,并对调查性报道理论中"真相"的概念进行了拓展。《新闻调查》制片人赛纳这样理解:"所谓真相就是正在或一直被遮蔽的事实;有的真相被权力遮蔽,有的被利益遮蔽,有的被道德观念和偏见遮蔽,有的被我们狭窄的生活圈子和集体无意识遮蔽。如果仔细分析,这些真相呈现两种状态:一种是属于通常所说的内幕和黑幕,那就是被权力和利益遮蔽的真相;另一种是复杂事物的混沌状态,那是被道德观念和认识水平所遮蔽的真相。对第一种真相的调查,是对已经存在的事实的一种反证,也就是说对假象的一种揭露。而对第二种真相的调查,就是对已经存在事实的一种澄清,也就是反映事物存在的复杂状态。"

定位清晰后,《新闻调查》突出了对事实真相的调查,如《行贿日记》《黑色交易》《温岭黑帮真相》《海灯神话》《南丹矿难内幕》《黑哨内幕》《药品回扣内幕》《与神话较量的人》《揭秘东突恐怖势力》等,一大批叫好又叫座的节目得以问世。《新闻调查》迎来了历史上的第二个收视高峰。

从当时的现实来看,该类节目只能达到50%的播出率,因为受到宣传政策环境的影响,"有真相被隐藏的地方就应该有新闻调查"变得很是艰难,类似《与神话较量的人》这样能够代表其调查品质的节目仍属稀缺。

3. 第三阶段(2003—2011年)——成熟时期

这一时期,国家宏观宣传政策大环境和中央电视台内部生存的小环境都发生了变化。《新闻调查》提出把做真正的"调查性报道"作为栏目的核心竞争力。

十六大提出了"贴近生活、贴近实际、贴近群众"的三贴近原则,使得调查性报道有了更广阔的空间;中央电视台、新闻中心、新闻评论部各级领导要求《新闻调查》加大舆论监督力度,做真正的调查节目。

中央电视台内部环境的变化带来了改变的压力。2003年5月1日新闻频道开播后,中央电视台一套节目随之改版,《新闻调查》播出时间从周六的21:15改为周一的22:35,这一改变造成了两千多万观众的流失。加之,面对中央电视台当时的末位淘汰制,收视率又非常重要,甚至生死攸关,如何求生存、谋发展成为不得不考虑的问题。再加这一年由《新闻调查》主创人员创办的《面对面》栏目开播,《新闻调查》不得不放弃已经运用得非常娴熟的一对一专访样式;而新闻频道创办后又出现了更多的新闻评论类节目,竞争变得更为激烈。

在这种背景之下,为保持栏目的竞争力,2003年4月,栏目组在居庸关召开会议,制片人张洁明确提出将调查性报道作为栏目发展的终极追求目标,是《新闻调查》在电视市场上竞争的唯一优势。在历经7年多的探索之后,节目终于定位于调查性报道,从而最终解决了其核心竞争力问题。此后,《阿文的噩梦》《"非典"突袭人民医院》《农民连续自杀调查》《派出所里的坠楼事件》《无罪的代价》《迟来的正义》等产生极大社会影响的节目相继诞生。①

这一时期生存环境的巨大改变,促使《新闻调查》的定位更加专一和明确了。

4. 第四阶段(2011年以来)——调整探索期

这个时期,中国的媒体格局和舆论场发生着剧变。2010年被称为中国的"微博元年",微博成为公共热点事件酝酿、发酵的首要平台,紧随其后的微信等社交媒体的兴起,使得信息传播方式发生了巨变,形成了快餐式、碎片化的信息传播格局,这对《新闻调查》这个"严肃"的长篇专题节目形成了不小的挑战。但网络上"众声喧哗"的声音与鱼龙混杂的信息,使得热点事件的"真相"成为悬疑,这倒为《新闻调查》提供了新的舞台,成为挑战之中的机遇。

由于外部环境的制约,栏目的主打节目"调查性报道"遭遇重重阻力,栏目影响力受到影响。

---

① 王律.中央电视台《新闻调查》研究集[D].长沙:湖南大学,2009.

从2011年开始,以理性、平衡、客观的专业准则调查社会热点事件,还原事实真相,为新媒体的"众声喧哗"提供扎实的调查与理性的思考,成为栏目的主打目标。2014年,经过调整与探索,栏目明确提出要做"有热度的调查性节目"。此类热点选题诸如"钱云会事件""郭美美事件""缝肛门""郑州农民工冻死桥下""黄金大米""南京宝马肇事案""走廊医生""河南午夜强拆案""兰州饮用水污染"等一系列网络热点成为栏目的关注重点。这是适应新的传播环境做出的战略调整。

面对新的媒体格局和舆论监督的多种困难,栏目在调整探索的同时,也仍一如既往地致力于调查性报道:《淮河源的创伤》《铅污染谁之过》《哈尔滨倒桥事故调查》《追查死亡名单》《淮河癌殇》《追查转基因大米》《消失的右肾》《庆安枪击案调查》《一座慰安所的去与留》《讨薪》《巨贪村官》《大山的留守》《疯狂培训班》等一批调查性报道深入调查社会热点,或澄清了事实,或科学、深入地还原了被舆论忽视的复杂背景及内在关联,得到让人信服的结论,提高了栏目品牌的信誉,为栏目赢得了影响力与传播力。①

(五)节目案例

1.《透视运城渗灌工程》

1995年7月至9月,严重干旱和缺水的山西省运城地区在短短两个多月的时间内,建成了可灌溉100万亩的六七万个渗灌池。3年之后,开始有人反映,渗灌工程完全是假的。甚至为了应付领导参观,当地还修出了半弧形的"池子"——从公路上看过去是一个完整的池子,而另一半却是空的。

1998年9月,编导徐涛和策划刘山鹰赶赴运城做前期调查。所有的人都认为运城渗灌的选题好,但所有人都认为这个难做,"因为当事人都还在职位上"。

9月11日,摄制组正式开始拍摄,采访受到诸多阻碍,一切行踪都在对方监控之下。采访中,一名农妇告诉记者"渗灌池没放过水,从来没用过",跟在摄制组后面的一名乡干部立即大声呵斥她:"谁胡说我就收拾谁!"由于采用双机拍摄,当时镜头正一个对准记者王利芬,一个对准那名农妇。听到那名乡干部说话后,敏锐的摄影师迅速将对准记者的镜头转向那名乡干部,记录下了这一幕。在调查中,记者发现了渗灌井后面的秘密,插在农田里的所谓"水管"其实是一根木头,那木头上甚至已经长出了木耳。

取得了扎实的证据后,摄制组回到北京。这期节目因涉及地方政府的"面子工程"而被多次"公关",当地政府为此下的力气之大,大大出乎预料。"运城的几个人,不断在我们办公室的走廊里窜来窜去。他们最后判断:该节目肯定不播了。除了少数几个人,我们也都以为不播了,大家垂头丧气。"②

---

① 我今天21岁了![EB/OL].(2017-05-17)[2017-08-22].https://mp.weixin.qq.com/s/nJCgLHknR9HpqCP6skzPvw.
② 中国青年报.央视《新闻调查》幕后[EB/OL].(2006-05-17)[2017-05-22].http://zqb.cyol.com/content/2006-05/17/content_1385461.htm.

时任副台长审片之后让记者自己去找中宣部,于是王利芬直接找到时任新闻局局长李宝善的办公室,诉说了采访的过程和艰辛。争取之下,这期节目得以在10月16日播出,获得了巨大的成功。可以说,除去节目本身的选题、调查过程、呈现方式等专业因素之外,当时中央电视台内部给予栏目较为宽容的探索空间和制度保障,以及栏目组内部拥有的民主工作氛围,一个记者可以与制片人甚至更高级别的领导就节目本身进行争论,是《新闻调查》得以在短时间内赢得观众支持的重要原因。①

2.《钱云会之死》

2010年12月25日,浙江省乐清市蒲岐镇寨桥村村口发生一起交通事故,该村原村主任钱云会被一辆工程车碾压身亡。交警勘查判断为一起普通交通肇事案件,但是寨桥村村民传言,这是因拆迁问题引起的一起明目张胆的政府官员故意杀人事件。还有"目击者"称,钱云会是被四个人强行按在车轮下碾压致死的。钱案经互联网传播和渲染之后,迅速掀起一股汹涌的舆论狂潮,网民多倾向于认为是一起由地方政府精心策划的谋杀案。

事发当天,有媒体转载了网友列举的"五大疑问":"工程车逆行之谜""死者身体方向之谜""路口摄像头失效之谜""工程车不刹车之谜""肇事司机被带走之谜",这些疑问都指向钱云会有可能是被谋杀的。随着事件进展,在网络上和媒体报道中,质疑和猜测每天不断更新,加上死者是长期为征地问题上访的前任村委会主任,人们对钱云会的死亡真相疑问重重。

2010年12月27日,乐清市政府召开新闻发布会,宣布经过调查,钱云会之死是普通交通肇事。然而,质疑之声并没有因此停止。当天,温州市委宣布由温州市公安局成立专案组前往乐清对事件进行复查。2011年,1月4日,经温州市检察机关批准,对肇事司机费良玉以涉嫌交通肇事罪正式逮捕。钱云会死亡案件已从侦查阶段进入司法程序,温州市警方表示,全案证据将在庭审时公开。

2011年1月26日的《新闻调查》播出了《钱云会之死》,该节目经过记者细致的调查,采访了与该案有关的几乎所有证人,按照时间顺序,逐一回答了各个疑点,基本还原了案发过程,调查很全面,清晰有力地说明了事实真相,让公众眼见为实,回应了民众对事实的渴求。② 真相最终得到社会的了解和认可,很好地化解了矛盾冲突。这在民间质疑、对立情绪高涨的当时,是非常难能可贵的效果,体现出节目高度的专业水准和深入独立调查的力量。

3.简短评价

《新闻调查》从创办以来一直坚守在中国新闻深度报道一线。面对媒体环境、社会环境的波诡云谲,面对中国社会转型期成堆的问题,它坚持深入调查,深度解析,从一个个事件与人物命运角度切入,理性对待所选题材,用故事化手法讲述事实,让事实本

---

① 常江,文家宝.中国语境下的电视新闻调查性报道:基于对《新闻调查》(1996—2006)的个案考察[J].国际新闻界,2016(3).
② 孟桢尧.信息需公开 形式很重要[J].声屏世界,2011(3).

身的清晰展现引发观众的思考,并认同、接受节目的判断与观点,达成共识。这种故事化的叙事结构不是硬性灌输,也不是说教,而是客观叙事、共同思考。

传播学对媒介效果的看法有"媒体中介论"之说,即媒体只是在事实的起点和受众的终端之间起到一个沟通的中介作用,通过展示事实让观众自己得出结论。《新闻调查》体现了这种科学的传播理念,把记者的现场采访调查呈现在观众面前,把观众带到现场,使观众产生强烈的参与感。而记者在调查取证过程中表现出的不畏艰险,一定弄个水落石出的执着精神,以及见"高贵者"不卑,见"低贱者"不亢的风度,给观众留下了深刻的印象,也使多数节目具有很强的魅力和韵味。

从普遍来看,中国的深度报道不是多了,而是太少,优秀的更少。这造成人们对很多社会现存问题不能形成清晰的认识,不能很好吸取教训,从而予以杜绝与解决。而《新闻调查》则是中国电视深度报道领域的标杆。

四、中央电视台改革的影响

从《东方时空》开始,中央电视台一系列新节目在探索电视深度报道、拓宽电视新闻节目外延、引入新的新闻传播观念方面做出了开创性的贡献。随着节目的影响面不断扩大,节目模式得到了观众的肯定和新闻业界的认可,引领我国电视新闻节目开始了更为广泛深入的改革。

各级电视台纷纷开辟新节目,新的栏目如雨后春笋般出现。从电视新闻杂志到评论类、深度报道类、谈话类,节目不断创新、演进。节目的制作手法也在不断进步,电视新闻对现场的展示不断增加,对底层人物的生活更多关注,在深度和广度上都得到了拓展,形成了中国电视新闻节目改革的一次高潮。

1994年4月3日,陕西电视台推出了杂志型新闻节目《时代广场》,于每周日黄金时间播出。同年6月11日,贵州电视台开播《黔中英才》专栏,集中系统地宣传介绍了一批优秀知识分子。这年6月20日,江西电视台在第二套节目中推出大型新闻杂志专栏《晚间800》,每晚8点播出,节目长度20分钟,其中有新闻、深度报道、百姓家常话、观众信箱。当年10月5日,青海电视台推出国际交流电视专栏《洲际大观》等。[①] 1996年,广州电视台开播《城市话题》,湖南电视台开播《新闻半小时》等,新闻杂志节目大量涌现。

《焦点访谈》的成功创办,也鼓励了各地电视台创办自己的电视新闻评论类节目、积极发挥舆论监督作用。

江苏电视台在1995年开办的《大写真》栏目,以"跟踪热点新闻、关注热门话题、展现时代风采、透视人间万象"为宗旨;北京电视台同一年开办的新闻评论性栏目《今日话题》,选题内容十分广泛,既有百姓关心的衣食住行,又有关系国计民生的重大题材,

---

① 《中国广播电视年鉴》编辑委员会.中国广播电视年鉴1995[M].北京:中国广播电视年鉴社,1995:571,575,581.

既有批评性议论,又有歌颂表扬性报道。① 还有山东电视台的《关注》、四川电视台的《今晚十分》等。

《新闻调查》的成功使得许多地方也陆续开办了类似的电视深度报道栏目。例如河北电视台在1997年3月开办的《新闻广角》、上海电视台在1997年3月开办的《新闻观察》、成都电视台在1998年4月开办的《新闻背景》等。

成都电视台开播的《新闻背景》,是个30分钟长度的节目。秉承以电视表现手段"对重大新闻事件和新闻人物的报道进行二度构造"的传播理念,"客观、立体、快捷"地报道全国各地具有重大意义的新闻事件,每期节目深入反映一个新闻事件或表现一个新闻人物,题材涉猎广泛,节奏明快,具有一定的权威性。②

栏目改革也带动了新闻理念上的突破,电视新闻的语态在改变,纪实性在增强,对话观念得到更多实践,直播手段运用更加自如。它在尊重受众需求和发挥电视新闻舆论作用方面,为电视新闻改革提供了启示和借鉴。

这些节目发挥出的舆论监督作用,引起了各地民众的强烈反响,也得到了政府部门的高度重视,电视新闻节目在社会生活中的影响力大大提高,人们对大众媒介的舆论监督功能也有了更清晰、深入的了解和认识。

第四节　各类题材的报道

一、时政新闻

新闻节目的质量关系到电视台的声誉和权威性,直接承担着重要政治宣传功能的时政新闻是重中之重。怎样更好传达中央的方针政策和指示精神,怎样让节目内容深入到百姓心里,这一时期的电视时政新闻开始了一轮新的探索。

(一)全国两会报道

1993年3月13到31日举行的全国人大、全国政协第八届会议是换届的大会,会期长达19天,前来采访的记者数量也超过了往年。这一年"两会"的记者招待会共举行了23场,其中有5天是上、下午各一场。在这种情况下,为了搞好报道,中央电视台在"两会"报道小组领导之下,设立了"两会"报道办公室,组建了人大会议、政协会议、记者招待会、对外宣传及对台五个专门报道组,投入人力是历年来最多的一次。从数量上看,这一年的"两会"报道量比上一年有大幅提高(见表7-3)。

---

① 《中国广播电视年鉴》编辑委员会.中国广播电视年鉴1996[M].北京:中国广播电视年鉴社,1996:256,233.
② 刘习良.中国电视史[M].北京:中国广播电视出版社,2007:321.

表 7-3　1993 年中央电视台"两会"报道数量与上一年比较①

年份	新闻（条）	专题（个）	现场直播（场）	总时长（秒）
1992	196	17	2	19,238
1993	578	35	8	62,812
增长	382	18	6	43,576
％	+295	+205	+400	+326

对于记者招待会的录制和报道组织，中央电视台进行了尽可能详尽和周到的布置、安排。为了使参加报道任务的人员都明确自己的岗位职责，一拿到"记招"日程安排表后报道组即行分工，注明记者会的日期、星期、开始时间、内容、举办人、地点等，并排定现场分工：操控机位号、切换、联络、替补、编新闻、编专题的每个专门人员。当原定计划有变动时，会及时绘制新表，通过张贴或口头通知传达到每个人。实践证明，如此细致的工作安排非常必要，它为圆满完成任务打下了良好的基础。

在招待会举办当天，所有报道成员都要提前一个半小时出发去现场。摄像师和切换导演要在开场前半小时将所有设备调试好、试通联络系统，在开会之前排除掉一切隐患。提前 10 分钟，全体人员都要到岗，不管是老摄像还是老编辑，这是统一的要求。一家报纸曾专门载文《CCTV 新目标，确保转播万无一失》，称赞他们"来得最早，工作得最辛苦"。

招待会开始以后，各个岗位各就各位、各司其职。10 分钟后，相关成员已经在台里编好了新闻，及时安排在最近的滚动新闻中播出。会议一结束，专题报道也已大致成型，很快抓紧完成。整个会议过程中都是这样齐心协力、按部就班、密切配合，"像流水作业一样，把新闻、专题节目顺顺利利地组装完成"。

在本次"两会"的 23 次记者招待会上，中央电视台记者提问达 9 次，有 4 次是被第一个点名提问，创下了历次记者招待会提问之"最"。其中的 8 次被各报采用，4 次被放在头条位置，说明了其提问的水平、质量。报道组首先在选题上下功夫，精心设计。一个题目，往往几个人一起琢磨、讨论，之后再把初步选定的题目交给采访部、新闻中心、广电部领导，集思广益，再由决策部门敲定。这样定下的题目更有深度、针对性，更独特又符合宣传纪律。题目选定后，再交给已确定提问的记者把问题改写成简明扼要的口语。每次准备两至三个问题，重要发布会要准备四到五个问题，以备与他人重合时选用。其次，为了确保能在几百位中外记者中被会议主持人"看中"，中央电视台记者还在会前开展了"公关工作"。他们找到两会新闻中心联络官，让他带提问记者去见主持人，并进行"友好交谈"。然后早早到场占据有利座位、再配之以醒目服装、举手"时间差"（先举后放）等方法，得到提问机会。有时为保证成功，还派出两位记者分坐

---

① 陈忠.精心准备·通力合作·充分报道：记中央电视台"两会"报道[J].电视研究，1993(3).

在主持人视线左右。①

1993年两会报道,还实现了一个特殊功能——把《新闻联播》逼上直播。因为此前中央电视台的其他10次新闻节目都已经实现了演播室直播,只有联播还是整个节目录制播出。

1993年3月27日下午,八届全国人大一次会议选举委员长、国家主席、国家中央军委主席及其副职。为了抢在"第一时间"将选举结果播出,中央电视台从下午5点就进入了现场播报状态。6点40分,选举计票工作仍未全部结束,但《新闻联播》已经开播在即。新闻中心机房的空气仿佛凝固了,采访部、编辑部、国际新闻部、制作部等各部主任都已在场。《新闻联播》时任负责人之一王建宏向在场的沈纪副台长请示:今天的《新闻联播》是否改为直播?沈纪沉思了几秒钟后点了点头,在场的各部主任则分别确认了技术系统没有问题。就此确定了直接播出。直播现场的技术员、录音师、播音员等7个工种,都做好了准备。6点53分,选举结果出来,中央电视台当即直接播报了江泽民、乔石分别当选为国家主席、全国人大常委会委员长的消息。6点56分又重播了第二遍。这一消息也在《新闻联播》中顺利播出。②

这一年的两会报道中,中央电视台参与成员始终保持高度工作热情。每次重要采访之前,报道组都多次会商,反复研究报道角度、设计多种报道方案,一些报道搞得很有特色。如新闻特写《四次掌声》《总理、副总理接受本台记者采访》《乔石接受本台记者采访》等都受到各方面的表扬,社会反响很好。其中的多次新闻还采用了现场报道方式,如几次选举结果的公布等,在节目中及时播出。

这一年,中央电视台四套节目部第一次参加"两会"报道。除采用一套节目中的部分新闻、专题外,还自采了大量新闻,制作了4个专题。节目通过国际频道可覆盖60多个国家和地区,并通过卫星向亚广联、墨西哥特莱维萨电视公司、美国CNN等传送了"两会"新闻,在美国当天就能及时收看到。③

会后,《新闻联播》对两会任命的新部长们进行了采访,及时推出了系列报道《走马上任新部长》,以记者同部长当面访谈交流的形式,把部长推到荧屏之前,帮助观众初步认识、了解这些部长。这是中央电视台新闻报道中首次集中采访高层领导。这一创新尝试收到各方面的良好反映。④

在此次成功报道的基础上,当年5月30日,中央电视台《新闻联播》又播出了系列《省长访谈录》,每天1集。全国29位省长、自治区主席、直辖市市长分别现身电视屏幕,介绍他们各自的工作特点和本地改革开放的进展情况。节目反映出在加快改革、加大开放的新形势下,省长们在想些什么,各省有些什么新的举措和打算。⑤

---

① 王晓琨.谈"两会"记者招待会的摄制、编辑工作[J].电视研究,1993(3).
② 王建宏.中央电视台《新闻联播》的一次直播[J].电视研究,1993(3).
③ 陈忠.精心准备·通力合作·充分报道:记中央电视台"两会"报道[J].电视研究,1993(3).
④ 章壮沂.电视新闻的改革与发展[J].中国广播电视学刊,1993(5).
⑤ 《中国广播电视年鉴》编辑委员会.中国广播电视年鉴2014[M].北京:中国广播电视年鉴社,2014:578.

(二)十五大报道

1997年9月12日到18日,中国共产党第十五次全国代表大在北京召开。中央电视台在会议前后、会中都开辟专栏配合宣传。在重要新闻节目中播出介绍十四大以来的重要决策和取得的成就的大型专题片,介绍优秀党支部、党员的先进模范事迹;介绍历次党代会的情况;播出大型文艺晚会和反映党的历史业绩的影视剧。专题系列节目有《中国之路》《十五大精神与实践》等。①

其中突出的有8月3日至9月11日《新闻联播》设立的《展示新成就迎接十五大》专栏:它每天播出一到两条消息,把5年来我国各个领域取得的新进展、新成就展示给观众。这些报道不仅采用了实地拍摄的镜头和现场同期声,而且运用大量资料配以图表说明,大大提高了节目的可视性。

《焦点访谈》栏目播出的特别节目《中国之路》则用讲故事的方式,通过5年里民众的亲身经历讲述改革开放的成就。如在第二集《成功的'软着陆'》中,表现了之前经济过热条件下,国家实行"宏观调控",3年后成功地达到"软着陆"目标。节目选取了辽宁省锦州市石油公司会计吕胜利家的理财簿,从这个记录了9年的明细账中,分析百姓吃、用方面的支出变化。如账上记着1997年8月6日的菜价每斤0.50元,和一年前同一天的菜价相比降幅较大,生动地表现出百姓切身感受到了物价平稳回落。记者还分别采访了当地统计局和国家统计局官员、市长、著名经济学家,用宏观数字和经济学理论深入解读了国家宏观调控实现经济"软着陆"的过程及原理。②

会议期间,凡是重要活动均采取现场直播方式进行报道。如大会开幕式、新选出的中央政治局常委会见中外记者等。

(三)世妇会报道

1995年9月4日至15日,联合国第四次世界妇女大会在北京市怀柔区举行。这是1992年3月,由联合国妇女地位委员会在其第36次会议上接受中国政府的邀请所决定的。

本次大会是联合国历史上规模空前的盛会。189个国家的政府代表团、联合国系统各组织和专门机构,政府间组织及非政府组织的代表出席会议;出席者达1.76万人,还有3万多人参加了辅助性会议——非政府组织妇女论坛。这是我国有史以来承办的最大规模的国际会议。会议的主题为:以行动谋求平等、发展和和平。次主题为:就业、保健与教育。

世妇会共召开了16次全体会议。其间,来自世界各地非政府组织NGO的31,549人参加了'95非政府组织妇女论坛。论坛围绕"平等、发展、和平"主题,讨论了

---

① 杨伟光.提高舆论引导水平为两件大事创造良好舆论氛围:在中央电视台1997年工作会议上的讲话[J].电视研究,1997(3).
② 林凤安.电视短片如何表现重大理论题材[J].电视研究,2003(11).

全球妇女关注的各类问题。会议制定和通过了旨在提高全球妇女地位的《北京宣言》和《行动纲领》。

世妇会期间,中央电视台把"以我为主,于我有利,内外有别"作为报道指导思想,把握"对内适度,对外充分"的原则。针对欢迎仪式和 NGO 开幕式,中央电视台派出两组分别由新闻中心、文艺中心混编的队伍,快速高效完成两场大型转播任务。[①] 中央电视台《新闻联播》共播出相关新闻 92 条,在其他新闻节目中首播 85 条,《午间新闻》《晚间新闻》也通过滚动新闻参与了报道。《东方时空》播出了 12 集"现代中国女性系列专访",《焦点时刻》做了 4 期会议专题报道。

《中国新闻》作为中国对外报道的重要窗口,自会议召开 5 天前的 8 月 31 日起,每天中午 12 点增加 20 分钟《中国新闻午间报道》,下午 5 点增加一次 10 分钟的《中国新闻世妇会快讯》。这样,《中国新闻》上下午、晚上共有四次播出,大大提高了新闻的时效性。此外,在大会召开的第二天,节目与 CNN《世界报道》合作制作了《世妇会专集》,由中央电视台英语播音员主持,采访了彭佩云、蒙盖拉、简·方达等大会主要领导人,在 CNN《世界报道》中播出,向世界宣传了会议进程。

会议期间,西方部分媒体对中国现状做了一些不公正报道。为此,中央电视台组织了一批对与会外国代表的采访,如:《NGO 外国与会者批驳西方某些记者不公正报道》《各国与会者高度评价 '95 北京非政府组织妇女论坛》《NGO 响起一个共同的心声:谢谢你,怀柔》《采访美国 21 世纪战略总裁魏佳丽》等,用与会者的切身感受驳斥了那些报道。

关于西藏问题,当 NGO 出现所谓"藏胞"游行的时候,《焦点访谈》及时播出了反映西藏发展成就的专题《盛开的雪莲》,用事实展示西藏新貌。中央电视台采访西藏有关问题的新闻中,既有阐述我国观点立场的声音,又有西藏妇女同境外流亡的藏独分子辩论并取得胜利的镜头。由于大量采用同期声,用事实驳斥了一些人对西藏问题的歪曲。

(四)江泽民主席访美报道

1997 年 10 月 26 日至 11 月 2 日,江泽民主席应美国总统克林顿的邀请对美国进行了 8 天的国事访问。这是我国领导时隔 12 年后的再次到访。这次出访,江主席 8 天走访 7 个城市,共参加了 42 场活动,其中 30 多次发表了讲话。

中央电视台提出"准确、及时、充分、生动"的报道原则,多角度地展示美国总统克林顿欢迎江主席的隆重场面,成功报道了江主席访美期间的所有活动。这次报道采取多点现场报道,突出电视的现场感。为了完整、全面地记录江主席的活动,每次现场都采用双机、由两组人员同时拍摄。在克林顿总统欢迎江主席的仪式上,中央电视台出动了 5 台 ENG 摄录一体机,多角度、全方位地记录了这一隆重场面。

---

① 张长明,尹学东.记中央电视台第四次世界妇女大会的宣传报道[J].电视研究,1995(11).

这次报道在保证准确的前提下注重时效。为抢时效,报道组每天通过卫星回送 3 次新闻,这是我国领导人出访活动中传送密度最大的一次。除此之外,本次出访报道还创下了另外两个最高纪录:其一是 10 月 30 日《新闻联播》播出的江主席在美国访问的新闻长达 25 分钟,为之前历次领导人出访新闻中最长的;10 月 31 日《新闻联播》播出了 13 条江主席访美新闻,为此前领导人出访新闻条数最多的一次。访问结束后,江主席特别委托外交部副部长李肇星转达他的意见:这次电视报道很成功![1]

(五)东方电视台

东方电视台挟其新生的激情和灵活科学的新闻生产机制,在这一时期的时政新闻报道中取得了很多被社会和业界瞩目的成功。

1993 年 1 月 22 日 19 点 57 分,东方电视台中断正常播放的节目,在《东视新闻》片头之后,插播了"邓小平同志与上海各界人士共迎新春佳节"的消息。这条新闻片长 2 分 30 秒,报道了邓小平对上海和全国改革开放形势的最新评价和意见,邓小平同志神采奕奕地出现在荧屏上。这种特别的新闻报道方式在观众中引起强烈反响,传递了重要的信息。

在时政报道上,东方电视台也采取了一些创新方法以最快速度播出。例如在 1993 年 2 月 14—24 日上海市第十届人大一次会议和市政协八届一次会议期间,东方电视台报道部的两个报道小组在关于人大、政协选举的报道中,于 2 月 21 日 16 点,由在选举现场的记者通过移动电话及时报回市人大常委会主任、市政协主席的选举结果,在直播室等待多时的播音员马上予以播出。再如,1993 年 3 月 10 日 18 点 15 分,塔吉克斯坦总统的专机抵达虹桥机场对上海进行访问。东方电视台为了让这条消息赶在 18 点 30 分—19 点的《东视新闻》节目中播出,记者采用"无剪辑拍摄法",在 30 分钟内完成拍摄、采访、写稿并从机场赶回台里;于 18 点 45 分由新闻直播机房的主控台切出了这条"塔吉克斯坦国家元首访沪"报道的图像,播音员直接配播了文字解说。

1993 年 4 月 27 日,在新加坡举行了中国大陆与中国台湾民间的首次会谈。汪道涵、辜振甫分别代表海峡两岸表述各自见解。海外舆论认为,这为"海峡两岸和平统一开启了一个好的开端"。东方电视台报道部于 4 月 26 日下午成立了"汪辜会谈"卫星新闻编辑组,与香港无线电视取得联系,得到授权,《东视新闻》节目可以采用无线电视特派新加坡记者拍摄的会谈全部画面。东视技术中心在极短时间里,办好了租用国际通信卫星下行线路的手续。同时,记者利用各自联络网,与《新民晚报》、中新社、新华社、中国国际电台的驻新加坡记者建立联系,得到他们提供专稿的允诺。

4 月 27 日 17 点,"汪辜会谈"第一次会议的文字消息到达报道部,17 点 30 分,香港无线电视拍摄的画面通过太平洋 174 度国际通信卫星传到台里。18 点传送一结束,编辑朱咏雷用 15 分钟完成了编辑工作;18 点 30 分,《东视新闻》播出了"汪辜会谈

---

[1] 杨伟光.中央电视台发展史[M].北京:中国广播电视出版社,1998:426.

今天在新加坡举行""新闻背景:汪辜会谈的由来""新闻人物:海基会董事长辜振甫"等一组报道。21点30分,《东视夜新闻》又精心编辑了"东视特写:历史性握手"。第二天的《东视新闻》还配发了知名人士的评论。5月3日晚,《东视广角》又播出了东方电视台记者制作的特别节目《历史性的握手——"汪辜会谈"纪要》。东方电视台首次独立租用卫星进行的报道,取得了社会瞩目的成功。①

二、经济报道

从1992年始,中国的经济改革形势发生了重大变化。随着向社会主义市场经济体制的转型,改革力度加大,也暴露出很多的问题。在这样的背景下,中央电视台加大了经济话题的探讨,强化了经济报道。中央电视台在建台35周年(1993)的特别节目《观众您好》中,谈到了经济节目的意义:"电视要把这种变化(改革开放)以及与之相关的经济生活中的所有问题展示并解释给满怀期待的电视观众,这既需要严谨、科学的冷静头脑,又需要充满创造精神的开拓勇气。"②

(一)《一丹话题》

1993年5月,中央电视台经济部开办了《一丹话题》,这是我国首个以主持人名字命名的电视专栏。节目关注经济领域的热点话题,从选题、采访、编辑到制作,每个环节敬一丹都亲力亲为。

关于节目成立的缘由,敬一丹回忆是当时经济部主任赵化勇的提议:"你适合办一个言论性节目——栏目的名字就叫《一丹话题》。"敬一丹认为《一丹话题》四个字激活了生命中的某种东西,有点憷又有点兴奋。"其意义不仅在于我个人,它会使电视上多一个节目样式,使观众多一个熟人,多一个交流的窗口。"③

《一丹话题》是经济评论栏目,采取演播室访谈形式,节目为周播。节目以经济题材为主,内容有与下海知识分子谈儒商现象、兼并破产、现代企业制度等。敬一丹不但是主持人,也做选题、采访、配音和编辑工作,每个环节都亲力亲为。节目于1993年5月10日首播,1994年5月停播,共播出55期,历时一年。最后一期节目的话题是《关于道德的问号》。"这个话题先后谈了三次了,依然没有谈透,这是我最感困惑的话题。《一丹话题》就停留在这样一个问号里。"④

(二)中央电视台二套节目改版

1996年6月,经济部由新闻中心划归广告经济信息中心。根据经济节目规划,当年7月1日,经济部在中央电视台二套集中推出了八个经济类新栏目:《经济半小时》

---

① 赵凯.上海广播电视志[M].上海:上海社会科学出版社,1999:497,498.
② 电视专题片《观众您好》:中央电视台建台35周年特别节目(播出台本)[J].电视研究,1993(台庆专刊).
③ 敬一丹.一丹随笔[M].北京:作家出版社,1999:17,24.
④ 雷蔚征.《一丹话题》带来的思考[J].中国广播电视学刊,1994(6).

(新版)、《生活》(30分钟)、《金土地》(30分钟)、《环球经济》(30分钟)、《企业家》(30分钟)、《供求热线》(20分钟)、《财经报道》(10分钟)、《欢乐家庭》(30分钟);并开始筹办《商务电视》(30分钟)栏目,形成了中央电视台第二套节目以经济节目为特色的格局。①

《经济半小时》栏目为经济节目的主干,其宗旨是关注社会经济生活中的重大热点、难点,展开追踪报道和深入评析。其节目主持人当时主要有:赵赫、王红蕾、陈晓宇、宁晓娟等。

《生活》也是一个备受欢迎的栏目。它以贴近大众、贴近生活的特色,赢得了很高的收视率。《生活》由子栏目《背景》《消费驿站》《百姓》及《生活留言》《都市印象》等组成。播出过《锅碗瓢盆交响曲》等许多优秀节目。主持人为文清等。

《金土地》栏目的宗旨是把握农业走势,展现农村变化,关注农民生活。由《打开信箱》《串门》《生财有道》等小栏目构成。

《环球经济》播出不到一年后于1997年5月5日改名为《世界经济报道》。它是中央电视台唯一介绍世界经济动向的新闻杂志栏目。它重在报道全球经济热点和影响世界经济发展的重大事件,分析其背后的原因。它由《世经热点》《环球市场》《人物专访》《世纪梦寻》《海外传真》等小栏目构成。②

《企业家》后来改名为《经营有道》。这个栏目重在展示商界领军人物、传播成功经验,是广大观众尤其是企业家了解商界风云、认识企业骄子和管理之道的窗口。

《供求热线》是为企业界设立的有偿服务栏目,目的是发挥电视优势,直接调节市场供需,做促进经济发展的纽带和桥梁。它设有《产品精选》《供求桥》《企业雄心》《大周末》等小栏目。③

《商务电视》的宗旨是准确、快捷、集中地传播在市场、科技、金融、旅游、交通等领域的商贸信息。由《金融快讯》《交通快报》《拍卖与收藏》《黄金旅游》《投资指南》《人才热线》等小栏目组成。

(三)《经济半小时》

该栏目改版之后,播出了很多关注现实经济社会问题的多集系列重磅节目,引起社会的关注和欢迎。如1996年10月5日起,由栏目与《经济日报》社联合制作的12集系列片《世纪的呼唤——市场经济与职业道德》陆续播出。它从道德角度说出了民众的关切,还在征文阶段就引起了观众的共鸣。上至各部委、下至各地方,信件、传真纷至沓来。截至1997年9月20日,中央电视台共收到来自全国的信件1,000余封。参与人数之多、涉及面之广是同类节目中少有的。④

---

① 杨伟光.中央电视台发展史[M].北京:中国广播电视出版社,1998:459.
② 王永利.谈电视世界经济报道的现状与走势[J].电视研究,1998(2).
③ 杨伟光.中央电视台发展史[M].北京:中国广播电视出版社,1998:461.
④ 该节目主创人员为:谢圣华、任学安、齐曦、薛晓峰等。

1997年2月,《经济半小时》播出了4集系列片《温州人》。片子没有就经济说经济,而是把经济模式和社会结构、经济行为和文化心理、经营特点和思维方式等结合在一起,抒写出温州人的群体人格特征,破解了温州经济快速生长背后的"秘密"。

1997年播出的5集专题片《软着陆》,真实地再现了当年宏观调控过程的每一项战略部署,分析和总结了实现"软着陆"所采取的政策措施和成功经验。

这一年,《经济半小时》还制作了大型系列节目《跨越九七——香港与内地的经济关系》。对中央政府制定的回归后的香港与内地经济关系的性质和处理原则,包括经贸、金融、航运、税收、统计、大型基建等方面的协调问题率先做出权威梳理、解释。

7集系列节目《话说农民负担》,是为配合中央《关于切实做好减轻农民负担工作的决定》而做的专题节目。节目围绕农民负担这个焦点问题做了全面系统的探讨,就国家减轻农民负担的各项政策做了详细阐释。

为维护消费者权益,《经济半小时》自1991年起连续举办《"3.15国际维护消费者权益日"消费者之友晚会》。这一节目采取现场直播形式,在现场设立了大量直拨电话,使现场内外信息交流反馈成为可能,加强了电视节目的现场感和真实感。这一节目倾听消费者呼声、针砭时弊,将假冒伪劣产品曝光于世,深受广大消费者的欢迎。

此后,每年的《"3.15国际维护消费者权益日"消费者之友晚会》都为全社会和广大企业所瞩目。每年这一天都成为消费者的节日,每年都能收到社会大量的来信来电。如1997年3月1日至23日,《"3.15"特别行动》栏目连续播出23集,每集30分钟,共收到观众来信3,600多封,电话10,147个;在互联网上开设的该栏目网站,访问人数达到了13,626人。[1]

《经济半小时》播出之后,全国出现了一个不大不小的《经济半小时》效应。陕西、贵州、辽宁、山西、新疆、重庆等省市电视台相继开办了与该地区经济特点相适应的综合经济栏目。这些栏目以经济报道为主,具有较强的指导性、实用性和服务性,对推动各地经济发展、信息交流起到了有益、积极的作用,受到经济界人士和广大观众的喜爱。[2]

其中有上海电视台的《第一财经》、辽宁电视台的《北方经济传真》等。1995年7月1日,北京电视台推出经济类新闻杂志栏目《北京特快》,下设《时讯快递》《百姓热线》《特别报道》《特快专访》《冷眼观潮》5个小栏目;内容有热点经济新闻专题、百姓热线、商界人物专访和评论类等。节目信息量大,语言清新、简洁、幽默,句式活泼,既有文采,又带思辨性,成为广受欢迎的大众经济快餐。

(四)中央电视台经济系列节目

除固定栏目外,在这个阶段,中央电视台的很多经济报道节目也引起了社会的广

---

[1] 杨伟光.中央电视台发展史[M].北京:中国广播电视出版社,1998:454,457,455.
[2] 赵化勇.从"经济半小时"到"经济信息联播":发挥优势,加强合作,努力搞好电视经济宣传[J].电视研究,1993(台庆专刊)

泛关注,并赢得了赞誉。

如 1996 年 4 月 1 日至 16 日,中央电视台推出 16 集大型电视系列节目《试点追踪》。该节目将镜头对准了我国经济体制改革的中心环节——国有企业改革,以纪实手法,记录了国企改革的试点城市、试点企业在改革中所面对的种种矛盾,以及他们所做出的不懈努力和探索。展现了新时期国有企业广大职工,在经济大变革时期所做出的努力和奉献。

1997 年 4 月 22 日"世界地球日",中央电视台播出了 12 集电视系列片《千秋万代话资源》。节目旨在使全国人民深刻认识到我国的资源现状,提高资源保护意识。节目回顾了中华人民共和国成立以来,我国在利用自然资源发展经济方面取得的辉煌成就,和随着工业化的迈进、人口的增加,我国对自然资源的巨大需求及大规模开采导致的资源日益减少甚至枯竭。节目播出当晚,许多观众和国家各部委领导纷纷打来热线电话,称赞节目构思好、角度新、有分量、很大气,内容真实可信,并纷纷要求重播片子。国家经贸委一位领导打来电话表示要购买节目录像带,作为经贸系统的教材。部分地方电视台的领导和同行也打电话赞扬节目,说这一经济节目不但不枯燥,还很感人。

《千秋万代话资源》这个题材是在中央电视台经济部酝酿两年后,经过多方努力,在 1996 年 11 月开拍的。摄制组在寒冷的冬季,奔赴全国 27 个省,北到大兴安岭,南到南海诸岛,东到长白山,西到新疆和田,在历时三个月时间中,对我国耕地、淡水、草场、森林、矿产、海洋等六大资源的现状进行了艰苦的采访和调查,拍摄素材 250 多个小时后制作完成的。

三、批评报道

舆论监督是这一时期中国电视新闻改革最突出的成就,也是社会变革时期新闻传播被赋予的新的重要使命。"过去,中国新闻被称为'喜鹊',只有叫好之声,而无报忧之'胆',对许多社会热点问题都避而不谈。"[①]《东方时空》和《焦点访谈》的出现,做出了一系列针砭时弊的节目,这些批评性报道和评论披露了社会各领域存在的弊端和问题,同时也进行反思。这是电视媒体勇于承担"瞭望者"社会责任的表现,由此打开了一条电视新闻舆论监督的道路。

在对社会热点话题的选取上,当时的电视新闻工作者注意到要从党和国家工作大局出发,制作中保证节目发挥稳定大局、解疑释惑、化解矛盾、平衡心态、凝聚人心的作用。同时,所选话题还要是群众关心且普遍存在,具有真正的现实意义和针对性;充分考虑到选题可能带来的社会影响,不简单追求话题的刺激性和一时的轰动效应。这确实是非常高又很严格的自我要求。

以《焦点访谈》为代表的电视新闻栏目较好地找准了这两者的结合点,成为当时国家级电视媒体舆论监督的典范。例如 1994 年播出的《沉重的棉花》以及后续的两期报

---

① 杨伟光.中央电视台发展史[M].北京:中国广播电视出版社,1998:454,458,426.

道中涉及的国家棉花生产及市场的问题,既关系到广大农民的切身利益,又涉及国家的重要物资,是经济领域的重大问题。节目中平衡了国家大局和农民的需求,受到了国家领导人的重视,取得了良好的播出效果。

值得注意的是,之前各地在上报中央政府的材料中报喜不报忧,随意夸大成绩,对问题避而不谈。《焦点访谈》等栏目让舆论监督功能得以强化。《焦点访谈》曝光问题后的高解决率,增加了百姓对它的信任和期待。老百姓曾形象地称之为"焦青天"。但是,这种"权力放大"并非实际意义上民间话语权力的放大,而是社会心理上的"权力放大"。①

除了《焦点访谈》,其他节目也有舆论监督报道的典型案例。

中央电视台与兄弟媒体一道,在1993年联合社会有关方举办了《质量万里行》《经济效益纵深行》《环保世纪行》等大型宣传活动,对推动国家提高产品质量、提高经济效益、加强环境保护工作发挥了重要的作用。②

(一)对生猪私屠滥宰的批评

1995年11月初,中央电视台记者在黑龙江省哈尔滨市采访时,发现不少因吃病死猪肉而患脑囊虫病的年轻病人。深入调查之后,制作了"生猪私屠滥宰贻害无穷"的连续报道,先后在《晚间新闻》《早间新闻》《新闻30分》《新闻联播》栏目播出。

江泽民主席在看完节目后,当即打电话给黑龙江省委领导和国内贸易部部长,提出以这篇报道为契机,探索出适合中国国情的生猪屠宰管理办法和运行机制。第二天,《人民日报》登出了总书记打电话的消息。

黑龙江省委常委立即召开紧急会议研究解决这一问题。1995年12月22日国务院办公厅发出《关于进一步加强生猪等畜禽屠宰管理工作的紧急通知》;12月26日,国内贸易部发出坚决取缔私屠滥宰和不符合条件的屠宰场、厂、点的通知。在这前后,中央电视台新闻报道深入挖掘,广泛扩展,相继播出了上海、深圳坚持屠宰"一把刀"、开放零售市场的经验。这一组连续报道反应迅速、有声有色、有始有终、很有深度、反响强烈;既发现了问题、找到了症结,又提出了解决办法,最终促进了改善,取得了实效。③

1996年,时任国务院总理李鹏在接受美国《中国新闻》英文月刊采访时说:"随着改革的深入,我们要按照宪法,保障人民更充分地享受当家作主的权利,包括对政府工作的监督。"国家主席江泽民在十五大报告"完善民主监督制度"一节中特别指出:"发挥舆论监督作用","加强对各级干部特别是领导干部的监督,防止滥用权力"。④ 这些

---

① 方静.以《焦点访谈》为例谈谈新闻传播模式转变后的问题[J].新闻战线,2008(5).
② 《中国广播电视年鉴》编辑委员会.中国广播电视年鉴1994[M].北京:中国广播电视年鉴社,1994:75.
③ 辛文.十年的探索与追求:中央电视台新闻改革回顾[J].电视研究,1996(4).
④ 王丹.《焦点访谈》:社会变革后中国新闻传播的适应性转变[EB/OL].(2006-07-13)[2020-03-12].http://www.szstudy.cn/showArticle/8364.shtml.

是新闻舆论监督的法律和政治依据。

(二)重大负面新闻

1994年,国内接连发生了几起重大灾难事故。电视新闻在报道中处理有失,反映出当时的新闻应对状态。

1."海瑞"号游船千岛湖毛竹园失火事件

1994年4月1日清晨8点05分,浙江淳安县"海瑞"号游船,在从安徽深渡驶往浙江千岛湖毛竹园的途中失火,船上32人全部遇难,其中有台湾游客24人、2名导游、6名船员。

千岛湖事件在台湾引起广泛关注。虽然《文汇报》驻浙江记者万润龙4月1日下午接到爆料,立刻介入调查,并于第二天在《文汇报》独家刊发了"千岛湖游船火灾"消息。但是浙江省相关部门都以"接上级通知不准接受记者采访"为由拒绝提供信息。①台湾岛内自4月2日始纷纷发出对大陆措辞强烈的指责;4月12日,台湾"陆委会"宣布"即日起暂时停止两岸文教交流活动","自5月1日起停止民众赴大陆旅游"。台独势力也借机叫嚣、煽动,将其变成了一起政治事件。②

万润龙4月4日从事故现场回到杭州,马上写成内参,详述了浙江省大量及时的善后工作,以及因为有关部门新闻封锁,导致事件真相无法通过正当媒体渠道及时昭告世人,造成难以弥补的政治损失和极为恶劣的影响。江泽民同志在内参上做了批示后,新闻封锁得以取消,事实真相得到披露。③《新闻联播》在4月9日发出国务院台办负责人就此事件发表的谈话;4月17日,《新闻联播》报道了千岛湖"海瑞"号游船事件被侦破的消息。④

"千岛湖事件"后,1994年8月,中共中央办公厅和国务院办公厅发布了《关于国内突发事件对外报道工作的通知》,规定突发事件对外报道一律由中央外宣办组织协调,归口管理,新华社统一发稿。这一规定实际上就是将此类事件的报道权统一交由国家具体部门来协调管理。⑤

2.新疆克拉玛依友谊馆特大火灾

1994年12月8日,新疆克拉玛依友谊馆发生特大火灾,死亡325人,其中有中小学生288人,干部、教师及工作人员37人,受伤住院者130人。对于这一重大伤亡事故,中央电视台进行了"选择性"报道。当时,中央电视台记者深入现场,做了一期《焦点访谈》,用大量照片和资料反映出火灾的景象。但考虑到节目可能产生的冲击,最终

---

① 徐春柳.千岛湖事件[N].新京报,2008-04-25.
② 范丽青,朱国贤.千岛湖事件始末[N].人民日报,1994-06-20.
③ 万润龙.面对"封锁":3·31千岛湖事件采访追记[J].新闻记者,2000(3).
④ 杨伟光,李东生.《新闻联播》20年[M].上海:上海三联书店,1999:205,206.
⑤ 陈力丹.论突发性事件的信息公开和新闻发布[J].南京社会科学,2010(3).

决定不播节目。① 时任台长杨伟光后来回忆自己的想法:"我看完这个节目,节目做得很好,也很感人。但我说克拉玛依的群众情绪躁动得很厉害,我说这个节目播了以后,对当地群众的情绪是平息还是火上浇油?如果火上浇油的话,就不能播,如果能平息他们的情绪,不会闹事就可以。问题是那边已经白热化了,你现在播这个,会使那些失去孩子的父母、亲友愤怒起来,向领导施加压力。结果那记者哭着抬不起头。三天以后,中宣部发出正式通知,克拉玛依有关报道不要再报,局势很不稳定。"② 一周后的15日,《新闻联播》报道:大火原因已经查明,这是一起特大恶性安全责任事故,19名有关责任人被依法追究责任。③ 报道中对十几名踩着死伤学生生还的干部只字不提,被人批评为"避重就轻"。

这一年年底,吉林、辽宁还发生了特大火灾,死伤多人、损失惨重。对此,国内主要新闻媒介都没有及时报道。《焦点访谈》对吉林大火事后做了报道,对辽宁阜新火灾的死亡人数一直没有披露。"主流媒体"沉默的时候,一些小报大出风头,披露了事件。④

1994年接连发生的重大灾难事故,是当时我国政治、经济、文化、社会等综合状态的暴露。对报道的定夺确有难度。怎样快速、客观、全面呈现事件中的真相,既不回避事件的严重性、满足公众知情权,同时又不渲染紧张情绪、造成民众恐慌,考验着管理机关及新闻媒体的应对能力和报道水平,也是对相关各方信誉的考验与检测,他们的回答方式决定了民众对他们的信任程度。这一年中国媒体及电视台的相关作为有很多经验和教训值得总结和记取。

四、体育新闻

(一)体育频道

1993年,中央电视台有了开设体育频道的计划。体育部为这个计划的实施做准备。最重要的是节目源的扩大,因体育频道开设之后,节目需要量将达到只在一、二套节目中播出时的几十倍。要保持自己在国内的前导地位,一方面要利用与国际同行的联系,尽可能地获得直播国际赛事的报道权;另一方面要更多关注国内赛事,培养观众的观赛兴趣。

体育频道的正式筹备从对第十二届亚运会报道结束之后的1994年11月1日开始。经过两个月的工作,1995年1月1日中央电视台第五套体育频道如期播出,先是向北京地区开路播出。

体育频道建立之初,设置了48个栏目,并率先与国家体委(国家体育总局前身)有关部门签订了长期协议,辟出固定时段直播国内各项联赛和比赛;还采用制片人负责

---

① 辛文.十年的探索与追求:中央电视台新闻改革回顾[J].电视研究,1996(4).
② 赵华.中央电视台前台长杨伟光"我压下了克拉玛依大火报道"[N].南方周末,2014-12-09.
③ 杨伟光,李东生.《新闻联播》20年[M].上海:上海三联书店,1999:212.
④ 曹轲.书生快意南方剑:新闻批评与新闻调查[M].广州:广东人民出版社,2001:112.

制,利用社会上的制作力量制作时效性不强的 10 个栏目。①

有了专门频道之后,各项赛事的报道量大幅增加,形式上也有了新探索。如 1995 年 5 月 14 日,中国队在天津举办的第 43 届世乒赛中囊括七项冠军,当天 19 点 7 分 52 秒,当比赛进入最后一项男子单打冠军决赛最后一个球时,《新闻联播》直接插播了从天津赛场传回的现场报道,长 2 分 8 秒。在这届世乒赛期间,体育频道多次成功地在演播室直播节目和新闻节目中插入现场比赛的报道及画面,显示了电视报道灵活、快捷的特点。世乒赛期间,报道时间总计达到了 92 小时,创中央电视台转播大型单项体育比赛之最。

1995 年 11 月 1 日,体育频道和中央电视台影视、综艺频道一起,用数字压缩加密方式通过"亚洲二号"卫星 KU 频段转发器实现了向全国播出。体育频道的编排也根据变化进行了调整,其播出时间由 12 点提前到 8:30 开始,每天的播出时间增加到 16 小时,其中首播节目达 10 小时。②

中央电视台体育频道开播后,逐渐发展成为每年体育赛事直播量世界第一的频道、中国体育节目品类最丰富的频道、顶级体育赛事独家转播权最多的频道和热点大赛期间创国内收视纪录最多的频道,为我国体育频道建设积累了丰富的经验,使其取得了长足的进步。③

1. 亚特兰大奥运会报道

第 26 届夏季奥林匹克运动会于 1996 年 7 月 19 日—8 月 4 日在美国亚特兰大举行。本届比赛设 26 个大项 271 个小项,共有来自世界 197 个国家和地区的 10,788 名运动员参加各项比赛的角逐。

中央电视台派到亚特兰大一个 59 人的报道团队,16 天中播出了创纪录的 602 个小时的节目,并首次实现通过卫星的前后方双向交流、整体包装的直播。中央电视台体育频道连续 9 个日夜,不停地转播奥运会。根据日本广播协会(NHK)研究所的统计,中央电视台的奥运会播出总量为世界第一。除了大量直播之外,报道重点是新闻和专题节目。《强者的对话》《我眼中的王义夫》等专题报道催人泪下,使人们感受到了在观看直播时感受不到的激情。该报道团队有突破、有创新地完成了奥运会的报道任务。④

2. 第八届全运会

一年之后,中央电视台于 1997 年 10 月 12—24 日对在上海举行的第八届全国运动会进行了报道,这是 20 世纪我国最后一次规模最大的全国综合性运动会。

中央电视台在计划之初,就定下了按照奥运会模式进行报道的方案。从整体上讲,体育频道全天 16 小时播出全运会赛事,中央电视台一、二套节目安排部分重要比

---

① 赵化勇.中央电视台发展史(1958—1997)[M].北京:中国广播电视出版社,2008:337-345.
② 杨伟光.中央电视台发展史[M].北京:中国广播电视出版社,1998:447,441,442.
③ 郝英.我国电视体育频道的设置格局与运营状况研究[J].体育与科学,2011(1).
④ 《中国广播电视年鉴》编辑委员会.中国广播电视年鉴 1997[M].北京:中国广播电视年鉴社,1997:66.

赛和专题;晚间18—24点作为一个整体,采用"大杂志"节目形式,安排包括直播、新闻、访谈、现场报道、评论和花絮等形式内容。新闻扩大信息量,谈话节目选用实景录制。节目包装采用演播室主持人和节目预告相结合的方式。

中央电视台派到上海的报道团队超过200人,在上海广电大厦租用了350平方米的工作区,建立了一个演播室和两套播出系统,带去了两个卫星地面站;在游泳、举重等六个场馆,设立了专供中央电视台使用的电视信号注入点(联网机位),记者每天用它做直播的现场报道;在外滩、田径场等地也设立了分演播室。在注入点、分演播室的记者和中心主持人的交流,使得节目形式更加新颖,增加了可视性。

(二)赛事转播市场化

值得注意的是,这一阶段赛事转播也进行了市场化的尝试。

1993年10月,中国足协提出了在1994年实行以俱乐部为参赛单位、主客场制的中国足球甲级联赛。一周之后,中央电视台就同意用广告时间交换电视报道权,与中国足协签订了五年的协议。这种做法在中国电视史上是第一次。从1994年4月开始,中央电视台每周在二套直播一场中国足球甲级联赛,在体育频道播出三场足甲录像,促进了社会对足球赛事的重视与接纳,带来了市场收益。

1995年,设在香港的一家外国公司与国家体委有关部门签订了五年的合约,购买了国内所有乒乓球比赛的独家电视报道权。这是国家体委改革的一次尝试,也促使中央电视台开始思考开辟市场问题。从1996年开始播出的《"CCTV杯"中国乒乓球擂台赛》就是中央电视台投资、操作,按照中央电视台的播出时间举行的每周一次的比赛,很快就得到了各方的认可,社会效果很好。体委其他竞赛部门也纷纷向中央电视台提出举办类似赛事,赛事的电视转播为中央电视台吸引来了赞助商。最后那家香港公司自己承认失败,主动放弃了合约,并且提出与中央电视台合作。[1]

(三)上海电视台体育节目

从1993年开始,上海的电视台也开始调整和完善体育报道布局。

1.东方电视台体育节目

东方电视台自创办以后,非常重视体育节目的打造。其内容有体育新闻、专题、赛事直播以及用体育资料片做的分类串编节目。

1993年,东方电视台创办了一些新的体育节目。其中《国际体育新闻》始播于1月18日,于每周一至周六的21:15和22点以后分别用中、英文播出,每次各15分钟左右,次日中午重播。这是一档以报道全球体坛动态为主的新闻专栏。东方台购买了国际体育新闻版权,采用卫星连接国际体育传播网络,每天接收WTM(英国)和ESPN(美国,Entertainment and Sports Programming Network,娱乐与体育节目电视

---

[1] 杨伟光.中央电视台发展史[M].北京:中国广播电视出版社,1998:446,447,449.

网)传来的两个多小时新闻素材,其中包括世界各地的重要体育赛事、突发性体育新闻和体坛人物情况等,经过筛选、翻译、编辑,制作成一档合乎本地观众口味的体育新闻节目。该新闻专栏当年第一时间报道了世界杯足球预选赛、四大网球公开赛以及东亚运动会金牌战等赛事,还向十几家兄弟省市台提供了60小时的每周精选节目。

另一档《体育新干线》节目则是致力于传播体坛信息、抓拍精彩瞬间、展示明星风姿、评述热点事件、追踪热门话题、透视体坛内幕。1993年1月20日至2月2日,该栏目新春特别节目播出了一部大型体育电视片《血汗与荣耀》。节目分为《原始本能》《神和英雄》《玩游戏》《勇敢者的家》《为了刺激》《健与美》等14集。该片将体育运动融入人类文明发展的历程之中,让人们重温传奇式运动员的表演,回味体育盛典中激动人心的美妙时刻。此外,东方电视台还办有《足球杂志》《东视拳击》《网球杂志》和《五环广场》等栏目。

1993年,东方电视台先后直播了30多场重大赛事,主要有:第二十七届美国职业橄榄球超霸杯赛、NBA美国职业篮球全明星对抗赛、'93英国足总杯决赛等。平均每周1次,共152小时。东方电视台当年有8名在编的编辑、记者负责体育节目的制作播出,平均每周制作540分钟节目。

2.第一届东亚运动会[①]

1993年5月9—18日,第一届东亚运动会在上海举行。来自中国、日本、中国台北、中国香港、朝鲜、韩国、蒙古、中国澳门、关岛等9个国家和地区的1,200多名男女运动员参加了12个项目的比赛。

在这10天时间里,东方电视台与中央电视台、上海电视台等11家兄弟电视台携手,向中央电视台、国际广播电台以及北京、天津等8个省市12个单位借调了5辆转播车和250名各类专业人员共同参与报道。

运动会期间,东方台推出了开幕式、闭幕式以及各体育比赛项目的直播,开办了《东亚运系列讨论》节目,还将5月10—18日的《东方直播室》临时更名为《东亚运直播室》,连播9档,由体育明星、著名教练担任嘉宾,取得良好效果。

3.上海有线电视台体育频道

为了满足电视观众和体育爱好者的需求,上海有线电视台于1993年12月12日开播了体育频道,这是一个全天播出体育节目的专用频道,是中国第一个全体育频道。其办台宗旨是"丰富电视节目内容,提高全民体育素质"。它通过卫星转播、录播、现场直播等手段,向观众报道国内外体育赛事和信息。该频道节目的特点是"全、快、大、多",即播出赛事完整、全面;播出时间快;播出量大;播出的体育项目丰富多样。频道的主要栏目有:《赛场风云》《缤纷体坛》《忆东亚运迎八运》等。在各栏目中,每天约有半小时海外引进节目,全都译配中文解说后播出。这些栏目都在第二天的8点30分和14点重播。[②]

---

① 这是1991年11月6日在北京召开的第二届东亚各奥委会成员联席会议上正式通过的两年一届的运动会。
② 赵凯.上海广播电视志[M].上海:上海社会科学出版社,1999:500,508-510,522.

这一阶段,中央电视台在奥运会、全运会上的转播报道等实践,在人员组织、部门协调、技术运用、节目形态、编辑记者新闻处理能力等方面不断探索,取得了显著进步,为此后重大赛事的报道积累了宝贵的经验。电视还从市场化改革入手,投资操作体育赛事、吸引赞助商,取得了电视、体育事业双赢的效果。上海有线电视台率先创办了体育频道,并努力探索符合社会需求与传播规律的体育传播方式。

小结

邓小平同志南方谈话后,中国的改革开放和现代化建设事业进入了新的发展阶段。深化改革、扩大开放,国内新一轮的思想解放促进了电视事业的改革、创新与发展。自1993年开始,中国电视也开始了"改革开放"的新阶段。

面对发达国家计算机技术与信息高速公路建设的快速推进,中国电视事业参考各国的经验并结合中国实际,快速跟进,技术应用有了崭新的面貌。卫星直播的出现为电视新闻带来了一场传播方式的革命,中国电视人迅速掌握了这一新的传播形式,在1997中国"电视直播年"中发挥了及时报道新闻事件的奇效,让观众在第一时间看到、参与了一些重大事件的进程。对受众来说,现场直播提供了最快的信息,也提供了更多的事件参与感受和思考评判机会,是对观众信息权益更大程度的尊重,给了民众更多的知情平等权。

除了事件的现场直播以外,新闻节目直播方式的普及也极大地提升了报道的时效,使观众能够在尽可能早的时间获知最新动态。频道持续增多、播出时间不断加长,使新闻节目有了更多的立身之所,新闻节目的播出次数与时长也不断增加,新闻节目类别不断丰富,新闻的功能更加全面,观众获知新闻也变得更加方便。

中央电视台《东方时空》的创办带动了电视新闻杂志栏目的火热发展,节目形式变得丰富,电视新闻报道深度得以拓展。以《焦点访谈》为代表的电视新闻评论热议社会话题,代民发声,发挥了舆论监督的重要功能,反映出民众在社会重要变革期的要求与关切。以《新闻调查》为代表、更为专业的深度报道,更好地探索了电视深度报道的手法与形式,对社会问题的挖掘更加深广,做出了一批历久弥新的电视精品。以《实话实说》为代表的电视新闻谈话类节目,是对新闻评论的新探索与拓展,其开放与平等的交流,拓展了电视对话的观念。

以中央电视台《东方时空》《新闻调查》为代表的中国电视新闻栏目,为适应社会需求,尝试积极的节目结构和布局的调整,"变革"成为形容这一时期最为贴切的关键词。电视事业对原有的机制勇于突破,出现了新的节目样态和新型运营方式。

从电视新闻杂志栏目的出现,到评论类、深度报道类、谈话类栏目,电视节目不断创新、演进与发展。制作手法也在不断进步,电视新闻对现场的挖掘不断提升,对底层人物的生活更加关注,电视新闻在深度和广度上都得到了拓展;而栏目的大力改革,也带动了新闻理念上的突破,电视新闻的语态在改变,纪实性在增强,对话观念得到深入、直播手段运用更多元,经济报道更加丰富,这为我国电视多种形态的形成和发展提供了实践经验。

其间,时政新闻、经济新闻和体育新闻的改革走在了其他类别新闻的前面。各类新技术、新形式都是在这三类节目中最先得到应用,成为改革的试水者和领头羊。这一时期,经济新闻发挥出最大的功效,在国家经济高速发展时期,成为社会进步的重要推动力。

随着改革开放的日益深入,中国电视事业发展的速度不断加快,发展规模不断扩大,发展领域不断拓展。这些发展,是中国电视自身经过几十年在形式、内容上的探索,独立性、自主性日益强化的结果,也是电视在不断开放进程中,境外、国外大量节目作品的示范与交流所产生的刺激与碰撞的结果,还是传播科技进步和指导观念解放共同作用的结果,更是中国电视人在这一阶段意气风发、激情投入,对新闻事业寄予美好理想与追求,对改革和国家进步寄予无限热情与希望的体现。这一切都共同造成了这一阶段中国电视新闻的高歌猛进、高潮迭起,形成了中国电视新闻飞速发展过程中的一个高峰。

第八章　改革加大步伐 新的世纪挑战
（1998—2002 年）

　　1998 年是经历了狂飙突进式快速发展后一个新时期的开始。一直以来广电事业的快速发展既为广播电视工作提供了雄厚的物质基础，同时也对法制化、规范化管理提出了更高的要求。一方面，广大民众对精神文化，尤其是优秀精神食粮的渴求，使广播电视工作坚持正确导向、提高节目质量、多出优秀作品的任务显得更加重要和紧迫；另一方面，社会主义市场经济体制的建立，在为广播电视事业发展增添活力的同时，又在坚持方向、深化改革、调整关系、规范行为等方面提出了许多新的课题。世纪之交的中国广播电视正面临着严峻的挑战和极好的机遇，发展和管理的任务都十分艰巨和繁重。①

　　1999 年 1 月 27 日，时任国家广播电影电视总局局长、党组书记田聪明同志在全国广播影视厅局长会议上讲道，在当前的形势下，中国广播影视的准确位置就是：在世界广播影视业中要始终保持"以我为主""为我所用"的态势。在国内则要坚定地服从和服务于全党全国工作的大局，兼顾导向、服务、娱乐等多种功能。同时，田聪明还指出广播影视具有产业功能，广播影视不仅要把社会效益放在首位，也要讲究成本核算和经济效益，要开发各方面的服务功能，要讲投入产出。世界广播影视产业发展迅猛，国内事业单位改革即将开始，面临"断奶"的严峻形势。对此，革除旧体制下形成的思维模式和运作方式迫在眉睫。②

　　改革开放以后，中国自 1986 年申请重返关贸总协定，为复关和加入世界贸易组织进行了长达 15 年的努力，终于在 1995 年 7 月 11 日被世贸组织总理事会议接纳为该组织的观察员。2001 年 11 月 10 日晚 6 点 38 分（卡塔尔首都多哈时间），世界贸易组织（WTO）第四届部长级会议审议通过了中国加入世界贸易组织的申请，中国从一个月后的 12 月 11 日起正式成为世贸组织的第 143 个成员。

　　CNN 总裁特德·特纳曾经预言"新闻才是未来电视业竞争的真正战场"。境外传媒已经以各种方式进入中国传播市场，对中国媒体市场运作空间形成了争夺与挑战。2002 年是中国加入世界贸易组织后的第一年，在全球化进程不断加快的背景下，中国电视新闻改革也迎来了新的机遇与挑战。

　　这一阶段的特点是新媒体日益成长壮大，凸显出巨大潜力，而电视媒体仍然在社

---

① 孙家正.全面贯彻《条例》，努力提高广播电视行政部门依法行政、依法管理的水平[J].广播电视信息，1997(11).
② 《中国广播电视年鉴》编辑委员会.中国广播电视年鉴 1999[M].北京：中国广播电视年鉴社，1999：7.

会上保有强大的影响力。随着频道数量的持续增多,电视开始更多地出现专业化倾向。而随着入世时间的到来,做大做强、矗立于世界之林,成为中国电视人急于实现的梦想。在这样迫切心情的推动下,一些操之过急、急于求成的行动也留下了教训。

第一节　体制与事业发展

据国家广电总局统计,在国家第九个五年计划(1996—2000)期间,我国广播电视覆盖能力和质量大大提高,建成世界上覆盖人口最多的广播电视网络,广播电视人口覆盖率分别达到91.5%和92.5%。截至2000年,中国收音机和电视机的社会拥有量分别达到5亿多台和3.5亿台。有线电视发展迅速,全国有线网络基本形成,有线电视用户翻了一番,达到8,000万户,居世界首位。广播电视媒体数字化进程大大加快,中央和省级广播电视节目全部实现了卫星传送。[1]

一、体制调整与制度创新

广播电影电视部改组为国家广播电影电视总局。

1987年10月召开的党的十三大提出了政府机构改革的新任务。1988年,中央政治局讨论通过了《关于党中央、国务院机构改革方案的报告》。1998年3月,根据第九届全国人大第一次会议批准的国务院机构改革方案和《国务院关于机构设置的通知》,广播电影电视部作为国务院机构改革的一部分,改组为国家广播电影电视总局(正部级),为国务院主管广播电视宣传和广播电影电视事业的直属机构,基本职能不变,从原有的10个职能司局和机关党委减为9个司局,人员减少一半,以提高行政效率。[2]田聪明任首任局长。

(一)集团化改造

自1983年第十一次全国广电工作会议提出"四级办电视"方针以来,各级电视台的数量一直在不断增长。1997年时,中国的电视台总数已经达到了923座之多,几乎是1983年时的14倍。[3]

电视台数量的大幅增长,一方面促进了中国电视事业的繁荣,但也积累下了重复建设过多、资源浪费严重的弊端。尤其是在1992年社会主义市场经济建设方针确定之后,由电视产业化改革所带来的市场效应和竞争特点,让这一基于特殊历史条件下

---

[1] 张海涛."十五"期间至2010年我国广播影视科技事业发展的总体目标和主要任务[J].中国广播电视学刊,2001(1);田聪明.在改革开放中迅猛发展的中国广播影视媒体:在2000年亚洲娱乐与传媒大会上的讲演[J].电视研究,2000(6).
[2] 《中国广播电视年鉴》编辑委员会.中国广播电视年鉴1999[M].北京:中国广播电视年鉴社,1999:53.
[3] 刘习良.中国电视史[M].北京:中国广播电视出版社,2007:309.

的粗放式经营管理体制遭遇尴尬的生存困窘。到 20 世纪末,我国广播影视内部存在的诸如体制不顺、机制不活、低层次重复、规模较小、资源浪费、无序竞争、发展后劲不足等种种"小而全、低而散"的体制弊端已成为电视事业发展的障碍。另一方面,随着我国加入世贸组织的日期临近,国外传媒集团跃跃欲试、摩拳擦掌,想争夺中国这个大市场,形势相当严峻。面对这种"内挤外压"形势,广电集团化的最初目的就是改变中国电视散乱差的现状,推动电视行业向产权明晰、实力增强、资源流动合理的方向实现跨越式发展。

1999 年 6 月 9 日,全国第一家广电集团——无锡广播电视集团正式挂牌成立。该集团以广播电视宣传为主业,拥有报纸、广播、电视、网络等多种媒体,兼营相关的实业,开展多种经营;集团实行企业核算,自收自支,自负盈亏。无锡广电集团为局和集团合一体制,是典型的行政与业务混杂,尽管在业界对此有不同看法,但由于国家广电总局的认可以及自身早期对集团效果的期盼,业界许多人也给予了认同。

1999 年 11 月,国务院办公厅转发信息产业部和国家广电总局《关于加强广播电视有线网络建设管理的意见》(82 号文),其中核心内容有三点:其一是网台分营;其二是电视与广播、有线与无线合并;其三是停止四级办台。如果说无锡广电集团的成立是先行实践试点、探索的结果,那么 82 号文则是为这种探索提供了有力的政策支持,同时也为下一步的广电集团化改革奠定了基础。①

2000 年 1 月,在北京召开的全国宣传部长会议不仅系统提出了组建传媒集团的战略性决策,而且还提出了"股份制改革、多媒体兼并、跨地区经营"等重大问题。2000 年 8 月 11 日至 14 日,在甘肃兰州召开的"全国广播影视局长座谈会"上,中宣部副部长、国家广电总局局长徐光春在会上对广播电视业的整合和集团化发展提出了明确要求:努力把广播电视事业搞强搞大,成为国内舆论宣传的主力军,而且不断扩大在全球的影响,进入世界广播影视的前列。他提到,只有实现了集团化,才能使我们的广播影视事业拥有强大的实力、能力、影响力和竞争力,而两台合并是集团化建设的核心领域,也是集团化建设的基础。会上对广播、电视、电影的改革进行了详细部署,列出了具体的时间表,会议提到体制创新的内容就是走集团化的道路。②

2000 年 11 月 17 日,国家广电总局下发文件《关于广播电影电视集团化发展试行工作的原则意见》,明确规定在以宣传为中心的前提下,广播电视"可经营其他相关产业,逐步发展成为多媒体、多渠道、多品种、多层次、多功能的综合性传媒集团",其目的是使这些集团"做到广播、电视、电影三位一体,无线、有线、教育三台联合,省、地、县三级贯通,资源共享,人才共用,优势互补"。这种集团化,是以省、市行政区域为单位的辖内资源整合,在机构设置上的有线无线合并,有利于人力、物力等资源的集中优化配置,谋求规模效益,集中力量办大事;而频道专业化则适应了电视多频道时代观众的分

---

① 陈正荣.集团之后广电体制向何处去[J].董事会,2007(1).
② 吉炳轩.坚定不移地推进两台合并[J].电视研究,2001(5).

众化趋势,能够更好地满足不同类型电视观众的收视需求。①

2000年11月27日,经国家广电总局和湖南省政府批准,我国第一家省级广播影视集团——湖南广播影视集团(Golden Eagle Broadcasting System,简称:GBS)正式挂牌。

湖南广播影视集团是一家跨媒体、跨行业经营的大型传媒集团。它以"广告、节目、网络"三大主业为依托,涉及广播、电视、电影、印刷媒体、网络媒体、市场调查、旅游、酒店等多种行业。集团下辖十个电视频道、一个电影子集团、五个广播频率、三家公开发行的报刊、十几家全资或控股公司。控股的一家上市公司——电广传媒,被业界称为"中国传媒第一股"。他们提出的最终目的是形成集团化运作、集约化经营、企业化管理、规模化发展的现代广播影视媒体集团。

继湖南以后,上海、北京、浙江等地广电集团陆续宣告成立。

2001年4月19日,上海文化广播影视集团(Shanghai Media & Entertainment Group,简称SMG)宣告成立。该传媒集团被中国传媒产业年会评选为"中国最有投资价值的传媒机构"第一位。

同年5月28日,北京广播影视集团宣告成立,后该集团正式转制为北京北广传媒集团有限公司(简称"北广传媒",Beijing All Media and Culture Group,BAMC)。北广传媒的成立,是北京广播影视业集团化、产业化改革的重要成果。通过搭建地面数字播出与有线网络传输两个运营平台,形成内容集成与服务集成两项核心业务,成为细分市场上一流的网络和平台运营商,迅速发展为一个媒体主业突出、产业链条完整、跨地域拓展、国际化程度较高、汇聚一批国内知名媒体品牌的大型媒体产业集团。

2001年12月6日,中国广播影视集团宣告成立。该集团整合了中央电视台、中央人民广播电台、中国国际广播电台、中国电影集团公司、中国广播电视传输网络有限责任公司和中国广播电视互联网站等中央级广播电视、电影及广电网络公司的资源和力量;以事业单位为主体,拥有广播、电视、电影、传输网络、互联网站、报刊出版、影视艺术、科技开发、广告经营、物业管理的综合性传媒集团。固定资产超过200亿元人民币,年收入有110亿元,可以说是中国规模最大、实力最强的传媒集团,名副其实的中国传媒航母。该集团的成立成为当年中国传媒业改革的代表。

2001年12月26日,浙江广播电视集团成立。它是以广播电视、电影电视剧制作、传输网络、报刊和网络宣传为主业,兼营其他相关产业的综合性新闻传媒集团。浙江广电集团作为浙江省委、省政府直属的新闻宣传单位,是国有独资的事业集团;实行企业化管理,是独立经营的法人实体。

2002年10月16日,杭州广播电视集团挂牌成立,这是全国首家经国家广电总局批准成立的副省级城市广播电视集团。

当时有学者预测,集团化后电视传媒的产业形态将发生根本性变化,持续近二十

---

① 刘树勋.推动广播电视集团化进程[J].电视研究,2002(12).

年的小型分散、恶性竞争、低水平重复、资源浪费的局面将得到有效控制。① 但是,随着广电集团化进程的全面展开与发展,其中存在的问题也逐渐暴露。我国成立的广电集团基本上是事业性质的集团,只有牡丹江传媒集团定位为企业性质的集团。从已经成立的集团来看,基本上是将本地几家广电媒体简单叠加在一起,集团负责人头衔多了几个,将党委书记、台长、管委会主任集于一身。资产规模确实是大了,但从内部来看,多数集团存在机构重复设置、人浮于事、效率不高、责任主体不清等问题。

以率先成立的无锡广播电视集团为例,其成立之初所实行的就是局机关和集团合一的运行方式,在运作模式和经营体制上都没有实质性变化,只是在量上进行了简单的叠加与拼合;内中存在的行政与业务混杂、事业经营与企业管理双轨并存的问题并没有因组建集团而自然消解。相反,在以往存在的局台合一还是分立、广播电视媒体能否合一等传统矛盾之上,又增加了集团这一层因素。这样简单的叠加和来自外力的捏合,反而使渐进情况下较少出现的行业内各成分间磨合的成本大大增加;利益纠葛、矛盾集中化现象,较集团组建前更为突出地表现出来。②

2004 年 12 月,国家广电总局对运行了 5 年的广电集团化改革紧急刹车。当月 21 日、22 日在海南博鳌举行的全国广播影视工作会议上,国家广电总局明确表示:今后不再批准组建事业性质的广电集团,原因是作为喉舌性质的电台、电视台组建事业性质集团,容易与社会上一般的产业集团概念混淆。副局长赵实代表国家广电总局在会议上所做的工作报告指出,只允许组建事业性质的广播电视台或总台,此前已经成立的事业性质的广电集团,可以改为总台;如果要继续保留事业性质,就一定要把经营性资产剥离,组建新的产业经营公司或集团公司。③

2005 年 3 月 29 日,北京市对该市广播电视管理体制进行了调整,将原北京广播影视集团所属的北京电视台、北京人民广播电台及北京音像资料馆、北京市广播电视监测台等事业单位划出,作为市广播电视局所属的事业单位。划转后,北京市委宣传部负责把握电视台、广播电台的舆论导向,并按照干部管理权限管理两台的领导班子。北京的这种调整,基本上宣告了集团的解体。

从 20 世纪 90 年代开始,有关部门提出做大做强媒体的口号,并企图用行政手段推进集团化改革,结果事与愿违。行政命令下的组合,简单的物理式叠加,产生不了化合作用。集团化改革在推行 5 年后,随着国家广电总局局长换人而宣告终结。④

回顾中国广播电视集团化的短暂发展历程,其问题的核心仍然出现在电视台"事业/产业"一体两栖功能的矛盾定位上。正如有的研究者分析的那样,"'一元体制,二元运作'模式更适合作为一种媒体转型的过渡性制度安排,而不应成为长期性运营模

---

① 尧风.中国广电产业集团化的未来之探[J].电视研究,2002(12).
② 陈正荣.集团之后 广电体制向何处去[J].董事会,2007(1).
③ 今后不再批准组建事业性质的广电集团[EB/OL].(2004-12-22)[2019-03-01].http://news.163.com/41222/7/187NF8GK0001124R.html.
④ 陈正荣.集团之后 广电体制向何处去[J].董事会,2007(1).

式的制度基础"①。这一矛盾定位不仅让政府取代市场力量,成为集团化的直接推手,而且让集团本应该发挥的资源整合作用,最终演变成了没有具体操作方法的管理机构、人员、资产的简单捆绑。在这一过程中,经营集团原本应该追求的产权明晰,却因为在没有明确审计和监管制度的前提下,采取按单位归属进行无偿资产划拨的调配形式,变得更加不明晰,从而违背了集团化最应达到的资源配置结构合理的改革初衷。

在集团化改革中反映出来的还有一个广电集团市场主体地位的"悖论"问题。按照广电集团"事业单位、企业化管理"的做法,很多集团仍然保留了与同级广电主管机构相当的行政级别,其管理层也由政府权力机关任命,在管理层上保留了所有事业单位的运作特征。这样做的目的当然是为了确保舆论机关的宣传导向和主管权力免受商业市场的干扰与侵夺,但也同时模糊了广电集团作为市场主体的独立地位。再加上行政区域的间隔又阻滞了广电集团的跨地区发展,在此形势下的集团化,实际上成了既无法完全事业运营,也无法独立企业运营的"怪胎"。② 因此,对于中国的电视管理体制而言,很难产生真正意义上的竞争机制和大型传媒集团。其中的各种投入,也成了无法报销的"学费"。

(二)有线台与无线台合并

前述 1999 年 11 月国务院办公厅转发信息产业部和国家广电总局下发的 82 号文件《关于加强广播电视有线网络建设管理的意见》,其中核心内容的第二点要求有线电视台与无线电视台合并。这虽然是广电集团化改革的一部分,但并没有随着停办集团而停止。

2000 年 8 月,在兰州召开的全国广电局长会议上,国家广电总局局长徐光春提出:"无线台与有线台必须合并。有线不设台,主要职能是传输,同时继续保留节目频道,实行频道化管理,逐步实现频道的专业化、对象化。"③

按照国家广电总局的部署,到 2001 年 7 月 1 日,无线台与有线台合并的工作必须结束,即取消有线电视台的机构和呼号。④ 2000—2001 年各地电视台进行无线台与有线台的合并,到 2001 年年底合并完成。2000 年,全国各地有无线电视台 352 座,有线电视台 223 座,合并后,共有电视台 300 余座,⑤电视频道仍有 3,000 多个。两台合并的目的是要达到结构重组、业务重组、资产重组、资源重组,实现资源的合理配置,结构的合理调整,人员的合理组合。

2001 年 11 月,国家发展改革委推出了《广播影视科技"十五"规划和 2010 年远景规划》,其中确定以有线数字电视作为今后广播电视,特别是数字电视发展的切入点,

---

① 胡正荣.政府与传媒关系的重构:兼谈广电媒介"集团化"的进路[J].中国记者,2001(11).
② 杨状振.中国广电集团化改革的进径反思与体制悖论[J].视听纵横,2002(1).
③ 王炎龙.西部省级电视台与农村市场的对接定位[J].电视研究,2002(11).
④ 吉炳轩.坚定不移地推进两台合并[J].电视研究,2001(5).
⑤ 李忠毅,胡波.电视受众探析[M].北京:中国广播电视出版社,2003:253.

这就是"从有线切入"的原则。这本身也是有线以传输为主要功能规定的一种实现方式。

（三）转变第四级台职能

中国从中央到地方各行政级别的电视台中，县（区）级电视台的数量最多；每年的投资数额庞大，但节目制作能力大多较为低下，因此并不能很好地利用投资，创造良好的经济、社会效益。1996年12月，中央办公厅、国务院办公厅发布了37号文件，提出"市辖区不设广播电视播出机构，乡镇不设电视播出机构。现有县广播电台、电视台、有线电视台要合并为一个播出实体，主要转播中央和省级广播电视节目"①。

2001年7月1日，有线电视台的机构和呼号被取消。按照规定，区县级广播电视台不再独立开办电视频道，省市级电视台只允许为此保留一个频道，作为下属各区县级台共用的"公共频道"。这是为撤销第四级台后所做的制度安排。

2001年年底，国家广电总局发出通知，全面推进地县级广播电视播出机构职能转变工作，即地县级播出机构要把工作任务转到转播中央和省级广播电视节目上来；地区级电视台一律只自办一个频道，个别情况特殊确需自办两个频道的，报国家广电总局特批；区县广播电视台不再保留自办电视节目频道，可在上级台的"公共频道"中插播其自办节目。

2002年7月1日，各省同时推出了省级电视公共频道，"条块分时段联动"是省和市公共频道每天为各县区（市）广播电视机构开出的独立窗口时段，这一时段节目由各县（市、区）电视台自主编排。这种方式既统一又分散，其节目既有全局性又有地方性。② 如北京电视台的公共频道开办初期就是轮流播出各区县的新闻、专题节目。共用式公共频道，对探索新的媒体运作机制和经营模式做出了尝试，成为各区县级电视台播放自办节目的唯一窗口。

公共频道建设使省、市、县三级广播电视资源和业务联系在一起，以市为核心成立节目公司，下辖所属各县（市、区）节目子公司，各子公司向公共频道提供自制节目，这既可以为已有制作能力找到出路，也可以从整体上整合、壮大了电视业的实力。公共频道推出后，市县级电视台把工作重心转移到转播中央和省级台的节目上，转移到扩大覆盖和提高服务水平上，将工作精力转移到改造、完善专用网络，发展有线用户和拓展业务上；把自办节目主要放在投资小、见效快的本地节目上，挖掘本地人文历史资源、生态旅游资源、社会新闻资源，尽量制作有特色的精品节目。③ 对于某些市县电视台没有能力完成的好题材，可以通过联办优势，与上级台合作拍摄制作。这样做，职能收缩、任务清晰，可以节省大量资金。但是，县级电视台职能转变后，频道、播出时间和

---

① 中央办公厅、国务院办公厅关于加强新闻出版广播电视业管理的通知[EB/OL].(1996-12-24)[2019-10-01]. http://mlrc.cuc.edu.cn/plus/view.php? aid=407.
② 裴艺元.浅谈市县公共频道的经营策略[J].电视研究,2002(12).
③ 陈晓青.实施"民牌"战略打造名牌媒体[J].电视研究,2002(12).

自制节目缩减,市场份额和经济效益减少,人员过剩问题凸显。公共频道运行能否成功,对我国当时的广电改革及各省地州市县电视台的未来都有影响。

2002年7月,全国省级电视台公共频道全部开播,部分市、县台开始实施公共时段的节目插播工作。根据国家广电总局批准的方案确定压缩的频道总数为1,389套。调整后28省(区、市)保留的自办节目频道为294套,县级教育电视台全部取消,地级教育电视台力争合并;特大型企事业单位广播电视站纳入公共频道运作和管理。

市县级电视台职能的调整,推进了我国广播电视基础设施的建设,为电视与互联网的整合打下基础,并带来经济收入结构的调整。随着有线电视网的建设,县级电视台将由以财政拨款和广告收入为主转变为由收视费、广告及拓展业务的服务收费共同组成收入体系。基层电视台收入结构变得更加多样化。由于基层电视台数量众多,可能积聚的资金不容小觑,这也为办好公共频道提供了基础。①

(四)制播分离

广播电视节目的生产按照与播出平台之间的关系,可以分为制播合一和制播分离两种模式。电视节目制播分离是指电视台的节目制作主体与播出主体分离;电视台主要实现节目的规划、评估、审查、收购与播出,而将部分节目的制作职能剥离出去,交与独立的社会公司加工制作。电视台与节目制作公司主要是"买与卖"的商业关系。完全意义的节目制作与播出分离应达到节目制作和经营的公司化、市场化、社会化。按照社会分工的原则,制播分离是社会化生产的必然结果。但是,按照产业效率、价值链整合的说法,关于节目制作是社会化还是制播合一,还需要更多的判断指标。

20世纪90年代,电视频道的大量增加使得节目需求量急剧攀升,一时间"制播分离"成为中国电视界的热门话题。中国电视业关于"制播分离"的尝试最先体现在电视剧生产领域。20世纪90年代初,首先是中央电视台、北京电视台等有实力的大台纷纷成立了电视剧制作中心,实现了电视台内的制播分离。20世纪90年代初,一些社会节目制作公司出现,它们开始大多是为电视台加工广告,后来发展到做节目包装,进而承包起部分环节如特技的加工,直至整个节目的制作。经过一段时间的摸索,以成立于1998年的光线传媒(ENLIGHT MEDIA)为代表的一批民营公司选择政策风险较低的娱乐领域,走上了运营制播分离的道路。1999年7月1日,"北京光线电视策划研究中心"正式推出了《中国娱乐报道》,播出渠道很快从20多家电视台发展到140家。民营电视逐渐成为电视领域的一支生力军。

1999年7月8—10日,国家广电总局在上海召开了全国广播影视系统内部管理改革座谈会,明确提出要"积极推进除新闻类节目外的其他广播电视节目播出与制作的分离,进一步发挥市场机制对广播电视节目的基础作用"②。

---

① 何铁巍.本土化策略及职能转变:四川电视台公共频道分析[J].西部电视,2003(1).
② 全国广播影视系统内部管理改革座谈会纪要[J].广播电影电视决策参考,1999(8).

时任中央电视台台长赵化勇在部署 2000 年工作时提出,中央电视台要切实推进节目制作与播出分离改革。当时,中央电视台基本上仍是制播合一的体制,节目生产者和播出管理者是同一个群体,以行政手段对节目制作和播出进行全程管理。其表现为:节目由各部门自行制作、自行审查,台里统一安排播出,这种生产管理方式在新形势下日益暴露出弊端。

中央电视台推进节目制作与播出分离改革的总体目标是:在坚持将社会效益放在首位的前提下,导入市场机制,合理有效地配置节目资源、频道资源,达到生产要素的最优组合,实现中央电视台电视事业的持续发展与繁荣。考核节目制作与播出分离改革成效的具体标准是,实现"两个提高、两个减少、两个增加",即节目质量提高、收视率提高;节目成本减少、基本队伍人数减少;台里收入增加、个人收入增加。节目制作与播出分离改革的方针是:重点突破,整体推进;分步实施,积极稳妥;点面结合,以点带面;点上突进,面上稳健。结合中央电视台的实际情况,新闻性节目、大型文艺活动、重要直播活动等不宜实行制播分离,在制播分离初期,宜从非主流频道、非黄金时段、非名牌栏目开始。①

对电视台来说,制播分离无疑是填补内容缺口、降低成本的好方法,但这一改革仍面临重重困境。因为涉及资源与利益的再分配,电视台和制片公司又都主要依靠广告来维持生存与赢利。孙玉胜曾说:"在目前单一的广告盈利模式下,各个电视台不可能把黄金频道和黄金时段交给社会节目制作公司,同时也不会把容易拉到广告的节目形态交给这些制片商。"②

除了牵扯经济利益外,2000 年 6 月,国家广播电视总局领导话锋一转,不再提"制播分离"。给出的理由是:制作权和播出权是一体的,不存在也不应该分离。但针对电视界尤其是电视节目在制作成本、制作质量、运作机制等方面现存的一系列问题,改革又是必需的。大方向基本定为"多元化、社会化"生产。③ 实际上,使节目的内容、形式及来源更加多元,这本来就是"制播分离"的初衷。

(五)中央电视台栏目的末位淘汰

中央电视台在推行频道专业化、栏目个性化、节目精品化改革中,建立了科学量化的节目综合评价体系,对栏目实施了严格的警示和末位淘汰制度。

这一制度的制定来源于 2002 年的一次中央电视台工作会议上,赵化勇台长明确提出"要建立全台各频道节目操作评测体系,通过科学的评测标准,向精确管理的方向迈进,全面把握栏目运作状况,准确评价制片人工作,在栏目间形成良好的竞争局面,

---

① 赵化勇.深化改革 开拓进取[J].电视研究,2000(3).
② 孙玉胜.十年:从改变电视的语态开始[M].上海:上海三联书店,2003:354.
③ 徐光春.加快广播影视事业的改革和发展:在全国广播影视局局长座谈会暨"村村通"广播电视现场会上的讲话(摘要)[J].电视研究,2000(9).

促进栏目质量提高"①。

20世纪八九十年代,西方国家的一些主流电视媒体,为优化频道资源配置、提高节目质量、增强竞争力,推行了节目测评和栏目末位淘汰制度。在国内,随着省台上星、中国入世,中央电视台的竞争压力越来越大。为了提高节目质量,迎接国际、国内的挑战,满足观众的收视要求,中央电视台总编室开展了节目评价及栏目警示、淘汰的课题研究。

2002年6月,课题组充分吸收国内外电视节目评价理论的研究成果,参照ISO质量标准体系,采用同行业普遍认可的评价参数和计算方式,在相关节目部门试点的基础上,形成了具有中央电视台特色的《节目综合评价体系方案》和《栏目警示及淘汰条例》。②在此之前,我国电视界没有一套科学、权威的节目评价体系,栏目增减没有依据,优胜劣汰无法切实执行。这两个文件,初步使得栏目的优胜劣汰有章可循。其中相关数据的分析整理是由总编室观众联系处完成的。③

1.节目评价方法

中央电视台节目评价的基本方法是:通过对全台栏目进行分类,建立科学的节目分类体系;再对影响节目质量的元素进行全面排查,确立以客观评价(指标以收视率为基础,兼顾频道、时段、节目类别等因素后的收视表现量化值)、主观评价(指标是综合专家、领导评议的量化值)和成本评价(指标是投入产出状况量化值)三项指标为栏目评价的基本指标;再经过对三项指标适当的权重修正,最终形成栏目的综合评价指标(节目传播效果的综合量化值)。

这一评价方法,将所有评价元素均按统一方法,转化为直观的定量数据,更全面、客观。"三项指标"既抓住了节目评价的根本,又简明扼要、容易操作。通过对节目时段、频道、类别等重要因素加以权重修正,收视率变得更加科学可信;突出成本因素,有利于增强成本概念、增收节支。"三项指标"改变了人们对节目质量的传统看法,具有很强的可操作性。

根据"三项指标"中各种数据的变化,可随时对评价结果进行更新。各节目部门也可根据评价指标、权重参数和计算公式,随时随地对自己的栏目进行评价,克服了传统封闭式评价不够公开透明,常会使人摸不着头脑的弊端。

综合评价指标,犹如一把尺子,使各频道、各栏目之间有了可以综合比较和合理排序的标准。既可从类别角度评价一个栏目的优劣,又可从频道角度审视一个栏目的质量,也可从全台角度对一个栏目进行考核。④

---

① 戴昕,张敏.央视自析末位淘汰:并非仅依据收视率和广告[EB/OL].(2003-07-15)[2019-05-12].https://yule.sohu.com/34/53/article211065334.shtml.
② 程宏.央视的节目评价与末位淘汰改革[J].中国记者,2003(3).
③ 戴昕,张敏.央视自析末位淘汰:并非仅依据收视率和广告[EB/OL].(2003-07-15)[2019-05-12].https://yule.sohu.com/34/53/article211065334.shtml.
④ 程宏.央视的节目评价与末位淘汰改革[J].中国记者,2003(3).

2. 栏目警示淘汰标准

"三项指标,一把尺子",既是全台节目评价的基本方法,又是栏目实施警示淘汰的标准依据。中央电视台确定了"先评价、再警示、后淘汰"的操作规程,即总编室每季度会同相关节目部门,对节目综合评价一次,视评价结果对相关栏目给予警示;根据栏目全年综合评价结果,最终确定年度淘汰栏目。

栏目警示的对象是每季度排名处于最后的几个栏目,或排名虽不处于最后,但综合评价指数下滑或是排名下降比较明显的栏目。实施警示,可使栏目有足够的时间调整改革,提高评价指数。

栏目末位淘汰制淘汰的是一个频道全年平均综合评价指数排名处于末位的栏目。栏目被淘汰的原因是多方面的,有的栏目客观评价指标尤其是收视长期偏低;有的栏目是主观评价指标长年偏低;有的栏目成本偏高,最终导致全年平均综合评价指数处于末位。当然,由于频道间的差异,被有些频道如 CCTV-1 淘汰的栏目,如果在其他频道,可能并不差;这也为建立全台更恰当的节目编排体系提供了依据。

3. 节目评价和末位淘汰中的问题

中央电视台末位淘汰制实施后,社会上议论纷纷:《评央视末位淘汰制:收视率低就该下岗吗》《央视 10 个栏目消失"末位淘汰制"引发争议》……

其实中央电视台并没有以栏目的原始收视率作为评价指标,而是根据栏目划定的客观、主观、成本三项指标,对它们依次赋予 5:3:2 的权重,加权形成节目的综合评价指标。① 加权的依据来自全国电视观众收视形态调查。

一个栏目的收视率通过央视索福瑞调查得知,之后要考虑频道的落地率、节目播出时段和节目类型三重因素,对三项指标都要加权修正。那些资源多、播出条件好的节目权重低,反之则高。这样就已经不是孤立的收视率,而是一个比较公平的指数了。主观评价有利于确保正确的舆论导向、防止节目以庸俗化迎合观众,从专业角度、制作规律、整体目标上评判优劣,它可对客观评价和成本评价进行必要的平衡和修正。同时还要为领导和专家意见赋权。如果主观评价总体上占 30 分,则专家、领导、全国观众的评价各占 10 分,实现了主观评价的客观化。② 成本指标主要从经济效益方面对节目进行评价。很多节目在制作成本、收视率和广告收入三者之间常常没有必然对应关系,导致栏目成本居高不下的原因也是多方面的:有栏目特性、规模不经济、管理水平低下等多种。因此要充分考虑各方因素。

在对收视率的修正上,中央电视台把全台栏目分成了 5 大类、16 小类,如科教文化类节目的权重较大,为 1.15,排在第 8 位;《开心辞典》《幸运 52》等游戏竞猜类节目,权重为 1.05;大众文艺类节目 0.78;《新闻联播》才 0.77。而为了给高雅艺术、严肃文化类栏目更大的支持,经典艺术类、纪录片的权重都比较高;但也不鼓励把节目做得曲高

---

① 戴昕,张敏.央视自析末位淘汰:并非仅依据收视率和广告[EB/OL].(2003-07-15)[2019-05-12].https://yule.sohu.com/34/53/article211065334.shtml.
② 程宏.央视的节目评价与末位淘汰改革[J]中国记者,2003(3).

和寡,因为电视毕竟是大众文化,且目前的频道资源依然有限。原则是绝不保护落后栏目。①

4.读书时间

2004年,《读书时间》被置换淘汰,外界一直反复质疑,说是代表了中央电视台的"唯收视率论"、商业化运作的典型,是"不给读书时间"的做法。其实那些真正看过,并仔细审视过这个节目的人,会有相反的结论。

可以说这只是一个名称高尚的栏目,其本身却是一个自命为精英视角,却无法传达出精英声音,反而呈现出一种文化无力和贫乏的栏目。在其《书本推介》子栏目中,选题驳杂、无序,从古代名著《周易》《老子》《庄子》到韩国热门网络小说《那小子真帅》、英国畅销书《哈利·波特》系列,让观众感到随意和盲目。节目关注的都是已有定评的经典书籍和现在的热门畅销书,唯独缺乏的是对未来的判断,"令人第一眼就感到厌倦"。②

其表现形式也较单调乏味。早期节目是一个呆板的封闭流程:两把椅子、两个嘉宾神侃;从一本书开始,以作者的"私生活"细节为结束。后期节目的形式也乏善可陈:解说词、画面、朗诵,充斥着自我欣赏,"有意识地与民间保持或拉开一种身份、趣味和格调上的距离"。另外,"主持人智慧缺失",其访谈像流水账似的老生常谈,在专家面前小学生式地谦恭,访谈内容多跳不出书本内容以及津津乐道于嘉宾的生活,没有表现出应有的睿智和见识,也没有谈话的机敏和巧思,思想的交流、智慧的碰撞完全成为一句空话。"无法满足公众对被贴上精英标签栏目的心理期待。"

即使该节目叙事笨拙、形式单调,但倘若能保持其精英的初始定位,在"内容为王"的传播时代,对于相当一部分受众还是会有一定吸引力的。而令人遗憾的是,栏目对此也是三心二意、摇摆不定,导致内容平庸、苍白无力,甚至落入庸俗的地步。这些致命的缺陷使《读书时间》丧失生命力,也沦丧了最后一块赖以立足的存身之地。

总的来说,《读书时间》并没有像题目应该有的那样表现出对读书的热爱和对文化经典一往无前的欣赏与精神追求;显现出的却是"一个目光游移不定、神情无所适从的呆滞面孔",和闭门造车式创作的思想、情感的空虚。这样的内容与形式,读书人肯定不看,不读书的人更不会看,所以也就不能成为文化节目生存下去。这不是不给读书时间,而是不给《读书时间》时间的问题。更何况节目评比和排名是在频道内进行的,科教频道内的栏目不会和其他频道的栏目去比较。③

5.节目评价和末位淘汰制的实施效果

管理是电视台的生命线,这句话讲了很多年,但由于缺乏有效的具体措施,特别是

---

① 戴昕,张敏.央视自析末位淘汰:并非仅依据收视率和广告[EB/OL].(2003-07-14)[2020-04-12].https://yule.sohu.com/34/53/article211065334.shtml.
② 魏曦英.解读央视《读书时间》的消逝[EB/OL].(2004-10-29)[2019-03-15].https://news.artron.net/20041029/n16696_.html.
③ 戴昕,张敏.央视自析末位淘汰:并非仅依据收视率和广告[EB/OL].(2003-07-14)[2020-04-12].https://yule.sohu.com/34/53/article211065334.shtml.

缺乏对节目质量的公平客观评价,因而在实践中很难实行。节目综合评价和末位淘汰制度的推行,为中央电视台的节目质量管理提供了一把科学的标尺。通过频道间、栏目间的良性竞争,促进了管理水平的整体提高。

末位淘汰条例对被淘汰栏目的处罚作了严厉规定,包括不允许恢复栏目重播,制片人两年内不得开办新栏目,节目经费由台有关部门收回等。这些举措迫使栏目的经营者、管理者从自身的利益出发,不断改进节目质量,危机意识显著增强。

各部门以此为契机,进一步加大频道栏目改革力度,通过关、停、并、转、改,基本上实现频道专业化、栏目个性化,并向着节目精品化努力;同时,通过节目评价,对频道、栏目运行状况及时、准确、真实、全面的了解和把握,为决策科学化,推进宣传、经营、人事、财务等配套改革,提供了权威依据,改革意识显著增强。

央视索福瑞的数据表明,中央电视台实施节目综合评价和警示淘汰以来,全台节目收视率大幅上升,观众满意度和广告招标率迅速提升。2003年黄金时段广告招标取得了突破33亿元大关的优异成绩,就是最好的证明。

节目综合评价体系的建立和栏目末位淘汰制的实施,无疑是中央电视台宣传管理的一大进步。其目的是为了提高全台节目质量意识、内部竞争意识和节约成本意识,实现频道资源的高效优化配置。由于电视产品的特殊性和节目质量评价的复杂性,评价体系和警示淘汰制度难免有不足之处,需要在实践中不断修正、完善。①

二、技术进步

(一)上星工程

1984年4月8日,我国成功发射了"东方红2号"试验通信卫星,进行了1路彩色电视和15路广播节目的传输试验。1985年8月1日,经国务院批准,我国正式租用"国际通信卫星5号"(57°E)的一个转发器,向全国传送中央电视台第一套节目,开始了卫星广播电视的新纪元。1988年3月7日,我国又成功发射了"东方红2号甲"卫星,中央电视台第一、二套节目结束租星,云、贵、川、新疆、西藏的电视节目都于1990年年初上星。1995年11月,"亚洲2号"卫星②发射成功后,广电部买断了其3个转发器,租用了4个转发器。1997年年内,共有15家省、自治区、直辖市级的电视节目上星传送。

1998年1月1日,北京人民广播电台第一套节目和北京电视台第一套节目通过"亚洲2号"卫星传送节目,我国所有地区以及周边各国都可以收听、收看到两台的节目。时任北京市委书记、市长贾庆林在上星仪式上启动了上星按钮。

1998年10月起,宁夏、重庆、上海、甘肃、河北、天津、吉林的电视节目相继上传到

---

① 程宏.央视的节目评价与末位淘汰改革[J]中国记者,2003(3).
② "亚洲2号"卫星由中信集团和美国通用电气公司(GE)控股的亚洲卫星公司所有。

"亚太1A""亚洲2号""鑫诺一号"等3颗卫星上传送。①

1999年10月,海南电视节目上星传送,标志着全国所有省级电视台已全部上星。据国家广电总局统计,截至2000年,加上中央电视台的9套节目,覆盖全国的共有40套境内节目。②

省台电视节目上星打破了在此之前中央电视台独家覆盖全国的局面,形成了中央台和省级台混合覆盖的新格局,增加了全国市场的同台竞争。这也大大刺激了我国电视节目的生产与销售。各台在政府的支持下纷纷投入巨资更新技术设备,扩大节目制作与传输能力。

省台上星的初衷是为了扩大本省自身的覆盖,没有在全国落地(即其信号被地方接收)的任务;但在全国落地的结果,使其在经济上得到了更多的利益,各省市电视台的广告增加了。如北京电视台上星使该台1997年年底的广告招标额首次突破了10亿。山东电视台上星后有60%的广告是外省的,这在上星前是做不到的。但上星对省级台来说,也无疑加大了开支。按照国家广电总局的规定,凡上星台的日均自制节目量应在5小时以上,日均播出时间应在12小时以上。多数省级台在上星前无论是自制节目还是播出时间都距国家广电总局的要求有一定距离。上星后节目制作经费、设备、人员都相应增加,再加上上星、落地的费用,使得上星的成本较高,如果广告收入跟不上就难以为继。

省级电视节目的上星,加剧了不同大众媒体受众的分流,也加剧了电视媒体内部的受众分流。最有直接感受的莫过于中央电视台。中央电视台传统的节目"领地"受到了冲击,一些栏目的收视率下降,社会影响力受到削弱和挑战,广告收入增长速度趋缓。我国电视业以争夺受众为核心的行业内竞争日益加剧,这既表现在省级台与中央台、其他省级台之间的竞争,又体现在电视行业与其他媒体包括报刊、广播、互联网之间的竞争。这新一轮的竞争主要表现在节目收视率、广告收入和优秀人才3个方面。③

随着接收频道的增多,消费者的胃口也越来越挑剔和多样,这导致电视圈形成精品风潮。新加入的频道一方面分割了观众群,使得"明星节目"的价值降低;另一方面,新频道也使得频道忠诚度降低,引发了越来越白热化的观众争夺战,这又会使热门节目的价值被拉抬。④ 尽管电视节目频道多了,但也出现了同质化竞争的严重问题。以电视剧为例,热门电视剧常常出现多台抢播的情况。如1999年春节期间,一部古龙大作《小李飞刀》竟有吉林、山东、重庆、贵州、安徽等多家卫视台竞相播放。⑤

---

① "亚太1A"卫星为中国航天科技集团控股的亚太卫星集团所有,1996年7月3日在西昌卫星发射中心成功发射并正确入轨;"鑫诺一号(SINNO 1)"卫星是由法国宇航公司研制,1990年中国引进并于1998年7月发射成功,它是一颗为卫星电视直播和专用网服务的通信广播卫星,服务于中国和亚太地区。
② 江澄.我国卫星广播电视走过30年[J].广播与电视技术,2015(7).
③ 王录.省台上星后引发的思考[J].中国广播电视学刊,2000(7).
④ 王焰."本土化"操作:中央电视台节目及广告经营趋势探析[J].电视研究,2000(5).
⑤ 陈静波.为啥一窝蜂似地上节目?[J].电视研究,2000(5).

(二)数字电视

1998年,国内第一个数字视频广播DVB-T(Digital Video Broadcasting)电视数字地面广播系统试验成功。[①]

同年,中央电视台播出系统全面备份化,形成了8套数字、8套模拟的机械手自动播出系统,为确保播出安全创造了有利条件。[②]

2002年11月26日,辽宁电视台数字频道完成了全国第一家数字电视信息节目信息自动采集、多画面分割、实时更换的研发播出。

1984年,日本广播公司NHK通过卫星在其第一频道中试播了模拟高清电视HDTV,其扫描达到1,125线,要占用3个传统电视播出频率带宽(8M×3),画质比当时一般水平高5倍,画面清晰,品质可与彩色胶片媲美。这是全世界第一个正式用卫星试播的高清电视。[③]

1998年9月,我国第一套数字高清晰度电视系统在中央广播电视塔上进行了演示。

1998年10月,国务院总理朱镕基根据"HDTV协调小组"的最终报告,提议成立由国家计委牵头,国家计委、国家经贸委、科技部、国家质检局、信息产业部、国家广电总局等6个国务院部委合作的"国家数字电视研究开发与产业化领导小组",由计委主任曾培炎任组长。

1999年,中央电视台高清晰电视开路试验播出,并完成对重大事件的转播报道,这是中央电视台技术系统取得的重大成果。[④]

2000年10月,国家计委批准将数字电视标准的研究制定列入2000年国家发展计划。

中央电视台从2001年11月11日起在广州举行的第九届全运会转播中,成功试播了交互式数字电视。2002年2月,中央电视台体育交互节目(CCTVSi)首次转播了第十九届美国盐湖城冬奥会的比赛,令国内部分省市观众享受到互动电视服务。

又通过半年多的研究与实验,在2002年5月31日—6月30日韩国和日本举行的第十七届世界杯足球赛转播之前,中央电视台完成了不同电视交互系统共用同一视音频流的试验。本届赛事是首次在亚洲举行、并由两个国家共同举办的世界杯,也是中国首次进军世界杯赛。此技术对于提高频带利用率、增加播出通道,导入多个交互

---

① DVB是一种世界范围的电视传输标准,是以欧洲为主,世界上有200多个组织参加开发的项目。DVB标准主要包括数字卫星电视(DVB-S)、数字有线电视(DVB-C)和数字地面广播电视(DVB-T)三个标准。DVB系统的宗旨是设计一个通用的数字电视系统,系统内各传输媒体间有最大的互通性,能灵活传送MPEG-2视频、音频和数据信号,节目在不同媒体之间类似无缝连接的形式无障碍地传输。田长国,李德才.浅谈数字电视地面广播系统ATSC、DVB-T和ISBD-T[J].大众标准化,2001(9).
② 《中国广播电视年鉴》编辑委员会.中国广播电视年鉴1999[M].北京:中国广播电视年鉴社,1999:62.
③ 申晓力.1999:与HDTV的约会[J].电视研究,2000(5).
④ 刘宝顺.稳步前进连战告捷[J].电视研究,2000(3).

系统,以同播的方式扩大节目覆盖具有积极意义。①

(三)"村村通"覆盖工程

广播电视"村村通"工程指农村广播电视基础设施建设。中国农村广播电视建设可分为两个大的阶段:第一阶段是 20 世纪 50 年代至 90 年代中期,简易有线广播进村入户成为农村的主要大众媒介;第二阶段是 20 世纪 90 年代后期开始的广播电视"村村通"工程建设。

20 世纪 50 年代至 20 世纪 70 年代,农村有线广播基本到达农村,其中相当部分进入农户家。20 世纪 80 年代,调幅无线广播在很多农村普及,无线电视也开始在农村出现。20 世纪 80 年代末,有线电视开始向农村发展,但有线广播仍然是农村的主要媒介。由于农村实行责任制后有线广播无人管理,网络年久失修,加之电视日益普及,农村有线广播开始失效。到 21 世纪初,无线电视在农村发展迅速,农村有线电视的建设提上日程。

我国卫星广播电视的迅速发展,扩大了电视节目的人口覆盖率。1985 年,我国电视覆盖率仅为 68%,在不到 15 年之后的 1998 年,覆盖率已经超过了 90%。如果不是卫星广播,无论如何是无法达到的。

1998 年年初,为解决边远农村听广播看电视难的问题,广电部和国家计委启动了广播电视"村村通"工程。按当时的统计,全国共有行政村 72.3 万个、自然村 535.8 万个,其中已通电、属于广播电视无线覆盖盲区的 11.7 万个行政村(占总数的 16.2%),56.3 万个自然村(占总数的 10.5%),共有约 1.48 亿人。为此,广电部党组提出了"广播电视事业建设的重点是覆盖,覆盖的重点在农村"的工作方针。②

为了进一步扫除广播电视盲区,1998 年 12 月,我国应用大功率 Ku 频段通信卫星转发器,实现"村村通"卫星直播试验,以期在 2000 年年底之前,基本做到凡是通电的行政村都能听到广播、看到电视。卫星广播电视的发展,还为各地有线电视网提供了诸多优质节目源。

1999 年元旦,国家广播电影电视总局成功启动了"村村通"卫星广播电视的第一期工程,租用"鑫诺一号"通信卫星的一个 Ku 频段(ZA)转发器,直播 8 套中央电视台节目和 8 套广播节目。

1999 年年底的统计数字显示,我国电视人口覆盖率为 91.59%,到 2000 年,我国电视人口覆盖率达到了 93.65%,到 2005 年则提高到 95.81%。③ 从 1998 年到 2005 年年底,国家发改委和财政部共安排资金 10 多亿元,地方配套投入建设资金 25 亿元,用于广播电视"村村通"工程建设和维护。从表 8-1 可见 20 世纪 90 年代末期"村村通"

---

① 梁迎利,刘万铭.央视世界杯报道的技术特点[J].电视研究,2002(9).
② 欧阳宏生.树立鲜明的人民群众利益观[J].电视研究,2002(12).
③ 江澄."九五"广播电视发展显著[J].广播与电视技术,2000(12);江澄.我国广播电视事业的现状和发展[J].电子出版,1998(7).

工程对覆盖率提升的效果。

表 8-1 我国电视人口覆盖率历年情况变化(%)[1]

年份	1980	1985	1990	1995	1997	1998	1999	2000	2005
电视	约30	68.4	79.4	84.5	87.4	89.0	91.6	93.7	95.8
比上栏增加	—	38.4	11.0	5.1	2.9	1.6	2.6	2.1	2.1

在"村村通"建设中，广西、贵州、宁夏、江西等省(区)，从本地的地形地貌、人口分布、传输网络现状和经济发展水平出发，因地制宜，综合利用无线发射、有线联网、多路微波、卫星接收等多种手段扩大覆盖，探索出了切合本地实际的技术模式。

广西利用现有有线电视干线网，通过光缆联网进行大面积覆盖。新疆、内蒙古、海南等地利用现有发射台，采取无线发射方式进行大面积覆盖。贵州从山多、谷多的地形地貌出发，采用以共用卫星接收天线为主、其他方式共存的多种覆盖方式。宁夏采用多路微波分配系统(MMDS)大面积覆盖、小功率多频道无线发射补点等方式和手段，农民可免费收看8套电视节目。有些地区的用户在免费收看8套模拟信号节目的基础上，还可以自愿选择数字机顶盒付费收看18套数字信号节目。

江西从山地丘陵为主的地形地貌出发，采取以有线电视光缆联网为主，数字MMDS无线覆盖、卫星接收小前端并存的方式。在完成国家下达的2004—2005年2,608个50户以上已通电自然村"村村通"的建设任务中，采用光缆传输覆盖方式的有1,629个村，占总任务的62%；在采用这种覆盖方式的农村地区，可以清晰地收到30套电视、2套广播节目。

多种技术模式的结合，较好地解决了农村居住分散地区存在的"入户率低，节目套数少，维护管理难"的问题，充分体现了覆盖要技术先进、政治安全和经济实惠的原则。[2]

在为西部大开发鼓劲的同时，为了进一步推广广播电视"村村通"工程的成果，2000年9月，国家广电总局与国家计委、财政部、电力公司等部门与西藏、新疆、内蒙古、四川、青海、甘肃、云南7省区的边疆少数民族地区共同启动实施了广播电视覆盖的"西新工程"。

这一工程是遵照江泽民总书记的指示精神，由党中央、国务院领导同志直接部署的重要工程。[3] 中央宣传部、国家广电总局、国家计委、财政部等部委立即调集全国相关部门的精兵强将。2000年11月，两万广电大军在戈壁荒漠、雪域高原克服重重困

---

[1] 江澄.广播电视事业发展的回顾与展望[J].中国广播电视学刊,1999(9);江澄.六十国庆看广播电视覆盖[J].数字通信世界,2009(10).
[2] 周然毅.广电"村村通"建设:历史、现状和未来[J].现代传播,2006(5).
[3] "西新工程"[EB/OL].(2002-11-07)[2019-04-12].http://www.gmw.cn/01gmrb/2002-11/07/30-5D08756C7E7FF59148256C690080ACB1.htm.

难,高质量地新建、扩建了 389 座发射台。

从 2003 年开始,"西新工程"在原有 7 省区基础上增加了宁夏回族自治区,内容也从广播扩大到电视、电影;重点是提高西部地区广播电影电视的水平,加强边境地区广播电视建设和大力推进"走出去"工程,扩大中国广播的对外覆盖。

工程到此时的范围包括西藏、新疆、内蒙古、宁夏 4 个自治区,青海、甘肃、四川、云南 4 个省的藏区,以及福建、浙江、广西、海南和吉林延边部分地区,涵盖国土面积超过 498 万平方公里,占全国总面积的 51.9%。国家对"西新工程"总计投入 40 多亿元,是国家一次性投资最多的广播电视覆盖工程。

"西新工程"实施后,西部少数民族地区的广播覆盖能力比过去增加了 2.5 倍,各地、市、县普遍能较好地收到 3 套以上中波或调频节目、3—4 套中央和当地电视节目。中央人民广播电台和各地电台还开通了民族语言节目,每天播音共增加了 98 小时。[①]这给地域辽阔、地形复杂、民族众多的西部边远地区的民众带来了实惠。

在肯定成就的同时,也应看到,全国广播电视"村村通"建设还存在着一些难题。

一是依然还存在大面积的覆盖盲区。由于过去一段时间的"村村通"建设,基本是按照"先易后难,以点带面"的办法来进行,剩下的覆盖盲区都是规模小、居民分散的村庄,实施"村村通"的难度更大。

二是入户率低和存在"返盲"现象。相对而言,村村通难,户户通更难。部分省(区、市)没有落实"村村通"工程的维护经费,大部分省区没有建立专门的维护队伍,技术培训跟不上,因而出现"返盲"现象,难以保证村村通长期通。

三是无线覆盖效果严重滑坡。由于资金不足、设备老化、日常运行维护经费短缺,无线发射台、转播台开机时间短、功率不足,中央、省级第一套广播、电视节目在农村地区的无线覆盖实现后的滑坡严重。2005 年,国家广电总局对河南、江西、贵州等 9 省(区)农村广播电视覆盖调查表明,中央电视台第一套节目在农村地区的无线覆盖率平均只有 30% 左右。问题的存在表明,今后的"村村通"建设任务将更艰巨、困难将更多、难度将更大。[②]

(四)早期网络发展

1998 年年底,国内上网的电视台达到了 40 多家,包括中央电视台、中国教育电视台以及一些地方电视台。此外,还有一些著名电视栏目也有了网站。到 2002 年 3 月,在各个门户网站上可以搜索到的国内电视媒体相关网站,网易达到 738 个,新浪网 364 个,雅虎 451 个。[③]

央视国际网(中央电视台国际互联网站)始建于 1996 年,是国内最早成立的提供中文信息服务的媒体网站之一。1999 年 1 月 1 日,央视国际网全面改版;随后,《春节

---

① 黄勇.2006 年中国广播影视发展报告(广电蓝皮书)[M].北京:社会科学文献出版社,2006:68.
② 周然毅.广电"村村通"建设:历史、现状和未来[J].现代传播,2006(5).
③ 杨立,姚福军.电视媒体网站的现状与发展趋势[J].电视研究,2002(8).

联欢晚会》《新闻联播》开始在网上直播。为加快互联网技术发展,提高应用水平,2000年3月,随着中央电视台网络发展事业部筹备组的成立,央视国际网在发展建设上有了一个飞跃。2000年12月20日,央视国际网正式挂牌,被列入国家六大重点网络,①成为新闻媒体网站的国家队和主力军。

央视国际网以中央电视台为坚强后盾,享有丰富的多媒体信息资源。根据网络媒体的特点及国家对重点扶持的媒体网站对外宣传的要求,网站本着确保正确宣传导向、面向全球、服务于民的宗旨,以建设宽带综合多媒体网站为目标。

到2001年,经过几次改版,网站日均总页面更新量为5,000页,其中新闻为1,000页左右。每日在线视频固定直播的新闻类节目为100分钟,点播视音频节目为120—200分钟。重大事件及大型宣传活动在线直播时间最长达到过48小时/次("澳门回归"实况直播)。网站在线页面总量为20万页,在线信息量约140G。网站访问响应速度平均5—10秒,访问高峰期平均为30秒。

网站主要有8个频道:新闻、电视指南、财经、科技、文娱、体育、生活、视听在线。各频道以中央电视台的资源为基础,整合多方资源,结合网络特点,以多种表现形式呈现,其中有文字、图像、动画、音频、视频等。新闻频道的内容由于全面且权威,在网站建设初期是吸引访问量的主要频道。

随着网站内容建设的进一步发展,网站的体育、文娱频道也相继成为网站的支柱型频道。与此同时,与电视的表现形式最为相近的视听在线频道也日益受到关注,访问量不断上升。统计数据表明,对视频内容的访问大量来自海外。

此外,由于该网站对国内外重大事件及大型电视节目的报道及时、全面、权威,网站拥有了很高的知名度。如对春节晚会、香港回归、奥运会等报道使访问量每每成倍激增,访问者来源也呈现出全球化的趋势。

为能满足更多海外网民更好观看2001年中央电视台《春节联欢晚会》的视频直播,网站在美国泛美卫星公司的大力支持下,于当年1月23日首次采用当时最先进的流媒体配送技术,成功地在北美宽带因特网上进行了300K的高质量视频直播实验,在5个小时实验过程中访问量达到1.8万人次。

随着互联网技术的不断发展,网站对多样化交互手段应用的尝试也收到了很好的效果。网站开发出了新的互动项目:《在线主持》栏目及《订阅电视节目表》。由于在功能性及服务性上较具特点,是当时网站最具生命力和亲和力的栏目。网站在行业内的影响力借此也有了很大提高。

2000年9月4日,"中国文化美国行"网上新闻发布会邀请在美国的沈国放大使和刘晓明公使与国内的几大媒体记者在网络上进行了长达4小时的对话。BBS功能得到如此应用在网络界一时传为佳话。

越来越多的电视节目开始与网站合作,尝试将节目在网上传播。网络除了为节目

---

① 《中国广播电视年鉴》编辑委员会.中国广播电视年鉴 2001[M].北京:中国广播电视年鉴社,2001:53.

提供新的表现空间外,更为节目制作在选题及内容设计方面发挥出相当大的作用。如《实话实说》栏目在网上曾专门设立了征集选题的信箱;《直播中国》栏目每期在网上的预告、侧面报道及花絮已成为栏目不可或缺的组成部分。电视节目与网络宣传相结合的做法越来越多样化。网络对电视节目的互补及提升效用渐渐显现,得到了台里各编播部门的关注与好评。①

三、事业发展

(一)中央电视台的发展

1998年是中国电视事业诞生暨中央电视台成立40周年。江泽民总书记、李鹏总理、政协主席李瑞环等中央领导同志都题了词。江泽民的题词是:更好地发挥电视媒体的作用,为改革开放和社会主义现代化建设服务。李鹏的题词是:把中央电视台办成中国和世界沟通的桥梁和纽带。李瑞环的题词是:念念不忘观众。李岚清副总理出席纪念大会并发表了讲话。

中央电视台还播出专题片《春风夏雨40年》,展现了电视的发展与国家命运紧密相连的关系,以及电视在中国社会和人民大众中的影响。②

据不完全统计,1998年,江泽民、李鹏、朱镕基、胡锦涛、尉健行、李岚清、丁关根等中央领导同志肯定中央电视台宣传工作的讲话和指示达73次。

截至2000年,中央电视台拥有员工近万名,共播出9套节目,每天节目播出总量达160小时。其中有3套节目的信号采用数字压缩技术,通过国际通信卫星覆盖包括亚洲、西太平洋、非洲、中东、美洲和欧洲等全球98%的陆地和海洋。③

据中央电视台2001年上半年工作总结提供的数据,截至6月底,全台9套节目共播出32,770小时,平均每天播出181小时,总事故率8.48秒/百小时,停播率为2.73秒/百小时,达到了1990年以来的最好水平。④

2001年,中国媒体广告创收遭遇行业不景气,但中央电视台这一年的广告收入达到创纪录的56.5亿元,其中2001年10月到2002年1月4个月间取得了同比增长43%的惊人业绩。⑤ 相同时间,上海的上海电视台、东方电视台、上海有线电视台3家在2001年1月到10月间的广告收入总和也只有11.98亿元。⑥

2002年,中央电视台节目可覆盖全国人口的90%,拥有超过11亿的观众资源。在中央电视台的367个栏目中,有120个栏目通过央视国际网在网上传播,内容涉及

---

① 李岩.央视国际网情况分析[J].电视字幕(特技与动画),2001(7).
② 《中国广播电视年鉴》编辑委员会.中国广播电视年鉴1999[M].北京:中国广播电视年鉴社,1999:58,61.
③ 张长明.交流与合作是加深了解的有效途径:在2000年亚洲娱乐大会上的发言[J].电视研究,2000(6).
④ 王庚年.中央电视台2001年上半年工作总结[J].电视研究,2001(8).
⑤ 沈华.央视广告如此生猛[J].中国广告,2002(3).
⑥ 高岸庐.上海主要新闻媒体广告经营情况实录[J].中国广告,2002(4).

政治、经济、文化、社会、教育、科技、军事、体育、农业等各个方面。①

2002年9月8日,国家认证认可监督管理委员会召开的"中国首家电视媒体颁证暨认证工作机构审查登记新闻发布会"在人民大会堂举行。中央电视台新闻评论部获得了由中国质量认证中心(CQC)以及国际认证联盟(IQNET)签署的ISO9001:2000质量管理认证证书。这是迄今为止我国第一张电视传媒业的ISO9001:2000证书。据国际认证联盟调查证实,这也是世界范围内电视传媒专业认证的第一张ISO9001:2000证书。②此举标志着中央电视台和中国电视媒体的宣传管理进入了一个现代化管理的新阶段。但因为是世界第一,其作用和功效还有待观察。

(二)中国电视迈向国际

20世纪90年代,中国与世界各国电视传媒的合作全面拓展,合作方式呈现多样化态势。

1998年7月,美国总统克林顿访华期间,中央电视台国际频道及美国有线电视新闻网(CNN)、微软全国广播公司(MSNBC)③等境外电视机构播出的有关克林顿一行在华活动的报道,在美国掀起了一阵"中国热"。据不完全统计,全美约有15家电视台转播了中央电视台国际频道有关克林顿访华的新闻节目,收看了节目的在美华人和美国人盛赞中国人民改革开放以来取得的成就。不少中外人士还对电视报道中中国领导人表现出的风范大加赞赏。

1999年,广播电视服从、服务国家改革开放和整体外交战略,对外合作与交流进一步加强。国家广电总局分别与沙特、巴西和巴基斯坦签订、续签了《广播电视合作协议》。向境外销售各类国产电视节目192集。在俄罗斯举办的"为中国喝彩"大型文艺演出和在北京举办的"亚广联"儿童电视节目会议取得圆满成功。全年派出广播影视出访团组540多批、3,000多人次;接待外国来华摄制组122批、510多人次;接待港、台电视摄制组13批207人次,协助港、台电视机构摄制电视剧7部、230人次。④

1999年,中央电视台与法国电视一台(TF1)合作直播了娱乐竞技节目《城市之间:巴黎—北京》,与奥地利国家电视台(ORF)联合制作了《音乐家舞台》。1999年5月14日,美国全国广播公司(NBC)新闻栏目《今日》在北京八达岭长城进行了现场直播,对我国的历史与现状进行报道。2000年,中央电视台参加了英国广播公司(BBC)主办的环球联播《今日2000年》;与澳大利亚国家电视台联合制作了"上海—悉尼2000年的跨越"交响音乐会。⑤ 2002年3月17日,由中央电视台和上海东方电视台文艺频道参与制作的"为中国喝彩"大型音乐歌舞晚会,在南非最大城市约翰内斯堡的

---

① 刘连喜.构建央视国际新媒体文化[J].电视研究,2002(9).
② 时统宇.与日俱进的中国电视新闻[J].电视研究,2003(2).
③ 由美国全国广播公司(NBC)和微软公司联合开办。
④ 《中国广播电视年鉴》编辑委员会.中国广播电视年鉴2000[M].北京:中国广播电视年鉴社,2000:82.
⑤ 张长明.交流与合作是加深了解的有效途径:在2000年亚洲娱乐大会上的发言[J].电视研究,2000(6).

曼德拉国家剧院隆重举行,这是该品牌节目第一次登上非洲大陆,中国驻南非大使及南非多位政府部长出席了晚会。

中央电视台也积极开展对外宣传,大力拓展海外落地,积极实施"走出去"战略。中文国际频道(CCTV-4)和英语国际频道(CCTV-9)以进入当地有线电视或卫星直播电视网等多种方式,在亚、非、拉美、北美、欧洲和大洋洲的许多国家和地区,实现了全频道或部分节目的落地。① 截至 2001 年年底,全球有 96 个国家和地区的 108 家电视机构定期转播中央电视台中文国际频道、英语国际频道全部节目,另有 49 个国家和地区的电视机构不定期播出这两个频道的部分节目。②

2002 年 4 月 1 日,中央电视台英语国际频道正式通过美国在线时代华纳集团、新闻集团在纽约、洛杉矶、旧金山、休斯敦、西雅图、华盛顿等 8 个大中城市拥有或关联的有线网和卫星直播平台播出。这标志着代表中国主流形象和声音的电视频道开始大范围、多渠道地进入美国主流社会。

1996 年,中央电视台海外中心开始为筹建英语国际频道做准备。1997 年 6 月 27 日,英语传送频道开始对外试播,其呼号为 CCTV-9,每天播出 17 小时。③ 2000 年 9 月 25 日,英语国际频道正式开播,全天 24 小时不间断播出。该频道以新闻为主,每个整点都有新闻;除综合新闻外,还有国际新闻、亚洲新闻、财经报道、文化报道、体育新闻,以及《一周新闻回顾》《热点话题访谈》等栏目。各档新闻滚动播出。在新闻节目的采访、编写、制作、编排、播出、包装等方面都力求与国际接轨,突出对外特色,适应海外观众的收视习惯。④

2001 年,国家广电总局局长徐光春在谈到开创电视外宣新局面时提到,中央电视台英语国际频道节目要以新闻为主体,对国际以及国内发生的重大事情要有声音。他认为,报道的形式、内容、方法以及时效方面都可以放开些,但是导向必须正确,必须符合中央的精神。国内报道要慎重,一些重大事情的报道也要争取主动。很多大的事情能不能占据新闻发布的第一时间,直接关系到我国新闻媒体在国际上的影响力。目标是办成有中国特色的 CNN、BBC,需要大量政治上强,有业务能力,又懂新闻、懂电视,而且还要懂外语的人才来组建一支很强的队伍。通过 5 年左右的时间,使英语国际频道在世界上产生相当的影响力;通过 10 年左右的时间,建成一个世界级的大电视台。⑤

中央电视台还陆续与多家海外传媒机构合作。以 2002 年 11 月举行的中共十六大为例,全世界共有 74 个国家和地区的 222 个电视机构全部或部分转播了中央电视

---

① 王庚年.合作是应对挑战的必由之路[J].电视研究,2002(1).
② 《中国广播电视年鉴》编辑委员会.中国广播电视年鉴 2002[M].北京:中国广播电视年鉴社,2002:5.
③ 赵化勇.中央电视台发展史:1958—1997[M].北京:中国广播电视出版社,2008:444.
④ 《中国广播电视年鉴》编辑委员会.中国广播电视年鉴 2001[M].北京:中国广播电视年鉴社,2001:53.
⑤ 徐光春.开创电视外宣新局面[J].电视研究,2001(7).

台的相关报道。①

(三)观众调查

我国的观众调查研究经历了一个从传统到现代,从取向于"量"到取向于"质"的过程。

传统的观众调查,仅在电视台总编室下设观众联系组,该组专门收集、处理观众的来信来电。如观众联系组后来坚持每年召开观众座谈会,听取观众意见;还聘请台内专家定期对已播节目进行评点。对于观众和专家的意见,观众联系组会进行分类整理,作为台里节目改版和高层决策的依据。

1987年5月,中央电视台牵头举办了我国电视史上第一次大规模的全国性电视观众抽样调查。此后,中央电视台每隔5年进行一次此类调查。进入20世纪90年代,随着社会主义市场经济的逐步建立,国内媒介经营产业化趋势加强,电视台、节目制作商和广告代理方等都对观众收视行为信息的需求越来越大。此时,以社会学研究方法为主的收视率调查结果开始成为媒介交易的依据。

1997年,在当年"全国电视观众抽样调查"总报告和各省调查报告的基础上,出版了《中国电视观众现状报告》一书。其中内容包括为电视台调整布局、提高节目质量、改进节目编排,以期达到最佳传播效果的众多数据。②

1999年,中央电视台对节目调查评估体系进行完善,委托央视调查咨询中心在全国节目收视调查方面加入观众满意度这一评价指标。满意度调查的目的在于反映观众收看电视后对频道或节目的评价和态度,也是电视台考察自身工作的重要指标,检验电视台贯彻"以观众为中心"的工作宗旨的状况。③

2001年12月12日,中国最大的专业媒介与市场研究公司——央视市场研究股份有限公司(CTR)在京成立。该公司是中国国际电视总公司(CITV)与世界第四大市场调查和咨询集团——TNS的合资企业,CTR前身为央视调查咨询中心。这家公司的主营业务包括:市场调查、广告监测,以及各类媒介研究、调查。这次合作是TNS继央视索福瑞之后对中国市场的又一项重大投资。央视市场研究股份有限公司的成立标志着中国电视的市场调查正以全新的面貌迎接国际化进程。④

(四)建立驻台记者站

新旧世纪之交,两岸关系跌宕起伏。这一时期,两岸的新闻交流也随着时局的变幻艰难前进。时任台湾领导人李登辉(1990—2000年)在当政的后期,抛出了"两国

---

① 朱天,何铁巍,王轶菁.对2002年中国电视新闻改革的几点思考[J].电视研究,2003(2).
② 臧海群.受众研究在电视产业中的地位及走向[J].电视研究,2001(4).
③ 《中国广播电视年鉴》编辑委员会.中国广播电视年鉴2000[M].北京:中国广播电视年鉴社,2000:92;王海东.从"观众来信"到"满意度调查":我国电视观众调查研究的发展轨迹探析[J].当代电视,2008(5).
④ 中国最大媒介与市场研究公司成立[J].声屏世界,2002(2).

论",不但使两岸关系恶化,而且分裂削弱了国民党,使之在2000年3月的选举中丧失政权。以"台独"起家的民进党人陈水扁当选台湾地区领导,逐渐暴露出"台独"主张,致使两岸对峙斗争不断。以国民党为主的在野党则加强与大陆的联系、互动、交流合作,共同遏制当局的"台独"行径。①

1999年9月21日,台湾发生了7.6级大地震。中央电视台等国内媒体开始关注地震情况。经过一个多月的争取和等待,中央电视台及中国国际广播电台、中央人民广播电台的4名驻港记者于50天之后的11月10日实现了赴台采访。他们前往南投县、台中县等灾区,采访了灾民生活和工作、重建家园、灾后经济、科技、交通、教育、旅游等恢复状况,今后如何建立新的地震防御体系、两岸地震专家的交流与合作、两岸经贸往来等内容。②

2001年6月,中央电视台派出了首批赴台驻站电视记者。为了电视新闻制作的需要,中央电视台租用了台湾年代电台的办公室、摄像和车辆,还租用了台湾TVBS的卫星传输线路。③ 2001年7月1日,中央电视台记者从台北传回了首条新闻——《台湾最后一次大学联考开考》④,这条1分35秒的消息在当天的央视四套《中国新闻》及次日的《新闻60分》栏目中播出。这是半个世纪以来大陆电视媒体首次在台驻站后发出的新闻,也是中央电视台赴台采访的历史性突破。

第二节　新闻业务改革

加入WTO给中国传媒业所带来的机遇与挑战,还必须从中国新闻媒体将面临的全新的生存环境中寻找答案,其中一个不可回避的严酷挑战就是新闻理念的不适应。中国加入WTO,社会对信息的需求会大大增加,随之会暴露出中国社会巨大的信息落差。这种落差一是中国新闻传媒所提供的信息不足与社会需求之间的落差;二是中国新闻传媒与国外新闻传媒之间的落差。⑤ 同时,国民的知晓欲和知情权意识迅速增长,人们对中国传播法制状况、传播政策制定方法等提出质疑。这种外来的冲击将促进一系列对传媒变革的选择。

由于入世后外资网络和网络内容供应商享有准入政策,外国媒体的新闻报道和电视节目将通过这个渠道进入,民族传播不是在变革中再生,就是在自我禁锢中陷入困境。因此,调整报道和影视艺术方针,树立正确的新闻与文艺的价值观也是传媒变革

---

① 2000年至2008年两岸关系综述[EB/OL].(2011-08-02)[2018-10-01].http://www.zaobao.com/forum/letter/taiwan/story20110802-44603.
② 资料来源:《北京晚报》,http://news.sina.com.cn/china/1999-11-11/30805.html.
③ 张鸥.直播幕后:电视突发直播一线手记[M].北京:北京师范大学出版社,2003:234.
④ 台湾大学"联考"是类似大陆高考一样的考试方法。从这年开始,台湾大学改革了招生方式,取消了"联考",实行"多元入学方案"。
⑤ 李良荣,刘晓红.WTO背景下,中国新闻媒体正面临新一轮改革[J].新闻记者,2001(5).

的方向。[1]

一、打造专业频道

随着有线台与无线台的合并,频道资源大大增加,这就引出了频道前景问题。正如时任国家广电总局局长徐光春提出的:有线不设台,但"同时继续保留节目频道,实行频道化管理,逐步实现频道的专业化、对象化"[2]。

(一)福建电视台新闻频道

世界上第一家电视新闻频道是1980年开播的美国有线新闻网(CNN),它因在1991年第一次海湾战争期间的直播报道而名闻天下。随后,一些国家和地区在20世纪90年代相继出现了更多的新闻频道。如1993年1月,在法国里昂开办了由19个欧洲公共电视共同所有的欧洲新闻电视台Euronews。而多数新闻频道是由各国电视台开办的,如德国公共电视二台与CNN合作,在德国境内开办了全天候的新闻频道(CNN-D)。[3] 之所以出现这样的趋势,究其原因应当与政治多极化、经济全球化的时代特征分不开,也与电视频道增多和全球化背景下的新闻功用增强有关。

1999年5月23日,中国第一个全新闻频道——福建电视台新闻频道开播。

福建电视台在决定实施电视频道专业化之后,首先创办的是新闻频道而不是其他频道。据时任福建电视台副台长、新闻频道总监叶雄彪回忆,在创办之初,他们做市场调查时发现,观众对国内外时事、信息的需求居于首位,超过了对娱乐消遣的需求。受众需求提供了办台的重要依据。从电视台频道资源的配置来看,综合节目频道最多,各省级台都仿效中央台的节目格局。如果福建电视台新建频道也走这个路子,就仅仅是重复,没有竞争优势。因此,他们决定另辟蹊径,走适合福建电视台实际能力的路。

作为中国第一家专业电视新闻频道,福建电视台新闻频道致力于"资讯改变生活",与百姓一同前行,以最快的速度追踪报道发生在省内、省外乃至国际上的重大新闻事件。

叶雄彪认为:"节目是体现理念的重要载体,我们对节目的品牌做了重点考虑。品牌的概念就是差异性,就是个性;没有个性,没有特色,节目就走不到观众的心目当中去。"因此,频道定位强调贴近生活、贴近百姓、贴近时代,要融入观众、平民化、富于人文关怀。节目期望改变以往那种居高临下、发布者的角色,从老百姓易于理解和接受的角度切入,既树立新闻的权威性,又要体现新闻频道的特色,从内容到形式都契合观众的接受心理。[4]

新闻频道节目24小时连续播出,共设置了19个栏目。如动态新闻栏目:《新闻早

---

[1] 吴雁,曾励."WTO背景下中国新闻传播的趋势"学术研讨会综述[J].国际新闻界,2002(2).
[2] 王炎龙.西部省级电视台与农村市场的对接定位[J].电视研究,2002(11).
[3] 郭景哲.西方广播电视媒介加强对新闻节目初探[J].世界广播电视参考,1998(7).
[4] 周玉兰.走在电视频道专业化的前列:走访福建电视台新闻频道[J].浙江广播电视高等专科学校学报,2001(4).

报》《新闻午报》《新闻晚报》《新闻进行时》《现场》;其他新闻栏目:《环球报道》《时尚季风》《健康每一天》《财富最前线》。其内容涵盖了国际、国内、省内重大的时政、财经、文化、体育、娱乐、科技、法制、环保和时尚等方面的最新动态信息。节目中既有快讯、消息、现场报道、深度报道、调查性报道、连续报道,又有评述、言论、谈话栏目和纪录片,还会经常在每两小时一次的直播栏目中插播最新动态。遇到观众关注的重大新闻事件、突发事件,各有关栏目会联手合作、相互策应,或中断原定播出的栏目,或打通栏目界限,10多个小时甚至30个小时持续跟进报道,充分贯彻"全方位提供各种资讯"的理念。①

早上7点直播的《新闻早报》内容是回顾前一天的重要新闻,报道今晨最新动态,同时口播省内各主要报纸摘要,为观众提供全方位的资讯服务。白天每隔两小时滚动播出的《新闻进行时》以及中午的《新闻午报》,则满足受众在不同时段对资讯的需要。18点开始依次播出《现场》《环球报道》《时尚季风》《健康每一天》《财富最前线》,满足不同收视人群对资讯的需求。21点30分直播《新闻晚报》,提供全天新闻要览,并播出厦门演播室传来的节目,使观众能了解到经济特区一天的重要动态。

对突发事件的报道是新闻频道的重要内容。福建电视台新闻频道的机制比较灵活,一旦遇到突发事件,可以全频道动员,打破部门、栏目界限,从全台抽人组成特别报道组,举全频道之力做好报道。为了在报道速度和广度上满足需要,新闻频道还在全省各地区布置有十多辆新闻采访车,随时可以在就近的现场展开报道。该频道还开通了24小时热线电话,向社会广泛征集新闻线索。

为了适应新闻生产特殊需要,福建电视台新闻频道的节目架构参照CNN模式设计。② 面对这一模式在中国遭遇传统块状管理结构的制约,频道大胆改革,通过尝试适合现代媒体运作的管理模式达到合理化组织结构、激发内部活力的目的。他们在频道之下设立了3大部门:采访部、编辑部和后勤部。采访部通过自采、卫星接收、本省微波传送和外购等多种渠道拓宽节目源;编辑部则统一对素材进行加工改造和编辑;后勤部给予相应的技术、播出和服务的后勤保障。这3大部门由3位主编分工负责、统筹协调。管理部门和层级减少,相应管理成本和内耗大大降低。频道的发展也证明3大部门在实际运作中很容易形成合力,使资源得到有效整合,产生更大的效益。③

该台节目实行主持人主播制,这是与国际电视新闻播出惯例接轨的举措。每次播出,从提要、导语、串联词、点评到画外配音解说均由主持人一播到底。福建电视台为此挑选了一批年轻人担任主持,与频道年轻而朝气蓬勃的整体形象一致。另外,还要求记者、主持人的语言风格力求人格化,尽量避免播音腔。对于非严肃题材,能放松就放松,能幽默就幽默,多一些妙语,让观众会心一笑。

---

① 叶家铮.地域性新闻频道初探:兼评福建"新闻频道"的理念与运作[J].现代传播,2000(4).
② 国外专业化新闻频道有两种节目类型;一种是BBC模式,全频道由不断滚动递进的动态新闻直播构成,不单独设置栏目;另一种是CNN模式,全频道由整点新闻、分类新闻、深度报道3大部分构成。
③ 胡智锋,张国涛.福建省广播影视集团新闻频道五年探索的启示[J].中国广播电视学刊,2004(4).

在社会新闻报道中，还创造出一种新的表现形式：新闻连续剧。该形式是针对某一民众关心的感人事情，进行新闻追踪，形成连续报道，并有意识地制造序幕、冲突、高潮、悬念等环节，牢牢吸引观众。①

福建电视台新闻频道利用有限资源，对动态新闻栏目的采制实行新闻资源共享、人员统一、新闻标准统一，形成新闻生产的流水线。记者采访的新闻，各栏目都可以根据需要选用。节目播出管理上，实行主编负责制；值班主编对当天播出的所有节目可统筹安排，必要时有权中断栏目的正常播出，插播突发事件报道；在发生重大突发事件或其他紧急情况下还可安排播出特别节目。减少管理层，确保指挥的快速高效。管理设计上避免出现以前那种栏目之间相互竞争造成的新闻资源利用率低、协调困难、影响时效等问题。

福建电视台新闻频道在人员管理上实行全员招聘制。该台在创办之前曾面向全国公开招聘。经过严格的理论和实践考核筛选，对入选人员再经过严格的上岗培训。其中有一个月的理论培训，是专门从北京、上海邀请专家和资深新闻人前来授课，通过一系列的强化培训和岗位练兵逐步把队伍拉了起来。在全台一百多名员工中，除10多名筹建人员是电视台职工外，其余全部是社会招聘而来，并按多学科复合型人才的要求进行培养和使用。在收入分配上，实行绩效考核计分制，多劳多得，以充分调动员工的工作积极性。在广告经营上采取品牌保护模式，每一类产品只签约一种品牌，给予合作品牌客户最充分的宣传空间。②

福建电视台新闻频道开播时的设备也是全新的。该台在1999年引进了全套的非线性数字系统，国际新闻编译和部分栏目编辑都在硬盘上完成，实现了无磁带操作。此举保证了编辑工作的准确、安全、灵便、高效和突发新闻的迅速播出，使其成为国内第一家全数字频道。

福建电视台新闻频道在内容理念上经过了几个阶段的变化。创办之初口号是"更多、更快的资讯和服务"，这显然还是一个综合性的理念。后来浓缩简化为"最快的频道"，同时又提出"资讯改变生活"，使频道理念更加清晰、明确。5年后他们又提出从"提供资讯"到"提供观点"，使频道向更高的目标迈进。在具体栏目、节目的策划制作中，该频道总监陈加伟提出了"事件是新闻的主体"，"现场是电视的本质"，"见识是记者的生命"，"追踪是对观众的一种负责"，"感动是情感的一种洗礼"，以及"趣味比深度更重要"，"故事比道理更重要"等颇具创见的系列观点。这些理念构成了该频道生存发展的目标系统。

对多起突发事件成功报道之后，新闻频道在本省培养起观众的收视习惯。一旦有重大事件发生，他们首先选择收看的是新闻频道的直播节目。在观众中形成了想知道重大事件、最新情况，看"新闻频道"的习惯。福建电视台新闻频道节目通过本省的有

---

① 喻人旺,余铁平.对福建台新闻频道的观察和思考[J].电视研究,2003(2).
② 周玉兰.走在电视频道专业化的前列：走访福建电视台新闻频道[J].浙江广播电视高等专科学校学报,2001(4).

线电视网络传输到全省的 9 座城市,直接收视人口超过 2,000 万。

福建电视台新闻频道开播 3 年后,在收视率、广告收益、品牌形象、观念认同度等方面均位居省内专业频道之首。经过不断探索和实践,该频道逐步形成了"贴近生活,平民化视点,重视过程纪实,亲切的交流和服务"的特点,努力向观众提供最快、最有价值的资讯。

1999 年,该频道广告收入总额为 1,000 万,之后收入稳步增长,2003 年,增加到 5,000 万。它给大家的启示是,在产业化经营开发的探索中,新闻专业频道在保证主题宣传和舆论导向的前提下,在保证新闻真实性与公正性的前提下,节目、栏目制作要紧密贴近观众收视的需要,贴近市场开发的需要,力求内容制作与频道经营开发形成良性互动、彼此提升的局面。处理不好二者关系,会使频道经营开发面临巨大的困难。[①] 福建电视台新闻频道为全国其他新闻专业频道的开办与运营起到了示范作用。

(二)凤凰卫视资讯台

凤凰卫视资讯台(以下简称"资讯台")于 2001 年 1 月 1 日开播,是凤凰卫视全天 24 小时播放来自全球各地时事新闻与财经资讯的频道。

资讯台的孕育和产生源于其母体——凤凰卫视中文台(以下简称"中文台")。中文台由香港卫星电视有限公司、今日亚洲有限公司、华颖国际有限公司 3 家于 1996 年 3 月 31 日成立,之后在短短几年时间内,陆续开办了一批有影响的新闻栏目。到 2001 年 11 月底,中文台每天播出的新闻节目达 10 个小时,占其播出总量的三分之一多。

作为亚太地区最受欢迎的华语频道、澳大利亚新闻集团的成员企业,凤凰卫视控股有限公司于 2000 年 6 月 30 日在香港创业板成功上市。之后,着手创办资讯台,并对原有中文台进行了技术改造。

由于新闻节目制作量和影响力的迅速增加,凤凰卫视控股有限公司认为成立新闻台的时机已经成熟。于是,在"克隆"了中文台节目特色的基础上,资讯台孕育而生。

出于采编力量和成本方面的考虑,凤凰卫视为资讯台量身定做的节目并不多,严格地说,只有《凤凰正点播报》这一档。其他则大多属于原主频道——中文台,从这一点可以看出资讯台作为一家商业台在投入产出方面的精打细算。

《凤凰正点播报》是资讯台的绝对主打栏目,其内容为港台、内地(大陆)、国际的时事和财经新闻。开始时基本上每隔半小时滚动播出一次,时长在 5—25 分钟不等。其口号是"给我半小时,给你全世界",栏目创办的目的是:在任何时间收看资讯台,总可以看到最快、最准确、最全面的新闻报道。这档栏目也是资讯台"资讯为先"新闻策略的体现。

"资讯为先"的理念是新闻台的普遍适用原则,是对受众信息诉求的最大满足,反映在资讯台的节目架构上,就是以《时事直通车》《凤凰早班车》《凤凰午间特快》《凤凰

---

① 胡智锋,张国涛.福建省广播影视集团新闻频道五年探索的启示[J].中国广播电视学刊,2004(4).

子夜播报》为主干,以《凤凰正点播报》为衔接链条,搭建快捷的资讯传送渠道。其特点是信息丰富、时效性强,以事件性新闻为主,关注和跟踪突发性、非常规性新闻。可以看出,在单位时间内,通过资讯台发布的信息远远超过内地一般电视媒体所传递的信息量。《凤凰气象站》通常紧跟在《凤凰正点播报》之后,以主持人讲述,配上音乐和字幕标版的方式,预报世界各地的天气情况。这种实时的天气预报也成为吸引和稳定受众群的一个良策。

1. 上午时段节目

资讯台在上午时段(6:00—11:00)的节目侧重于财经类消息的报道,并同步重播部分中文台的节目。

每天早晨7:00资讯台和中文台同步播出《凤凰早班车》(时长60分钟,创办于1998年4月1日),它号称是"众多中国电视频道中,每天第一个报道最新世界新闻的直播节目"。节目内容涉及内地(大陆)、港澳台地区以及亚洲主要华文报纸的文摘和评述,融合国际主要通讯社如路透社、美联社等的最新报道;财经方面,荟萃最新欧美以及香港前一天的股市行情和财经消息。栏目开创人陈鲁豫和她的《说新闻》对中国电视新闻的播报方式产生了深入影响。资讯台早间的开篇节目借助这档节目的影响力,可以说是事半功倍。

上午8:30资讯台安排的是《媒体大拼盘》重播,它是中文台较有影响力的一档栏目。主持人是胡一虎,节目精选内地(大陆)、港澳台地区最新发生的社会民情新闻,通过对新闻进行整合解释,以另类读法挖掘出新闻之外的信息。

为保持整点播出滚动新闻的风格,资讯台在10:00依然安排播出了《凤凰正点播报》,但时长只有5分钟。随后跟进的是时长为20分钟的《财经晨报》,这是资讯台上午时段的重点栏目。

《财经晨报》的口号是"晨报看一看,钱财在你袋"。这档节目是当天凌晨国际财经新闻的汇总,分别报道美国及欧洲各大股市的走势行情,报道日本东京股市开盘走势,总结研究其对亚太和大中华区各股市场,尤其是对深圳、上海、港台股市的影响。此外,还安排有《股市直播室》节目。

10:30是《时事大参考》重播。这档栏目的主持人兼主编是凤凰卫视的资深评论员阮次山,其内容是访问世界重要人物,包括国际政要、重要人士和智囊人物等,了解相关的历史背景、战略对策及个人背景,并从国际政治的最新形势出发,站在国际战略的高度,围绕中国的战略利益,从中国观众的需求角度出发进行解读,做成华人喜爱的权威国际内容。

在双休日的上午,资讯台安排了周刊性的节目,分别是周六的《一周时事回头看》和周日的《财富一周》,时长均为45分钟。这一安排基本符合主题频道节假日节目的编排、制作风格。

2. 午间、下午时段节目

午间时段(11:00—13:00)这是资讯台重点开发的时段之一。这个时段播出的《凤凰午间特快》时长30分钟,以双主持人互动、全球连线直播的样式,报道最新最快的资讯。

在此基础上,配以谈话节目《新闻今日谈》,通过资深时事评论员的侃谈,分析重要新闻的前因后果,形成了对新闻事件的立体化报道格局。

资讯台下午时段(13:00—18:00)的节目安排基本上以滚动新闻为主。只有15:15播出的《有报天天读》(时长15分钟)是一档新节目。节目选择境外、国外报纸内容分别介绍,并在最后用一个字来给节目点题,形式内容都较新颖,主持人杨锦麟语言个性十足,节目节奏紧凑。播出一段时间后,引来了中国电视的读报热。

3.晚间时段节目

在晚间时段(20:00—24:00)的众多栏目中,21:00的《时事直通车》是中文台和资讯台同步播出的"旗舰型"栏目。其时长工作日为55分钟、双休日为35分钟,是资讯台乃至整个凤凰卫视的代表之作。

22:00安排播出的是《台北直播室》和《香港TODAY》,体现了资讯台节目定位特色。《台北直播室》是凤凰卫视在台北市特别建设的一个新闻直播室,每晚将当天的台湾大事与大陆息息相关的资讯作直播报道。

22:30播出的是《财经晚报》,对一天的财经资讯进行分析、汇总。

深夜时段(24:00—次日1:00)的《凤凰子夜播报》配以《新闻今日谈》,构成全天新闻的立体化报道。之后为滚动新闻,直至早晨。

资讯台除了滚动新闻外,基本上没有自制节目。而节目重播的痕迹之所以不是非常明显,就是因为这些不间断滚动播出的新闻稀释了重播的感受。节目总体编排体现出资讯台的定位,那就是突出时事、资讯、财经动态报道,辅以新闻评论栏目,以立体化的新闻,吸引受众,力争使其成为华语新闻的权威和主流新闻媒体。

开播一周年后,2002年2月1日,资讯台进入香港有线电视网。国家广电总局也于2002年年底正式批准该频道在内地按境外媒体管理方式有限度的落地。凤凰网站将这次落地标注为"境外华语新闻频道首次进入内地"。

资讯台在内地的影响越来越大。其成熟的节目制作模式和领先的传播理念对内地电视新闻构成巨大的挑战。据时任凤凰卫视董事局主席兼行政总裁刘长乐在2002凤凰卫视年度报告会上的讲话透露,当年凤凰卫视在内地的渗透率已经达到13%—14%,大约有4,000万户家庭可以收看到凤凰卫视。虽然这一数字与中央电视台综合频道节目98%的入户率不可同日而语,但是凤凰卫视在人气指数、栏目竞争力等多项指标中都有突出的表现,特别是其忠诚度指数达到了65.7%,仅次于中央电视台综合频道,位居国内第二。同样,在这次讲话中刘长乐再次强调,凤凰卫视要做到两条腿走路:中文台的地位已确立无疑,资讯台一定要办成名副其实的"华语CNN"。①

---

① 中央电视台总编室研究处.凤凰卫生资讯台节目编排策略分析[J].中国电视,2004(10).

(三)西部频道

1999年6月,江泽民总书记在多次考察西部地区之后指出"加快开发西部地区,是全国发展的一个大战略、大思路"。2000年3月,朱镕基总理在全国九届人大三次会议上的《政府工作报告》明确提出要"实施西部大开发战略"。这被称为中国21世纪第一号重大决策。同年12月27日,国务院公布了《关于实施西部大开发若干政策措施》的文件,确定到21世纪中叶,要将西部地区建成一个"经济繁荣、社会进步、生活稳定、民族团结、山川秀美"的新西部。这标志着西部大开发战略进入了实质性阶段。[①]

2002年5月12日,一个以新闻、资讯为主的全新综合频道"中央电视台西部频道"(CCTV-12)正式开播,其宗旨是"让世界了解西部,让西部认识世界"。中央电视台西部频道是党中央决定开办、为西部大开发战略服务的电视宣传系统,是广播电视"西新工程"和"村村通"工程的有机组成部分。正是由于此,国家给予该频道的政策扶持也是其他电视频道所无法比拟的。国家广电总局曾专门发出通知,要求各地配合做好西部频道的传输、接收工作。

西部频道为中央电视台第12套节目,在内容上是一个以新闻资讯为主的综合频道。它每天播出18小时,其中首播6小时,重播12小时。节目安排逢整点有资讯,逢半点有新闻。新闻栏目中有《西部新闻》《新闻夜话》等。此外,该频道还开设了专题、文艺栏目《天·地·人》《魅力12》《旅游黄金线》等;还有电影、电视剧等内容。该频道中,中央电视台自办栏目仅占20%,其余80%依赖于整合栏目,其中主要是重新包装制作的中央电视台和地方电视台的优秀节目,还有联办栏目和社会出资开办的栏目。[②] 在渠道上,西部频道除在西部12个省区直辖市[③]落地外,还通过卫星直播和与各地有线台合作的方式在东部地区落地。

但是,在开播两年半后,2004年12月28日,中央电视台第12套即从西部频道变为社会与法频道。中央电视台副台长张长明解释西部频道被"置换"的原因:一是资源有限,中央电视台已经有了16个频道,很难继续扩容;二是收视较差,该频道在西部地区没有很好的覆盖率;三是使命完成。

西部频道的定位是综合性频道。在它之前,中央电视台已经有了1套和4套两个综合频道。1套整合了中央电视台其他频道的优秀资源,汇集了全台的精品节目,其创收占到中央电视台广告总收入的70%;而4套则以外宣为主,这决定了其社会效益为上的目的。由于起步晚,占有资源少,综合性频道应有的强势反而成为西部频道的弱点。

西部频道在开播之初的传播模式并不十分清晰。最初希望以资讯立台,因此还开

[①] 赵化勇.西部频道要打造"六大亮点"[J].电视研究,2002(6).
[②] 张明.西部频道的人类学意义[J].电视研究,2002(10).
[③] 中国西部地区包括陕西、四川、云南、贵州、广西、甘肃、青海、宁夏、西藏、新疆、内蒙古、重庆等十二个省、自治区和直辖市。

设了《每日资讯》《财经前线》等栏目,但收视效果不好。频道定位的不清晰,导致节目策划人、编导在制作节目上目标混乱,节目不易找到对应的受众群。

2003年6月9日,开播一年后,西部频道悄然改版,其间只有13个主要栏目没有改动,变动的栏目多达20多个,其中不乏《讲述》《艺术人生》等知名栏目。从它与其他卫视频道的关系来看,中国卫视频道基本都是综合节目模式,其中,中央电视台综合频道的超强影响力和创收能力已让各省级卫视无可匹敌,加上西部频道这样一个综合频道,与一干省级卫视形成了直接的竞争关系。因此,出于减少压力的考虑,一些地区并没有转播西部频道。在开办两年半之时,根据央视索福瑞的数据,西部频道始终没能达到1%的市场份额,在中央电视台内部收视排名10到11之间,在全国卫视收视排名25名开外。

西部频道开播之时是以区域市场为目标的综合性频道,频道的特色是西部,但它希望针对的收视群体却并不只是西部人群。西部频道确实覆盖到了西部绝大部分地区,且在东部和中部的一些省份也落了地。频道内容也逐渐从西部过渡到东西互动,主导思想提升到服务中国区域发展战略。因为打出了区域牌,所以振兴东北也被纳入了报道视野。但对于西部收视群体而言,该频道的贴近性显然不如本地节目。西部地区的电视台尤其是省级卫视更是把西部频道作为竞争对手,纷纷改版求变,强化对本地市场甚至更大范围市场的占有。2002年7月29日,在西部频道诞生不久,贵州卫视就在上海宣布,该台将突破省界,聚焦西部,全力打造"西部黄金卫视"。

由于收视率不理想,西部频道的广告创收也受到影响。西部频道还处在拿全国性广告还是地区性广告的两难之中。原西部频道总监尹力曾表示,西部频道要在广告和内容上与各地卫视深入合作,达到"横向联合、立体传播、共同发展"的目标。但要整合各卫视的资源,操作起来又谈何容易。

中央电视台给西部频道的目标是三年内持平,三年后有收益。但是,西部频道开办期间一直处于亏损状态。频道当初是在政策主导下开办的,到最后是以市场理由被"置换",其中的探索经验不容忽视。

可以说,西部频道是中央电视台"事业单位企业化管理"的试验田,按照西部频道当初创办时的运营目标:一是在办台理念上关注社会利益的同时要关注经济收益;二是在资本运营上依法开发电视资源,扩大投融资渠道;三是实行多种形式的人事聘任制,推行制片人制,管理上全面成本核算;四是在制播分离的程序规范和技术管理机制上要有突破。时任中央电视台台长赵化勇在中央电视台2003年工作会议报告中提出,在2002年"西部频道编播安排和节目制作开发相对分离,制播新形态探索迈出了实质性的一步",是对其工作的肯定。

西部频道所遇到的问题,是此类频道运营难以避免的。频道对西部大开发的宣传性质和市场化的运作方式之间存在着内在矛盾。如原频道副总监童宁所说:"市场化运作是把双刃剑,两个效益孰轻孰重?"加之西部频道创办时是由中央电视台社教中心和中国国际电视总公司双头管理,本身就存在着对频道定位、经营、发展方向不一致的可能。如果指导思想不统一，在内部产生意见不合，那么什么新机制也不能保证有效地达成目标。①

尽管西部频道被"置换"了，但它所留下的探索经验还是宝贵的。

(四)中央电视台频道建设

1999年，中央电视台提出"频道专业化、栏目个性化、节目精品化"的改革方案。从2000年开始，中央电视台开始尝试频道制改革。所谓频道制，是基于受众市场细分理论和准确定位而形成的以频道为管理单元，对频道的定位、特色进行统一规划，对频道的栏目设置、人力资源、制作资源进行统一配置，对频道运营管理流程进行统一规范的电视运营管理体制。② 频道管理者称为频道总监。

2000年是中央电视台频道专业化改革力度最大的一年。③ 上半年，各节目部门相继对原有栏目进行改版，开设了一批针对性强、个性明显的新栏目。继而以频道为单位，以收视率和观众满意度调查结果为依据，结合特定时段，形成测算标准，进行排序评比，实施栏目末位淘汰制。压缩那些一个月、半个月才首播一次的栏目；对那些定位不准、制作水平不高、收视低迷、观众不满意的栏目坚决予以关闭。同时，结合频道的专业特点，调整栏目设置，推出一批定位准确、运作科学、高水准、低消耗的新栏目，并尝试同一栏目、同一时段在一周贯通，以形成规模和气势优势。④

中央电视台计划在全台的9套节目中，将3套节目打造成为节目质量上乘、收视率整体水平较高的精品频道；其他6套节目也要建成整体质量较好，拥有一定观众群体，在国内收视中居于中上水平的频道。

中央电视台的频道改版工作首先从四套国际频道展开，对其他各套节目也分别进行了不同程度的改版。

1.CCTV-4改版

中央电视台中文国际频道(CCTV-4)创办于1992年10月1日，它是我国电视对外宣传的主渠道之一，其宗旨是为海外华侨华人和港澳台同胞服务。此次改版，是中央电视台海外中心贯彻落实江泽民总书记1999年关于对外宣传工作批示精神，大力改进电视对外宣传工作的重要举措。⑤

改版的宗旨是适应电视对外宣传发展的需要，根据海外观众收视需求，加强频道针对性，突出对外特点，将其办成以新闻性节目为主导，以文化类节目为支撑，节目创优与经济创收互为补充，突出对台特色、服务全球华人、华侨的专门频道。改版后的节

---

① 吴长伟.西部频道之痒:频道改革案例分析[J].中国记者,2005(4).
② 中央电视台办公室.推动创新 提升品牌:"首届全国电视台台长论坛"演讲录[M].北京:中国广播电视出版社2007:89.
③ 《中国广播电视年鉴》编辑委员会.中国广播电视年鉴2001[M].北京:中国广播电视年鉴社,2001:52.
④ 赵化勇.深化改革 开拓进取[J].电视研究,2000(3).
⑤ 郭景哲.喜看《中国新闻60分》[J].电视研究,2000(4).

目于2000年2月7日正式推出。

改版后,频道在北京时间早8:00—9:00向海外观众推出一档新栏目——《中国新闻60分》。同时还推出了《走进台湾》《世界华人》《语林趣语》《东方时尚》《真情》等新栏目。节目的首播量增加,时段安排更加合理,自办栏目更加规范,在荟萃全台优秀节目的同时,加大了对台宣传的力度。①

此时,全世界共有126个国家和地区的观众可以在当地收看到该频道的节目,其中亚洲32个、欧洲33个、美洲25个、非洲31个、大洋洲5个。有115个我国驻外使领馆可以接收到其节目,还有27个国家和地区的64个电视机构全部或部分转播该频道的新闻节目。②

时隔一年半之后的2002年9月2日,CCTV-4再次全面改版。这次改版是在贯彻落实国家广电总局徐光春局长关于"坚持正确的舆论导向、坚持向外的工作方向、坚持解放思想"和"转变观念、转变角色、转变方式"的指示,以及赵化勇台长提出的要"频道专业化、栏目个性化、节目精品化",要"处理好改编与自办节目的关系、日常播出节目与自制重点节目的关系"的要求。

CCTV-4这次改版是历次改版中力度最大,也是变化最大的。改版将频道定位更为清晰地调整为针对全球华人市场。改版后,取消了英语节目,变成了全中文频道。新版节目表共有栏目39个,其中,各类节目的播出比例为:新闻51%、专题19%、对台6%、文体24%。

在新闻安排上,CCTV-4全面向国际大台看齐,除之前已有的《中国新闻》《新闻60分》等栏目的6次播出外,增加了每次5分钟、直播播出的18次整点《新闻》;实现了全天24小时整点有新闻,次次有更新。新闻首播从6次增加到24次,时间增加了125分钟。在消息类新闻中,既有5分钟的短新闻,也有1小时的《新闻60分》。除了消息类新闻的全时覆盖外,深度报道、新闻评论、新闻访谈等各种形态出现在全天候节目中。既有《中国新闻》这样的杂志型节目,也有《中国报道》这样的深度报道与访谈、评论结合的节目,还有《海峡两岸》这样针对台湾观众的节目。《财经时讯》是为加强对外经济报道而创办的新栏目,周一至周五每天播出一期,每期15分钟。③

改版后,整个新闻节目的形态更加完备、更有特色、更具针对性;新闻节目的制作更加专业化,更注重采用直播对接、现场切换、演播室即兴采访等采制手段,并使之经常化、日常化。频道又率先与一些地方电视台(如东南卫视、重庆卫视等)进行了节目的演播室对接,突出了电视媒体的灵活性与时效感。

长期以来,在电视新闻传播的改革中,业界与理论界一直在探讨建立全国性新闻频道的问题。CCTV-4实现了全天候整点的新闻播出,使其具有了新闻频道的雏形。④

---

① 《中国广播电视年鉴》编辑委员会.中国广播电视年鉴2001[M].北京:中国广播电视年鉴社,2001:53.
② 牟汉杰.国际频道新闻节目的传播理念[J].电视研究,2002(9).
③ 赵宇辉,张利中.十年织彩练新版亮长空[J].电视研究,2002(10).
④ 朱天,向铁巍,王轶菁.对2002年中国电视新闻改革的几点思考[J].电视研究,2003(2).

2.CCTV-1 改版

1999年年初,中央电视台提出要重点抓好第一套精品频道的建设。对第一套节目进行了新闻时段和栏目的调整,荟萃全台精品栏目,进一步突出以新闻为主的特色。

为此,对该频道晚间时段节目进行了调整。7月5日,新改版的21点新闻《现在播报》正式推出,节目由5分钟增至20分钟。在题材选择上注重提供涉及国计民生、社会普遍关注的新闻;在形式上多采用记者现场报道,强化视听冲击力;在编排上也力求有所创新;在播报上实行新闻主播制,海霞成为这个栏目的固定主持人。栏目特别注意与《新闻联播》《晚间新闻报道》的区别,突出特色。《现在播报》推出后,受到观众的好评。[①]

2000年11月27日,CCTV-1以新闻栏目为重点进一步改版。电视新闻杂志《东方时空》从早晨6点开播至8点30分,以全新面貌出现在观众面前。[②] 午间的《新闻30分》增加了3分钟新闻播报时间。下午5点,新开办了25分钟的《国际时讯》。这一栏目既保持了中央电视台国际时事报道的权威性,又重点加强了对世界科技、文化、时尚、环保等方面的报道,突出了知识性、可视性。这些新改版和新创办的节目,加上调至周末晚间黄金时段的《实话实说》等,使CCTV-1呈现出全新的节目格局,新闻特征和新闻含量更加突出、丰富,为新闻频道的建立奠定了基础。[③]

2002年8月,CCTV-1再次进行新闻节目改版。15档消息类新闻栏目覆盖了全天从早到晚几乎所有的重要时段,总播出量超过5小时,形成了一条清晰的新闻线性结构链。在这次改版后,变化较大的是10点、14点和16点三档节目,这三档新闻均根据时段收视特点,延长了节目时间,分别增加了财经、科技等方面的资讯内容。[④]

改版前已经于7月1日增加的《午夜新闻》栏目,是新闻中心在新闻滚动播出的基础上开办的,填补了午夜时段的空白。

3.其他频道改版

(1)经济·生活·服务频道(CCTV-2)

2000年7月3日,改版后的CCTV-2定位为"经济·生活·服务频道"正式推出。对原有名牌栏目的播出时间进行了调整,并推出了新的栏目:《证券时间》《证券之夜》《互联时代》《开心辞典》《为您服务》《健康之路》等。[⑤] 为观众提供全面、准确的信息服务。

这次改版,根据节目内容设置与目标观众要求相统一的原则,面向市场,力求创新,节目内容按观众需求定位,节目形态按欣赏习惯定位,时间设置按收视规律定位,

---

① 赵化勇.深化改革 稳中求进[J].电视研究,1999(8);《中国广播电视年鉴》编辑委员会.中国广播电视年鉴2000[M].北京:中国广播电视年鉴社,2000:92.
② 后有专门章节详细介绍。
③ 《中国广播电视年鉴》编辑委员会.中国广播电视年鉴2001[M].北京:中国广播电视年鉴社,2001:53.
④ 朱天,向铁巍,王轶菁.对2002年中国电视新闻改革的几点思考[J].电视研究,2003(2).
⑤ 《中国广播电视年鉴》编辑委员会.中国广播电视年鉴2001[M].北京:中国广播电视年鉴社,2001:53.

加大了经济生活类节目的比重,以更加国际化的报道角度,加强了经济信息节目深度报道。节目的实用性、服务性和娱乐性都得到了提升,为观众构建起一个便利的经济生活服务信息网络,满足企业界经营决策的需要和百姓的生活消费需求。①

(2)体育频道(CCTV-5)

1995年元旦,体育频道正式开播,这是中国国内规模最大、拥有众多世界顶级赛事国内独家报道权的专业电视频道。2000年改版,体育频道增加了体育新闻,减少栏目,增加优秀的国内比赛项目,注重塑造自身风格,力求形式轻松活泼。

2002年,频道每天播出时长为20小时,其中,首播时间达10小时以上。每天播出3档《体育新闻》,全年播出国内、国际各类体育比赛1,700场。这一年,体育频道的覆盖率达到了86%,覆盖总人口为7.3亿。电视体育节目已成为中央电视台最受欢迎的节目之一,也成为全台的支柱节目之一。

中央电视台体育节目中心在2001年11月开始试播电视体育互动节目,不断积累经验,扩大收视观众群。

(3)军事、农业频道(CCTV-7)

进一步突出科技内容,根据观众收视特点,加强黄金时段节目编排。

(4)英语国际频道(CCTV-9)

面向西方主流社会,明确受众对象,注重借鉴境外媒体的编排技巧,争取在节目落地方面有突破性进展。

(5)其他频道

2001年7月9日,科学·教育频道(CCTV-10)和戏曲频道(CCTV-11)正式开播。这是中央电视台实施频道专业化战略的又一举措。

纵观这一时期中央电视台新闻节目的改版,主要体现出以下几个特点:首先,通过新闻节目时段的持续扩充,增加了节目的"容积",使信息空间更加丰富;其次,由于播出时段增多、频次加快,客观上提高了各类信息的流动速度,一定程度上缓解了以往国内新闻报道在时效方面的不足;最后,在全天候传播过程中,可以更好地在节目间建立起有机联系,形成频道新闻传播内容的"累积"效应。

中央电视台新闻节目的改版,从相当程度上反映出在新的传播形势下,国内媒体对综合频道电视新闻改革探索的趋向。这既是中国电视新闻走向世界与国际接轨的重要举措,也是为了满足国内观众了解世界、了解生存环境,获取实用信息的需要。它也被认为是构建强势新闻频道、进一步适应媒体竞争环境,向国际化大台迈进的重要举措。②

---

① 赵化勇.把握基调 确保导向 深化改革 再创佳绩:在中央电视台2000年年中工作会议上的讲话(摘要)[J].电视研究,2000(8).

② 朱天,何铁巍,王轶菁.对2002年中国电视新闻改革的几点思考[J].电视研究,2003(2).

(五)其他专业频道

1. 农村(农业)频道

2001年,全国省级电视台大整合,进行有线台和无线台合并,成立了众多专业频道,但是其中几乎没有面对农村(农业)的频道。

2002年3月,有研究者访问了全国31个省级电视台的网站(港澳台地区除外),除江苏电视台无法登录外,在其他30个省级电视台网站上,只有一家——吉林电视台开办有农村(农业)频道。这不由让人想起1997年中央电视台所做的第三次全国电视观众抽样调查中的一组数字:截至1997年6月底,全国电视观众总数是10.94亿,其中农村观众占75.9%,约为8.3亿。1999年,我国农村人口总数为8.78亿,人均生活消费支出1,577元,其消费总额高达1.3万多亿。① 如此众多的农村人口和如此比例的电视观众,却就只有CCTV-7和吉林电视台乡村频道两家与农村相关的专业频道。而在农业大省的电视台节目中,一般都会有一两个农村或农业栏目,像湖南电视台的《乡村发现》、河南电视台的《乡村》都办得有声有色。这似乎显得很不协调,也有些说不过去。②

2. 旅游频道

2002年1月1日,经国家广电总局批准,我国第一家主打旅游品牌的卫视频道正式开播。旅游卫视TSTV(Travel Satellite TV)由海南卫视全面改版而来,隶属于海南电视台。该频道全天播出20小时,节目主要由新闻资讯、风光专题、旅游综艺等几大版块组成,基本都是纪实性节目。其中每晚8点播出的《环球旅游播报》,是由全国几十家电视台联手打造,堪称中国电视旅游新闻的总汇。当年,旅游卫视在全国28个省、自治区、直辖市的300个城市落地,收视人口达到2亿。海南卫视改版成旅游频道,在全国,尤其是在旅游资源十分丰富的西部地区反响强烈,它是全国第一家专业化的省级卫视。③

二、中央电视台新闻改革

(一)《东方时空》改版

1993年5月1日开播的《东方时空》是国内较早的电视新闻杂志节目,它因新颖的节目内容、形式,一经推出立即引起热烈反响。2000年11月27日,伴随着清新的"东方晨曲",播出了新改版的节目,节目的口号也改为"共同开启全新的一天"。

在2000年年初,《东方时空》收视率排在中央电视台的前六位,这样一个反响不错的节目为什么要改版?时任栏目总制片人时间在接受采访时说:"《东方时空》长期以

---

① 王玉琦.关于创建农村频道的思考[J].电视研究,2001(12).
② 申琳.频道专业化与农村频道[J].电视研究,2002(10).
③ 蔡尚伟,周婧.西部电视该咋办[J].电视研究,2002(8).

来给人的印象是对热点问题、重点问题的深入报道,不符合早间节目信息量大、带有浓重服务色彩的特性,所以它的改版已经酝酿两年了。凤凰台和一些地方台现在都有不错的早间节目,中央电视台也希望它有一个真正意义上的早间节目,以适应现在竞争的局面。"①

1. 日常版节目

《东方时空》日常版从早上6:00开始到8:30结束,由原来的40分钟增加到了150分钟。节目将原来于6点、7点、8点播出的早间新闻整合进来,命名为《东方时空·早新闻》;还增加了两个节目,一档是由多位主持人座谈新闻资讯和当日中央媒体新闻摘要的《传媒链接》,另一档是服务性内容的《时空资讯》。原有节目都改变了栏目名称,如原先的人物访谈《东方之子》改为《面对面》;《生活空间》改成了《百姓故事》;专题片《时空报道》改为《直通现场》。

改版后在延长的110分钟中,三档滚动整点《早新闻》占了50分钟,《传媒链接》栏目占了15分钟,《时空资讯》也约占15分钟,共占所增时间的73%。剩下的30分钟则被四档天气预报、串场、宣传片和广告瓜分了。可以说在新《东方时空》中所增加的全都是综合新闻类子栏目,保留下来的原有栏目也或多或少加强了新闻性。

《东方时空》一直将体现深刻的人文关怀作为自己的最高传播理念,这次改版就将这种人文关怀从精神层面具体落实到对老百姓生活服务意识的加强上。四档天气预报滚动播出,分三档播出的《时空资讯》将文化、交通、气候、时尚讯息纳入麾下:文化讯息介绍当天在全国各大城市的重要文化演出,交通资讯报告全国的交通状况。节目为观众提供了多项及时实用的资讯服务,满足广大观众早间的信息需求,服务面更大、内容更实用。

新版《东方时空》还在加大信息量上做出不少努力。它缩短了每条新闻的长度,并在每档滚动播出中,除重要新闻重复播出外,其他都会有内容更新。这样就避免了新闻的简单重复,使持续观看的观众有新内容可看,加大了传播的整体信息量。以2000年12月1日的《早新闻》为例,6点播出新闻14条,7点播出17条,更换5条;8点播出了20条,更换9条;平均更换率达到37%,每条新闻的平均时长不到1分钟。

新版《东方时空》的专题节目《直通现场》,侧重展现新闻的现场过程、细节和相关背景,强调记者的现场报道和纪实镜头语言的运用,以区别于原《时空报道》平常叙述的样式。《面对面》原是1996年1月20日改版时增设的一档主持人对新闻话题进行评论的子栏目;新版节目借用其名称,内容则是由《东方之子》演变而来,并摆脱了原选题范围的局限,放宽了栏目名称对人物选择的约束,取主持人与被采访人物面对面谈话之意,从而使栏目更能对准活跃在新闻聚焦点的人物。由《生活空间》改来的《百姓故事》,其内容更突出现代感,加快了叙事节奏。节目在每日下午的重播版本中没有前

---

① 新《东方时空》新在哪儿? 访《东方时空》总制片人时间[EB/OL].(2000-11-17)[2019-04-12].http://www.chinanews.com/2000-11-17/26/56598.html.

面的新闻、资讯环节。

在新版节目中,共有两位总主持人、加上一位新闻主持人和一位资讯主持人一同主持这两个半小时的节目。节目组共有8位主持人,分为两组工作,一组的总主持人是张羽、张泉灵,新闻主持和资讯主持是康辉、李小萌;另一组的总主持人是白岩松、方静,新闻主持和资讯主持是周雷、郑天亮。

2.周日版节目

周日版节目有更大的变化。以前《东方时空》时段在周日播出《实话实说》,新版则将其改在周日晚间独立播出。原来的节目时间改播三档新栏目,一是《百姓故事》精华版《纪事》,一是水均益主持的对一周国际人物和事件梳理的《世界》,一是由敬一丹主持的直播栏目《直播中国》。

在新《东方时空》日常版中,国际新闻只有短讯式报道;在25分钟的《世界》专栏里,则有对一周国际新闻的深加工。栏目结构为:一周国际焦点事件+国际焦点人物。报道内容侧重事件的详细过程、最新进展、前因后果及其带来的影响,还有相关知识与历史背景。《纪事》定位与《生活空间》相似,可视为经典的百姓故事,更加突出其文化和精品内涵;时长由平日的10分钟扩充为25分钟,可以讲一个以往需要分几集播放的故事。《直播中国》每期25分钟,还可依内容需要适度延长;节目从自然、地理、人文、民生的角度,通过直播报道来认识中国。该栏目可使中央电视台新闻中心几年间积累的新闻直播经验有效地融入日常节目,探索小型直播的运作,并锻炼、建立一支反应迅捷的直播队伍,为日后的常态直播打下基础。①

新版《东方时空》试图改变传统的新闻语言模式,新的语言形式被称为"准口语"。它是既剔除了口语随意、空泛的缺点,又摆脱了原来新闻播读照本宣科的单调枯燥,目的是能取两者之长,既使表达更容易被观众理解,又仍能维持"国家电视台新闻的权威性"。这实际就是当时被广为称道的"说新闻"模式,是由凤凰卫视《凤凰早班车》最早开创的新闻播报方式。

3.问题

但是新版《东方时空》还是遭到了观众不留情面的批评。新版开播以后,许多热心观众通过电话、写信、电子邮件等方式,对新栏目提出了意见。最突出的就是不喜欢改版后的片头和标识,在这种声音的压力下,这个形似太极图的新节目标识播出仅两天,在11月29日又恢复了原来类似CBS标准大眼睛上下拉开的原有"大眼睛"标识,平息了舆论,且一直沿用至今。②

很多观众和专家都提出,新《东方时空》为了强调信息量,使早新闻多为口播或口播配图像形式,造成报道形式简单、单一。三档一小时一次的新闻滚动太过频繁,其间"昨日要闻""早新闻"反复出现,造成重复信息多、更新不足,③整体时效也不强。也有

---

① 韩彪,李锦.电视新闻改革迈开新步伐:从《东方时空》改版说开[J].电视研究,2001(1).
② 李法宝.从新版《东方时空》看栏目品牌经营[J].电视研究,2001(11).
③ 石长顺,赵慧侠.《东方时空》的新理念[J].电视研究,2001(1).

学者认为,新版《东方时空》一开始是提要、天气预报,接着是消息(包括昨日要闻、早新闻、资讯、传媒链接),还有现场报道、人物访谈、短片纪实等,尽管形式丰富、多姿多彩,可看下来让人眼花缭乱,没有特别印象深刻之处。

伴随内容形式改变的还有节目的主持模式。这一点在《传媒链接》中体现明显。在这个小版块的设计上共有4位主持人一起交流互动,每个人在提供了新闻信息后,其他人可以给予补充,其间还夹杂一些感慨、议论或背景资料。主持人之间的传授角色是互换、平等的,其目的是营造一种新闻早餐客厅的氛围,形成轻松、灵动、有交流感的节目风格。但是,这样的设计和用心却在实践效果中打了折扣。如在这个需要打造交流感的环节,主持人们却经常低着头各读各的报,语言、目光均没有什么交流;读报中,你方读罢我登场,还经常出现口误,给人的感觉是支离破碎的。节目使用的是一个较大的演播室,中间是总主持台,左边为资讯小播报台,右边是新闻播报台。节目中,镜头时而切到中央,时而切到左边或右边,4位主持时而分别播报,时而4人链接,场面纷乱,观众要随着镜头"东张西望"。大家都有些不知所措和不知所云。

这里的问题就出在"混用表达形式"上,即不同文体的传播目的不同,需要使用不同的表达方式。播报资讯需要大信息量、快节奏,应该使用"独白语言"方式,而为了让观众听清语言内容,镜头要以相对静止为主,也就是说,镜头要给语音内容让路。而对话语言应该发生在对话众人对所谈话题有共同兴趣或是共同知识的背景下,这时是意见为主线,目的是交流,你一言我一语,并不利于传递信息。其他媒体人也说:"《传媒链接》和主持人的谈话方式是矛盾的,《传媒链接》应该说得快,让大家在短时间内了解更多信息,但现在主持人快不起来。"[①]这个设计违反了语言表达的基本功能。加之,在传递信息的时候议论,这些刚出校门的年轻人往往并不能驾驭复杂的话题,反而是稀释了内容。结果是信息不足也没有像样的意见,还干扰了对播读信息的传达和理解。观众反映这个节目听了半天都不知道他们说了什么;编辑们也反映,以往在15分钟里能播出超过15条资讯,而在这个节目中常常只能播出10条左右,播出效率不如一人播读。这个节目不仅效果不佳,还搭上了高成本和观众的期望。

对于阵容强大的主持人队伍,很多电视"业内人士羡慕不已","但正因为每个人都太优秀了,彼此之间又缺乏合作,现场发挥没有默契,所以强强联手也未能产生同样强势的效果"。

这次改版动了原有几个栏目的名称,将原本在观众心目中已有一定影响的名字换掉,而栏目改了头却没有换面,从效果来看对节目也有负面影响。

对于整个节目来说,由于时间加长、形式更丰富、主持人增多等原因,虽然各类内容、形式在编排上是穿插出现的,但整个节目给人的感觉却并不是疾徐相间、舒缓有致,眉目清楚,而是显得过于庞杂、节奏也拖沓,让人难以把握,也就难以欣赏。[②]

---

① 上海电视人评说新《东方时空》[N].新闻晨报,2000-11-28.
② 曾鸿.改版后的东方时空[J].新闻采编,2001(2).

中央电视台对《东方时空》的改版可谓大刀阔斧,但从观众的反馈来看,改版后的效果不如所愿。对于这种反馈,当年制片人在接受媒体采访时,希望"观众耐心",慢慢适应。他还认为:"如果有一支强大的采访队伍特别制作早间新闻就好了。"①他们觉得,经过七年日复一日地"热播",节目被观众从接受到喜爱,从喜爱到不容更改,习惯一旦形成,变革的阻力随即产生。"尽管每一块材料都是在创新的技术标准下精挑细选出来,但使节目出乎意料地走到了'创新'的对面。"②观众的不接受是事实,可供对照的是享誉世界的 CBS《60 分钟》节目,几十年不变的形式、内容,到现在依然占据观众收视榜的前列。

这次改版只持续了不到半年,2001 年 3 月撤销《面对面》,改回了《东方之子》;《直播中国》也改名为《直播时刻》。2001 年 10 月,《东方时空》再次改版,将新闻及资讯节目又分离了出去;在保留《东方之子》《百姓故事》《世界》《纪事》各子栏目的同时,将《直通现场》又改为《时空连线》。《面对面》于 2003 年开播了独立栏目。③ 之后《东方时空》又有了多次的改版,直到后来已经没有了什么特色,也没有了原来的影响。它成为中国名栏目"速朽"的一个典型。这其实无关什么"周期",这中间有太多需要总结的中国"特色"问题。

(二)新闻节目调整

1998 年,中央电视台以加强时效性和针对性为重点的新闻宣传改革取得明显成效。中央电视台在第一时间报道重大新闻和突发事件方面有突破,现场直播日趋成熟。④

1.《新闻联播》

继 2000 年 3 月在《新闻联播》中开辟"强化思想政治工作"专栏后,栏目在每天的节目中都对思想政治工作充分报道,又推出了"时代楷模"等系列专栏,形成了宣传声势。⑤

在中央领导的支持下,此阶段新闻节目中减少了领导人一般性活动的报道,会议报道也得到压缩和改进。2001 年 9 月,中共中央第十五届六中全会通过了《关于加强和改进党的作风建设的决定》,对压缩会议、改进会风提出了明确要求,同时也给压缩会议和改进会风报道提供了契机。全国各家新闻单位迅速将如何改进会议新闻报道提上了日程。有数据表明,中央电视台《新闻联播》从 2001 年 12 月 13 日至 2002 年 1 月 16 日一个多月时间,共计播发各类会议新闻 38 条,比上年同期的 174 条减少了

---

① 记者杨非访谈.《东方时空》请观众耐心[EB/OL].(2000-12-08)[2018-06-11].http://ent.sina.com.cn/v/25946.html.
② 孙玉胜.十年:从改变电视的语态开始[M].上海:上海三联书店,2003:27.
③ 京静."知错就改"《东方时空》恢复老片头[EB/OL].(2000-12-01)[2018-06-11].http://www.chinanews.com/2000-12-01/26/59110.html.
④ 《中国广播电视年鉴》编辑委员会.中国广播电视年鉴 1999[M].北京:中国广播电视年鉴社,1999:53.
⑤ 《中国广播电视年鉴》编辑委员会.中国广播电视年鉴 2001[M].北京:中国广播电视年鉴社,2001:51.

136条,减少了78%。在此期间,《新闻联播》共播出经济成就、先进典型、年终动态相关报道316条,而上年同期此类报道只有150条,增加了166条,使报道信息量增大;同时播出国际新闻215条,而上年同期只有130条,增加了85条,且时效快、形式新。

《新闻联播》的改进说明,改善会议报道大有潜力,只要认真实施,可以收到立竿见影的效果。值得称道的是,中央电视台改进会议报道不只是精简了可报可不报的一般会议新闻,而是对有些会议报道进行了深度挖掘,把淹没在会议公文中那些真正有价值的新闻及时挖掘出来。如从全国劳动和社会保障工作会议中,提炼出"我国完善社会保障体系试点工作取得成就","明年力争新增就业岗位800万","全国社会保障基金资产总额超过600亿元"等有价值的内容,把受众关注的新闻凸显出来。① 对于电视新闻而言,改进会议报道既包括新闻理念的调整,也包括采编技术上的创新。会议报道必须按照新闻规律办事,使受众喜闻乐见,才可能达到预期的效果。改革会议报道是入世后我国媒体自身发展的需要,也是我国新闻媒体专业化进程中必须迈出的一步。②

2002年,《新闻联播》取消了播音员在屏幕上播新闻导语的做法,一条条新闻均由画面直接连接、依次播出,中间没有明显的"界限"。原来重要新闻的导语都由播音员播报,这不仅强调了该报道内容的重要性,同时也起到了承上启下的连接作用。现在的新闻条与条之间的简单连接,虽然可能加快节目节奏,避免直播时频繁切换画面所带来的失误等,但也让人觉得报道内容的轻重、主次难分,观众稍不注意就分不清正在收看的报道属于哪一条;特别是一些无间隔的连续报道,使观众看得困惑、疲倦,大大降低了收看效果。那些以前频频在节目里出现的播音员,现在在节目里也很少露面了。③

2.《午夜新闻》

2002年7月1日,新闻中心在新闻实行滚动播出的基础上,开办了《午夜新闻》栏目。针对这个时段"白领"受众较多的特点,除在第一时间播报最新的动态消息外,还对当天发生的重要新闻进行整体盘点,并从中挑选出重大事件进行深度报道,达到让观众"午夜看全天、午夜看最新、午夜看现场、午夜看延伸"新闻的效果,而且使中央电视台的新闻整点滚动播出得以全面实现。

栏目完全按照新闻本身的价值来做选题和播出排序的标准,这使长期以来一直倡导的新闻头条意识第一次在实践中得以运用。从这个意义上来说,《午夜新闻》的创办已不仅仅是增加了一个新闻栏目,加大了一些信息量,而是表明中央电视台新闻中心在对电视新闻本质的认知和把握上又前进了一步。④

2002年7月1日,中央电视台恢复了1996年停播的《经济信息联播》,并很快成

---

① 陈尚忠.改进会议报道出现好势头[J].新闻战线,2002(4).
② 卢咏,崔士鑫.从会议报道看电视新闻改革[J].新闻记者,2002(8).
③ 王可.《新闻联播》的改法妥吗?[J].电视研究,2002(6).
④ 李挺,孙金岭.记录历史,也记录我们自己:中央电视台新闻中心5年的发展历程[J].电视研究,2003(12).

为中国经济领域最重要、最权威的信息窗口,成为经济领域的《新闻联播》。

3.与地方台合作

1999年,中央电视台改变与地方台的合作方式,选择具有较强制作能力的省、市级电视台,共同完成了《财富》论坛、穿越天门洞、世界体操锦标赛等大型转播活动,并在澳门回归等重大报道中加强与地方台合作,发挥地方台作用。一方面,丰富屏幕内容,降低投入成本;另一方面,在一定程度上减轻了国内电视界的竞争压力。①

4.新闻采编的无序状态

在中央电视台各个频道都增办新闻的同时,节目的采编也呈现出了很多无序状态。如1998年在香港特别行政区成立一周年之际,董建华收到了十几份来自中央电视台的传真,要求对他进行采访,而且问题也出奇地相似,都是"香港这一年在您的领导下取得了很大的成绩,请您谈谈感想"等。董特首为此向国家领导人反映,称分不出中央电视台记者的真假。但实际上这些信件都是真的,只不过分别来自中央电视台的不同部门罢了。记者曾在2002年10月于北京举行的"国际非政府组织扶贫研讨大会"的开幕式上看到,在容纳200多人的会场内,标有CCTV字样的摄像机有9台之多。②

这样的新闻生产状况应该说是混乱无序、不计成本的。这不仅是资源的浪费,也是人力、物力的重复,回报也会大幅递减;同时也说明中央电视台的新闻报道组织协调出现了不足,生产方式需要更好布局、调整,当然也说明了管理上的很多漏洞。

三、播报改进

(一)播音员主持人资格认证

1997年12月31日上午,广播电影电视部播音员主持人资格证书颁证会在京举行,中共中央政治局委员、国务委员李铁映,广播电影电视部部长孙家正,国家语委主任许嘉璐出席了在广电部三层会议室举行的颁证会。此次颁证会共有181名播音员、主持人获颁了《播音员主持人资格证书》。

据介绍,随着广播电视事业的迅速发展,不少电台、电视台的外聘播音员、主持人未通过普通话测试考核便已上岗;还有不少记者、编辑、摄像等也因种种原因从后台步入前台。他们中的一些人或是方言浓重,或是模仿港台腔,影响到普通话在全国的普及推广。为加强宣传队伍建设、提高人员素质,广电部于1996年召开了"全国广播影视系统语言工作会议",明确提出播音员、主持人必须经过普通话测试及考核后持证上岗。在国家语委及有关部门的支持下,经过一年多的努力,此项工作在全国广播影视系统全面推开,当时已有19个省市在进行普通话水平测试和上岗前的政治业务考核。

---

① 《中国广播电视年鉴》编辑委员会.中国广播电视年鉴2000[M].北京:中国广播电视年鉴社,2000:92.
② 刘莉莉.电视新闻评论类栏目的设置[D].北京:中国人民大学,2002:50.

广电部要求全国所有播音员、主持人在 3 年内逐步实现持证上岗。

在这次颁证会上,一些为广大听众、观众熟悉的播音员、主持人,如陈铎、铁城、罗京、邢质斌、倪萍、鞠萍、李瑞英、李修平等获得了资格证书,成为中央三台首批持证上岗的播音员、主持人。1998 年 1 月 1 日,这些播音员、主持人持证上岗。①

(二)说新闻

我国电视新闻主要源于新闻电影,因此在创办以后的很多年间,新闻片中的解说都是使用画外音,"与放映电影没有区别"。播音员在新闻节目中只起到"司仪"作用,将一条条新闻报名推出,只是在专门的"口播新闻"栏目里才会有他们出面读稿的画面。改革开放后,解放思想、开阔眼界,中国电视界逐步引入了主持人的概念,于是电视主持人队伍蓬勃发展起来。

在英语中,"Anchorman"不是指一般的节目主持人,而是特指电视或广播电台的新闻节目主持人。他们是从"拔尖的记者"中成长起来的。② 美国早期的电视广播新闻念稿员并不是记者,他们只是口语表达方面的能人。而"Anchorman"则是新闻界的精英、社会知名人物、社会舆论的重要影响力量,具有很高的社会地位。他们常常是所主持节目的负责人,具有新闻的选择权与评价权。著名的有哥伦比亚广播公司的默罗、克朗凯特、丹·拉瑟等。

当时中国新一代电视新闻主持人具有了较符合"Anchorman"的资历。他们大多有采编经验。如水均益在大学主修英语专业,毕业后在新华社当了多年记者,他的英语水平受到英国首相布莱尔和朱镕基总理的赞扬。白岩松大学主修新闻专业,毕业后在《中国广播报》当过记者,后到中央电视台做记者。崔永元在中央人民广播电台《午间半小时》节目组当过多年记者,有着多年的广播记者经验,并于开办之初就参与《东方时空》节目的采制。敬一丹在 1988 年调入中央电视台之前已经当过几年省台播音员,刚到台里别人问她想干什么,她说想当记者。她认为,主持人应有采编经历,记者出镜除了叙述能力要强、语言贴近百姓外,要有组织材料的本事,平日要注意积累,这样才能不断提高驾驭现场、把握分寸的表达能力。③

美国学者卡洛尔戈尼曾在《中国特色的电视新闻》一文中说:"中国有些播音员语速太快,几乎没有停顿,没有抑扬顿挫。新闻必须是播送,不是朗读。""中国的新闻节目播音员没有机会显示自己的个性或新闻知识的水平",他们给人留下照稿宣读的印象。④ 他这里说的既是语言表达形式问题,也是播出者的工作方式问题。从"播送"还是"朗读"的语言表现方式角度来看,可以归结为是读新闻还是说新闻的问题上。正是在这段时间内,中国开始出现了"说新闻"的最新实践。

---

① 广电部播音员主持人资格证书颁证会举行[N].光明日报,1997-12-31.
② 庞啸.电视节目主持人探究[J].电视研究,2000(5).
③ 李淑芝.讲台上的主持人:听敬一丹讲课有感[J].电视研究,2000(6).
④ 唐棣.浅谈新闻播音速度的快与慢[J].电视研究,2000(2).

从1998年4月1日起,陈鲁豫开始担任《凤凰早班车》的主持人。这是香港凤凰卫视中文台在早间七点半推出的一档直播新闻节目,时长30分钟。节目以转述香港十几份报章、网络上的当天新闻为主,另外还有一部分来自美联社、路透社等各大通讯社的图像新闻和少量自采新闻。节目内容包罗万象,包括政治、时事、财经、社会新闻、娱乐、体育等,分别在"环球聚焦""网络传真""专线大观"等四个小版块中播报,可以说是一个早间新闻集纳,或是"早间新闻快餐"。[①]

主持人陈鲁豫在播报时采用口语化"说"的方式,开辟了一种全新的"说新闻"表达形态。每天早上,在温和与轻松的气氛中,她将世界上的最新消息、财经资讯向观众娓娓道来,使新闻、报摘变得与众不同,开创了"说新闻"这一大流派的先河。[②] 这种形式很快受到观众的广泛欢迎。

陈鲁豫是在1998年年初接到台长王纪言主持开办早间新闻节目的通知。当她同意接下这一任务之时,她就决定要改变新闻播报方式,"不用稿子,把新闻说出来",并初步决定要"语言精炼"地和观众"聊新闻",而不是读新闻。[③] 但是初期尝试并不成功,在开始两次内部试验时,她不是张口结舌就是背诵了某份报纸的整个头版,都以失败告终。但是正式播出这天,虽然非常紧张,她却完成得非常好。其播出形式是她站立在小型播出台后面对着电脑和大屏幕画面解说新闻,需要时还可以在大屏幕前走动,镜头可在全景到近景间推拉移动,配合内容的表达。在首次节目播出后的总结会上,台长刘长乐说:"鲁豫说新闻的风格将在中国电视史上占有自己的位置。"据陈鲁豫自己说,她是提前把稿子都看过、记住,播出时就可以脱稿解说了。

"说新闻"表现为语言口语化,需要脱稿说出,而非念稿出声。说话语体结构松散,句子短,通俗浅显,给人自然、亲切的感觉。"说者"易显示个性,保持了人际交流的传播优势,可拉近与受众的心理距离。看似平易,实则有更大的难度。因为"说"清楚比"读"准确的要求高了很多。在"说新闻"中,需要主持人对所播新闻有很好的了解和把握,有丰富的知识和足够的智慧理解所播内容。真正理解了,还要有很好的语言组织和表达能力,能够一语中的地在短时间内将理解的内容清晰地传达出去,也同样被观众很好地理解和把握。所以"说新闻"绝不仅仅是语言形式的改变,而是播出方式的改变、工作方式的改变,甚至是工作人员的改变。播出者不能再不懂装懂。"说新闻"对主持人提出了更高的要求,同时也为主持人提供了更大的表现空间,可以更好表现主持人的智慧与交流功力。从某种意义上来说,栏目的成功与否取决于主持人水平的高低。"说新闻"使传播效率大大提高。

这之后,国内各电视台也开始改变传统电视新闻的播音形式,变"播"为"说"。在视觉和听觉上都给人一种耳目一新的感觉,也契合了人们越来越注重沟通、交流而非被动接受的心理需求,也以平易近人之风迎合了人们在高压力生活中接收信息时适当

---

① 张睿."说新闻"节目形态发展及操作[J].中国记者,2003(5).
② 杨娟."凤凰早班车"节目探析:上[J].声屏世界,2000(6).
③ 陈鲁豫.心相约[M].武汉:长江文艺出版社,2003:70-76.

休闲感的需求。

在对播出形式进行的改革中,也有对播音员播音姿势改变的探索。2000年,广州电视台新闻节目《今日报道》改版,播音员由端坐在播音台后变为站立播报,没有台面依托。镜头对站播者采用了对手臂活动可以很好表现的中景,但却使播音员陷于一种为避免呆板而手臂必须有所动作的尴尬中。播音员不自然的手势不仅不能对其言语有所帮助,反而给观众传达了无聊信息甚至是视觉干扰。这种只是停留在形式层面的变化,并非从实质改变着眼,其效果当然不会太好。①

第三节 新闻直播

电视直播技术手段不断提升和进步,直播卫星技术试验成功,使我国电视技术上了一个新台阶。卫星新闻转播技术 SNG(Satellite News Gathering)②可以在新闻现场即时实况报道,让观众第一时间目睹新闻的发生,同步了解事件进程,分享此时此刻,实现新闻发生和新闻播出的零时差。电视凭借画面和声音符号的同步传递,将观众转变为事件的"亲身经历"者。

一、重大事件直播

(一)中华人民共和国成立50周年国庆庆典

1999年10月1日是中华人民共和国成立50周年纪念日。这一天,在北京天安门广场隆重举行了盛大的庆典。

50万各族军民参加了阅兵仪式和群众游行。在升国旗和全场高唱国歌之后,江泽民主席乘车检阅了由解放军陆海空三军和人民武装警察部队、民兵预备役部队组成的方队。10:36开始阅兵式。来自各军兵种的1万多官兵和400多台战车、火炮、导弹等组成的16个徒步方队和25个车辆方队,依次通过天安门广场。11:05,10个空中梯队低空飞过天安门广场。11:10,在《歌唱祖国》旋律伴奏下,开始了由首都各界群众,各省、自治区、直辖市和港澳台地区代表参加的,展现出"开国·创业""改革·辉煌""世纪·腾飞"三大主题的群众游行,群众游行时间约50分钟。

中央电视台从9:50—12:05连续2小时15分全程直播了庆典。整个阅兵、游行仪式的直播气势恢宏、热情激越,突出了"热烈、激昂、隆重、辉煌"的主基调。

中华人民共和国成立50周年庆典的电视转播,成为中央电视台建台以来规模最大的一次转播活动。为了确保高效率地把最精彩、最生动的场景表现出来,中央电视

---

① 刘慰瑶.站播比坐就好吗?[J].电视研究,2000(11).
② SNG 特指装载全套转播设备的专用"卫星新闻采访车"。《中国广播电视年鉴》编辑委员会.中国广播电视年鉴1999[M].北京:中国广播电视年鉴社,1999:85.

台在现场设计了33个机位、采用两级切换的方式。前方设计了5个系统:A系统负责天安门城楼前长安街的拍摄与转播,从东华表到中山公园有9个机位,拍摄阅兵、分列式和游行队伍。B系统是在天安门城楼上架设的4个机位,拍摄领导人的活动以及广场全景。C系统是广场上的7个机位,体现民众活动及从南侧拍摄游行队伍,并与B系统呼应。D系统是从东华表到主席检阅车折返点,共7个机位,其中有3个是车上机位,跟随检阅车移动拍摄,还有4个是固定机位,保证检阅过程拍摄完整。E系统设有6个机位,分别架设在人民大会堂、毛主席纪念堂、历史博物馆等广场周围的制高点上,用以拍摄全景。经过反复演练,各系统间做到了既分工明确、相对独立又互相兼容、相互支持、密切配合。总导演室设在台内800平方米大演播室内。①

这次直播是由演播室特别节目和庆典直播两部分共同组成。直播中合理使用演播室是从香港回归直播报道之后逐渐明确的。直播中的演播室对于节目的铺垫、气氛的渲染、背景的揭示等有着举足轻重、不可替代的作用,它使整个直播具有了纵深感,内容更厚重、更有分量。央视一套、四套和英语传送频道的节目分别针对不同观众群,精心设计、巧妙包装,其各自演播室内容精彩而不雷同,主题统一而各具特色。②

另外,由于直播这种形式,播出瞬间不容选择,这使得那种耐琢磨、有含义的镜头很难捕捉。因此,工作人员在经典镜头的设计上下了大量功夫。与以往直播相比,这次更加注重高质量、有思想的镜头展现。

此次中央电视台现场直播的特点是:一、场面盛大,空间跨度大;二、报道要素丰富。中央电视台确定了"热烈、激昂、隆重、辉煌"的直播报道八字方针,确立了"形神兼备"的总体风格。前后的数场直播,记录了国庆庆典举国同庆、万众欢腾的宏大场面,体现了"隆重热烈、团结奋进、欢乐喜庆、昂扬向上"的总基调。

中央电视台四套、英语传送频道用汉语和英语现场直播的两场国庆活动,通过9颗卫星的14个转发器向全世界同步传送,其信号覆盖了全球98%的陆地和海洋。海外119个电视机构转播了此次节目。其中CNN同步转播了江泽民总书记讲话及阅兵式、群众游行总计80分钟。③

中央电视台调查显示,当天全国有93.3%的家庭观看了中央电视台的庆典直播,许多海外华人、华侨也通过电视或互联网目睹了这次大典。中央电视台发行的庆典光盘迅速风靡全国,曾一度脱销,还出现了盗版。④

据中央电视台技术管理办公室副主任徐威介绍,此次庆典直播从现场转播设备到中心制作系统,从信号传输到节目播出系统,全面实现了数字化;视频、音频、固定机位、移动机位、有线光纤传输、无线微波传输等都采用了多种新技术和新工艺。国庆节当天,中央电视台首次设置了一个H系统,它采用一辆6讯道高清晰度电视转播车和

---

① 张普随.观庆典话直播[J].电视研究,1999(11).
② 《中国广播电视年鉴》编辑委员会.中国广播电视年鉴2000[M].北京:中国广播电视年鉴社,2000:89.
③ 《中国广播电视年鉴》编辑委员会.中国广播电视年鉴2000[M].北京:中国广播电视年鉴社,2000:72-73.
④ 李挺,张文华.直播庆典 艺术展现[J].电视研究,1999(11).

6个高清晰度 ENG 设备,利用高清晰度电视进行转播。这是对高清晰度电视技术的第一次转播技术试验,是我国电视发展史上一次有重要意义的进步。

中央电视台前后方共有 1,500 人参加报道,涉及节目、技术、行政等众多部门。节目部门有新闻、文艺、对外等诸多子系统,包括对内、对外两大传输系统,电力、通信等基础保障系统,以及普通电视、高清晰度电视和互联网络三大播出系统。中央电视台成立了由台长、副台长以及各中心负责人组成的国庆报道领导小组,设立了由各部门负责人组成的专门办公室,下设节目、技术、安保、后勤保障、信息沟通等工作小组,形成了一个分工明确、通力合作的班子。

尽管这次直播如此成功,但对于电视人来说仍有遗憾。比如,庆典场面没有俯拍的空中镜头,忽略了低角度镜头的设计,镜头的角度缺乏高低立体的组合,以及出现了一些衔接上的问题等,都有待改进。①

(二)澳门回归报道

澳门回归祖国是中华民族历史上继香港回归之后的又一盛事,是按照邓小平"一国两制"伟大构想推进祖国和平统一的第二站,举世瞩目。

为全面、生动、立体地展现澳门回归这一重大历史事件,中央电视台按照"同步报道重大庆典活动、全面反映普天同庆盛况"的总要求,经过 80 天连续奋战,在回归时刻央视一套、四套和英语传送频道分别成功进行 48 小时和 38 小时的连续直播特别报道,记录了事件的全过程。

央视一套的"澳门回归特别报道"自 1999 年 12 月 19 日 9:00 到 12 月 21 日 9:00,历时 48 小时,虽然连续播出时间不是最长的,但从人员和设备的投入规模来看,可以说是中央电视台历史上规模最大的一次。它继承了中央电视台历次重大事件直播报道的经验和教训,是当时中央电视台重大事件直播报道的集大成之作。

此次"澳门回归特别报道"现场直播了澳门、北京、珠海等地所有与回归有关的重要活动,包括江泽民主席率中国政府代表团抵达澳门、澳门政权交接仪式、澳门特别行政区成立暨特区政府宣誓就职仪式、澳门特区政府成立庆祝大会、中国人民解放军驻澳门部队进驻澳门、国务院招待酒会、首都庆祝大会等;有中方的也有葡方的,共计 21 场现场直播,时长 10 个多小时,占到节目总量的五分之一。②

报道方式灵活多变,积极创新,是澳门回归电视报道的一大特色。节目中,还充分运用现场直播报道以外的背景性、知识性很强的专题节目、演播室话题、滚动新闻等各类形态,介绍澳门的整体情况、历史;从百姓视角出发,反映澳门民众的生活和心态,以生动的形式,表现严肃重大的主题。

与香港回归特别报道相比,此次报道引入了直播记者报道、演播室大屏幕对接、演

---

① 张普随.观庆典话直播[J].电视研究,1999(11).
② 韩彪.现场直播:新闻改革的标尺[M].北京:当代中国出版社,2007:320.

播室嘉宾主持等新的节目形态,增加了直播的难度。

节目组只在北京设立了总演播室,通过总主持人统一调度前、后方各单边注入点,使节目整体更加流畅,凸显出总体风格。

这次澳门回归报道的一个突破就是在演播室中增加了一位身为澳门资深记者的嘉宾主持人,在政权交接仪式前后的黄金时间参与主持工作。正是由于有了这位嘉宾主持人,在演播室的访谈中为观众提供了直播和专题没有涉及的广泛内容,增强了现场报道的纵深感和立体感,其谈话方式的轻松、平实给观众留下了深刻印象。这一做法在中央电视台尚属首次,如此对这一事件中的重头戏提供了层层渲染、不断铺垫,将报道推向了高潮。

通过总主持人和嘉宾主持人的串联,央视一套穿插安排了所有重要活动的直播,播出了提前录制的大量专题类节目。这些专题节目中既有对澳门社会民生百态的系列介绍,又有与回归进程有关的事件、人物,以及驻澳部队的相关知识。在48小时特别报道中,除了《新闻联播》《新闻30分》等固定新闻节目外,还多次插播新闻或重要场面的"精彩回放",及时报道了回归盛况和领导人的活动。直播之前还向国内重要城市和海外主要国家派出记者,加上分布在世界各地的12个驻外记者站,全面报道了各地群众和海外华人喜迎澳门回归的盛况。

报道中,央视一套共播出新闻类节目30小时7分钟,其中包括18场直播,累计时长10小时36分钟,播出专题类节目9小时59分,文艺类节目3小时18分。

此次报道在规模上有几项突破:赴前方报道团人数最多(315人,香港回归时为289人);直播场次最密集(24小时内进行了16场直播,且领导人抵澳和驻澳部队进入等为多点移动直播);收视率最高(达95.8%);转播中央电视台节目的境外电视机构最多(达152个);央视国际网直播时间最长(达48小时);首次在重大政治事件的直播报道中采用外方的嘉宾主持;首次通过公用电讯系统实现长距离数字信号光纤传输,保证了信号质量,最大限度地缩短了延时。[①]

这次报道阵容宏大,据统计,中央电视台有两千多名工作人员直接参与。技术系统动用的设备包括:7辆转播车、3套EFP设备、6个演播室、2个卫星通路、2套DSNG(移动卫星地球站)、27套中继微波设备,以及65套ENG摄像机、86台录像机、10多套多媒体设备;另外还租用了1架供航拍用的直升机(海豚号),1艘供海上拍摄用的游船(海燕号)。此外,澳门一线使用的设备全部为最新的数字设备,使回传节目的信号质量较香港回归时有明显提高。

央视网与央视一套同步直播了48小时回归特别报道。如此长时间、大规模地对重大事件进行网上直播,在国内各大网站中是开拓性的,首次实现了网上大屏幕播出,使网上视频信号清晰流畅,质量比以前有较大改善。在直播的同时,回归过程中的16个精彩片段还被做成视频上传到网络,方便网友随时观看这些精彩瞬间。

---

① 韩彪.现场直播:新闻改革的标尺[M].北京:当代中国出版社,2007:319.

央视网还专门制作了澳门回归电视报道专辑,于 11 月 16 日提前推出。设有《澳海拾贝》《MTV 欣赏》《视频精选》《有奖竞猜》《回归心声》《晚会追踪》《盛况直播》及《精彩回放》等几个栏目。截至 12 月 22 日,专辑页面的访问量为 134 万次,访问人次为 20 多万(1999 年"春节联欢晚会"约为 10 万人次,建国 50 周年庆典约为 12 万人次)。访问视频直播、点播约 9 万人次,他们来自世界 6 大洲的 46 个国家和地区,其中排名前 3 位的为美国 48%,中国 15%,加拿大 11%。

澳门回归期间,央视索福瑞媒介研究公司对包括直辖市和省会城市在内的全国 100 个城市共 2,000 个家庭进行了随机电话调查。结果显示,95.8% 的观众收看了直播节目,为各次直播之最。①

据统计,世界上共有 77 个国家和地区的 152 家电视机构全部或部分转播了央视四套和英语传送频道的节目(其中 92 家转播央视四套节目,60 家转播英语传送频道节目),其中包括美联社、路透社、美国有线新闻网 CNN、加拿大广播公司、俄罗斯国家广播公司、日本广播公司 NHK、中国台湾无线卫星电视台 TVBS、埃及国家电视台、澳大利亚国际电视台等著名通讯社或电视机构。几百万华人华侨观看了电视转播。

孙玉胜称这次澳门回归直播报道为"澳门拾遗"——是整个团队在对香港回归直播中的遗憾与失误进行了充分总结之后,进行的针对性改进。毕竟都是回归,有很多环节、内容是共通的,可以说是"哪里摔倒哪里爬起来"的最好机会。他们总结香港回归直播中最主要的教训就是不能把大型直播报道看作专题片+新闻播报,二者最大的区别是前者具有极大的不确定性。为了确保这些事件中的不确定因素能及时得到处理,保证播出的连续性和安全性,必须有一个环节能对所有的节目资源进行总体控制和调度,这就是演播室和主持人。只有主持人拥有应对各种不确定因素的应变与节目接合的能力与职能,加上编辑及时恰当的配合,整个直播内容才能有条理、从容地依次进入报道。

从接受任务的第一天起,央视一套播出组就主动与编导、记者取得联系,充分了解节目的所有具体细节,并针对每类、每个节目的直播内容进行具体设计。在直播前的多次节目演练和备份演练中,更是反复推敲,充分考虑各种意外情况发生时的对策。

澳门回归直播是中央电视台对重大政治性新闻事件连续直播非常成功的一次。可以说,澳门回归的每场重大活动、每个远程单边记者的报道、每个专题节目的制作以及演播室话题的完成都令人满意,有的可称为典范。它几乎使香港回归直播的遗憾得到了全面的弥补。其中翻身仗打得最漂亮的是报道"澳督离府"的柏杨。他在香港回归中同样报道了"港督离府",但因为没有进入现场,难以看清、把控现场,加之没有自主发挥的余地而留下了很多遗憾。这次报道他提前几个月就投入采访,对澳督做了深入访谈,对澳督府进行了历史和现场考察,制作了这两个主题的专题片在直播报道中穿插使用。在他的澳督离府仪式的现场报道中,他不仅轻松地一一介绍了澳督家人,

---

① 《中国广播电视年鉴》编辑委员会.中国广播电视年鉴 2000[M].北京:中国广播电视年鉴社,2000:78-80,90.

甚至还说出了警察乐队指挥以及两名降旗手的姓名、履历。现场的一切尽在掌控,可以说是一次完美的报道。

但这样的报道应该说是可遇而不可求的,因为它的问题与香港回归时一样:是将成功完全寄托在现场记者一人身上。如果记者没有高昂的热情、120分的努力、外加现场良好的状态,是不可能独当一面地完成一场如此完整而高难度的报道的。而破解的重点是要降低难度,要通过前后方的合理分工与互相有效的支持与配合来共同完成报道,这样才是万无一失的安排。否则记者一旦状态失控就会带来满盘皆输的结果,大家的努力也都会前功尽弃。凤凰卫视在这两次回归的直播报道中,其前后方的配合就是较好的示范。这一问题在中央电视台一直没有得到根本性解决,根源主要在主播常常很难胜任主持的重任,只能寄希望于前方记者独当一面的报道,这也大大滞后了中央电视台新闻品质的提升。

在解放军入澳的直播报道中,全程用上了直升机的航拍信号,效果差强人意。其间,航拍与地面画面的衔接、声画配合上表现出不足,如飞机拍摄的是地面画面,但音频却是发动机噪声,没有做到真正的声画一致;另外对飞机画面的切换过多,使之非常零碎,且目的性不强。这也是应该记取的教训。

孙玉胜认为,澳门回归直播表现出来的前所未有的从容,是中央电视台政治性直播报道走向成熟的标志。[①] 专家、观众也对这次直播给予了充分肯定和高度评价。时任中央宣传部部长丁关根同志打来电话说:中央电视台澳门回归报道口径把握准确,节目衔接流畅,从屏幕上看得出是做了充分的准备。[②]

(三)"9·11"事件

2001年9月11日上午8:46(北京时间当晚20:46),美国纽约世贸大楼遭到恐怖分子所劫持的民航客机的袭击。与此同时,当晚北京时间21:10,凤凰卫视在正播出的晚间新闻《时事直通车》节目中,由主持人吴小莉插播了有关"美国纽约世贸大楼被袭起火"的突发消息及现场画面,成为香港电视媒体中最早播出的一家,是中国上千家电视台中最快发出有关新闻的电视台,也是世界华语媒体中率先做出反应的。21:30节目结尾时再次插播了美国纽约世贸大楼的最新消息及现场画面。

这一插播使凤凰卫视开始了中文台、资讯台、美洲台并机长达35小时的特别节目大联播。主持人胡一虎和陈晓楠在来不及化妆的情况下,直接来到演播室,对接收到的福克斯新闻台(Fox News)的画面进行即时翻译、解说;采取直播方式对事态发展全程跟踪、报道,让部分中国观众同步看到了这一重大新闻的现场情况。

据初步统计,在凤凰卫视35小时直播期间,凤凰卫视在大中华地区电视频道的占用率达到了60%,许多华语电视媒体直接采用了凤凰卫视的电视信号。这在为凤凰

---

① 孙玉胜.十年:从改变电视的语态开始[M].上海:上海三联书店,2003:250-252.
② 刘宝顺.稳步前进连战告捷[J].电视研究,2000(3).

卫视赢得良好口碑的同时,也让国内媒体感受到了压力和不足。①

与凤凰卫视快速反应形成对比的是内地电视台的滞后。就在内地观众急切期盼权威消息时,中央电视台在事发半个多小时后,在 21 点的《现在播报》栏目的最后,以"纽约世界贸易中心大楼被两架飞机撞击"为题播出了 22 秒的大楼着火图像简讯。并在 22 点和 9 月 12 日零点的《午夜新闻》,使用 CNN 信号做了后续报道。其实在得知这一突发事件后,中央电视台新闻中心很多人都自发赶回台里,只等一声令下立即开始直播报道,但他们并没有等来批准。

当晚,处于中国东南沿海的福建电视台新闻频道,使用凤凰卫视的视频信号,用自己的主持人主持报道,直播了这一重大突发事件。播出打破常规,一直持续到第二天早上六点,直到接到上级通知后才停止播出。该频道创下了尼尔森 12.9% 的高收视率,②成为中国内地新闻界的黑马。

二、政治新闻直播

(一)两会直播

1998 年 3 月 3—19 日召开的第九届全国人大和全国政协第一次会议是换届的大会,有人事更替和政府机构改革等热点,世人瞩目。

这次"两会"的报道规模空前,中央电视台的宣传报道除了做到重点突出、时效性强、内容丰富外,在报道形式和报道规模上与往年相比,最大的特点是充分发挥了电视现场直播报道的优势。中央电视台在一套、四套节目和英语传送频道中对会议的现场直播达到 21 场,国内外观众能够在第一时间了解到"两会"的情况。此次直播首次在一套、四套节目中设立了演播室,采用由主持人串联的报道方式;除直播大会和新闻发布会的实况外,还加入了大量主持人述评和背景性信息,特别是在重要会议结束和选举结果产生之后,都迅速推出主持人评论。③

以往的会议直播,基本上是简单地传递现场的会议内容,而这次中央电视台在多个长达两个多小时的会议直播过程中,运用大量背景资料,介绍分析了人民代表大会制度、国家最高权力机关的作用和重要性、历届全国人大历史,形成了多角度、多层次的视角,使得直播节目的内容丰富充实。

中央电视台对如此重大和敏感的会议在现场直播的同时进行即时评论,这在国内也是第一次。如现场评论《政府工作报告要点分析》就是在李鹏总理《政府工作报告》话音刚落的时候随即推出的。在罗干代表国务院作《关于政府机构改革方案的说明》、李瑞环在政协闭幕式上讲话、钱其琛答记者问、江泽民、李鹏在人大闭幕式上讲话、新

---

① 赵慧君."NNN"式报道呼唤全国性新闻频道:从 CCTV-1 对 9·11 事件的报道说起[J].视听界,2002(1).
② 张鸥.直播幕后:电视突发直播一线手记[M].北京:北京师范大学出版社,2003:223.
③ 《中国广播电视年鉴》编辑委员会.中国广播电视年鉴 1999[M].北京:中国广播电视年鉴社,1999:60,83,84.

任总理朱镕基和各位新任副总理答记者问之后,中央电视台的直播报道都在第一时间推出了以要点分析为基本形态的主持人评论。这种即时分析和评述表明中央电视台不仅能在第一时间发布新闻、提供背景,还能在第一时间发表评论。① 其中,现场直播的朱镕基总理答中外记者问在海内外引起了热烈反响,传达了今后工作"一个确保、三个到位、五项改革"的重要信息。

(二)十六大报道

党的第十六次全国代表大会在 2002 年 11 月 8—15 日召开。在会议期间,央视一套、四套、九套节目发挥新闻栏目滚动播出、递进更新的优势,实时跟进报道。三个频道总计播出新闻 1,848 条,约 5,175 分钟。同时,每日播出会议专题新闻,三个频道共播出相关专题 268 个,约 4,452 分钟。央视国际网也充分发挥网络媒体的传播特点和优势,制作网上视频直播、点播节目 2,800 分钟,网站日均点击量超过 1.4 亿人次。②

中央电视台还完成了八场重要的电视转播,其中包括三场现场实况直播。大会开幕式、新一届中央政治局常委与中外记者见面,这一头一尾两场现场直播掀起了大会报道战役的高潮。全台 12 套节目并机同步直播,这是中央电视台建台以来的第一次;全国的一千多个电视频道也都同步转播了中央电视台的直播节目,开创了中国电视史的先例。11 月 10—13 日,中央电视台还对十六大新闻中心在梅地亚多功能厅召开的四场记者招待会进行了现场实况录像和信号直传。③

为完成十六大的现场直播任务,中央电视台投入的设备共有:10 讯道大型数字转播车 1 辆(中央电视台最新引进,设备先进、功能齐全,作为大会开幕式和闭幕式转播的主系统,向全国一千多个电视频道提供并机播出信号)、8 讯道数字转播车 1 辆、6 讯道数字电视现场转播设备(EFP)1 套、4 讯道数字电视现场转播设备(EFP)2 套、微波设备 10 套(协调落实光缆通路 5 路)、微波控制中心 1 套、全台总控制系统 1 套、播出系统 12 套。前方现场出动视频、音频、灯光、微波、通讯、光缆等多工种的技术人员 50 多人。

(三)克林顿访华

作为对江泽民主席访美的回访,美国总统克林顿从 1998 年 6 月 25 日至 7 月 3 日对我国进行了国事访问。克林顿访华期间,中央电视台在各次新闻中及时报道克林顿活动的新闻。1998 年 6 月 27 日、29 日两天,中央电视台现场直播了"江泽民主席与克林顿总统会见中外记者"和"克林顿总统在北京大学发表演讲"的实况。

6 月 27 日,江泽民主席和克林顿总统在举行正式会谈之后,共同会见了中外记者。江泽民主席首先讲话,肯定了同克林顿总统正式会谈的成果。克林顿总统在讲话

---

① 张宁,韩彪.现场直播:电视向新闻本源的复归[J].电视研究,1999(4).
② 赵化勇.导向正确 特色鲜明 影响广泛 播出安全:在中央电视台十六大宣传报道总结表彰大会上的讲话[J].电视研究,2002(12).
③ 梁迎利,刘韵音,李跃山.全力以赴做好十六大现场直播的技术保障工作[J].电视研究,2003(1).

中也表达了中美合作的积极意向。江泽民主席和克林顿总统在回答记者提问时分别就人权、西藏等问题阐述了各自的立场和观点。两国元首与记者的会见共持续了70多分钟，300多名中外记者参加了会见。①

当天，在直播江泽民主席和克林顿总统共同会见记者时，由于准备充分，在台领导的直接指挥下，导演、摄像和技术等各方面人员配合默契，使这场重要直播取得了巨大成功。在会见之前转播人民大会堂东门外广场的欢迎仪式时，中央电视台采用了10米的吊臂摄像机，长长的吊臂上下左右移动，推拉摇移跟随心所欲，使画面非常精彩。欢迎仪式上，江泽民与克林顿相互介绍双方高级官员，这时1、2号游动机因有连接电缆无法自由行动，吊臂摄像机迅速跟上，不受遮挡地拍下了这组镜头，发挥出了优势。

6月29日上午，北京大学办公楼礼堂迎来美国总统克林顿。在他访华前，美方向北大提出，克林顿在北大演讲时，要使用白宫的讲台，理由是安全的需要。北大坚决拒绝，称在北大演讲，就要用北大讲台。双方为此僵持不下。后来，双方都做出妥协，决定用白宫的讲台，但要悬挂北大的标志。10时15分，克林顿总统在陈佳洱校长的陪同下步入会场，北大学生报以热烈掌声。克林顿的演讲以祝贺北大百年校庆为开端，他特意用中文向全场道一声"恭喜"，引来满场热情的回应。

当日，在克林顿北大演讲的直播中，由于中央电视台在主席台上设置的2号机正对着克林顿从大门进入会场的通道，美方强烈要求撤掉这个机位，认为总统步入会场时，它居高临下，而当他演讲时，摄像机距离总统又太近，不安全。但是，这个机位又非常重要，它可以拍到克林顿进会场而不被遮挡，也可以拍到台下所有听众，其中包括坐在第一排的总统夫人希拉里和女儿切尔西、国务卿奥尔布赖特及中方陪同人员，甚至还可以迅速抢拍到台下提问的学生。因此，中央电视台坚决不同意撤2号机位。美方人员厉声坚持：这是我们美国总统演讲，我们有权撤掉这个机位。中央电视台则据理力争，明确告诉对方：这是在中国，我们有权决定设这个机位。最后，美方还是收回了他们的要求。事实证明，台上的2号机在整个直播过程中发挥了巨大的作用。

但是在这次直播中，还有一些方面准备不足。由于克林顿进会场的时间比预定时间晚了十几分钟，又没有准备应急方案，只好对会场画面切来切去，以此消耗时间。如果事先准备一些江泽民主席去年访美活动的视频片段，由主持人串联在这个时间播出，在全世界直播观众面前，效果将会不一样。克林顿在北大演讲直播时，声音系统还出了一些问题。由于当时是由美方控制会场的声音系统，我国观众只能听到克林顿讲话和现场的英语同声传译，中方人员的讲话和北大学生的提问都听不到。如果中央电视台自己设置一套备份声音系统则不会出现这样的问题。②

克林顿访华这两场直播气氛热烈、内容翔实。在直播过程中，中央电视台与国外媒体同场竞技，成功展示了自身的竞争力，显示出改革开放以来，我国媒体的自信和开

---

① 资料来源：中国国际互联网新闻中心《江泽民主席、克林顿总统共同会见记者》。
② 王建生，王建宏.对克林顿访华几场现场直播得与失的思考[J].电视研究,1998(9).

放,树立了我国良好的形象,在国内外产生了积极影响。①

在克林顿访华期间,中央电视台还组织了 20 篇有分量的深度报道予以配合,内容涉及政治、经济、外交、外贸、人权、台湾问题等中美之间共同关注的几乎所有敏感问题,并传送给 CNN《世界报道》(*World Report*)节目,被如数播出。制片人拉尔夫·温戈(Ralph Wenge)专门发来传真表示感谢:"中央电视台的报道如此相关而有趣,以至于我们不得不大量采用。我们以前从未在如此短的时间内采用过某一友台如此多的报道。"西方传媒从中看到了中国的变化。②

(四)迎接 21 世纪

在 21 世纪到来之际,中央电视台全台的整体宣传以"胜利迈向新世纪"为主题,唱响祖国颂、社会主义颂、改革开放颂。

1999 年 12 月 31 日 17 点 30 分至 2000 年 1 月 1 日 17 点 30 分,央视一套、四套并机播出了 24 小时特别节目《相逢 2000 年》,与英国 BBC 合作完成了由世界 62 个国家和地区 78 家电视机构参加的迎接 2000 年全球电视大联播活动。

中共中央总书记、国家主席江泽民参加了中华世纪坛首都各界迎接新千年、迎接新世纪活动,并通过 BBC 全球联播网向全世界现场直播。③《相逢 2000 年》节目中有世界各地陆续迎来新千年瞬间的活动现场和之后迎来新千年第一次曙光的各地场景。直播由中央电视台 7 个节目中心齐心协力共同完成,是中国与西方主流媒体合作,借助外力,扩大国际影响的、具有突破性的外宣活动,展现了中国及民众这一时刻的状态,在世界上产生了积极、广泛的影响。④

(五)APEC 会议

2001 年 10 月 21 日,亚太经合组织(APEC)第九次领导人非正式会议在上海科技馆举行。来自日本、韩国、越南、泰国、菲律宾、马来西亚、印度尼西亚、新加坡、澳大利亚、新西兰、文莱、巴布亚新几内亚、智利、墨西哥、秘鲁、加拿大、美国、俄罗斯、中国香港和中国等 20 个国家、地区的领导人出席了会议。上海 APEC(亚太经合组织)领导人非正式会议是中华人民共和国成立以来我国举办的规模最大、规格最高的多边国际会议。

APEC 会议召开的前一天,10 月 20 日晚上,在《新闻联播》中以现场直播的形式播出了《江泽民夫妇举行宴会欢迎亚太经合组织领导人非正式会议的各经济体领导人》的新闻。直播从 19 点 27 分 35 秒开始到 35 分 40 秒结束,共 8 分多钟,使广大观

---

① 张宁,韩彪.现场直播:电视向新闻本源的复归[J].电视研究,1999(4).
② 孙旭培,武晋先.时代呼唤中国的新闻频道[J].中国广播电视学刊,1999(7).
③ 刘宝顺.稳步前进连战告捷[J].电视研究,2000(3);赵化勇.深化改革 开拓进取[J].电视研究,2000(3).
④ 《中国广播电视年鉴》编辑委员会.中国广播电视年鉴 2000[M].北京:中国广播电视年鉴社,2000:90.

众第一时间看到了会议活动的盛况,看到了我国领导人的风采和中国人民的热情好客。[1]

10月21日,国家主席江泽民在上海APEC大会上发表了题为《加强合作,共同迎接新世纪的新挑战》的重要讲话,全面阐述了我国对当前世界和地区经济形势的看法,以及对推进APEC合作进程的主张。4天会议通过了4个文件:《APEC领导人宣言:迎接新世纪的新挑战》《上海共识》《数字APEC战略》《反恐声明》。

应外交部要求,中央电视台在上海APEC会议期间开办了一个英语专用频道,为大会提供一周的服务。这项任务由英语频道编辑部承担,自10月15日凌晨6时开始至22日零点30分结束。在7天中,APEC英语专用频道每天播出18小时30分钟,共播出了129小时30分钟,被70个国家和地区的170家海外电视媒体转播。其中,有近50家媒体全程使用了每场直播信号。[2]

三、体育赛事直播

大型运动会转播报道的价值已经超出了体育竞技本身。国际大型运动会提供电视国际信号已成惯例。但是国际上有影响力的一流电视台,都是既花巨资购买报道权以取得电视国际信号,又投入大量的人力、物力和财力构建自己的单边信号。"单边注入"是一种电视直播方式,指的是电视台除了转播主办方所提供的公共信号外,还通过编辑系统注入自己拍摄、编辑和制作的节目内容。制作、插入和播出单边内容的场地、技术设施及人员配备称之为单边注入点。单边注入的方式大大丰富了电视直播的内容,使其更富个性和更多样化。

(一)第13届亚运会

中央电视台具有多年国际大赛报道的经验,在1997年的上海第八届全运会上,首次进行了单边注入点的尝试。随后在1998年的第13届泰国曼谷亚运会——20世纪最后一次洲际运动会上进一步演练。中央电视台派出120多人组成的强大报道团,央视五套(体育频道)从12月7—20日全部播出亚运会内容,除了以中国队为主参加的比赛有现场直播和录像外,还设有《亚运会今日》《曼谷赛场》等专题和新闻节目。同时,还在央视二套直播一些重要比赛,并在一套黄金时间开办专题报道。[3] 广大观众看到中国运动员夺取冠军后在现场第一时间接受中央电视台记者的单独采访而感到欣喜。这种第一时间同步感受成功的报道方式有突出的新闻价值。

(二)第14届亚运会

2002年,在韩国釜山举行的第14届亚运会上,中国体育代表团不负众望,取得了

---

[1] 王晶,殷磊.成就宣传报道的几点经验[J].电视研究,2002(11).
[2] 江和平.APEC专用英语频道的启示[J].电视研究,2001(12).
[3] 《中国广播电视年鉴》编辑委员会.中国广播电视年鉴1999[M].北京:中国广播电视年鉴社,1999:61.

150枚金牌的骄人战绩。中央电视台派出了超过以往历届亚运会报道人数的238人报道团,历时16天,播出节目320小时,居亚洲各国和地区电视台之首。央视五套全天15小时直播亚运会比赛,一套和二套也每天播出亚运会专题、比赛近5小时。在操作上,采制团队将报道方案分解成42个制作程序,环环相扣;大家各司其职,忙而有序,以规范化方式制作出新闻、专题、访谈、转播、包装和交互电视等不同形态的节目,保证了整体播出的质量和安全。

本次节目中,中央电视台在单边注入报道方式上有所创新。主要表现在两个方面,一是精心选择单边注入点,在田径、游泳、跳水、体操、射击、举重、篮球、排球、乒乓球和羽毛球10个比赛项目的场馆混合区设置了单边注入点,即记者现场报道点。这10个比赛项目均是中国队的强项,在本届亚运会上中国队得到的150枚金牌中,有100枚是在这10个项目上取得的。这10个项目约占亚运会提供的27个电视国际信号项目的1/3。二是邀请王军霞、王涛、龚智超等9位世界冠军和著名运动员作为特邀嘉宾,到亚运会现场参加报道。他们与记者一起在比赛转播前分析、评论比赛看点,在转播中与主持人一起解说,在转播后又到演播室座谈比赛观感。他们的加盟,使得中央电视台的亚运报道更加专业、权威。

为了确保与广大观众的需求准确对接,中央电视台的转播原则是:中国队夺冠的比赛优先,中国队参加的重要比赛优先。

新闻节目除固定栏目外,还在其他节目中流动播出"亚运快讯"和飞字幕播报中国队夺冠的消息。专题节目则通过精心制作的封面故事,揭示运动员的心理世界,展示赛事之外的故事,使体育比赛更加富有人情味。从收视率调查结果来看,亚运会期间,中央电视台体育频道白天的收视率比平常高4倍,晚上高3倍。

(三)世界杯赛事报道

在1998年的第十六届法国巴黎世界杯赛事报道期间,中央电视台派出了一个9人报道小组。在新闻中心租用了一间十几平方米的工作间和一间集中设置的评论室;在比赛现场没有租用评论席和单边信号注入点,也没有现场报告员的实况对接。在转播所有比赛的基础上,只播出了一些节目形态比较简单的专题节目。

4年后,在2002年的第十七届韩日世界杯赛事报道中,中央电视台派出了44人的前方报道团,在位于汉城的国际广播中心(IBC)内设立了中央电视台前方报道中心,面积约有65平方米,具有演播室、配音室、评论室(集中设置)、电子编辑、卫星传送、信号收录、多路信号调配等功能。后方设立3个演播室同时投入直播,以适应一套、二套、五套这3套节目不同的播出时段要求。在台内800平方米演播室附近还建立了制作机群,满足世界杯期间报道的大量制作要求。设立了6个通路的交互电视播出机房,完成了64场比赛的全程多通道播出,完成了各类卫星传送209节,约5,340分钟。前后方演播室对接及演播室节目录制29次,约406分钟;节目编辑约2,550分钟;节目编辑配音约330分钟。

技术与编播密切配合,组成9个ENG小组,穿梭往返于韩国和日本两国的20个比赛现场,及时准确地完成了所有比赛场次的实况报道,现场报告员与北京主演播室的实况对接,赛中、赛后闪电式现场采访的单边信号及时回传。不仅使报道形式活泼、生动,也大大提高了新闻的时效性。在本届世界杯转播中还首次在赛前实现了异地三方三视窗对接现场直播,对20个比赛现场既有实况转播又有编辑重放。

中央电视台体育频道对全部64场比赛进行了全程同步直播。多机位的运用,使得观众能够从多角度观看比赛,拥有和现场观众接近的观看优势。每天中午12点,《你好世界杯》栏目准时与观众见面,赛前预测分析,赛后专家评析。晚间赛事结束之后的集锦栏目《我爱世界杯》回顾一天的比赛进程和结果,加入参赛队员的场外表现。如此每天10多个小时的专题节目让观众对比赛获得较深入的了解。深夜的《赛事回放》让白天不能看到比赛的观众能够弥补缺憾。[1]

四、特别题材与形式的直播

(一) 直播攀登珠峰

2000年3月到6月,黑龙江电视台推出了一次特殊的《攀登珠峰》大型报道,全程跟踪报道了该省运动爱好者阎庚华只身攀登珠峰的壮举。以100多篇新闻、4次现场直播,将阎庚华"挑战自我、跨越极限"的英雄气概展现出来。

1957年出生的阎庚华是全国知名的极限运动爱好者,1995年以后,他开始从事登山运动。当他得知世界上只有意大利登山家梅森纳尔曾在1980年只身登上珠峰,中国还没有人只身攀登珠峰后,就暗下决心,要实现只身攀登珠峰。为了实现这一目标,他分别于1998年、1999年进行了两次尝试,都没有成功。2000年,阎庚华计划第3次尝试。临行前,他联系黑龙江电视台,希望能够获得更多的支持。电视台对此进行了专门研究。在获得肯定性数据,并经过慎重的可行性论证后,决定对其行动进行全程追踪报道,并对攀登过程和登顶进行现场直播。2000年2月,黑龙江电视台《攀登珠峰》报道组成立,共有7人,领队关中,记者陈小钢和王小利,工程师白晓云、沈一兵、李伟群和马宁。

2000年3月,《攀登珠峰》报道组和阎庚华一起飞赴西藏,报道组携带了卫星移动地面站等大量电视设备,总计12类150种,重量达1,870公斤,相当于将一个小型电视台搬到了西藏。经过在拉萨一个月的适应和训练,阎庚华和报道组于4月6日出发,奔向珠峰。4月15日,他们到达海拔5,200米的登山大本营。16日,珠峰脚下第一次现场直播开始,持续进行了100分钟,将珠峰地区雄伟险峻的自然风貌展现在观众面前,阎庚华介绍了自己的生活和训练情况。直播中,阎庚华看到了已经分别很久的女儿,展现出硬汉柔情。

---

[1] 鄢晨.体育赛事节目的发展[J].电视研究,2002(9).

此后的每一天,报道组都及时、迅速地报道了阎庚华攀登过程中的种种艰辛和曲折。4月22日,阎庚华向珠峰6,500米的前进营地进发,报道组摄像助理同行,将阎庚华的攀登过程记录下来。在到达珠峰地区的十几天里,黑龙江电视台共播发相关新闻20余篇。

5月1日,报道组进行了题为"清洁珠峰"的现场直播,对珠峰地区历史上最大规模的清洁活动给予了详细报道。报道组还将一个分演播室设在海拔5,600米的东绒布冰川上,让观众尽情领略奇异瑰丽的冰塔林风光。

第二次直播结束后的第二天,报道组记者陈小钢、王小利,工程师沈一兵从大本营出发,前往海拔6,500米的前进营地,那里的含氧量只有平原的30%,即使是职业登山家也很难适应。在前进营地,报道组小分队克服了头痛、呕吐等高山反应,用手中的摄像机拍摄了大量阎庚华向上攀登、打通营地的珍贵画面,陈小钢还攀登到了珠峰第一险段——北坳。与此同时,报道组的夏尔巴族摄像助理在海拔8,150米处架设好微波设备,建立起电视信号转播站,为下一次直播做准备。

5月19日早晨8时,为了现场直播,陈小钢率先开始向上攀登,打算4个小时之后到达海拔8,160米的微波转播站进行现场直播。上午10时,阎庚华从珠峰7,790米营地开始向8,300米的突击营地进发。中午12:40,黑龙江电视台新闻部新闻演播室《走进西藏》音乐响起,《攀登珠峰》第三次现场直播开始。然而此时,后方大本营并不知道前方记者陈小钢到底在茫茫雪山的哪个位置,他是否找到了微波设备,电视信号能否通过微波顺利地传回电视台……在场的每一个人都捏了一把汗。12:56在演播室的电视墙上,一幅雪山画面突然出现,8,000米信号回来了!主持人张海玉果断地叫通了前方信号,气喘吁吁的阎庚华和记者陈小钢出现在千家万户的电视屏幕上。陈小钢蹒跚走到摄像机前,疲惫不堪地说:"观众朋友实在对不起,本打算在12点进行直播,但我的体力实在太差了,刚刚赶到这里……"

这一天,黑龙江电视台在历史上实现了"两个突破":成功地在海拔8,000米以上实现了现场直播,开启了中国电视在这样的海拔高度进行电视直播的先河;记者陈小钢也成为世界范围内第一个在这样的海拔高度进行现场报道的职业记者。

按计划,5月20日阎庚华将向珠峰峰顶冲击,报道组的夏尔巴族摄像助理跟随他一同攀登,并在珠峰峰顶进行直播。然而珠峰地区天气突然变坏,下起了暴风雪,阎庚华被迫在海拔8,300米的突击营地休整。陈小钢和在珠峰登山大本营的领队关中几次通过对讲机劝告阎庚华迅速下撤,陈小钢还留在海拔8,000米临时营地接应。但是,阎庚华没有听从劝告,5月21日顶风冒雪攀登了11个小时,成功地登上了珠峰峰顶,创造了登山史上的奇迹。不幸的是他在下撤途中因体力不支遇难。5月27日,阎庚华的尸体在海拔8,750米处被俄罗斯登山者发现。登山英雄阎庚华的登顶和遇难在全国引起了强烈震撼,他身上体现出来的坚强意志和不屈不挠、自强不息的精神被广为传颂。

黑龙江电视台在整个《攀登珠峰》报道中,不但创造了中国电视机构高海拔地区转播的记录,也为在高海拔地区进行报道积累了宝贵的经验。①

(二)《直播中国》

在 2000 年 11 月底中央电视台对《东方时空》的改版中,其周末节目中推出了一个以直播命名的栏目《直播中国》。制片人何绍伟谈到办栏目的目的就是练兵,训练一批专业的直播人才。那个时代的新闻直播,尽管大势走向开放,但仍有很多困难。②

如澳门回归直播,虽然获得了"较为宽松的话语权,甚至还邀请了两位境外人士作为直播演播室嘉宾",但殊不知,"这场直播报道的请示报告,在一年以前就开始准备了"。③

《直播中国》每期 25 分钟左右,每个星期天上午 8:00—8:30 播出,通过直播方式,向观众展示广袤中国特定地区的独特景观、神奇现象、历史遗踪和特定人群的独特生活方式,通过报道,认识中国。

《直播中国》直播的不是新闻事件,而是生活化、具有地域特点的场景。通过一支反应迅速、敏捷的直播小分队,在主持人的引导下,以走访的报道方式,带领观众边走、边看、边听,去感受别样的"生活空间"。

第一期节目是介绍山西平遥古县城。通过直播可以看到那里的百姓在 2000 年 12 月 3 日早上 8:00—8:30 的生活状态。古城的早晨,阳光照在大地上,人们开始一天的生活,店铺摆出货品,人们开始活动,非常清新宁静。又如《明前品龙井》一期,节目把观众带到浙江梅家坞的茶山和制作间,看茶农如何采摘,制作龙井这一茶中极品,同时了解茶乡民众生活,介绍茶叶知识。

在直播中,观众与直播内容保持着同步。同样的时间,不一样的生活环境和状态,带给观众几多新鲜和好奇。这是媒介对民族文化、百姓生活的一种关注和贴近。

节目对主持人有非常高的要求,因为全过程都是在主持人的引导下展开。中央电视台希望这个栏目能推出更多优秀的电视记者,他们要具有较强的表达能力、老到的直播经验和较高的采访水平。《直播中国》也使中央电视台新闻中心几年间积累的新闻直播经验有效地融入日常栏目,探索小型直播的运作,并锻炼、建立一支反应迅速的直播队伍,为常态直播打下基础。④

虽然有练兵的好处,也有让大家见识新奇场景的新鲜感,但新闻直播报道还是要有新闻价值,有现场价值与声音价值,这样才能让观众接受画面的不稳与内容的不完善,并能积极接收那些重要的动态变化。形式为内容服务,反过来也需要适当的题材,不然会让脱离了适当内容的形式丧失了其自身的优势,反而败坏了形式的声名。况且当时的现场直播需要借助卫星设备等大量技术设施,有着非常昂贵的成本,这样的投

---

① 关中,李东时,周国梁,等.攀登新闻的"珠穆朗玛峰":黑龙江电视台《攀登珠峰》报道纪实[J].新闻传播,2001(5).
② 张鸥.直播幕后:电视突发直播一线手记[M].北京:北京师范大学出版社,2003:221.
③ 韩彪.现场直播:新闻改革的标尺[M].北京:当代中国出版社,2007:193.
④ 吕萌.从《直播中国》看电视现场直播观念的演进[J].现代传播,2001(3).

入应与效果有较为平衡的对应产出。而对日常题材的直播却很难收到新闻应有的效果,投入产出难成比例。日常直播与新闻直播程序上可能会有接近,但关注点会有不同,不同题材应有不同的处理方式。所以练兵可以需要什么练什么,各种基础层面的练兵可以最简单地直接组织专门培训。这种搭起戏台卖螃蟹——买卖不大架子不小的事,大家练了搭台的功夫不一定有利于卖螃蟹,再耽误了卖得新鲜,就不值得了。

(三)新闻连线节目

新闻连线节目是运用相应的视音频技术,将分布在不同地点的相关人员用声音、画面连接到一起,就一个新闻事件或话题,展开叙述、讨论和评述的节目。在有突发事件出现之时,新闻连线可以成为切入新闻节目的第一时间直播报道。

电视新闻连线节目大致可分为两类:一类是纪实性的,一类是评论性的。纪实性新闻连线是对新闻事件的客观描述,侧重于及时、全面报道事件。选题是那些处在动态变化中的新闻事件。事件的变数多,不确定性大,通过与一线记者的连线,观众可以第一时间获知事件进展。评论性选题是那些有着丰富、深刻内涵的重要题材。事件本身头绪多、内容复杂,可以与多个现场人员连线,通过多种视角,较完整地把握事件,并可以通过报道中对信息的适当梳理形成对事物的判断。[1]

在20世纪90年代中期,中央电视台除了大量文艺晚会和体育赛事以及重大活动的直播外,也开始尝试做一些连线报道。如在1997年香港回归时的72小时直播和1999年澳门回归时的48小时直播,以及三峡截流直播中,都大量使用了卫星连线报道的方法。1998年2月,在对伊拉克武器核查危机的报道中,中央电视台先后两次派出报道组赶赴伊拉克,对事态进展的报道也采用了连线的方法。中央电视台国际频道曾于1999年元旦与台湾的TVBS演播室卫星连线做了《两岸暨亚洲经济回顾与展望》双向访谈节目,收视率创下了当天CCTV-4之最。在1999年台湾"9·12"地震中,《中国新闻》在连续4天的特别节目中大量采用了连线报道。这一时期的连线报道,主要在重大活动和事件的大型报道和特别节目中使用,还没有广泛用于新闻节目。

进入21世纪后,中国电视人开始对电视本质特征进行了更多的探索,尝试发挥电视的优势,在这种背景下,连线报道开始较为广泛地进入新闻节目之中。CCTV-1的《晚间新闻》经常对一些事件做连线报道,在一些没有视频传输条件的新闻发生地,则使用电话连线报道。在CCTV-2中的《经济半小时》和《证券之夜》中也经常采用连线报道方式。

2001年11月,中央电视台《东方时空》改版后推出的《时空连线》栏目,更是把连线作为整个栏目的主要采访和表现手段,且发展到多点同时连线,在电视屏幕上表现为多视窗同时呈现。这是对美国广播公司(ABC)《夜线》节目样式的引进。节目由白岩松任制片兼主持,选择公众关注度较高的新闻事件,由新闻短片加主持人访谈构成。

---

[1] 唐棣.新闻连线节目制作研究[J].电视研究,2002(12).

节目以演播室主持人为轴心,通过前方记者的采访、拍摄并利用网络与演播室连线得以对话,以多视窗形式实现主持人对事件当事人的访问,各当事人之间也可以互相沟通,从而完成对事件的了解与分析。这是对"电视信号异地同步传输"技术的再开发。

栏目组分工有策划、编导、摄像等工种,节目实行"策划负责制",即策划人员对节目的全部流程和质量负责。它的理念是给新闻更多的背景、更多的评说,是电视新闻报道弥补自身的理性思考欠缺而提升思辨色彩、加强报道深度的新形式。

《时空连线》的"阿富汗系列报道"堪称一次成功的突发事件连线报道。2002年3月初,在与外交部亚洲司的沟通中,中央电视台得知中国援阿富汗物资即将启运。经过多方努力,对此事的报道计划获得批准。3月25日,栏目组派出记者赴阿富汗报道中国物资运抵情况。就在记者抵达喀布尔当天遇到阿富汗北部山区发生强烈地震。为了对震区灾情做及时报道,前方记者与后方策划人、制片人立即沟通,制作了一系列新闻和专题节目,形成了中央电视台对此事件的独家报道。27号晚上,通过海事卫星,记者在震区现场向中国观众报道了受灾的详细情况。《新闻联播》特地播发了有关此事件长达3分钟的现场报道。此时CNN还没有更为详细的报道,美联社也只有几个航拍镜头。在之后几天的节目中,《从灾区到喀布尔》《走进阿富汗重灾区》《废墟中的希望》等多篇对地震灾情的报道,以及震后救援、医疗救治、灾民生活及其精神面貌都呈现在中国观众面前。[①]

2002年9月2日,CCTV-4进行了有史以来力度最大的改版,推出了24小时滚动新闻之后,在午间的《中国新闻》节目中大量采用和地方电视台连线报道的方式,其特点是不仅与新闻现场连线,而且与地方电视台的演播室主持人连线。在一些地方电视台之间,也开始出现一些连线互动的新闻报道。在上海、广州、山东和重庆等一些地方,SNG车已经较多地应用于新闻节目的连线报道之中。

在这一时期,连线报道已经广泛地用于新闻类栏目中,且不限于大事或重大活动。但这一时期的连线报道,仍大多采用录播或准直播方式,而不是通过连线直接把信号切入直播的新闻节目中。连线报道在实践应用中已有长足的发展和进步,也被观众所接纳和认可。

(四)直播日常化

从20世纪90年代以来,电视媒体应对突发事件的能力不断增强。电视新闻除了对重大事件和政治仪式进行直播外,直播报道也越来越多地应用到了战争、科技、社会等领域的报道中。大量新闻事件跃然于直播屏幕,题材更为丰富,技术手段日益成熟,直播在电视新闻领域日益常态化。

1.日常新闻直播

1998年1月1日,中央电视台与上海东方电视台合作,通过卫星双向传送,现场

[①] 王崧,王岱.从《时空连线》看新闻节目策划[J].电视研究,2002(11).

直播了北京八达岭万人登山和上海东方明珠塔百人登高比赛盛况。①

1998年5月5日，全国人民代表大会澳门特别行政区筹备委员会在北京人民大会堂宣告成立。按原来的安排，中央电视台没有直播计划。在接到有关部门的临时通知时，离播出只有4天时间。临时组成的直播报道组在极短的时间内完成了会场现场勘察、直播设备架设、新闻背景制作等各项准备工作，后期编辑还及时与各级主管部门联系，保证了播出当天澳门现场报道信号的切入，使原计划单纯的新闻加专题报道变成了北京演播室与澳门现场、直播与背景报道结合的现场直播报道节目。②

1999年1月1日早晨6点，在全国六省市的跨省市升国旗直播中，中央电视台实现了跨区域的异地多点直播。直播地点从祖国最东点到最西点，不仅地域跨度大，而且直播条件很差。这次的成功标志着异地、多点、大范围、跨时空的直播已经成熟。③

1999年6月5日，中央电视台现场直播了"世界环境日"长江源头树碑仪式，成为规模最大的一次以环保为主题的直播报道，同时也是地域海拔最高的一次直播。

2001年上半年，中央电视台分别成功直播了大型特别节目《新世纪》和《抚仙湖探密》。当年4月21日，中央电视台对张君、李泽军系列杀人抢劫大案的庭审进行了实况直播，这是中央电视台对庭审的第一次多点直播，同步还交叉直播了重庆、湖南两地庭审实况。此外，还有山东洛庄汉墓古乐器鉴定，广州体育馆爆破拆除，广东潮阳、普宁骗税案，世界三大男高音北京演唱会等的成功直播。

2.阿尔法磁谱仪随航天飞机升空

1998年6月3日清晨，中央电视台向海内外现场直播了丁肇中博士领导研制的阿尔法磁谱仪（AMS）搭载美国"发现号"航天飞机首次空间试验的消息。这是中央电视台首次在美国进行新闻的现场直播报道，也是中央电视台第一次对一个科学实验项目进行现场直播。中央电视台一套、四套节目并机，成功地转播了航天飞机发射升空的壮观场面，并通过大量通俗、有趣的背景报道和演播室访谈，向观众介绍了相关物理学最前沿领域的知识。尽管直播是在凌晨5点开始，仍然引起了大家的兴趣，吸引了大批观众。

3.十大电影厂诉版权被侵案

1998年7月，中央电视台对北京市中级人民法院受理的"国内十大电影厂诉版权被侵案"的一审进行了现场直播。这是中国电视史上第一次全国范围内直播法庭判案。直播原来预定为190分钟，最后延长到了275分钟。直播采用前后期二级切换的方式，前方有6台摄像机和一套完整的导播系统，在庭审过程中由记者出镜进行现场

---

① 《中国广播电视年鉴》编辑委员会.中国广播电视年鉴1999[M].北京：中国广播电视年鉴社,1999:60.
② 张宁,韩彪.现场直播：电视向新闻本源的复归[J].电视研究,1999(4).
③ 张普随.观庆典话直播[J].电视研究,1999(11).

报道;后方设立的演播室由节目主持人和两位法律专家共同主持。在庭审开始前、合议庭评议过程中、宣布庭审结果后,都由主持人和两位专家进行适当点评,并现场回答观众提出的问题。节目播出后的几天中,国内外一些主要媒体对此次直播予以了高度评价,反响超乎想象。①

4.国际航空航天博览会

中国第二届国际航空航天博览会于 1998 年 11 月 15—22 日在广东省珠海市举行,共有 28 个国家的 600 多家公司参展。中国人民解放军八一飞行表演队、俄罗斯试飞院飞行表演队以及英国金梦特技飞行表演队在航展期间作了精彩的飞行表演。开展当天,中央电视台一套、四套节目并机,向海内外直播了航展开幕式。直播过程中对本届航展和世界各大航展的背景情况进行了介绍,穿插直播了开幕式前的跳伞表演。

这是中央电视台首次对飞行表演进行现场直播报道。通过在现场设置的 18 个机位,以不同的景别(远景,近景,特写)将开幕式上精彩的飞行表演同步展现在观众面前。甚至现场的观众由于条件所限见到的画面都没有电视画面精彩。在持续将近 3 个小时的节目中,现场解说和背景报道拓展了主题,使观众在大饱眼福的同时增长了专业知识。现场主持、解说融合体育节目解说风格,反应迅速、节奏快捷,不同于以往新闻事件直播中的报道风格。②

这些直播节目丰富了电视节目的内容与形态,是电视新闻现场直播常态化的一个个阶段性成果。③ 对于电视新闻工作者来说,在一次次实践的摸爬滚打中,直播的经验、技术有了跨越式进步。通过总结这些直播节目的组织经验,此类节目的运作正日趋规范化。④

第四节　不同题材的报道

一、时政宣传

(一)《部长访谈录》

1998 年 3 月 18 日,当中华人民共和国主席江泽民发布第二号主席令,公布国务院新机构的设置和 29 位部长的任命后,一时,新机构、新部长成了全国人民关注的热点。中央电视台为了介绍这 29 位部委的工作职能、基本情况,也让大家认识每一位新部长,新闻采访部策划组织了《部长访谈录》。28 日,中央电视台在《新闻联播》中隆重

---

① 张宁,韩彪.现场直播:电视向新闻本源的复归[J].电视研究,1999(4).
② 牛进生.电视现场直播初论[J].西南电视,1999(4).
③ 王庚年.中央电视台 2001 年上半年工作总结[J].电视研究,2001(8).
④ 《中国广播电视年鉴》编辑委员会.中国广播电视年鉴 2001[M].北京:中国广播电视年鉴社,2001:52.

推出了这一系列报道,持续一个月的专访成为社会的聚焦点,每晚播出一集,部长们一一出镜亮相,向广大观众发表"施政纲领"。

《部长访谈录》通过记者提问,由部长们向观众阐述所在机构的新构成、新职能、新使命等;同时还介绍了这些新部长的个人资历、工作思路以及他们的性格特点、意趣爱好等。广大观众通过电视屏幕了解这样的谈话内容,勾勒出新一届政府内阁成员的崭新形象。片子播出后,得到了社会各界广泛的好评。

片子采取标准的"镜前采访"表现形式,①充分发挥记者的主体意识,从设计采访提纲、提问的角度和内容,到后期编辑的取舍,都充分尊重记者的思路。其直接效果是保证了记者始终如一的创作和报道热情。除了前期对采访对象有充分的了解外,记者提问时,还从认知最易接受的角度,选择观众看得明白又愿意看的内容。可以说每位部长都是所在行业的专家,但如果只是简单地用专业术语去采访或回答所提问题,会让观众感到距离。所以除了与部长工作相关的问题,采访中还多了些主题外内容:部长的个人兴趣、业余爱好以及他所信奉的理念、信条等。正是这些"辅助内容",更能烘托出部长们的个性,引起观众的兴趣和关注。记者提问也设计巧妙,开放式、闭合式问题轮番上阵,有的单刀直入,开门见山,有的迂回曲折,旁敲侧击⋯⋯采访科技部部长朱丽兰时,记者问:"听说您喜欢和人争论问题,是不是这样?"又问:"我觉得您总有一股风风火火的冲劲,所以有人说您是女强人,您对此有何看法?"提问直截了当,对方也不回避,大多实话实说。记者还常常幽默提问,如采访银行行长时问:"从 1996 年开始,中央银行连续 4 次调低利率,有不少人称您是降息行长,您听说过吗?"一问一答之间,部长们的领导能力、个性风格、口才水平,也一目了然。②

《部长访谈录》摒弃条条框框,以平视的角度、平民的意识,与新部长们展开谈话,甚至在难点问题上与部长展开交锋,让老百姓领略部长们的风采。部长们也都放下架子,显示出开放年代的平等意识。建设部部长俞正声在采访中说,虽然到京近半年,但他的全部家当仍装在几个箱子里,他笑称自己是个无房户。③

《部长访谈录》增加了政府工作的透明度,进而缩短了政府高级官员与观众之间的距离,在政府官员与老百姓之间架起了一座桥梁。节目也为政府机构接受群众监督提供了一个好形式,这无疑对进一步推进我国民主政治生活起到积极的作用。

《部长访谈录》的成功,在于新闻性与思想性的统一、政治性与人情味的统一,在于淋漓尽致地发挥电视的独到优势,在第一时间获取到最优的形象传播效果。中国百姓对高层政界普遍存在一种隔膜感和神秘感,他们希望了解这些关系到自己命运前途的政治家们为人处世的方方面面。有识之士认为,电视媒介能有效地打破政治与政治家的神秘感,增强民主的透明度,因而是民主政治的重要推进器。正因为如此,政治家们如果善于利用电视媒介与公众交流,无疑将产生亲和力、形成凝聚力,收到立竿见影的

---

① 尚墨玲.新的魅力 新的特色:评电视系列报道《部长访谈录》[J].电视研究,1998(7).
② 熊劲松.从《部长访谈录》看领导者的媒介形象设计[J].电视研究,1999(9).
③ 王晶,殷磊.成就宣传报道的几点经验[J].电视研究,2002(11).

效果,同时,也有助于树立媒介的良好形象。

(二)改革开放 20 年纪念

1998 年是我国实行改革开放 20 年,为此,中央电视台精心组织了纪念报道,制作了一系列新闻、专题节目,充分、及时、有计划、有步骤地全面展示了 20 年的伟大成就。

10 月 1 日,《新闻联播》开辟了《历史的跨越》专栏,全面展示改革的成就及深刻的社会变化。其他各新闻节目也进行了大量相关报道。

央视四套结合外宣特点,《中国新闻》连续播出了 106 集系列节目《20 年巨变》;《中国报道》播出了 20 集专题节目《改革开放 20 年》,每集 30 分钟。

12 月 1 日,央视二套《经济半小时》播出 20 集专题片《20 年·20 人》,从经济改革视角反映 20 年来在政治、经济和文化生活等方面的变化。

12 月 4 日开始,央视一套在黄金时间播出了 12 集专题节目《改革开放 20 年》。它全面阐述了 20 年来我国各条战线发生的深刻变化。报道使用的素材具体、感人、以小见大。其中有一篇介绍上海旗帜厂的变化。这家工厂在改革开放前就在做国旗、党旗、军旗、团旗、队旗等产品,而现在世界各国的国旗、国际组织、大企业的标志旗帜,已经做过上千种。旗帜品种的增多体现了我国改革开放的巨大变化。这个素材十分新颖、具体,报道还较好运用同期声采访厂里的工程师和工人,他们谈到刚刚开始制作外国国旗和企业旗帜时对图案和尺寸都不熟悉,用现身说法的方式真实再现了改革开放之初,人们对外面大千世界的那种生疏感,给人们较强的感染力。[1]

这些节目尽管主题一致,所有报道面对的都是公共素材,但是做出的节目却互有不同、各具特色。《焦点访谈》13 集特别节目《焦点的变迁》在表现形式、叙述角度和取舍素材上都别具匠心。它立足于本栏目特色,扣住"焦点"不放,以三个历史阶段的焦点事件之变迁来表现,删繁就简,变动感极强。[2]

12 月 18 日,央视一套节目对中央纪念大会作了直播报道,穿插相关背景,集中展现了 20 年的伟大成就。[3]

由于这些报道都是各部门、各栏目经过长期准备、精心制作,其中涌现出不少精品。节目播出后,在社会上产生了广泛的影响。

(三)其他报道

1. 反对"法轮功"

1999 年 4 月 25 日,部分法轮功练习者在中南海周围非法聚集。根据中央的部署和要求,中央电视台及时播发了中办、国办信访局负责人接受记者采访等重要信息。按中央统一部署,7 月 22 日中央电视台播发政府取缔"法轮功"非法组织决定的重要

---

[1] 裴强健,沈弛原.成就报道要讲究新闻观念[J].电视研究,1999(10).
[2] 林凤安.电视短片如何表现重大理论题材[J].电视研究,2003(11).
[3] 《中国广播电视年鉴》编辑委员会.中国广播电视年鉴 1999[M].北京:中国广播电视年鉴社,1999:60.

新闻,从事实证据挖掘、典型案例控诉、批判歪理邪说等三个层面展开,做到量大面广、揭露深刻。① 宣传有声势、有力度,准确鲜明、积极稳妥,确保舆论导向的正确,实现了安全播出。9月7日,李岚清副总理来台视察工作时对中央电视台揭批"法轮功"的宣传给予充分肯定,他说:"揭批'法轮功'宣传效果最好的是电视,电视宣传很重要、很重要。"②

2．入世

2001年,中国加入世界贸易组织。湖南电视台、四川电视台相继推出经济访谈节目《麦德龙透明发票带来的启示》和新闻评论《发票:期待"透明"》。节目向人们讲述了国际流通业巨头德国麦德龙全球连锁店入川两个月来,经国家税务局批准,沿袭国际惯例,使用真实记录第一笔采购清单的"透明"发票,在成都遭遇大笔退货,宁可损失100多万元,也不向索要虚假发票者低头的故事。作为新闻评论,后者较多采用隐性采访方法揭露出国内商家目前存在的虚开或变更购物品名等违规现象,分析了手写发票(也称"模糊发票")造成的损公肥私、偷税漏税等种种弊端,呼吁国人树立现代市场经营理念,主动适应高层次、大工业、社会化的现代化发展要求。③

中国广播电视新闻奖获奖短消息《世贸组织第四次部长级会议审议通过中国加入世贸组织》,及时、准确地向观众报道了中国加入世贸组织这一重大历史事件。用画画、解说、同期声、现场声、字幕等多种符号,形象生动地表现出现场情景,使观众如同置身多哈会议现场,共同感受这一来之不易、值得庆贺的历史时刻。这条消息虽短,但提供的信息量较大,特别是字幕的运用意味深长:"中国从'复关'到'入世'历时15年,而此时审议过程仅仅用了8分钟。"④

二、灾难报道

(一)海湾危机报道

1998年,中央电视台记者三赴伊拉克,及时报道武器核查危机⑤与"沙漠之狐"行动⑥。

---

① 《中国广播电视年鉴》编辑委员会.中国广播电视年鉴2000[M].北京:中国广播电视年鉴社,2000:90.
② 赵化勇.深化改革 稳中求进[J].电视研究,1999(8).
③ 张君昌.创优:提升电视核心竞争力的武器 2001年度全国电视新闻及社教节目佳作概览[J].电视研究,2003(2).
④ 章壮沂.2001年度中国广播电视新闻奖探析[J].电视研究,2002(12).
⑤ 1997年10月29日,伊拉克当局宣布禁止联合国武器核查小组中的美国人在其境内活动,并限定他们在一周内撤离伊拉克。美国对此采取强硬态度,并以武力相威胁,海湾局势骤然紧张。经过以俄罗斯为首的多国居间调停,11月20日,伊拉克发表声明,宣布同意包括美国人在内的联合国武器核查小组全体成员返回伊拉克恢复武器核查工作。持续三周的武器核查危机得到缓解。
⑥ 该行动英语为:Operation Desert Fox,是美、英两国当地时间1998年12月17日凌晨1时到20日凌晨4时50分,针对伊拉克发动的一场大规模空袭行动。理由是时任伊拉克总统萨达姆违反联合国安理会687号决议,不与联合国武器核查人员合作,导致联合国特委会主席巴特勒向联合国报告核查无法进行。行动发起4轮空袭,共发射巡航导弹425枚,投掷炸弹600枚。空袭目标主要是伊拉克导弹研究与生产设施及与导弹研制有关的经济目标,还包括共和国卫队兵营、油田等近100个目标。

在对伊拉克武器核查危机的报道中,中央电视台先后两次(2月和11月)共计19人(第一次8人、第二次11人)赴热点地区进行直播报道,实现了重大国际新闻事件报道的突破。

1998年2月11日,中央电视台派出8人报道小组奔赴伊拉克。8人中,记者侯明古较长时间从事国际新闻报道,评论部主持人水均益参加过波黑、黎巴嫩战争的报道,军事部记者冀惠彦参加过解放军进驻香港等军事行动报道,另外还有评论部国际组记者胡阳、摄像康锐,卫星传送工程师智卫、贾培宏,技术制作工程师赵雪松。其中年龄最大的是现役军人冀惠彦,当年45岁。他们被人们称为"赴伊拉克快速反应部队"。

为了报道成功,中央电视台为报道组装备了最先进的摄像、编辑、录音器材,以及高性能海事卫星电话和移动卫星地面站。解放军原总后勤部和原北京军区为每人提供了防弹背心、头盔、防毒面具、防刺靴等装备。

2月12日,报道小组到达约旦首都安曼。时任伊拉克外长萨哈夫当晚恰好从埃及访问归来,途经这里。水均益、冀惠彦立即赶赴机场,对萨哈夫进行了采访。报道在第二天的《新闻联播》中播发。随后,报道组进入巴格达。他们采制的《危机中的巴格达》《请再给和平一次机会——安南巴格达之行纪实》等报道在《新闻联播》《东方时空》《焦点访谈》等栏目中播出。①

2月20日,时任联合国秘书长安南到达巴格达。对海湾危机和平解决进行斡旋。报道组通过大使馆获知此事,提前1个多小时赶到了萨达姆国际机场。当安南和伊拉克外长阿齐兹在机场发表讲话、对海湾局势表明态度之前,在黑压压的记者群中,冀惠彦早早占据了制高点,康锐抢到合适的角度,赵雪松手持长长的防风话筒,水均益抓紧时间录制了现场解说。安南车队于18点20分(北京时间23点20分)离开机场。报道组决定赶回新闻中心抢发稿件。拟稿、用摄像机录音都在狭窄的车内完成。北京时间23点58分——在不到40分钟时间内,《安南抵达巴格达访问》的新闻传回国内,赶在《午夜新闻》节目中播出。

报道组在海湾半个多月时间里发回了23条新闻、2个专题,专访了阿齐兹、采访了俄罗斯总统特使、联合国驻巴格达监督与检查中心负责人。3月1日回到北京后,他们自信地说:"我们在这场新闻大战中没有输给任何一个外国新闻媒体。"②

1998年11月,核查局势再次紧张,美英扬言要动武,中央电视台又派出了战地报道团。他们赶赴巴格达,坚守近一个月,事态一度缓和,他们便撤回了北京。但是不久,12月17日当地时间凌晨1点(北京时间早晨6点),美英对伊拉克展开了"沙漠之狐"打击行动,"这使我们未能在战事发生的第一时间作出报道,很被动"③。

12月17日清晨,冀惠彦和水均益及新闻采访部记者董志敏、播送中心工程师张福田4人临危受命,迅即赶赴伊拉克。第二天一早,当地时间6点(北京时间18日中

---

① 王博,薄旭.到现场去!到现场去![J].世界知识,2009(8).
② 马彦平.武器核查危机 挑战世界媒体:中央电视台记者组赴伊报道纪实[J].现代交际,1998(6).
③ 透视战争 珍爱和平:战地记者的采访手记[J].中国记者,1999(5).

午11点),张福田在约伊边境入境处路边支起海事卫星电话,帮助记者向国内发回了第一条口播新闻,在午间的《新闻30分》栏目中播出。

12月19日当地时间凌晨3点半,美英对伊拉克实施了"沙漠之狐"行动以来最猛烈的一次空中打击,持续45分钟。警报声、枪炮声和导弹爆炸声响彻巴格达夜空。报道组对轰炸进行了现场报道。水均益身穿迷彩防弹服、头戴钢盔,站在伊拉克新闻中心二楼的平台上叙述他身边的轰炸见闻。冀惠彦在拍摄时看到镜头里出现一个火球横着飞过去,他屏住呼吸,跟着导弹移动摄像机,捕捉到远处导弹飞过的亮点和爆炸声。当之后他们去CNN机房传新闻时,十几个外国记者挤过来看,要求复制这个镜头。5点,冀惠彦借着编辑机上液晶屏的微弱亮光,编辑出记者生涯中最难忘的战地新闻——《巴格达遭空袭纪实》。这则对空袭的现场报道,由于事出紧急,对背景未能有更多说明,内容显得单薄,"现场解说多为对可视信息的重复,整个报道停留在'展现'的层面"。① 主持人的镜头形象让人回想起史书中记载的爱德华·默罗在1941年《这里是伦敦》的战时报道。

12月22日,他们经伊方同意拍摄了遭一枚巡航导弹击中的巴格达棉纺厂,被炸成一片废墟的厂房和还在冒着缕缕青烟的被烧毁的棉花包。水均益和冀惠彦穿行于这片废墟之间,作了3分钟的现场报道,真实展现了空袭后的惨状。当他们通CNN回传这条片子时得知,这次采访是伊拉克方面提供给中国记者的"特权"。新闻在第二天早晨的《东方时空》子栏目《时空报道》中播出。②

中央电视台记者三赴伊拉克,开创了中央电视台对重大国际事件进行现场跟进报道的先例,是当时规模最大的对境外远程突发性新闻事件的报道。值得一提的是,记者11月赴伊采访,从领导决策拍板到组团成行,仅用了两天时间,这标志着中央电视台对境外远程突发事件的快速反应和灵活作战能力的提高。③

(二)水灾报道

1998年,我国遭遇了百年未遇的特大洪灾,长江和东北的嫩江、松花江发生了全流域性的严重洪涝灾害。根据党中央、国务院的指示精神,抗洪抢险报道成为新闻工作中压倒一切的任务。

中央电视台先后派出包括新闻中心、海外中心、文艺中心、社教中心,新影厂的750多人次的采访队伍,奔赴受灾省区。中央电视台记者采访地域涉及灾区20多个重要坝段和50多个大中城市。还动用了7套卫星地面站,租用了直升机;采用了现场报道、电话采访、现场直播等多种形式进行报道。同时,台里十多个后期制作机房、演播室和自编机房都24小时开通,保证所有抗洪救灾报道能够随时加工完成。

在关键的两个多月时间里,电视新闻全方位报道抗洪抢险,几乎每天重点节目中

---

① 张宁,韩彪.现场直播:电视向新闻本源的复归[J].电视研究,1999(4).
② 冀惠彦.我见到了"沙漠之狐":一个电视记者的战地手记[J].新闻记者,1999(4).
③ 《中国广播电视年鉴》编辑委员会.中国广播电视年鉴1999[M].北京:中国广播电视年鉴社,1999:61,82.

80%以上都是抗洪抢险的内容,新闻时效大大提高,许多人都是通过电视看到正在发生的事实,了解到抗洪救灾的最新进展。① 仅在《新闻联播》等新闻栏目中就首播有关新闻达984条。新影厂派出了12个摄制组和驻四省的记者站在抗洪一线拍摄了抗洪救灾情况,并与八一厂合作摄制完成了大型纪录片《挥师三江》。

电视新闻不断将抗洪救灾中的各类典型形象呈现在观众面前:江主席头顶烈日站在数千官兵中间,嗓音有些沙哑地做了长时间的战时动员,发出"坚持、坚持、再坚持"的号令。他向在场官兵发问:"有没有信心?"回答是群情激奋、口号雷动。朱镕基总理在湖北察看灾情回京不久,得知长江告急,又连夜飞赴长江,亲临湖北、江西最危险的地方,用他沉着而坚定的声音激励抗洪官兵。原广州军区、原南京军区以及沿江各省军区的司令员、政委们身先士卒,奔赴抗洪最危险的现场指挥。数十万大军从四面八方飞速开赴前线。解放军战士们满身泥泞,扛着几十公斤的麻袋在最危险的地段昼夜奔跑不息。一排排战士为保住堤坝而冲入水中,挽起臂膀用血肉之躯顶住七八级狂风巨浪的袭击。军人们驾驶冲锋舟劈波斩浪,四处寻找和救助灾民;退伍军人中的战士、班长、父子、夫妻重返前线……②

嘉鱼县簰洲湾营救小江珊的那一幕让人印象深刻——《生命之舟》这条新闻从寻找、发现到营救,纪实的长镜头将整个过程记录下来,满满的现场感、可视性和感染力,让观众通过画面一起亲历整个营救过程,让大家共同体会到洪水险情、营救艰难和与洪水顽强抗争的精神……,使那一幕幕画面牢牢地留在观众的脑海中,难以忘怀。③

此外,根据国务院关于洪灾过后防止发生重大疫情的指示,中央电视台赶制出《健康之路》系列特别报道《抗洪灾、防疫情》,于8月22日在一套黄金时间播出。为了及时报道灾区人民在重建家园工作中的生产、生活现状和需求,央视二套《经济半小时》《金土地》等栏目及时播出了灾区重建家园的特别节目。④

从6月下旬中央电视台《新闻联播》《中国新闻》等栏目播放长江抗洪抢险的消息开始,到9月3日江泽民总书记在湖南救灾一线庄严宣布"全国人民抗洪抢险的伟大斗争已经取得了决定性胜利"为止,在长达两个多月的抗洪战役中,中央电视台团结受灾省市区县电视台组成的电视新闻大军,通过快速、真实、生动的新闻和专题报道,向社会展示出在特大洪水灾害面前中国军民坚定的抗洪精神。

中央电视台的抗洪报道得到了领导的表扬。8月13日,江泽民主席在前往湖北灾区的专机上说,中央电视台有关抗洪的新闻报道不错,镜头很有特点,看来有的记者是冒了很大的风险。中央电视台在整个抗洪报道中,不是单一、平面地就灾论灾,而是深入挖掘、详细解释了导致大灾的成因,全面介绍了党中央、国务院的坚强领导和科学

---

① 陈晓鸥.电视新闻节目的变化对播音员的影响[J].现代传播,1999(5).
② 刘松山.反映灾害新闻中的典型形象[J].电视研究,1998(10).
③ 刘惠珊.如何增强电视消息传播效果[J].电视研究,2001(6).
④ 《中国广播电视年鉴》编辑委员会.中国广播电视年鉴1999[M].北京:中国广播电视年鉴社,1999:59,84.

决策,以及科学救灾的方法等有价值的信息。①

(三)地方台水灾报道

1998年7月20日,武汉遭受特大暴雨袭击,外洪内涝,形势危急。湖北省各台立即派出记者冒雨淌水到武汉三镇采访报道。第二天,中央电视台显要位置播出了湖北电视台采制的新闻《暴雨加洪水,武汉抗洪形势更加严峻》,引起了江泽民总书记的极大关注。7月22日傍晚,江泽民指示国务院副总理、全国防洪抗旱总指挥温家宝,要求沿长江各省市严防死守,做到三个确保:确保长江大堤安全,确保武汉等重要城市安全,确保人民生命财产安全。

湖南省也处在抗洪的核心地区。湖南卫视在原有新闻节目的基础上增加了17:55和零点新闻,省有线广播电视台在《有线新闻》中开辟了《'98抗洪进行时》专栏,每天滚动播出。该台《流动记者站》紧紧围绕抗洪抢险,组织深度报道,做出了《洪峰来临之夜》《澧水不容侵蚀》等一批专题,有力配合了抗洪抢险工作的展开。

在历时三个多月的抗洪抢险期间,作为新闻宣传的重点单位,江西电视台共播发抗洪抢险新闻稿件1,208篇,江西有线电视台播发400多篇,九江电视台播发了1,622篇,九江有线电视台播发672篇。南昌市属三台播发1,413篇,鹰潭市属两台播发487篇,景德镇市属三台播发824篇,抚州地区各级广播电视台共播出1,420篇。江西电视台接待中央电视台、浙江电视台、凤凰卫视等各地记者共21批50多人次。向中央电视台传送新闻407条,在《新闻联播》播出106条,在《焦点访谈》和《东方时空》播出15期,还为各地电视台提供了大量新闻素材。

截止到1998年9月30日,安徽省电视台派出40批报道组,共300人,播发新闻、专题850多篇,被中央电视台新闻选用100多条,其中《新闻联播》选用50多条;省有线台派出14批报道组,共30人次,播发新闻、专题392篇(以上统计不包括重播或滚动播出的报道)。省电视台新闻回传组除固定的每周两次向中央电视台正常传送外,每天增加一次"加传",最多时一天增加三次"加传",增强了新闻报道的时效性,及时反映安徽汛情和军民抗洪抢险的总体情况。

黑龙江省电视台这个阶段把全台所有自制节目都调整到抗洪抢险这一重大主题上来。《全省新闻联播》由18分钟增加到30分钟,每天新闻节目由6次增加到12次,《今日话题》对抗洪抢险跟踪报道。在抗洪抢险决战关头,《走进千家万户》《黄金假日》《艺海星河》《当代舞台》等自办节目都参与了抗洪报道。为保证时效,省台记者深入抗洪前线挖新闻、抢新闻,编辑打破常规,采取预留最新报道时间等手段随时插播新闻。历时百天的抗洪报道,省电视台播发新闻达1,200条,仅8月份就在中央电视台《新闻联播》发稿56篇。省电视台首次实现在《新闻联播》节目中现场直播报道抗灾。同时

---

① 高丽萍.电视界对抗洪斗争胜利的特殊贡献[J].电视研究,1998(10).

在 8 月 26 日举办了赈灾电视文艺晚会,收到捐款 1.7 亿元。①

在这次超百年一遇的特大洪水面前,哈尔滨电视台全台有 100 多名编采人员参加了一线报道,是自建台以来大型报道中人数最多的一次。新闻节目打破惯例,延长时间,每天三档新闻由过去的滚动播出变为三档全新报道。《都市经济》《消费纪事》由原来的经济节目完全转向,全部报道抗洪,并由原来的两天更新一次改为每天更新一次。《新闻瞭望》先后推出《松花江的不眠之夜》《高谊泵站抢险》《依兰县处分 5 名抗洪失职党员干部》等 8 篇报道在社会上引起强烈反响。这期间,哈尔滨台记者与中央台记者合作,在中央电视台《新闻联播》《新闻 30 分》《中国报道》《人民子弟兵》等各档节目中发稿 50 篇。② 截至 8 月底,电视台共播出相关新闻 1,323 条、专题 160 分钟、经济专题 200 分钟、社教专题 220 分钟、电视文艺 570 分钟;赈灾义演两场,募捐款 5,000 余万元;制作了电视纪录片《1998 哈尔滨大抗洪》。佳木斯、齐齐哈尔、牡丹江、同江、宁安、东宁、勃利、拜泉等市县电台、电视台都及时投入了抗洪抢险报道。

在这次抗洪抢险中,吉林电视台在《吉林新闻联播》《早安吉林》《今日直播室》《午间新闻》四档节目里共采制、播出抗洪抢险新闻 117 条、专题 53 期;其中在中央电视台《新闻联播》播出 25 条。白城电视台开辟了《在抗洪抢险前线》《坚决打胜抗洪抢险这一仗》等专栏,在吉林电视台播发 460 条,向中央电视台传稿 6 件。松原电视台播发消息 326 条,专题 30 组,在吉林电视台发稿 56 条。为抗洪抢险提供了强大的舆论支持,创造了良好的社会氛围。

在 60 多天的抗洪抢险报道中,内蒙古电视台共播出相关新闻 450 多条,每天在《全区新闻联播》节目中占到一半以上。大量鲜活的现场报道出现在节目中,并向中央台和兄弟省市台提供了大量内蒙古地区抗洪抢险的报道稿件。这样规模的抗灾宣传,在内蒙古广播电视史上是空前的。③

1998 年 9 月 4 日,江泽民总书记冒雨来到九江灾区视察抗洪抢险工作。当天下午 6 点多钟,记者现场拍摄的画面和文字稿才送到九江台。如果按惯例先把文字稿电传,再把画面素材传送给中央台,由中央台来编辑制作,要赶在《新闻联播》节目中播出肯定来不及。于是,中央台、省台和九江台共同商定,先把导语文字电传过去,再在九江台直接播音、编辑,将成品传送中央台。长达 25 分钟的新闻分三盒录像带编辑制作。18 点 59 分,传送完已经做好的第一盒带子内容,19 点在联播头条准时播出。随后及时把第二盒、第三盒带子编辑完成并传送过去,保证了衔接播出。在不到一个小时时间里,出色地完成了任务。④

在这次洪灾面前,大批记者深入一线采访,江西电视台记者郭得生,是他们的代

---

① 《中国广播电视年鉴》编辑委员会.中国广播电视年鉴 1999[M].北京:中国广播电视年鉴社,1999:25,27,30,32.
② 王亚平.哈尔滨电视台:处处都打过硬仗[J].新闻传播,1998(5).
③ 《中国广播电视年鉴》编辑委员会.中国广播电视年鉴 1999[M].北京:中国广播电视年鉴社,1999:31,33.
④ 俞向党.发扬抗洪精神 进一步做好广播电视工作:在全省广播电视系统抗洪抢险总结表彰大会上的讲话[J].声屏世界,1998(1).

表。在三个多月的抗洪抢险报道中,他有 50 多天在九江抗洪一线,两次冒着生命危险在江新洲决堤段和九江长江大堤决口处采访。8 月 7 日中午,九江城防大堤决口,郭得生是第一批赶到现场的记者。在江堤不断崩塌、决口逐渐扩大、急流随时涌来的时刻,他没有站在远处用长焦镜头吊拍决口,而是选择离决口最近的位置,拍下了防洪墙被冲垮的过程。后来被中央电视台多个节目反复采用的防洪墙倒塌、解放军纵身堵口和割底沉船等极具震撼力的珍贵镜头,都是他冒着危险拍下来的。

但是和以往的灾难报道没有太大区别的是,灾害报道少、救灾报道量大,或者说是灾害声音小,救灾声音大。这导致灾难根源不能得到很好的反思。如一些地段决堤恰恰是因为那段堤坝是豆腐渣工程,而报道却不提这样的人为灾害。而且面对同样的水情,一些有灾无害、防洪措施得力的地段,如当年的南京城,也没有得到应有的褒扬。当时的一些平面媒体,如《南方周末》对洪灾反思的报道,就比电视更深入、全面和理性,对社会的教益也更大。

三、舆论监督

在整个 20 世纪 90 年代,中国的大众传媒较多地强调舆论监督功能。据有关方面统计,到 1999 年,全国 31 家省级电视台共开办焦点、监督节目 60 多个。中央电视台的《焦点访谈》《新闻调查》是舆论监督节目的领头羊。孙玉胜在筹备《焦点访谈》时提出的"帮忙不添乱"的策略是《焦点访谈》的生存原则。

(一)《焦点访谈》

国家领导人对《焦点访谈》节目中发挥的舆论监督作用给予了高度评价。1998 年 10 月 7 日,朱镕基总理到中央电视台视察,在与节目组人员座谈时指出:《焦点访谈》充分发挥了舆论监督作用,为国家确定改革措施提供了思路;作为群众喉舌,通过节目反映了老百姓的呼声,在人民群众中有着极高的权威性;作为政府镜鉴,国家领导人从节目中体察到很多细致具体的情况,也真实地了解到党和国家各项政策的贯彻执行情况;《焦点访谈》推动和促进了党的方针政策的执行,充分发挥了改革尖兵的作用。[①]

1999 年 11 月 5 日,中共中央政治局常委、书记处书记、中纪委书记尉健行视察中央电视台,对新闻媒体实施舆论监督做了重要指示。他指出,加强党风廉政建设,要十分重视和善于发挥新闻舆论监督作用。新闻舆论监督实质上是一种群众监督,具有其他监督不可替代的作用。[②]

2000 年 4 月 1 日,《焦点访谈》把宣传语由过去的"时事追踪报道、新闻背景分析、社会热点透视、大众话题评说"改为简明扼要的一句话"用事实说话"。更明确突出了其深度报道与述评的节目定位。

---

① 《中国广播电视年鉴》编辑委员会.中国广播电视年鉴 1999[M].北京:中国广播电视年鉴社,1999:58.
② 《中国广播电视年鉴》编辑委员会.中国广播电视年鉴 2000[M].北京:中国广播电视年鉴社,2000:91.

2001年5月,《焦点访谈》出台了5条具体措施,以保证导向意识正确①:

1. 加强导向意识,坚持警钟长鸣

每一个栏目组的制片人、编导、主持人及各工种人员,在制作任何一个具体的节目时,都要着眼于大局,看大势。

2. 把关口前移,从严把选题做起

对于一些敏感题材,宁可放弃轰动效应,也绝不给工作带来被动。

3. 基调要积极,落点要准确

《焦点访谈》的节目,整体基调一定要"亮",应该是积极的、向上的、善意的。节目事实必须准确、可靠,经得起当事人的检验,经得起专业的调查,经得起法律的考验。节目评述必须得当、明确。突出政府在解决问题中的态度和作用,绝不能把政府作为对立面。具体问题具体分析,是哪个环节、哪个部门的责任,就说到哪里,不能动辄就"拔高"到体制的层次。

4. 用环环相扣的办法,来构筑节目质量的防线

评论部要求每个成员,要强化各个环节、关口的把关意识,把好选题关、策划关、拍摄关、制作关、审查关、播出关。每一关口应该责任到人,及早发现问题,避免后患。

5. 坚持"两手硬"

各栏目组在突出舆论监督节目特色的同时,也要结合自身特点,加强正面宣传的选题报道,揭露问题要稳、准、深,正面宣传要入耳、入脑、入心。②

从2000年9月起,每日《焦点访谈》都会把当天播出节目的文字稿提供给国务院办公厅,供国务院领导了解情况。2002年,国务院办公厅正式开设了《焦点访谈》督察情况反馈机制,就中央领导同志对《焦点访谈》做出的批示和《焦点访谈》报道的问题进行督查。以国务院名义,运用行政力量向有关职能部门行文,组织各职能部门组成督察小组,对被监督事件与人员进行正式的行政范围调查和查处,而后视情况将一些涉及法律问题的案件移交司法部门处理。2002年,《焦点访谈》报道的事件中有41起被纳入国务院督察反馈机制。有学者和专家将这种机制视作"新闻史上具有重要意义的举措"。孙玉胜认为,这样的机制使舆论监督能够与行政的力量、继而与法律的力量相接通,监督的落实变得制度化和常规化了。③

关于舆论与法律、行政机构的关系,在孙玉胜看来:"在我国,夸大舆论监督的力量是不严谨的,这样的不严谨会直接影响舆论环境的建设。因此,我们的舆论监督从一开始就有'中国特色'。舆论监督的出发点应该是善意的,监督的目的是为了促使问题的解决而不是仅仅是'为了曝光而曝光'。"舆论监督的目的是解决问题而不是激化矛盾。正是这种与党和政府工作目标的一致性,才使近十年的舆论监督得以存在。舆论

---

① 梁建增.《焦点访谈》红皮书[M].北京:文化艺术出版社,2002:10.
② 王冲.中央电视台新闻生产机制变革研究:基于媒介社会学的视角[M].北京:经济管理出版社,2013:116.
③ 赵化勇.中央电视台发展史:1958—1997[M].北京:中国广播电视出版社,2008:41.

监督对象总是以"稳定"为由,要求不要播出某期节目,但多年实践证明,播出节目不仅没有引起不稳定,反而促进了问题的解决,维护、恢复了稳定。①

有学者也谈到中国舆论监督的特色所在。像《焦点访谈》中的典型案例展现的那样,中国媒介的舆论监督强调组织的力量,本质上是行政职能的延伸,往往扮演着本应由行政部门履行的角色。但是此类监督具有强烈的社会示范功能,通过媒介晓喻社会,明确价值规范,达到协调改革开放复杂局面的目的。"媒介的舆论监督相对于行政手段的硬控制,是一种软控制。"②我国的媒介舆论监督,实质上是在特定社会历史条件下、新的机制尚在建构中的一种代偿机制角色扮演。它不同于西方舆论监督,更多是作为与政府行政力量相对独立的制约力量而存在的民间制衡力量。

(二)"3·15"报道

"3·15"这一天已经成为对产品、商品进行社会监督的法定日子。

1998年,中央电视台对"3·15"国际消费者权益保护日主题宣传活动的鲜明标志是"6+2"方案。即在中央电视台第二套节目从当日10:00—16:00以进行时态对北京、上海、南京、沈阳等21个城市的主题宣传活动作连续6小时的《"3·15"行动》现场报道;在中央电视台第一套节目当晚20:20—22:00直播近2小时的《"3·15"之夜》主题晚会。白天6小时和晚上2小时,一共8个小时的直播,创造了中央电视台经济宣传直播时间最长纪录。

《"3·15"行动》采取新闻框架结构,以《假酒》《楼患》《传销》《为了农村消费者》《计量检测》《为了尊严》6个版块构成6小时节目。在每一个版块中,都有整点的新闻追踪、现场出击和当天全国各地最新动态等。活动同时配以对消费者"3·15"认知度调查访谈、消费体验活动、消费知识传播等内容。③

《假酒》版块紧紧抓住了国内外瞩目的焦点问题。山西假酒案是1998年2月春节期间山西省文水县农民王青华用34吨甲醇加水后勾兑成57.5吨散装白酒,在明知假酒甲醇含量严重超标(经测定每升含甲醇361克,超过国家标准902倍)的情况下,出售给个体批发商销售;最终酿成27人丧生、222人中毒入院治疗,其中多人失明的严重恶果。引起了江泽民总书记的注意,国家几大部委纷纷对此做出反应。当年3月9日,王青华等6名犯罪分子被判处死刑。将这一重大的制贩假案作为《"3·15"行动》的第一版块,体现了中央电视台舆论监督对于关系民众生命安危重大事件的关注,也是白天《行动》报道的有力切入点。

《楼患》版块反映的是关系到广大群众居住安全的商品房质量问题,是百姓极为关注的话题。根据中国消费者协会当时对全国30个省、市、自治区进行的调查,商品房已成为消费的新热点,而且由于存在质量差、功能不全、合同执行不规范等问题,成为

---

① 孙玉胜.十年:从改变电视的语态开始[M].上海:上海三联书店,2003:113-116.
② 喻国明.1998:媒介的权力与竞争[J].现代传播,1999(1).
③ 汪文斌,王雪莲."3·15"我们的思考[J].电视研究,1998(6).

消费者投诉的重点,在 1997 年 10 大消费投诉热点排行榜上位居第二。在这一版块的报道中,对浙江义乌商品房买卖中的一起民事纠纷案件进行了法庭审判现场报道,为百姓的权益呐喊。

《传销》版块揭露了当时几年内十分流行的传销活动的真面目。记者在各地的采访过程中,发现了多起因传销而家破人亡的惨痛事例,看到了传销导致的亲情淡漠、朋友反目、互相欺骗,以至引发恶性事件。在节目中用如此长的时间关注这一内容,不仅是号召消费者维护自身权益,更是呼唤国家政府部门对这一现象进行规范和治理。

《为了农村消费者》是中国消费者协会 1998 宣传年主题。在节目中,不仅对消费个体,如农民阎有财被侵权的经历给予关注和同情,同时对坑害农民消费群体的劣质农机、种子、农药等事件给予曝光,并呼唤全社会特别是农民兄弟们觉醒,维护自己应有的权益。

《计量检测》与日常生活息息相关。消费调查表明:82.4%的消费者在购物时都遇到过缺斤短两的情况。这一版块关系到几乎全部消费者。其中的商品计量是当天抽查当场检测,当晚报道检测结果;配合国家权威部门,加大政府执法的公开性和透明度,增强百姓对政府的信任度,体现媒体宣传引导作用的成功尝试。

《维护尊严》是当天电视宣传的主题。这是指消费者在使用劣质商品造成人身伤害或接受服务过程中受到精神伤害时的赔偿问题。这一内容使全天的直播行动有了一个更新更高的立意,并使全天的宣传活动浑然一体。

3 月 15 日当天,在直播室设立的 12 部投诉电话热线共接听电话 600 多人次。全国各地的许多商场、机场等公共场所都把电视调到央视二套的"3·15"现场直播节目。据中央电视台调查咨询中心对北京、上海、天津、重庆、沈阳、石家庄、济南、南京、武汉、西安等全国 10 个城市电视观众的调查显示:白天收视该节目的家庭占样本总数的 41%,创央视二套收视最高纪录;晚上《"3·15"之夜》的收视率达 48%,也非常之高。

《"3·15"之夜》晚会直播成功,在社会上引起强烈反响,朱镕基总理收看后,特地打来电话感谢中央电视台做出这样有深度的节目,并指示国务院发文取缔传销活动。[①]

(三) 南丹矿难

2001 年 7 月 17 日,广西壮族自治区南丹县龙泉矿冶总厂拉甲坡矿发生特大透水事故,81 名矿工遇难。事故发生后,具有黑社会背景的矿主与当地腐败官员勾结,隐瞒事故真相长达半月。但是事故的消息开始在网络上传播出来。

得到消息后,人民日报社驻广西记者率先开始行动,他们给河池地区和南丹县打电话询问,接电话的人竟用"党性"保证,"绝对没这回事"。直到半个月后,7 月 31 日人民网登出报道《广西南丹矿区事故扑朔迷离》。该报道在全国率先捅出了南丹特大

[①] 《中国广播电视年鉴》编辑委员会.中国广播电视年鉴 1999[M].北京:中国广播电视年鉴社,1999:59.

矿难隐瞒迷局。当天,在国家安全生产监督管理局过问下,广西有关部门提交报告称,关于南丹矿难的传闻严重失实,到目前为止,没有发生重大透水伤亡事故,矿区局势平稳。8月2日,人民网又贴出南丹遇难的12名死难者名单,弥天大谎被撕破。当天下午,《人民日报》将写有该消息的"特急"内参送达中央,朱镕基总理立即"特急"地做了批示。8月4日下午,人民日报社正式发布消息,该事故在被隐瞒了半个多月后被披露。①

7月25号,事发后的第8天,广西电视台在收到一封观众举报信后,派记者下去暗访。8月7日,广西电视台播出了新闻专题《7·17事故初探》。节目播出后引起全国的强烈反响,并被中央电视台、凤凰卫视等各大媒体引用和转发。此后,广西电视台对南丹矿难的深入调查、事故处理等追踪报道持续展开。② 广西电视台记者以强烈的社会责任感和敏锐的新闻洞察力,及时抓住南丹矿透水事故可能有大量人员伤亡这一重大线索,克服重重困难,冲破阻力,采访到了知情矿工和死难者家属,拍摄到死难矿工的遗物,人证物证俱在,终于将矿难真相揭露出来。极富感染力的电视新闻画面和同期声,使真相大白于天下,谎言被戳穿。这一节目获得了当年的中国新闻奖一等奖。

(四)南京冠生园月饼

2001年9月3日,中央电视台报道"南京冠生园使用过期馅料生产月饼"的恶性事件,在食品行业引发地震,该报道也成为当时最为著名的对食品业的批评报道。

这则报道,从记者最初获知南冠生产内幕,到最终的节目播出,拍摄时间长达一年。其间记者七下南京,隐性采访拍摄了700多分钟素材,拍摄到头一年处理、冷藏未销售出去的馅料,第二年7月从冷库取出继续使用,一些馅料已经发生了霉变。记者经过反复推敲、精心制作,最终以无可辩驳的事实揭露了南京冠生园利用陈年馅料加工月饼的不法行径。

报道《南京冠生园:年年出炉新月饼,周而复始陈馅料》于中秋节之前在中央电视台《新闻30分》栏目中播出,在社会上引起轩然大波,全国几十家媒体纷纷关注此事,相关报道超过百篇。③ "南冠"月饼从食品商店和超市货架上被成批撤下,企业品牌毁于一旦。全国各地以"冠生园"字号冠名的企业当年月饼减产量均在50%以上。当年全国月饼市场与往年相比,销售量减少四成。半年后,南京冠生园生产难以为继,申请破产。④ 面对南京商贸局有人说正是"中央电视台曝光"搞垮了"好端端的一个企业",中央电视台揭黑记者回应:我们做报道的本意是为消费者的安全负责,而不是为了把企业挤垮。

---

① 张鸥.直播幕后 电视突发直播一线手记[M].北京:北京师范大学出版社,2003:260.
② 章壮沂.2001年度中国广播电视新闻奖探析[J].电视研究,2002(12).
③ 章壮沂.2001年度中国广播电视新闻奖探析[J].电视研究,2002(12)
④ 倪方六.又到月饼"开炉"时 记者再次探访"南京冠生园"[EB/OL].(2002-08-08)[2018-07-02].http://news.sohu.com/65/65/news202526565.shtml.

《新闻30分》持续对反馈信息进行了跟踪报道。这是舆论监督的又一成功案例,从中可见媒体监督的巨大影响力和必要性。作品获得2001年中国广播电视新闻奖一等奖。

(五)扎龙湿地自然保护区大火

2001年秋,黑龙江省扎龙湿地自然保护区发生大火,几乎将"丹顶鹤的家园"付之一炬。这场生态灾难表面上看是严重干旱造成的,实际上却是多年来人们对当地生态环境破坏造成的。黑龙江电视台拍摄的新闻专题《火烧湿地》沿着现场记录的火势进展和记者的思考两条线交错展开,镜头始终盯住火场,翔实记录了这场史无前例的大火。记者冒着生命危险拍摄现场,同时介绍那些他从1996年开始关注扎龙生态变化积累的背景资料,还适时插入历史资料,揭示出大火发生的必然性。记者透过事件的表层,探究事物发展的深刻内涵,以期引发人们对生存环境的深入思索。①

1998年,党中央在制止腐败方面采取了一系列重大措施,包括军队武警政法机关不再经商、党政机关与所属企业脱钩、打击走私骗汇、打击偷漏税等,广播、电视等媒体机构都予以了有力宣传报道。②

四、体育新闻

(一)悉尼奥运会

2000年第二十七届悉尼奥运会期间,中央电视台派出108人赴澳大利亚前方进行报道,并将第五套节目按新闻频道方式进行操作,冠名为"奥运频道"。在内容方面,中央电视台充分发挥新闻频道节目栏目化、直播日常化的特色;在形式方面,中央电视台奥运频道以轻松、娱乐、辉煌为总基调,节目类型多样,编排浑然一体,其台标还加上了鲜明的五环标志,其整体风格和频道形象得到了观众的肯定。③ 奥运频道的收视率最高达到13.47%,占有率为20.50%。④

(二)申奥成功

2001年7月13日22时08分,北京终于赢得了2008年奥运会的主办权。消息一出,人们自发涌上大街小巷,到处人潮汹涌,大家挥动国旗、按响喇叭,北京变成了一个欢乐的海洋。

中央电视台第四套节目在14日凌晨2时、3时、4时、5时,连续在四个整点推出四次"特别节目",每次除滚动播出《北京获得2008年奥运会主办权》《江泽民在世纪坛

---

① 张君昌.创优:2001年度全国电视新闻及社教节目佳作概览[J].电视研究,2003(2).
② 《中国广播电视年鉴》编辑委员会.中国广播电视年鉴1999[M].北京:中国广播电视年鉴社,1999:82.
③ 龚雪辉.电视新闻节目改革的新思路[J].电视研究,2001(6).
④ 《中国广播电视年鉴》编辑委员会.中国广播电视年鉴2001[M].北京:中国广播电视年鉴社,2001:53.

发表重要讲话》《各界欢庆北京申奥成功》等重大新闻外,还以超大版面插入来自北京及全国各地、海外与港澳台地区人们欢庆的场面。《中国新闻》栏目记者在天安门、长城、北大校园、西客站、科技大厦、台商之家等现场,第一时间对人们的反应做出现场报道。

北京电视台播出了长消息《7·13申奥成功日,万众欢腾时》,以中华世纪坛和天安门广场的群众欢庆为中心,选择了十个具有代表性的地点和场景,派出十多个记者组,全面记录了北京申奥成功后大街小巷万众欢腾的历史瞬间。作品突出了江泽民主席现场讲话的同期声,向全世界传递了中国政府和人民对北京承办奥运会的支持,突出党和国家领导人与民同庆的热烈场面和喜庆气氛。中央电视台的新闻特写《获胜瞬间》,编排很精练,点多面广,各地特色鲜明,除导语外,全篇没有一句解说词,全部使用现场同期声。江泽民同志称赞该片让人们真切感受到了人民群众强烈的爱国热情和中华民族强大的凝聚力。[1] 两件作品记录了我国申奥成功、万众欢庆这一历史时刻。

五、深度报道与评论节目

深度报道与新闻评论,一直是那些年国内电视新闻节目理论研究与实践环节上关注的热点。

2002年,《焦点访谈》在强调"确保舆论导向正确、确保事实准确、确保与人为善的态度、确保舆论监督报道的适度适量"的同时,更强调"不是我们在说话,也不是被肢解的事实在说话,而是我们通过事实说话"。评论节目开始更多地"关注社会、关注人生、反省自身",节目的整体形态也更趋向于成熟。

各种深度报道与评论节目质量逐渐提高,一大批各具特色、观众喜闻乐见的名牌栏目出现。湖北电视台2002年12月1日全新改版的《新闻空间》、黑龙江电视台的《今日话题》、湖南电视台的《新闻观察》《今日谈》、成都电视台的《时事20分》、广东电视台的《新闻纵横》等大量深度报道与新闻评论节目的出现,使我国电视新闻节目体系更趋完善。

(一)上海电视台栏目

上海电视台开辟的《新闻透视》《新闻观察》《新闻追击》等几档深度报道与评论类栏目各有侧重,以满足不同受众对新闻的深层次需求。[2]

1.《新闻透视》

1987年,上海电视台推出了全新的电视栏目《新闻透视》,有人称这个节目是中国历史最悠久、生命力最强的电视新闻节目。

从形式上,《新闻透视》几经变革,从最初每周播出一期、每期30分钟变为后来的

---

[1] 章壮沂.2001年度中国广播电视新闻奖探析[J].电视研究,2002(12).
[2] 朱天,何铁巍,王轶菁.对2002年中国电视新闻改革的几点思考[J].电视研究,2003(2).

每天一期、每期5分钟左右。尽管形式改变，但是在节目特色上，它却始终保持了"及时准确地捕捉社会热点，针砭时弊，反映群众呼声，融现场感与评论性为一体"的风格。

《新闻透视》不断寻求突破，无论是报道结构还是解说词撰写上，都更加追求"讲故事"的效果，让报道生动、鲜活，具有可看性。在选题上制作者也尝试将落点选得比较小，更贴近百姓生活，一事一议，短小精悍，靠近民生做文章，因为这样做的空间最大，也最容易博得受众和市场的青睐。而注重电视片结尾的点评，则是《新闻透视》在"讲故事"之外区别于一般社会新闻报道最大的特点。①

2.《新闻观察》

1997年3月，上海电视台新闻中心又推出了一个重要栏目《新闻观察》。节目定位是在该台原有《新闻报道》《新闻透视》的基础上，进一步加大深度报道和新闻评论的力度，努力形成一档以深度述评为特色的新闻品牌栏目，以期使该台新闻节目从外在的风格样式到内在的报道深度形成系列。该栏目制作者们尝试突破电视新闻评论的常规模式，以具体的事件或现象切入，通过深入采访、调查、取证、追踪，把即时的现场观感和理性的分析点评结合在一起。

换句话说，《新闻观察》不仅要阐明论点，而且要调动电视手段、发挥优势，直观地展示论说过程，让观众随着记者一起调查和思考，明白结论是如何得出的，由此使栏目发挥更好的说理效果。时任上海电视台新闻中心编辑部副主任兼《新闻观察》制片人的黎瑞刚认为，对调查性、过程性的强调正是该栏目的新意。

20世纪90年代中国电视界出现了所谓"焦点"现象，几乎每个台都开办了以新闻深度报道和评论为特色的节目，但《新闻观察》仍然希望尝试一种新的理念，即意在强调电视传播的特点、优势和电视新闻从业者应有的"电视意识"。

他们认为：过去深度报道和评论是报纸之所长，即使电视的《焦点访谈》《新闻透视》等受到观众的热烈欢迎，但其打动观众的地方，主要还是选题的冲击力。这些选题无论做成什么媒体的深度报道，都会有反响。从电视现状来看，不少节目还是靠语言文字的力量来打动观众，提升节目的思想内涵和意义。电视想要体现画面的表情达意功能，突出其特有的"看"的特点，就要在"情节性"和"情感性"上下功夫。因此在操作上，黎瑞刚强调：

一是故事性，这是针对节目结构而言。一个成功的节目不仅要有层层递进的顺畅的评论逻辑结构，也就是说"思路要清楚"，而且要有起承转合的叙事情节结构，要有悬念和兴奋点，要有环环相扣的叙事链，要"好看"。

二是介入性，这是针对记者的工作状态而言。结论不是事先设定好然后一一道来的，而是通过记者的介入性调查得来的。节目应该呈现出强烈的参与感和运动感，应该有记者"活跃的身影"。在不违背新闻原则的前提下，提倡记者对节目付诸一种

---

① 陆晔，刘琼瑶.社会转型背景下电视深度报道和评论类节目的实践策略：以上海电视台《新闻透视》等节目为例[J].中国广播电视学刊，2007(7).

激情。

三是调查性,也就是对论证过程的充分展示,对细节的抓取和渲染,将观点的静态阐述转化为"现在进行时"的动态展示。

在《新闻观察》中尝试的是一种尽可能地利用画面既展示新闻事实又推进逻辑结构的表达方式,强调通过画面语言来调动观众的思维、体现出评论的力度,还充分利用播音语言和屏幕文字甚至音乐,凸显视、听、读三位一体的现代"电视意识"。①

由上述对《新闻透视》《新闻观察》等电视新闻节目的观察和分析我们可以清楚看到,与中国新闻改革的发展一脉相承,电视新闻深度报道和评论的实践,呈现出宣传管理、市场需求和新闻媒介自身专业诉求之间一种平衡关系。②

时任中央电视台台长杨伟光总结电视改革取得成功的秘诀:"中国电视节目中一系列深度报道对国计民生新闻的关注和人文关怀,匡正着社会正义和公众利益的位置。这些报道在中国电视传播中居主流地位的秘诀在于准确把握了社会主义初级阶段的基本国情,贴近生活、贴近实际、贴近群众。"③

尽管这一时期深度报道与新闻评论节目较之以往有所发展,但其远未达到社会与受众的要求。新闻评论节目并未创造出自身良好的"生态环境",往往在"委曲求全"中寻求生长空间;节目的信誉度与影响力都因此打了"折扣"。而深度报道更存在节目本体方面的缺陷,即对于节目的样式与边缘界限,都没能形成专业性的共识,因而往往发生相关类别节目在对表现模式认定上产生分歧,和开掘方向、表现手法上不规范、不到位,增加了制作的难度和质量的参差不齐,对节目类型风格化、特质化也带来消极影响。所以,就当时国内上述两类节目的整体状态而言,报道与言论的深度远远不够,媒介对社会舆论的引导作用没有得到应有的发挥,节目的形态从理论到实践都远未达到理想的成熟度。④

(二)法制类节目

法制类节目一般是"举案说法"模式,常常是有案件、有专业看法,由此导出正确的结论,进而普及相关法律知识。

中央电视台的《今日说法》在此类节目中最为权威,最具代表性。《今日说法》由两个版块组成:一是对案件的报道和揭示,二是对案件的权威法律分析。它虽然也有一定的时效性,但主要是通过揭示案件来达到普及法律知识、澄清模糊认识、做出符合法律法规的评判。这种形式更接近专题教育类节目。节目的高明之处在于,它将这一意图非常巧妙地融合进了案件的讲解之中,原本枯燥的法律知识被编织进了真实事件,

---

① 陆晔,黎瑞刚.探索:电视新闻述评"电视化":关于上视《新闻观察》节目的对话[J].新闻记者,1998(3).
② 陆晔,刘琼瑶.社会转型背景下电视深度报道和评论类节目的实践策略:以上海电视台《新闻透视》等节目为例[J].中国广播电视学刊,2007(7).
③ 王进,段晓超.从三接近到三贴近:20年来新闻宣传工作原则的历史演进[J].电视研究,2003(10).
④ 朱天,何铁巍,王轶菁.对2002年中国电视新闻改革的几点思考[J].电视研究,2003(2).

使观众在对案件的关注中，自觉地接受了法律教育。

还有一类形式是就某个案件邀请嘉宾走进演播室讨论。所邀请嘉宾并非法律专家，而是普通观众，其所谈意见完全是从个人感受和认识出发，并不代表任何权威立场，是从民众角度对案例的有感而发。节目在交流中自然地引导观众对所涉及的相关法律和社会问题做出正确评判。这一模式的典型是山东电视台的《举案说法》栏目。此类节目的特点之一是它的"平民视点"，其次是有突出的社会意见交换作用，因而节目更接近民众，更易于为广大观众所接受。

中央电视台2000年3月25日至28日的《打拐专题报道》就是非常出色的法制类专题片。开篇是2000年《打拐第一案——警方解救42名被拐儿童》，其通过触目惊心的拐卖人口的具体案例，提出来"打拐"的必要性、紧迫性，紧紧地扣住了主题。接下来的几期节目也紧密围绕"打拐"用具体案例说话，其中还邀请了不同部门的法律专家对案件进行评说，使得观众在情感上接受"打拐"的必要性和重要性的同时，也获得了相关的法律知识。

此专题最后一期是对公安部刑侦局副局长的专访，这既是对专题节目的汇总，更是对"打拐"专项斗争的权威总结，将节目意图贯彻到底。这组报道向观众普及了我国有关打击拐卖人口犯罪的法律知识，警戒潜在的犯罪分子。其成功带给我们的启示是：媒介要实现其传播意图，必须将该意图融合进节目内容之中，使之成为节目的有机组成部分，用事实来引导、贯彻意图。对于电视来说，就要发挥其独特优势，运用好报道新闻的特长，充分揭示事实，从而达到启发民智、普及法律的目的。①

第五节　新闻向百姓靠近

随着"贴近实际、贴近群众、贴近生活"的观念逐步深入，民生新闻也成了电视新闻报道中一个重要的组成部分。民生新闻站在民众的立场来选择新闻，用通俗的语言解读百姓身边的事情，反映老百姓的生存空间、生存故事、生存现状，其最为突出的特征是贴近性、本土化，因此吸引了大批受众。

一、民生新闻的扛鼎之作——《南京零距离》

2002年1月1日，江苏广播电视总台城市频道推出了大型直播新闻资讯栏目——《南京零距离》，该栏目成为电视民生新闻形成的标志和范本，市民们称它为"南京电视晚报"。曾经因1999年的报业大战而备受瞩目的南京新闻市场，因这匹"黑马"的闯入而再掀波澜。

《南京零距离》面向南京市民，每晚6:50至7:50直播一小时，节目的口号是："我

---

① 史可扬.电视法制节目特征浅析[J].电视研究，2001(2).

们就在你身边,我们与南京没有距离。"这正是《新闻联播》《焦点访谈》及江苏卫视《星网联播》、南京台《南京新闻》等传统名牌新闻节目播出的时段。

《南京零距离》节目立足当地,关注市民生活,为百姓排忧解难。节目完全自采,主要内容包括社会新闻、生活资讯、孟非读报、观众热线、现场调查等。它通过"数字南京""媒体拼盘""证券报道""小璐说天气"等版块,以及《油罐车"拔倒"电线杆》《舜天有"足球宝贝"了》《门牙摔断之后》等散发着南京城市生活气息的社会新闻赢得观众的喜爱。这类发生在街头巷尾、为广大市民关注、构成市民生活组件的新闻可以称为"市民新闻"或"市井新闻"。正是这些都市新闻,构成了《南京零距离》栏目的主要看点。

除了新闻故事鲜活有趣之外,节目还大胆引进都市报经验,为受众提供多种生活服务。节目通过报道与老百姓日常工作生活密切相关的公共事务,如假冒伪劣、服务态度、水电煤气、社会公德等,为普通百姓出声出气,为社会正气撑腰。同时节目与市民积极互动,请市民提供新闻线索,乃至现场画面。主持人孟非以独特的形象、犀利的评论为节目带来影响力。

节目制作者把栏目与受众间没有距离作为栏目宗旨,从四个层面进行互动:其一,夹叙夹议的"说"新闻模式。主持人孟非发挥其所长,用自己的叙述、感受或评论,使节目自始至终在如话家常的聊天氛围中推进。其二,有偿征集新闻线索。由于社会新闻具备广泛性、生活性、草根性、趣味性等特点,更由于电视新闻必须抢拍到事实影像,这使得都市新闻的采集大大区别于会议新闻、经济新闻或科教新闻,必须多方获取线索、丰富来源。而征集线索则把节目观众变成了潜在信息源,一有"风吹草动"观众便迅速与栏目组联系,使栏目报道的新闻具有时效性、独家性。其三,市民电话投诉。节目利用电视现场直播的声画优势,直接把观众的电话投诉接到演播室,虽然对投诉人只闻其声不见其貌,但依然构成了"原生态"内容,其真实性不容置疑,也打造出在市民中的"自己人"效应。①

节目融入了深厚的社会关怀,由于它生动而及时地报道发生在百姓身边的新闻,立体而真实地再现普通市民的生活,每晚锁定《南京零距离》,很快成为南京市民的固定生活内容,播出不久,在南京市民中的认知度便达到了94%。② 节目开播第 2 周,即进入 AC 尼尔森南京地区电视榜。在其播出三个月后,央视索福瑞调查其平均收视率达 7.0 上下,AC 尼尔森的收视率达 4.0 左右,当地市场排名在 8—10 名。③ 开播第 28 周(6 个多月后),节目名列南京地区新闻节目第一名;从第 36 周开始名列南京地区所有电视节目第一名,并长期处于第一的位置。

2004 年,《南京零距离》独家广告经营权以 1.0088 亿元被买断,2005 年达到 1.0388 亿元,2006 年则以创纪录的 1.069 亿元天价拍出,成为国内"身价"最高的电视新

---

① 张健.都市新闻:电视新闻传播的新卖点[J].电视研究,2002(8).
② 朱寿桐.电视新闻的社会关怀:略说《南京零距离》的理论意义[J].现代传播,2003(2).
③ 张健.都市新闻:电视新闻传播的新突破[J].南方电视学刊,2002(3).

闻栏目。①

观众的热爱就是对这种充满人文精神的节目的积极回应,而"民生新闻"理念迅速得到许多地方城市频道的认同。各地电视台纷纷成立民生新闻栏目,如江苏卫视的《1860新闻眼》、辽宁卫视的《新北方》、广州电视台的《新闻日日睇》、南京电视台的《直播南京》、安徽电视台的《第一时间》、山东电视台的《民生直通车》及内蒙古电视台的《都市全接触》等一大批地方频道民生栏目相继创办。

电视民生新闻的内容、风格直接传承自都市报——晚报,而且电视对此类题材和形式也曾多有尝试。如20世纪80年代初各台都有的《观众信箱》节目,选题都直接来自民间生活。还有一些地方台也早就尝试使用生活化的报道风格,如北京电视台的《北京特快》《元元说话》及后来的《第七日》,湖南电视台的《晚间新闻》都是民生新闻类型的早期探索。《南京零距离》最大的贡献是将这一类别用"民生新闻"来明确概括,开拓出此类新闻明晰的疆域和独特的理念,使节目很快形成大规模的复制发展,为进入徘徊的电视新闻改革辟出了一条新的途径。

新闻改革在这个时期碰到了自身难以逾越的障碍,而民生新闻使电视新闻界看到了一片新的领域,其成为一条绕开传统雷区的途径,况且民众欢迎,节目获得承认和价值,有好的收益,所以这类节目能够在全国电视新闻界迅速铺开。而且此时电视频道激增,受众注意力资源减少,竞争压力加大,要想保持和提升社会关注度,就要有一些新的方法、创意、概念出来,民生新闻就是一时之选,脱颖而出。

但在热闹一阵之后,题材不再新颖,形式也不再吸引人,加之节目同质化日益严重,报道出现庸俗化倾向,新闻的终极价值问题被受众又提了出来,最终还是绕不过去。新闻资源浪费,缺乏理性思考与报道深度问题重现,需要新闻人继续探索。

二、新闻热线名牌栏目——《杨芳热线》

2002年,在"创精品栏目,打造名牌主持"的总体思路下,陕西电视台推出了全国第一个电视新闻热线节目《杨芳热线》。杨芳作为栏目主持人和责编,参与到节目的策划、制作等各个环节,她既要组织记者找选题进行采访,又要主持好节目,有时还要接待来访群众,全身心扑在栏目上,使个人气质与栏目风格实现很好的契合。该栏目架起了政府和百姓沟通的桥梁,帮助群众解决了大量实际问题,被观众亲切地称作陕西的"焦点访谈"。②

《杨芳热线》的前身是名牌新闻节目《新闻末班车》的"新闻热线"版块。该版块以播出观众通过热线电话反映的各种问题为主,给老百姓提供了一个说话的园地,又为政府有关部门打开了一扇了解群众疾苦、检验工作成效的窗口。

"百姓说话的园地,观众热心的朋友"是《杨芳热线》贯穿始终的突出特点,也是

---

① 左顺荣.《南京零距离》的制胜之道[J].中国广播电视学刊,2007(11).
② 张华.清新典雅 创造荧屏丽影:记陕西电视台主持人杨芳[J].今传媒,2011(7).

栏目最基本的定位。选材上以百姓关注、与百姓生活息息相关的内容为主,节目既有对带有普遍性和典型性社会问题适时适度的报道,也报道具体人的具体事,节目通过"记者追踪""百姓说话""热线回声""你问我答"四个版块的设置,使观众既能看到记者亲临现场实地调查采访,又能看到主持人简洁明了地口播观众反映的问题,节目中还有专家就某一问题提出的观点和建议和内容详尽、图文并茂的政策解答。

节目尽可能地做到了及时、客观、灵活地反映百姓的呼声和社会的愿望,起到了很好的沟通与排解作用,也在一定程度上发挥了软监督的功能。在新闻中心的大力支持下,栏目组专门开通了四部热线电话和一部移动热线,配备专人接听记录,为广大观众在第一时间提供信息创造了条件。从农村村务不公开、行业部门不正之风到居民房屋漏水、厕所不通,这些人和事给了记者最直接、最生动的新闻素材,这也使制作出的节目内容鲜活、风格朴实。对具有典型性的社会问题的关注,对相关政策的详细咨询和解答,使栏目与观众的心紧紧地贴在一起,关注民生,关注社会,推进问题的有效解决,也体现了栏目的服务功能。

这些报道都体现了一个时期的热点,有助于相关职能部门及时了解基层工作中的不足之处。如2002年5月初,节目对群众反映较多的有关部门上路设卡收费使贩瓜车受阻的情况播出后,立刻引起了陕西省纠风办的高度重视,他们对观众反映的重点地段进行了集中检查,确保了瓜农利益和绿色通道畅通。当年9月初,节目连续播出了个别中小学借开学之际乱收费的情况,绝大多数学校的教育主管部门在观看节目后进行了调查核实,及时清退了多收的款项或说明了情况,消除了家长的误解,各学校的回复率达到了80%以上,为老百姓解决了实际问题。

注重问题的最终解决,是热线节目成功的关键,也是树立节目权威性的有效途径。《杨芳热线》在创办后短短几个月时间内,收视率就进入新闻综合频道排行的前列,后始终占据前五名的位置,成为新闻类栏目的一个新亮点。

对于那些不适宜在节目中播出的观众来电来信,编辑组也都登记造册,并挑选出具有一定普遍性、重要性或可能影响社会安定的内容及时转至相关部门,使其帮助协调解决。节目组还对观众反映的各种问题进行系统分类总结,定期报送政府有关部门。节目组这种及时、有效、灵活地与有关部门和单位的沟通,在政府和民众间架起了桥梁,促进了实际问题的解决,又照顾到了社会的承受力。

但节目也有一定缺点,例如,内容以观众反映的问题居多,正面的重点、亮点内容少;形式上主持人口播内容多,画面略显单调;栏目、主持人与观众互动不足;人员有限,仅能应付节目播出,整体及阶段性策划不够;节目中社会热点抓得不及时,采访不深入,个别事情不了了之;反映陕南、陕北等相对边远地区的内容少等。①

---

① 杨芳.贴近 沟通 互动:《杨芳热线》创办一年来的体会感受[J].西部电视,2003(1).

三、广州电视新闻改革

从 1994 年开始,广州台就着手对新闻进行从内容到形式的全方位改革,关注社会民生,凸现"平民意识",奉行客观公正;推行会议新闻和经济新闻社会新闻化,杜绝"一厂一品"的伪新闻;实行新闻直播,最大限度地提高新闻时效性;大量使用记者现场口头报道,让编辑记者兼任新闻主持人;打破画地为牢的旧框框,实践"大新闻",将广州电视新闻办成一个包括本地新闻,国内重大时政、社会新闻和重大国际新闻的新闻总汇,最大限度地满足广州大都市及珠三角地区观众对新闻信息的需求。

18:30 新闻时段成为广州台唯一的收视高峰,即得益于其一直以来的新闻改革。广州电视台新闻部从最初经营《今日传真》,到后来扩充新闻版块,一直在努力按照新闻规律办事。

广州电视台公开提出"平民意识"的口号,老百姓爱看什么,就做什么。广州电视新闻的改革拓新,较好地处理了喉舌功能与受众需求以及大热点与小热点的关系,在新闻中凸显平民风格,用典型、平实、质朴的语言反映市民心声,记录了社会大众真实的生存状况和人生百态。

过去一提社会新闻,就会想到火灾、车祸等突发灾难,其实这只是社会新闻的一个方面,社会新闻中更多还是关系到民众日常生活的内容。因此广州电视记者被要求关注社会民生,反映广州在社会急剧转型进程中涌现出来的社会治安、交通、环境、住房、物价和上学、就业等方面存在的种种冲突和矛盾;采编视点还要对准普罗大众,他们的境遇、生活片段、喜怒哀乐,都要真实地展现给电视机前的人们;力求凡人的物质与精神世界不被电视记者的镜头所忽视。广州电视新闻向广大市民提供了广州发展和社会生活多层次的场景。[①]

到 20 世纪末,广州电视新闻收视率一直保持良好,从 1997 年的 7% 上升到 10%。据"中央电视台"调查公司提供的资料显示,1998 年 8 月和 9 月,18:30 的广州电视新闻收视率分别达到了 14.11% 和 13%,这在当时"频道爆炸"式增长、观众注意力日益稀缺的背景下,可见其具有很好的社会接受度和强大的竞争力。

当社会已进入信息时代,新闻在人们生活中占有重要地位。因此,对一个电视台而言,新闻成了其安身立命之本。

四、《中国娱乐报道》

1998 年 7 月,王长田脱离北京电视台,和在操作《北京特快》期间认识的朋友,即中央电视台的谢圣华、张明亮,《中华工商时报》的祝军,《中国信息时报》的吕先富合

---

① 袁东亮,叶青.新闻质量在改革中提升:浅述广州电视新闻的改革[J].南方电视学刊,1999(3).

伙,于1999年初成立了光线策划研究中心即后来的光线传媒(ENLIGHT MEDIA)。① 当时公司的注册资金是10万元,王长田占了40%的股份。最初的办公地址是中央电视台附近科技情报信息中心一楼一间不足20平方米的房间。② 这一年,他们瞄准电视领域娱乐报道不足的空档,推出了民营娱乐资讯节目。

《中国娱乐报道》于1999年7月1日首播,节目打出的口号是:"一样的娱乐圈,不一样的立场、声音。"依托于国内丰富的文化娱乐信息资源和国际、港台相关网络,最初的节目包含许多版块,如《娱乐最前线》《全线接触》《名人到场》《抢鲜视听》《叱咤风云榜》《中场 TV 秀》《过眼封面》《媒体连线》《新人档案》等。③

《中国娱乐报道》全面关注文化娱乐界动态,内容涵盖了文化艺术的多数领域,如电影、电视、音乐、歌曲、戏曲、曲艺、舞蹈、文学等,以大容量的丰富资讯吸引观众。如关于著名影星刘晓庆公司拖欠四川某公司贷款的官司,《中国娱乐报道》跟踪拍摄了四川某法院查封刘晓庆在京房产的全过程,一时间成为全国上下关注的热点。

在形式上,《中国娱乐报道》每期有20条左右的动态消息,有对热点问题的采访、追踪和评述,有对新的影视作品的评论。节目经过精心策划、制作,视角独到,突破了传统娱乐节目模式,采取短、平、快的方式,立足于新闻化,又不陷于传统形式的呆板、单一,实现了形式和内容都多彩、丰富,保证了节目好看。④

节目播出后,许多热心观众甚至不少地方电视台领导来信、来电建议加大信息量。于是节目从2000年1月1日起实现日播,并淡化版块,以大容量信息为特色。

《中国娱乐报道》透析文化娱乐万象,完全市场化运作,引领了潮流,填补了电视界的一大空白,成为中国娱乐业电视报道的开创性和权威性栏目。但是,光线传媒还是为自己的"领跑"付出了代价——主管部门认为"中国"是属于中央级媒体的专用词语,应该去掉,于是《中国娱乐报道》改名为《娱乐现场》。⑤

《中国娱乐报道》的总策划和总编辑都是学新闻和做新闻出身。如总策划、出品人王长田毕业于复旦大学新闻系,做过《中华工商时报》市场新闻部副主任和《北京特快》的总策划。总编辑李德来是中国人民大学新闻系硕士,做过中央电视台《经济半小时》《中国财经报道》的策划和主编,做过《北京特快》《元元说话》《第七日》的总编和策划。他们在制作《中国娱乐报道》时要求节目内容新闻化,视角全球化。他们与20多个地

---

① 光线传媒(ENLIGHT MEDIA)成立于1998年,现已成为中国最大的民营传媒娱乐集团。主营业务包括电视节目制作与发行,电影投资、制作、宣发,电视剧投资、发行,艺人经纪,新媒体互联网、游戏等。其娱乐资讯节目《中国娱乐报道》《音乐风云榜》均连续播出10年以上;发行的电影《泰囧》(12.66亿)、《致青春》(7.26亿)成为现象级影片。2012年、2013年光线传媒投资制作发行影片20部,总票房超过40亿。自有品牌手游《分手大师》于2014年6月上线。2016年《美人鱼》影片票房突破30亿,刷新华语电影票房纪录。
② 光线这些年:陈年E事(十):十万元起家[EB/OL].(2010-05-21)[2018-02-11].http://blog.sina.com.cn/s/blog_68026c830100ica5.html.
③ 段佳松.中国娱乐报道台前幕后[J].当代电视,2000(6).
④ 谈列兵.电视娱乐新闻浮出水面:以《中国娱乐报道》看电视娱乐新闻节目[J].电视研究,2000(6).
⑤ 段佳松.中国娱乐报道台前幕后[J].当代电视,2000(6).

方台联合建立了采制队伍,与国际和中国港台的电视娱乐报道机构建立了信息沟通渠道,保证了对外国文化娱乐新闻全方位的采集和制作能力。

开始时,参与播出的电视台只有 30 家,播出频率也只有每周 3 期。不到半年,播出平台便达到 50 多家,《中国娱乐报道》成为许多频道的主打栏目。进入新世纪后,该栏目每天 30 分钟的内容已经在全国 106 家电视台每日同步播出,而各地还有更多电视台纷纷要求购买《中国娱乐报道》的播出权。

节目的内容健康向上,融趣味性、可视性于一体,迅速受到各地观众的普遍喜爱,收视率直线上升。据 AC 尼尔森权威数据调查显示,《中国娱乐报道》全国平均收视率达 10% 以上,即使在电视栏目竞争最为激烈的湖南地区也高达 20%,超过当地同时段所有节目收视率,也使不少频道的广告收入显著增加。即便在有众多优秀节目落地的北京地区,《中国娱乐报道》也位列栏目收视率第二。[1] 调查显示,《中国娱乐报道》的观众中,数量最多的是年龄在 15—45 岁(约占 78%)的人群。

《中国娱乐报道》迅速崛起的一大背景是,随着各地电视台纷纷上星或联网,台与台之间的竞争日趋激烈,各台对节目的数量和质量同时提出了更高要求。节目社会化制作,实行制播分离改革成为大势所趋。一些社会电视制作机构便如雨后春笋般涌现。[2]

在业内,光线引来了如潮般的模仿者。除了拷贝节目模式外,另外几种"台外运作"的制播分离方式也相继出现:一是某些社会制片机构,通过制作电视剧、纪录片等卖给电视台来盈利;二是一些电影制片厂因当时电影业不景气,转而拍摄电视剧、大型电视纪录片或承包栏目;三是"包栏目",即"承包者"保质保量地完成所包节目,并上交一定的播出费,电视台则给予其一定长度的广告时段,"承包者"要自己去拉广告、收取广告费。一时间,大大小小的制作机构在北京就冒出 100 多家。

民营制作商的蜂拥而出再次引起了主管部门的注意。电视台开始强化对播映权的掌控。在这样的环境下,有人戏称"电视台才是大爷";民营制作商要一边讨好观众,一边讨好电视台。双重压力下,行业整体走弱,面临新的考验。[3]

小结

从 1998 年到 2002 年,世界跨入新千年。改革开放后,影响中国变革不可忽视的因素之一就是国际环境。这一时期,中国电视新闻事业在世界多极化与全球一体化的浪潮中,跟随世界脚步也在发生着巨变。随着"入世"进入倒计时,中国电视新闻发展面临新的挑战,改革进入快车道。

西方传媒集团对中国市场跃跃欲试,而我国广播影视内部存在的"小而全、低而散"等体制弊端也严重阻碍其发展。面对"内挤外压"的严峻形势,中国广播电视领域

---

[1] 王方剑.王长田要做"中国的时代华纳"[J].中国企业家,2000(5).
[2] 段世文.《中国娱乐报道》火爆荧屏 节目制播分离前景看好[J].新闻传播,2000(3).
[3] 黄新河."娱乐现场"的生存游戏[J].中国市场,2002(12).

进行了集团化改造,电视与广播、有线与无线合并,制播分离……其中有成功的改革,例如,中央电视台在推行频道专业化、栏目个性化、节目精品化的改革中,对栏目实施了严格的警示和末位淘汰制度,取得了良好效果,不仅建立了科学量化的节目综合评价体系,还优化了频道资源配置,提高了节目质量,增强了竞争力,促进了观众满意度和广告招标率的迅速提升。在体制机制上,国内事业单位开始改革,电视新闻管理体制也在不断革除旧体制下形成新的思维模式和运作方式。

探索中也有不成功的案例。2004年12月,国家广电总局对运行了5年的广电集团紧急刹车,回顾其短暂历程,广电集团化问题的核心仍出在电视台"事业、产业"一体两栖功能的矛盾定位上,行政命令下的组合,简单的物理式叠加,产生不了化合作用。为填补电视台内容缺口、降低成本、丰富来源而实施的制播分离改革也面临困境,不仅涉及资源与经济利益的再分配,思想认识上的反复和政策上的摇摆也使得这一改革一度踯躅。

这一时期科学技术发展日新月异,信息传播业正面临一场深刻的革命。1985年8月1日,我国租用"国际通信卫星"的一个转发器向全国传送中央电视台第一套节目,到1999年10月我国所有省(区、市)都有一个电视频道上星。随着我国卫星通信事业的发展,据国家广电总局统计,到2000年,加上中央电视台的9套节目,覆盖全国的共有40套境内节目。中央台和省级台混合覆盖的新格局,增加了全国市场的同台竞争,大大刺激了我国电视节目的生产与销售。

卫星电视的迅速发展加上广播电视"村村通"工程的推展,我国电视节目人口覆盖率提升显著,且覆盖更为平均。不少落后、边远地区的电视"入户率"大大提升,能收看的节目也更加丰富。不仅如此,数字高清电视的发展大大提高了电视节目的播放效果。这一时期电视媒体在互联网上的发展开始萌芽,以"央视国际网"为代表的媒体网站将国内的信息与节目以更快、更新颖的方式传播到更远的地方,让世界上更多的人听到中国声音。

新旧世纪之交,最新的传播技术与报道方式也应用到电视新闻的报道中,电视媒体应对突发事件的能力不断增强,新闻时效大大提高。其中,最为亮眼的可以说是电视新闻直播报道的运用。建国50周年国庆庆典、澳门回归、十六大、克林顿访华……电视媒体除了对重大事件和政治仪式进行直播外,也越来越多地直播报道战争、科技、社会等领域,直播题材更为丰富,技术手段日益成熟,直播走向常态化。

在实践中,中国电视新闻事业迈向国际,全面拓展与世界各国电视传媒的合作,合作方式多样。加入WTO给中国传媒业带来机遇的同时,也让其面临一个全新的生存环境,其中一个严酷挑战就是新闻理念的不适应。面对中国社会对信息需求的增加,中国电视新闻业开始了一系列业务改革,逐步实现频道的专业化、对象化,福建新闻频道、凤凰卫视资讯台等专业频道的诞生,省级卫视的成长,形成了中国电视新闻业的新格局。

此外,不少已有新闻节目纷纷改版,从栏目设置到内容编排都进行重新调整,节目播报从"播新闻"转变为"说新闻"。尽管中央电视台仍然是电视新闻领域的龙头,但是一家独大的局面已被打破,其地位优势有时难以在地方题材的报道上得到发挥。

电视新闻依然较多关注舆论监督功能,开办焦点、监督节目成为热潮。《焦点访谈》、"3·15"报道、南丹矿难、陈馅月饼等一批有影响的节目、报道纷纷出现,甚至有影响高层决策的作用。

中国的电视观众调查研究也经历了一个从传统到现代,从取向于"量"到取向于"质"的过程,更为重视观众的满意度。

这一时期,新闻开始了民生化改革,《南京零距离》《杨芳热线》《元元说话》等民生新闻节目涌现,并受到欢迎。民营电视新闻也得到了社会认可。种种改变的背后不可忽视的是受众地位的提高,受众信息需求提升,"平民意识"觉醒。

激烈的国际竞争环境、中国特色社会主义市场经济的发展、政治体制机制的改革、新时期信息革命的到来、民众意识的觉醒……这一时期的中国电视新闻事业发展进入快车道,改革开始加速度,也经历着前所未有的巨大风险与挑战,原有的电视新闻格局在一定程度上受到冲击,也为之后中国电视新闻的法制化、规范化、专业化发展奠定了基础。

第九章　大事频现考验 发展渐入高潮

（2003—2008 年）

2003 年到 2008 年，中国处于改革开放的第 3 个 10 年。这一阶段，中国全面建设小康社会取得重大进展，社会生产力、综合国力显著提高。同时，中国不断加快社会主义现代化建设步伐，但又面临着复杂多变的国际局势，承担着自身改革发展的重任。

社会进步为电视新闻事业的稳步发展奠定了物质基础，电视产业一直在探索中持续壮大。这 6 年，电视技术继续更新换代，形成了电视新闻发展的高峰期，同时这 6 年也是互联网和新媒体快速成长时期。

2003—2008 年，对于中国是一段大事频发的时期。6 年时间里，电视新闻与民众同甘共苦，经历了非典肆虐、冰冻灾害、汶川地震、北京奥运、股市动荡等重大事件的洗礼。电视新闻工作者也在一场场重大战役中不断铸炼着自己的专业能力和职业精神，以此回应社会的期盼。在经历阵痛、迅速发展的过程中，中国电视新闻成为前行的瞭望者与民众的陪伴者，也在这几年留下了浓墨重彩的一笔。

新传播技术飞速发展，从数字化、网络化到三网融合，直播卫星、高清电视、数字电视、网络电视、IPTV 等新媒体悄然出现，在市场上逐渐形成强劲势头；短信互动成为连接屏幕内外最为直接、有效的工具。中央和地方电视台积极推进节目的专业化、品牌化，内容更接地气、与观众互动越发频繁，不断通过提升节目质量应对媒体环境的变化。

面对新媒体的出现，电视媒体的王者地位受到冲击，但不论是对灾情的持续直播，还是向世界传递中国声音，抑或揭露社会上的不良现象，电视媒体始终在不断地调整和发展自己以应对受众的变化和媒介环境的挑战。"非典"事件是政府信息走向公开的转折点，国家的信息公开制度基本确立，为中国电视新闻业带来了新的动力，激发出更大的能量。

中央电视台新闻频道开播，成为国家级新闻发布的专业渠道，提升了电视新闻的地位与影响。电视新闻成为成长中的中国电视产业的支柱性内容，社会影响力持续增长。回头来看，这 6 年也可以说是中国传统媒体电视新闻的一个高潮期，之后，随着新媒体在中国日益发展，电视面临更多考验，从而寻找着新的出路。

第一节　电视事业建设

进入 21 世纪以来,国家为积极扩大广播电视优势、促进产业发展,不断推出新的政策措施,调整相关管理和行政规定,为广播电视事业发展提供更为宽松与灵活的空间,同时,保证广大受众享有更为全面的信息服务。

一、管理改革

(一)政府信息公开

这几年,我国在政府信息公开方面做出了积极努力,信息公开为媒介获取、发布信息提供了保障。这种与媒体运作规律接轨的行政行为,为包括电视在内的新闻传媒改革提供了必要条件。

2003 年的"非典"事件成为政府信息走向公开的转折点,"尽快建立健全政府信息公开制度"成为从政府到社会的普遍共识。2003 年 5 月 7 日,国务院颁布《突发公共卫生事件应急条例》,这标志着我国公共卫生事件应急处理步入法制化轨道,此类信息的发布开始有了法规可循。

2006 年 1 月,国务院颁布了《国家突发公共事件总体应急预案》,对公共危机中的信息传播问题做了明确规定:"突发公共事件的信息发布应当及时、准确、客观、全面。事件发生的第一时间要向社会发布简要信息,随后发布初步核实情况、政府应对措施和公众防范措施等,并根据事件处置情况做好后续发布工作。信息发布形式主要包括授权发布、散发新闻稿、组织报道、接受记者采访、举行新闻发布会等。"

2006 年 12 月,国务院公布了《北京奥运会及其筹备期间外国记者在华采访规定》(以下简称《规定》),其中明确提出:自 2007 年 1 月 1 日至 2008 年 10 月 17 日的北京奥运会筹备和举办期间,我国政府将放宽外国记者在中国采访的尺度,即外国媒体在华采访,只需征得被采访单位和个人同意即可;外国媒体还可聘用中国公民协助其采访报道工作。

2007 年 4 月 5 号,国务院总理温家宝签署了第 492 号国务院令,公布《中华人民共和国政府信息公开条例》,2008 年 5 月 1 日开始正式实施。2007 年 8 月,第十届全国人大常委会通过了《中华人民共和国突发事件应对法》,以法规形式确立了政府信息公开的义务与责任,中央和地方各级政府相继建立起突发事件的应急处理机制和新闻发布制度,政务公开和政府信息公开成为我国政治体制改革的一个重要内容。

2008 年 10 月 17 日,国务院公布了《中华人民共和国外国常驻新闻机构和外国记者采访条例》(以下简称《条例》),《条例》将之前《规定》的主要原则和精神以长效法规的形式固定下来,继续为外国新闻机构和外国记者在华采访提供便利。这种较之以往更为开放、平和的态度,显示出政府执政方式的进步。

另外,在新闻从业人员管理方面,这几年也陆续出台了相关条例和准则。

(二)松绑民营资本

自入世开始,中国电视传媒就启动了集团整合、资源重组、产业竞合的市场马达。以政府完全支配到适度向市场放开的转轨为背景,广播电视领域逐步走向产业化经营之路。整个传媒市场结构经历着观念调整与市场转型。在此过程中,民营机构的涌现加快了这场变革的进度,增强了变革的力度。

市场经济的发展为民营机构带来了前所未有的机遇,民营机构自诞生之日起便与政策规制紧密相连。2003年年底,国家广电总局向8家民营电视节目制作公司颁发了与国有电视台一样的《电视剧制作许可证(甲种)》,国有机构的垄断局面结束。2004年6月,广电总局再次向16家民营电视公司发证,准入门槛的降低吸引了更多的资金和社会力量进入电视剧制作领域。这一举措不仅规范了市场秩序,而且促进了国营企业与民营企业、电视节目制作与播出机构之间的权益平衡。

2004年2月10日,国家广电总局下发的《关于促进广播影视产业发展的意见》指出:可以把电台、电视台、广电集团(总台)除新闻宣传以外的社会服务、大众娱乐类节目,特别是影视剧的制作经营从现有体制中逐步分离出来,按照现代产权制度、现代企业制度组建公司,实行所有权与经营权分离。其中特别提出,对于产业经营前景比较好、具备企业化运作条件的如体育、交通、影视、综艺、音乐、生活、财经、科教等频道频率,在确保其作为国家专有资源不得出售以及节目终审权和播出权牢牢掌握在电台、电视台手中的前提下,经批准可以组建公司,探索进行频道频率的企业化运营。广播电视业向市场经济体制改革迈出重要一步。①

2004年1月1日,北京金天地影视文化公司、深圳泉来实业有限公司与贵阳电视台经国家广电总局批准共同成立了贵州金天地广告节目有限公司。公司为股份制,贵阳电视台占有股权的40%,金天地和其他股东各占30%。公司董事长由贵阳电视台一位副台长出任,总经理由金天地聘请。公司每年要上交给电视台频道占用费,包括运营费等,运营的利润三方按照股份比例分成。

按照三方协议,贵州金天地负责经营贵阳电视台一套、二套除新闻之外的节目和两个频道的全部广告,负责这些非新闻节目的购销且具有编播建议权,但是不能干预新闻节目;同时节目的审查权和编播权仍属电视台。此外三方协议还为节目审查设置了一个参照标准:同样的节目如果能够在其他电视台播出,贵阳电视台就不能否定。②

这是民营资本首次以股份制方式正式进入国有电视台,标志着中国第一个股份制电视台经营模式确立。这一变化显示出国家广电总局推进广播电视产业化的政策方向。

---

① 国家广电总局.关于促进广播影视产业发展的意见[J].中国广播电视学刊,2004(3).
② 刘江华.民营企业进入国有电视台 除了新闻什么都管[EB/OL].(2004-04-25)[2018-03-01].http://business.sohu.com/2004/04/25/37/article219943784.shtml.

2005年,民营电视企业规模化拓展进一步推进,民营资本准入获得了与广电系统内部同等的待遇,这为民营电视企业发展创造了相对平等的参与机会。2005年1月,国家广电总局批准北京东方传奇国际传媒有限公司为民营节目制作公司规模化试点单位,为其核发了《电视剧制作许可证(甲种)》。该公司是由北京、上海6家公司打破"前店后厂"分散经营格局,将各自优势资源重新整合而共同组建的,注册资金5,000多万元,进一步促进了民营电视企业的发展。

长期以来,许多电视媒体相对缺乏丰富的内容资源和高效的制作机制,而民营机构恰好可以利用这一空间生存发展。数据显示,2004年全国电视节目播出时长为1,103万小时,其中,电视台自制节目播出时间385万小时,占35%,购买交换节目播出时间467万小时,占42%,转播节目播出时间257万小时,占23%。① 这说明事实上电视台需要借助社会力量,来保证众多频道内容播出的数量和质量。这一趋势将促进电视节目走向市场,为民营电视制作公司提供更多机会。所以,无论是从政策、资源还是市场来考察,民营制作公司的生存空间和发展空间越来越大了。

(三)规范媒体的舆论监督

舆论监督是媒体的重要功能,我国政府历来强调舆论监督工作,将其视为党内监督、防止腐败的重要手段。2003年12月底,舆论监督作为党内监督的法规被正式列入《中国共产党党内监督条例》。2004年4月16日,中共中央政治局常委李长春来到中央电视台,对《焦点访谈》创立十周年表示祝贺。国家广电总局随即下发了《关于进一步加强和改进舆论监督工作的通知》,要求没有开办舆论监督节目的,抓紧开办,并在黄金时段播出,时长不少于10分钟,批评性报道应占报道总量的50%以上。②

2005年4月,中共中央办公厅印发了《关于进一步加强和改进舆论监督工作的意见》(以下简称《意见》),中宣部也印发了《加强和改进舆论监督工作的实施办法》。《意见》要求各级党委政府、社会团体及其工作人员要重视舆论监督工作,支持新闻媒体的采访活动。基层单位不得封锁消息、隐瞒事实,不得以行贿、说情等手段对舆论监督进行干预。同时这两个文件也列出了比较详细的规定,如选题要典型,"不能以偏概全,把局部问题当作整体问题……不能对一个地区、一个行业、一个部门甚至一个问题在一段时间内集中进行舆论监督";涉及军队和武警部队、征地、拆迁、移民、国有企业转型、军转干部安置等方面"不做公开批评报道";"地方性媒体、都市类媒体不得跨地区进行监督采访报道,专业类媒体不得跨行业进行监督采访报道"。

2005年5月10日,国家广电总局发布了贯彻中央文件的《关于切实加强和改进广播电视舆论监督工作的要求》,也做出较为详细的规定,如"对现阶段暂时解决不了的问题不宜公开批评报道""对领导干部点名批评,要送被批评领导干部上一级党委审

---

① 《中国广播电视年鉴》编辑委员会.中国广播电视年鉴2005[M].北京:中国广播电视年鉴社,2005:52,527.
② 李春.当代中国传媒史[M].桂林:漓江出版社,2014:815.

定,并经广播电视机构主要负责同志批准";"对未成年人犯罪案件一般不予公开报道";"各地广播电台、电视台不得跨地区进行舆论监督采访报道"[①]。

二、事业建设

(一)现状与问题[②]

中国广播电视事业规模与传输覆盖不断扩大,截至 2007 年年底,全国共有播出机构 2,587 座,其中,电台 263 座、电视台 287 座,分别比 1978 年增长 3 倍和 9 倍;教育电视台 44 座、广播电视台 1,993 座;开办节目 3,760 套,其中,广播 2,477 套、电视 1,283 套,分别比 1980 年增长 17 倍和 32 倍,此外,还开办了 155 套付费节目。

卫星上行站 34 座,卫星收转站实际已超出 2,000 多万座;微波站 2,749 座,微波线路 8 万多公里;发射台和转播台 6.6 万座;有线电视网络 300 多万公里,有线电视用户 1.53 亿,居世界首位;数字电视用户 2,686 万户,且还在逐年增加。广播、电视的人口综合覆盖率分别超过 95.4%、96.6%,比 1982 年增长了 49% 和 69%,比 5 年前增加了 2%;有线电视用户比 2002 年增加了近三分之一。

这一时期,我国广播影视处于快速发展中,但仍有发展不平衡的问题。一是中西部地区与东部地区的差距很大。这一点可以在 2007 年全国广电系统总收入中,中央广电与东、中、西部地区广电的收入与所占比例看出来(见表 9-1),中西部收入之和还比不上东部的收入,而中西部地区幅员辽阔,广播电视覆盖任务繁重。

表 9-1　2007 年全国广电系统总收入(按大区统计)

	中央	东部	中部	西部	总计
收入/亿元	220	628	266	200	1,314
占总收入百比分/%	17	48	20	15	100

二是城乡差距较大。这一点可以在 2007 年全国广电系统总收入中,中央、省、地市、县广电收入的数量与比例中看出来(见表 9-2)。县级广电机构主要承担对广大农村的转播覆盖任务,直接向 8 亿农民群众提供服务,但其收入仅占 15%,与其承担的任务不相适应,并且由于长期投入不足,农村广播影视发展较为缓慢,城乡差距较大。我国广播影视全面发展的任务仍很艰巨。

表 9-2　2007 年全国广电系统总收入(按行政级别统计)

	中央	省	地市	县	总计
收入/亿元	220	578	315	201	1,314
占总收入的百分比/%	17	44	24	15	100

---

① 《中国广播电视年鉴》编辑委员会.中国广播电视年鉴 2006[M].北京:中国广播电视年鉴社,2006:508.
② 张海涛.坚持科学发展观 推动广播影视大发展大繁荣:在 2008 年中国国际广播电视信息网络展览会(CCBN2008)主题报告会上的讲话[J].现代电视技术,2008(4).

(二)扩大广播电视覆盖

这一时期,国家为解决农村群众听广播、看电视电影难的问题,不断加大广播影视资源向农村倾斜力度,大力实施广播电视"村村通工程""西新工程""无线覆盖工程"等广播影视重点工程,以解决近亿农民群众收听收看广播电视的问题,提高边疆少数民族地区广播电视覆盖和电影放映能力。农村广播影视基础设施建设进一步加强,财政保障机制和内容供给机制逐渐完善。

出于扩大电视新闻覆盖面的需求,中央主要从落实"村村通"以及2012年开始的卫星"户户通"两个工程入手。

1.村村通工程

为解决广播电视信号覆盖"盲区"农民群众收听广播、收看电视的问题,从政策条例和技术手段两方面入手,国家发改委、财政部、广电总局共同组织实施了广播电视村村通工程。第一阶段是从1998年到2003年,完成了11.7万个已通电行政村的"村村通"工程建设。第二阶段从2004年开始,完成了10万个50户以上已通电自然村的"村村通"工程建设。

2007年7月,国家发改委、财政部、广电总局联合印发了《"十一五"全国广播电视村村通工程建设规划》,明确"十一五"期间(2006—2010年)广播电视村村通工程建设的目标和任务,即全面实现20户以上已通电自然村的"村村通"工程建设,大力提高农村地区广播电视节目无线覆盖水平。① 这是该工程建设的第三个阶段。

2.无线覆盖工程

广播电视人口覆盖包括有线覆盖、无线覆盖、卫星覆盖等多种形式。无线覆盖又被称为"地面覆盖",即电台、电视台及其发射基地使用发射机、转播天线等设备发射信号,对一定地域实现的覆盖方式。

2006年国家广电总局启动"无线覆盖"工程,按分级负担原则,为确保2008年6月提前实现"十一五"中央广播电视节目无线覆盖目标,中央财政2006—2007年共拨出30亿元,对全国转播中央第一套广播和中央电视台一套、七套电视的3,325座无线发射台站、6,177部电视、调频和中波发射机进行更新改造,并进行后期的运行维护。②

地方各级政府分别负责解决转播本级广播电视节目的无线发射转播台(站)的机房和设备的更新改造及运行维护经费。这样的安排,使"无线覆盖"工程提前完成,该工程有利于改善农村文化和信息传播中的问题。

3.直播卫星(DBS)

2000年,"广播电视直播卫星系统"被列入国家"十五计划"。2001年3月,《中国

---

① 参考资料:《电源世界》2007年第11期的《"十一五"全国广播电视村村通工程建设规划发布》一文。
② "十一五"全国广播电视村村通工程建设规划[EB/OL].(2007-10-16)[2018-04-05].http://news.cnfol.com/071016/101,1277,3426379,00.shtml.

广播电视卫星系统可行性论证报告》获国务院批准,计划于2003年发射我国自己的直播卫星。

2001年12月,中国卫星通信集团公司成立,主要经营通信、广播及其他领域的卫星空间业务、卫星移动通信等业务。

2006年10月29日,中国首颗直播卫星"鑫诺2号"在西昌卫星发射中心成功发射,原计划要为内地(大陆)、港澳台等地的广播电视、数字电视、直播电视和数字宽带多媒体系统用户提供服务。但是该卫星在定点过程中出现技术故障,太阳能帆板和通信天线皆未能展开,无法提供通信广播传输服务,最终报废。

2008年6月9日,"中星九号"直播卫星成功发射。这是我国真正意义上的第一颗广播电视直播卫星,在原计划中是"鑫诺2号"的备份星。它携带了22个Ku波段转发器,在轨使用寿命为15年,能播出200套标清(SDTV)和高清电视(HDTV)节目。该卫星功率强劲,直播的数字广播电视节目彻底解决了我国5%的山区和偏远地区7,000多万人收听收看广播电视节目的问题,大大提升了广播电视覆盖率,推动了卫星数字电视的普及与发展。[①]

"中星九号"还使用了很多创新技术,如:采用我国自主研发的专用传输技术,确保机顶盒只能接收我国直播卫星信号;专门开发了数据采集回传软件,机顶盒可自动回传用户操作遥控器的数据,准确了解用户收视情况,还可以以此进行用户收视率调查。

为此专门研制的机顶盒可以免费收看25套左右的中央电视台和地方卫星电视节目,免费收听17套左右的卫星广播节目。机顶盒中还内置了直播卫星和地面数字电视两种解调芯片,可以同时接受卫星和本地6套免费地面数字电视信号。机顶盒中还内置了通信模块(与中国移动合作),可以用于语音通信。我国还专门开发了直播卫星应急广播系统,在发生重大自然灾害时,机顶盒不论是在开机或关机状态,只要插电就可自动接收应急广播信号并发出报警声音。

经过试点和调研之后,2011年9月23日,国家广电总局以急件向全国各省、自治区、直辖市、新疆建设兵团等广电部门,下发了《关于在有线网络未通达农村地区开展直播卫星公共服务的通知》(广发[2011]71号文件),正式将"中星九号"直播卫星的运营模式定位于"公共服务",是面对"有线未通达地区"的2亿多户农牧民家庭的"文化惠民工程"。"力争在2011年完成1,000万户,2012年达到5,000万户,2013年达到1亿户,2014年达到1.5亿户,2015年实现2亿多用户目标的户户通"。文件还明确"各地有线电视运营商作为直播卫星地方服务机构,负责管理本辖区内直播卫星接收设施的销售和安装任务"[②]。

(三)新媒体建设

21世纪以来,国家对于电视新媒体的发展以数字化作为核心技术切入,建立发展

---

① 陈晓军.中星九号"村村通"直播系统简介[J].家电检修技术,2009(10).
② 冯传岗.我国广播电视事业发展的里程碑:"中星九号"卫星直播电视[J].视听界,2012(2).

基础,并就此进行了一系列决策、布局。

1. 新媒体决策

2001年年初出台的《广播影视科技"十五"计划(2001—2005年)和2010年远景规划》要求:①在卫星方面,"十五"初期,制定卫星直播系统方案,2005年直播卫星接收用户争取达到3,000万户;全面实现卫星数字电视传输,2005年停止上星节目的模拟传送。②在有线电视方面,2001年建立有线数字电视试验网,2002年有线数字电视正式播出,2003年在我国全面推行有线数字电视,到2005年有线数字电视接收用户超过3,000万户。③在地面电视方面,2003年完成我国地面数字电视传输标准的制定工作,并在一些重点城市进行地面数字电视试验,取得经验后,2005年正式在我国推广地面数字电视广播。④在综合业务方面,拓展广播电视业务和市场空间,为国民经济信息化做出贡献,到2005年,广播影视综合业务用户超过3,000万户,在经济发达地区,综合业务用户达到有线广播电视用户的20%以上。2010年,全面实现数字广播电视,2015年,停止模拟广播电视的播出。①

2001年11月,国家发改委确定以有线数字电视作为今后广播电视特别是数字电视发展的切入点(即"从有线切入"原则),推出《广播影视科技"十五"规划和2010年远景规划》,要求"2002年有线数字电视正式播出,2003年在我国全面推行有线数字电视,到2005年有线数字电视接收用户争取超过3,000万户,2015年停止模拟广播电视的播出",旨在推进我国有线电视数字化进程,加快建立有线数字电视技术新体系。②

2003年1月,全国广播影视工作会议召开,将2003年定为"网络发展年"。数字电视作为我国广播电视信息化、网络化、数字化、产业化的核心业务,在经历了此前略显自由无序的发展之后,国家广电总局开始对其发展进行全面规划与布局。

2004年年初,国家广电总局下发了《关于促进广播影视产业发展的意见》,这一年被总局确立为"产业发展年"和"数字发展年"。

2005年12月,中共中央、国务院下发《关于深化文化体制改革的若干意见》,明确要求:积极采用数字、网络等高新技术和现代生产方式,改造传统的文化创作、生产和传播模式,大力发展数字广播、数字电视、数字电影。

2006年2月9日出台的《国家中长期科学和技术发展规划纲要(2006—2020年)》和全国人大通过,中共中央办公厅、国务院办公厅发布的《国民经济和社会发展第十一个五年规划纲要》都要求加强数字媒体信息平台的建设,加快广播影视数字化进程。国务院将广播影视数字化纳入2004、2005、2006年的工作要点。

2006年,《国民经济和社会发展第十一个五年规划纲要》提出,"扩大广播电视覆盖范围;发展数字广播影视;确保安全播出",促进我国广播电视产业化和数字化迅速

---

① 张海涛.张海涛同志在全国有线数字广播影视业务试点工作动员会上的讲话[J].广播电视信息,2003(8).
② 资料来源:广播影视科技"十五"计划和2010年远景规划,http://i.mtime.com/brcy/blog/1073520。

提升。

2008年1月18日,国家广电总局公布"国务院办公厅转发发展改革委等部门《关于鼓励数字电视产业发展若干政策》的通知"。该通知明确了这几年数字电视的发展目标,要以有线电视数字化为切入点,加快推广和普及数字电视广播,加强宽带通信网、数字电视网和下一代互联网等信息基础设施建设,推进"三网融合",形成较为完整的数字电视产业链。2008年,我国通过数字高清晰度电视向世界播出北京奥运会节目。2010年,东部和中部地区县级以上城市、西部地区大部分县级以上城市的有线电视基本实现数字化。2015年,我国基本停止播出模拟信号电视节目,且力争使我国数字电视产业规模和技术水平位居世界前列,成为全球最大的数字电视整机和关键件开发和生产基地,实现由电视生产大国向数字电视产业强国的转变。[①]

2.网络电视

网络电视就是利用宽带网络向用户提供包括数字电视在内的多种交互式服务,用户在家中可通过个人电脑或者"网络机顶盒+普通电视机"接收节目。与传统电视相比,网络电视具有以下特点:一是应用先进的数字技术,改变并提高了制作、传输、接收及播放的方式、容量和质量;二是改变了以往点对面的单向传播,可以实现点对点的交互式传播,用户的选择性大幅提高;三是通过网络的改造与相关技术的研发,网络电视业务内容日益丰富,它在视听服务外,成为集资讯服务、商业服务、生活服务等为一体的综合平台。[②] 最早的网络电视是电视媒体网站。

1996年6月,凤凰卫视以企业网站形式创办了凤凰网(最初的域名为phoenixtv.com),成为与网络融合的电视界先锋。

1996年12月,央视国际网络前身"中央电视台国际互联网站"成立,域名为www.cctv.com,是我国第一家电视台网站。随后,全国各省市级电视台纷纷在网上"安家落户"。虽然是电视媒体"触网",但当时技术却只能以文字、图片为主,真正的视频内容相当匮乏,几年后进入中央电视台网站,也只能看到《东方之子》《实话实说》《新闻联播》等少数节目。

1998年,上海电视台网站问世,同年成立的还有安徽电视网。1999年6月,广东电视网创立。

2004年是国家广电总局命名的网络发展年。这年前后,受国外视频网站发展热的影响,国内视频分享网站陆续出现。2004年,PPLive第一个网络视频客户端版本在武汉华中科技大学诞生,成为网络视频行业的雏形。在此影响下,网络电视也开始出现。这年5月31日,中央电视台网络电视(tv.cctv.com)在北京开播,这标志着中央电视台正式进军网络业务。时任台长赵化勇在开播仪式上表示,中央电视台将把大力

---

① 资料来源:国务院办公厅转发发展改革委等部门《关于鼓励数字电视产业发展若干政策》的通知(国办发[2008]1号),http://guoqing.china.com.cn/gbbg/2011-10/28/content_23753714.htm.
② 王惟红.广电媒体如何布局网络电视产业战略:以央视国际网站(CCTV.com)为例[J].新闻传播,2007(10).

开拓互联网在线视听当成工作重点。① 中央电视台成立了网络电视,依托中央电视台的节目资源,汇集了中央电视台自成立以来几十万小时的历史资料,同时每天新增几十个小时的实时电视节目。

2004年,上海文广新闻传媒集团(SMG)旗下的上海东方宽频传播有限公司②成立。同年12月28日,SMG创办的上海东方网络电视在上视大厦举行了开播仪式。"东方宽频"网站开播,主站设有新闻、财经、娱乐、播客、社区等20多个视音频频道。9月24日,网络电视也在江苏落地。

2004年11月,湖南广电旗下的"金鹰宽频"网开播,设有新闻、评论、娱乐、综艺、旅游等多个资讯频道,以及博客、论坛两个社区。它以"娱乐"为立网宗旨,力图为网民打造中国的"第一网络娱乐生活平台",提供了很多优秀的本土娱乐节目。

2005年,PPLive正式推出,随即PPS、土豆、优酷、搜狐视频等相继上线。2008年,政府进行互联网网络视频行业规范,PPLive成为行业内第一家获得国家广电总局颁发的"信息网络传播视听节目许可证"的企业。随后,PPS网络电视、悠视网、我乐网等也纷纷上线,主要向用户提供视频节目点播和直播服务。

2005年8月8日,以互动视听为特色的CCTV网络电视(tv.cctv.com)新闻频道和娱乐频道正式开播,不仅提供新闻、娱乐视频点播服务,而且开辟了网上聊天室,开创了互动视听新方式。CCTV网络电视新闻频道栏目主要有《新闻网播》,选取每天滚动播出的电视新闻精彩内容,切分成单条视频新闻,供网民点播;《网评天下》,围绕大事和热点,选用网民在论坛中的帖文和观点,配以图片、视频,由网络电视主持人进行串讲;《侃侃网事》,根据网上热点和网民提问,网络电视主持人对事件相关人物及各方嘉宾进行访谈,解疑释惑;《网闻贴吧》是新闻故事征集节目,网络电视主持人通过由网民提供的图片或视频故事,讲述大家的家常事、心里话;《新闻直播》,全天同步转播中央电视台新闻频道、4套、9套节目。③

2006年4月28日,央视国际网络全新改版,并将"央视网络电视"并入,完成了网络资源整合。当天,央视国际网络运营机构中央电视台网络传播中心(中央电视台国际网络有限公司)正式揭牌。该公司是对中央电视台以电视节目为主的各类信息进行网络传播和推广的独家授权机构,拥有国家主管部门颁发的信息网络传播全业务资质,包括网络电视、手机电视、IP电视、公交移动电视等。2008年5月14日,央视国际正式更名为央视网。

2006年10月,凤凰网通过改版推出了凤凰新媒体,融合了互联网、无线通信网和网络视频三大平台,致力于打造一流的全球华人新媒体。网站设有中文台、资讯台、电影台、欧洲台和美洲台5个子频道,主要提供国内国际的时事财经、社会热点、历史军

---

① 袁媛.中央电视台开播网络电视进军网络媒体业务[N].中华新闻报,2004-06-09.
② 2010年,SMGBB上海东方宽频传播有限公司被视通公司(BesTV)收购。
③ 资料来源:《中国新闻出版报》2005年8月10日发表的《中央电视台开播网络电视新闻频道和娱乐频道》。

事等新闻资讯内容。①

2008年元旦,金鹰网首度改版,添加了视频新闻、视频节目、视频分享、播客社区等多项视频版块。2009年9月,金鹰网又推出"网络娱乐生活"的新概念,并开始将触角延伸至无线业务领域,力求将电视、互联网、手机几大平台更好地融于一体。2005年,新华社、中央人民广播电台、北京人民广播电台等传统媒体都宣布进入网络电视领域。

3.手机电视

2004年6月,上海文广新闻传媒集团(SMG)成立了专门运营手机电视的公司——上海东方龙移动信息有限公司,负责手机电视的内容集成和节目编辑制作等工作。2005年3月22日,SMG获得国家广电总局颁发的手机电视全国集成运营许可。同年5月13日,SMG与中国移动达成战略合作,作为唯一的内容合作伙伴,共同发展手机电视业务。9月28日,SMG手机电视全网业务正式上线运行,提供节目的转播和点播两种服务方式。

2005年12月,山东移动与山东广播电视总台联手推出了山东省手机电视媒体"广视无限"。

2005年,面对手机增值业务的迅速增长和3G时代诱人的市场前景,各地运营商纷纷试水手机电视业务,用户规模一度达到22万人。②

手机电视商用试验热闹非凡,但当时却困在标准之争的危机中。标准的不确定不仅造成了运营上的混乱,也为运营商带来了巨大的投资风险,影响到其市场商业模式及产业链的构成。2006年3—4月,国家广电总局连续发出两道"规范令",强调在没有统一的技术标准前,各地暂停移动多媒体广播试验。③ 各地运营商在完成初期网络建设和试验后,只能无奈地等待标准的出台。

2006年7月3日,国家广电总局成立了CMMB(中国移动多媒体广播,China Mobile Multimedia Broadcasting)工作组,除了总局下属的广科院等单位,中国移动、中国联通以及中兴通讯等国内龙头企业也悉数在列,加快了标准制定的进程。

2006年4月,中央电视台获得运营手机电视业务资质。同年4月28日,央视网络传播中心(央视国际网络有限公司)正式揭牌,拥有包括手机电视在内的信息网络转播全业务资质。

2006年6月的德国世界杯前夕,国际足联首次发布了赛事的手机数字版权,上海文广SMG斥资1亿多人民币购得中国地区独家版权,并在中国移动的梦网平台上开设了"掌上世界杯"视频栏目。SMG派出30多人的网络和手机转播报道组,提供了

---

① 张亚兰.媒介融合视域下电视台网站的发展[J].湖南师范大学学报,2010(5).
② 资料来源:王虎著《标准、赛事、整合:2006中国手机电视发展关键词解读》,网址为 https://xueshu.baidu.com/usercenter/paper/show? paperid=3dab8fa89f0117e63ff9710229260173&site=xueshu_se。
③ 国家广电总局.国家广电总局办公厅关于规范移动数字多媒体广播技术试验的通知[J].广播与电视技术,2006(5);国家广电总局.广电总局关于加强移动数字电视试验管理有关问题的通知[J].卫星电视与宽带多媒体,2006(8).

64 场比赛期间的即时快报以及每场比赛 4 分钟的官方视频集锦等内容。考虑到手机小屏幕的特点,转播选择了专用机位,通过智能画面跟踪技术和优化设计,提供高清晰和近距离影像,展现出球员的表情和球场上变换的细节。

2006 年 10 月 24 日,国家广电总局正式颁布中国移动多媒体广播(俗称手机电视)行业标准,确定采用我国自主研发的 CMMB 标准。(参见下一节相关内容)

2006 年 12 月 1 日,中央电视台手机电视正式开播。这是中央电视台和中国移动、中国电信、中国联通合作经营的,基于移动通信网络的直播、轮播、点播、下载等各类手机视频服务,提供包括新闻、财经、法制、科教、体育等各类内容。经国家广电总局批准,CCTV 手机电视集成播控服务名称为"中国手机视讯",内容服务播出名称为"CCTV 手机电视"。中央电视台手机电视具有独有的丰富资源,包括 400 多个电视栏目、平均每年 170 余场大型活动等独家版权节目。在此基础上,其逐步开拓特色服务、个性服务、品牌服务和定制服务,打造出一个满足用户多方位需求的手机媒体平台。[1]

这一年正值第十五届多哈亚运会期间,央视国际、后台技术服务商以及电信运营商组成了一支 24 小时工作的虚拟团队,支撑中央电视台的手机电视业务。此次中央电视台开通了亚运会的 4 路直播信号,再加上 8 个中央电视台自有版权传统频道,共推出了 12 个直播频道。中央电视台手机电视并不是简单地把传统电视内容转移到手机上,还推出了专门打造的评论栏目《韩乔生说亚运》,用户可以通过这个栏目直接和韩乔生互动侃球。

2007 年 2 月 17 日,CCTV 手机电视不仅通过中国移动、中国联通两大运营平台实现了春节联欢晚会的直播,还联手美国、英国、西班牙等国家的运营商,首次为海外用户提供了春晚的直播和轮播,开始探索中央电视台节目海外传播新模式。

2007 年 3 月"两会"期间,CCTV 移动新媒体——网络电视、手机电视和车载电视首次参与重大时政报道,直播了开闭幕式、总理政府工作报告、总理答记者问等重要活动。

2007 年 10 月,"十七大"召开,CCTV 移动新媒体全程直播会议盛况,手机视频播放效果流畅,得到中央领导赞扬。CCTV 手机新媒体还做出许多新的尝试,推出了第一本时事新闻手机视频杂志《〈手边〉——"十七大"特刊》,每日实时推送会议重大新闻视频资讯。同时与人民网联手,整合无线媒体资源,以视频报道为核心建立无线互联网联盟,共同报道会议。"十七大"期间,CCTV 手机电视直播流量达到 396 万次,是平时的 9.4 倍,通过 CCTV 手机电视收看视频实时报道的受众规模超过 11 万人次,手机电视访问量达到 63 万。[2]

北京奥运会期间,中央电视台第一次采用该技术转播奥运会,其在手机电视上全程直播了近 3,800 小时的奥运赛事,满足了众多体育迷及时观看赛事的需求。

---

[1] 资料来源:《中国新闻出版报》2006 年 12 月 12 日第 1 版《中央电视台手机电视正式开播》。
[2] 钱淑芳.开拓党代会报道的新思路:中央电视台十七大报道特色分析[J].新闻实践,2007(11).

三、国际传播与合作

进入 21 世纪以来,以文化、制度、传媒等构成的软实力越来越为各国所重视。相对于国内生产总值、城市基础设施等硬实力而言,文化软实力体现了一个国家的文化、价值观念、社会制度等因素的影响力。

在传播领域,软实力通常可以从一个侧面反映出国家的凝聚力、文化被普遍认同程度和参与国际事务的能力。广播电视媒体能够在广泛的层面上即时展现出国家的软实力,并产生相应的文化影响。因此,加强对外文化交流,扩展文化发展空间,逐步改变我国文化产品贸易逆差大的被动局面,形成以民族文化为主体,吸收外来有益文化,推动中华文化走向世界的文化开放格局是新时代的新任务。

2005 年国务院颁布的《关于进一步加强和改进文化产品和服务出口工作的意见》与 2006 年的《关于鼓励和支持文化产品和服务出口的若干政策》这两个文件被认为确定了我国文化"走出去"政策的基本思路和框架,是文化"走出去工程"中最具操作性的文件,直接推动了文化产业参与国际贸易的积极性。[①]

2006 年《国家"十一五"时期文化发展规划纲要》要求加快实施广播影视走出去工程,其中包含三项主要任务,即增强广播影视有效覆盖、扩大广播影视产品发行和建立广播影视交流平台。

2008 年是中国改革开放 30 周年,这一年中国举办了北京奥运会。2010 年,中国又举办了世博会。中国在世界上频频亮相,这对中国电视新闻的国际化传播来说既是挑战,也是机遇。

(一)长城卫星平台

我国对外传播从节目交换起步,连续实现了从节目到栏目、从栏目到频道、从单频道到多频道、多语种、多版块、多渠道的 3 次飞跃,形成了宽领域、广覆盖、多层次的广播电视对外传播格局。

2001 年 1 月 16 日,国家广电总局在北京召开了全国影视"走出去工程"工作会议,研究部署"十五期间"广播影视实施"走出去工程"的工作重点,旨在通过各种渠道、采用各种手段,使中国广播电影电视节目在国(境)外,特别是在外国的主流社会媒介渠道有效落地。同年 12 月 24 日,广电总局开始实施此项工程,以大力助推影视文化企业和产品迈出国际化步伐。

2004 年 8 月 27 日,中国国际电视总公司与美国第二大有线电视公司艾科斯塔(EchoStar)在北京签署了合作协议。中央电视台、地方电视台和相关境外电视台的频道共同组建了面向海外的"长城卫星电视直播平台"。中国国际电视总公司所属的中视国际传媒有限公司负责该平台海外落地项目的运营。其建设初衷是向世界更多地

---

① 朱春阳.我国影视产业"走出去工程"10 年的绩效反思[J].新闻大学,2012(2).

区的观众展示中国社会、经济发展成果,向不同文化背景下的观众展现中华文明的神韵和风采。

2004年10月1日,北美"长城卫星电视直播平台"开播,共提供19个频道的节目,分别为:中央电视台中文国际、英语新闻、西班牙语法语、戏曲、文艺、电影频道,以及北京电视台、上海东方卫视、广东南方电视、江苏电视台国际频道、福建海峡电视台、湖南卫视、黄河电视台、凤凰卫视美洲台、凤凰卫视资讯台、亚洲电视本港台(美洲)、华夏电视台、浙江国际频道和厦门卫视。① 这些频道节目从新闻资讯到综艺娱乐、文化服务,体现出了内容的全面性。该平台通过艾科斯塔(EchoStar)直播卫星电视网在美国播出,其中,中央电视台九套和四套直接进入该网的基本层。② 平台的开播标志着我国电视"走出去工程"迈上了一个新台阶。

长城(亚洲)平台于2005年2月1日开播,是其美国平台的延伸。11个中国卫星电视频道通过亚太5号卫星Ku波段播出,覆盖港澳台地区和韩国、越南、缅甸、泰国等亚洲国家。2006年8月28日,长城(欧洲)平台在法国巴黎通过IP电视正式开播,14个中国电视频道采用IP电视、有线电视和卫星直播等多种传播方式覆盖全欧洲。

之后,长城平台陆续在加拿大(2007)、拉丁美洲(2008)、东南亚(2009)和澳大利亚(2010)落地。根据不同地区受众的需求,平台整合了来自中央电视台、地方电视台、中国香港和美国的十多个综合和专业类频道汉语、英语、西班牙语和法语等的节目内容,将新闻资讯、综艺娱乐、影视、旅游、文化、服务等不同形态的节目在所在区域的平台上打包播出,在海外华人以及外国人的主流社群中引起了一定反响。

在此期间,通过麒麟电视(KyLinTV)、银河3C、派TV、直播卫视等平台,又先后有一批国内电视台和电视频道采用卫星传送或者IPTV技术等途径,进入美国有线电视网络。

(二)对外频道建设

2008年以前,中央电视台各类国际频道陆续建立,中国电视长城平台也进入美国等国家播出。同时,湖南卫视、东方卫视、厦门卫视等省市级卫视也开始在国外落地播出。

为扩大国际影响力,2009年,根据党中央关于加强传播能力建设的总体要求,中央电视台加大了"走出去工程"的推进力度,频道建设与节目的海外落地同步进行。在筹建阿拉伯语国际频道和俄语国际频道的同时,中央电视台派出前方工作小组赴相关地区和国家推动节目落地,采取超常规的积极措施,打破以往"先开播,后落地"的一贯做法,在频道开播的当天即实现同步落地,确保频道一开通当地观众就能收看到中央电视台的节目,最大限度地扩大传播效果,开创了电视节目海外落地工作的新思路。

中央电视台阿拉伯语国际频道的推出时间正是在乌鲁木齐"7·5"事件之后,为密

---

① 高晓红,李智.长城平台的对外传播现状和提升空间探析[J].电视研究,2011(1).
② 《中国广播电视年鉴》编辑委员会.中国广播电视年鉴2005[M].北京:中国广播电视年鉴社,2005:547.

切配合中央处置事件的任务要求,在这关键时刻用最短时间提前播出,目的是在国际舆论中争取话语权,掌握主导权,争取伊斯兰世界对我们的理解和支持。

至此,联合国全部6种工作语言都在中央电视台有了完整的播出平台,所用语言覆盖全球85%的人口,多语种国际频道格局基本形成。

2008年,中央电视台拥有了中文国际频道亚洲版、美洲版、欧洲版和英语国际频道、法语国际频道、西班牙语国际频道,6个国际频道覆盖世界4大语种,在139个国家和地区落地播出,整频道落地用户总数达到9,650万户,部分时段落地用户达1.5亿。中央电视台与国内14家电视机构合作开办中国电视长城平台,陆续建立起美国、加拿大、亚洲、欧洲、拉丁美洲等多个地区平台。中央电视台还在全球设立了19个驻外记者站(点),驻美洲、欧洲中心记者站具备独立的节目采编播能力并有演播室。中央电视台与全球137个国家和地区的213家传媒机构保持合作关系,在80多个国家和地区建立了海外营销网络,近5年向海外销售节目3.78万集、3.02万小时,不断推进中华文化走向世界,努力扩大我国在全球的影响。[1]

(三)海外媒体进入中国

2001年为了帮助中央电视台四套、九套节目在美国落地,我国允许时代华纳旗下的华娱频道和新闻集团在香港的娱乐频道进入广东。虽然在入世条件中,我国并没有承诺开放广播电视,但此时外国电视已经有限度地进入了中国。[2]

国家广电总局于2003年1月、3月、4月分别批准24小时播出中文新闻的凤凰资讯台、彭博财经,星空卫视、欧亚体育、华娱电视、新知电视等多家境外电视媒体在三星以上涉外宾馆和涉外小区落地。5月初,作为全球最大的传媒娱乐集团之一的美国维亚康母公司旗下的MTV音乐电视频道正式落地广东。

至此,已有30余家海外电视在国内有限落地,鑫诺卫星转发器已满。海外传媒已经着手开始其在中国市场的布局。而外资媒体注入网络、平面等其他媒体,也必将吸引电视新闻节目受众的"眼球"。

2003年12月4日,国家广电总局发布《境外卫星电视频道落地管理办法》,允许"具备与中国广播电视互利互惠合作的综合实力,承诺并积极协助中国广播电视节目在境外落地";"同意通过广电总局指定的机构统一定向传送其频道节目,承诺不通过其他途径在中国境内落地"的境外媒体经申请批准后在内地三星级以上宾馆落地,原则上不批准新闻类节目进入。

2004年11月,国家广电总局公布了《中外合资、合作广播电视节目制作经营企业管理暂行规定》,规定当年11月28日以后,外资媒体公司可以以少于49%的比例入股国内的广电节目制作企业。

---

[1] 赵化勇.中央电视台台长:加快建设国际一流电视强势媒体[N].人民日报,2008-12-18.
[2] 徐光春.抓住发展机遇 应对入世挑战 全面推进广电事业[J].广播电视学刊,2002(3).

我国的对外传播发挥出越来越重要的作用,但是这其中也存在一些不可回避的事实:传播观念落后,时效性差,报道内容多喜少忧;媒介立场上,自觉不自觉地充当官方代言人,不能按照外国受众需要和适合的方式传播有效信息;在传播技巧和报道渠道方面,也存在明显不足。中国电视节目需要继续更新观念,建立恰当的媒介立场,以此吸引外国受众。

第二节 技术进步

进入 21 世纪,随着科学技术的不断进步,"数字化"与"新媒体"逐渐成为中国传媒技术发展的热点话题。数字化体现了当代传媒的发展方向,给我国广播电视带来了最大的一次技术变革、一次发展机遇和一次竞争挑战。传播技术革新的意义在于引发传播形态的相应变化,这是电视传媒拓展业务空间的基础,关系到电视的核心竞争力和生存发展。

新媒体以数字化为主要特征。伴随一系列改革政策的出台,中国的电视发展突破传统模式,抓住"数字化"挑战带来的机遇,呈现出内容信息化、服务现代化、渠道多元化的发展趋势,在技术标准和产品方面都走到了世界前列。

一、电视数字化

数字电视技术分为有线数字电视、卫星数字电视和地面数字电视三种。

(一)有线数字电视

在前两年技术试验的基础上,2003 年开始我国全面启动了有线电视从模拟向数字整体转换工作,逐步建立了由数字节目平台、传输平台、服务平台、监管平台构成的有线数字电视新体系,出台系列规章和技术规范。

2003 年 6 月 12 日,广电总局发布了《我国有线电视向数字化过渡时间表》,制定了分步实施的明确时间。它按地域将全国划分为东、中、西三个部分,按时间划分为 2005 年、2008 年、2010 年、2015 年四个阶段。总体思路是由发达地区向欠发达地区、由高端用户向低端用户逐步扩展,分步实施。全国最终确定采用已定的行业标准,全面启动有线数字电视的建设。

2004 年 3 月,中央文化体制改革试点工作领导小组在青岛召开了全国有线电视数字化推进工作会议,全面推进有线电视数字化,已成为国家支持、各界关注、多方参与的信息工程。当一个模拟网络变成一个数字网络,当一家一户的电视机变成家庭多媒体信息终端,我国的广播电视发展前景必将天地宽阔。

2004 年,国家广电总局先后推广了"青岛模式""佛山经验""杭州模式",其核心都是数字电视用户的"整体平移",即有线数字化的整体转换。这些经验不仅实现了传输技术的改变,也带来了传输内容、消费方式等一系列改变。

2005年10月15日,国家广电总局在青岛举行有线电视数字化整体转换示范工程竣工仪式。青岛成为全国首个完成有线数字电视整体转换的城市,市区60多万户市民的电视机升级为多媒体信息服务终端,可以集广播、电视、生活信息等内容于一体,享受50多套电视节目、16套数字广播、20多套多媒体生活服务频道以及互动娱乐和影视点播等功能。

2004年到2007年,全国电视综合人口覆盖率以每年0.4%左右的速度递增,全国有线广播电视用户以每年2%的速度递增,计每年增长1,000多万户(见表9-3)。

表9-3　2004—2007年全国有线电视用户数量与入户比例

年份/年	电视综合人口覆盖率/%	有线电视用户数/万户	有线电视入户率/%
2004	95.29	11,605	33
2005	95.81	12,872	35
2006	96.23	13,995	37
2007	96.58	15,325	40

2007年,中央财政安排专项资金25亿元,为实现中央广播电视节目无线覆盖的总体目标提供财力保障。此时,全国数字化整体平移加快,已基本覆盖多数城市人口,有线电视受众收看的电视频道数量由十几套增至几十套,节目更加丰富。

2003年9月1日,中央电视台、北京广播影视集团、中央电视台电影频道中心共9套付费电视和中央广播电台4套付费广播开始在全国试播。试播的付费频道有:中央电视台足球、电视剧场、音乐时尚、京剧经典、城市体育频道,以及中影集团家庭影院频道。同一天,北京地区有线数字电视开始试播,新开办的付费电视有京视剧场、动感音乐、爱家购物。

2008年,网络广播、网络电视、IP电视、手机电视等新媒体发展迅速。央视网、中国广播网、国际在线等点击率不断提高,影响力不断扩大。奥运期间,央视网开通了网络电视奥运台,并以手机电视、IP电视、车载移动电视为平台,大大提升了广播电视的传播力和影响力。

与此同时,手机网站、手机报刊、IP电视、移动数字电视、网络广播、网络电视等新兴传播载体,也都在不断丰富内容,创立品牌,持续提高市场占有率。

(二)地面电视

地面数字电视是通过接收电视塔发出的无线数字信号,收看电视节目的数字电视技术,也就是接收数字信号的无线电视。电视机需要具备无线数字信号接收能力,如果是模拟电视,可以通过专用的机顶盒接收,然后转换成模拟信号连接到电视机上。

2007年8月1日,我国数字电视传输领域的首个数字电视地面传输国家标准正式实施,六个奥运城市北京、上海、天津、秦皇岛、青岛、沈阳以及深圳、广州,成为国家首批试播地面数字电视的城市。

2007年10月12日,在深圳举办的中国国际高新技术成果交易会现场,国标地面数字电视信号进行了全国首播,深圳也成为我国第一个正式执行该国家标准的城市。随后各省市陆续开办了多个地面数字电视频道。

2008年1月1日,地面数字电视在北京开播,用于转播中央电视台的高清综合频道和中央电视台、北京电视台的6套标清频道。这标志着我国地面无线广播电视数字化正式启动。

二、IPTV 网络电视

IPTV(Internet Protocol Television,网络协议电视)是一种宽带网络业务,涉及多媒体、视频业务范畴。它可以利用各种网络设施传输,其主要终端为网络机顶盒＋电视机、计算机或移动终端(手机)等。它集互联网、多媒体、通信、广播电视及下一代网络等基本技术于一体,通过有利于多业务增值的 IP 协议,提供包括视频节目在内的各种数字媒体交互业务,实现宽带 IP 多媒体信息服务。从 NGN 概念[①]与定义来看,IPTV 属于语音、数据、视像三重播放(Triple Play)业务。它采用高效的视频压缩技术,使视频流传输带宽在 800Kb/s 时可以有接近 DVD 的收视效果。它能够很好地适应当今网络飞速发展的趋势,充分有效地利用网络资源(见图 9-1)。

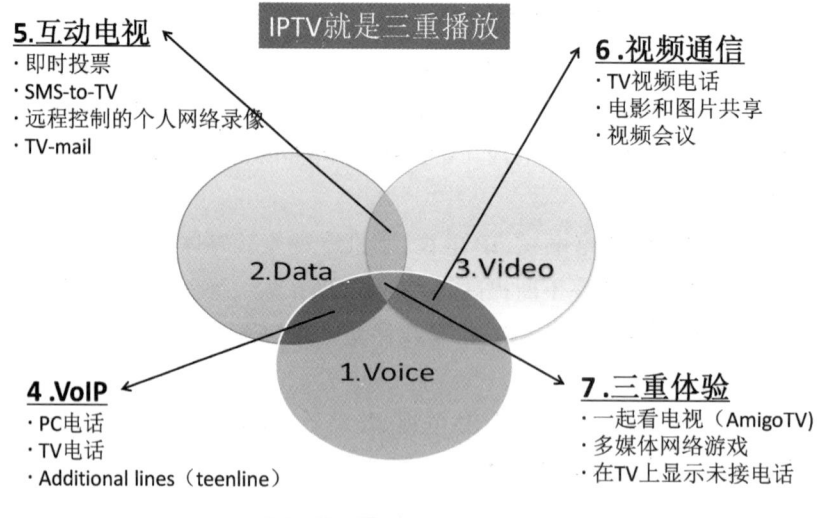

图 9-1　IPTV 的语音、数据、视像三重播放业务内容

---

① 唐潇霖.NGN 超越概念阶段[J].互联网周刊,2006(44).

IPTV 既不同于传统的模拟式有线电视,也不同于经典的数字电视,因为,此二者都具有频分制、定时、单向广播等特点。尽管数字电视相对于模拟电视已有了许多技术革新,但只是信号形式的改变,而没有触及媒体内容传播方式的变化,且单向广播极大地限制了电视观众与服务提供商之间的互动,也限制了节目的个性化和即时化。

IPTV 又被定义为 Interactive Personality TV(个性化互动电视),其主要卖点是交互性,以及互联网业务的扩充。IPTV 可以非常容易地将电视服务和互联网浏览、电子邮件,以及多种在线信息咨询、娱乐、教育、商务功能结合在一起。IPTV 通过互联网向全国乃至全世界传播,而数字电视被局限在各个本地有线电视网内。无论从电信、互联网还是广电角度,IPTV 这一新角色及其潜在的战略价值均被看好,三方均产生彼此联手以便优势互补、获得合作共赢实际利益的意愿。因此,IPTV 催生与促进了三网资源与业务的融合。

在我国,IPTV 运营主体是网络运营商即电信运营商,是通过家庭宽带在网络中收看视频节目的电信增值服务。在最初设计时,IPTV 机顶盒一般只能连接专用网络,无法访问公共互联网。虽然和网络电视相比,其自由度和开放度要差很多,但是比起传统有线电视,则因其能够提供点播视频、直播、回看等服务,还是很有优势。

1999 年,英国 Video Networks 公司率先在全球推出了 IPTV 业务,此后,许多电信运营商先后进入 IPTV 市场。2003 年,香港电讯盈科推出 IPTV 业务,定名 now 宽带电视。2004 年后,IPTV 开始从试验阶段向商用阶段转变,用户数目逐年上升。[①]

在我国,2004 年 5 月 20 日由北京天空世纪网络电视技术有限公司经营的重庆网络电视台开播。这是一家利用专业网站平台播放专业电视节目的网络电视台,开启了我国网络电视业务的先河。

中央电视台的网络电视也于 2004 年 5 月 31 日在北京开播,它汇集了中央电视台自成立以来几十万小时的历史资料和每天新增几十个小时的实时电视节目资源。它使电视与互联网联姻,创造了"你点我播、互动交流"的全新收视方式。中央电视台网络电视需要付费收看,点播中央电视台网络电视的用户要先注册,并付费订阅。用户可以包月订阅,也可按次点播。开播当天点击率高达 68 万人次,最高同时在线用户为 3,000 人。中央电视台网络电视开播初期,只有北京网通的宽带用户才能订阅、点播节目,之后其被逐步纳入中国电信、中国网通等。

当年 8 月 8 日和 9 月 24 日,网络电视又分别在上海和江苏落地。2004 年 12 月 28 日,由上海文广新闻传媒集团创办的上海东方网络电视在上视大厦举行了开播仪式。

之后,国家广电总局开始对从事信息网络传播视听节目业务的单位进行清查,整顿 IPTV 市场。2005 年,中国电信与上海文广合作在上海推出 IPTV 业务,获得

---

① 资料来源:百度百科,网址为 https://baike.baidu.com/item/iptv/113036? fr=aladdin#1。

中国第一张 IPTV 牌照,以"BesTV 百视通"为品牌。随后其被扩展到中国主要沿海省市。

2005 年以后,国家广电总局共向广电系统的企业发放了 4 张全国性经营牌照(百视通、央视国际、南方传媒、国广东方)。2006 年又批准了 10 个允许 IPTV 落地的城市,其中属于网通所在区域的包括沈阳、大连、盘锦、黑河和牡丹江,属于电信所在区域的有台州、福州、厦门、西安和汉中。①

与此同时,各省市级媒体单位也逐步开始发展网络化制播流程,支持频道之多,制作量之大,持续时间之久均创历史之最。

IPTV 技术的特点是互动性极强,不只是电视台定时向观众播放节目,观众也可以随时自己选节目收看。选择带来观众对节目的挑剔,只有制作精心、受众群体定位精确、专业性强的节目才能获得更多观众的关注,才能够在激烈的媒体竞争中占有一席之地。以往的新闻节目,主要是一个或多个主持人在一定时间内向观众单向传递信息,IPTV 技术应用后,电视机不单单是一个节目接收装置,同时也是一个信息发布平台。借助于网线或光纤,电视机前的观众能够很轻易地利用手里的遥控器(或其他输入设备)将自己的意见以短信息形式从机顶盒发送到新闻直播间。这样,新闻节目与观众的互动就由以前的电话语音升级为文字互动了。②

三、CMMB 移动电视

CMMB 是中国移动多媒体广播的简称,是国内自主研发的第一套面向手机、笔记本电脑等多种移动终端的广播系统。其技术是将广播网络和移动通信网络结合,利用 30—3,000MHz 超短波、微波范围内的广播业务频率中的下行信道,通过卫星和/或地面无线发射,为手机、笔记本电脑等移动终端提供 25 套电视和 30 套广播节目以及信息服务;利用 S 波段信号③实现"天地一体"覆盖和全国漫游。用户可以借此随时观看所接收频道的电视直播,且不产生流量费用。

CMMB 发展有较明显的几个重要结点:2005 年 3 月,国家广电总局确定了"天地一体"的 CMMB 技术体制和方案;同年 8 月,国家广电总局成立了 CMMB 技术研究工作组,由广电系统内外科研院所、大专院校、相关设备制造企业以及广电和电信运营机构组成。2006 年 10 月,广电总局宣布 CMMB 为广播电视行业手机电视推荐性技术标准,并开始大力组网试验。2007 年 10 月 5 日,青岛电视塔成功播出了 CMMB 信号,使该市成为全国八个试点城市中第一个成功试验的城市。2007 年,我国完成 CMMB 地面补点示范网建设,开始商用试验。

---

① 第一财经日报.南方传媒获得第三张牌照 IPTV 新增十城市[EB/OL].(2006-08-28)[2019-02-01].http://info.broadcast.hc360.com/2006/08/28081393392.shtml.
② 姜程甦.浅谈 IPTV 技术下新闻节目的发展方向[J].华章,2014(9).
③ S 波段是指频率范围在 2—4GHz 的电磁波频段,应用于中继、卫星通信、雷达、Wi-Fi、蓝牙等。现在广泛使用的蓝牙、无线路由、无线鼠标等也是使用的这个范围。

2008年6月，中广传播陆续在北京、上海等37个直辖市、省会城市、计划单列市和奥运城市开通了CMMB信号，可以转播中央和当地的7—8套电视节目，具备条件的城市规划、建设单频网，覆盖了约1.1亿人口。北京奥运会期间，该技术被第一次用来转播奥运会。截至当年12月，全国147个城市建设了CMMB覆盖网，其配套设备也得到研发和制造。

2008年9月，广电总局直属单位无线局成立了中广卫星移动广播有限公司，负责全国CMMB的运营推广工作。该组织开展了全国地级市覆盖工程，12月30日，在全国101个地市级城市建成了移动多媒体广播电视覆盖网络。在国内总共有138个城市的居民可以利用CMMB终端收听收看广播电视节目和信息服务。第二阶段CMMB规模建网试验，计划2010年年底用户规模实现5,000万。该公司还和其他省市协商，逐步在所有省市成立省级运营主体，形成全国性的运营体系，推动CMMB的产业化发展。①

2009年，运营方中广传播与中国移动合作，使CMMB在以后三年中成为中国移动TD-SCDMA手机集采的标配。此后，CMMB进入快速发展阶段。2010年，中广传播与中国一汽合作，CMMB接收终端进入汽车渠道。到2011年年底，CMMB终端用户超过3,500万，付费用户超过1,600万，迎来了发展的顶峰。

2010年，中广传播开始对CMMB收费，不仅终端厂商而且安装了CMMB模块的用户也需要购买解密卡，每月支付费用。收费举措挫伤了用户和产业链的积极性，使得发展的向上曲线很快就掉头向下。据知情人士透露，CMMB自开始运营以来，基本靠国家财政补贴，尤其是2012年以后，付费用户大量流失，随着与中国移动的三年合作到期，中广传播虽也曾试图和其他电信运营商合作，但并没有取得实质性进展。超高的运维成本使得中广传播无力承担。

除收费外，CMMB推送式的广播服务，使得受众只能被动接收电视信号，不能选择自己想看的内容，也无法做到互动。加之CMMB系统采用的移动多媒体广播传输技术STiMi，用了时隙节能技术来降低终端功耗，这一技术在一定带宽内频道的数量非常有限，在资源有限的情况下无法实现更宽的带宽，这造成了其内容匮乏的致命缺陷。

而且，随着移动互联网的发展，Wi-Fi、3G/4G网络覆盖，以及流量资费的不断降低，加之众多视频网站推出的客户端均能免费提供数十个电视台和海量的电视剧、电影、综艺节目供用户点播，同时手机厂商以及芯片厂商都在逐步放弃CMMB，靠政策补贴的CMMB完全失去了优势。此外，信号不稳定、用户体验差，也是众多CMMB用户弃其而去的关键原因之一。

CMMB在2015年年底被国家广电总局叫停，所有账户被封。

---

① 《广播与电视技术》杂志社.广电总局中广卫星移动广播有限公司副总经理刘廷军谈CMMB[J].广播与电视技术,2009(4).

四、高清电视

《国家"十一五"时期文化发展规划纲要》提出,我国将于2008年开播地面数字高清晰度电视,2010年我国要达到10套以上高清频道节目制作能力。①

2005年9月,中国第一个高清频道——中央电视台"高清影视"频道在杭州开始试播,每天播出15小时。2006年1月1日,中央电视台"高清影视"频道在全国正式开播,每天播放18小时,每天7点开始至次日1点结束。频道没有广告,节目内容覆盖电视剧、电影、音乐、体育、时尚节目和纪录片等六大类,以影视剧节目为主。观众可以通过高清电视机和高清机顶盒收看该频道。

2008年1月1日,我国第一个开路免费高清频道——中央电视台高清综合频道CCTV-22在北京开始试播,并于5月1日正式播出。它的正式开播拉开了我国高清晰度数字电视播出的序幕。据当时中央电视台副台长何宗就介绍,此次开播的CCTV高清综合频道在奥运会期间将改为全奥运赛事频道,精选每天顶级赛事播出。②

中央电视台开办的全新高清综合频道,通过无线发射方式进行传送,在北京地区用33频道,采用单载波调制方式播出。此次高清频道播出采用了我国自主制定的数字电视国家标准,核心设备全部实现国产化,这成为我国广播电视发展过程中重要的历史事件。

2008年6月9日,中央电视台高清频道在上海落地,这是中国第一个开路播出的高清电视频道,标志着中国电视开始进入高清时代。同年5月1日,北京电视台奥运高清频道开始试播,天津、青岛、沈阳、秦皇岛等奥运城市和广州、深圳也先后试播高清数字电视。

另一重要转变是高清转播车的使用。2008年,上海文广新闻传媒集团研发完成了SMG大型高清转播集群系统,福建省广播影视集团等媒体单位也都开始启用高清数字电视转播车进行节目播出。

2008年北京奥运会转播中,中央电视台首次采用高清网络节目制播系统进行中央电视台新址、现址和国际广播中心 IBC(International Broadcast Center)③三址间的互联互通、资源共享和协同工作。该高清网络节目制播系统实现了赛事报道全流程的无磁带网络化制播新流程,达到了简效、及时、多频道,大节目量、低成本生产节目的效果。该系统的规模、实用性、自主创新的技术和设备水平均处于国际领先地位,体现了新一代电视转播系统的主要特点和工作模式,实现了大型体育赛事转播理念的创新。

随后我国还开播了多套高清付费频道,为受众提供全新的视听高质量服务。

---

① 资料来源:《新闻前哨》2006年第11期《2008年开播地面数字高清晰度电视》。
② 资料来源:《现代电视技术》2008年第1期《中央电视台高清综合频道正式开播》。
③ 资料来源:《广播与电视技术》2009年第7期《中央电视台北京奥运会高清网络节目制播系统》。

第三节 电视频道改革

随着科技的发展,电视频道容量不断扩大,进入全国平台的电视媒体数量呈爆发式增长。随之电视受众的多样化需求也不断提升,受众需要媒体提供个性化、形成品牌、有特殊影响力、更加细致、贴近的信息与服务。

一、中央电视台创办新闻频道

世界上第一家电视新闻频道是 1980 年开播的美国有线新闻网(CNN);1993 年 1 月,法国里昂开办了由 19 个欧洲公共电视台共同所有的欧洲新闻电视台 Euronews;1997 年,英国 BBC 开办了 24 小时新闻频道;1999 年 5 月 23 日,中国第一个新闻频道——福建电视台新闻频道开播;2001 年,凤凰卫视开办了新闻频道"凤凰资讯台"。世界各地媒体的成功经验为中央电视台新闻频道的创办提供了可借鉴的经验。

2001 年,中央电视台因未及时报道"9·11"事件而受到社会和业内批评;2003 年,中央电视台对伊拉克战争的报道虽然有了很大突破,但一套和四套节目的同质化,造成了资源浪费,这也说明现实中整合频道新闻资源、提升新闻报道质量的重要性和紧迫性。

在新闻频道开办之前,中央电视台一套新闻综合频道是承担中央电视台新闻传播任务的主要渠道。从 1998 年春,中央电视台新闻中心第一次向台领导正式提出创办新闻频道的申请之后,每年都会重复提交开办申请,并一直在进行持续的人才培养与技术准备。2003 年 2 月下旬,中央电视台正式向中央递交了几易其稿的新闻频道总体策划方案,中央领导同意并做了批复:"办出特色,办出水平,贴近生活,服务大局。"①

2003 年 5 月 1 日 6 点整,随着罗京、李瑞英、敬一丹和白岩松宣读新闻频道开篇词,CCTV-新闻频道开始试播。新闻频道的成立是中国电视新闻改革进程中具有里程碑意义的事件。

(一)频道节目安排

新闻频道全天 24 小时播出,每逢整点有新闻,以最快速度提供国内、国际新闻资讯,突出时效性和信息量,实现滚动、递进、更新式报道。此外的分类新闻主要有财经、体育、文化、国际四大类。新闻频道的专题节目包括新闻背景、新闻评论、新闻调查、舆论监督、民意调查、法制等各种节目形态,是对整点新闻和分类新闻的补充和深化。另

---

① 徐光春.贴近群众,服务大局,办出特色,办出水平:在中央电视台开办新闻频道动员会上的讲话(摘要)[J].电视研究,2003(6).

外,《新闻联播》《焦点访谈》《新闻30分》《晚间新闻》等栏目与一套并机播出,建立起了"整点新闻＋现场直播＋字幕新闻＋专题深度报道与评论"的新闻版面,并确立了"第一时间,第一现场""与世界同步""直播常态化"等新闻传播理念和传播策略。

试播期间正值"非典"疫情肆虐,新闻频道开播后推出的第一个大型直播节目就是《抗击"非典"直播特别报道》。

经过两个月的过渡,频道在2003年7月1日正式播出,并同时进行了第一次小改版,取消了《海外速递》《数字观察》《世界报道》《体育周刊》《财经周刊》《文化周刊》六个专题类栏目,增加了一档由崔永元主持的新闻谈话节目《小崔说事》。

一年后的2004年5月1日,频道对节目再次调整(第二次小改版),撤掉了社会反响度不高的《亚洲报道》《文化报道》《声音》栏目,将《地方社会新闻》更名为《新闻社区》,此后又在6月份增加了《约会新7天》,12月停播了《财经报道》。这之后形成了较为稳定的节目编排,分为新闻与专栏节目,新闻包括24档整点滚动新闻和5档分类新闻,专栏节目有8档日播和11档周播栏目,具体如下:

5档分类新闻(见表9-4):《新闻社区》于每天18:30播出,主要报道民生新闻;《国际时讯》每周一至周五的22:00播出,为国际新闻栏目;《媒体广场》是读报节目,分上午版和下午版;还有《体育报道》和几乎所有逢整点前10分钟播出的《天气资讯》栏目。(除特别注明外,皆为周一至周日播出)

表9-4 2003年中央电视台新闻频道5档分类新闻①

	栏目	播出时间	时长	内容
1	《新闻社区》	18:30	20分钟	民生新闻
2	《国际时讯》	22:00 周一至周五	20分钟	国际新闻
3	《媒体广场》	6:30、7:30	20分钟	读报节目
4	《体育报道》	13:30	20分钟	体育新闻
5	《天气资讯》	6:50、7:50……	5—10分钟	天气

8档日播专栏(见表9-5):有两档老牌节目《焦点访谈》《东方时空》;新创办的栏目中有3档是对新闻多角度展开的延伸报道:以公益慈善为特色的《共同关注》,以社会题材为主,围绕"民生、民情、民意"反映具有普遍意义的社会热点、难点,反映弱势群体的困境,并力图推动问题的解决;谈话节目《新闻会客厅》;新闻与纪录结合的创新栏目《社会记录》。

另有两档评论节目:《国际观察》是国际新闻评论,以演播室访谈为主,对当日国际时事进行讨论和解读;《中央电视台论坛》是评论,对国内当下热点新闻进行评论、分析和解读。还有一档《法治在线》是兼具新闻性、普法宣传性和法律服务性的法治专题栏目。

---

① 《中国广播电视年鉴》编辑委员会.中国广播电视年鉴2004[M].北京:中国广播电视年鉴社,2004:196.

表 9-5　2003 年中央电视台新闻频道 8 档日播专栏

	栏目	播出时间	时长	内容
1	《法治在线》	11：30 周一至周六	25 分钟	兼具新闻性、普法宣传性和法律服务性的法治专题栏目
2	《东方时空》	14：10	40 分钟	新闻杂志（重播，首播在一套 7：15）
3	《共同关注》	18：30	25 分钟	以公益慈善为特色，社会题材为主
4	《焦点访谈》	19：38	13 分钟	新闻述评
5	《新闻会客厅》	20：30 周一至周五	30 分钟	会见新闻相关人士，访谈节目
6	《国际观察》	21：30 周一至周五	25 分钟	国际新闻及评论，演播室访谈为主
7	《央视论坛》	22：30 周一至周五	25 分钟	对国内当下热点新闻进行评论、分析和解读
8	《社会记录》	23：40 周一至周五	20 分钟	新闻与纪录结合的创新栏目

11 档周播专栏（见表 9-6），分为原有的《新闻调查》、《实话实说》、《本周》、《纪事》、《每周质量报告》、《中国周刊》①、《世界周刊》、《面对面》、《小崔说事》和新办的《约会新 7 天》、《奥运来了》。

表 9-6　2003 年中央电视台新闻频道 11 档周播专栏

	栏目	播出时间	时长	内容
1	《实话实说》	周二 22：35	40 分钟	大型谈话（一套）
2	《面对面》	周六、日 20：30	30 分钟	新闻访谈
3	《约会新七天》	周六 20：50	10 分钟	节目预告
5	《奥运来了》	周六 21：30	30 分钟	奥运相关新闻
4	《中国周刊》	周六 22：15	45 分钟	中国新闻一周综述
6	《小崔说事》	周六 23：30	60 分钟	大型谈话节目
7	《本周》	周日 8：30	25 分钟	一周综述
8	《新闻调查》	周日 11：10	40 分钟	深度报道（重播，首播在一套周一 22：35）
9	《每周质量报告》	周日 12：30	25 分钟	商品质量调查
10	《世界周刊》	周日 21：10	45 分钟	国际新闻一周综述
11	《纪事》	周日 23：40	20 分钟	纪录片

---

① 2003 年 5 月 3 日开播时节目名为《中国周刊》，2007 年 1 月 1 日更名为《新闻周刊》。

2006年6月5日,开播3年的新闻频道进行第4次全面改版,对原有部分栏目的播出时间进行了调整,并于早、晚黄金档分别推出《朝闻天下》《360°》两个大型新闻栏目,以及周末以军事内容为主的新节目《防务新观察》。

新闻频道的建立发挥出了对资讯报道的最大优势:大大延伸新闻传播时段,新闻资源开发、利用总量可以大幅扩张;滚动播出意味着现场直播等实时报道方式的大量运用,突发性新闻的插播由非常态变成了常态。

新闻频道开播以后,新闻事件的现场直播量大幅度增加。2002年,中央电视台全年直播的新闻时长为60小时;而在新闻频道开播一年内,大大小小的现场直播报道累计超过了350小时,翻了数倍。[①] 几个月下来,其收视率和收视份额均呈快速上升态势。

新闻频道的开播标志着中央电视台向世界大台迈出了坚实的一步。新闻频道在为中国电视事业诞辰45周年献礼之际,也使中国成了当时世界上少数几个拥有24小时新闻频道的国家之一。有学者把中央电视台新闻频道的开播视为2003年中国媒介变革的一大亮点,也有人称其为"中国电视新闻改革新的里程碑"。

作为国家级媒体,新闻频道开播,无论是当下的亮相格局,还是对今后电视新闻媒体的改革发展,其意义都远远超过其本身。

(二)频道节目选介

1.《新闻会客厅》

这是一档新闻谈话节目,时长30分钟,每周一至周五晚上8:30首播。它以家庭式客厅为演播室形态,关注国内新闻事件中的当事人,强调开掘当事人和关联人的亲力亲为和亲感,突出其中人性和新闻性的结合点。

节目由"2+1"或"2+N"的方式构成谈话人物配置,主持人担负着组织谈话、传播信息、调节现场气氛的重要功能。前期的节目主持人是白岩松和沈冰,后期为崔永元和李小萌。

与国内其他新闻谈话节目相比,《新闻会客厅》在关注重大事件,尤其是在战略性、政策性问题的解读上有着其他台无法比拟的资源优势。从其所播节目可以看出,每当大事出现时,它总能邀请到相关官员、专家及事件当事人来满足受众对事件了解、解读的需要,从而构建起一个与官方、与新闻直接对话的"会客厅",搭建了一个沟通的平台。[②]

《新闻会客厅》让观众看到了谈话类新闻的魅力,推动了全国范围内新闻谈话类节目的发展,也推动了对公共事务的讨论。[③] 后期的《新闻会客厅》收视率逐渐下滑,在2009年8月的中央电视台新闻频道改版中退出了荧屏,该节目原班人马转为新闻频

[①] 赵化勇.中央电视台发展史(1998-2008)[M].北京:中国广播电视出版社,2008:21.
[②] 黄晓庆.《新闻会客厅》的特点与问题分析[J].东南传播,2009(6).
[③] 张利民.《新闻会客厅》退出荧屏的启示[J].视听界,2013(3).

道新节目《24小时》的制作班底。

2.《社会记录》

这是一档新闻与纪录结合的创新型新闻栏目。阿丘(邱孟煌)以新闻节目主持人的身份配合记录式影像来讲述真实的"新闻故事"。有人说它"基本延续了生活空间的选题内容与视角:百姓生活与社会剖面",是中央电视台新闻频道中使用完全不同的口吻和方式说新闻的栏目。节目每周一至周五的23:40在新闻频道首播,每期时长20分钟。

该栏目用新闻影像、图片和主持人的叙述来完成新闻故事的讲述,影像呈现出故事的鲜活与真实,主持人的描述为故事打开了不一样的读解空间,提供了故事背后的细节。该栏目提供的有的是引人注目的事件,也有的是不为人知的凡人小事,但其中都有值得关注的内涵。

这档节目诞生以后引起了业内广泛的争论。一些人认为:阿丘的表达是"新闻娱乐化表达的一个极限";他"很有分寸地停留在了新闻与娱乐的边际地带"。他们认为,如果走得再远一点点,就"模糊了新闻播报主体的身份",那"还能够算新闻节目吗?"还是主流新闻频道中的栏目吗?它在多大程度上能让观众信服?当我们的主流新闻媒体开始如此娱乐地、角色扮演式地发布新闻的时候,我们还能够理直气壮地跻身"真实类节目"吗?他们认为,新闻真实性取决于播报方式和播报主体以"真实身份而非角色扮演"出现。这些质疑基本上可以看作他们对新闻播报形式存在单一的刻板印象,认为只有这样才能"有助于提升频道的主流地位与权威影响力。"①

其实,播报可以有多样的表达方式,并不妨碍新闻的真实性,这已经被多年来的民生新闻实践所证实。而且新闻本身就存在着不同的题材,只有那些适宜讲故事的题材可以选择另类播报方式,并非所有新闻都要使用一种方式播报。我们的电视新闻节目很多时候不能得到观众的喜爱,其中一个原因就是过于严肃、形式过于单一,缺少变化、缺少灵性、缺少情感表达。所以早年间有观众对家中的电视说是"买回一个爹"来,因为那里面的节目成天都是耳提面命、板脸说教。电视新闻节目应该正确放置自己与观众的位置,要和观众平等、多样沟通,而不是束缚自己、隔离观众,这后一种做法反而限制了作为广义文化作品的新闻节目的形式和表达创新。对有故事可讲的题材,使用影像+主持人讲述的方法,能更详细地展现新闻过程和细节,这并不就一定会违反真实性原则,这也是《社会记录》栏目探索的价值所在。

2008年1月31日,《社会记录》播出了最后一期节目,这期名为《验房师的故事》的节目甚至连制作完毕的下集都未能播出,栏目就戛然而止。中央电视台官方并未公开宣布《社会记录》撤下的原因。

3.《每周质量报告》

其前身是中央电视台与原国家质量监督检验检疫总局合作推出的、设在《新闻30

---

① 杨继红.品质的坚守.从《新闻调查》选题结构透析新闻栏目竞争力[J].中国电视,2007(10).

分》节目中的固定版块《每周质检报告》。2003年年初,国内"非典"肆虐,为配合新闻频道的开播,中央电视台对各栏目做了统一调整,停播《每周质检报告》,代之以全新的《每周质量报告》。栏目于该年5月4日在新闻频道首播,口号是"共同打造有质量的生活";其定位为"中央电视台新闻频道唯一一档以消费者为收视目标的新闻专题栏目",目标是"让每一个消费者都不受到假冒伪劣的侵害"。栏目中有记者调查、专家访谈、质量警示、专家解读四个版块,节目时长25分钟,主持人为章伟秋。① 节目常常通过隐性采访手段,揭露食品、药品等领域存在的质量安全隐患。

栏目播出的第一期节目是《"防非典口罩"真防非典吗?》,在疫病流行的风口浪尖揭露了"防非典口罩"造假、生产工艺不合格现象。节目给观众提供了一个获得权威信息的窗口,破除了对"防非典产品"的盲目追捧,也打响了栏目的知名度。

2003年9月起,栏目重点转向了食品安全领域,先后揭露了"金华火腿""龙口粉丝""四川泡菜""镇江香醋""绿色蔬菜""红心鸭蛋"等食品存在的安全问题,引起了社会的密切关注和热议,其中不少受到中央领导的重视。在栏目开办的半年内,胡锦涛、温家宝、吴仪等中央领导针对栏目先后共做出6次重要批文。②

2004年5月,栏目口号改为"注重信息平衡,实施精确打击"。为此,栏目增加了"专家解读"版块的时长,同时也有了正面报道。当年6、7月分别报道了两家奶粉企业令人放心的生产过程和一家鸡肉加工企业标准化的生产过程,这两期正面报道一度引起了社会关注,人民网还在"观点"一栏中开设交锋区讨论此事。③ 有观众表示,栏目已由主动打击假冒伪劣的角色转变为"防守者",转而在为消费者提供辨别质量优劣的技巧。④

2008年,三鹿奶粉添加三聚氰胺事件曝光,有观众指出《每周质量报告》曾于2007年9月播出了特别节目《1100道检测关的背后》,褒扬了三鹿集团过硬的产品质量及严格把关。栏目因此遭到舆论声讨,观众对其信任度下降,此后该栏目未再有褒扬性内容。⑤

2009年7月,中央电视台新闻频道改版,《每周质量报告》停播,同年9月在财经频道复播。栏目口号变更为"你的质量安全专家",由阿丘担任主持人。2010年5月16日,栏目又一次改版,回到新闻频道,主持人换回章伟秋,口号也回归"共同打造有质量的生活",成为新闻频道的常态栏目。此后,栏目的口号、形态、主持人等基本趋于稳定。

《每周质量报告》选题的原则是:被调查的产品至少要跟上亿人有关联。栏目先后

---

① 许静,李扬,郭丽霞.食品安全风险交流视域下的媒体话语分析:以央视《每周质量报告》相关调查节目为例[J].中国食品卫生杂志,2014,26(2).
② 李娟.《每周质量报告·记者调查》的新闻话语分析[J].安徽大学,2005(5).
③ 程德安.《每周质量报告》的"正面"与"反面"[J].新闻实践,2005(1).
④ 龚凌春子.《每周质量报告》栏目报道研究[D].长沙:湖南大学,2014.
⑤ 许静,李扬,郭丽霞.食品安全风险交流视域下的媒体话语分析:以央视《每周质量报告》相关调查节目为例[J].中国食品卫生杂志,2014,26(2).

播出了非法添加瘦肉精事件的《"健美猪"真相》、家具身份造假的《达·芬奇"密码"》等,引起社会的强烈反响。

2012年4月15日,《每周质量报告》经过长达8个月的暗访调查,播出了特别节目《胶囊里的秘密》,率先揭开了工业明胶违禁生产药用胶囊、最终流入全国部分知名药厂的全过程。随后,该报道引起报刊、电视、网络等各种媒体的联动效应,迫使相关部门迅速立案调查。该期节目也在2014年9月获得了中国新闻奖。①

栏目对食品安全的关注,引起上至国家领导人,下至普通百姓的强烈共鸣。被媒体评价为"有力地促进了食品质量的改善""它通过一件件的民生事例证明,这个社会多么需要媒体对真相的追寻。……他们的暗访水平则是在中央电视台里'最专业的'"。②

4.《小崔说事》

2003年7月19日周六23:30,随着新闻频道正式开播,全新的电视访谈节目《小崔说事》也开始推出。

节目的基本宗旨是"以旧鉴今",节目以演播室群体谈话为基本形态,以能引起人们共鸣的老照片、老物件、旧影像为引子,主持人崔永元和嘉宾怀旧、说笑,现场观众参与提问和讨论,充分互动,人们在生动活泼的气氛中分享不同的人生体验、互相交流碰撞,从而得到不同的感悟。谈话过程以表演、短片等形式隔开,整体风格轻松、随意。节目访谈嘉宾既有政府官员、文体名人、企业家,也有普通百姓和外国友人。节目力求贴近生活、贴近群众,用旧事做引子,起头在过去,落点却在现在,从中挖出有新闻价值的东西。

崔永元的幽默让人觉得舒坦,嘉宾、观众觉得节目有意思、话题很有趣,常常情不自禁地跟着小崔开怀大笑。按照崔永元自己的话说,如果说《实话实说》强调的是意义,那么《小崔说事》强调的是意思;如果说《实话实说》要的是深度,那么《小崔说事》则仅仅要求有价值。③

2007年新改版后的《小崔说事》仍以平民故事为中心,更加注重在讲述人生故事、分享人生经验、收获人生感悟的基础上,导入广大受众对于事件更深层次的思考与讨论,挖掘故事内涵,向观众阐述事件背后所蕴含的道理,深化所探讨主题,力图让主题引起更广范围的人们的共鸣。

2009年7月27日,中央电视台新闻频道再次改版,《实话实说》《小崔说事》转回一套播出。2012年12月24日,《小崔说事》播出最后一期节目后停播。

---

① 郑功献.揭开小胶囊的大秘密:"每周质量报告"的眼光与韧性[J].中国记者,2012(7).
② 资料来源:《〈南方周末〉历年年度传媒致敬(2001—2011)》,网址为 http://www.chuanboxue.org/index.php?doc-view-3273.htm.
③ 徐琰.从《小崔说事》说开去[J].中国广播电视学刊,2003(11).

二、创办第一财经

2003年7月7日,经国家广电总局批准,上海电视台财经频道(原国内唯一以投资者为收视对象的专业频道)和东方广播电台财经频率的呼号统一改为"第一财经"(China Business Network,CBN),形成了国内第一家横跨广播电视的财经媒体。这一新传媒的口号是"第一财经,创造价值"。它试图实现电视与广播在人力资源、信息资源和产品资源上的整合与共享,进入多种媒体形态,打造一家跨媒体、跨区域的财经传媒平台。①

财经,是指直接和金钱有关的事务,常指银行的经营及与证券和股票相关的投资活动。从报道范围看,财经频道是比经济频道更"专"的专业频道。

"第一财经"以投资者为目标受众,周一至周五每天早、中、晚三个时段直播近11小时;从早上7点开始直播财经资讯:《财经早班车》《第一财经早新闻》《午间论市》《尾市盘点》和《大智慧今日股市》等,滚动报道财经时讯、时事新闻、上市公司最新消息,滚动播出即时的财经动向。另外,《今日汇市》《今日期市》《今日地产》《行业报告》等栏目,时刻追踪全球主要股市、汇市、期货等最新交易情况,全面、详细地解读经济动向。

在"第一财经"频道的16个栏目中,除了《第一财经直播》提供最快捷的财经资讯外,《今日股市》《老左信箱》《谈股论金》《大话熊牛》《周末赢家》和《财富人生》《财经人物》《亚洲经营者》以及《财经开讲》等几乎都是谈话节目或以访谈为主体的节目形态,通过嘉宾访谈、记者对话、名家专访、权威评述、观众讨论等,节目从各个视角对财经市场进行分析。②

当年11月开播的《头脑风暴》,时长约1小时,每周日22:00播出,是立足国内、面向全球优秀企业总裁的大型财经深度访谈节目。主创人员的目的是在节目中体现出一种智慧的碰撞,体现CEO和企业的经营理念。节目请来的第一位重量级嘉宾是美国通用电气公司总裁。节目在录制时还请到EMBA(Executive Master of Business Administration,高级管理人员工商管理硕士)学员现场与CEO交流,请来同行学者对CEO提出尖锐问题。它开创了一种全新的经济话题节目类型。

《老左信箱》是"第一财经"早期最火的栏目。节目解答观众来信在股票方面存在的疑惑。主持人左安龙60多岁,普通话说得不太标准,可是他说的却是股民想听的大实话,问的是投资者最想了解的问题,回答的是散户们最想知道的信息,所以,他的节目每天收到全国上千封邮件、信件。老左也成为王牌主持、广大股民心中的偶像。③ 2005年,《老左信箱》告别观众,从2006年起,观众来信转到《今日股市》栏目中予以

---

① 资料来源:《山东视听》2003年第11期《合并出现新气象"第一财经"上海登场》。
② 石长顺,徐运红.我国电视财经频道的现状及对策分析[J].当代传播,2004(6).
③ 丁能文.省级台怎样做电视财经节目[J].广播电视学刊,2011(7).

解答。①

  2004年春节以后,第一财经推出了几档新节目。2004年2月7日,《会面财经界》于每周六晚上22点首播。节目内容不仅局限于人物,更多是将财经现象、事件作为关注重点,注重新闻性和专业性。节目中新闻当事人、财经界高官、学者、专家的访谈、对话,使节目有更多意见交锋,也更具可看性。② 还有一个《部长访谈》特别节目,是请国家部级以上干部介绍当年全国经济各方面发展状况、经济形势和趋向的内容,播出以后得到观众的支持和关注。③

  "第一财经"突出的不是地域概念,而是市场概念,其国内定位是"成为最专业、最时效、最好的财经媒体,多媒体,跨地域"。而上海是全国的金融中心,许多重要的经济活动和动向发生在上海,因此,内容制作在上海、影响在全国,这是频道的优势。④ 原上海文广新闻传媒集团作为缔造者,从一开始就着手把"第一财经"打造成中国传媒业第一个真正意义上的跨地域、跨媒体,将电视、广播以及报纸捆绑在一起发展的传媒品牌。

  2004年4月10日,上海文广新闻传媒集团和国际著名财经媒体CNBC⑤在上海宣布结成战略合作伙伴。自4月14日开始,第一财经每天通过卫星连线,在CNBC全球电视网中直播自制的《中国财经简讯》,向亚洲、欧洲以及美国的商界人士提供最及时的中国财经信息。此外,该频道还将介绍企业家管理之道的专题人物访谈《中国经营者》(Managing China)推向CNBC亚太平台。这两个栏目是中国内地电视节目首次进入国际主流媒体,得到了一个定时、长期、面向世界的播出平台。

  《中国经营者》是"第一财经"和CNBC亚太台合办的大型人物访谈节目,于2004年开播,主持人是崔艳。节目每周末在第一财经、东方财经、宁夏卫视和CNBC播出。其关注对象是大中华区,包括内地(大陆)、香港、台湾等地区的中国企业老总。节目不做全景式的人生描述,而是通过对某个经济现象、管理方式、经营观点的探讨,展现中国企业家的经营理念、管理思想、实战胆略及传奇故事。曾经请过的嘉宾有联想集团的柳传志、蒙牛乳业的牛根生等。节目创办者希望他们的访问者能对问题真切深入地思考,以具有挑战性和前沿性的思想,真诚面对观众。该栏目奉行独立精神,希望成为一个"讲真话"的媒体平台,为此,节目不涉及任何费

---

① 老左信箱.网易汽车[EB/OL].(2005-04-18)[2019-02-01].http://auto.163.com/05/0418/16/1HKQCEOA000816IP.html.
② 资料来源:http://sh.sina.com.cn/20040330/165528211.shtml/。
③ 资料来源:《第一财经新节目主创人员做客新浪聊天实录》,网址为 http://sh.sina.com.cn/20040330/165528211.shtml。
④ 资料来源:http://news.eastday.com/epublish/gb/paper154/2/class015400011/hwz982619.htm。
⑤ CNBC为美国全国广播公司NBC环球集团所持有的全球性财经有线电视卫星新闻台,于1989年4月17日在新泽西开播。在1991年前,Consumer News and Business Channel(消费者新闻与商业频道)为其名称,之后只使用CNBC缩写,并不赋予全文意义。它是全球财经媒体中的佼佼者,其深入分析和实时报道,赢得了全球企业界的信任。

用,规避媚俗、媚金、媚权的倾向。①

打从合作开始,"第一财经"与 CNBC 共同推进的各个项目都在赚钱。2004 年该公司全年完成经营创收 10,133 万元,实现净利润 2,200 万元。但是"第一财经"对合作期待更多的是要提高自身的核心竞争力,如内容的制作能力。以《决策》这档把哈佛商学院案例进行电视化包装的节目为例,哈佛商学院之所以愿意提供其经典案例,看中的就是 CNBC 强大的平台优势和"第一财经"在中国的品牌优势。这档节目每周首播一次,重播两到三次,能创造几十万美元的利润,体现出国际合作的双赢魅力。

2004 年 9 月,第一财经有限公司推出了"道琼斯第一财经中国 600 指数",这是中国的第一个媒体指数,是公司跟道琼斯建立了良好合作关系的结果。由媒体发布财经指数是国际通行做法,如道琼斯工业指数、日经 225 指数、伦敦金融时报指数都是成功范例。"道琼斯第一财经中国 600 指数"正是基于这一目标,将上海和深圳证券交易所中最大的上市公司纳入并统一在一个指数当中,为中国和世界提供了一个实时跟踪中国证券市场交易状况的综合基准指数。这一指数还通过路透社、CNBC、《华尔街日报》等国际知名媒体向世界发布。②

2004 年 11 月 15 日,《第一财经日报》创刊,在上海、北京、广东三地同步上市。作为中国第一张地方办全国性财经日报,它打破了广电与报业媒体间的界限,完成了跨地区、跨媒体财经资讯全国平台的搭建。这也是"第一财经"走向财经资讯供应商的重要一步,它既能够增加广播电视财经内容的原创性,又能提升"第一财经"在全国的影响力。

综观第一财经节目,强烈的服务意识贯穿其中,其真正面向市场、面向受众,将市场与受众需求与节目连接,做得风生水起、游刃有余。③

三、频道、机制改革

中国电视自进入 20 世纪 90 年代的"现代化转型时期",就开始了市场化变革的征程。但是由于特殊的定位,我国省级卫视的内容却呈现出严重的同质化,这不仅使得竞争日趋激烈,也很难满足观众的需求。

多家卫视通过对自身重新定位展开"洗牌"大战。像中央电视台新闻频道、上海"第一财经"这样的特色专业频道陆续推出。另外还有很多频道面对社会需求进行了改版调整。

(一)中央电视台的频道专业化改革

2000 年,中央电视台对其所有节目进行全面调整和改版,进一步加强频道专业化

---

① 资料来源:http://www.caian.net/cjyw/zhxw/28700.html。
② 木韦."第一财经"的跨媒体之惑[J].传媒,2005(11)。
③ 赵玲,喻静媛.第一财经:财经节目的新突破[J].青年记者,2008(4)。

建设。至2003年,中央电视台共有15个频道:新闻频道、综合频道、经济频道、综艺频道、国际频道、体育频道、电影频道、军事农业频道、电视剧频道、英语国际频道、科教频道、戏曲频道、西部频道、少儿频道和音乐频道。

2003年5月1日,CCTV-新闻频道开始试播,7月1日正式播出。同年5月8日,中央电视台综合频道也开始调整,一改延续了多年"新闻为主的综合频道"定位,重新调整为"综合频道",栏目数量从原来的58个减至43个。在保持传统新闻节目的同时,加大电视剧、综艺节目的播出量,并将一批原来分散在各频道的名牌栏目调入晚间黄金档,以进一步满足全国电视观众的收视需求。此举直接导致该频道的总体市场份额很快增加了1.1%。

2004年一套再次改版,调整了节目的播出时段和编排,将黄金档电视剧的播出时间提前到19:55;把拥有最高收视率和观众满意度的七大精品栏目《新闻调查》《实话实说》《艺术人生》《幸运52》《曲苑杂坛》《同一首歌》《开心辞典》安排在21:40轮流首播。电视台还引进了《讲述》《走遍中国》,并将原来的《纪录片》和《发现》合并为《见证》;将部分栏目分流到其他频道,如《综艺大观》到了三套;将原有的《新闻联播》《焦点访谈》《新闻30分》《晚间新闻》《新闻早8点》等栏目与新闻频道并机播出。这样,中央电视台一套的"综合频道"定位变得愈发清晰。

2003年10月20日,新版CCTV-2,由原来的"CCTV经济·生活·服务频道"改定位为"经济频道",开始打造以经济资讯为核心内容、更具专业特色的频道。CCTV-2由此由资讯、服务、财经、深度资讯、益智娱乐五大节目版块组成,焕发出全新生机,CCTV-2还运用"观众流"原理对频道重新编排,在频道专业化的道路上迈出了坚实的一步。①

2003年12月28日,面向0到18岁受众的专业频道——中央电视台少儿频道正式开播,这是中央电视台的第16个频道。

(二)省级卫视改版

省级卫视在开办的早期,基本上都是"新闻综合"或"新闻综艺"节目模式,大而全地寻求大众化认同。但是此时电视频道的大幅增加,已经改变了以往熟悉的地域电视格局。当电视节目的供给量超过观众的接受能力的时候,注意力就成了一种稀缺资源;获得注意力成为电视频道获得市场份额、观众认可、传播效果的前提。正是在这种背景下,各个省级卫视频道都开始努力打造频道的核心竞争力,试图获得注意力争夺战的主动权。

2001年,上海文化广播影视集团(SMG)由上海人民广播电台、上海东方广播电台、上海电视台、东方电视台、上海有线电视台等单位整合而成。2002年,集团对旗下

---

① 徐立军.听听我对CCTV-2频道定位的辩解![EB/OL].(2006-02-13)[2018-08-05].http://cctvxulijun.blog.sohu.com/903995.html.

的 11 个电视频道进行了调整。2002 年 1 月 1 日全新启动了 11 个专业频道，它们是：上海电视台下属的新闻综合、生活时尚、电视剧、体育、第一财经、纪实频道和上海卫视，以及东方电视台下属的新闻娱乐、文艺、音乐和戏剧频道。①

2003 年 10 月 23 日，SMG 的原上海卫视更名为东方卫视，成为中国内地第一个不用地域命名的地方卫视，是 SMG 跨区突围推出的新闻综合主频道。该台节目全天 24 小时播出，定位于"新闻见长、影视支撑、娱乐补充、体育特色"；确定了"现代的、国际的、青春的、海派的"基本风格。其新闻栏目一改过去以编串为主的内容格局，全部改由卫视采编制播，在经营上享有独立购买、制作、发行电视剧和广告的权利。频道的长远规划是打造一个与上海这一"世界级城市"相匹配、能产生世界影响的传媒，向全世界发出自己的声音。频道更名后，通过一连串改革动作，东方卫视在全国所有省、地级城市，以及日本、澳大利亚、中国澳门等国家和地区落地，在全国大中城市的覆盖率较之前提高了 40%。

同时，全国各地的卫视频道也相继开始了改革。2002 年 1 月 28 日，由海南卫视全面改版的旅游卫视（Travel Satellite TV，TSTV）正式开播。该频道全天播出 20 小时，主要由新闻资讯、风光专题、旅游综艺等几大版块组成，其中每晚 8 点播出的《环球旅游播报》由全国几十家电视台联手打造，堪称中国电视旅游新闻总汇。全天滚动播出的"正点资讯"是该频道的亮点。频道在开播之前已建成与媒体、旅游局、民航、铁路、交通、气象以及旅行社、景点景区、酒店的热线互动，为旅游者提供及时、全面、准确、实用的信息服务。②

海南卫视此一专业化改革，开创了节目内容主题化模式，给其他省级卫视带来了很大冲击，在全国反响强烈，引起人们对省级卫星频道定位和专业化运营的新思考。2002 年 7 月 29 日，贵州卫视在沪宣布，将突破省界，聚焦西部，全力打造西部黄金卫视。这是国内第一家定位于区域发展的省级卫视，也是继中央电视台推出"西部频道"后，塑造"西部品牌"的首家省级电视台。

2003 年 1 月 1 日，湖南卫视在上星 6 周年纪念日时开始了全新改版，一改"全国性综合频道"的初衷，重新定位为"资讯、娱乐为主的个性化综合频道"。它通过《快乐大本营》《玫瑰之约》两档周末娱乐栏目的运营，触摸到了大众的观赏需求，逐步锁定娱乐、青春为频道内容重点，从节目品类、目标受众乃至传播范围上占领"娱乐卫视"的制高点。到 2004 年，湖南卫视已连续两年成为唯一在全国市场份额超过 2% 的省级卫星频道。

2003 年 1 月 17 日，凤凰卫视在深圳举行了 2003 年新节目推介会，并发布了改版宣言，决定强化新闻事件的大型现场直播。同年 3 月 3 日，凤凰资讯台开始改版，每天安排 20 次"凤凰正点播报"。

---

① 资料来源：http://www.shanghai.gov.cn/nw2/nw2314/nw24651/nw13107/nw13597/u21aw86577.html。
② 姚艳姣.我国电视频道专业化研究[J].华中科技大学学报，2004(5).

2003下半年,江苏卫视对频道版面、节目资源进行调整,确定"以资讯为核心,以情感为特色"的频道发展定位。"情感"是一个与所有人相关的题材,这一定位给了频道广阔的驰骋空间。江苏卫视借助这一定位,将电视剧、栏目的各种形态都置放在"情感"的框架内;推出了《女人百分百》《服务先锋》《欢乐伊甸园》《超级调解》《情感之旅》《传奇档案》《夺标800》等谈话、综艺、纪实节目,形成情感节目群,既有多样性,也有统一性。当然"情感定位"在覆盖面广阔的同时,也在一定程度上影响到清晰度以及差异性。[①]

2003年6月1日,广东电视台跟进,将广东卫视改版为"政经资讯中心频道",表现出其一直秉持的将"财富"作为核心运营的理念。安徽卫视的主打策略为"电视剧独播剧场",重庆卫视则主打"故事中国,人文天下",它们各自在分众化、专业化的道路上不懈探索。

频道专业化是以频道为单位进行内容划分,使节目内容和频道风格能集中地满足某些特定人群或领域的需求,适应不同层次受众的特征。各频道都希望通过"资源整合创造出频道品牌"。这是基于中国独特电视市场竞争状态的应对,过多的频道开播,带来的并不是中国电视市场功能的改良与提升,而是同质竞争的日益惨烈,想要通过改版跳出这种恶性循环的怪圈,是各台的初衷。但是各省卫视的改版还是要追求市场的最大化,赢得更多受众,即要从全国市场的蛋糕上分得更多。所以,找到最大量受众的共同喜好是其不二法门。这也是电视从卖方市场向买方市场转变的现实应对,可以在一定程度上调整、缓解同质竞争的惨烈程度,给创新和寻找不同发展道路带来动力。其效果对中国电视市场功能的改良与提升有很大的好处。

(三)相关机构建设

1.中央电视台新闻中心机构调整

2008年年初,伴随"抗击冰雪"的新闻报道,中央电视台新闻频道运用全新模式和编辑流程,提高了整个频道的快速反应能力和收视份额,广受好评。借此中央电视台新闻中心于3月推出了酝酿已久的第五次改版。按照该中心的说法,此次改版意在"提高新闻采编效率,充分利用资源"。一些品牌栏目诸如《社会记录》《面对面》等,遭遇了撤档或易主。

与此同时,基于采编资源合理利用的要求,新闻中心将原有的时政新闻部、新闻编辑部、新闻采访部、社会新闻部、新闻评论部、地方新闻部、军事新闻部、制作部、综合部等9个部门存在的工作权限和职责交叉的部分进行重新梳理、整合重建,将原有的新闻编辑部、新闻采访部、社会新闻部、新闻评论部合并成新闻采编部、新闻专题部和社会专题部3大部门,成立了独立制作《新闻联播》的部门——《新闻联播》编辑部;地方

---

① 尹鸿.以特色塑造差异,以差异拓展空间:谈江苏卫视"情感地带"的频道策略[J].现代传播,2005(2).

和军事新闻部、制作部和综合部给予保留;另外还成立了国际新闻部(见图9-2)。① 此次改版确实卓有成效,改版后不久即遇到了汶川大地震这一突发性灾难,新闻组织经受住了严峻的考验。

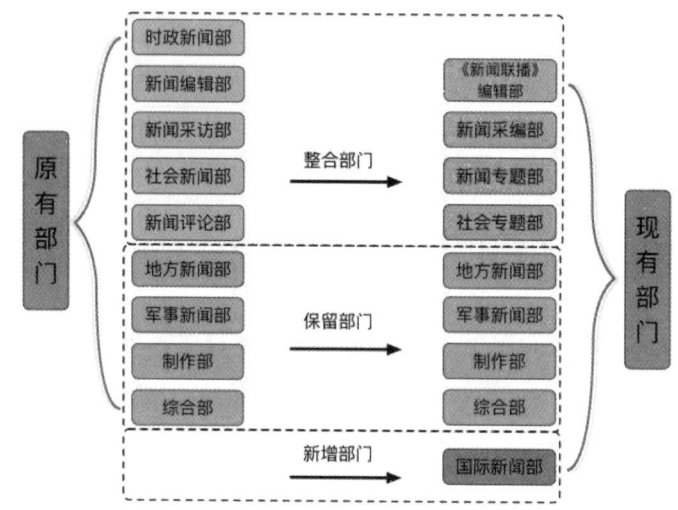

图 9-2 中央电视台新闻中心部门调整示意

2.建立电视新闻直播联盟

2008年12月21日,中国50家电视机构负责人在北京签署协议,成立中国电视新闻直播联盟(China Satellite News Gathering Alliance,CSNG)。这是由中央电视台牵头组织的国内最大的电视新闻资源收集和播发平台。除各级地方电视台外,各类企事业单位、武警、军队和政府的信息发布机构,只要具备电视直播能力,均可申请加入。遇到紧急突发的公共事件,事发地电视台将按照联盟协议,在第一时间赶赴现场,搭建直播体系,以直播方式将公用信号和现场报道发送给合作媒体,大大缩短电视媒体抵达新闻现场的距离和时间,提升了信息时效。按照联盟章程,联盟成员可以通过信息平台共享直播选题内容,共享卫星直播设备等技术服务。② 联盟利用现代技术打造出一个反应快速、覆盖广泛的全国电视新闻直播网体系,实现全国电视新闻直播常态化。对于可预知的新闻事件,直播联盟通过提前策划,多家媒体联动,把题材做大。

2008年11月3—12日,由中央电视台和全国27家电视台联合推出的大型公益节目《温暖灾区行》,成为直播联盟的试水之作。节目采取连续9天直播形式,每天围绕一个主题,关注汶川地震灾区重建、灾区民众生活等。例如,4日的关键词是"羌族新年",主要记录了灾区群众灾后的第一个新年。10日的关键词是"灾区重建",重点

---

① 翁亚欣,施海泉.电视新闻节目的形态变迁分析:以CCTV新闻中心第五次改版为例[J].现代视听,2008(12).
② 中央电视台.中国电视新闻直播联盟在北京成立[EB/OL].(2008-12-21)[2019-03-02].http://news.sina.com.cn/c/2008-12-21/104816890740.shtml.

关注最后一支抗震救灾部队撤离灾区。全国28家电视台实现了同一时段、同一主题、同一包装下的同步播出，取得了良好的规模传播效果。

联盟成立前夕，中央电视台再次联合全国33家电视台共同推出改革开放三十周年大型直播特别节目《我们的30年》，所有参与电视台均获得了不带任何电视台标志的公用直播信号。联盟的合作同样也辐射并带动了新媒体的参与。《温暖灾区行》和《我们的30年》大型直播报道，实现了电视网、互联网和手机电视网的"三网联动"。观众在观看节目的同时，还可以通过短信、网络平台留言等方式参与其中。中国电视新闻直播联盟的成立，深化了国内同业间的合作，也推动了与国际传媒的沟通，为夺取国际话语权构筑新的阵地。

在经历了冰雪灾害直播、地震直播、奥运报道等一系列重大宣传报道战役以后，各地区、各层次的广播电视媒体进行深入且广泛的协同化运作，显示出独特且有效的信息传递效果，并取得了良好的社会反响。各级各类广播电视联盟所建立形成的机制化架构和其成功运作提供的经验，使"联盟化"成为广播业面对新媒体和其他传统媒体竞争环境可资借鉴的一种路径。

第四节　电视新闻改革

在"三贴近"方针指导下，以人为本的"民生"理念成为媒体的诉求，受众更多地成为电视关注的出发点和归宿；突发事件的直播报道也随着技术的进步开始走向常态化；媒体自主性、专业性意识加强，传统的宣传说教模式逐步为更符合传播规律的报道方式所取代，不但在舆论引导方面产生了积极影响，也丰富了电视新闻的样态。

一、时政新闻改革

(一)"三贴近"原则与《新闻联播》改革

2003年3月28日，胡锦涛总书记主持召开了政治局会议，研究如何改进会议和领导活动新闻，要求报道"贴近实际、贴近群众、贴近生活"，要多报"群众关心的内容"。会议通过了《关于进一步改进会议和领导同志活动新闻报道的意见》。温家宝总理也提出"电视镜头要更多地对准群众，电视报道要更多地反映广大群众的意愿"[①]。

"三贴近"原则提出后，中央电视台《新闻联播》节目有了很大变化。在播报内容上减少了会议报道，做活主题报道；关注社会生活，注重以小见大；遵循新闻规律，加大信息量，增强针对性、实效性、吸引力和感染力。在播报方式上求新求活，加大改进力度。

---

① 新华网.中央政治局会议研究改进会议和领导同志活动报道[EB/OL].(2003-03-28)[2019-06-01].http://news.sina.com.cn/c/2003-03-28/185882868s.shtml；温家宝.电视镜头要更多地对准群众[N].中国青年报，2003-08-27.

同时,节目增加了正常播出中直播的分量,将重大事件同步通报给观众;对于新闻的采集,多用生动的同期声,缩小新闻与观众的距离;新闻语言尽量生活化,杜绝套话空话。《新闻联播》内部规定,会议报道不得超过 3 分钟,这使会议新闻大大压缩,相对增加了其他信息,得到观众的广泛认同,收视率明显提升。各地电视新闻也呈现了更加软化、平民化的视角,新闻的贴近性日益深入人心。

(二)十七大报道

这是中央电视台新闻频道建立后第一次对党代会的报道。新闻频道在大会召开前一个半月开始推出六期大型特别节目《喜迎十七大,和谐中国行》,节目走进辽宁阜新、广西桂林、天津(滨海新区)等六个城市,展现这些地区的发展成就、地域新貌、文化特色,挖掘老百姓的典型故事,为十七大召开营造舆论氛围。①

2007 年 10 月 15 日,中国共产党第十七次全国代表大会隆重开幕。当天,中央电视台综合频道、新闻频道并机推出了大会开幕式直播特别节目;中文国际频道、英语、法语西班牙语国际频道都现场直播了 182 分钟的大会开幕式,并向全球电视、广播及网络媒体提供了公用信号。央视国际对开幕式进行了网络视频直播及多语种图文实时报道。CCTV 网络电视、手机电视和车载电视都首次成为党代会报道的渠道。②

新闻频道充分利用 24 小时不间断播出的优势,组织 24 档整点新闻和 5 档专栏节目全面参与报道。《360°》《朝闻天下》分别推出了"十七大全接触""民生新举措"专栏,突出新闻的贴近性,拉近观众和大会的距离。此外,各档整点新闻与《新闻联播》系列专栏、《新闻 30 分·影像与数字》《晚间新闻·数字生活》等节目彼此呼应,在扩大报道声势的同时,精心选择具有时代特点的"数字生活"内容,充分体现出新闻性和时代性。2017 年 10 月 22 日,新闻频道直播了"十七届中央政治局常委与中外记者见面",从当天中午《新闻 30 分》开始,多档新闻持续滚动播出见面会实况,播出频次、规模和密度创造了新纪录。

中央电视台中文国际频道也结合直播、新闻、访谈等形式,形成全方位报道格局。新闻栏目均以"聚焦十七大"统一挂牌播出。《中国新闻》《新闻 60 分》等栏目成立新闻改编组,利用会议直播信号,充分完整地编发最新消息。上会记者突出现场追踪报道形式,采制了十七大代表系列访谈录。《今日关注》栏目推出了 10 集系列节目《使命与责任》,邀请十七大代表与专家结合热点话题,展开分析和讨论。

中央电视台少儿频道还推出了十七大特别报道《小记者报道》《小记者观察》和《小记者发现》等节目,并在央视国际的网站上为小记者开通了博客,从中寻找中小学生对十七大的企盼,把他们的声音带到大会上去。③

---

① 辛文.《喜迎十七大 和谐中国行》:主题宣传报道的一次创新[J].中国广播电视学刊,2008(1).
② 赵化勇.中央电视台发展史(1998—2008)[M].北京:中国广播电视出版社,2008:25.
③ 郭涛.论网络媒体宣传报道十七大的特色与优势[J].电视研究,2008(1).

据统计,国内外共有400多家电视机构及人民网、新华网、新浪网等网络媒体引用了中央电视台节目播出信号;共有84个国家和地区的包括CNN、BBC、NHK等302家国际电视机构转播或者部分使用中央电视台4个国际频道的节目信号,其中完整转播的达到219家。

央视国际首次获得了与人民网、新华网同等参与十七大报道的资格。央视国际联合多家电视台网站建立了十七大全国电视台网络视频联盟,共享各联盟成员网站提供的十七大报道视频资料,同时,央视国际联合人民网、新浪网、搜狐网、腾讯网等20多家门户网站组建了网络联盟,打造了来源广泛的十七大报道网络视频平台。①

CCTV手机新媒体也在十七大报道中做出了许多全新的尝试,推出了中国第一本时事新闻手机视频杂志《〈手边〉"十七大"特刊》,每日向用户实时推送十七大重大新闻视频资讯。同时CCTV手机新媒体与人民网联手,整合无线媒体资源,以视频报道为核心建立无线互联网联盟,共同报道会议盛况。十七大期间,CCTV手机电视直播流量达到396万次,是平时的9.4倍;通过CCTV手机电视收看视频实时报道的超过11万人次,手机电视访问量达到63万次。②

(三)报道新形式

1.《小崔会客》

《小崔会客》节目创办于2006年,是《小崔说事》的"两会"特别节目,节目采用会客厅谈话的形式,在每年全国"两会"期间,邀请多位代表、委员与普通百姓、社会精英聚集一堂,畅谈发展的成果和经验,探讨社会热点问题。决策者对政策做深入解释,普通百姓讲述亲身经历作为政策落实的例证,而由社会精英担当的体验者或义工则用他们带回的照片和故事为话题内容注脚。

2006年"两会"期间,《小崔会客》从3月4日开始连续播出了13期,共邀请了13个省的党政领导逐一在电视上亮相,每期都保持了"领导+农民家庭+在读高级工商管理硕士(EMBA)"的嘉宾组合。每期节目分成三个版块:第一个版块是领导和农民家庭互相交换见面礼;第二个版块是13个省级领导担任嘉宾主持,协助小崔一起采访农民兄弟,倾听民情;第三个版块是EMBA硕士到农村体验生活,在镜头前展现他们的体验结果。

节目注重平等和谐的人文精神,在互赠礼物环节中,时任安徽省委书记郭金龙就将他夫人绣了好几个晚上完成的一幅十字绣送给了一位小女孩。③

《小崔会客》把真实记录和访谈相结合,整合了两种报道方式的优势,既完整记录生活流程,展现特定环境中的人物,又通过语言细腻表现人物内心的思想情感,使得人物富有真实感、亲和力。主持人崔永元也延续了一贯的亲民、幽默、机智的主持风格,

---

① 赵化勇.中央电视台发展史(1998—2008)[M].北京:中国广播电视出版社,2008:26.
② 钱淑芳.开拓党代会报道的新思路:中央电视台十七大报道特色分析[J].新闻实践,2007(11).
③ 邝倩.从《小崔会客》看电视谈话类节目的新形态[J].新闻窗,2013(4).

访谈高层领导不媚不惧,自然得体。① 节目受到观众的一致好评。

类似的栏目还有创办于 2001 年 CCTV-2 的《小丫跑两会》、开播于 2006 年中央电视台社会与法频道(后改为综合频道播出)的《小撒探会》;以及 2010 年 CCTV-4《中国新闻》栏目中推出的《鲁健两会观察》。节目都以著名主持人为核心,在两会期间访问重量级的嘉宾,就国计民生的重大话题与他们面谈交流,访谈个性突出、别出生面,都让两会报道生色不少。

2. "重走长征路"

2007 年是中国工农红军长征胜利 70 周年,中央电视台在新闻频道推出了特别节目《我的长征》予以纪念。节目由崔永元主持,组织了 20 名全程体验者、大量分段体验者和团体体验者参加"重走长征路"活动。节目展现沿途当地风土民情、民族民间文化、民生及社会发展状况,关注长征沿线地区普通人的生活状态和人生经历,关注参与者自身的感悟和变化,节目回顾历史、展望未来,传播红色文化。

节目每周六晚间播出一期,每期时长 50 分钟,其中包括纪录片和演播室谈话,还有"真人秀"的影子。从 2006 年 4 月开播,至 2007 年初结束,共 50 期,节目是对红色历史纪念性回顾的一种新探索,引起了比较广泛的社会关注。

二、直播常态化

电视新闻直播的常态化是在技术与观念的双重推动下实现的。一方面,卫星新闻转播(SNG)技术②日趋成熟,实现了现场即时实况报道,新闻播出零时差,让观众同步目睹新闻,第一时间共享新闻事件进程。另一方面,受网络媒体的影响,受众对于时效性的理解,已不再是传统意义上的"新近发生",只有与事件"同步"才能满足受众对于即时的需求。因此,这一时期电视媒体的直播能力不断增强,直播报道真正走向了常态化。

(一)预发事件

1. 珠峰登顶直播

2003 年 5 月 11 日至 21 日,在人类登上世界最高峰珠穆朗玛峰 50 周年之际,中央电视台组织了一支由 83 人组成的直播队伍,制作播出了大型直播节目《2003,站在世界第三极》。节目全程跟踪直播了中国登山队登顶过程,在中央电视台综合频道、中文国际频道、体育频道、新闻频道播出。③

本次直播节目包括了珠峰攀登现场、珠峰大本营和北京演播室三个部分。

---

① 张会清,李燕.从《小崔会客》看个性化"高端访问"[J].传媒观察,2006(7).
② SNG(Satellite News Gathering)意为"卫星新闻转播",特指装载全套 SNG 设备的专用车,称为"卫星新闻采访车"。
③ 央视《同赢》杂志.《2003,站在第三极》创下多项直播节目之最[EB/OL].(2003-06-06)[2018-05-01].http://www.cntv.cn/program/tongying/20030606/100865.shtml.

珠峰攀登现场的拍摄是由大本营 70 倍望远镜头、海拔 6,500 米和海拔 7,028 米营地的固定机位镜头，以及随队摄像师的近身镜头共同完成的。① 6,500 米前进营地是中央电视台全程跟踪直播人员此次攀登的极限高度，之后的高山摄像和微波传输则是由经过技术培训的藏族登山队员完成。② 珠峰大本营由四部摄像机和一个小型切换台构成，它的主要任务是搜罗前方信息，揭秘幕后花絮。③ 拍摄到的电视信号，经由微波、光缆和卫星站构建的传输线路传回北京，再向全国播出。

北京演播室接收到前方直播直传信号后，刘建宏和王小丫担任主持，邀请专家学者、知名人士以及山友点评攀登过程，探讨相关话题。演播室还播放了制作好的相关短片，让大家对珠峰攀登有更深入的了解。

2003 年 5 月 21 日北京时间 13:40，中国登山小队的阿旺扎西、陈骏池、梁群等一行 10 人将国旗插上了珠穆朗玛峰顶，并同时进行了为时 70 分钟的电视直播，为节目画上圆满句号。

由于登山活动的特殊性，全程直播的概念并不是对活动的每分每秒都进行直播，而是按照登山的次序和时间段，分阶段直播，直播时长达到 26 小时，④这是人类电视史上在海拔 6,000 米以上最大规模的连续直播。

2. 连战、宋楚瑜访问大陆

2005 年 4 月 26 至 5 月 13 日，应中共中央总书记胡锦涛邀请，中国国民党主席连战和亲民党主席宋楚瑜先后率团访问大陆。4 月 29 日，连战与胡锦涛举行会谈，这是重庆谈判 59 年之后，两党最高领导人跨越时空的再一次握手。在紧张的台海局势下，这无疑是举世瞩目的重大事件。

在此期间，各类媒体均对这一新闻事件进行了广泛报道。上海东方卫视以直播方式制作播出了"连宋大陆行"特别报道。

中央电视台新闻频道、中文国际频道、英语国际频道对"连、宋大陆行"进行了全程跟踪报道，推出了历时 18 天，跨越 6 个省市的"连战大陆行"和"宋楚瑜大陆行"特别报道。中央电视台推出了 24 场"直播特别节目"《跨越海峡的握手》，在每天的特别节目中辟出专栏，对台湾岛内相关电视报道进行版块式"原味"呈现。

中央电视台新闻频道以"新闻跟踪＋重大现场直播＋专题跟进"的立体化形式进行报道，调动了可以使用的各种手段，把事态信息及多元的解读传递给观众，同时共享各地专家、学者的点评。

中央电视台中文国际频道以新闻、专题、直播等多种节目形态联动，现场报道与深度解读结合，单日直播时间最长为近 10 小时（4 月 29 日），平均每天直播时间有 6 小

---

① 《2003，站在第三极》栏目组.中央电视台首次直播珠峰登顶全程[J].中国电视，2003(6).
② 唐志平.寻梦珠峰：访中央电视台全程直播珠峰登顶节目的技术尖兵[J].当代电视，2003(7).
③ 《2003，站在第三极》栏目组.中央电视台首次直播珠峰登顶全程[J].中国电视，2003(6).
④ 赵化勇.中央电视台发展史(1998—2008)[M].北京：中国广播电视出版社，2008：27.

时,即使在连战、宋楚瑜访问间隔期间,每天的直播报道也不低于 4 小时。①

此次对"连、宋大陆行"的电视新闻报道在两岸都有"大胆的突破"。《东方时空》与台湾东森电视台合作,使中央电视台信号在台湾实时落地,打破了台湾对大陆电视新闻在台落地的封锁。中央电视台中文国际频道也不经删减地使用了台湾东森电视台、TVBS 和香港翡翠电视台等媒体的录像资料。②

在连战造访大陆的一周内,中央电视台新闻频道的周平均收视份额从前一周的 1.64% 跃升至 2.80%,创历史新高。③ 自 4 月 26 日起,中央电视台中文国际频道的收视率比平时高出四倍左右,在全国 49 个卫星频道中排名第三。④

(二)科技事件

1.神舟五号载人飞船

2003 年 10 月 15 日北京时间上午 9 时,神舟五号载人飞船成功发射,将航天员杨利伟送入太空,并在 10 月 16 日 6 时 23 分顺利返回,共计飞行 21 小时 23 分,这是中国首次发射载人航天飞行器,标志着中国成了继苏联(俄罗斯)和美国之后第三个将人类送上太空并安全返回的国家。

中央电视台为神舟五号的报道做了大量准备工作,但随着发射日期的临近,在有关航天专家的提议下,最终还是取消了对飞船发射以及返回舱着陆的电视直播。⑤

早在神舟五号发射之前,电视台就已经开始关注该事件。中央电视台十套的《探索发现》《科技博览周末特报》节目,凤凰卫视中文台的《人类太空之旅》,都回顾了人类探索太空和神舟飞船发展的历程。凤凰中文台的《时事开讲》《小莉看世界》《锵锵三人行》等节目,则从发射场见闻、飞天梦、倒计时等各个角度展现了飞船发射的新闻背景和相关资料。⑥

10 月 15 日神舟五号升空当天,中央电视台新闻频道分三个时段播出了"中国首次载人航天飞行特别新闻"。9:01 播发了口播新闻,9:28 播发了发射实况图像;在上午 9:00 至 13:30 时段内播发了中央电视台记者采制的《我国进行首次载人航天飞行,"神舟"五号飞船发射成功》《担负中国首次载人航天飞行任务的航天员与记者见面》《新闻特写:目击飞天英雄出征》《新闻特写:浩瀚太空迎来中国第一位访客》等报道,播出了来自酒泉发射现场的画面。

下午 16:00 至 19:00 和晚上 20:00 至 23:10 两个时段的"特别新闻",播发了《航

---

① 张国涛,范昀,杨奉涛.电视新闻直播:从事件到核心竞争力:以 CCTV-4"连宋大陆行"特别报道为例[J].中国广播电视学刊,2005(7).
② 马勇,杨奉涛,薛巧祯.资讯整合的范本:解析《跨越海峡的握手——宋楚瑜大陆行特别报道》[J].电视研究,2005(7).
③ 赵化勇.中央电视台发展史(1998—2008)[M].北京:中国广播电视出版社,2008:24.
④ 杜志红,范昀.全面 权威 现代:央视国际频道"连、宋大陆行"特别报道评析[J].电视研究,2005(7).
⑤ 资料来源:《兰州晨报》2003 年 10 月 15 日《"神舟五号"注燃料待飞 中央电视台取消直播》.
⑥ 张金辉.由"神五"发射看科技新闻报道的人文视角转变[J].中国广播电视学刊,2004(1).

天员杨利伟与领导和家属的天地对话》《航天员杨利伟来自太空的问候》《飞船成功变轨》《航天员工作正常》等消息,并且播出了杨利伟从"神舟"五号舱内拍摄的太空画面。

10月16日,新闻频道由前一天的"特别新闻"调整为"中国首次载人航天飞行特别报道",重点也从及时快速的信息通报转变为专题节目与访谈,从当天6:37开始,一直持续播出至当晚的24:00。"特别报道"及时调动各种报道手段,等候在着陆场区的特派记者全程跟踪拍摄并进行现场连线,第一时间播发了飞船安全着陆、飞船开伞降落瞬间、航天员杨利伟自主出舱等重要时刻的报道,并且及时播出了在回京专机上记者对杨利伟的独家专访。① 当晚20:55分,中央电视台通过卫星连线,独家采访了回到北京航天城的杨利伟,白岩松汇集观众的提问,与杨利伟进行了为时8分钟的双视窗对话。②

在此期间,全世界72个国家的220多家电视机构转播了中央电视台图像,110多家全程转播,其中包括CNN、BBC、ABC等多家海外主流媒体。10月15日全天,中央电视台新闻频道、一套、四套的总体收视份额达到16.32%,较平时提高了6.11个百分点;16日,收视份额又大幅度提高至接近27%。③

2.神舟六号多人飞天

2005年10月12日上午9:00,神舟六号载人飞船用长征二号F型火箭在酒泉卫星发射中心发射升空,在轨飞行115小时32分钟之后,于10月17日4:33返回着陆,共计飞行4天19小时33分钟。神舟六号搭载了航天员费俊龙、聂海胜,是中国第一艘执行"多人飞天"任务的载人飞船。

在6天时间里,中央电视台一套、新闻频道、四套、九套对"神六"飞天做了全方位的直播报道,弥补了神舟五号没有直播的遗憾。

从10月12日早晨6:55开始,新闻频道打破正常的节目编排,贯通各时段和栏目,正式启动对"神六"载人航天飞行不间断的直播特别报道。中央电视台一套在7:00—12:00和15:00—19:00与新闻频道并机播出。上午9时,"神六"成功发射升空,除上述四套中央电视台节目外,西法频道也参与了发射升空历史时刻的直播。

15日下午,胡锦涛总书记在北京航天中心现场与"神六航天员"进行"天地对话"并慰问工程技术人员。结束后,总书记突然做了即席讲话,这是事先没有的安排。新闻中心现场工作人员反应及时,镜头迅速跟进,并在没有专门收声话筒的情况下,利用随机话筒转播声音信号,顺利完成了直播。

17日,中央电视台新闻频道、一套并机播出了《"神六"回家》直播特别节目。当天凌晨3点起,新闻中心总演播室与北京航天飞行控制中心分演播室及各个直播报道点保持实时联络,第一时间发布了飞船返回的最新动态。凌晨4:33返回舱成功着陆,新闻中心记者迅速从空中和地面向着陆点开进,作为第一个抵达现场的电视记者拍摄到

---

① 张宁.我国首次载人航天飞行报道圆满成功[J].电视研究,2004(1).
② 杨静."神五"发射背后的媒体新闻战[J].中国报业,2003(11).
③ 张宁,韩彪.特别新闻 特别报道:央视"神舟"五号报道回顾[J].新闻实践,2003(11).

了航天员自主出舱的画面,并第一时间对两位航天员进行了独家采访。当晚,"神六"总设计师王永志和航天科技集团总经理张庆伟也现身演播室,带来了第一手权威资料。①

在6天的报道中,中央电视台新闻频道每天围绕一个主题进行报道。如12日以发射及成功入轨、航天员、火箭、发射场为主题进行直播;15日以胡锦涛总书记与两位航天员的"天地对话"作为直播亮点;17日则以航天员安全返回为主体,介绍着陆场的各项工作,总体评价此次任务。

此次报道中,中央电视台在全球共设立了26个直播点,引用直播信号达19路。新闻中心设在"远望"二号、三号远洋航天测量船上的独家报道点,首次实现了在南太平洋、南大西洋做现场报道。

从10月12日早6:55到17日晚24:00,中央电视台新闻频道"神六"直播特别节目共播出22场(段),总时长为74小时10分钟;其中中央电视台一套并机播出13场(段),总时长29小时57分,创造了中央电视台对同一事件报道的规模最大、直播时间最长的纪录。②

神舟六号直播期间,中央电视台4个频道的全程总体收视份额达16.11%,较神舟五号直播期间的收视份额(14.02%)提高了2.09%,刷新了中央电视台新闻频道开播以来的最高收视纪录。而在10月12日发射当天,中央电视台15个频道的总体收视份额达到了43.31%,仅次于当年2月8日除夕的收视份额(44.32%)。据估计,观看发射直播的观众达到5亿。

截至10月17日9时,包括美国CNN、ABC,加拿大CBC、美联社环球电视APTN,路透社、BBC,法国TPS、俄罗斯NTV直播电视卫星公司和日本NHK在内的91个国家和地区的317家电视机构,转播或部分使用了中央电视台四套、九套和西法频道有关"神舟六号载人航天飞船报道"的直播节目信号。

中央电视台网络电视也对神舟六号载人航天飞行向全球做了全程网络直播,还精心安排了九个专题节目对中国航天史进行详细解读。网络电视直播平台同时在线人数最高达到43,588人,网页浏览量每天达到300万—400万人次。

除直播特别节目外,专题栏目和新闻节目中也播出了大量相关报道。中央电视台新闻频道在7个栏目中播出了36期专题节目,各档节目中的新闻报道达到200多条,③其中通过动画模拟、专题短片、精彩画面等介绍了相关的航天知识。《新闻联播》开设了《航天员的第一次》专栏,记录了"神六"具有重大历史意义的精彩瞬间;《焦点访谈》分别以"神六飞天举世瞩目""太空生活全记录"为题展开了对"神六"的报道;《面对面》推出了对费俊龙、聂海胜两位航天员的专访。中央电视台新闻频道还与央视国际等网站联合开通了"网友提问""寄语神六"等互动平台,筛选观众留言和相关问题,请

---

① 王彩平,胡平娟.直播"神六",创下多个第一:央视"神六"报道回顾[J].新闻实践,2005(11).
② 建辉,旭宏,春雨.与"神六"同行 与新闻同步:央视直播"神六"发射圆满成功综述[J].电视研究,2005(12).
③ 王彩平,胡平娟.直播"神六",创下多个第一:央视"神六"报道回顾[J].新闻实践,2005(11).

航天专家予以解答。中央电视台四套推出了 5 集专题节目《普通人的航天梦》和《一辈子的航天梦》,拉近普通人与航天事业的关系。

在神舟六号的报道中,中央电视台还与全国多家电视台实现了合作。《东方时空》栏目组与台湾东森电视台联手推出了《两岸看神舟》节目,由主持人白岩松和东森台主播卢秀芳共同主持。两位主持人携手走进太空城进行"航天大体验"。该节目在中央电视台综合频道、新闻频道并机播出,并在台湾东森电视台的亚洲频道和美洲频道实现落地,同步向台湾观众进行直播。同时,中央电视台还与地方电视台联手,采访到了两位宇航员家乡的故事。①

3. 神舟七号太空行走

神舟七号载人飞船于 2008 年 9 月 25 日 21:10 从中国酒泉卫星发射中心发射场用长征二号 F 火箭发射升空。"神七"上载有三名宇航员:翟志刚、刘伯明和景海鹏。经过一天多的飞行之后,9 月 27 日下午 4 点 33 分,北京航天飞控中心发出出舱指令。在刘伯明的帮助下,翟志刚于 4 点 39 分顺利出舱,按预定方案进行太空行走后,安全返回神舟七号轨道舱。27 日 19 点 24 分,神舟七号在飞行到第 31 圈时,成功释放了伴飞小卫星。这也是我国首次在航天器上开展微小卫星伴随飞行试验。② 神舟七号于 9 月 28 日 17 点 37 分成功着陆于中国内蒙古四子王旗主着陆场,共计飞行 2 天 20 小时 27 分钟。

中央电视台综合频道、新闻频道和中文、英语、西法国际频道及央视国际网站都参与了直播报道。其中,综合、新闻频道推出了近 17 小时的《神七问天》直播特别报道;中文国际频道播出了 11 小时的直播特别节目《漫步太空》;西法国际频道播出了介绍"神舟"系列飞船的专题片,并滚动播发有关新闻。各频道直播节目时长达 50 小时,播发相关新闻近百条,专题 10 余期。直播中,中央电视台严格按照有关部门要求,精心设计机位和转播流程,准确核实报道内容和相关数据,多场景、全视角地记录了神舟七号发射过程和这次太空之旅的每个细节。

在此次载人航天飞行中,出舱报道最为引人关注。在翟志刚"太空漫步"大约 10 分钟的时间内,中央电视台等电视媒体全程直播了整个过程。

除此之外,中央电视台的"神七"报道注重细节和内容的丰富扎实,例如:配合事件报道的有纪录片《神舟七号》、专题《面对面》采访宇航员等。记者之前采访了宇航员的生活,对他们在太空中吃什么、穿什么等内容进行了详尽的拍摄介绍。

本次直播创造了中央电视台直播布点最广、跨度最大、演播室最多的纪录。中央电视台在全球设了近 30 个报道点,引用直播信号 40 多路,并搭建了四大报道平台,这是我国首次在国内大型直播中使用国际分演播室。此次报道中,中央电视台几乎把半

---

① 刘毅. 平民化视角 人文性关怀:从央视"神六"直播看媒体对科技新闻的报道[J]. 中国电视,2006(2).
② 资料来源:《中国航天》2008 年第 10 期《我国神舟七号载人航天飞行取得圆满成功》。

个电视台搬到了酒泉东风航天城,并首次在酒泉卫星发射中心建立了演播室。①

据统计,全国有4.08亿观众收看了飞船成功发射升空的现场直播,占全国观众的33.3%,总收视份额为41.73%,全球114个国家和地区的297家电视机构转播或部分使用了中央电视台的直播信号。

此次直播还实现了电视与网络的深层互动。例如,中央电视台中文国际频道与央视国际等多家知名网站合作,在特别栏目的上午、下午、晚间三个时段推出网络互动版块《神七有你》;由网络播报员围绕网民关注的"神七"热点,以"实时提问、实时回答"的方式,实现栏目与受众的及时沟通,满足观众关注、参与"神七"的愿望。比如,对网友关注度较高的"航天员在太空中生理体征会不会有变化""神七宇航员在太空中是否分上下左右"等问题,网络播放员会直接提问演播室中的权威专家,搭建网友与航天专家的沟通平台,将专业问题用浅显的语言解答,体现出报道的互动性、知识性。②

2003年中央电视台新闻频道成立当年直播时长累计达700多小时,2008年其全年直播超过了2,000小时,是2003年的6倍多。

(三)突发事件——别斯兰人质事件

2004年9月1日10时,一伙车臣分离主义武装分子进攻并占领了俄罗斯南部北奥塞梯共和国别斯兰市第一中学,将参加开学典礼的约1,200名师生和家长扣作人质。恐怖分子提出俄罗斯从车臣撤军、释放被逮捕的恐怖分子等条件。俄政府多次与恐怖分子联系、谈判未果。其间,恐怖分子曾先后释放几十名人质,给外面带话。至两天多、52小时后的9月3日12时45分,行动指挥部与恐怖分子商定从学校向外运送匪徒占据学校时打死的人质尸体。随后,俄紧急情况部人员进入学校运送尸体,此时发生数次爆炸,部分人质开始外逃,恐怖分子随即向逃跑人员开枪。随之俄特种部队冲进学校解救人质。至16时,俄军基本控制了学校。

事件持续54小时,人质共死亡333人,其中有186名未成年人;958人受伤,包括639名未成年人。交火中31名恐怖分子被击毙,其中有来自阿拉伯国家的雇佣兵。这是人类历史上最残暴、最大规模、向最弱势群体——少年儿童大开杀戒的人质劫持事件。

在这次骇人听闻的人质事件中,凤凰卫视资讯台表现出色。

凤凰台驻俄罗斯记者卢宇光在事件爆发前一天,在莫斯科采访地铁爆炸案。9月1日上午10点左右,他回到家打开新闻网,看到了北高加索地区发生人质事件。他赶紧通知雇用的俄罗斯摄像;准备好,出发。莫斯科飞别斯兰的航班每天只一班,当天已经全部满座。他们托了很多关系,花费1,000多美元搭乘上俄罗斯一个部门的公务飞

---

① 李恬,董天策.央视"神七"报道的策略与创新[J].现代视听,2009(1);叶晔.中央电视台"神七"报道实现多项突破和创新[J].电视研究,2008(11).
② 马勇,战丽萍.《漫步太空》全程记录"神七飞天"[J].电视研究,2009(1).

机,下午4点多起飞,2个多小时后降落在2,000多公里外的别斯兰机场。从机场到别斯兰市大概有十多公里,到处都是俄罗斯特种部队,道路全被封锁,必须第二天办理特许通行证才可以进入。卢宇光决定二人背着一台大摄像机,一个三脚架,五块电池,还有卫星电话走进去。①

9月2日凌晨,他们走进了别斯兰市,成为到达现场的第二家外国媒体。当时媒体到场顺序为:卡塔尔半岛电视台、俄罗斯独立台、俄罗斯国家电视台、俄罗斯地方电视台、凤凰卫视。②别斯兰中学附近的文化宫广场人山人海,当地几乎家家都有孩子在该学校。距离中学1公里有一个礼堂,外面设立了拯救指挥部,当地人在指挥部的信息牌上不断地自行张贴被困人员信息:有照片、出生年月、体貌特征等,到后来延伸到整面墙都是。其间,人质数字一直在变化,但是官方的信息显得不太准确。卢宇光二人边跟踪事态做直播报道,边抽空去数那面墙上的人数。9月1日晚上11点30分,他们发布了自己统计的第一个数字:546人。

当时俄罗斯北高加索军区部队开到现场,形成了别斯兰第一中学周围1公里范围的缓冲地带,还专门给媒体在离中学160米的地方开辟了一个不足30平方米的平台,堆了很多沙包,里面挤满了包括路透社、美联社、法新社等大通讯社的世界各路媒体。3日凌晨,平台附近发生爆炸,记者全部撤到离现场大概有900多米的地方。据当时俄罗斯安全人员讲,已经确定恐怖分子有20多人,会场里面布满了爆炸装置。③

9月3日下午,对峙现场情况急转直下,人质现场发出两声巨大爆炸声,之后,激烈的枪声此起彼伏,当地人手持冷兵器和枪,像潮水一样向操场冲去。交火开始以后,凤凰资讯台中断了正常播出,切入事件现场。雇来的俄罗斯摄像不知去向,卢宇光将两台摄像机分别放置在学校正面和背面的两个固定机位上,凤凰台一直播放着卢宇光机器拍摄的画面,后来录像带走完无法更换,才改用其他电视台的画面。

卢宇光随身携带了一个手掌机,自己冲进现场。在奔跑的过程中,他始终怀抱着卫星电话进行报道,声音中带着颤抖:"现在,现场非常紧张,战斗是5分钟以前开始的,我们也听到了枪声。大概在现场100米的地方,能看到孩子被不断地往外面送……"制高点上恐怖分子的机枪一响,他看到一名外国记者中弹倒地,他一骨碌趴在了地上。他看到绑匪向学校外突围,并四下开枪扫射。当过兵的卢宇光马上判断出子弹正向他们射来。但他依然对着电话,喘着粗气,用有些颤抖的声音,继续着现场报道:"恐怖分子冲过来了。向我们开枪。现在有几个人躺在地上。……我现在趴在地上。现在已经打伤了很多人。"

这段电话报道之后,卢宇光与总部失去联系大约一个多小时。正在人们为他的安

---

① 彭伟步.别斯兰人质事件和卢宇光的报道[J].新闻爱好者,2004(11).
② 卢宇光.我不是英雄[EB/OL].(2004-09-17)[2019-02-01].http://ent.sina.com.cn/2004-09-17/0607506943.html/.
③ 默客,卢宇光.现场记者回忆俄罗斯别斯兰人质事件[EB/OL].(2014-08-29)[2018-05-01].http://news.sina.com.cn/w/zg/jrsd/2014-08-29/0847205.html.

危担心时,他又出现了,从头至尾报道了此次人质危机及解救的全过程。

他从危机现场传回的许多画面是独家的。在这一重大事件中,来自中国的声音只有卢宇光一个人。这是一次在中国内地电视界独家且充满震撼的现场直播报道。在他的报道中,中国观众亲眼看到了这一重大事件的现场。①

事后有记者问卢宇光:当时那么危险,为何还要尽一切可能继续报道?他回答说:在最关键的时候要向华人发出自己的声音。可以说此次凤凰卫视人质解救事件报道是卢宇光冒着生命危险做出来的。正是他坚持在这个重大新闻事件一线,中国人才可以用自己的语言第一时间向世界发出自己的声音。②

在人质危机之后的9月6日晚9:30,中央电视台四套《今日关注》节目在播出有关人质危机的报道时,搞了一次与手机运营商移动、联通合作的有奖竞猜,在节目插入的滚动字幕中请观众猜测事件中的遇难人数:"俄罗斯人质危机目前共造成多少人死亡?选项:A.402人;B.338人;C.322人;D.302人。答题请直接发短信:移动用户发答案至×××;联通用户发答案至×××。"这令观众和网民舆论大哗,许多观众发给中央电视台的短信不是猜测死者数量,而是尖锐的批评和抗议。不久,俄罗斯方面也提出了抗议。

这种活动是一种商业行为,在中央电视台当时的栏目中非常普遍。按照中央电视台的管理规定,此类有奖信息如新闻、滚屏文字等,在播出前,栏目编辑会请总编审查,确定后才能播出。但因为当天事出紧急,节目制作时间很紧,所以没有给总编看就播出了。

此举引起了外交部、中宣部、国家广电总局的问责,并引起中央领导的注意,在电话中亲自过问此事,责令相关部门进行严查。之后中央电视台召开多次会议进行内部通报批评和自我检讨,研究惩处意见,认为:当班编辑不以滚动字幕为新闻,没有将节目送制片人审批就播出的行为属于严重失职,犯了严重错误;说明当事人缺乏政治头脑。最终,《今日关注》两名制片人被免职,值班编辑给予开除处分。③

三、专业理念的提升与挑战

这一时期,以真实、客观为主要特征的新闻专业理念越来越深入人心。

(一)"岩松看世界"

一档系列特别节目,是中央电视台以品牌传播策略打造的一个典型案例。

2005年7月8日,中央电视台《东方时空》栏目打破寻常的报道模式,与台湾岛内收视率最高的东森电视台进行了突破性合作,联合展开《岩松看台湾》采访活动。从两岸的现场连线、短片共享、嘉宾对话到演播室互动,《东方时空》实现了在两岸同时落地

---

① 张林.在别斯兰人质事件现场:记我的同事[J].中国记者,2004(10).
② 张林,卢宇光.恐怖现场跳出来的记者[J].青年记者,2006(6).
③ 展江.广电媒体嘲讽事件的国际风波:媒体道德与伦理经典案例评析(九)[J].青年记者,2015(4).

播出,获得了巨大成功,这是《东方时空》第一次打出"岩松看世界"这一品牌。

1.《岩松看台湾》

节目从2005年7月11日开始在中央电视台《东方时空》和台湾东森电视台同时播出,包括人物专访18期、新闻专题15期、现场直播15场,播出总时长达690分钟。节目组的所有采访计划都与东森台研讨之后确定,以保证能真实表现台湾社会最突出、重要的方面。

节目由《台湾印象》和《台湾人物》两部分构成,《台湾印象》以记者现场报道为主,如带观众走进台湾故宫等历史文化景点;路线囊括了从北到南的台湾主要城市,涉及岛内的风土人情、社会习俗。《台湾人物》则以专访岛内政治、文化、经济名人为主,节目组访问了国民党荣誉主席连战、亲民党前主席宋楚瑜、证严法师、台湾"经营之神"王永庆等各界名人。

海峡两岸媒体进行如此大范围、深层次、长时间的联合报道,在中国电视新闻发展中是史无前例的。节目引起了两岸民众和政界的高度关注,正如《亚洲周刊》说的:两岸"三通"还未通,媒体已通了。①

2.《岩松看日本》

2007年3月,在中日关系转暖、中国总理即将访问日本前夕,节目摄制组经过两年的策划准备,奔赴日本进行了为期20多天的采访。行前,节目组在当时最大的门户网站"新浪网"上将赴日采访计划列出,征求网友意见,收到了数千位观众的反馈,关于日本动漫产业和歌手滨崎步的采访都是来自观众的建议。节目组还以委托前期联络、委托采访安排、两台同时现场采访等形式与日本广播协会NHK进行了合作。

节目采访了包括时任首相安倍晋三的夫人安倍昭惠、被誉为"日本媒体将军"的《读卖新闻》总裁渡边恒雄、松下电器产业株式会社社长大坪文雄、著名作家渡边淳一、著名歌手滨崎步等在内的十位日本政治、经济、文化界著名人物。

2007年3月19日到4月6日,20集系列报道《岩松看日本》在《东方时空》栏目播出。节目对日本的文化历史进行了深入观察,对日本的环保、防灾、养老等社会问题进行了详尽分析,还对日本的动漫行业、流行时尚等进行了生动介绍。

《岩松看日本》为中国观众呈现了一个真实、客观的日本,在中国和日本都引起了强烈反响。日本《读卖新闻》于4月12日发表了题为《重现媒体客观报道,意在改善国民感情》的专评,称节目"不仅适度地改善了中国国民对日的感情,而且防止了对日舆论仅限于反日言论,反映了领导层想要改善中日关系的意愿"。②

3.《岩松看香港》

2007年6月25日,在香港回归祖国十周年之际,"看世界"系列又推出了《岩松看香港》系列节目。以主持人白岩松的个人视角,突出了"看"的特点。节目将主持人现

---

① 秦子龙,王小荷.两岸"三通"还未通,媒体已先通:《岩松看台湾》回望[J].今传媒,2005(9).
② 刘爱民.我们到底收获了什么:从《岩松看台湾》到《岩松看日本》[J].电视研究,2007(11).

场体验式采访与现场评述相结合,从具体现象、具体故事和人物切入,以点带面,反映香港十年间的变化和发展。

在选题的策划上,节目注重表现回归十年以来香港的变与不变,以及香港在一些领域的做法对于内地的借鉴意义。基于此,节目组策划了 7 期体现香港特色的重点选题:十年记忆、跑马、香港旅游、香港交通、香港人的居住、香港治安与应急、香港大学的教育。

(二)舆论监督节目减少

虽然在重大负面新闻出现时媒体依然能够直面现实、予以披露,但在 2005 年关于加强和改进舆论监督工作的几项法规政策出台后,政府对舆论监督的管控趋向严格。系列规定的主要矛头针对的是异地监督,此类报道在一段时间内,在一些地方媒体集中出现。此后,尽管仍然有媒体揭露了一些地方的腐败事件,"但是大多数媒体放弃了这种工作。……只有教育和医疗领域受到的约束较少"[1]。

异地监督在中国当时的传媒环境下具有一定的必要性和现实操作性,但也会造成"专门监督外乡人"和"灯下黑"的现象。异地监督是"舆论监督从人治社会走向法治社会的过渡","媒介管理体制中法律的缺失是导致异地舆论监督不够完善的深层次原因"[2]。

在电视新闻领域,"焦点"类节目在经历了黄金发展期后也遭遇寒流。《焦点访谈》的收视率从最高峰的 27.48% 跌落到 3.79%,2005 年年初没能进入中央电视台收视的前 20 名。这一年有"55% 的省级卫视'焦点类'节目处于波动"中,节目播出时段频繁调整,收视情况"岌岌可危",还有多个栏目停播,包括湖北台《焦点透视》(1995—2004 年 11 月)、辽宁台《新闻观察》(2000—2004 年)、浙江台《新闻观察》(2003—2005 年)、福建台《记者行动》(1996—2005 年,2005 年 3 月改名)、天津台《新闻视线》(1998—2005 年 7 月换名)。

题材的枯竭是这类节目滑坡的主要原因之一。社会的进步使得过去容易获得的违法违规案例逐步减少,"更重要的是中国媒体的舆论监督能够触及的问题基本上都触及了,不能触及的依然不能触及"[3]。整体而言,深度类节目转而承担起了更多的正面宣传任务。

(三)《纸做的包子》事件

在电视新闻,特别是社会监督报道大行其道的同时,一些人为了完成收视率任务,不惜铤而走险,对一些谣传捕风捉影,进行虚假报道。

2007 年 7 月 8 日,北京电视台生活频道《透明度》栏目播出了一条新闻《纸做的包

---

[1] 展江.舆论监督在中国[J].青年记者,2009(11).
[2] 苏成雪."异地监督":舆论监督向法治的过渡[J].武汉大学学报,2005(6).
[3] 荆雷."焦点"类节目的困境与对策[J].视听界,2005(11).

子》。内容是该栏目编导通过暗访,发现在朝阳区东四环附近的早点铺中出售用废纸箱和肥猪肉做馅的小笼包。节目播出后引起了社会广泛关注,北京电视台卫视频道《直播北京》、中央电视台二套的《第一时间》《全球资讯榜》也转播了这期节目。①

7月11日至14日,北京市工商局等单位在朝阳区范围内开展了专项检查行动,经北京市食品质量监督检验三站检测,结果全部合格,没有发现包子馅中含有纸纤维或其他违禁成分,证明节目系虚假新闻。

7月16日,该节目编导訾北佳被公安机关查获归案。訾北佳,时系北京电视台生活频道《透明度》栏目临时人员。当年6月间,他通过查访,在没有发现有人制作、出售肉馅内掺纸的包子的情况下,为了获取所谓的业绩,化名"胡月",冒充建筑工地负责人,到本市朝阳区太阳宫乡十字口村13号院内,对制作早餐的陕西省来京人员卫全峰等四人谎称需定购大量包子,要求为其加工制作。后訾北佳携带偷拍设备、纸箱和自己购买的面粉、肉馅等再次来到该院。訾以喂狗为由,要求卫全峰等人将浸泡后的纸箱板刹碎掺入肉馅,制作了20余个"纸馅包子",并在制作过程中进行了偷拍。在后期制作中,他采用剪辑画面、虚假配音等方法,编辑制作了专题片《纸做的包子》播出带。他对电视台相关人员隐瞒了事实真相,使该片得以在北京台生活频道播出。7月17日,北京市公安局公共交通安全保卫分局将其刑拘。7月27日,北京市公安局将其逮捕。訾北佳被刑拘时也有部分律师提出反对意见,认为刑法中对他的行为没有适格条款,但由于"纸包子"事件的社会影响巨大,经过层层加码,最终訾北佳承担了大部分责任。

在当月18日的《北京新闻》节目中,生活频道承认对《纸做的包子》的报道"审核把关不严,管理制度执行不力",并承认报道播出后造成了恶劣的社会影响,表示要"高度重视这一恶劣事件,深刻吸取教训,严肃查处相关责任人员"。

7月19日,中国记协就该虚假报道发出通报,称:该虚假新闻严重违背了新闻职业精神、职业道德,严重损害了新闻媒体的形象和社会公信力。中华全国新闻工作者协会代表全国广大新闻工作者对制造虚假新闻的行为表示谴责,要求新闻界采取切实可行的有力措施杜绝虚假新闻。②

7月29日,訾北佳被公诉至法院。8月12日,北京市第二中级人民法院公开开庭审理訾北佳炮制虚假新闻案。法庭认定,訾北佳因捏造事实、编制虚假新闻,并隐瞒真相,使虚假节目得以播出,造成恶劣影响。对他做出有罪判决:犯损害商品声誉罪,被一审判处有期徒刑1年,并处罚金1,000元。③

当事人受到了法律制裁,业界也引发了对记者职业道德建设、市场化运作、媒体机制等一系列相关问题的反思。媒体所掌握的巨大话语权需要有更可靠的约束与管理,

---

① 金曙.从"纸包子事件"试看"新闻民工"的生存状态[J].中国广播电视学刊,2007(9).
② 央视国际.中国记协就《纸做的包子》虚假报道发出通报 要求新闻界坚持正确导向 坚持新闻真实 采取有力措施杜绝虚假新闻[EB/OL].(2007-07-19)[2019-03-02].http://news.cctv.com/xwlb/20070719/111262.shtml.
③ 王秋实."纸馅包子"案记者被判一年[N].京华时报,2007-08-13.

有强力的社会监督机制作为保证。该案件在对造假行为带来警示之外,也昭示出新闻对真相的披露、对新闻专业理念的追求的道路依然任重道远。

(四)新闻品牌的树立在于新闻人才

进入 21 世纪,随着一大批品牌栏目的出现,记者和主持人在电视节目中的作用也愈加凸显。这方面,凤凰卫视的经验值得借鉴。

该台有一批名记者、名主持人和一支精干的评论员队伍。以卢宇光、闾丘露薇等为代表的凤凰卫视记者,在别斯兰人质事件、伊拉克战争等多个事件中所表现出来的专业作为,为中国媒体人做出了表率。主持人、评论员如吴小莉、窦文涛、董嘉耀、胡一虎、曾子墨、陈晓楠、陈鲁豫、阮次山、何亮亮、邱震海、杨锦麟等,在主持、评论过程中,自如发挥、畅谈见解,鞭辟入里。正是有了这些给力、个性化的媒体人,才成就了凤凰台一系列的王牌节目,如《时事直通车》《锵锵三人行》《军情观察室》《冷暖人生》《社会能见度》,和评论节目如《时事开讲》《新闻今日谈》《时事辩论会》《一虎一席谈》,这些都成为凤凰台核心竞争力的主要组成部分。

当然,国内各大电视台也都有自己杰出的记者、编辑、主持人队伍。优秀的、富有个性的媒体人是个性化视角、言论及栏目品牌存在的根本。电视新闻的影响力特别体现在其报道、主持与评论栏目的整体品质上。

四、负面、灾难新闻

(一)西藏"3·14"事件

2008 年 3 月 14 日,拉萨市区发生了打砸抢烧严重暴力犯罪事件。上午 11 时许,一些僧人在小昭寺用石头攻击执勤民警,随后,一些暴徒开始在八廓街聚集,呼喊分裂国家的口号,大肆进行打砸抢烧活动。事态迅速蔓延,不法分子对拉萨市区主要路段的临街铺面、中小学校、医院、银行、电力和通信设施、新闻单位打砸抢烧,焚烧过往车辆,追打过路群众,冲击商场、电信营业网点和政府机关,给当地人民群众生命财产造成重大损失,使当地的社会秩序受到了严重破坏。暴徒共砸烂、烧毁车辆 56 辆,烧死或砍死无辜群众 13 人,有数十名执勤公安民警受伤,其中重伤 4 人;61 名武警受伤,其中重伤 6 人。暴徒纵火 300 余处,焚烧民宅、店铺 214 间。

在暴乱发生的一天之后,中央电视台在《新闻联播》节目中播出了 50 多秒暴乱分子打砸抢烧的视频镜头。新华社 3 月 17 日发表了西藏自治区主席向巴平措的讲话,谈到"3·14"事件是"由达赖集团有组织、有预谋、精心策划煽动、境内外'藏独'分裂势力相互勾结制造"的"严重暴力犯罪事件"。①

---

① 新华网.西藏自治区主席向巴平措谈拉萨发生打砸抢烧事件[EB/OL].(2008-03-17)[2019-05-03].http://news.qq.com/a/20080317/003098.htm.

西方媒体则反应迅速,如美国有线新闻网 CNN 于当天就发出了三篇报道,在新闻描述中给双方加贴了不同标签,"巧妙运用转述引语等方法在报道中声援达赖一方,表现出强烈的话语霸权色彩"。他们歪曲事实真相,颠倒黑白,大肆炒作,造成了极坏的影响。①

3月20日,中央电视台新闻频道和中文、英语、法语、西班牙语国际频道高频次播出了专题片《拉萨3.14打砸抢烧暴力事件纪实》,引起国际社会广泛关注。3月23日,中央电视台上述四个国际频道在晚上22:00又同时播出了15分钟的《拉萨3.14暴力事件受害者控诉》的纪录片,用事实反驳外媒的不实报道。3月28日,中文国际频道(CCTV-4)播出了中国外交部官方声明:"西方媒体对'3·14'事件的不实报道是一部反面教材。"

中央电视台针对西方媒体的积极应对,驳斥了它们造谣中伤、混淆是非的"报道"。国内主流媒体驳斥外媒的不实报道收到了一定成效。不少友好国家和媒体采用了我国媒体揭露藏独分子打砸抢烧的报道,网络媒体上中国青年人对西方媒体失实报道不断表示的愤慨情绪,说明国内外民众逐渐了解了事实真相。②

不过,西藏"3·14"事件发生之后,国内媒体的反应不论是外交部的声明还是纪录片的制作,都有几日的时间滞后,这使我国在国际舆论上处于一定的被动地位。我国媒体如果发声更加迅速及时,效果肯定会更好。这是我国主流媒体在应对突发性不良事件时,急需改进的部分。

(二)三聚氰胺毒奶粉事件

2008年9月8日,甘肃岷县多名婴儿同时出现肾结石病症,引起外界关注。

上海《东方早报》于9月11日刊登《甘肃14名婴儿疑喝"三鹿"奶粉致肾病》的报道,成为引发全国乳品行业质量安全问责风暴的导火索。在这篇报道中,记者简光洲首度对"罪魁祸首'三鹿'奶粉进行了点名曝光"。他同时"慨叹——一个历史悠久的知名企业对公众知情权漠视,社会责任感丧失,以及媒体舆论监督功能弱化和'社会良心'作用迷失"③。

至此,甘肃全省共发现肾结石患儿59例,部分患儿已发展为肾功能不全,并有1人死亡。这些婴儿均食用了三鹿18元左右价位的奶粉。人们继而发现,两个月来中国多省已相继有过类似事件。大家高度怀疑三鹿牌婴幼儿配方奶粉受到三聚氰胺污染。三聚氰胺是一种化工原料,放在奶中可以提高蛋白质检测值,但如长期摄入会导致人体泌尿系统产生结石,并可诱发膀胱癌。

---

① 陈明芳,张献.从新闻标题及事件报道看话语的霸权意识:基于CNN对3·14西藏事件报道的批评话语分析[J].西安石油大学学报(社会科学版),2011(20).
② 李娟.媒体的失职、失察和失策:反思"3·14"和"5·12"两个事件的媒体行为[J].新闻爱好者,2008(10).
③ 简光洲.我为什么要率先公布问题奶粉"三鹿"的名字:从"三聚氰胺"事件看市场化大潮中媒体的责任与操守[J].新闻记者,2008(10).

根据官方公布的数字,截至 2008 年 9 月 21 日,因使用婴幼儿奶粉而接受门诊治疗咨询且已康复的婴幼儿累计有 39,965 人,正在住院的有 12,892 人,已治愈出院的有 1,579 人,死亡 4 人。事件引起各国的高度关注和人们对乳制品安全的担忧。

中国国家质检总局公布对国内乳制品厂家生产的婴幼儿奶粉的三聚氰胺检验报告,包括伊利、蒙牛、光明、圣元及雅士利在内的 22 个厂家 69 批次产品中都检出三聚氰胺。该事件亦重创中国商品信誉,多个国家禁止中国乳制品进口。

在此之前,有些媒体机构迫于地方政府的压力和三鹿集团的利益诱惑,没有报道此事。事情曝光之后,"延续了在汶川地震报道中信息公开的特点",全国媒体都对此事给予了高度关注,并进行了全面细致的报道。电视、广播、报纸等媒体记者分赴各地对受害儿童进行采访、跟踪,对三鹿企业发展境况、相关官员的处置、市场上奶粉的最新检验情况等进行及时通报。网络媒体上的相关报道更是铺天盖地。①

中央电视台《新闻联播》进行了多日报道。9 月 12 日首度报道:在甘肃、江苏、陕西等地出现数十名婴儿患肾结石的病例,调查发现,患儿多有使用三鹿牌婴幼儿配方奶粉的历史。……国务院相关部门正在开展紧急调查。9 月 13 日报道:为严肃处理三鹿婴幼儿奶粉事件,国务院决定启动国家重大食品安全事故一级响应。9 月 16 日中央电视台《新闻联播》报道了国家质检总局婴幼儿奶粉三聚氰胺含量专项检查的结果:22 家婴幼儿奶粉生产企业的 69 批次产品检出了含量不同的三聚氰胺。从 9 月 12 日至 23 日《新闻联播》播出该事件报道共 25 条,其中 17 日为 5 条。

由于三鹿奶粉波及面广,全国多地均出现了受害婴儿,各地方电视台结合本地情况,对事件进行了报道。例如,南京电视台教育科技频道一共推出了三次报道高潮。第一次是在 9 月 11 和 12 日,因为 10 日南京查出了 10 例肾结石婴儿;《现场报道》栏目在头条位置集纳了 4 条相关新闻,在南京各媒体中第一个明确指出,毒奶粉可能是三鹿奶粉。9 月 11 日晚,卫生部公布初步调查结论,三鹿公司首度承认奶粉受到污染;在 9 月 12 日的报道中,《现场报道》在头条版块中集纳式报道了 9 条相关新闻,内容涉及南京各医院收治患儿情况、江苏卫生部门如何应对、婴幼儿结石如何预防,三聚氰胺是什么物质、有什么危害,南京工商部门查处问题奶粉等;还邀请特约评论员走进演播室,对这起事件进行评论。第二次高潮出现在 9 月 17 日,《现场报道》在头条集纳式报道了江苏省政府、南京市政府召开的新闻发布会,问题奶粉的撤柜情况、其他批次的销售情况、儿童医院的筛查情况、消费者如何维权等。第三次高潮出现在 9 月 20 日,主要报道了政府对这起食品危机事件的有效处理。三次报道高潮相互呼应,又各有侧重,满足了受众多方面的信息需求。②

再如,浙江卫视的《浙江新闻联播》和《新闻超视》同步推出了《"问题"追踪报道》特别

---

① 刘祥平.从三鹿毒奶粉事件看媒体报道的"失"与"得"[J].黑龙江史志,2010(13).
② 史松明.一个电视媒体对三鹿奶粉事件的报道[J].传媒观察,2008(12).

专题,及时发布国家权威部门消息,宣传患病婴幼儿的救治政策和科学防治知识。民生休闲频道的《1818黄金眼》在全面报道"问题奶粉"事件处置进展的同时,打破编排常规,积极主动地与省市有关部门联系,连续推出三期现场直播特别节目。此外,经济生活频道的《经视新闻》推出"追踪三鹿奶粉"特别报道,及时通报奶制品检测结果,介绍各地筛查病例的定点医院和救治情况、症状甄别知识,有效消除民众的恐慌心理。①

在舆论压力下,三鹿奶粉董事长被拘押,石家庄市市长和市委书记被免职,国家质量监督局局长李长江也引咎辞职。

在三鹿奶粉事件过程中,电视新闻的舆论监督功能凸显。但是媒体对于该问题的广泛社会根源没有很好追踪,致使很难从根子上予以杜绝。此后,中国民众有条件的多将国外奶粉作为婴儿食用奶粉的首选。这次事件令中国乳品业声誉扫地,其中媒体没有能够追根溯源,从根本上杜绝此类问题的滋生漫延。

(三)《直击华尔街风暴》

2003年,美国经济开始复苏。由于市场利率较低,美国民众热衷于投资房地产,房地产商和一些金融机构为了盈利,开始给一些信用较低的贷款者发放贷款。几年间,房地产投资愈来愈热,房价中的泡沫也越来越大。从2006年开始,房市开始下滑而后急转而下,贷款买房者无力还贷。2007年,一些金融机构出现大量坏账后宣告破产,美国次贷危机由此产生,坐拥各大金融机构的华尔街也因此迎来了一场风暴。美国经历了1929—1933年金融大危机以来最严重的金融危机和金融海啸,从2007年年初到10月10日止,道指经过连续数日狂泻之后,总共下跌了35.21%。这场风暴随即席卷全球。

从2007年10月16日到2008年9月18日,上证综指从最高点6,124.04点下跌到1,802.33点,在短短11个月时间里,下跌幅度达70.57%。同期美国道指下跌21.80%,香港恒指下跌39.10%;号称全世界股灾最严重的越南也下跌62.02%,比中国还少跌了8.55%。这表明,中国股市的下降幅度,超过了股灾最严重的越南和金融危机最严重的美国。② 经历了暴涨和暴跌,股民手里的资产迅速蒸发。

针对这场金融风暴,中央电视台经济频道自2008年9月20日至12月29日,推出了长达3个多月共72期的大型直播特别报道《直击华尔街风暴》,从金融危机发生的原因,危机对各国、对各行各业、对全球金融和经济秩序产生的影响,对人们的生产、生活和投资的影响,以及全球抗击金融危机的手段和效果等方面,全方位、多角度地进行了剖析,满足观众全方位了解这次金融危机的需求,同时也提供了对现实世界经济环境的认识。

一是在报道方式上,该系列节目突出了电视财经新闻的主要特点:专业性和权威

---

① 徐宝才.从"三鹿奶粉"事件报道看广播电视舆论引导能力的提升[J].视听纵横,2008(6).
② 徐桂华.中国特大股灾的成因分析和对策思考[J].世界经济情况,2008(11).

性。财经类报道要对纷繁复杂的经济现象,做出准确分析和判断,深刻剖析影响经济发展各种因素之间的关系,从而为受众今后的投资决策和理性消费提供参考,专业性非常强。这一点该系列报道以所请的嘉宾、采访对象的水准来保证。节目邀请的83位嘉宾和其他采访对象几乎都是国内外经济、金融领域的一流专家、重量级权威,包括:美国财长保尔森、澳大利亚总理陆克文、英国前首相布莱尔、英国施罗德投资公司中国区总裁高潮生、摩根大通中国区主席李小加、道琼斯原CEO麦健陆等。他们对形势的判断和分析是高水准、一流的。

二是资讯与深度分析结合。该节目开头部分是国内外当天或最近的财经资讯,其中时常穿插连线报道,以增强节目的现场感和时效性。在此基础上,主持人和专家会就这些资讯当中所蕴含的财经动向进行深入解读,分析其中的哪些因素会对今后的经济走势产生影响。这种及时对资讯的分析解读,为观众解疑释惑,解决了财经报道专业化与大众化的矛盾。

三是国际和国内相结合。很多期报道以国际经济形势和变化为主要报道内容,但落脚点都在国内。从9月16日最早发出"雷曼兄弟破产的警示"到"从次贷危机到金融风暴到底如何发生""美国政府救市为何遭到国会质疑""亚洲实体经济受到美国金融风暴影响的程度""贸易保护抬头但不会泛滥"等内容,都是在全球的框架内来分析这次金融风暴的原因、影响,以及未来全球金融和经济秩序可能会有的变化。①

节目将国际金融危机与中国经济联系密切的领域作为报道重点,将搞好国内经济作为报道的落脚点。如请中国工商银行行长介绍中国金融机构的运行状况,客观分析其可能遭受的损失;同时强调,由于此前几年,中国金融机构的改革和稳健开放的政策,中国金融业总体健康。这些内容既为国内各方面防范危机提供了预警信息,也为大家正确了解中国经济状况,提供了权威信息,引导了舆论,提振了信心。此外,节目中还多次分析了此次金融风暴对中国股市、中国房地产、中国汽车业和中国出口等方方面面的影响,发挥出"国家电视台的媒体责任",注重经济报道的指导性和实用功能。

美国联邦储备委员会前主席格林斯潘说,美国正在陷入"百年一遇"的金融危机。而这场危机对于财经媒体来说,也同样是"百年一遇"的机会和挑战。中央电视台经济频道这档节目正是用非常方式应对非常危机。贴近事件真相,分析背后的原因,通过梳理华尔街的历史来认识市场本质,"启发寻找中国智慧是《直击华尔街风暴》每天都在做的事情"②。

此次《直击华尔街风暴》报道打破了在全球重大经济事件中,只有欧、美、日等少数发达国家的电视新闻报道垄断国际话语权的局面。和讯网投资资讯部总监王正鹏认为,从这次美国的金融危机报道来看,CCTV-2的《直击华尔街风暴》发出了中国和亚洲的声音。

---

① 蔡卫平.CCTV-2"直击华尔街风暴"新闻传播特色研究[J].江西财经大学学报,2009(4).
② 资料来源:《中央电视台〈直击华尔街风暴〉年终收官》,网址为 http://news.163.com/08/1230/19/4UED6REO000120GU.html。

第五节 重大事件报道

这几年间大事频发。

一、伊拉克战争

美国为报 2001 年"9·11"事件纽约世贸中心遭恐怖袭击之仇,以伊拉克藏有大规模杀伤性武器并暗中支持恐怖分子为由,公开表示将以武力推翻萨达姆政权,建立自由民主的伊拉克,并随之大量陈兵海湾地区。直至 2002 年年底,美国在海湾地区部署了 6 个航母作战群,在科威特驻军 2 万多人,指挥部的 600 多名指挥人员也在 11 月转移至卡塔尔的新指挥部。

当地时间 2003 年 3 月 17 日晚 10 点(伊拉克时间 3 月 18 日早晨 5 点,北京时间 10 点),美国总统布什发表电视讲话,对伊拉克总统萨达姆下达最后通牒,要求他及他的家族在 48 小时内离开伊拉克,但遭到拒绝。战争已如箭在弦。①

2003 年 3 月 20 日伊拉克时间凌晨 5 点 35 分,在最后通牒结束半小时之后,美国对伊拉克首都巴格达发起空袭。随后,5 点 45 分(北京时间 10 点 45 分)白宫新闻发言人弗莱舍宣布:解除伊拉克武装的行动开始。北京时间 11 点 15 分,布什在白宫办公室对美国公众发表讲话,宣布战争开始。美国绕开联合国,单方面决定对伊拉克实施军事打击。战争爆发。

(一)凤凰卫视的报道

布什发表对萨达姆的 48 小时最后通牒后,凤凰卫视董事局主席兼行政总裁刘长乐曾召集相关负责人开会,部署对这次战事的报道。2003 年 3 月 19 日深夜,刘长乐向全体员工发出《紧急动员令》,并宣布成立战时报道指挥部,随即派出五路记者挺进前线。

凤凰卫视在最后通牒时间即将结束一小时前,与世界各大媒体一起行动,于北京时间 9 时打开了直播节目《伊拉克危机》。评论员阮次山和主持人陈晓楠坐在演播室,他们身后是使用外媒直播信号的巴格达闪着灯光的静谧街道画面。他俩梳理了伊拉克问题的内容与历史。阮次山面对陈晓楠说:我们是在等待和见证一个历史性的时刻。一个半小时之后,画面中传来了爆炸声,主持人猜测战争开始了。被证实后,节目直接被转为对战争的直播报道《海湾最前线》。战争在全球民众的眼前降临。

与此同时,该台驻华盛顿记者莫乃倩一直在白宫,沈玫绮在卡塔尔多哈美军司令部,等待随时可能出现的战事消息。10 点 45 分,凤凰台画面上出现了白宫发言人弗

---

① 朱光烈,朱叶.凤凰卫视伊拉克战争报道对于内地新闻改革的启示[J].山东视听,2003(7).

莱舍的一句话发言,"那是世界上最短的新闻发布会",凤凰卫视执行副总裁兼直播执行总指挥王纪言说。一天之后的21日,莫乃倩与摄影记者赵宏便乘飞机前往美国罗斯福号航空母舰进行报道。①

在战争爆发前一个半小时,凤凰卫视中文台和资讯台同时转入直播报道。24小时之后,中文台停止直播,资讯台继续对战事进行连续直播报道。到24日下午,资讯台连续直播报道突破100小时,创造了华语电视直播时间最长纪录。②

凤凰台的直播节目由该台评论员与主持人根据战争现场画面做出相应翻译、解释和评析;注重新闻背景的提供,与现场消息的直播配合,如直播萨达姆电视讲话后插入了对萨达姆本人的简要介绍;针对伊拉克北部库尔德人分布情况,播出了专题片《库尔德人》等。③ 另外,直播节目中还善用滚动字幕更新战事最新消息,在报道的速度和数量上弥补了声画报道的不足。凤凰卫视还在战争报道中制作播放了 MV,用音乐的形式宣扬反战精神。

(二)中央电视台的报道

2003年3月20日北京时间10点40分,美国48小时最后通牒结束40分钟、对伊拉克空袭开始5分钟后,新华社首先报道了战争爆发。10点41分,中央电视台四套《中国新闻》以字幕形式报道了战争打响的消息,"伊拉克战争打响,巴格达发出爆炸声";同时切出外媒有关美国轰炸伊拉克的画面和同期声。10点43分,中央电视台一套中断正常节目,开始播出特别节目《伊拉克战争直播报道》。10点50分,中央电视台九套也及时加入,跟进战争直播。此时,已有三个中央电视台频道中断正常节目,分头对战争展开报道。中国电视开始了其历史上的首次战争直播。"2003年伊拉克战争,可以说是中国新闻媒体大规模直接介入国际新闻报道的开始。"④

早在2003年2月5日,中央电视台就向伊拉克派出了以水均益为领队的报道组。他们抵达巴格达后马上开始工作,大量动态新闻在《新闻联播》《世界报道》《新闻30分》等栏目滚动播出。《东方时空》在其子栏目《世界》中对伊拉克问题做了深度报道。2月10日,《东方时空》开辟了每日半小时的连线节目《直通巴格达》。在一个半月时间里,中央电视台累计播发相关消息、特写、述评80多条,专题38期。

同时,编辑部门进行了积极准备:全台各相关部门24小时值班,进行了多次应急演练,做到"时刻关注同步报道"。第一套节目从3月12日起24小时全天候播出。第四套节目海外中心从3月19日下午开始,除了正常新闻播出外,全体总动员,每一班的主持人、编辑、记者全部进行一遍遍的演练。十天前,同声传译方面的专家也已经收

---

① 夏榆.伊拉克战争中的凤凰卫视:直播巴格达[EB/OL].(2003-03-28)[2018-08-09].http://news.sina.com.cn/c/2003-03-28/0638969836.shtml.
② 张玉洪.且看凤凰起舞:凤凰卫视伊拉克战争报道特色及与 CCTV 的比较[J].新闻记者,2003(5).
③ 张慧娟.论我国电视新闻节目直播的突破:从"伊拉克战事报道"谈起[J].广西大学,2003(5).
④ 水均益.益往直前[M].武汉:长江文艺出版社,2014:5.

到进行相关准备的通知;19日夜里,他们与工作人员一同参加了通宵直播演练。① 四套还在战前就安排了两个监控小组,日夜监看世界各地媒介有关战争的消息。

在20日这天,中央电视台的几个频道和频道内的新闻节目各有分工,协同作战。一套是以演播室为主,采用电话、双视窗、背景、专家连线等多种形式,对战争进程和各方反映进行直播报道,一直持续到15:30,连中午的《新闻30分》也被取消,为直播让路。直播结束后,一套仍在每小时的整点新闻中继续报道战争的最新进展。中央电视台四套的《关注伊拉克战事特别报道》则侧重于时效新闻和评论。②

中央电视台新闻在直播期间,采用了前后方连线、随时插播消息和屏幕文字滚动等多种方式全程介入,及时提供最新信息。信息来源一方面由外派前方记者提供,另外还采用了多种来源的信息,包括不经审查直接引用国外媒体画面,满足了观众对战争信息的迫切需求。在这次直播中,中央电视台首次对多语种采用了高水平的同声传译,在第一时间同步现场直播了美国总统布什的电视讲话、白宫发言人弗莱舍的新闻发布会以及境外电视台等提供的新闻素材。

除了现场直播,在中央电视台的本次战争报道中,许多军事、历史、国际问题方面的专家组成了阵容强大的团队,被请到直播节目演播室进行即时点评分析。其中有国防大学教授张召忠、《军事世界》主编陈虎等,各自从专业角度对战争背后的历史原因、国家战略、战事动向提供专业解读、分析和评论,使节目的形式多样且权威、深入。

从3月20日起到4月24日,中央电视台对伊拉克战争进行了持续一个多月的跟踪报道,直播期间,中央电视台一套、四套、九套三个频道的收视率较平时分别上升了10倍、28倍和8倍。中央电视台中文国际频道共计播出408小时,最长一天连续播出20小时,是该频道首次对重大国际突发事件进行全方位、立体式的持续关注报道,也是中国电视有史以来对单一新闻事件强度最大、时间最长的报道。中央电视台海外中心新闻部主任杨刚毅说,如果算上外围工作人员,海外中心一共动用了2,000人来做关于伊拉克战事的报道。③ 此举被认为是中国电视新闻改革迈进的一大步,标志着中央电视台在对重大国际事件的报道中不再失语。

与其他媒体比较来看,有人指出了中央电视台本次直播的不足。

在信源上,凤凰卫视充分"调动世界各地的留学生、学者、商人等担任自己的临时特约记者"。自己的前线记者和这些特约记者从战争现场和世界各地发回丰富的第一手信息。而中央电视台前方连线的多是本台驻外记者,人数少,且多数"离战争的中心较远,信息较为单薄"。这造成中央电视台现场报道不如凤凰卫视的丰富。而且中央电视台还未能统筹安排战地记者适时出征采访,"使前方记者疲于奔命,顾此失彼,漏报或少报了很多有价值的新闻"。比如4月9日推翻萨达姆铜像的画面,中央电视台

---

① 王甫,殷乐.电视新闻改革的又一突破:央视伊拉克战争直播报道[J].中国广播电视学刊,2003(4).
② 柯杨.CCTV伊拉克战争报道初评[J].新闻记者,2003(4).
③ 张玉洪.电视视野中的海湾战争[EB/OL].(2003-03-28)[2016-07-09].http://www.people.com.cn/GB/14677/14737/22037/1788402.html.

播出中没有,而是由白岩松和嘉宾金一南口头详尽描述了这一画面。

从主持人来看,中央电视台一套节目采用双主持加一个嘉宾的方式,先是康辉,后由白岩松替下,而女主持一直是李庆庆,嘉宾也少有替换;除去主持人和嘉宾长期作战、疲态尽显外,也给观众以单调之感。而凤凰卫视主持人的更换次数比较频繁,保证了其状态和节目的气氛。中央电视台主持人在直播中难以起到核心作用,凤凰卫视则是"主持人决定节目进程,导播处于从属和助手地位"。白宫发言人弗莱舍突然发表声明说布什将发表讲话,CCTV 没有中断之前连线及时切入画面,而凤凰卫视则能够及时转换内容切入报道,"这种处理正是主持人核心作用的体现及主持人和导播的配合默契使然"①。

直播标题上,也应注意名实相符。如 CNN 在 3 月 20 日空袭开始后几天的总标题是"STRIKE ON IRAQ"(打击伊拉克);在美英联军发动地面攻势后的总标题改作"WAR IN IRAQ"(伊拉克战争);4 月 10 日,萨达姆铜像被推倒、美军基本控制巴格达后,标题则是"IRAQ:AFTER SADAM"(萨达姆后的伊拉克)。在报道中,凡是战场的实时镜头以及记者的实时报道都标志 LIVE 字样,而其他时间则没有。而中央电视台四套的总标题一直是《关注伊拉克战事》,同时字幕标明"特别报道第××天",它的"直播"标志也是根据镜头是否实时而随时上下,或者标明"××地实况"。而一套的《伊拉克战争直播报道》的标志则始终如一、贯穿每档节目;直播的场面用字幕"××地实况"标明。其实后期已经全都是演播室直播,几乎没有了现场镜头。②

(三)战地记者

值得一提的是,在伊战报道中还出现了一批优秀的战地记者。当时,中国内地(大陆)、中国香港和中国台湾在伊拉克战地共有 40 来名记者,中国内地(大陆)与港台各占一半,其中包括 6 位女记者。③

1.凤凰卫视

2003 年,伊拉克战争开始时,凤凰卫视有五路记者前往前线或与战争直接相关报道岗位,面向全球华人进行现场采访报道。其中,闾丘露薇和蔡晓江到达巴格达,在战争的核心位置;莫乃倩登上美军罗斯福号航母,进行嵌入式报道;隗静在驻科威特美英联军军事新闻中心并获得随军采访许可,后进入伊拉克边境;沈玫绮赴卡塔尔首都多哈,在美军前线中央指挥部作报道;严明进入土耳其,在伊拉克北部进行报道。另外,凤凰卫视与 FOX、SKYTV 等新闻集团旗下电视台签有协议,可以使用其信号资源;同时,路透社、CNN、半岛电视台等也有消息供给。正是由于对同行新闻信息和原创新闻信息的整合与运用,凤凰卫视才可以提出"给你资讯自主权"的口号。④

---

① 赵中颉.CCTV 伊拉克战争报道刍评[J].西南政法大学学报,2003(7).
② 姚葆云.央视伊拉克战争直播报道得失浅议[J].声屏世界,2003(5).
③ 吴佩霜,王晓京,文晔.伊拉克战争中的中国战地记者[J].新闻周刊,2003(11).
④ 林林,张玉川.女性报道者的角色嬗变:从凤凰卫视伊拉克战争报道谈起[J].现代传播,2003(3).

在战争开始之前,闾丘露薇先在北京办好了伊拉克签证。于 3 月 17 日到达安曼,并于 20 号 5 点开战之时来到伊拉克和约旦边境进行关口难民情况的报道。台里预先租好卫星,她和摄像陈汉祥在边境的戈壁荒滩上拍了片子,再赶到卫星租借地往回传送,拍摄、发送来回多次报道,一直到当地时间 21 点,她最后一次报道时,已经累得说不出话了。由于之后的车祸,摄像受伤,只能换人。

闾丘在 23 日与新摄像蔡晓江又来到伊约边境,先做了一次连线报道,随后跨过边境,进入伊拉克。经过艰苦的行程,24 日,战后第 5 天来到了战火之下的巴格达。[①] 成为战争一线报道的第一位华语媒体记者。此时,在美军轰炸下的伊拉克电视台已经不能有效播出节目,闾丘就站在伊拉克新闻中心楼上的浓烟与炮火中进行直播。除了报道战争情况,他们还采访了很多身处战争中的伊拉克人,报道了集贸市场、医院遭袭的情况,从而贴近、立体地展现了美军打击之下战火纷飞的实况。5 天后,在公司的要求下,他们撤离了巴格达。在联军攻入巴格达之后的 4 月 18 日,闾丘再次返回巴格达,报道联军治下的情况。她后来回忆:"我特别想传达出人对战争真实的态度。……我尽可能地把我所能了解的表达出来,把我看到的伊拉克真实的声音表达出来。"[②]

凤凰卫视在直播中称闾丘露薇为"真正的战地玫瑰"和"全体凤凰人的骄傲"。伊拉克战争中凤凰卫视女记者,特别是闾丘露薇的英姿,使人们对中国女性记者刮目相看,真正是巾帼不让须眉。也使女性报道者在新闻报道行业中的角色定位有了质的飞跃。

2.中央电视台

由于战场远离本土,新闻连线在此次报道中的作用得以凸显。当时,中央电视台共设有 13 个驻外记者站,派驻伊拉克周边的记者有将近 10 人,主要有水均益(安曼、巴格达)、刘正铸(驻联合国)、王宇航(驻华盛顿)、李楠(驻澳大利亚)、李宾(驻法国)、孙宝印(驻日本)等,在直播过程中,记者一天内可能需要进行七八次现场连线。中央电视台驻埃及记者梁玉珍,在 3 月 16 日战争即将爆发之际与同事刘茁野从埃及飞赴约旦首都安曼;3 月 20 日美军发动空袭后,梁玉珍及时发回了战争爆发的电话报道。[③]

在战前,水均益报道组在巴格达除了参加新闻发布会提问外,还努力开拓采访局面。他们通过努力如愿采访到伊拉克副总理阿齐兹;他们和美联社、路透社、CNN 记者分兵合作,"追踪"联合国武器核查小组的行动。但在那一个多月里,"虽然在事件中心,但视野却被地域限制,通讯不便,无法从全球视野纵览横观,后方的编辑有时都比我们知道得多"。同时,他们的报道行动受到伊拉克当局的"严密监控","报道的'好'与'坏',直接关系到你能否在伊拉克留下来"[④]。有时其效果并不理想。

---

① 北雁.战地玫瑰闾丘露薇[J].青年记者,2003(5).
② 闾丘露薇.我已出发[M].北京:北京出版社,2003:20,22,37,134.
③ 解晓来,庄颖娜.走近伊拉克战争中的中国记者:来自中央电视台《东方时空》节目里的对话[J].军事记者,2003(5).
④ 水均益.益往直前[M].武汉:长江文艺出版社,2014:27.

水均益团队在巴格达高强度工作了十几天后,战争形势越来越紧张,外国记者都开始撤离。开战前两天,3 月 18 日,中央电视台报道组撤离巴格达,此举引起极大争议。他们撤退到了科威特,想着能跟驻扎这里的美军一起进入伊拉克。在科威特的水均益在 23 日与康辉的连线中说:实在对不起,这儿没有什么新的消息,并说找到美方申请他处采访,结果回答说等一周再说。沮丧之情溢于言表。①

战争打响后,闾丘露薇进入巴格达,给报道组带来了很大压力。冀惠彦和水均益经过商量,决定轻装重返巴格达。科伊边境完全关闭了,他们只好另想办法,买好了去安曼的机票,计划从约旦进入伊拉克。传送工程师杨小勇知道后也坚决请战一同前往。三人留下了 48 小时的生死约定(即如果 48 小时之后还没有消息,就上报失踪)。

3 月 26 日,三人背着领导,乘车绕过了几座断桥,又经过 20 个小时的沙尘暴,水均益一行返回了巴格达。随后,水均益登上新闻中心楼顶,在漫天飞舞的沙尘中,接通海事卫星电话,拨给了北京的同事。他以很快的语速说:"张郁,我回到巴格达了,你别问怎么回事,我和杨小勇、冀惠彦三个人,现在就在伊拉克新闻中心的楼顶上,设备完好,人也没问题。你赶紧叫上白岩松,一起去找李挺主任。你们就跟他说,水均益他们通过特殊办法,又回到伊拉克了,随时随地可以做报道。很安全,非常安全,快去!"②中央电视台接到消息后,第一时间就飘出字幕"中央电视台水均益等三位记者已经返回巴格达!"央视国际于 26 日 21:54 报道了这一消息。③ 随后报道组开始在战火中向国内发回一系列报道。

自打进了伊拉克,冀惠彦就扛着摄像机不停地拍摄,记录着战争、记录着战争中的巴格达和面对战争的人们。当地时间下午 5 点左右,警报声响起,又一轮轰炸即将开始。有传言新闻中心也要挨炸,所有的记者都撤出了大楼。上百人跑到距离大楼几百米外的广场上,许多媒体把演播室搬到了马路边,摄像机林立、照明灯闪烁,各种肤色的主持人轮番登台,准备报道大楼被炸镜头。一边忙着打电话一边跟着人流撤退的水均益,突然发现老冀不见了,急忙返回楼内寻找。在空旷的楼顶平台上,在高高的配电室台子上,老冀孤零零地站着,正从容地扛着机器摄像。他后来回忆:"我选择了一个制高点,十几分钟后,四五公里外一团蘑菇烟云腾空而起,几秒钟后炸雷般的一声巨响,只觉得脚底下一阵强烈的振动,冲击波吹得裤脚不停地甩动。依据我的经验,重要目标一般要炸两次。果然,不一会儿,镜头里又一团烟云升起,一个完整的炸点被拍摄下来。"当时的情况非常危险,水均益大声喊道:"老冀!你还不快走!"这段美军导弹轰炸伊政府大楼的画面在传送时被美联社、欧洲电视公司等多家西方媒体要求转录,他们在采用时,都标上了 CCTV 字样。

---

① 张玉洪.电视视野中的海湾战争[EB/OL].(2003-03-28)[2018-11-12].http://www.people.com.cn/GB/14677/14737/22037/1788402.html.
② 陈谋."战地记者"水均益 讲述战争与和平[EB/OL].(2014-07-04)[2018-05-02].http://e.chengdu.cn/html/2014-07/04/content_477896.htm.
③ 资料来源:央视国际,http://www.cctv.com/news/world/20030326/101092.shtml。

3月28日,水均益等人接受台里的命令,与闾丘露薇等一行5人撤出伊拉克。当他们终于安全跨过伊叙边境时,中国驻叙利亚大使馆的车已经等候在那里。此时北京已是29日0:07。报道组从重返巴格达到再次撤离,在炮火硝烟下共度过了67个小时。他们说:"我们做了领导想让我们做但不好说出来、广大电视观众希望我们做的事情。"水均益说:他做了一次他不愿意做,但是又是非常应该做的事情。①

他们原来判断,可能一开战很多记者都会撤走,但实际上并没有多少人撤走,在整个伊拉克战争中,外国记者总共有大约2,000人参与报道,在巴格达的记者始终保持着300人左右,还有很多人分布在伊拉克周边国家。这些记者在战区报道,就是出于对事业的责任感。

上海卫视也在战争爆发时开通了直播报道。与上海台其他频道一起,共播发相关新闻5,100余条,推出直播特别节目100多小时。在报道时效、持续规模、组织运作、高技术运用等方面都突破了以往对重大国际新闻事件的报道水平。

二、非典报道

2003年萨斯(SARS)疫情暴发,电视媒体在疫情发展初期的失语与伊拉克战争直播报道的迅捷反映形成了鲜明对比,面对突发疫情,中国电视经历了一个从沉默到发出声音的过程。

萨斯(SARS)是指严重急性呼吸综合征,早期被称为非典型肺炎(简称"非典"),后来SARS被作为这次疫情的习惯性称呼沿用。该病最早于2002年11月在广东顺德发现,第一例报告的患者是于2002年12月15日在河源市发现的黄杏初。爆发之初,当地政府要求媒体不要过度渲染该地区疫情,以免引起民众恐慌。互联网关于"非典"疫情的消息和讨论也被封杀。由于坊间流传煲醋和喝板蓝根可以预防此病,并通过手机短信在全国多地人群中大量快速传播,因此市面出现抢购米醋和板蓝根的风潮。

(一)电视介入报道

2003年2月11日,在广东省非典型肺炎发病的高峰期,《东方时空》《时空连线》栏目制片人白岩松接到有关广州疫情的爆料,派出记者隋笑梅与摄像赶往广州采访。在一些收治该病患者的医院,实地采访了一线的医护人员和感染者。他们成为中央媒体首先进入"非典"病房采访的新闻工作者。2月17日《焦点访谈》在栏目中播出了《话说非典型性肺炎》关注这一传染病情,提醒人们对于此病既不要过分恐慌,也不能放松警惕;发出了中央电视台"非典"疫情报道的第一声。《时空连线》则播出了三期节目,前两期关注病情、事态的发展,相关的恐慌与防范;第三期在此背景下,探讨了"政

---

① 中央电视台记者冀惠彦.我和水均益在巴格达的故事[EB/OL].(2003-10-15)[2018-06-01].http://media.news.sohu.com/67/08/news214470867.shtml.

府信息公开"问题。该栏目成为在京主流媒体中最快关注"非典"的报道,之后相关报道戛然而止。①

4月2日播出的《焦点访谈》采访了时任卫生部部长张文康。节目中,张部长表示这次流行的非典型肺炎病因尚不明确,但绝大多数病人都已经治愈出院了;卫生部有充分的信心尽快控制住该病的发生和流行。后来被揭露张文康这是在隐瞒疫情。

4月20日,卫生部长张文康与北京市市长孟学农因防范"非典"不力被免职。新上任的卫生部常务副部长高强坦率承认:北京疫情已经很严重。信息封锁在几个月内造成了难以挽回的后果。疫情的信息封锁宣告结束,疫情变化由五日一报改为一日一报。

信息封锁结束后的4月21日至4月底,北京"非典"疫情处于较高水平,连续十几天每天都有90至100个病例,最高一天达到150多人。5月1日,全国最大的传染病医院小汤山医院正式竣工。从这一天收治第一批"非典"病人到6月20日的50天里,该医院先后收治了680名非典患者,死亡8例,病死率不到1.2%。

从4月20号开始,中央电视台在一套、二套、四套通过大篇幅的报道及时通报全国疫情;一套的《新闻联播》《新闻30分》《整点新闻》等栏目,除了每天通报疫情外,还发布有关政府的应对措施和有效防治的科学知识。②《焦点访谈》《东方时空》等栏目开辟了特别版块来报道与"非典"斗争的经过,《生活》《为您服务》等生活服务类节目则向民众普及科学防治知识。

在继4月26日《新闻调查》记者进入传染病院采访患者之后,28日,中央电视台《共同关注》栏目记者江黎进驻北京胸科医院,近距离接触隔离病区的"非典"病人,了解他们的治疗和生活状况,采访医护人员,回答观众的疑问,制作成《"非典"日记——来自隔离病区的报道》系列现场报道。

"非典"期间,中央电视台全台共有152名记者深入疫区、医院和隔离区采访报道,并有5名记者被感染。③

除了现场直播以外,中央电视台还在此次疫情报道中,运用了人物专访、滚动新闻、专题报道等多种形式。《焦点访谈》《新闻调查》《东方时空》先后邀请钟南山、陈威、李立明等医疗领域专家解读"非典";谈话节目也讨论了社会公共卫生预警机制的建立,不少节目产生了广泛的社会影响。④

(二)《新闻调查》

当"非典"在中国肆虐之时,很多电视栏目出于安全考虑,开始重播老节目。《新闻

---

① 陈曦.从现场直播看央视新闻频道诞生的意义[J].传奇·传记文学选刊,2011(1);话说非典型肺炎,焦点访谈[EB/OL].(2003-01-17)[2019-10-01].http://www.cctv.com/news/focus/today/20030217/9.html.
② 李倩.央视近十年公共突发事件报道研究[D].太原:山西大学,2010.
③ 赵化勇.中央电视台发展史(1998—2008)[M].北京:中国广播电视出版社,2008:29.
④ 赵仙泉.坚持正确舆论导向 实践"三个代表"重要思想:略论中央电视台新闻频道的理念与探索[J].电视研究,2003(9).

调查》制片人张洁和他的同事选择了冲上一线。"我是一名记者。我不想在多年以后我的孩子问我'妈妈,那时候你在哪里'的时候,告诉他我在家里看电视。"柴静这样解释为什么在谈"非"色变的日子里,自己几乎是"迫不及待"地要求参加"非典"的一线报道。

4月26日,栏目播出了第一期《北京"非典"阻击战》。记者柴静随北京市急救中心、疾病控制中心的医护人员,全程跟踪报道120急救车出动接收病人、进行流行病学调查、患者转院等程序;并进入"非典"隔离区佑安医院传染病房采访了患者。第一次在电视屏幕上全面直接地反映了北京市医疗系统在抗击"非典"中的接报、隔离、诊断、急救、消毒等各个环节,从抗击"非典"最前线带回全面详细真实的报道。节目的收视率达到5.74%。①

此后至6月初的一个多月时间内,栏目播出的抗击"非典"特别节目还有:《广东:"非典"遭遇战》《城市 非典 民工》《非典时期王府井》《"非典"突袭人民医院》《非典元凶果子狸?》等②,这些节目不仅记录了非常态的重大历史事件,更成为深度报道的典范。③

(三)《面对面》

报道过程中表现突出的是创办于2003年初的中央电视台《面对面》栏目。它在"非典"期间推出了由王志主持的"抗击'非典'大型人物系列访谈",很好把握住了节目特点与时机。

在第一次"非典"疫情新闻发布会召开前一天,2003年4月19日,王志采访了中国疾病预防控制中心主任李立明,播出了第一期《"非典"报告》,揭开了"非典"的神秘面纱,成为疫情发生以来最权威的疫情发布。在谣言四起、抢购风正盛行之时,4月25日《钟南山:直面"非典"》的播出则有利于稳定人心、积极抗病。④

另外,他的采访节目还有广州市第一人民医院护士长张积慧的《"前线"日记》,采访香港特别行政区卫生署署长陈冯富珍的《香港战"疫"》,北京市代市长王岐山的《军中无戏言》,采访北京大学附属人民医院院长吕厚山的《隔离之谜》等9期节目,将镜头对准来自一线的亲历者,由他们讲述抗击"非典"的经历,向他们求证事实真相。解开了一系列相关谜团,回答了观众的众多疑问,看到了各种相关人士的疫中行动。

---

① 中国青年报.央视新闻调查幕后[EB/OL].(2006-05-17)[2019-08-07].http://zqb.cyol.com/content/2006-05/17/content_1385461.htm.
② "央视新闻调查"微信公众号.我今天21岁了![EB/OL].(2017-05-17).https://mp.weixin.qq.com/s/nJCgL-HknR9HpqCP6skzPvw/.
③ 常江,文家宝.中国语境下的电视新闻调查性报道:基于对《新闻调查》(1996—2006)的个案考察[J].国际新闻界,2016(3).
④ 涂光晋,陈晶晶.与人物为伴 和新闻同行:央视《面对面·抗击"非典"》大型人物系列访谈节目的思考[J].中国广播电视学刊,2003(7).

(四)新闻频道的报道

中央电视台新闻频道在2003年5月1日开播后推出的第一个大型直播节目就是《抗击"非典"直播特别报道》。原定直播三天,安排在5月1日至4日的14:00—17:00播出,但由于疫情变化和广大观众的要求,一直持续到了11日。5月5日至11日为延长报道期,播出时间段改在了15:00—17:00。节目每天实时通报16:00卫生部新闻发布会内容,直播卫生部专家的最新疫情分析。中央电视台直播组与《时空连线》组联合运作,依托全国各地方省级电视台,连线采访了各省市自治区相关负责人,介绍当地防治情况,通报各地疫情;邀请嘉宾讲解防治知识,并通过热线与短信和观众互动,回答观众相关问题,充分发挥出专业频道整合各方资讯的传播优势。12天的直播累计达到26小时。①

此次中央电视台新闻频道一开播便遭遇的"非典"疫情报道是该频道的第一个大型直播报道节目。相较于《香港回归》《上海APEC》等有计划又有准备的大型现场直播报道,这可以算作突发事件——事先没有充分准备,播出时间紧张,情况多变;事件碰到了专门频道,应该说是非常幸运。除了社会急需内容有了独享频道予以提供外,每天播出的内容、形式与频道定位、设计是否符合,是否为观众所喜欢,是否具有长期的竞争力,对频道运作本身也是一个考验和衡量的极好机会。从此次报道可见,节目信息量不可谓不大,形式不可谓不多样,但内容、形式、风格的雷同大量存在,如介绍如何预防、救治、甄别的内容多,以白岩松为主的主持形式单一,一天到晚的严肃庄重让人感觉不胜沉重,难以长时间坚持观看。此类问题在专门频道里,表现得更加集中、突出。这对在重大事件中如何设计、运营电视新闻专业频道提出了一个新的课题。

地方各级电视台也在此期间深入抗击"非典"前线,产生了大批优秀报道。如中国教育电视台的《SARS病区里的非常关爱》,北京电视台的《子夜大转移——小汤山医院收治首批"非典"患者》,天津电视台的《来自红区的报道》等。②

此次战役中,在公开信息、传播科学、抚慰人心方面,电视新闻承担了应尽的责任。北京市统计信息咨询中心的民意调查显示,97.2%的市民表示,媒体关于预防"非典"的报道对于加强居民的自身防病发挥了"很大作用"和"较大作用";97.7%的市民认为,公开、透明、丰富的新闻报道对于他们全面了解"非典"信息,加强"非典"预防工作作用很大。③ 同时,"非典"遭遇战还催生了《建立突发性事件权威发布及报告机制》的政协提案。

三、南方冰雪灾害

2008年1月中旬起,我国出现了罕见的大范围低温、雨雪、冰冻的极端天气,对江

---

① 韩彪.从《抗击非典直播特别报道》看大型电视新闻现场直播的成功运作[J].电视研究,2003(7).
② 《中国广播电视年鉴》编辑委员会.中国广播电视年鉴2004[M].北京:中国广播电视年鉴社,2004:39.
③ 蔡赴朝.总结抗击非典报道经验,研究突发事件宣传规律[J].新闻与写作,2003(8).

西、湖南、湖北、安徽、广西、贵州、新疆等20个省区造成了重大灾害。时逢春运,雪灾导致南北大动脉京珠高速公路湖南段因路面积雪、积冰而封闭,数万车辆停滞路上。京广铁路湖南段的电气化接触网受损,多班列车停运。长江流域多个城市的机场被迫关闭,大量航班延误、取消,众多旅客滞留……雪灾还使得煤炭等发电燃料运输不畅,大量输电线因覆冰太厚、不堪重负而倒塌,17省区拉闸限电,部分地区供电系统瘫痪。灾区工业生产受到很大影响,其中湖南83%以上、江西90%以上的工业企业停产。灾害对交通运输、能源供应、电力传输、通信设施、农业生产、群众生活造成严重影响和损失,受灾人口达1亿多人,直接经济损失400多亿元。①

大灾面前,全国媒体都投入到抗灾救灾的报道中。从1月10日的雨雪开始,十天左右,各媒体的报道都较为有限。如中央电视台《新闻联播》把南方冰雪视为一般性气象新闻进行报道,每天播报量1条。随着灾害的加重,1月20日以后,各级电视台的报道力度都开始加大。

1月26日下午1:30—3:00,中央电视台新闻频道推出了《迎战暴风雪》特别节目,以"直播特别节目+新闻+专栏节目"的架构,用全线联动、多点布局的方法,关注各地救灾最新进展。沿用之前频道各栏目已经引入的多个地处灾区省级台的直播连线,每日跨栏目直播,形成了高密度的报道态势。特别节目在29日增开了上午时段,并和一套并机直播。到1月31日,5天时间里,雪灾新闻报道量超过1,000条次;其中《新闻联播》打破常规,播发相关报道达1小时20分钟,新闻频道和一套共推出9场跨栏目直播,时长超过17小时。②

庞大的报道量需要一个报道网络支撑,中央电视台新闻中心地方部建立起了"两级报道阵营",在全国设置了20余个直播报道点;省级台会根据地方部的要求增加或者变换直播点,保证新闻信息的鲜活。地市台则源源不断提供最新内容:湖南益阳电视台利用光缆在319国道进行单边直播;山西大同电视台、河北秦皇岛电视台在煤电油运输一线采访政府紧急调运物资救济灾区的情况……在这次迎击暴风雪的报道中,中央电视台地方部每日新闻传送数量比平时增多两倍,直播协调工作也比平日翻了几番。③

中央电视台《焦点访谈》从1月21日起,连续推出13期相关节目。新闻频道的《法治在线》栏目播出抗击冰雪特别报道《决胜羊城》,真实记录了广州火车站疏散200多万滞留旅客过程中的真情故事,生动表现了一场前所未有的公共安全危机的处理过程。中央电视台中文国际频道《中国新闻》《新闻60分》挂标推出"关注中国雪灾特别报道",与9个地区的记者保持24小时高密度连线,形成全方位多点报道布局;该频道《今日关注》连续推出《牵手同行迎战风雪》系列节目;《新闻一小时》《今日中国》等栏目通过电话连线、专家访谈等形式,播出近百条抗灾救灾相关新闻。

---

① 徐兴强.从南方雪灾事件看政府公共危机管理[D].南京:苏州大学,2010.
② 钱莲生.中国新闻年鉴2009[M].北京:中国社会科学出版社,2009:361.
③ 张长江,张文华.一次成功的电视直播:谈CCTV新闻频道特别节目"迎战暴风雪"[J].电视研究,2008(4).

在这次抗灾报道中,地方电视台的表现非常突出。贵州电视台1月20日就向中央电视台传送了11条关于贵州遭遇凝冻灾情的报道,并在其新闻栏目中开辟专栏,制作了30分钟特别节目《抗灾第一线》;在灾后重建阶段,还推出了7集新闻述评和30位"感动人物"等系列报道。

湖南作为重灾区,省台和地市台的报道都是在极端艰苦的条件下排除艰险拼搏完成的。1月29日,湖南卫视宣布取消小年夜春晚,推出一档《突围冰雪线》的抗冰救灾特别节目,每天6档滚动直播。该节目与此前每天3档直播的《爱心大融冰》救灾特别节目交错播出。此外,湖南电视台还采用直升机航拍的方式报道了冰雪灾害和救援场景,该摄制组7名摄像师和记者,飞行近4小时,给中央台和各地电视台提供了大量的新闻画面。郴州电视台在用发电机供电的情况下,组织了专门的报道小组采制报道,除了本地播出外,每天上传省级媒体新闻稿件20多条,共计400多条次;上传中央电视台最多时一天就达十几条次,总共有160多条,及时地向外界传递和反映了郴州的灾情。[1]

各台的报道内容从国家领导人深入一线慰问灾区、高速交警爬行护路、电力工人高塔破冰,到解放军战士奋战京珠大动脉、贵阳市私家车爱心送行、滞留旅客的返乡心情。画面上漫漫长路堵塞着的车辆长龙、车站机场中积压着的万千旅客,高压输电塔被压弯、电线电路设备被冻结,道路冰穿甲、路人寸步难行……这次冰雪灾害的电视报道用丰富的新闻信息,融合了宏大的社会主题、细节的现场画面与民众的情感诉求,传递出自然灾害极大的破坏性和它对人们正常生活的威胁,以及政府、民众临危不乱,坚忍不拔的抗灾斗争与勇于奉献的人间真情。电视新闻做到了第一时间传递中央声音,全面展示各地应急措施和各部门工作的进展情况,还结合气象、电力交通等相关知识,制作了大量科学解释节目,及动态提示天气资讯、生产生活恢复等服务类信息。

从收视来看,中央电视台新闻频道全年周收视走势的第一个小高峰就是在第五周到第七周,正是集中大幅报道冰雪灾害新闻期间。[2] 江西电视台的民生节目《都市快报》《都市现场》从2月12—22日共计11天的抗冰雪报道效果突出,收视率均较报道前一周上升了5%—7%。[3]

这次抗灾报道还通过台网互动、手机联动的方式丰富了电视新闻的生产与传播。CCTV手机电视首次参与突发性灾难报道;灾害初期的1月11日即发布了第一条手机视频,其有关灾害情况的视频访问量达160万;1月13日起与新闻频道展开联动,为手机用户提供最新消息和权威交通信息。中央电视台新闻频道与央视国际星播客联合推出了"迎战暴风雪""我给家人拜年了"等网友拍摄视频征集活动,一周内收到网民上传的DV视频作品200余件,部分在新闻频道播出。征集与此次灾情相关的各类

---

[1] 谭小华.湖南郴州广电雪灾报道播出工作侧记[J].西部广播电视,2008(3).
[2] 王兰柱.中国电视收视年鉴2009[M].北京:中国传媒大学出版社,2009:150.
[3] 曾学远.民生定位与新闻价值并重 管理制度和市场竞争紧贴[J].收视中国,2011(6).

视频,同时为不能回家的网友提供向家人拜年的平台。①

此次抗灾救灾报道正逢春节,中央和各省电视台都举办了赈灾晚会。2月4日阴历腊月28,贵州电视台播出了大型赈灾特别节目《情暖寒冬》。第二天腊月29,湖南卫视推出赈灾特别节目《我们一起过年》,这台只用4天筹备出来的节目,以新闻故事为主线、文艺为手段,表达出抗击灾害的信心与决心、对灾民的慰问和对党和政府、广大救灾人员的感恩。节目现场为灾区募得善款3.17亿元。2月7日初一当天,中央电视台第三套播出了《抗冰雪献真情 凝聚每份爱 同一首歌大型赈灾义演》,在全国引起关注,在35个城市取得了1.7%的收视率和7.4%的市场份额。广西卫视、北京卫视等多家卫视也都在晚间黄金时间播出了大型赈灾晚会或特别节目。②

本次灾害报道,由于道路阻隔、技术不逮,报道大多只能局限一地,特别是电视新闻现场报道都是一时一地,很难看到灾害的全貌。此外,报道中的另一问题是对灾害的深度解析不够,大量篇幅用于各种相同操作的救灾上,没有很好关注如何在今后更好避免此类灾害的发生。而且在形式上,这时的电视现场报道已经进入了后来很长时间一直沿用的模式:"站桩式"自说自话。最典型的做法是记者站在一地现场,不事走动,只一味自己描述、评说,哪怕是身边的事实也只闷着头说,很少请当事人来解说正在做的事情。如此次中央电视台一条新闻中,记者解说身边武警战士清除道路积冰的工作,对仅在旁边几米处的官兵视若无物,既不采访也不问候,一言堂到底;那些官兵也对记者完全视而不见,自顾自地劳作,使本来内容简单的新闻更加乏味、单调。据说这么做是因为战士没有命令都不接受采访,而且大家都怕在镜头前说不好影响报道质量。这样的模式化现场报道使本来非常鲜活的形式变成了鸡肋,丧失掉其内在的张力。

四、汶川地震

2008年5月12日14时28分,汶川大地震发生,震级达里氏8.0级。震中位于四川省阿坝藏族羌族自治州汶川县映秀镇附近,破坏地区超过10万平方公里,波及大半个中国及亚洲诸多国家和地区。截至9月25日,地震共造成69,227人遇难,17,923人失踪,374,643人受伤;是中华人民共和国成立以来破坏力最大、唐山大地震之后伤亡最为惨重的一次地震。

(一)快速进入报道

汶川地震发生后,中央电视台新闻频道在14:50也就是震后22分钟以字幕形式发出消息;15点,整点新闻播出了口播新闻;15:20新闻频道中断正常节目推出了《抗震救灾·众志成城》大型直播特别节目。在最早期,"从台长到主播都不知道下一步要

---

① 潘元金.融媒时代摄影记者的机遇及挑战[J].新闻摄影,2009(12).
② 王莹.2008年春节电视市场回顾[J].收视中国,2008(4).

播什么"①。新闻中心的直播节目一方面请专家"坐镇"演播室,另一方面全力连线四川台等地方记者以及在成都出差的中央电视台记者。震后两小时,派出第一批记者随同国家地震局的飞机出发了。还有几位时政记者登上了温家宝总理的专机开赴灾区,路上他们拍摄了温总理的重要讲话;在19:10抵达成都后第一个从飞机上"冲"下来,奔进4分钟前才到机场的四川台卫星直播车。消息带顺利传出时已是19:32,《新闻联播》为了等这条消息延迟至19:40才结束。地震之后,中央电视台综合频道、中文、英语国际频道等也先后中断了正常节目,推出大型直播特别节目。

12日晚上11点,中央电视台第一批报道组抵达都江堰,迅速完成前方布点、挺进汶川和北川。此后50小时内在德阳、成都等地建立了五个大本营,在各灾区派驻近30路机动分队,形成了覆盖四万平方公里的实时报道网络。② 在前后参加直播报道的42套转播设备中,来自一线的独家直播画面一直持续更新,加上源源不断的各级地方台供稿,以及来自军方和武警的支持,中央电视台新闻频道成了名副其实的第一传播平台。③

随同温总理专机来到灾区的还有凤凰卫视的记者。得益于"平时就按照突发事件设置的运行机制",地震发生之后几十分钟内,凤凰台就进入了直播状态。最早进入汶川的记者条件非常艰苦,他们主要依靠自己的能力创造采访条件,设备也仅是卫星电话。除了新闻报道队伍,评论员曹景行、专题制作人员、各个栏目的编导都开赴了灾区。

身处灾区的四川电视台做出了快速反应。在地震当时,川台记者就拍摄了有关画面,震感结束数分钟后,新闻中心和相关频道即派出数组记者在成都市内采访。随后又先后派出五组记者向汶川进发。他们第一时间到达震中地区,率先发回并播出关于地震灾情的图像新闻。④ 16:30四川新闻综合频道开始推出抗震直播报道,18点四川卫视直播《汶川地震特别报道》,22点停播其他节目,开始不间断滚动播出特别节目。13日早8点,川台8个频道分为两个频道群全面并机直播。从13日凌晨至6月11日24点,一个月时间内,该台新闻总直播量达230小时24分钟,总直播节目261档,平均每天直播7.7小时、8.7档节目。直播时间最长日和档次最多日是5月23日,达9小时40分钟和14档节目。在整个抗震救灾报道中,具有"主场"优势的四川台一直广受赞誉,甚至因"在数天时间内成为世界各地电视新闻组织的唯一图像来源"获得第68届美国广播电视文化奖。⑤

东方卫视于13日上午7点推出《聚焦四川汶川地震》特别报道,5月16日开始全

---

① 石岩.CCTV地震直播实录[N].南方周末,2008-5-22.
② 钱莲生.中国新闻年鉴2009[M].北京:中国社会科学出版社,2009:369.
③ 罗明.面对灾难电视用实力书写崭新一页[J].电视研究,2008(8).
④ 卜军.四川电视台"抗震救灾"特别报道:新闻技术方案[J].现代电视技术,2008(8).
⑤ 四川电视台因及时报道汶川地震而获美国广播电视文化奖[EB/OL].(2009-05-19)[2018-09-01].http://news.cctv.com/china/20090519/101110.shtml.

天大直播,至5月24日进行了200多小时的连续直播报道。重庆卫视13日播出《大爱中华行 汶川地震赈灾报道》,14日开始将频道改为抗震救灾频道,全天直播。北京卫视13日开始,每晚7点半播出90分钟的救灾特别节目。身处灾区的陕西电视台14日晚6点开始直播,两档节目持续报道受灾情况、救援情况、全省人民支援灾区的行动。

陕西、甘肃、重庆等地震重灾波及省市电视机构,也组织精兵强将迅速深入抗震救灾第一线,及时发布权威消息,反映灾情,报道民生。除了本地报道受灾的电视台外,国内各卫视主要是报道救灾一线进展和本地支援行动,派出记者大多跟随本省的救援队伍。受到总局表扬的东方卫视在地震消息确认15分钟后就派出记者,并在9支上海出发的救灾工作队里都派有随队记者。① 在"汶川特大地震"报道中,前述抗震一线前后集合的42部直播车中,40部是地方台和应急通信局的设备。

很多观众在观看直播时寸步不离电视机,甚至夜不能寐。这是大家自己最为关切的事件,电视直播能够最直接得到所需信息;很多网民也暂时放弃网络而追看电视。因为比较24小时直播的新闻,网络反而"滞后"了。中国观众第一次如此长时间、大量地接触可视可听的"真相",其本身比戏剧更具冲击力和戏剧性。

由于电视把话筒、镜头直接对准了抗震救灾第一线,与新闻事实同步,把灾区的实际情况和救援情况真实同步告诉全国人民和国际社会,确保了主流媒体报道的时效性和权威性,抢占了信息发布的制高点,稳定了灾区群众情绪和社会舆论。

(二)多种形态的电视节目

大时段的直播占首位的是记者的现场报道,此次战役推动了中国电视记者现场报道能力的进步。无论是著名主播的一线采访,还是普通记者的连线报道,从李小萌采访路边老人的真情流露,张泉灵的救援一线追踪,柴静的探访受灾村庄,白岩松以身体丈量沟壑高度的形象展示,到陈晓楠的北川中学访谈,朱卫民的陈坚采访……大量的优秀报道涌现出来,成为范例。

2008年5月12日,成功完成奥运火炬珠峰传递报道的张泉灵报道组从珠峰返回拉萨,地震发生后,她主动请缨,于13日挤上震后第一班飞往成都的飞机。一下飞机,就立即动身前往北川。在北川县入口前的山脊公路转弯处,她发回了第一段4分钟左右的现场报道。由于报道登珠峰配备有海事卫星电话,所以报道成功发出。5月15日她跟随部队徒步9小时奔向震中,边走边拍摄脚下这条余震、塌方不断的道路,"到达汶川比上珠峰还难"。

陈坚救援是全国人民印象最深的故事之一。5月15日下午3时,北川救援人员发现了被三块重达一吨的石板压着的陈坚,当时他已经被埋60多个小时,记者给他喂水,他对着镜头说:"我是北川大地震的,说不幸又很幸运的人。……我必须要坚强,为

---

① 李兆丰.治理与动员:影响媒体反应机制的多省抗震救灾特别节目中的地方卫星电视[J].现代传播,2008(4).

每一个深爱我的人……"他在和四川卫视连线时还向观众朋友打招呼。经过5个多小时的救援,晚上8:40陈坚被成功救出,可随后在崎岖难行的下山路上,他的意识越来越模糊,最终悄然离世。川台女记者在一旁哭着喊他的名字,救援人员一次次紧急抢救,流着泪说"都坚持到最后了……"第二天四川卫视女主持在回顾昨天陈坚给妻子的话时,一度哽咽得说不出话来。凤凰台朱卫民在救援现场采制了专题《冷暖人生 陈坚的最后79小时》,真实记录下一个人对生命的无限眷恋,一群人全力救助生命的努力与无奈。

"5·12"地震使许多灾民无法与亲人联系,媒体凭借广泛的社会影响,搭建起互动服务平台。中央电视台二套与央视国际TV大社区联合开展了寻亲行动,网民留下亲人的信息与自己的联系方式,求助信息会在中央电视台二套的《爱心联播》节目中被选播,节目承诺一旦有留言者亲人的消息会马上与本人联系。凤凰卫视开通了24小时寻亲报平安热线,在直播节目中专门开辟了一个名为《平安口信》的版块来播发寻亲或报平安的信息。

在抗震救灾工作进入中期阶段之后,各电视台开始推出一系列救灾宣传节目,包括文艺晚会、赈灾义演等。其中影响最大的是5月18日晚中央电视台一套播出的"爱的奉献2008宣传文化系统抗震救灾大型募捐活动",全国共有124个频道进行了转播,将近5.7亿观众共同收看了节目。晚会共募集到15亿多元,成为新中国规模最大、募集数额最多的单场募捐活动。省级卫视数十场大型的爱心募捐晚会也产生了巨大的社会影响。

5月19日地震"头七",中央电视台对全国各地哀悼活动进行了三分钟直播报道,集中反映了北京天安门、新华门、四川汉川、北川、哈尔滨、上海、乌鲁木齐、香港等十一个地区民众默哀的场景。默哀结束后,天安门广场上的群众自发集体呼喊起"四川加油""中国加油"的口号,新闻频道果断直播播出,传播、记录下这震撼人心的场景。

中国电视新闻人在这次重大灾难新闻的报道中,与全国人民一样被震撼、被感动。屏幕上可以看到含泪哽咽的主播、泣不成声的记者,编辑部里可以听到主动请战、坚持岗位的声音,他们在艰苦的灾区、在受难的群众中、在通宵达旦的机房里忘我工作;正是因为他们坚强敬业的应对,才有效强化了直播内容凝心聚力的动员能力。只有真实才会有感动。

(三)报道的经验教训

这次事件的新闻直播报道在运作机制上具有典型意义。以中央电视台为例,它们前期一度打破部门界限,将采编、时政、新闻专题等各部门都整合成新的直播团队,成立四个导演组分头负责四个直播时段,"只有频道没有栏目",构建了导演系统和公共系统。每个组设立一到两个固定主播作为节目"龙头",整合前期记者与后期编辑、新闻栏目与专题栏目的播出内容。但是这种做法"仅仅运行了不到一周就宣告解体",后期直播还是按栏目轮流值班负责。因为延续以前节目传统,以后方演播室为主的"专家访谈+记者连线"直播模式在后期遭遇了收视下滑。形成对比的是四川台,虽然资源有限,但大量使用来自前方的画面信息,开始几天"四川卫视的收视率平均值一直高于中央电视台新闻频道"。因此从直播的第五天开始,中央电视台新闻中心领导直接命令播出线负责人,没有特殊理由,不再请专家进演播室。这一转变"可以说是对中央电视台新闻中心直播观念的一次颠覆"。在新闻直播中,前方信息是最重要的内容,如果可以把演播室设在前方,将灾民和救险人员等新闻当事人请进演播室,直播将更加接近"现场",信息会更加丰富,也会更加切合社会需求。

还有就是对现场记者的调度问题。最多时,中央电视台大约有150多名记者在灾区,占新闻中心记者人数的五分之一,但由于后方无法预测前方的新闻动态,前方记者又看不到其他点的情况,只是"各自为战",所以对他们"并没有形成一个有效的协调机制",不能做出有效的内容选择判断,最后表现在屏幕上就是"直播的信息,宏观的不够宏观,微观的又微观不够"。又如专题记者在前方也被当作动态记者使用,拍摄的素材都是"消息式"的,缺乏长镜头、细节等专题素材,为此,后期制作专题片时又不得不派出两路摄像去补拍空镜头。"这正是记者缺少精细分工的直接后果"①。而凤凰卫视则是在一开始就将直播记者和专题记者仍按原分工分头采摄,专题记者专心拍摄所需素材,投入产出比反而更高。

尽管汶川地震报道整体上彰显了生命价值、饱含人文关怀,但在报道中,部分记者还是存在职业失范行为。有的记者对"生命奇迹""新闻价值"的追求越过了职业伦理界限,发生诸如和灾民抢直升机座位,妨碍甚至干预生命救援的错误行为。还有相当多的记者对于一些"热门"人物和事件过度关注,如对敬礼娃、可乐男孩、林浩、和总理握过手小女孩等蜂拥采访;提问不顾及对方感受,让灾民们一次次地回忆可怕的受灾经历。还有个别不称职记者语焉不详的"报道"为记者形象带来了很坏的影响,暴露出记者队伍素质参差不齐的现状。

此次报道的不足还表现在专业精神不够严谨上。一是对符合某些宏大主题的内容不加甄别,如一条感天动地的母爱短信,经由募捐晚会上朱军的深情朗诵传遍大江南北,后经发现,是从论坛上发酵捏造的假新闻。② 二是对各方救援救灾工作少有细究讨论,"对政府的救灾行动反应迅速而对灾民的声音、受众的需求感觉迟钝"。相较平面媒体和网络媒体,关注救灾过程中存在的实际问题、促其妥善解决的作为较少、监督之作较少。而这其实更能树立媒体负责任的形象、得到公众的信任。③

瑕不掩瑜,这次汶川大地震报道以前所未有的开放性、及时性、透明性和人文性,实现了媒体"话语机制的历史性跨越"④,"汶川地震报道是我国电视新闻发展历程中的一座里程碑,它改变了先前直播的奢华之风,使新闻直播走上了小型化、常态化的道

---

① 王志安.中央电视台汶川地震直播报道中存在问题的分析[J].中国编辑,2008(4).
② 唐远清.任何时候都应追寻新闻的真实:对汶川地震后"母爱短信"报道的反思[J].国际新闻界,2008(6).
③ 周亭.报道不足的地方:"反应迅速"与"感觉迟钝"反思抗震救灾电视报道[J].视听界,2008(4).
④ 石长顺,徐锐.媒介话语的历史性超越与重建:汶川大地震报道的电视话语分析[J].现代传播,2008(3).

路;它也改变了先前直播的预置静止状态,把直播投向了突发、变化、不可预见的新闻事件"①。

在直播报道中竞争的激烈程度,从当时的中央电视台新闻中心采编部办公室可见一斑:该室墙正中挂着 8 个电视屏幕,除了本台频道,还有 BBC、CNN、凤凰卫视和四川卫视,可以看到实时对比报道。虽然已经有 113 个国家和地区、298 个电视机构使用了中央台的直播信号,但对优质新闻报道的不懈追求是中国电视成长的不竭动力。

据央视—索福瑞数据显示,5 月 12 日至 18 日,全国各级电视台共计播出 1,397 小时的抗震救灾直播节目,各频道播发的新闻超过 24,000 条次,共有 10.15 亿观众观看,同时创造了中国电视新闻节目直播和收视之最。这次抗震救灾报道由此成为中国电视业诞生 50 年来,报道最为及时、最为公开、最为充分的一次。持续近 20 天,全程跟进报道抗震救灾。其中,中央电视台新闻频道和四川卫视的现场直播报道在震后一个月内一直全天候播出。②

作为抗震救灾报道的"国家队",截至 6 月 12 日,中央电视台新闻频道覆盖全天的现场直播特别节目"抗震救灾众志成城"在一个月内已持续播出 466 小时 49 分,首播新闻 2,687 条,专题节目 219 部。中央电视台成为危机消息发布的平台。CNN、BBC 等 113 个国家和地区、298 个电视机构使用了中央台的直播信号。国际社会认为中国国家电视台有效引领了国际舆论。亚广联鉴于中国抗震救灾电视直播报道的出色表现,半年内授予中国媒体三项大奖,其中包括该组织新闻交换最高奖项——"丹尼斯纪念奖"。③

2008 年,中央电视台新闻频道在经历了一系列大事件后,成功变脸为"直播态全开放平台";全年各类直播报道时长超过了 2,000 小时,是 2005 年的 6 倍多。CTR 调查公司④统计,当时我国超过 88% 的观众在国内外发生重大事件时,会在第一时间收看中央电视台的相关报道;当同一个事件出现不同说法时,超过 85% 的观众更相信中央电视台的说法。⑤

可以说,电视新闻对于汶川地震的报道,赢得了国内外学界业界的一致好评,同时它也对之后电视新闻报道的"信息公开"以及"以人为本"产生了积极影响。中国媒体也由此看到了全国电视直播大协作的力量,成立直播联盟成为电视新闻界的共识。

---

① 高晓虹.电视直播报道常态化的重大进步:汶川地震电视直播报道带来的思考[J].现代传播,2008(3).
② 白瀛,曹定.各级电视台共播出 1397 小时抗震救灾直播节目[EB/OL].(2008-05-20)[2018-05-01].http://news.qq.com/a/20080521/000196.htm.
③ 张君昌.灾难中的媒体救赎[EB/OL].(2010-05-05)[2019-03-02].http://media.people.com.cn/GB/22114/50421/189113/11523790.html.
④ 资料来源:CTR 全称为中央电视台市场研究股份有限公司,http://www.ctrchina.cn。
⑤ 中央电视台等 50 家电视机构成立新闻直播联盟[EB/OL].(2008-12-22)[2019-04-01].http://news.163.com/08/1222/11/4TOV8EJ400012QEA.html.

五、北京奥运会——直播下的世界体育盛会

2008年北京奥运会是一场举世瞩目的体育盛会，对它的报道是中国电视历史上的一个重要里程碑。这是一场以中央电视台为主演、地方电视台为侧应，多方联合的大型事件报道。北京奥运会还开创了互联网直播国际顶级赛事的先河。

中央电视台的报道方案出台历时近三年，确立了"充分利用奥运品牌资源和东道国优势，全方位、多渠道地实现传播效益最大化"的总体报道原则。[①] 自2002年7月13日中央电视台体育频道开设《北京2008》栏目、报道奥运筹备过程开始，其连续四个月全程报道火炬传递等前期活动。至2008年，中央电视台先后开播奥运栏目达20多个。

2007年12月28日，体育频道宣布将于2008年1月1日至9月30日更名为奥运频道，台标增加奥运会五环标志。这代表中央电视台奥运报道的全面展开，中央电视台开始以奥运会的节目标准和模式来打造奥运频道。随着奥运的临近，奥运节目的播出量逐步增加，其他频道的各个栏目也都开始聚焦奥运。

8月8日至24日奥运会举办期间，中央电视台举全台之力，创下了多项奥运报道纪录。

（一）报道规模宏大

8月8日，中央电视台1、2、5、7套，新闻频道和高清综合频道从19：48开始并机直播北京奥运会开幕式，总时长近27小时。据统计，全国40个电视上星频道、891个地面频道的230套节目、8,976个有线电视频道的334套节目、109个移动电视频道从19：00开始完整转播了央视1套节目和奥运开幕式。8月24日，央视1、2、3、5、7套，新闻频道和高清综合频道从19：52开始并机直播奥运会闭幕式，总时长14.5小时。全国35个卫视频道、835个地面频道的193套节目、7,213个有线电视频道的289套节目、109个移动电视频道仍从19：00开始完整转播了中央电视台一套的节目和闭幕式。

中央电视台共有14个频道参与奥运报道：其中9个全程报道赛事，包括6个开路频道（CCTV-1、2、3、5、7、12）、1个高清频道（CCTV-HD）、2个付费频道（风云足球、高尔夫/网球）；另外5个：新闻频道作为奥运资讯频道，加上4个国际频道（CCTV-4中、9英、F法、E西班牙语）从各个侧面配合奥运报道。

各频道承担着不同的赛事报道分工：一套主要转播游泳、跳水、举重等中国观众关注度比较高的项目；二套转播棒球、垒球等国际赛事项目；五套奥运频道除了全面报道奥运赛事以外，主要转播中国优势项目——射击、体操、羽毛球、乒乓球等。各赛事频道及奥运资讯频道的共同点是彻底颠覆了原有的节目编排，在转播赛事外，还播出奥

---

① 江和平.无与伦比和"有与伦比"：论北京奥运会的电视报道[J].电视研究，2008(11).

运新闻和奥运专题节目。

中央电视台全台奥运期间直播开幕式、闭幕式以及奥运赛事 809 场共 1,208.5 小时；录播 1,135 场，共 1,506.5 小时；播发新闻约 11,250 次，近 417 小时；播出专题节目近 250 期，逾 142 小时。共制作节目 3,000 多小时，使用公用信号达 2,700 小时；创造了我国比赛转播时长新纪录，也成为全球奥运报道量最大的电视媒体。从参与人数看，直接和间接参与奥运报道的人数超过 3,000 人，编播工作分为了 943 个专业岗位，分工的专业化程度也非常高。①

(二) 节目形态丰富

奥运资讯(中央电视台新闻)频道的节目在这方面最为领先。该频道实施"赛事遥控器、时代广角镜"的报道战略，全天打通各个时段，持续推出 19 天直播特别节目《一起看奥运》，播出总时长超过 450 小时。该节目设有多个子栏目，融合了资讯、深度报道、演播室访谈，推出了场馆系列、探营系列、项目与选手等系列报道，"在各个奥运报道频道中收视份额最为稳定，在所有最受欢迎的奥运栏目排名中位列第一"。②

资讯频道在此次奥运报道中有一种报道形式较为新颖：L 屏的创新设计把整个屏幕划分为两大区域，左边大块区域是主窗口，播出《一起看奥运》，其余区域以字幕版或字幕条形式传递赛事预告、最新赛事结果、奖牌榜、天气预报及最新的各种资讯。

在专题节目中，主推的三个栏目在央视一套和五套播出：《早安 奥林匹克》定位全面报道前一天奥运赛事动态，强调大资讯、海量信息、服务性，精心打造"北京 24 小时"版块，从趣味、人文、内幕几个角度展现奥运会的魅力。《全景奥运会》采用主播制，以白岩松、欧阳夏丹为核心，突出主持人的语言表述功力和串联综合信息能力，在全天比赛结束之后汇总信息、讲述故事，注重细节和营造戏剧化冲突。《荣誉殿堂》是一档特色鲜明的大型演播室节目，以"参与奥运会就是荣誉"为理念，立体化表现奥运健儿，讲述带来荣誉、欢乐和感动的奥运故事；在邀请运动员和嘉宾时，一方面重视金牌价值，力争请到奥运冠军及时参与，另一方面对没有获得金牌但在成绩上有突破的运动员给予关注。节目还特别设计了为到场运动员送出"北京时刻"和在现场为运动员采制手模等环节，受到欢迎和肯定。在这个节目中取代"失败"一词的是"失利"，体现出浓浓的人文关怀。

(三) 技术先进

北京奥运会在奥运转播史上首次全面使用高清数字技术，声音信号采用杜比 5.1 环绕立体声传送。当时，全世界总共仅有 140 多辆高清转播车，大部分都分散于各大赛场。国内顶级的高清拍摄、转播设备全部调集北京，北京奥林匹克转播有限公司共

---

① 程庆生,郭和平,黄正红.中央电视台圆满完成北京奥运会转播报道[J].电视研究,2008(9).
② 徐立军.奥运报道,新闻频道收获了金牌[EB/OL].http://blog.sina.com.cn/s/blog_53c7bbf70100ar8i.html.

投入了约 4,000 名工作人员,指挥着约 60 辆转播车(其中 57 辆租借自国外)、1,000 架摄像机,制作出了 4,000 小时的高清直播信号。①

在摄像技术上,20 多天内,中央电视台共出动了 9 架直升机执行航拍。只要气象条件符合要求,直升机每天出动 2—3 架次,总共起落约 60 架次,完成了 160 小时的航拍时长,创下了历届奥运会航拍持续时间之最。开幕式上让人印象深刻的"脚印"焰火、精彩的公路自行车、帆船赛事等画面,都是航拍的杰作。超高速摄像技术在奥运报道中被大量应用,如羽毛球、乒乓球比赛中,可以看清球的运动轨迹甚至球的旋转方向,帮助观众更好地看清细节。

奥运会转播中,中央电视台首次采用高清网络节目制播系统实现该台新址、现址和 IDC 三址间的互联互通、资源共享和协同工作,达到了简效、及时、多频道,大节目量、低成本生产节目的效果;全面支持了中央电视台 1、2、5、7 套和 HD 高清频道 5 套节目的制作和播出。连续 17 天,每天 24 小时,累计播出近 2,000 小时的节目,收录公共信号 2,076 场次,总计 3,602 小时。此外,还为 CCTV-新闻等其他 9 个频道的节目制作和播出提供了近 2,000 小时的素材。支持频道之多,制作量之大,持续时间之久均创历史之最。②

此外,中央电视台奥运转播取消了 30 秒延时的直播惯例,实现了真正意义上的与赛事同步。为此,台里制定了非常细致的安全预案,如为各频道设立 24 小时热机备播演播室,准备好多种形式和版本的备播节目和给主持人的备答口径卡片等,以备不时之需。

(四)新媒体播出

北京奥运会还开创了互联网直播国际顶级赛事的先河,推动新媒体迅速推广。全球媒体也开始将网络视频列为奥运期间媒体报道竞争力的核心指标。

北京奥运会首次将新媒体版权与电视版权拆分剥离,单独经营。央视网获得了新媒体转播权,成为奥运期间"全球唯一对所有 3,800 小时赛事信号进行全程直播的媒体"③;该网站共制作点播视频节目 9,732 段、4,013 小时。央视网还联合新闻频道推出了 60 分钟的大型互动节目《今日我之最》,双方演播室互通互联,从观众的角度"看比赛、评奥运";还在有奥运门票的观众中征集"2008 奥运手机观察员",上传在赛场随手拍摄的图片或者视频。新闻频道依托所有 45 路赛事直播信号、30 个场馆单边和 6 个协办城市的直播信号,以及 2,008 名手机观察员的视频与彩信等各路资源,打造出一个 24 小时全开放的直播平台。每天有近 1.42 亿网民通过央视网和 9 家协作网站

---

① 田维钢.北京奥运电视报道的新技术实践[J].现代传播,2008(10).
② 王炜.中央电视台北京奥运会高清网络节目制播系统[J].广播与电视技术,2009(7).
③ 晋雅芬.中央电视台奥运报道刷新多项纪录[EB/OL].(2008-10-06)[2018-06-08].http://www.chinaxwcb.com/xwcbpaper/html/2008-10/06/content_40326.htm.

收看奥运转播,占全部网民的56.13%。①

移动传媒制作播出了约1,800余分钟的奥运节目,每日覆盖受众达5,000万人次。奥运期间,中央电视台手机电视奥运台开通了20路直播,时长达8,974小时,访问量累计达3.63亿人次。

(五)地方电视台

地方电视台除了转播赛事以外,也制作了大量的奥运节目。

2008年3月31日,北京电视台正式成立奥运报道领导小组,由台长刘爱勤任组长,负责部署、组织、协调、落实奥运宣传报道工作。奥运会期间,北京台将卫视改为奥运综合频道,推出大型特别节目《光荣与梦想》,分为十个节目段落,连续直播16个比赛日,每天有17.5个小时的直播,共计280个小时;全方位报道奥运赛程以及赛场内外运动员风采以及北京市的城市运行、奥运保障、市民生活等综合情况。其中新闻节目首播时长6小时,占总播出时长的25%。北京台体育频道主要针对奥运会上北京选手做专题报道,将体育与古老的北京结合起来,推出《五星邀五环》节目,突出体育节目的人文性。

上海东方卫视从上午时段的《奥运看东方》、下午时段的电视剧《奥运在我家》、晚间黄金时段的全新综艺节目《喝彩北京奥运2008》以及采访奥运冠军的《杨澜访谈录》,直至后晚间时段的《五环夜话》,奥运节目贯穿全天。

另外,还有浙江卫视的《五环浙江风》,重庆卫视的《奥运三见客》等节目。各地方、特别是奥运协办城市的广播电视机构推出了一批各具特色的奥运栏目、节目。据不完全统计,全国省级电台、电视台上星节目、地面主频道主频率共播出奥运相关新闻2万余条,开辟相关栏目291个。

(六)收视情况

从收视看,2008年8月8日至24日的17天内,全国累计收看奥运会电视转播及相关报道的观众人数多达11.2亿,占全国电视总人口的92%。开幕式当天观众平均收看电视249分钟,收视率达40.54%,收视份额达83.62%,为奥运期间最高峰。根据中央电视台市场研究CTR的调查,赛事转播,奥运金牌榜、最新资讯、赛事点评、志愿者成为最受关注的五大奥运信息;其中,中央电视台的奖牌榜更是超过了赛事转播,以最高满意度排在第一位。奥运期间,中央电视台平均收视份额达到52.19%,全国电视观众平均每日收视时间为189分钟,其中收看中央电视台的时间为99分钟。② 都创造了历史纪录。

---

① 秦超.五环旗飘扬下的视听盛宴:中央媒体北京奥运会报道观察[J].军事记者,2008(9);程庆生,郭和平,黄正红.中央电视台圆满完成北京奥运会转播报道[J].电视研究,2008(9).
② 资料来源:综合《收视中国》9月、10月刊,http://www.csm.com.cn/Content/2016/10-28/1756482410.html.

北京奥运会期间,电视与网络的结合,发挥出惊人的优势。据统计,共有2.31亿中国网民通过互联网收看了奥运会比赛。央视网总裁汪文斌表示,通过互联网收看奥运会的网民,占中国网民总数的89.9%;央视网和授权合作的100多家网站,在17天中,奥运会比赛直播和点播视频播放的总时长达10亿多个小时,平均每天6,000万小时。中国网络媒体共发布奥运新闻330多万条,平均每天20多万条。① 背靠雄厚的视频资源,依托网络平台,央视网在奥运中的表现预示着中国电视业的未来前景。

本次奥运报道,被普遍评价为"凸显人文情怀",一定程度上避免了"唯金牌论",更多地关注了不能夺得奖牌的项目和运动员,无论是"刘翔退赛"的及时舆论引导,还是对郎平、栾菊杰等在国外"服役"的中国冠军;不论是各种充满人情味的故事和细节,还是对外国选手以及"对手"的充分报道,都让人看到了电视报道对奥林匹克精神的尊重和更加包容的国际视野。主要的不足是现场记者的专业素养不够,以及体育解说员的人才储备匮乏。

小结

在这六年中,政府信息公开和开放民营机构参与影视节目制作,加上新媒体的成长壮大,使得电视新闻发展的媒介环境和报道领域发生了重要变化。

电视业在这几年有了突飞猛进的发展。从模拟电视到数字电视、从标清电视到高清电视、从地面电视到网络电视、从免费频道到付费频道,我国电视技术在快速升级换代。技术的进步使得观看电视得到了更好的体验感受,电视扩大为视频平台,新媒体的视频内容资源大大丰富,接收选择更加方便。但是也带来了视频传播的巨大变化:新体验进一步释放了社会的娱乐需求,娱乐内容大行其道。

通过政府主持工程"村村通"的推进,加上直播卫星技术,边疆少数民族地区广播电视的人口覆盖率迅速提高,改善了广播电视节目接收的地区不平衡状态。广电系统在抓紧推广电视数字化改造的同时,还适时打造全国"一张网",并在普及中升级换代,提高数字化水平。

中国电视的国际传播"日新月异",主要得益于多个频道的陆续开通,如中央电视台更多外语频道的开播与全球落地,特别是"长城卫星电视直播平台"的建成。硬件的建设、渠道的开通,使中国电视节目的丰富内容走出国门,提升了我国的国际话语权和影响力。

电视新闻的发展一步一个台阶,专业化程度越来越高。中央电视台新闻频道的创立是一个重要的里程碑,给电视新闻提供了施展身手的最好条件。早期新闻频道的设计是"滚动+栏目":既有固定的滚动新闻信息区间,也有不同功能、各司其职的栏目配合。新闻频道创办的一些栏目新颖、富于个性,受到欢迎,有的一时影响甚众。这对处

---

① 汪文斌.新媒体让北京奥运放异彩[EB/OL].(2008-11-07)[2018-09-01]. http://news.xinhuanet.com/internet/2008-11/07/content_10322759.htm.

于特定历史时期的中国电视新闻来说,是必要、明智的节目结构设计。它成了国内电视新闻实至名归的旗帜性频道。

第一财经的创办也为中国电视经济新闻的传播打造了重要平台,它还是践行媒介融合的先锋。其节目高度的专业性、新闻性,加上位于"沪市"的核心地域优势,回应了社会经济、金融内容的众多需求,带给中国电视新闻经济领域的延伸与有益探索。

凤凰卫视在中国电视新闻领域独树一帜,它对美国"9·11"事件、伊拉克战争、俄罗斯人质事件等重大突发事件的直播报道奠定了它在业界的显赫地位。其专业化作为声名远播,为中国电视新闻圈带来了"鲶鱼效应"。

新闻改革在这个阶段依然遵循着既定的路线前行,总体上是求新求活、平民化、深度化。时政新闻突出了其对亲民方向的努力,在这个阶段还得到了高层的提倡与推动。在这个基础上,电视新闻创造出很多新的形式,丰富了此类题材的表达。如两会报道的"跑会""观察""会客"类节目,让新闻生色,拉近了与观众的距离。

电视新闻的另外一个追求就是致力于提升对新闻事件的快速反应能力。重大庆典、突发事件,一场场大型新闻直播报道锤炼了新闻人的专业素养,直播的比重极大地提升,实现了常态化。这几年间密集发生的大事,让观众对电视、对中央电视台更为接近,"大事看电视、大事看中央电视台"成了百姓的共识。这是对新闻改革方向的极大认同与支持。电视新闻也通过媒体力量疏解困难,从实际与心理上帮助社会共渡难关;在对重大庆典、重大成果报道时,电视是关注和欢乐的中心,沟通了全国的庆贺与祝福。

此外,新闻领域的另一重大利器——深度报道也在继续深耕、进取中。重大事件电视新闻从未缺席。从食品安全监督到国际经济运行,中央电视台几个主要深度栏目都产生了不少名记者和有影响的重要节目。

举办奥运会对于国家建设、媒体建设、电视建设都带来了巨大的影响,无论是技术上、政策上都有很大进步,当然也包括教训。

电视新闻进入了成熟时期、高潮时期,也是与社会需求对应最好的一个时期。

第十章 融合实质推进 技术促新形式
（2009—2012年）

经历了2008年的大风大浪，2009年之后的年月显得平稳。经济全球化步伐加快，中国的经济发展也在悄然变化。中共十八大新一届领导班子上任，对中国发展做出了新的规划，继续推进经济、政治、文化、社会等领域的改革。这让改革已经进入攻坚阶段的中国社会看到了新希望和新方向，开启了一个新时代。

中国的媒体环境也在这时发生了显著改变。微博、微信等社交媒体出现并迅速推广，新媒体占领了多数人的生活。社会的视频需求从大屏（电视）转向小屏，视频接收更多地成为买方市场、消费市场。对传统媒体而言，媒介融合已经成为时代趋势，三网融合事业逐步推进，内容、渠道、终端的融合，为视听媒体带来了全方位的改变。

从2009年下半年起，三家中央级主流媒体都不约而同地推出了重大举措，以面对媒体发展的变局。《人民日报》改版、扩版；中央电视台在"央视网"的基础上创办了国家网络电视台，新华社主办的"中国新华电视网"（CNC）于2010年1月1日正式开播。

这几年中，电视行业的一项重大政策调控是2011年的"限娱令"，"新闻立台"的理念得到了强化。2012年各级电视台进一步增加直播节目数量，提高自办新闻节目比重，如湖北电视台改版后实现了全天候新闻直播；江苏、上海、吉林等电视台探索版块化、轮盘式的"全新闻"编播方式，实现新闻节目24小时不间断；东方卫视开办4档新闻日播栏目，与3档周播新闻节目一道形成新闻节目带，每天直播自办新闻节目4个多小时，成为全国省级卫视中容量最大的新闻频道。

社会对新闻的需求从来不因为媒介形态的变化而缩减，而电视行业要解决的发展问题，就是要锚定自己为社会服务的定位，在荆棘丛生的生态变革中探索出自己的生存道路。

第一节 事业发展与体制规范

新媒体发展日新月异，从国家最高层领导到行业内都有清晰认识，在相关媒体发展方向上努力推动进步；在制度与机制设计上，向媒体融合切实推进；强化了管理控制体系。

一、制播分离

根据中共十六大(2002年)报告的精神,在中央领导的推动下,国务院及有关部委相继出台涉及鼓励经营性事业单位转企改制、扶持文化产业发展、促进文化产品和服务出口、构建公共文化服务体系、引导公有资本进入文化产业等系列政策文件。

"制播分离"概念已提出多年,这一轮广播电视改革被命名为"制播分离",既是对上述国家倡导的文化体制改革的呼应,也是对这一概念所隐含的媒体深度改革的实际推进。"制播"之间,"播"属于事业,"制"属于企业,只有制与播分离,并将播出权牢牢掌控,才能确保政治正确与文化安全。为确保这一点,广电总局强调"播"对"制"的绝对控制,在《关于认真做好广播电视制播分离改革的意见》(广发[2009]66号)中,赋予播出平台对所属节目制作公司(集团)的八项权利:控股权、事项决策权、资产配置控制权、主要领导干部任免权,同时牢牢掌握节目内容策划权、编辑权、审查权、播出权。由此保证节目不失控,确保宣传需要。

上海和湖南广播电视台对此轮改革相当欢迎、率先行动,分别于2009年10月和2010年6月宣布启动改革。上海撤销了上海新闻传媒集团及集团化之前的各电台电视台建制,合并组建上海广播电视台,实行事业体制,下设机构包括总编室、播出总控、广播新闻中心、电视新闻中心等;保留经国家广电总局批准的15个电视频道和11个广播频率,频道频率实行总监负责制。将影视剧等政策允许的可分离制作业务分离,同可经营性资产合并,组建了上海东方传媒集团有限责任公司。该公司是上海广播电视台台属、台控、台管的控股企业集团公司。在外界看来,湖南广电改制方案与上海"并无二致":撤销湖南广播影视集团、湖南广播电视台、湖南电视台和湖南经济电视台,组建新的湖南广播电视台,同时组建新的市场主体——芒果传媒有限公司。①

2011年,我国广播影视工作要点中提出了新一年的工作要求,其中仍包括按照中央关于"十二五"时期文化改革发展的总体部署,稳妥推进制播分离改革,以及扎实推进频道制改革、不断增强发展动力和活力。②

从实际来看,制播分离改革对于电视新闻的影响并不大。

二、媒介融合

1997年,我国在第一次互联网会议通过的《国家信息化总体规划》中就提出了"三网"的概念。③ 2000年,"十五规划"首次将"三网融合"作为国家政策提出,正式开启了我国"三网融合"的发展。2005年,"十一五规划"对"三网融合"技术和基础设施资源都做出了明确要求,提出了形成较为完整的数字电视产业链的规划。④ 但是,由于受

---

① 李兆丰.被命名的改革:2008年以来广电制播分离的政策与政治[J].现代传播,2011(2).
② 朱秀卿.对广播电视传媒属性的再认识,[J].广播电影电视决策参考.2011(2).
③ 参见《规划》原文:"我国信息基础设施的基本结构是一个平台三个网。"
④ 陈志强,夏虹."三网融合"背景下对媒介融合的思考[J].今传媒,2012(3).

到利益协调、传统体制等问题的限制,虽然一系列政府文件均强调推动"三网融合",但进展缓慢。

(一)融合实质推进

2009年成为中国网络整合或三网融合的元年[①],网络整合不仅表现在政策上被纳入国家战略层面,并首次被列入国家级文件中,而且体现在广电行业整合决心和力度上。2009年5月19日,《国务院批转发展改革委关于2009年深化经济体制改革工作意见的通知》明确提出了"落实国家相关规定,实现广电和电信企业的双向进入,推动'三网融合'取得实质性进展(工业和信息化部、广电总局、发展改革委、财政部负责)"。7月,国务院发布的《文化产业振兴规划》明确将"推进有线电视网络、电影院线、数字电影院线和出版物发行的跨地区整合"列入8项重点工作之中。由此,跨行业、跨地区的网络整合全面展开,地方割据已久的广电行业积极领跑。

2010年1月13日,国务院常务会议决定加快推进三网融合,颁布了《国务院推进三网融合的总体方案》。在该文件的发布通知中明确了"三网融合"的权威定义:电信网、广播电视网、互联网在向宽带通信网、数字电视网、下一代互联网演进过程中,其技术功能趋于一致,业务范围趋于相同,网络互联互通、资源共享,能为用户提供语音、数据和广播电视等多种服务。至此,"三网融合"才得到了实质性推进。

当年6月底,国务院办公厅正式公布了三网融合12个试点城市名单和方案。包括:北京、上海、大连、哈尔滨、南京、杭州、厦门、青岛、武汉、湖南长株潭地区、深圳、绵阳共12个城市和地区。[②] 至此,广电、电信不得相互进入的坚冰终被打破。

2011年,中央继续提出"认真落实三网融合"的要求,同时,要以此为契机,推动科技发展、广播电视数字化、完善相关技术标准,建立视听新媒体技术监管体系等工作。[③]

2012年,关于技术方面,涵盖前几年的要求,国家提出了新一阶段的新策略。主要包括注重广播影视数字化、网络化、三网融合、网络视听新媒体几方面的发展。[④]

2013年,三网融合试点扩大到了54个城市(地区),覆盖人口达到3亿。

(二)有线电视互联互通

在中国,电信业有国家干线网、通信网、宽带网。早期的有线电视网多为地方网,由于历史原因,还分属不同部门,建成全国一张网是技术提升的前提。

最先进行的是各省一张网的工作。由于各方面因素(利益、政策与投资等)影响,

---

① 胡正荣,黄炜,李继东.中国传媒产业发展报告2010[M].北京:中国社科文献出版社,2010:10.
② 国务院办公厅印发首批三网融合试点地区(城市)名单[EB/OL].(2010-07-01)[2019-03-02].http://www.gov.cn/zwgk/2010-07/01/content_1642604.htm.
③ 资料来源:2011年广播影视工作要点(摘要),广发[2011]4号,2011-1-20.
④ 《中国广播电视年鉴》编辑部.中国广播电视年鉴2014[M].北京:中国广播电视年鉴社,2014:3.

有线电视网络早期由多头经营,每个城市、地区都会有多家不同机构运营的独立"小网",相互隔绝。2009年8月,国家广电总局下发的《关于加快广播电视有线网络发展的若干意见》确立了2010年底前基本完成有线网络省内整合的阶段性目标。在实现"一省一网""全程全网""互联互通""双向互动"有线网络整合的过程中,由于各地的实际情况千差万别,故所采取的方式和整合路径不尽相同,主要是政府推动、市场运作两种手段的选择与组合,或以政府推动为主导,或靠市场运作来推进,或双管齐下。比如江苏省推行"政府推动与市场运作双管齐下"的策略,强有力的行政推动一直贯穿始终,采取"存量不变、增量分成"的分配方法,从而在2009年实现了13个省辖市全程全网[1];而湖南则采用了"龙头牵引、公司管理、服务增值、上市发展"的市场运作方式[2]。

到2010年底,全国有19个省份完成或大部分完成有线电视网络整合,达成国家广电总局提出的"一省一网"的目标。其中,北京、天津、陕西、广西、海南、吉林、江苏、贵州等8个省市全部完成省市县网络整合;河北、安徽、江西、湖南、云南、新疆、内蒙古、青海、宁夏、河南、浙江等11个省,完成了大部分市县或主要城市的网络整合。整合工作启动较晚的广东、辽宁、黑龙江、重庆等4个省市加大了整合工作力度,其余8个省市在研究制定整合方案和工作计划。各省"一张网"的有线电视网络格局正在形成。

(三)建立网络电视台

截止到2013年6月底,中国网民已达5.9亿,手机网民规模达4.64亿,居世界首位。三网融合得以实现,首先依赖于IP技术的发展,人们在IP网上就能轻松实现语音(电话)、视频(有线电视)、数据(互联网)的三网融合。[3] 建立网络广播电视台是广电媒体落实三网融合政策最切实的措施。

2009年12月22日,国家广电总局批复同意中央电视台开办中国网络电视(CNTV)。当月28日,央视网花费一年多时间筹备的中国网络电视台正式开播。它不同于其他的视频点播、直播网站,目的是在互联网和通信网络中面向计算机、手机、电视机等各种终端,建设国家级的综合视听新媒体播出体系;同时负责建设国家公共网络视听节目服务平台,为国内广播电视机构、节目制作机构和广大网民提供一个面向世界的节目传播分享平台。

CNTV中国网络电视台作为一个相对独立的媒体,拥有自己的台标、主持人、采编权,不再是传统电视的"网络版",而是一个融合型的新媒体。该台坚持新闻立台,主要任务是对国内重大政治、经济、社会、文化、体育等活动或事件进行报道、宣传。CNTV的开播使传统电视台的覆盖得到极大延伸、扩展和提升,是中央电视台加快推

---

[1] 陈梦娟.江苏有线整合模式[EB/OL].(2009-12-10)[2019-03-02].https://www.163.com/tech/article/5Q6CIOFS000940L1.html.
[2] 胡正荣,黄炜,李继东.中国传媒产业发展报告2010[M].北京:中国社科文献出版社,2010:10.
[3] 栾轶玫.融媒体传播[M].北京:中国金融出版社,2014:32.

进国际传播能力的重要步骤。

2010年7月1日,央视网并入中国网络电视台。这一年,中央电视台新媒体业务有了突破性进展。一是CNTV开播以来,主体建设基本完成,已建成亚洲规模最大的网络视频数据库。一个多语种、多终端、全覆盖的多媒体制播平台已初具规模。二是在网络电视集成播控平台的基础上,建成IPTV集成播控平台、手机电视集成播控平台以及移动电视集成播控平台,形成"一种内容多种分发"的传播格局。三是深入推进"台网捆绑、网络联盟"战略,与体育频道合办网络体育频道,与大型节目中心合作举办网络春晚。组建有近百家网站参与的"全国网络视频联盟"等。CNTV创造了多项亚洲乃至世界领先的成绩。2011年,CNTV成立了南京演播室。

截止到2012年底,CNTV已初步完成国家网络视频数据库,该数据库已集成管理143万余小时和600余万条的视频数据,涵盖1,927个电视栏目的点播数据存储。[①] 同时,CNTV加大全球传播体系的建设,建于2008年的CNTV全球网络视频分发平台到2012年底已经覆盖全球210个国家和地区,具备支撑千万级视频直播和百万级视频点播服务能力。

2010年10月15日,国家广电总局颁布《关于开办网络广播电视台有关问题的通知》,指明网络广播电视台应由广播电视播出机构申请开办,经当地广播影视主管部门同意后,逐级上报国家广电总局审批。未经批准,任何机构与个人不得使用网络电台、网络电视台、网络广播电视台等作为机构名称、网站名称(包括频道名称)、呼号等开展业务。

2011年,我国加快建设和完善国家级五大新媒体集成播控平台。建设和完善网络电视、IP电视、手机电视、移动电视和互联网电视集成播控平台。着手建设移动互联网平台和宽带互联网平台,移动互联网平台已具备53路直播能力,可以同时为中央电视台所有开路频道和35个品牌栏目开发移动智能终端的客户端群。

在此基础上,CNTV在完成全球十大海外镜像站点扩容的同时,相继建成非洲、俄罗斯本土化网站。其中,在非洲尼日利亚建立的首个本土化网站,已开通中、英、法、阿四个语种的移动互联网直播频道和一个24小时滚动播出频道。同时,其实现了手机电视非洲落地,移动互联客户端"中国网络电视台我爱非洲"正式上线,用户数达到37万,主要覆盖非洲高端用户。

2011年1月,国家广电总局批准城市联合网络电视台(CUTV)成为广播电视新媒体播出机构。CUTV是由深圳广电集团发起,全国城市电视台自主参与,是总局认定的城市台新媒体业务唯一主体。截至2012年底,国家广电总局共批准了20家省级以上网络广播电视台,和22家地市级电视台共同建设城市联合网络电视台。实践表明,网络广播电视台的开办在不同程度上推动了电台电视台与新媒体的融合发展,整体上提升了广电媒体在新媒体领域的影响力。

---

① 庞井君.中国视听新媒体发展报告2013[M].北京:社科文献出版社,2013:15.

同时,互联网电视集成平台建设机构按照相关政策要求,科学规划互联网电视业务,稳步有序地开拓市场。

2013年1月4日,国家广电总局出台《广电总局关于促进主流媒体发展网络广播电视台的意见》(广发2013年1号),明确了网络广播电视台发展的定位、总体要求、重点任务和保障措施。这是广电系统专门为推动电台电视台与新媒体融合发展出台的第一份指导性文件。① 同年3月,国家新闻出版广电总局的成立打响了大融合的第一枪。

网络电视台的发展也开始加速,并成为重要的新兴平台。中央三台和各地方台都加强了对网络广播电视台和音视频网站的建设。截至2015年年底,全国广电机构共获准建立网络广播电视台29家,地级市以上电台电视台大多开办了音视频网站。② 我国网络广播电视台覆盖人数呈现快速增长态势(见表10-1)。

表10-1　2017年2月我国主要网络广播电视台覆盖人数③

序号	所属机构	网站	月均用户量IP④	月均浏览量PV⑤
1	中央电视台	www.cntv.cn	636,800	1,337,000
2	中央人民广播电台	www.cnr.cn	147,200	264,000
3	湖南广播电视台	www.mgtv.com	480,000	1,440,000
4	江苏广播电视台	www.jstv.com	448,000	1,881,000
5	中国国际广播电台	www.cri.cn	304,000	851,000

三、网络信息传播相关新规

随着我国文化产业的日益繁荣和传播领域新技术的广泛应用,广播电视及互联网等各类传播平台上的视听节目呈现出快速发展态势,为避免伴随而来的泥沙俱下、对内容管理失控,国家文化、影视主管部门出台了一系列的管控措施,规训、应对技术给媒体发展带来的各种影响。

(一)国务院《互联网信息服务管理办法》,2000年9月

该办法将互联网信息服务分为经营与非经营两类。对经营性服务实行许可制度,对非经营性服务实行备案制度。它明确规定,互联网信息服务提供者不得制作、复

---

① 《中国广播电视年鉴》编辑部.中国广播电视年鉴2014[M].北京:中国广播电视年鉴社,2014:74.
② 国家新闻出版广电总局发展研究中心.中国广播电影电视发展报告(2016)[M].北京:中国广播影视出版社,2016:261.
③ 数据来源:http://www.alexa.cn,统计截止日期2017年2月25日。
④ IP(Internet Protocol,网络之间互连协议),IP地址具有唯一性,一般用于统计独立用户数量。
⑤ PV(Page View,页面浏览量),通常是衡量一个网站流量的主要指标。

制、发布、传播含有九种内容的信息,如反对宪法所确定的基本原则、危害国家安全、泄露国家秘密、颠覆国家政权、破坏国家统一、损害国家荣誉和利益等。

(二)国务院新闻办《互联网新闻信息服务管理规定》,2005年9月

该规定指出,国务院新闻办公室主管全国的互联网新闻信息服务监督管理工作。省、自治区、直辖市人民政府新闻办公室负责本行政区域内的相同内容监管。非新闻单位建立的综合性互联网站不得登载自行采编的新闻信息,转发新闻信息则"应当转载、发送中央新闻单位或者省、自治区、直辖市直属新闻单位发布的新闻信息"。该规定将互联网新闻信息服务单位分为三类(新闻单位、非新闻单位、新闻单位设立的互联网新闻信息服务单位),提出任何组织不得设立中外合资、合作经营和外资经营的互联网新闻信息服务单位。

(三)国家广电总局、信息产业部《互联网视听节目服务管理规定》,2007年12月

该规定指出互联网视听节目归口国务院广播电影电视主管部门和信息产业主管部门统筹监督管理。各地政府广电和电信主管部门监督管理本区域内的互联网视听节目服务。该规定要求,从事互联网视听节目服务,应当依照本规定取得广电主管部门颁发的《信息网络传播视听节目许可证》或履行备案手续,并对从业资格做了限定:要是具备法人资格的国有独资或国有控股单位,具有相应的资源、技术和人员,无违法违规记录等;提供电视台形态服务和时政新闻类、访谈、报道类、自办网络剧(片)类视听服务的,还应持有广播播出机构许可证、互联网新闻信息服务许可证和广电节目制作经营许可证。

依据该规定对网络视频发布采取准入制管理,标志着我国网络视频牌照发放制度的实行,对视频新媒体发展提出了新要求,并导致整个产业格局的变化。2008年,国家广电总局共颁发了23张网络视频牌照,除了央视国际、新华网、21CN等国资背景网站,还包括激动网、优度宽频、光线传媒、普乐欢频等四家民营视频网站。

(四)国家广电总局《关于互联网视听节目服务许可证管理有关问题的通知》,2009年9月15日

主要针对少量网站未办理《信息网络传播视听节目许可证》就开展了互联网视听节目服务的现象,要求各级广电管理部门要对本辖区内互联网视听节目服务许可证制度的落实情况进行专项检查,执法主要依据有《互联网视听节目服务管理规定》第七条、第八条以及其他相关规定。

(五)国家广电总局《互联网视听节目服务业务分类目录(试行)》,2010年3月17日(2017年4月7日修订)

该目录根据《互联网视听节目服务管理规定》第七条规定颁布(不含IP电视、互联网电视、手机电视的业务分类)。按新闻、综艺、体育等不同内容分类,或是按电视台、网络等不同媒体形式分类,再或是按转播、直播等不同播出方式分类,并进行了界定。

(六)国家广电总局《关于开办网络广播电视台有关问题的通知》,2010年10月15日

该通知指明网络广播电视台应由广播电视播出机构申请开办。经当地广播影视主管部门同意后,逐级上报国家广电总局审批。未经批准,任何机构与个人不得使用网络电台、网络电视台、网络广播电视台等机构名称、网站名称(包括频道名称)、呼号等开展业务。

(七)国家广电总局《关于IPTV集成播控平台建设有关问题的通知》,2012年6月11日

对我国IPTV集成播控平台建设实行全国统一规划、统一标准、统一组织,采取中央、省两级构架。

第二节　提升国际传播能力

改革开放后,中国向世界敞开了国门;2008年奥运会之后,中国与世界的交流提升到一个全新的高度。中国在世界上频频亮相。这对中国电视新闻的国际化传播来说既是挑战,也是机遇。

由于中国国情处于特殊的历史阶段,拥有独特性和变动性,一些国外媒体对中国很难有真正的认识,导致报道常现偏颇和误解。为了更好地向世界解释中国、讲好中国故事,让世界了解真实的中国、营造良好的国际舆论环境成为重要的议题。这不仅影响着中国的声誉,更对中国的全球化发展有着直接的影响。

一、记者站建设

记者站属于基础设施建设,是外宣工作的基础。这个阶段在国外主要是建设中心站。

2008年,中央电视台在原伦敦记者站、华盛顿记者站的基础上进一步扩大规模,建立了欧洲、美洲中心记者站。两个洲中心记者站除人员更多、报道覆盖范围更广之外,还通过常设演播室和专用传输光缆实现了与北京总部的全天候无缝连接。组建这

两个中心站的主要功能包括:(1)是央视国际新闻报道的重要阵地;(2)具备节目制作能力;(3)增加中央电视台节目在当地的落地和覆盖面。

建立欧洲、美洲中心记者站有助于改变我国国际新闻报道过分依赖西方通讯社的局面,实现在报道中全面体现中国视角、传递中国声音。这也标志着中央电视台国际化布局实现了从点状向网状的转变、实现了国际传播阵地的迁移,是中国电视走向世界的重要一步。

2009年,中央电视台加快了驻海外记者站的建设速度,同时启动了拉美、亚太、中东地区中心站的前期建设。

2010年,中央电视台共新建俄罗斯、非洲、亚太、拉美、中东5大区域中心站。以及朝鲜、伊朗、尼日利亚等21个周边记者站,新建记者站是前26年的总和。其中驻朝鲜记者站是全球第一家在朝的外国电视台记者站。中央电视台已完成7大区域中心记者站建设,记者站总数达到50个,覆盖世界重点国家和热点地区。

全球新闻采编网络的形成使得央视国际报道能力大大增强。在海地地震、巴基斯坦洪灾、以色列山火、智利矿难和朝鲜半岛危机等重大突发事件中,新建站点的记者迅速到达现场,及时发回大量第一手新闻素材,扭转了过去海外重大事件报道完全依靠西方媒体的状况。尤其是在非洲、拉美和中东地区设立一批记者站,填补了中央电视台在这些地区的报道空白,中央领导称赞"这是中央电视台传播能力建设的突破"。

2011年,中央电视台全球新闻采编网络初步形成,29个国内记者站相继建成,覆盖全国的报道网络基本形成。全年新建20个海外记者站和非洲分台、北美分台,在全球建成70个海外记者站、中心记者站和分台。在日本大地震、利比亚战争、金正日去世等国际重大突发事件中发挥了重要的作用。

二、对外频道建设

2009年,中央电视台积极推进对外频道改版,努力提高外宣节目质量。中文国际频道全面调整节目内容,进一步加大了新闻资讯播出量,强化了新闻评论;英语国际频道也同步改版,增加和强化新闻内容。

同时,中央电视台中、西、法、阿、俄等语种的国际频道也相继改进提高,进一步强化了以新闻为主的综合频道定位。英语新闻频道先后在美国华盛顿、肯尼亚内罗毕建立起北美、非洲英语新闻区域制作中心,制作出以"当地观众为主,面向全球观众"的英语新闻节目。

2010年12月,为有效拓展对外传播渠道,由中央电视台和中国国际电视总公司共同投资建立的央视国际视频通讯有限公司(简称:国际视通;英文:CCTV＋,原名:CCTV News Content)在北京成立。CCTV＋向各类媒体用户提供视频素材下载服务,当时有包括英国广播公司(BBC)等80多家境外新闻机构成为其注册用户。CCTV＋还通过与美联社和路透社合作的方式,将中央电视台新闻素材直接传递给上千家境外电视频道和媒体机构,实现了英、法、阿、俄、西5个语种发稿,成为国际社会重要的新闻来源。

经过半年的试运营,2011年5月25日,该发稿平台正式投入运行。CCTV＋从2011年10月开始对外提供中央电视台新闻的直播信号服务。2012年两会期间,CCTV＋经由美联电视直播频道,对外发布了包括两会开闭幕会、温总理会见中外记者、外交部部长杨洁篪答记者问等8场重要活动的直播信号,仅"温家宝总理做政府工作报告"的信号就被包括BBC等著名媒体在内的38家海外媒体使用349次。[①]

2014年,中国广电媒体在重大国际新闻的直播中取得了新的进步。3月,马航MH370航班失联,可能失事的地点位于澳大利亚空中交通管辖区域内。中央电视台在澳大利亚副总理新闻发布会、我国军机抵达澳大利亚基地和中国驻珀斯总领馆发布会上实现了三次全球独家直播,直播信号被CNN等多家国际媒体采用,发出了中国声音。[②]

三、落地国外进行本土化传播

本土化传播,首先是主打落地对象国,其次是建立其本土制作能力。

(一)落地对象国

2010年底,中央电视台国际视频发稿平台建成并试运行,改变了中央电视台单纯依靠频道播出的对外传播方式,成为多渠道传播的"内容提供者"。该平台受到国际各大传媒的高度关注,美联社、路透社等纷纷报道,并热切希望合作,显示出这一平台的巨大潜力与发展空间。

2011年,中央电视台英语新闻频道重点面向西方国家,落地美国核心城市并进入英国、德国等欧洲国家主流播出平台。中文国际频道在日本实现日语播出,这是中央电视台国际频道首次尝试海外本土化译制播出。同时,长城(欧洲)平台也第一次进入欧洲有线电视网播出。

2012年,中央电视台与海外34个国家和地区的42家广播电视机构分别展开了有关中文、英语新闻、法语、西班牙语、阿拉伯语、俄语和纪录(国际版)等7个国际频道的落地合作。

中国网络电视台致力于构建一个技术先进、传输快捷、覆盖广泛的一云多屏的全球新媒体传播体系;同步开播了阿拉伯语、俄语国际频道,建成迪拜、莫斯科、洛杉矶等5个海外镜像站点,经过扩容、改造和升级,传输速度和视频清晰度得到大幅度提升。此外,2012年其国际传播能力建设的重点还包括:海外本土化网站建设及市场推广项目,海外重点、热点地区手机视频业务落地项目。

---

① 梁建增.把核心资源做出核心影响力:中央电视台两会报道的特点和亮点[J].新闻战线,2012(4).
② 张丽,白小豆,孙璐.2014中国电视新闻的新面貌新脉象[J].新闻战线,2015(2).

(二) 节目本土化

中国媒体积极拓展国际版图,取得了显著成绩,为对外传播奠定了基本的物质基础。如何在此基础上提高传播的实际效果?正如国家广电总局副局长田进指出的:"贴近对象国家或地区的文化和受众习惯,采用当地雇员、当地语言、当地制作、当地播出等多种形式展开本土化传播,实现内容本土化、人员本土化、运营本土化,有效提升外宣旗舰媒体在海外的传播力、影响力。"[1]这是对多年国际传播实践经验的概括总结。

中央电视台子公司中国国际电视总公司打造的"中国时间"(China Hour)全球联播时段品牌和"Hi+(国家)!"海外频道品牌,通过本土化传播讲好中国故事、传播中国声音。2015年开始,其已经成功开播越南电视剧时段、印尼"Hi-Indo!"中国节目频道等多个海外本土化运营项目。2016年下半年,又在英国、捷克、缅甸等地开播了该节目。[2] "China Hour"于2016年4月2日起在南非开普敦电视台播出,该栏目播出节目均译制为英语或南非荷兰语,采用华裔与南非当地主持人合作解说,全部重新本土化包装。节目内容涉及汉语学习、中国功夫、中国美食、中国传统手工艺等。首播的是由该公司发行的英文配音版电视剧《我的经济适用男》。节目受到越来越多观众的喜爱,在开普敦电视台2016年每月评选的"十佳节目"中多次位列前三,并引起当地主流媒体的关注。[3]

本土化除语言和包装外还意味着制作本土化。这一点一部纪录片的诞生是很好的例子。2015年6月24日,中国国际广播电台推出了一部12集外宣纪录片《南非人在中国》。该片于2014年12月启动拍摄。半年内,中国国际广播电台英文官网"英闻天下"视频团队在北京、天津、上海、深圳、广州、惠州、阳朔等地跟踪拍摄了12位在中国生活工作的南非人,制作了12期节目,每期10分钟。

纪录片主人公来自不同行业,有酒店创始人、DJ、留学生、中国功夫迷、国际学校老师、领事夫人等。例如,居住在上海的格兰特·霍斯菲尔德(Grant Horsfield)把生态旅游的概念引入浙江莫干山,他建造的"裸心谷"度假村给当地提供了一个绿色旅游的范例,带动了当地经济。纪录片生动地记录了他们的生活,展现了他们与中国人之间的亲密关系。这些南非人是在中国筑梦寻梦的外国人的代表。纪录片风格简洁、节奏快、注重故事性,国际视角突出。[4]

主创者英闻天下网的视频团队是一支由中外摄像、编辑、导演和制片人构成的国

---

[1] 田进.中国广播电影电视发展报告(2016)[M].北京:中国广播影视出版社,2016:31-38.
[2] "中国时间"海外本地化时段在南非和阿联酋开播[EB/OL].(2016-05-13)[2018-08-07].http://www.cctv.cn/2016/05/13/ARTIJPz8WJU9KgCd6gA263Yt160513.shtml.
[3] 南非"中国时间"时段开播中国影视剧[EB/OL].(2017-04-11)[2018-08-10].http://bc.tech-ex.com/technology/digitv/2017/84847.html.
[4] 12集纪录片《南非人在中国》在北京发布[EB/OL].(2015-06-29)[2018-05-02].http://jishi.cntv.cn/2015/06/29/ARTI1435541919325980.shtml.

际化团队。通过这些"外眼、外嘴"来向外国观众展现中国生活,这正是我国对非外宣多年秉持的"在非洲报道非洲""让非洲人报道非洲"理念的体现。节目在南非最具影响力的电视台之一的ETV落地播出,得到了观众的认可。①

第三节　频道建设　机构调整

这一阶段,电视行业的发展在组织机构上呈现出新的特点,一方面,频道制大行其道,融媒时代机构重组成为电视台发展的普遍逻辑。另一方面,新的视频新闻生产力量加入,第一财经频道曲线上星,新华电视网异军突起,从深厚的新闻传统和世界网络布局的优势中,进一步开拓出音视频版新闻、开设专用频道,使中国对外传播中的音视频新闻有了更专业、更多的来源。

一、新华新闻电视网

新华社作为中国国家通讯社、世界级大通讯社,在20世纪90年代就开始发展"电视业务",并实现了电视节目的上星日播。其最早的音像制品是1991年拍摄的一部有关时事的专题片《世界的变动和中国的机遇》。随后,新华社《半月谈》杂志创办了月刊《时事报告音像版》。1992年10月,新华社音像中心成立,1997年10月改名为音像新闻编辑部。此时,新华社制作的十来个电视栏目以与地方电视台合作的方式"落地",包括《新华纵横》《国际专题电讯》《60分钟杂志》等,"收视率很高,几乎每一个节目都有几十个电视台来播放"②。2003年新华社停止了和很多电视台的合作。

2008年7月,新华社党组制定了《关于进一步发展新华社视频报道的意见》,新华社走出了自办电视频道的新路。2008年9月发布的《新华社2008—2015年工作设想》中提出,进一步发展视频报道,大力增强新华社视频报道在海内外的影响力和竞争力。

(一)开办新闻频道

2009年1月9日,新华社原音像部调整为音视频新闻编辑部,新华社副总编辑吴锦才兼任音视频部主任。1月13日,新华社总编辑何平在2009年工作会议上指出:"进一步加快发展视频报道的要求,是关系到新华社实现战略转型的重要环节。发展视频等多媒体报道……是适应媒体发展趋势、抢占舆论引导制高点的客观需要。……我们的目标应当是:服务各类媒体,覆盖各种终端,影响所有受众。"③

2008年12月30日零时,新华社推出与文字、图片通稿线路并行的视频新闻发稿

---

① 王庚年.中国广播电影电视发展报告(2016)[M].北京:中国广播影视出版社,2016:63.
② 蔡亚林.新华社的电视梦[J].中国周刊,2009(4).
③ 何平.从新的起点出发开创新华社新闻报道工作新局面[J].中国记者,2009(2).

专线,标志着新华社供稿业务实现了以文字图片为主向文字、图片、音视频"三位一体"报道格局的转变,是新华社向现代通讯社多媒体业态全面转型的重要一步。2009 年 3 月 1 日,该线路正式开播,日首播时长 300 多分钟。

9 月 1 日,视频专线正式分为两条线路对外供稿。一是电视通稿线路,播发形态为单条新闻,稿件形态为粗编的画面素材,配有记者的稿件(解说词)和场记,没有配音和字幕,电视台、网络、流媒体用户可以自行编辑、包装后使用。通稿由新华社总社、国内 31 个分社和海外 180 多个分社采集。这条电视通稿线路 24 小时滚动播发,突发事件随时插播,并在重大事件发生时进入直播,力图以快速、丰富、标准化的宗旨服务用户。

第二条是电视节目线路,即成品节目形态,用户可以直接播出,内容涵盖国内外重大突发事件、新闻事件及各类深度专题报道。具体栏目有《新华视点》《今日新闻》《新华纵横》等。加上 2009 年 7 月 1 日推出的英语电视线路,新华社形成了中文电视通稿线路、中文电视节目线路和英语电视新闻线路三条电视新闻供稿线路。首发中英文电视节目通稿和成品节目日均总计超过 600 分钟。①

音视频部成立初期"节目条数要以下硬任务的方式才能勉强达到 50 多条",半年后"原创性国内电视新闻节目已达到日均 8 小时的水平,足以支撑起一两个甚至更多的电视频道"②。至 2009 年年底,中英文发稿量已经达到 200 条左右,为年初的 3 倍;电视栏目数量从年初的 3 个增至 15 个,日首发量从 55 分钟增至 330 分钟,是年初的 6 倍。③

2009 年 8 月,新华社音视频部与中国航天集团下属的亚太卫星公司达成协议:一家出节目内容,一家出卫星频道,用股份制方式,在香港合作组建了一个国际化电视台:中国新华电视网。12 月,新华社提出的"面向海外播出包含多个电视频道、以直属台和附属台推广"的跨国电视网计划得到党中央的批准,承载这一使命的企业平台,被中央领导命名为"中国新华新闻电视网公司"(China Xinhua News Network Co.Ltd.,CNC)。

2010 年 1 月 1 日,中国新华新闻电视网正式上星,24 小时不间断向亚太地区播送新华社的中文电视节目。社长李从军在开播仪式上表示:CNC 作为中国特色的世界新闻频道,旨在促进人类社会的和平与发展,通过"国际视野、中国观察、即时传播、客观表达"来解读世界;以自己独特的品质与风格,让全球受众多一种电视信息选择和资讯认知。④ 当年 7 月 1 日,CNC 英语台正式上星播出。新华社电视业务至此形成了"两台(中文台、英语台)三线(通稿线路、节目线路、英语通稿线路)"的业务格局。

CNC 两个台都做到了 24 小时播出新闻,海外内容约占 70%,国内内容占 30%。

---

① 新华社电视供稿线路正式分线运行[J].中国传媒科技,2009(9).
② 吴锦才.中国新华电视[M].北京:新华出版社,2013:12,23.
③ 陆小华.国际传媒竞争取向与中国的选择:增强国际传播能力与"中国电视网"开播[J].新闻与写作,2010(2).
④ 中国新华电视网开播[J].中国传媒科技,2010(1).

"在国际电视新闻领域,我们的比拼实力主要集中在新闻首播量"。几千名新华社记者、4,000名雇员是CNC内容的基础,其电视新闻采集量不断刷新纪录。2010年6月,其电视新闻的采集播发量已进入国际前列。2016年全年在电视台、视频在线、手机等各类终端共播发稿件205,151条、时长448,137分钟。①

(二)CNC节目

CNC的采编体系可简单概括为:多媒体全球采集、共平台内容加工、多媒体全球分发。②

CNC中文台办有17档节目,大部分日播,少数为周播,包含有新闻资讯、新闻直播、新闻评论、专题纪实、生活旅游等类别。在具体内容上,该台对国内新闻选题多为成就、会议、既定事件等,较少涉足国内的社会突发事件,体现出其外宣特色。CNC英文台基本实现了电视新闻、专题片自采自制,摆脱了传统外宣节目"翻译作坊"的制作模式。

在音像部时期,新华电视人就已经在做电视直播,音视频部成立以后,更加大了直播的力度。2009年5月12日,其成功完成12小时电视直播《汶川地震一周年报道——重生》;10月1日新中国成立60周年,其使用"动中通"卫星传输设备直播22.5小时,实现了直播手段、直播时长的新突破。从CNC中文台设立《环球直播》栏目来看,"直播常态化"已经从口号落到实处。2010上海世博会期间,其电视直播报道持续了184天,技术团队充分运用"电话报道指挥系统",实现前方22个报道点位与后方指挥中心的实时联系。③

新华电视始终重视突发新闻的报道先机,其世界级通讯社的优势使得一线记者可以最早到达新闻现场。2010年4月10日,波兰总统专机在俄罗斯斯摩棱斯克机场附近失事坠毁,共有96人遇难,包括总统、其夫人及众多波兰高官。新华社位于莫斯科的亚欧总分社立即组织了现场视频报道,战果与CNN不相上下。6月14日,四川省甘孜藏族自治州康定县爆发泥石流,导致捧达乡金平电站23人死亡,当其他媒体还在调集人马赶赴四川时,新华社四川分社记者已将现场视频传回CNC直播间,最早发出了这次自然灾害的报道。2012年3月13日,一辆载有比利时小学生的大巴车在瑞士南部一处高速公路隧道内发生车祸,造成28人死亡,24人受伤,CNC对该事件的报道实现全球首发,成为美联社和路透社的信息来源,并被BBC、CNN反复使用。此外,遇到重大新闻事件时,新华电视更是团队作战,制作大时段现场直播、发出多种形式的视频报道。

CNC还非常重视纪录片、专题片在国际电视新闻频道的重要价值。从2010年创台到2016年年底,每年都有纪录片在国内外获奖,在国际社会产生了一定的影响。

---

① 吴锦才.中国新华电视[M].北京:新华出版社,2013:45,73,57.
② 曹素妨.今日的经典来自昨日的前卫创求变:CNC成立三周年技术创新路回顾[J].中国传媒科技,2013(1).
③ 杜迎春.新华社CNC两会视频直播上"中国之翼":空地直播创新记[J].中国传媒科技,2015(3).

音视频部除了供各类媒体播出的音视频新闻外,还制作音像版的内参《音像参考》,将一些不宜或暂时不宜公开发表的报道,通过音像形式提供给相关领导,成为新华社文字内参的延伸和发展。每期以光盘为载体,配有节目全部内容的文字说明印刷册一并发行。

CNC有代表性的栏目《新华视点》是从周播变为日播的杂志型栏目,分为5个版块,有电话/视频连线、新闻评论、图片新闻、资讯梳理等,尤其是对重要国际新闻进行连线、评论等深层次解读成为该节目的重要特征。新华社一大批多年从事文字报道的编辑、记者走上荧屏做评论,迅速成为栏目标志化的符号,"评论版块的收视率也经常成为当天收视最高点"①。《新华视点》还有一个优势是独家新闻,推出过《贫困县新址上演"空城计"》《洱海别墅谁之过》《"瘦身"钢筋惊现西安》等多篇独家报道,不仅收视率很高,被视频网站广泛转载,还被中央电视台《新闻1+1》《共同关注》等栏目编辑看到,打电话来要求拷贝素材。

《新华视点》的制作比较能说明通讯社办电视的特点。作为平面媒体新闻名栏目的电视版,"在初级阶段常会陷入解说、画面两张皮或者解说词过于书面化的现象,给人留下不够专业的印象"。与文字版《新华视点》比,又"内容深度不足"。在画面质量上,与中央电视台、凤凰台的节目也有很大的差距。②由于供稿者是分散在各地的分社记者,出于所处地域的限制,稿件的关注点和角度不统一,往往缺乏一定的高度和典型性,③这就需要编辑部强化与分社的约稿、交流。这也是新华电视在依托一个以传统文字报道为主导的强大母体资源时要面对的问题。

(三)拓展媒体渠道

在新华社的全媒体转型规划中,一方面是大力建设电视内容,另一方面则是积极拓展包括网络、手机、海外电视频道在内的各种发布终端。④

从新华电视创办起,和地方电视台的合作就是节目落地的主要途径。新华社音像部和各级电视台的合作开始得很早,比较有名的是2005年1月1日和东方卫视合作推出的以舆论监督为主的电视深度报道《深度105》(后停播)。2009年1月2日,新华社的著名新闻栏目《新华视点》推出电视版,落地黑龙江卫视,被认为是"视频业务发展难得的机遇之窗"。⑤

从2005年1月1日起,新华音像中心承办的新华视讯手机视频,已经在中国联通和移动平台上专门为手机用户生产视频讯息了。2009年9月1日,新华手机电视台在中国移动、中国联通、中国电信平台上线开播,不仅有音频、视频节目,还有文字、图

---

① 郭维萤.新华社电视事业发展对策与研究[M].北京:新华出版社,2010:231,229.
② 汪军.新华社向全媒体机构转型的尝试:以电视版"新华视点"为例[D].兰州:兰州大学,2013.
③ 郭维萤.新华社电视事业发展对策与研究[M].北京:新华出版社,2010:230.
④ 吴锦才.中国新华电视[M].北京:新华出版社,2013:115.
⑤ 何平.从新的起点出发开创新华社新闻报道工作新局面[J].中国记者,2009(2).

片、图表等形式内容,节目以新闻为主,下设多个栏目,有直播、点播等多种服务,每天提供700分钟以上的原创内容。① 2010年9月11日,CNC中英文台直播频道同时在苹果手机系统上线,24小时线上播出。

2010年7月1日,新华网络电视正式上线,当年12月,网络英语电视台开通运行。网站有CNC中文台、英语台两个直播频道,以全天候滚动视频新闻、重大突发事件报道、深度专题报道为三类主打产品。

2012年9月27日,"CNC第六台"创造性地开启了"全球电视点播台"。通过"节目碎片化、栏目客户端化",打造随时随地随心收看的方式。截至2013年12月1日,新华手机电视包月用户突破330万,使用用户突破5,500万,成为其节目国内落地的重要渠道。

从具体产品上看,新华电视始终探索与新媒体及社交媒体平台的深度融合,创新新闻报道方式、生产面向新媒体的内容产品。比如2009年新华电视入驻开心网,成为开心网的第一个机构用户,两天后"粉丝"破8,000,半月内突破20万。2013年,CNC英文台 China View 栏目播出的新闻《中国女孩成功接受整脸移植手术》在YouTube的一周点击量超过15万,被BBC、ABC、英国天空电视台等西方媒体报道、购买版权。②

截至2017年7月,CNC电视节目信号已覆盖亚太、北美、欧洲、中东、非洲等200多个国家和地区,完成70多个国家和地区的有线电视网、无线数字电视网、卫星入户网及IPTV网的落地合作。实现欧美重点国家和地区节目落地,如覆盖英国40%的家庭、美国35个主要城市(地区)的4,100万用户、澳大利亚全境等。国内主要通过IPTV的方式落地,如宁夏、山西、河北等10个省,其他有部分省进入有线电视网。

(四)组织结构

新华社之所以创办电视"网"而非"台",是借鉴了CNN、BBC等传媒集团的组织模式,即制作电视节目并在各地选择加盟电视台播出,通过发展目标地区直属台(子台)、附属台(合作台)的方式"结台成网",构成庞大的传播网络,覆盖全球观众。

虽然CNC从2009年12月注册成立就定位走资本化、市场化道路,但多年来一直和新华社音视频部是"一个机构、两块牌子"③,这种生产机制既有优势也有弊端,电视新闻不同于文字稿件,多工种的协调生产决定了一条生产线很难同时生产半成品和成品,两个部门于2016年8月彻底分家、各自重组。音视频部不仅给CNC供稿,也为商业网站、客户端、电视台等各种各级用户单位供稿。CNC在"三线"外,也有自己专门的采编团队。

音视频部共有13个中层机构,包括总编室、视频采访中心、视频通稿编辑室、英语

---

① 曹素妨.新华手机电视的13、14:专访新华视讯手机电视台有限公司董事长赵鹏[J].中国传媒科技,2013(12).
② 陈怡.寻找中国电视新闻频道"走出去"的突破口:以CNC为例[J].中国记者,2014(5).
③ 资料来源:中国新华新闻电视网宣传册。

视频新闻编辑室、音频通稿编辑室、负责制作《新华视点》和《新华纵横》两个深度专题节目的视频专题节目编辑室、视频新媒体中心、直播报道中心、向用户提供定制化音视频服务的新华全球连线中心、演播制作资料服务中心、音视频技术设备中心。

音视频部在国内每个分社配备有5名记者、3—4名摄像,北京、上海这样的核心城市有10名记者,全国总共有200多名记者。这些记者全都要求能够出镜报道以及提供英文稿件。早期,音视频部的电视节目都是标清格式,后逐步加入高清;2017年上半年统一成高清格式。现在各分社都配备了无人机。2016年全年共播发中英文稿件60,612条,日均发稿165.6条,16篇稿件被评为新华社优秀新闻作品,中央领导同志批示100多件次。2016年8月重组后,直播报道中心共完成视频直播近90场,时长超过4,000分钟,比上年同期增长2倍左右,内容涵盖一年所有重大新闻事件。[①]

新华电视依靠新华社全球网络专业性强、触角广泛、人力充沛的巨大优势,雄心勃勃地努力打造中国最大、最权威的新闻类视频播发平台。在中国电视新闻界一露面就获得了巨大成功,也从新中国最长历史的专业媒体角度带给了中国电视一股清风,给了中央电视台等电视界魁首一定的压力与动力,它们在视频服务方面的同台竞争——特别是在新媒体平台上,会给中国电视新闻的发展带来更强的动力。

二、中央电视台改行"频道制"

在这一时期,"频道制改革"是广电行业组织变革的重点之一。以中央电视台为例,2008年新闻频道调整,2010年积极稳妥地实现了由"中心制"向"频道制"转变。

中心制是从部门制发展变化而来的。在计划经济时代,电视台作为事业单位,频道数量有限,且主要承担的是舆论宣传的职能,无论是新闻,还是社教专题,抑或是综艺,生产按播出节目类别分为不同主管部门。随着频道数量和业务总量的增加,部门制逐渐演变为中心制。如1993年时,中央电视台有四套节目,主要由总编室、新闻中心、社教中心、海外电视中心、文艺部、国际部、影视部、动画部等部门生产,经济报道、体育报道和国际报道都在新闻中心。1996年8月,中央编制委员会批准中央电视台内设15个副局级机构:办公室、总编室、新闻、社教、文艺、海外、评论(1997年改为体育)、青少年、广告经济信息中心以及技术制作、播出中心等。

从1999年到2004年,中央电视台5年间形成了以一套综合频道为龙头,其他15个专业频道互相支撑,还有10个数字电视频道、两个网络电视频道作为补充的格局。2005年,其以频道为品牌建设的抓手,各个专业频道突出特色、全面改版,全年收视份额强劲上升,创5年内新高。然而这个时期的中央电视台架构,还是以"节目中心制"为主,2009年7月,中央电视台整合新闻、经广、海外、社教、文艺五大节目中心的新闻采编系统,成立新闻中心。这不仅意味着这五大中心所属的新闻类节目都统一整合至新闻中心,而且标志着中央电视台"新闻立台"的发展方向。

---

① 资料来源:新华社2016年度工作报告。

在 2010 年改革以前,中央电视台的管理架构是以"节目中心制"为主,设有新闻、文艺、广告经济信息、体育、社教、海外、青少等多个节目中心,每个中心为一个或多个频道服务。如文艺中心负责 4 个半频道:3 套、8 套、戏曲、音乐频道和 1 套的电视剧等文艺节目;社教中心则负责 10 套、12 套以及其他各频道的法制、教育类节目。

各中心下设多个部门,部门下设栏目组。像社教中心有法制专题部、文化专题部、社会专题部、教育专题部、频道编辑部等,中心与频道会就节目策划、改版、大型节目采制等组成项目小组。各中心各具专业性,促进了专门化资源在同类节目生产中的共享。但是,在中心制下,机构膨胀,层层都配有众多行政人员,组织横向沟通成本很高,并导致双重领导、责任不明确,管理成本加大,同时,各中心都在追求各自的目标、扩张栏目数量,但对质量把控和全局利益的关注却明显不足。

意识到节目中心制的弊端后,中央电视台从 2000 年开始,就在尝试频道制改革。CCTV-9 成为第一个实行频道制改革的试点频道。[①] 2005 年,其初步拟定《中央电视台频道制改革方案》,从"中心—部门—科组—栏目"四级体制变为"频道—栏目"二级体制,并开始以经济、体育频道为试点推行频道制。其中 2005 年 10 月 20 日,中央电视台 2 套由原来的"经济·生活·服务频道"改为"经济频道",并努力"资源整合创造出频道品牌",经济频道在 2009 年又改版为"财经频道",进一步明确定位,竞争力提升迅速,在第二年就牢牢占据全国财经节目市场 70% 的份额。2008 年由于北京举办奥运会,从当年 1 月 1 日至 9 月 30 日,中央电视台体育频道更名为奥运频道。

2010 年,中央电视台彻底打破十年来形成的节目中心制,顺应市场趋势,建立以频道制为主的管理架构。5 月 12 日,全台启动建台以来规模最大、范围最广、影响最深的干部竞争上岗活动。竞聘坚持公开、公正、公平的原则:一是打破了身份限制,事业编和企业聘身份人员一视同仁;二是打破了部门界限,台内各部门之间、台本部和台所属单位之间,竞争者可以自主选择适合自己的岗位和专业;三是不拘一格选人才,有些人任职年限不够,但本人优秀,群众也认可,采取先到岗后晋级的办法,把这些人及时补充到各个岗位上来;四是制定年龄和学历门槛,通过竞争上岗,推进干部队伍年轻化,改善干部队伍知识结构。最终选拔出 99 名干部,搭建起 1、2、3、4、5、8、10、11、12、新闻、少儿、音乐、外语等十多个频道的架构,并于当年 8 月 1 日正式运行。

频道不再由中心管理,而是由频道总监全权负责。同时增设"大型节目制作中心",负责春晚等大型节目的筹办工作。频道制的运作方式是:频道总监对频道各项工作负全责;节目总监管理频道节目的生产、播出等;运营总监负责频道的行政、人事、财务、推广、经营等方面;制片人负责本栏目各项工作的组织与实施。较之于中心制,频道制的管理更为扁平,频道总监会直接给栏目编导开审片会,保证节目质量。同时,各个栏目也只有少数行政人员,台里设立财务等行政部门,统一管理相关事宜。

---

① 中央电视台办公室.推动创新 提升品牌:"首届全国电视台台长论坛"演讲录[M].北京:中国广播电视出版社,2007:89.

实行频道制后,理顺了关系,明确了频道的责任主体地位,频道总监对频道运行负全责。同时,减少了管理层次,提高了工作效率。频道对市场的反应能力也明显增强。频道制建立和运行以后,频道纷纷调整和改版,15个频道共提交了58个节目创意方案,其中41个通过了编委会审议,25个正式播出,同时,一批不符合频道定位的栏目和节目被撤销、合并或调整。

随后频道专业化建设进一步深化。2011年5月,新的栏目综合评价体系开始实施,明确设立了"引导力、影响力、传播力、专业性"四项指标,加大对社会效果的考评权重。同时,频道专业化建设凸显品牌价值:综合频道突出"以新闻为主的精品综合频道"定位;新闻频道实现24小时直播,进一步强化新闻品质;中文国际频道由原来"以新闻为主的综合频道"调整为"以新闻、文化为主的综合频道"。

同年,中央电视台对《新闻联播》《晚间新闻》等重点品牌栏目进行了微调。首次举办节目创意大赛,全台600多名员工提交各种方案463份,激发了员工的创新热情。节目创新活力被不断激发。中央电视台的频道改革工作,通过对频道制管理模式的实践和探索,基本达到了"简化层次、精简人员、降低成本、增加创收"的要求①。

从组织层面上来讲,频道制度最大的价值在于完成了生产基点的转变,从以前的以生产者为核心转向了以受众为中心,改变了内向型生产的经济模式,将节目制作编排和市场、观众充分结合,实现了有效调动生产资源。虽然存在内部恶性竞争的后果(因为大家的广告市场相同),但频道制总体上具有适应社会经济、释放生产力的进步意义。

三、第一财经上星

第一财经(China Business Network,CBN)隶属于当年的中国第二大传媒集团——上海东方传媒集团(SMG)。2003年,上海电视台财经频道和东方广播电台财经频率统一将呼号改为"第一财经"。第一财经传媒有限公司是以投资者为对象的专业财经传媒,与全球著名财经媒体CNBC结盟,和道琼斯共同发布道琼斯第一财经中国600指数,它致力于打造具有公信力和强大影响力的全媒体金融与商业信息服务集团。运用电视、广播、杂志、日报等各类媒介为之服务,通过跨地域、跨行业的经营,致力于成为一个拥有跨媒体信息传播渠道的财经资讯供应商。

2010年2月8日,第一财经借助宁夏卫视的平台,实现了曲线上星。第一财经早有上星的愿望,但是苦于没有渠道,大量制作能力无法释放。而当时在全国省级卫视竞争中处于弱势的宁夏卫视,苦于资金实力薄弱,人力资源匮乏,仅靠自身力量无法在激烈的卫视竞争中突围。一个需要借壳上星,一个需要借船出海,这样,两家一拍即合。在上海、宁夏两地党委、政府的积极推动下,2010年,宁夏电视台和第一财经传媒

---

① 中央电视台办公室.推动创新 提升品牌:"首届全国电视台台长论坛"演讲录[M].北京:中国广播电视出版社,2007:90.

公司合办宁夏卫视正式启动。至此,第一财经在电视媒体中形成了"大频道"(卫视)——宁夏卫视、"高频道"(地面频道)——第一财经、"专频道"(数字付费频道)——东方财经三足鼎立的格局,频道影响力得以扩展,成为真正意义上的全国性媒体。

据时任第一财经频道总监的谢力介绍,三个频道从频道定位、目标受众群方面都有差异:卫视频道是大众频道,针对全国观众;第一财经是地面频道,面向上海观众;东方财经是收费频道,面向专业投资者。谢力认为,这次合作是"大众＋本地＋专业,把我们的人力、物力、资源充分利用起来,也将各种观众囊括进来"。这三个频道间的差异化竞争可以使第一财经获得更好的施展空间。

上海、宁夏的合作模式是结盟、制播分离和广告经营代理,是在不突破属地管理前提下,优化利用双方资源。宁夏方始终拥有频道所有权、结盟终审权、播出权及管理权;第一财经负责提供除宁夏自制节目以外的节目内容,全权代理广告经营。经营利润为保底递增模式,而不是分成模式。上海方每年向宁夏支付1.2亿元广告代理费,且每年按11%递增。原本宁夏卫视每年在全国落地的费用仅2,000万元,落地率偏低,中心城市为50%,其他地级市仅为33%。2010年,上海方花了8,000万落地费,覆盖了所有直辖市、省会城市,覆盖人口超过5亿。谢力说,前期牺牲我们的利益,保证合作方的利益,这样"我们才能长远合作,才能逐渐增加我们的利益"。曲线上星给第一财经带来的收益是巨大的。"2010年的电视收入从原来的3亿元增长到4.2亿元",2011年"有望突破6亿元"。①

二者具体的合作方式是,宁夏卫视自制宁夏新闻、宣传片等每天两个小时左右的节目,其他时段则由第一财经探索"制播分离"模式,为宁夏电视台综合频道制作高品质的专业财经节目,为投资者、商界人士和经济决策者服务。第一财经(地面频道)在上海、南京等城市实现全网覆盖,并通过香港NOW宽频电视覆盖在港的8万电视用户,全天20小时播出。东方财经(数字付费频道)覆盖全国31个省、市、自治区,每天播出20小时。三个电视频道都是由每天的6:00开始播出,在全天播出的20小时中,直播占12小时,内容覆盖国内外各大投资市场,节目分为财经资讯、证券交易、财经专题几类。其旗下拥有一批品牌栏目,包括《财经早班车》《财经夜行线》《今日股市》《公司与行业》《谈股论金》《市场零距离》《头脑风暴》《波士堂》《中国经营者》等。此时,《中国经营者》在CNBC②亚太频道每周播放15次,在其全球频道每周播放14次。

第四节　各类题材的报道与创新

新媒体与新技术对电视新闻报道产生了深刻的影响,此外,随着国内政治经济新

---

① 单文婷.第一财经频道的"第一梦想":访第一财经频道总监谢力[J].视听界,2011(4).
② CNBC为美国全国广播公司(NBC)环球集团所持有的全球性财经有线电视卫星新闻台。

常态的出现,报道形式、样态都有了较大的变化。电视新闻人在这样频繁的变动中,勇于探索创新,新的报道方式层出不穷。

一、贴近百姓

在互联网以及自媒体的冲击下,越来越多的年轻人借助网络或移动设备获取新闻,加上近年来政策、管理的变化,报道方向有了一定调整,很多人认为,电视新闻走上下坡路,影响力下降了。为了重塑自身地位,电视台坚持不断改革探索,新闻内容上,在可操作的范围内,也有了改进,努力提升节目的可看性和吸引力。

(一)"走转改"

为推动新闻工作者切实将群众观点、群众路线体现在新闻宣传实践中,促进新闻报道深入基层、深入群众进一步制度化、常态化,中宣部、中央外宣办、国家广电总局、新闻出版总署、中国记协五部门于2011年8月召开视频会议,在全国新闻战线组织开展"走基层、转作风、改文风"(简称"走转改")活动。全国新闻媒体积极响应。

从中央电视台到省市级地方卫视,"走转改"为电视新闻注入了新的活力。"此次'走转改'重在突出'典型事件中的小人物',他们不一定是'热点'或'焦点',却是现实社会中最具有代表性的"①,因其真实而打动人心。

在"走转改"报道中,中央电视台涌现一批从未涉足过的底层问题报道,这些题材的采制有着相当的难度。如反映上学难的《皮里村孩子的上学路》,反映看病难的《儿童医院蹲点日记》,反映招工难的《招工局长陈家顺》,反映买票难的《邵全杰的回家路》,反映农民工讨薪难的《杨立学讨薪记》等。②

2011年9月17日,中央电视台新闻播出的《皮里村孩子的上学路》记录了新疆喀什地区塔什库尔干塔吉克族自治县马尔洋乡皮里村的孩子们漫长而艰难的上学路。皮里村位于叶尔羌河上游,全村84户、416人分布在昆仑山脉中,夏天融雪性洪水致使叶尔羌河水上涨,从县城走进皮里村要蹚过4次没过膝盖、寒冷刺骨的马尔洋河水,通过一座约200米的铁索桥和4座只有两根木头搭建的独木桥。因为无法趟过汹涌的叶尔羌河,孩子们上学要在河边绕过数不清的山脉、悬崖、碎石、险滩。9月拍摄时仍处夏季,记者跟随当地乡政府工作人员,连续走了80多公里的路,去接孩子们上学。所谓的路其中一段就是只能"放下一只脚"的激流边的悬崖峭壁。每一年,乡政府工作人员都要走两天的路程去接孩子们上学,这边远地区小小学童无比艰险的上学路让人看着胆战心惊。这条通过记者走基层发现的新闻播出后,引起了全国观众的广泛关注。3年后,2014年7月15日,政府投资1亿元修通了从县城通往皮里村的公路,如今,孩子们只要坐4小时汽车就能到达学校,这条上学路从此不再艰难。

---

① 樊卓婧.贴近与还原:"走转改"报道中非典型小人物的报道与创新[J].新闻世界,2013(7).
② 胡占凡.创新典型宣传,深化"走转改"报道[J].电视研究,2012(4).

《杨立学讨薪记》叙述了这位四川农民工的讨薪经历。家住四川大巴山深处的杨立学跟随老乡2011年正月来到西安某建筑工地负责混凝土浇筑。7月完工，但工资拖了半年没有下落。老杨居住的环境极其简陋，为了省钱，他一天只吃一顿甚至不吃，而且光吃米饭，鱼肉不沾。他为给母亲看病借的2,800块钱也在被赶出工地时丢失。心急如焚的老杨无奈走上了曲折艰辛的讨薪路。记者一路跟拍，其讨薪不易的原因一步步揭示出来。中厦建筑公司从开发商承包工程后，把劳务分包给了劳务公司，项目经理又按钢筋工、水泥工等工种分包给包工头。工资不是按月足额发放，而是按合同约定几个月给一次，农民工处于这个金字塔的最底端，只要一个链条出问题，就导致农民工拿不到工资。老杨讨薪难的背后，实则是链条前端的人想获取更多的利益。①

　　《儿童医院蹲点日记》这一组节目讲述的是百姓就医现状。在《新春走基层：小儿科无小事》系列中，每一集都以展开的日记本画面开始，本上逐字打出蹲点记者手记，以此引出报道。如《一号难挂，一床难求》的开头，记者写道："在华西妇产儿童医院入院登记窗口外，五颜六色的小凳子排成长长的队伍，每个小凳子都代表一位等待入院的患儿。他们在这里等待的也许不是一天两天，很可能要排上一周。我们不禁感叹：看病不易，父母更难！"这样便加入了记者的个人体验和感受。②在《小圩希的求医路》中，报道讲述：出生仅4个多月的小圩希，患有先天性心脏病、肺炎和心衰，在当地医院无法救治的情况下，父母奔波千里从贵州连夜带他到上海儿童医学中心就诊。排了两夜的队，终于挂上了号。小圩希的病情已十分危急，尽管该院的重症监护室和普通病房都已超员，但接诊医生还是安排了"超额"入院。这个具有典型性的真实事件，道出了目前我国儿童医疗供需严重失衡的现状。③

　　中央电视台的"走转改"报道，都经过了精心策划、认真选取和长期跟踪采访。其中，买票难、讨薪难、求医难等报道，每一项均在数十位采访对象中反复比较甄选，选取出最具典型性、代表性的人物，最终呈现于屏幕。在拍摄《邵全杰买票记》的过程中，记者跟着邵全杰一起到火车站排队买票，跟了4天。邵全杰排队两小时，记者也排两小时，和他轮流睡觉和排队。最后买到站票，记者也全程15小时跟着邵全杰一起"站车"到家，腿都站肿了。为了拍好《招工局长陈家顺》，摄制组跟随陈家顺和他所带领的269名农民工乘着农民工专列，从云南到浙江辗转数千里，整个拍摄历时近一个月。④

　　2016年5月25—27日，中央电视台在《新闻直播间》节目中分三集播出了《"悬崖村"扶贫纪事》。"悬崖村"位于四川省凉山州昭觉县支尔莫乡，本名叫阿土列尔村，海拔1,400米，在98个常住户中，76户358人住在崖壁之上。村民往返村寨要攀爬落

---

① 刘冰.小议当代建筑农民工讨薪现状：看《杨立学讨薪记》后感[J].商，2012(6).
② 董兆瑞.电视新闻"蹲点日记"型报道的叙事话语分析：央视《新春走基层：小儿科无小事》系列报道谈[J].新闻窗，2016(5).
③ 董兆瑞.电视新闻"蹲点日记"型报道的叙事话语分析：央视《新春走基层：小儿科无小事》系列报道谈[J].新闻窗，2016(5).
④ 胡占凡.创新典型宣传，深化"走转改"报道[J].电视研究，2012(4).

差达 800 米悬崖上的藤梯,不到 4 公里的路,即便最矫健的年轻人走一趟也要一个半小时。镜头中异常艰险、直上直下的陡峭山路让人胆寒,一位女记者因感觉过于难走而一度哭泣。该报道让观众看到了一个被时代远远抛在身后的村落,记录了村民的质朴、善良。据了解,这组报道从 2015 年 11 月"踩点"开始,记者前后去过五次。其间还走访了国务院、四川省政府、凉山州政府等多个机关单位,采访了大量的官员、专家,深入调研贫困的原因、可能的解决办法。节目播出后引发了社会强烈的关注。记者感言:报道的目的,就是要把这种艰辛展示出来,希望村民不再以生命为代价出行;希望这种艰辛曲折的生命之路,在被镜头曝光前,就得到"精准扶贫"。①

通过"走转改",电视新闻业界俯身向下,走进山间田野、工地草棚,他们认真体察、展示民间生活的酸甜苦辣、喜怒哀乐。在这个过程中,记者编辑也历尽艰苦,他们上山下乡、走村串寨,亲身体会民众的生活现状,这些报道使用纪实手法,把百姓生活的辛苦、谋生的不易,通过镜头原汁原味地呈现出来,从而使观众对国情有更多了解,对同胞有更多关爱,对生活有更多思考,也为政府解决百姓生活的困难、改善百姓生活生产的现状提供了参考。

与此同时,业界上下也因此有了一定的变化,新闻报道更加贴近民生,民间的声音能够更畅通地下情上达,使媒体的舆论影响力有了一定的提升,此次活动带来的效果广受好评。

(二)新闻内容调整

从 2010 年开始的"走转改",到了 2013 年更加深入。头牌节目《新闻联播》一改以往的叙事模式,主动走入基层、关注国内社会的现实问题。雾霾天气、天然气供应紧张、曹家巷拆迁……这些民生新闻纷纷登上了《新闻联播》的头条。而以往国家领导人活动和会议的报道,仅占不到四分之一的时间。

《新闻联播》的头条位置,一般都会留给国家领导人,而在 2013 年 1 月 20 日这天,头条播出的却是一位买菜大妈。她把刚买的蔬菜装进袋子里说:"菜这么贵,我们这些村民都受不了了,太贵了。"之后她还对着镜头说:"你也反映反映呗。"这是一条长达 6 分钟的关注菜价上涨的报道。

从《南方周末》的一项统计调查数据中可以看出这些变化。该报使用主观抽样的方法,对比了 2012 年和 2013 年这两年的 1 月 1 日至 1 月 20 日的《新闻联播》内容,发现 2013 年比 2012 年这段时间的国内时政新闻总时长减少了一半多;国际新闻总时长略有上涨;而国内其他新闻的总时长则增长了近三分之一,占新闻总时长的一半多。(见表 10-2、图 10-1)②

---

① 张守帅,张彧.中央电视台连续三天报道《"悬崖村"扶贫纪事》引发强烈关注[N].四川日报,2016-05-30;"悬崖村"扶贫纪事:既然选择,便只顾风雨兼程[EB/OL].(2016-05-30)[2018-05-21].http://news.hbtv.com.cn/p/157118.html.

② 李晓婷,朱晓佳.2013 年《新闻联播》改版文本分析[N].南方周末,2013-01-25.

表 10-2　2012 年 1 月 1—20 日和 2013 年 1 月 1—20 日《新闻联播》报道内容类别比较

年份	国内时政新闻		国际新闻		国内其他报道	
	总时长	占比/%	总时长	占比/%	总时长	占比/%
2012	3:41′42″	39	1:26′18″	15	4:20′30″	46
2013	1:31′52″	16	1:53′9″	20	6:0′10″	64

注:":"表示小时;"′"表示分钟;"″"表示秒。

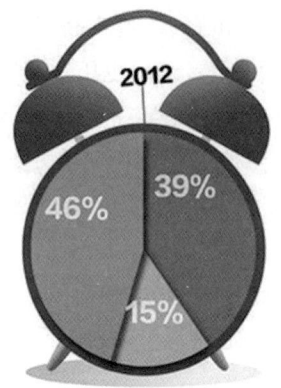 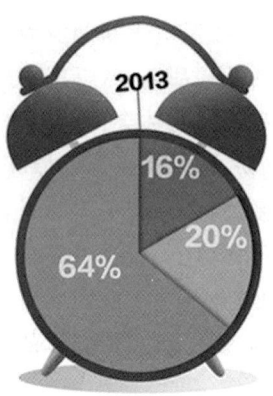

■ 国内时政新闻:会见、外交、会议、领导活动、宣传重点、公告等

■ 国内其他报道:经济、社会、科技、教育、文化、医疗卫生、军事等

■ 国际新闻:除外交报道外,其他国际报道

图 10-1　2012 年 1 月 1—20 日和 2013 年 1 月 1—20 日《新闻联播》报道内容类别占比

日常的新闻节目中,民生和服务类新闻比重不断增加。《新闻联播》中增加了"生活服务台""假日服务台""春运服务台""新春服务台"等版块,还播发了诸如《冬季雪天路滑,驾车有技巧》《春运火车票订票攻略》《雾霾影响健康,公众应加强个人防护》等内容。

(三)《焦点访谈》改版

2013 年 1 月 1 日,中央电视台《焦点访谈》栏目进行了自开播 19 年以来的首次大幅改版。时长由原来的 12.5 分钟延长至 17 分钟,增加的时间让每期关注的事件或话题从一个扩展为两个甚至多个。话题的选择上更加贴近民生、紧随热点,时效性有所增强。改版第一天,节目的两个话题都与民生有关。先是梳理了 2012 年实施的新法规,接着是新增设的"百姓连连拍"版块,将采访权从专业记者手中移交给百姓,让他们拿着摄像机采访周围的人:"2012 年最开心和最难过的事儿是什么""2013 年的愿望是什么",尝试真实反映百姓的想法与感受。此后的多期节目在探讨严肃话题的同时,着眼于生活中普遍存在的问题,如"又逢春运迎大考""PM2.5你了解吗""别让老爸老妈中了招"等,从选题上拉近与受众的距离。

为了强调交流感,节目的展现形式和包装上也发生了较大改变。首先,主持人的地位得到了提升,主持人一改往日仅在开头结尾处出现的模式,在节目中间也有了串场画面,起到提示和设置悬念的作用,强化了与观众的互动。其次,节目表达更接地气、更加活泼,不仅使用网络热词,还加入了Flash动画。在一期关于二代身份证更换的报道中用到了郭德纲的相声,这是前所未有的。改版后的《焦点访谈》还起用了新主持人——劳春燕,她采用站立式主持方式,让整体氛围更加轻松。节目的外观包装也经过重新设计,比老版片头更具视觉冲击力。

(四)全方位信息服务

电视媒体在新技术环境下有了新的任务,媒体角色也从以往单纯的新闻信息提供者向综合信息服务者转换。一方面,增加了节目本身的服务性;另一方面,利用媒体聚合资源和信息的优势,打通各个渠道,构建起全方位的信息服务平台。

例如,苏州广播电视台突破了广播电视媒体的界限,以新闻资讯为核心,构建了一个服务一体化的全新模式。该台在手机端打造了"互联网+"城市生活应用类手机客户端"无线苏州"。该应用致力于建设一个集"融媒资讯整合宣传平台""政府公共信息查询平台""市民生活信息服务平台""城市信息数据共享平台"于一身的综合性服务平台。其中,"城市服务大厅"版块不仅全面覆盖了与日常生活密切相关的公共服务,如医疗、教育、出行、缴费等,还包含公积金和社保的查询、政务办事指南、行政服务收费等便民服务。苏州广播电视台真正实现了让观众从"看"到"用"的转变,将观众转换为用户。此外,它还与全国40多个城市的广播电视台结为联盟,共同打造了"城市服务信息云平台(CICI)",进一步扩大覆盖面,实现广电跨区域的合作。

第五节 重大事件报道

这一时期发生了很多重大事件,有重要庆典、会议、赛事,也有轰动全国及世界的重大灾害事故。这些重大事件的报道不仅凸显了中国电视新闻的实力,也暴露出缺点与不足。

一、重要节庆会议报道

对于各类重大新闻,电视台一般会提前组织好人员,并准备多种报道方案。这几年,最明显的变化是对多媒体直播技术的应用。

（一）中华人民共和国成立 60 周年庆典

2009 年是中华人民共和国成立 60 周年。10 月 1 日上午，20 万军民齐聚北京天安门广场，举行了盛大的阅兵仪式和群众游行。时任中共中央总书记、国家主席、中央军委主席胡锦涛检阅了 14 个徒步方队、30 个装备方队以及 12 个空中梯队，之后是各方队依次通过广场和群众队伍的盛大游行。

这一天，中央电视台从早上 8 点钟开始，对庆典进行了现场直播。节目运用主持人解说、阅兵之前的现场采访和阅兵场面的全景展现等方式，全方位、多角度地展现了庆典的前前后后。① 中央电视台所有开路频道，包括 1、3、4、7、9、10 套，社会与法、新闻、高清综合频道，以及西班牙语、法语、俄语、阿拉伯语等国际频道都从 9:47—12:30 并机直播了阅兵式和游行。现场直播历时 2 小时 43 分钟。

除了全程直播外，各频道还结合各自定位，实现节目差异化。如新闻频道除滚动播报新闻外，还推出了《人民英模》《共和国从这里走来》等 6 档专题节目，增加新闻的深度和厚度。中文国际频道联合《人民日报》海外版、中国国际广播电台、央视国际、人民网、新浪网等媒体，搭建起全媒体联动平台，以国际化视角报道盛况。

从技术层面上看，中央电视台在天安门广场设立了 6 大转播系统，59 个直播机位。其中，首次在天安门广场架设两条"飞猫"摄像系统，从高角度全景展示广场场面；首次采用直升机航拍庆典；投入了两辆高清转播车，首次采用高清技术进行现场转播。

凤凰卫视在此次庆典中派出了知名主持人蹲守天安门东西观礼台，第一时间发回报道，并进行独家评论。如郑浩"解读胡总国庆讲话，分量特别重"；石齐平"中华人民共和国 60 年的 3 亮点 3 功课"；吕宁思"外媒报国庆 从冷处理到热追捧"。凤凰卫视的庆典节目更多带有主持人个人色彩，观点明确，报道视野和方法更为国际化。

与此同时，全国有 9 家电视台共 10 个高清电视频道转播了国庆庆典。各电视台对于庆典推出的一系列新闻节目中，不乏内容、形式创新之作。中央电视台电影、经济等频道也发挥各自特色进行了报道。

在此之前，中央电视台第 1、4 套和新闻、高清频道从前一天 9 月 30 日的 10 时就开始了特别直播节目《盛典》，通过现场连线、演播室评论、精彩回放、大好河山画面等，报道庆典准备工作进展情况和全国人民、全球华人的期待。

再早之前，央视《新闻联播》自 6 月中旬起陆续推出了 6 个挂标系列报道《共和国从这里走来》《人民英模》《新中国档案》等；新闻频道的《新闻 30 分》《朝闻天下》、2 套的《经济信息联播》、4 套的《新闻 60 分》《中国新闻》等栏目也都推出了自己的相关系列专题节目，回顾、讴歌中华人民共和国成立以来各方面取得的辉煌成就和国家发展的光荣历史。

在国际传播方面，英语、西语、法语频道也都推出了《前进中国》《外国人在中国》等

---

① 曾一果.媒介仪式与国家认同："国庆 60 周年庆典"央视电视直播的节目分析[J].电视研究,2009(12).

历史回顾和对外关系建设的系列节目。

相比于50周年国庆的庆典报道,中央电视台此次体现出了"全媒体"思维。它依托其强大的视频采集、制作、传播实力,融合电视、网络、手机三大媒体,推出多终端报道产品。央视网专门搭建了"中国盛典——新中国成立60周年网络电视台",向国内外网民提供央视1、2、3、4、7、9套以及西、法、阿、俄、新闻11个频道的标清和高清直播入口。同时通过网络电视、手机电视、移动传媒、IP电视等新媒体终端平台,对国庆庆祝大会进行全球同步直播。CCTV手机电视采用手机电视、无线互联网、手机视频报、手机图文报等多种形式,向广大手机观众提供国庆报道的最新动态,实现了三屏合一,线上和线下的贯通。① 但是中央电视台的网络、手机全媒体报道的收效一般,大部分观众还是通过电视这个大屏观看的直播。

网络等新媒体力量的崛起,无疑是60周年国庆报道中的亮点。网络直播、新媒体直播等为典礼提供了更多样的"入口"。人民网、新华网等传统媒体网站以及新浪、搜狐、网易、腾讯等主要商业网站都在最醒目位置设立了"国庆报道专区",开通视频直播和现场文字图片快讯,并配有纵深专题和互动版块。网络直播弥补了电视直播收视的局限,现场文字和图片融合了报纸杂志在纵深报道上的优势,其互动性也是传统媒体无可比拟的。②

北京、上海、重庆、陕西、新疆、西藏等全国各地电视台的新闻节目共推出专栏、系列报道、直播节目200余个。

(二)中国共产党建党90周年

2011年7月1日上午,庆祝中国共产党成立90周年大会在人民大会堂举行。中央电视台综合频道、新闻频道、中文国际频道以及英语、西班牙语、法语、俄语国际频道同步并机直播。直播中,现场架设了包括摇臂和高倍摄像机在内的11个机位。

中国网络电视台(CNTV)同步转播了汉语、英语、西班牙语、法语、俄语5个语种的电视直播信号,并通过网络电视、手机电视、iPhone、iPad客户端向全球用户进行了多语种、全球化的直播。

据统计,有92个国家和地区的332家电视机构转播或部分使用中文国际频道、英语新闻频道节目信号,其中284家全部转播,48家部分转播。截至大会直播结束,CNTV页面访问量达5,158万页次,比平日增长57%。其中,视频直播最高同时在线24.7万人,累计登录90.2万人次。全国三大运营商手机电视用户收看视频直播28万次,iPhone、iPad客户端全球用户收看直播65万次,手机央视网页面浏览量达1,876万次。③

---

① 李敬坡,周洋.打造全媒体时代的核心竞争力[J].军事记者,2009(11).
② 王英.媒介仪式:国庆60周年庆典及其媒介呈现探析[J].新闻记者,2009(12).
③ 央视网.中央电视台成功直播报道庆祝建党90周年大会[EB/OL].(2011-07-04)[2018-06-02].http://www.cctv.com/stxmt/20110704/107051.shtml.

此次报道在"规定动作"中创新求变。在重点专栏的设计中,中央电视台先后三次优化调整:选题方向由面向基层党员转为聚焦重大事件、重大项目、重大节点中的党员群体;报道手法避免概念化、类型化、简单化,突出党员先进性和社会引领价值。《新闻联播》中的"伟大历程"系列,从历史事件切入主题,展现社会主义革命建设、改革开放的成就。《焦点访谈》则推出了"打开中国奇迹的问号"系列,从国外民众、研究者、媒体对中国的惊叹与疑惑出发,进行答疑解惑。

(三)中共十八大

中国共产党第十八次全国代表大会于 2012 年 11 月 8—14 日在北京召开,会议选举产生了以习近平同志为核心的新一届中央领导集体。围绕这一历史性会议,国内外媒体进行了宣传报道。十八大会议报道较之前的党代会报道,呈现出许多新特点。

1. 报道出新

(1)微视角切入宏大主题

中央电视台对于十八大报道没有像以往高层会议报道那样走精英化路线,而是多以微视角切入。中央电视台报道共分为三个部分:第一,"喜迎十八大"部分,有《行进中国》《十八大代表风采录》《数字十年》《我这十年》等栏目;第二,"聚焦十八大"部分,有海采《百姓心声》《代表心声》《我从基层来》等内容;第三,"学习贯彻十八大精神"部分,有《代表回基层》《十八大热词解读》等支撑。

十八大会前预热报道是从 6 月 3 日起在《新闻联播》中播出的《科学发展成就辉煌》专栏。《新闻 30 分》等栏目自 8 月 21 日起开播了《数字十年》,表现我国这十年中在各个领域的发展。9 月 12 日,"走转改"主题采访活动推出了《喜迎十八大特别报道·行进中国》系列。在综合频道、新闻频道多个栏目中开播《变化十年》《走基层·我这十年》系列报道;在当年中秋、国庆双节时,又推出了《走基层·百姓心声》"你幸福吗"海采调查,从百姓角度体会国家发展变化。①

十八大报道期间,推出不同的海采话题,拍摄中追求原汁原味的记录,使会议进程与百姓关注形成呼应。会议第二天,《百姓心声》就播出了《谈谈心中的小康生活》《小康什么样你我说说看》等海采系列报道。它将十八大报告的建设目标具体到百姓生活中,搭建了民间感受与思考的平台,成为以亲民形式表达宏大主题的微视角报道,具有了更多的亲和力。②

会议结束后,中央电视台立刻推出了多个各具特色的节目版块,深入解读十八大报告,宣传会议精神。《代表回基层》专栏,是以"走基层"的方式跟拍代表回到基层岗位后,如何在基层宣传十八大精神,与群众共商发展大计,报道画面较有故事性和现场感。针对十八大提出的小康生活新目标,《我的小康》栏目反映百姓心声,报道各地在

---

① 张勤.一位学者对十八大报道新思路:新亮点的梳理与盘点[J].中国记者,2012(12).
② 苟凯东.央视十八大报道:时政新闻传播的创新[J].电视研究,2013(3).

民生领域取得的成绩以及面临的难题,请政府相关部门回应基层诉求,告知即将出台的措施和未来的打算。这样主题报道的自然生动,进一步增强了十八大精神在基层的传播效果。

(2)回应国外关切

中央电视台中文国际、英语新闻和其他外语频道在十八大期间也设置了各具特色的报道版块和专栏,反映我国的建设成就并宣传十八大精神。11月8日,英语新闻频道推出了两档特别节目:30分钟的《愿景与使命》(Vision & Mission),围绕西方观众最关注的话题,展开中国共产党党建理论与创新、中国发展的未来和方向等讨论;60分钟的《铸就未来》(Shaping the Future),围绕十八大报告的要点,如经济增长与可持续发展、反腐倡廉、基层党建、外交国防等进行组合式报道。节目分别由高端访谈《今日话题》和深度报道《中国24小时》制作,围绕中国特色社会主义的实践和成就这条主线,深入报道中国、解读中国、呈现中国。特别节目还开设了《党的知识ABC》《百姓心声》等版块,讲解党的基本知识,采访人民群众,展示党的执政地位、执政理念、执政成就,塑造中国共产党民主进步、开明开放、改革创新的国际形象。①

会议期间和会后,中央电视台驻海外记者采访了美国、俄罗斯、英国、西班牙、日本、韩国等多国政要和名流,集中体现国际社会对十八大的高度关注和积极评价。这些举措提升了会议报道的国际传播力和影响力。会议期间,央视国际视通发稿平台相关报道素材累计被境外1,047家电视台(频道)使用8,195次,创重大时政新闻发稿外媒采用量的新纪录。

2.新媒体助力报道

全媒体报道技术在2002年的十六大报道、2007年的十七大报道中尚未广泛采用(十七大报道有少量网民言论)。在十八大报道中,中央电视台打破传统报道方式,重视网络传播。

在大会开幕式报道中,央视网通过网络电视、央视影音客户端、手机电视等终端直播大会盛况;之后,精心制作了包括全程回放在内的17条视频,将开幕式报告分为12个部分呈现,方便网民收看。同时还首次通过移动、联通、电信三大运营商的视频平台,以视频直播、轮播、点播等形式,从会场速递、深度聚焦、高层动态等层面对会议进行全程报道,并没有简单地将电视节目平移到网络平台和移动媒体。②

截至2012年6月底,中国微博用户数已达2.74亿。十八大是中国共产党在"微博时代"召开的第一次全国党代会,与之前的党代会报道相比,最显著的变化就是对微博的运用(十六大、十七大报道均无微博内容)。各大传统媒体都利用微博等新媒体手段提升报道时效,并与网民展开互动。微博"央视新闻"通过"央视快讯""央视视频"等不同系列不断更新会议信息,使党代会在社交媒体阵地受到了前所未有的关注。"央

---

① 李晔.让世界听见中国"好声音":央视英语新闻频道十八大报道侧记[J].电视研究,2013(1).
② 庄殿君.改进文风让主题报道更好看:谈央视十八大报道的创新[J].电视研究,2013(1).

视新闻"还推出了一系列如"微言大义""微政论""十八大新提法""十八大·岩松观察"等对会议观点的提炼和评论,为以动态见长的平台注入了观点的"能量"。

中央电视台新闻中心直播开幕式的同时开通了"中央电视台评论员"微博,在直播中首发评论,引发网友的热议和跟帖,两个小时内就有700多条转发量。① 该微博中的"十八大·热读"版块聚焦报告中"要改进政府提供公共服务方式,多解民生之忧"等热点话题,结合一些地区存在的"办准生证难"等实例展开解读,引发网民热议,为时政新闻的传播提供了新的空间。微博在当时成为与民众展开双向互动传播的极佳载体。

3.视觉传播提升传播效力

视觉化传递信息、解读十八大精神也是本次会议报道的一个亮点。此次报道中,纸媒、电视媒体、网络媒体都强化了对图片、图表、动画等非文字元素的运用。中央电视台《新闻联播》播出的《数字十年》栏目,通过动画风格的图片和大量的数字,深入浅出地总结了过去十年我国政治、经济、文化、教育、科技、民生、健康等方面发生的巨变,用动画表征数据、替代烦琐抽象的文字,实现了信息视觉化。以该栏目第一期《城乡居民收入快速增长》为例,节目将十年前后城镇居民的人均可支配收入及其增长速率和年均增长幅度等用动画与数据组合呈现,既保证了画面的信息量,也让内容更加生动、活泼,增加了可视性。此后又推出了《数字十八大》《十八大热词》等专栏,用数字和关键词的形式,对党的十八大报告中的新提法、新主张、新目标进行梳理解读,把高度凝练的文件语言转化成通俗易懂的电视语言,有利于受众更好理解,取得较好的传播效果。

在十八大报道中,中央电视台还首次引入了手语直播。11月8日,当胡锦涛同志做十八大报告时,荧屏右下角一位身着红色西装、梳着干练短发的手语主播,一刻不停地用近万个手语动作,准确翻译传达了这次重要讲话,开创了党代会手语直播的先河。这种方式保障了我国两千多万听力障碍者收看十八大直播的需求。

4.地方台全媒体报道

地方台结合各地的相关工作和经验亮点,开展了丰富多彩的十八大报道。

江苏省广播电视总台整合台内的全媒体资源,统筹广播、电视、网络、手机电视、移动电视、IPTV等多个平台,综合运用新闻报道、大型活动、影视剧等多种形式,创作了一批向十八大献礼的专题片、影视剧,举行了多场文艺演出和群众文化活动,如"科学发展在江苏 辉煌成就看十年",着力营造隆重的会议氛围。十八大闭幕后,该台迅速联合全省13个市台,策划推出全媒体大型新闻行动"开启新征程,谱写新篇章——学习贯彻十八大精神全省行",从策划、采访到制作播出,都是全媒体运作,努力实现叠加式效果。②

湖北广播电视台推出专栏《代表特写》《代表风采》《百姓感受十八大》《基层心声》

---

① 荀凯东.央视十八大报道:时政新闻传播的创新[J].电视研究,2013(3).
② 卜宇.全面创新 立体呈现:江苏省广电总台十八大报道的实践与思考[J].新闻战线,2012(12).

以及特别报道《小故事大跨越》等,多层面立体呈现湖北经济社会发展成就,生动诠释湖北跨越发展战略。湖北卫视《长江新闻号》栏目精心策划了"长江评论"特别节目,如《和平崛起造福世界》,以全球视野解读中国崛起,以高端访谈引发对未来的思考。《专家解读十八大报告》专栏,邀请专家学者和领导对十八大精神进行深入解读。[①]

十八大报道是一次重大的时政新闻传播实践,从呈现结果来看,电视新闻报道无论是时机的把握、选题的切入、视角的选择还是新技术的运用都有不少新的亮点,开创了时政报道的新路径。

二、负面、突发事件报道

(一)新疆乌鲁木齐"7·5"事件

2009年7月5日20时左右,新疆乌鲁木齐市发生打砸抢烧严重暴力犯罪事件。此次事件中,暴徒在市内220处纵火烧房、砸车、烧车、杀人,手段十分残忍。据有关部门统计,截至7月12日,共造成184人死亡,其中汉族137人、维吾尔族46人、回族1人;1,680人受伤,其中重伤216人,垂危74人。事件中,627部车辆被砸烧,其中184辆被严重烧毁;633户房屋受损,总面积达21,353平方米,其中受损店面291家,烧毁房屋29户,面积达13,769平方米。事实表明,这是一起由境外遥控指挥、煽动,境内具体组织实施,有预谋、有组织的暴力犯罪事件。[②]

此事件突发之际,国内媒体一改拉萨"3·14"事件的被动表现,迅速发出报道。新华社在6号凌晨即发出"乌鲁木齐发生打砸抢烧严重暴力犯罪事件"的消息。[③] 中央电视台快速派记者赶赴乌鲁木齐,根据各方征集到的信息,第一时间在《新闻联播》中对事件进行了报道;同时,在《焦点访谈》节目中进一步揭开真相。就此拉开了为期一个月连续报道的序幕。

随后,中央电视台启用了1、4、7、9、12套和新闻频道等多个频道,以及几乎所有的新闻栏目,如《新闻联播》《焦点访谈》《新闻1+1》《今日关注》等共同参与,形成了多频道、多栏目的集中强势报道。

中央电视台自7月6日起几乎每天都有新疆乌鲁木齐"7·5"事件的后续报道。一方面通过动态消息及时通报各方面进展。如通过不同层次的新闻发布会来报道伤亡情况、失踪人数以及党和政府的应急、善后、安抚措施。另一方面,通过节目对广大民众的疑惑、疑问予以解答。如在新疆内地高中班学生暑期返乡时,通过采访学生,表达出各族青年渴望稳定、和谐的呼声,以及党和国家对新疆发展的投入和对少数民族

[①] 鄂文.湖北广电十八大报道创新评析[J].新闻战线,2013(2).
[②] 新疆乌鲁木齐"7·5"事件真相[EB/OL].(2009-07-15)[2018-05-23].http://www.fmprc.gov.cn/ce/cejo/chn/dtxw/t573214.htm.
[③] 乌鲁木齐发生打砸抢烧严重暴力犯罪事件[EB/OL].(2009-07-06)[2018-05-23].http://news.163.com/09/0706/04/5DGU6ET0000120GU.html.

的关怀。

中央电视台在对此次事件的报道中,采取了访谈、视频、图片、文字、滚动字幕、前方连线等多种形式。特别是首次将热比娅在监狱中信誓旦旦不搞分裂的视频与其在美国参与分裂祖国活动的视频、图片进行对比播出,揭露其假人权、假民主、真分裂的丑恶嘴脸。这些视频和照片有助于人们认清境内外三股势力策划暴力事件的罪恶目的,在乌鲁木齐乃至新疆引起了强烈反响。①

"7·5"事件给新疆地区的稳定与发展带来的负面影响难以估计。事件过去两个多月后,很多人仍心有余悸。对此,中央电视台在报道视角的选择上,回避对严重暴力事件血腥过程的过多报道,避免强化恐惧心理,并且以民族团结的温情作为报道主线。在报道新闻的同时,还播出了电视剧《在那遥远的地方》和《新歌唱新疆》歌舞晚会等文艺节目。报道做到了瓦解谣言、安抚民众情绪、维护民族团结安定的作用。

中央电视台对"7·5"事件的报道从最新消息到深层背景分析,从党和政府的应急措施到各方的支援救助,都做了及时、有序的反映,使民众及时了解了事实真相,稳定了新疆特别是乌鲁木齐市民的情绪,树立了负责、公开、透明的党和政府形象,强化了国家媒体的影响力和公信力,使乌鲁木齐乃至新疆、全国形成了各族人民同仇敌忾的氛围,对舆论引导发挥了巨大的作用,在一定程度上赢得了舆论的主动权。

(二)"7·23"动车事故

2011年7月23日20时34分,由北京南站开往福州站的D301次动车组列车运行至甬温线上海铁路局管内浙江省永嘉站至温州南站间双岙路段的瓯江特大桥上,与前行的杭州站开往福州南站的D3115次动车组列车发生追尾事故,造成六节车厢脱轨,即后车D301次列车第1至4节车厢,前车D3115次的第15、16节车厢。后车的前三节车厢从17.4米高的桥上坠下,而第四节未完全掉落,搭立在桥边。事故共造成40人(包括3名外籍人士)死亡,172人受伤,中断行车32小时35分钟,直接经济损失19,371.65万元。

搜救行动在7个多小时后停止。赶到现场的遇难者家属询问后被告知:用生命探测仪搜寻车厢内已没有生命迹象。有网友拍摄照片并精确记录了24日上午的现场情况,7:45车头被丢入大坑掩埋;9:54竖立在桥边的车厢轰然倒地;10:00左右,参与救援的武警支队指导员在接受采访时说人员搜救已经结束,现在主要是清理现场。② 当天下午5时多,温州特警支队队长邵曳戎等在一个破损车厢内找到了奄奄一息的两岁半女孩项玮伊。铁道部新闻发言人王勇平24日上午表示,据初步了解事故原因是雷

---

① 刘洪.突发事件报道的新突破:对央视"3·14""7·5"报道的思考[J].新疆艺术学院学报,2009(7).
② 王星.铁道部否认曾宣布"车内无生命迹象 救援结束"[EB/OL].(2011-07-29)[2018-08-08].http://news.ifeng.com/mainland/special/wzdongchetuogui/content-1/detail_2011_07/29/8034559_0.shtml?_from_ralated.

击造成的设备故障,并预计将于当日 15 时恢复通车。① 24 日夜 23:15,铁道部新闻发言人王勇平在温州水心饭店为该事故举行新闻发布会。他在回答为什么在宣布没有生命体征、开始拆解车厢后,又发现了活着的女孩儿时称:"这只是一个奇迹。"他在解释为何掩埋车头时表示是为了便于抢险,并称"至于你信不信,我反正信了"。25 日早晨 5 时许,该段铁路恢复运营。

  事故消息最先在新浪微博上被网友发出。在事故发生前 7 分钟,温州居民"@Smm_苗"通过微博发出动车行驶缓慢的消息。事故发生 4 分钟后,车内乘客"@袁小芫"用微博发出第一条消息,称动车紧急停车并停电,有两次强烈的撞击。随后在事故发生 7 分钟后,新浪微博有了关于事故图文并茂的实况直播。13 分钟时,乘客"@羊圈圈羊"发出一条求助微博,转发突破十万次。事故发生两个多小时后,微博"@交通之声阿宝 V"呼吁献血,短时间内上千名微博网友前往血站。事故发生 12 小时后,微博上相关讨论量已突破 200 万条,其中寻人的转发量超过了 50 万条。"浙江省卫生厅""浙江省血液中心"等多家官方微博也连夜实时发布消息。②

  事故当晚 20:40 浙江交通之声广播发布了第一条有关事故的新闻,在 21:04 连线现场记者发回了第一条直播报道。浙江卫视随即也停止了正在播出的娱乐节目,及时插播《关注温州列车追尾事故》特别报道,并进行了不间断的直播。

  事故当晚 20:55,温州广播交通频率播出了经与消防部门核实的事故消息。温州电视台新闻综合频道于 24 时许推出直播特别节目,24 日凌晨 1:30 记者到达现场,进行了直播报道。温州电视台的应急直播节目一直持续到 24 日夜间铁道部新闻发布会结束,长达 24 小时。该台共派出 30 多组记者到各处现场采访,有 120 多名记者及工作人员参与了直播。③

  中央电视台从 23:02 以"突发新闻"的形式在《24 小时》节目中插播了这一事故的报道。主持人侯丰连线中央电视台记者郑连凯,郑并没有说明他的位置,而报道使用的是温州消防提供的事故现场及救援画面。记者高珧从凌晨两点多开始发回现场报道,讲述事故救援进展。之后他在现场持续直播报道到清晨。"央视新闻"一直滚动播出事故相关动态,包括"胡锦涛、温家宝做重要指示,要求全力做好'7·23'甬温线特别重大铁路交通事故处置工作""张德江赶赴'7·23'甬温线特别重大铁路交通事故现场指导事故处理工作""'7·23'甬温线特别重大铁路交通事故责任人员受到处理"等内容。

  7 月 24 日,中央电视台在 9 点的《新闻直播间》中对之前 5 小时的相关报道进行了全面回顾,并与记者李欣蔓、王亚民现场连线,报道事故现状和伤员救治情况。该栏

---

① 铁道部就动车追尾事故道歉 系雷击造成设备故障[EB/OL].(2011-07-24)[2018-08-09].http://news.ifeng.com/mainland/special/wzdongchetuogui/content-3/detail_2011_07/24/7904308_0.shtml.
② 王艺.对微博舆论场的传播学解构:以"温州动车事故"的微博传播为例[J].新闻界,2012(1).
③ 王晓峰,廖永波,陈雪萍."7·23"动车事故报道:温州广电的回顾与反思[C].中国广播电视协会城市台(电视新闻)委员会 2011 年(第十九届)新闻理论研讨会,2011:397-404.

目当日 16 点又做了事故的大型组合报道:回顾事故过程、现状,采访康宁医院救治的第一个伤员,公布温州各医院伤员名单及铁路停运车次情况等。①

7 月 25 日在 12 点的《环球财经连线》节目中,央视 2 套主持人秦方播报"祝福伊伊 期待真相"时一度声音哽咽,含泪报道了小伊伊脱离危险的消息,并呼吁各部门认真调查事故真相,让高铁安全运行。

在这一事件中,铁道部由于信息发布不及时、新闻发言人言论不当等问题遭到网友的激烈批评。王勇平回答质疑的说法已经成为"高铁体"被网友广泛传播,将网络舆情推向了高潮。很多电视台的相关报道,都对铁道部在事件中的表现表达出不信任。

动车事故发生后,中央电视台在救援直播上的行动迟缓一度遭到网友诟病。7 月 25 日,央视多个节目播出了犀利的质疑声音。其中在《新闻 1+1·中国高铁 重建信任》节目中,主持人白岩松一段针对王勇平"对高铁有信心"的言论提出质疑,引发广泛关注。有网友评论,白岩松这一番发言"才是媒体人应该说的话"。中央电视台同日播出的《环球财经连线》《24 小时》节目中,也以"大尺度"言论对铁道部提出了质疑。之后网上传出《新闻 1+1》被停播,26 日晚的《新闻 1+1》时段换成了《面对面》节目。不过,27 日该节目又如期播出。

7 月 27 日,央视《经济半小时》播出了《追问 7·23 动车追尾事故》专题报道,列举了动车事故前的异常状况,提出了人们最关心的车体掩埋等问题。国务院应急管理专家组也指出了对于事故处理的不慎重表现,并借鉴美国铁路客运、瑞士航班事故的处理方式,指出铁道部应该坦然面对自身失误,真诚对待所有遇难者及其家属,并积极重塑形象,挽回信任。节目采访全面细致,是较为难得的直击事实并深刻反省的报道。②

7 月 28 日,中央电视台新闻频道的《新闻 1+1》栏目播出短片《关于 7·23 事故的谣言》。在节目中,主持人白岩松回应微博中流传的谣言之余,也反省了这次事故中传统媒体的表现"绝不应该简简单单地把铁道部门放在中间,而我们围观,甚至是围殴","媒体在这方面需要自省"。

有人对中央电视台新闻频道有关动车事故的报道进行了统计,认为从事故发生至 8 月 31 日的 32 条首播新闻中主要集中在通报伤亡情况、救援进展、传达领导指示;新闻标题多为"×××做重要批示全力营救""事故临时旅客安置点井然有序""事故调查组召开第一次会议"之类,新闻价值不高,没有回答公众的疑问。9 月 1 日至 12 月 31 日,为事故的调查和结果公布阶段,首播新闻 23 条,主要集中在事故原因解释和处理结果上,但由于过分延迟,受众追问的问题迟迟无法得到解答,放大了不满情绪。该研究认为,新闻频道尽管报道了有关埋挖车头等内容,也对铁道部发出了质疑,但是回避了民间质疑声最大的问题,滞后于网络舆论,给以新媒体为主力的网络舆论留下了更

---

① 资料来源:央视网视频。
② 徐晶.CCTV 对 7·23 事件报道的分析[J].新闻传播,2011(11).

多质疑主流媒体的话柄。①

不容忽视的是,在微博等新媒体众声喧哗之时,人们对救援、善后、事故真相等有了很多的猜测与误传,致使谣言呈高频率传播。对此,一些媒体及时予以回应:新浪微博辟谣团队向其用户发送了"辟谣公告";央视也有在7月28日的《新闻1+1》栏目中以《关于7·23事故的谣言》为题澄清了谣言。传统媒体和新媒体对传播内容真实性的坚守,保证了舆论监督的合理有效。②

在本次事件中,广播在事故发生之后6分钟发出报道,电视则在28分钟后进行了报道;广播、电视分别比微博慢了2分钟和24分钟,电视比广播又慢了22分钟。电视媒体受技术设备、管控方法、专业素养的影响,在突发事件报道的时效性上远不如新媒体。传统媒体在时效性、信息量、公民参与几个环节都输给了新媒体,因此新媒体才是真正能够随时发出突发事件报道的传播工具。

当时微博已经超越网络论坛成为仅次于传统新闻媒体的中国第二大舆情源头。新浪微博上对事故处理满意度的调查显示,90%以上的网民认为处置不力。质疑和责难主要集中在事故发生的真实原因、事发8小时后为何停止救援、伤亡人数与善后赔偿处理、列车残骸处理、中国高铁安全、铁道部新闻发布会及流媒体表现等焦点话题上。在动车事故报道中,新媒体充分体现了传播优势。其间,新媒体与传统媒体的传播形成互补,多重舆论监督发挥了重要作用,促使危机事故调查和处理更加公开透明。传统媒体一方面担当起提供权威信息的职能,另一方面对网民观点进行整合;新媒体则通过网络提供了最早的信息与后期的舆论交流平台,支持传统媒体大胆开展舆论监督;传统媒体与新媒体在一定程度上形成了合力,形成比较有效的全媒体监督局面。此次事件也成为传统媒体与新媒体碰撞的经典案例。

面对新媒体的迅速崛起,主流媒体如何更好发挥其舆论作用,"7·23动车事故"给相关各方敲响了警钟。"由于信息另一方——国家的缺席及党管媒体体制下媒体官方微博相对保守,导致网络中群体表达呈现单一化和微博场域中舆论失衡,无助于民意、媒体与政府三者之间实现理性交流。"③因此,政府各部门应该更好关注新媒体,注意在各类突发事件中的规范处理,提升自己的媒体形象。

(三)小悦悦事件

2011年10月13日下午,2岁的女童小悦悦(本名王悦)在广东佛山市的广佛五金城被一辆面包车撞倒并相继被两车碾压,肇事车辆逃逸。7分钟内,女童身边经过的18名路人都视而不见,漠然离去。最后一名拾荒阿姨陈贤妹上前施以援手。相关监

---

① 任斌.社会矛盾凸显期主流媒体如何发挥舆论引导作用[D].太原:山西大学,2013.
② 2011上半年中国网络舆情指数年度报告[R].北京:中国传媒大学网络舆情(口碑)研究所,2012;李彩玲.国内媒体的危机传播模式及角色功能:以温州动车事故报道为例[J].现代视听,2014(12).
③ 冯强."失衡的舆论场":微博场域中的政府、民众与媒体的角色路演及话语表达:以"7·23甬温动车事故"为例[J].社会科学论坛,2013(8).

控视频在网络上发布后,引起社会热议。

各电视台均对此事进行了报道,并持续关注。安徽电视台从2011年10月20日开始,在《超级新闻场》栏目接连报道了标题为《小悦悦病情再度恶化》《小悦悦父母将起诉司机追究民事责任》《小悦悦全脑功能衰竭,已下病危通知》等新闻。

10月21日,在小悦悦伤重离世当天,中央电视台《新闻1+1》栏目制作了一期《用良知驱散冷漠》的节目。小悦悦事件的发酵点是"车祸发生后,18位路人冷漠无视"。节目中连线了当地记者,他分析车祸发生的原因是事发地点"人车混杂,存在交通安全隐患""父母既要做生意,又要照看好孩子"。主持人董倩进一步说明,当地政府做出反应,安装了安全缓冲带,减少了事发地点的安全隐患。节目还采访了事件发生地的居民,他们表示"这些路人不能代表所有佛山人"。节目在反思这一事件时同步报道了10月19日在江西南昌发生的巩梦露事件——这名20岁的女孩遭遇车祸被压车底后,现场20多名群众合力将汽车抬起,把女孩从车下救了出来——作为对照。①

当时相对于网络、微博上讨论的热度,电视新闻对于事件的报道相对较少,被网友认为是过于冷漠。对于这类事件,媒体如何报道、如何表态,特别是在社会舆论汹汹之时,既要报道,又要避免道德审判、稳定民众情绪、引导社会的讨论与认识,确实是对媒体的一次考验。中央电视台《新闻1+1》用一种平衡报道、直面事件各方的做法,使观众全面了解信息,认识社会现实和问题所在,为媒体提供了一种借鉴。

不过,需要指出的是,"媒体在'小悦悦事件'初始阶段热衷于放大路人表现的议题,对其他信息(如肇事者、孩子父母监管等)却轻轻带过"。直到一年多后的2012年12月,媒体才纷纷报道"肇事司机获刑两年六个月"的新闻。而对其父母,《新闻1+1》提到过忙碌的父母在照看生意时难免顾此失彼,而大部分媒体所展现的主要是其父母悲痛的一面,并没有提到父母应负的责任,尤其是作为孩子第一监护人的法律责任。只有全面看待这一事件,防止相似悲剧再次发生,帮助社会更好吸取事件教训、获得正确认知才更为有利。在我们的事故报道中,鲜有"问责"意识,而道德评判却往往容易出现。

小结

随着世界范围内传播科技的飞速发展和媒介形态的日新月异,传统媒体的危机不断加剧,媒介融合已经成为行业和学界的共识。根据艾瑞2012年5月的调查报告,电视的总体收视环境正在发生质变,北京地区的有线电视用户的开机率从70%下降到不足30%,观众的视线已经转移到网络上。② 截止到2012年,网络视频用户在网民中

---

① 彭佩,赵平喜.社会道德争议与媒介建构失衡:从"小悦悦事件"说起[J].青年记者,2011(22).
② 杨晖,等."芒果"真的烂了吗?[J].南方电视学刊,2012(3).

的占比达到 65.9%[①]，网络视频用户居各类网络应用之首[②]。

在这样的背景下，在高层的助力下，三网融合与制播分离都有了实质性进展，历史形成的"屏障"被打破，中国的媒体融合进入了快速推进发展阶段。传统广播影视机构纷纷建立新媒体运营机构，设立网络电视台或者开办视听节目网站、IPTV 等新媒体业务，实现内容的多屏分发。截至 2013 年 2 月，全国共有 608 家机构获批开展互联网视听节目服务，有 19 家省级以上广电播出机构获批开办网络广播电视台，另有 22 家地市级广电播出机构获批共同建设城市联合网络电视台。

电视的对外传播在这几年间进步迅捷，建台、建站、开办海外演播室、落地播出、合作办台、交换节目、提供素材、创办平台、打造网站、本地化等各类措施大规模推进，在世界各国传递中国声音，展示中国形象，喜爱者与接收者日益众多。中国国际电视台（CGTN）的创办使中国电视对外报道有了更有力、更高质量的"旗舰"平台，是世界关注中国的重要"窗口"，也是中国对世界发声的重要阵地。

新华社在视频发稿十多年后，也开始直接播出节目。它以老牌世界级通讯社的实力，进入视频市场，以其遍布世界的采编团队得到一手报道，其内容涵盖世界范围的重大事件，在新闻报道上具有先天优势。开播网络新闻电视台后，其视频短板也迅速得以弥补。它在国外得到了市场的接纳，在国内电视台直接面对大屏观众的机会还是有限，市场开拓还有较长的路要走。

第一财经曲线上星获得全国大屏市场虽然只有短短三年多时间，但它创造了跨地域合作和专业财经视频内容的全国传播，是多项探索、实验的结果，是对视频市场格局的大胆突破，其内在价值大于表面意义，是对改革的勇敢尝试。

中国电视新闻在坚守传统报道的同时，也借助新技术不断提升报道水平，取得更好效果。如庆典报道、会议报道的新技术使用层出不穷，且逐渐走向多终端，给受众提供了更多的观看渠道。

走基层、海采报道不仅在节庆节点使用，还运用到党和国家重大会议、活动期间，了解民间意愿、观察社会真情、获得百姓心声，为国家重大方针讨论、决策增加底气。为了让观众更好地了解社会、了解决策，也为了给电视新闻带来民间生活的"烟火气"，不仅内容尽可能贴近民众，在形式上也尽量提升可看性，开头、结尾、意见、信息交织更为融洽，讲述更为平和。"走转改"可以说是多年来最大力度的新闻宣传改革，带来了报道方式和传播语态的深刻改变。

十八大报道作为重大主题报道，贯穿 2012 年全年。点多面广的持续性报道营造了浓厚持久的舆论环境，接地气、从百姓切身利益问题出发的报道方式更显亲和力、更具感染力。舆论监督报道着眼促进解决问题和社会进步，做到了关键时刻不失语、及时反映社会的真实呼声。

---

① 庞井君.中国视听新媒体发展报告 2013[M].北京：社科文献出版社，2013：3.
② 资料来源：艾瑞网，2013 年 2 月网络视频收视数据。

在一片祥和、欢庆声中,电视新闻也没有放弃社会瞭望者的岗位。在发生重大事件、危难事故时,仍然冲锋在前,通报发声。虽然在时效上已无法与新媒体同日而语,但在信息权威性与报道严谨性上仍然无可替代。在新媒体的万众讨论中,电视新闻对事实清晰的认知,对道理深入的梳理,是责无旁贷的。不可否认的是,我们的电视新闻对很多社会问题的讨论并没有达到社会需求的水平,开掘不够深入,远没有达成共识,这无疑是一个短板。这需要社会能够以更开放的态度面对现实与接受不同意见,能够更客观理性地从最广大人民长远利益的角度去认识并展开讨论,找到有效解决的途径,杜绝其负面影响。电视新闻在这类报道中要有更多的探索精神,能够从中创造性地开拓调查与解答思路,提供更多的思想营养,提升社会对自身的认识,更好地以理服人,创造更好的共识空间,形成人们既积极参与思考讨论又心平气和、心悦诚服的和谐氛围;不是只停留在图解事实、提供片段零碎的信息,无助于对全局和前途认知的"新闻"上。

第十一章　革新内外报道　新兴技术竞现
（2013—2018年）

中共十八大后,新一届中央领导班子上任,对中国发展做出了新的规划。2013年11月,中共十八届三中全会做出了《中共中央关于全面深化改革若干重大问题的决定》,为中国的全面深化改革做出了顶层设计,明确提出"面对新形势新任务,全面建成小康社会,进而建成富强民主文明和谐的社会主义现代化国家、实现中华民族伟大复兴的中国梦。……不断增强中国特色社会主义道路自信、理论自信、制度自信"。从此开启了一个新时代。

伴随着移动互联网媒体的迅速崛起,"内容"的极大丰富使得传统媒体作为内容供应商的垄断地位一降再降,行业危机的表现之一就是电视广告收入下降。2018年6月,国家广播电视总局公布的《2017年全国广播电视行业统计公报》显示,2017年电视广告收入968.34亿元,比2016年减少36.53亿元,同比下降3.64%,但广电行业的网络媒体广告收入达到306.71亿元,成为新的收入增长点。① 同月发布的蓝皮书《中国传媒产业发展报告（2018）》指出,2017年,中国网络视频市场规模将近1,000亿元,并以30%的速度快速增长,网络广告、网络游戏、网络视频成为拉动传媒产业发展的三大主力。②

传统媒体和互联网新兴媒体之间的差距无疑让原本就竞争激烈的传统广电市场更加雪上加霜,行业竞争格局呈现明显的两极分化,强台越来越强、弱台越来越弱。2017年,广告收入进一步向中央电视台、中央广播电台和一线省级广电媒体集中,大多数省级台和市县台广告收入锐减,部分省级台广告降幅达到50%,一些省级台已经难以实现收支平衡,有的市县台更是入不敷出,山东、湖北已经将县级台纳入财政扶持体系。③

在媒体环境和经济变革的双重背景下,电视新闻在内外部的共同作用中,影响力开始逐渐下滑。对新媒体的接纳与应对构成了新的媒体发展战略的必答题。国家顶层提出了与新媒体衔接的明确号令,对媒体的社会定位与责任也重申了既有的规范。一个新的变革时代又开始了。

---

① 国家广电总局.2017年全国广播电视行业统计公报[EB/OL].(2018-06-04)[2019-02-02].http://www.gapp.gov.cn/sapprft/contents/6588/379318.shtml.
② 崔保国.中国传媒产业发展报告（2018）[M].北京:社科文献出版社,2018:11.
③ 建投华文投资有限责任公司,中央财经大学新闻传播系.中国传媒投资发展报告（2018）[M].北京:社会科学文献出版社,2018:93.

2014年,作为"媒介融合元年"是中国传媒产业走向媒介融合之路的关键时点,媒体融合或者说传统媒体的互联网化,已经成为中国传媒产业发展的现实趋势。中国电视真正进入了媒介融合改革的深水区,从内容生产到机构调整,中国电视业已经进行了大量的探索和实践。如何谋求中国电视的攻坚突破甚至弯道超车,是全行业共同面对的时代命题。

社会发展遵循它的规律曲折前行,各种事变层出不穷。电视新闻依然坚守定位、沿径而行,但更加注重新媒体端的发力、发声,积极发挥政令传递、解读,激发社会"正能量"等作用。这一阶段社会舆论出现群体分化,对问题的判断、看法分歧扩大而媒体则减少了对现实的讨论。电视新闻注重从民生角度反映社会状况:海采、数据新闻、纪实报道都成为重要的表达方式。社会全方位发展,在众多人生选择中,电视记者再不是闪闪发光的职业,媒体人离职成一时之选。

电视新闻面对真正的历史转折,破局之举正在探索中。

第一节 体制规范与事业发展

新媒体发展日新月异,从国家最高层领导到行业内都有清晰认识,在相关媒体发展方向上,努力推动;在制度与机制设计上,向媒体融合切实推进,强化了管理控制体系。

一、事业发展变化

(一)顶层助推媒体融合

以习近平同志为核心的党中央对新媒体的发展大力支持,鼓励传统媒体与新媒体融合发展。

2013年8月,习近平在全国宣传思想工作会议上强调,要适应社会信息化持续推进的新情况,加快传统媒体和新兴媒体融合发展,充分运用新技术、新应用,创新媒体传播方式,占领信息传播制高点。[①]

2014年8月,中央全面深化改革领导小组第四次会议审议通过了《关于推动传统媒体和新兴媒体融合发展的指导意见》。习近平总书记强调,要着力打造一批形态多样、手段先进、具有竞争力的新型主流媒体。[②] 2016年2月19日,习近平视察人民日报社、新华社、中央电视台三大国家媒体,提出要尽快推动传统媒体与新媒体从相加到

---

① 习近平.胸怀大局把握大势着眼大事 努力把宣传思想工作做得更好[EB/OL].(2013-08-02)[2018-06-20]. http://jhsjk.people.cn/article/22636876/.
② 习近平主持召开中央全面深化改革领导小组第四次会议[EB/OL].(2014-08-18)[2018-06-21].http://media.people.com.cn/GB/22114/387950/.

相融,进一步提升主流媒体在新的舆论格局当中的传播力、影响力、引导力与公信力。①

2015年3月5日,国务院总理李克强在第十二届全国人民代表大会上做政府工作报告时首次提出要制定"互联网+"行动计划。通过互联网与传统行业的结合,实现对传统行业的"换代升级"。2015年7月,国务院出台《关于积极推进"互联网+"行动的指导意见》,将媒介融合纳入"互联网+"的重大战略中。②

2016年7月,国家新闻出版广电总局发布《关于进一步加快广播电视媒体与新兴媒体融合发展的意见》,提出力争两年内,媒体融合在局部区域取得突破性进展,真正融为一体、合而为一,尽快从相加迈向相融。

2017年1月1日,习近平致信祝贺中国国际电视台(中国环球电视网,CGTN)开播,他强调中国和世界的关系正在发生历史性变化,中国国际电视台要坚定文化自信,坚持新闻立台,全面贴近受众,实施融合传播,以丰富的信息资讯、鲜明的中国视角、广阔的世界眼光,讲好中国故事、传播好中国声音,让世界认识一个立体多彩的中国。③

在省级层面,各地媒体集团实现了跨媒介加速改革。2018年7月19日,新组建的辽宁报刊传媒集团(辽宁日报社)、辽宁广播电视集团(辽宁广播电视台)分别举行了挂牌仪式,其中,辽宁广播电视集团(辽宁广播电视台)整合了省新闻出版广电局所属的辽宁广播电视台及其所属的辽沈广播电视传播中心、网络中心、大连分台、省新闻出版广电传媒培训中心,省委宣传部所属的辽宁东北网络台、省对外文化交流中心7家事业单位,实现了省级广电媒体与网络媒体新闻平台资源的有机整合。

同年11月13日,天津日报社(天津日报报业集团)、今晚报社(今晚传媒集团)、天津广播电视台、天津广电传媒集团、中国技术市场报社、天津报业印务中心6家单位,正式组建天津海河传媒中心,打造报网声屏一体发展的新型主流媒体。这次改革涉及干部职工总计一万两千余人,天津日报社等4个正局级和2个副局级机构,整合为一套班子、一个法人、一个行政指挥系统、一个宣传策划中心。原"两报一台"3家主要新闻单位撤销,转为去行政级别的3个事业部,关闭了10个子报子刊、6个电视频道,停更合并5个新闻网站和3个新闻客户端;跨媒体、差异化组建了61家融媒体工作室,鼓励传统媒体采编人员以项目制的柔性方式自由组队,开展内容创新。④

2018年8月,习近平总书记在全国宣传思想工作会议上指出,"要扎实抓好县级融媒体中心建设,更好引导群众、服务群众"。9月20日至21日,中宣部在浙江省湖州市长兴县召开县级融媒体中心建设现场推进会,要求2020年年底基本实现县级融

---

① 习近平主持召开新闻舆论工作座谈会并发表重要讲话[EB/OL].(2016-02-20)[2018-06-21].http://china.cnr.cn/news/20160220/t20160220_521420357.shtml.
② 国务院关于积极推进"互联网+"行动的指导意见[EB/OL].(2015-07-05)[2018-06-20].http://cpc.people.com.cn/n/2015/0705/c64387-27255409.html.
③ 习近平致信祝贺中国国际电视台(中国环球电视网)开播[EB/OL].(2017-01-01)[2018-06-20].http://china.cnr.cn/news/20170101/t20170101_523422500.shtml.
④ 媒体深度融合 打造传媒旗舰:访天津海河传媒中心党委书记、总裁王奕[J].中国记者,2019(4).

媒体中心在全国的覆盖,2018年先行启动600个县级融媒体中心建设。11月14日,中央全面深化改革委员会第五次会议审议通过了《关于加强县级融媒体中心建设的意见》,这个意见被称为"县级融媒体中心建设顶层设计",明确了县级融媒体中心建设及今后发展的目标、方向和推进要点。

一般来说,县级媒体常见的有两种融合路径,一种是将县级广电、县级报纸和县党委政府开办的网站、内部报刊、客户端、微信、微博以及县党委新闻中心或宣传报道组等所有县域公共媒体和宣传资源整合起来,完成"自我整合",并在此基础上尝试与外界资源进行对接。另一种是通过将区县媒体资源接入高层级媒体的"融媒体云",快捷地在"云端"完成融媒体中心建设。这种"高层媒体建云,基层媒体加入"的方式,高度依赖省级媒体的投入和体系设计,典型报业系统代表有浙报集团开发的"浙江媒体云"、江西日报社的"赣鄱云"、四川日报报业集团的"四川云"等,广电系统代表有湖北广播电视台的"长江云"、北京广播电视台的"融媒体中心"等。安徽广播电视台以"海豚云"为支撑,建立"全省广播电视新媒体联盟",提出"到2020年完成融媒体中心在安徽各县市媒体全覆盖"的工作目标。①

作为四级办报办台中最基层的媒体,县级媒体天然地具有在地公共性和接近性特征,但普遍面临着人才匮乏、经营困难、设备老化、体制机制制约和传播影响力严重弱化的问题。就县级电视台而言,其数量规模庞大,全国近3,000家②,在我国广电行业中占比较重。以湖南省为例,108家广播电视播出机构中,县级广播电视台有89家,占到82.4%,其中48.3%的县级台收入低于500万、36%的县级台收入在500万至1,000万之间、5%的县级台收入在2,000万以上(2014年数据);构成人员上,非编聘用人员占比50.6%,全额事业编制中,管理人员占比56.5%,采编播人员占比43.5%。③

可以说,经营收入低、专业人才匮乏是县级电视台面临的主要困难。尤其是在财政拨款有限的条件下,主要收入来源之一的广告收入,近年来因为国家对医药广告的限制而明显下降(另一项主要收入是有线电视网络收入),而新的创收能力在当下的媒介环境中又难以生成,因此,不少地方县级台都出现了财政困窘,甚至开不出工资的现象。目前部分省份已经出台了专门的扶持政策。2015年,浙江省出台了《关于扶持县级台发展的若干意见》,鼓励县级广播电视台积极构建新媒体平台,与县域内其他媒体融合发展,打造"中央厨房"。2017年4月,山东省出台了《关于促进县级广播电视台改革发展的意见》,提出促进县级台"改革、精简、瘦身、转型"的总体思路,推动县级台

---

① 李岚.四级融媒体中心建设:如何互联互通、统筹协同?[EB/OL].(2020-11-29)[2021-03-09].https://www.sohu.com/a/435181949_613537/.
② 2017全国县级电视台联盟大会在京召开[EB/OL].(2017-08-27)[2021-03-09].http://www.ttacc.net/a/news/2017/0829/48708.html.
③ 王承英.湖南省县级广播电视台生存现状及发展出路的调研报告[EB/OL].(2017-04-17)[2019-04-14].http://www.mgtv.com/gba/c/20170417/1946184246.html.

不断增强内生活力,提高服务县域经济社会发展的能力和水平。2017年6月,湖北省出台了《关于扶持县级广播电视台发展的意见》,鼓励县级广播电视台与其他媒体机构抱团聚能发展,支持县级广播电视台入驻"长江云"新媒体平台,实现与湖北广电的新闻采编播(发)融合。此外,2016年8月,全国县级电视台联盟正式成立,这一联盟为成员电视台义务提供地方新闻节目输出、优质影视节目输入、广告集中投放等全方位服务。抱团取暖、联合发展,被认为是实现县级广播电视台良性生存的重要路径。①

(二)大部制改革

2013年3月,国务院大部制改革方案公布,国家广播电视与新闻出版机构大整合:原国家广播电影电视总局与原国家新闻出版总署合并为国家新闻出版广电总局,对新闻媒体统一归口管理。2013年3月至2016年9月由蔡赴朝②任局长;2016年9月后由聂辰席③担任局长、党组书记,国家版权局局长,兼中央电视台分党组书记、台长。

这是自1982年以来我国中央新闻传媒管理部门改革动作最大的一次。此举是在文化产业发展的大背景下产生的。期待在部门整合之后,更有利于国家文化产业整体战略的制定和实施,同时也意味着传媒产业正式走向了融合发展。

2018年3月,国务院机构改革取消了原来的国家新闻出版广电总局,并在其基础上重新组建了国家广播电视总局。作为国务院直属机构,原来的新闻出版和电影管理职责划归中宣部——对外加挂国家新闻出版署(国家版权局)和国家电影局的牌子。国家广电总局的主要职责是贯彻党的宣传方针政策,拟订广播电视管理的政策措施并督促落实,统筹规划和指导协调广播电视事业、产业发展,推进广播电视领域的体制机制改革,监管、审查广播电视与网络视听节目内容和质量,负责广播电视节目的进口、收录和管理,协调推动广播电视领域走出去工作等。局长为聂辰席,副局长周慧琳、张宏森。

(三)三台合并

随着媒体融合进程的深化,2018年3月,中央人民广播电台、中央电视台、中国国际广播电台合并组建中央广播电视总台,作为国务院直属事业单位,归口中央宣传部领导。前三个单位建制撤销,对内保留原呼号,对外统一呼号为"中国之声",三台合一的格局由此形成。

---

① 杨骁.抱团取暖:一起走更精彩[EB/OL].(2016-12-22)[2019-05-02]. http://data.chinaxwcb.com/epaper2016/epaper/d6412/d1b/201612/73857.html/.
② 蔡赴朝,男,汉族,1951年4月生,北京市人,1971年7月参加工作,1979年4月加入中国共产党,中国人民大学新闻学专业文学博士,高级记者。2011年2月始任中宣部副部长,国家广电总局局长、党组书记。
③ 聂辰席,男,汉族,1957年7月生,河北灵寿人,1974年9月参加工作,1993年2月加入中国共产党,天津大学管理学博士,工程师。2012年始任国家广电总局党组副书记、副局长。

这次改革的目的是加强党对重要舆论阵地的集中建设和管理,增强广播电视媒体整体实力和竞争力,推动广播电视媒体、新兴媒体融合发展。合并后总台的主要职责是宣传党的理论和路线方针政策,统筹组织重大宣传报道,组织广播电视创作生产,制作和播出广播电视精品,引导社会热点,加强和改进舆论监督,加强国际传播能力等。

原中央电视台台长慎海雄任中央广播电视总台台长、党组书记,原中央人民广播电台台长阎晓明任总台副台长。

这次组建总台,布局新媒体业务、推进媒体深度融合是重中之重。在中央批复的总台"三定"方案中,总台一共下设25个中心,其中新媒体中心就有3个(融合发展中心、新闻新媒体中心、视听新媒体中心);总台按照"台网并重、先网后台"的思路,持续推动"三台三网"加速融合,力争在信息内容、技术应用、平台终端等方面实现共享融通,打造载体多样、渠道丰富、覆盖广泛的移动传播矩阵。①

在内容生产方面,总台合并一周后首次开启的融合之举是来自中央人民广播电台《新闻和报纸摘要》的忠诚、方亮、郑岚等几位著名播音员"献声"《新闻联播》,"广播人"第一次为《新闻联播》配音。2018年4月,博鳌亚洲论坛期间,中央电视台时政微视频《习近平的海南情缘》首次采用央广节目音频资料和央广播音员配音,用300秒的时间讲述一段碧海蓝天的新海南故事。该视频推出不到40个小时,全网阅读量近4,000万。

中央电视台综合频道大型公益寻人节目《等着我》第四季与央广中国交通广播《北辰在找你》栏目、央视网、央广网等联袂打造大型融媒体节目《等着我,我会找到你》。其中,《北辰在找你》栏目在《等着我》同步播出,其音频节目根据广播特性讲述电视上没有呈现出来的幕后寻人故事,并发布信息、征集线索。受众既可以通过广播实时连线关注当事人,也可以通过央广网、央视网、中央电视台影音客户端、央广新闻客户端、蜻蜓FM以及央视综合频道官方互动平台进行实时互动,真正做到了在融媒体模式下全方位互动,实现"能看、能听、能评"。

作为三台的网络端重要发声平台,央广网、国际在线、央视网三家网站(以下简称"三网")以"舆论场新作为""采写端新模式""分发端新机制"为目标,开始打造"三网融合"的传播机制。在2018年6月举行的上海合作组织青岛峰会中,"三网"记者首次以融合直播的形式共同报道了青岛峰会盛况。北京国际电影节上,"三网"相继推出了《总台记者"融合"触电电影节:我们准备好了!》《你好,同事!总台记者相约电影嘉年华》等多篇新媒体原创报道。在全国网络安全和信息化工作会议报道中,"三网"则统一使用了中央广播电视总台新媒体呼号,陆续推出"小切口、深内容"的系列时政特稿和短小精悍、多角度、多声部的时评、快评,与三台时政权威发布的新闻本体形成互补。

在发展定位上,总台以"宣传领袖的高度就是中央电视台的高度"为标准,打造《新

---

① 中央广播电视总台央广副总编辑刘晓龙在2018年9月媒体融合论坛的演讲[EB/OL].(2018-09-10)[2018-11-23].http://media.people.com.cn/n1/2018/0910/c40606-30283619.html.

闻联播》"头条工程"为全台"头条工程",创新阐释习近平新时代中国特色社会主义思想,形成"天天见、天天新、天天深"的局面。建立总台新媒体"一键触发"机制,三台移动端共同推送总台重要评论和精品报道,实现传播效果最大化。先后推出了一批有深度、有力度、反响好的新媒体作品,在短时间内打造出"中央电视台快评""时政微视频"等一批知名网络传播品牌。在新媒体战略上,中央电视台的定位是"全力打造自主可控、具有强大影响力的新媒体平台"。

过去原中央三台所属"两微一端"基本是"村村点火、户户冒烟"的状态,账号众多,管理分散,发展水平不平衡,现在需要"整合优势资源,打造标杆项目和拳头产品";"对于受众少、影响力弱、陈旧老套的新媒体账号要关停并转",从而最终实现"跨越式发展"。① 在中央电视台几百个新媒体中,PC端的央视网,移动端的中央电视台影音、中央电视台新闻、中央电视台财经、CCTV-5 等 App 排名靠前,但从其活跃用户数、月度使用时长等指标来看,跟微信、爱奇艺、今日头条等市场上领先的新媒体平台差距还很大。

(四)电视人离职现象

当下,媒体正经历着从传统媒体到新媒体的过渡转型期,媒体人也面临"转型"。2012年以后,一些电视人选择离职,其中有些甚至是非常成功的电视新闻人。他们有些离开了过去被看作是"金饭碗"的体制内,另谋高就或自己创业;有些还坚守在其他媒体内,有些甚至脱离了媒体。下面是其中一些关注度较高的离职人(见表11-1)。

表 11-1 电视媒体从业人员离职情况一览②

	姓名	原供职媒体	从业年限	离职时间	离职后去向
			媒体业内流动		
1	白燕升	中央电视台	20 年	2013.3	香港卫视
2	李湘	湖南卫视	20 年	2013.9	深圳卫视副总监
3	杨柳	中央电视台	26 年	2015.7.24	中央新闻纪录电影制片厂
4	谢涤葵	湖南卫视	18 年	2015.12	成立工作室
5	易晔	深圳卫视	22 年	2015	日月星光传媒
			转投互联网公司做内容/公关		
6	岳富涛	第一财经	不详	2014.7	万达集团

---

① 慎海雄在2018年3月中央电视台年度工作会议上的讲话和刘晓龙在2018年8月公开的演讲。
② 李晓磊.媒体人的身份焦虑与体制外追索:以心理契约视角审视当下媒体人离职倾向[D].北京:中国人民大学,2016:7.

续表

	姓名	原供职媒体	从业年限	离职时间	离职后去向
7	刘建宏	中央电视台	24 年	2014.8.6	乐视体育首席内容官
8	邱启明	中央电视台	23 年	2015.3	搜狐
9	郑蔚	中央电视台	20 年	2015.7.15	爱奇艺首席信息官
10	王晓晖	中央人民广播电台	26 年	2016.7	爱奇艺首席内容官
创 业					
11	杨晖	湖南卫视	不详	2006	创业，唯众传媒
12	王利芬	中央电视台	15 年	2009	创业，优米网创始人
13	马东	中央电视台	11 年	2012.9	先加盟爱奇艺，后创办米未传媒
14	骆轶航	第一财经	8 年	2012	创业，Pingwest
15	王凯	中央电视台	8 年	2013.3.14	创业，自媒体
16	王涛	中央电视台	11 年	2014.8.12	创业，北半球传媒
17	麻宁	北京人民广播电台	5 年	2014.8.10	创业，城觅网
18	秦朔	第一财经	25 年	2015.6.7	创业
19	武卿	中央电视台	13 年	2015.9.14	创业，奇霖传媒
20	曾湉	中央电视台	11 年	2015.11	创业
21	青音	中央人民广播电台	16 年	2015.12.22	创业
投 资					
22	张泉灵	中央电视台	18 年	2015.9.9	紫牛基金
高 校					
23	李咏	中央电视台	22 年	2013.3	中国传媒大学
24	崔永元	中央电视台	28 年	2013.12.16	中国传媒大学
25	闾丘露薇	凤凰卫视	20 年	2015.5.22	高校
其 他					
26	柴静	中央电视台	13 年	2014.10	独立媒体人
27	郎永淳	中央电视台	20 年	2015.9	不详

他们中绝大多数从传统媒体的"黄金时代"一路走来，最常见的工作变换路线是"在传统媒体间（纸媒/电台/电视台）流动—新媒体平台—公关/创业/投资"。"离职"现象一直存在，如 2000 年就有从中央电视台离职的刘春。① 但是与早前相比，这些年

---

① 刘春，1994—2000 年供职于中央电视台；2000—2011 年，供职于凤凰卫视至执行台长；2012 年 5 月加盟搜狐，曾任该公司副总裁，2013 年离职；2015 年 2 月，任中南重工首席文化官。

已有很大不同。早前媒体人很看重"铁饭碗",极少人主动放弃,即使工作变动也希望保留体制内身份;而2012年以后,"跳槽""转型"潮已从媒体内部的人才流动、商业门户网站的高薪挖人,到追赶互联网时代的潮流红利,电视人已经敢于跨出行业。

这些资深电视人审时度势,对自身角色和定位不断做出调整。在市场作为主导的今天,放弃体制内的"金饭碗",主动拥抱市场,成为不少电视人的选择。"转型成功的媒体人,一般来说在媒体工作时也是比较勤奋和有能力、有悟性的人。"[1]这是全媒体时代给媒介素养较高者的机遇,从中也可以看到电视媒体的吸引力逐渐下降,除了新媒体的外在压力外,自身发展也处在了瓶颈期。这一潮流使中国电视新闻损失了一些有生力量。

二、技术进步推动融合

(一)三网深化融合

2015年9月4日,国务院办公厅公布《三网融合推广方案》,提出加快在全国全面推进三网融合,推动信息网络基础设施互联互通和资源共享。

该方案明确了要在全国范围推动广电、电信业务双向进入。比如在北京,歌华、联通、电信都可以经营互联网。融合业务应用更加普及,网络信息资源、文化内容产品得到充分开发利用,适度竞争的网络产业格局基本形成。[2]

电信网、广播电视网、互联网的融合不仅包括技术融合,更是内容融合、设施融合、平台融合和行业融合。融合发展有利于推动信息技术创新和应用,并且能够带动相关产业发展,还有利于创新宣传方式、扩大宣传范围。

我国有线网络落实"宽带广电"和"广电+"计划,加快有线网络宽带化、双向化建设。截至2015年年底,全国有线电视网络运营商宽带业务开通比例高达97.32%。2016年第一季度,有线电视宽带用户达到2,011万户,占有线电视用户比例的8%。[3]同时,电信宽带的全国用户占比从2014年的94.63%下降到2015年的92.05%。这说明中国广电有线网络已经成为继中国移动、中国电信和中国联通之后的第四大基础电信运营商,进入了传统电信运营商的领域。在宽带接入业务方面,中国广电有线网络可以确保其大部分用户完成视频点播、时移和下载等功能。这也将是中国广电有线网络的核心竞争力。

从根本上说,"三网融合"是媒介融合的基础,只有这三者实现了融合,才能使多种媒

---

[1] 范以锦.媒体人转型,越转越糟还是越转越好[EB/OL].(2015-09-21)[2019-03-21].http://dajia.qq.com/blog/191674005338617.html.
[2] 国务院办公厅关于印发三网融合推广方案的通知[EB/OL].(2015-09-04)[2019-03-20].http://www.gov.cn/zhengce/content/2015-09/04/content_10135.htm.
[3] 国家新闻出版广电总局发展研究中心.中国广播电影电视发展报告(2016)[M].北京:中国广播影视出版社,2016:260.

体形式集中于一体的数字媒体平台的构想成为现实。"三网融合"的进程不断推进,广电"无处不在"的局面基本形成。北京邮电大学三网融合研究所所长曾剑秋说,融合后给生活带来的新体验就是"无处不在的视频",以视频为核心的各种新服务将会出现。①

(二)有线电视网络进一步整合

在中国,早期的有线电视网多为地方网,由于历史原因,还分属不同部门。最先进行的是各省"一张网"工作。将多头经营、不同机构运营、相互隔绝的独立"小网",整合成"一省一网"。"一省一网"有线电视网络发展格局正在形成。

2014年5月,国务院批准成立中国广播电视网络有限公司,开始筹建全国有线电视互联互通平台。2015年,在中国广播电视网络有限公司挂牌成立一周年之际,又公布了全国有线电视网络整合规划及具体路线图、时间表。但其推进的过程中遭遇到了客户流失。如2016年上半年有线电视用户仅增加268.9万人,不到上一年增加的用户量的五分之一,增速大大放缓。其中除了付费客户流失外,网络视频对传统电视造成分流也是用户增量减少的原因。② 为了有线用户不再流失,广电终端必须结束传统"分封割据"的发展模式,尽快建立开放统一的标准化体系,脱离单纯靠机顶盒发展数字电视的局面,帮助数字电视与互联网在开放的环境中融合,争取在"一省一网"的基础上进一步整合,五年内实现"全国一张网"。

2017年,《关于加快推进全国有线电视网络整合发展的意见》开始落实,网络整合和互联互通平台建设取得了实质性进展。截至2017年第三季度,中国广播电视网络有限公司已与河北、青海、宁夏、广东等7省签订整合协议,进一步推进有线无线智能协同一体化业务,甘肃省有线无线融合网项目完成验收;河北、山西、内蒙古等11个省开启了网络融合实验方案。之后,电视数字化进程不断完善,有线电视网络数字化、双向化和宽带网络建设持续推进,有线广播电视覆盖人群持续扩大。2018年,全国有线广播电视覆盖用户数达3.46亿户,比2017年(3.36亿户)增加0.1亿户,其中数字电视覆盖达3.23亿户。③

(三)电视的网上发展

1.互联网电视(OTT TV)

互联网电视是一种利用宽带有线电视网,集互联网、多媒体、通信等多种技术于一体,向家庭互联网电视用户提供包括数字电视在内的多种交互式服务技术。互联网电

---

① 曾剑秋.互联网电视将无处不在 多视频是方向[EB/OL].(2011-06-08)[2019-03-20].http://tech.qq.com/a/20110608/000488.htm.
② 中国广电 2016 第二季度有线电视行业发展公报 [EB/OL].(2016-07-08)[2019-05-20]. http://bc.tech-ex.com/technology/digitv/2016/78908.html.
③ 2018 年全国广播电视行业统计公报 [EB/OL].(2019-04-23)[2019-05-20].http://www.nrta.gov.cn/art/2019/4/23/art_2178_43403.html.

视的终端为互联网电视机顶盒(OTT)+普通电视,或者是内置机顶盒的互联网电视一体机及智能电视。

这一业务的最大特点是其提供者无须拥有自己的物理网络,利用现有的互联网络,就可以发展语音、视频及数据业务。2010年,市场上推出的 Apple TV 及 Google TV 即是此种模式,其本质是利用统一的内容管理平台,支持互联网浏览、上万个电视频道的搜索、社交网站、互动广告、应用商店下载等,此模式采用的是全球"云电视"技术的基本架构。在国内,互联网电视(OTT TV)在内容上由获得互联网内容牌照的广电播出机构作为服务提供商,负责提供内容和管控;播出平台则由获得集成牌照的机构——互联网服务提供商(ISP)管控。① 为了进一步理解互联网电视,笔者将有关有线电视(CATV)、交互式网络电视(IPTV)、互联网电视三种电视的主体功能进行对比(见表 11-2)。

表 11-2　有线电视、交互式网络电视、互联网电视三者主体功能对比②

对比项目	有线电视(CATV)	交互式网络电视(IPTV)	互联网电视(OTT TV)
运营主体	广电网络运营商	IPTV 牌照持有方+电信运营商	牌照持有方+互联网视频内容+终端厂商
核心牌照	运营主体必须由广电系统控股	中国网络电视台和百视通拥有集成播控总平台牌照,各省级电视台拥有 IPTV 集成播控分平台牌照	中国网络电视台、中国国际广播电台、中央人民广播电台、华数传媒、百视通、南方传媒、湖南电视台共 7 张互联网电视集成服务牌照
传输网络	有线电视网	电信宽带网	互联网
交互性	双向化改造完成后有所改善	较强	强
可否直播	是	是	否
播放方式及质量	采用 DVB-C 实现直播业务,IPQAM+P 方式实现互动电视,图像质量高	采用组播方式实现直播业务,纯 IP 方式实现点播业务,图像质量与网络带宽相关	点播为主,图像质量与网络带宽相关
监管	可管可控	可管可控	管控相对较弱,正逐步加强监管
盈利模式	基本收视费、付费高清频道订购、点播等互动业务及其他增值业务收费	捆绑宽带业务,增值业务收费,如点播电视、互动游戏等	盈利模式多样,目前主要包括硬件销售、平台及内容上的广告收入、付费内容等
收费方式及水平	按月收取固定有线电视费用,收费水平较低,但双向改造后受成本影响收费较高	按月收取固定 IPTV 使用费用或者与带宽组合收费,收费水平中等	硬件销售收费及内容或服务收费,收费水平低

① 刘固蒂,郭明.OTT TV 的发展现状和趋势浅析[J].科技信息,2014(13).
② 2016 年中国互联网电视行业发展概况及市场前景分析[EB/OL].(2016-05-23)[2018-10-20].http://www.chyxx.com/industry/201605/418638.html.

互联网电视的兴起是电视产业形态的一次变革,也将终端面对的市场蛋糕从单纯的硬件产业链扩大到整个电视产业。有研究机构认为,互联网电视经历了 2012—2013 年的硬件形态导入期,围绕着硬件形态及其背后潜在的内容形式,商业模式渐成雏形;而 2014—2015 年便进入了硬件终端放量期。2014 年被视为互联网电视的第一个放量销售的年份,智能电视销售渗透率①超过 50%,行业累计存量接近 3,000 万台左右;到了 2015 年,智能电视渗透率达到 70% 以上,互联网电视累计用户超过 5,000 万,渗透率跨越 10% 的关键点。此后,用户量开始步入拐点,产业链正式进入繁荣初期——内容生态不断繁荣,收入规模开始快速增长,终端(渠道)开始获取内容分发价值。②

在政策完善和行业发展的背景下,互联网电视获得了稳步发展。自互联网电视出现以来,广电总局坚持实行集成业务和内容服务的双准入制度。互联网电视集成服务许可持证机构有 7 家,包括中国网络电视台、中国国际广播电台、中央人民广播电台、上海广播电视台、浙江电视台和杭州市广播电视台(联合开办)、广东广播电视台、湖南广播电视台。互联网电视内容服务许可持证机构除上述 7 家之外,还包括江苏电视台、国家新闻出版广电总局电影卫星频道节目制作中心、湖北广播电视台、城市联合网络电视台、山东电视台、北京广播电视台、云南广播电视台、重庆网络广播电视台,共计 15 家。③ 在互联网行业实际运行中,一些牌照持有方授权其控制的企业运营相关业务平台(见表 11-3)。

表 11-3　互联网电视集成服务牌照发放情况

持证机构	验收时间	集成平台播出呼号	内容平台播出呼号	运营主体
中国网络电视台	2010 年 6 月	中国互联网电视	中国网络电视台互联网电视	未来电视有限公司
上海广播电视台	2010 年 7 月	BBTV 网视通	东方网络电视	百视通新媒体股份有限公司
浙江电视台和杭州市广播电视台	2010 年 8 月	华夏互联网电视	华数互联网电视	华数传媒网络有限公司
广东广播电视台	2011 年 3 月	互联八方	云视听	广东南方新媒体股份有限公司
湖南广播电视台	2011 年 5 月	和丰互联网电视	芒果 TV	湖南快乐阳光互动娱乐传媒有限公司
中国国际广播电台	2011 年 6 月	环球网视	CIBN 互联网电视	国广东方网络(北京)有限公司
中央人民广播电台	2011 年 11 月	中央银河互联网电视	央广 TV	央广新媒体文化传媒(北京)有限公司

---

① 渗透率是指智能电视存量占全部电视存量的比重。
② 2016 年中国互联网电视行业发展概况及市场前景分析[EB/OL].(2016-05-23)[2018-11-20].http://www.chyxx.com/industry/201605/418638.html.
③ 互联网电视服务许可持证机构名单[EB/OL].(2016-03-23)[2018-11-20].http://www.nrta.gov.cn/art/201613/23/art_110_30264.html.

用户群体不断壮大,从"优众"向"大众"扩散,呈现出以内容为核心,向产业链上下游延展并跨界融合的趋势。

2011年,腾讯入股未来电视有限公司。2012年,央广新媒体文化传媒(北京)有限公司和江苏电视台、爱奇艺网共同成立了互联网电视的运营合资公司——银河互联网电视有限公司。2014年7月,视频网站优酷土豆向国广东方投资并持有国广东方16.6%股权。2015年12月,乐视致新斥资22.67亿港元认购TCL多媒体3.49亿股。①

内容的高质量和细分化日益成为互联网电视平台的核心竞争力。中国国际广播电视网络台(CIBN)互联网电视囊括了1,000万小时的内容,包括电视剧、电影、文娱等特色频道,还规划建设体育、亲子、健康、书画等频道。

多家机构开始生态布局,积极寻求多种盈利模式。比如中央人民广播电台银河互联网电视公司整合了电信运营商、地方广播电视台、有线网运营商和终端厂商,探索"广告+增值"的模式。CIBN互联网电视则开展终端制造、增值业务、海外传播、电子商务等多种业务,同时还在服务和终端领域发展游戏、视频通话、全球购和新闻客户端等。②

2.IPTV进展

IPTV即交互式网络电视,是一种利用宽带网,集互联网、多媒体、通讯等技术于一体,向家庭用户提供包括数字电视在内的多种交互式服务技术。电视内容的传播主要基于电信运营商搭建的专用网络,终端多为运营商提供的机顶盒+普通家庭电视。

从2004年我国开始IPTV建设后,对于将IPTV作为国务院明确的三网融合改造中的重要业务,广电总局开始着手建设IPTV集成播控平台。为此先后下发了多个相关文件,如2010年《关于三网融合试点地区IPTV集成播控平台建设有关问题的通知》等。国家多次提出加快IPTV建设,可见它已成为广电与新媒体融合发展、实现战略转型的重要抓手。

按照文件对IPTV集成播控平台建设管理规划,IPTV建设实行全国统一规划、统一标准、统一组织,采取中央、省两级架构。其中,中央IPTV播控平台由中央电视台负责建设和运营,分平台则由各省电视台联合建设和运营(如图11-1),与此同时,互联网电视、手机电视的播控平台基本同构。

根据电信运营商和广电总局先后公布的成绩单,截至2016年年底,IPTV用户总数已达到8,673万,较2015年增加了4,084万户,增长率为89%。③ 此时有线电视已

---

① 艾瑞网.2016年中国互联网电视行业研究报告[EB/OL].(2016-08-02)[2019-08-08].http://www.199it.com/archives/504015.html.
② 国家新闻出版广电总局发展研究中心.中国广播电影电视发展报告(2016)[M].北京:中国广播影视出版社,2016:233-253.
③ 2016年通信营业统计公报[EB/OL].(2017-01-22)[2019-12-10].http://www.miit.gov.cn/n1146312/n1146904/n1648372/c5498087/content.html/.

经拥有 2.23 亿用户,①但其中大多是普通的标清单向用户,真正能与 IPTV 较量的高清互动数字有线电视用户只有 6,735.5 万户(数据截至 2015 年),少于 IPTV 用户数量。② 政府与各部门对 IPTV 的空前支持力度以及让人惊讶的增长速度,IPTV 的未来不可小觑。

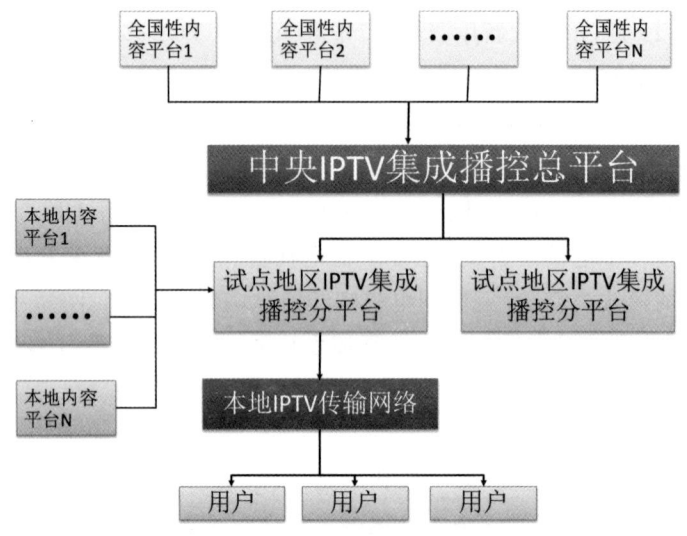

图 11-1　IPTV 集成播控平台运营图③

广电总局对于 IPTV 的内容具有绝对的控制权。如江苏 IPTV 着力打造的新闻版块,2015 年全年制作了 316 个新闻专题,对上海外滩踩踏事件、尼泊尔地震等突发事件都做了专题报道,平台点播数超过 5,000 万次。④ 可以说,IPTV 为电视新闻又提供了一个新的播出平台。

2016 年 IPTV 大数据显示:上海地区每天有平均 93 万 IPTV 机顶盒开机;平均每户日均开机时长为 3.4 小时,直播 1.6 小时,点播和回看都是 0.9 小时。直播排名前三的为新闻综合、娱乐频道和东方卫视;回看节目排名前三的是《中国新歌声》《奔跑吧兄弟》《新闻报道/透视》;点播排名以当年新上的影视剧为主,前三的是《惊天魔盗团》《铁血战士》《百团大战》。⑤ 可见,点播、回看已成为人们日常收看电视的重要方式。

---

① 2016 年统计公报(广播影视部分)[EB/OL].(2017-03-22)[2018-10-20].http://gdtj.chinasarft.gov.cn/show-tiaomu.aspx? ID=42b02470-bb57-4d54-8d4b-a6b2a4c49a3f/.
② 苗梦佳.我国有线电视用户规模已超过 2.4 亿户[EB/OL].(2016-04-7)[2018-11-22].http://www.tvoao.com/a/181256.aspx/.
③ 国家新闻出版广电总局发展研究中心.中国广播电影电视发展报告(2016)[M].北京:中国广播影视出版社,2016:243.
④ 国家新闻出版广电总局发展研究中心.中国广播电影电视发展报告(2016)[M].北京:中国广播影视出版社,2016:233-253.
⑤ 汪科科.2016 上海 IPTV 大数据报告[EB/OL].(2016-08-05)[2018-04-22].http://data.lmtw.com/IPTVsj/sh/201608/133957.html.

IPTV 虽然改变了人们的收看行为，但用户对 IPTV 总体满意度偏低，其原因首先是用户对内容不足而表示不满。由于政策限制，IPTV 内容主要来自中央电视台和各省级电视台，与传统电视节目内容雷同，不符合 IPTV 用户的收视需求，更无法与互联网电视内容相比。以百视通和乐视为例，百视通有 152 路传统电视直播节目和超过 40,000 小时的影视剧、综艺等点播服务；乐视超级电视则可以观看 9 万集正版电视剧、5,000 多部正版电影，并且费用远远低于 IPTV 月租费。

其次是 IPTV 拓展服务和使用满意度偏低。用 IPTV 看直播节目，当遇到网络不稳定或者带宽不够时，就会出现卡顿的情况；因为用户端没有延时，观众是直接收看，此时就会因此错过中间部分内容，不能收看到完整的节目。① 最后，4K IPTV 虽然理论上能给用户带来极致体验，但是 4K 超高清至少需要 20Mbit/s 以上的带宽。根据宽带发展联盟公布的数据，2016 年第二季度"全国固定宽带用户网络下载的忙闲时加权平均可用下载速率为 10.47Mbit/s"，与 4K 超高清 IPTV 所需带宽相差甚远。②

河南大象融媒体集团有限公司（以下简称"大象融媒"）是"三网融合"的典型案例。该公司成立于 2014 年 10 月，是河南广电整合旗下 4 家传统媒体单位和 8 家媒体公司组建成立的新型集团公司，拥有报纸、杂志、广播、电视、网站、网络电视台、IPTV、手机报、手机电台、手机电视、电话广播、手机客户端、移动电视、户外大屏等 14 类主流媒体业态和 38 个媒体传播平台。以全媒体平台为核心，对传统媒体和新兴媒体进行二次整合、深度融合、一体发展，真正实现信息的"一次采集、多种生成、多元传播"。同时，大象融媒依托河南广电的中原云计算和大数据中心，以互联网思维推进"三网融合"和产业转型，全面提升河南广播电视的公共服务能力和产业发展实力。③

从最初"三网融合"的提出，到此时的发展，技术环境已经发生了很大变化。三网在业务层面上都融合到了互联网。伴随互联网和移动互联网的崛起，IT 基础网络是"电信"还是"广电"都不再是核心问题，发展的关键在于内容和服务。主流媒体互联网电视集成平台建设不断加强，至 2017 年，逐步形成了以 7 家互联网电视集成平台和 22 家互联网电视内容服务平台为核心的智能电视产业规范发展模式，其中，中央电视台等 7 家互联网电视集成平台主导其内容的智能电视终端设备，市场保有量已经超过 1 亿台。④

（四）高清电视

近十年来，高清技术研发是电视业技术发展的重点之一。2009 年，全国 9 个频道开始高清同播，高清电视开始走向用户。2010 年，国家新闻出版广电总局明确规定，

---

① 杨丽君.OTT TV、IPTV 与传统有线数字电视之间的博弈[J].东南传播，2016(2).
② 易旭明，阚敏.我国 IPTV 发展历程、动因和挑战刍议[J].新闻界，2016(24).
③ 资料来源：大象融媒官方网站 http://www.hnr.cn/news/xwzt/dxrm/。
④ 胡正荣，李继东，黄炜.2017 年中国电视产业发展报告[M]//崔保国.中国传媒产业发展报告（2018）.北京：社科文献出版社，2018:30.

高清、标清同播的卫视频道,高清节目播出率达到70%以上①;到2013年,超高清已经成为该年度中国广播电视行业十大科技关键词之首,中央电视台技术管理中心主任徐进指出,"影视行业步入超高清时代是大势所趋,不过和高清发展普及的历程一样,它也需要一个影视行业全产业链创新、调整和适应的过程"②。

2016年,国家新闻出版广电总局积极推进各级电视台主要频道高标清同播,推进4K超高清电视节目制作等关键技术和标准规范研究。2017年9月,国家新闻出版广电总局与广东省政府签署了推动4K超高清电视应用与产业发展合作备忘录,广东成为4K超高清电视发展的先行地和试点省。同年11月,国家新闻出版广电总局发布《关于加快推进高清电视发展的通知》,优先支持高清电视发展较好的省份和机构开展4K超高清电视试点,鼓励首先在体育赛事、纪录片、影视剧、文化科技等类型节目中探索发展4K超高清电视,并"要求到2020年省级和较发达地级台基本实现高清化,地级(含)以上台主要频道实现高标清同播,高清频道成为主流播出模式"③。2018年8月,广电总局印发了《4K超高清电视技术应用实施指南(2018版)》。

2018年前3个季度,广电总局共批准57个电视频道实施高清播出,与2017年同期相比增长了200%。截至2018年9月底,全国各级播出机构经批准实施高清播出的电视频道已达215个。其中,中央广播电视总台22个,高清频道占比达到85%;省级卫视频道26个,高清频道占比为84%;省级台地面频道61个,高清频道占比为23%;地市级台64个,高清频道占比为8%;付费频道34个,高清频道占比为28%。省级台中,海南、上海、天津、重庆、湖南等5台高清频道占比已超过70%。地级台中,江苏省高清频道发展速度最快,高清频道占比达到35%,苏州、常州和徐州3台已实现全台所有电视频道高清化。④

三、网络信息传播相关新规

随着电视的互联网化,网络视听行业迅速发展,内容产业的大繁荣不仅给受众提供了更多的选择,同时也存在泥沙俱下、良莠不齐的现象;国家文化、影视主管部门面临着较大的监管压力,在互联网监管的大背景下,逐步出台一系列的行业管控措施。

---

① 吴保安介绍2010年广电工作情况和2011年广电工作规划[EB/OL].(2011-01-13)[2018-07-15].http://www.nrta.gov.cn/art/2011/1/13/art_112_14738.html.
② 2013年度中国广播电视行业十大科技关键词评选结果公布[EB/OL].(2014-03-19)[2019-04-11].http://www.nrta.gov.cn/art/2014/3/19/art_36_1014.html.
③ 胡正荣,李继东,黄炜.2017年中国电视产业发展报告[M]//崔保国.中国传媒产业发展报告(2018).北京:社科文献出版社,2018:30.
④ 总局加快推进高清电视发展[EB/OL].(2018-10-10)[2019-02-10].http://www.nrta.gov.cn/art/2018/10/10/art_2178_38974.html.

(一)国家新闻出版广电总局《关于加强新闻采编人员网络活动管理的通知》(2013年4月)

为充分发挥网络的积极作用、推动形成健康的新闻秩序,《通知》要求加强新闻采编人员使用网络信息、开通个人微博等网络活动的管理。

(二)国家新闻出版广电总局《关于加强互联网视听节目内容管理的通知》(2014年11月12日)

《通知》要求对网络视听内容的"大尺度"进行管理。凡是宣扬第三者、婚外恋、一夜情甚至是性暗示、情色等内容的网络视听节目,要及时进行删除,为广大观众提供健康有序的网络视听节目。

(三)国家网信办《移动互联网应用程序信息服务管理规定》(2016年6月)

《规定》要求移动互联网应用程序和应用商店服务提供者不得利用应用程序从事危害国家安全、扰乱社会秩序、侵犯他人合法权益等法律法规禁止的活动,不得利用应用程序制作、复制、发布、传播法律法规禁止的信息内容。同时,《规定》鼓励各级党政机关、企事业单位和各人民团体积极运用应用程序,推进政务公开,提供公共服务,促进经济社会发展。

(四)国家新闻出版广电总局《关于加强网络视听节目直播服务管理有关问题的通知》(2016年9月)

《通知》要求网络视听节目的直播机构、直播服务都必须符合《互联网视听节目服务管理规定》和《互联网视听节目服务业务分类目录》的有关规定,应具有相应资质。要依法开展直播服务。不符合相关条件或没有《信息网络传播视听节目许可证》的机构以及个人,不得通过互联网开展任何类别的音视频直播服务。

《通知》要求各省(区、市)新闻出版广电行政部门对辖区内网络视听节目直播活动情况进行全面排查,对违反相关规定的要予以查处。

(五)国家网信办《互联网直播服务管理规定》(2016年11月)

《规定》称,互联网直播服务提供者和互联网直播发布者在提供互联网新闻信息服务时,应当依法取得互联网新闻信息服务资质,并在许可范围内开展互联网新闻信息服务。

《规定》提出了"后台实名,前台自愿"的认证原则。其中,对互联网直播发布者需进行基于身份证件、营业执照、组织机构代码证等的认证登记;对直播用户需进行基于移动电话号码等方式的真实身份信息认证。

《规定》要求,互联网直播服务提供者应当落实主体责任,配备与服务规模相适应的专业人员,健全信息审核、信息安全管理、值班巡查、应急处置、技术保障等制度。提供互联网新闻信息直播服务的机构,应当设立总编辑。互联网直播服务提供者应当建立直播内容审核平台,对互联网新闻信息直播及其互动内容实施先审后发管理。

(六)文化部《网络表演经营活动管理办法》(2016年12月)

《办法》要求,网络表演经营单位应向省级文化行政部门申请取得网络文化经营许可证,不具备内容自审及实时监管能力的,不得开通表演频道。同时,网络表演经营单位应要求表演者使用有效身份证件实名注册,并采取面谈、录制通话视频等有效方式进行核实。要在表演频道内及表演音视频上,标注经营单位标识等信息。

网络表演不得含有表演方式恐怖、残忍、暴力、低俗,摧残表演者身心健康,侵害他人合法权益等行为。《办法》还要求:不得损害未成年人的身心健康。

(七)国家新闻出版广电总局关于调整《互联网视听节目服务业务分类目录(试行)》的通告(2017年3月)

本次调整是根据《互联网视听节目服务管理规定》对2010年3月17日发布的《互联网视听节目服务业务分类目录(试行)》进行的。

主要调整内容是将过去对属于广播电台、电视台形态的网络视听节目服务,归入"专网及定向传播视听节目服务",而对"传输分发服务的业务分类目录另行制定"。在调整后的分类目录中,IPTV、互联网电视等已被明确定义为"专网及定向传播视听节目服务",而非公共互联网服务。

(八)国家互联网信息办公室的新《互联网新闻信息服务管理规定》(2017年5月)

《规定》主要对互联网新闻信息服务许可管理、网信管理体制、互联网新闻信息服务提供者主体责任等进行了修订。将许可事项修改为"提供互联网新闻信息服务",包括互联网新闻信息采编发布服务、转载服务、传播平台服务三类。将主管部门由"国务院新闻办公室"调整为"国家互联网信息办公室",增加了"地方互联网信息办公室"的职责规定。强化了互联网新闻信息服务提供者的主体责任,明确了总编辑及从业人员管理、信息安全管理、平台用户管理等要求。增加了用户权益保护的内容,规定了个人信息保护、禁止互联网新闻信息服务提供者及其从业人员非法牟利、著作权保护等相关内容。

(九)国家新闻出版广电总局《关于进一步加强网络视听节目创作播出管理的通知》(2017年6月)

《通知》强调,各类网络视听节目的创作和生产都要紧紧围绕培育和弘扬社会主义核心价值观,自觉抵制过度商业化、过度娱乐化和低俗倾向,决不能成为市场的奴隶。

网络视听节目要坚持与广播电视节目同一标准、同一尺度,把好政治关、价值关、审美关,实行统筹管理。未通过审查的电视剧、电影,不得作为网络剧、网络电影网上播出。导向不正确的电视综艺节目,也不得以网络综艺节目的名义在互联网、IPTV、互联网电视上播出。《通知》要求各网络视听节目服务机构要全面落实主体责任,要全面落实好播前内容审核、总编负责制等规章制度,把导向责任落实到采编制各个环节、具体岗位;各级新闻出版广电行政部门要认真落实意识形态工作责任制,切实履行属地管理职责,通过日常监管、专项整治、业务培训、宣传提示等多种手段,加强对网络视听节目服务机构和网络视听节目制作机构的管理和引导,对不履行职责、制作传播违规内容的机构要依法查处。

(十)国家新闻出版广电总局办公厅《关于进一步规范网络视听节目传播秩序的通知》(2018年3月)

该规定主要针对部分网络视听节目制作、播出不规范的问题,要求所有视听节目网站不得非法抓取、剪拼改编视听节目,不得歪曲、丑化经典文艺作品,不得以篡改原意、断章取义、恶搞广播影视节目和网络原创视听节目来吸引眼球。要求各视听节目网站播出的片花、预告片所对应的节目必须是合法的广播影视节目、网络原创视听节目。广播电视节目、网络原创视听节目接受冠名、赞助等,要事先核验冠名或赞助方的资质,不得与未取得《信息网络传播视听节目许可证》而非法开展网络视听节目服务的机构进行任何形式的合作,包括网络直播、冠名、广告或赞助。

(十一)全国"扫黄打非"办公室会同国家广播电视总局、国家互联网信息办公室等部门联合下发《关于加强网络直播服务管理工作的通知》(2018年8月)

《通知》部署各地各有关部门进一步加强网络直播服务许可、备案管理。应落实用户实名制度,建立主播黑名单制度,健全完善直播内容监看、审查制度和违法有害内容处置措施。应用商店不得为列入有关部门黑名单中的网络直播App提供分发服务。网络直播服务提供者应按照许可范围开展业务,不得利用直播服务制作、复制、发布、传播法律法规禁止的信息内容。应按照要求建立内容审核、信息过滤、投诉举报处理等相关制度,建立7×24小时应急响应机制,加强技术管控手段建设,记录直播服务使用者发布内容和日志信息并保存一定期限。

随着依法治国方略的全面推进以及传统电视与网络视听日趋深度融合,"依法治理和统一标准成为政策焦点",并且"2017年几乎每月都有相关法规出台或者实施"[①],如国家层面的《中华人民共和国公共文化服务保障法》《中华人民共和国网络安全法》、

---

① 胡正荣,李继东,黄炜.2017年中国电视产业发展报告[M]//崔保国.中国传媒产业发展报告(2018).北京:社科文献出版社,2018:29.

广电总局对视频网站违规广告的整顿等批示,还有《关于进一步健全网络视听节目服务机构总编辑内容负责制有关事宜的通知》等一系列政策等。它们的突出特点是在政策层面上规定了无论是自制还是引进,网络视听节目要坚持与广播电视节目同一标准、同一尺度,并且还统一了网络视听节目的内容审核标准,如2018年11月总局对文艺节目的管理通知,是面向所有"广播电视播出机构、网络视听节目服务机构、节目制作机构",因此,"各级广播电视主管部门要探索建立网台联动的有效管理机制"[①]。

第二节 提升国际传播能力

十八大以来,中央高度重视对外传播事业。2013年12月30日,习近平总书记在中央政治局第十二次集体学习时指出:"要加强国际传播能力建设,精心构建对外话语体系,发挥好新兴媒体作用,增强对外话语的创造力、感召力、公信力,讲好中国故事,传播好中国声音,阐释好中国特色。"2016年2月19日,习近平总书记在党的新闻舆论工作座谈会上再次强调:"要加强国际传播能力建设,增强国际话语权,集中讲好中国故事,同时优化战略布局,着力打造具有较强国际影响的外宣旗舰媒体。"

在我国媒体不断的努力下,我国国际传播水平持续提升,外媒采用率也不断提高。以2015年8月中旬至9月下旬为例,对外发布的82条视频新闻素材被401家境外电视媒体采用5,257次,外媒采用率高达87%。[②] 然而整体来说,我国的对外话语体系的影响力和感召力与其他国际主流媒体相比仍然处于较为弱势的地位。

一、加强与国际媒体的合作

2009年,长城平台在欧洲、北美、拉美地区实现新突破,东南亚平台的搭建工作已经完成。此外,通过举办国际电视资料联合会北京年会,加强与境外媒体互访、人员交流和新闻交换等,国际交流与合作更加活跃。

2013年4月,中央电视台总编室节目推介部在法国戛纳电视节会场外醒目位置投放广告,宣传内容涵盖晚会、纪录片、电视剧等。这是中央电视台在全球重要的电视行业盛会中首次集中推介本台形象和精品节目。

2016年8月26日,由中央电视台、中国国际电视总公司主办,中国广播电影电视节目交易中心承办的"丝路电视国际合作共同体成立仪式暨高峰论坛"举行。来自五大洲29个国家和地区的41家媒体与制作机构加入了该共同体。共同体未来将与亚广联、欧广联、非盟、阿广联成为合作伙伴,并积极联合新媒体成员,广泛接纳全球国际

---

① 国家广播电视总局关于进一步加强广播电视和网络视听文艺节目管理的通知[EB/OL].(2018-11-09)[2018-12-22].http://www.nrta.gov.cn/art/2018/11/9/art_113_39686.html/ 2018-11.
② 国家新闻出版广电总局发展研究中心.中国广播电影电视发展报告(2016)[M].北京:中国广播影视出版社,2016:140.

媒体,扩展成全球最大的"影视+"全媒体合作平台之一。共同体还构建了节目联播机制,计划每年举办一次全体成员的联播月活动,其间可以互享节目播出平台。该平台为各国广电媒体提供了宝贵的合作机会,也为中国媒体提高国际影响力奠定了基础。

除了与外媒开展合作、交流,国内媒体也在积极布局海外。截至2016年年初,中央电视台已经建立了70个海外记者站点,包括2个海外分台、5个中心记者站和63个驻外记者站,形成了全球化的新闻采编网络;建成了中央电视台国际视频发稿平台,2015年发布的视频素材被全球92个国家和地区的近1,700家电视频道采用。中央电视台的节目在171个国家和地区落地播出,与约70家境外媒体签订框架合作协议,与近百家境外机构达成新闻交换协议。同时还建成了亚洲最大、世界一流的音像资料馆,拥有约130万小时的音视频资料。①

二、利用国际社交媒体提高影响力

社交媒体高速发展,拥有越来越惊人的传播力。全球主流新闻媒体都在试图通过这一渠道延伸触角,与受众直接互动交流,实现高效传播。我国媒体同样认识到这一渠道的重要性,积极利用国际社交媒体提升知名度和影响力。

北京时间2013年7月4日埃及发生政变,武装部队最高委员会主席阿卜杜勒·法塔赫·塞西宣布解除民选总统穆罕默德·穆尔西的职务。8月14日,埃及安全部队对在开罗东北部和中部两处广场扎营抗议的穆尔西支持者进行清场,官方称暴力冲突造成500多人死亡,并有3,700多人受伤。8月16日,中央电视台北美分台邀请穆尔西的发言人参与节目讨论。在节目播出前,通过Facebook(脸书)平台进行了预热推广,以引起关心埃及局势用户的注意。数小时之后,推广信息的浏览量就达到近20万。节目播出后统计,观众中有四成来自埃及。之后该访谈视频又被上传到网络平台进行二次推广,当天中央电视台北美分台Facebook页面的浏览量突破20万,一周总浏览量超过了70万,为该台新媒体平台带来了流量和用户的显著增长。②

值得一提的是,中央电视台于2013年8月6日上线了一个24小时直播大熊猫的新媒体产品——熊猫频道(www.ipanda.com)。该频道通过在Facebook、YouTube(油管)、微博等网络社交平台上发布大熊猫的各类视频,向全球网民展现大熊猫的生活,传递友爱、和平。

2016年1月15日,熊猫频道全新改版,实现了功能拓展:一是推出新闻类产品《熊猫观察》,下设全球热点、时事评论、文化资讯三个子栏目,旨在阐述独家观点,传播中国声音。二是全新整合《直播中国》栏目,对长城、泰山等中国最具代表性的名山大川、自然风光以及金丝猴、朱鹮等珍稀动物进行网络直播,并提供点播节目。三是整合央视海外传播节目资源,提供央视中文(亚、欧、美三版)、英语、西班牙语、法语、阿拉伯

---

① 资料来源:央视网 http://www.cctv.com/。
② 杜毓斌.中央电视台海外新媒体运营的实践与思考[J].中国记者,2015(7).

语、俄语、中文纪录、英文纪录等10个国际频道的在线直播和回看服务,提供《走遍中国》《今日关注》《中国文艺》《华人世界》等10个栏目的在线点播。四是陆续推出《中国传统节日》《中国非物质文化遗产》《中华医药》《智慧丝路》《笔尖上的中国》等一批介绍和传播中国传统文化、体现中国元素的特色节目及产品,旨在讲好中国故事、展示中华文化的独特魅力。熊猫频道已经从最初以娱乐为主的"大熊猫频道"逐渐向"以视频为特色的中国互联网大百科"转型。

2016年4月11日,熊猫频道的Facebook账号粉丝突破100万,引起了海外媒体的广泛关注。据了解,西班牙最大传媒集团普瑞萨(PRISA)旗下的最大报刊《国家报》以及与英美国家主流媒体有着良好合作关系的英国卡特尔斯新闻社(Caters News Agency)等均表达了合作意愿。①

2017年2月22日,熊猫频道在Facebook平台发布短视频《熊猫宝宝实力演绎撒娇卖萌抱大腿》。截至2月27日,该视频浏览量近8.6亿次,独立浏览用户3.9亿人,视频播放量超过1.7亿次,有效互动达1,867万次;它还被BBC、《华盛顿邮报》、《每日邮报》、西班牙特拉维萨(Televisa)电视台、俄罗斯《共青团真理报》等50余家媒体或网站转载,被称为"神奇的中国视频",刷新了熊猫频道在境外社交平台传播的新纪录。②

三、中国国际电视台CGTN

2016年12月31日,中国国际电视台(China Global Television Network,简称CGTN,又名中国环球电视网)开播,习近平总书记致贺信,强调中国际电视台(中国环球电视网)要"坚定文化自信,坚持新闻立台,全面贴近受众,实施融合传播"。中国国际电视台是将原来中央电视台的英语新闻(CCTV NEWS)、英语纪录(CCTV-9英文版)和西班牙语、法语、阿拉伯语、俄语国际频道整合成立的新品牌,是中央电视台的国际传播新机构。"我们将突出融合传播,积极发展融媒体业态,打造外宣新旗舰。"中宣部副部长、国家新闻出版广电总局局长、中央电视台台长聂辰席说。③

2017年1月,中国国际电视台在英国《经济学人》(*The Economist*)杂志上刊登了整版宣传广告,以"See the difference"为口号,宣布:"中国环球电视网(CGTN)从北京、华盛顿、内罗毕的三个新闻中心为您提供时下资讯,……如果您像我们一样,相信世界不止有一个中心,请观看CGTN,并在互联网以及社交平台上关注我们。从多个视角看新闻。CGTV,看见不同。"④

中国国际电视台是在国际话语权竞争升级的背景之下成立的,希望能像今日俄罗斯电视台(Russia Today,以下简称"RT")一样成为中国外宣的重要力量。RT是

---

① 资料来源:熊猫频道 http://www.ipanda.com/。
② 央视网熊猫频道短视频开创境外传播新纪录[EB/OL].(2017-03-01)[2019-05-23].http://www.cctv.cn/2017/03/01/ARTIKmiQEKOnF9vWruJeeRWD170301.shtml.
③ 汪晓东,曹树林,于洋.深度融合 构筑媒体新版图[N].人民日报,2017-01-05.
④ 资料来源:《经济学人》(*The Economist*)杂志,2017-1-7至2017-1-13。

2005年由俄罗斯政府斥资3.5亿美元组建的一座24小时播出的英语新闻电视台,也是俄罗斯首家全数字化电视频道。2013年,俄罗斯解散了俄新社和俄罗斯之音,将RT重组为"今日俄罗斯国际通讯社",正式成为俄罗斯的官方外宣媒体集团。在此后几年间,其对叙利亚战争、攻占华尔街、维基解密等事件的深入报道,在国际上获得了较高话语权。据报道,RT已在全球100多个国家拥有6.3亿观众和全球28%的有线电视用户,跻身于世界主要媒体行列。

CGTN和RT在很多方面有相似之处,如在资金来源上,CGTN也由中国政府全额资助;在播报形式上,也是以英语为主进行多语种24小时播报,提供服务的目的也较为类似。CGTN希望让世界认识一个立体多彩的中国,展示中国作为世界和平建设者、全球发展贡献者、国际秩序维护者的良好形象,并向世界阐述自己的观点,这与RT的"提供客观真实信息"的立意"神似"。

RT标榜自己是"独立的非营利机构",意在摆脱苏联时代留给外界的刻板印象,更易于被国际主流社会接纳。RT的运营经费主要依靠俄罗斯国家杜马拨款。2010年公布的数据显示,RT当年获得约6,000万美元;而在2014至2015财年,其预算已高达4亿美元,其中约一半资金投放到海外站建设、公关推广渠道建设等方面。外界对RT的独立性存在争议,西方普遍认为"RT的主要任务是不择手段地对美国制造的新闻予以回击";与此同时,也有声音认为RT虽由政府出资建造,但是政府并未干预其运营。从报道方式上来看,RT采取的策略是"在地化",即用"俄罗斯视角"报道欧美国家的当地事务,通过提供不同于西方主流媒体的信息和评论,吸引对原有西方主流报道理念不满的受众,从而树立自己的口碑和影响力,且并不局限于"讲好俄罗斯故事"。

在这些方面CGTN与RT并无可比性。中国主流媒体都是党和政府的喉舌,CGTN要受中宣部的领导;在传播内容上首先是以中国事务为主,积极"讲好中国故事",树立中国的正面形象;其次才是对欧洲、北美的报道,而拉美、南亚则往往被忽视。① 在组织架构上,CGTN拥有6个电视频道、3个海外分台、1个视频通讯社和新媒体集群。在人事安排上,原中央电视台体育频道总监江和平担任负责人。

CGTN延续了原CCTV-NEWS频道的大部分节目,主要有:

The World Today(《今日世界》,原NEWS DESK,亚洲版),是CGTN的核心滚动新闻,每整点播出15—30分钟,在北京和华盛顿两地播报世界各地最新、最重要的新闻,包括突发新闻(breaking news)、直播(live event),深度报道(in-depth reporting),专家分析(expert analysis)以及持续报道(sustained coverage)。

Global Watch(《环球瞭望》,原 *News Hour*),这是一档时长为60分钟的新闻杂志类节目,周一到周日播出。节目涵盖对主要国际新闻的报道与深度分析,强调中国

---

① 王鹏.从RT到CGTN:哪些学得到? 哪些学不到? [EB/OL].(2017-06-28)[2019-11-10]. http://www.charhar.org.cn/newsinfo.aspx? newsid=11887/2017-06-28.

元素以及看待国际事件的中国视角。节目也使用国外观众熟悉的方式,报道他们感兴趣的中国政治和新闻故事。

The Link(《连接》),每周一至周五播出,节目时长30分钟,是CGTN唯一一个由北京总部、北美和非洲制作中心共同制作的新闻节目。节目聚焦最新的事件以及拥有国际影响的话题,尤其是涉及亚洲、美洲和非洲的内容。来自北京、华盛顿和内罗毕演播室的现场专家,以及遍布世界的记者团队,通过节目进行互动探索和讨论。

除以上栏目外,还有 *China 24*(《中国24小时》,亚洲版)、*Asia Today*(《今日亚洲》)等栏目。

四、第一财经转战网络

隶属于当年中国第二大传媒集团——上海东方传媒集团(SMG)的第一财经(China Business Network,CBN),与全球著名财经媒体CNBC结盟,拥有电视、广播、杂志、日报等各类媒介,致力于打造具有公信力和强大影响力的全媒体金融与商业信息服务商。

在上海、宁夏两地党委、政府的积极推动下,2010年2月8日,宁夏电视台和第一财经传媒公司合办宁夏卫视正式启动。第一财经借助宁夏卫视的平台,实现了曲线上星。

但是不到三年半,2013年7月31日,宁夏广电总台经过和上海广播电视台沟通协商,签署了提前终止合作的协议。合作终止于2014年1月1日。之后宁夏广电总台从人力、财力、物力上加大对卫视频道的支持力度、加大节目的创新改造,按综合频道定位,对频道所有节目重新架构、整体包装,除新闻、专题类节目外,增加综艺娱乐节目,购置有热播潜力的影视剧,满足观众多元化的收视需求,以此改善宁夏卫视的传播影响力和文化竞争力,提升宁夏卫视在全国的知名度和美誉度。[1]

终止合作之后,第一财经电视仍是华语世界最大的财经视频平台。其地面频道除继全网覆盖上海等长三角城市和香港NOW宽频电视订户外,2012年起通过新加坡星河有线开路播出,覆盖了新加坡约55万订户。它与北京、天津、江苏、浙江、厦门、成都、澳门、台湾等境内外37家主流财经电视共同发起了中国财经媒体联盟(CBTN),打造全国首个财经媒体资源共享平台。2015年,第一财经与浦东新区政府联合主办了东方财经·浦东频道,聚焦浦东坚持改革开放的成功案例,打造与浦东在全国特殊的金融地位相匹配的财经节目、财经活动,搭建起一个广泛互动的传播平台。[2]

2017年4月27日,第一财经App斩获"2017互联网时代年度最具价值创新产品"奖。这是由中国移动互联网行业影响力最大的全球移动互联网大会(GMIC)颁发的GMIC X大奖。该奖不设候选名单、不设评委,以互联网用户过去一年中点击、搜

---

[1] 宁夏卫视与上海第一财经合作将终止 明年回归[EB/OL].(2013-11-04)[2018-08-02]. http://nx.cnr.cn/xwzx/xw/201311/t20131104_514024699.shtml.
[2] 资料来源:第一财经官网 http://www.yicai.com/resource/aboutus.html。

索和评论等网络动作,通过大数据分析和权威的指标体系,从年度大事件、大人物、大企业中遴选出年度大奖得主。同时获得这一奖项的还有摩拜单车、讯飞输入法、有道翻译官等产品。

第一财经 App 是第一财经的移动互联网旗舰产品,聚合了第一财经原创的财经资讯。其中,它"正在"通过 7×24 小时滚动推出图文资讯和视频流,另有"第一财经 LIVE"主打财经事件直播,让用户最快掌握立体完整的事件进展和各方观点;而主打短视频的产品"究竟 VIDEO"则呈现最犀利的大咖言论、最酷炫的科技应用和最新鲜的理财知识。①

第三节　新技术对电视新闻的重塑

这一时期,新媒体的快速发展使得传统的媒体格局、舆论环境都发生了深刻变化,也给传统电视带来了巨大冲击:收视情况下滑、市场份额锐减……已经到了不得不变革的十字路口。在这样的背景下,传统电视主动拥抱新的媒体形式和传播技术,跟上时代的发展,新旧媒介的融合成为迫在眉睫的议题。

一、新闻报道新技术

科学的进步使得新技术不断涌现,其中一些深刻影响到电视新闻的加工生产、制作过程和表达形态。

在媒体融合的大趋势下,一系列全媒体采编新技术广泛应用,不仅提高了新闻的时效性和可看度,对新闻节目的生产、制作、传播、接收等整个过程都产生了影响。

(一)4G 传送技术

1. 4G 技术

2013 年 12 月 4 日,工信部向中国移动、中国电信、中国联通三家移动通信商正式发放了第四代移动通信业务 TD-LTE 牌照,标志着我国电信产业正式步入 4G 时代。4G 网络融入诸多新型技术手段,全面提升网络可靠性,数据处理速度更快。② TD-LTE 4G 网络的上网速率最快可达 TD-SCDMA 3G 网络的 100 倍,平均可达 20 倍以上。更低的资费标准、更稳定的网络环境,为高清移动视频的传输奠定了技术和物质基础。

4G 网络提高了移动设备访问互联网的速度,集合了 3G 与 WLAN(Wireless Local Area Networks,无线局域网)技术,现场端信号采集效率高、转换速度快、编码

---

① 第一财经 App 实力打造中国第一财经新媒体[EB/OL].(2017-05-03)[2019-05-04].http://finance.qq.com/a/20170503/025465.htm.
② 张林,朱敏科,刘颐.电视新闻直播报道如何利用 4G 网络技术进行改革创新[J].中国有线电视,2014(2).

压缩方便、转码过程连续性强,再加上 4G 网络信道容量高,传输正确率与同步性得到提升,能够传输达到高清电视画质的视频图像。[①] 因此,4G 时代对电视新闻节目最大的贡献就是提高了现场直播回传图像的质量和稳定性。

目前,电视新闻直播传输主要有微波、卫星直播(SNG)、互联网、光纤、移动信号传送等多种方式。卫星直播(SNG)模式中,标清格式使用的基本带宽是 9 Mbit/s,图像质量好,运动连贯无卡顿。而广播级摄像机拍摄的视频至少有 270 Mbit/s 的高速标清码流。受传输带速度的限制,需将视音频信号按照 H.264 标准进行编码并压缩成 TS 码;该码与传统的 MPEG-2 的编码方式相比,占用容量少,编码效率、图像质量、抗误码率都大大提高。压缩后的 TS 码又自动分为 2 Mbit/s 的增强码流和 500 Kbit/s 的基本码流。基本码流为高传输优先级,可以保证最基本的观看效果,不出黑场或者断线;增强码流在原有基础上对清晰度、图像分辨力有较大的完善。从 4G 传输速度来看,这两种码流都可以完成高清和标清视频甚至多轨道的传输。作为新一代移动通信技术,4G 能够同时传送声音(通话)和数据信息(电子邮件、即时通信等)。

4G 技术的更大优势是可以利用手机进行视频通话和上网,打破了时间、空间的限制。只要记者能够到达现场,只要有 4G 网络信号覆盖,就可以实时进行直播报道。和以往还需要携带传输仪器甚至是卫星车等繁重器械相比,4G 直播系统需要的设备不多、造价不高,而且轻便、操作简单,更不会受到拍完再传的限制。使用 4G 技术创新电视直播,成为突破电视直播瓶颈的重要手段。在 4G 网络下,新闻节目的制作与接收方式都发生了巨大的变化。直播从常态化进入了日常化。

2. 4G 应用

国内最早通过 4G 移动网络完成电视转播是在 2010 年年末。当时中国移动广东公司为广东电视台新闻中心提供的"TD-LTE 即摄即传系统"以及"TD-LTE 移动媒体采访车"被正式应用到广州亚运会火炬传递的电视直播上。据悉,这是该技术在电视直播的全球首次应用。[②] 2012 年 11 月 24 日,中央及浙江省级电视媒体通过中国移动的 4G 网络超高速无线信号传输数据,圆满完成了杭州地铁一号线开通的现场直播任务。利用移动无线信号在行驶的地铁列车中开展电视直播,这在全球也属首例。

2013 年年初,在厦门马拉松锦标赛的新闻报道中,厦门电视台借助 4G 网络进行了现场直播报道。相比 3G 信号,4G 信号的码流较高,画质更好,大大减少了主持人和前方记者交流中的延时现象,使节目更加流畅,更具真实感。在直播过程中,受众可以观看到流畅、清晰的赛事现场画面与记者的后端报道。

2013 年 12 月 4 日,北京电视台新闻直播互动节目《生命灿烂》也首次应用 4G 回传技术进行了现场直播。[③]

观众在 4G 网络条件下,可以通过移动端设备随时观看网络直播获取新闻,满足

---

① 张雁.3G/4G 直播回传系统在昆明电视台直播节目中的应用[J].现代电视技术,2016(2).
② 徐琦,胡喆.4G 背景下电视新闻直播报道的新发展[J].声屏世界,2014(3).
③ 张小雯.4G 背景下电视新闻直播报道的发展分析[J].中国新通信,2016(13).

第一时间掌握资讯的信息需求,并且画质、速度、资费等方面的用户体验都比较好。此外,普通人身处新闻现场,只要拿起手机,就可以进行电视直播,进一步推动了新闻节目的双向互动,增加了民众对视频报道参与的可能。4G 网络的发展,给电视新闻直播报道注入了活力,创造了更多可能性,影响着电视媒体传播的创新发展。

再以电视新闻对洪涝灾害的报道为例,从 1998 年那场肆虐了半个中国的特大洪水,到 2016 年的九江段、鄱阳湖内涝,为了能把洪水现场最真实的情况迅速地告知观众,电视新闻报道也采用了新技术。

1998 年,电视新闻报道采用的是传统方式:记者到达前线拍摄,回来经过后期剪辑、加工再行播出。2010 年,抚州唱凯堤决口提前合龙,江西电视台首次采用卫星直播(SNG)对缺口合龙进行了实时报道,直播技术已经普及到了各个省级台。2016 年 6 月的内涝报道,江西广播电视台记者在鄱阳县向阳圩滨田河堤段决口封堵的现场,仅一名记者、一名摄像就合作完成了《直播连线鄱阳:向阳圩溃口进行最后封堵》的报道。

在此次现场直播报道中,江西广播电视台都市频道的《都市现场》栏目采用了以卫星直播(SNG)为主、4G 为辅的方式。卫星直播(SNG)信号更为稳定,但需要借助卫星车操作,有些地方卫星车并不能到达。相较之下,4G 直播更为灵活,只要人能到、有信号覆盖就可以实现直播;只是在传输画面的清晰度和流畅性上与卫星直播(SNG)相比还有一定的差距。两种技术各有优势、互为补充,为观众在第一时间呈现出真实的现场画面。

此次抗洪报道还增加了民间航拍公司的参与,以往传统拍摄方式无法完成的高空俯瞰画面有了全新的解决方案。报道中,无人机航拍只需要两个人现场操作,对洪水的蔓延、肆虐的情况都有了直观的画面。在缺口合龙的报道中,以往需要三个以上的机位才能完成现场的展示,在连线鄱阳的直播中只需要两个机位:一个机位拍摄封堵特写,另一个机位是空中的无人机,这两个机位就可以完整直观地将现场合龙的那一刻直播给了电视机前的观众。[①]

此外,VR 技术的使用同样给观众带来了不同的体验。在这次鄱阳向阳圩缺口封堵中,有媒体利用 VR 技术,对封堵现场进行了全景式扫描,利用计算机仿真系统,生成交互三维动态视频。借助于此,观众虽然身处家中却可以看到现场的 360 度全景,并且点击任一地点都可以了解该处的缺口、封堵情况等信息,丰富了事实信息,增强了参与感。

在不到 20 年的时间里,一系列的技术进步将电视新闻报道及其呈现方式带来了翻天覆地的变化。

(二)大数据新闻

1.大数据技术

首先,大数据是指信息或数据量的巨大,一般是超过 1PB(1024TB)的数据。大数

---

① 汤晶晶.新技术让我们不断接近新闻真相[J].声屏世界,2016(9).

据的来源有两种:一种是对基于个体的人的信息采集;另一种是对基于物联网的物的信息采集。

2013年,维克托·迈尔-舍恩伯格和肯尼斯·库克耶所著的《大数据时代》在中国畅销。作者在书中提出,技术革命的迅速发展,在极大丰富了各行业数据的同时,也使原来类似孤岛的各行业数据之间产生了相互联系,一个大规模生产、分享和应用数据的时代正在开启。我们通过大数据了解世界的方式,不再是随机样本,而是全体数据;不再是精确性,而是混杂性;不再是因果关系,而是相关关系;数据之间的相互关系由量变转向质变。2013年也被称为"大数据"元年。

大数据不仅为新闻报道提供了更丰富的素材,也对新闻生产产生了巨大影响。云计算是大数据应用的基础,有了它,大数据才能凸显其价值。利用合适的数据分析技术对存储的数据进行分析,从中提取有益的知识,按照一定的标准统一存储并利用恰当的方式将结果展现给终端用户。① 对不同领域、层面的大数据进行分析、处理后,借助拥有互动图形用户界面(GUI)的数据可视化工具实现转换,运用数据可视化和叙事化手段,创作出一种新的报道方式,形成全新的新闻样态。这种报道方式主要有四个环节:对原始数据的收集、对数据的分析过滤、将数据可视化、形成具体的新闻报道。② 作为信源的大数据,有助于受众从宏观层面上了解报道对象的整体情况,相对于微观的细节信源来说,往往能带来新的社会认知。③

2. 大数据新闻

最早的"数据新闻"可以追溯到1821年5月5日英国《卫报》创刊号上一篇以分析学生人数及开支的数据来揭示曼彻斯特地区教育政策误区的报道;④但数据在新闻报道中被视为"主角"是从20世纪50年代开始盛行的"精确新闻"和"计算机辅助新闻"(Computer Aided Reporting,简称CAR)报道开始的。⑤ 2008年"数据驱动新闻(data-driven journalism)"诞生,它是基于互联网及其衍生平台实现的基于数据收集、分析、挖掘、可视化呈现而生产出来的新闻。它的核心在于"数据驱动",特点在于数据的"全样本、异质结构、相关性",本质性在于"新闻"。

国内大数据新闻实践起步略晚,大概是从2011年、2012年的搜狐开始,之后新浪、网易等门户网站纷纷尝试做大数据新闻。传统媒体紧跟步伐,2012年11月,新华网开始启动大数据新闻项目。

电视的大数据新闻始自中央电视台。2014年1月25日,中央电视台与百度合作推出了连续5天的大数据电视新闻报道《"据"说春运》。从当天中央电视台《晚间新闻》开始播出,借助百度地图的大数据,展示迁徙的实时数据;还通过对网民的抽样调

---

① 孟小峰,慈祥.大数据管理:概念、技术与挑战[J].计算机研究与发展,2013(1).
② 陈力丹,李熠祺,娜佳.大数据与新闻报道[J].新闻记者,2015(2).
③ 毛湛文.2014年中国电视新闻生产的新常态[J].电视研究,2015(3).
④ 罗杰斯.数据新闻大趋势:释放可视化报道的力量[M].岳跃,译.北京:中国人民大学出版社,2015:52.
⑤ 卜卫.计算机辅助新闻报道:信息时代记者培训的重要课程[J].新闻与传播研究,1998(1).

查,展示"春运"的客流状况与迁徙特点,"为观众解读春运新趋势与年货新动向提供了一个全新的视野"。① 数据显示,北京—成都间的人群流动是当天全国最热的线路。这是官方媒体在电视新闻报道中第一次利用大数据,这开创了电视新闻报道的一个新形态。

该报道的大数据获取方式有两种,一种是百度公司基于民众智能手机通过百度地图 LBS 开放平台每日高达 35 亿次以上、平均每秒钟就有超过 4 万次的各种 App 定位请求。这些位置数据的变化时时刻刻反映在"百度地图春节人口迁徙大数据"中。另一种是百度指数,即利用网络用户在百度基于不同需求的搜索行为留下的信息"轨迹"。拿到数据之后,中央电视台新闻编辑部结合其他渠道,多角度对数据进行分析,找出数据背后的现象。此外,中央电视台在基于百度互动用户界面的可视化数据报道中还穿插了相关的小故事支撑节目有温度的表达,比如位居搜索第一位的《回家的礼物:给丈母娘的礼物》。有学者对比收视率后发现,《"据"说春运》系列节目对新闻的收视率有正向影响。②

2014 年被称为"大数据电视新闻"元年,大数据开始以信源的方式融入新闻节目之中。此后,中央电视台还推出了《"据"说春节》《数说两会》《大数据中的 3·15》《大数据看出行》等系列报道,作为大数据电视新闻的有益尝试相继推出。其平台也由新闻频道推广至经济频道、国际频道等,播出主体也从中央电视台扩展到各地方电视台。

2015 年 10 月 3 日,中央电视台《新闻联播》又推出了一档大型数据新闻《数说命运共同体》,并在《朝闻天下》《新闻 30 分》《新闻直播间》等各栏目滚动播出。中央电视台新闻中心跨行业、跨领域整合多方信息源,依托国家"一带一路"数据中心、国家统计局、海关总署、世界银行、世界贸易组织等众多权威数据库,挖掘超过 1 亿 GB 的数据,仅为计算"全球 30 万艘大型货船轨迹",分析比对的航运数据 GPS 路径就超过 120 亿行。该节目动用了两台超级计算机,搭建百人原创团队,历时 6 个月,挖掘和提炼出隐藏在海量数据里的关联本质,发现"一带一路"沿线国家 40 多亿百姓之间的联系。

该节目还通过最新视频技术,使主持人"走出"演播室,在不同国家之间任意"穿越",和观众一起认识"一带一路"沿线国家各方面情况。③ 有媒体报道,该节目使用了国际上最先进的数据可视化技术,创造了数个"首次":首次使用卫星定位跟踪系统数据,通过大量 GPS 移动轨迹提升数据新闻的视觉表达效果;首次使用数据库对接可视化工具,使节目通过真实数据轨迹全景呈现;首次准确、客观描摹出"一带一路"沿线主要国家的重要数据分布情况。这可以看作是大数据与电视新闻碰撞出的最具代表性的报道。

---

① 郑小华.电视时政报道中的大数据运用:以中央电视台《两会大数据》《据说两会》为例[J].东南传播,2014(12).
② 常江,文家宝,刘诗瑶.电视数据新闻报道的探索与尝试:以中央电视台《晚间新闻》"据"说系列报道为例[J].新闻记者,2014(5).
③ 张薇.中央电视台推出大型数据新闻节目《数说命运共同体》[EB/OL].(2015-10-05)[2018-09-25].http://media.people.com.cn/n/2015/1005/c40606-27663022.html.

"大数据新闻"需要依托大数据公司来实现。据了解,中央电视台与大数据公司合作不涉及经费,百度、360、腾讯等公司很大程度上是基于平台价值的考量,主动或被动参与中央电视台数据新闻的制作。新闻节目需求的是新闻价值,而大数据公司要的是传播价值。①

大数据的应用已经推动了全新节目形态的出现。此外,"大数据可视化"技术还能够实现对节目的全新视觉包装。中央电视台体育频道在世界杯期间推出的《豪门盛宴》大型足球娱乐节目,利用虚拟数字技术,让 C 罗、梅西等海外球员"出现"在节目现场②,使节目更加好看。

(三) VR/AR 新闻

2016 年,VR/AR 虚拟现实与增强现实技术的到来为交互媒体提供了新的空间。

1.VR/AR 技术

VR(Virtual Reality)的全称是虚拟现实技术,是一种计算机仿真系统。它运用计算机技术模拟输出动态三维立体空间;同时,受众的身体行为,例如头部转动、姿势变换等也会生成相应的数据输入到计算机中,生成视觉、听觉、触觉等多方位的感知,反馈到受众的五官,从而提供"一种多源信息融合的交互式三维动态视景"。它所强调的是沉浸式的虚拟现实体验,让受众产生一种亲身经历虚拟世界的体验。③

AR(Augmented Reality)的全称是增强现实技术,通过实时计算摄影机影像的位置和角度,加上计算机虚拟生成的图像、视频或 3D 模型的技术,实现了虚拟世界与现实世界的叠加与互动。

VR 与 AR 是不同的技术类型——VR 是完全虚拟的环境,提供的是沉浸式的体验;而 AR 是现实与虚拟的结合,是数字图像叠加在现实的体验。二者的出现将极大地改变人类的生活、娱乐方式,因此,它们有着不可估量的巨大发展潜力。从发展水平来看,VR 无论是设备还是应用技术都更加成熟。

有人总结了 VR 的三个基本特征:沉浸性、交互性、想象性。④ 沉浸性指的是计算机生成的三维动态影像能够让人置身于虚拟环境,但感知到的却与真实世界非常相似;交互性指的是在虚拟世界中,人们可以利用传感器设备进行交互,进而获得与现实世界相同的感觉,如触觉、嗅觉等;想象性指的是用户可以通过沉浸获取新知识,通过理性、逻辑等思维过程启发创造性。

2.VR 新闻

《纽约时报》是第一个把 VR 和全景视频作为新的叙事平台的西方主流媒体。

---

① 郭俊义,等."戴玉数据圈"沙龙:中央电视台大数据新闻的开创和探索[J].中国传媒科技,2017(2).
② 欧阳宏生,梁湘梓,徐书婕.论互联网时代"广电媒体+"之融合创新模型的建构[J].西南民族大学学报(人文社科版),2016(1).
③ 李琳.新闻网络直播:媒介融合时代下新闻报道的新思维[J].新闻世界,2017(2).
④ 虚拟现实(VR)技术特点介绍与发展历程详解[EB/OL].(2015-11-24)[2019-05-11].http://www.askci.com/news/chanye/2015/11/24/151122qjfz.shtml.

2015年年底,《纽约时报》推出名为 NYT VR 的虚拟现实应用,还与三星公司合作推出每日 VR 新闻版块。再如美国甘内特集团旗下的《得梅因纪事报》在 2013 年推出了解释性报道《丰收的变化》,该报道是将游戏元素融入新闻报道的 VR 案例。报道通过还原农场实景,页面设置通关任务,完成后进入应用界面,用户即可以在 360 度全景农场中自由走动,以游戏主体身份了解农场全方位、多角度的报道信息,以达到身临其境的传播效果。该作品是传统报纸与 Oculus 公司合作推出的虚拟现实体验报道。

在中国,VR 视频新闻最初的"垦荒",也不是电视媒体。

我国主流媒体最早是在 2015 年 9 月 3 日举行的抗战 70 周年胜利阅兵庆典中开始尝试 VR 报道的。当天,《人民日报》制作了阅兵 VR 全景视频,新华社也使用了 VR 报道形式,腾讯新闻则实现了移动端观看 VR 视频直播的互动体验。当年 12 月,新华社微信公众号"新华全媒头条"推送了一篇名为《虚拟现实,带你"亲临"深圳深夜搜救现场》的消息,运用 VR 技术带领观众沉浸式体验深圳滑坡灾害的救援。观众只需要旋转手机,便可以看到 360 度的现场情况。

随后,参与的媒体和平台迅速增加。2016 年 1 月 24 日的"体坛风云人物颁奖典礼"上,央视网也首次运用 VR 技术进行了全景直播。

2016 年,有线运营商与电视台纷纷进军 VR 产业。同年 3 月,新疆广电网络天山云 TV-VR 工作室宣布成立;4 月,浙江华数依托现有内容储备资源,与"唯见科技"合作构建了 VR 门户。但是相比之下,电视媒体在 VR 应用上的热情依然稍显不足。

此后,包括光明网、腾讯、网易、百度新闻、新浪新闻、乐视等媒体和平台都采用了 VR 技术进行报道。2016 年的两会报道中,国内媒体掀起了一场 VR 技术使用的小高潮。3 月 3 日政协开幕当天,《人民日报》客户端上线了《VR 带你进会场 政协大会这样开幕》,为观众呈现了大会开幕、大会堂内景,以及政协委员们起立唱国歌、听报告的场景,实现了 720 度全景沉浸式体验。政协发布会刚刚结束,《光明日报》的融媒体作品《政协新闻发布会 VR 实况》就已通过微信、微博传开了。网友点击鼠标或是在手机屏幕上滑动手指,就可以拉近发布会的任意视角。除了反应快速,央媒在本次两会的虚拟现实报道中也采用了多种形式,实现了移动端、PC 端的联动。

在本次两会报道中,新华社在其 PC 端两会特别专题中设立了"VR 视角"栏目,集中展现了 20 多条全景视频,内容包括:"直击两会首场新闻发布会""360 度全景记录青海代表团开放日""直击部长通道:7 位部长回应民生关切""探访金色大厅:总理记者会前一天"等。此外,该栏目还有一些小策划,如"从一个前所未有的角度看升旗""全国两会,这几个地方不容错过""两会召开,老百姓有话说"等。在移动端,新华社新闻客户端的"VR 全景两会"呈现了多张全景图片和少量全景视频。另外,新华社还打造了一款移动端 VR 全景游戏"你能当两会记者吗?"这是此次两会 VR 报道中唯一一款新闻游戏。

广东卫视制作了"两会 VR"等两会现场视频资讯,通过广东广播电视台合作的

ZAKER①软件,对该软件移动阅读平台超过1.5亿的用户进行了广泛推送。

在2016年两会的虚拟现实报道中,一些媒体采用全景视频形式,如《人民日报》客户端、百度新闻;一些媒体采用了全景图片形式,如新浪新闻、《财经》杂志;一些媒体二者兼有,如新华社、网易新闻;但并没有出现利用计算机生成三维虚拟环境、实现人机互动的作品。②

在2016年8月5—21日举办的里约奥运会中,中国电视报道第一次使用VR技术与体育报道相结合的形式。作为里约奥运会唯一官方授权的中国互联网和移动平台转播机构,CNTV同时独家订购了VR视频直播和点播内容,向全国互联网用户提供了包括开闭幕式、田径、跳水、男篮等项目在内长达100小时的全景画面。不仅如此,中央电视台还首次尝试将演播室报道与VR全景技术结合,在巴西里约的前方演播室采访奥运明星,将赛事现场和演播室视频渲染合成,实现虚拟和现实相互融合的视听体验。③ 2017年,在"一带一路"国际合作高峰论坛报道中,央视网VR频道围绕"暖故事""任意门""大事件""抢突发"四条栏目主线,先后推出《纺起"一带",织出"一路"》《全景探访宁夏闽宁镇》等VR视频新闻。

VR技术在改变用户接收习惯的同时,也改变了新闻的呈现形式,改写了新闻内容的制作流程和逻辑。相比传统电视新闻拍摄,VR新闻拍摄要做更充分的准备,例如需要分镜头脚本,甚至要站位演示,包括拍摄地点、摄像机架设的位置、被摄物体的运动轨迹、灯光、布景,整个拍摄流程都需要前期策划。除了耗费时间较多,VR拍摄的难度也对新闻选题设置了很多限制。拍摄团队将现实中的人物或事件作为报道对象,借助游戏、电影、动画等丰富的技术手段进行报道设计和视频拍摄,形成现实与虚拟的完美统一,并将游戏形式与新闻内容融合,将真实信息和虚拟手段统一。这种新型报道方式,带来了新奇独特的用户体验。④

同时,VR新闻的出现也伴随着一些争议,有学者认为其可能颠覆传统新闻业的基本原则。如VR新闻强调场景还原,造成真实性与虚拟性混同,有悖于传统新闻中所强调的真实性叙事理念;VR新闻给观看者带来过多的沉浸感,而事件本身及新闻原本的价值则相对弱化,因此,VR新闻也就更多沦为了娱乐工具。⑤ 这些问题需要业界进行更多的讨论并提出新的应对措施。

(四)网络直播报道

1.网络直播

直播形式最早产生于广播业,后来由于采制、传输技术的不断进步,电视直播也逐

---

① 一款由广州坚和网络科技有限公司开发的阅读类软件。
② 李晓芳.国内媒体"VR+新闻报道"案例分析:以2016两会报道为例[J].现代视听,2016(10).
③ 陈欣钢.视觉 数据 叙事:媒介融合环境下的奥运报道创新[J].电视研究,2016(11).
④ 郝香.VR新闻:传媒数字化之路新探索[J].中国出版,2017(2).
⑤ 周敏,侯颗.冷热媒介视角下虚拟现实新闻探究[J].当代传播,2016(5).

渐成熟。随着数字化时代的到来,移动上下行带宽提升且资费下调,互联网直播开始出现。视频网络直播是通过互联网对某一事实同步播出相关影像的一种信息传播方式。

网络直播与电视直播的首要区别就在于能够即时互动。在互联网平台,受众可以通过各类接收终端跟帖评论、弹幕、点赞点踩等方式实时沟通。有调查显示,与点播视频相比,接近60%的用户更愿意观看直播并参与互动。[①] 而我们现在的电视互动仍然停留在书信、电话、网络平台、微博、微信等方式,不仅时间滞后,且不在同一终端,观众无法直接看到,因而效果不佳。

网络直播的第二个特征是多样性。电视直播在题材、内容、时长等方面受到电视台自身特点及相关的限制,局限较大。而网络直播则在时间、空间上可以自由选择,再加上技术门槛低,任何一个在某个特定现场的人都可以自愿成为"直播人",网络直播的内容因此大大丰富。这也引出了网络直播的第三个显著特征——自主性。一方面,直播者可以自主决定何时开始或停止直播、播什么内容,另一方面,观众也可以自主决定何时开始或结束观看。网络直播的便捷性和互动性,使其成为大众青睐的传播形式。[②]

网络直播在此时有三种类型:信号转播、平台自制和自媒体自制。信号转播的方式类似电视媒体的转播节目。由于受到视频编码技术及互联网带宽的限制,早期的互联网转播信号卡顿、画面质量差等缺陷使用户体验不理想。随着技术的发展,此时的互联网转播信号不仅画质清晰而且传输流畅。我国已普及了移动互联网4G技术,可以在10Mbps条件下达到高清水平1,080P的视频传输,消除了受众选择互联网视频直播的技术屏障,如中国网络电视台(http://tv.cctv.com/live/)、直播网(http://www.zhiboo.net/)等平台转播电视信号的网络直播。

平台自制的直播节目以主流视频网站为主体。由于节目制作经费的限制,质量较高的平台自制的直播节目主要存在于一些大型门户网站中。以2016年的围棋新闻事件——韩国棋手李世石与"阿尔法围棋"(AlphaGo)的人机大战为例,当时优酷直播了这一赛事,并且设立演播室进行解读。这是以往只存在于电视媒体上的报道形式。

还有一种形式是自媒体直播。这种直播形式此时处于一种分散、多样、平民化的状态。诸如映客、斗鱼等直播软件都属于这一类直播平台。这种平台技术使得每个人都可以使用手机等简单设备做网络直播。"全民做直播,人人当主播",网络主播迅猛地从移动端涌现;直播内容也包罗万象、花样百出。

在遭遇一些突发事件时,也会有网友通过直播平台自发进行新闻类直播报道。如2016年7月20日北京暴雨,某网友因自驾车辆被水淹,便在位于北京南五环羊坊桥下的车旁,通过"壹直播"平台对随后车辆经过和被淹情况进行了较长时间的实况直播

---

① 第37次中国互联网络发展状况统计报告[EB/OL].(2016-01-22)[2019-06-11].http://www.cac.gov.cn/2016-01/22/c_1117858695.htm.

② 李琳.新闻网络直播:媒介融合时代下新闻报道的新思维[J].新闻世界,2017(2).

"报道",以此来"为修车赚点儿钱"。

网络直播迅速发展成为一种新的互联网业态。2015年,我国网络直播的市场规模达到90亿元以上,在线直播的平台数量大概有200家,其用户数量超过2亿人。大型直播平台每日高峰时段同时在线人数接近400万,同时直播的房间数量超过3,000个。2016年,在线直播的平台数量超过300家,到当年12月,网络直播用户规模增至3.44亿,占网民总体的47.1%,较当年6月增长了1,932万,比上年增长了一亿多。① 观看过在线直播的用户中,48.1%的人每周观看频率为1—3次,21.6%的人每天观看。2016年,网络直播的市场规模超过了100亿。② 移动直播的爆发式发展让2016年成为"全民直播"年。

此时市场上的主流直播玩家基本可以分为三类:满足用户娱乐诉求的泛娱乐直播、满足用户信息获取的泛资讯直播、跨行业的应用类直播。其中,发展最顺利的是第一类,直播领域的三大上市公司陌陌、YY和天鸽均属这一类。

经历了一年的疯狂,随着用户增长红利逐渐消退,2016年下半年,直播市场趋势陡转直下。根据QuestMobile提供的数据,从2015年10月起,直播行业应用下载安装量保持持续上涨势头,到2016年8月触及最高点8,166万;9月开始,该项指标骤跌回到7,121万。与此同时,直播市场上的300多家平台有超过1/3已经死亡。③

根据中国互联网信息中心(CNNIC)发布的第42次《中国互联网络发展状况统计报告》,截至2018年6月30日,网络直播用户规模达4.25亿。由于准入门槛低,网络直播自2016年以来就一直在野蛮生长,平台乱象丛生,很多直播内容也常常游走在灰色地带。2018年8月1日,全国"扫黄打非"工作小组办公室、工信部、公安部、文化和旅游部、国家广播电视总局、国家互联网信息办公室等六大部门联合下发《关于加强网络直播服务管理工作的通知》,部署各地各有关部门进一步加强网络直播服务许可、备案管理,强化网络直播服务基础管理,建立健全长效监管机制,大力开展存量违规网络直播服务清理工作。该通知明确要求落实用户实名制度,加强网络主播管理,建立主播黑名单制度。④

2.电视媒体网络直播

2016年,我国网络直播和移动直播进入爆发式发展阶段,网上涌现出很多直播平台与直播新人、"网红"主播。主流电视媒体积极参与到此番变革中。

2016年5—6月,央视新闻与微博、今日头条等平台在视频直播领域进行合作,在各平台上分别进行了25场直播。这些内容被超过1亿用户接收,在线观看直播的人

---

① 第39次中国互联网络发展状况统计报告[EB/OL].(2017-01-22)[2019-12-01].http://www.cac.gov.cn/cnnic39/.
② 王德禄.互联网进入"直播时代"[J].中关村,2016(10).
③ 李弗洛.一年死200+公司,排名第一的App产出不够请一个网红,直播有未来你信吗?[EB/OL].(2017-04-20)[2019-05-14].http://capital.people.com.cn/n1/2017/0420/c405954-29223500.html.
④ 关于加强网络直播服务管理工作的通知[EB/OL].(2018-08-27)[2019-05-14].http://hnna.voc.com.cn/view.php?tid=754&cid=11.

数接近 300 万,获得网友点赞超过 2,000 万。① 央视新闻直播内容包括突发事件,如"韩国民众再次举行大规模抗议集会""武汉暴雨""120 直升机、救护车接力救援伤者";也有软新闻类的直播,如"青海湖湟鱼洄游""'四不像'麋鹿从英国迁回北京"等。

2016 年,杭州 G20 峰会期间,中央电视台开展了一次"台网联动"直播报道活动。央视新闻频道在《新闻直播间》节目中进行现场连线,探访西湖边的央视 G20 杭州直播中枢。与此同时,央视新闻客户端对这次现场连线进行了直播。中央电视台电视直播和网络直播,双屏实时互动,互相借力,互为补充,是跨界、跨屏直播的一次有益尝试。这种"电视节目+手机"直播的形式,或许会成为电视重大新闻报道的一种新形式。② 它不仅使接受人群大大拓展,而且还会带来跨屏交流的便利,使电视互动更加丰富。

地方电视台也有很多相关的探索。湖南卫视开发了"芒果直播"、广东广电开发了"荔枝直播"。2016 年 7 月,江苏省高院下属徐州市人民法院对"老赖"展开了一次集中抓捕行动,网易新闻、江苏广电荔枝新闻联合省城市频道、省新闻广播 FM93.7 等媒体对此次行动进行了 24 小时直播,形成对司法执行的全媒体联动报道。省城市频道还在当晚播出了 30 分钟特别节目,与执法队伍连线报道。截至行动结束,共有 687 万网友在线观看了直播,视频回放突破千万量级。③

北京广播电视总台的线上新闻直播平台"北京时间"对 2016 年 G20 杭州峰会的直播报道也被视为中国传统媒体的阶段性突破。其最大亮点在于多点发起、同步推进、多维视角的全景直播:前方记者发起直播达 38 场,58 小时不间断,累计直播达 90 小时。直播中还通过多种形式与网友互动,根据反馈及时调整报道策略。据统计,此次"北京时间"直播/视频内容的总播放达到 1,489.7 万次,累计观看时长达 193 万小时,每次点击播放的收看时长平均接近 8 分钟。"北京时间"此次网络总点击量(PV)达到 3,723.3 万,访问人数(UV)达 974.5 万,成为 G20 峰会中国网站全网第一名。这也成为移动视频直播平台从传播舞台的边缘走向中心的标志性事件。④

中国电视媒体已经形成了直播的传统,在移动直播领域更是占有先天优势。通过积极布局,与新媒体联手,进一步拓展新的渠道与机会。新旧媒体联手报道在国外早有实践。如在 2009 年 1 月 20 日美国总统奥巴马的首任就职典礼上,CNN(美国有线电视新闻网)与 Facebook 合作进行了跨屏直播。其形式是"视频+更多信息窗"的方式,即在 Facebook 页面左侧嵌入 CNN 的直播报道画面,同时用户可以与好友边看边聊、发表看法。⑤ 这是一种多屏合作的成功案例。

---

① 罗赘.新闻直播:在线直播的下一个热点?[J].中国记者,2016(9).
② 陈建飞.网络直播时代,电视媒体的流程再造与模式革新[J].中国记者,2016(11).
③ 周安琪.新闻媒体如何发力移动直播[J].新传媒,2016(10).
④ 喻国明.打造新型主流媒体价值范式与影响力的关键:以北京广播电视总台线上直播平台"北京时间"G20 杭州峰会报道为例[J].新闻与写作,2016(10).
⑤ 黎斌.电视融合变革:新媒体时代传统电视的转型之路[M].北京:中国国际广播出版社 2011:67.

2016年以后,"全民直播"时代①的到来进一步形塑了传统电视的生态环境。在重大主题报道中,移动直播俨然成为标配,而两会期间移动直播的"无孔不入",也是对当下"全景式观看"的适应。2017年7月香港回归20周年,央视新闻移动网推出36小时不间断直播的特别报道《香港·香港》,央视新闻客户端、官方微博同步跟播,在线观看人数超过千万,创央视新闻移动网上线以来的历史新高。电视媒体还试水移动直播的品牌化发展。例如,从前期筹备到正式上线,江苏广电融媒体中心利用集团官方微博、微信、频道宣传片、滚动字幕、新闻主持人与记者的口播以及屏幕二维码等多种推广手段,为"荔直播"持续造势。

截至2017年12月30日,央视新闻全年完成了2,550场移动直播,总触达(点击)人数114.7亿,总观看人数27.2亿。其中触达人数破亿的移动直播有5场,全部为时政类活动,十九大后新一届常委会见中外记者以2.86亿点击量傲居榜首。② 事实上,小屏幕观看,其移动特性更能满足人们的信息需求,特别是看不了大屏幕的人自然会转向小屏幕,能够做到最大化释放新闻视频的传播能量。以2017年建军90周年阅兵为例,全国共38个上星频道进行直播,通过中央电视台收看的电视观众为8,900万人。而在新媒体端,仅央视新闻(7,600万)、人民日报社(1,000万)两家媒体的新媒体直播观众就能与中央电视台五个频道的总观众人数媲美。③

2018年春节期间,黑龙江大庆电视台、甘肃兰州电视台、贵州安顺广播电视台、西安广电榴花直播等18家地方媒体对各地年夜饭进行接力直播,在腊月二十八将18道各地别具特色的年夜饭端上直播屏幕,共吸引实时观看以及回看800万人次。18家媒体总招商金额接近100万元,为地方媒体探索远程联动直播提供了宝贵经验④。

短视频、移动直播并没有被电视新闻所垄断。比如2018全国两会报道,各大中央主流媒体都将视频直播作为主要报道手段之一,人民网推出大型全景式视频直播栏目《两会进行时》和《两会夜归人》;腾讯新闻更联手全国30多家权威媒体打造了两会跨媒体直播报道联盟。

(五)H5技术的运用

随着移动互联网的崛起和媒体融合进程的深化,更适合手机等移动媒体终端的H5技术在新闻报道中的运用越来越多。H5是HTML5的简称,即超文本互动语言(Hyper Text Markup Language)的第五次改进,是一种建立在HTML5技术规范之上的综合性的技术体系。⑤ 其设计初衷是为了更好地在移动设备上支持多媒体内容生产与传播,最显著的优势在于跨平台性和兼容性,H5可以包含文本、图片、音频、视

---

① 截至2017年6月,网络直播用户接近3.5亿。第40次中国互联网络发展状况统计报告[EB/OL].(2017-08-04)[2019-11-10].http://www.cac.gov.cn/2017-08/04/c_1121427728.htm.
②③ 李燕.从大屏到多屏:央视时政报道的融媒体探索[J].中国广播电视学刊,2018(9).
④ 周密,蒲琨.主流媒体视频直播新玩法 全国18家媒体联合直播《我们的年夜饭》[J].中国记者,2018(3).
⑤ 苏涛.H5新闻的概念起源与技术逻辑:基于技术视角的考察[J].新媒体研究,2019(20).

频等多媒体素材。交互感强、用户体验优是这项技术的突出特点,用户可以自主切换浏览,可以通过小测试、小游戏参与到作品当中,从基础的视听互动、触感互动,到更有趣的重力互动、多屏互动,再到充满科技感的 VR 互动,其强大的场景搭建能力可以形成"沉浸式"传播体验。这项技术为创新新闻报道提供了有力的技术支撑。

2018 年,第二十八届中国新闻奖获奖作品中共有 12 件是 H5 作品,其中获得融媒互动二等奖的 H5《铁血铸军魂》,是央视新闻移动网在中国人民解放军建军 90 周年之际,精心策划并制作推出的创意 H5 系列产品,它包含《铸魂》《砺剑》《红色记忆》三大版块(如图 11-2),形成一镜到底的互动体验,把文字、图片、视频、音频等素材信息通过 H5 呈现出来,可视化信息流顺畅、信息层次丰富。获奖作品《听,长江说!》和《我为港珠澳大桥完成了"深海穿针"》别具一格,通过游戏的方式优化内容表达,后者作品通过虚拟构建任务指挥部,引导用户接受任务,并通过三个接连贯穿的任务,使用户在主动操作下,完成"深海穿针",获得游戏体验,从而有效地实现新闻内容的传播。

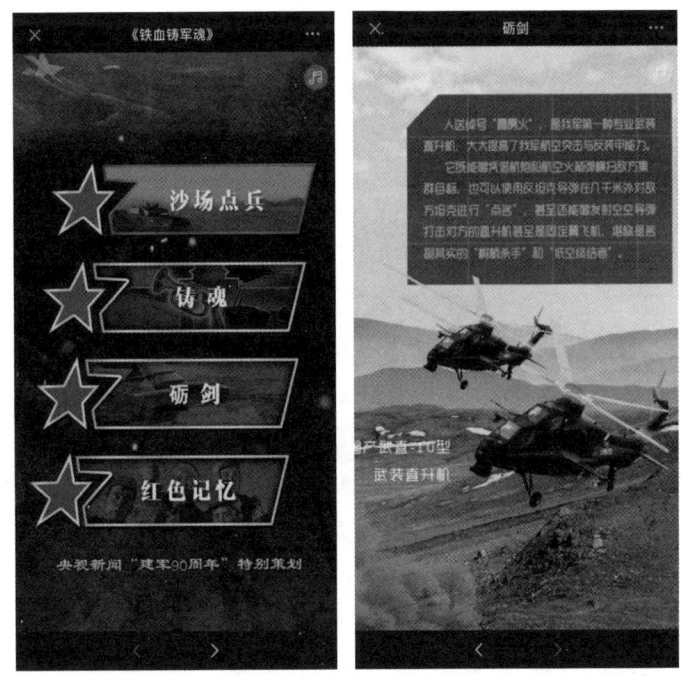

图 11-2　H5《铁血铸军魂》

央视新闻移动网在"一带一路"国际合作高峰论坛报道中推出《筑梦新丝路》的专题页面,允许用户根据世界地图中的区域定位获取相应的海量新闻报道。河南广电大象融媒等利用 H5 设计了问答互动产品"@河南人,一起测测你对政府工作报告了解多少?"等。2018 年"两会"期间,中央电视台出品的 H5 作品《习近平"下团组"时间》以 H5 技术为基础,将碎片化且突出重点的图片、文字、视频等样态融入其中,向用户呈现习总书记深入各地代表团和小组会议了解当地各方面建设的真实状态,以及总书记对于民生建设的真知灼见。

H5技术虽然入门和操作都较为简单,但其生产周期一般在三至五天,较为复杂或者大型的报道则需要更长时间,因此不适用于突发性新闻事件,主要用于可提前策划的大型新闻报道或者固定题材的重大事件。此外,H5技术在新闻报道的发展过程中,存在娱乐化、同质化以及技术制约等问题,一味追求高质量的互动设计或者炫目的表现形式,而忽视新闻内容本身,就会形成"虚有其表"的结果,与丰富内容形式、增强传播效果的初衷相悖。①

(六)AI人工智能

随着媒介技术的进步,"算法"、人工智能成为融媒体发展核心词汇。2018年9月,在第二十七届北京国际广播电影电视设备展览会上,中央广播电视总台以展板的方式对外公布了总台同阿里巴巴共同打造的"多形态视频+音频智能剪辑"技术,该技术在对体育赛事进行新媒体直播的同时,人工智能还可以实时分析直播音视频流、判断和定位关键数据,在赛后5分钟内自动生成比赛集锦回放。同年12月,新华社联合搜狗发布全球首个人工智能主播,使用人工智能模仿人类声音和面部表情。"人工智能对新闻生产的重塑已经深深融入各个环节之中,以人机协作为主要特征的'增强新闻'将成为新的创新蓝海。"②

AI时代的内容生产已经变成了OGC(职业生产内容)、PGC(专业生产内容)、UGC(用户生产内容)、MGC(机器生产内容)、IGC(人机协作的智媒生产内容)共存的时代。融媒作品反映出对传统叙事、表达、呈现、传播的突破,这固然基于技术提供的可能,但同时也是媒介生态变革、行业竞争加剧催生出的对用户观感和体验的极致追求。我们需要创新,更需要"帮助用户深化对相关议题的关注和理解",而不仅仅是"把内容进行简化和形象化处理"。③ 现在的融媒体作品在内涵和深度上还有很大的提升空间,而且大多数都是单独存在的,没有与其他产品相关联,形成系列,"灵光一现"的情况居多。此外同质化、跟风现象普遍,让人打开作品后产生"太过相似而无法区分制作媒体"的感觉,独立创新意识和能力尚有不足。

2017年的全国"两会"可以说是主流媒体集体的"网红元年"。光明网的多信道直播云台"钢铁侠"、人民网的"现象级"H5产品《两会喊你加入群聊》、央广主播"王小艺的朋友圈"系列等,"全国'两会'可视化时政报道如此受到网民的追捧和转载尚属首次"。这一年,人民网等七家主流媒体共推出可视化报道产品共计约662件,其中VR全景作品37件,手机H5交互作品59件,网页交互界面作品10件,动画视频47件,

---

① 朱雯琪.场景化H5新闻发展现状及优化路径[J].新媒体研,2020(18).
② 翁旭东,曾祥敏.脉络贯通 技术融通 心心相通:2018广电媒体融合创新发展概况[J].新闻战线,2019(1).
③ 刘扬.新技术新应用为两会报道添光溢彩[J].新闻战线,2018(4).

系列专题策划微视频 344 件,漫画作品 21 件,小游戏 9 件,AR 增强现实作品 2 件。①

二、电视新闻的融合发展

传统电视对待新媒体的态度经历了三个阶段。第一阶段,把新媒体作为一种新形式,搞简单的内容多端分发;第二阶段,二者相互补充、相互协作,开始根据互联网特性,改变报道风格;第三阶段,与新媒体融合。随着传统媒体的转型和新媒体的迅速崛起,旧有的机制、体制被打破,传播理念被颠覆,二者之间的界限越来越模糊,并且朝着组织机构、传播体系一体化的方向发展。其中运用新技术再造新闻生产流程、生产机制成为主流动向。

(一)"中央厨房"模式

在广电内容融合进程中,新闻信息的融合传播处于优先位置。中央三台、省级台和主要地市台普遍建立了融合新闻中心,在新闻生产中采取"中央厨房"模式,实现节目内容的融合生产和传播。

"中央厨房"原是餐饮业的一种管理模式,指统一采购、统一配送、统一烹制的大厨房;其最大优势在于通过集中规模采购、集约生产,提高效率、降低成本。媒体融合借用了这一概念,特指通过内容的集约化制作,实现信息的多级开发,提高传播效果,节约传播成本,是新旧媒体融合的一个方向。

该模式打造全媒体报道平台,各地的实践虽不尽相同,但"新旧融合、一次采集、多种生成、多元发布"是基本共识。基于此,传统媒体转型中的创新新闻生产理念包括:树立分众传播理念,以服务分众赢得大众;树立信息分层发布理念,以分层发布求全息传播;树立产品理念,以产品导向代替作品导向;树立用户理念,以用户思维取代受众思维;从这些更新中实现以理念创新带动内容、技术、渠道创新,从整体上推进媒体融合的快速发展(见表 11-4)。②

表 11-4 传统媒体转型中的创新新闻生产理念

	树立	转变观念	转换者
1	分众传播理念	通过服务分众赢得大众	接收对象
2	信息分层发布理念	通过分层发布达到全息传播	发布方式
3	产品理念	作品导向变为产品导向	加工目的
4	用户理念	受众思维变为用户思维	受众观念

2013 年,新华社创新建设了一条全新的供稿线路——新媒体专线,由传统单一

---

① 曾祥敏,翁旭东,黄莉莉.时政新闻报道融合创新:基于 2017 全国"两会"可视化产品的分析研究[J].编辑之友,2017(7).
② 姚丽亚.基于"中央厨房"模式的新闻生产理念创新[J].新闻界,2015(14).

的、线路分开的供稿方式,转变为融文、图、表、漫画和音视频为一体的多媒体供稿方式。不仅在形式上、内容上集合了背景资料、深度延伸等信息,还可以与用户展开互动,针对性地提供"个性化、对象化、专业化"的产品。从2月27日该条线路投入使用到3月17日全国两会结束,据不完全统计,新媒体专线共发稿2,062条(其中包括集文、图、视频、漫画等多种报道手段的稿件),日均100条,并为新华社创收近5,000万元。①

上海广播电视台推出了电视新闻全媒体融合生产平台X-news、"N进N出"广播全媒体采编制存发平台等多套技术系统。湖北广播电视台建设融媒体新闻中心,探索建立"前方全媒体采访+后方中央厨房式整合生产"的新闻生产流程。② 无锡广播电视台以内容生产制作为切入点,开创了"前端采集一体化,后端发布多样化的'六位一体'联动模式"。

2016年两会期间,浙江广电集团在北京设立了全国两会全媒体新闻中心,浙江卫视联合浙江之声、新蓝网搭建全媒体平台,通过台网融合、全媒体互动的创新形态对两会进行报道,打造出两会报道的"中央厨房"。

河南大象融媒体集团有限公司在全国两会期间,在北京会议现场设立"4G演播室",与7种媒介形态、20多个传播渠道和平台实现同步直播。现场还设立集采编播为一体的大象融媒全媒体新闻指挥中心,按照"中央厨房"模式,实现"一体策划、一次采集、多种生成、多屏传播、全天滚动、全面覆盖"。③

"中央厨房"模式为广电媒体打造出一站式信息生产全媒体融合平台,将采访、编辑、发布等工作串联在一起,保证了新闻的时效性和全面性。

(二)"云平台"

各地广电媒体发挥资源优势,多方协调合作,搭建信息采编的云平台。

2014年,湖北广播电视台从新闻节目入手,实现了"从传统新闻节目,到新媒体传播、新媒体平台,再到综合服务平台的三级跳"。④ 首先从重点栏目《湖北新闻》入手,将其微信公众号升级为湖北台官方门户"长江云",打造成一个集新闻、政务、互动、直播于一体的服务平台。在公众号内设有"云直播"——包含新闻日历(观看每日《湖北新闻》的节目)、湖北之声("湖北之声"广播台直播)、广电直播(湖北其他广播、电视台节目直播);"云互动"——包含微博爆料(官方社交平台)、今日头条(文字资讯汇总)、下载App(长江云手机客户端);"云福利"——不定期举行抽奖等活

---

① 王清颖.用"集成服务"理念开辟新媒体报道新天地:2013新华社新媒体专线两会报道之"新"解析[J].中国记者,2013(4).
② 国家新闻出版广电总局发展研究中心.中国广播电影电视发展报告(2016)[M].北京:中国广播影视出版社,2016:257.
③ 梁新慧.河南广电全媒体 今起呈现"融时代"两会[EB/OL].(2016-03-02)[2019-02-11].http://www.jinbw.com.cn/shizhengnews/2016-03-02/17437.html.
④ 杨明品.2014:广电媒体融合发展进行曲[J].新闻战线,2015(2).

动。截至2017年8月,湖北广播电视台基于云计算、大数据以及人工智能等技术打造的"长江云"系统已完整支撑电视新闻生产的全链条,从移动采编、信息汇聚、新闻共享再到节目制播,成功运行了超过50万个流程实例、45万条新闻线索、近百万条节目素材。[①]

2015年11月,江苏省广播电视总台对外发布了"云·组团·多终端"新型传播体系的"荔枝云"平台。该平台打通江苏广电内外的流通渠道,记者无论何时何地,只要登录平台就可以对新闻素材进行选择、加工和发布。同时,平台连接了全媒体演播室,可以借助虚拟场景对新闻事件进行还原;还可以将节目资讯、片花等发布到相应的播出系统和社交媒体,与观众实时互动,进行投票、讨论等。平台还集成了语音识别、移动视频编辑等40款新闻云端生产工具,"形成了新闻制播分发的完整生态"[②]。2016年,在全国两会报道中,"荔枝云"平台就提供了包括两会协同平台、两会外场、两会大数据等功能,实现了服务的快速部署和专业的运维保障。

同样是在2016年两会期间,中央电视台使用了中国广播云采编平台进行报道,首次把"360度全景交互体验"全媒体技术引入报道;首次通过独家微视频和两会主会场的29个云直播摄像头,进行多机位、多画面直播,观众在收看时可自主切换画面。

(三)转战移动端

中国互联网络信息中心(CNNIC)发布的第39次《中国互联网络发展状况统计报告》中显示,截至2016年12月,中国网民规模达7.31亿,其中手机网民规模6.95亿,占比高达95.1%。网络视频用户规模5.45亿,使用率为74.5%;其中手机视频用户接近5亿,使用率71.9%,同比增长6.5%(见表11-5)。手机视频用户规模从2012年的占比49.4%,4年时间增加了22.5%,视频观看从PC的固定场景向以手机为代表的移动场景转移。移动端成为广电媒体在新时期着力发展的空间。

表11-5 2016年12月中国网民手机视频用户规模占比

	规模(亿)	手机(亿)	手机网民占比(%)
网民	7.31	6.95	95.1
视频用户	5.45	5.0	91.7
视频用户占比	74.5%	71.9%	

随着移动互联网的发展,微信、微博使用人群增加,微博媒体化趋势显著,微信公众号也后来居上。2013年,广电媒体开始加大对移动媒体的投入,纷纷建立官方微信

---

① 聂长生.长江云融合媒体平台应用架构和发展分析[J].广播电视信息,2017(11).
② 江苏广电"荔枝云"平台正式发布[EB/OL].(2015-11-17)[2018-06-21].http://js.xhby.net/system/2015/11/17/027033585.shtml.

公众号、微博等。据统计,此时全国所有省级以上广电机构和部分市县广电机构都开办了微信、微博、客户端等业务,一云多屏、多屏互动等方式不断涌现。①

中央电视台认证的频率、节目、主持人等微博、微信公众号超过 700 个。如 2013 年 2 月 15 日在《新闻联播》结束时,主播以"要获取最新资讯,您还可以登录我们的官方微博——央视新闻"作为节目的结尾,这标志着"央视新闻"微博已于当日开通,成为中央电视台新闻中心的另一重要发布渠道。省级台也通过开办微博、微信公众号,形成集群化态势。如山西广播电视台共有 200 个官方微博、50 个官方微信公众号;辽宁广播电视台官方认证的微博、微信公众号数量近百个。截至 2017 年 2 月 26 日,中央电视台微博"央视新闻"粉丝量达 4,803 万,湖南卫视官方微博"湖南卫视"粉丝达 788 万。

广播电视台在微信公众号上的影响力也在不断提高。根据清博大数据榜单,央视新闻公众号经常位列微信公众号总榜前三位(见表 11-6)。

表 11-6 2016 年 2 月 12—18 日电视台微信公众号情况统计②

序号	所属机构	公众号	总阅读数	最高阅读数	平均阅读数	等价活跃粉丝
1	中央电视台	央视新闻 cctvnewscenter	146 万+	10 万+	97,593	100 万+
2	中央电视台	央视财经 cctvyscj	87 万+	10 万+	72,680	100 万+
3	黑龙江广播电视台	新闻夜航 yehang82898289	51 万+	10 万+	63,819	100 万+
4	安徽广播电视台	中国安徽卫视 ahtv2015	18 万+	10 万+	46,490	100 万+
5	辽宁广播电视台	新北方 xbf_23186688	29 万+	78,262	37,100	100 万+

除了移动社交媒体,移动客户端也是各广电媒体发力的必争之地。截至 2016 年年底,中央电视台"央视影音"客户端下载量达到 5.5 亿,"央视新闻"客户端下载量达到 4,195 万,海外社交媒体账号粉丝及关注数达 5,335 万。③

各地的广电媒体都在努力布局新媒体版图。比如,四川广播电视台形成了"一网两微多端"的融合架构,其中特别注重移动端的建设。在苹果 App Store 中,四川广播电视台旗下共有 11 款客户端。④"熊猫新闻"重民生、重服务,针对川内城市最热新闻以及城市周边旅游、美食、健康等提供服务类资讯;"熊猫视频"是手机视频在线播放平台,它集成中央电视台、省级卫视和四川地方电视台的直播信号,以泛娱乐为原生内容;"四川观察"以原创独家视频和新闻事件直播为亮点;"熊猫沃 TV"是四川联通

---

① 中宣部副部长、国家新闻出版广电总局局长蔡赴朝在第二届中国网络视听大会上发表主旨演讲[EB/OL].(2014-12-16)[2018-07-10].http://news.cntv.cn/2014/12/16/ARTI1418691825718669.shtml.
② 数据来源:清博大数据。
③ 深度融合 构筑媒体新版图[N].人民日报,2017-01-05.
④ 统计时间截至 2017 年 2 月 26 日。

IPTV 业务延伸到手机终端的平台,实现双屏转换、大小屏融合,集成国内电视台直播信号和电影、电视剧、综艺等娱乐节目内容;"金熊猫"以直播为核心,是以"看有用的直播"为理念的移动客户端;"四川新闻视频"是新闻栏目《四川新闻》的移动应用,第一时间传递时政要闻;除此之外,还有"熊猫电视伴侣""川观""瞄客周刊""蜀观""市州观察"等客户端。

另一个成功案例是芒果 TV。2014 年 4 月 20 日,湖南卫视将旗下的"金鹰网"和"芒果 TV"整合升级,推出全新的视频播出平台"芒果 TV"。同时宣布了"芒果 TV 独播战略"——借助湖南广电在创意、人才、制作、内容上的独特性,坚持内容驱动、独特策略驱动,打造互联网视频行业独特的、规模化的第一综艺平台。[①] 内容独播战略使芒果 TV 与湖南卫视从"异体共生"变为"一体共生",两者优势互补,实现台网双向融合,迅速提升了芒果 TV 的影响力。独播开始后,芒果 TV 实现全平台(PC 端、移动端、OTT)日均独立用户逾 3,100 万,用户峰值突破 6,000 万;芒果 TV 移动端以每月 10%的增速保持增长,曾一度成为苹果应用商店下载的双榜第一,累计下载突破 1.25 亿,品牌及市场影响力日益提升。[②] 通过成功的平台播出策略,实现了移动端的爆发式增长。但是芒果 TV 在独播一年之后,由于《奇葩说》等网络自制内容更为丰富与多元,且已能与电视节目抗衡,让其产生了危机感。于是芒果 TV 提出"由独播到独特"的口号,即不再满足于仅仅依靠独播来自湖南卫视的内容,而是重新寻找自身的独特定位,自制和定制其独特内容。[③] 这也是传统电视媒体融合过程中的一种探索。

根据人民网研究院发布的《2018 年中国媒体融合传播指数报告》,全国 34 家中央级、省级电视台(包含 96 个电视频道、470 个电视栏目)中,中央电视台融合传播力遥遥领先,湖南电视台、江苏电视台、上海电视台在省级电视台中表现亮眼。具体而言,电视台、电视频道微博开通率高,整体开通率为 62.6%。电视频道微博开通率最高,电视栏目的微博开通率相对较低,为 57%。微博粉丝量超过千万的 6 个微博账号都来自中央广播电视总台和湖南电视台。电视微信公众号开通率不及微博,电视频道微信公众号传播力突出,黑龙江电视台都市频道《新闻夜航》栏目官方微信公众号"新闻夜航"日均发文量最高,接近 24 条。2018 年全年,央视新闻、新闻夜航、央视财经三个微信公众号的总阅读量过亿,央视新闻全年总阅读量超过 6 亿。从单个电视客户端下载量来看,湖南电视台芒果 TV 的下载量最高,接近 19 亿,占全部电视台客户端下载量的 65%。央视影音、央视新闻客户端下载量也过亿,1905 电影网、触电新闻等 9 个客户端下载量为千万级别。[④]

---

① 芒果 TV 从独播到独特 综艺频道全网第一[EB/OL].(2015-06-10)[2018-10-23].http://news.sina.com.cn/o/2015- 06- 10/105431934522.shtml.
② 刘炎飞.从独播到独特:芒果 TV 发展战略转型研究[J].当代传播,2016(6).
③ 豆子.芒果 TV 独播战略不到两年就终结 几档综艺撑不起视频网站[EB/OL].(2016-11-09)[2018-10-23].http://tech.sina.com.cn/i/2016-11-09/doc-ifxxnety7802307.shtml.
④ 2018 电视融合传播指数报告发布[EB/OL].(2019-03-29)[2019-01-22].http://media.people.com.cn/n1/2019/0329/c120837-31001662.html.

艾媒咨询(iiMedia Research)对中国手机新闻客户端的调研数据显示,截至2017年第四季度,中国手机新闻客户端用户规模增至6.36亿人,73.7%的手机新闻客户端用户每天都使用手机新闻客户端,央视新闻、人民日报、新华社、澎湃新闻客户端用户黏性指数在传统媒体类手机新闻客户端中分列前四名。56.9%的受访用户认为手机新闻客户端新闻内容专业性差是目前使用最大痛点。①

互联网为电视新闻提供了全新的传播方式,无论是网站、移动客户端、微博或微信等社交媒体账号,都帮助节目覆盖到了更多受众。但是,单纯地将电视内容转移到新媒体平台上只是最初级的媒体融合。近年来,各地广电媒体已经从初级的平台层面融合发展到了内容层面的高级融合——利用新的技术特点,生产适合于互联网/移动互联网的产品。

除了微博、微信,近年来微视频成为迅速崛起的新形式,其短小精悍的特点更方便受众利用碎片时间使用移动设备观看。

2014年,中央电视台以微视频方式报道时政新闻,推出"V观"版块,旨在以独家画面、重要现场、领导人活动等有故事、有细节的短视频报道,让网友零距离观察时政新闻现场,揭秘性强、时效性强,使时政新闻更生动好看、更易于传播(见图11-3)。之后,央视制作出"APEC""G20峰会""习主席出访""首个国家公祭日""澳门回归15周年""两会"等多个系列微视频,获得了较好的传播效果。据报道,"APEC"系列微视频在微博、微信、客户端各平台累计阅读量为5.2亿次;"G20峰会"和"习主席出访"两个系列微视频,累计阅读量超3亿次。②

图11-3 中央电视台"V观"页面

---

① 2017—2018中国手机新闻客户端市场研究报告[EB/OL].(2018-03-22)[2019-07-10].https://www.iimedia.cn/c400/60894.html.
② 《V观》微视频时政报道系列[EB/OL].(2015-05-29)[2019-09-20].http://media.people.com.cn/n/2015/0529/c394987-27076294.html.

(四)央视新媒体

中央电视台在移动客户端开发和使用上不断开拓创新,形成多屏化用户体验。中国网络电视台立足中央电视台海量电视节目版权资源,开发了庞大移动客户端产品集群,覆盖 iOS、安卓、Windows Phone 等多个智能操作系统的智能手机、平板电脑两类终端。拥有 CCTV 手机电视、央视影音、直播中国、我爱非洲和中央电视台同名栏目等移动终端应用产品。2013 年,其移动客户端全球用户已经超过 5,100 万。

面对海量优质电视节目版权资源,央视移动客户端为了有效多屏传播,针对不同用户的需求,划分了几种类别。

综合类移动客户端。它主要是以扩展传播渠道,实现多屏互动传播为目标。如央视影音(CBOX),是中国网络电视台主打产品,聚合了中央电视台旗下海量独家资源,为全球用户提供电视直播、点播服务,打造便捷、流畅、清晰的观看体验。

按内容划分的客户端。如央视新闻,是中央电视台新闻中心的官方客户端,它发布重大新闻,报道突发事件,关注民生状态,把握时代脉搏,及时推送最新消息。央视体育,以体育赛事为核心,包括多路直播与观赛指南,内容覆盖全球赛事,满足用户的体育需求。

按栏目分类的客户端。如中央电视台各个著名栏目:《新闻联播》《焦点访谈》《经济半小时》《今日说法》《深度国际》《今日关注》《星光大道》《开门大吉》等的移动客户端。

此外,还有用户分享类客户端,如熊猫频道[①]、央视微博、央视微视、微拍客、拍客等。

中央电视台还尝试开发收费移动客户端。如《对话》《交易时间》《海峡两岸》《体坛快讯》《健康之路》《探索发现》《百家讲坛》《中华医药》《天天饮食》《影视俱乐部》等栏目的移动客户端,下载费用从 6 元到 30 元不等。

2014 年两会期间,中央电视台整合线上线下多种资源,运用电视直播、视频在线、微博互动等多种形式,进行全景式、多维度、立体化报道,取得了良好的传播效果。两会开幕式通过网络电视、央视新闻客户端、央视影音客户端、IPTV、手机央视等终端以及英、西、法、阿、俄、蒙、哈、维语频道进行多终端、多语种的视频、图文直播;央视新闻微博、微信公众号、搜狐客户端等平台同步直播。微博发稿 63 条,"微博看两会"话题全部讨论超过 108 万。直播期间,央视网多终端合计独立用户 1,231 万人,多终端直播累计观看 753 万次,最高同时在线 60.2 万人,分别较 2013 年增长 56%、14%、65%。其间还推出交互式新闻产品《私人定制你的政府工作报告》;官方微博、微信公众号也推出原创动画视频产品《解码两会:2 分钟读懂两高报告》;大数据"据说两会"网上广

---

① 熊猫频道是为全球喜爱大熊猫的人们特别打造的一款移动视频应用,随时随地只需轻轻一点,就可以身临其境地观看高清大熊猫直播。

泛转发,"数据哥"粉丝大增;以央视网和百度搜索数据为依托,进行梳理、统计和分析,深挖数据信息背后内容和深层意义。①

2017年2月18日,央视新闻移动网作为中央电视台融合转型的主要发力点之一,正式启动。这是一个在前端为用户互动平台、后端为资源共享、高效分发的通稿系统和媒资系统,主要有四个功能系统:记者视频回传系统(VGC)、移动直播系统(正直播)、账号矩阵系统(央视新闻矩阵号)、用户上传系统(UGC)。其中移动直播系统,在当年的两会报道中大放异彩,联合全国地方电视台,交出了一份亮眼的成绩单。央视新闻新媒体矩阵,不仅有成立电视新闻融媒体联盟时签约的37家省级、计划单列市电视台,还有在两会期间邀请的30家人大代表团、全国政协大会新闻组、政府机构等入驻矩阵号,联合发布权威声音和独家画面。两会期间,矩阵号共播发两会相关新闻9,000余条,发起直播243场,其中央视新闻累计发起直播110场,触达人数逾4.6亿,累计在线观看人数逾2.25亿,日均值创移动直播历史之最,在直播总理记者招待会时,峰值近1,000万网友跨平台在线观看。②

这一年的两会报道,央视新闻中心的大小屏联动报道十分出彩。央视新闻中心地方部和新媒体部联合制作的《两会有啥事 我们帮你问》创造性地每期邀请6位代表委员实时在线,主持人在节目中实时接收来自多平台、多形式、多主题的观众提问,随来随报、随来随评、随报随问,形成了串联线上线下的"两会聊天室"。13期节目共晒出330多个网友的问题,98位代表委员在线回答,峰值时互动规模超过303万人。同时,新媒体部门配合新闻频道的主打节目《请问部长》《两会1+1》,实现了双屏多段互动直播。大屏幕上的《请问部长》每天17:00在央视新闻频道播出,呈现的是当天部长通道和记者会上的内容,节目间隙插播网友通过央视微博、客户端、央视新闻移动网等平台提出的问题,由主播和特约评论员杨禹进行讲解回复。《请问部长》在网络平台(央视微博、客户端、央视新闻移动网)的直播状态要早于演播室直播20分钟,场景选择在中央电视台繁忙的办公楼内,由记者带领,为网友分享屏前幕后信息,预告当天节目的话题,引导网友留言提问;电视屏幕上的《请问部长》结束后,小屏直播继续,记者带着网友问题,由下了电视直播的杨禹继续在线作答。

多部门合作实现大小屏互动直播,需要一定的工作机制作为保证。首先,央视新闻移动网标准化的通稿制作使记者一份文稿与视频,可以同时分发大小屏不同的内容系统;新媒体部门在两会开幕前培训所有上会记者和后台编辑使用新平台,协调台内各部门实地对接,"极大地促进所有一线工作人员向全媒体人才转型";2017年两会期间,前期记者在VGC平台上为新媒体专供了136条微视频。③ 其次,在审稿机制上,新媒体部门联合了新闻联播部、经济部、社会部、地方部等多个部门,成立新媒体两会审稿编委会,分班次、分平台对央视新闻的海量移动直播、独家V观微视频、图文直播

---

① 朱真铁.一云多屏 互动传播 智能服务:中央电视台移动客户端的实践与探索[J].影视制作,2014(4).
② 杨继红.造平台成矩阵 网络舆论大提升:"央视新闻"新媒体报道全国两会新亮点[J].传媒,2017(4).
③ 杨继红.造平台成矩阵 网络舆论大提升:"央视新闻"新媒体报道全国两会新亮点[J].传媒,2017(4).

等多个产品进行联合审稿。

(五)受众的互动参与

以往,传统电视台在新闻生产中扮演着决定者的角色,随着媒体融合,受众逐渐参与到新闻的制作中来。

湖北广播电视台的"湖北之声"在2015年打造了一个概念节目——《摇新闻》。该节目以十分钟为一个单元,贯穿全天,在多个整点时段直播播出;用100秒快问快答的形式传递约12条信息,集合了国内、国外的重要新闻事件。但新闻内容并不完全由媒体选定,而是开播前由听众在手机App中自主选择最想了解和讨论的话题。节目进行时,听众可以利用App中的"摇一摇"功能与主持人互动,还有机会摇出红包、赞助商、投票等结果。《摇新闻》与传统新闻节目的不同之处在于,听众参与到了编辑的过程中,有了选择新闻的主动权。

一些电视台也开发了"摇一摇"功能。2015年3月,微信将"摇电视"作为"摇一摇"的常规功能开放,用户可以通过"摇一摇"摇出相关电视节目网络页面,参与节目互动。如湖北台生活频道推出国内首个全天"摇电视"深度互动,上线首日互动次数就达5万,省网收视率同比增加了25%。截至2015年年底,该频道客户端"湖北经视摇摇乐"下载量达到250万次,注册用户50万。通过该软件,观众可以和电视节目互动、参与活动、获得各种资讯、领取奖品等。截至2016年3月底,全国共有13家卫视频道、83家地面频道开展了"摇电视"服务。①

互动引入评论。中央电视台推出解读类产品"微评",强化与网友即时互动;还推出12个"跟着主播看节目"台网互动产品,综合运用互动投票、原创图文、网络专题、微视频、独家专访等形式,用户参与度较高。江苏公共新闻频道《通天下》栏目下设了"评论+"版块,对同一话题的讨论采取与第二演播室的评论员连线、北京特约评论员补充、其他媒体的评论员发表观点以及网友跟帖和评论,实现对新闻事实的多视角品评,增加观众的参与感,让他们更容易在节目中找到共鸣,也让媒体更接地气。

对互动和反馈的重视,帮助电视新闻开启了更多的可能。

麦克卢汉曾说,媒介即信息。广播电视媒体的发展,在很大程度上是依赖于最新的科学技术进步,技术也将重塑媒体产品的内容及形式。2018年,第28届中国新闻奖首次设立媒体融合奖,下设六个奖项:短视频新闻、移动直播、新媒体创意互动、新媒体品牌栏目、新媒体报道界面和融合创新,共50个奖,评选标准总体要求"即时性强、交互性强、共享性强、技术应用效果好、传播效果好"。不论是各地提交的作品还是最后获奖的作品,短视频、移动直播、无人机、虚拟现实(VR)、增强现实(AR)、H5、人工智能、三维特效、数据可视化等最新技术应用都大规模地呈现在作品中,充分展示出新

---

① 国家新闻出版广电总局发展研究中心.中国广播电影电视发展报告(2016)[M].北京:中国广播影视出版社,2016:266.

技术对新闻生产的赋能,体现出融合、垂直、沉浸、社交、场景等新媒体产品发展的特征。①

第四节 各类题材的报道与创新

新媒体与新技术对电视新闻报道产生了深刻的影响;此外,随着国内政治经济新常态的出现,报道形式、样态都有了较大的变化。电视新闻人在这样频繁的变动中,勇于探索创新,新的报道方式层出不穷。

一、时政新闻

(一)"头条工程"

为适应新的传播环境,央视新闻频道开始了新的变革。2015年下半年,习近平主席密集出访,从"双峰会"②开始,《新闻联播》头条时政报道使用"1+N"式组合编排,将时政新闻配合评论、国际反响、主题主线报道,来全面解读习主席的重要讲话。

随后,《新闻联播》紧紧围绕习近平总书记系列重要讲话精神,结合中央经济工作会议等重要节点,连续推出《新常态下的变革》《治国理政新实践》等高质量头条节目,持续发力主题主线宣传,传播效果显著提升。以《突破结构之困:新常态下怎么干》专栏为例,节目改变过去主要依靠专家分析论述的做法,打造带有鲜明观点的新闻综述和案例解读,直击当下困扰中国经济发展的核心难题,客观展示结构性改革对中国经济发展的紧迫性和必要性。其内容从化解过剩产能、加大对外开放、降低企业成本、去库存、保民生、城镇化等方面,深度解读中央经济工作会议。③

2016年1月5日,为增强《新闻联播》头条选题的前瞻性、引领性、可操作性,保障主题主线报道有规划、成系列、高品质推出,中央电视台专门成立了《新闻联播》"头条工程"编委会:明确当年《新闻联播》继续积极推进"头条工程",提升主题主线报道的新闻性和时效性,打造更大影响力的"中央电视台头条"。编委会围绕习近平总书记治国理政思想,对中长期选题进行研判,系统谋划头条选题,适时协调、调配采访力量和新闻资源,从机制上保证"头条工程"的科学性和可持续性。国家新闻出版广电总局局长聂辰席在2017年全国新闻出版广播影视工作会议上的讲话中也要求强化各级党报党

---

① 评委有话说|第二十八届中国新闻奖媒体融合奖评析[EB/OL].(2019-01-18)[2019-11-02].http://www.xinhuanet.com/zgjx/2019-01/18/c_137753695.htm.
② "双峰会"是指2015年11月14日至16日,国家主席习近平赴土耳其安塔利亚出席二十国集团(G20)领导人第十次峰会,并于17日至19日赴菲律宾马尼拉出席亚太经合组织(APEC)第二十三次领导人非正式会议。
③ 《新闻联播》创新机制打造主题主线专栏[EB/OL].(2016-02-17)[2018-09-21].http://www.cctv.com/2016/02/17/ARTIv6sCrRpKfTEiV4Y78eIi160217.shtml.

刊、电台电视台的"头条"建设。

中央电视台在当年推出了《治国理政新实践:"十八洞村"扶贫故事》《发力供给侧》等重要报道。2016年7月1日起,东南卫视《福建卫视新闻》、综合频道《福建新闻联播》两档节目正式改版,其中一个重要环节就是重点打造"头条工程"。①

在央视新闻新媒体上也展开了"头条工程":一是从《新闻联播》及新华社等时政报道和重要评论中深度发掘资源,荟萃编辑,提升微信公众号头条报道质量,连续推出《从15句话领略习近平治军智慧》等头条报道,总阅读量突破100万;二是微博平台推出"好好学习治国方略"话题,集纳习近平总书记重大报道,以新媒体语态提升报道传播效果,话题总阅读量达264.9万;三是央视新闻客户端持续在首屏头条推荐深度时政报道,从反腐、治军、执政、治国思想、干部用人、外交新气象等方面着眼,陆续播发《习式治国思想的10字诀》等共31篇报道。②

(二)主题性报道创新表达

近年来,电视屏幕上宣传政论类节目,尤其是专题片的播出比重越来越高。2016年,在国内624个有监播数据的内地电视频道中,专题节目播出时长从平时每月28,000个小时左右,增加到2017年7月开始的30,000个小时,2017年10月更是超过了32,000个小时。2017年1至10月,至少有30个卫星频道播出《辉煌中国》《不忘初心继续前进》等8部宣政类专题节目。从每日平均播出时间来看,《不忘初心继续前进》《把梦想点燃荧屏里的中国》《辉煌中国》《巡视利剑》《强军》《大国外交》的日均播出时间最长,1—10月份在所有卫星频道播出的时间每天超过6个小时,其中《不忘初心继续前进》达到每天14.4个小时。从收视数据来看,央视综合频道夺冠,省级卫视可圈可点。

这些专题片大都是中央电视台和相关部委联合制作。如《巡视利剑》是由中共中央纪委宣传部、中央巡视办、中央电视台联合制作的4集电视专题片,反映了党的十八大以来,中共中央把巡视作为党内监督的战略性制度安排,坚持党内监督和群众监督相结合,有效破解自我监督的难题,探索出一条自我净化、自我完善、自我革新、自我提高的有效途径。9月7日开播后成为央视综合频道宣政类专题节目的收视之冠,其观众构成中,男性、中青年和中老年人群占比较高。③

还有些政论类专题节目的制播主要是为了献礼十九大,播出集中在10月中国共产党第十九次全国代表大会召开前夕。同是十九大的献礼节目,中央电视台新闻中心地方部携手全国31个省级电视机构、300多个地区共同完成的大型新闻特别节目《还看今朝》是2017年电视新闻创作中叫好又叫座的精品节目。这部总时长2,790分钟

---

① 祖薇.央视为《新闻联播》头条专设编委会[N].北京青年报,2017-04-11.
② 中央电视台精心打造央视新闻新媒体"头条工程"[EB/OL].(2015-08-17)[2018-05-22].http://www.sarft.gov.cn/art/2015/8/17/art_114_28104.html.
③ 王平.不忘初心,使命必达:2017年上星频道宣政类专题节目播出和收视简析[J].收视中国,2017(12).

的电视直播特别报道,于9月16日至10月8日在央视新闻频道连续23天播出31期,每一期展示一个省(市),全景呈现全国31个省市自治区五年的变化成就。每期节目90分钟,包含《＊＊(地名)如此多娇》《厉害了,我的＊＊(地名)》《数说今天》等版块。报道团队通过大工程、大项目、大数字看各省大变化、大成就、大发展的同时,也把直播镜头对准了现实生活中的小故事、小人物、小感动。在长达两个月的创作采制过程中,中央电视台前后抽调了总部及31个国内记者站的近千名记者、编辑参与其中,在全国各省级电视机构的全力配合并鼎力支持下,整个创作团队人数多达2,000人,投入的力量可谓史无前例。这也是继2004年《精彩中国》13年后,中央电视台与地方台又一次密切、深度、全面的合作。①

在节目筹备阶段,各记者站与地方台以及各地宣传部门搭建合作班子,把脉省情,商讨选题。节目制作阶段,各地方台出人、出设备,全力投入。每期节目中,都会看到央视记者站的记者与地方台记者相互配合的直播段落,直播最多的一期上海篇派出了记者8路之多,不少短片也是央视记者站与地方台携手打造的。《还看今朝》湖北篇中解读城市人在变化中寻找乡愁的《武汉·乡愁》就是由湖北记者站、武汉电视台、原《武汉晨报》编辑在一起打磨出来的。整个故事制作精良,画面堪比微电影,其中涌动的情愫极易引发共鸣。

《还看今朝》在演播室设计上也体现了中央电视台与全国省级电视台携手的用心。每期节目由央视新闻频道主播和省级电视台的一名主播共同主持。主持人会带来当地最有特色的道具。例如在《还看今朝》广东篇中,一架代表着"广东智造"的无人机在演播室中腾空而起;《还看今朝》江苏篇中,江苏台主持人带来了江苏一杯水,与中央电视台主持人展开了有意思的对话。以"一杯水价值超过百亿"引发悬念,引导观众观看了《一滴水的故事》,展现五年来江苏在治理水污染上的努力与成就。节目播放完毕,中央电视台主持人感言"此水来之不易,更要多喝一口"结束这个小段落,演播室道具和报道的衔接、主持人之间的配合相得益彰。同时,每天的节目也会与地方卫视以及地面频道并机直播,各地的地面频道、新媒体端口都会全程直播。

《还看今朝》采用了多路直播的罕见视角,创新了电视新闻的表达。节目启用7架直升机、200架无人机进行航拍,直播报道点达150个左右。②很多场直播设计也是颇费心思。比如《还看今朝》浙江篇,就以直升机航拍直播对接地面直播,为观众全方位揭秘了浙江科创领头羊——阿里巴巴园区,记者在园区中的体验互动感、科技感十足。随着《还看今朝》播出渐入佳境,每期节目中直播的比例不断加大,每期节目在一开始的时候,记者们会同时在大屏中出现,为节目之后的直播巧妙设置悬念。

节目中的短片无论在角度还是语言上也很有新意,讲江苏制造业的短片《"钢丝侠"的大梦想》,就是以一根成品钢丝弯成的小人为主角,从它的视角去看江苏制造的

---

①② 资料来源:中央电视台新闻中心地方记者部内部刊物《每周工作通报》,2017年9月26日—10月16日,总431—433期。

厉害之处:"两年前,大力士部落最厉害的哥哥拥有了1,860 MPa的力量,这让很多的人类惊掉了下巴,大力士哥哥后来成了港珠澳大桥上的明星员工"。"钢丝侠"在故事结尾还留下了悬念,引出了《世界跨度最大的公铁两用斜拉桥:沪通大桥天生港航道桥拱肋即将合龙》的直播。

二、新的形式与样态

从新闻的报道方式和样态来看,近年来新闻节目在探索中创新,吸引了更多观众。

(一)"新闻连续剧"

随着"走转改"的进一步深化,电视新闻报道也出现了一些新形态。"新闻连续剧"这种叙事模式是在采制过程中使用记录的手法,再采用连续剧的编排方式,把新闻事件分多集连续播出,且在前一集的结尾处设置悬念,激发观众继续观看的兴趣。

这一形式最早出现在2013年1月4—8日《新闻联播》头条播出的《曹家巷拆迁记》。该报道共5集总时长约25分钟。① 记者前后蹲守成都曹家巷10个月,拍摄素材总量448小时,使用日记形式还原了地方政府探索用"居民自治改造"的方式破解城市拆迁难题的过程。报道中,记者使用记录手法,不回避各方诉求,也不做任何价值判断,只是冷静旁观、记录了全过程。主创记者朱兴建说,这样做是为了让公众自己去评价、思考,面对拆迁问题时应该采取怎样的价值观来科学对待。②

2015年12月12日起,中央电视台《朝闻天下》栏目持续一周播出了同样以"拆迁"为主题的《北京新机场征地拆迁记》。节目采用相同的手法记录下当地村民的心态及行为变化,以及各级政府遇到的矛盾、问题、纠纷以及应对模式。13个拆迁村搬迁村民近两万人,签约率达100%,没有一起上访,这对全国而言具有典型示范意义。中央电视台北京记者站记者从2013年年底开始,在这里蹲点,拍摄了近千小时素材,记录下了围绕拆迁发生的故事。③

(二)形式出新

1.评论与互动

从节目整体设计的层面来看,近年来中央电视台多次对《新闻联播》节目进行了改版。除了传统的两位主播播报外,还增加了独立评论员环节。第一期节目是在2013年1月24日19:20左右,评论员杨禹发表了主题为"刹住浪费,管好三'公'"的评论。加入评论员让节目更富深度和理性,能够传递更多意见性信息。同年,《焦点访谈》节目也增加了白岩松、杨禹两位评论员。《焦点访谈》的改版其实是中央电视台新闻频道

---

① 毛湛文.2013年中国电视新闻创新亮点综述[J].电视研究,2014(3).
② 资料来源:中央电视台关注成都北改 开播"曹家巷拆迁记"。
③ 《北京新机场征地拆迁记》开播[EB/OL].(2015-12-13).http://epaper.jinghua.cn/html/2015-12/13/content_261443.htm.

转变语态和文风"大工程"的一个组成部分,与《新闻联播》的改版是一个整体。

2015年下半年"双峰会"期间,中央电视台首创了"1＋N"式组合编排,即"时政新闻报道＋评论员＋国际反响＋主题主线报道"。连续四天视频连线特约评论员,对习近平主席的重要讲话和主旨演讲进行解读。①围绕习近平主席在11月18日APEC峰会上提出的未来中国要"五个更加注重",《新闻联播》在《新理念 新发展》专栏中,推出5集"双案例组合"报道:每天围绕"五个更加注重"中的一点,分解为不同地域、不同特点的新闻事例,从多层面、多角度展开系统解读。这些报道均以"两条片子＋短评"的模式组合播出。每个组合平均五六分钟,既有一定的时间拓展深度,又不显得冗长沉闷;既有生动而典型的故事,又有数据和观点作支撑,进一步发挥了中央电视台主流媒体舆论引领的作用。

此外,中央电视台新闻报道重视与受众的交流。《焦点访谈》在2013年的全国两会期间利用微信平台收集观众问题,并专门设置了"焦点爱问"版块,在节目中播出观众通过微信语音发来的提问。这样的两会报道让节目的观点更加多元,同时增强了观众的参与感,激发了他们观看节目的热情。②

2014年,中央电视台制作的《"两会"解码》特别节目,通过"网民提问、代表委员回答"的方式,对大家关心的社会问题进行了探讨。

2.可视化

电视以动态、视觉性和听觉性符号为特色。在报道的编排中,这一时期的电视新闻更加注重节目的观赏性和可看性。对一些抽象的政策、数据内容,一改以往播读的呆板方式,有意识地运用动态图表、Flash动画、三维模拟动画等方式,用生动直观的视听符号传递信息,让观众能够更好地理解接受,发挥出电视的长处。

2013年6月11日,中央电视台在神舟十号发射的直播报道中,大量运用了三维动画、虚拟演播室的方式,增强了可视效果,让观众如临其境。在"两会"的报道中,中央电视台推出的《数字两会》报道是根据权威的统计数据解读社会各领域的变化,成为固定栏目;该版块多使用Flash动画甚至增强现实技术实现数据的可视化,让报道更加生动、形象,给观众带来视觉冲击。比如在2015年3月11日的《数字两会》报道中,主持人欧阳夏丹以站立方式报道《绘制法治中国新蓝图》话题。节目使用了增强现实技术,在说到"去年一年共有12部法律被制定和修改"时,屏幕中间出现了三维动态立体图表,与主持人的位置和动作形成了良好互动(见图11-4);在讲述"一部法律的关注热度增幅最高"时,通过不断上升的动态柱状图,对比了前后两年的百度搜索关键词的指数变化,让观众直观地看到了差别(见图11-5)。

---

① "央视头条"2015:坚守媒体使命 持续精准创新[EB/OL].(2016-01-10)[2019-03-30].http://www.cctv.com/2016/01/10/ARTICF8gssXOBY9MJFFgdpLo160110.shtml.
② 史伟.网络传播时代对电视新闻的影响[J].中国出版,2015(12).

图 11-4 《数字两会》:去年一年制定和修改的法律数量

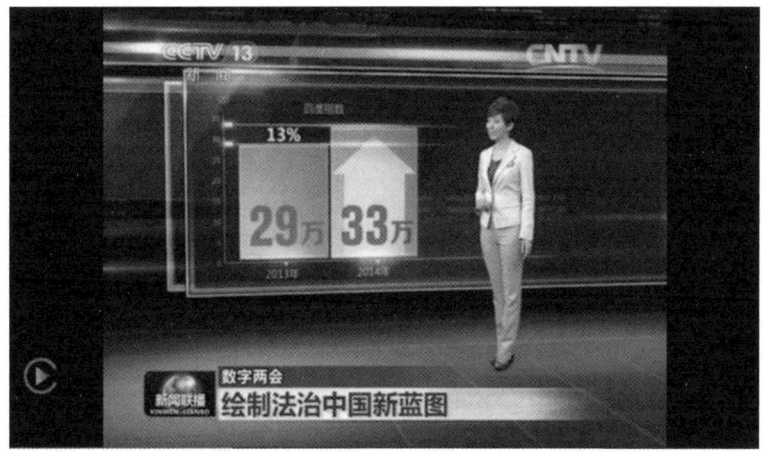

图 11-5 《数字两会》:一部法律的关注热度增幅

(三)改变话语方式

1.报道故事化

以讲故事的方式报道事件成为电视新闻叙事的新方法,很大程度上避免了"新闻腔"和套话、空话,增加了新闻的可看性。比如,中央电视台节目《行进中国 精彩故事》就以故事形式讲述了 2014 年以来我国各领域全面深化改革取得的新进展。"事中见人"——报道的主人公都是普通人,记者情真意切,不夸张、不拔高;"事中见情"——用白描的手法讲述故事,注重细节表现,感情贯穿其中;"情节完整"——记者的身份不是宣传者而是见证人,自然地记录下完整的故事起落。[①]

---

① 杨明品.新闻故事化:核心价值观传播的重要创新[J].电视研究,2015(3).

在对2016年里约奥运会的报道中,中央电视台也采用了"全程故事化"的总体策略,淡化了传统的唯金牌论。用中央电视台体育频道负责人的话来说,"不仅仅局限于对金牌的报道,既需要有深度,也需要有厚度"。① 因此,在报道中出现了"洪荒少女"傅园慧,秦凯在颁奖现场向何姿求婚等热门事件,在跨平台传播中构建起符合各自规律的新闻故事。

2. 播报生活化

报道中也更多地使用采访对象的同期声,替换播音员的配音解说。如2011年、2012年启动的《寻找最美乡村教师》《寻找最美乡村医生》《凡人善举》等报道中,使用了大量朴实、真诚、接地气的采访对象的同期声。

同时,新闻主持人的播报方式也发生了变化。如《新闻联播》主播语言更加自然、口语、生活化。2013年大年初一的节目部分内容提要:"相声演员为了模仿宫廷后妃,硬是把70多集的《甄嬛传》看了两遍;魔术团队深更半夜'溜'进演播厅,为的是掩人耳目;春晚团队揭秘春晚幕后,看啥叫'台上一分钟,台下十年功'。"2015年3月11日,在《数字两会》版块中,主持人欧阳夏丹的主播词:"一年修改10部法律,新制定2部法律。别说,全国人大还真是蛮拼的。"这样的语言,让观众感觉更亲切。

此外,从2011年开始,新闻主播的播报方式也有所调整。如主播尝试根据新闻内容配合不同的表情:在播报喜庆或偏软性内容时会辅以笑容,一改不苟言笑的严肃表情;在每日栏目的开头与结尾,也多展现笑容。主播播报过程中的动作和姿势也更加灵活,会在播报新闻中适时适度地加入手势,如2013年除夕夜,主播康辉、李修平在节目中行拱手礼向观众拜年;播报时头部动作的自由度也更大了。②

3. 创新结尾

2014年2月4日大年初五,《新闻联播》结尾没有出现主持人,而是换成了四只熊猫宝宝向大家送上新春祝福。主持人李梓萌为熊猫宝宝配音,萌翻了观众和网友。在当年春节长假的最后一天,《新闻联播》的结尾以《时间都去哪儿了》为背景音乐,晒出从网上征集的一张张百姓全家福。主播的画外音娓娓道来:"全家福,捕捉了欢笑,定格了幸福,将亲情的瞬间变成永恒。怀揣着这样的全家福,心中暖暖的。"

在这一年3月,中央电视台新闻中心官方微博向网民征集对两会的期待,一位网友把她对两会的祝福制作成了沙画作品,3月4日晚在《新闻联播》结尾播出,沙画中一匹骏马奔向"中国梦""天安门城楼"和"北京·两会",最后出现大手牵小手的温馨画面和"幸福家园"字样。这个结尾被网友称为"最文艺的结尾",在互联网上引发了极大的好评。

这种做法被媒体比喻为"一些好莱坞大片中的保留项目",即"经常令影迷津津乐道的彩蛋"。中央电视台时任综合频道新闻编辑部副主任刘东华把这个称为"报尾":

---

① 陈欣钢.视觉 数据 叙事:媒介融合环境下的奥运报道创新[J].电视研究,2016(11).
② 刘俊.细数《新闻联播》的"十五变"[EB/OL].(2014-11-13)[2019-10-21].http://1118.cctv.com/2014/11/13/ARTI1415849034625762.shtml.

"网友对报尾的期待超出我们的想象,给了我们特别大的鼓舞。"她表示,为了创新,编辑部分析了世界六大电视台相关节目的片尾形态,特别成立了"联播报尾创新小组",由"一个班子在操作"。虽然每天只有一分钟的时间,但为了让观众能有不同的感受,结合当下流行、观众喜闻乐见的方式设计、展示"彩蛋",还专门为"报尾"创作音乐,增加节目的看点。①

第五节 重大事件报道

在这一时期,电视新闻对重大事件如重要庆典、会议的报道延续了以往的风格,对重大事件报道既重视又投入。这一时期也有很多业务创新,对全国乃至全球大事件的报道影响深远。电视新闻报道始终坚持国家立场,凸显中国气派,但也存在着一直以来都没有解决的问题。

一、重要活动及事件

(一)抗日战争胜利70周年报道

2015年,国际社会举行了一系列活动共同纪念世界反法西斯战争胜利70周年。9月3日,中国举行了纪念中国人民抗日战争暨世界反法西斯战争胜利70周年大会及阅兵仪式,65位外国领导人、政府高级别代表、联合国等国际组织负责人、前政要等应邀出席大会。此次大会特别是阅兵式对国内各大媒体来说,也是报道实力的一次检阅,是传统媒体和新媒体相争相融的一次角力。

1.媒体投入规模巨大

据了解,报名参加大阅兵报道的境内记者达2,743人,他们分别来自23家中央媒体、10家北京市媒体。人民日报社、新华社、中央人民广播电台、中央电视台、中国国际广播电台等中央主流媒体均派出了强大的记者队伍。为了做好此次直播,中央电视台抽调精兵强将,组建了专业的公共信号制作团队和新闻报道团队,前方报道人员有近1,300人。报道团队不仅对大会进行了全程直播,而且在天安门广场周边、外围机场、部队集结沿线设置了27个记者单边点,进行前瞻式和后进式的密集跟踪报道。

9月3日当天,还对全台各频道、栏目实施了统一化运作、结构化编排和模块化集成,将纪念抗战胜利宣传推向高潮。如中央电视台共投入综合、新闻、财经、综艺、中文国际、体育、社会与法、军事农业以及英、西、法、阿、俄等14个频道,以6种语言,向全球直播了大会盛况,各频道重播多达38次。同时,调度央视网、央视新闻、CCTV手机

---

① 《新闻联播》竟然也下"彩蛋"[N].今日早报,2014-03-12(A14).

电视等新媒体平台,第一时间发布纪念大会新闻信息,实现了全媒体同频共振的传播效果。

据统计,当日全国共有4.89亿人收看了中央电视台直播的纪念大会,观众规模空前;央视各频道总收视率为18.18%,总份额达59.36%,为近十年历史之最。国内共有62家上星频道进行了实况转播,并机总收视率达到25.62%,总收视份额达83.66%,转播台数再创新高。截至9月3日下午14:00,中国网络电视台多终端独立用户达到7,800万,央视新闻新媒体平台大阅兵视频观看量突破16亿人次,网友互动总量超过4.3亿人次。据统计,全球共有160个国家和地区的318家电视机构,其中包括美国CNN、英国BBC、俄罗斯RT等国际主流电视媒体,使用了中央电视台提供的纪念大会公共信号进行了全部或部分转播。这是继党的十八大之后外媒引用中央电视台直播信号和新闻报道次数最多的一次。①

2.全新技术、设备的应用

中央电视台在直播中共投入了6大转播技术系统、89个摄像机位,使用了直升机航拍、摇臂摄像机、轨道摄像机、微型摄像机等最先进的设备,并首次实战应用了由中央电视台自主研发的索道摄像机,即在中山公园至人民大会堂东北侧架设的二维索道摄像机——天鹰座,它既可以水平运动,也可以上下运动。中央电视台动用该摄像机,通过架设在空中约560米的轨道,清晰地呈现出检阅与受阅的空间关系,多个高点机位保证了阅兵式的精彩呈现。②

中央电视台还首次在一些装备上安装了先进的微型高清摄像机,通过微波设备实时直播装备内部的实况,可谓历次阅兵直播首创。这类画面或让观众在战车履带隆隆驶过天安门广场时,看到年轻战士在突击车里一丝不苟地接受检阅,或贴近指向苍穹的地空导弹,直击战略核导弹的巨大弹头,或在炮口俯视战车车阵,或同飞行员一起翱翔天空、掠过长安街……这些使用微型高清摄像机拍摄的画面,给观众留下了深刻印象。

中央电视台采用多机位镜头,全方位展现国家领导人与65位外国领导人及国际组织负责人共襄盛举的全过程,以及文明古国的礼仪和古老建筑的风貌。通过近距离、多角度、多景别、正面纵深、跟踪移动、接力航拍等手法,呈现出阅兵过程中分列式排山倒海的气势。中央电视台动用特种设备提升视觉震撼力,极大地丰富了电视语言。

先进的技术运用和设备投入,使这次直播实现了天空、地面全程覆盖,宏观、微观无缝衔接,人物、景别完美呈现。

3.提前预热

作为贯穿全年的重大政治报道任务,中央电视台从当年4月初就拉开了纪念活动

---

① 于慧丽."9·3"大阅兵,央视向世界报告[J].传媒,2015(9).
② 杨驰原,高方.浓墨重彩 各具特色:全国媒体报道纪念抗战胜利70周年活动综述[J].传媒,2015(18).

报道序幕。在持续近5个月的宣传报道中,先后策划推出了《重读抗战家书》《墓碑上的抗战记忆》《新儿女英雄传》《匹夫有责》《嘹亮的抗战歌声》《抗战影像志》等20个系列节目,为纪念活动营造了良好的舆论氛围。

中央电视台深入研究,借鉴了国庆50、60周年的转播报道的经验,对阅兵式直播进行了流程设计,完善了应急预案和各项保障措施。经过6次实战演练和1次全要素演练、1次专项演练,准确把握每一个段落和环节的主题元素,精心打磨、优中选优,确保直播的政治和艺术效果。他们还于5月专门派人观摩了俄罗斯红场的阅兵过程。

9月1日,央视新闻频道启动了"阅兵时间",推出了48小时的《走向胜利》特别节目,为纪念大会预热宣传。其间播出了《根据地》《重访抗日战场》《致敬抗战老兵》等专题系列节目,通过一个个鲜活而真实的历史细节,有力地证明了中国共产党动员全民族坚持抗战、在东方主战场沉重打击日本法西斯的不懈努力和所创造的奇迹,体现出同仇敌忾、抵抗外侮、全民抗战的民族精神。9月2日,央视新闻频道的收视份额一举突破5%,位列全国所有上星频道的首位,预热效果超乎想象。

4.多平台联动

本次报道最大的亮点就是新媒体的全面介入与有效联动。央视新闻新媒体在多平台通过"图文+视频"的方式直播了阅兵电视画面;还依托中央电视台公共信号的视频资源优势,同步使用10路现场公共信号,向广大网友和手机用户重点推出"V观大阅兵"等特色产品,让观众可以"零距离"、个性化体验阅兵进程。这种做法在中央电视台历次阅兵直播中从未有过。据统计,截至9月3日24时,"央视新闻"制作推送的"V观大阅兵"微视频累计发稿多达102条,共获网友点赞200多万次;双屏互动产品"跟着习主席去阅兵",累计有184万人次参与互动;"网络方阵召集令"产品吸引了102.8万人次参与,用户提前上传头像组成"网络方阵",通过手机屏幕,用户可以虚拟走过天安门广场并组成"铭记历史 珍爱和平"字样,极大地调动了用户的参与热情和活动乐趣,实现了"大屏连小屏"的精准传播。①

北京电视台对此次阅兵式直播也超越了传统电视单一的"现场直播+演播室点评讲解+记者连线"的模式。他们提前利用"微平台"进行网络互动,向观众征集"阅兵往事一二一""老兵故事""我是一个兵""我家有个抗战老兵""钢铁记忆"等话题,收集好故事、好图文。这些内容丰富了电视直播,还在微博、微信、电视、视频网站上创新了直播模式,形成了"电视直播+微信直播+微博直播+网站直播+纪录片展播"的跨媒体直播模式。传统的电视直播叙事是实时内容呈现和共时性收看,而跨媒体平台展示则满足了不同受众的个性化需求,有效避免了仪式性直播过程中内容的单一,提高了直播质量和效果。②

---

① 于慧丽."9·3"大阅兵,央视向世界报告[J].传媒,2015(18).
② 高贵武,刘娟.仪式性事件直播的突破与超越:兼评北京电视台"9·3"阅兵直播[J].新闻与写作,2015(11).

(二)G20杭州峰会报道

2016年9月4—5日,第十一次G20峰会在杭州召开,这是中国首次主办G20峰会,也是中国举办的又一次世界级大会。G20峰会于1999年12月16日在德国柏林成立,是当今国际经济合作的首要论坛。它由原八国集团以及十二个重要经济体组成,旨在促进工业化国家和新兴市场就国际经济、货币政策和金融体系的重要问题展开开放和有建设性的对话和研究,以寻求合作并促进国际金融稳定和经济的持续增长。

在G20峰会召开前一天(9月3日)召开了B20(Business20)峰会。B20是二十国集团工商界的简称,创设于2010年,其峰会是G20峰会的重要配套活动。它的使命是对全球经济增长的关键性问题进行深入探讨,形成并向G20峰会提交政策建议报告,为促进全球经济强劲、平衡、可持续增长建言献策。B20已累计向G20峰会提交了逾400条政策建议,部分建议被列入历届G20峰会公报。

杭州G20峰会以"构建创新、活力、联动、包容的世界经济"为主题,二十国集团成员、8个嘉宾国领导人以及7个国际组织负责人与会,是发展中国家参与最多、代表性最广泛的一次峰会。习近平主席主持了峰会。会议期间开展了53场活动,包括33场双边会谈、会见并同其他来宾进行接触交流。峰会发表了《二十国集团领导人杭州峰会公报》和28份具体成果文件。峰会文艺演出《最忆是杭州》匠心独运,美轮美奂,给各国嘉宾留下了深刻印象。

1.电视报道组织精心

中央电视台在多个频道对B20峰会开闭幕式、金砖国家领导人非正式会晤等重要活动进行了直播报道。

9月1日起,浙江电视台派出了近200人的前方报道团队,在G20峰会主会场、B20峰会主会场、杭州钱江新城、西湖景区主要景点以及杭州各交通要道设置了8个直播点,全方位、大时段、全景式报道。浙江卫视还打破常规,开辟了多时段的《直通G20杭州峰会》特别直播节目,借助虚拟演播室的特别展示以及连线权威人士,深度解码G20,从不同侧面、角度展现中国为成功举行峰会所做的积极努力。同时运用虚拟技术与实景拍摄结合的方式,带观众"夜游"钱塘江、西湖、钱江新城和峰会主会场。

浙江电视媒体加大评论、访谈、专题节目力度,以全球视野、中国视角,带观众走进峰会举办城市,深入纽约华尔街、伦敦金融城等世界金融中心,采访世界主流智库、大学教授、外交官员、各国政要,探讨中国在全球经济治理中的作用。杭州综合频道围绕"创新、活力、联动、包容"四个关键词,推出《韵味杭州新精彩》《新活力 新动力 新前景》等主题报道,展示杭州城市之美、精神之美、创新之美和生态之美。浙江卫视、钱江都市频道、公共新闻频道集中播出了10集纪录片《最美浙江人》,为峰会召开营造浓厚的舆论氛围。

2.媒介融合探索出新

在 G20 杭州峰会报道中,多媒体发布、跨平台整合、互动型传播、集中化编辑成为鲜明特色和重要形态。

央视网开辟了《拥抱 G20》《中国方案》《世界难题的中国答案》《B20 峰会》等专栏,及时报道峰会进展,深度解读"中国方案",密切关注国际舆论。以图、文、音视频等多媒体形式集纳关于 G20 杭州峰会的相关报道,全景式报道峰会的进程及亮点。

为迎接峰会,浙江省组织开展了"相约 G20·空中看浙江"全省城市台新媒体联合报道活动。活动中,全省广电媒体共征集图文、视频报道 1,470 篇,推送稿件 569 篇,总浏览量突破了 8,000 万次,开拓了媒体融合报道的新思路。

浙江广播电视集团的新蓝网首页和中国蓝新闻客户端头条开设专题《办好 G20 当好东道主》《G20 峰会倒计时 给世界一场别样精彩》,集纳有关峰会最新动态报道。独家视频报道《你好 G20》《浙商寄语 G20:站在世界舞台 展现浙商风采》《峰会"小青荷"们的四个关键词》等都视角独特、内涵丰富。①

3."北京时间"

北京广播电视总台在线直播平台"北京时间"在杭州峰会的报道中表现出色。其最大亮点是联手《中国青年报》所做的多点发起、同步推进、多维视角的"全景直播"。

该平台的 G20 峰会报道在开放性直播方面所做的努力,深得互联网思维的核心要义。首先,相对于传统电视台封闭的演播室环境,"北京时间"把编辑部的幕后工作全透明地展现:演播室如同一个餐厅的前台,编辑区就像后厨,之间没有隔离墙,大家一目了然地看到编辑区的工作,甚至连后期机房也全透明化。在直播中,嘉宾化妆准备、编辑的各个环节都有摄像机全程跟拍,宛如一台大型真人秀,诱导网友探寻内容生产流程的秘密。开放物理空间的做法具有传播场景突破的意义。

其次,在直播中,编辑实时刷新最新动态,突发事件随时插入,针对 G20 峰会的全媒体评论随时播报。而除主播外,每位编辑、记者都要随时以 Breaking News(突发新闻)的形式参与播报,插入节目。据该平台自己统计,截至 9 月 5 日 22 时,4 天时间,峰会前方报道组记者共发起直播 38 场,58 小时不间断,累计直播共 90 小时。这样的直播量,使之成为本次峰会报道中直播场次最多、时间最长的网络媒体。

"北京时间"峰会报道团队还利用互联网平台的"互动"优势,通过报道前的话题征集,根据网友期待来"定制化新闻"生产。在主题设置时立足世界视野与平民视角,让报道呈现出开放性与平民化特征;在嘉宾选择时兼顾专家与网红,"定制"相关报道内容的角度和呈现方式。这一系列做法使"北京时间"直播、视频内容的总播放量达到 1,489.7 万次,累计观看时长达 193 万小时,每次点击收看的时长平均接近 8 分钟。这表明,与用户需求对接而生产的内容,让用户有更强的关注和情感的卷入,是提升内容

---

① 张琬.广播电视 G20 峰会报道为创新、活力、联动、包容的世界经济新起点、新方案、新航程营造良好舆论氛围[J].广电时评,2016(13).

影响力与品牌忠诚度的有效方式。①

据权威机构对 G20 峰会报道的监测,"北京时间"在原创报道量、直播量、流量和用户互动量上,都刷新了同类报道的记录。特别是总点击量(PV)达到 3,723.3 万,访问人数(UV)达 974.5 万,成为 G20 峰会中国网站第一,创造了历史。这场战役使"北京时间"成为中国传统媒体从移动新视频直播平台的舞台边缘走向表演中心的标志性事件。

(三)奥运会报道

2016 年 8 月 5 日到 21 日,第 31 届夏季奥林匹克运动会在巴西里约热内卢举行。四年一度的奥运会不仅是体育盛会,也是媒体展现实力和水平的舞台。这一次是触屏时代的首届奥运会,在报道的呈现形式上更是丰富多样。

1. 融媒体的报道方式

作为第 31 届夏季奥林匹克运动会中国内地和澳门地区的独家电视和新媒体转播商,中央电视台的融媒体报道形式成为最大亮点:启用综合、体育、体育赛事三个频道转播赛事,并在新媒体端、中国网络电视台实现资源共享,央视影音同步更新,由体育频道自主研发的奥运 App 也大显身手。

其中央视综合频道聚焦重要赛事,现场直播了里约奥运会开闭幕式,直播、延播了奥运会精彩赛事,还制作了奥运综合节目《相约里约》。央视体育频道采用"奥运频道"的台标和呼号,全程转播报道奥运会盛况。根据奥运会的赛程、时差因素、国际体坛总体大势以及中国体育军团的特点,制定了周密的转播计划,此外还重点打造了《奥林匹克在里约》《中国骄傲》《五环英雄》《奥运新闻》等多档栏目。央视体育赛事频道则聚焦户外项目和球类比赛,进行充分的转播报道,并侧重呈现里约热内卢独特的人文地貌与奥运会相结合的景观。

里约奥运会报道的最大改变在于平台多元化。此前相关报道都是各类视频节目,而此次各媒体都在运用"两微一端"等新型平台,通过直播、特效、H5 等进行报道。②央视网在传统电视报道的基础上,打造了"一微、一云、一平台"形成全媒体报道矩阵。"一微"是"V 奥运"独家微视频,与电视屏幕形成差异互补传播;"一云"是聚合了本届奥运新增的系列视角,如电视直播不能完全顾及的新闻发布会信号以及 VR 等新媒体专属信号源;"一平台"是联通电视手机大小屏,联通观众与用户的深度互动平台。

作为里约奥运会唯一官方授权的中国互联网和移动平台转播机构,中国网络电视台向互联网用户提供了包括开闭幕式、田径、跳水、男篮等项目在内的 VR 全景画面。还在里约的演播室采访奥运明星,将赛事现场和演播室视频渲染合成,实现虚拟和现

---

① 喻国明.打造新型主流媒体价值范式与影响力的关键:以北京广播电视总台线上直播平台"北京时间"G20 杭州峰会报道为例[J].新闻与写作,2016(10).
② 张绪鸿,王卫明.从里约奥运看大型赛事报道新变化[J].中国记者,2016(9).

实相互融合的视听体验。①

央视网在保障赛事直播的基础上,进一步突出视频特色,以"V奥运"、"奥运头条"、H5动态交互等多种形式推出《我在赛场 见证风云》《赛场央视人》《现场·有料》等系列原创产品,选取运动员、教练员、媒体人、志愿者中的代表,讲述他们的奥运故事,开通微话题,讲述微故事;以"第一视角"和"第三视角"带大家走近、还原、再现赛场;并结合微话题互动推出"奥运微表情",充分利用微博舆论场效应、微信发酵式分享。②

2.转变报道理念

此外,中央电视台在报道理念上也有所转变,主要是进一步淡化了金牌情结,奖牌榜被"隐蔽化"处理:一是对奖牌榜的报道力度减弱,降低其出镜频率,让观众的注意力聚焦在运动员在赛场上的表现;二是只在转播的最后出现奖牌榜信息,避免重复播放,淡化观众对奖牌榜的印象。

同时,转变报道视角。在奥运会报道中,更多从人性视角出发,注意挖掘赛场上的人文细节。例如,中央电视台对里约奥运会难民代表团的报道,深入挖掘了其背后的社会问题。对中国女排的报道,在弘扬运动员拼搏精神的同时,突出了集体主义精神内核。另外还关注、挖掘很多运动员日常生活中不为人知的感人故事。

在报道拳击比赛裁判不公平的现象时,只陈述了事件的发生和发展,对裁判的行为进行适当点评,并未做过多解读。至于事件的结果,观众心中都有一杆秤,有独立的判断。事实上,国际拳联在奥运会赛后介入调查,做出了撤销部分拳击裁判资格的严厉处罚。报道中,中央电视台坚持了客观公正的立场。③

3."新媒体优先"

包括中央电视台记者在内,除了满足传统媒体平台的需要,前方记者还要在第一时间将采访到的内容分享给微博或微信公众号。有的传统媒体甚至喊出了"网络优先""新媒体优先"的口号。在这种理念下,在赛场内外,可以看到很多年轻记者举着自拍杆对着手机屏幕念念有词,或者到处拉人直播采访,成为奥运会一景。采访结束后,记者需要把录音和手机拍摄的图片等通过微信及时传给后方,由后方继续完成制作、上传的任务。场外场内直播、碎片化素材、文图视频、微信群等,成了前方一线记者工作的"新常态"。

因为转播版权的问题,奥运会对没有转播权的媒体,如平面、广播媒体带来限制。在尊重和不侵犯电视媒体版权的前提下,有的媒体也做了一些直播尝试。④ 比如,借助微博与里约当地的华人组织或机构签约,组织他们展开 24 小时不间断的视频直播活动,以个人视角直播奥运赛事,与网友进行互动讨论,让网民观众如临其境,加强了用户对社交媒体的黏性和依赖度。

---

① 陈欣钢.视觉 数据 叙事:媒介融合环境下的奥运报道创新[J].电视研究,2016(11).
② 赵湘湘.央视公布2016里约奥运报道计划,融媒体方式成最大亮点[J].媒体瞭望,2016(5).
③ 许晓峰.央视里约奥运报道的亮点分析[J].新闻战线,2016(20).
④ 宋方灿.奥运报道中的"两变"与"两不变"[J].新闻与写作,2016(10).

除此之外,媒体还创新互动形式,丰富社交玩法。如通过微信约好友一起玩奥运热门项目的 H5 动态游戏。再如模仿电视媒体的知识竞答节目《我知道》,邀请好友做奥运知识的智力问答比赛。奥运期间,还有电商的礼包贯穿全网,带来惊喜,共创奥运社交狂欢。

此外,体育明星做客社交直播软件也属奥运播报的突破。它的风格不同于传统电视访谈中的严肃庄重。如 8 月 10 日晚,"洪荒少女"傅园慧在映客平台参与了首次直播,开播半小时,粉丝量突破 800 万,到节目结束时,围观人数升至 1,066.93 万,创直播围观人数历史之最。有媒体称之为"开荒式的直播"。①

(四)中国共产党第十九次全国代表大会召开

在十九大召开前夕,就有各级电视台提前"预热",营造舆论氛围。从 7 月开始,多部政论类专题片在中央电视台主要频道及部分省级卫视晚间黄金时段,以及央视网、央视新闻新媒体平台、"两微一端"等平台播出。四川广播电视台的"四川观察"客户端推出原创 rap 串烧歌曲《总书记说"四川话"你听过吗》,以 18 位四川百姓向习近平总书记汇报为切入点,侧面展示了五年来四川在灾后重建与脱贫攻坚等诸多方面取得的成果,不到三天的时间,总阅读量便突破百万,并在全国党媒十九大融合报道精品展示活动中赢得了"评委特别推荐作品奖"。

十九大于 2017 年 10 月 18 日上午在人民大会堂召开,大会召开期间,央视全程现场直播,全国各省级电视台也同时进行转播;到 25 日闭幕时,仅开闭幕式和中外记者招待会这三个时段就有累计 8,600 万观众收看。开幕式当天,观众人均收视时长 32.1 分钟,市场占有率高达 71.2%,全国观众中有 19.46% 的人收看;25 日的中外记者见面会有 37.1% 的观众全程收看了节目,人均收视 31.8 分钟。② 央视新闻新媒体搭建微博、微信、客户端统一工作平台,以短视频、漫评、图解等方式解读十九大报道议程,制作"关于十九大的 19 道模拟题""为十九大打 call"等独家微博话题,并联动微信公众号、今日头条等商业平台扩大报道覆盖范围。十九大期间,央视新闻新媒体累计发稿 385 条,总阅读量突破 2 亿次,其中,《中央电视台主播为十九大打 call》视频播放量达 571 万次,转发量 5,116 次,点赞 21,521 次。③

央视新闻中心在这次大会报道中,锐意进取,尤其注重大屏小屏的联动互补,为时政新闻的创新提供了丰富的经验。比如总书记参加贵州省代表团的讨论,电视端报道选择了有关"土地承包延期""脱贫攻坚"等内容的同期声,而总书记与代表讨论"人民小酒"定价一段非常生动活泼,编辑将其做成时长 1 分 8 秒的微视频在中央电视台新闻"两微一端"等新媒体平台发布,结果该段视频全网总点击量达 2 亿次,创下中央电

---

① 张绪鸿,王卫明.从里约奥运看大型赛事报道新变化[J].中国记者,2016(9).
② CSM 媒介研究.中国电视收视年鉴 2018[M].北京:中国传媒大学出版社,2018:116.
③ 包海清.用民生视角审视电视时政新闻报道创新之路:以央视及 5 家卫视的十九大报道为例[J].电视研究,2018(5).

视台时政新闻部单条新媒体作品历史最佳纪录①,还被新加坡《联合早报》等外媒转发。时政新闻部在重构多屏关系的过程中调动多方资源,"破除部门壁垒,汇聚各部门力量",让优质的内容首发在手机端,抢占第一落点,实现传播效果最大化。

央视网作为总台的重要平台,在这次十九大特别报道中主要着力于数据新闻的多方式呈现和可视化创新。亮点之一是"砥砺奋进的五年"大型成就展网上展馆,通过图文、音视频、三维模型等多种方式,完整真实地呈现出实体展馆的内容,给人身临其境的观感。央视网制作了20集系列短视频《中国奇迹》,采用英文叙事、双语字幕的形式,成为全网关于党的十八大成就宣传中的唯一一部网络外宣作品。此外,数据新闻报道还有14集的《数字五年》和6集的《国家形象报告》,以及多篇图文综合分析报道,对大数据的运用提升了数据的完整性和可说服性。但不足之处在于"央视网的报道矩阵并没有一个令人记住的关键点,内容足够多但是相对松散,作品大都采用静态的数据图表加上动态的微视频表现出来,缺少综合的动态图表和交互式图表,以至于用户的参与度较低"②。

在这次十九大报道中,通观全国的电视台,还存在着"程序化报道模式扼杀新闻鲜活性、叙事方式单一减弱时政新闻生动性"的问题,"群众在时政新闻报道中的出镜率有待提高",中央电视台新闻频道对群众采访的比例最高,占到报道量的八成以上,而其他卫视频道对群众的采访占比只有六七成左右。③

(五)中美贸易战

2018年,中美之间发生了一场史无前例的"贸易战争"。2017年8月,美国正式对中国发起"301调查";2018年1月22日,特朗普政府宣布对进口大型洗衣机和光伏产品征收最高税率高达30%和50%的关税,此后还发生了针对中国的钢铁和铝产品征税等一系列贸易摩擦。中国政府也对美国进口高粱进行了双反调查。

2018年3月22日,特朗普签署总统备忘录,宣称依据"301调查"结果,将对从中国进口的商品大规模征收关税,并限制中国企业对美投资并购,中美由此拉开了博弈的序幕。期间有过多次谈判磋商,但最终仍是贸易战相向。这场贸易摩擦不断升级,谈判、妥协、变卦,风云迭起。直到当年12月的G20峰会,习近平和特朗普及其经贸团队会谈后,给贸易战按下了暂停键,重启谈判,在此期间双方暂停加征关税,2018年12月下旬中国已恢复进口美国大豆。

这场贸易战前后持续超过一年,在2018年主要有几个明显的发展节点,中国电视新闻的报道也随着事件进展而出现不同的报道频度和方向。中美贸易战报道的大致进程见表11-7。

---

① 李燕.从大屏到多屏:中央电视台时政报道的融媒体探索[J].中国广播电视学刊,2018(9).
② 江敏.大数据时代的新闻生产:以央视网报道十九大为例[J].视听,2018(10).
③ 包海清.用民生视角审视电视时政新闻报道创新之路:以央视及5家卫视的十九大报道为例[J].电视研究,2018(5).

表 11-7　中美贸易战报道的大致进程

时间区间	事件进程	报道情况
2017.8.18—2018.3.22	美国开启"301调查",贸易摩擦升级	消息为主
2018.3.22—2018.4.7	正式打响贸易战,双方互有反制	篇幅加大,多方跟进报道,反对、指责
2018.4.8—2018.7.5	博鳌论坛开幕,谈判和解,美国单方面毁约,贸易战再度升级;美国和其他国家的贸易摩擦增多	态度鲜明,宣传政府决策,对美从强调合作到强硬反击
2018.7.6—2018.9	美国正式加征关税,中国反制,贸易战升温	报道篇幅再次加大,国内经济报道增加,更多地引用国际报道
2018.9.24—2018.12	中国政府公布白皮书,持续谈判磋商,12月1日两国领导人正式会晤,暂停制裁,美国设下90天的谈判期	持续跟进,评论加大,报道频度逐步减少

1.及时应对,尽力提供多维度信息

在贸易战早期,中央电视台各频道新闻栏目就一直持续报道各方消息,如《朝闻天下》2018年1月24日播出的《商务部回应美国发起的全球保障措施 滥用贸易救济措施 中方强烈不满》,向观众传递基本情况;《新闻直播间》3月7日播出的《美国白宫国家经济委员会主任辞职加征钢铝关税计划引争议 计划或使美损失十几万工作岗位》,不仅有事实本身,还加入美国以及世界范围媒体的分析评论作为背景;《今日亚洲》2月21日播出的《2018亚太变局·中美贸易战一触即发》,介绍了美国电视台对美国光伏企业的采访,中国企业对美国经济的贡献;《中国新闻》3月10日播出的《美国对进口钢铝征收高关税 反对声一片 多国表示将采取应对措施》,综合了这段时间的各方反应。总体上来说这时经济频道和国际频道已经开始深度关注美国的动向,而新闻频道的报道重点还在两会,《东方时空》等主要栏目,对美国的贸易战基本上以短消息通报为主,内容储备并不充分。所有频道报道篇幅加大是在3月22日特朗普签署备忘录、23日中国商务部采取行动之后。

3月23日早7点,中国商务部官网上发布针对美国的中止减让产品清单,新闻频道《朝闻天下》7点45分开始播出《美国总统特朗普22号签署总统备忘录 美将对中国商品大规模征收关税》,消息文字稿为新华社华盛顿22日电讯。随后播出《中国商务部 中方必将对301调查采取必要措施》,以文字配空镜头的方式报道了前一日中国商务部条约法律司负责人对此发表的谈话。之后播出的《中国外交部 完全不能认同"经济侵略"的说法》《中国外交部 美出口管制是贸易不平衡要素之一》用的是21日外交部例行新闻发布会上发言人华春莹的同期声,再以解说配画面的方式报道了《美国百家企业呼吁取消对华关税计划》。7点51分主持人口播商务部的新华社通稿,随后播出1分37秒的新闻链接《"301调查"到底是什么?》和1分50秒的新闻分析《美对华301调查:损人害己》,后者主要是"专家表示",内容是对中国国际经济交流中心研究员和对外经贸大学教授的采访。

14点,《新闻直播间》就已经制作出关于商务部产品清单的图文形式的内容。23日晚《新闻联播》播出《商务部:坚决反对美301调查决定》,对2017年中美贸易做了图表数据分析,还使用了商务部条约法律司司长的采访同期声。

报道比较深入的是当晚《新闻1+1》的《贸易战,特朗普政府真要打吗》,节目中大量使用各媒体的报道,对事件及其影响综述比较全面,连线中央电视台驻美国记者王冠,1分多钟的时间介绍美国各方反应,尤其是反对者的声音。连线清华大学中美关系研究中心的学者,分析深刻,立场明晰,主持人的采访按照提纲一步步深入,最后落实到中国如何应对,政府企业如何做准备。可以看出编辑做了大量资料梳理工作,综合了新闻频道已有的视频资源,但限于时间,二手材料多过一手材料,尤其缺乏国际资源。

央视财经频道的节目在报道分析的力度和角度上都有所不同。每晚20点30分的《经济信息联播》一直在持续关注中美贸易摩擦。23日的节目更是拿出88%的篇幅做了详细报道①,比如各国股市下跌情况,对相关新闻背景配有文字画面而不是空镜头;对崔天凯大使的采访使用小片来形成节奏;对中央电视台驻美国记者王冠的采访也是侧重美国股市下跌、美国行业贸易协会等各方的反对;连线路透社财经评论员王子昕,介绍欧洲各国的反应和影响;还连线了位于东京和首尔的财经频道特约记者,介绍当地股市、外汇和政府反应。随后延伸报道了之前的钢铁加征关税的后续情况(对行业协会副会长的采访)以及对全球贸易链的影响。最后部分还简短地使用了对美国经济学家的采访、与CNBC财经评论员的连线,并口播美国各大媒体的评论,全面展现了美国这一行动的各方面效应。尽管使用了之前部分素材、前后信息有小部分同义反复,但采访的量和面还是较为充分和全面的。

24日《经济信息联播》用22分钟报道了"2018中国发展高层论坛",就中美贸易摩擦话题采访了大量与会的中国、美国、中国香港等顶级经济学家、政府官员和企业家,其中哈佛经济学家、诺贝尔奖得主约瑟夫·斯蒂格利茨更是直接评论特朗普应该收回这个"愚蠢的政策"。

2.推出系列节目,深入分析

2018年4月初,中国政府第一次出手反制,美国政府回击,中国政府进一步拿出新的贸易产品清单。从2日起《央视财经评论》连续三天"聚焦中美贸易摩擦",评论中国的反制意在"敲打"对方,综述、评析美国相关产业对此事的反应,总体来说立足于保护贸易自由,维护世贸组织贸易规则。5日至9日做了《五问中美经贸关系》报道,从贸易逆差开始,仔细梳理了中美贸易的历史与现状,深刻剖析了美国挑起贸易争端的原因、美国失业民众和中国经济的关系,最后落到中国如何应对。

鉴于本次贸易摩擦持续时间之长、波及范围之广,经济频道的消息类节目不仅持

---

① 88%是"贸易战"主题的消息在当日所有消息中的占比。

续跟进,更有专门的策划。日播的《经济新闻联播》可以说是报道篇幅最多的节目,不仅有全球范围的贸易动态,更有对相关事件的多方采访和有力评论。从7月20日起,该栏目推出多日联播的专题报道《给中美贸易算笔账》,第一笔账就是"美国对中国的贸易逆差,到底有多大"。《央视财经评论》栏目从7月13日起连播报道《解读商务部声明》"三问":到底是谁"不公平""不积极""不守法"？8月3日和4日做了报道《美国威胁提高征税税率 账该怎么算》《600亿VS 2,000亿 怎么读怎么看》,除了对经济形势的分析和判断,更是对政府态度的解释,理性而克制。

央视中文国际频道的节目也有大量内容涉及中美贸易摩擦。3月23日的《今日关注》将消息标题为《反击！中国商务部宣布对美部分进口产品加征关税》,此后多期节目以短消息组合的方式报道最新动态,标题和评论都凸显鲜明的立场。《深度国际》4月7日的报道题为《中美贸易摩擦:真相与走向》,使用了美国贸易代表等官员的同期声,在素材资源上和其他频道、节目略有不同。这是一个专题节目,整个节目的内容处理更加有条理、更加深入；主持人负责内容的转场,专家采访只是内容素材之一；事实性信息不像评论节目那样是靠一个个观点来统合和递进的,因而叙事的逻辑性更加紧凑、信息更加密集,可看性更强。

4月9日的《中国舆论场》节目中也有一个版块做了中美贸易摩擦的话题。节目的形态是网友在线提问,嘉宾回答的同时屏幕上滚动出现网友的评论和提问,同时变化的还有对嘉宾的点赞数；几位嘉宾述评结合、观点清晰有力。该版块最大的亮点是屏幕上的评论可以看到当下人们最关心的问题是什么。

7月11日美国升级贸易战后,《深度国际》28日的节目《全球贸易战的"美国逻辑"》深入阐释了美国为什么要打这场"贸易战",从美国19世纪末的贸易保护主义政策一直讲到这届政府幕僚的背景和执政思路的变化,最后指出在新的全球化背景下美国的贸易战不会停,节目中甚至还出现了学术著作的特写,这是节目的特色所在,但也因为过于学术而有艰深晦涩之感。

相对于经济频道的系列节目和中文国际频道的深度分析,新闻频道的栏目主要是单期节目中多条消息的组合。比如在7月初正式"开火"后,7月6日《新闻联播》播发了《商务部新闻发言人就美国对340亿美元中国产品加征关税发表谈话》《中国对美关税反制措施已于6日12:01正式实施》《外交部:美做法公然违反世界贸易组织规则》三则报道。7日播发了《中国在世贸组织起诉美国301征税措施》《专家:坚决反对美国贸易霸凌主义》《人民日报评论员文章:美国贸易盲动症注定引火烧身》等报道。

7日晚上《共同关注》以7条消息组合做了《美国挑起贸易战 中方强势反击》的小专题,也是陈述事件背景、展示多方反对声音和中国如何采取贸易反制。7月11日,美国抛出2,000亿美元的关税产品清单,当天下午《新闻直播间》做了12分钟的报道,其中国内专家评论5分钟,使用了以往部分素材。晚上《东方时空》做出7条消息组合的17分钟集中报道,从商务部新闻发言人的谈话到美国四处挑起争端,最后以外交部发言人表示"国际社会应共同努力抵制单边主义"作结尾。9月25日晚《东方时空》使用9条消息组合成专题报道《时空观察 中美经贸摩擦·真相是什么？出路在哪里？》。新闻频道的报道更侧重短平快和对事态进程的综述。

3. 观点鲜明，理性引导舆论

中国媒体在贸易战的报道上具有国家立场，在这项全球关注的重大又复杂的议题上，树立"理性标杆"、有效引导舆论是中国媒体不可回避的社会责任。相较于部分渲染民族情绪的报纸媒体，电视新闻中评论节目在立场明确的前提下，基本持有较为理性客观的态度，善于论证且克制冷静，评论的观点主要跟随着政府的应对策略而变化。

《环球视线》这档23分钟时长的栏目在形态上类似财经频道的《央视财经评论》，节目中连线前方记者，并由专家在演播室评论。4月4日播出了《中方回击美挑衅"贸易战"？不怕！》，7日播出《贸易摩擦美错判形势 我坚决应战》，9日播出《我坚定捍卫多边贸易体系全球利益》。

以最具代表性的《新闻1+1》为例，在3月22日中美贸易战拉开博弈序幕后，多期节目以"谈判"为主题，如《中美"贸易战"，打还是不打？》（3月26日）、《避免"贸易战"，中美怎么谈？》（3月29日）、《中美贸易摩擦，是升级，还是谈判》（4月4日），这些节目实际讨论的是政府的应对方针。此后两期节目《2018，中国经济，有信心！》（4月9日）、《改革开放：中国的决心，世界的信心！》（4月10日）也是对当时形势强硬的回应。

7月，美国宣布加征关税的时间是7月6日12点01分，而《新闻1+1》在5日21点30分播出的节目《"中美贸易战"，中国不打第一枪》，传递的也是中国政府的态度。6日特朗普要求贸易代表办公室研究是否追加1,000亿商品，当晚该节目的标题为《贸易摩擦，中国奉陪到底！》，播出的内容是1小时前中国商务部发言人的强力回应，节目连线中央电视台前方记者介绍美国媒体的报道，时效性极强。8月3日中国反制美国，6日《新闻1+1》播出节目《极限施压，对中国无效！》，不论是连线驻美记者还是专家评论，都重点介绍了美国国内的反对声音和中国自身的稳定状况，意在消除不必要的恐慌，树立信心。

从报道内容上看，《新闻1+1》的表述延续了白岩松的调侃式评论，比如7月5日他直接评论美国的反复像得了"巨婴症"，挑衅又指责别人"碰瓷儿"；而且以分析中国商务部例行新闻发布会的视角来反观中美经贸关系的紧张，角度新颖、批判有力。7月6日的节目《中美贸易战，打响第一枪之后……》，以一只"冲刺"清关时间"被逼变身赛艇"的货船开场，引人入胜。

综述和预判是电视评论常见的内容模式，但在大量加入采访后，尤其是加入多维度信源后，节目的信息量和可看性都大大提高。4月4日的节目虽然在观点上已经难以有太多新意，但是在节目节奏和内容控制上却略胜一筹。其他节目多以给专家比较长的时间去阐述观点，但《新闻1+1》却用普通民众最想问的问题紧追下去，因而内容要点更加集中、清晰。8月23日，特朗普政府决定对中国进口的160亿美元产品加征25%关税，1分钟后我国以同等力度回击美国商品。《新闻1+1》将之称为"中美贸易第二枪"，节目发问"然后呢"，用简单通俗的图表和语言回顾了过去历程，主要侧重于对当时第四轮磋商和美国国内听证会的分析；节目中还使用特朗普的"论据"反观中国，评论嘉宾指出中国也有自己的问题，"打一打，健身强骨"，这样的内容在同类评论中并不多见。

9月24日，中国政府发布《关于中美经贸摩擦的事实与中方立场》的白皮书，围绕中美经贸历史、现状，讲道理，列数据，辨析了中美经贸关系的事实。围绕这一事件，各频道多档栏目都配发了评论，比如当天的《新闻直播间》就组合刊发多条消息，以评论为主。《环球视线》在《中美贸易摩擦 白皮书给出真相》节目中介绍了报告并解释了为何要在这个时间发布，其目的在于面向美国民众和国际社会给出中国立场，并播出美国民众的采访同期，以此表现特朗普政府的"一意孤行"。

4.摆脱专家依赖，挖掘更多事实

在中央电视台的报道中，除了政府发言人的同期声，专家评论也是报道的主体内容；一线企业或是相关行业协会反而参与不多，宏观描述和表态内容较多；对他国反制行动"同仇敌忾"的较多，而关于中国实际出口经济和相关市场的信息比重较低。一方面，选题本身有"国家立场"和舆论引导的需要，但对于这样的"长期战斗"，过于宏观或者持续地"论而不述"，反而容易流于表面，缺乏内在的影响力。

另一方面，也是因为太过于依赖专家，在不同频道的不同节目中，这些专家就成了"熟人"，我们可以看到这个过程中连线的专家学者或是演播室嘉宾是有一个"筛选"过程的，但总体来说，专家们提供的信息相似度比较高。同样的情况也出现在"外国专家"的采访上。早期阶段中央电视台的前方记者要和多个节目连线，但短时间内他们掌握的信息有限，外采专家的言论便会被反复使用，而且也都比较简短。这对言论的代表性、权威性和节目质量都有不利影响，因此，找到更多领域的专家和拓展海外信源是央视新闻今后需要加强的地方。

这种趋势持续到9月之后才有了一定的变化，如《新闻联播》推出"创新发展 笃定前行"系列报道，选取了三个在贸易摩擦中寻得生机的企业，如一家企业因为技术创新、产品升级，虽然加征的关税让传统产品的"销量减少了10—20%，但新产品的价格提高了30%，而且从8月份开始，美国对新产品的订单从最初的3万台一下提升到了8万台"。9月18日的《24小时》栏目播出了7分钟的报道《中美贸易摩擦下的"太钢"之路》；9月21日《新闻直播间》栏目播出了报道《记者观察·创新发展 笃定前行 预判预警 有序应对贸易摩擦》，该报道介绍了浙江余杭纺织行业协会，提前两个月对企业进行预警，不仅为企业争取了宝贵的应对时间，还帮助企业提升产品议价能力、稳固市场，以及组团参加国际展会、开辟一带一路新市场。10月《新闻直播间》播出了驻美记者的报道《贸易摩擦下的中美龙虾贸易调查 中国市场曾"拯救"缅因龙虾》，"要说这次的中美贸易摩擦影响有多大，其实不在那些冷冰冰的数字里，而是实实在在地体现在每个人的生活里"，通过回放2016年的采访视频，展示缅因州龙虾和中国市场的"互相帮助"，不需要解说词阐释，美国渔民自己和贸易事实已经展示了中国市场对美国经济的益处和对美国人民生活的重要性。

特别值得肯定的是,《经济半小时》8月6日至15日播出的《走一线 看经济》,赴全国各地报道了在贸易摩擦背景下中国真实的市场和企业运行情况。第一期节目就是《他们在用"真金白银"看好中国》,该节目从上海举办的中国首届国际进口博览会会馆面积扩展30%开始,采访了众多看好中国市场的海外企业,接下来介绍了位于江苏太仓的为德国大众生产汽车螺丝的企业及其职业技术培训中心,还有一家德国企业在盖第三座工厂时为增加环保屋顶而与本地政府高效协商合作的故事。在太仓这个汇集了1,600家外企的县级市,有数家设厂20多年的德国企业,也有新兴的智能工厂,节目用充实的素材展示了这些年来中国是如何在改革开放进程中"拥抱全球化"的。此后的节目包括介绍外贸市场、高新技术、宠物经济、蜂蜜产业新变化等不同的经济领域的发展,还有一期用电量的"数据新闻",用鲜活的中国经济"坚挺"的事实展现"中国底气"。

通观这长达8个多月的"贸易战"报道,地方电视台在外资企业集中地区对浙江企业、浙商研究院、浙商银行进行了采访,如浙江新蓝网、中国蓝新闻客户端在3月23日下午便发文《中美贸易战或影响高端制造业 浙江企业如何应对?》。浙江经视频道《新闻深呼吸》是一档深度节目,在3月25日的节目中,主持人口播了《浙江省商务厅成立对美经贸摩擦应对工作小组》和《中美"贸易战"对浙江影响几何》的报道。4月2日《浙江省新闻联播》播出了《省商务厅:中美贸易摩擦远期影响不容小觑 浙江企业要增强风险防范意识》。

再如《第一财经》在3月23日晚梳理出当时受到影响的841家企业,它们细分领域的情况和对美国市场依存度高的99家A股上市公司的基本情况和股票动态。其中多数企业位于广东、浙江和江苏,以民营企业为主。这些报道除了反映出政府应对的决策与决心,还积极、具体地探讨了企业面临的问题和可能的应对策略。

而一些地方电视台的报道多以综述或使用中央电视台素材为主,如湖北电视台的《长江新闻号》、上海电视台的《东方新闻》都做了比较多的此类报道。事实上,这也是本次贸易战报道的主要特点之一——报道口径比较慎重,题材处理更近乎国际新闻,而非国内新闻。如江苏电视台地面频道的财经栏目也以综述现有素材为主,对《2018年1—5月江苏外贸进出口稳定增长》这一针对性很强的消息却只有29秒。

二、负面、突发事件报道

(一)雾霾报道

PM2.5是指空气动力学直径小于或者等于2.5微米的大气颗粒物(气溶胶)的总称,学名为大气细粒子。高密度人口的经济及社会活动所排放的细颗粒物(PM2.5),一旦超过大气循环能力和承载度,细颗粒物浓度将持续积聚,再受到静稳天气等影响,极易出现大范围的雾霾。

2008年以前,中国的空气情况早已堪忧。但是当时人们对于空气污染并没有明确的认知。直到北京举办奥运会,"空气污染"才出现在新闻报道中,但报道基调多以工厂搬出、空气质量改善为题。当时闹得沸沸扬扬的"国外运动员因担心北京空气质量而打算戴口罩参加奥运会"的新闻是以"北京环保官员:口罩只能给外国运动员行囊增重""美国运动员戴口罩侮辱了谁?""美戴口罩来京运动员向中国人民致歉"等内容出现。

2011年前后,北京每年入秋后多日的大雾"锁城",这种严重空气污染的天气,加之美国驻华使馆对馆址附近PM2.5的持续播报引发了社会热议,也使媒体和网络对PM2.5形成了空前密集的关注。环保部门开始采取措施,我国大部分地区开始将雾霾作为一种灾害性天气预警预报。

电视新闻对PM2.5最早的报道是2012年10月16日《新闻联播》"国内快讯"中的一句话:"按照空气质量新标准的要求,国家环境空气质量监测网已有138个站点监测并发布PM2.5、臭氧和一氧化碳等6项污染物的实时浓度值。"此快讯时长仅14秒。2008年,位于北京朝阳区的美国驻华大使馆建立了PM2.5监测站点,并在微博上实时更新数据。那时,我国长期监测的空气污染颗粒物是PM10。因为受到官方质疑,2009年7月,美国驻华大使馆发言人澄清,监测站仅提供使馆大楼区域的空气质量,无法代表整个北京。

2013年1月11日,北方地区雾霾污染严重,《新闻联播》开始了连续7天关于PM2.5的追踪报道。此次关于雾霾的报道累计时长达34分57秒,平均每天接近5分钟。其中,1月12日、13日的报道比重已经接近以往绝对主角的"时政新闻"。

在这些新闻报道里,北京城大雾弥天,不但远处的建筑难以分辨,就连近处的行人、车辆也都是灰蒙蒙的。报道中播放了北京西三环公主坟某处前后两盏交通灯在早中晚的对比:早上,笼罩在大雾中的两排交通灯尚可分辨红绿两色;午间,雾霾最"嚣张"的时候,漫天都是灰土色,后排的交通灯已经"隐形",前排交通灯只剩下淡淡的三个光点;到了傍晚,整个天空变成灰黄色,交通灯只散发出微弱的光晕。这段素材被剪进了1月12日《新闻联播》头条,题为《我国多地雾霾笼罩》;1月13日头条依然与雾霾有关,内容为《环保部公布重点城市空气质量日报》公布了污染排名前10的城市,北京在石家庄、邯郸、保定之后位列第四,污染指数498。

1月14日,观众第一次在电视上见到了PM2.5"真身"。《新闻联播》中这条新闻的标题是《揭秘显微镜下的PM2.5》。在镜头中,PM2.5从7倍逐渐放大到120倍,展现出其丑陋、粗糙的形象,之后画外音响起:"专家表示,由于PM2.5颗粒的大小仅有头发丝的1/20,可以直接进入人体的肺部,从而对人造成伤害。"这是《新闻联播》连续第4天关于PM2.5的报道,后面相关报道又持续了3天。

在连续7天、共计21条有关空气质量的报道里,《新闻联播》共播出了4条服务性新闻,提醒人们出行佩戴口罩、开车更加小心;还有主播劝告:"没事儿啊,最好宅在家里,少出门儿。"另有13条是关于雾情、雾霾影响以及各地防治措施的;还有3条对PM2.5相关背景知识的介绍;在唯一一条评论"既然同呼吸,那就共责任"里,提出了应对建议:政府淘汰落后产能,城市多建绿地,党政机关少开公车,带动有车族一起"环保"。

大雾逐渐散去,1月17日李瑞英在最后一天的PM2.5报道中问:"下一次雾霾离我们还有多远?"这条报道最后总结出,解决雾霾的根本方法是:转变生产方式、优化产业结构、调整能源结构。① 在这次集中式的报道之后,有关雾霾的预报、报道除极个别情况外,进入正常轨道。

(二)马航MH370失联事件

2014年3月8日,一架由吉隆坡国际机场飞往北京首都国际机场的马来西亚航空波音777-200飞机(MH370航班)与管制中心失去联系,机上载有239人(含机组人员12名),其中154名乘客为中国公民。作为国际重大突发事件,马航客机失联涉及国家之多、范围之广、情况之复杂可谓前所未有。随之,一场全球新闻传播战拉开了序幕。有人称,此次是"中国电视最值得回顾的国际新闻报道"。

1.中央电视台对马航事件的报道

北京时间3月8日上午8:20,法新社在第一时间发布马航失联的消息。随即新浪网新闻中心于8:29率先在微博上发布了一条"快讯",援引法新社报道"马来西亚航空称与一架载有239人的飞机失去联系。微天下正在核实并将跟进报道"。6分钟之后,再发"快讯",使用CNN直播画面,内容是"失去联系的马来西亚航空飞机原定飞往北京"。在不到30分钟内,该微博连续对事件进行跟踪核实、发布最新信息。腾讯微信也在其新闻平台推送了消息。

央视新闻频道在8:46援引CNN的报道,首次播出了一则15秒的口播短消息。央视中文国际频道的《中国新闻》②在最近一档9:00的新闻节目中用30秒时长以头条位置发布了该消息。

9:20央视新闻频道再次报道,播出了马航的官方声明,并援引法新社的消息称,飞机上有160名中国人,马来西亚已启动搜救工作。9:36视频连线准备参加外交部部长王毅新闻发布会的记者张泉灵,她表示外交部相关人员正在积极了解情况,外交部与相关国家的大使馆已经启动应急机制。之后一直到11:36,新闻频道在《两会直播间》直播外交部部长新闻发布会的同时,不时以主持人口播的方式插播有关失联飞机的最新消息。11:38新闻频道就失联事件连线了三路记者:中央电视台驻越南记者魏焕青、派往北京首都机场的记者高雪楠以及驻马来西亚记者朱骅。值得注意的是,在北京和吉隆坡的两位记者,对于机上中国乘客人数的介绍存在不同,这从一定程度上反映出事件初始时,信息发布混乱的情况。

此后,《中国新闻》在当天12:00,用约13分钟的时间对已经掌握的相关信息进行

---

① 李晓婷,朱晓佳.反映反映呗 2013年《新闻联播》改版文本分析[N].南方周末,2013-01-25.
② 《中国新闻》创办于1992年10月1日,是央视中文国际频道(CCTV-4)最重要的新闻节目品牌之一,多次获得"央视年度十大名牌节目"称号,栏目宗旨是向全球华人传递最新、最快、最权威的新闻资讯。

通报,包括机上乘客人数、国籍,中国乘客人数及飞机最后失联时间,关于发现疑似信号的信息,马来西亚航空提供的公众查询电话,该客机及所属航空公司的相关背景资料,连线驻吉隆坡和北京首都机场的记者获得的实时信息等。接着,在13:00—14:15、17:00—18:15、19:00—20:00三个时段开辟了《关注失联马航航班特别报道》。

从3月8日到14日,中央电视台新闻频道一直在报道此次客机失联事件,但纵观所播出的新闻,该事件并不处于核心位置,一直没有进行大规模、连续集中的特别报道。以3月9日为例,对于全国两会的报道,如:全国人大常委会工作报告、全国政协委员答记者问及相关自设栏目等占据了当天报道的大部分时间。其间有关失联客机的新闻多是短消息和主持人口播,内容方面则以各种新闻发布会、中国搜救力量情况和转述外媒的调查进展为主。类似情况一直持续到3月15日,即客机失联的第8天,新闻频道推出了"马航客机失联特别报道",与综合频道并机播出。在新闻频道当天的报道中,有关失联客机的报道数量和力度明显增加。

有人统计了新闻频道官方网站所显示的报道数量。3月8日当天,《新闻直播间》有关报道共75条,14日为98条,15日则增加到137条,16日为128条。15日之前,由于正值全国两会,《新闻直播间》的报道重点集中在两会报道上。在国际新闻方面,有关克里米亚局势的报道也占据了不少时间。

相比之下,国外电视媒体对此新闻的报道更为突出。从3月8日开始,CNN就把这一事件作为最重要的事件,迅速取代了对"乌克兰"问题的关注。在第一阶段的报道中,CNN迅速调集了全球42个记者站中与MH370航线有关的所有采访力量。

央视中文国际频道《中国新闻》力求第一时间发布有关MH370航班的相关信息。例如在外交部部长王毅的新闻发布会直播中插入小窗口画面,及时发布最新动态。在此后的跟进报道中,至少会通过屏幕下方的字幕随时通报最新进展。面对当时流传的各种不实信息,节目也向观众讲解了如何区分真假新闻。①

央视中文国际频道对事件的特别报道持续到3月24日晚10点马来西亚总理宣布失联客机"终结",历时17天。该特别节目共播出了50多个小时,这是继2011年3月11日日本大地震以来,央视中文国际频道针对突发事件持续时间最长的特别直播节目。节目播出后,频道平均收视份额达到3.34%,最高值为4.36%,为近四年来最高;新闻节目平均贡献份额为2.01%,最高值为3.01%,平均贡献率为59.54%;美国、西班牙、哥斯达黎加以及国内观众来信,评价央视中文国际频道有关马航的报道权威、及时。

2.中央电视台三次独家直播

在"马航事件"报道中,中央电视台曾实现了三次全球独家直播,直播信号被CNN等多家国际媒体采用,发出了中国声音。

第一次是在3月22日,中国空军伊尔-76运输机飞往澳大利亚珀斯皮尔斯空军基

---

① 马勇,李永健.从"马航失联"看《中国新闻》突发事件报道框架[J].电视研究,2014(6).

地参与搜救,前方记者第一时间拍摄了两架飞机先后抵达的画面。接着,前方记者沙晨告知,澳大利亚副总理特拉斯已抵达皮尔斯空军基地,很有可能就MH370事件举行新闻发布会。部门领导闻讯迅速指示将澳大利亚ABC电视台的信号引到演播室,同时要求记者随时准备直播。11:40正当后方向沙晨询问现场情况之时,特拉斯突至空军基地并发表了讲话。"我们立即中断询问,打开窗口并切入直播信号,从而成为全球独家对特拉斯讲话进行直播的媒体。"①直播期间,记者还对特拉斯进行了提问和视频连线,后方编辑迅速将相关提问编辑成片并第一时间送播。新闻频道因此将原定12点播出的《新闻30分》顺延。

3月24日,中国军机发现白色漂浮物后返回珀斯国际机场,中央电视台国际部立即联系前方记者。记者提前掌握到飞机抵达的大致时间(北京时间下午2点左右),并守在机场,寻找到最佳位置。飞机一进机场,记者就利用TVU(网络电视)实现了第二次全球独家直播。

当天下午5点多,中国驻珀斯总领馆就中国军机当天搜救情况首次召开发布会,中央电视台继续通过前后方的密切配合独家直播了这场发布会。这就是第三次独家直播。

3.存在问题

首先,中央电视台在报道的时效性、反应速度上不如西方媒体。事实上,事发当天早上7点多,马来西亚航空就在其官网上公布了一架客机失联的情况;法新社在一个多小时后发出报道,新浪网新闻在9分钟后发布了"快讯",而央视新闻则在法新社报道后的26分钟才发布了报道。中国和马来西亚不存在时差,MH370的目的地还是北京,无论从空间还是时间上来说,中央电视台与西方媒体所处条件相比都不处于劣势。

其次,当世界各大媒体从一开始就将此事作为重大事件展开报道时,中央电视台虽然播出的相关新闻数量并不少,但并没有快速组织特别报道团队,且报道多援引西方媒体。直到第8天,西方媒体公布了相当多的关键信息,对马来西亚官方形成"倒逼"之势时,新闻频道才首次推出了长时间的特别报道节目。

此外,中国电视报道更多的集中在搜救工作进展、相关政府决策、官方表态等各类动态现象的跟踪上;其次是转述外媒与猜测。如3月17日《新闻直播间》播出"马航客机失联特别报道",节目请来两位专家就卫星如何通过搜索寻找飞机做出解释,但并不知道实际如何搜索。虽然也带来了信息,但是报道框架过于局限,缺少能够扭转局势、深度挖掘、推动事件认知的"关键信息",缺少独家"干货"。

而国外媒体的深入调查,一步步查出对失联飞机的几种追踪技术:应答机、发动机、雷达、卫星,并最终据此落实了之前一直没有的答案——飞机可能的去向,如13日,《华尔街日报》称根据发动机制造商罗尔斯罗伊斯公司数据,飞机在失联后还飞行了4个小时,并多次向卫星发射信号;14日,CNN报道,据一位不愿透露姓名的美国

---

① 资料来源:央视新闻内部资料,薛璟《是偶然还是必然?——我台三次全球独家直播马航MH370事件的感悟》。

高官表示 MH370 可能已经飞至印度洋上空；而路透社报道，通讯卫星曾捕捉到客机脉冲信号，失联航班或蓄意偏离航道。不难看出，所有有关飞机去向的关键信息，都是西方媒体采访飞机制造商、卫星公司、美国高官、马军方人士等得到的。这种"倒逼"反证推动了马来西亚方面公开信息，使得后期搜索有了比较明确的目标，且证实前面的判断是正确的。更重要的是这种深度的报道，化解了民众对于飞机失联不可控的疑虑，也为之后避免此类悲剧吸取了应有的教训。

在这场世界级的媒体报道竞赛中，中国媒体包括中国电视，没有显示出应有的"媒体的力量"。不仅是因为这个新闻没有"现场"，而是因为我们有一些"现场"无法到达。① 我们的新闻报道能力没有达到应有的力度与深度，这会影响社会对事实的认知和判断能力。在新的国际竞争下，比对的内容更为丰富，不能再满足于做了报道，而应该对报道质量提出更高要求。在世界上发出中国的声音，更重要的是新闻的发现能力，是报道内容的质量。

（三）天津滨海新区爆炸报道

2015 年 8 月 12 日 22:52，天津市滨海新区天津港 7 号卡子门瑞海国际物流公司危险品仓库集装箱堆场起火。在消防员赶到现场救火的过程中，23:34 现场连续发生两次大爆炸，造成人员和财产的严重损失。就在爆炸之后两分钟，天津网友"@小宝最爱旻旻"率先在微博上发布了爆炸相关短视频。此后，陆续有很多附近网友发出了不同角度的爆炸视频。

1. 新技术的应用

爆炸发生后，官方主流媒体多在第一时间选择用微博发布信息。13 日凌晨 0:53，中国新闻网发布微博，对现场蘑菇云、爆炸声等进行报道。0:54 新华社正式播发《天津滨海新区深夜发生剧烈爆炸烟尘高达数十米》的报道。1:09 新华网微博发布消息，并采访了距爆炸现场几百米外的小区居民。

中央电视台新闻频道在 13 日凌晨 1:00 的《新闻直播间》栏目中首次报道了此事件，该报道是在节目的第 10 条、1:11 播出，这是一条仅有 38 秒的口播新闻。在 2:00 的该档节目中此消息被放在了头条，报道中使用了多个现场附近居民手机拍摄的爆炸画面，和正在赶往现场途中的记者王晓沛的连线，其中提到了爆炸时间和可能的爆炸物，并称受伤人员已送往医院抢救。此消息时长为 5'27"。3:52 天津市新闻办官方微博"天津发布"发出与事故有关的第一条信息，初步核查有 7 人死亡。人们一早醒来后，很快从手机上看到了爆炸视频，并知晓了这个重大事件。

8 月 13 日上午 10 点左右，中央电视台新闻频道通过现场连线，播出了由无人机航拍的视频。此外，很多媒体尝试使用 3D 动画进行报道。3D 动画表现的并不是现

---

① 马少华. 无法到达的新闻现场[EB/OL].(2014-04-02)[2019-04-15]. http://dajia.qq.com/blog/338631007998481.

场真实画面,而是将前方记者采写的新闻事实,运用 3D 动画技术制作出示意画面,呈现给观众。这种技术在传统电视媒体的报道中并不多见,但在本次天津爆炸事件的报道中,很多纸媒也依托自身网站发布了此类新闻。《新京报》是其中最突出的。在爆炸发生后的 24 小时内,新京报网"动新闻"版块即发布了第一条 3D 动画新闻《3D 解读天津爆炸事故威力:相当于 46 枚战斧式巡航导弹》。在 1'47"的视频里,记者运用动画片向受众普及了 TNT 当量等专业术语,并用 46 枚战斧式巡航导弹作为参照物,说明这次爆炸的威力。之后几天里,新京报网陆续发布了关于天津爆炸事故的 3D 动画及其他动画新闻 15 条。澎湃新闻 8 月 13 日发布《视频 | 3D 动画还原天津滨海新区爆炸》,同样也是以 3D 动画结合现场画面,配以画外音解说,较清楚地还原了爆炸事故,可见 3D 动画已经成为事件报道的重要形式之一。①

2.《焦点访谈》系列报道

中央电视台的《焦点访谈》栏目对此事件展开了跟踪报道。有人将其内容进行了总结:8 月 13 日《天津滨海新区一仓库发生爆炸》侧重对事件过程的回顾与事故现场情况的介绍;8 月 14 日《8.12 事故跟踪》对事故发生后现场处理情况和事故原因进行介绍;8 月 15 日《控制污染,降低危害》,针对公众普遍关心事故对环境的污染影响给予回应;8 月 18 日《哀悼,为了逝去的生命》通过讲述人物故事寄托对遇难者的哀思;8 月 19 日《彻查原因,严格追责》报道了事故调查的进展;8 月 20 日《齐心协力,共渡难关》对医护人员的全力救助和广大市民的热心援助情况予以呈现;8 月 21 日《全力保障环境安全》对大家关心事故可能带来的环境问题进一步报道说明。

在这组系列报道中,《焦点访谈》采取软硬新闻"兼施"的策略。硬新闻主要呈现事件原貌、报道事件进展、监督问责,满足受众的信息需求和急于追因溯源的强烈愿望。而软新闻主要侧重讲述事件中的人物,感受当事者的经历,引起受众情感的共鸣并抚慰、平复情绪。节目中将图片、视频穿插运用,用丰富的素材为受众呈现了事件的原貌。同时,考虑到新媒体环境下分众化、舆论多元化的现状,节目不再拘泥于高屋建瓴地设置议题、引领导向,而是更多关注受众信息需求、了解社会热议话题,及时澄清、回应和说明。②

在这次事故报道中,《新京报》多名记者在一个多小时后就赶到了现场,拍摄的现场图片和采制的现场报道在新媒体平台上迅速发布,成为民众重要的消息来源。8 月 14 日,一篇名为《走多远,作多久》的记者摄影手记在微信朋友圈刷屏,作者是《北京日报》记者和冠欣,他于 13 日只身潜入天津爆炸事故核心区,用照片和文字记录了在事故现场的所见所感,获得了社会的高度关注与认可。可见在突发事件之时,媒体对信息的及时提供、记者的倾情投入都会被社会看到,并对媒体的日后发展带来良好影响。同时也对电视新闻在新媒体时代如何更好发挥优势、引领突发事件,得到社会关注提

---

① 周珊珊,贺梓秋,叶铁桥.新技术在天津爆炸事故报道中的应用[J].青年记者,2015(28).
② 赵煜婷.浅析《焦点访谈》突发性事件报道策划的特点:以天津 8.12 事件为例[J].传播与版权,2016(12).

出了挑战。

在事件报道中还有外媒报道引起了争议。8月13日,美国CNN记者在天津爆炸事故后赶到当地医院进行采访,现场群众情绪激动,当直播进行到一分半钟左右,有多名男子闯入镜头拉扯记者,大喊"不能拍""不能报""Stop"等,直播被迫中断。CNN主播称"这不是第一次被打断了"。事件随即引起国内舆论争议,由于打断直播被西方受众看到,不少网民批评这种行为有违总理要求的"信息透明",使国家形象受损。之后在12:27,CNN在推特发布更正信息,称记者在直播时,被情绪激动的遇难者家属和朋友们打断。国内争议因此有所减轻。

互联网上获得"最帅逆行"赞誉的是公众对救援官兵冒死作战的极高评价。12日晚间,在朋友圈流传救援官兵的对话,一句"我回不来,我爸就是你爸"让无数人泪目,万千网友动容,也使舆论更多聚焦在"灭火救人"的主题上。根据人民网舆情监测室数据,截至8月13日19时,天津爆炸事故新闻量达到1.8万条,微信1.8万篇,新浪平台"天津塘沽大爆炸""天津港爆炸事故"两个微话题阅读量高达15亿人次,讨论量接近280万条(见图11-6)。

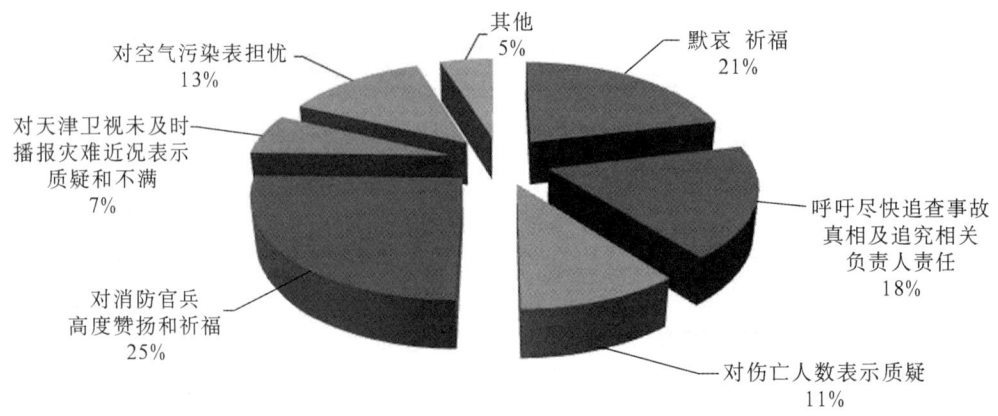

图11-6 天津滨海新区爆炸当天人民网对网民言论抽样统计(随机抽取300条)①

新浪微博平台上,@天津发布、@平安天津在事发后几小时未有信息发布,刺激了网民神经。13日一早寄希望于从天津卫视获得最新事件进展的公众,却发现除了寥寥几句通报外,并无滚动跟进,更未见直播报道。直到爆炸10小时后,天津卫视仍在播出韩剧,被网民截屏。从13日凌晨到中午,可以看到网上最多的质疑就是"伤亡真相""天津媒体在干嘛""政府在干嘛"。"天津无新闻"的嘲讽批评纷至沓来,"传统媒体已死"的议论接踵而至。本地媒体人也多有无奈的附和之声。

新媒体平台不断跟进善后事宜、救援进展、挖掘涉事方信息,更有效表达了对事态

---

① 陈晓冉,周悦.舆情分析 为什么?津夜之殇[EB/OL].(2015-08-13)[2018-11-20].http://diyitui.com/content-1439437783.33656373.html.

真相的关切。电视媒体也较好反映出社会关切,但在一些关于事故灾害、涉事原因和牵连当事人情况的"敏感"信息面前却常常陷于"'说不说''谁来说''怎么说'的艰难选择"中。在人人拥有麦克风的大众媒体时代,面对突发事件的发声缺失,会自动在舆论场中放弃话语权。而信息披露的不及时不仅为事件处置、吸取教训带来不利,也使公众产生对媒体和政府不作为的负面观感。

(四)巴黎恐袭

法国当地时间2015年11月13日晚,巴黎发生了一系列严重恐怖袭击。恐怖分子分别在巴黎市7个地点实施了袭击。当晚共发生5次爆炸、5次枪击;这些爆炸与枪击之间间隔约1—8分钟。最早的爆炸于21:20发生在法兰西体育场附近,此处总共发生了3次爆炸,其中还有21:49发生的巴塔克兰剧院的枪击、爆炸,以及发生在比夏街、共和国大街、夏尔诺街、博马歇街的枪击和伏尔泰大街253号的爆炸,袭击至少造成132人死亡。随后,法国本土和科西嘉岛进入紧急状态。世界各大媒体均立即进入突发事件特别报道模式。

1.报道反应

在北京时间14日6:02,即袭击发生1小时42分钟后、法国当地时间23:02,《朝闻天下》播出了1分钟的头条新闻"巴黎发生枪击和爆炸,至少18人死亡",援引英国广播公司(以下简称"BBC")、法国商业调频电视台(以下简称"BFMTV")的报道以及其他法国媒体的消息,较为全面地报道了巴黎遭遇恐袭的基本情况,配有电视台直播画面,未标明出处。6:12,中央电视台电话连线了驻巴黎记者江华,他简单讲述了巴黎三起枪击以及三起爆炸的情况,配播了BFMTV的现场直播画面。

之后的2小时内,中央电视台新闻频道均以短消息随时更新事态最新进展,"法国:巴黎发生枪击和爆炸 至少40人死亡","巴黎发生枪击和爆炸 巴黎:足球赛转播画面记录下巨大爆炸声"等,没有采取突发事件全程直播的模式。之后的3—4小时时段,中央电视台提高了新闻播出频率和每条新闻时长,开始密集进行新闻综述报道;再之后约每隔1小时出现一次报道,在第8小时的报道中出现了央视新闻单条时长的峰值——近18分钟的新闻综述。

中央电视台在事发后9小时内,集中在第3、4、5小时以高频率报道新闻动态、更新关键信息,大约每隔15分钟做一次跟踪报道。在第6小时后,整个事件已基本清晰,报道转为综述为主,从横向和纵向系统梳理事件,报道频率有所下降,约每隔1小时更新一次。

相比之下,CNN的第一条消息出现在法国当地时间13日的22:15,即袭击发生后的55分钟。最先是一条45秒的口播消息,并配有BFMTV的定格画面。10分钟后,也就是从22:25开始,CNN开始了长达一周的特别报道节目。在初期的报道节奏安排上央视新闻与CNN比较接近,但中央电视台新闻的首条报道比CNN滞后47分钟，在报道时长和频率上整体低于CNN。①

2.报道信源

(1)画面来源

从现有报道的画面信源来看，央视新闻的画面主要来自传统电视媒体，且多为自采，其次是引用外国媒体如BFMTV、CNN和美国娱乐与体育节目电视网(ESPN)三家电视台的素材；自采与使用外媒画面次数的比例为7:4。外媒画面仅在中间第3、4、8小时内使用过。在这前8个小时的报道中，②中央电视台几乎没有使用互联网信源，只有记者在采访中转述过Twitter(推特)、YouTube上的消息。此外对节目中涉及的图像、照片、手机视频等素材很多未标明出处(见表11-8)。总体上未能发挥出新媒体丰富内容来源的优势。

而CNN则引用了来自传统媒体如广播电视、纸媒、网络新媒体和科技软件提供的多种类型信息，如视频网站、移动终端App，其中包括Twitter、YouTube、Instagram(照片墙)等渠道的信息来源，获取范围十分广泛；还运用多屏幕互动技术，在演播室屏幕搭载Google Earth(谷歌地球)、Google Maps(谷歌地图)软件介绍事发地点情况及其周边特征，力求呈现出详细的现场信息与直观的视觉感受。

表11-8 巴黎恐袭事件报道中央电视台新闻画面素材来源

素材来源	使用频率(次)	使用时段
中央电视台自采	14	1,2,3,4,5,6,7,8
法国商业调频电视台BFMTV	6	3,4,8
美国有线电视新闻网CNN	1	1
美国娱乐与体育节目电视网ESPN	1	3
照片一组(未标明出处)	1	8
手机视频(未标明出处)	1	8

(2)节目参访人员

在中央电视台新闻报道中参与报道和被采访的人员较少，只有特别评论员洪琳、2名反恐专家和2名法国球迷。

相比之下，CNN在8小时内的样本中总共有参访者34人，其中亲身经历者12人，专业评论员8人，其他媒体记者6人，政府工作人员5人，纪实文学作家3人(见表11-9)。其中亲身经历者和专业评论员所占比例最大。亲身经历者接触方式包括现场采访、电话访问、利用互联网、流媒体App平台、视频通话软件等多种途径。媒体工作者主要来自法国本地电台、电视台，多从传统媒介渠道获得；政府工作人员来自官方消

---

① 刘菲.全媒体语境下电视新闻节目制播创新[D].北京:中国人民大学,2016.
② 本文引用研究,其样本选取的是巴黎当地时间11月13日22:00至14日6:00,即北京时间11月14日4:00—13:00的8小时内电视新闻报道内容。

息发布者；其中富有特色的是相关领域纪实作家的引入，他们从文化、宗教、社会等不同层面解读事件，提供更多知识性和深入、系统的观察视角。

表 11-9　CNN 巴黎恐怖袭击事件报道参访者

报道参访者	具体身份	人数	比例%
亲身经历者	体育场爆炸目击者、巴塔克兰剧院枪击现场亲身经历者等	12	35
评论员	前 FBI 和 CIA 高级官员、前美国众议院情报委员会主席、反恐专家等	8	24
媒体工作者	法国电台副总编、法国电视 2 台、24 台记者等	6	18
政府官员	美国外交事务委员会主席、巴黎副市长、美国国土安全部反恐情报局主席等	5	15
作家	专栏、纪实文学作家，伊斯兰极端主义、恐怖主义书籍作者	3	9
总计		34	100

信息来源队伍构成保证了事实的真实、生动、准确，也保证了解读的系统、深入、全面。

3.节目表达

在此次恐袭事件报道中，央视新闻的画面来自自采、当地电视台、CNN，内容配以当地政府、通讯社等媒体消息，组成新闻的基本事实，如 7:00 的《朝闻天下》在追踪事件最新消息时，主要转引其他媒体："根据法国媒体援引法国警方消息""据法国商业调频电视台报道""据路透社称"等。在报道后的 3 小时，结合即时编译汇总、评论员分析评述，分析事件发生可能存在的原因，组成新闻深度报道群。

中央电视台在报道中以传统的金字塔结构表现新闻内容，基本上是在阐述、分析事实要素，而对事件中的突出、独特片段难以深入挖掘和细致描绘。

而 CNN 对素材的把握丰富、具体。以巴塔克兰音乐厅大屠杀现场电台对目击者的采访音频为例，CNN 将受访者描述现场情况的法语语句翻译为英文字幕，配合其动情的叙述，加之这位男性受访者当场哭泣哽咽，即使听不懂他的话语，也能深深感受到他内心的惶恐与悲伤，带给观众深刻的印象和强烈的现场感，引人关注。

11 月 14 日，东方卫视从 10:00 至 12:30 打破常规版面，就此次事件进行了《巴黎恐怖袭击事件特别报道》(如图 11-7)。之后的各档新闻节目也滚动刷新，跟进报道。

节目首先回顾和梳理了巴黎恐袭的基本情况与最新进展，内容以主持人口播为主，报道前期画面较少。其间与新华社驻巴黎记者尚栩电话连线，求证事实细节和最新情况，如系列枪击事件发生的地点、时间顺序等。

节目还邀请复旦大学国际问题研究院反恐专家张家栋、复旦大学欧洲问题研究中心主任丁纯两位专家，较为深入地分析探寻恐袭发生背后的原因。

图 11-7　东方卫视巴黎恐怖袭击事件特别报道截图

节目还与多位驻各国记者进行了连线讨论。与东方卫视驻美国华盛顿记者张经义连线,播放美国各方对此事件的态度和回应;在土耳其报道 G20 会议的特约记者胡艺翰预测了恐袭对 G20 可能产生的影响以及当地媒体对此的报道;法国《欧洲时报》记者孔帆表示,法国全国已进入紧急状态。作为本次恐袭的背景和补充,节目还回顾了 2015 年 1 月发生的《查理周刊》恐袭事件,并报道了中国飞往巴黎航班的计划情况等,力求多角度、较全面地为观众呈现巴黎恐袭的整体概况。

东方卫视开通直播节目,专注于事件报道,说明了该台对事件性质的判断与重视,可以为观众送来权威讯息,有助于唤起民众的适当关注与准确判断认识。这是媒体的责任所在,也是传统媒体的优势,是新媒体或自媒体无法企及的。有人收集梳理了网民的反馈:"看了东方卫视的直播,希望事件不要再扩张,感谢东方卫视这次能做到第一时间直击巴黎袭击事件,为法国人民默哀……"这是网友"心里住了一个像疯子_的我"在微博上的留言。网友"艾欧尼亚喷王"写道:"当重大突发事件发生的时候,东方卫视真正做到了价值观、影响力和责任感并存,能让国人直击巴黎袭击事件。"这些留言,折射出民众在获得权威信息之后做出的正确反应。东方卫视的《巴黎恐怖袭击事件特别报道》,更起到了屏蔽恐怖心理传播的作用。①

(五)四川九寨沟地震报道

2017 年 8 月 8 日 21 时 19 分 46 秒在四川省北部阿坝州九寨沟县发生了 7.0 级地震。四川、甘肃、青海、宁夏、陕西多省震感明显,局部地区震感强烈。经中国地震台网正式测定,震中距离九寨沟县城 35 公里,距阿坝州 210 公里,距成都市 290 公里,距甘肃陇南市 100 公里。截至 8 月 14 日,地震已导致 24 人死亡、5 人失联、493 人受伤(45

---

① 湘人李.新闻态度或许比新闻总量更重要:杂议东方卫视《巴黎恐怖袭击事件特别报道》[EB/OL].(2015-11-14)[2019-02-23].http://www.360doc.com/content/15/1115/23/17132703_513469907.shtml.

人重伤),转移疏散游客、外来务工人员共计 61,500 余人(含 126 名外国游客),临时安置群众 23,477 人。① 地震发生后,各地媒体对地震及其救援工作展开了报道。

1.媒体快速反应

地震时,最先发出地震预警信号的是同属阿坝州的汶川县电视台。一段网络视频显示,地震前 40 秒正在播放的电视节目突然变成一段蓝底白字的地震预警画面,显示文字"地震预警信息",语音播报从 40 秒开始倒计时(如图 11-8)。电视屏幕上的倒计时秒数在不断减少,配合人声的数字播报,到 0 后,电视端响起警报声。这一预警信息与日本 NHK 电视台在探测到地震波后迅速飞出字幕、中断正常画面的做法相似。

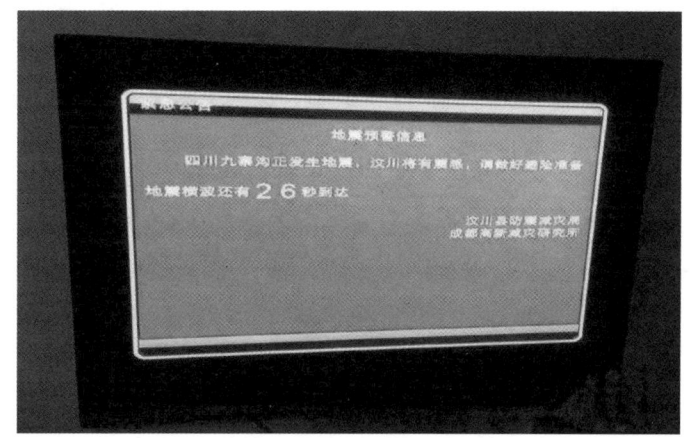

图 11-8　汶川电视台画面(网络图片)

资料显示,2012 年 5 月 14 日,四川省青川县发生 1.3 级地震。震后第 9 秒,汶川县防震减灾局便以字幕形式在当地电视台发布了地震预警信息,这是我国首次通过电视发布地震预警。据了解,汶川电视台安装了一套电视"地震预警系统",是由成都高新减灾研究所在汶川地震后通过技术创新实现的软硬件一体化的地震预警设施,该系统与汶川县当地电视数字终端相连接,可以接收由成都高新减灾地震预警系统所发出的预警信息。只要在汶川 2 万多平方公里余震地区发生地震,电视信号便会自动切断,系统发送预警信息到汶川电视台播放的各个频道中。② 在 2013 年四川芦山地震发生时,这一形式也曾使用过。

这一次电视媒体也进行了迅速报道。凤凰卫视的反应最快,在 8 日当天事发 18 分钟后 21:38 的《时事直通车》节目中,通过字幕播报了"四川九寨沟县发生 6.5 级地

---

① 地质环境司.四川九寨沟 7.0 级地震[EB/OL].(2017-08-14)[2019-02-23].http://www.mlr.gov.cn/dzhj/dzzh/zqxqbg/201708/t20170814_1563017.htm.
② 冯楷,姜璇,程宇,等.拼速度! 拼内容! 最快媒体视角分析九寨沟地震的突发报道呈现![EB/OL].(2017-08-09)[2018-05-16].https://www.sohu.com/a/164350318_770746.

震"的消息(后更正为 7 级,如图 11-9)。随后 21:45,主持人在节目中口播了地震的新闻。上海东方卫视于当日 21:45 使用滚动字幕形式报道了地震消息;21:52《东方夜新闻》播出了 2 分 02 秒的地震新闻,并紧急连线了上海文广(SMG)驻陕西记者王峥,发回现场电话报道。随后,多家省级频道也陆续报道了地震消息。9 日 0:50 四川卫视新闻中出现了第一个记者到达现场后的连线报道。

图 11-9　凤凰卫视《时事直通车》节目

2. 中央电视台报道回顾

中央电视台新闻频道最早在 8 日当晚 21:44,也就是震后 24 分钟,即凤凰卫视字幕报道 6 分钟后,在正在播出的《新闻 1+1》节目中插入了地震消息的滚动字幕。之后,在当晚 22:12 的《国际时讯》节目中插播了题为《四川九寨沟发生 7.0 级地震》的口播消息,报道了震源位置、地震区域的人口数据,并转述了九寨沟景区工作人员在现场看到的房屋倒塌情况。播报结束之后,节目继续播出原来有关悉尼大学辱华涂鸦的报道。之后 22:22 节目再一次插播地震报道,主持人的口播内容没变,加入了刚刚获得的地震现场的短视频画面,都是由当地居民、游客用手机拍摄的,比如家里、办公室晃动的灯、被地震损坏的公路画面等。此时距地震发生已过去 1 小时零 3 分钟(如图 11-10)。

22:30 播出的《环球视线》栏目的头条就是九寨沟地震,在介绍了基本情况之后,主持人尝试连线正在地震现场的武警四川总队阿坝支队第六大队的教导员李晓亮,但是没有接通。节目回到其原定主题"日本防卫白皮书"上来。22:36 在演播室评论之前,再次插入四川地震消息,连线李晓亮教导员介绍了地震当时的情况、周围建筑和环境的破坏、人员伤亡以及救援进展(如图 11-11)。

22:50 再次插入电话连线,请位于震区的中铁二局成兰铁路工程指挥部工会主席李彭介绍地震现场的情况以及震后安排,比如如何转移工人、施工安排、隧道排查等。

图 11-10 《国际时讯》播出画面

图 11-11 《环球视线》播出画面

此时仍重复使用之前市民拍摄的三个短视频画面。

在接下来 23:00 播出的《24 小时》栏目中,开通了地震报道的"突发新闻"直播节目。主持人电话连线了四川阿坝州公安消防支队支队长伍晓斌,他正在赶往震中的路上,介绍了沿途所见地震造成的破坏和救援力量情况。此处画面仍为市民提供的与之前相同的短视频。

连线结束之后,介绍了成都铁路局因地震紧急扣停列车车次,并电话连线了中央电视台驻四川站记者郑波,更新一些关于地震处置、应急救援的情况,比如通讯信号、医院准备等。之后与中国地震局工程力学所所长孙柏涛连线,从专业角度预测本次地震可能带来的损失及伤亡情况,并与 2013 年四川芦山地震进行对比。在 23:21 中央电视台又连线了一位名叫张彦的游客,讲述了地震现场撤离、游客转移安置的情况。

中央电视台通过与现场人员、救援人员、游客等的连线,并辅以专家解读、地图等内容作为补充,在有限的条件下进行了较为及时的报道。

第二天8月9日10:17九寨沟再次发生4.8级余震。当时中央电视台记者郑波正与《新闻直播间》主持人语音连线。11:07他在现场首次与演播室连线出镜报道,为观众展示了震后周边环境情况,更新了最新的震区状况、公路交通消息等。他还采访了位于现场的中铁员工,询问前方道路塌方情况。连线中他解释到,其实上午他已到达震中漳扎镇,但是因为该地信号较弱,只能回到现在所处的公路进行直播连线和回传之前的报道。这是央视在此次地震的报道中第一次播报记者在受灾现场的视频出镜报道。

从表11-10可见,电视新闻在事件发生后的报道时效还需提高。最初的信息量小,采取的是有了信息即插播报道的方式。1小时41分钟后才开通直播报道。信息量小的主要表现是没有现场画面,很长一段时间,只有三四段民众拍摄的短视频,后来有了几段武警、消防部队救援的视频。中央电视台早期的报道视频都是在北京采访相关部门,如交通部、地震局等。一直到14小时之后的第二天上午11点才有了自己记者采制的第一段现场报道视频。从这一点来看自媒体和互联网传播的现场画面更为快捷、便利。

表11-10　2017年九寨沟地震中央电视台新闻频道报道节点与其他电视台比较①

	时间	节目	报道形式	报道内容
0		21:19	《九寨沟7.0级地震》	应急设备自动报警	即将地震信息
1		21:38	凤凰卫视《时事直通车》	边行字幕	简单通报,第一个报道
2		21:44	央视《新闻1+1》	滚动字幕	简单通报
3		21:45	凤凰卫视《时事直通车》	插播口播	主持人在新闻中播报地震新闻
4	8月8日	21:52	东方卫视《东方夜新闻》	口播+连线记者王峥	地震新闻,现状
5		22:12	央视《国际时讯》	插播口播	消息
6		22:22	央视《国际时讯》	插播口播+短视频	室内灯晃、道路碎石,民众手机拍摄
7		22:30	央视《环球视线》	头条+尝试电话连线	武警部队连线未通
8		22:36	央视《环球视线》	插播,电话连线	武警部队
9		23:02	央视《24小时》	连线记者郑波,音频	地震救援情况

---

① 根据笔者观看当天节目的记录、统计。

续表

	时间	节目	报道形式	报道内容
10	8月9日 0:04	直播报道	视频	武警部队行动
11	0:29	直播连线	连线记者崔世杰,视频	采访中国地震台网中心地震预报部主任,第一个自采相关画面
12	0:50	《四川卫视新闻》	现场连线画面	第一个记者现场画面
13	2:10	直播连线	连线记者唐颖,视频	采访交通运输部应急指挥中心
14	11:07	央视《新闻直播间》	连线记者郑波,视频	现场报道,公路边

3.四川卫视报道回顾

四川卫视8日当晚22点的《四川新闻》重播中,还是完整播出了已有内容,但是在"快讯"栏以飞字幕的形式报道了地震一事。直到22:51切出直播节目,但仍没有画面,连央视使用的民众拍摄的室内灯具晃动的画面都没有,只是主持人出镜口播,配以政府、央媒新媒体文字报道的截屏。在节目中还电话连线了在松潘的记者、在省地震局的记者、在医院的记者,还有一个位于震区的和平村的村长。

四川新闻频道在其22:00的《特别十点》节目中播报了九寨沟地震新闻的基本情况,并配合一些网友拍摄的现场情况照片。之后节目按照原有安排继续播出。22:32节目将视线重新拉回,电话连线了身处成都的记者王嘉妮,为观众介绍了她采访获得的最新信息:九寨沟县城的交通没有问题,九寨沟口情况还在调查。

在之后22:33播出的《晚报十点半》节目中,使用了多段民众拍摄的九寨沟地震现场短视频,还通过网络上其他平面媒体的报道拓宽消息来源,如消防、医疗救援、电力供应等,增加了信息量。22:53该频道主持人看着手机屏幕直接播报了人民网关于地震具体位置的报道,此后播读了中共四川省委书记王东明的指示。在随后的特别直播中,也多次用手机播报最新信息(如图11-12)。

图 11-12 四川新闻频道主持人看手机播报最新信息

8月9日0:50,在距离地震发生近三个半小时后,四川卫视的新闻中出现了第一个现场连线的画面,此前各电视台采用的均是电话连线方式(如图11-13)。

图 11-13　四川卫视节目画面

4.移动端网络直播

在移动端做网络直播比较突出的仍是央媒。央视新闻微博在22:45由位于西安的记者在陕西省地震局应急指挥中心开通了视频直播。前半部分基本是在室内,对专家进行采访,画面拍摄不稳定,整体质量不高(如图11-14)。此后,位于成都的记者黄鹏在赶往现场的路上开通了直播信号,从23:26开始介绍沿路信息。9日凌晨后,镜头更多聚焦前方救援现场。这些画面很多没有解说,使用纯现场声画,传递出强烈纪实感,独立完成叙事。除中央电视台外,看看新闻网等地市级平台也展开了网络直播,但大多援引官方电视端的画面。①

图 11-14　央视新闻微博地震直播报道

---

① 冯楷,姜璇,程宇,等.拼速度!拼内容!最快媒体视角分析九寨沟地震的突发报道呈现![EB/OL].(2017-08-09)[2018-07-11].https://www.sohu.com/a/164350318_770746.

小结

在这一阶段,新媒体日益壮大,成为电视不可回避的对手与发展的抓手。习主席及其他中央领导在各个有关媒体与新媒体的会议以及视察电视台时,都一再强调传统媒体与新媒体结合与融合的重要性与紧迫性。国家相关部门也出台了一系列管理文件,规范视频领域的新闻信息与娱乐传播行为,以提升中国在当今世界的话语权与传播力。

国家行政机构和中央级广电媒体的合并也体现出媒体融合,从领导班子的任命上来看国家对视频媒体的重视,也可以折射出其在社会生活中的影响与地位。

电视的对外传播在这几年间快速向新媒体推进,创办平台、打造网站、利用国外社交媒体积极发声,提高中国声音与形象的影响力。中国国际电视台(CGTN)的创办使中国电视对外报道有了更有力、更高质量的"旗舰"平台,是世界关注中国的重要"窗口",也是中国对世界发声的重要阵地。

数字网络视频技术分化发展出了更多类别:在已有地面电视、有线电视、卫星电视的基础上,IP电视、OTT电视、移动电视、手机电视层出不穷,视频直播、短视频平台纷纷涌现,视频业态一片兴旺;且在规制设计上都归口广电业界管理,使传统电视有了更多的渠道与发展空间。

传播技术的日新月异给节目带来了实实在在的影响,大数据新闻、VR新闻、网络直播迎来一个个高潮。其中当初最具震撼力的是大数据新闻。它使媒体与观众都获得了新的视角和观察方法,看到了以往难以看清的现实,并形成了新的报道类型,拓展了报道表达能力。

技术进步还有一个突出的表现就是媒体互动程度的持续提升。传统电视通过创办移动端平台,如微博、微信公众号和移动视频的评论功能强化了同屏与分屏互动,使节目得到更多观众的直接反馈,获得这一新媒体时代的"福利"。电视新闻人在探索丰富表达形式方面做出了新的努力,这也和新媒体的深刻影响分不开。

为更好地宣传以习近平主席为核心的党中央的战略部署而设计的"头条工程"和成规模的主题性报道,中央电视台率先成立了《新闻联播》"头条工程"编委会,围绕习近平总书记系列重要讲话精神和治国理政思想,持续发力组织成规模的主题主线宣传战役,连续推出重要栏目的高质量新闻头条报道,且同时在相应的新媒体平台发出。据此,国家新闻出版广电总局明确要求强化各级党报党刊、电台电视台的"头条"建设。中央电视台和相关部委联合制作了大量政论性大型专题系列片,在中央电视台及全国主要省市台播出,将新时代的一系列指导思想和取得的成就广泛深入地进行宣传,成为这一阶段新闻作品的重头及创新的代表。

重大事件报道规模持续扩大,各种先进技术设备第一时间投入使用,使事件得以完美呈现。同时通过新媒体平台多屏联动互补,实现跨平台整合、互动传播。预热报道不断创新,参与大事件音视频报道的国内主流媒体大大增加,"大事报道看央视"依然是民众首选,从中可见传统媒体雄风犹在。实力强劲的省市台也强力参与,还引来更多主流国际媒体的主动分享转播。

在此期间持续一年多的中美贸易战中,中央电视台与省市台多方跟进报道,态度鲜明,宣传政府决策;深入分析,理性引导舆论;对美展开强硬反击,发出中国声音。虽然仍存在言论依赖专家、口径过于谨慎的问题,但面对这一全新的报道战役,整体表现仍是可圈可点。在社会一片祥和、欢庆声中,也没有放弃社会瞭望者的岗位。在发生重大事件、危难事故时,仍然冲锋在前,通报发声。虽然时效上已无法与新媒体同日而语,但在信息权威性与报道严谨性上仍无可替代。在新媒体的万众讨论中,对事实获得更清晰的认知,对其中的道理进行更深入的梳理,主流媒体责无旁贷。

在这一阶段,出现了之前多年没有的现象,如电视人纷纷离职,以前被认为的金饭碗严重"贬值"。褪去了光环使这一职业回归其应有位置,使电视新闻工作者能够更脚踏实地、更平等地看待其他媒体同行及受众,职责更为清晰。

不可否认的是,我们的电视新闻对很多题材的报道及对社会问题的讨论并没有达到社会需求的水平,这一点从巴黎恐袭和马航 MH370 报道中与国外媒体的同台竞赛中可以更清楚地看到。对新闻挖掘不够深入,有时不能达到对真相的清晰认知,对一些事件产生较多分歧,这无疑是我们存在的短板。这需要媒体提供更多的资讯,有更专业的调查探究,社会有面对现实与接受不同意见更开放的态度,才能够更客观理性地从民众长远利益的角度去认识并展开讨论,找到问题的症结,从而找到有效解决的途径,杜绝其负面影响和后续反复。

电视新闻在报道中要有更强的探索精神,能够从中创造性地开拓调查与解答思路,提供更多的真相与思考,提升社会对自身的认知;创造更好的理性共识空间,形成人们既积极参与思考讨论又心平气和的和谐氛围;而不是只停留在图解事实、提供片断零碎信息的简单"新闻"上。

附 录

附录1 1958年6—8月北京电视台新闻节目统计表

（星期日）日期	自拍新闻	新闻简报	其他（备注）	（星期四）日期	自拍新闻	新闻简报	其他（备注）
6.1	2条	√	—	6.5	>1条	√	—
6.8	3条	—	—	6.12	1条	√	—
6.15	>1条	—	新影纪录片	6.19	—	—	转播篮球赛
6.22	2条	√	（中一条为重播）	6.26	—	—	转播文艺演出
6.29	1条	—	新影纪录片	7.3	—	√	—
7.1（星期二）	3条	（中一条为重播）特别节目					—
7.6	>1条	—	转播话剧	7.10	2条	38号	—
7.13	—	—	—	7.17	>1条	—	（天安门大会）
7.20	√重播	—	转播足球赛	7.24	—	√	—
7.27	—	—	（全天无记录）	7.31	—	—	八一厂纪录片
8.1（星期五）	>1条	特别节目					—
8.3	—	√	—	8.7	>1条	38、42号	—
8.10	—	—	转播文艺演出	8.14	—	√	—
8.17	1条	√	《体育简报》	8.21	√重播	√	新影《世界见闻》
8.24	1条	—	—	8.28	1条	√	纪录片（未注明）
8.31	—	—	新影纪录片重播				—
小计：14+2天	11天16条	4天	纪录4（1为重播），转播2，特别2	小计：13天	7天7条	9天	纪录片3，转播1

注："√"为有记录没有具体内容的播出，"—"为没有该类节目，"1条"为记载的自拍新闻条数，"38号"为《新闻简报》的序号。[①]

---

① 根据石凤山同志查阅、记录的北京电视台1958年节目串连单归纳、整理。石凤山.中央电视台电视新闻的起步[M]//杨伟光.往事如歌：老电视新闻工作者的足迹.北京：人民出版社，1997：50.

附录 2 1958 年 6—8 月北京电视台电视新闻片目录

根据石凤山提供的节目单,笔者将其中 6—8 月有名称的自拍新闻片罗列于下:

6 月 1 日(日)①《红旗》杂志半月刊创刊;②少先队在英雄纪念碑前。

6 月 8 日(日)①赶制中的井冈山牌小汽车;②北京市东单区工人运动会;③电子管厂的体育活动。

6 月 12 日(四)本台摄影记者的报道:十三陵水库大坝完工。

6 月 22 日(日)本台摄影记者的报道:①小麦丰收;②井冈山牌小汽车(重播)。

6 月 29 日(日)本台摄影记者的报道:纪念世界文化名人、我国大戏剧家关汉卿戏剧创作七百年。

7 月 1 日(二)本台摄影记者的报道:①庆祝十三陵水库落成典礼;②132 和 162 万能磨床试制成功;③跨进原子能时代(重播)。

7 月 10 日(四)本台摄影记者的报道:①苏联美术家作品展览会开幕;②多面手的红旗。

7 月 17 日(四)本台摄影记者的报道:首都人民在天安门广场举行抗议美国武装侵略黎巴嫩、支持伊拉克、支持黎巴嫩民族独立运动大会。

8 月 17 日(日)本台摄影记者的报道:柬埔寨王国首相西哈努克在北京。

8 月 24 日(日)本台摄影记者的报道:红旗人民公社。

8 月 28 日(四)本台摄影记者的报道:棉花田间管理(叶惠)。[①]

附录 3 1958 年 9—12 月 3 个月北京电视台新闻节目统计表(1):(星期二、四播出)

(星期二)日期	自制新闻	新闻简报	其他(备注)	(星期四)日期	自制新闻	新闻简报	其他(备注)
9.2	3 条	—	—	9.4	2 条	—	新影厂纪录片 2
9.9	重播	—	1 条	9.11	—	√	—
9.16	3 条	—	—	9.18	—	√	世界见闻、巴黎见闻、新闻纪录片
9.23	3 条	—	—	9.25	3 条	—	—
9.30	5 条	—	—	10.2			
10.1(星期三)	转播国庆大会、转播国庆晚会				—		
10.7	>1 条	55 号	—	10.9			

---

① 石凤山.中央电视台电视新闻的起步[M]//杨伟光.往事如歌:老电视新闻工作者的足迹.北京:人民出版社,1997:50.

续表

(星期二)日期	自制新闻	新闻简报	其他(备注)	(星期四)日期	自制新闻	新闻简报	其他(备注)
10.14	—	58号	纪录片1	10.16	—	—	纪录片1
10.21	—	—	科学珍闻(新影)	10.23	—	—	辽宁电影厂纪录片,世界见闻
10.28	—	—	下午转播大会	10.30	2条	—	晚上转播演出
10.29(星期三)	增播		下午转播大会	10.31(星期五)	增播		晚上转播文艺演出
11.4	8简明	✓	世界见闻(新影)	11.6	9简明	—	—
11.11	1条,9简明	✓	世界见闻(新影)	11.13	1重播,12简明	—	新影厂纪录片
11.18	9简明	60号	—	11.20	1条,10简明	—	纪录片1
11.19(星期三)	简明		增加播出,转播演出				—
11.25	9简明	✓	—	11.27	1条,9简明	—	苏联纪录片1
12.2	2条,9简明	—	—	12.4	1条,10简明	—	新影厂纪录片2
12.3(星期三)			下午转播大会开幕式				—
12.9	4条,10简明	—	—	12.11	>1条,11简明	—	纪录片1
12.16	9简明	✓	—	12.18	2条,13简明	✓	纪录片2,(新闻简报为苏联新闻)
12.23	>1条,10简明	—	—	12.25	>1条,12简明	✓	下午转播大会纪录片1
12.30	>1条,12简明	—	—	12.31(星期三)	>1条	—	影片剪辑2,科学珍闻1
小计:22天	16天24/85条	7次	纪录片4天4部,6转播,增播4次	小计:19天	12天,16/86条	4次	纪录片12天18部,综述2部,3转播,增播2次

续表

星期二、四总计：			
播出天数	自制新闻	新闻简报	其他(备注)
41天	28天,40条/171简明	11次	纪录片22部、2部综述、9次转播、增播6次

1958年9—12月3个月北京电视台新闻节目统计表(2):(星期六、日播出)

(星期六)日期	自制新闻	新闻简报	其他(备注)	(星期日)日期	自制新闻	新闻简报	其他(备注)
9.6	＞1条	√	—	9.7	1条	—	—
9.13	—	√	—	9.14	—	—	—
9.20	—	√	—	9.21	—	—	纪录影片1
9.27	2条			9.28			
10.4	—	—	新闻纪录片2,纪录片1	10.5			
10.11	＞1条	—	纪录片1	10.12			
10.18	—	59号	—	10.19	—	√	
10.25	—	—	本台纪录片1	10.26	—	—	下午转播排球赛 八一厂纪录片2
11.1	6简明	—	转播开幕式	11.2	10简明	—	转播京剧演出
11.5(星期三)	11简明	—	转播庆祝晚会			—	
11.8	9简明	—	—	11.9	12简明	—	
11.15	10简明	—	—	11.16	9简明	—	解放军简报,体育简报
11.21(星期五)	转播大会开幕式,为增加播出				—		
11.22	1条,9简明	—	—	11.23	1条,10简明	—	—
11.24(星期一)	下午转播大会				—		
11.29	2条,11简明	—	—	11.30	9简明	—	—
12.6	1条,12简明	—	新影纪录片1	12.7	12简明	—	—
12.13	11简明	—	苏联新闻2	12.14	10简明	—	—

续表

(星期六)日期	自制新闻	新闻简报	其他(备注)	(星期日)日期	自制新闻	新闻简报	其他(备注)
12.20	2条,10简明	—	纪录片1	12.21	9简明	—	—
12.27	12简明	—	—	12.28	7简明	—	纪录片2
小计:20天	13天,10条/101简明	4次	纪录片5天7部,4转播,2国际,增播3天	小计:17天	10天,2条/88简明	1次	纪录片4天7部,2转播

星期六、日总计:

播出天数	自制新闻	新闻简报	其他(备注)
37天	23天,12条/189简明	5次	纪录片14部、2条国际、6次转播、增播3次

以上节目合计(星期二、四、六、日)			
播出天数	自制新闻	新闻简报	其他(备注)合计:
78天	51天,52条/360简明	16次	纪录片36部、2国际、2综述、15次转播、增播9次

注:表中名称解释,"1条"为自制新闻片,"9简明"为简明新闻条数,"国际"为"苏联新闻"。新影厂的《科学珍闻》《解放军简报》《体育简报》《世界见闻》算是纪录片。"纪录片"为没有注明厂家的纪录片。自拍新闻的">1条"是指那些日子没有具体记录,只记录播了新闻,含义是">或=1条",按1条计。①

附录4 1958年9—12月北京电视台电视新闻片目录

根据石凤山的节目单,笔者将其中9—12月份有名称记录的自拍新闻片罗列于下:

9月2日(二)本台摄影记者的报道:①蚂蚁啃骨头(孔令铎);②废锅炉变转炉;③北京第一实验小学校开学。

9月4日(四)电视新闻:①国际学联第五届代表大会开幕;②中学生的暑期野营。

9月6日(六)电视新闻:小厂办大事等。

9月7日(日)电视新闻:首都各界人民拥护政府声明,反对美国侵略游行示威大会。

9月9日(二)电视新闻:重播9月7日首都各界示威游行。

9月16日(二)电视新闻:①全国工业交通展览会开幕(孔令铎、冀峰);②郭沫若举行酒会欢庆国际学联代表大会胜利闭幕;③手工机械化(李华)。

10月7日(二)电视新闻:重播《烂苇塘变成钢铁厂》等。

---

① 根据石凤山同志查阅、记录的北京电视台1958年节目串连单归纳、整理。石凤山.中央电视台电视新闻的起步[M]//杨伟光.往事如歌:老电视新闻工作者的足迹.北京:人民出版社,1997:50.

10月30日(四)电视新闻:①毛主席和中央领导同志接见志愿军代表团;②人大常委会等单位欢宴中国人民志愿军代表团。

11月1日(六)简明新闻(日播):①教育部、团中央和全国27个省、市自治区联合举办的"教育与生产劳动相结合展览会"开幕;②鞍钢无缝钢管厂大搞技术革新;③河南省钢铁连续高产;④首都各界人民在中山公园举行欢迎志愿军代表团游园联欢晚会;⑤中国、摩洛哥决定建立外交关系;⑥苏联就伊朗最近和美国缔结一项新的军事条约发表声明。

11月2日(日)简明新闻:①冶金部公布1至10月份全国生产钢730多万吨;②全国机械工业突击赶制一批矿山设备;③北京建筑业快速施工;④—⑩省略。

11月20日(四)电视新闻:上海第二次青年社会主义建设积极分子大会。

11月22日(六)电视新闻:金日成首相率朝鲜政府代表团到达北京。

11月23日(日)电视新闻:重播金日成率朝鲜政府代表团到达北京的消息。

11月27日(四)电视新闻:技术革命在茂昌轧钢厂。

12月2日(二)电视新闻:①第二次全国青年社会主义建设积极分子大会闭幕;②搬运半机械化。

12月4日(四)电视新闻:阿尔及利亚政府代表团到达北京等。

12月6日(六)电视新闻:首都各界欢迎阿尔及利亚政府代表团等。

12月9日(二)电视新闻:①中朝两国联合声明签字仪式;②金日成首相举行盛大告别宴会;③朝鲜政府代表团离京返国;④某商场开展技术革命。

12月11日(四)电视新闻:护城河上建电站等。

12月13日(六)苏联电视新闻:①迎接苏共第21次代表大会;②苏联同加拿大冰球队比赛。

12月18日(四)电视新闻:①大搞副业生产;②上海市第一届农民运动会;③苏联新闻。

12月20日(六)电视新闻:①《关于人民公社若干问题的决议》传达到农村;②蚂蚁啃骨头,赶造轧钢机。

12月31日(三)影片剪辑(新闻综述):①大跃进的1958年;②苏联人民迎接苏共第21次代表大会。①

附录5 1958年9—12月北京电视台纪录片目录

根据石凤山的节目单,笔者将其中9—12月份播出有名称记录的纪录片罗列于下:

9月4日(四)新影厂纪录影片:①《严惩蒋贼军》;②《从我国第一座原子能反应堆

---

① 石凤山.中央电视台电视新闻的起步[M]//杨伟光.往事如歌:老电视新闻工作者的足迹.北京:人民出版社,1997:50.

谈起》。

9月18日(四)新闻纪录影片:《新闻简报》《世界见闻》和《巴黎见闻》。

9月21日(日)纪录影片:《驯服黄河的战斗》。

10月4日(六)新闻纪录影片:①《第一颗人造卫星》;②《简易炼矽铁》。纪录片:《一步跨过九重天》。

10月7日(二)《新闻简报》第55号。

10月11日(六)纪录片:《人民公社好》。

10月14日(二)《新闻简报》第58号。纪录片:《全民炼铁 元帅升帐》。

10月16日(四)纪录影片:《工农商学兵》。

10月18日(六)《新闻简报》第59号。

10月23日(四)《世界见闻》。纪录影片:《辽河在奔腾》(辽宁电影厂摄制)。

10月25日(六)纪录片:《最可爱的人回来了》(本台摄制)。

10月26日(日)晚:纪录影片:①《救死扶伤的英雄们》;②《钢铁运输线》(八一厂摄制)。

11月1日(六)少先队号角:志愿军英雄和少先队员一起过队日。

11月20日(四)纪录片:《珊瑚岛》。

11月27日(四)苏联纪录片:《伟大的转变》。

12月4日(四)纪录片:《包兰铁路在跃进》和《雪山找矿》(新影厂摄制)。

12月6日(六)纪录片:《千里丰收》(新影厂摄制)。

12月11日(四)纪录片:《将军与士兵》。

12月18日(四)纪录片:①《村村诗画村村歌》;②《英雄抢修黄河桥》。

12月20日(六)纪录片:《幼儿园》。

12月25日(四)纪录片:《平原小型水电站》。

12月28日(日)纪录片:①《景阳岗上英雄多》;②《宝岛游记》。

12月31日(三)科学珍闻纪录片:《丰收曲》。①

附录6 1958年9—12月北京电视台实况转播目录

根据石凤山的节目单及其他人相关记载,笔者将其中6—12月份实况转播目录罗列于下。

①6月19日(四)转播八一男、女篮球队表演赛。

②6月26日(四)在剧场转播残疾军人演出的文艺节目。②

③7月6日(日)实况转播古装话剧《关汉卿》。

---

① 石凤山.中央电视台电视新闻的起步[M]//杨伟光.往事如歌:老电视新闻工作者的足迹.北京:人民出版社,1997:50.

② 于广华.中央电视台大事记[M].北京:北京广播学院出版社,1987.

④7月20日(日)下午4:30转播匈牙利足球队同北京足球队比赛实况。

⑤8月10日(日)转播巴西广播电视艺术家代表团在我国首都首次演出的实况。①

⑥10月1日(三)上午:9:50转播天安门前庆祝国庆9周年大会实况。

⑦10月1日(三)晚上8:00转播天安门广场狂欢晚会实况。

⑧10月26日(日)下午实况转播越、蒙、朝、中排球友谊比赛。

⑨10月28日(二)下午5:00转播首都各界人民欢迎中国人民志愿军凯旋归国大会实况。

⑩10月29日(三)下午1:30在中南海怀仁堂转播了全国人民代表大会常务委员会和中国人民政治协商会议全国委员会常务委员会扩大联席会议,转播了志愿军领导人杨勇上将做的《志愿军八年来》的工作报告。②

⑪10月30日(四)下午增加一次特别节目,1:30:实况转播全国人民代表大会常务委员会、全国人民政治协商会议常务委员会举行扩大联席会议,听取中国人民志愿军领导人作关于中国人民志愿军工作报告。

⑫10月30日(四)晚上,在怀仁堂转播了有关团体为志愿军归国所举办的京剧晚会,《望江亭》《攀江关》和《群英会》。③

⑬10月31日(五)晚上在怀仁堂转播了志愿军文工团的汇报演出。④

⑭11月1日(六)转播在北京体育馆举行的国际无线电快速发报友谊竞赛的开幕式。

⑮11月2日(日)在人民剧场转播北京京剧团演出的京剧。⑤

⑯11月5日(三)在中南海怀仁堂转播首都各界纪念苏联十月革命节晚会。

⑰11月19日(三)转播朝鲜民主主义人民共和国艺术团访华演出实况。

⑱11月21日(五)下午2:00转播第二次全国青年社会主义建设积极分子大会开幕的实况。

⑲11月24日(一)下午4:00转播首都各界人民欢迎以金日成首相为首的朝鲜政府代表团大会实况。

⑳12月3日(三)下午2:00转播全国妇女建设社会主义积极分子代表会议开幕实况。

㉑12月25日(四)下午3:00转播全国农业社会主义建设先进单位代表会议开幕式的实况。⑥

---

① 戴五生.1958年我台正式开播前后日记[M]//王希建.岁月拾贝.北京:中国广播电视出版社,2002:128.
② 戴五生.1958年我台正式开播前后日记[M]//王希建.岁月拾贝.北京:中国广播电视出版社,2002:133.
③ 戴五生.1958年我台正式开播前后日记[M]//王希建.岁月拾贝.北京:中国广播电视出版社,2002:133.
④ 戴五生.1958年我台正式开播前后日记[M]//王希建.岁月拾贝.北京:中国广播电视出版社,2002:133.
⑤ 戴五生.1958年我台正式开播前后日记[M]//王希建.岁月拾贝.北京:中国广播电视出版社,2002:134.
⑥ 石凤山.中央电视台电视新闻的起步[M]//杨伟光.往事如歌:老电视新闻工作者的足迹.北京:人民出版社,1997:50;戴五生.1958年我台正式开播前后日记[M]//王希建.岁月拾贝.北京:中国广播电视出版社,2002:133.

附录 7 1963 年播出的 4 辑《国际新闻》内容①

一、1963 年 3 月播出的《国际新闻》第 18 辑：

①卢绪章应邀访问英国；

②要求释放"松川事件"被告（日本）；

③日本向我国提供第一批化肥；

④增产掘土机（朝鲜）；

⑤选好种子迎春播（匈牙利）；

⑥国际乒乓球锦标赛（罗马尼亚）。

二、1963 年《国际新闻》第 20 辑：

①卢绪章继续在英国参观访问；

②抗菌素厂（古巴）；

③制作炮火板（波兰）；

④给越冬作物施化肥（匈牙利）；

⑤茶山（越南）。

三、1963 年《国际新闻》第 23 辑：

①春季斗争第 5 次统一行动（日本）；

②法国各行业工人相继罢工；

③卢绪章继续在英国参观访问（英国）；

④古巴烟草；

⑤钢琴工厂（德国）；

⑥制作直观教材（匈牙利）；

⑦中国杂技团在九州（日本）。

四、1963 年《国际新闻》第 33 辑：

①美国黑人继续示威，反对种族歧视；

②纪念吉隆滩胜利两周年（古巴）；

③轮胎厂（罗马尼亚）；

④先进织布车间（苏联）；

⑤收获烟叶（阿尔巴尼亚）；

⑥中国杂技团向日本人民告别（日本）。

附录 8 1984 年中央电视台第一套节目时间表（1984 年 7 月 1 日起试行）②

8:25 预告节目

8:30 电视大学课程（一至六,到 9:20）基础英语（日）

---

① 杨伟光.往事如歌:老电视新闻工作者的足迹[M].北京:人民出版社,1997:469.

② ＊号表示重播；原刊于 1984 年 6 月 14 日《电视周报》,转引自壮春雨:《中国电视概述》50—54 页。

9:00 对少年儿童广播(日,到 10:00)

9:20 电大课间休息(一至六)

9:25 电视大学课程(一至六,到 10:15)

10:00 故事片(日,到 11:30)

10:15 对学龄前儿童广播(一至六)

10:30 电视大学课程(一至六)

11:20 结束(一至六)

11:30 科教片(日,到 12:05)

12:00 预告节目(一至六)

12:05 文化教育、科普知识(一至四)

　　　自修辅导(五、六)

　　　星期讲座(日)

12:30 午间新闻

12:45 体育之窗、国际体育见闻(一)

　　　专题报道(二、四、六)

　　　生活顾问(三)

　　　世界各地、动物世界(五)

　　　文化生活(日)

13:00 结束

13:30 电视大学课程(一、三至六,到 14:20)

14:00 预告节目(日)

14:05 星期日英语(日,到 15:00)

14:20 电大课间休息(一、三至六)

14:25 电视大学课程(一、三、至六,到 15:15)

15:00 星期日日语(日,到 15:40)

15:15 电大课间休息(一、三至六)

15:20 电视大学课程(一、三至六,到 16:10)

15:40 外国音乐与舞蹈(日,到 16:25,两周一次)

　　　* 文苑之花(日,两周一次)

16:05 临时节目(日,两周一次)

16:25 * 体坛纵横(日,到 17:25,两周一次)

　　　* 戏曲欣赏(日,到 17:25,两周一次)

17:00 预选节目(一至六)

17:05 * 午间新闻(一至六)

17:20 小知识和儿童园地(一至六,到 17:30)

17:25 纪录片(日,到 17:55)

17:30 业余学校、请您欣赏、基础英语(一、三、五)

　　　基础英语、文化教育、科普知识、请您欣赏、农业科技知识(二)

　　　基础英语、文化教育、科普知识、对学龄前儿童广播(四)

　　　基础英语、文化教育、科普知识、对少年儿童广播(六)

17:55 预告节目(日)

18:00 ＊午间新闻(日)

18:15 ＊在下周屏幕上(日)

18:25 对少年儿童广播(日)

18:55 预告节目

19:00 新闻联播

19:35 艺苑之花(一,到20:00)

　　　文化生活(二,到20:00)

　　　外国文艺(三,到19:55,两周一次)

　　　动物世界(三,到19:55,两周一次)

　　　国际体育见闻(四,到19:50)

　　　曲艺与杂技(五,到20:15,两周一次)

　　　百花园(五,到20:15,两周一次)

　　　在下周屏幕上(六)

　　　为您服务(日,到19:55)

19:45 祖国各地(六,到20:05)

19:50 人民子弟兵(四,到20:10,两周一次)

　　　人物述林(四,到20:10,两周一次)

19:55 科技与生活(三,到20:10)

　　　兄弟民族(日,到20:15)

20:00 观察与思考、电视论坛(一,到20:15,两周一次)

　　　电视与观众(一,到20:15,两周一次)

　　　卫生与健康(二,到20:15)

20:05 体育之窗(六,到20:20)

20:10 专题报道(三、四,到20:25)

20:15 光辉的历程(一,到20:25)

　　　商品信息(二、五、日)

20:20 体坛纵横(二,到21:20)

　　　电视剧(五、六,到21:10)

　　　电视剧或电视译制片(日,到21:10)

20:25 商品信息(三、四)

20:30 电视剧场(三,到22:30)

故事片(四,到 22:10)
20:35 商品信息(一)
20:40 电视剧(一,到 21:30)
21:10 农业科技知识(五,到 21:35)
商品信息(六)
世界各地(日,到 21:30)
21:15 临时节目(六,到 21:30)
21:20 祖国各地(二,到 21:40)
21:30 电影选播(一到 22:30)
周末文艺(六,到 22:30)
电视剧或电影选播(日,到 22:30)
21:35 戏曲欣赏(五,到 22:30)
21:40 电视剧(二,到 22:30)
22:10 纪录片或科教片(四)
22:30 结束

参考文献

专著：

艾红红.中国广播电视史初论[M].济南:山东大学出版社,2002.

艾知生.广播影视工作谈[M].北京:中国广播电视出版社,1997.

白岩松.痛并快乐着[M].武汉:长江文艺出版社,2010.

编写组.王震传[M].北京:北京人民出版社,2008.

曹轲.书生快意南方剑:新闻批评与新闻调查[M].广州:广东人民出版社,2001.

陈鲁豫.心相约[M].武汉:长江文艺出版社,2003.

陈乾年.跋涉与求索:陈乾年广播电视论文集[M].上海:上海社会科学院出版社,2002.

崔保国.中国传媒产业发展报告(2018)[M].北京:社科文献出版社,2018.

《当代中国的广播电视》编辑部.中国广播电视大事记[M].北京:北京广播学院出版社,1987.

《当代中国的广播电视》编辑部.中国广播电视在改革中前进[M].北京:北京广播学院出版社,1991.

方汉奇.中国新闻事业通史·第三卷[M].北京:中国人民大学出版社,1999.

格林.觉醒了的中国[M].北京:北京出版社,1983.

《中国广播电视年鉴》编辑委员会.中国广播电视年鉴1986[M].北京:中国广播电视年鉴社,1986.

《中国广播电视年鉴》编辑委员会.中国广播电视年鉴1987[M].北京:中国广播电视年鉴社,1987.

《中国广播电视年鉴》编辑委员会.中国广播电视年鉴1989[M].北京:中国广播电视年鉴社,1989.

《中国广播电视年鉴》编辑委员会.中国广播电视年鉴1990[M].北京:中国广播电视年鉴社,1990.

《中国广播电视年鉴》编辑委员会.中国广播电视年鉴1991[M].北京:中国广播电视年鉴社,1995.

《中国广播电视年鉴》编辑委员会.中国广播电视年鉴1992—1993[M].北京:中国广播电视年鉴社,1995.

《中国广播电视年鉴》编辑委员会.中国广播电视年鉴1994[M].北京:中国广播电视年鉴社,1994.

《中国广播电视年鉴》编辑委员会.中国广播电视年鉴1995[M].北京:中国广播电视年鉴社,1995.

《中国广播电视年鉴》编辑委员会.中国广播电视年鉴1996[M].北京:中国广播电视年鉴社,1996.

《中国广播电视年鉴》编辑委员会.中国广播电视年鉴 1997[M].北京:中国广播电视年鉴社,1997.

《中国广播电视年鉴》编辑委员会.中国广播电视年鉴 1998[M].北京:中国广播电视年鉴社,1998.

《中国广播电视年鉴》编辑委员会.中国广播电视年鉴 1999[M].北京:中国广播电视年鉴社,1999.

《中国广播电视年鉴》编辑委员会.中国广播电视年鉴 2000[M].北京:中国广播电视年鉴社,2000.

《中国广播电视年鉴》编辑委员会.中国广播电视年鉴 2001[M].北京:中国广播电视年鉴社,2001.

《中国广播电视年鉴》编辑委员会.中国广播电视年鉴 2002[M].北京:中国广播电视年鉴社,2002.

《中国广播电视年鉴》编辑委员会.中国广播电视年鉴 2004[M].北京:中国广播电视年鉴社,2004.

《中国广播电视年鉴》编辑委员会.中国广播电视年鉴 2005[M].北京:中国广播电视年鉴社,2005.

《中国广播电视年鉴》编辑委员会.中国广播电视年鉴 2006[M].北京:中国广播电视年鉴社,2006.

《中国广播电视年鉴》编辑委员会.中国广播电视年鉴 2014[M].北京:中国广播电视年鉴社,2014:.

郭维萤.新华社电视事业发展对策与研究[M].北京:新华出版社,2010.

郭镇之.中国电视史[M].北京:中国人民大学出版社,1991.

韩彪.现场直播:新闻改革的标尺[M].北京:当代中国出版社,2007.

胡绳.中国共产党的七十年[M].北京:中共党史出版社,1991.

胡正荣,黄炜,李继东.中国传媒产业发展报告 2010[M].北京:中国社科文献出版社,2010.

黄勇.2006 年中国广播影视发展报告(广电蓝皮书)[M].北京:社会科学文献出版社,2006.

建投华文投资有限责任公司,中央财经大学新闻传播系.中国传媒投资发展报告 2018[M].北京:社会科学文献出版社,2018.

敬一丹.一丹随笔[M].北京:作家出版社,1999.

黎斌.电视融合变革 新媒体时代传统电视的转型之路[M].北京:中国国际广播出版社 2011.

李春.当代中国传媒史[M].桂林:漓江出版社,2014.

李东生.重大新闻现场直播文案选编[M].北京:北京出版社 1998.

李忠毅,胡波.电视受众探析[M].北京:中国广播电视出版社,2003.

梁建增.《焦点访谈》红皮书[M].北京:文化艺术出版社,2002.

刘世英.杨伟光的中央电视台岁月[M].北京:中信出版社,2007.

刘习良.中国电视史[M].北京:中国广播电视出版社,2007.

陆晔.电视时代:中国电视新闻传播[M].上海:复旦大学出版社,1997.

栾轶玫.融媒体传播[M].北京:中国金融出版社,2014.

罗明,胡运方.中国电视观众现状报告[M].北京:社会科学文献出版,1998.

闾丘露薇.我已出发[M].北京:北京出版社,2003.

马立诚,胡百精.凤凰魂[M].北京:中国友谊出版公司,2006.

毛泽东.毛泽东选集(第四卷)[M].北京:人民出版社,1991.

中华人民共和国史广播电视编辑部.当代中国广播电视回忆录:第一集[M].北京:中国广播电视出版社,1995.

庞井君.中国视听新媒体发展报告 2013[M].北京:社科文献出版社,2013.

钱莲生.中国新闻年鉴 2009[M].北京:中国社会科学出版社,2009.

钱蔚.政治、市场与电视制度:中国电视制度变迁研究[M].郑州:河南人民出版社,2002.

邵培仁.媒介管理学经典案例[M].北京:高等教育出版社,2003.

沈忱.中国电视新闻现场直播:导演手记[M].北京:中国广播电视出版社,2004.

水均益.前沿故事[M].海口:南海出版社,1998.

宋世雄.宋世雄自述[M].北京:作家出版社,1997.

孙克文.焦点外的时空[M].上海:上海三联书店,1997.

孙玉胜.十年:从改变电视的语态开始[M].上海:上海三联书店,2003.

田进.中国广播电影电视发展报告(2016)[M].北京:中国广播影视出版社,2016.

外交部政策研究司.中国外交史上的今天[M].北京:世界知识出版社,2004(内部出版).

王冲.中央电视台新闻生产机制变革研究:基于媒介社会学的视角[M].北京:经济管理出版社,2013.

王庚年.中国广播电影电视发展报告(2016)[M].北京:中国广播影视出版,2016.

王兰柱.中国电视收视年鉴 2009[M].北京:中国传媒大学出版社,2009.

王晞建.岁月拾贝[M].北京:中国广播电视出版社,2002.

吴锦才.中国新华电视[M].北京:新华出版社,2013.

罗杰斯.数据新闻大趋势:释放可视化报道的力量[M].岳跃,译.北京:中国人民大学出版社,2015.

徐帆.铿锵和鸣:凤凰卫视的角色制造与节目生产[M].北京:北京大学出版社,2013.

徐泓.不要因为走得太远而忘记为什么出发[M].北京:中国人民大学出版社,2014.

杨凤娇.中国电视新闻传播格局的变迁[M].北京:中国广播电视出版社,2009.

杨伟光,李东生.《新闻联播》20 年[M].上海:上海三联书店,1999.

杨伟光.电视新闻论集[M].北京:人民出版社,1993.

杨伟光.往事如歌:老电视新闻工作者的足迹[M].北京:人民出版社,1997.

杨伟光.中央电视台发展史[M].北京:中国广播电视出版社,2010.

姚建红.中国新闻史事溯源[M].北京:中国新闻出版社,1989.

叶子.电视新闻节目研究[M].北京:北京师范大学出版社,1999.

于广华.中央电视台大事记[M].北京:北京广播学院出版社,1987.

于广华.中央电视台简史[M].北京:人民出版社,1993.

张洁,梁碧波.点燃理想的日子:我与《东方时空》二十年[M].上海:上海三联书店 2013.

张洁,吴征.调查《新闻调查》[M].北京:文化艺术出版社,2006.

张骏德.当代广播电视新闻学[M].上海:复旦大学出版社,2007.

张林.凤凰卫视这些年[M].北京:现代出版社,2016.

张鸥.直播幕后 电视突发直播一线手记[M].北京:北京师范大学出版社,2003.

张庆,胡星亮.中国电视史[M].北京:中央广播电视大学出版社,1996.

赵化勇.推动创新 提升品牌:"首届全国电视台台长论坛"演讲录[M].北京:中国广播电视出版社,2007.

赵华.中央电视台《新闻调查》幕后解密史[M].北京:中国广播电视出版社,2008.

赵化勇,孟建.电视媒介经济学[M].北京:华夏出版社,2004.

赵化勇.中央电视台发展史(1958—1997)[M].北京:中国广播电视出版社,2008.

赵凯.上海广播电视志[M].上海:上海社会科学出版社,1999.

赵水福.世纪心语:中国老广播电视工作者感悟录[M].北京:中国国际广播出版社,2003.

赵玉明,艾红红.中国广播电视史教程[M].北京:中国广播电视出版社,2009.

赵玉明.中国广播电视通史[M].北京:北京广播学院出版社,2004.

赵忠祥.岁月随想[M].上海:上海人民出版社,1995.

郑蔚.中国电视媒体的管理和经营[M].北京:中国广播电视出版社,2006.

中共中央党校党史教研室资料组.中国共产党历次重要会议集·下[M].上海:上海人民出版社,1983.

《当代中国的广播电视》编辑部.中国广播电视在改革中前进[M].北京:北京广播学院出版社,1991.

《中国收视年鉴》编辑部.中国收视年鉴2018[M].北京:中国传媒大学出版社,2018.

《中国信息年鉴》编辑部.中国信息年鉴[M].北京:中国信息年鉴期刊社,2001.

中华人民共和国史广播电视编辑部.当代中国广播电视回忆录:第三集[M].北京:中国广播电视出版社,1994.

中央电视台办公室.推动创新 提升品牌:"首届全国电视台台长论坛"演讲录[M].北京:中国广播电视出版社,2007.

周济,林罗华文.辉煌与奋进:新闻卷(上)[M].上海:上海人民出版社,1998.

朱景和.我当电视记者30年[M].北京:大众文艺出版社,1997.

壮春雨.中国电视概述[M].北京:中国广播电视出版社,1985.

期刊文章:

"十一五"全国广播电视村村通工程建设规划发布[J].电源世界,2007(11).

《2003,站在第三极》栏目组.中央电视台首次直播珠峰登顶全程[J].中国电视,2003(6).

《话说运河》创作谈[J].电视研究,1987(5).

1987年度全国获奖电视新闻研讨会座谈纪要[J].电视研究,1988(4).

1987年度全国优秀电视新闻评选揭晓[J].电视研究,1988(4).

2008年开播地面数字高清晰度电视[J].新闻前哨,2006(11).

艾知生.要使电视节目有一个较大的改观:艾知生同志在全国省级电视台台长座谈会上的讲话(摘要)[J].电视研究,1993(台庆专刊).

包海清.用民生视角审视电视时政新闻报道创新之路:以中央电视台及5家卫视的十九大报道为例[J].电视研究,2018(5).

中央电视台北京奥运会高清网络节目制播系统[J].广播与电视技术,2009(7).

北雁.战地玫瑰间丘露薇[J].青年记者,2003(5).

邴倩.从《小崔会客》看电视谈话类节目的新形态[J].新闻窗,2013(4).

卜军.四川电视台"抗震救灾"特别报道:新闻技术方案[J].现代电视技术,2008(8).

卜卫.计算机辅助新闻报道:信息时代记者培训的重要课程[J].新闻与传播研究,1998(1).

卜宇.全面创新 立体呈现:江苏省广电总台十八大报道的实践与思考[J].新闻战线,2012(12).

蔡赴朝.总结抗击非典报道经验,研究突发事件宣传规律[J].新闻与写作,2003(8).

蔡尚伟,周婧.西部电视该咋办[J].电视研究,2002(8).

蔡卫平.CCTV-2"直击华尔街风暴"新闻传播特色研究[J].江西财经大学学报,2009(4).

蔡贤盛.新闻报道与舆论监督[J].电视研究,1989(4).

蔡亚林.新华社的电视梦[J].中国周刊,2009(4).

曹素妨.今日的经典来自昨日的前卫创新求变:CNC成立三周年技术创新路回顾[J].中国传媒科技,2013(1).

曹素妨.新华手机电视的13、14:专访新华视讯手机电视台有限公司董事长赵鹏[J].中国传媒科技,2013(12).

曾鸿.改版后的东方时空[J].新闻采编,2001(2).

曾文济.我国电视音响起步的轨迹[J].电视研究,1998(9).

曾祥敏,翁旭东,黄莉莉.时政新闻报道融合创新:基于2017全国"两会"可视化产品的分析研究[J].编辑之友,2017(7).

曾学远.民生定位与新闻价值并重 管理制度和市场竞争紧贴[J].收视中国,2011(6).

曾一果.媒介仪式与国家认同:"国庆60周年庆典"中央电视台电视直播的节目分析[J].电视研究,2009(12).

曾昭明,武云芳.信息量之于电视节目[J].电视研究,1988(2).

常江,文家宝,刘诗瑶.电视数据新闻报道的探索与尝试:以中央电视台《晚间新闻》"据"说系列报道为例[J].新闻记者,2014(5).

常江,文家宝.中国语境下的电视新闻调查性报道:基于对《新闻调查》(1996—2006)的个案考察[J].国际新闻界,2016(3).

陈建飞.网络直播时代,电视媒体的流程再造与模式革新[J].中国记者,2016(11).

陈金国.向左走,向右走？[J].互联网周刊,2004(28).

陈静波.为啥一窝蜂似地上节目？[J].电视研究,2000(5).

陈力丹,李熠祺,娜佳.大数据与新闻报道[J].新闻记者,2015(2).

陈力丹.论突发性事件的信息公开和新闻发布[J].南京社会科学,2010(3).

陈明芳,张献.从新闻标题及事件报道看话语的霸权意识:基于CNN对"3·14"西藏事件报道的批评话语分析[J].西安石油大学学报(社会科学版),2011(20).

陈尚忠.改进会议报道出现好势头[J].新闻战线,2002(4)

陈曦.从现场直播看中央电视台新闻频道诞生的意义[J].传奇·传记文学选刊,2011(1).

陈晓军.中星九号"村村通"直播系统简介[J].家电检修技术,2009(10).

陈晓鸥.电视新闻节目的变化对播音员的影响.现代传播,1999(5).

陈晓青.实施"民牌"战略打造名牌媒体[J].电视研究,2002(12).

陈欣钢.视觉 数据 叙事:媒介融合环境下的奥运报道创新[J].电视研究,2016(11).

陈怡.寻找中国电视新闻频道"走出去"的突破口:以 CNC 为例[J].中国记者,2014(5).

陈正荣.集团之后广电体制向何处去[J].董事会,2007(1).

陈志强,夏虹."三网融合"背景下对媒介融合的思考)[J].今传媒,2012(3).

陈忠.精心准备·通力合作·充分报道:记中央电视台"两会"报道[J].电视研究,1993(3).

诚勇.针砭时弊发人深思:编发电视新闻〈振兴开封座谈会开成了催眠会〉的体会[J].中国广播电视学刊,1989(6).

程德安.《每周质量报告》的"正面"与"反面"[J].新闻实践,2005(1).

程宏.中央电视台的节目评价与末位淘汰改革[J].中国记者,2003(3).

程庆生,郭和平,黄正红.中央电视台圆满完成北京奥运会转播报道[J].电视研究,2008(9).

崔屺平.谈谈一年来《新闻联播》的改进[J].电视研究,1985(1).

崔屺平.新闻改革在报道改革中改革报道[J].电视研究,1985(1).

戴维宇.陈年的断想[J].电视研究,1997(2).

单文婷.第一财经频道的"第一梦想":访第一财经频道总监谢力[J].视听界,2011(4).

第 25 届奥运会电视报道效果调查报告[J].电视研究,1992(5).

电视专题片《观众您好》:中央电视台建台 35 周年特别节目(播出台本)[J].电视研究,1993(台庆专刊).

丁能文.省级台怎样做电视财经节目[J].广播电视学刊,2011(7).

董兆瑞.电视新闻"蹲点日记"型报道的叙事话语分析:中央电视台《新春走基层:小儿科无小事》系列报道谈[J].新闻窗,2016(5).

杜迎春.新华社 CNC 两会视频直播插上"中国之翼":空地直播创新记[J].中国传媒科技,2015(3).

杜毓斌.中央电视台海外新媒体运营的实践与思考[J].中国记者,2015(7).

杜志红,范昀.全面 权威 现代:中央电视台国际频道"连、宋大陆行"特别报道评析[J].电视研究,2005(7).

段佳松.中国娱乐报道台前幕后[J].当代电视,2000(6).

段世文.《中国娱乐报道》火爆荧屏节目制播分离前景看好[J].新闻传播,2000(3).

段忠应.从社教部的几次易名谈专题节目的界定[J].电视研究,1994(10).

鄂文.湖七广电十八大报道创新评析[J].新闻战线,2013(2).

樊浩然.电视队伍建设使用干部要知人善任[J].电视研究,1985(2).

樊卓婧.贴近与还原:"走转改"报道中非典型小人物的报道与创新[J].新闻世界,2013(7).

范昀,李勇,冯建平.我国电视新闻报道领域的新成员:多点直播报道[J].中国广播电视学刊,1997(7).

方静.以《焦点访谈》为例谈谈新闻传播模式转变后的问题[J].新闻战线,2008(5).

冯传岗.我国广播电视事业发展的里程碑:"中星九号"卫星直播电视[J].视听界,2012(2).

冯强."失衡的舆论场":微博场域中的政府、民众与媒体的角色路演及话语表达:以"7·23 甬温动车事故"为例[J].社会科学论坛,2013(8).

冯一平.通力合作精心转播:第 25 届奥运会前方报道组工作札记[J].电视研究,1992(5).

高岸庐.上海主要新闻媒体广告经营情况实录[J].中国广告,2002(4).

高扶小.收视率研究与电视的改革[J].电视研究,1988(4).

高贵武,刘娟.仪式性事件直播的突破与超越:兼评北京电视台"9·3"阅兵直播[J].新闻与写作,2015(11).

高丽萍.电视界对抗洪斗争胜利的特殊贡献[J].电视研究,1998(10).

高晓红,李智.长城平台的对外传播现状和提升空间探析[J].电视研究,2011(1).

高晓虹.电视直播报道常态化的重大进步:汶川地震电视直播报道带来的思考[J].现代传播,2008(3).

龚书铎.《河殇》要把中国引向何处[J].中共党史研究,1989(5).

龚学平.切实抓好广播电视的主体:新闻节目[J].电视研究,1985(2).

龚雪辉.电视新闻节目改革的新思路[J].电视研究,2001(6).

苟凯东.中央电视台十八大报道:时政新闻传播的创新[J].电视研究,2013(3).

关于促进广播影视产业发展的意见[J].中国广播电视学刊,2004(3).

关中,李东时,周国梁,等.攀登新闻的"珠穆朗玛峰":黑龙江电视台《攀登珠峰》报道纪实[J].新闻传播,2001(5).

郭景哲.西方广播电视媒介加强对新闻节目初探[J].世界广播电视参考,1998(7)

郭景哲.喜看《中国新闻60分》[J].电视研究,2000(4).

郭俊义,戴玉,薛葵,等."戴玉数据圈"沙龙:中央电视台大数据新闻的开创和探索[J].中国传媒科技,2017(2).

郭良.同期声在电视新闻中的地位[J].电视研究,1988(6).

郭涛.论网络媒体宣传报道十七大的特色与优势[J].电视研究,2008(1).

韩彪,李锦.电视新闻改革迈开新步伐:从《东方时空》改版说开[J].电视研究,2001(1).

韩彪.从《抗击非典直播特别报道》看大型电视新闻现场直播的成功运作[J].电视研究,2003(7).

韩冰洁,李靖.电视文献纪录片《邓小平》播出反响侧记[J].瞭望新闻周刊,1997(4).

韩金度.归真反璞:谈《望长城》摄影创作[J].电视研究,1992(2).

韩志恩.从黑白片到彩色片[J].电视研究,1989(11).

郝香.VR新闻:传媒数字化之路新探索[J].中国出版,2017(2).

郝英.我国电视体育频道的设置格局与运营状况研究[J].体育与科学,2011(1).

合并出现新气象"第一财经"上海登场[J].山东视听,2003(11).

何宏业.全方位 多角度展现改革大趋势[J].电视研究,1988(5).

何平.从新的起点出发开创新华社新闻报道工作新局面[J].中国记者,2009(2).

何铁巍.本土化策略及职能转变:四川电视台公共频道分析[J].西部电视,2003(01).

何振虎.好新闻与新思维[J].电视研究,1991(6).

洪民生,章壮沂.立志改革力争使电视新闻节目有一个新突破[J].电视研究,1985(2).

洪民生.发展中的中国电视新闻事业[J].电视研究,1985(3).

洪民生.精心办好电视:在全国电视台台长会议上的讲话[J].电视研究,1985(1).

洪民生.信息文化·审美:努力提高电视节目的品位[J].电视研究,1989(1).

洪民生.在农村宣传座谈会上的讲话[J].电视研究,1985(2).

洪民生.在全国电视台台长会议上的讲话[J].电视研究,1985(1).

洪民生.中国电视事业[J].电视研究,1986(4).

洪民生.中央电视台三十年[J].电视研究,1988(2).

洪民生.发展中的中国电视新闻事业[J].电视研究,1985(3).

侯东合.电视新闻"残缺语言"管窥[J].电视研究,1991(4).

胡占凡.创新典型宣传,深化"走转改"报道[J].电视研究,2012(4).

胡正荣.政府与传媒关系的重构:兼谈广电媒介"集团化"的进路[J].中国记者,2001(11).

胡智锋,张国涛.福建省广播影视集团新闻频道五年探索的启示[J].中国广播电视学刊,2004(4).

黄匡宇.电视新闻失实的误区探源[J].电视研究,1989(3).

黄晓庆.《新闻会客厅》的特点与问题分析[J].东南传播,2009(6).

黄新河."娱乐现场"的生存游戏[J].中国市场,2002(12).

惠军.谈电视新闻中的现场报道[J].电视研究,1985(3).

吉炳轩.坚定不移地推进两台合并[J].电视研究,2001(5).

王甫,王旭东,赵仙泉.正确把握宣传舆论导向:中央电视台近年新闻改革的实践和认识[J].电视研究,1996(12).

冀惠彦.我见到了"沙漠之狐":一个电视记者的战地手记[J].新闻记者,1999(4).

郑功献.揭开小胶囊的大秘密:"每周质量报告"的眼光与韧性[J].中国记者,2012(7).

贾文增.谈电视台的节目经费管理[J].电视研究,1991(5).

简光洲.我为什么要率先公布问题奶粉"三鹿"的名字:从"三聚氰胺"事件看市场化大潮中媒体的责任与操守[J].新闻记者,2008(10).

建辉,旭宏,春雨.与"神六"同行 与新闻同步:中央电视台直播"神六"发射圆满成功综述[J].电视研究,2005(12).

江澄."九五"广播电视发展显著[J].广播与电视技术,2000(12).

江澄.广播电视事业发展的回顾与展望[J].中国广播电视学刊,1999(9)

江澄.六十国庆看广播电视覆盖[J].数字通信世界,2009(10).

江澄.我国广播电视事业的现状和发展[J].电子出版,1998(7).

江澄.我国卫星广播电视走过30年[J]广播与电视技术,2015(7).

江和平.APEC专用英语频道的启示[J].电视研究,2001(12).

江和平.无与伦比和"有与伦比":论北京奥运会的电视报道[J].电视研究,2008(11).

江敏.大数据时代的新闻生产:以央视网报道十九大为例[J].视听,2018(10).

姜程甦.浅谈IPTV技术下新闻节目的发展方向[J].华章,2014(9).

姜丽彬.观众调查和对策思考[J].电视研究,1986(3)

解晓来,庄颖娜.走近伊拉克战争中的中国记者:来自中央电视台《东方时空》节目里的对话[J].军事记者,2003(5).

金明琦.真实时空的复原:兼论《望长城》的反璞归真[J].电视研究,1992(2)

金曙.从"纸包子事件"试看"新闻民工"的生存状态[J].中国广播电视学刊,2007(9).

荆雷."焦点"类节目的困境与对策[J].视听界,2005(11).

开拓创新 真抓实干 加快电视事业的发展:丁关根同志在电视工作座谈会上的讲话[J].电视研究,1993(5).

柯杨.CCTV伊拉克战争报道初评[J].新闻记者,2003(4).

孔令铎.社教节目的作用和价值[J].电视研究,1990(4).

雷蔚征.《一丹话题》带来的思考[J].中国广播电视学刊,1994(6).

雷学峰.谈谈电视新闻长与短[J].电视研究,1989(3).

雷跃捷,林小游.关于《新闻30分》和《新闻联播》节目的比较分析报告[J].中国广播电视学刊,1996(4).

李彩玲.国内媒体的危机传播模式及角色功能:以温州动车事故报道为例[J].现代视听,2014(12).

李法宝.从新版《东方时空》看栏目品牌经营[J].电视研究,2001(11).

李海明.谈谈新闻直播[J].电视研究,1998(6).

李海明.谈谈一九八六年《新闻联播》节目的改革[J].电视研究,1987(3).

李虹伟.专题节目断想[J].电视研究,1987(4).

李华.采访战乱中的老挝[J].电视研究,1993(台庆专刊).

李近.《新闻调查》前路漫漫[J].南方电视学刊,2000(4).

李敬坡,周洋.打造全媒体时代的核心竞争力[J].军事记者,2009(11).

李娟.《每周质量报告·记者调查》的新闻话语分析[J].安徽大学,2005(5).

李娟.媒体的失职、失察和失策:反思"3·14"和"5·12"两个事件的媒体行为[J].新闻爱好者,2008(10).

李良荣,刘晓红.WTO背景下,中国新闻媒体正面临新一轮改革[J].新闻记者,2001(5).

李琳.新闻网络直播:媒介融合时代下新闻报道的新思维[J].新闻世界,2017(2).

李淑芝.讲台上的主持人:听敬一丹讲课有感[J].电视研究,2000(6).

李恬,董天策.中央电视台"神七"报道的策略与创新[J].现代视听,2009(1).

李挺,孙金岭.中央电视台新闻中心五年的发展历程[J].电视研究,2003(12).

李挺,张文华.直播庆典 艺术展现[J].电视研究,1999(11).

李晓芳.国内媒体"VR+新闻报道"案例分析:以2016两会报道为例[J].现代视听,2016(10).

李晓莉.试谈电视新闻的美感特征[J].电视研究,1988(1).

李岩.央视国际网情况分析[J].电视字幕·特技与动画,2001(7)

李燕.从大屏到多屏:中央电视台时政报道的融媒体探索[J].中国广播电视学刊,2018(9).

李晔.让世界听见中国"好声音":中央电视台英语新闻频道十八大报道侧记,中央电视台英语新闻频道[J].电视研究,2013(1).

李勇,张文华.现场直播报道的又一次突破:评三峡工程大江截流特别报道[J].中国广播电视学刊,1998(1)

李兆丰.被命名的改革:2008年以来广电制播分离的政策与政治)[J].现代传播,2011(2).

李兆丰.治理与动员:影响媒体反应机制的多省抗震救灾特别节目中的地方卫星电视[J].现代传播,2008(4).

梁建增,孙金岭.新闻舆论监督的成功实践[J].中国广播电视学刊,2003(3)

梁建增.把核心资源做出核心影响力:中央电视台两会报道的特点和亮点)[J].新闻战线,2012(4).

梁迎利,刘万铭.中央电视台世界杯报道的技术特点[J].电视研究,2002(9)

梁迎利,刘韵音,李跃山.全力以赴做好十六大现场直播的技术保障工作[J].电视研究,2003(1).

林枫.关于社会主义中国的新闻自由[J].新闻与写作,1990(12).

林凤安.电视短片如何表现重大理论题材[J].电视研究,2003(11).

林景云.电视史话对我台技术工作的若干回顾[J].电视研究,1985(3).

林林,张玉川.女性报道者的角色嬗变:从凤凰卫视伊拉克战争报道谈起[J].现代传播,2003(3).

刘爱民.我们到底收获了什么:从《岩松看台湾》到《岩松看日本》[J].电视研究,2007(11).

刘宝顺.稳步前进连战告捷[J].电视研究,2000(3).

刘冰.小议当代建筑农民工讨薪现状:看《杨立学讨薪记》后感[J].商,2012(6).

刘固蒂,郭明.OTT TV的发展现状和趋势浅析[J].科技信息,2014(13).

刘洪.突发事件报道的新突破:对中央电视台"3.14"、"7·5"报道的思考[J].新疆艺术学院学报,2009(7).

刘惠珊.如何增强电视消息传播效果[J].电视研究,2001(6).

刘建鸣,张传玲,刘志忠.1995年收视率年度报告(上)[J].电视研究,1996(4).

刘连喜.电视新闻节目主持人参与新闻事件采访的随想[J].电视研究,1990(6).

刘连喜.构建央视国际新媒体文化[J].电视研究,2002(9).

刘树勋.推动广播电视集团化进程[J].电视研究,2002(12).

刘松山.反映灾害新闻中的典型形象[J].电视研究,1998(10).

刘慰瑶.站播比坐就好吗?[J].电视研究,2000(11).

刘祥平.从三鹿毒奶粉事件看媒体报道的"失"与"得",黑龙江史志[J].2010(13).

刘效礼.关于《望长城》[J].电视研究,1992(2).

刘炎飞.从独播到独特:芒果TV发展战略转型研究[J].当代传播,2016(6).

刘扬.新技术新应用为两会报道添光溢彩[J].新闻战线,2018(4).

刘毅.平民化视角 人文性关怀:从央视"神六"直播看媒体对科技新闻的报道[J].中国电视,2006(2).

刘幼琍.大陆有线电视法规之研究[J].新闻与传播研究,1994(1):69-78.

卢咏,崔士新.从会议报道看电视新闻改革[J].新闻记者,2002(8).

陆小华.国际传媒竞争取向与中国的选择:增强国际传播能力与"中国电视网"开播[J].新闻与写作,2010(2).

陆晔,刘琼瑶.社会转型背景下电视深度报道和评论类节目的实践策略:以上海电视台《新闻透视》等节目为例[J].中国广播电视学刊,2007(7).

陆晔,黎瑞刚.探索 电视新闻述评"电视化":关于上视《新闻观察》节目的对话[J].新闻记者,1998(3).

罗东.难忘的试播期[J].电视研究,1998(5).

罗明.面对灾难电视用实力书写崭新一页[J].电视研究,2008(8).

罗赘.新闻直播:在线直播的下一个热点?[J].中国记者,2016(9).

吕萌.从《直播中国》看电视现场直播观念的演进[J].现代传播,2001(3).

马彦平.武器核查危机 挑战世界媒体:中央电视台记者组赴伊报道纪实[J].现代交际,1998(6).

马勇,李永健.从"马航失联"看《中国新闻》突发事件报道框架[J].电视研究,2014(6).

马勇,杨奉涛,薛巧祯.资讯整合的范本:解析《跨越海峡的握手——宋楚瑜大陆行特别报道》[J].电视研究,2005(7).

马勇,战丽萍.《漫步太空》全程记录"神七飞天"[J].电视研究,2009(1).

毛湛文.2013年中国电视新闻创新亮点综述[J].电视研究,2014(3).

毛湛文.2014年中国电视新闻生产的新常态[J].电视研究,2015(3).

梅益.自力更生创建中国第一座电视台[J].电视研究,1993(台庆专刊).

媒体深度融合 打造传媒旗舰:访天津海河传媒中心党委书记、总裁王奕[J].中国记者,2019(4).

孟启予.毛主席为北京电视台题字[J].电视研究,1993(台庆专刊).

孟启予.三十年前的老电视工作者挥毫抒怀[J].电视研究,1988(5).

孟小峰,慈祥.大数据管理:概念、技术与挑战[J].计算机研究与发展,2013(1).

孟桢尧.信息需公开 形式很重要[J].声屏世界,2011(3).

牟汉杰.国际频道新闻节目的传播理念[J].电视研究,2002(9).

木韦."第一财经"的跨媒体之惑[J].传媒,2005(11).

穆晓方.中央电视台"十四大"的电视报道[J].电视研究,1992(6).

南晓明.浅谈电视新闻选题[J].电视研究,1988(1).

聂大江.谈谈广播电影电视的立法工作[J].中国广播电视学刊,1987(3).

聂长生.长江云融合媒体平台应用架构和发展分析[J].广播电视信息,2017(11).

牛鸿英,张琦.嬗变中的超越与困惑:从《东方时空》看电视新闻杂志节目的发展[J].中国广播电视学刊,2005(2).

牛虎雄.从《望长城》谈起[J].当代传播,1992(4).

牛进生.电视现场直播初论[J].西南电视,1999(4).

欧阳宏生,梁湘梓,徐书婕.论互联网时代"广电媒体+"之融合创新模型的建构[J].西南民族大学学报(人文社科版),2016(1).

欧阳宏生.树立鲜明的人民群众利益观[J].电视研究,2002(12).

潘永明.电视业管理中几个问题的认识[J].电视研究,1991(5).

潘元金.融媒时代摄影记者的机遇及挑战[J].新闻摄影,2009(12下半月).

庞啸.电视节目主持人探究[J].电视研究,2000(5).

裴强健,沈弛原.成就报道要讲究新闻观念[J].电视研究,1999(10).

裴艺元.浅谈市县公共频道的经营策略[J].电视研究,2002(12).

彭佩,赵平喜.社会道德争议与媒介建构失衡:从"小悦悦事件"说起[J].青年记者,2011(22).

彭伟步.别斯兰人质事件和卢宇光的报道[J].新闻爱好者,2004(11).

钱淑芳.开拓党代会报道的新思路:中央电视台十七大报道特色分析[J].新闻实践,2007(11).

秦超.五环旗飘扬下的视听盛宴:中央媒体北京奥运会报道观察[J].军事记者,2008(9).

秦子龙,王小荷.两岸"三通"还未通,媒体已先通:《岩松看台湾》回望[J].今传媒,2005(9).

瞿若烨.扎根基层、面向群众,办出企业电视特色[J].电视研究,1991(4).

全国广播影视系统内部管理改革座谈会纪要[J].广播电影电视决策参考,1999(8).

全面贯彻十五大精神继续深化电视改革把中央电视台的事业推向二十一世纪:杨伟光台长在中央电视台1997年工作总结表彰大会上的讲话[J].电视研究,1998(3).

任江舟.漫谈中央电视台体育新闻[J].电视研究,1989(4).

任远,郑蔚.《广东行》的叙事特色[J].北京广播学院学报,1993(4).

阮观荣.城市电视台有强大的生命力[J].电视研究,1986(4).

塞纳.事件与理性结合:《新闻调查》三年的追求[J].电视研究,2000(2).

尚墨玲.新的魅力 新的特色:评电视系列报道《部长访谈录》[J].电视研究,1998(7).

申家宁,胡劲草.追求 困惑 抉择:记《观察思考》节目组[J].电视研究,1993(2).

申家宁.电视奥运报道中的竞争与合作[J].电视研究,1992(6).

申琳.频道专业化与农村频道[J].电视研究,2002(10).

申晓力.1999:与 HDTV 的约会[J].电视研究,2000(5).

沈华.央视广告如此生猛[J].中国广告,2002(3).

沈力.幸运的第一个[J].电视研究,1993(台庆专刊).

石长顺,徐锐.媒介话语的历史性超越与重建:汶川大地震报道的电视话语分析[J].现代传播,2008(3).

石长顺,徐运红.我国电视财经频道的现状及对策分析[J].当代传播,2004(6).

石长顺,赵慧侠.《东方时空》的新理念[J].电视研究,2001(1).

时统宇.与日俱进的中国电视新闻[J].电视研究,2003(2).

史可扬.电视法制节目特征浅析[J].电视研究,2001(2).

史松明.一个电视媒体对三鹿奶粉事件的报道[J].传媒观察,2008(12).

史伟.网络传播时代对电视新闻的影响[J].中国出版,2015(12).

寿沅君.少说或者不说"我代表……"[J].电视研究,1988(4).

舒世俊.影视新闻合一家[J].电视研究,1998(8).

宋方灿.奥运报道中的"两变"与"两不变"[J].新闻与写作,2016(10).

苏成雪."异地监督":舆论监督向法治的过渡[J].武汉大学学报,2005(6).

苏涛.H5 新闻的概念起源与技术逻辑:基于技术视角的考察[J].新媒体研究,2019(20).

孙家正.全面贯彻《条例》,努力提高广播电视行政部门依法行政、依法管理的水平[J].广播电视信息,1997(11).

孙建三.在中国 Television 为什么叫"电视"[J].中国广播电视学刊,2004(3).

孙孔华,张惠建.为民呐喊 发挥电视新闻舆论监督作用[J].电视研究,1988(5).

孙孔华.电视要办好社会新闻[J].电视研究,1989(3).

孙平.《世界报道》一周年回顾[J].电视研究,1995(5).

孙素平.祖国:永恒的主题[J].电视研究,1987(3).

孙旭培,武晋先.时代呼唤中国的新闻频道[J].中国广播电视学刊,1999(7).

孙玉平.纪实电视片的即兴性[J].电视研究,1990(6).

中央电视台总编室观众联系组.中央电视台全国 28 城市受众抽样调查分析报告[J].电视研究,1985(2).

谈列兵.电视娱乐新闻浮出水面:以《中国娱乐报道》看电视娱乐新闻节目[J].电视研究,2000(6).

谭盛章.电视新闻中的连续报道和系列报道[J].电视研究,1986(3).

谭小华.湖南郴州广电雪灾报道播出工作侧记[J].西部广播电视,2008(3).

汤晶晶.新技术让我们不断接近新闻真相[J].声屏世界,2016(9).

唐棣.浅谈新闻播音速度的快与慢[J].电视研究,2000(2).

唐棣.新闻连线节目制作研究[J].电视研究,2002(12).

唐潇霖.NGN 超越概念阶段[J].互联网周刊,2006(44).

唐远清.任何时候都应追寻新闻的真实:对汶川地震后"母爱短信"报道的反思[J].国际新闻界,2008(6).

唐志平.寻梦珠峰:访中央电视台全程直播珠峰登顶节目的技术尖兵[J].当代电视,2003(7).

田聪明.在改革开放中迅猛发展的中国广播影视媒体:在 2000 年亚洲娱乐与传媒大会上的讲演

[J].电视研究,2000(6).

田维钢.北京奥运电视报道的新技术实践[J].电视研究现代传播,2008(10).

田长国,李德才.浅谈数字电视地面广播系统 ATSC、DVB-T 和 ISBD-T[J].大众标准化,2001(9).

佟婷.关于谈话类节目的思考[J].南方电视学刊,2000(4).

童宁.《360 万人的实验》创作谈[J].电视研究,1989(1).

透视战争 珍爱和平:战地记者的采访手记[J].中国记者,1999(5).

涂光晋,陈晶晶.与人物为伴 和新闻同行:央视《面对面·抗击"非典"》大型人物系列访谈节目的思考[J].中国广播电视学刊,2003(7).

涂光晋.从"自己走路"到"走自己的路":电视评论类节目的发展历程与未来走向[J].中国记者,1999(9).

万润龙.面对"封锁"——3.31 千岛湖事件采访追记[J].新闻记者,2000(3).

汪文斌,王雪莲."3·15"我们的思考[J].电视研究,1998(6).

王博,薄旭.到现场去!到现场去![J].世界知识,2009(8).

王彩平,胡平娟.直播"神六",创下多个第一:央视"神六"报道回顾[J].新闻实践,2005(11).

王传玉.充分运用声像资料丰富电视屏幕[J].电视研究,1988(4).

王传玉.进一步搞好宣传管理[J].电视研究,1987(3).

王传玉.进一步重视和加强受众调研工作为提高电视宣传效果服务[J].电视研究,1991(3).

王德禄.互联网进入"直播时代"[J].中关村,2016(10).

王铎羲.回看《河殇》事件[J].当代作家评论,2013(3).

王方剑.王长田要做"中国的时代华纳"[J].中国企业家,2000(5).

王枫.充分发挥电视的特长把更多的好节目奉献给观众[J].电视研究,1986(3).

王枫.更加自觉地依靠科技进步发展广播电视事业[J].电视研究,1991(3).

王枫.加强电视管理[J].电视研究,1986(2).

王枫.加强农村报道势在必行[J].电视研究,1985(2).

王枫.适应改革开放的新形势进一步改革电视宣传工作[J].电视研究,1988(1).

王枫同志在全国优秀新闻授奖会上的讲话[J].电视研究,1990(3).

王锋.屏幕得失小议两则[J].电视研究,1986(4).

王甫,王旭东,赵仙泉.正确把握宣传舆论导向:中央电视台近年新闻改革的实践和认识[J].电视研究,1996(12).

王甫,殷乐.电视新闻改革的又一突破:央视伊拉克战争直播报道[J].中国广播电视学刊,2003(4).

王甫.让思想界触"电":从《河殇》看电视品位的提高[J].电视研究,1988(5).

王庚年.合作是应对挑战的必由之路[J].电视研究,2002(1).

王庚年.中央电视台 2001 年上半年工作总结[J].电视研究,2001(8).

王海东.从"观众来信"到"满意度调查":我国电视观众调查研究的发展轨迹探析[J].当代电视,2008(5).

王家贤.在实践中开拓前进:山西电视台新闻工作的概略回顾[J].电视研究,1990(5).

王建宏.中央电视台《新闻联播》的一次直播[J].电视研究,1993(3).

王建生,王建宏.对克林顿访华几场现场直播得与失的思考[J].电视研究,1998(9).

王进,段晓超.从三接近到三贴近:20 年来新闻宣传工作原则的历史演进[J].电视研究,

2003(10).

王晶,殷磊.成就宣传报道的几点经验[J].电视研究,2002(11).

王可.《新闻联播》的改法妥吗?[J].电视研究,2002(6).

王利芬.试述《新闻调查》记者的三个职能[J].电视研究,1997(11).

王连生.关于布什接受本台记者采访的随想[J].电视研究,1989(3).

王录.省台上星后引发的思考[J].中国广播电视学刊,2000(7).

王强军.榷议导播制度的建立[J].电视研究,1991(5).

王清颖.用"集成服务"理念开辟新媒体报道新天地:2013新华社新媒体专线两会报道之"新"解析[J].中国记者,2013(4).

王声骋,朱克虎.城市电视事业大有可为[J].电视研究,1991(1).

王崧,王岱.从《时空连线》看新闻节目策划[J].电视研究,2002(11).

王惟红.广电媒体如何布局网络电视产业战略:以央视国际网站(CCTV.com)为例[J].新闻传播,2007(10).

王炜.中央电视台北京奥运会高清网络节目制播系统[J].广播与电视技术,2009(7).

王晓琨.谈"两会"记者招待会的摄制、编辑工作[J].电视研究,1993(3).

王亚平.哈尔滨电视台:处处都打过硬仗[J].新闻传播,1998(5).

王炎龙.西部省级电视台与农村市场的对接定位[J].电视研究,2002(11).

王焰."本土化"操作:中央电视台节目及广告经营趋势探析[J].电视研究,2000(5).

王艺.对微博舆论场的传播学解构:以"温州动车事故"的微博传播为例[J].新闻界,2012(1).

王英.媒介仪式:国庆60周年庆典及其媒介呈现探析[J].新闻记者,2009(12).

王莹.2008年春节电视市场回顾[J].收视中国,2008(4).

王永利.谈电视世界经济报道的现状与走势[J].电视研究,1998(2).

王玉琦.关于创建农村频道的思考[J].电视研究,2001(12).

王志安.中央电视台汶川地震直播报道中存在问题的分析[J].中国编辑,2008(4).

威廉.洛杉矶奥运会的电视新闻[J].电视研究,1985(1).

文英光.《一口菜饼子》诞生记[J].电视研究,1997(5).

翁旭东,曾祥敏.脉络贯通 技术融通 心心相通:2018广电媒体融合创新发展概况[J].新闻战线,2019(1).

翁亚欣,施海泉.电视新闻节目的形态变迁分析:以CCTV新闻中心第五次改版为例[J].现代视听,2008(12).

我国神舟七号载人航天飞行取得圆满成功[J].中国航天,2008(10).

吴芳.试论电视新闻的欣赏性[J].电视研究,1989(6).

吴佩霜,王晓京,文晔.伊拉克战争中的中国战地记者[J].新闻周刊,2003(11).

吴晓宇.太原电视台邀请专家研讨本台栏目[J].电视研究,1991(3).

吴雁,曾励."WTO背景下中国新闻传播的趋势"学术研讨会综述[J].国际新闻界,2002(2).

吴长伟.西部频道之痒:频道改革案例分析[J].中国记者,2005(4).

夏之平.建台第一年的电视新闻[J].电视研究,1998(7).

肖平.传扬民族文化的宏篇巨制[J].电视研究,1992(2).

肖竹乔.电视新闻同期声刍议[J].电视研究,1991(5).

谢鼎新.早期电视研究史料的价值分析:与孙建三商榷[J].中国广播电视学刊,2005(2).

辛文.《喜迎十七大 和谐中国行》:主题宣传报道的一次创新[J].中国广播电视学刊,2008(1).

辛文.十年的探索与追求:中央电视台新闻改革回顾[J].电视研究,1996(4).

新华社电视供稿线路正式分线运行[J].中国传媒科技,2009(9).

徐宝才.从"三鹿奶粉"事件报道看广播电视舆论引导能力的提升[J].视听纵横,2008(6).

徐舫州.众里寻他千百度:从《新闻调查》看深度报道[J].电视研究,1997(6).

徐光春.加快广播影视事业的改革和发展:在全国广播影视局局长座谈会暨"村村通"广播电视现场会上的讲话(摘要)[J].电视研究,2000(9).

徐光春.开创电视外宣新局面[J].电视研究,2001(7).

徐光春.贴近群众,服务大局,办出特色,办出水平:在中央电视台开办新闻频道动员会上的讲话(摘要)[J].电视研究,2003(6).

徐光春.抓住发展机遇 应对入世挑战 全面推进广电事业[J].广播电视学刊,2002(3).

徐桂华.中国特大股灾的成因分析和对策思考[J].世界经济情况,2008(11).

徐晶.CCTV对7·23事件报道的分析[J].新闻传播,2011(11).

徐琦,胡喆.4G背景下电视新闻直播报道的新发展[J].声屏世界,2014(3).

徐琰.从《小崔说事》说开去[J].中国广播电视学刊,2003(11).

许静,李扬,郭丽霞.食品安全风险交流视域下的媒体话语分析:央视《每周质量报告》相关调查节目为例[J].中国食品卫生杂志,2014,26(2).

熊劲松.从《部长访谈录》看领导者的媒介形象设计[J].电视研究,1999(9).

许晓峰.央视里约奥运报道的亮点分析[J].新闻战线,2016(20).

鄢晨.体育赛事节目的发展[J].电视研究,2002(9).

央视网络电视开通[J].电视技术,2004(6).

杨驰原,高方.浓墨重彩 各具特色:全国媒体报道纪念抗战胜利70周年活动综述[J].传媒,2015(18).

杨芳.贴近 沟通 互动:《杨芳热线》创办一年来的体会感受[J].西部电视,2003(1).

杨晖,等."芒果"真的烂了吗?[J].南方电视学刊,2012(3).

杨击.《东方时空》8年:电视栏目调整与电视体制改革的双重考察[J].中国有线电视,2002(12).

杨继红.品质的坚守:从《新闻调查》选题结构透析新闻栏目竞争力[J].中国电视,2007(10).

杨继红.造平台成矩阵 网络舆论大提升:央视新闻新媒体报道全国两会新亮点[J].传媒,2017(4).

杨静."神五"发射背后的媒体新闻战[J].中国报业,2003(11).

杨娟."凤凰早班车"节目探析(上)[J].声屏世界,2000(6).

杨凯.电视字幕新闻的优越性[J].电视研究,2003(11).

杨立,姚福军.电视媒体网站的现状与发展趋势[J].电视研究,2002(8).

杨丽君.OTT TV、IPTV与传统有线数字电视之间的博弈[J].东南传播,2016(2).

杨明品.2014:广电媒体融合发展进行曲[J].新闻战线,2015(2).

杨明品.新闻故事化:核心价值观传播的重要创新[J].电视研究,2015(3).

杨弃.端正新闻改革的政治方向[J].电视研究,1989(5).

杨淑英.漫话《望长城》宣传的得失[J].电视研究,1992(2).

杨伟光.把中央电视台建设成社会主义精神文明的重要阵地[J].电视研究,1996(10).

杨伟光.发挥电视优势提高新闻可视性[J].电视研究,1988(4).

杨伟光.发扬优良传统建设世界一流大台[J].电视研究,1993(台庆专刊).

杨伟光.加强理论研究 推动新闻改革[J].电视研究,1986(4).

杨伟光.民族团结进步的赞歌:谈谈系列报道《祖国大家庭》[J].电视研究,1991(5).

杨伟光.齐心协力抓质量 奋发进取出精品:为把中央电视台建设成为世界大台而奋斗[J].电视研究,1996(3).

杨伟光.他们创造了第一流业绩:访山西电视台新闻部[J].电视研究,1990(4).

杨伟光.谈新闻报道的"度"[J].电视研究,1989(1).

杨伟光.提高对外电视节目质量的关键:八要八不要[J].电视研究,1994(7).

杨伟光.提高舆论引导水平为两件大事创造良好舆论氛围:在中央电视台1997年工作会议上的讲话[J].电视研究,1997(3).

杨伟光.在中南五省电视新闻协作会上的发言(摘要)[J].电视研究,1986(4).

杨状振.中国广电集团化改革的进径反思与体制悖论[J].视听纵横,2002(1).

尧风.中国广电产业集团化的未来之探[J].电视研究,2002(12).

姚葆云.央视伊拉克战争直播报道得失浅议[J].声屏世界,2003(5).

姚丽亚.基于"中央厨房"模式的新闻生产理念创新[J].新闻界,2015(14).

姚艳姣.我国电视频道专业化研究[J].华中科技大学学报,2004(5).

要使电视节目有一个较大的改观:艾知生同志在全国省级电视台台长座谈会上的讲话(摘要)[J].电视研究,1993(台庆专刊).

叶惠.第二十三届奥运会报道的"头两脚"[J].电视研究,1985(1).

叶家铮.地域性新闻频道初探:兼评福建"新闻频道"的理念与运作[J].现代传播,2000(4).

叶晓林,惠军.改变我们的思维方式[J].电视研究,1988(1).

叶晔.中央电视台"神七"报道实现多项突破和创新[J].电视研究,2008(11).

叶子.电视纪录片的深层开拓[J].电视研究,1993(2).

叶子.电视新闻评论性节目的传播策略:《新闻调查》透视[J].现代传播,1999(7).

一九八五年全国电视新闻评选和经验交流会会议纪要[J].电视研究,1985(2).

易旭明,阚敏.我国IPTV发展历程、动因和挑战刍议[J].新闻界,2016(24).

尹鸿.以特色塑造差异,以差异拓展空间:谈江苏卫视"情感地带"的频道策略[J].现代传播,2005(2).

于广华.与周总理同桌就餐[J].电视研究,1993(台庆专刊).

于慧丽."9·3"大阅兵,央视向世界报告[J].传媒,2015(18).

于学臣.敏感·时效·优势[J].电视研究,1988(2).

余伟利.《焦点访谈》等舆论监督节目的量化分析[J].电视研究,2002(9).

俞向党.发扬抗洪精神 进一步做好广播电视工作——在全省广播电视系统抗洪抢险总结表彰大会上的讲[J].声屏世界,1998(1).

欲穷千里目更上一层楼:贺中央电视台建台35周年[J].电视研究,1993(5).

喻国明.1998:媒介的权力与竞争[J].现代传播,1999(1).

喻国明.打造新型主流媒体价值范式与影响力的关键:以北京广播电视总台线上直播平台"北京时间"G20杭州峰会报道为例[J].新闻与写作,2016(10).

喻人旺,余铁平.对福建台新闻频道的观察和思考[J].电视研究,2003(2).

袁东亮,叶青.新闻质量在改革中提升:浅述广州电视新闻的改革[J].南方电视学刊,1999(3).

袁沫.观察与思考节目主持人[J].电视研究,2000(4).

苑淑云,王瑞英,周志强.我国有线电视的发展历程、特点及发展趋势[J].中国广播电视学刊,1991(6):21.

臧海群.受众研究在电视产业中的地位及走向[J].电视研究,2001(4).

展江.广电媒体嘲讽事件的国际风波:媒体道德与伦理经典案例评析(九)[J].青年记者,2015(4).

展江.舆论监督在中国[J].青年记者,2009(11).

张德生.电视初创时期的新闻字幕及美术设计[J].电视研究,1998(5).

张帆.影响广播电视突发性重大新闻报道效 广播电视海湾战争报道效果调查[J].现代传播,1991(3).

张国涛,范昀,杨奉涛.电视新闻直播 从事件到核心竞争力:以CCTV-4"连宋大陆行"特别报道为例[J].中国广播电视学刊,2005(7).

张海涛.坚持科学发展观 推动广播影视大发展大繁荣:在2008年中国国际广播电视信息网络展览会(CCBN2008)主题报告会上的讲话[J].现代电视技术,2008(4).

张海涛.十五期间至2010年我国广播影视科技事业发展的总体目标和主要任务[J].中国广播电视学刊,2001(1).

张海涛同志在全国有线数字广播影视业务试点工作动员会上的讲话[J].广播电视信息,2003(8).

张华.清新典雅 创造荧屏丽影:记陕西电视台主持人杨芳[J].今传媒,2011(7).

张会清,李燕.从《小崔会客》看个性化"高端访问"[J].传媒观察,2006(7).

张健.都市新闻:电视新闻传播的新突破[J].南方电视学刊,2002(3).

张金辉.由"神五"发射看科技新闻报道的人文视角转变[J].中国广播电视学刊,2004(1).

张君昌.创优:2001年度全国电视新闻及社教节目佳作概览[J].电视研究,2003(2).

张丽,白小豆,孙璐.2014中国电视新闻的新面貌新脉象[J].新闻战线,2015(2).

张利民.《新闻会客厅》退出荧屏的启示[J].视听界,2013(3).

张林,朱敏科,刘颐.电视新闻直播报道如何利用4G网络技术进行改革创新[J].中国有线电视,2014(2).

张林,卢宇光:恐怖现场跳出来的记者[J].青年记者,2006(6).

张林.在别斯兰人质事件现场:记我的同事[J].中国记者,2004(10).

张敏.电视照明技术的回顾与展望[J].电视研究,1989(3).

张明.西部频道的人类学意义[J].电视研究,2002(10).

张宁,韩彪.特别新闻 特别报道:央视"神舟"五号报道回顾[J].新闻实践,2003(11).

张宁,韩彪.现场直播:电视向新闻本源的复归[J].电视研究,1999(4).

张宁.我国首次载人航天飞行报道圆满成功[J].电视研究,2004(1).

张普随.观庆典话直播[J].电视研究,1999(11).

张勤.一位学者对十八大报道新思路:新亮点的梳理与盘点[J].中国记者,2012(12).

张群力.电视界专家学者话《广东行》[J].电视研究,1993(1).

张睿."说新闻"节目形态发展及操作[J].中国记者,2003(5).

张琬.广播电视G20峰会报道为创新、活力、联动、包容的世界经济新起点、新方案、新航程营造良好舆论氛围[J].广电时评,2016(13).

张文华.中国电视新闻发展的必然趋势:由'97香港回归特别报道看新闻频道[J].中国广播电视学刊,1997(8).

张小雯.4G背景下电视新闻直播报道的发展分析[J].中国新通信,2016(13).

张绪鸿,王卫明.从里约奥运看大型赛事报道新变化[J].中国记者,2016(9).

张亚兰.媒介融合视域下电视台网站的发展[J].湖南师范大学学报,2010(5).

张雁.3G/4G直播回传系统在昆明电视台直播节目中的应用[J].现代电视技术,2016(2).

张玉洪.且看凤凰起舞:凤凰卫视伊拉克战争报道特色及与CCTV的比较[J].新闻记者,2003(5).

张长江,张文华.一次成功的电视直播:谈CCTV新闻频道特别节目"迎战暴风雪"[J].电视研究,2008(4).

张长明,尹学东.一次成功的具有政治意义的国际会议报道:记中央电视台第四次世界妇女大会的宣传报道[J].电视研究,1995(11).

张长明.交流与合作是加深了解的有效途径:在2000年亚洲娱乐大会上的发言[J].电视研究,2000(6).

张哲西.动人心魄的连续报道[J].电视研究,1987(3).

章壮沂.2001年度中国广播电视新闻奖探析[J].电视研究,2002(12).

章壮沂.电视新闻的改革与发展[J].电视研究,1993(台庆专刊).

章壮沂.新闻改革重在提高质量[J].电视研究,1986(3).

长江.单打一与双肩挑[J].电视研究,2001(12).

赵化勇.把握基调 确保导向 深化改革 再创佳绩:在中央电视台2000年年中工作会议上的讲话[J].电视研究,2000(8).

赵化勇.从《经济半小时》到《经济信息联播》:发挥优势、加强合作、努力搞好电视经济宣传[J].电视研究,1993(台庆专刊).

赵化勇.深化改革开拓进取[J].电视研究,2000(3).

赵化勇.西部频道要打造"六大亮点"[J].电视研究,2002(6).

赵化勇.导向正确 特色鲜明 影响广泛 播出安全:在中央电视台十六大宣传报道总结表彰大会上的讲话[J].电视研究,2002(12).

赵慧君."NNN"式报道呼唤全国性新闻频道:从CCTV-1对9·11事件的报道说起[J].视听界,2002(1).

赵玲,喻静媛.第一财经:财经节目的新突破[J].青年记者,2008(4).

赵水福.广播电视法制建设回眸[J].电视研究,2003(9).

赵仙泉.坚持正确导向 实践"三个代表"重要思想:略论中央电视台新闻频道的理念与探索[J].电视研究,2003(9).

赵湘湘.央视公布2016里约奥运报道计划,融媒体方式成最大亮点[J].媒体瞭望,2016(5).

赵宇辉,张利中.十年织彩练新版亮长空[J].电视研究,2002(10).

赵煜婷.浅析《焦点访谈》突发性事件报道策划的特点:以天津8.12事件为例[J].传播与版权,2016(12).

赵中颉.CCTV伊拉克战争报道刍评[J].西南政法大学学报,2003(7).

正一.平凡与辉煌:张家成的足迹[J].电视研究,1994(3).

郑鸣.浅析新闻中同期声的运用[J].电视研究,1988(6).

郑小华.电视时政报道中的大数据运用:以央视《两会大数据》、《据说两会》为例[J].东南传播,2014(12).

郑兴光,晓吴.电视新闻现场感的建立[J].新闻界,1989(3).

中国新华新闻电视网开播[J].中国传媒科技,2010(1).

中央电视台高清综合频道正式开播[J].现代电视技术,2008(1).

中央电视台国际新闻组.打破老框框的一次尝试:美国"挑战者"号爆炸事件的报道体会[J].电视研究,1986(2).

中央电视台评论组.精神文明宣传的一种好形式:电视讲话节目[J].电视研究,1986(2).

中央电视台总编室.关于宣传改革的几点意见[J].电视研究,1985(1).

中央电视台总编室研究处.凤凰卫生资讯台节目编排策略分析[J].中国电视,2004(10).

周安琪.新闻媒体如何发力移动直播[J].新传媒,2016(10).

周金华.散落在电视新闻长河中的明珠:写在《往事如歌》一书之后[J].电视研究,1999(8).

周密,蒲琨.主流媒体视频直播新玩法 全国18家媒体联合直播《我们的年夜饭》[J].中国记者,2018(3).

周敏,侯颗.冷热媒介视角下虚拟现实新闻探究[J].当代传播,2016(5).

周然毅.广电"村村通"建设:历史、现状和未来[J].现代传播,2006(5).

周珊珊,贺梓秋,叶铁桥.新技术在天津爆炸事故报道中的应用[J].青年记者,2015(28).

周亭.报道不足的地方:"反应迅速"与"感觉迟钝"反思抗震救灾电视报道[J].视听界,2008(4).

周兴广.在柬埔寨的丛林中[J].电视研究,2000(1).

周勇,刘凡平.1997中国电视直播年[J].中国广播电视学刊,1997(12).

周玉兰.走在电视频道专业化的前列:走访福建电视台新闻频道[J].浙江广播电视高等专科学校学报,2001(4).

朱春阳.我国影视产业"走出去工程"10年的绩效反思[J].新闻大学,2012(2).

朱光烈,朱叶.凤凰卫视伊拉克战争报道对于内地新闻改革的启示[J].山东视听,2003(7).

朱景和.电视片纵横观[J].电视研究,1990(4).

朱景和.浓厚的纪实色彩 强烈的艺术魅力:赞《望长城》创作观念和方法的更新[J].电视研究,1992(2).

朱克虎.市电视台节目流通工作的思考[J].电视研究,1992(4).

朱寿桐.电视新闻的社会关怀:略说《南京零距离》的理论意义[J].现代传播,2003(2).

朱天,何铁巍,王轶菁.对2002年中国电视新闻改革的几点思考[J].现代传播,2003(2).

朱天等.对2002年中国电视新闻改革的几点思考[J].电视研究,2003(2).

朱雯琪.场景化H5新闻发展现状及优化路径[J].新媒体研,2020(18).

朱小平.试论市级电视台办节目的优势和劣势[J].电视研究,1986(3).

朱羽君.屏幕上的革命:在"电视声画关系"研讨会上的发言[J].电视研究,1992(2).

朱真铁.一云多屏 互动传播 智能服务:中央电视台移动客户端的实践与探索[J].影视制作,2014(4).

庄殿君.改进文风让主题报道更好看:谈央视十八大报道的创新[J].电视研究,2013(1).

邹庆芳.关于加强中央电视台人员编制管理问题的探讨[J].电视研究,1988(4).

走自己的路:赵忠祥答本刊记者问(上)[J].电视研究,1995(7).

左顺荣.《南京零距离》的制胜之道[J].中国广播电视学刊,2007(11).

学位论文:

李倩.央视近十年公共突发事件报道研究[D].山西:山西大学,2010.

李晓磊.媒体人的身份焦虑与体制外追索:以心理契约视角审视当下媒体人离职倾向[D].北京:中国人民大学,2016.

龚凌春子.《每周质量报告》栏目报道研究[D].长沙:湖南大学,2014.

刘菲.全媒体语境下电视新闻节目制播创新[D].北京:中国人民大学,2016.

刘莉莉.电视新闻评论类栏目的设置[D].北京:中国人民大学,2002.

吕晴.《望长城》的人文性叙事手法[D].武汉:华中科技大学,2009.

任斌.社会矛盾凸显期主流媒体如何发挥舆论引导作用:以央视对甬温动车事故的报道为例[D].山西:山西大学,2013.

汪军.新华社向全媒体机构转型的尝试:以电视版《新华视点》为例[D].甘肃:兰州大学,2013.

王律.央视《新闻调查》研究[D].长沙:湖南大学,2009.

徐兴强.从南方雪灾事件看政府公共危机管理[D].江苏:苏州大学,2010.

岳淼.中国电视新闻节目发展史研究(1958—2008)[D].厦门:厦门大学,2009.

张慧娟.论我国电视新闻节目直播的突破:从"伊拉克战事报道"谈起[D].南宁:广西大学,2003.

报纸文章:

"纸馅包子"案记者被判一年[N].京华时报,2007-08-13.

《新闻联播》竟然也下"彩蛋"[N].今日早报,2014-03-12(A14).

范丽青,朱国贤.千岛湖事件始末[N].人民日报,1994-06-20.

广电部播音员主持人资格证书颁证会举行[N].光明日报,1997-12-31.

李晓婷,朱晓佳.反映反映呗 2013年《新闻联播》改版文本分析[N].南方周末,2013-01-25.

莆鹏.中国电视大事记[N].文汇报,2000-12-31.

上海电视人评说新《东方时空》[N].新闻晨报,2000-11-28.

深度融合 构筑媒体新版图[N].人民日报,2017-01-05.

石岩.CCTV地震直播实录[N].南方周末,2008-05-22.

汪晓东,曹树林,于洋.深度融合 构筑媒体新版图[N].人民日报,2017-01-05.

夏榆.凤凰台:温家宝到的时候,我们也到了[N].南方周末,2008-05-22.

谢耕耘.凤凰卫视的启示[N].中国新闻传播评论(CJR),2004-06-11.

俞绍堃.48年前的日本商品展览会[N].北京晚报,2004-09-08(42).

袁媛.央视开播网络电视进军网络媒体业务[N].中华新闻报,2004-06-09.

越南战争 美国人的噩梦[N].环球时报,2004-04-19(11).

张守帅,张彧.央视连续三天报道《"悬崖村"扶贫纪事》引发强烈关注[N].四川日报,2016-05-30.

赵华.央视前台长杨伟光"我压下了克拉玛依大火报道"[N].南方周末,2014-12-09.

祖薇.央视为《新闻联播》头条专设编委会[N].北京青年报,2017-04-11.

中央电视台开播网络电视新闻频道和娱乐频道[N].中国新闻出版报,2005-08-10.

电子资料来源:

《"十一五"全国广播电视村村通工程建设规划》,网址为 http://news.cnfol.com/071016/101,1277,3426379,00.shtml。

《西新工程》,网址为 http://www.gmw.cn/01gmrb/2002-11/07/30-5D08756C7E7FF59148256C690080ACB1.htm。

《"悬崖村"扶贫纪事:既然选择,便只顾风雨兼程》,网址为 http://news.hbtv.com.cn/p/157118.html。

《"央视头条"2015:坚守媒体使命 持续精准创新》,网址为 http://www.cctv.com/2016/01/10/ARTICF8gssXOBY9MJFFgdpLo160110.shtml。

《我今天21岁了!》,网址为 https://mp.weixin.qq.com/s/nJCgLHknR9HpqCP6skzPvw。

《"中国时间"海外本地化时段在南非和阿联酋开播》,网址为 http://www.cctv.cn/2016/05/13/ARTIJPz8WJU9KgCd6gA263Yt160513.shtml。

《〈V观〉微视频时政报道系列》,网址为 http://media.people.com.cn/n/2015/0529/c394987-27076294.html。

《北京晚报》,网址为 http://news.sina.com.cn/china/1999-11-11/30805.html。

《〈北京新机场征地拆迁记〉开播》,网址为 http://epaper.jinghua.cn/html/2015-12/13/content_261443.htm。

《收视中国》,http://www.csm.com.cn/Content/2016/10-28/1756482410.html。

《〈新闻联播〉创新机制打造主题主线专栏,网址为 http://www.cctv.com/2016/02/17/ARTIv6sCrRpKfTEiV4Y78eIi160217.shtml。

《12集纪录片〈南非人在中国〉在北京发布》,网址为 http://jishi.cntv.cn/2015/06/29/ARTI1435541919325980.shtml。

《1986年教育大事记》,网址为 http://edu.qq.com/a/20091122/000078.htm

《2000年至2008年两岸关系综述》,网址为 http://www.zaobao.com/forum/letter/taiwan/story20110802-44603。

《2013年度中国广播电视行业十大科技关键词评选结果公布》,网址为 http://www.nrta.gov.cn/art/2014/3/19/art_36_1014.html。

《2016年通信营业统计公报》,网址为 http://www.miit.gov.cn/n1146312/n1146904/n1648372/c5498087/content.html。

《2016年统计公报(广播影视部分)》,网址为 http://gdtj.chinasarft.gov.cn/showtiaomu.aspx?ID=42b02470-bb57-4d54-8d4b-a6b2a4c49a3f。

《2017—2018中国手机新闻客户端市场研究报告》,网址为 https://www.iimedia.cn/c400/60894.html。

《2017全国广播电视行业统计公报》,网址为 http://www.gapp.gov.cn/sapprft/contents/6588/379318.shtml。

《2017全国县级电视台联盟大会在京召开》,网址为 http://www.ttacc.net/a/news/2017/0829/48708.html。

《2018 电视融合传播指数报告发布》，网址为 http://media.people.com.cn/n1/2019/0329/c120837-31001662.html。

《2018 年全国广播电视行业统计公报》，网址为 http://www.nrta.gov.cn/art/2019/4/23/art_2178_43403.html。

《邓小平同志的家风》，网址为 http://news.ifeng.com/a/20170207/50658040_0.shtml。

《解读中央电视台〈读书时间〉的消逝》，网址为 https://news.artron.net/20041029/n16696_.html。

CTR（中央电视台市场研究股份有限公司），网址为 http://www.ctrchina.cn。

《2013 年 2 月网络视频收视数据》，网址为 http://news.iresearch.cn/zt/196776.shtml。

《各级电视台共播出 1397 小时抗震救灾直播节目》，网址为 http://news.qq.com/a/20080521/000196.htm。

财安网，网址为 http://www.caian.net/cjyw/zhxw/28700.html。

《残缺的奥运会——第二十二届夏季奥运会回顾》，网址为 http://www.china.com.cn/sport/zhuanti/2008ay/2008-04/17/content_14968283.htm。

《互联网电视将无处不在 多视频是方向》，网址为 http://tech.qq.com/a/20110608/000488.htm。

《江苏有线整合模式》，网址为 https://www.163.com/tech/article/5Q6CIOFS000940L1.html。

《"战地记者"水均益 讲述战争与和平》，网址为 http://e.chengdu.cn/html/2014-07/04/content_477896.htm。

《[舆情分析]为什么？津夜之殇》，网址为 http://diyitui.com/content-1439437783.33656373.html。

传播学百科网《南方周末历年年度传媒致敬（2001—2011）》，网址为 http://www.chuanboxue.org/index.php? doc-view-3273.htm。

大象融媒官方网站，网址为 http://www.hnr.cn/news/xwzt/dxrm。

《央视自析末位淘汰：并非仅依据收视率和广告》，网址为 https://yule.sohu.com/34/53/article211065334.shtml。

《第一财经 App 实力打造中国第一财经新媒体》，网址为 http://finance.qq.com/a/20170503/025465.htm。

第一财经官网简介，网址为 http://www.yicai.com/resource/aboutus.html。

《第一财经新节目主创人员作客新浪聊天实录》，网址为 http://sh.sina.com.cn/20040330/165528211.shtml。

东方聊天室，网址为 http://news.eastday.com/epublish/gb/paper154/2/class015400011/hwz982619.htm。

《芒果 TV 独播战略不到两年就终结 几档综艺撑不起视频网站》，网址为 http://tech.sina.com.cn/i/2016-11-09/doc-ifxxnety7802307.shtml。

《杜宪和薛飞离开中央电视台 两人曾是〈新闻联播〉主播》，网址为 http://news.ifeng.com/a/20140918/42022163_0.shtml。

《媒体人转型，越转越糟还是越转越好》，网址为 http://dajia.qq.com/blog/191674005338617.html。

凤凰网，网址为 http://news.ifeng.com/history/today/detail_2012_07_03/15740821_0.shtml。

福建省情资料库，网址为 http://www.fjsq.gov.cn/ShowText_nomain.asp? ToBook =

4010&index=192&。

《关于加强网络直播服务管理工作的通知》，网址为 http://hnna.voc.com.cn/view.php?tid=754&cid=11。

《光线这些年：陈年E事（十）：十万元起家》，网址为 http://blog.sina.com.cn/s/blog_68026c830100ica5.html。

广播电视节目传送业务，网址为中国电信网 tm-www.hb.cninfo.net。

《广播电台电视台设立审批管理办法，〈中华人民共和国国务院公报〉》1996（18），网址为 http://law.baidu.com/pages/chinalawinfo/1/51/5bf986e47040ed5fd620ac6c1b74aaec_0.html。

《广播影视科技"十五"计划和 2010 年远景规划》，网址为 http://i.mtime.com/brcy/blog/1073520。

《中国广电 2016 第二季度有线电视行业发展公报》，网址为 http://bc.tech-ex.com/technology/digitv/2016/78908.html。

《今后不再批准组建事业性质的广电集团》，网址为 http://news.163.com/41222/7/187NF8GK0001124R.html。

《广电总局中广卫星移动广播有限公司副总经理刘廷军谈CMMB》，网址为 http://www.doc88.com/p-2876613741999.html。

广东开平广播电视局网站，网址为 kpcatv.com。

《国家广播电视总局关于进一步加强广播电视和网络视听文艺节目管理的通知》，网址为 http://www.nrta.gov.cn/art/2018/11/9/art_113_39686.html。

《国务院办公厅关于印发三网融合推广方案的通知》，网址为 http://www.gov.cn/zhengce/content/2015-09/04/content_10135.htm。

《国务院办公厅印发首批三网融合试点地区（城市）名单》，网址为 http://www.gov.cn/zwgk/2010-07/01/content_1642604.htm。

《国务院办公厅转发发展改革委等部门〈关于鼓励数字电视产业发展若干政策〉的通知》（国办发[2008]1号），网址为 http://guoqing.china.com.cn/gbbg/2011-10/28/content_23753714.htm。

《国务院关于积极推进"互联网+"行动的指导意见》，网址为 http://cpc.people.com.cn/n/2015/0705/c64387-27255409.html。

《互联网电视服务许可持证机构名单，国家新闻出版广电总局官方网站》，网址为 http://www.sapprft.gov.cn/sapprft/govpublic/6955/290988.shtml。

《话说非典型肺炎》，网址为 http://www.cctv.com/news/focus/today/20030217/9.html。

《〈东方时空〉请观众耐心》，网址为 http://ent.sina.com.cn/v/25946.html。

《江苏广电"荔枝云"平台正式发布》，网址为 http://js.xhby.net/system/2015/11/17/027033585.shtml。

《中央电视台奥运报道刷新多项纪录》，网址为 http://www.chinaxwcb.com/xwcbpaper/html/2008-10/06/content_40326.htm。

《京静："知错就改"〈东方时空〉恢复老片头》，网址为 http://www.chinanews.com/2000-12-01/26/59110.html。

老左信箱，网址为 http://auto.163.com/05/0418/16/1HKQCEOA000816IP.html。

《一年死200+公司，排名第一的App产出不够请一个网红，直播有未来你信吗?》，网址为 http://capital.people.com.cn/n1/2017/0420/c405954-29223500.html.

《四级融媒体中心建设：如何互联互通、统筹协同？》，网址为 https://www.sohu.com/a/435181949_613537。

《历次"五年计划"介绍》，http://www.china.com.cn/ch-15/plan3.htm。

《河南广电全媒体 今起呈现"融时代"两会》，网址为 http://www.jinbw.cn/shizhengnews/2016-03-02/17437.html。

《细数〈新闻联播〉的"十五变"》，网址为 http://1118.cctv.com/2014/11/13/ARTI1415849034625762.shtml。

《卢宇光：我不是英雄》，网址为 http://ent.sina.com.cn/2004-09-17/0607506943.html。

《走进往事》，网址为 http://www.booksir.com/books2003/cnread1/jswx/y/yudayu/zjws/020.htm。

《无法到达的新闻现场》，网址为 http://dajia.qq.com/blog/338631007998481。

《芒果TV从独播到独特 综艺频道全网第一》，网址为 http://news.sina.com.cn/o/2015-06-10/105431934522.shtml。

《毛泽东下令"九评"赫鲁晓夫的来龙去脉》，网址为 http://zhangjiao.yeah.net。

《[数据]我国有线电视用户规模已超过2.4亿户》，网址为 http://www.tvoao.com/a/181256.aspx。

《民营企业进入国有电视台 除了新闻什么都管》，网址为 http://business.sohu.com/2004/04/25/37/article219943784.shtml。

《南方传媒获得第三张牌照 IPTV新增十城市》，网址为 http://info.broadcast.hc360.com/2006/08/28081393392.shtml。

《南非"中国时间"时段开播中国影视剧》，网址为 http://bc.tech-ex.com/technology/digitv/2017/84847.html。

《宁夏卫视与上海第一财经合作将终止 明年回归》，网址为 http://nx.cnr.cn/xwzx/xw/201311/t20131104_514024699.shtml。

《日新月异的中国通信卫星》，网址为 http://market.c114.net/176/a165834.html。

《第二十八届中国新闻奖媒体融合奖评析》，网址为 http://www.xinhuanet.com/zgjx/2019-01/18/c_137753695.htm。

《旗帜鲜明地反对资产阶级自由化》，网址为 www.china.com.cn/chinese/zhuanti/xp100n/627151.htm。

《沙漠风暴——1991年海湾战争大事记及影响》，网址为 http://news.sohu.com/01/64/news204956401.shtml。

《时至今日,我们应该如何评价〈河殇〉？》，网址为 http://www.zhihujingxuan.com/21357.html。

《世界电信之最》，网址为 http://www.chinatelecom.com.cn。

《数汽车风流人物难忘饶斌：中国汽车之父》，网址为 www.jj.jx.cn。

《四川电视台因及时报道汶川地震而获美国广播电视文化奖》，网址为 http://news.cctv.com/china/20090519/101110.shtml。

《四川九寨沟7.0级地震》，网址为 http://www.mlr.gov.cn/dzhj/dzzh/zqxqbg/201708/t20170814_1563017.htm。

《铁道部就动车追尾事故道歉 系雷击造成设备故障》,网址为 http://news.ifeng.com/mainland/special/wzdongchetuogui/content-3/detail_2011_07/24/7904308_0.shtml。

《2016上海IPTV大数据报告》,网址为 http://data.lmtw.com/IPTVsj/sh/201608/133957.html。

《湖南省县级广播电视台生存现状及发展出路的调研报告》,网址为 http://www.mgtv.com/gba/c/20170417/1946184246.html。

《我与〈新闻简报〉》,网址为 www.cndfilm.com。

《铁道部否认曾宣布"车内无生命迹象 救援结束"》,网址为 http://news.ifeng.com/mainland/special/wzdongchetuogui/content-1/detail_2011_07/29/8034559_0.shtml?_from_ralated。

无线电爱好者协会会刊,网址为 www.scut.edu.cn/1996。

《从RT到CGTN:哪些学得到?哪些学不到?》,网址为 http://www.charhar.org.cn/newsinfo.aspx?newsid=11887。

《西藏自治区主席向巴平措谈拉萨发生打砸抢烧事件》,网址为 http://news.qq.com/a/20080317/003098.htm。

《胸怀大局把握大势着眼大事 努力把宣传思想工作做得更好》,网址为 http://jhsjk.people.cn/article/22636876。

《习近平致信祝贺中国国际电视台(中国环球电视网)开播》,网址为 http://china.cnr.cn/news/20170101/t20170101_523422500.shtml。

《习近平主持召开新闻舆论工作座谈会并发表重要讲话》,网址为 http://china.cnr.cn/news/20160220/t20160220_521420357.shtml。

《习近平主持召开中央全面深化改革领导小组第四次会议》,网址为 http://media.people.com.cn/GB/22114/387950。

《新〈东方时空〉新在哪儿?——访〈东方时空〉总制片人时间》,网址为 http://www.chinanews.com/2000-11-17/26/56598.html。

《乌鲁木齐发生打砸抢烧严重暴力犯罪事件》,网址为 http://news.163.com/09/0706/04/5DGU6ETO000120GU.html。

《新疆乌鲁木齐"7.5"事件真相》,网址为 http://www.fmprc.gov.cn/ce/cejo/chn/dtxw/t573214.htm。

新浪网,网址为 http://sh.sina.com.cn/20040330/165528211.shtml/2004-03-30。

新浪网新闻中心,网址为 http://news.sina.com.cn/CNS/176.html。

熊猫频道简介,网址为 http://www.ipanda.com/about/index.shtml。

《虚拟现实(VR)技术特点介绍与发展历程详解》,网址为 http://www.askci.com/news/chanye/2015/11/24/151122qjfz.shtml。

《徐春柳:千岛湖事件》,网址为 http://news.hexun.com/2008-04-25/105559139.html。

《奥运报道,新闻频道收获了金牌》,网址为 http://blog.sina.com.cn/s/blog_53c7bbf70100ar8i.html。

《听听我对CCTV-2频道定位的辩解!》,网址为 http://cctvxulijun.blog.sohu.com/903995.html。

《中央电视台〈直击华尔街风暴〉年终收官》,网址为 http://news.163.com/08/1230/19/4UED6REO000120GU.html。

《中央电视台等50家电视机构成立新闻直播联盟》,网址为 http://news.163.com/08/1222/11/

4TOV8EJ400012QEA.html。

《中央电视台关注成都北改 开播"曹家巷拆迁记"》，网址为 http://cd.house.163.com/12/1230/09/8JV9T44I0224011I.html。

《〈2003，站在第三极〉创下多项直播节目之最》，网址为 http://www.cntv.cn/program/tongying/20030606/100865.shtml。

《〈新闻调查〉栏目解析》，网址为 http://www.cctv.com/program/xwdc/20050520/102483.shtml。

《中央电视台成功直播报道庆祝建党90周年大会》，网址为 http://www.cctv.com/stxmt/20110704/107051.shtml。

央视网视频，网址为 http://tv.cntv.cn/video/C10616/01EFF3686D8046208E046508B87F74E2。

《央视网熊猫频道短视频开创境外传播新纪录》，网址为 http://www.cctv.cn/2017/03/01/ARTIKmiQEKOnF9vWruJeeRWD170301.shtml。

《新媒体让北京奥运放异彩》，网址为 http://news.xinhuanet.com/internet/2008-11/07/content_10322759.htm。

《抱团取暖：一起走更精彩》，网址为 http://data.chinaxwcb.com/epaper2016/epaper/d6412/d1b/201612/73857.html。

《伊拉克战争中的凤凰卫视：直播巴格达》，网址为 http://news.sina.com.cn/c/2003-03-28/0638969836.shtml。

《又到月饼"开炉"时 记者再次探访"南京冠生园"》，网址为 http://news.sohu.com/65/65/news202526565.shtml。

《灾难中的媒体救赎》，网址为 http://media.people.com.cn/GB/22114/50421/189113/11523790.html。

《中央电视台推出大型数据新闻节目〈数说命运共同体〉》，网址为 http://media.people.com.cn/n/2015/1005/c40606-27663022.html。

《张玉洪：电视视野中的海湾战争》，网址为 http://www.people.com.cn/GB/14677/14737/22037/1788402.html。

《2015—2020年中国互联网电视市场研究及发展趋势研究报告》，网址为 http://www.chyxx.com/industry/201605/418638.html。

《中国共产党大事记·1989年》，网址为 http://cpc.people.com.cn/GB/64162/64164/4416141.html。

《中国记协就〈纸做的包子〉虚假报道发出通报 要求新闻界坚持正确导向 坚持新闻真实 采取有力措施杜绝虚假新闻》，网址为 http://news.cctv.com/xwlb/20070719/111262.shtml。

《央视新闻调查幕后》，网址为 http://zqb.cyol.com/content/2006-05/17/content_1385461.htm。

《中宣部副部长、国家新闻出版广电总局局长蔡赴朝在第二届中国网络视听大会上发表主旨演讲》，网址为 http://news.cntv.cn/2014/12/16/ARTI1418691825718669.shtml。

《国务院办公厅〈关于加强新闻出版、广播电视业管理的通知〉（两办37号文件）》，网址为 http://mlrc.cuc.edu.cn/plus/view.php? aid=407。

《中央办公厅、国务院办公厅〈关于加强新闻出版、广播电视业管理的通知〉（两办37号文件）》，网址为 http://mlrc.cuc.edu.cn/plus/view.php? aid=407。

《中央电视台简介》，网址为 http://www.cctv.cn/2016/02/17/ARTIoXBRYeNy9KNg3i4iTpO

0160217.shtml。

《中央电视台精心打造央视新闻新媒体"头条工程"》,网址为 http://www.sarft.gov.cn/art/2015/8/17/art_114_28104.html。

《中央广电总台央广副总编辑刘晓龙在 2018 年 9 月媒体融合论坛的演讲》,网址为 http://media.people.com.cn/n1/2018/0910/c40606-30283619.html。

《综合慎海雄 2018 年 3 月中央电视台年度工作会议讲话和刘晓龙 2018 年 8 月公开演讲》,网址为 http://www.sapprft.gov.cn/sapprft/contents/6580/362052.shtml。

《总局加快推进高清电视发展》,网址为 http://www.nrta.gov.cn/art/2018/10/10/art_2178_38974.html。

后 记

写作成书过程

本书的写作是一个曲折的过程。最早它是我博士论文的选题。在博士课程完成，提出选题设想后，一段时间内并没有确定下来。我认定这是我想要做的工作，便较早动手搜集资料，开始了这个漫长过程。

作为博士论文，原来是想搞一个完整的截止到当时的历史；在经历多年的资料收集后，在毕业前的写作中，我发现时间还是紧张（虽然在职写作论文确实是非常困难，其实还是自己没有更早一些动手并很好抓紧时间），因为后面阶段的资料实在是太多，想要都看过、并写得比较满意，需要更多时间。为了不再拖延毕业，我就只以前面完成的几章作为论文参加答辩，所以当时并没有完全完成。

毕业几年后，联系到传媒大学出版社，他们同意帮我出版这部著作。原想为了省事，只以论文那几章面世，但他们感觉还是要尽量完整，也就是要全部搞出来，我只能时不时地断续写作，最终只独立完成了前五章，后面没能及时交稿，没有完成计划。几年后在出版社司马兰老师的大力帮助下，成功申请了国家重点出版计划，也确定了交稿时间。

在出版社的催促和预定时间的规约下，我只好请当时名下在读的研究生帮着一起找资料，并分头拟写初稿，在这个过程中，我主导事件、内容的选择确定，对同学交来的初稿，提出增删、补充意见。每一章里面，都曾有过非常多的沟通、修改、补充工作，有的一个事件多次补充资料、填充细节，最后由我来改写、定稿。为了在预定时间内完成，在近一年的时间内，我将所有的工作量平均分配到每天的十几个小时中，写作时，曾把笔记本电脑放到书桌的架子上面，站着写作，以便能够更集中精力，得到更高的工作效率。经过这样的努力之后，我在2017年年底按时交稿。但又因故书稿没能出版，一直搁到今年（2021年）3月底，在编辑曾婧娴老师的帮助下才再次启动，而出版周期更短。所以说整个的出版过程也是一波三折、好事多磨。

资料收集

中国新闻史的研究从时间跨度上来看，纵贯古今，其中对近现代的研究最为丰富。而古代新闻史的研究由于当时新闻事业尚处于萌芽阶段，且没人在当时对这方面史料做系统收集、整理，故材料分散、轶失量大，搜集不易；即便如此，既有古代通史，也有对唐代、宋代、明代新闻传播史的专门研究出现。而当代新闻史的资料情况则正相反，前期虽仍有匮乏，但后来堪称汗牛充栋。

我曾在当年博士论文的后记中写道："最后整理书目时，自己都难以置信，论文最早的资料收集是在1997年。"当然，大规模的收集是在2000年后，历时多年，而且在集中写作时，仍然感觉资料不够齐全，一直到最后都随时在搜寻、核对。

在查找资料的过程中，最早近20年历史的资料非常稀少，想找影视资料更是困难。在收集那段时间资料的时候，我看到了一些80、90年代老一辈电视人的回忆，还有央视组织的该台创业时期老人们的回忆录，加上于广华等老一辈电视工作者收集整理的早年间的大事记，这些文献之于我是如获至宝。这将那些年因正式公开记录较少，也缺乏公开的业务总结交流的遗憾在相当程度上得以弥补，使我对那些年里的发展在一定程度上有了一个较清楚的了解。

没进入这一领域研究时，以为电视资料不好找；写作中发现，特别是改革开放以来的资料非常丰富。四十多年前，社会生活开始走入正轨，其后的资料渐渐多了起来。电视人著述甚丰，社会各界也多有关注，还有了众多刊物、专著、教材、讨论研究等各种公开记述。如从1986年以后就有了每年规律出版的《中国广播电视年鉴》，还有更早于1982年诞生的《新闻年鉴》。它们对上一年全国媒体各个方面都有了翔实、规律性的收集整理、全面总结。另外，有关电视新闻的议论、评说、理论书籍、国外研究翻译，应该说是非常丰富、繁多。

自己写作中大量的资料收集，耗费了很长时间。本书从已有的研究、很多电视人的回忆，还有对现实节目的记录整理中获得很多资料。在21世纪之前，大量资料都还是传统书刊，没有当下普遍的数据化形式。我特别感谢人民大学校内众多的小小打印社。我曾把一本本书、杂志里需要打印的地方勾画出来，夹上纸条，厚厚的书里常常会有几十、几百处段落需要打印，这并不是全书扫描。这样的工作，他们不辞辛劳地做了，收费还很低廉。非常多这样的资料，从书本变成我的数字文档资料，这为研究写作提供了很好基础。

资料中还有一些案例，这是难点，因为节目资料收集比较麻烦。电视媒体自身的播发特性是节目一经播出就随时间消逝，不像报纸、刊物那样容易保留。特别是早期的节目，由于没有录像技术，很多都已失传，只能从前人的忆述中回味。而21世纪后特别是近年的案例节目，有一些是实时看到，马上做了记录；还有一些通过网络查询到当时的报道，根据播出时间前后，将相关视频报道数秒计算、统计内容，并做检验后搞出来，尽量保证史实无误。这是当今的网络提供的便利条件。同时对一些重要节目、重要发展，我也会查找、使用有关电视人对操作的回忆、记录的文字。

在本书的写作中，作者一直非常注意资料的可靠性，尽量核对、检查，注意使用更接近、更可信的来源，初步使一些分散的资料系统化，努力形成对电视新闻历史一定程度上相对完整的认识。

技术话题

电视是一个高技术、重装备的行业,这在十多年前更为突出。只要是电视相关的研究,就免不了要涉及技术话题。技术是我一直很感兴趣的,喜欢搞清楚一些技术具体是什么道理、怎么使用。记得20世纪80年代中刚刚开始讲授广电课程时,为了搞清楚广电基础知识,曾经多次阅读《十万个为什么》和一些技术史书籍的相关内容,通过搜索、阅读,包括找人请教,总算有了一些基本概念。

在书中每一章都会提到其时的技术进步,对此做一些介绍。这也是想表现出在不同技术背景下,电视新闻的不断进步和表达的变化,看出技术的影响。所以会有此方面资料的匮集、叙说。有的技术表面看来与新闻发展并没有直接关系,但从长远眼光来看,就会理解其中的影响。

从另一角度看,电视新闻涉及的技术领域非常广泛,从拍摄、录音、采写、制作,到发射、传输、覆盖、接收、显示,甚至交通、沟通、合作……比多数行业涉及的技术领域都要宽广,而且都在时时更新;技术因素非常活跃,变动不居,一些变化会牵一发动全身。所以,至今我对很多相关技术依然不够了解,多年授课,包括此次写作都一直是我不断学习的过程。

对于我国电视技术发展变化的主体来说,在早年草创时期,确实有很多实用操作技术,是由自己研发,如像演播室的一些设施,当时的电视工作者常常是白手起家、敢想敢干。但是从历史角度来看:虽然我们的事业是从一穷二白、一无所有起步,但是这个说法主要是就当时国家的经济状况而言。因为实际上我们的电视事业起步时,在技术角度上,有向苏联东欧国家的学习和引进,有当时世界上其他国家的已有技术作为我们起步的基础。包括1959年自行研制开发的彩色电视,也是在美国制式技术基础上的仿制。所以当时在技术上并不是一无所有,而是有所借鉴。特别是进入20世纪70年代后,我们全面引进了国外的彩电技术、摄像编辑播出设备等。

应该看到:我们和世界是紧紧联系在一起的,即使当年我们一度被隔绝在世界之外,虽然还曾一度遭到外国以高价销售产品来回收技术成本,也付出过难以承受的高价,但是一切毕竟过来了。在这样与世界的交流中我们度过了最艰难的时刻,借助别人的肩膀完成了自己的功课,应该说世界也足够善待我们。老一辈是从小小的星星之火起步,一点点努力;后代薪火相传,干出了今天如此宏大的中国电视事业。

对电视的了解

在写作过程中我常有感慨,中国电视发展的整个历史基本都是亲身经历。早期因家里没有电视机,只能主要通过公用电视收看。小时在幼儿园看,后来偶尔在邻居家看。20世纪70年代初参加工作后,因为住在单位,单位有电视后,晚上便常常搬个凳子与众人一起观看,只是当时多注意的是电影、文艺演出,并不怎么关注《新闻简报》。但是那些年每当看电影,在正片放映之前,都会有"加片"《新闻简报》,类似现在正片前的广告;已经坐在电影院里,并不由你不看,所以对那些内容也多少有些印象。但也由于当时新闻都是宣传,与生活关系不大,加之年纪较小,没有很清晰的记忆。

改革开放以后,家里有了电视机,看电视成为大家的日常生活内容。虽然1978年上大学新闻专业时,学校还没有广播电视专业,但电视的一举一动都看在眼里。所以说基本上亲历了大多数历史,区别只在于开始是一般观众,后来从1983年读硕士研究生进入广播电视专业,观看便没那么轻松了。

从1986年留校,所教即为广播电视专业课,为此,一直严密关注电视新闻。由于不用坐班,多数时间在家工作,家里的电视便一直开在各类频道的新闻节目上。很多节目都是实时收看。如2001年"9·11"事件当晚,我正在收看凤凰台的晚间新闻《时事直通车》,亲眼见证了整个报道过程,还有美伊战争、别斯兰事件等……像香港回归、澳门回归这种预发性事件,更是全程观看,对几十个小时的直播还尽量录像。记得同事之间曾有约定,每人负责录像几个小时,大家录的放在一起就是一部真实的播出记录。有些事件自己还有多路报道的录像,即在家中有多个和多种设备同时录制多个频道的内容。所以我不仅了解节目内容,也了解当时观看时的心情和彼时的环境背景。

所以本书中提到的很多报道在播出当时我就认真观看过,看到有讨论价值的还要录像保存,作为教学案例;有些还曾找过相关资料加以解读,甚至做过专门研究。也曾参与较多电视台的研讨、评奖等专业活动,其间往往弥补了自己观看中没有看到或是没来得及仔细观看的内容,使观看更完整、全面。在这些活动中,还会与相关主管领导、多家媒体人或作者有直接交流,增加了对节目的了解以及各家媒体对同样题材的不同处理。在写作本书时,可以说对较多的所述内容都比较熟悉。这些非常宝贵的专业经历,对写作提供了很大帮助。

不足之处

写作前认为,收集的资料已经不少,也做了各样筛选;但是随着电视从20世纪80年代始即成显学,特别是新世纪前后,相关资料越来越丰富,还有越来越多的专业、学科参与到有关电视的讨论中来,研究文献可以说是卷帙浩繁,难以穷尽。

客观上看,由于电视人多忙于日常播出本职,除少数外大多不能及时记录;时过境迁后,他们的回忆多是大概,还有一些回忆或是内部资料不予公开,或散见于各类文本,存在片断、零散、较难查找的问题。再加上电视新闻涉及面广,这既指中国电视频道多年都在数千,也是指电视新闻节目数量更为庞大;在众多电视台中从其自办节目中找到那些有代表性的新闻节目,工作量大、繁复琐屑,所以查找、察看也一定多有遗漏。加之由于生活距离太近,没有经过充分沉淀,在使用的时候,也可能出现选择上的失误。在写作过程中,越到后来越是感觉还有很多资料没有看到,看得还很不全面,现有涉及的内容仍是挂一漏万。应了那句话:知道得越多,不知道的也就更多。

同时也由于是我第一次写作新闻史类著作,对新闻史写作的方法不甚了解,用了过多时间在资料收集和分类处理上,后来发现想集齐资料是很难的,特别是在一个相对较短的时间里。后来也是受到资料的牵制，写作并不潇洒。没有太多经验，对前人的经验也吸收不够，在内容选择上就会有不少遗漏、冗余或不当并存，问题不可避免。

写作中，我越写越觉得对这些历史事件的把握只是表面上的，是从表象上做的总结、概括。实际上在这些历史表象的背后，有很多内因、很多内在动向，从表面上是看不到的。所以本书的研究只是引玉之砖，已有的内容只是一个外观的大概甚至是片段，很多时候并不能切入机理。

都说电影是遗憾的艺术，但是什么作品没有遗憾？这本书的写作也充满了遗憾。先是作为博士论文的前四章，因为前期留下的东西较少，资料比较匮乏，又急于完成毕业，没有做当时还在世的很多电视人的采访，留下很大遗憾。之后放置多年，当拿到这一图书支持计划之时，也只能急于完成项目，免于被吊销资格，因时间规定不能打破，只能日夜赶工，很多材料也难以细细找寻，只能仓促成书。

虽然有多年的搜集资料、准备，以及常年的观察、思考，但到了落笔之时才发现其实节目看得还不够多，相关材料把握还是不精准，真希望有更多时间弥补这样的缺憾。所以在有这个机会之前，大家看到的只是一个不那么完善的版本。

感慨

在写作中我也看到了这个选题的重要：以史为镜、以史为鉴，尊重历史是理解现实、展望未来的基础。电视新闻史上还有很多认识得不那么清晰的部分，从事此研究的人还需继续努力。

回顾这本书成书、出版的整个过程，心中非常感慨：一是好事多磨，做事就要能够经受住各种磨砺，都要不辞辛劳、全力付出才能达成目标。写作中更感到新闻史写作的艰辛——所有叙述、评论都要严格依托史实，每一个字后面都要有资料的支撑；搞历史是硬碰硬的功夫。

本书成书的这一番经历既是人生的过程，也是人生的营养，自己从中收获很多，也希望带给参与的同学们一点收获，更希望带给读者一些有用的信息和启示，还希望后辈作者能够对这一历史有更深入、全面的研究，对全局有更深入的把握与解读，带给媒体与专业发展更多的启发和推动。

对电视新闻历史的感慨主要有两点，一是创办时期前辈们的理想信念，艰苦奋斗、意气风发，用血汗开创了中国电视事业，可歌可泣。回顾这一段历史常让人心潮澎湃。我们的老一代，在一穷二白的时期全情投入，那样的热情洋溢、朝气蓬勃，那样的不畏艰苦、敢想敢干，那样的奋不顾身、不计得失，那样的上下同心、通力合作，那样的不等不靠、不推诿扯皮。他们为了事业全身心努力，获得了人生升华，也给事业带来了起飞与辉煌。能在那样氛围的群体里一起奋斗，会是多么充实幸福。他们是我们事业的奠基人，为我们今天做人做事做出了表率，这是我们一代代人都应有的工作状态。我们应该对他们致以最崇高的敬礼。凝聚共识，有明确的服务、造福全体国民的目标，也是当下我们应该具有的精神追求，自力更生的精神更是我们的传统和法宝。

二是改革开放以后的新闻改革，瞄准世界先进水平，高歌猛进、热火朝天，迅速改善自身面貌、切入生活，民间社会的信息流量大大增加，大家对社会的了解和对真相的认知不断提升，多少风华少年以新闻为自己的理想、为毕生追求的光荣事业。电视新闻也为国家治理、发展提供了不少认知与思考。这是让人多么感慨的一段美好经历。希望那样的社会氛围不会成为过去，让新闻理想吸引一代代年轻人去追求。社会的信息流通量越来越大，民众从中得到应有的知识与认知，社会从中受益，更顺利地发展。

问题

我们的电视在几十年间虽然有了很多的技术进步、形式进步，但外在的学起来容易，内在的学起来难。中国电视新闻还有很多不足，最明显的是深度报道不敷需求、不能达标，没有常规配备，一个个事件热闹过后归于沉寂，从中得到的教训甚少。特别是社会性事件，虽有官方的最后结论，但给社会留下的认知财富却少得可怜。这说明新闻的职能还有缺失，而这项补起来的难度非常之大，是要全社会的共识与合力才能补上，新闻人也要继续努力。当电视是第一媒介时，对这一不足电视要负起主要责任。当下则要在与新媒体融合的过程中，避其所短，扬其所长，转换形式，继续发挥应有作用。

媒体并不能永远都说正确的话，讨论就是让不同声音都能够发出来，再得到大家的辨别和评判，这样认识才能形成和进步，而不是只有少数精英才有思考和议论的权利。社会是有良知的。在目前，各类媒体已经提供了大家皆能发言的条件，如果人们都能平等地发出自己的声音，彼此能更多相互倾听，各种意见之间能够平和交流，都能推己及人地对不同意见有理解或宽容，彼此更加善意相待，社会会更加和谐。所以为了能有活跃的思考与时时进步的认知，就要容忍一时并不那么正确的声音的存在和表达，这样媒体的声音才能多元、才能丰富，最终更容易达成共识与正确的认知。

我们前面要探讨和改革的东西还很多。对新技术、新的媒体生存方式的适应，是极大的挑战。从书中对好几个案例的分析可以我们看得出来，像巴黎恐袭、九寨沟地震等一些案例，是我们从网上回看实时播出节目，一分钟一分钟计算出来的，虽然也写作了论文，但是业务论文难以发表，所以我们就放在这部书里。从中可见，与国外新媒体融合方面的做法相比，我们的电视新闻落后太多，很多还囿于旧时代的操作方式。用旧媒体的方法来规束新媒体，导致保守和不能积极进取的劣势显现。

我们的发展历史中有过很多的误区与错误，这些都需要认真思考。如应引入更多的市场机制来打造中国媒体的航空母舰，让媒体能够更从容地做大做强，有更高的社会信誉和吸引力，能够更多地反映民间的声音，引入民众的议论。我们的播音员都能自如地解说新闻内容，成为真正的主持人，而不是简单的念稿人。媒体能够本着社会效益最大化的思路，而不是财大气粗地任性作为，做一些名实相符的新闻"探索"。

感谢

因为是从博士论文开始了这一漫长的写作过程，所以首先应该感谢的是我的博士导师方汉奇先生。方先生多年来严格要求、耐心指导与悉心帮助；还有方先生自己为人表率也激励我进取。在论文的写作过程中，先生多次垂询指导，并提供了一些重要的资料予以支持，最后的论文标题《东方的微光 林中的响箭——中国电视新闻早年历史》都是先生帮着拟定的，不似我原来的题目那么直白无华。承蒙先生指教，论文顺利通过答辩，我也开启了新的研究领域与历程。先生是我最应该感谢的第一人。

其次是要感谢我的学生们。在2017近一年的写作中，参加工作的同学有：第六章的张翎，第七章的刘楠，第八章的周蜜，第九章的许越，第十章、十一章的王晓培、武慧芳。她们都是在自己课业负担沉重，需要写作作业、论文的同时参与工作，多方查找资料，认真投入写作，并在要求下多次反复核对、补充资料。这些工作曾给她们带来了负担，对这些参与工作的同学表示非常感谢。另外曾参与其中某些工作的还有研究生王伟英、高健、吴盼盼、陈静、史喻等同学，这里也一并致谢。还要感谢我的几位研究生，他们的论文从不同角度为相关案例的写作提供了帮助：刘菲、陈静（巴黎恐袭）、张篷（马航事件）、吴秀芳（钓鱼岛事件）、李晓磊、陈立敏（记者离职）。

今年这几个月的重新审看、修订中，我又得到了张翎和武慧芳两位同学的帮助，我一心看稿、修订，她们帮助做相关工作：武慧芳继续将第十一章稿子中2017、2018年的内容补充、充实，还参与了其他一些章节的后续补充修改，写作质量颇高。张翎则帮忙做了全部引用注释按新体例修改等多种收尾工作。在本次重新审定过程中，就是因为前期工作比较扎实，加上二位的出手帮助，所以进展一直很顺利，使我能够按时完成修订。

最后也是最重要的推手当属出版社的编辑们，先是司马兰老师对出版的大力支持与对前半部稿子的仔细审看，后有曾婧娴老师为首的新一代编辑们多人的鼎力合作、集体看稿，保证按时完成出版任务，给了我很大的支持与指导，没有她们便没有如今的成书。

在本书完成之际，还要感谢家人老小多年来对我的担待、支持，也祝贺自己完成了这一人生心愿。

周小普

2021年10月于京西家中

图书在版编目(CIP)数据

中国电视新闻史：上、下册/周小普著.--北京：中国传媒大学出版社，2021.10
ISBN 978-7-5657-3076-4

Ⅰ.①中… Ⅱ.①周… Ⅲ.①电视新闻－新闻事业史—中国 Ⅳ.①G219.297

中国版本图书馆CIP数据核字(2021)第210625号

中国电视新闻史（上、下册）
ZHONGGUO DIANSHI XINWENSHI (SHANG、XIA CE)

著　　者	周小普
责任编辑	曾婧娴　张莉莉　裴向敏
特约编辑	沈刘红　钟晓晨
封面设计	拓美设计
责任印制	李志鹏
出版发行	中国传媒大学出版社
社　　址	北京市朝阳区定福庄东街1号　　邮　编　100024
电　　话	86-10-65450528　65450532　　传　真　65779405
网　　址	http://cucp.cuc.edu.cn
经　　销	全国新华书店
印　　刷	北京中科印刷有限公司
开　　本	787mm×1092mm　1/16
印　　张	50
字　　数	1066千字
版　　次	2021年10月第1版
印　　次	2021年10月第1次印刷
书　　号	ISBN 978-7-5657-3076-4/G·3076　　定　价　458.00元

本社法律顾问：北京李伟斌律师事务所　郭建平
版权所有　翻印必究　印装错误　负责调换